DAS GROSSE ILLUSTRIERTE
LEXIKON

DAS GROSSE ILLUSTRIERTE
LEXIKON

70 000 Stichwörter · 3000 Abbildungen
170 Übersichtstabellen · 100 Schwerpunktthemen
1000 Seiten kompaktes Wissen von A-Z

BAND 1

A-GEWO

ORBIS VERLAG

*Warenzeichen, Gebrauchs- und Geschmacksmuster sowie Patente sind in diesem Werk, wie in allgemeinen Nachschlagewerken üblich, nicht als solche gekennzeichnet.
Es wird empfohlen, vor Benutzung von bestimmten Zeichen für Waren oder von besonders gestalteten Arbeitsgerätschaften bzw. Gebrauchsgegenständen sowie von Erfindungen beim Deutschen Patentamt in München anzufragen, ob ein Schutz besteht.*

Genehmigte Sonderausgabe
Orbis Verlag für Publizistik GmbH, München
Alle Rechte vorbehalten
Gesamtherstellung: westermann druck GmbH, Braunschweig
ISBN 3-572-00766-6

VORWORT

Das GROSSE ILLUSTRIERTE LEXIKON wendet sich bewußt an jedermann: an den Wissenden, der eine Bestätigung oder aktuelle Ergänzung seines Wissens sucht, ebenso wie an denjenigen, der eine erste Erläuterung eines ihm unbekannten Sachverhalts sucht, an den Zeitungsleser oder Fernsehzuschauer, dem sich eine Frage stellt, ebenso wie an den Rätselfreund, der schnell einen Begriff benötigt.

In dem vorliegenden Lexikon konnten mehr als 70 000 Stichwörter und erklärte Begriffe aufgenommen werden. Bei der Stichwortauswahl kam es vor allem darauf an, alle wesentlichen Wissensgebiete in ausgewogener Weise zu berücksichtigen. Neben dem neuesten Wissen, beispielsweise aus Zeitgeschichte, Umwelt, Naturwissenschaft, Technik, Wirtschaft und Kultur, durfte das überlieferte »Standardwissen« nicht zu kurz kommen.

Das GROSSE ILLUSTRIERTE LEXIKON wartet mit einer ungewöhnlichen Fülle von Abbildungen auf: informative Fotos, anschauliche Schemazeichnungen, Graphiken und Karten, insgesamt rund 3000. So konnte der Aussagewert vieler Stichwortartikel wesentlich erhöht werden.

Der Schwerpunkt der redaktionellen Bearbeitung lag auf der präzisen, zuverlässigen, aktuellen Einzelinformation. Als jederzeit greifbares Lexikon für zuverlässige, verständliche und verwertbare Informationen über Personen, Begriffe, Sachzusammenhänge und Ideen wird es seinem Besitzer gute Dienste leisten.

HINWEISE FÜR DIE BENUTZUNG DIESES LEXIKONS

Alphabetische Anordnung der Stichwörter

Die Reihenfolge der Stichwörter richtet sich streng alphabetisch nach der Schreibweise, unabhängig von Aussprache und Bedeutung. Stichwörter, die aus mehreren selbständigen oder durch Bindestrich verknüpften Teilen bestehen, werden wie ein zusammenhängendes Wort behandelt; auch Abkürzungen, die aus mehreren Buchstaben bestehen, gelten als ein Wort. Die Umlaute ä, ö, ü werden behandelt wie die Buchstaben a, o, u (z.B. folgt Blüte auf Blutdruck); ß wird wie ss eingeordnet. Buchstaben mit Sonderzeichen (etwa å, ą, ä, é, š, ǧ, ṭ) werden wie solche ohne Sonderzeichen behandelt. Die Buchstabenfolgen ae, oe, ue werden, auch wenn sie wie ä, ö, ü gesprochen werden, wie getrennte Buchstaben behandelt (z.B. Goethe).

Mehrgliedrige Stichwörter werden möglichst in der natürlichen Stellung ihrer Bestandteile aufgeführt und eingeordnet. Die Artikel *La, Le, Las, Les, Los* vor geographischen und Personennamen werden mitalphabetisiert. Nicht berücksichtigt wird bei geographischen Namen ein allgemeiner Bestandteil wie *Bad, Ciudad de, Djebel, Golf von, Kap, Mount, Piz* u.ä., ferner nicht der Artikel *al* in arabischen Namen.

Geographische Namen, die mit *Sankt, Saint, San, São, Fort, Port* oder *Porto* beginnen, suche man unter diesem Bestandteil.

Bei Personennamen werden Adelsprädikate und vergleichbare Bestandteile wie üblich nachgestellt. Bedeutende Persönlichkeiten, die hauptsächlich unter ihrem Vornamen bekannt sind, findet man unter diesem (z.B. Franz von Assisi, Walther von der Vogelweide).

In allen Zweifelsfällen wird das Auffinden eines Artikels durch Verweise erleichtert.

Bei gleichlautenden Stichwörtern mit verschiedenen Bedeutungen innerhalb der gleichen Kategorie (Sachbegriff oder Personenname oder geographischer Name) wird das Stichwort nicht wiederholt, sondern die Erläuterungen werden aneinandergereiht und mit Ziffern versehen: **1.** ... **2.** ... **3.** ...

Typographische Hervorhebungen

Hauptstichwörter sind **fett** gedruckt.

Stichwörter innerhalb eines Sammelartikels sind ebenfalls **fett** hervorgehoben. In Zusammensetzungen mit dem Hauptstichwort wird dieses abgekürzt (z.B. **A.sorgane** im Artikel **Atmung**).

Sachgebietsbezeichnungen beim Stichwort sind *g e s p e r r t - k u r s i v* gedruckt. Sachgebiete sind in der Regel immer dann mit angegeben, wenn es für gleichlautende Begriffe Bedeutungsunterschiede gibt und das Sachgebiet aus dem Artikel nicht eindeutig hervorgeht.

G e s p e r r t e r Druck dient der Gliederung und besseren Übersicht.

Kursiv-Setzung erfolgt in den folgenden Fällen:

1. zur Wiedergabe der Synonyma (sie stehen hinter dem Hauptstichwort),
2. zur Unterscheidung von Unterstichwörtern im Text,
3. zur Hervorhebung von wesentlichen Begriffen und Namen

Schreibweise der Stichwörter

Sind für ein und dasselbe Stichwort unterschiedliche Schreibweisen geläufig, so ist für dieses Lexikon jene Form gewählt, von der anzunehmen ist, daß der Leser hier zuerst nachschlagen wird; andere Schreibweisen stehen *kursiv* hinter dem Hauptstichwort.

Namen aus Sprachen, die die Lateinschrift verwenden, werden in der Regel in der landesüblichen Form, mit allen eventuellen Sonderzeichen, wiedergegeben. Bei Namen und Begriffen aus fremden Schriftsystemen ist diejenige Umschrift gewählt, von der angenommen werden kann, daß sie dem Leser am ehesten vertraut ist. Chinesische Namen werden grundsätzlich in der Pinyin-Umschrift gebracht, die seit 1979 auch in der westlichen Welt allgemein angewandt wird.
Wo immer eine vom gewählten Umschriftsystem abweichende Schreibweise so weit durchgesetzt hat, daß sie als allgemein üblich gelten kann, wird ihr der Vorzug gegeben.

Chemische und biochemische Begriffe werden einheitlich so geschrieben, wie dem wissenschaftlichen Gebrauch entspricht, auch wo dieser von der allgemein üblichen Schreibweise abweicht. Beispiel: *Ethanol*, nicht *Äthanol, Calciumoxid*, nicht *Kalziumoxyd*.

In allen Zweifelsfällen wird das Auffinden eines Artikels wiederum durch Verweise erleichtert. Stichwörter, die man unter C vermißt, suche man unter K oder Z, und umgekehrt; ähnlich bei Č, Ch und Tsch, bei V und W, bei J und I, bei J und Dsch, bei Ae und Ä, bei F und Ph, bei Y und J.

Aussprache und Betonung

Die A u s s p r a c h e eines Stichworts steht, wo nötig, in eckigen Klammern [ ] hinter dem Stichwort und wird nach den Regeln der *Association Phonétique Internationale* angegeben. Dazu wird ein für deutsche Verhältnisse vereinfachtes System verwendet (vgl. die Übersicht der Aussprachezeichen). Wird nur für einen Teil des Stichworts die Aussprache angegeben, dann steht vor und/oder hinter der Aussprachebezeichnung ein Trennstrich.

Die B e t o n u n g eines Stichworts wird in möglichen Zweifelsfällen durch einen Punkt unter dem zu betonenden Selbstlaut (z.B. **Elephantíasis**), bei zwei Buchstaben, die als ein Laut zu sprechen sind (z.B. ae, oe, ue als Umlaute ä, ö, ü oder ie als langes i), und bei einem Doppelselbstlaut (ai, au, ei, eu, oi, ey) durch einen Punkt mit darunter gesetztem Bogen gekennzeichnet (z.B. **Alkaios**). Innerhalb der Lautschrift wird die Betonung durch einen Akzent vor der zu betonenden Silbe angegeben.

Die Lautschrift

Für die Lautschrift werden folgende Buchstaben und Zeichen verwendet:

S e l b s t l a u t e u n d D o p p e l s e l b s t l a u t e

ː	bezeichnet die Länge eines Selbstlauts
ˈ	bezeichnet Betonung und steht vor der betonten Silbe
a	kurzes a (wie in *kann*)
aː	langes a (wie in *Magen*)
æ	sehr offenes kurzes ä (wie in engl. *Gangway* [ˈgæŋwɛɪ])
ʌ	kurzes dumpfes a (wie in *Butler* [ˈbʌtlə])
ã	nasaliertes a (wie in *Mont Blanc* [mɔ̃ ˈblã])
ai	Doppelselbstlaut (wie in *Mai, Brei*)
au	Doppelselbstlaut (wie in *Baum*; engl. *Mount* [maunt])
e	halblanges geschlossenes e (wie in *gebt*)
eː	langes geschlossenes e (wie in *Kehllaut, Beere*)
ə	kurzes dumpfes e (wie in *Masse, Linie*)
ɜ	kurzes dumpfes e (wie in *Churchill* [ˈtʃə:tʃil])
ɛ	kurzes offenes e (wie in *Fest, Gänse*)
ɛː	langes offenes e (wie in *ordinär*; frz. *Molière* [mɔlˈjɛːr])
ɛi	Doppelselbstlaut (wie in brasil. *Rio de Janeiro* [ˈriu do ʒaˈnɛiru], ndl. *IJmuiden* [ɛiˈmœidə:])
ɛ̃	nasaliertes e (wie in frz. *jardin* [ʒarˈdɛ̃])
i	kurzes i (wie in *bin*; engl. *Wilson* [ˈwilsən])
iː	langes i (wie in *Bibel, Lied*; engl. *Leeds* [liːdz])
ɔ	kurzes offenes o (wie in *Roß*)
ɔː	langes offenes o (wie in engl. *Wallstreet* [ˈwɔːlstriːt])
ɔ̃	nasaliertes o (wie in *Mont Blanc* [mɔ̃ ˈblã])
ɔi	Doppelselbstlaut (wie in heute)
ɔu	Doppelselbstlaut (wie in engl. *Bowling* [ˈbɔuliŋ]), *Cold Cream* [kɔuld kriːm])
o	halblanges geschlossenes o (wie in *Obst*; frz. *Barrault* [baˈro])
oː	langes geschlossenes o (wie in *Moos*; frz. *de Gaulle* [də ˈgoːl])
œ	kurzes offenes ö (wie in *Köln*; frz. *Châteauneuf* [ʃatoˈnœf])
ø	halblanges geschlossenes ö (wie in *Fischöl*)
øː	langes geschlossenes ö (wie in *nervös*; frz. *Chartreuse* [ʃarˈtrøːz])
œ̃	nasaliertes ö (wie in frz. *Verdun* [vɛˈdœ̃])
u	kurzes u (wie in *kurz*)
uː	langes u (wie in *Gruß*)
y	kurzes ü (wie in *schützen*; frz. *Tartuffe* [tarˈtyf])
yː	langes ü (wie in *führen, lyrisch*; frz. *Saussure* [soˈsyːr])

Für M i t l a u t e werden neben b, d, g, p, t, k, l, r, m, n und f noch folgende Zeichen verwendet:

ç	ch (wie in *ich*; grch. *Chíos* [ˈçi])
x	ch (wie in *machen*; span. *Junta* [ˈxunta])
ŋ	ng (wie in *Klang, Bank*)
s	stimmloses s (wie in *essen, weiß*)
z	stimmhaftes s (wie in *Saal, Waise*; engl. *Elizabeth* [iˈlizəbəθ])
ʃ	stimmloser sch-Laut (wie in *schaffen*; engl. *Shakespeare* [ˈʃeikspiə])
ʒ	stimmhafter sch-Laut (wie in *Journal* [ʒurˈnaːl], *Etage* [eˈtaːʒə])

dʒ	stimmhafter dsch-Laut (wie in indones. *Jakarta* [dʒa'karta])
θ	stimmloser Lispellaut (wie in engl. *Commonwealth* ['kɔmənwɛlθ])
ð	stimmhafter Lispellaut (wie in engl. *father* ['fa:ðə])
v	w (wie in *Wasser, Venedig*)
w	mit stark gewölbten Lippen gesprochenes w (wie in engl. *Wells* [wɛlz])

Datenangaben

Für neuzeitliche D a t e n gilt, wie üblich, in der Regel der Gregorianische Kalender. Geburtsdaten sind durch ein *, Sterbedaten durch ein † gekennzeichnet. Biographische Daten ohne diese Zeichen beziehen sich auf Regierungs- oder Amtszeiten. Ein Zeitraum von mehreren Jahren wird mit Bindestrich in der Form 1870–75 angegeben; nur bei zwei aufeinanderfolgenden Jahren desselben Jahrhunderts ist die Form mit Schrägstrich gewählt: 1870/71. Eine Angabe *1470/80 bedeutet, daß das Geburtsdatum nicht genau bekannt ist und zwischen den beiden genannten Jahren liegt.
Statistische Angaben wie Bevölkerungs- und Wirtschaftszahlen sind, sofern verfügbar, der amtlichen Statistik entnommen und im Lexikon gerundet wiedergegeben. Gesicherte und zuverlässige Daten hierzu können in der Regel nur für einen Zeitpunkt angegeben werden, der zwei und mehr Jahre vor der Veröffentlichung des Lexikons liegt. Die meisten Länder verfügen über keine amtlichen Statistiken; hier mußte auf Schätzungen zurückgegriffen werden.

Verweise

Neben den Verweisen (→) zum Auffinden eines Stichworts, dessen Schreibweise oder alphabetische Einordnung fraglich sein könnte, werden Verweise von einem Stichwort auf ein anderes noch verwendet, um anzudeuten, daß der Gedankengang eines Artikels unter dem so gekennzeichneten Stichwort weitergeführt oder abgegrenzt wird oder daß dort zusätzliche Informationen zu der angeschnittenen Thematik zu finden sind. Der Verweispfeil fordert also auf, bei dem Stichwort nachzuschlagen.

Der Bildverweis B und der Kartenverweis K bedeuten, daß an anderer Stelle des Lexikons die zum Stichwort zugehörige Abbildung abgedruckt ist. Hiervon wurde immer dann Gebrauch gemacht, wenn die Abbildung aus technischen Gründen nicht auf derselben Doppelseite wie das dazugehörige Stichwort steht.

Abkürzungen

Abkürzungen werden in diesem Lexikon nur so verwendet, daß der Lesefluß und das Verständnis nicht beeinträchtigt werden. Im allgemeinen ist das Stichwort, wenn es im selben Artikel wiederholt wird, mit seinem ersten Buchstaben abgekürzt. Flexionsendungen beim abgekürzten Stichwort und bei Abkürzungen sind in der Regel weggelassen, dagegen sind Pluralendungen immer dann angegeben, wenn Mißverständnisse denkbar sind.
Besteht das Stichwort aus zwei Wörtern, die mit Bindestrich verbunden sind, so wird das Stichwort nur mit dem ersten Buchstaben abgekürzt; besteht ein Stichwort aus mehreren selbständigen Wörtern, so ist jedes Wort für sich abgekürzt. Gibt es für ein Stichwort eine allgemein übliche Abkürzung, so wird diese im Text benutzt.
Die Endung *-isch* ist oft weggelassen, die Endung *-lich* durch *-l.* abgekürzt. Abkürzungen werden in Zusammensetzungen durch Bindestrich abgetrennt, z.B. O-Afrika, Staats-Präs., Außen-Min.

Abkürzungsverzeichnis

In diesem Lexikon werden folgende allgemein übliche Abkürzungen verwendet.

A

afrik.	afrikanisch
Abb.	Abbildung
Abg.	Abgeordneter
Abk.	Abkürzung
Abs.	Absatz
Abt.	Abteilung
Adj.	Adjektiv
afgh.	afghanisch
Aggl.	Agglomeration
ahd.	althochdeutsch
AK	Autonomer Kreis
akad.	akademisch
Akad.	Akademie
alb.	albanisch
allg.	allgemein
amerik.	amerikanisch
angl.	anglikanisch
AO	Autonome Oblast
Apg.	Apostelgeschichte
aram.	aramäisch
AR	Autonome Republik
argent.	argentinisch
Art.	Artikel
assoz.	assoziiert
a. St.	alter Stil
AT	Altes Testament
ausschl.	ausschließlich

B

babyl.	babylonisch
ba.-wü.	baden-württembergisch
Ba.-Wü.	Baden-Württemberg
bay.	bayerisch
Bay.	Bayern
Bd.	Band
Bde.	Bände
bed.	bedeutend
Bed.	Bedeutung
begr.	begründet(e)
Begr.	Begründer
bek.	bekannt(e)
ben.	benannt
bes.	besonders, besondere
best.	bestimmt(e)
betr.	betreffend
Bev.	Bevölkerung
Bez.	Bezirk
Bibliogr.	Bibliographie
biol.	biologisch
Biol.	Biologie
birm.	birmanisch
boliv.	bolivianisch
Bot.	Botanik
brasil.	brasilianisch
BR Dtld.	Bundesrepublik Deutschland
bzw.	beziehungsweise

C

ca.	circa
charakt.	charakteristisch
chem.	chemisch
chin.	chinesisch

D

d. Ä.	der Ältere
Darst.	Darstellung
demokr.	demokratisch
Dep.	Departamento
Dép.	Département
dgl.	dergleichen; desgleichen
d. Gr.	der Große
d. h.	das heißt
d. i.	das ist
Diss.	Dissertation
Distr.	Distrikt
d. J.	der Jüngere
dt.	deutsch
Dtld.	Deutschland

E

EG	Europäische Gemeinschaft
ehem.	ehemalig, ehemals
eig.	eigen
eigtl.	eigentlich
einschl.	einschließlich
entspr.	entsprechend
eskim.	eskimoisch
europ.	europäisch
ev.	evangelisch
ev.-luth.	evangelisch-lutherisch
ev.-reform.	evangelisch-reformiert
evtl.	eventuell
Ew.	Einwohner

F

f., ff.	folgend(e)
Fa.	Firma
Fam.	Familie
FHS	Fachhochschule
Fin.	Finanz-
fr.	früher
Frhr.	Freiherr
frz.	französisch

G

Gatt.	Gattung
geb.	geboren
gegr.	gegründet
Gem.	Gemeinde
gen.	genannt
Gen.	Genesis
germ.	germanisch
Ges.	Gesetz
Gesch.	Geschichte
Gew.	Gewicht
Gft.	Grafschaft
GG	Grundgesetz
ggf.	gegebenenfalls
ggs.	gegensätzlich
Ggs.	Gegensatz
gleichn.	gleichnamig
grch.	griechisch
Großbrit.	Großbritannien

H

h	Stunde
Hdb.	Handbuch
hebr.	hebräisch
hind.	hindustanisch
hl.	heilig
holl.	holländisch
Hpt.	Haupt-
hpts.	hauptsächlich
Hptst.	Hauptstadt
Hptw.	Hauptwerk
hrsg.	herausgegeben
Hrsg.	Herausgeber
HS	Hochschule
Hz	Hertz
Hzgt.	Herzogtum

I

i.e.S.	im engeren Sinn
i. M.	im Mittel
Ind.	Industrie
Ing.	Ingenieur
insbes.	insbesondere
insges.	insgesamt
Inst.	Institut
internat.	international
isl.	isländisch
isr.	israelisch
ital.	italienisch
i. U.	im Unterschied
i.w.S.	im weiteren Sinn
i.ü.S.	im übertragenen Sinn

J

J.	Jahr
jap.	japanisch
jav.	javanisch
Jb.	Jahrbuch
Jer.	Jeremias
Jes.	Jesaja
Jg.	Jahrgang
Jh.	Jahrhundert
Jt.	Jahrtausend
jur.	juristisch

K

kath.	katholisch
Kfz	Kraftfahrzeug
kg	Kilogramm
KG	Kommanditgesellschaft
Kgr.	Königreich
Kl.	Klasse
km	Kilometer
km/h	Kilometer je Stunde

kolumb.	kolumbianisch		orient.	orientalisch	u. M.	unter dem Meeresspiegel
kons.	konservativ		orth.	orthodox	ü. M.	über dem Meeresspiegel
konstit.	konstitutionell		östr.	österreichisch	unabh.	unabhängig
Kr.	Kreis		Östr.	Österreich	ung.	ungarisch
krfr.	kreisfrei(e)		Oz.	Ordnungszahl	Univ.	Universität
Krst.	Kreisstadt				unterh.	unterhalb
Kt.	Kanton		**P**		urspr.	ursprünglich
kW	Kilowatt				usw.	und so weiter
kWh	Kilowattstunde		Pädag.	Pädagogik	u. U.	unter Umständen
KZ	Konzentrationslager		philos.	philosophisch	u. v. a. m.	und vieles andere mehr
			Philos.	Philosophie		
L			phön.	phönizisch	**V**	
			physik.	physikalisch		
l. Nbfl.	linker Nebenfluß		Pl.	Plural	v. a.	vor allem
landw.	landwirtschaftlich		polyn.	polynesisch	v. Chr.	vor Christus
Landw.	Landwirtschaft		port.	portugiesisch	venezol.	venezolanisch
lat.	lateinisch		Präs.	Präsident	Verf.	Verfassung
Ldkr.	Landkreis		Prem.-Min.	Premierminister	verh.	verheiratet
Ldsch.	Landschaft		Prof.	Professor(in)	veröff.	veröffentlicht(e)
lib.	liberal		prot.	protestantisch	Veröff.	Veröffentlichung
lit.	litauisch		Prov.	Provinz	versch.	verschieden
Lit.	Literatur		Prov.-Hptst.	Provinzhauptstadt	Verw.	Verwaltung
luth.	lutherisch		PS	Pferdestärke	Verw.-Bez.	Verwaltungsbezirk
			Ps.	Psalm	v. H.	vom Hundert (%)
M			Pseud.	Pseudonym	Vizepräs.	Vizepräsident
			psychol.	psychologisch	VO	Verordnung
m	Meter		Psychol.	Psychologie	vollst.	vollständig
MA	Mittelalter				Vors.	Vorsitz, Vorsitzender
mal.	malaiisch		**R**		vorw.	vorwiegend
Masch.	Maschine(n)				VR	Volksrepublik
math.	mathematisch		r. Nbfl.	rechter Nebenfluß		
Math.	Mathematik		rätorom.	rätoromanisch	**W**	
MdB	Mitglied des Bundestages		rd.	rund		
MdL	Mitglied des Landtages		reform.	reformiert	W	West(en)
MdR	Mitglied des Reichstages		Reg.	Regierung	w.	westlich
Meckl.-V.	Mecklenburg-Vorpommern		Reg.-Bez.	Regierungsbezirk	waagr.	waagerecht
med.	medizinisch		rel.	relativ	wahrsch.	wahrscheinlich
Med.	Medizin		Rep.	Republik	Westf.	Westfalen
mehrf.	mehrfach		Rhld.-Pf.	Rheinland-Pfalz	wirtsch.	wirtschaftlich
melan.	melanesisch		röm.-kath.	römisch-katholisch	Wirtsch.	Wirtschaft
mex.	mexikanisch				wiss.	wissenschaftlich
MEZ	Mitteleuropäische Zeit		**S**		Wiss.	Wissenschaft(en)
mhd.	mittelhochdeutsch				w. L.	westliche Länge
min., Min.	Minute(n)		s	Sekunde(n)	Wz.	Warenzeichen
Min.	Minister(ium)		S	Süd(en)		
Min.-Präs.	Ministerpräsident		S.	Seite	**Z**	
Mio.	Million(en)		sanskr.	sanskritisch		
Mitgl.	Mitglied		s. Br.	südliche Breite	zahlr.	zahlreich
mlat.	mittellateinisch		Schl.-Ho.	Schleswig-Holstein	z. B.	zum Beispiel
mohamm.	mohammedanisch		Schriftst.	Schriftsteller(in)	zeitw.	zeitweise
Mon.	Monat		schweiz.	schweizerisch	ZK	Zentralkomitee
Mrd.	Milliarde(n)		Sek.	Sekunde	z. T.	zum Teil
Mt.	Mount (Berg)		selbst.	selbständig	Ztg.	Zeitung
m. V.	mit Vororten		senkr.	senkrecht	Ztschr.	Zeitschrift
MW	Megawatt		serbokr.	serbokroatisch	zus.	zusammen
Myth.	Mythologie		Sg.	Singular	zw.	zwischen
			singhal.	singhalesisch	z. Z.	zur Zeit
N			skand.	skandinavisch		
			Slg.	Sammlung	**Zeichen:**	
N	Nord(en)		SO	Südost(en)		
n. a. A.	nach anderen Angaben		sö.	südöstlich	*	geboren
Nachf.	Nachfolge, Nachfolger(in)		sog.	sogenannt(e)	†	gestorben
Nachr.	Nachrichten		sowj.	sowjetisch	§	Paragraph
nat.	national		Sowj.	Sowjetunion	&	und
nat.-soz.	nationalsozialistisch		soz.	sozial	°	Grad (Temperaturgrad, Winkelgrad)
Nat.-Soz.	Nationalsozialismus		Spr.	Sprüche Salomos	%	Prozent
Nbfl.	Nebenfluß		St.	Sankt, Saint	‰	Promille
n. Br.	nördliche Breite		Std.	Stunde	K	Karte
n. Chr.	nach Christus		stellv.	stellvertretend	W	weithin bekanntes Werk
ndl.	niederländisch		SW	Südwest(en)	B	Abbildung
Ndl.	Niederlande		sw.	südwestlich	T	Tabelle
Nds.	Niedersachsen					
ndt.	niederdeutsch		**T**			
ngrch.	neugriechisch					
nhd.	neuhochdeutsch		Tab.	Tabelle		
nlat.	neulateinisch		Temp.	Temperatur		
NO	Nordost(en)		TH	Technische Hochschule		
Nobelpr.	Nobelpreis		theol.	theologisch		
norw.	norwegisch		Theol.	Theologie		
NRW	Nordrhein-Westfalen		tibetochin.	tibetochinesisch		
n. St.	neuer Stil		tlw.	teilweise		
NT	Neues Testament		tradit.	traditionell		
NW	Nordwest(en)		tschechosl.	tschechoslowakisch		
nw.	nordwestlich		Tschechosl.	Tschechoslowakei		
			TU	Technische Universität		
O			turktat.	turktatarisch		
O	Ost(en)		**U**			
ö.	östlich					
o. ä.	oder ähnlich		u.	und		
oberh.	oberhalb		u. a.	unter anderem; und andere(s)		
Offb.	Offenbarung des Johannes		u. ä.	und ähnliche(s)		
ö. L.	östliche Länge		ugs.	umgangssprachlich		
op.	Opus		ukr.	ukrainisch		

A

a, A, erster Buchstabe des Alphabets; griech. Alpha (α, A).
a, ursprüngl. der 1. Ton der Grundskala, dann 6. Stufe der C-Dur-Tonleiter (a-Moll ist deren Paralleltonart). Das eingestrichene a (a') ist der →Kammerton.
à [frz.], je, zu (je), für (je); vor Preisangaben.
a, ... [grch.], Vorsilbe, die eine Verneinung ausdrückt; wird vor Vokalen u. h zu an ...; Beispiele: amorph, asozial, apathisch, Anastigmat.
A, 1. Münzbuchstabe der Münzstätten Berlin, Paris u. Wien; vorwiegend für neuere Münzen zutreffend. – **2.** Zeichen für →Ampere.
Å, Zeichen für →Ångströmeinheit.
Aa, *Ach, Ache,* Name vieler Flüsse in Mitteleuropa; auch in Zusammensetzungen.
Aachen, Stadt in NRW, an der ndl.-belg. Grenze (Dreiländereck), 245 000 Ew.; Heilbad (Schwefeltherme, bis 75°C); Wallfahrtsort, Bischofssitz; Techn. Hochschule (mit medizin. Fakultät), Klinikum; bed. Ind., Süßwaren **(A.er Printen);** Steinkohlengewinnung im A.er Becken; **A.er Münster** (mit der Pfalzkapelle *Karls d. Gr.* [792–805 von

Aachen: Thron Karls des Großen im Oktogon des Aachener Münsters

Odo von Metz erbaut]; bis 1531 Krönungskirche der dt. Könige) mit kostbarer Ausstattung u. Schatzkammer; röm. Gründung *(Aquisgranum);* Verleihung des *Karlspreises.* – Der **1. A.er Friede** beendete am 2.5.1668 den Devolutionskrieg; der **2. A.er Friede** beendete am 18.10.1748 den Österr. Erbfolgekrieg: Auf dem **A.er Kongreß** (29.9.–21.11.1818) erreichte Frankreich den sofortigen Abzug der alliierten Besatzungstruppen aus seinem Territorium u. Ermäßigung der restl. Kriegsschulden.
Aachen, *Aken, Achen,* Johann (Hans) von, * 1552, † 1615, dt. Maler des Manierismus.
Aaiun, *Al A.,* Hauptort der Westsahara, am Trockental Saguia al Hamra, 97 000 Ew.; Phosphatabbau.
Aakus, *Aiakos,* grch. Heros, König der Myrmidonen, später Richter in der Unterwelt.
Aale, *Echte Aale, Flußaale, Anguillidae,* Fam. der Aalfische, schlangenförmige räuberische Knochenfische. Die bekanntesten u. wirtschaftl. bed. Arten sind: *Europ. Aal, Jap. Aal.* Die Männchen sind bedeutend kleiner (europ. Flußaal bis 42 cm) als die Weibchen (bis über 1 m). Das Laichgebiet der europ. A. ist die Sargasso-See. Hier schlüpfen die weidenblattförmigen, gläsern-durchsichtigen Aal-

larven. Sie werden mit dem Golfstrom in 3 Jahren bis zu den europ. Küsten transportiert u. wandeln sich hier in die eigentl. Aalform um. Diese zunächst noch durchsichtigen, als *Glasaale* bezeichneten Jungaale wandern in großen Schwärmen in die Flußmündungen ein u. färben sich auf ihrer weiteren Stromaufwanderung dunkel. In unseren Gewässern werden sie mit 7–12 Jahren (vom Glasaal an gerechnet) geschlechtsreif; sie wandern ins Meer zu den Laichplätzen ab. – Der Aal ist ein hochbezahlter Speisefisch.
Aalen, Stadt in Ba.-Wü. am Kocher, 64 000 Ew.; Verw.-Sitz des *Ostalbkreises;* bed. Industrie.
Aalmutter, ein Küstenfisch aus der Familie der *Gebärfische,* der bis 300 lebende Junge zur Welt bringt.
Aalst, frz. *Alost,* Stadt in der belg. Prov. Ostflandern, an der schiffbaren Dender, 78 100 Ew.; Textilindustrie.
Aalstrich, dunkler schmaler Längsstreifen auf dem Rücken bei Pferden, Rindern, Ziegen u. a. Säugetieren.
Aaltierchen, Gruppe von *Fadenwürmern,* die meist in Pflanzen, aber auch in Tieren schmarotzend leben.
Aalto, (Hugo Henrik) Alvar, * 1898, † 1976, finn. Architekt; führender Vertreter des *organischen Bauens.* Dieses architekton. Konzept besteht darin, Baukörper ihrer landschaftl. Umgebung anzugleichen; Ⓦ Hansaviertel in Berlin, Opernhaus in Essen.
Aaltonen, Wäinö, * 1894, † 1966, finn. Bildhauer; Ⓦ Bronzestandbild des Läufers P. Nurmi (Helsinki, Ateneum).
Aar, dichter. für Adler.
Aarau, Hptst. des schweiz. Kantons Aargau, an der Aare, 16 000 Ew.; bed. Industrie.
Aare, längster Fluß der nördl. Schweiz, 295 km; mündet bei Waldshut in den Rhein. Die *Aare-Schlucht* südöstlich von Meiringen ist 1400 m lang, bis 120 m tief.
Aargau, Kanton der →Schweiz.
Aarhus [ˈɔːr-] → Århus.
Aaron, *Aron,* heb. *Aharon,* Bruder des *Mose;* im AT Ahnherr der Opferpriesterschaft des Jerusalemer Tempels.
Aas, *Kadaver,* verwesende Tierleiche.
Aasblume, *Ordenskaktus, Stapelia,* südafrik. Seidenpflanzengewächs mit typ. Aasgeruch.
Aasfliegen →Schmeißfliegen.
Aasgeier, *Schmutzgeier,* im Alter weißer →Geier des Mittelmeergebiets.
Aaskäfer, *Silphidae,* Familie mittelgroßer Käfer, die ihre Eier vor allem an verwesenden Stoffen ablegen; hierzu die europ. Gattungen *Totengräber* u. *Rübenaaskäfer* (Pflanzenschädlinge).
Aba, *Abâjeh,* ärmelloser, weiter Oberrock der Araber aus Schafwolle oder Kamelhaar.
Abadan, bed. ehem. Erdölausfuhrhafen Irans am Pers. Golf.
Abakan, Hptst. von Chakassien in Rußland, nahe der Mündung des gleichn. Flusses in den Jenissej, 160 000 Ew., Industriezentrum.
Abakus, 1. brettartiges oberes Glied des *Kapitells.* – **2.** aus dem Altertum stammendes Rechenbrett, als *Soroban* heute noch in Gebrauch (Japan).
Abälard [abɛˈlaːr], *Abélard, Abaelard, Abaillard,* Peter (Pierre), * 1079, † 1142, frz. Philosoph u. Theologe der Frühscholastik; hielt Gesinnung u. Gewissen für die ausschlaggebenden ethischen Kriterien. Er wurde wegen der Liebschaft zu seiner Schülerin *Héloïse* (* 1101, † 1164) entmannt.
Abandon [abãˈdɔ̃], freiwillige Preisgabe der Mitgliedschaft (mit haftungsbefreiender Wirkung) in bestimmten Unternehmensgesellschaften. – **abandonnieren** [abadɔˈniː-], verzichten, preisgeben, abtreten.
Abano Terme, ital. Bad südwestl. von Padua, 12 000 Ew.; radioaktive Thermen, Schlammbäder.
Abasie, psych. bedingte, krankhafte Unfähigkeit zu gehen; meist verbunden mit *Astasie* (Unfähigkeit zu stehen).
Abbado, Claudio, * 26.6.1933, ital. Dirigent.
Abbagnano [abbaˈnjaːro], Nicola, * 1901, † 1990, bed. ital. Existenzphilosoph.
Abbas, 1. *A. I., A. d. Gr.,* * 1571, † 1629, Schah von Persien aus der Safawiden-Dynastie 1587–1629. – **2.** *A. II. Hilmi,* * 1874, † 1944; Vizekönig (Khedive) von Ägypten 1892–1914.
Abbasiden, Kalifendynastie 750–1258 in Bagdad u. bis 1517 noch als Scheirkalifen in Kairo; Nachkommen von *Abbas* (* um 565, † um 653), dem Oheim Mohammeds.
Abbate, ital. Titel: Abt, Weltgeistlicher.
Abbau, 1. Gewinnung nutzbarer Mineralien, →Bergbau. – **2.** biol., chem. oder physik. Zerlegung von chem. Verbindungen.
Abbe, Ernst, * 1840, † 1905, dt. Physiker u. Sozialreformer; übernahm 1867 die wissenschaftl. Leitung der opt. Werkstätten von Carl Zeiss u. begr. die moderne opt. Technik, wurde 1875 Mitinhaber u. verwandelte nach dem Tod von Zeiss die Firma in die *Carl-Zeiss-Stiftung.*
Abbé, frz. Titel: Abt, Weltgeistlicher.
Abbeville [-ˈviːl], nordfrz. Stadt im Dép. Somme, alte Hptst. des *Ponthieu,* 24 900 Ew.

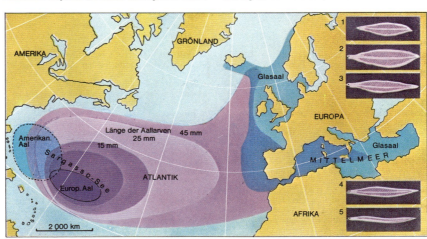

Aale: Wanderung des europäischen Aals; 1–5 Wandlung der weidenblattförmigen Leptocephalus-Larve (1–4) zum kleineren, kompakten Glasaal (5)

Abbevillien [-vi':ljɛ̃], die älteste, durch grob behauene Faustkeile gekennzeichnete Stufe der Altsteinzeit Westeuropas; ben. nach der Fundstelle *Abbeville*.
Abbildung, 1. bildl. Wiedergabe. – **2.** *Math.*: eine Vorschrift, die jedem Element *a* einer Menge *A* ein Element *a'* einer Menge *A'* zuordnet. Zu den geometr. A.en gehören *Kongruenz-A.en* u. *Ähnlichkeits-A.en*. In der *Analyse* spricht man statt von A. von →Funktion (2). – **3.** *Optik*: Vereinigung der von einem leuchtenden Gegenstand ausgehenden Strahlen durch eine Linse, gekrümmten Spiegel oder Lochblende.
Abblendlicht, Betriebsart des Kfz-Scheinwerfers, die eine Fahrbahnbeleuchtung ohne Blendung des Gegenverkehrs möglich macht. Bei asymmetr. Abblendung wird bei Rechtsverkehr die rechte Fahrbahnseite weiter ausgeleuchtet als die Fahrbahnmitte.
Abbreviatur, Abkürzung, Kurzzeichen, Siegel; bes. in der musikal. Notation.
Abchasien, autonome Republik in Georgien, das Schwarzmeerküstenland auf der Südseite des Kaukasus, 8600 km², 540000 Ew. (tlw. *Abchasen*), Hptst. *Suchumi*; 1921 errichtet.
ABC-Kampfmittel, zusammenfassende Bez. für atomare Kampfmittel, biologische Kampfmittel u. chemische Kampfmittel.
ABC-Schutzmaske, eine Weiterentwicklung der *Gasmaske*, die gegen das Einatmen atomarer (radioaktiver), biol. u. chem. Kampfstoffe schützt.
ABC-Staaten, die drei südamerikan. Staaten Argentinien, Brasilien u. Chile.
Abdachung, die Neigung einer Geländefläche zur Horizontalen.
Abd al-Ilah, *1913, †1958 (bei einem Staatsstreich), Regent des Irak 1939–1953 als Vormund König Feisals II.
Abd al-Kader, *1808, †1883, Führer der Araber in Algerien; einigte die alger. Stämme zum Kampf gegen die Franzosen 1835–1847.
Abd el-Krim, Mohammed, *1882, †1963, Führer des Rifkabylen-Aufstands 1921 in Span.-Marokko; 1922 Emir der Rif.
Abdallah as-Salim as-Sabah, *1905, †1965, Scheich von Kuwait 1950–1965; unumschränkter Herrscher.
Abdallah ibn Hussain, *1882, †1951 (ermordet), Emir von Transjordanien seit 1921, König von Jordanien seit 1946; versuchte zeitweilig einen Ausgleich mit Israel.
Abd al-Malik, *646 oder 647, †705, Omajjaden-Kalif 685 – 705; besiegte 692 den Gegenkalifen *Abdullah ibn az-Zubair* u. stellte die Einheit des islam. Reichs wieder her.
Abd-al-Mumin, *1094, †1163, 1. Kalif (1130 – 1163) u. Begründer der Almohaden-Dynastie; dehnte sein Reich über Nordafrika u. nach Spanien aus.
Abdampf, nach der Arbeitsleistung in Industrieanlagen oder Dampfkraftmaschinen frei verfügbarer Dampf; in *Abdampfturbinen* sowie zu Heizungs- u. Warmwasserbereitungszwecken verwertet.
Abdankung, *Abdikation*, Niederlegung eines öffentl. Amts, bes. der Verzicht eines Herrschers auf die Krone (*Thronentsagung*).
Abd ar-Rahman [-rax-], **1.** arab. Statthalter in Spanien 730 – 732; 732 in der Schlacht von Tours u. Poitiers von *Karl Martell* besiegt. – **2. A. I.**, *um 731, †788, Omajjaden-Prinz; brachte nach dem Sturz der Omajjaden-Kalifen durch die Abbasiden seine Dynastie im arab. Spanien wieder an die Macht u. herrschte 756 – 788 in Córdoba. – **3. A. III.**, *889, †961, bedeutendster Omajjaden-Herrscher des arab. Spanien (seit 912); legte sich 929 den Titel Kalif zu.
Abdeckerei, Betrieb für die gewerbsmäßige Beseitigung von Tierleichen u. ihre Verarbeitung zu Knochenmehl, Leim, Kraftfutter, Schmierfett u. a.
Abdera, altgriech. Stadt in Thrakien. Die Bewohner (*Abderiten*) galten seit dem 3. Jh. v. Chr. als »Schildbürger«.
Abderhalden, Emil, *1877, †1950, schweiz. Physiologe u. Chemiker; entdeckte Abwehrfermente gegen körperfremde Eiweißkörper, auf deren Nachweis die *A.sche Schwangerschaftsreaktion* beruht.
Abdikation →Abdankung.
Abdingbarkeit, die Möglichkeit zur Abweichung von Bestimmungen, bes. im *Tarifrecht*.

Abdomen, Bauch, Unterleib; der Hinterleib der *Gliederfüßer*, bes. der Insekten u. Krebstiere.
Abdominalgravidität, fachl. Bez. für Bauchhöhlenschwangerschaft.
Abdülhak Hamit, *Tarhan*, *1852, †1937, türk. Schriftsteller; begründete die neue osman. Dichterschule nach europ., nicht mehr pers. Vorbildern.
Abdullah, *Abdallah*, Mohammed Scheich, *1905, †1982, Politiker in Kaschmir; 1947-1953 Regierungschef u. seit 1975 Chef-Min. des ind. Unionsstaates Jammu u. Kaschmir.
Abd ur-Rahman [-rax-], **1.** *um 1844, †1901, Emir von Afghanistan 1880–1901. – **2.** *Abdul Rahman*, Tunku (»Prinz«), *1903, †1990, malaiischer Politiker; 1955 Min.-Präs. u. Mitbegr. der Malaiischen Föderation; 1963–1970 Min.-Präs. Malaysias.
Abecedarium, im MA Aufzeichnungen in alphabet. Folge, bes. rechtl. Inhalts.
Abélard [abe'la:r], Pierre →Abälard.
Abendland, *Okzident*, allg. der europ. Kulturkreis auf der Grundlage der Verbindung von Christentum u. antikem Erbe u. ihrer Aufnahme u. Weiterentwicklung durch die westeurop. Völker. Ggs.: Morgenland (Orient).
Seit der Aufklärung gelten als Grundideen der abendländ. Kultur: Freiheit u. Selbstverantwortung des Menschen, Humanität u. Bindung an das Recht als Richtschnur für soziales Verhalten u. die Autonomie des wissenschaftl. Denkens. – Mit dem Aufkommen der Nationalstaaten wurde der Begriff A. durch den Begriff *Europa* verdrängt.
Abendmahl, in der Christenheit die nach der Überlieferung (Matth. 26, 26 – 30; Mark. 14, 17 – 26; Luk. 22, 14 – 20; 1. Kor. 11, 23 – 25) von Jesus anläßlich seines letzten Mahls mit seinen Jüngern gestiftete Kulthandlung, bei der Brot u. Wein, als Leib u. Blut Jesu gedeutet, gereicht werden. Für die kath. Lehre ist zweierlei wesentlich: Das A. wird als Meßopfer gefeiert, d. h. der Opfertod Christi wird vergegenwärtigt, indem er in der liturg. Handlung des Priesters auf unblutige Weise erneuert wird; u. die reale Gegenwart Christi (*Realpräsenz*) im A. ist gegeben durch die *Transsubstantiation*, d. h. durch die kraft der Konsekrationsworte sich vollziehende Verwandlung der Substanzen Brot u. Wein in den Leib u. das Blut Jesu unter Verbleiben der äußeren Gestalten. Aus ehrfürchtiger Scheu, vom Wein etwas zu verschütten, wird den Gläubigen in der Kommunion im allg. nur das Brot gereicht (*communio sub una specie*). – Die luth. Dogmatik lehrt ebenfalls die leibhaftige Gegenwart Christi im A., lehnt aber die Verwandlung der Elemente ab; Leib u. Blut Jesu werden als »in, mit und unter« Brot u. Wein gegenwärtig (*Konsubstantiation*) verstanden. Den Kommunikanten werden Brot u. Wein gereicht (*sub utraque specie*). – Die reform. Kirche spricht dem A. nur eine geistl. Wirkung zu, die darin besteht, daß der Heilige Geist den Glaubenden im A. seines Glaubens gewiß macht u. ihn zu Christus in seiner verherrlichten Leibhaftigkeit erhebt.
Abendrot, durch Beugung des Sonnenlichts entstehende Rotfärbung des Himmels u. ggf. der Wolken am abendl. Westhimmel kurz vor oder nach Sonnenuntergang.
Abendsegler, *Nyctalus*, Gattung der *Glattnasen-Fledermäuse* Eurasiens; Waldbewohner, bereits in der Dämmerung aktiv; hält Winterschlaf in Höhlen.
Abendstern, *Hesperos*, volkstüml. Bez. für den Planeten Venus, wenn er am Abendhimmel erscheint.
Aberdeen [æbə'di:n], Hafenstadt in Schottland, an der Nordsee, 240000 Ew.; Univ. (gegr. 1494), Schiffbau, Gewinnung u. Verarbeitung von Erdöl u. Erdgas.
Aberglaube, eine Glaubenshaltung, in der Reste frühzeitl. religiösen Denkens wirksam werden, durch die ein magischer Zusammenhang aller Dinge angenommen wird, so daß die verschiedenartigsten Dinge u. Ereignisse in einen Kausalzusammenhang gebracht werden (z. B. der morgens begegnende Schornsteinfeger u. das Glück des betreffenden Tages).
Abernathy [æbə'næθi], Ralph David, *1926, †1990, amerik. Baptist, führender farbiger Bürgerrechtler.
Aberration, 1. *Astronomie*: die Tatsache, daß die Richtung, in der ein Gestirn durch ein Fernrohr gesehen wird, von der wahren Richtung abweicht; hervorgerufen durch die zwischenzeitl. Bewegung der Erde in Verbindung mit der Fortpflanzungsgeschwindigkeit des Lichts. – **2.** *Optik*: bei Linsen (Linsensystemen) auftretende Fehler, wobei die von einem Dingpunkt ausgehenden Lichtstrahlen sich nicht in einem Bildpunkt vereinigen (*sphärische A., Kugelabweichung*); infolge Dispersion des weißen Lichts haben die Bilder farbige Ränder (*chromat. A., Farbabweichung*).
Aberystwyth [æbər'istwiθ], Hafenstadt u. Seebad in Wales, 11000 Ew.
Abessinien, veralteter Name für Äthiopien.
Abfahrtslauf, Ski-Schnelligkeitswettbewerb über Strecken mit Höhenunterschieden für Männer 800 bis 1000 m, für Frauen 600 – 700 m.
Abfangjäger, engl. *Interceptor*, Jagdflugzeug mit bes. guten Steig- u. Geschwindigkeitsleistungen zum Abfangen gegnerischer Flugzeuge.
Abfindung, einmalige Geldleistung zur Abgeltung von wiederkehrenden oder nicht überschaubaren Ansprüchen (Unterhalt, Schadensersatz, sozial ungerechtfertigter Kündigung u. a.).
Abführmittel, *Purgantia, Purgativa, Pugiermittel, Laxantia, Laxativa*, Mittel gegen Verstopfung (Darmträgheit). Sie wirken osmotisch, durch Erweichen u. Gleitfähigmachen der Kotmassen u. durch Anregung der Darmbewegung. Mittel sind Paraffin u. pflanzl. Öle (z.B. Leinöl), Mineralsalze, Rizinusöl u. a. A. beeinträchtigen die normale Darmtätigkeit. Bei häufiger Darmträgheit wird heute eine ballaststoffreiche Ernährung empfohlen.
Abgaben, Leistungen, die von einer öffentl. Körperschaft kraft ihrer Finanzhoheit erhoben werden können, z.B. Steuern, Zölle, Gebühren, Beiträge u. a. – Die **A.ordnung** (AO), fr. *Reichsabgabenverordnung* (seit 1919) ist in der Fassung vom 1.1.1977 das wichtigste Verfahrensgesetz für die Finanzverw. der BR Dtld.
Abgeordnete, *Abg.*, durch Wahl bestellte Mitglieder eines *Parlaments*. →Bundestag, →Diäten, →Fraktion, →Immunität, →Indemnität.
Abgottschlange, *Boa constrictor*, Königsschlange, bis 4 m lange *Riesenschlange*, von Mexiko bis Südbrasilien; kann bis zu 18 Jahre alt werden.
abhängige Gebiete, engl. *non-self-governing territories*, Territorien, die treuhänderisch unter Aufsicht der Vereinten Nationen von Mitgliedstaaten bis zur Unabhängigkeit verwaltet werden.
Abhängigkeit →Hörigkeit.
Abhörverbot, das strafrechtliche Verbot (§ 201 StGB), das nicht öffentlich gesprochene Wort eines anderen mit einem Abhörgerät abzuhören (z.B. mit einem versteckt angebrachten Mikrophon mit drahtlosem Sender, ugs. *Wanze*, oder durch »Anzapfen« eines Telefonanschlusses. Aufgrund des Gesetzes zu Art. 10 GG vom 13.8.1968 haben die Strafverfolgungs- u. Verfassungsschutzbehörden die Befugnis, Telefongespräche abzuhören (bei Verdacht schwerer Straftaten oder verfassungsfeindl. Betätigung).
Abidjan [-'dʒa:n], ehem. Hptst. der Rep. Côte d'Ivoire (Elfenbeinküste) in W-Afrika, See- u. Flughafen, modernes Wirtschaftszentrum, rd. 2,5 Mio. Ew.; Univ. (gegr. 1963).
Abigail, im AT die Gemahlin Davids.
Abitur, *Reifeprüfung*, in Dtld. die Abschlußprüfung der gymnasialen Oberstufe; in Österr. u. Schweiz *Matura*.
Abjudikation, die gerichtl. Aberkennung eines Rechts.
Abjuration, Abschwörung.
Abkömmlinge, *Deszendenten*, Verwandte in absteigender Linie, Kinder, Enkel usw.
Ablagerung, *Sediment*, durch Wasser (aquatisch, marin, limnisch, fluviatil), Eis (glazial) oder Wind (äolisch) transportierte u. abgesetzte Verwitterungsprodukte der Erdkruste; auch chem. (Salzlager), vulkan. (Tuffe u. ä.) u. biogene (Pflanzen, Tiere) A.en.
ablandig, bei Winden: vom Land her wehend; Ggs.: auflandig.
Ablaß, in der kath. Kirche seit dem 6. Jh. der Nachlaß öffentl. Kirchenbußen u. seit dem 11. Jh. auch die Tilgung zeitl. Sündenstrafen bei vorangehender Bußgesinnung des Sünders. Im Spät-MA trat an die Stelle einer Bußtat oft eine Almosenspende, die dann von der Kirche als Geldquelle mißbraucht u. theol. mißdeutet wurde (**A.handel**). Von Papst Paul VI. 1967 neu geregelt.
Ablatio retinae, *Amotio retinae*, die →Netzhautablösung.
Ablativ, der 5. Fall in der lat. u. in anderen Sprachen.

Aborigines, die australischen Ureinwohner, vor einer Höhlenwohnung

Ablaut, *Grammatik:* der systemat. Wechsel *(Alternieren)* einer Reihe von Vokalen *(Ablautreihe)* in sonst ident. Morphemen (Stamm oder Ableitungssilben). Im Deutschen beschränkt sich der A. auf die Stammsilben u. ist das Hauptmerkmal der »starken« Verben (z. B. springen, sprang, gesprungen).
Ableger, eine junge Pflanze, die sich durch vegetative Fortpflanzung aus Brutknospen oder Brutsprossen der Mutterpflanze entwickelt.
Ableitung, *Math.:* →Differentialrechnung.
abnorm, von einer Regel abweichend; krankhaft. – **Abnormität,** Mißbildung.
Åbo ['oːbu], schwed. Name der finn. Stadt *Turku.*
Abodriten →Obodriten.
Abolition, die Niederschlagung anhängiger oder bevorstehender Strafverfahren durch die obersten polit. Organe; *Massen-A.:* →Amnestie, →Begnadigung.
Abolitionismus, eine US-amerikan. Bewegung 1831–1865, die die Negersklaverei abschaffen wollte.
Abomey [abɔ'mɛ], Stadt in der Rep. Benin, in Westafrika, 53 000 Ew.; bis 1900 Hptst. des Negerkönigreichs Dahomey.
Abonnement [-'mã], der Bezug von Zeitungen, Zeitschriften u. Büchern über einen größeren Zeitraum, meist gegen Vorauszahlung; auch die Miete von Theater-, Konzert- u. Kinoplätzen. – **Abonnent,** Inhaber eines A.s. – **abonnieren,** im A. beziehen.
Aborigines [æbəˈridʒiniːz], engl. Bez. für die Ureinwohner Australiens; →Australier.
Abort, *Abortus* →Fehlgeburt (i.e.S. innerhalb der ersten 3 Monate); →Abtreibung.
Abplattung, durch Rotationskräfte hervorgerufene Abweichung eines Planeten von der Kugelgestalt; für die Erde 1/298.
Abraham, *Ibrahim,* der dem Stammvater Israels von Jahwe verliehene Ehrenname (Genesis 17); der erste der 3 Erzväter. Er wanderte nach dem AT von Ur (Babylonien) oder Haran (Mesopotamien) nach Kanaan (Genesis 12 – 25).
Abraham, Paul, *1892, †1960, ungar. Komponist; Operetten (»Die Blume von Hawaii«,) u. Filmmusik.
Abraham a San(c)ta Clara, eigtl. Johann Ulrich Megerle, *1644, †1709, dt. freimütiger Kanzelredner u. Volksschriftsteller; Augustiner-Barfüßer, seit 1677 Hofprediger in Wien.
Abrakadabra, antikes Wort unbekannter Herkunft; im 16. Jh. Amulettaufschrift; heute oft Zauberwort bei Variété u. Zirkus.
Abrasion, die »Abhobelung« der Küsten durch das Meer.
Abraum, *Bergbau:* wertlose Gesteinsschichten über oberflächennahen Lagerstätten. – **A.salze,** bitterschmeckende *Kalisalze,* die fr. beim Steinsalz-Abbau auf die Halde gekippt wurden.
Abraxas, *Abrasax,* göttl. Geheimname im gnost. System des *Basilides* (2. Jh. n. Chr.). – **A.-Stein,** magische Gemme des *Gnostikers;* als Amulett genutzt. Die Wirkungskraft des Wortes A. beruht insbes. auf Zahlenmagie: 7 Buchstaben, Zahlenwert 365 Tage des Jahres).
Abrogans, ein alphabet. geordnetes, latein.-ahd. Glossar, so benannt nach dem ersten Stichwort; um 765 in Freising entstanden.
Abrogation, die Aufhebung eines Gesetzes im ganzen durch ein späteres Gesetz.
Abrüstung, engl. *disarmament,* die Abschaffung oder Beschränkung von Streitkräften u. Rüstung als ein Weg, die Anwendung oder Androhung militär. Gewalt zw. Staaten zu verhindern. Das Problem der A. wurde zum ersten Mal von einer internat. Instanz auf den Haager Friedenskonferenzen von 1899 u. 1907 erörtert, internat. Verhandlungen führten zur *A.skonferenz* (1932–35). Die Entwicklung des Kalten Krieges u. die Bildung zweier Militärblöcke sowie insbes. der Koreakrieg führten zum *Wettrüsten.* Ab 1955 kam es im Rahmen der UNO u. zw. den Großmächten zu A.sverhandlungen, u. a. Atomteststoppabkommen, Atomsperrvertrag, SALT-Gespräche, Genfer-Abrüstungskonferenz, MBFR-Gespräche, START-Verhandlungen, Verhandlungen über konventionelle Streitkräfte in Europa (VKSE), INF-Verhandlungen.
Durch den polit. Umsturz in Osteuropa 1989 verringerte sich das Konfliktpotential zw. der UdSSR u. den USA.
Abruzzen, 1. höchste Gebirgskette des Apennin, zwischen den Flüssen Tronto u. Sangro, verkarstet, im *Gran Sasso d'Italia* 2914 m. – **2.** Region in →Italien.
Abs, Hermann Josef, *1901, †1994, dt. Bankier; 1967–1976 Aufsichtsrats-Vors. der Dt. Bank AG.
Absalom, dritter Sohn Davids, empörte sich gegen seinen Vater u. wurde auf der Flucht, als sich sein Haupthaar in Baumästen verfing, von Joab erschlagen (2. Sam. 13–18).
Absatz, die Menge der von einem Unternehmen innerhalb eines Zeitraums verkauften Güter. Multipliziert man diese Menge mit ihrem Verkaufspreis, so ergibt sich der Umsatz.
Abscheider, Bestandteile von Anlagen zur Haus- u. Grundstücksentwässerung, in denen Stoffe zurückgehalten werden, die nicht in die Kanalisation eingeleitet werden dürfen: Benzin-, Öl-, Fett-A.
Abschirmung, 1. →Militärischer Abschirmdienst. – **2.** physikal. Effekte oder Anordnungen, die das Eindringen eines elektr. oder magnet. Feldes oder einer Strahlung in einen Raumbereich verhindern.
Abschlag, 1. Sonderart der *Auktion,* bei der von einem hohen Preis ausgegangen wird, der so lange herabgesetzt wird, bis sich ein Käufer findet; üblich für die Versteigerung von Gemüse, Obst, Blumen u. Fischen. – **2.** *bürgerl. Recht:* 1. Teilzahlung (Ratenzahlung) für gelieferte Waren oder geleistete Dienste. Sie unterbricht die Verjährung, womit eine neue Verjährungsfrist in Lauf gesetzt wird (§ 208 BGB). – 2. Vorauszahlung auf die Dividende. – 3. *vorläufige Zahlung* bei der Auseinandersetzung zwischen Gesellschaftern bei der Liquidation einer Gesellschaft oder beim Ausscheiden eines Gesellschafters.
Abschlußprüfung, fr. *Bilanzprüfung,* die für Aktiengesellschaften, Genossenschaften, Kreditinstitute anderer Rechtsform u. kommunale Eigenbetriebe gesetzl. vorgeschriebene Prüfung des aus Bilanz u. Gewinn- u. Verlustrechnung bestehenden *Jahresabschlusses* durch einen *Abschlußprüfer* (öffentl. bestellter *Wirtschaftsprüfer).*
Abschreibung, die Erfassung des *Aufwands,* der durch die Entwertung von Gegenständen, bes. des Anlagevermögens, eintritt. Die A. vermindert den zu versteuernden Betrag. *Abschreibungsgründe:* Verschleiß (z.B. Abnutzung von Maschinen), Substanzabbau (bei Bodenschätzen), Zeitablauf (z. B. bei Patenten), wirtschaftl. Überholung u. a. Für die einkommensteuerl. Bilanz ist die Höhe der A. *(Absetzung für Abnutzung [AfA])* durch Richtlinien in Prozentsätzen vom Anschaffungswert *(lineare A.)* oder vom jeweiligen Restwert *(degressive A.)* festgelegt.
abseits, engl. *offside,* regelwidrige Stellung eines angreifenden Spielers bei Fußball, Hockey, Eishockey u. Rugby; durch Freistoß bzw. Freischlag für den Gegner bestraft. Beim *Fußball* befindet sich ein Spieler in *A.stellung,* wenn er (im Moment der Ballabgabe) näher an der gegner. Torlinie ist als der Ball, außer: er befindet sich in seiner Spielhälfte, oder mindestens zwei Spieler der gegner. Mannschaft sind zwischen seiner eigenen Torlinie näher als er; beim *Hockey* ist ein Spieler a., wenn sich weniger als drei Gegner zw. ihm u. der Torlinie befinden; beim *Eishockey,* wenn ein Spieler vor dem

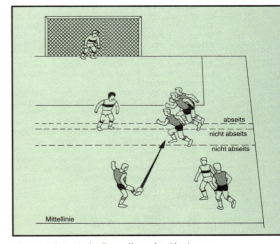

abseits: schematische Darstellung der Abseitsregelung beim Fußball

Puck oder vor einem den Puck führenden Mitspieler über die blaue Linie ins gegner. Verteidigungsdrittel läuft.
Absence [ap'sãs], *Abwesenheit,* meist nur sekundendauernde Bewußtseinstrübung; Symptom der Epilepsie.
Absinth, *Wermut, Artemisia absinthium,* ein *Korbblütler,* Heilpflanze; alkohol. Getränk daraus ist gesundheitsschädlich.
absolut, unabhängig, unbedingt, losgelöst, abgeschlossen, in seiner Art vollkommen; auch Bez. für Flüssigkeiten, möglichst hoher Reinheit, z. B. *a.er Alkohol, a.er Äther;* in der Philosophie zuerst bei Nikolaus von Kues Bez. für Gott als das Unbedingte im Ggs. zum Bedingten. G.W.F. Hegel nannte den »Weltgeist« das *Absolute (a.er Geist).* – **a.e Kunst** →abstrakte Kunst. – **a.e Mehrheit** →Abstimmung. – **a.e Monarchie,** die v. a. im Zeitalter des *Absolutismus* (17./18. Jh.) ausgeprägte Form der *Monarchie* als unbeschränkte Alleinherrschaft des Monarchen. – **a.e Musik,** die nicht an das Wort oder an außermusikal. Vorstellungen gebundene Instrumentalmusik, Ggs.: Programmusik, Lied, Oper. – **a.er Betrag,** *Math.:* der positive Wert einer reellen Zahl: Zeichen: $|a|$; $|a| = a$, für $a \geq 0$, $|a| = -a$ für $a < 0$ – **a.es Gehör,** die Fähigkeit, einen gehörten Ton ohne Hilfsmittel seiner Höhe u. Benennung nach anzugeben. – **a.es Maßsystem,** Maßsystem der Physik auf der Grundlage von nur drei Grundeinheiten, Zentimeter(cm)-Gramm(g)-Sekunde(s), meist auch *CGS-System* genannt. – **a.e Temperatur,** die von $-273{,}15\,°C$, dem *a.en Nullpunkt* (0 K) aus gerech-

Abraham: Um seinen Gehorsam zu prüfen, befiehlt Gott ihm die Opferung seines Sohnes Isaak; Radierung von Rembrandt; London, Britisches Museum

Absolution

nete Temperatur der thermodynam. Temperaturskala, in K (Kelvin) gemessen.

Absolution, Lossprechung von der Sünde nach einem (öffentl. oder privaten) Bekenntnis (→Beichte). In der kath. Kirche ist die A. Teil des Bußsakraments u. kann nur durch einen Priester erteilt werden. Die lutherische Kirche kennt die A. als vollmächtigen Zuspruch der Vergebung nach einem Beichtgespräch mit dem Seelsorger oder mit einem anderen Mitchristen u. im Zusammenhang mit dem Sündenbekenntnis beim Abendmahl.

Absolutismus, *absolute Monarchie,* vorherrschende Regierungsform im Europa des 17./18. Jh. entstand als Reaktion auf die Schrankenlosigkeit der Adels- u. Ständeherrschaft; er bezweckte die straffere Zusammenfassung des Staates in Notzeiten u. war Voraussetzung für die Entstehung der *Nationalstaaten.* Seine schärfste Ausprägung mit Gottesgnadentum, Polizeistaat, stehendem Heer u. Staatswirtschaft (→Merkantilismus) fand er unter *Ludwig XIV.* von Frankreich.
Im 18. Jh. milderten viele Fürsten die Willkür des A. zu einem *aufklärenden A.,* wie ihn bes. *Friedrich d. Gr.* in Preußen verkörperte. Überall wurde das Strafrecht humanisiert (Folter abgeschafft), Schul- u. Bildungswesen gehoben, Toleranz gefordert, aber keine Mitbestimmung der Untertanen im Staat geduldet.
In Frankreich wurde der A. durch die Franz. Revolution von 1789, im übrigen Europa im Lauf des 19. Jh. in z. T. schweren Verfassungskämpfen beseitigt. In Rußland hielt er sich bis 1905.

Absolutorium, *Östr.:* Bescheinigung über Hochschulabschluß.

Absolvent, jemand, der eine Schule, Studium, Lehrgang bis zur Prüfung erfolgreich durchlaufen hat **(absolvieren).**

Absonderung, 1. *Geologie:* bei Abkühlung von Magmen oder Laven durch Schrumpfung entstehende Gesteinsstücke. Bei Sedimentgesteinen entsteht A. durch Austrocknen u. Verwitterung. – **2.** *Konkursrecht:* die vorzugsweise Befriedigung von Konkursgläubigern, die an Gegenständen der Konkursmasse ein Pfandrecht (auch Grundpfandrecht), ein kaufmännisches Zurückbehaltungsrecht, ein Recht auf Verwendungsersatz oder das Sicherungseigentum besitzen (§§ 47 ff. KO). – **3.** *Physiologie:* →Sekret.

Absorber, ein Körper, der eine Strahlung absorbieren (verschlucken) soll, v. a. bei *Kernreaktoren* (A.stab). Die vom A. aufgenommene Energie wird meist in Wärme umgewandelt.

absorbieren, aufsaugen, aufzehren; jemanden völlig in Anspruch nehmen.

Absorption, 1. die Verminderung der Energie eines Strahls (Licht, Elektronen u. a.) beim Durchgang durch Materie. Die abgegebene Energie wird dabei in andere Energieformen, z.B. Wärme, umgewandelt. Der **A.skoeffizient** gibt die Änderung des Energie- oder des Teilchenstroms beim Durchgang durch 1 cm Materie an. – **2.** die Bindung von Gasen oder Feuchtigkeit durch Flüssigkeiten oder feste Stoffe; zu unterscheiden von der →Adsorption.

Absorptionslinien, dunkle Linien im kontinuierl. Spektrum einer Lichtquelle, die infolge Absorption des Lichts durch Materie der Umgebung entstehen; A. ermöglichen Aussagen über die Gase auf der Sonne.

Abstammungslehre, *Deszendenztheorie, Evolutionstheorie,* Theorie, nach der (im Ggs. zur übernatürl. *Schöpfungslehre)* eine Höherentwicklung aller Lebewesen durch Umbildung der Arten stattgefunden hat. Die Höherentwicklung u. Spezialisierung geht dabei im Sinne eines verzweigten Stammbusches von wenigen Stammformen aus. Beweise für die A. sind unter vielen anderen die Auffindung von *Entwicklungsreihen,* die die allmähl. Umbildung von Merkmalen im Lauf der geolog. Zeitalter zeigen (z. B. Pferdereihe) u. die *Zwischenformen,* die zw. Eidechsen u. Vögeln (→Archaeopteryx), Fischen u. Amphibien u. einigen anderen Tiergruppen vermitteln. Wichtige Impulse erhielt die A. von J.-B. *de Lamarck,* der die treibenden Kräfte jedoch noch nicht richtig erkannte (→Lamarckismus). Grundlegend bis heute war hingegen die Evolutionstheorie Ch. *Darwins* (→Darwinismus).
Die wichtigsten Evolutionsfaktoren, die eine Veränderung u. Aufspaltung der Arten zur Folge haben, sind *Mutation, Selektion, Isolation* u. *Zufallswirkungen.* Ein bes. Problem der A. betrifft die Frage, ob die von der Evolutionsgenetik an den lebenden Arten festgestellten Entwicklungsvorgänge *(Mikroevolution, intraspezif. Evolution)* ausreichen, um den Gesamtablauf der Stammesgeschichte *(Makroevolution, transspezif. Evolution)* zu erklären. Heute herrscht die Annahme vor, daß die bekannten Evolutionsmechanismen sowohl für die Erklärung der Höherentwicklung *(Anagenese)* zu neuen Bauplänen wie für die Artbildung im Rahmen der bestehenden Baupläne *(Kladogenese, Stammverzweigung)* ausreichen u. daß in beiden Fällen nur die Entwicklungsgeschwindigkeiten verschieden sind. Die heutige A. ist durch die Berücksichtigung von Erkenntnissen der *Immunbiologie, Verhaltensforschung* u. *Kybernetik* gekennzeichnet.

abständig, Bez. für einen Baum, der abzusterben beginnt.

Abstich, das Ablaufenlassen des flüssigen Metalls oder aus Hochöfen; Verb: *abstechen.*

abstimmen, *Funktechnik:* Schwingkreise (z. B. eines Rundfunkempfängers) auf eine bestimmte Frequenz einstellen: durch Verändern von Kapazität (Kondensator) u. Induktivität (Spule).

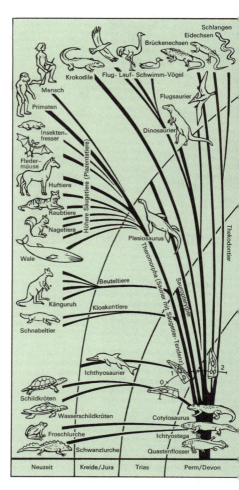

abstrakte Kunst: Wassily Kandinsky, Träumerische Improvisation; 1913. München, Staatsgalerie moderner Kunst

Abstammungslehre: Entfaltung der Landwirbeltiere vom Quastenflosser bis zu den Säugetieren (nach Hölder, 1968). Saurier ursprünglich mit 0 = keiner, 1 = einer und 2 = zwei Schädelöffnungen

Abstimmung, Verfahren, in dem Willensbildungsprozesse in polit. oder sozialen Vertretungskörperschaften, die auf der Grundlage des Mehrheitsprinzips entscheiden, ihren Ausdruck u. Abschluß finden. In der A. äußert sich der dann auch die Minderheit bindende Wille der Mehrheit. Bei der *offenen A.* treten die Stimmberechtigten mit ihrem Willen offen hervor, bei der *geheimen A.* wird ihre Anonymität geschützt. Es entscheidet die Mehrheit der abgegebenen Stimmen (einfach oder relativ bzw. absolute Mehrheit). Stimmengleichheit bedeutet Ablehnung. Stimmenthaltungen gelten als nichtabgegebene Stimmen.

Abstinenz, »Enthaltsamkeit«, Enthaltung von bestimmten Genüssen.

abstrakt, unanschaulich; nur mit Gedanken, nicht mit der Vorstellungskraft zu erfassen; losgelöst von allen greifbaren Details; Ggs.: konkret.

abstrakte Kunst, *absolute Kunst, ungegenständl. Kunst,* frz. *art non figuratif,* engl. *non-objective art,* eine Stilrichtung der modernen Kunst, deren Werke auf die Darstellung der gegenständl. Wirklichkeit, auf Illusionismus u. auf die Imagination von Gegenständen verzichten u. ihre Wirkung ausschl. durch Farben u. Formen anstreben; i. w. S. auch jede vom Wirklichkeitsvorbild abstrahierende ältere bildkünstler. Schöpfung, bes. aus archaischen Stilepochen.
In der europ. Malerei gelangte die a. K. nach 1910 in Werken von W. *Kandinsky,* F. *Marc,* R. *Delaunay,* P. *Klee* u. a. zum Durchbruch. Sonderströmungen waren die niederl. Bewegung »*De Stijl*« u. die von russ. Künstlern entwickelten Richtungen *Rayonismus, Suprematismus* u. *Konstruktivismus.* Die 1931 in Paris gegr. internationale Gruppe »*Abstraction-Création*« übernahm bis zum Beginn des 2. Weltkriegs die Führung. Abstrakte Nachkriegsmalerei: in Dtld. vor allem Arbeiten von W. *Baumeister,* E.W. *Nay,* H. *Trier* u. T. *Werner,*

in anderen Ländern Werke der geometr.-konstruktiven Richtung; *Action Painting* u. *Tachismus* führten zu einer Erweiterung der Darstellungsmittel. In neuerer Zeit folgte in der *Op-art* wieder eine Hinwendung zur Geometrisierung.
Parallel zur Entwicklung der abstrakten Malerei verliefen in der modernen Plastik Bestrebungen, gegenständl. Motive aus dem bildhauerischen Gestalten auszuschließen u. dafür »reine« eigengesetzliche Formen zu schaffen: H. *Arp*, M. *Bill*, C. *Brancusi*, E. *Chillida*, N. *Gabo*, Z. *Kemeny*, H. *Uhlmann* u. a. In totalitär regierten Staaten wird die a. K. entweder offiziell abgelehnt u. als »formalistisch« oder nur widerstrebend geduldet. Die nationalsozialist. Kulturpolitik erklärte Werke abstrakt gestaltender Künstler für »entartet«.

Abstraktion, das Absehen vom Besonderen, Einzelnen, Sinnlichen, um das (nur noch begrifflich faßbare) Allgemeine zu erhalten.

Abstrich, die Entnahme von Absonderungen oder Zellen für bakteriolog. Untersuchungen.

Absud, aus Pflanzen- u. Tierteilen durch Auskochen gewonnene Flüssigkeit.

absurd, sinn- u. vernunftwidrig, ungereimt, unlogisch. – *Ad absurdum führen:* eine Sinnwidrigkeit aufdecken oder verursachen (z. B. eine Behauptung durch den Nachweis unsinniger Konsequenzen widerlegen; ein vernünftiges Prinzip oder eine nützl. Einrichtung durch Übertreibung um ihren Sinn bringen).

absurdes Theater, eine Form des modernen Theaters, die in der Gestaltung von Handlung, Figuren u. Dialog des Dramas mit den Schockmitteln der Absurdität u. Alogik arbeitet, um die heutige Sinn- u. Ausweglosigkeit von Mensch u. Gesellschaft unmittelbar wiederzugeben. Als Vater des a.T. gilt A. *Jarry*; Hauptvertreter sind in Frankreich E. *Ionesco*, S. *Beckett*, A. *Adamov*, G. *Schehadé*, J. *Audiberti*, u. J. *Tardieu*, in Spanien F. *Arrabal* sowie in Dtld. G. *Grass* u. W. *Hildesheimer*.

Abszeß, *Abscheidung*, umschriebene u. gegen das gesunde Gewebe abgegrenzte Eiterung (Gewebseinschmelzung) im Körpergewebe.

Abszisse → Koordinaten.

Abt, seit *Benedikt von Nursia* der Vorsteher einer Mönchsgemeinschaft.

Abtei, selbständiges Kloster von Regularkanonikern, Mönchen oder Nonnen unter einem *Abt* oder einer *Äbtissin*.

abteufen, *niederbringen,* einen Schacht oder ein Bohrloch herstellen.

Abtragung, der Massenverlust des festen Landes durch Erosion (insbes. Wasser, Wind); Ergebnis ist die Einebnung der Oberfläche.

Abtreibung, *Schwangerschaftsabbruch, Schwangerschaftsunterbrechung,* vorsätzl. Abtöten der Leibesfrucht, z. B. durch Einleitung einer Fehlgeburt; grundsätzl. strafbar, jedoch in einigen Fällen (*Indikationslösung, Fristenlösung*) straffrei: In der BR Dtld. wurden A.en seit 1974 nicht bestraft, wenn sie innerhalb bestimmter Frist von einem Arzt vorgenommen wurden u. einer von vier gesetzl. Rechtfertigungsgründen (*Indikationen*) vorlag: a) Gefahr für das Leben oder schwerwiegende Gefahr für den körperl. oder seel. Gesundheitszustand der Schwangeren (*medizin. Indikation*); b) Wahrscheinlichkeit erbkranken oder sonst erhebl. gesundheitsgefährdeten Nachwuchses (*eugen. Indikation*); c) Schwangerschaft aufgrund einer Sexualstraftat (*kriminolog. Indikation*); d) Gefahr einer schwerwiegenden oder der Schwangeren nicht zumutbaren (z. B. familiären u. wirtsch.) Notlage (*soziale Indikation*). In der DDR u. nach der Wiedervereinigung übergangsweise noch in den neuen Bundesländern blieb die innerhalb bestimmter Frist vorgenommene A. unbestraft. 1992 wurde für ganz Dtld. anstelle der kriminolog. u. sozialen Indikation eine modifizierte Fristenlösung eingeführt, die eine A. innerhalb von 12 Wochen nach der Empfängnis für »nicht rechtswidrig« erklärte, sofern ihr eine Beratung der Schwangeren durch eine dafür staatl. anerkannte Stelle vorausgegangen war. Nach einem Urteil des Bundesverfassungsgerichts vom 28. 5. 1993 sind jedoch nicht indizierte A.en auch weiterhin rechtswidrig u. nur bei Wahrung strenger Beratungsauflagen nicht strafbar.

Abtretung, 1. *Zession,* die vertragl. Übertragung einer Forderung durch den bisherigen Gläubiger (*Zedent*) auf einen neuen Gläubiger (*Zessionar*). – **2.** die aufgrund eines völkerrechtl. Vertrags – meist eines Friedensvertrags – durchgeführte Übertragung der *Gebietshoheit* von einem Staat auf einen anderen Staat.

Abtrieb, 1. *Abtrift,* das Abtreiben des Viehs von der Sommerweide. – **2.** *Kahlschlag,* Abholzung.

Abu, Vater; Teil arab. Personennamen.

Abu Bakr, *um 573, †634, erster der legitimen Kalifen (632–634); Nachfolger Mohammeds u. dessen Schwiegervater durch *Aïscha*.

Abu Dhabi, Hptst. des gleichn. arab. Scheichtums (75 000 km², 670 000 Ew.) am Pers. Golf, 250 000 Ew.; reiche Erdölvorkommen; moderne Stadtarchitektur u. Verkehrsinfrastruktur, Meerwasser-Entsalzungsanlagen. Seit 1971 Mitgl. der *Vereinigten Arabischen Emirate*.

Abu Firas, *al-Hamdani,* *932, †968, arab. Dichter; Liebes- u. Jagdgedichte.

Abuja [abudʒa], seit 1992 Hptst. Nigerias, 270 000 Ew.; im Landesinnern an der Mündung des Benue in den Niger gelegen.

Abukir → Abu Qir.

Abulie [grch.], krankhafte Willensschwäche.

Abu Markub, *Schuhschnabel,* ein *Storch* mit schuhförmigem Schnabel; lebt an den Sümpfen des oberen Nil.

Abundanz [lat.], Überfluß, große Fülle.

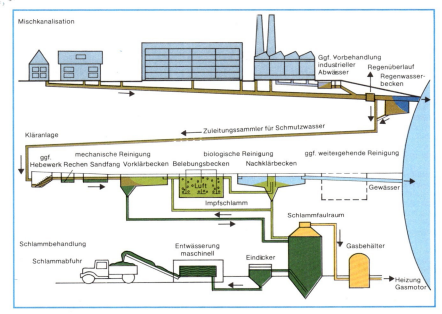

Schema der Abwasserreinigung in einer mechanisch-biologischen Kläranlage

Abu Qir, *Abukir,* ägypt. Seebad bei Alexandria, 7100 Ew. – Der Sieg des brit. Admirals H. *Nelson* bei A. Q. über die frz. Flotte (1.8.1798) machte England zur vorherrschenden Macht im Mittelmeer; er führte zum 2. Koalitionskrieg.

Abu Simbel, ägypt. Ort am Nil, nördl. der sudan. Grenze; auf dem linken Nil-Ufer zwei Tempel Ramses' II., die in den Fels gehauen sind, der größere mit 4 Kolossalstatuen des Königs (über 20 m hoch). Die Felsentempel wurden landeinwärts verlegt u. so vor der geplanten Überflutung (Assuan-Staudamm) gesichert.

Abwärme, *Abhitze,* die bei einem wärmetechn. Vorgang abgehende, im eigtl. Arbeitsprozeß nicht verbrauchte Wärmeenergie; A. führt zur Belastung von Gewässern u. Atmosphäre, sollte daher genutzt werden (**A.verwertung**), z. B. für Heizzwecke.

Abwasser, in Ind., Gewerbe u. Haushalt verunreinigt abfließendes Wasser, das in Menge u. Zusammensetzung starken Schwankungen unterliegt. Vor der Einleitung in ein Gewässer müssen die Abwässer in der Regel einer → Abwasserreinigung unterworfen werden.

Abwasserreinigung, Maßnahmen zur Verringerung der Schmutzfracht des Abwassers, die in der Regel in A.sanlagen (Kläranlagen) durchgeführt werden.

Abwehr, Sicherung vor geheimdienstl. Tätigkeit, → Spionage, auch der Geheimdienst selbst.

Abwehrmechanismus, von S. *Freud* geprägter Begriff für unbewußte Verhaltensformen, zur Vermeidung von Konflikten aus triebhaften Regungen heraus: z. B. *Verdrängung* (das Nicht-Wahrhaben-Wollen eines Erlebnisses).

Abwerbung, die Unterstützung der Abwanderung von Arbeitskräften aus einem Betrieb in einen anderen.

Abwertung, *Devalvation,* die Herabsetzung des Wertes (*Parität*) einer Währung gegenüber anderen Währungen, meist zur Anpassung an den schon

Tempel von Abu Simbel

Abydos

vorher im freien Handel gesunkenen Wert; Änderung des Wechselkurses. Die A. dient v. a. dem Abbau eines Defizits in der Leistungsbilanz; Ggs.: *Aufwertung*.

Abydos, 1. antike Hafenstadt in Mysien, an der engsten Stelle der Dardanellen; bekannt durch Xerxes' Brückenanbau (480 v. Chr.). – 2. grch. Name einer Ruinenstätte (altägypt. *Abodu*) in Ägypten, bei Luxor; bed. Verehrungsstätte des Gottes *Osiris*; Königsgräber.

Abyssalzone, der licht- u. pflanzenlose Lebensraum der Tiefsee in 3000–6000 m Tiefe. – **abyssal**, *abyssisch*, in der Tiefsee gebildet, dazu gehörend.

Abzahlung, *Ratenzahlung*, Zahlung eines Entgelts in Teilbeträgen. Das A.sgeschäft ist ein Kaufvertrag u. erfordert eine schriftl. Vereinbarung, in der Barzahlungspreis, Teilzahlungspreis, Betrag, Zahl u. Fälligkeit der Teilzahlungen sowie effektive Jahreszinsen enthalten sein müssen. Bei allen A.sgeschäften gibt es ein Rücktrittsrecht *(Reuerecht)* durch schriftl. Widerruf binnen einer Woche.

Abzehrung, *Auszehrung*, rasch fortschreitende Abmagerung bei zehrenden Krankheiten (Tuberkulose, Geschwülste u. a.); *Marasmus*, allg. Kräfteverfall (Kachexie), bes. im hohen Alter.

Abzeichen, allg. Kennzeichnung zum Zwecke der Zugehörigkeit. *Biol.:* Haut- u. Haarflecken bei Säugetieren; meist heller als das Deckhaar; z. B. *Blume*, *Blesse*.

Abzug, 1. *Rauch-A.*, Einrichtung zum Abführen von Gasen oder Dämpfen, z. B. für Öfen, auch für Entlüftungsanlagen. – 2. Fotokopie; Kopie eines Negativs. – 3. bei Schußwaffen Vorrichtung zum Auslösen des Schusses.

Académie Française [-frã'sε:z], staatl. frz. Gesellschaft zur Pflege der frz. Sprache u. Literatur (»die 40 Unsterblichen«), 1629 als private Vereinigung gegr.; Hauptaufgaben damals: Abfassung des »Dictionnaire de l'Académie«. Die A. F. ist seit 1803 ein Teil des *Institut de France*.

Acajoubaum [-'ʒu:-], trop. Baum mit eßbaren Fruchtstielen *(Acajouäpfel)* u. Früchten *(Cashewnüsse, Elefantenläuse)*, die hpts. geröstet verzehrt werden.

a cappella, mehrstimmiger Gesang ohne Instrumente.

Acapulco, amtl. *A. de Juárez* [-xu'ares], mex. Hafenstadt sowie Seebad an der pazif. Küste. 590 000 Ew.; günstiges Klima von Oktober bis Mai.

accelerando [atʃε-; ital.], Abk. *accel.*, musikal. Vortragsbez.: allmählich schneller werdend.

Accent aigu [ak'sãtε'gy] →Akzent (2).

Accent circonflexe [ak'sã sirkɔ̃'flεks] →Akzent (2).

Accessoires [aksε'swa:rs;,frz.], mod. Zubehör zu Kleidungsstücken.

Accompagnato [-pa'nja:to], *recitativo accompagnato* →Rezitativ.

Accra, *Akkra*, Hptst. u. wichtigster Handelsplatz von Ghana, W-Afrika, rd. 1,6 Mio. Ew. (Aggl.); Univ. (gegr. 1948). Int. Flughafen, Hafen.

Aceraceae, die Ahorngewächse.

Acetaldehyd, Ethanal, »Aldehyd«, ein aliphat. Aldehyd, CH_3-CHO; farblose Flüssigkeit von betäubendem Geruch; bed. zur Herstellung von Essigsäure; ein häufiges Lösungsmittel.

Acetale, Verbindungen von Aldehyden oder Ketonen mit Alkoholen.

Acetate, die Salze der Essigsäure, die entstehen, wenn man den Carboxylwasserstoff der Essigsäure durch Metallatome ersetzt. Bekannt ist Aluminiumacetat als adstringierendes Mittel (essigsaure Tonerde).

Acetessigester, die Ester der →Acetessigsäure; farblose Flüssigkeit, für chem. Synthesen.

Acetessigsäure, 3-Oxobuttersäure, Acetylessigsäure, CH_3-CO-CH_2-COOH, eine Ketosäure, die durch Oxidation aus 3-Hydroxybuttersäure entsteht. Sie findet sich im Harn von Zuckerkranken; zerfällt in Aceton u. Kohlendioxid.

Aceton, *Dimethylketon*, *Propanon*, CH_3-CO-CH_3, das einfachste aliphat. Keton; eine farblose, angenehm riechende, leicht entzündbare Flüssigkeit (Flammpunkt –15 °C); für viele organ. Synthesen (z. B. Sulfonalsynthese) verwendet; Lösungsmittel für Acetylen *(Dissous-Gas)*; löst ferner Lacke, Fette, Harze, Asphalt, Kunstfasern, Acetylcellulose u. a.

Acetonämie, eine Kohlenhydratstoffwechselstörung; das Auftreten von *Aceton* im Blut oder im Harn *(Acetonurie)*.

acetonämisches Erbrechen, eine bei Kindern bes. zwischen dem 2. u. 8. Lebensjahr vorkommende Störung des Zuckerstoffwechsels, die sich vor allem in anfallsweisem heftigen, schwer stillbarem Erbrechen äußert.

Acetonurie, das Ausscheiden von *Aceton* im Harn infolge gestörten Kohlenhydratstoffwechsels, z B. bei Zuckerkrankheit (Diabetes mellitus), Hunger.

Acetylcellulose, *Celluloseacetat*, ein Gemisch von Essigsäureestern der Cellulose; Ausgangsprodukt für die Herstellung von Chemiefasern, Lacken u. schwer brennbaren Filmen (Sicherheitsfilmen).

Acetylcholin, chem. Überträgerstoff; wird in Spuren auf enzymat. Wege im Organismus gebildet u. ist für die Reizleitung innerhalb des vegetativen Nervensystems unerläßlich; wirkt blutdrucksenkend.

Acetyle, von der *Essigsäure* abgeleitete chem. Verbindungen, die die Gruppierung CH_3CO- *(Acetylgruppe)* tragen.

Acetylen, *Äthin, Ethin*, ein ungesättigter aliphat. Kohlenwasserstoff mit dreifacher Kohlenstoff-Kohlenstoff-Bindung; Formel: $HC\equiv CH$; erstes Glied an der Reihe der *Acetylene* u. eine der wichtigsten Substanzen der techn. Chemie.

Acetylsalicylsäure →Aspirin.

Acetylsäure →Essigsäure.

Achäer, *Achaier, Achaioi, Achiver*, frühgriech. Volksstamm (bei Homer u. im lat. Sprachgebrauch die Gesamtheit der Griechen) in Thessalien u. Peloponnes; Träger der *myken.* Kultur.

Achaïa, alte Bez. *Aigialos*, grch. Landschaft u. Bez. an der Nordküste des Peloponnes, Hauptort Patras; im MA einer der *Kreuzfahrerstaaten*.

Achäischer Bund, 280 v. Chr. gegen die Diadochen *Antigonos Gonatas* gegr. Vereinigung von Städten in Achaia (Peloponnes); bes. ab 251 v. Chr. (Beitritt Sikyons) erfolgreich gegen Sparta; 243 v. Chr. auch Beitritt *Korinths*.

Achalm, frei stehender Bergkegel in der Schwäbischen Alb, östl. von Reutlingen, 705 m.

Achämeniden, *Achaimeniden*, ein altpers. Herrschergeschlecht, das sich auf den sagenhaften Stammvater *Achaimenes* (Hachamanisch) zurückführte. Es herrschte etwa 700 v. Chr. bis 330 v. Chr. Die bed. Herrscher waren Kyros II. u. Dareios I. Dareios III. wurde von *Alexander d. Gr.* 331 v. Chr. in der Schlacht bei Gaugamela (W-

achämenidische Münze, London, Britisches Museum

Türkei) vernichtend geschlagen, u. das Reich der A. ging in das Weltreich Alexanders d. Gr. über.

Achäne, *Achene*, einsamige, nußähnl. Schließfrucht der Korbblütler.

Achard [a'ʃa:r], 1. Franz Karl, * 1753, † 1821, dt. Chemiker; führte die Herstellung von Zucker aus Zuckerrüben ein u. gründete 1801 die erste Rübenzuckerfabrik in Kunern (Schlesien). – 2. Marcel, * 1899, † 1974, frz. Schriftsteller; schrieb zahlreiche charmante Komödien.

Achat, ein Schmuckstein; aus dünnen Lagen wechselnder Färbung bestehendes Mineral (amorphe Kieselsäure), Abart des Chalcedons; als *A.mandeln* in Hohlräumen von Ergußgesteinen. Sonderform *Onyx* (schwarz-weiße Bänderung).

Achatschnecken, *Achatina*, große Landschnecken des trop. Afrika; zu den *Lungenschnecken* gehörig.

Achebe [a'tʃεbε], Chinua, * 15.11.1930, nigerian. Schriftsteller; Romane, Erzählungen.

Achen, Abfluß des *A.sees* nach N, heißt auf bayer. Gebiet *Walchen*; fließt in die Isar.

Achen, Johann von →Aachen.

Achenbach, Andreas, * 1815, † 1910, dt. Maler u. Graphiker; malte Landschaften u. Seestücke nach dem Vorbild der niederländ. Landschaftsmaler des 17. Jh.; Vertreter der Düsseldorfer Schule.

Achensee, mit 7,3 km² der größte See in Tirol (Östr.), 929 m ü. M., zwischen Karwendel im W u. Sonnwendgebirge (Rofangruppe) im O; seit 1927 Stausee (66 Mio. m³) für das *A.-Kraftwerk* (220 Mio. kWh).

Achern, Stadt in Ba.-Wü., am nördl. Schwarzwald (Hornisgrinde), an der Acher (zum Rhein), 21 000 Ew.; Glashütte.

Acheron, grch. Fluß im südl. Epirus; in der grch. Sage in die Unterwelt unströmender Fluß.

Acheson ['ætʃisən], Dean Gooderham, * 1893, † 1971, US-amerikan. Politiker (Demokrat); unterstützte F. D. Roosevelts gegen die Achsenmächte gerichtete Politik, bes. seit 1939 *(Lend-Lease-Abkommen)*; 1949–53 Außenmin.

Acheuléen [aʃøle'ɛ̃], Kulturstufe der Altsteinzeit, benannt nach *Saint-Acheul* bei Amiens.

Achilles [lat.], grch. *Achilleus*, *Achill*, Held der *Ilias*, der grch. Sage vor Troja, Sohn des Myrmidonenkönigs Peleus (danach der »Pelide«) u. der Meergöttin Thetis. Er schlug Hektor, weil dieser seinen Freund Patroklos getötet hatte, u. fiel durch einen von Apoll gelenkten Pfeil des Paris, der ihn in die einzige verwundbare Stelle seines Körpers, die Ferse **(Å.ferse)** traf. →Penthesilea.

Achillessehne, die für die Fußbewegung wichtige Sehne der Wadenmuskulatur.

Achim, Stadt in Nds., an der Weser südöstl. von Bremen, 29 000 Ew.; Brotfabrik.

Achmatowa, Anna, eigtl. Anna Andrejewna *Gorenko*, * 1889, † 1966, russ. Schriftst. (v. a. persönl. gehaltene Gedichte); Vertreterin des Akmeismus.

Acholie, Mangel an Galle.

Achromat, eine Linsenkombination aus verschiedenen Glassorten mit unterschiedlicher Brechkraft (Kron- u. Flintglas) zur Behebung von Farbabweichungen.

Achromatosis, Pigmentmangel der Haut.

Achse, 1. eine gedachte Gerade, um die sich ein Körper dreht (Rotations-A.). – 2. die gedachte Mittellinie von langgestreckten Bauwerken (Straßen, Kanäle u. ä.). – 3. ein feststehendes Maschinenteil (Stab), um das ein anderer Teil rotiert. – 4. *Math.:* →Koordinaten. – 5. *Optik:* eine Gerade mit bes. Symmetrie-Eigenschaften (z. B. die Gerade durch die Linsenmittelpunkte eines opt. Systems).

Acetylen: Stammbaum der gewonnenen Stoffe

Achsel, die Schulter des Menschen; *i. e. S.* die A.höhle zwischen seitl. Brustwand, Oberarm u. Schulterblatt mit Schweiß- u. Talgdrüsen.

Achsenmächte, das nat.-soz. Dtld. u. das faschist. Italien *(Achse Berlin-Rom;* Ausdruck von Mussolini); 1940 mit Japan zur Achse Berlin-Rom-Tokio erweitert.

Achslast, der Teil des Fahrzeuggewichts, der bei Stillstand oder bei waagerechter Unterlage von einer Achse auf die Fahrbahn oder Schiene übertragen wird.

Achsstand, *Radstand,* der Abstand der Fahrzeugachsen.

Acht, Strafe des altdt. Rechts bei schwerem Friedensbruch (schwerwiegenden Verbrechen). Der *Geächtete* wurde friedlos, rechtlos u. vogelfrei; er verlor den Sittenschutz u. sollte von jedermann getötet, von niemandem unterstützt werden. Er verlor auch sein Vermögen; seine Frau wurde Witwe, seine Kinder Waisen. Die A. kam einem Todesurteil gleich. – **A. u. Bann,** die mit der weltl. A. verbundene kirchl. Exkommunikation, widerfuhr M. Luther 1521.

Achter, mit 8 Ruderern u. einem Steuermann besetztes Rennruderboot; Länge bis 18 m, Breite 70 cm.

Achtermannshöhe, dritthöchster Berg im Harz, nördl. von Braunlage, 926 m.

achtern [seemänn.], hinten.

Achternbusch, Herbert, * 23.11.1938, Filmemacher u. Schriftst.; sozialkrit. mit Neigung zum Surrealen.

Achtundvierziger, die Teilnehmer der Märzrevolution von 1848 in Dtld. u. Österr., bes. die Mitgl. der Frankfurter Nationalversammlung.

Acidität, *Azidität,* die Säurewirkung (Säuregrad) eines Stoffs; bes. die A. des Magensafts.

Acidose, *Acidosis,* Blutübersäuerung, sog. Säurevergiftung; Anhäufung von sauren Stoffen im Körper als Folge von Stoffwechselstörungen.

Acidum, Abk. *Acid.,* Säure.

Acier [a'sje], Michel-Victor, * 1736, † 1795, frz. Bildhauer u. Porzellanmodelleur; 1764–80 Modellmeister an der Porzellanmanufaktur Meißen.

Acireale [atʃi-], ital. Hafenstadt auf Sizilien, Seebad u. Luftkurort am Fuß des Ätna, 48 000 Ew.

Acker, früheres dt. Feldmaß verschiedener Größe, zwischen 23,87 a (Kurhessen) u. 64,43 a (Sachsen-Altenburg).

Ackerbürger, Stadtbürger, die ihren Landsitz in der Stadtgemarkung als Landwirte bewirtschafteten; in kleinen Landstädten früher die Mehrzahl der Bürger.

Ackerdistel, ein *Korbblütler;* Unkraut.

Ackergare, *Bodengare,* optimaler Bodenzustand für das Wachstum der Pflanzen; zu erreichen durch richtige Bodenbearbeitung, zweckmäßige Fruchtfolge u. ausreichende Versorgung mit Humus u. Nährstoffen.

Ackerkrume, die regelmäßig von Pflug oder Spaten gewendete Bodenschicht (15–25 cm), reich an Bakterien u. Kleinlebewesen u. meist von dunkler Färbung (Humusgehalt).

Ackersenf, gelbblühender *Kreuzblütler;* Unkraut.

Ackerwinde, ein *Windengewächs;* ein sog. Wurzelunkraut. Jedes abgerissene u. im Boden verbleibende Bodenstück kann neue Pflanzen bilden.

Aconcagua, *Cerro de A.,* erloschener Vulkan, höchster Berg Amerikas, in den argentinischen Anden nahe der chilenischen Grenze, 6960 m; 1897 erstmalig durch den Schweizer M. *Zurbriggen* erstiegen.

a conto, *a c.,* auf Rechnung, auf Konto. – **Akontozahlung,** Zahlung auf Abschlag (meist im voraus), Teilzahlung.

Acosta, *da Costa,* Gabriel, * um 1585, † 1640 (Selbstmord), jüd.-portug. Religionsphilosoph. Die Kritik, die er am Judentum übte, führte zum Bannfluch (in Amsterdam).

Acquit [a'ki], Empfangsbescheinigung, Quittung.

Acqui Terme, ital. Bad in Piemont, 18 000 Ew.

acre ['eikə], engl. u. amerik. Flächenmaß: 1 acre = 4046,8 m².

Acre, Staat in →Brasilien.

Acrylfarben, schnelltrocknende Dispersionsfarben; werden häufig in der zeitgenöss. Malerei verwendet.

Acrylharze, *Methacrylharze,* eine Gruppe von Kunststoffen, die durch Polymerisation von Derivaten der *Acrylsäure* $CH_2 = CH-COOH$ oder der *Methacrylsäure* $CH_2 = C(CH_3)$-COOH gewonnen werden. A. sind klar durchsichtig, thermoplastisch, wetterfest u. leicht spanabhebend zu bearbeiten; vielseitig einsetzbar.

Acrylnitril, *Vinylcyanid,* $CH_2 = CH-CN$, das Nitril der Acrylsäure; u. a. aus Acetylen u. Blausäure gewonnen; Ausgangsprodukt für Kunststoffe u. -fasern; auch in Insektengift; als krebserzeugender Arbeitsstoff eingestuft.

Acrylsäure, *Propensäure, Vinylcarbonsäure,* eine ungesättigte, zur Ölsäurereihe gehörende Monocarbonsäure, $CH_2 = CH-COOH$. Sie polymerisiert, wie ihre Ester, leicht zu glasartigen Kunststoffen; wird zu Lacken u. Bindemitteln verarbeitet.

Act [ækt], dt. *Akte,* in angelsächs. Ländern verwendetes Wort für »Gesetz«; z. B. *Act of Settlement, Navigationsakte.*

Acta Apostolicae Sedis, bis 1909 *Acta Sanctae Sedis,* offizielles Gesetzblatt u. amtl. Publikationsorgan des Hl. Stuhls.

ACTH, Abk. für *Adrenocorticotropes Hormon (Adrenocorticotropin),* ein von den basophilen Zellen des Hypophysenvorderlappens gebildetes, eiweißhaltiges Hormon (Proteohormon), das die Tätigkeit der Nebennierenrinde anregt.

Actinoide, *Actinide,* die im Periodensystem der Elemente auf das *Actinium* folgenden Elemente mit den Ordnungszahlen bis 103.

Actinomycetales, Ordnung stäbchenförmiger, unbeweglicher Bakterien, z. B. die *Strahlenpilze.*

Action française [ak'sjɔ̃frɛ'sɛːz], eine frz. monarchist.-nationalist. Bewegung, die 1898 im Anschluß an die Dreyfus-Affäre unter Führung von Charles *Maurras* entstand; 1945 aufgelöst.

Action Painting ['ækʃən'peintiŋ], in der modernen Malerei eine Richtung des *abstrakten Expressionismus,* die die spontane schöpfer. Niederschrift auf zumeist großen Malfeldern betont, mit Erweiterung der Ausdrucksformen durch Spritzen, Gießen u. Tröpfeln der Farben. Hauptvertreter u. a. J. *Pollock,* W. de *Kooning,* M. *Tobey.*

Act of Settlement [ækt ɔv 'setlmənt], das 1701 zur Sicherung der prot. Thronfolge in England erlassene Gesetz, das die Stuarts ausschloß u. 1704 die hannoversche Linie auf den engl. Thron brachte.

acyclische Verbindungen →aliphatische Verbindungen.

ad absurdum →absurd.

ADAC →Allgemeiner Deutscher Automobil-Club.

ad acta [lat.], »zu den Akten« (legen); erledigt.

adagio [a'da:dʒo; ital.], *Musik:* langsam, getragen, ruhig.

Adalbert, 1. * 956, † 997, Bischof von Prag seit 983; von heidn. Pruzzen erschlagen; Heiliger (Fest: 23.4. u. 25.8.). – **2.** * um 1000, † 1072, Erzbischof von Hamburg-Bremen 1043–72; zeitweise Vormund des jungen *Heinrich IV.*

Adam [hebr., »Mensch«], Name des 1. Menschen im bibl. Schöpfungsbericht (1. Mose 1–2); mit *Eva* Stammeltern des Menschengeschlechts.

Adam [a'dã], Adolphe Charles, * 1803, † 1856, frz. Komponist. Ⓦ Oper »Der Postillon von Lonjumeau«, Ballett »Giselle«.

Adamaoua [-'maua], hochgelegene Landschaft im N Kameruns; wellige Trockensavanne.

Adam de la Halle [a'dadla'al], * um 1237, † 1286 oder 1287, frz. Komponist u. Dichter (ein *Trouvère*); Schöpfer des ersten Singspiels (»Le Jeu de Robin et de Marion«).

Adamello, vergletscherte Gebirgsgruppe östl. der Bergamasker Alpen; *Monte A.* 3554 m.

Adamov, Arthur, * 1908, † 1970, frz. Schriftst.

Der Kampf zwischen Hektor und Achilles, dargestellt auf einem antiken Gefäß (um 500 v. Chr.). London, Britisches Museum

---

Addison   15

russ. Herkunft; Verfasser avantgardist. Theaterstücke.

Adams, 1. Ansel, * 1902, † 1984, amerik. Photograph; schuf monumental wirkende Landschaftsaufnahmen. – **2.** Henry, * 1838, † 1918, amerik. Historiker, Kulturphilosoph u. Schriftst. – **3.** John, * 1735, † 1826, amerik. Politiker (Federalist); 2. Präs. der USA (1797–1801), Mitunterzeichner der Unabhängigkeitserklärung; führte einen »unerklärten Krieg« gegen Frankreich. – **4.** John Quincy, Sohn von 3), * 1767, † 1848, amerik. Politiker; 6. Präs. der USA (1825–29), Jefferson-Republikaner. – **5.** John, * 15.2.1947, amerik. Komponist (Oper »Nixon in China«). – **6.** Samuel, * 1722, † 1803, amerik. Revolutionär; führte die radikalen Patrioten.

Adamsapfel, vorragender Schildknorpel am Hals des Mannes.

Adam's Peak ['ædəmz pi:k], *Samanalakanda,* »heiliger« Berg Sri Lankas, 2243 m; Wallfahrtsort für Hindus, Buddhisten, Moslems u. Christen (an-

Adam's Peak: Blick auf Pilgerweg und Dagoba

geblich Fußabdruck Shivas, Buddhas oder Adams).

Adams-Stokes-Syndrom ['ædəmz stouks-], *Adams-Stokesscher Anfall,* anfallsartig auftretende Ohnmacht. Herzschlagverlangsamung u. manchmal Krämpfe infolge einer Minderdurchblutung des Gehirns; Ursache sind Störungen des Reizleitungssystems des Herzens.

Adam von Bremen, † nach 1081, dt. Geschichtsschreiber u. Geograph; schrieb die Geschichte der Hamburg-Bremer Erzbischöfe. Das 4. Buch gibt die erste ausführl. Beschreibung der Länder des Nordens im MA.

Adana, türk. Prov.-Hptst. südl. des Taurus am Seyhan Neri (Wasserkraftwerk), 780 000 Ew.; Univ. (gegr. 1947); vielseitige Industrie.

Adapazari [-zari], *Sakarya,* türk. Prov.-Hptst. östl. von Istanbul, 105 000 Ew.; Industrie.

Adaptation, *Adaption* →Anpassung. – **adaptieren,** (sich) anpassen.

Adapter, Zusatzstück zur Anpassung zweier Geräteteile aneinander.

adäquat [lat.], angemessen, entsprechend.

Adda, l. Nbfl. des Po, 313 km; durchfließt das Veltlin u. den Comer See.

Addams ['ædəmz], Jane, * 1860, † 1935, US-amerikan. Sozialpolitikerin; führend in der sog. Settlementsarbeit; Pazifistin; Friedensnobelpreis 1931.

addieren, zusammenzählen.

Addis Abeba [amhar. »Neue Blume«], seit 1898 Hptst. u. wirtschaftl. Zentrum von Äthiopien, rd. 2400 m ü. M., 1,5 Mio. Ew.; 1887 von *Menelik II.* gegr.; Univ. (1961); Sitz der OAU u. der UN-Wirtschaftskommission für Afrika (ECA); internat. Flughafen.

Addison ['ædisən], **1.** Joseph, * 1672, † 1719, engl. Schriftst.; schrieb gesellschaftskrit. Essays in den ersten moralischen Wochenschriften (»The Tatler«, »The Spectator«). – **2.** Thomas, * 1793, † 1860, britischer Arzt; beschrieb 1855 erstmals die nach ihm benannte **A.sche Krankheit,** beruht auf einer Unterfunktion der Nebennieren, bes. der Nebennierenrinden; Anzeichen: Muskelschwäche, Gewichtsabnahme, Kräfteverfall, abnorme Braun-

färbung von Haut u. Schleimhäuten (»Bronzehaut«).
Addition, *Summation,* das Zusammenzählen gleichartiger Größen, erste Grundoperation der Arithmetik. Das Ergebnis heißt *Summe.*
Additive ['æditi:v], ein Zusatz, der Motorenschmierstoffe (Öle) veredelt.
Adduktor, Muskel zum Heranziehen *(Adduktion)* eines Körperglieds; Gegenspieler ist der *Abduktor.*
Adebar, Name des Storches.
Adel, ein aufgrund von Geburt, Besitz oder Verdienst erworbener Stand mit erbl. Privilegien; in allen Hochkulturen eine Form der polit., militär. u. kulturellen Führungs- u. Herrschaftsschicht. In Europa fand der A. seine entscheidende Ausprägung im MA (Lehnswesen); er bestimmte bis ins 18. u. 19. Jh. das polit., militär. u. weitgehend auch das kulturelle Leben. Im Frankenreich verschmolz der Ur-A. mit dem *Stammes-A.* (beides: *Hoch-A.*), hierzu: Kurfürsten, Reichsfürsten u. -grafen. Im Hochmittelalter bildete sich dazu aus den freien Rittern u. Ministerialen der *niedere A.,* der zum Träger der ritterl. Kultur wurde. Der *Brief-A.* wurde seit dem 16. Jh. durch kaiserl. *A.sdiplom* (A.sbrief) verliehen, im 17. u. 18. Jh. auch erkauft. Neben dem erbl. A. gab es den *Personen-* oder *Verdienst-A.,* der oft an bestimmten Ämter u. Auszeichnungen gebunden war.
Bis ins 18. u. 19. Jh. genoß der A. polit. u. soziale Vorrechte (polit. Mitwirkung, Steuerfreiheiten, Anspruch auf Dienste u. Abgaben seiner Bauern, Anspruch auf die höheren Beamten- u. Offiziersstellen) u. schloß sich in vielen Ländern durch Heiratsvorschriften von anderen Ständen ab. In Dtld. ist das Führen des A.titels als Bestandteil des Namens erlaubt, in Östr. ist der A. abgeschafft.
Adelaide ['ædəlid], Hptst. des Bundesstaats Südaustralien, östl. vom St.-Vincent-Golf, 1,04 Mio. Ew.; 2 Univ. (gegr. 1874 u. 1966); Außenhafen Port-A.
Adelboden, Kurort u. Wintersportplatz im Engstligental (Berner Oberland, Schweiz), 1353 m ü. M., 3000 Ew.
Adelgunde, †695 oder 700, Gründerin u. erste Äbtissin des Klosters Maubeuge, N-Frankreich; Heilige (Fest: 30.1.).
Adelheid, *931, †999, röm.-dt. Kaiserin; Frau König Lothars II. von Italien (†950) u. seit 951 Ottos d. Gr.
Adelheid von Vilich, †1008 oder 1021, erste Äbtissin des Kanonissenstifts Vilich bei Bonn, später Äbtissin von St. Maria im Kapitol zu Köln; Heilige (Fest: 5.2.).
Adélieland, antarkt. Gebiet südl. von Tasmanien, 390 000 km²; seit 1924 frz. Interessengebiet.
Adelsberg, Stadt in Slowenien, 4900 Ew.; in der Nähe die *A.er Grotten* (Tropfsteinhöhlen), 22 km lang.
Adelung, Johann Christoph, *1732, †1806, dt. Aufklärungsphilosoph u. Sprachforscher; W »Versuch eines vollständigen grammat.-krit. Wörterbuchs der hochdt. Mundart« 5 Bde. 1774 - 86.
Aden [εidn], führende Hafen-, Industrie- u. Handelsstadt in Südjemen, an der Südwestspitze der Arab. Halbinsel, 370 000 Ew.
Gesch.: 1839 – 1963 mit Hinterland *brit. Kronkolonie* (194 km²) u. Seefestung. Aus A. u. dem Protektorat Südarabien (aus 26 Sultanaten, Emiraten u. Scheichtümern) entstand 1967 die unabhängige Republik Südjemen (1970–90 *Demokrat. Volksrepublik Jemen,* Hptst. A.).
Adenau, Stadt in Rhld.-Pf., in der Hohen Eifel, 2800 Ew.; in der Nähe der *Nürburgring* (Rennstrecke).
Adenauer, Konrad, *1876, †1967, dt. Politiker; erster Kanzler der BR Dtld.; 1917–33 Oberbürgermeister der Stadt Köln, 1920–33 Präs. des preuß. Staatsrats; 1933 von den Nationalsozialisten seines Bürgermeisteramts enthoben. 1934 u. 1944 vorübergehend inhaftiert; Mai – Okt. 1945 erneut Kölner Oberbürgermeister, Gründungs- u. Vorstandsmitgl. der CDU, 1946 deren Vors. in der brit. Zone. 1950–66 Bundesvors.; 1948/49 Präs. des Parlamentar. Rats, 1949–67 MdB; 1949–63 Bundeskanzler. – Unter dem Eindruck der Isolierung, überzeugt von einer Bedrohung durch die Sowjetunion betrieb er, 1951–55 zugleich Außen-Min., eine *Politik der Westintegration* (1951 Montanunion u. Europarat; 1952 Dtld.-Vertrag; 1954/55 WEU u. NATO, Wiedererlangung der Souveränität;

Konrad Adenauer: Als Vorsitzender des Parlamentarischen Rates unterzeichnet Adenauer das Grundgesetz, die Verfassung der BR Deutschland

1957/58 EWG u. Euratom). Das Kernstück dieser Politik war die *Aussöhnung mit Frankreich* (1963 dt.-frz. Freundschaftsvertrag mit Ch. de Gaulle). Mit der Sowjetunion vereinbarte er 1955 die Aufnahme diplomat. Beziehungen u. erreichte dabei die Freilassung 10 000 dt. Kriegsgefangener. Innenpolit. war die »Ära A.« gekennzeichnet von der Errichtung eines demokrat. Staatswesens, in dem sich die Persönlichkeit des Kanzlers deutlich ausprägte (»Kanzlerdemokratie«), sowie vom Wiederaufbau u. »Wirtschaftswunder« (hauptsächl. Ludwig *Erhard* zu verdanken). A., der dreimal (1953, 1957 u. 1961) zum Kanzler wiedergewählt wurde u. 1957 mit der CDU/CSU die absolute Mehrheit im Bundestag errang, trat am 15.10.1963 zurück, auf Drängen des Koalitionspartners FDP, aber auch starker Kräfte seiner eigenen Partei.
adenoid, drüsenähnlich, lymphknotenähnlich. – **a.e Wucherungen,** Vergrößerungen des Mandelgewebes des Nasen-Rachen-Raums.
Adenom, eine gutartige Drüsengeschwulst, die dem normalen Drüsengewebe weitgehend gleicht.
Adenosin, ein *Nucleosid,* in der Natur als glykosidartige Adeninzuckerverbindung vorkommend u. als Pharmazeutikum verwendet.
Adenosintriphosphat, Abk. *ATP,* ein *Nucleotid,* aufgebaut aus Adenin, Ribose u. 3 Molekülen Phosphorsäure. ATP ist eine Speicherform von Energie in der Zelle: Die beim Abbau der Nahrungsstoffe freiwerdende Energie wird für die Bildung von ATP auf Adenosindiphosphat (ADP) u. anorganischem Phosphat (P) benutzt *(Phosphorylierung):* ADP+P+Energie → ATP. Diese in der geknüpften Phosphatbindung enthaltene Energie steht der Zelle für ihre Arbeit zur Verfügung u. kann entweder zur Synthese zelleigener Bestandteile verbraucht werden oder in andere Energieformen (z. B. in mechan. Energie bei der Muskelkontraktion) umgewandelt werden. Dabei wird ATP wieder hydrolytisch gespalten in ADP u. P unter Freisetzung von 20–32 kJ/Mol.
Adeps, Fett; *A. lanae,* Wollfett; Salbengrundlage.
Adept, Eingeweihter, Jünger, bes. bei Mysterien u. in der Alchemie.
Aderlaß, Blutentziehung (150 – 300 cm³) durch Einstich *(Punktion)* oder Einschneiden *(Venaesectio)* einer Ellenbogenvene; eines der ältesten ärztl. Heilverfahren; heute selten zur Kreislaufentlastung u. Blutentgiftung.
Adern, 1. *Blutgefäße,* das Gerüst des Blutgefäßsystems: Röhren, in denen das Blut vom Herzen zu den Organen u. Geweben fließt *(Schlagadern, Arterien)* u. von dort zum Herzen zurückkehrt *(Blutadern, Venen).* – **2.** die ein Gestein durchsetzenden feinen Risse eines anderen Gesteins, Erzes oder Minerals. – **3.** *Blattrippen,* die von außen sichtbare Leitbündel der Blätter. – **4.** isolierte Leiter in Kabeln. – **5.** unterird. Wassergänge.
Adhäsion,
das Haften der Moleküle verschiedener flüssiger u. fester Stoffe aneinander; Ggs.: *Kohäsion.*
ad hoc [lat.], zu diesem Zweck.
ad honorem [lat.], ehrenhalber.
adiabatisch, Bez. für physikal. Vorgänge (z. B. Ausdehnung von Gasen), bei denen keine Wärme aufgenommen oder nach außen abgegeben wird.
Adiantum, im trop. Amerika heim. Gattung der Farne; hierzu *Venus-* oder *Frauenhaar.*
Adiaphora, Dinge oder Handlungen, die von einem ethischen oder religiösen Standpunkt aus weder zu verurteilen noch zu empfehlen sind.
Adige ['adidʒε], ital. für →Etsch.
Adi Granth, das hl. Buch der Sikhs; verehrt im »Goldenen Tempel« in Amritsar (Indien).
Ädikula, architekton. gegliederte Nische, Schrein, kleine Kapelle.
Ädil →Aedil.
ad infinitum [lat.], bis ins Unendliche.
adipös, fett, verfettet, an Fettsucht leidend.
Adipositas, *Obesitas,* Fettsucht, krankhafte Körperfettansammlung.
Adirondack Mountains [ædi'rɔndæk 'mauntinz], *Adirondacks,* nordöstl. Ausläufer der Appalachen im Staat New York, im *Mt. Marcy* 1629 m; Olympiaort *Lake Placid.*
Adjektiv, *Adjectivum, Eigenschaftswort, Beiwort,* Wortart zur Bez. der Eigenschaft einer Person oder Sache; kann gesteigert werden.
Adjman ['adʒ-], Scheichtum der →Vereinigten Arabischen Emirate.
Adjudikation, 1. gerichtl. Zuerkennung eines Rechts; in der *Zwangsversteigerung:* →Zuschlag. – **2.** *Völkerrecht:* die Zuerkennung von Gebieten durch Entscheidungen internat. Gerichte, Schiedsgerichte, Vergleichskommissionen u. a.
Adjunkt, (Amts-)Gehilfe, bes. von ev. Geistlichen; *östr.:* Titel für jüngere Beamte.
adjustieren, einpassen, zurichten, (fein) einstellen (von Werkstücken, Instrumenten).
Adjutant, bis 1945 Hilfsoffizier der Kommandeure; in der Bundeswehr Begleitoffizier höherer Generäle.
Adlatus [lat.], Helfer, Gehilfe, Beistand.
Adler, 1. meist große Greifvögel mit bes. kräftigem Hakenschnabel u. starken Krallen. Einheim. sind: *Stein-, Schrei-, Schlangen-, See-* u. *Fisch-A.;* bekannt sind ferner: der altweltliche *Gleitaar;* der afrikan.-asiat. *Kaiser-A.;* der ostasiat. *Riesensee-A.;* der *Weißkopfsee-A,* das Wappentier der USA; der kurzschwänzige *Gaukler* aus Afrika; der *Affen-A.* aus Inselindien. – **2.** Sternbild des Äquatorialzone des Himmels; hellster Stern *Ataïr (Altair,* α Aquilae). – **3.** häufig vorkommendes Wappenbild, z. B. der → *Doppeladler.*
Adler, *Erlitz,* tschech. *Orlice,* Nbfl. der Elbe in Böhmen, 82 km; mündet bei Königgrätz.
Adler, 1. Alfred, *1870, †1937, östr. Psychiater u. Psychologe; Schüler S. *Freuds;* begr. die *Individualpsychologie.* – **2.** Friedrich, *1879, †1960, östr. Sozialist; ermordete 1916 Min.-Präs. Graf Stürgkh; zum Tod verurteilt, 1918 freigelassen; 1923–40 Sekr. der Sozialist. Arbeiter-Internat.
Adlerfarn, verbreiteter, bis 2 m hoher *Farn.* Der Blattstiel zeigt im Querschnitt eine adlerähnl. Figur.
Adlergebirge, tschech. *Orlické hory,* Teil der Ostsudeten, in der *Deschneyer Großkoppe* 1115 m.
Adlerorden, 1. *Schwarzer A.,* höchster Orden der ehem. preuß. Monarchie, gestiftet 1701; verbunden mit erbl. Adel. – **2.** *Roter A.,* zweithöchster Orden der ehem. preuß. Monarchie, gestiftet 1705.
Adlerrochen, *Flügelrochen,* Meeresbewohner mit spitzen u. flügelartig verlängerten Brustflossen; Schwanz oft mit Giftstachel; häufig im Mittelmeer.
ad libitum [lat.], nach Belieben.

Schlangenadler

Adliswill, schweizer. Dorf im Sihltal, südl. von Zürich, 16000 Ew.
ad maiorem Dei gloriam [lat.], Abk. A.M.D.G., »zum größeren Ruhme Gottes«, latein. Wahlspruch der Jesuiten.
Administration, die staatl. Verwaltung. – **administrativ,** auf dem Verwaltungsweg.
Admiral, 1. bei der Marine ein Offizier im Dienstgrad über eines Generals. - **A.stab,** Gruppe von bes. ausgebildeten Marineoffizieren. – **2.** *Vanessa atalanta,* Tagschmetterling mit rotem Band u. weißen Flecken auf schwarzen Flügeln.

Admiral

Admiralität, oberste Kommando- u. Verwaltungsbehörde einer Marine.
Admiralitätsinseln, 1. *Admiralty Islands,* amtl. *District of Manus,* Inselgruppe des Bismarckarchipels, 2076 km², 31 000 Ew. (Melanesier); Hauptinsel ist *Manus* mit dem Hauptort *Lorengau.* Der 1885–1919 dt. Kolonie, gehört seit 1975 zu Papua-Neuguinea. – **2.** →Amiranten.
Admont, östr. Markt an der Enns, in der nördl. Steiermark, 3100 Ew.; berühmte Benediktinerabtei (mit Bibliothek).
ADN, Abk. für *Allgemeiner Deutscher Nachrichtendienst.*
Adnex, Eierstock u. Eileiter des weibl. Organismus, die »Anhängsel« der Gebärmutter.
Adobe, luftgetrockneter (nicht gebrannter) Ziegelstein; in Trockengebieten verbreitet.
Adobra, ein *Kürbisgewächs;* in Südamerika heimisch.
Adoleszenz, der Übergang vom Jugendalter zum Erwachsenenalter; →Pubertät.
Adolf, 1. *A. von Nassau,* * um 1255, † 1298, dt. König 1292 - 98; anstelle des Habsburgers *Albrecht I.* zum Nachfolger Rudolfs von Habsburg gewählt, von den Kurfürsten abgesetzt; fiel im Kampf gegen Albrecht von Österreich bei Göllheim. – **2.** *Adolph,* * 1817, † 1905, Großherzog von Luxemburg 1890–1905. – **3.** *A. Friedrich,* * 1873, † 1969, Herzog zu Mecklenburg (-Schwerin); Afrika-Reisender u. Kolonialpolitiker, 1912–14 Gouverneur von Togo; 1949–51 Präs. des Dt. Olymp. Komitees. – **4.** *A. Friedrich,* * 1710, † 1771, 1727 Bischof von Lübeck; auf Betreiben der Zarin Elisabeth König von Schweden 1751–71.
Adolf-Grimme-Preis, Auszeichnung für hervorragende Fernsehproduktionen der Gattung Bericht, Dokumentation u. Spiel; 1961 vom Dt. Volkshochschulverband gestiftet.
Adonaj, »mein(e) Herr(en)«, Gottesbezeichnung im AT für *Jahwe.*
Adonis, ein vorderasiat. Mysteriengott, dessen Tod u. Auferstehung alljährl. in kult. Darstellung gefeiert wurden; der Geliebte der Aphrodite, der von Ares durch einen Eber getötet u. von Zeus wieder zum Leben erweckt wurde.
Adonisröschen, *Adonis vernalis,* ein Hahnenfußgewächs; Heilpflanze (Herztonikum).
Adonius, *adonischer Vers,* Abschlußvers der Strophe in der antiken Lyrik: − ∪ ∪ − ∪.
Adoptianismus, eine frühchristl. theolog. Anschauung.
Adoption, *Annahme als Kind,* vormundschaftsgerichtl. Festsetzung eines ehel. Kindschaftsverhältnisses zw. dem *Annehmenden* (über 25 Jahre alt) und dem *Adoptivkind* (minderjährig). Die leibl. Eltern verlieren mit der A. die elterl. Gewalt über das Kind.
Adoptivkaiser, die durch Adoption auf den Thron gekommenen röm. Kaiser *Trajan, Hadrian, Antoninus Pius, Marc Aurel* u. *L. Verus.*
Ador, Gustave, * 1845, † 1928, schweizer. Politiker; erreichte die Anerkennung der schweizer. Neutralität; 1917–20 Bundesrat; 1914–28 Präs. des Internationalen Roten Kreuzes.

Adorant, anbetende, kniende Gestalt (in Kunstwerken). – **Adoration,** Anbetung.
Adorf, Mario, * 8.9.1930, dt. Schauspieler; Charakterdarsteller.
Adorno, Theodor W., * 1903, † 1969, dt. Philosoph, Soziologe, Musiktheoretiker; seit 1930 am Frankfurter *Institut für Sozialforschung* (1934–49 Emigration), Vertreter der »Kritischen Theorie«. W »Negative Dialektik«, »Ästhet. Theorie«.
Adour [a'du:r], Fluß in SW-Frankreich, 335 km; mündet in den Golf von Biscaya.
Adrar des Iforas, rd. 800 m hohes, granit. Hochland im westl. Sudan (NO der Rep. Mali).
Adrema, Kurzwort für *Adressiermaschine(nabteilung).*
Adrenalin, *Epinephrin,* ein Hormon des Nebennierenmarks; erhöht den Blutzuckerspiegel, steigert den Blutdruck, verengt die Blutgefäße (dadurch blutstillende Wirkung).
Adressat [frz.], Empfänger einer Postsendung.
Adresse, 1. Postanschrift. – **2.** schriftl. Kundgebung (Botschaft). – **3.** *Datenverarbeitung: Speicheradresse,* bei der Rechenanlage die Nummer einer bestimmten Speicherzelle; zum Identifizieren der gespeicherten Daten.
Adressiermaschine, Kurzwort *Adrema,* mechan. arbeitende Büromaschine zum fortlaufenden Drucken wechselnder, mehrfach wiederkehrender Serien von Anschriften oder Kurztexten mit Hilfe von beschrifteten oder geprägten Schablonen.
Adria, Kurzwort für Adriatisches Meer.
Adrian ['eɪdrɪən], Edgar Douglas, * 1889, † 1977, engl. Anatom u. Physiologe; arbeitete bes. über Neurophysiologie; Nobelpreis für Medizin 1932.
Adrianopel, türk. Stadt, heute Edirne. Der *Friede von A.* beendete 1829 den russisch-türkischen Krieg.
Adriatisches Meer, *Adria,* Teil des Mittelmeers zwischen Italien u. der Balkan-Halbinsel, 132 000 km², bis 1260 m tief, 25–39 ‰ Salzgehalt; bed. Küstentourismus; Häfen: Venedig, Triest, Ancona, Bari, Rijeka, Split.
Adscharen, islam. Stamm der *Georgier* im Kaukasus.
Adscharien, autonome Republik in Georgien, am Schwarzen Meer, an der türk. Grenze, 3000 km², 400 000 Ew., Hptst. *Batumi;* 1921 errichtet.
adsorbieren [lat.], an-(auf-)saugen, anlagern.
Adsorption, die Anlagerung von Gasen, Dämpfen oder gelösten Stoffen an festen Körpern.
Adstringenzien, Sg. *Adstringens,* Mittel mit »zusammenziehender« Wirkung; in der Kosmetik z. B. zur Herstellung von schweißhemmenden Artikeln benutzt. In Arzneimitteln wirken A. blutstillend.
Adua, Stadt im nördl. Äthiopien, 1900 m ü. M., 22 000 Ew. – 1896 Sieg Kaiser *Meneliks II.* über die Italiener, wodurch Äthiopiens Unabhängigkeit gewahrt wurde.
Adula-Alpen, Gruppe der Westalpen, zwischen Graubünden u. Tessin; *Rheinwaldhorn* 3402 m.
Adular, ein Mineral.
ad usum [lat.], zum Gebrauch; *a. u. proprium,* (auf ärztl. Rezepten) zum eigenen Gebrauch.
Adveniat [lat.], seit 1961 in der Adventszeit durchgeführte Kollekte in den *kath.* Kirchen Deutschlands für die religiösen Bedürfnisse Lateinamerikas.
Advent (lat. »Ankunft«], die 4 Wochen vor Weihnachten. Der liturg. Charakter dieser Zeit, mit der das Kirchenjahr beginnt, ist durch Vorfreude wie durch ernste Vorbereitung bestimmt. Der Brauch des Adventskranzes ist vermutl. im »Rauhen Haus« in Hamburg im 19. Jh. erstmals ausgeübt worden.
Adventisten, eine Glaubensgemeinschaft, die der von William *Miller* (* 1782, † 1849) seit 1831 in den USA verkündigten Endzeitbotschaft entsprang. Als die für 1844 angekündigte Wiederkunft Christi ausblieb, zersplitterten sich die Anhänger. Ein Teil sammelte sich um die Visionen der Prophetin G. *White* (* 1827, † 1915); Lehrelemente: Erwartung der nahen Wiederkunft, Heiligung des Sabbats statt des als heidnisch-antichristlich bezeichneten Sonntags (»Siebenten-Tags-Adventisten«, engl. *Seventh-Day-Adventists*), Vegetarismus u. Gesundheitspflege; z. Z. rd. 5 Mio. Anhänger, in Dtld. ca. 30 000.
Adverb, *Umstandswort,* eine unflektierbare Wortart zur näheren Bestimmung des Prädikats oder eines Adjektivs. Man unterscheidet u. a. *lokale* (hier, dort), *temporale* (heute, jetzt) u. die *Adverbien der Art und Weise* (sehr).

Adverbialbestimmung, ein das Prädikat näher bestimmender Satzteil.
Advocatus diaboli [lat »Anwalt des Teufels«], der Generalglaubensanwalt, der im kath. Selig- u. Heiligsprechungsverfahren in Rom alle Argumente anzuführen hat, die gegen eine Selig- u. Heiligsprechung geltend gemacht werden könnten. Ggs.: **Advocatus dei** (»Anwalt Gottes«), Fürsprecher.
Advokat, schweiz. Bez. für *Rechtsanwalt.*
Ady [ˈɔdi], Endre, * 1877, † 1919, ung. Dichter von starker Ausdruckskraft.
Adyge, eigener Name der Tscherkessen.
Adygea, *Adygeische SSR,* Republik der Tscherkessen (Adyge) in Rußland, im NW des Kaukasus, 7600 km², 440 000 Ew., Hptst. *Majkop.*
Adynamie, Kraftlosigkeit, Muskelschwäche.
Adyton, das Allerheiligste im grch. Tempel.
Aedil, *Ädil,* röm. Beamter, dem Rang nach zw. *Quaestor* u. *Praetor,* auf 1 Jahr gewählt; A. en hatten Polizeigewalt, Aufsicht über Tempel, Straßen, Getreideeinfuhr u. -verteilung u. öffentl. Spiele.
Aero ..., aero ..., [aːero∶ grch.], Wortbestandteil mit der Bedeutung »Luft, Gas«.
Ærö [ˈɛrø], dän. Insel südl. von Fünen, 88 km², 10 000 Ew.; Landwirtschaft.
Aerobier [aːeˈroːbiər], *Aerobionten, Oxybionten,* vom Sauerstoff der Luft lebende Mikroorganismen. Ggs.: *Anaerobier.*
Aerodynamik, die Lehre von den Kräften, die auf in Luft bewegte Flugkörper einwirken.
Aeroflot, 1923 gebildete staatliche Organisation für den gesamten zivilen Luftverkehr der Sowjetunion.
Aerologie, *Höhenwetterkunde,* ein Zweig der Meteorologie, untersucht den Zustand der Atmosphäre bis 80 km Höhe; *Aerosonden* senden Meßwerte (Luftdruck, -feuchtigkeit, -temperatur) zur Erde.
Aeronautik, die Luftfahrt.
Aeronomie, die Wissenschaft von der Physik der höchsten Atmosphäre über etwa 80 km Höhe.
Aerophagie, Luftschlucken bei seel. u. nervl. Labilität, auch bei Magenkrankheiten.
Aerophon, jedes Instrument, das Luft in period. Schwingung versetzt u. dadurch zum Klangträger macht, z. B. Blasinstrumente.
Aerosol, feinste Verteilung von flüssigen oder auch festen Teilen in Gasen, zumeist in Luft; umweltbelastend, da A.e in Atmungsorgane gelangen können. Medizin: →Desinfektion, →Inhalation.
Aerotherapie, medizin. Luft- u. Lichtbehandlung.
Aertsen [ˈaːrt-], Pieter, * 1509, † 1575, ndl. Maler; schuf die Gattung des Markt- u. Küchenstücks, damit Einfluß auf fläm. Stillebenmalerei.
Aeschbacher, Hans, * 1906, † 1980, schweiz. Bildhauer u. Maler, schuf abstrakte Standfiguren aus Stein, Metall u. Glas.
Aeta, *Negritos,* Zwergvolk in N-Luzon (Philippinen).
Aetius, Flavius, * um 390, † 454 (ermordet), weström. Feldherr; siegte 451 mit Hilfe der Franken u. Westgoten auf den Katalanischen Feldern über den Hunnenkönig *Attila.*

Plakat für die Adveniat-Kollekte

Brüllaffe

Bartaffe

Mantelpaviane

Afar, Volksstamm in O-Afrika, vor allem in Djibouti; Viehzüchter; Moslems.
Affäre [frz.], Angelegenheit, (unangenehmer) Vorfall, Liebesverhältnis.
Affekt [lat.], starke Gemütsbewegung von kurzer Dauer, z. B. ein Haß-, Liebes-, Wut- oder Zornausbruch.
Affen, *Simiae,* höchstentwickelte Säugetiere mit Greifhänden u. -füßen, mit gut ausgebildeten Au-

Affidavit, im anglo-amerikan. Recht die eidesstattl. Erklärung; bekannt als Bürgschaftserklärung eines US-Bürgers für den Unterhalt eines Einwanderers.
Affinität, *Chemie:* Maß für die Neigung der Elemente, miteinander zu reagieren.
Affix [lat.], »angefügte« Silbe, Sammelbegriff für *Präfix, Suffix* u. *Infix.*
Affront [a'frɔ̃:; frz.], Kränkung, Beleidigung.

gung gewann durch ausländ. Waffenlieferungen militär. Gewicht. 5 Mio. Afghanen flohen nach Pakistan u. Iran. 1986 übernahm M. *Najibullah* die Macht. 1989 zog die UdSSR ihre Truppen ab. Die Widerstandsbewegung setzte den Bürgerkrieg fort u. stürzte 1992 das Najibullah-Regime. Blutige Machtkämpfe zw. den versch. Widerstandsgruppen verhinderten eine polit. Stabilisierung.
AFL/CIO [ˈɛi ˈɛf ˈɛl ˈsi ˈai ˈou], Abk. für *American Federation of Labor, Congress of Industrial Organizations,* Zusammenschluß der US-amerikan. Gewerkschaftsorganisationen.
AFN [ˈei ˈɛf ˈɛn], Abk. für *American Forces Network,* Hörfunk für US-Soldaten in Frankfurt a. M.
AFP, Abk. für *Agence France Presse,* frz. Nachrichtenagentur, gegr. 1944, Sitz: Paris.
Afra, Heilige, Märtyrin in Augsburg um 304 (?); Fest: 7.8.
African National Congress [ˈæfrikən ˈnæʃnl ˈkɔŋgrəs], *ANC,* Afrikanischer Nationalkongreß, 1912 gegr. Bewegung, die den Freiheitskampf der Schwarzen in Südafrika organisiert; 1960–90 von

Affen: Gliederung	
Neuwelt- oder Breitnasenaffen:	*Kapuzinerartige;* z. B. Nachtaffe, Springaffen *Krallenaffen;* z. B. Weißbüscheläffchen, Kaiserschnurrbarttamarin
Altwelt- oder Schmalnasenaffen:	*Meerkatzenartige; Schlankaffen;* z. B. Mantelpavian, Magot, Rotgesichtsmakak, Ceylon-Hutaffe, Meerkatzen, Roter Stummelaffe, Hulman *Menschenaffen;* z. B. Gorilla, Schimpanse, Bonobo, Orang-Utan Gibbons Menschen

gen, Gehör u. Geruchsvermögen; bilden zus. mit den *Halb-A.* die Ordnung der *Primaten (Herrentiere)* mit zahlreichen Arten in der Alten u. Neuen Welt, der auch der Mensch wird dieser Gruppe zugeordnet. Viele A. sind gesellig lebende Herdentiere. Nahrung: Früchte, Insekten, Vögel, Eier, Pflanzenteile. Die meisten A. leben in Vielehe. Die geistigen Leistungen sind oft erstaunl. hoch entwickelt. Die gemeinsame Wurzel der Vorfahren von Affen u. Menschen ist wiss. gut gestützt u. wird allg. anerkannt. A. haben Gemeinsamkeiten mit dem Menschen bes. in Behaarung, Knochenbau, Blutgruppen, Bau der Geschlechtszellen, Gehirn u. Nervensystem. Viele Arten können sich zumindest zeitweise aufrecht bewegen. 2 Teilordnungen: *Neuwelt-* oder *Breitnasenaffen* u. *Altwelt-* oder *Schmalnasenaffen.*
Affenbrotbaum, *Baobab,* zu den Bombaxgewächsen gehörender großer Baum in Afrika (Savanne), Madagaskar u. N-Australien; weiches Holz, eßbare Früchte.
afferent [lat.], aufsteigend, hinführend; **a.e. Nerven** führen von einem Sinnesorgan zum Zentralnervensystem.
affettuoso [ital.], musikal. Vortragsbez., empfindungsstark, leidenschaftlich.
Affiche [aˈfiʃ; frz.], Anschlag, Plakat.

Afghan, turkistan. Knüpfteppich mit geometr. Muster, in sattroten Farben.
Afghane, ein Windhund von 65–72 cm Schulterhöhe; *Tiefland-A.* (weiches Langhaar, sensibel), *Hochland-A.* (robust).
Afghanen, eig. Name *Paschtun,* größtes Volk Afghanistans (9 Mio.), als *Pathan* (6 Mio.) in Pakistan; urspr. Moslems mit eig. Sprache *Paschto;* Nomaden.
Afghanistan, Staat in Asien, zw. Iran u. Pakistan, 652 000 km² u. 16,6 Mio. Ew., Hptst. *Kabul.*
L a n d e s n a t u r. Hochgebirge (*Hindukusch,* bis 6000 m hoch) breiten sich von NO fächerförmig nach SW aus. Die Flüsse enden meist in abflußlosen Seen oder Salzsümpfen. Kalte Winter u. trockenheiße Sommer; meist Wüste u. Steppe.
B e v ö l k e r u n g. 60% iran. Afghanen, 25% Tadschiken, 3% mongol. Hesoreh (Schiiten) u. a.; 90%

Afghanistan

sind sunnit. Moslems; 80% Analphabeten, Schulpflicht seit 1978.
W i r t s c h a f t. Über 1 Mio. Nomaden betreiben Zucht von Schafen u. Ziegen, Ackerbau (Getreide, Baumwolle u. Obst) auf bewässertem Land. – Bodenschätze: Erdgas, versch. Erze, Kohle, Salz u. Lapislazuli. – Eine Straße über den 1030 m hohen *Khaibarpaß* verbindet Kabul mit dem pakistan. Peshawar; Flughäfen in Kabul u. Kandahar.
G e s c h i c h t e. Im Altertum u. MA unterstand A. meist fremden Herrschern (Persern, Indern, Mongolen). Die nat. Gesch. beginnt mit *Ahmed Schah,* der 1747 Emir der Afghanen wurde. Im 19. Jh. wurde A. zum Pufferstaat zw. Rußland u. Brit.-Indien. Volle Unabhängigkeit erlangte es 1921 unter *Aman Ullah* (1926 König). 1973 wurde König *Zahir Schah* von M. *Daud* gestürzt, der als Präs. diktator. regierte. 1978 kamen durch Militärputsch die Kommunisten an die Macht. Gegen sie erhob sich islamisch geprägter Widerstand. Nach blutigen Machtkämpfen in der kommunist. Führung rückten 1979 sowj. Truppen ein. Die Widerstandsbewe-

AFRIKA

Nubisches Dorf bei Assuan (Ägypten)

Affenbrotbaum mit Früchten

Eisenerzabbau in Liberia

der südafrik. Regierung verboten; führende Persönlichkeiten sind O. *Tambo* u. N. *Mandela.*
Afrika, mit 30,4 Mio. km² drittgrößter Kontinent (nach Asien u. Amerika); von Europa durch das Mittelmeer, von Asien durch das Rote Meer getrennt, vom Atlantischen u. Indischen Ozean umgeben. Von N nach S 8000 km lang u. von O nach W 7600 km breit, umfaßt A. etwa 20% der Landfläche der Erde, aber mit 648 Mio. Ew. nur 12% der Erdbevölkerung. A. ist der Kontinent mit dem höchsten Bevölkerungswachstum (im Durchschnitt 3,3% pro Jahr). Der Anstieg der Nahrungsmittelproduktion (1980–85 um 0,9%) kann damit nicht Schritt halten. Ein Großteil der afrik. Staaten gehört zur Gruppe der Entwicklungsländer. Eine Ausnahmestellung nimmt Südafrika ein.
Zu A. gehören nur wenige Inseln u. Inselgruppen: Madagaskar, Seychellen, Komoren, Kanarische u. Kapverdische Inseln u. a.
L a n d e s n a t u r . Der höchste Gipfel ist der *Kilimandscharo* mit 5895 m, dagegen liegt der Assalsee in Djibouti 173 m unter dem Meeresspiegel. Charakteristisch ist der Aufbau in Form großer Beckenlandschaften, die durch flache Schwellen voneinander u. von den Küsten getrennt werden: Niger-, Tschad-, Weißnil-, Kongo- u. Kalaharibecken, Zentralsaharische, Ober- u. Niederguinea-, Asande- u. Lundaschwelle. Die Schwellen, die nur in Südafrika in mächtigen, steilen Stufen zum Meer abfallen, sind im allg. nur von schmalen Küstenebenen gesäumt. Im Bereich der höchsten Schwellenerhebung ist O-Afrika in ein System von Schollen zerbrochen. Junge Vulkane (Kilimandscharo, Meru, sowie die Mount-Virunga-Vulkane, Mount Kenia u. Elgon) begleiten die vorwiegend N-S-gerichteten Bruchzonen. Im jüngeren Erdaltertum wurde im äußersten S Afrikas das *Kapgebirge* aufgefaltet, während der *Atlas* im NW zum tertiären europäisch-asiatischen Faltengebirgsgürtel gehört. – Die längsten Ströme sind *Nil, Kongo, Niger* u. *Sambesi.* Die höchsten Wasserfälle sind Kalambofälle (420 m) u. Livingstonefälle (274 m) des Kongo. Die größten Seen sind *Victoriasee, Tanganjikasee* u. *Malawisee.* – K l i m a : A. ist überwiegend ein Tropenkontinent, doch reicht es im N u. S in die Subtropen hinein. Um das trop.-feuchtheiße Kerngebiet des Kongobeckens u. der Oberguineaküste legt sich im N, O u. S ein Gürtel wechselfeuchten, heißen Savannenklimas mit Regen- u. Trockenzeiten. Die Niederschläge fallen hier zur Zeit des Sonnenhöchststandes. Im N u. S schließen sich die großen Trockengebiete der Sahara bzw. der Namib u. Kalahari mit episodischen Niederschlägen u. großen täglichen Temperaturschwankungen an. Sommertrockenes Klima von mediterranem Typus tritt im Kapland in kleinerem, in größerem Umfang im Atlasgebiet auf. – P f l a n z e n - u. T i e r w e l t : Der immergrüne tropische Regenwald kommt im Kongobecken u. in Oberguinea vor. Im Sudan, in Ostafrika, im nördlichen u. östlichen Südafrika wird er von einem breiten Savannengürtel umgeben, der in der Sahara u. Namib in vegetationslose Kernwüste übergeht. Der NW Afrikas u. das Kapland weisen Hartlaubvegetation auf. – Im Regenwald herrscht ein großer Formenreichtum. Fliegende Formen (Fledermäuse, Vögel, Insekten), Klettertiere (Affen u. Halbaffen, Flughörnchen u. Baumschlangen) u. Zwergformen. In der Savanne herrschen dagegen die Läufer vor, z. B. Huftiere (Büffel, Zebras, Antilopen, Giraffen), Laufvögel (Strauße, Trappen), Raubkatzen (Löwe, Gepard) u. Hyänen. Häufig trifft man gemischte Herden an. In der Savanne sind daher die größten Landsäugetiere

Afrika: Staaten

Staat	Hauptstadt	Staat	Hauptstadt	Staat	Hauptstadt
Ägypten	Kairo	Kenia	Nairobi	Senegal	Dakar
Algerien	Algier	Komoren	Moroni	Seychellen	Victoria
Angola	Luanda	Kongo	Brazzaville	Sierra Leone	Freetown
Äquatorial-		Lesotho	Maseru	Simbabwe	Harare
guinea	Malabo	Liberia	Monrovia	Somalia	Mogadischo
Äthiopien	Addis Abeba	Libyen	Tripolis	Südafrika	Pretoria/
Benin	Porto-Novo	Madagaskar	Antananarivo		Kapstadt
Botswana	Gaborone	Malawi	Lilongwe	Sudan	Khartum
Burkina Faso	Ouagadougou	Mali	Bamako	Swasiland	Mbabane
Burundi	Bujumbura	Marokko	Rabat	Tansania	Dodoma/
Djibouti	Djibouti	Mauretanien	Nouakchott		Daressalam
Elfenbeinküste	Yamoussoukro	Mauritius	Port Louis	Togo	Lomé
Eritrea	Asmera	Moçambique	Maputo	Tschad	N'Djaména
Gabun	Libreville	Namibia	Windhuk	Tunesien	Tunis
Gambia	Banjul	Niger	Niamey	Uganda	Kampala
Ghana	Accra	Nigeria	Abuja	Zaire	Kinshasa
Guinea	Conakry	Rwanda	Kigali	Zentralafrikan.	
Guinea-Bissau	Bissau	Sambia	Lusaka	Republik	Bangui
Kamerun	Yaoundé	São Tomé			
Kap Verde	Praia	u. Principe	São Tomé		

Pygmäen

Felsbild der Buschmänner (Detail): Herde gelbbrauner Böcke, Oranjefreistaat

Brettmasken der Bobo, Sudan

Sand- und Felswüste in der südlichen Sahara

20 Afrikaans

zu finden: Elefanten, Nashörner, Giraffen u. Büffel.

Bevölkerung. Der Lebensraum der negriden Völker beginnt südl. der Sahara, während der N von hellhäutigeren Völkern besiedelt ist. Man spricht deshalb von »Weiß-A.« u. »Schwarz-A.« Als Weiße gelten neben Arabern die *Berber* des Atlasgebiets u. Teile der *Tuareg* in der Sahara. Die vorarab. *Ägypter, Nubier, Äthiopier, Somal, Haussa* u. *Fulbe* nehmen eine Zwischenstellung ein. Die Negriden lassen sich in Sudan- u. Bantuneger trennen. In kleinen Gruppen leben *Pygmäen* u. *Buschmänner.*

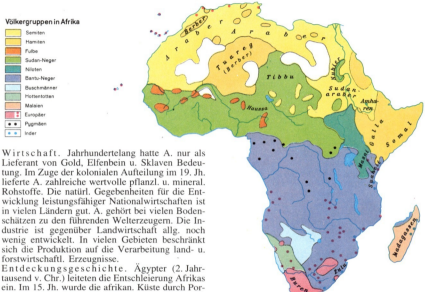

Wirtschaft. Jahrhundertelang hatte A. nur als Lieferant von Gold, Elfenbein u. Sklaven Bedeutung. Im Zuge der kolonialen Aufteilung im 19. Jh. lieferte A. zahlreiche wertvolle pflanzl. u. mineral. Rohstoffe. Die natürl. Gegebenheiten für die Entwicklung leistungsfähiger Nationalwirtschaften ist in vielen Ländern gut. A. gehört bei vielen Bodenschätzen zu den führenden Welterzeugern. Die Industrie ist gegenüber Landwirtschaft allg. noch wenig entwickelt. In vielen Gebieten beschränkt sich die Produktion auf die Verarbeitung land- u. forstwirtschaftl. Erzeugnisse.

Entdeckungsgeschichte. Ägypter (2. Jahrtausend v. Chr.) leiteten die Entschleierung Afrikas ein. Im 15. Jh. wurde die afrikan. Küste durch Portugiesen erkundet. Ende des 18. Jh. begann die wissenschaftliche Erforschung des Kontinents durch Mungo Park, H. Clapperton, R.F. Burton, J.H. Speke, M.H. Stanley, D. Livingstone, H. Barth, E. Vogel, G.F. Rohlfs, G. Nachtigal, G. Schweinfurth, H. v. Wissmann, P. Brazza, Serpa Pintgo, T. Monod.

Afrikaans, *Kapholländisch,* aus dem *Niederländischen* entwickelte Sprache der Buren in Südafrika.

afrikanische Kunst. Als älteste Kunst Afrikas sind die Felsbilder (großartige Tierbilder) der Sahara zw. 8000–6000 v. Chr. u. 1200 v. Chr. nachgewiesen. Im S des Kontinents entstanden von den kleinwüchsigen Buschmännern Felsbilder von erstaunl. Naturalismus (Jagd- u. Schlachtszenen u. Landschaften). Die bed. Steinbauten Schwarzafrikas entstanden in der Zeit zw. dem 11. u. 18. Jh. Den Höhepunkt bildeten die Bauten von Zimbabwe. Die ältesten figuralen Plastiken (aus gebranntem Ton), die realist. Nok-Skulpturen von der Bauchi-Hochebene in N-Nigeria, sind etwa 2000 Jahre alt. Diese fast lebensgroßen menschl. Gesichter scheinen auf rätselhafte Weise mit den aus dem gleichen Material (Ife, 14. Jh.) geformten u. aus Messing gegossenen Figuren der Hofkunst S-Nigerias verwandt zu sein. In Benin wurden im Gelbgußverfahren nicht nur Porträts von Mitgliedern der königl. Familie, sondern auch als Pfeilerschmuck dienende Platten mit Darst. von Szenen aus der Gesch. Benins u. von Europäern, die als Händler im 16. u. 17. Jh. das Königreich besuchten, hergestellt. Die schönsten Beispiele der Elfenbeinschnitzerei stammen wahrsch. von der Elfenbeinküste. Die am weitesten verbreitete Kunstform Afrikas, die Holzschnitzerei, ist für die Ackerbau treibenden Völker West- u. Zentralafrikas charakteristisch. Die Form ist v. a. durch eine strenge Stilisierung, erreicht durch eine Reduzierung auf die wesentl. Merkmale, bestimmt. Zu den charakterist. Merkmalen der a.K. muß die anatom. Verzerrung der Figuren gezählt werden, bei denen der Kopf zu groß, die Beine zu klein, Hände u. Füße dagegen überproportioniert sind. Die Kunst der afrikan. Völker wurde erst im 20. Jh. als bes. Ausdruck ästhet. Empfindens entdeckt.

Afrikanisch-Madagassische Union, Abk. *UAM,* Union afrikan. Staaten; auf einer Konferenz von 12 Staatschefs 6.–12.9.1961 in Tananarive gegründet, 1964 aufgelöst.

Afrikanistik, die Wissenschaft von den Sprachen u. Kulturen Afrikas.

After, lat. *Anus,* der Ausgang des *Darms.* – A.schließmuskel, der die A.öffnung verschließende Ringmuskel.

Afterklauen, beim Hund oberhalb der vier Zehen der Hinterbeine sitzende Klauen, die der fünften Zehe entsprechen.

Afterlehen, ein Lehen, das von einem Lehnsträger an einen Untervasallen ausgegeben wurde.

After shave [ˈɑːftə ˈʃeiv; engl., »nach der Rasur«], Rasierwasser.

Afterskorpione, *Bücherskorpione,* Ordnung der *Spinnentiere,* mit 1300 bis 7 mm langen Arten.

Afzelia, trop. Laubholz (afrikan. Guinea-Küste).

AG, Abk. für *Aktiengesellschaft.*

Aga, *Agha,* Titel der unteren Offiziersränge in der osman. Türkei.

Agadez [-ˈdɛʃ], Hauptort im wüstenhaften Hochland Aïr (Rep. Niger), 524 m ü. M., 31 000 Ew.

Agadir, Hafenstadt in Marokko, in den Ausläufern des Hohen Atlas, 340 000 Ew.; 1960 schweres Erdbeben.

Ägadische Inseln, ital. *Isole Egadi,* ital. Inselgruppe westl. von Sizilien, 44 km², 7500 Ew.

Agagianian, Gregor, *1895, †1971, Kurienkardinal georg. Herkunft; 1937 armen.-unierter Patriarch von Kilikien, 1946 Kardinal.

Ägäis, Kurzwort für Ägäisches Meer.

ägäische Kultur, die bronzezeitl. Kulturen im 3. u. in der 1. Hälfte des 2. Jt. v. Chr. rings um das Ägäische Meer; die *helladische Kultur* auf dem grch. Festland, die *minoische Kultur* auf der Insel Kreta, die *Kykladen-Kultur* auf den übrigen grch. Inseln u. die *westkleinasiat. Kultur.* Träger war eine einheitl. ägäische Urbevölkerung. Die ä.K. wurde von den um 1900 v. Chr. auf den Peloponnes eingewanderten Achäern fortgeführt *(mykenische Kultur).*

Ägäisches Meer, kurz *Ägäis,* Teil des Mittelmeers zwischen Griechenland u. Kleinasien, rd. 106 000 km², bis 2524 m tief; viele grch. Inseln *(Ägäische Inseln:* Kykladen, Sporaden, Kreta).

Aga Khan, das Oberhaupt der islam. *Hodschas* (Zweig der Ismailiten, schiit. Sekte), als *Imam* verehrt. Der 3. A.K. als Sir Sultan Mohammed Schah (*1877, †1957) war eine internationale Berühmtheit; der 4. A.K. ist sein Enkel Karim als Husaini Schah (*13.12.1937).

Agamemnon, sagenhafter König von Mykene, Sohn des Atreus (daher »Atride«), Feldherr der Griechen vor Troja, nach der Rückkehr von Aigisthos, dem Geliebten seiner Frau Klytämnestra, erschlagen. Seine Kinder waren Orestes, Iphigenie u. Elektra. B → S. 22

Afrika, Bodenbedeckung

Agamen

Agamemnon: goldene Gesichtsmaske eines Fürsten aus einem der Schachtgräber von Mykene. Athen, Nationalmuseum

Agamen, *Agamidae,* Fam. von meist sehr hochbeinigen u. langschwänzigen *Echsen;* nur in den trop. Regionen der Alten Welt; hierher: *Flugdrache, Blutsauger, Hardun, Bartagame, Wasseragame, Kragenechse, Dornschwanz* u. *Moloch.*

Agape, 1. lat. *caritas,* im NT jene Liebe, die Hingabe hat (Nächstenliebe). – **2.** *Liebesmahl,* urchristl. Tischgemeinschaft zwischen arm u. reich, in der das *Abendmahl* gefeiert wurde.

Agar-Agar, getrocknete Schleimsubstanz aus den Zellwänden mariner Rotalgen zur Herstellung von →Nährböden.

Agathenbrot, im Schwäb.-Alemannischen ein Brot, das am *Agathentag* (5. Febr.) geweiht u. als Schutzmittel, vor allem gegen Feuer, im Haus aufbewahrt wird.

Agathokles, *361 v. Chr., †298 v. Chr., einer der mächtigsten Herrscher der hellenist. Welt; 317 v. Chr. Herrscher (Tyrannos) von Syrakus.

Agave [grch.], Gattung der *Agavengewächse, Agavaceae;* vor allem in Mexiko u. den angrenzenden Gebieten der USA heimisch. In Europa Zierpflanze. A.n sterben nach der Blüte. Aus dem vergorenen Saft werden in Mexiko alkohol. Getränke wie Pulque u. Mescal gewonnen. Aus den Blättern versch. A.n gewinnt man Hartfasern **(A.fasern),** hpts. *Sisalhanf.*

Agenda [lat., Pl. *Agenden*], Merkbuch, Tagebuch, Tagesordnung, in der ev. Kirche das Buch *(Agende),* das die Gottesdienstordnung mit den liturg. Texten enthält.

Agenor, König von Tyros oder Sidon, angebl. Stammvater der Phönizier.

Agens [lat., Pl. *Agenzien*], wirksame Kraft; bes. auf chemische oder physikal. Vorgänge angewandt.

Agent [lat.], **1.** polit. A., Geheim-A., Verbindungsmann, im geheimen Nachrichtendienst Tätiger; **Agent provocateur** [aʒ'ã prɔvɔkat'ør, frz.], »Lockspitzel«. – **2.** Vermittler, Beauftragter, Vertreter; selbständiger Kaufmann *(Handels-A.).*

Siedleragame

Agentur [lat.], Geschäftsnebenstelle, Vermittlungsbüro für Künstler.

Agesander, *Hagesandros,* grch. Bildhauer aus Rhodos, tätig um 40 v. Chr.; arbeitete an →Laokoon.

Agesilaos II., *um 444 v. Chr., †um 360 v. Chr., König von Sparta etwa ab 400 v. Chr.

Agger, r. Nbfl. der Sieg, 80 km. – **A.-Talsperre** im Bergischen Land, 1927–1929 errichtet, Höhe der Staumauer 43 m, 19,3 Mio. m³ Inhalt.

Agglomerat [lat.], Zusammenballung, Anhäufung (z.B. grober Gesteinstrümmer). – **Agglomeration,** Bevölkerungsballung.

Agglutination [lat.], Zusammenballung einer organismusfremden organ. Verbindung *(Antigen),* z.B. Eiweiß, mit dem vom Körper dagegen produzierten Schutzeiweiß aus der Gruppe der Globuline (→Antikörper). Bedeutsam bei Organtransplantationen u. Bluttransfusionen.

agglutinierende Sprachen →Sprache.

Aggregat [lat.], äußerl. (zufällige oder absichtliche) Zusammenfassung mehrerer (gleich- oder verschiedenartiger) Dinge.

Aggregatzustand, die physik. Erscheinungsform der Materie: gasförmig, flüssig, fest. B →S. 24

Aggression, 1. feindselige Haltung, affektbedingtes Angriffsverhalten. Eine A. kann offen (körperlich, verbal) oder verdeckt (phantasiert) sein; sie kann positiv (von der Kultur gebilligt) oder negativ (mißbilligt) sein. Die Psychoanalyse setzt einen bes. *Aggressionstrieb* voraus. – Bei Tieren unterscheidet man die *interspezifische* A. zwischen verschiedenen Arten u. die *intraspezifische* A. zwischen Angehörigen derselben Art. – **2.** *Völkerrecht:* das gewaltsame, meist militär. Vorgehen eines Staates gegen einen anderen.

aggressiv, streitsüchtig, angriffslustig, herausfordernd.

Aghlabiden, *Aglabiden,* islam. Dynastie in N-Afrika, 800–909.

Aghulen, ein Stamm der kaukas. *Lesghier.*

Ägide [grch. aigis »Schild des Zeus«], Obhut, Schutz, Leitung.

agieren [lat.], handeln, Rolle darstellen.

agil [lat.], flink, gewandt, beweglich.

Agilolfinger, ältestes bayer. Herzogsgeschlecht. *Tassilo III.,* der letzte Herrscher dieser Dynastie, wurde von Karl d. Gr. abgesetzt (788).

Agilulf, König der Langobarden 590–616. Unter ihm fand die langobard. Eroberung in Italien ihren Abschluß.

Ägina, grch. *Aigina,* grch. Insel im Saronischen Golf, 83 km², 10 000 Ew.; bed. Fremdenverkehr, *Aphaia-Tempel* (Giebelfiguren, *Ägineten,* in Glyptothek, München.

Agio ['aːdʒo; ital.], *Aufgeld,* Differenz zw. Nennwert u. Ausgabe-(Kurswert) eines Wertpapiers oder einer Währung; Ggs.: *Disagio (Abschlag).*

Agiotage [aːdʒo'taːʒə], Spekulationsgeschäft unter Ausnutzung von Kursschwankungen.

Agis, Name spartan. Könige.

Ägis, Schild des Zeus, mit dem Haupt der Gorgo, bes. Attribut der *Athene.*

Ägisthus, grch. *Aigisthos.*

Agitation [lat.], aggressive Werbung (Propaganda) für eine polit. Gruppe oder Weltanschauung.

agitato [adʒ-; ital.], sehr bewegt.

Agitprop, im kommunist. Sprachgebrauch Kurz-

Agave: Plantage zur Sisalgewinnung in Mexiko

wort für *Agitation* u. *Propaganda.* – **A.-Theater,** propagandist. verschärfte Form des *Lehrtheaters.*

Agnaten, 1. *germ. Recht:* die Männer der Verwandtschaft von der Vaterseite *(Schwertmagen);* Ggs.: Kognaten *(Kunkelmagen),* Verwandtschaft durch die Mutter u. weibl. Verwandte der Vaterseite. – **2.** *röm. Recht:* die unter gleicher väterlicher Gewalt *(patria potestas)* lebende Hausgemeinschaft; Ggs.: Kognaten.

Agnes von Poitou [-pwa'tu], *Agnes von Poitiers,* *um 1025, †1077, röm.-dt. Kaiserin; seit 1043 Frau *Heinrichs III.,* 1056–1062 Regentin für ihren unmündigen Sohn *Heinrich IV.*

Agnon, Samuel Josef, eigtl. S.J. Czaczkes, *1888, †1970, hebr. Schriftst. Seine Werke schildern das Milieu der ostjüd. Kleinstadt u. die Pionierzeit in Palästina. Nobelpreis 1966.

Agnosie, das Unvermögen, das mit den Sinnesorganen Wahrgenommene sich bewußt zu machen u. dadurch zu erkennen.

Agnostizismus, philos. Lehre von der Unerkennbarkeit der Dinge u. der Wirklichkeit, des Absoluten. Der A. läßt das Dasein Gottes als Möglichkeit zu u. wird daher vom konsequenten Atheismus angefeindet.

Agnus Dei [lat. »Lamm Gottes«], im Anschluß an Joh. 1,29 (Bez. Christi durch Johannes den Täufer) entstandener Bittruf, Gebet vor der Kommunion.

Agogik [grch.], *Musik:* die elastische Gestaltung des vorgeschriebenen Tempos als Ausdrucksmittel.

Agon, 1. im antiken Griechenland: Festversammlung, Kampfplatz, sportl. oder musische Wettbewerb. – **2.** der Haupttitel der attischen Komödie u. Tragödie. – **3.** in England übliches Brettspiel.

Agonie [grch.], Todeskampf.

Agora, Versammlung des Heeres oder Volkes, auch der Marktplatz altgriech. Städte.

Agoraphobie →Platzangst.

Agoult [a'gu], Marie Gräfin d', Pseudonym: Daniel Stern, *1805, †1876, frz. Schriftst.; lebte 1835–1839 mit F. *Liszt* zusammen. Dieser Verbindung entstammte Cosima →Wagner.

Agra

Agra, Industriestadt in Indien, südl. von Delhi, 694 000 Ew.; nahebei das Grabmal *Tadsch Mahal.*
Agraffe, Schmuckspange zum Zusammenraffen eines Kleidungsstücks.
Agram, dt. Name für →Zagreb.
Agranulozytose, Mangel an weißen Blutkörperchen.
Agraphie, Unfähigkeit zu schreiben.
agrar ..., Agrar... [lat. *agrarius* = zu den Feldern gehörig], landwirtschaftlich, Landwirtschafts... (in Zusammensetzungen); **agri...,** **Agri...** [lat. *ager* = Feld, Acker].
Agrarpolitik, staatl. Maßnahmen im Hinblick auf die Landwirtschaft, sowohl auf sozialem (Erhaltung eines selbständigen Bauernstands) als auch auf rein wirtschaftl. Gebiet (Sicherung der Selbstversorgung mit Nahrungsmitteln, Sicherung gerechter Preise u. a.); Mittel der A.: Saatenkontrolle, Bodenmelioration, Flurbereinigung, Körung von Zuchttieren, Preisgestaltung, Agrarschutzzölle u. a.
Agrarreform →Bodenreform.
Agrarstaat, ein Staat mit vorwiegend landwirtschaftl. Erzeugung.
Agreement [ə'griːmənt; engl.], formlose, aber bindende Übereinkunft, Vereinbarung auf Treu u. Glauben *(Gentlemen's A.);* zivilrechtl. Vergleich.
Agrégation [agrega'sjɔ̃], auf der *Licence* aufbauender akademischer Grad in Frankreich; berechtigt zur Lehrtätigkeit an höheren Schulen u. Universitäten.
Agrément [agre'mã; frz.], die Erklärung eines Staats, daß ein diplomat. Vertreter, den ein anderer Staat zu ihm zu entsenden beabsichtigt, genehm sei.
Agricola, Gnaeus Iulius, *40 n. Chr., †93, römischer Feldherr; 77–84 Statthalter von Britannien; Schwiegervater des *Tacitus.*
Agricola, 1. eigtl. *Bauer,* Georg, *1494, †1555, dt. Arzt u. Naturforscher; begründete die mineralog.-paläontolog. Forschung. – **2.** eigtl. *Schneider,* Johannes, *um 1499, †1566, dt. luth. Theologe u. Humanist; Freund u. Schüler *Luthers;* lehrte die Unverbindlichkeit des mosaischen Gesetzes. – **3.** Mikael, *1508, †1557, Reformator Finnlands; Begründer der finn. Schriftsprache. – **4.** Rudolf, eigtl. Roelof *Huysman,* *1444, †1485, Heidelberger Humanist aus Holland.
Agrigento [-'dʒɛn-], *Agrigent,* bis 1927 *Girgenti,* Stadt in Italien nahe der Südküste Siziliens, 57 000 Ew.; Schwefelvorkommen; Tempelruinen; Ausfuhrhafen *Porto Empèdocle.* – Im Altertum grch. Kolonie: um 580 v. Chr. als *Akragas* gegründet; Heimat des Philosophen *Empedokles.*
Agrikultur, Ackerbau.
Agrikulturchemie, Teil der angewandten Chemie, der sich speziell mit der Landwirtschaft befaßt, z. B. Tier- u. Pflanzenernährung, Dünge- u. Futtermitteln, Schädlingsbekämpfung u. Bodenanalyse. Auf den Erkenntnissen der A. baut bes. die künstl. Düngung auf. Begründer der A.: J. *von Liebig.*
Agrippa, Marcus Vipsanius, *63, †12 v. Chr., röm. Feldherr; Freund des Kaisers *Augustus,* besiegte 31 bei Aktium Antonius; Erbauer des Pantheons in Rom; ließ eine Weltkarte anfertigen, die allen späteren röm. Landkarten zugrunde lag.
Agrippa von Nettesheim, eigtl. Heinrich *Cornelius,* *1486, †1535, Arzt, Theologe u. Philosoph der Reformationszeit; Anhänger des Neuplatonismus u. der Kabbala, kämpfte gegen den Hexenglauben.
Agrippina, 1. *A. die Ältere,* *14 v. Chr., †33 n. Chr. (Selbstmord), Tochter des M.V. *Agrippa,* Frau des *Germanicus,* Mutter des *Caligula;* von *Tiberius* auf die Insel Pandataria verbannt. – **2.** *A. die Jüngere,* Tochter von 1), *15, †59 n. Chr., röm. Kaiserin (Augusta) 50 n. Chr.; von ihrem Bruder *Caligula* verbannt, von Kaiser *Claudius* zurückgerufen u. geheiratet; erreichte die Adoption ihres Sohnes *Nero,* vergiftete ihren Mann, ließ Nero zum Kaiser ausrufen u. wurde auf dessen Betreiben ermordet.
Agronom, wissenschaftl. ausgebildeter Landwirt.
Agronomie, die Ackerbaulehre.
Agrumen [ital.], veralteter Sammelname für die Zitrusfrüchte; z. B. Zitronen, Apfelsinen, Grapefruits.
Aguascalientes, Hptst. des gleichn. mexikan. Bundesstaats im Hochland, 1900 m ü. M., 510 000 Ew.; Flughafen.
Agudat Israel [hebr. »Vereinigung Israels«], weltweit jüd. religiöser u. antizionist. Verband; strebt die Durchsetzung relig. Grundsätze im polit. Leben an.
Aguirre [a'girɛ], Domingo de, *1865, †1920, bask. Schriftst.; bedeutendster der modernen bask. Erzähler.
Agulhas [a'guljas], *Kap A., Nadelkap,* die 139 m hohe Südspitze Afrikas (34° 51' s.B.). – **A.-Strom,** warme Meeresströmung an der Ostseite Südafrikas.
Agung, höchster Gipfel auf Bali (Indonesien), 3124 m; schwere Vulkanausbrüche 1963.
Aguti, *Goldhase, Dasyprocta,* Nagetier von etwa Kaninchengröße; in den Uferwäldern süd- u. mittelamerikan. Flüsse.
Ägypten, arab. *Misr,* Staat in N-Afrika, am Unterlauf des Nil, 1 001 449 km² (davon rd. 96% Wüste), 54,4 Mio. Ew., Hptst. *Kairo.*

Ägypten

L a n d e s n a t u r. Mit Ausnahme der Stromoase des Nils u. einiger Oasen ist das Land wüstenhaft. In der *Libyschen Wüste* (felsiges Tafelland, von Sanddünen durchzogen) hat Ä. Anteil an der Sahara. Östl. des Nils fällt die *Arabische Wüste* (bis 2187 m hoch) zum Roten Meer ab. Höchste Erhebung: *Gebel Katerina,* 2637 m *(Sinai-Halbinsel).* – Klima: im Sommer heiß u. trocken, Winter mild,

Agra: Tadsch Mahal (1630-1648 erbaut)

geringe Niederschläge; starke Temperaturschwankungen.
B e v ö l k e r u n g. Die überwiegend islam. Bev. ist sehr stark gemischt: überwiegend arab. Fellachen u. Beduinen, Nubier u. Sudanneger, im S negride christl. Kopten.
W i r t s c h a f t. Das fruchtbare Kulturland nimmt nur 4% der Landfläche ein. Es gestattet bis zu drei Ernten im Jahr. Die Bewässerung u. Energieversorgung ist v. a. durch den Staudamm von *Assuan* gesichert. Es werden bes. Baumwolle, die 38% des Außenhandels deckt, Getreide u. Zuckerrohr angebaut. Verbreitet ist noch die nomad. Viehzucht. Bodenschätze (Erdöl, -gas, Eisen-, Kupfererz, Phosphat) werden erst z. T. gefördert. - Die Industrie ist verstaatlicht, sie erzeugt Baumwollwaren, Nahrungs- u. Genußmittel, Düngemittel sowie Maschinen u. Fahrzeuge. - Eisenbahnen u. Straßen erschließen das Niltal bis nach Assuan, das Niltaldelta u. die Mittelmeerküste. Von internat. Bed. ist der *Suezkanal.* Internat. Flughäfen sind Kairo u. Alexandria. Seehäfen: Alexandria, Port Said u. Suez.
G e s c h i c h t e. *Altertum:* In Ä. entwickelte sich eine der ältesten Hochkulturen der Menschheit. Um

Perioden der altägyptischen Geschichte

(Die Jahreszahlen beziehen sich auf die Zeit v. Chr. Sie können erst ab 664 v. Chr. als feststehend gelten.)

um 3000	Reichseinigung
2955–2665	Frühzeit (1.–2. Dynastie)
2665–2155	Altes Reich (3.–6. Dynastie)
2155–1994	1. Zwischenzeit (7.–11. Dynastie)
1994–1650	Mittleres Reich (12.–14. Dynastie)
1650–1550	2. Zwischenzeit (15.–17. Dynastie)
1550–1080	Neues Reich (18.–20. Dynastie)
1080– 664	3. Zwischenzeit (21.–25. Dynastie)
664– 332	Spätzeit (26.–31. Dynastie)

3000 v. Chr. wurden Unter-Ä. (das Nildelta) u. Ober-Ä. (das Niltal von Kairo bis Assuan) zu einem Reich zusammengelegt. Etwa gleichzeitig wurden Schrift u. Kalender ausgebildet, wenig später die Steinbaukunst, Plastik u. Malerei entwickelt. Es bestand ein absolutes Gottkönigtum mit einer straff organisierten Beamtenschaft. Wichtigste Residenzstädte waren Memphis (bei Kairo) u. Theben (bei Luxor). Im Alten Reich (4. Dynastie) wurden die Pyramiden von Gizeh errichtet. Das Mittlere Reich unterhielt Handelsbeziehungen im östl. Mittelmeerraum u. trieb Expansionspolitik nach S u. NO. Im Neuen Reich wurde Ä. Großmacht; es unterwarf Palästina u. Syrien u. eroberte Teile des heutigen Sudan. Bedeutende Herrscher dieser Zeit, die auch eine kulturelle Blüte hervorbrachten, waren *Thutmosis III.* (1490–36 v. Chr.), *Echnaton* (1364–47) u. *Ramses II.* (1290–24). Die drei Zwischenzeiten u. die Spätzeit waren gekennzeichnet durch soziale Unruhen, Zerfall der Reichseinheit u. Fremdherrschaft. 332–30 v. Chr. herrschten in Ä. die grch. Ptolemäer, 30 v. Chr.-395 n. Chr. die Römer, dann kam es zum Byzantin. Reich. Seit dem 4. Jh. war Ä. größtenteils christl.
Mittelalter. 640/41 eroberten die Araber Ä., führten den Islam ein u. machten es zur Prov. des Kalifenreichs. Seit dem 9. Jh. war Ä. faktisch unabh. Meh-

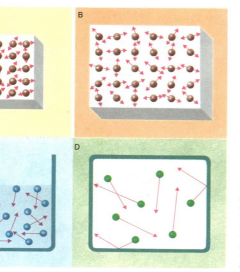
Aggregatzustand: Die Atome eines Feststoffes (A) führen aufgrund ihrer Bewegungsenergie ständig kleine Schwingungen um ihre Plätze im Kristallgitter aus. Erhitzt man den Stoff (B), so nehmen die Schwingungen zu und verursachen eine Volumenvergrößerung. In einer Flüssigkeit (C) bewegen die Atome sich frei. Auf sie wirken nur noch zwischenmolekulare Kräfte ein. In Gasen (D) bewegen sich die Atome äußerst rasch, ihre Zusammenstöße mit den Gefäßwänden verursachen einen bestimmten Gasdruck. Im Gegensatz zu Flüssigkeiten füllen Gase jeden angebotenen Raum gleichmäßig aus

rere Dynastien folgten aufeinander: 868–905 Tuluniden, 935–969 Ichschididen, 969–1171 Fatimiden, 1171–1250 Ajjubiden, 1250–1517 Mamluken. Mit der 970 gegr. Univ. Al Azhar in Kairo wurde Ä. ein religiöses Zentrum des Islam. 1517 wurde es von den Osmanen erobert. Die Verw. blieb in den Händen der Mamluken. Ä. sank zur Prov. des Osman. Reichs herab.

Neuzeit. 1805 wurde der in osman. Diensten stehende Offizier *Mohammed Ali* erbl. Statthalter u. damit Begr. der bis 1952 regierenden Dynastie. Er brach die Macht der Mamluken u. rief europ. Berater u. Techniker ins Land. 1859–69 wurde der Suezkanal gebaut. Nach anti-europ. Unruhen besetzten 1882 brit. Truppen das Land, das formal unter osman. Oberhoheit blieb. 1914–22 war Ä. brit. Protektorat, danach unabh., aber weiter unter starkem brit. Einfluß. 1952 wurde König *Faruk* von Offizieren gestürzt. Oberst *Nasser* übernahm die Macht, seit 1954 als diktator. herrschender Präs. Er verstaatlichte 1956 den Suez-Kanal, was zu krieger. Auseinandersetzungen mit Großbrit., Frankreich u. Israel führte. Ä. knüpfte enge Beziehungen zur UdSSR. 1967 erlitt es im Sechstagekrieg gegen Israel eine schwere Niederlage. Nassers Nachf. *Sadat* (1970–81) lockerte das diktator. Regime, wandte sich dem Westen zu, führte 1973 gegen Israel den Oktoberkrieg, der Ä. einen Teilerfolg brachte u. schloß 1979 als erster arab. Staatschef Frieden mit Israel. Präs. *Mubarak* (seit 1981) setzte die innere Liberalisierung u. die Zusammenarbeit mit dem Westen fort u. war gleichzeitig bemüht, die durch den Friedensschluß mit Israel herbeigeführte Isolierung Ä.s im arab. Lager zu überwinden. Nach sechsjähriger Amtszeit wurde Mubarak 1987 mit großer Mehrheit wiedergewählt.

ägyptische Augenentzündung →Trachom.

ägyptische Kunst. Architektur, Plastik, Malerei u. Kunsthandwerk Altägyptens standen in engem Zusammenhang mit religiösen Vorstellungen u. hatten bes. dem sehr komplizierten Totenkult zu dienen. Gewisse Stileigentümlichkeiten, z.B. das Fehlen der Perspektive, gehen auf traditionell gebundene Gedankengänge u. magische Vorstellungen zurück, die eine andere als die durch die Überlieferung geheiligte Gestaltung unmöglich machten.

ägyptische Religion. Frühe Formen religiöser Vorstellungen sind erkennbar als Verehrung von Ahnen, Tieren u. Naturerscheinungen. Lokalkulte gewinnen Anerkennung für ganz Ägypten: Isis, Osiris, Horus, Re, Ptah, Amun, Hathor u. a. Die ä. R. durchdringt alle Bereiche des Lebens. Ein bedeutsamer Zug ist die Selbstdarstellung durch Dualismen u. Antithesen (z.B. Horus u. Seth, Chaos u. geschaffene Welt). Jenseitstexte des Neuen Reiches vereinen so im Sonnengott Re Naturerschei-

ÄGYPTEN

Siedlungen und Felder im Nildelta

Kairo

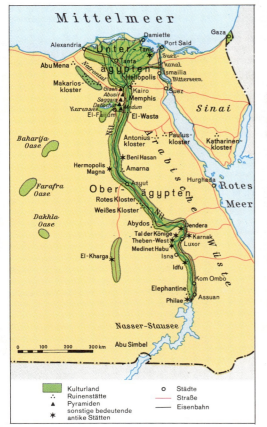

historische Stätten

Terrassentempel der Königin Hatschepsut; 18. Dynastie: Dêr Al Bahari

Ägyptologie

nung u. Personenhaftigkeit, Himmel u. Unterwelt, vergangenes diesseitiges Leben u. Existenz als Toter vermittels des Jenseitsgerichts. Die Mehrzahl der bisher bekannten Texte behandelt das Jenseits u. die Existenz des Individuums nach dem Tode: Pyramidentexte, Sargtexte u. a. Der Glaube an das Fortleben nach dem Tode hatte ferner die Praxis der Mumifizierung, umfangreichen Totenkult, Fertigung von Särgen u. Grabanlagen zur Folge. Oberste Norm für Natur, Götter u. Menschen ist die → Maat. Auf den Eingottglauben bewegte sich vielleicht die Lehre Amenophis' IV. vom Sonnengott Aton zu.

Ägyptologie, die Wissenschaft von der Sprache, Geschichte, Kunst u. Kultur des ägypt. Altertums bis zum Beginn der Römerherrschaft.

Ahaggar, *Hoggar,* Gebirge in der südalger. Sahara, im *Tahat* 3005 m hoch; von *Tuareg* bewohnt, Hauptort *Tamanrasset.*

Ahasver, *Ahasverus,* hebr. *Achaschwerosch,* Sagengestalt vom unerlösten »ewigen Juden«. A. soll Jesus auf den Weg nach Golgatha roh abgewiesen haben, worauf er verflucht wurde, so lange ruhelos zu wandern, bis Jesus wiederkehre.

Ahaus, Ind.-Stadt im Münsterland (NRW) nahe der ndl. Grenze, 31 000 Ew.

Ahimsa, das Verbot, Lebewesen gleich welcher Art zu töten; eines der sittl. Gebote des Buddhismus.

Ahlbeck, Ostseebad auf Usedom, 5700 Ew.

Ahle, *Pfriem,* nadelartiges Werkzeug zum Stechen von Löchern (Schuhmacher, Sattler).

Ahlen, Ind.-Stadt in NRW, nordöstl. von Hamm, 55 000 Ew.; Bundeswehrstandort, Steinkohlenbergbau.

Ahlsen, Leopold, *12.1.1927, dt. Schriftsteller (Dramen, Fernseh- u. Hörspiele).

Ahmadabad → Ahmadabad.

Ahmadi, *Al A.,* Stadt in Kuwait, 27 000 Ew.; *Mina al-A.,* bed. Umschlagshafen für Rohöl.

Ahmed al-Badawi [ax-], Sidi, * um 1200, † 1276, bed. islam. Heiliger Ägyptens.

Ahmedi [ax-], eigtl. *Taccedin Ibrahim,* *1334, † 1413, türk. Dichter; schrieb das Heldenepos »Iskandername« (Alexander-Buch) 1390.

Ahnen, die Eltern u. Voreltern eines Menschen. – **A.forschung** → Genealogie. - **A.kult** *(A.verehrung, Manismus),* die relig. Verehrung der Vorfahren, die als Träger u. Sicherer des Lebens der Sippe oder des Stammes angesehen werden. Bei Naturvölkern, Chinesen *(A.tempel),* Japanern verbreitet. - **A.probe** *(Adelsprobe),* Nachweis adeliger Abstammung bis zur 4. oder 5. Generation. - **A.tafel,** schemat. Aufzeichnung der A. eines Menschen.

Ähnlichkeit, *Math.:* Zeichen ~, gleiche Gestalt bei verschiedener Größe, eine Eigenschaft geometr. Figuren.

Aho, Juhani, eigtl. Johan *Brofeldt,* * 1861, † 1921, finn. Schriftst. (kulturhistor. Erzählungen u. Romane).

Ahorn, *Acer,* einzige Gattung der *A.gewächse (Aceraceae),* Laubbäume, nur auf der nördl. Halbkugel verbreitet; hierzu *Spitz-A., Berg-A., Feld-A., Eschen-A.* (Zierbaum); *Zucker-A.*

Ahr, l. Nbfl. des Rhein aus der Eifel, 89 km; Weinanbau im unteren *A.tal.*

Ähre, ein Blütenstand mit ungestielten Einzelblüten an der verlängerten Hauptachse.

Ahrensburg, Stadt in Schl.-Ho., nordöstl. von Hamburg, 28 000 Ew.; Wohnstadt im Hamburger Ballungsraum; Renaissanceschloß (Museum, Herrenhauskultur), Großdruckerei, Ind.; i.d.N. archäologische Funde einer Rentierjäger-Siedlung (9000–8000 v. Chr.), **A.er Kultur**)

Ahriman, *Angra Mainyu,* der böse Geist, teuflischer Widersacher des *Ahura Mazda* (»der weise Herr«) in der Religion des *Zarathustra.*

Ahura Mazda, neupers. *Ormuzd,* in der Lehre Zarathustras der Gott des Lichts u. des Guten, der über allen göttl. Wesen steht.

Ahvas [ax'vas], Prov.-Hptst. im Iran, 406 000 Ew.; Eisen- u. Stahlind., Verkehrsknotenpunkt, Erdölleitungen; Hafen am Karun.

Ai, das dreizehige → Faultier.

Ajas, *Ajax,* zwei grch. Helden vor Troja; 1. Sohn des *Telemon,* gab sich selbst den Tod; 2. Sohn des *Oileus,* ging mit seinem Schiff unter.

Aibling, *Bad A.,* Stadt in Oberbayern an der Glonn, 14 000 Ew.; Moorbad.

Ailanthusspinner

Aichach, Kreisstadt in Oberbayern, an der Paar, 17 000 Ew.; Textilindustrie.

Aichinger, Ilse, * 1.11.1921, östr. Schriftst. (lyr. Prosa); gehörte zur »Gruppe 47«.

Aide-mémoire [ɛ:dme'mwa:r], »Gedächtnisstütze«, diplomat. Schriftstück zur Bestätigung mündl. Besprechungen oder Abreden.

Aids, Abk. für engl. *acquired immune deficiency syndrome,* erworbenes Abwehrschwäche-Syndrom, erstmals 1979 in den USA festgestellte schwere Infektionskrankheit (durch Viren), die zum Zusammenbruch des körpereigenen menschl. Abwehrsystems u. schließlich zum Tod führt. Übertragung ausschließlich durch ungeschützten Geschlechtsverkehr u. durch Übertragung von HIV-haltigem Blut sowie während einer Schwangerschaft von einer infizierten Mutter auf ihr Kind. Seit 1985 werden Blutkonserven in den entwickelten Ländern obligatorisch auf HIV-Antikörper untersucht, was zu einem relativ hohen Sicherheitsstandard geführt hat. Eine wirksame Therapie gibt es bisher nicht.

Aigues-Mortes [ɛ:g'mɔrt], südfrz. Stadt in der *Camargue,* zw. Lagunen u. trockengelegten Sümpfen, 3700 Ew.; Fremdenverkehr, mittelalterl. Festungsanlage; Ausgangspunkt der Kreuzzüge nach Ägypten (1248–54) u. Tunis (1270).

Aikido [das; jap.], gewaltlose Form der Selbstverteidigung; nach Ausweich-, Dreh- u. Zugbewegungen wird dem gegner. Angriff durch eigene Wurfu. Hebeltechniken begegnet. Der jap. Begründer, Morihei *Uyeshiba* (* 1882, † 1969), verstand unter A. einen Weg *(do)* zur menschl. Vervollkommnung u. zur Harmonie *(ai)* des Geistes *(ki).*

Ailanthusspinner, zu den *Nachtpfauenaugen* gehörender Schmetterling, dessen Kokons in Japan u. China zur Seidengewinnung verwendet werden.

Aimará → Aymará.

Ain [ɛ̃], r. Nbfl. der Rhône in O-Frankreich, 200 km.

Ainu, *Aino,* [»Menschen«], urspr. ein Volk von Wildbeutern (17 000), heute mit Hackbau, auf Hokkaido, den Kurilen u. Sachalin; z. T. stark japanisiert.

Air [ɛ:r], **1.** Haltung, Aussehen. – **2.** liedhaftes Vokal- u. Instrumentalstück.

Aïr, *Azbine,* bis 2000 m (Mt. Greboun) hohe Gebirgslandschaft in der südl. Sahara (Rep. Niger), von Tuareg bewohnt; Hauptoase *Agadèz;* Uranabbau.

Airbus ['ɛəbus], Großraum-Passagierflugzeug für Kurz- u. Mittelstrecken, unter Beteiligung frz., dt., brit., span., niederl. u. belg. Firmen gebaut; seit 1974 im Einsatz.

Air-conditioning ['ɛəkən'diʃən(iŋ)], *Air condition,* Klimaanlage.

Aire [ɛə], Fluß im nordöstl. England, 115 km; durchfließt das kohlen- u. industriereiche *Airedale.*

Airedale-Terrier ['ɛədɛil-], mittelgroßer, kräftiger, drahthaariger Gebrauchshund.

Air Force [ɛːr'fɔːs], Bez. der brit. Luftwaffe.

Air France [ɛːr' frãs; frz.], staatl. frz. Luftverkehrsgesellschaft.

Air mail [ɛə'mɛil; engl.], Luftpost.

Airolo, dt. *Eriels,* Dorf im Kt. Tessin (Schweiz) am Südausgang des Gotthard-Tunnels, 1175 m ü. M., 2000 Ew.; Fremdenverkehr.

Aïscha, * um 613, † 678, Mohammeds jüngste u. Lieblingsfrau, Tochter *Abu Bakrs.*

Aischylos ['aiscy-] → Äschylus.

Aisne [ɛ:n], l. Nbfl. der Oise in NO-Frankreich, 300 km.

Aistulf, König der Langobarden 749-756; eroberte das Exarchat von Ravenna; bekriegt u. zur Abtretung des Exarchats gezwungen, das Pippin dem Papst überwies *(Pippinsche Schenkung).*

Aitmatow, Tschingis, * 2.12.1928, kirgis. Schriftst.; schreibt lyrisch getönte Romane u. Erzählungen.

Aitolien → Ätolien.

Aix-en-Provence ['ɛ:ksãpro'vãs], Stadt in S-Frankreich, alte Hptst. der *Provence,* 121 000 Ew.; Erzbischofssitz, Universität; Festspiele. - Röm. Badeort *Aquae Sextiae;* 102 v. Chr. Sieg des Marius über die Teutonen.

Aix-les-Bains ['ɛ:ksle:'bɛ̃], Stadt in Savoyen (SO-Frankreich), am Ostufer des *Lac du Bourget* (45 km²), 21 000 Ew.; Schwefelthermalquellen.

Aja, Kinderfrau, Erzieherin. - *Frau Aja,* Mutter der 4 Haimonskinder; auch Beiname der Mutter *Goethes.*

Ajaccio [a'jatʃo], Hptst. der frz. Insel Korsika, Hafenstadt an der Westküste, 54 000 Ew.; Geburtsort Napoleons I.

Ajanta [a'dʒanta], Adschanta, Dorf in Maharashtra (Indien); monumentale Wandmalereien in Felsentempeln (2. Jh. v. u. 5.–7. Jh. n. Chr.).

Ajatollah, *Ayatollah* [pers. »Zeichen Gottes«], im schiit. Islam akadem. Titel für geistl. Würdenträger mit herausragendem Wissen.

Ajax → Aias.

Ajjubiden, *Aijubiden, Ayyubiden,* Herrscherdynastie in Ägypten, Syrien u. Jemen, 1171 begründet durch *Saladin.*

Ajmer ['adʒ-], *Adschmir,* Ind.-Stadt in Rajasthan (Indien), am Aravalligebirge, 376 000 Ew.; Handelszentrum; islam. Wallfahrtsort.

Ajodhya [a'ʒu:r; frz.], Ort in der Nähe von Faizabad in Uttar Pradesh, eine der sieben heiligsten Hindu-Städte Indiens.

à jour [a'ʒuːr; frz.], »bis zum [heutigen] Tage«, auf dem laufenden sein.

Akademgorodok, Stadt in Sibirien (Rußland), am Südrand von Nowosibirsk, 30 000 Ew.; Wissenschaftszentrum.

Akademie [grch.], urspüngl. der Name für die philosoph. Schule *Platons* in den Gärten des Heros *Akademos,* Vorbild aller grch. Philosophenschulen; im späteren Altertum Bez. für Zusammenkünfte von Gelehrten, im MA für von Fürsten geförderte Gelehrtenvereinigungen. In der Barockzeit blühten diese auf. u. standen wegen ihrer fortschrittl. Einstellung häufig im Gegensatz zu den im mittelalterl. Denken verankerten Universitäten. Der Begriff A. im modernen Sinn geht zurück auf die *Preußische A. der Wissenschaften.* Heute versteht

Akbar d. Gr. mit seinem Sohn Dschahangir und seinem Enkel Schah Dschahan; Miniatur, um 1630. Dublin, Chester Beatty Library

Kaiser Akihito und seine Frau Mitschiko

man unter A. auch Fachhochschulen wissenschaftl. u. künstlerischer Art.

Akademiker, Personen mit einem akadem. Grad oder Abschlußexamen sowie Studierende einer Universität oder Hochschule.

akademische Freiheit, bes. Rechte der Hochschullehrer u. -studenten; sie betreffen speziell die Lehr- u. Lernfreiheit, die akadem. Freizügigkeit (d. h. das Recht, die Hochschule zu wechseln; durch Zulassungsbeschränkung heute eingeschränkt möglich) u. die akadem. Gerichtsbarkeit.

akademische Grade, von einer Hochschule nach bestandener Prüfung verliehene Titel, →Doktor, →Magister, →Diplom, →Lizentiat.

Akademischer Rat, eine Lehrkraft des akadem. Mittelbaus an wissenschaftl. Hochschulen.

akademisches Viertel, der Brauch, Vorlesungen oder andere akadem. Veranstaltungen ¼ Stunde später als angegeben, also c. t. (*cum tempore,* »mit Zeit«) zu beginnen; dagegen: s. t. (*sine tempore,* »ohne Zeit«), pünktlich.

Akadien, histor. Bez. für den Südteil des atlant. Küstengebiets von Kanada.

Aka Gündüz, Pseudonym: *Enis Arni,* * 1886, † 1958, türk. Schriftst. (patriot. Lieder, Romane, Schauspiele).

Akanthus, mehrjährige Staude (Bärenklau) mit geteilten Blättern u. Blüten in langen Ähren. – Das A.blatt tritt als Zierform an den Kapitellen der korinth. Säulen auf; Ursprungsform ist jedoch die grch. →Palmette.

Akashi, jap. Stadt an der Inlandsee, 270 000 Ew., Flugzeugbau.

Akazie, Gattung der *Mimosengewächse,* mit zahlreichen Bäumen u. Sträuchern in den wärmeren Klimazonen. Die *Schirmakazien* Afrikas verleihen der Landschaft einen bes. Charakter. Zahlreiche Arten liefern wertvolles Holz. Von den afrikan. A. stammt der größte Teil des →Gummiarabikums. – *Falsche A.* →Robinie.

Akbar, * 1542, † 1605, indischer Mogulkaiser 1556 – 1605; führte das Mogulreich zur wirtschaftl. u. kulturellen Blüte.

Akelei, Gatt. der *Hahnenfußgewächse;* in Dtld. die *Gewöhnl. A.* mit violett-blauen, rosa oder weißen Blüten; giftig; auf Waldwiesen u. in lichten Gehölzen.

Aken, Piet van, * 1920, † 1984, fläm. Schriftst.; schildert das harte Leben heimischer Arbeiter.

Akiba, Ben Joseph, * 50 n. Chr., † 136 (als Märtyrer nach dem Scheitern des *Bar-Kochba-Aufstands*), jüd. Schriftgelehrter; begründete die erste umfassende Mischna-Sammlung.

Akihito, persönl. Name des Kaisers von Japan, * 23.12.1933 Tokio, ältester Sohn des Kaisers *Hirohito;* übernahm 1989 die Regentschaft.

Akinesie, 1. *Akinesis, Akinese,* Bewegungsarmut u. -hemmung, Ausdruck einer Erkrankung des Stammhirns. – **2.** das Sich-Totstellen (*Thanatose*) von Tieren bei Gefahr.

Akita, *Kubota,* jap. Hafenstadt am Jap. Meer, im NW der Insel Honshu, 300 000 Ew.

Akkad, Hptst. u. Zentrum des mächtigen *Reichs von A.,* des ersten semit. Großreichs auf mesopotam. Boden; im nördl. Babylonien gelegen, genaue Lage unbekannt. Das Reich von A. wurde um 2350 v. Chr. von *Sargon I.* gegr. u. von den *Gutäern* um 2150 v. Chr. zerstört.

akkadische Sprache, eine semit. Sprache, die das Sumerische im 3. Jt. v. Chr. in Mesopotamien ablöste; in sumer. Keilschrift überliefert.

Akklamation, 1. Beifall, Zustimmung(säußerung). – **2.** Wahl u. Abstimmung durch bestimmenden Zuruf der versammelten Stimmberechtigten ohne Einzelabstimmung.

Akklimatisation, *Akklimatisierung,* allg. Anpassung eines Lebewesens an einen neuen Standort, beim Menschen vor allem Gewöhnung an fremde Klimabedingungen.

Akko, *Akka,* engl. *Acre,* israel. Stadt am Nordende der Haifa-Bucht, 40 000 Ew.; in den Kreuzzügen häufig umkämpft, 1104 – 1291 Kreuzfahrerstützpunkt; 1198 Entstehung des Deutschherrenordens; 1799 von Napoleon I. vergeblich belagert.

Akkomodation, die Fähigkeit des Auges, verschiedene Gegenstandsweiten auszugleichen u. ein scharfes Bild auf der Netzhaut zu erzeugen.

Akkordeon, eine Ziehharmonika, bei der 1. auf Zug u. Druck bei gleicher Taste derselbe Ton erklingt u. 2. für die Begleitung Knöpfe vorhanden sind, deren jeder einen vollständigen *Akkord* (daher der Name) erklingen läßt.

Akkordlohn, der nach der Arbeitsleistung bemessene Lohn. Beim *Stückzeitakkord* wird je Leistungseinheit eine bestimmte Bearbeitungszeit vorgegeben, die vergütet wird. Beim *Stückgeldakkord* wird je Leistungseinheit ein bestimmter Geldbetrag vereinbart.

Akkra →Accra.

akkreditieren, einen diplomat. Vertreter bei einem fremden Staat beglaubigen.

Akkreditiv, urkundl. Anweisung an eine Bank, an einen Dritten *(Akkreditierten)* innerhalb einer bestimmten Frist einen bestimmten Geldbetrag zu zahlen; bes. im Außenhandel verbreitet.

Akku, Kurzwort für Akkumulator.

Akkumulation, Anhäufung, Aufschüttung, Ansammlung.

Akkumulator, Kurzwort *Akku,* eine Stromquelle; Gerät, das elektr. Energie (Gleichstrom) chemisch speichert. Der *Blei-A.* enthält Elektroden aus Blei, die von verdünnter Schwefelsäure umgeben sind. Beim Laden wird die Oberfläche der positiven Platte (Anode) zu Bleidioxid oxidiert, die der negativen (Kathode) zu metallischem Blei reduziert; beim Entladen gehen beide Elektroden in Bleisulfat über.

Akkusativ, *Wenfall,* oder 4. Fall, antwortet auf die Frage: wen oder was?; bes. nach transitiven Verben (z.B. »ich esse Brot«).

Akne, *Acne vulgaris, Hautfinnen,* eine von den Talgdrüsen ausgehende, bes. in den Entwicklungsjahren vorkommende, eitrige Hauterkrankung; meist hormonell bedingt. Die A.pusteln heilen meist narbenlos ab. Auch →Mitesser.

AKP-Staaten, Bez. für die mit der EU assoziierten Staaten in *Afrika,* in der *Karibik* u. im *Pazifik.*

Akquisiteur [-'tør; frz.], Kundenwerber.

Akribie [grch.], größtmögl. [wissenschaftl.] Genauigkeit. Adj.: **akribisch.**

akro ..., Akro ... [grch.], Wortbestandteil mit der Bedeutung: »steil, hoch, spitz«.

Akrobat, Artist, Turnkünstler.

Akron ['ækrən], Ind.-Stadt in Ohio (USA), am Ohio-Kanal, 237 000 Ew.; »Stadt der Autoreifen« (seit 1869/70 Gummiindustrie).

Akronym [grch.], Kurzwort aus den Anfangsbuchstaben mehrerer Wörter, z. B. NATO, UNO.

Akropolis, die befestigte Oberstadt (Burg) altgrch. Städte, insbes. die A. von Athen, ferner von Korinth *(Akrokorinth),* Lindos auf Rhodos, Selinunt u. a.

Akrostichon, ein Gedicht, in dem die Anfangsbuchstaben der Verszeilen ein Wort, einen Namen oder Sinnspruch ergeben.

Aksu, *Wensuh,* Oasenstadt, Handels- u. Karawanenzentrum in Xinjiang (China), im Tarim-Becken, 40 000 Ew.

Aksum, *Axum,* Stadt in N-Äthiopien, 12 000 Ew.; vom 1. bis 5. Jh. n. Chr. Hptst. des *Reiches A.;* Krönungsort der äthiop. Kaiser.

Akt, 1. Vorgang, Handlung, Vollzug. – **2.** Wiedergabe des unbekleideten menschl. Körpers (Nacktdarstellung). Die Griechen erhoben ihn zum selbständigen, in Formen u. Maßverhältnissen idealisierten Gegenstand ihrer Kunst. Zu christl. A.-Themen gehören (Adam u. Eva, Taufe, Selige u. Verdammte) traten in der Renaissance die weltl., nach antiken Vorbildern häufig mit allegor. u. mytholog. Bedeutung (Apoll, Venus, die drei Grazien). Im 19. Jh wurde das Zeichnen nach weibl. Modellen allg. üblich. Realismus u. Impressionismus pflegten die weibl. Aktdarstellung als eigenständiges Genre. Der Symbolismus u. der Jugendstil bevorzugten mehr die Allegorie. – **3.** *Aufzug,* eine Handlungseinheit des Dramas im Theater.

Aktaion, *Aktäon,* Jäger der grch. Sage, von *Artemis,* weil er sie im Bade gesehen hatte, in einen Hirsch verwandelt u. von Hunden zerrissen.

Akten, geordnete Sammlung von Schriftstücken; bes. bei Behörden u. Gerichten, in der Wirtschaft.

Die Akropolis von Athen

28 Akteneinsicht

Akteneinsicht, im Bereich der Verwaltung u. Gerichtsbarkeit gesetzlich gewährtes Recht; im Strafprozeß neben dem Staatsanwalt nur dem Verteidiger u. dem Anwalt des Privatklägers gestattet.

Aktie, ein Wertpapier, das das Anteilsrecht an einer *Aktiengesellschaft* verbrieft. In der BR Dtld. lautet die A. auf einen bestimmten *Nennbetrag;* der Mindestnennbetrag ist 50 DM (§ 8 AktG). Im Ausland ist die *nennwertlose A. (Quotenaktie)* verbreitet. In beiden Fällen verkörpert die A. einen Bruchteil am Reinvermögen der Aktiengesellschaft, einen Anteil am ausgewiesenen Jahresgewinn *(Dividende)* u. gegebenenfalls am Liquidationserlös. Gewöhnl. gewährt die A. außerdem das *Stimmrecht* in der Hauptversammlung (§ 12 AktG). Der augenblickl. tatsächl. Wert *(Kurs)* der A. bildet sich bei den A., die an der Börse zugelassen sind, aus Angebot u. Nachfrage.

Aktiengesellschaft, Abk. *AG,* eine Handelsgesellschaft mit eigener Rechtspersönlichkeit (juristische Person), deren Gesellschafter *(Aktionäre)* mit Kapitalanlagen *(Aktien)* beteiligt sind, ohne persönlich für die Verbindlichkeiten der Gesellschaft zu haften. Die Aktionäre erhalten Gewinnanteile in Form der *Dividende.* Die AG ist die Hauptform der → Kapitalgesellschaft. Sie wird in der BR Dtld. hauptsächl. für Großunternehmen gewählt. Die AG handelt durch mehrere Organe: den *Vorstand* (Vertretung u. Geschäftsführung), den *Aufsichtsrat* (Überwachung des Vorstandes sowie Bestellung u. Abberufung seiner Mitglieder) u. die *Hauptversammlung (Generalversammlung;* Wahl u. Abberufung der Aufsichtsratsmitglieder u. Beschlüsse über die Satzung sowie über die Gewinnverteilung u. die Entlastung von Vorstand u. Aufsichtsrat). Eine AG kann nur durch mindestens 5 Personen gegründet werden. Der Jahresabschluß der AG muß veröffentlicht werden.

Aktienindex, Meßzahl für den durchschnittl. Börsenkurs der Aktien der bed. Aktiengesellschaften; z. B. der *Dow-Jones-Index* der New Yorker Aktienkurse.

Aktin, ein Eiweißstoff; gemeinsam mit *Myosin* als komplexes Protein *(Aktomyosin)* im Muskel.

Aktinien, Seeanemonen, Ordnung der Korallentiere; festsitzende, einzeln lebende Polypen des Meeres, mehr als 1000 Arten, z. B. die *Gewöhnl. Seerose* oder *Pferderose.*

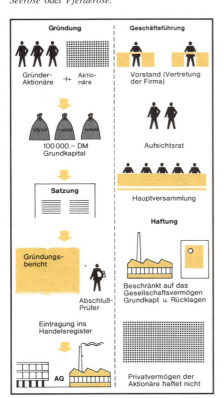

Aktiengesellschaft: schematische Darstellung

Aktinien: Pferdeseerose

Aktinolith, *Strahlstein,* ein Mineral.

Aktinometrie, Strahlungsmessung; auch Bez. für Sternkataloge mit genauer Angabe der Helligkeiten (z. B. *Göttinger A., Yerkes-A.*).

Aktinomykose, eine Strahlenpilzkrankheit, geschwulstähnliche Bindegewebswucherungen mit zentraler Erweichung.

Aktionär, Gesellschafter einer Aktiengesellschaft.

Aktionismus, abwertende Bez. für unüberlegtes, ergebnisloses Handeln aus polit. Engagement heraus.

Aktionskunst, Kunstform, die das Publikum in den Gestaltungsprozeß einbezieht; vor allem im Neodadaismus von Fluxus u. Happening praktiziert. Vertreter in den USA: J. Cage u. A. Kaprow, in Dtld. J. Beuys u. W. Vostell.

Aktionsradius, Wirkungsbereich; Fahrbereich.

Aktionsstrom, bei allen physiolog. Vorgängen in lebenden Organismen auftretender schwacher elektr. Strom; im Elektrokardiogramm (EKG) u. Elektroenzophalogramm gemessen.

Aktium, neugrch. *Punta,* Landzunge im NW der grch. Landschaft Akarnanien; 31 v. Chr. Seesieg des Octavian über Antonius.

aktiv, handelnd, teilnehmend, wirksam, tätig; Ggs.: *passiv.*

Aktiv, *Grammatik: Tätigkeitsform,* die Gesamtheit der Verbformen, die das grammat. Subjekt eines Satzes als den Ausführenden der bezeichneten Handlungen hinstellen.

Aktiva, Pl. *Aktiven,* die laut Bilanz einem Geschäftsbetrieb zur Verfügung stehenden Vermögenswerte *(Anlagevermögen* u. *Umlaufvermögen);* im Ggs. zu den *Passiva,* Pl. *Passiven (Schulden).*

aktive Sicherheit, beim Kfz die Sicherheit, die auf die guten Fahreigenschaften zurückgeht; im Ggs. zur *passiven Sicherheit,* die durch Milderung der Unfallfolgen für die Insassen gegeben ist.

aktives Wahlrecht → Wahlrecht.

Aktivgeschäfte, die Kreditgewährung durch Kreditinstitute.

aktivieren, 1. zur Wirksamkeit bringen. – **2.** Vermögensgegenstände eines Unternehmens mit einem bestimmten Wert auf der Aktivseite der Bilanz ansetzen. – **3.** einen chem. Stoff in einen energiereicheren, reaktionsfähigeren Zustand bringen. – **4.** ein stabiles Element durch Bestrahlung, z. B. mit Neutronen, künstlich *radioaktiv* machen.

Aktivist, eine Person, die sich durch bes. Einsatz für eine Sache oder Bewegung hervortut; in polit. Bewegungen jemand, der sich vorbehaltlos hinter seine Führung stellt u. persönl. Nachteile nicht scheut; in sozialist. Ländern eine Person mit überdurchschnittl. Arbeitsleistungen (»Verdienter A.«, »Held der Arbeit«, »A. des Fünfjahresplans«).

Aktivkohle, durch Verkohlen von Holz *(Holzkohle),* Knochen *(Knochenkohle)* oder Tierblut *(Blutkohle)* gewonnenes Adsorptionsmittel zur Reinigung von Dämpfen, Gasen, Flüssigkeiten.

Aktjubinsk, Ind.-Stadt u. Gebiets-Hptst. im NW von Kasachstan, südl. des Ural, am Ilek, 260 000 Ew.; Nahrungsmittel-, Maschinen- u. chem. Ind.

Aktomyosin, ein Protein aus den Eiweißstoffen *Aktin* u. *Myosin;* die treibende Kraft der Muskelkontraktion.

Aktualität, Neuigkeit u. Wichtigkeit eines Ereignisses u. der Nachricht darüber, gemessen am zeitl. Abstand, aber auch an der »geistigen Neuigkeit«; Wesensmerkmal publizist. Aussage u. Medien, z. B. der Zeitung.

aktuell, zeitnah, von Bedeutung für die gegenwärtige Wirklichkeit.

Akupressur, Behandlungsverfahren, bei dem bestimmte Punkte der Körperoberfläche durch leichten Druck u. Massage stimuliert werden.

Akupunktur, ein jahrtausendealtes chin. Heilverfahren, bei dem durch Einstich von Metallnadeln an lehrmäßig festgelegten Hautpunkten erkrankte innere Organe beeinflußt werden.; bes. bei rheumat. u. Nervenerkrankungen angewendet.

Akustik, die Lehre vom Schall.

Akustikkoppler, Gerät zur Umwandlung von Datensignalen in akust. Schwingungen, die über Fernsprechleitungen zwischen EDV-Einrichtungen übertragen werden. Dazu wird der Telefonhörer auf den A. gelegt.

akut, heftig, brennend; dringlich; plötzl. einsetzend u. schnell verlaufend (von Krankheiten); Ggs. in der Medizin: *chronisch.*

Akutagawa, *A. Rjunosuke,* * 1892, † 1927 (Selbstmord), jap. Schriftst.; schilderte v. a. in Kurzgeschichten Widersprüchlichkeit u. Auswegslosigkeit der jap. Gesellschaft; W »Raschomon«.

Akzeleration, Beschleunigung, immer kürzere Aufeinanderfolge von Epochen od. Generationen; Ggs: *Retardation.* – Entwicklungs- u. Reifungsbeschleunigung beim jungen Menschen, bes. festzustellen in den letzten Jahrzehnten im Vergleich zu früheren Generationen.

Akzent, 1. *S c h r i f t:* diakrit. Zeichen über einem Vokal zur Angabe von Betonung, Länge, offener oder geschlossener Aussprache: 1. *Akut (Accent aigu),* Zeichen ´; 2. *Gravis (Accent grave),* Zeichen `; 3. *Zirkumflex (Accent circonflexe),* Zeichen ˆ. – **2.** *S p r a c h e:* 1. eine Veränderung der Tonstärke *(dynam. A.)* oder der Tonhöhe *(musikal. A.),* die eine Silbe aus einer Abfolge mehrerer Silben heraushebt. – 2. der Gesamteindruck der von der Norm abweichenden Aussprachenuancen fremdsprachlicher Sprecher (»fremder A.«).

akzentuieren, mit Nachdruck betonen, genau aussprechen.

Akzept, der angenommene *(akzeptierte)* Wechsel; Annahmevermerk auf einem gezogenen Wechsel.

Akzidens, im Ggs. zur *Substanz* ein zufälliges Merkmal. – **akzidentiell,** zufällig, unwesentlich.

Akzidenzen, Druckarbeiten, wie z. B. Prospekte oder Anzeigen, die eine Vielfalt von Schriftarten u. -graden umfassen; Ggs.: *Werkdruck.* – **Akzidenzschrift,** Schrifttypen für den Satz von A.

Akzise, *Ziese, Zeiße,* bis ins 19. Jh. Bez. für Steuern, die für Umsatz u. Verbrauch von Lebensmitteln, Ein- u. Ausfuhr, Vieh u. a. an den Stadttoren erhoben wurden.

Al, chem. Zeichen für *Aluminium.*

à la, ... [frz.], nach Art, auf die Art von ...

Alabama [ælə'bæmə], Gliedstaat der → Vereinigten Staaten.

Alabama River [ælə'bæmə 'rivə], Fluß im SO der USA, 1400 km; mündet bei Mobile.

Alabaster, weißer, auch gelber, durchscheinender

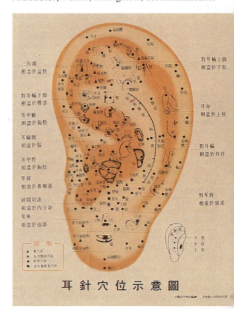

Akupunktur: Die Punkte entsprechen verschiedenen Organen und ihren Erkrankungen

Werkstoff für Schalen, Vasen u. a., marmorähnliche, feinkörnige Abart des Gipses *(Kalk-, Onyxalabaster, Onyxmarmor).*
Alabastron, zylindr. Salbengefäß der Antike.
à la carte [-'kart, frz.], nach der (Speise-)Karte, nach Wahl.
Alagón, r. Nbfl. des Tajo in W-Spanien, 209 km.
Alai, Kettengebirge in Mittelasien, 750 km lang, bis 5880 m hoch, stark vergletschert.
Alain [a'lɛ̃], eigtl. Auguste *Chartier,* * 1868, † 1951, frz. Philosoph; vertrat eine positivist. u. pazifist. Philosophie.
Alain-Fournier [a'lɛ̃fur'nje], eigtl. Henri-Alban *Fournier,* * 1886, † 1914 (gefallen), frz. Schriftst. (»Der große Kamerad«).
Alamein, *El A.,* Oase in Ägypten, zwischen Qattara-Senke u. Mittelmeer. – Vom 1.–6.7.1942 verhinderte die brit. 8. Armee unter Sir Claude *Auchinleck* den Einbruch des dt. Afrikakorps unter E. *Rommel* nach Ägypten. 23.10.–3.11.1942 entscheidender Durchbruch der Briten unter B. L. *Montgomery.*
Alamgir I. →Aurangseb.
Alamo ['æləmo], Missionsstation von San Antonio (Texas), berühmt durch den texan. Unabhängigkeitskampfs der Angloamerikaner gegen Mexiko.
à la mode [-'mɔd; frz.], nach der Mode, modisch.
Alamogordo [æləmə'gɔːdo], Stadt in der Wüste von New Mexico (USA), 30 000 Ew.; nahebei das Atom- u. Raketenversuchsgelände *White Sands.* Hier fand am 16.7.1945 die erste Atombombenexplosion statt.
Åland ['oːland], finn. *Ahvenanmaa, A.inseln,* autonome finn. Prov. (*Lääni*) u. Inselgruppe (über 6500 Schären) in Bottn. Meerbusen; von Schweden durch das *Ålandstief* (40 km breit, 70 – 300 m tief) getrennt; 1481 km², 24 000 Ew. (meist Fischer schwed. Herkunft u. Sprache); größte Insel: *A.,* 640 km², 15 000 Ew., Hptst. *Mariehamn* (10 000 Ew.).
Alanen, ein iran. Steppenvolk nördl. des Kaukasus, das in den ersten nachchristl. Jahrhunderten Raubzüge nach Armenien u. Kleinasien unternahm; um 370 von den Hunnen unterworfen, von Byzanz aus christianisiert u. im 13. Jh. von den Mongolen z. T. nach Ungarn abgedrängt. Ihre Nachkommen sind die *Osseten.*
Alanin, bed., in Eiweißkörpern vorkommende Aminosäure.
Alant, *Inula,* Gattung aus der Fam. der *Korbblütler.* Vom *Helenenkraut, Inula helenium,* werden die Wurzelstöcke als Volksheilmittel gebraucht.
Alaotrasee, größter See Madagaskars, nordwestl. von *Tamatave,* 750 m ü. M., 40 km lang, 10 km breit, 1 bis 2 m tief; im *Alaotragraben.* Das umgebende Sumpfland ist kultiviert; Reisanbau.
Alarcón y Ariza [-a'riθa], Pedro Antonio de, * 1833, † 1891, span. Schriftst. (»Der Dreispitz«); zwischen Romantik u. Realismus.
Alarich I., König der Westgoten, * um 370, † 410, fiel 391 in Thrakien ein, eroberte 410 Rom, das er plündern ließ; wurde im Flußbett des Busento bei Cosenza (S-Italien) begraben (Gedicht von Platen).
Alarm, Gefahrmeldung, -signal, meist durch Sirenen.
Alaska, Abk. *Alas.,* flächenmäßig der größte Gliedstaat der USA, im NW Nordamerikas durch die Beringstraße von Asien getrennt, räuml. durch Kanada vom übrigen geschlossenen Staatsgebiet der USA getrennt, 1 530 700 km², 530 000 Ew. (20% Indianer u. Eskimo), Hptst. *Juneau;* größte Stadt *Anchorage.* Süd-A. ist ein Gebirgsland (Mt. McKinley 6194 m) mit fjordreicher Küste; Nord-A. ist ein Berg- u. Hügelland mit Flachküsten; Stromgebiet des Yukon; Klima: arktisch-kontinental mit großen Temperaturschwankungen; Dauerfrostboden. Reiche Bodenschätze: Gold (1896 – 1945 im Klondike-Gebiet gewonnen), Erdöl (seit 1977 von der Prudhoe Bay durch die *A.-Pipeline* gewonnen); Lachs-Fischerei, Pelztierjagd; dichtes Luftverkehrsnetz; *A.-Highway,* 1942 erbaut, 2451 km lang, wichtigste Landverbindung. – A. wurde 1867 von den USA für 7,2 Mio. Dollar den Russen abgekauft u. ist seit 1959 der 49. Staat der USA.
Alássio, ital. Seebad u. Winterkurort in Ligurien, an der westl. Riviera, 14 000 Ew.
Alaun, natürl. vorkommendes Kalium-Aluminium-Sulfat; als Beizmittel in der Gerberei u. Färberei, zur Leimung von Papier u. als blutstillendes Mittel (*A.stift*) verwendet.
Alb, *Alp, Rauhe A.* →Schwäbische Alb.
Alba, Fernando *Álvarez de Toledo,* Herzog von A., * 1507, † 1582, span. Feldherr; 1537 Oberbefehlshaber der Heere Kaiser Karls V.; entschied 1547 den *Schmalkaldischen Krieg* durch Sieg bei Mühlberg/Elbe; 1567–73 Statthalter *Philipps II.* in den Niederlanden, wo er eine strenge Militärdiktatur ausübte u. gegen den Protestantismus vorging. Sein Regiment führte zum Abfall der Niederlande unter Wilhelm von Oranien. Eroberte 1580 Portugal.
Albacete [-'θeːta], Prov.-Hptst. auf der Hochfläche Neukastiliens (SO-Spanien), 130 000 Ew., Handelszentrum.
Alba Iulia, dt. *Karlsburg,* fr. *Weißenburg,* Stadt in Rumänien an der Mureș, in Siebenbürgen, 67 000 Ew.
Albaner, eigtl. Name *Shqiptar, Skipetaren,* Volk mit indoeurop. Sprache (*Albanisch*) in Albanien, Jugoslawien u. Griechenland; 3,6 Mio.
Albaner Berge, ital. *Monti Albani,* vulkan. Ringgebirge südöstl. von Rom; in der *Maschio di Faete* 956 m; zwei mit Wasser gefüllte Krater: *Albaner See* u. *Nemisee.*
Albani, eine röm. Adelsfamilie, der 5 Kardinäle u. Papst Klemens XI. entstammten.
Albanien, Staat auf der Balkanhalbinsel an der Adria, 28 748 km², 3,2 Mio. Ew. (Albaner, über 50% Moslems), Hptst. *Tirana.*

Albanien

Hafenarme Flachküste, überwiegend zerklüftetes Kalksteingebirge (*Nordalban. Alpen* bis 2693 m). In hügeligen Gebieten u. Beckenlandschaften Weidewirtsch. u. Ackerbau (Tabak, Obst, Wein, Oliven, Getreide u. Baumwolle). Bodenschätze: Braunkohle, Erdöl (bei Qytet Stalin), Chromerz; Industrie ist schwach entwickelt. Häfen: Durrës u. Vlorë.
G e s c h i c h t e . Seit dem Altertum stand A. unter Fremdherrschaft (u. a. Römer, Byzantiner, Bulgaren). Nach vorübergehender Selbständigkeit unter *Skanderbeg* (1443–68) war es türk. Provinz. Erst 1912 wurde es unabh. 1922–39 regierte A. *Zogu,* seit 1928 als König. 1939 wurde A. von Italien annektiert. 1946 wurde A. kommunist. Volksrepublik unter Parteichef E. *Hoxha,* der eine stalinist. Politik betrieb. 1960 brach A. mit der UdSSR, 1978 auch mit China. Nach Hoxhas Tod 1985 wurde R. *Alia* Parteichef. 1990 begann die Demokratisierung des Landes. Die Kommunisten verzichteten auf ihr Machtmonopol. Die Volksrepublik wurde zur Republik A. Die wirtschaftl. Lage verschlechterte sich dramatisch. Bei Parlamentswahlen 1992 siegte die Demokrat. Partei. Staats-Präs. wurde S. *Berisha.*
Albano Laziale, ital. Stadt in Latium, am Fuß der Albaner Berge, 28 000 Ew.; das altröm. *Alba longa,* religiöser Mittelpunkt Latiums.
Albany ['ɔlbəni], Hptst. des US-Staats New York, am Hudson, 102 000 Ew.; vielseitige Ind., Binnenhafen am Eriekanal.
Albategnius, *(Al-) Battâni,* * 858, † 929, bed. arab. Astronom.
Albatrosse, *Diomedeidae,* Fam. der *Sturmvögel:* ausdauernde Segelflieger der Südozeane. Der *Wanderalbatros* erreicht über 3 m Flügelspannweite.
Albay, *Mayón,* tätiger Vulkan auf der Philippinen-Insel Luzón, 2520 m.
Albe [die], bis zu den Knöcheln reichendes weißes Meßgewand der kath. Kirche.
Albedo, *Rückstrahlungsvermögen,* das Verhältnis des von einer nicht spiegelnden Fläche abgestrahlten Lichts zum insgesamt auf sie auffallenden Licht; z. B. für eine frische Schneedecke rd. 85%.
Albee ['ɔːlbiː], Edward, * 12.3.1928, US-amerik. Schriftst.; analysiert in psycholog. Dramen die Krisenerscheinungen von Mensch u. Gesellschaft; W »Wer hat Angst vor Virginia Woolf?«, »Empfindliches Gleichgewicht«.
Albéniz [al'beniθ], Isaac, * 1860, † 1909, span. Komponist u. Pianist.
Alberich, *Elberich,* listiger Zwerg der dt. Heldensage, Elfenkönig, Wächter des Nibelungenhorts, von *Siegfried* besiegt; →Oberon.
Albers, Hans, * 1891, † 1960, dt. Schauspieler; bes. populär in Seemanns- u. Abenteuerrollen.

Albatros

Albert, Fürsten. Belgien: **1. A. I.,** * 1875, † 1934, König 1909–1934, Nachfolger seines Onkels *Leopold II.* – **2. A. II.,** * 6.6.1934, König seit 1993, Nachfolger seines Bruders *Baudouin,* verheiratet mit Prinzessin Paola Ruffo di Calabria.
Albert [al'bɛːr], Eugen d', * 1864, † 1932, dt. Komponist u. Pianist frz.-engl. Herkunft; Schüler von F. *Liszt;* W Oper »Tiefland« 1903.
Alberta [ælˈbɜːtə], Prov. in →Kanada.
Alberti, 1. Domenico, * um 1710, † 1740, ital. Komponist; schrieb Opern u. Klaviersonaten. – **2.** Leon Battista, * 1404, † 1472, ital. Architekt, Maler, Bildhauer, Kunstschriftst. u. Philosoph; führender Theoretiker der Renaissance.
Albertina, staatl. Graphik-Sammlung in Wien, benannt nach Herzog *Albert Kasimir von Sachsen-Teschen.*
Albertiner, jüngerer Zweig der *Wettiner;* 1485 entstanden durch Aufteilung der wettin. Länder unter die Söhne des Kurfürsten Friedrich II., Ernst *(Ernestiner)* u. Albrecht der Beherzte.
Albert-Kanal, Schiffahrtsweg in NO-Belgien, rd. 120 km, mit sieben Schleusen; führt (seit 1938) von der Maas zur Westerschelde u. verbindet Lüttich mit Antwerpen.
Albertsee, *Mobutu-Sese-Seko-See,* See im Zentralafrikan. Graben (Grenze zw. Uganda u. Zaire), 620 m ü. M., 5300 km², 48 m tief; vom Weißen Nil durchflossen.
Albertus Magnus, *Albert (Graf) von Bollstädt,* * 1193 ?, † 1280, dt. Theologe der Hochscholastik; Dominikaner, Lehrer des *Thomas von Aquin;* nahm als erster die Aristotelischen Schriften vollständig in den theolog. Unterricht auf; auch Naturforscher. – Heiligsprechung 1931 (Fest: 15.11.).
Albertz, Heinrich, * 1915, † 1993, dt. Politiker (SPD) u. ev. Pfarrer; 1961–66 Innensenator in Berlin (West), 1966/67 Regierender Bürgermeister, in der Friedensbewegung aktiv.
Albi, Stadt in S-Frankreich, am Tarn, alte Hptst. des *Albigeois,* 46 000 Ew.; gotische Kathedrale (13.–15. Jh.).
Albigenser, frz. Sekte aus Albi, Gruppe der →Ka-

Hans Albers als Münchhausen in dem gleichnamigen Film (1943)

Albinismus

tharer, übten strengste Askese, verwarfen die kirchl. Sakramente, Altäre, Kreuze u. Bilder, Heiligen- u. Reliquienverehrung. Zu den *A.-Kriegen* (1209–29) hatte Papst Innozenz III. aufgerufen; die Bewegung wurde um 1330 durch die Inquisition ausgerottet.

Albinismus, ein erbl. Mangel an Pigmenten in der Körperbedeckung (Haut, Haar, Augen). Träger von A. nennt man **Albinos,** in Europa 1 : 100000 bis 1 : 200000. Ggs.: *Melanismus.*

Albinoni, Tommaso, *1671, †1750, ital. Komponist; bed. Zeitgenosse J. S. Bachs.

Albion, alter keltischer (?) Name für England.

Albit, ein Mineral.

Aloin [-bo:in], *Albuin,* †572 (ermordet), König der Langobarden um 560–572; führte sein Volk aus dem Donauraum 568 nach Oberitalien, wo er das Langobardenreich begründete.

Ålborg [ˈɔ:lbɔr], *Aalborg,* Hafenstadt in Dänemark, am Limfjord, 160000 Ew., vielseitige Ind.

Albrecht, Fürsten.

Deutsche Könige:
1. A. I., *1255, †1308, König 1298-1308; Herzog von Österreich u. Steiermark, ermordet von seinem Neffen *Johann Parricida* (*1290, †1313) – **2. A. II.,** *1397, †1439, König 1438/39; Herzog von Österreich *(A. V.),* König von Böhmen u. Ungarn 1437–39; Vater des Ladislaus V. Posthumus.

Brandenburg:
3. A. der Bär, *um 1100, †1170, Graf von Ballenstedt, erster Markgraf von Brandenburg, vorübergehend (1138–42) Herzog von Sachsen; mit Heinrich dem Löwen wichtigster Wegbereiter der dt. Ostsiedlung. – **4. A. Achilles,** *1414, †1486, Kurfürst 1470–86; Markgraf im fränk. Unterland ab 1440 (Residenz seit 1456; Ansbach) u. von Kulmbach ab 1464; wegen Annäherung an den Böhmenkönig Podiebrad zeitweise im Bann; seit 1470 durch Verzicht seines Bruders *Friedrich II.* Kurfürst von Brandenburg.

Braunschweig:
5. A. I., *A. der Große, A. der Lange,* *1236, †1279, Herzog von Braunschweig u. Lüneburg seit 1252, von Braunschweig allein 1267–79.

Mainz:
6. A. von Brandenburg, *1490, †1545, Kurfürst u. Erzbischof von Mainz 1514–45, Erzbischof von Magdeburg u. Administrator des Bistums Halberstadt seit 1513, Kardinal seit 1518; verkörperte den Typ eines Renaissancefürsten. Der in seinen Landen betriebene Ablaßhandel forderte *Luthers* Thesenanschlag heraus.

Österreich:
7. A. I. → Albrecht (1). – **8. A. V.** → Albrecht (2). – **9. A. VI.,** *1418, †1463, Herzog 1462/63; Herzog der Vorlande seit 1446; erkämpfte sich von seinem Bruder Friedrich (später Kaiser *Friedrich III.*) Österreich unter der Enns mit Wien. – **10. A. VII.,** *A. der Fromme, Albertus Pius,* *1559, †1621, seit 1585 Erzherzog von Österreich, Vizekönig von Portugal, 1596 Statthalter der Niederlande; heiratete die einzige Tochter Philipps II., Isabella (*1566, †1633). – **11. A. (Albert) Kasimir,** *1738, †1822, Herzog von Sachsen-Teschen; verh. mit Erzherzogin Maria Christine von Österreich (*1742, †1798), der jüngsten Tochter Kaiserin Maria Theresias; 1765–80 Statthalter von Ungarn, 1780–92 Generalgouverneur der östr. Niederlande.

Preußen:
12. *1490, †1568, Herzog in Preußen seit 1525, seit 1510 (letzter) Hochmeister des Dt. Ordens; nahm das Ordensland *Preußen* vom poln. König als ein weltliches Herzogtum zu erblichem Lehen u. machte es zum ersten prot. Territorium. – **13.** *1837, †1906, Prinz von Preußen, Regent des Herzogtums Braunschweig 1885–1906; General im Krieg gegen Österreich 1866 u. Frankreich 1870/71.

Sachsen:
14. A. der Beherzte, *1443, †1500, regierender Herzog gemeinsam mit seinem Bruder Kurfürst *Ernst* seit 1464. Durch die Teilung der sächs. Lande mit seinem Bruder (1485) wurde er Begründer der *Albertin.* Linie der Wettiner (Meißen mit Residenz Dresden).

Schweden:
15. A. (III.), *um 1340, †1412, König 1364–89; Herzog von Mecklenburg, von den schwed. Ständen gewählt, aber von seiner Rivalin, Margarete von Dänemark u. Norwegen, besiegt.

Albrecht, Ernst, *29.6.1930; 1979–90 stellv. Vorsitzender der CDU; dt. Politiker (CDU); 1976–90 Min.-Präs. von Nds.

Albrechtsberger, Johann Georg, *1736, †1809, östr. Komponist u. Musiktheoretiker; Lehrer von *Beethoven* u. J.N. *Hummel.*

Albstadt, Stadt in Ba.-Wü., 48000 Ew.; entstand 1975 durch Zusammenschluß der Städte Ebingen u. Tailfingen u. 2 weiterer Gemeinden.

Albuch, *Aalbuch,* östl. Teil der Schwäb. Alb, im *Bärenberg* 755 m.

Albufeira, Küstenstadt in S-Portugal, an der Algarve, 15000 Ew.; Touristenzentrum.

Albula, 1. Gebirgsgruppe in Graubünden (Schweiz), mit dem *Piz Kesch* (3417 m), **A.tunnel** (5,9 km lang, Eisenbahnverbindung Thuis-St. Moritz). – **2.** r. Nbfl. des Hinterrhein, 36 km; entspringt am **A.paß** (2312 m ü. M., Straßenübergang), mündet nördl. von Thusis.

Albumine, schwefelreiche Eiweißgruppe. A. gerinnen beim Erhitzen (denaturieren), bilden kristallisierbare Salze u. sind im Hühnereiweiß, in Milch, Blutserum u. verschiedenen Pflanzen (z. B. Leguminosen) enthalten.

Albuquerque [ˈælbəkɜ:ki], größte Stadt im USA-Staat New Mexico, am oberen Rio Grande, 380000 Ew.; Univ. (1892), Wirtschaftszentrum, Atomforschungszentrum, Kulturzentrum der Pueblo-Indianer; 1706 von Spaniern gegr.

Albuquerque [-ˈkɛrkə], Alfonso de, *1453, †1515, port. Vizekönig in Ostindien 1509–15.

Alcalá de Henares, Stadt in Spanien am N-Ufer des Henares, 150000 Ew.; Geburtsort von *Cervantes.*

Alcalde → Alkalde.

Alcántara, Stadt in Spanien nahe der port. Grenze, in Estremadura, 2300 Ew.; Stammsitz des *Ordens von A.* (um 1171 gegr. geistl. Ritterorden).

Alcantariner, der von Petrus von Alcántara 1555 gegr. strengste Zweig des Franziskanerordens.

Alcázar [-θar], Name span. Festungen u. Schlösser.

Alchemie, *Alchimie,* die Chemie des Altertums u. des MA. Große, vergebl. Mühe wurde darauf verwendet, unedle Metalle in Gold zu verwandeln. Weitere Bemühungen zielten dahin, den Stein der Weisen u. ein Elixier für die unbegrenzte Verlängerung des Lebens zu finden.

Al Chwarismi [-xva-], Mohammed Ibn Musa, *um 780, †nach 846, arab. Mathematiker (Lösungsverfahren für mathemat. Gleichungen).

Aldabra-Inseln, Inseln im Indischen Ozean, nördl. von Madagaskar, gehören zur *Rep. Seychellen;* Vorkommen von Riesenschildkröten.

Aldan, r. Nbfl. der mittleren Lena in O-Sibirien, 2220 km.

Aldanow [-nɔf], Mark, eigtl. M. Alexandrowitsch Landau, *1886, †1957, russ. Schriftst. (histor.-philosoph. Romane); emigrierte 1919 nach Frankreich.

Aldebaran, α Tauri, hellster Stern im Stier; strahlt rötlich.

Aldegrever, eigtl. *Trippenmeker,* Heinrich, *um 1502, †zw. 1555 u. 1561, dt. Kupferstecher (Ornamentstiche).

Aldehyde, aliphat. u. aromat. Verbindungen, die die *Aldehydgruppe* -CHO enthalten; *niedere A.* sind flüchtig u. haben stechenden Geruch; *höhere A.* riechen z. T. obstartig u. sind meist flüssig; darstellbar aus den entspr. Alkoholen durch Wasserstoffentzug oder durch Reduktion der Carbonsäuren. Wichtige A. sind Formaldehyd, Acetaldehyd, Benzaldehyd, Vanillin u. Chloral.

Alder, Kurt, *1902, †1958, dt. Chemiker; fand zusammen mit Otto *Diels* die *Diensynthese;* Nobelpreis 1950.

Alderman [ˈɔ:ldəmən], **1.** in angelsächs. Ländern: Ratsherr, Stadtrat, Friedensrichter. – **2.** in England vor der normann. Eroberung (1066): Herrscher über eine Grafschaft (später *Earl*).

Alderney [ˈɔ:ldəni], frz. *Aurigny,* nördlichste der brit. Kanalinseln an der frz. Küste, 8 km², 2100 Ew.; einzige Stadt: *Saint Anne.*

Aldington [ˈɔ:ldiŋtən], Richard, *1892, †1962, engl. Schriftst.; gehörte als Lyriker der Gruppe der *Imagisten* an.

Aldosteron, Hormon der Nebennierenrinde, beeinflußt den Mineralstoffwechsel.

Ale [eil], starkes, helles engl. Bier; obergärig.

alea iacta est [lat. »der Würfel ist geworfen«], angeblich Ausspruch Cäsars, i. S. von »die Entscheidung ist gefallen«.

Aleator, Würfelspieler, leichtsinniger Spieler. – **aleatorisch,** vom Zufall bestimmt.

Aleatorik, in der »Neuen Musik« eine Kompositionsart, die dem Interpreten eine gewisse Freiheit gibt, vom Komponisten angegebene Formteile beliebig aneinanderzureihen, u. a. Cage, Stockhausen.

Aleixandre [aleikˈsandre], Vincente, *1898, †1984, span. Schriftst. (surrealist. Lyriker); Nobelpreis 1977.

Alemán, Mateo, *1547, †1614 (in Mexiko verschollen), span. Schriftst.; Vollender des Schelmenromans, Ⓦ »Guzmán de Alfarache« 1599–1604.

Alemannen, *Alamannen,* [»alle Männer«], westgerman. Völkerschaften suebischer Herkunft. Sie dehnten ihr Gebiet in der Völkerwanderungszeit vom Main bis in die Alpen hinein aus (bes. ins Elsaß u. in die Schweiz). Um 500 von den Franken unterworfen. Seit dem 9. Jh. ersetzte nach u. nach der alte Name Schwaben die Bez. A.

Alchemie: Labor im 16. Jahrhundert

Aleuten: Haupthafen Dutch Harbor auf Unalaska

Alexander der Große

Alembert [alãˈbɛːr], Jean le Rond d', *1717, †1783, frz. Mathematiker, Physiker u. Philosoph; Mithrsg. der »Encyclopédie« (bis 1759). Als Physiker ist A. durch seine »Abhandlung über Dynamik« (1743) u. das darin enthaltene, später nach ihm benannte *D'Alembertsche Prinzip* berühmt geworden, das dynam. Probleme auf leichter zu lösende statische zurückführt; auch Arbeiten zur Musikwiss. In der Philos. vertrat er einen antimetaphys. phänomenalist. Standpunkt.

Alencar, José Martiniano de, Pseudonym *Sênio,* *1829, †1877, brasil. Schriftst.; Begr. des brasil. histor. Romans.

Alençon [alãˈsõ], Stadt in N-Frankreich, am Zusammenfluß von Sarthe u. Briante, 33 000 Ew.; Spitzenherstellung.

Alentejo [alẽteːʒu], histor. Landschaft S-Portugals, zwischen Atlantik u. span. Grenze, südl. des Tejo.

Aleppo, arab. *Haleb,* Stadt in N-Syrien, zw. den Ausläufern des Taurus u. des Libanon, 1,2 Mio. Ew.; dynam. Industriestadt, Univ., Flughafen. – A. gilt als eine der ältesten ständig bewohnten Siedlungen der Welt, im 2. Jh. Hptst. des Staates *Jamhad,* in hellenist.-röm. Zeit als *Beroia* bekannt, 637 arab.

Aleppobeule, Orient-, Delhi-, Bagdad-, Biskra-, Pandschabbeule, Sahara-, Taschkentgeschwür, *Leishmaniosis furunculosa,* eine ansteckende, in den Tropen u. Subtropen endemisch auftretende Infektionskrankheit; Erreger *Leishmania tropica;*

Aleppokiefer

Übertragung durch bes. Stechmücken (*Phlebotomus*).

Aleppokiefer, Kiefernart aus den Küstengebieten des Mittelmeers; mit schirmförmiger Krone.

Alès [aˈlɛs], fr. *Alais,* Stadt in S-Frankreich, am Cevennen-Rand, 43 000 Ew.; Industrie.

Alessandria, ital. Prov.-Hptst. in Piemont, am Tanaro, 94 000 Ew.; Festung.

Ålesund [ˈoːləsyn], westnorweg. Hafenstadt am Storfjord, 36 000 Ew.; Fischerei.

Aletschgletscher, der mächtigste u. längste Gletscher der Alpen, 87 km²; am S-Abfall der Berner Alpen, westl. das Aletschhorn (4195 m).

Aleuron, Reserveeiweiß in Früchten, z.B. in Getreidekörnern, Erbsen, Bohnen.

Aleuten, großer Inselbogen in Fortsetzung der Alaska-Halbinsel zw. Beringmeer u. Pazifik, mit etwa 150 Inseln, 37 850 km², rd. 6000 Ew.; gehören seit 1867 zu den USA; Militärstützpunkt. – Südlich der A. die bis 7822 m tiefe **A.graben.**

Alexander, Päpste: **1. A. III.,** †1181, Papst 1159–81; eigtl. Roland *Bandinelli.* Gegen den Kaiser Friedrich I. Barbarossa u. vier Gegenpäpste führte er einen langen, schließl. erfolgreichen Kampf um die Unabhängigkeit des Papsttums u. der Kirche (Frieden von Venedig 1177). Auf dem 3. Laterankonzil 1179 verbot er die Eigenkirchen u. änderte das Papstwahlrecht (fortan Wahl nur durch die Kardinäle). – **2. A. VI.,** *1431/32, †1503, Papst 1492–1503; eigtl. Rodrigo de *Borgia,* Neffe von Papst Kalixt III., durch Bestechung zum Papst gewählt; verfolgte skrupellos seine Pläne nach Macht u. Besitz; förderte Kunst u. Wissenschaft.

Alexander, Fürsten:
Altertum:
1. A. III., A. der Große, *356 v. Chr., †323 v. Chr., König von Makedonien 336–323 v. Chr.; Sohn *Philipps II.* von Makedonien u. *Olympias* von Epirus, von *Aristoteles* erzogen. 336 v. Chr. ließ er sich in Korinth als Führer (*Hegemon*) eines makedon.-grch. Heeres für den Rachefeldzug gegen die Perser ausrufen, besiegte das Heer des pers. Großkönigs *Dareios III.* in den Schlachten am *Granikos* 334 v. Chr., bei *Issos* 333 v. Chr. u. bei *Gaugamela* 331 v. Chr., eroberte 332/331 v. Chr. Ägypten, 330–327 v. Chr. die ostiran. Provinzen, stieß bis über den Iaxartes (Syrdarja) vor u. führte sein Heer 327–325 v. Chr. bis nach Indien. Die erschöpften Truppen verweigerten am *Hyphasis* (Bias, Fluß im Pandschab-Gebiet) den Weitermarsch. A. starb 323 v. Chr. in Babylon an Fleckfieber. A. Feldzüge hatten die Entstehung eines Welthandels u. -verkehrs ermöglicht. Er veranlaßte Massenheiraten zw. Makedonen u. Perserinnen; durch Gründung von über 80 *A.-Städten* in Asien wurden grch. Kultur u. Sprache verbreitet. A. war verheiratet mit der baktr. Prinzessin Roxane. Er hinterließ das größte Reich in der Geschichte der Alten Welt, das jedoch schon nach kurzer Zeit in die Reiche der →*Diadochen* zerfiel.
Bulgarien:
2. A. I., *A. von Battenberg,* *1857, †1893, Fürst von Bulgarien 1879–86; mit Unterstützung der Russen gewählt, dann aber von ihnen gestürzt. Seine Verlobung mit Kaiser Wilhelms II. Schwester *Viktoria* (»Battenberg-Affäre«) verhinderte O. von Bismarck.
Jugoslawien:
3. A. I., *1888, †1934 (ermordet), König 1921 bis 1934; versuchte mit diktator. Mitteln, aus dem Königreich der Serben, Kroaten u. Slowenen einen Einheitsstaat zu schaffen.
Rußland:
4. A. Newskij, * um 1220, †1263, seit 1236 Fürst von Nowgorod, siegte über die Schweden u. den Dt. Orden, wurde 1252 Großfürst von Wladimir; festigte die russ.-orth. Kirche; Heiliger u. Nationalheld. – **5. A. I.** *Pawlowitsch,* *1777, †1825, Zar 1801–25; reformierte den Staatsapparat, siegte über Napoleon I. (1812/13); unter dem Einfluß mystisch-konservativer Strömungen (Frau von *Krüdener,* *1764, †1824) wurde er zum Initiator der 1815 in Paris geschlossenen reaktionären *Heiligen Allianz.* – **6. A. II.** *Nikolajewitsch,* *1818, †1881 (Attentat), Zar seit 1855; 1861 Aufhebung der Leibeigenschaft u. a. Reformen; unterdrückte den poln. Aufstand (1863); 1877/78 Krieg gegen die Türkei; erweiterte das Reich im Kaukasus u. in Zentralasien. – **7. A. III** *Alexandrowitsch,* Sohn von A. II., *1845, †1894, Zar seit 1881; verfolgte unter dem Einfluß K. *Pobedonoszews* eine Politik der Erhaltung der Autokratie u. der Russifizierung.

Alexander [ælɪɡˈzaːndə], **1.** Harold, Earl A. *of Tunis,* *1891, †1969, kommandierte den Feldzug in Libyen 1943/44, den Angriff in Sizilien u. Italien; 1945 Oberkommandierender im Mittelmeer; 1952–54 Verteidigungs-Min. – **2.** Peter, eigtl. P. A. *Neumayer,* *30.6.1926, östr. Schlagersänger, Filmschauspieler u. Entertainer.

Alexandra, *1844, †1925; Königin von Großbrit. u. Irland, Frau König *Eduards VII.*

Alexandrette, türk. Stadt →Iskenderun.

Alexandria, *Alexandrien,* arab. *Al Iskandariya,* wichtigster Hafen, Ind.- u. Handelsstadt Ägyptens westl. des Nildeltas, 2,9 Mio. Ew.; Univ., Flughafen, Baumwollhandel. 331 v. Chr. von *Alexander d. Gr.* gegr.; als Residenz der Ptolemäer wurde A. zum Mittelpunkt des hellenist. Geisteslebens (berühmte →Alexandrinische Bibliothek, *Museion, Serapeum*). – Auf der A. vorgelagerten Insel *Pharos* ließ *Sostratos von Knidos* einen Leuchtturm bauen (Weltwunder).

Alexandriner, zwölf- oder dreizehnsilbiger Vers aus sechs Jamben mit Pause (Zäsur) nach der 3. Hebung; v. a. in der Klass. Dichtung.

Alexandrinische Bibliothek, berühmteste Bücherei des Altertums, von *Ptolemaios I.* (†283 v. Chr.) in Alexandria (Ägypten) gegr.; umfaßte zu Cäsars Zeiten 700 000 Bücherrollen u. ging im alexandrin. Krieg 47 v. Chr. zugrunde.

Alexianer, *Alexiusbrüder, Celliten, Lollarden,* kath. Brüdergenossenschaften, die seit dem 15. Jh. nach der Augustinerregel leben.

Alexie, Wortblindheit, Buchstabenblindheit, Leseblindheit, die Unfähigkeit, das Gelesene aufzufassen; →Agnosie.

Alexij, eigtl. A. Michailowitsch *Ridiger,* *23.2.1929, Patriarch von Moskau u. ganz Rußland.

Alexis, Willibald, eigtl. Wilhelm *Häring,* *1798, †1871, dt. Schriftst. histor. Romane: »Ruhe ist die erste Bürgerpflicht«, »Die Hosen des Herrn Bredow«.

Alfano, Franco, *1876, †1954, ital. Komponist; vollendete G. *Puccinis* »Turandot« u. schrieb eig. Opern u. Sinfonien.

Al-Fatah [-ˈfatax], *al-Fath,* die größte militante arab. Untergrundbewegung zur »Befreiung« Palästinas, 1956 in Syrien gegr.; führte seit dem 6-Tage-Krieg unter J. *Arafat* Guerilla-Aktionen gegen Israel; seit 1983 gespalten.

Alfeld (Leine), Industriestadt in Nds., 23 300 Ew.

Alfieri, Vittorio Graf, *1749, †1803, ital. Dichter (Tragödien nach klass. Vorbild); lebte seit 1780 zus. mit der Gräfin Luisa von *Albany* (*1753, †1824).

Alföld, von der mittleren Donau u. der Theiß durchflossene ung. Tiefebene.

Alfons, Fürsten:
Aragón:
1. A. V., A. der Großmütige, *1396, †1458, König 1416–58; eroberte 1443 Neapel; Begr. des Königsreichs beider Sizilien (als König von Neapel u. Sizilien: *A. I.*).
Kastilien u. León:
2. A. VI., *1040, †1109, König von León 1065–1109, 1072–1109 auch von Kastilien; nannte sich »Kaiser von ganz Spanien«; bekämpfte seinen mächtigsten Vasallen, den *Cid.* – **3. A. X.,** *der Weise,* *1221, †1284, König 1252–84; 1257 auch zum dt. König gewählt, gelangte aber weder in Dtld. noch in Italien zur Herrschaft; förderte Kunst u. Astronomie.
Portugal:
4. A. I., A. der Eroberer, *1110, †1185, König 1139–85; Begr. der portug. Monarchie; erfocht Siege gegen die Mauren (Ourique 1139) u. gegen König Alfons VII. von León. – **5. A. V., A. der Afrikaner,** *1432, †1481, König 1438–81; führte die Entdeckungen Heinrichs des Seefahrers in Afrika (u. a. Tanger) fort.
Spanien:
6. A. XII., *1857, †1885, König 1874–85; beendete die *Karlisten-Kriege* (1876); zwang den Karlisten *Don Carlos* zur Emigration. – **7. A. XIII.,** *1886, †1941, König 1886–1931; nachgeborener Sohn von A. XII., stand bis 1902 unter der Regentschaft seiner Mutter Maria Christine von Östr. (*1858, †1929); ging nach dem Wahlsieg der Republikaner 1931 ins Exil, ohne abzudanken. Spanien wurde Republik.

Alfonsín, Raul, *12.3.1927, argentin. Politiker; 1983–89 Staats-Präs.

Alexandria: Fort Kait Bey; wurde im 15. Jh. aus den Steinen des antiken Leuchtturms von Pharos errichtet

Alfred der Große, * 849, † 899, angelsächs. König von Wessex 871–99; vertrieb nach jahrelangen Kämpfen die Dänen aus Wessex u. gewann London zurück; bed. Gesetzgeber.

Alfrink, Bernard Jan, * 1900, † 1987, ndl. Kardinal (seit 1960); 1955–75 Erzbischof von Utrecht.

Alfvén [al've:n], Hannes, * 30.5.1908, schwed. Physiker; beschäftigte sich mit Plasmaphysik; begr. die Magneto-Hydrodynamik; Nobelpr. 1970.

Algardi, Alessandro, * 1595, † 1654, ital. Bildhauer u. Architekt; neben G. L. *Bernini* Hauptmeister der röm. Barockplastik.

Algarve [arab. al-Gharb »Westen«], die südlichste Landschaft Portugals; Bewässerungskulturen (Früchte, Gemüse), Thunfisch- u. Sardinenfischerei; reger Fremdenverkehr.

Algebra, ein Gebiet der Mathematik; ursprüngl. die Lehre von den algebraischen Gleichungen u. deren Lösungen. Heute behandelt die A. auch die *algebraischen Strukturen.* Bes. Gebiete sind die *Mengenlehre,* die *Gruppentheorie* u. die *Invariantentheorie,* ferner Begriffe wie *Ringe, Körper, Ideale, Polynome, Verbände, Boolesche A.*

Algeciras [alxɛ'θi:ras], span. Hafen- u. Garnisonsstadt, 97 000 Ew.; westl. von Gibraltar.

Algen, *Phycophyta,* sehr arten- u. formenreiche Gruppe niederer Pflanzen. A. enthalten immer Chlorophyll, das aber bei den nicht grüngefärbten A. durch rote, braune u. blaue Farbstoffe überdeckt sein kann. Ihr Vegetationskörper ist ein *Thallus.* Sie vermehren sich geschlechtl. u. ungeschlechtl. u. bewohnen den Grund der Gewässer als *Benthos* oder schweben im Wasser als *Plankton.* Die wichtigsten A.-Gruppen sind: *Kiesel-A., Grün-A., Joch-A., Armleuchter-A., Braun-A.* u. *Rot-A.*

Algenpilze, *niedere Pilze,* mikroskop. kleine Pilze; hierher zahlr. Parasiten- u. Moderpflanzen (z. B. Schimmelpilze).

Algerien, Staat in N-Afrika, 2 381 741 km², 25,4 Mio. Ew., Hptst. *Algier.*

Algerien

Landesnatur. Hinter der Küstenregion (bis 100 km breit) erhebt sich der Tellatlas, an den sich südlich die Hochebene der Chotts anschließt (400–1000 m ü. M.). Darauf folgt der Saharaatlas (im *Djebel Chélia* 2328 m), der steil zur Sahara (85 % der Fläche von A.) abfällt. Das Atlasgebiet hat Mittelmeerklima mit Winterregen.

Die Bevölkerung besteht vorw. aus Arabern u. aus versch. Berberstämmen (Kabylen, Tuareg, Mzabiten). Der Islam sunnit. Richtung ist Staatsreligion. Größte Städte sind Algier, Oran, Constantine, Annaba.

Wirtschaft. Nur die Küstenregion wird landwirtschaftl. genutzt; Frühgemüse, Wein, Getreide, Früchte u. Tabak werden exportiert; Dattelpalmen in den Oasen; im Gebirge großflächige Wiederaufforstungen (»Grüne Mauer«, 5 bis 20 km breit). – Umfangreiche Erdölvorkommen in der Sahara; das Gebiet von Hassi R'Mel ist eines der größten Erdgasfelder der Erde; hochwertiges Eisenerz, Phosphat, Zink-, Blei- u. Kupfererze, Schwefelkies, Salz werden abgebaut. – Die Industrie verarbeitet v. a. die Bergbauprodukte u. die Erzeugnisse der Landwirtschaft u. Fischerei. Sehr verbreitet ist das Handwerk: Teppichweberei, Verarbeitung von Leder, Keramik u. a. Haupthandelspartner: Frankreich, Dtld. – Im N dichtes Eisenbahn- u. Straßennetz. Das alger. Teilstück der Transsaharastraße ist durchgehend befahrbar. Wichtige Häfen: Algier, Annaba, Oran, der Erdölhäfen Bejaïa u. die Erdgashäfen Arzew u. Skikda. Internat. Flughäfen sind in Algier, Oran, Annaba u. Constantine.

Geschichte. A., das alte *Numidien,* bildete bis zum 16. Jh. keine polit. Einheit. 1519 wurde es Teil des Osman. Reichs. 1830 besetzten frz. Truppen Algier, 1847 wurde ganz A. frz. Zahlreiche Franzosen siedelten sich an. Den erwachenden alger. Nationalismus unterdrückte Frankreich; auch nach dem 2. Weltkrieg gewährte es A. keine Autonomie. 1954 begann der Aufstand der »Nat. Befreiungsfront« (FLN). Nach vergebl. Versuchen, ihn militär. niederzuschlagen, begann Frankreich 1961 Verhandlungen mit der 1958 gebildeten alger. Exil-Reg. 1961 wurde die Unabh. Rep. A. ausgerufen; die FLN wurde Staatspartei. 1 Mio. Europäer verließen das Land. Der erste Staats-Präs. A. *Ben Bella* betrieb eine sozialist. Politik unter Hinwendung zur UdSSR. 1965 wurde er von Armeechef H. *Boumedienne* gestürzt, der den kommunist. Einfluß verringerte. Ihm folgte 1979 B. *Chadli.* Nach dem Wahlsieg der *Islam. Heilsfront* trat Chadli 1992 zurück. Ein Oberster Staatsrat übernahm die Macht u. verbot die Heilsfront, die nun das Regime aus dem Untergrund bekämpfte. 1994 wurde L. *Zeroual* neuer Staats-Präs.

Alghero, Seebad u. Hafen an der W-Küste Sardiniens (Italien), 38 000 Ew.

Algier ['alʒir], frz. *Alger,* arab. *El Djezair,* Hptst. u. wichtigster Handelshafen von Algerien, 1,7 Mio. Ew., wirtschaftl. u. kulturelles Zentrum; arab. Altstadt, sonst modernes Stadtbild europ. Art; Univ. (1879), internat. Flughafen in El Beida.

Alginsäure, aus Braunalgen gewonnener, stärkeähnl., wenig wasserlösl. Stoff; die Salze der A. *(Alginate)* werden u. a. für Kosmetika verwendet.

ALGOL [Kw. aus engl. *algorithmic language*], in der elektron. Datenverarbeitung angewandte Symbol-Sprache zum Programmieren von überwiegend techn.-wissenschaftl. Aufgaben.

Algol, β *Persei,* heller Doppelstern im *Perseus;* Hauptvertreter der *Algosterne* in der Gruppe der *Bedeckungsveränderlichen,* die aus zwei nahezu gleichgroßen Komponenten bestehen, von denen die eine aber erhebl. lichtschwächer ist als die andere, u. die sich in fast drei Tagen umeinander bewegen.

Algonkin, weitverbreitete indian. Sprachfamilie in N-Amerika; hierzu Cree, Micmac, Mahican (Mohikaner), Delaware (Lenape), Menomini, Sauk u. Fox, Shawnee, Arapaho, Cheyenne, Blackfeet, Gros Ventres, Wiyot u. Yurok.

Algonkium, *Eozoikum,* zweitälteste geolog. Epoche: →Erdzeitalter

Algorithmus, allg. jedes Rechenverfahren, das zur Lösung von (mathemat.) Aufgaben in genau festgelegten Schritten vorgeht.

Algren ['ɔ:lgrin], Nelson, * 1909, † 1981, US-amerik. Schriftst.; verfaßte eindrucksvolle Schilderungen vom Leben in den Slums; Ⓦ »Der Mann mit dem goldenen Arm«.

Alhambra [arab. »die Rote«], Palast der islam. Herrscher (Nasriden) in Granada; im 13. u. 14. Jh. errichtet; Baukomplex ist 720 m lang, 220 m breit, hohe Mauern, 23 Türme; Räume sind um Höfe angeordnet; besteht aus Alcazaba, Palacio Arabe (mit Audienzsaal u. Thronsaal), Palast Karls V. (jetzt A.-Museum), prachtvollen Innenhöfen (Myrtenhof, Löwenhof mit Löwenbrunnen). Kostbare Fayencemosaiken, Mukarnaskuppeln, Stuckarbeiten.

Alhidade, bewegl. Ablesevorrichtung (Zeiger, Nonius) an Winkelmessern, Sextanten, Oktanten.

Alia, Ramiz, * 18.10.1925, alban. Politiker (Kommunist); seit 1982 Staatsoberhaupt u. seit 1985 Erster Sekretär des ZK der Partei der Arbeit; trat 1992 als Staats-Präs. zurück.

alias [lat. »anders«], eigentlich; auch ... genannt.

Ali Baba und die 40 Räuber, Märchen aus Tausendundeiner Nacht. Hieraus stammt das Zauberwort »Sesam, öffne Dich!«

Alibi [lat. »anderswo«], Nachweis eines einer Straftat Verdächtigen über seine Abwesenheit vom Tatort zur Tatzeit.

Alicante, röm. *Lucentum,* arab. *Al Lukant,* Hafenstadt u. Seebad an der SO-Küste Spaniens an der *Bahia de A.,* 260 000 Ew.; Altstadt wird überragt von der Festung Castillo de Santa Barbara; von 718–1265 maurisch.

Alice Springs ['ælis spriŋz], Siedlung im Zentrum Australiens, 18 400 Ew., Eisenbahnendpunkt.

alicyclische Verbindungen, organ.-chem. Ver-

Algerien: Oasenstadt Ghardaia in der Sahara

Algarve: Küste bei Portimão

Algen: Starkes Algenwachstum verschmutzt die Nordseeküsten mit Schaumteppichen

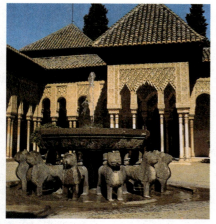

Alhambra: Löwenhof

bindungen mit ringförmig angeordneten Kohlenstoffatomen; hierzu die *Cycloparaffine* u. *Cycloolefine;* dritte wichtige Gruppe neben den aromat. u. aliphat. Verbindungen. → Kohlenwasserstoffe.

Aliden, die Nachkommen des (4.) Kalifen *Ali ibn Abi Talib.* Eine alid. Herrscherdynastie sind die *Zaiditen* u. waren die *Fatimiden.*

Aligarh, *Kol*, Stadt in Indien, sö. von Delhi, 320 000 Ew.; Handels- u. Verarbeitungszentrum für landwirtschaftl. Produkte.

Alighieri [-'gjeri] →Dante Alighieri.

Ali ibn Abi Talib, *um 600, †661 (ermordet), Grab in Kufa, 4. Kalif 651–661; Vetter des Propheten *Mohammed,* verheiratet mit dessen Tochter *Fatima,* schlug 656 im Irak einen Aufstand nieder, den Mohammeds Witwe *Aïscha* gegen ihn angestiftet hatte. Die Schiiten erkennen nur ihn u. seine Nachkommen *(Aliden)* als legitime Herrscher *(Imame)* an.

Alimente [lat. »Nahrungsmittel«], gesetzl. Unterhaltsleistungen, insbes. die auf Unterhaltspflicht beruhenden Beiträge des Vaters an sein nichtehel. Kind.

aliphatische Verbindungen, *acyclische Verbindungen,* organ.-chem. Verbindungen mit in geraden oder verzweigten offenen Ketten angeordneten Kohlenstoffatomen, z. B. Benzin, Fette, Öle, Zukker. Ggs.: *aromatische* u. *alicyclische Verbindungen.*

Alizarin, in der Krappwurzel vorkommender, ältester Naturfarbstoff; ergibt leuchtendrote Färbungen.

Aljechin [a'ljoxin], Alexander Alexandrowitsch, *1892, †1946, russ. Schachspieler; emigrierte 1921 nach Frankreich; 1927–35 u. 1937–46 Schachweltmeister.

Alkaios, *Alcaeus, Alkäus,* grch. Lyriker aus Lesbos, um 600 v. Chr.; neben *Sappho* Hauptvertreter der äol. Lyrik.

Alkalde, *Alcalde,* Bürgermeister oder Ortsrichter in Spanien u. Südamerika; auch Anführer von Tänzen.

Alkalien, *Alkali,* die Hydroxide der *Alkalimetalle,* ferner das Ammoniumhydroxid. Ihre wäßrigen Lösungen reagieren alkalisch (basisch). Meist Bez. für Natrium- oder Kaliumhydroxid, deren wäßrige Lösungen *Alkalilaugen* heißen. Konzentrierte wäßrige Lösungen reagieren stark ätzend.

Alkalimetalle, die in der ersten Gruppe des Periodensystems stehenden Elemente *Lithium, Natrium, Kalium, Rubidium, Cäsium* u. *Francium.* Reagieren schnell mit Wasser u. Luft.

Alkalireserve, das Säurebindungsvermögen des Bluts, d. h. sein Vorrat an alkal. Wertigkeiten, der zur Bindung überschüssiger Säuren zur Verfügung steht, um so die normale Blutreaktion (pH = 7,31–7,45) aufrechtzuerhalten.

alkalische Erden, die Oxide der Elemente der II. Gruppe des Periodensystems: *Beryllium, Magnesium, Calcium, Strontium, Barium* u. *Radium.*

Alkaloide, basische, meist giftige, in Pflanzen vorkommende Naturstoffe mit physiolog., toxischen u. pharmakolog. Eigenschaften; heute z. T. auch synthet. hergestellt. Die wichtigsten A. sind: →Coffein, →Chinin, →Morphin, →Cocain u. →Nicotin.

Alkamenes, athen. Bildhauer, tätig in der 2. Hälfte des 5. Jh. v. Chr.

Alkane →Paraffine.

Alken, *Alcidae,* Vogelfamilie der *Regenpfeiferartigen;* ausgezeichnete Schwimmvögel; an der Nordsee: *Tordalk, Trottellumme, Gryllteiste, Krabbentaucher, Papageitaucher.* Der flugunfähige *Riesenalk, Alca impennis,* ist 1844 ausgerottet worden.

Alkene, *Alkylene, Olefine,* zweifach ungesättigte aliphat. Kohlenwasserstoffe der allg. Form C_nH_{2n}. Bedeutung in der chem. Ind.

Alkestis, *Alkeste, Alceste,* grch. Königin, die nach der Sage ihr Leben für ihren von Artemis zum Tod verdammten Gemahl *Admetos* opferte; von Herakles dem Tod wieder entrissen.

Alkibiades, *um 450 v. Chr., †404 v. Chr. Melissa; athen. Staatsmann u. Feldherr, befreundet mit *Sokrates;* überredete die Athener zur Sizil. Expedition; mußte, nach Auslaufen der Flotte des Religionsfrevels angeklagt, die Führung des athen. Heeres aufgeben; floh nach Sparta u. gewann dort rasch an Einfluß. Die Entzweiung mit dem spartan. König *Agis II.* führte zu einer Aussöhnung des A. mit Athen, wo er unter Ausnutzung polit. Gegensätze erneut Feldherr wurde. Aber die Niederlage eines Unterfeldherrn 407 v. Chr. verursachte seinen Sturz; erneut angeklagt, floh A. nach Kriegsende zu dem pers. Satrap *Pharnabazos,* der ihn jedoch auf Betreiben des spartan. Feldherrn *Lysander* u. der *Dreißig Tyrannen* von Athen ermorden ließ.

Alkinoos [-o:os], in der grch. Sage König der Phäaken, Vater Nausikaas; nahm den schiffbrüchigen Odysseus auf.

Alkmaar, ndl. Stadt, nördl. von Amsterdam, 90 000 Ew., Käsemarkt.

Alkman, grch. Dichter aus Sardes, 2. Hälfte des 7. Jh. v. Chr.; lebte in Sparta u. begründete dort die Chorlyrik.

Alkmäoniden, *Alkmaioniden, Alkmeoniden,* vornehmes Geschlecht des alten Athen, mehrfach verbannt. Der Alkmäonide *Kleisthenes* gründete die Demokratie in Athen (507 v. Chr.).

Alkmene, Gattin des *Amphitryon,* durch Zeus Mutter des *Herakles.*

Alkohol, *Weingeist, Spiritus,* chem.: *Ethylalkohol, Ethanol* C_2H_5OH, der wichtigste der →Alkohole; eine wasserhelle Flüssigkeit, Siedepunkt 78,3 °C. Der Flammpunkt des reinen, flüssigen A. beträgt +13 °C, der des gasförmigen A. 400–500 °C (Streichholztemperatur). A. für Genußzwecke wird durch alkohol. →Gärung gewonnen, für techn. Zwecke durch Wasseranlagerung an Acetylen u. anschließende Reduktion des entstandenen Acetaldehyds, auch durch Wasserdampfbehandlung des aus dem Crackprozeß gewonnenen Ethylens.

Alkohole, organ.-chem. Verbindungen der aliphat. oder aromat. Reihe, in denen ein *(Alkanole)* oder mehrere Wasserstoffatome durch ein oder mehrere Hydroxid-(OH)-gruppen ersetzt sind. Man spricht von *einwertigen* (Alkohol), *zweiwertigen* (Glykole), *dreiwertigen* (Glycerin) u. von vier- bis sechswertigen A. Bekanntester Alkohol ist der *Ethylalkohol* (»Alkohol« i. e. S.).

alkoholische Getränke, geistige Getränke (Weingeist), enthalten neben Ethanol auch Extrakt-, Farb- u. Riechstoffe, Glycerin, Gerbstoffe u. a. A. G. wirken in kleinen Mengen anregend, in größeren Mengen berauschend, reiner Alkohol ist ein starkes Gift. (→Alkoholvergiftung). Der normale Alkoholgehalt des Bluts (0,3 ‰) wird nach dem Genuß von 1 Liter Bier auf etwa 0,6 ‰ verdoppelt (berechnet für einen ca. 75 kg schweren Mann); bei 0,8 ‰ (strafrechtl. Grenze) sind viele Menschen nur noch bedingt fahrtüchtig, bei 1,3 ‰ die meisten fahruntüchtig. Schwere Trunkenheit liegt bei etwa 2 ‰ vor.

Alkoholgehalt	Gewichts- % Alkohol
Bier	1,3–5,3
Apfelwein durchschnittlich	5,1
Weißwein durchschnittlich	8,4
Rotwein durchschnittlich	9,3
Süßwein	12–16
Schaumwein	9–12
Branntwein	20–55
Likör	24–32

Alkoholisierung, das Einbringen von Alkohol in den Gärsaft, wodurch die Gärung in jedem beliebigen Stadium unterbrochen werden kann.

Alkoholismus, *krankhafte Trunksucht,* chron. *Alkoholvergiftung,* durch regelmäßigen u. übermäßigen Genuß von alkohol. Getränken hervorgerufene körperl.-psychische Abhängigkeit, d. h. Sucht, die im fortgeschrittenen Stadium oft zum sozialen Abstieg des Kranken führt u. schwere psychische u. körperl.-organ. Schäden (Entzündungen u. Funktionsstörungen der Verdauungsorgane, Kreislauf- u. Nierenschäden, Leberschäden bis hin zur Leberzirrhose, Entzündungen u. Abbauprozesse am Nervensystem) verursacht. Neben einer persönl. Prädisposition können bes. soziale Konflikte Ursache eines regelmäßigen Alkoholmißbrauchs sein, der in ein Abhängigkeitsverhältnis führen kann. Daher werden auch bei der A.behandlung neben der eigentlichen Entziehungskur begleitende psychotherapeutische Maßnahmen eingesetzt. →Anonyme Alkoholiker.

Alkoholvergiftung, *akute A.,* Schädigung des Organismus durch übermäßigen Alkoholgenuß. Kleine Mengen Alkohol machen ihre Wirkung zunächst nur auf das Nervensystem geltend: Es kommt zu einem Schwinden der Hemmungen, was sich in Redseligkeit, Kritiklosigkeit u. Auftreten von Sinnestäuschungen äußert *(alkohol. Rausch);* später folgen Lähmungserscheinungen mit Unsicherheiten der Sprache u. des Gangs sowie v. a. herabgesetztes Reaktionsvermögen *(Trunkenheit).* Schwere, akute A. führt zu Erregungszuständen. Körperl. äußert sich die A. in Nachlassen der Leistungsfähigkeit, Erregung u. Lähmung des Kreislaufs u. Reizung der Magenschleimhaut *(Katarrh, Kater).* →Alkoholismus

Alkor, *Alcor,* Stern 4. Größe im Großen Bären, dem hellen Stern *Mizar* (mittlerer Schwanzstern) eng benachbart; im Volksmund als *Reiterchen* bekannt.

Alkoven, kleine, fensterlose Bettnische.

Alkuin, *Alcuinus,* um *730, †804, angelsächs.-fränk. Gelehrter, Dichter u. Theologe; traf 781 *Karl d. Gr.* in Parma, der ihn für die Leitung seiner Hofschule gewann; 796 Abt von St. Martin in Tours.

Alkydharze, dickölige bis zähplastische Kunstharze, Grundstoff der Lackind.

Alkyl, *Alkylgruppe,* einwertiger aliphat. Kohlenwasserstoffrest der allg. Form C_nH_{2n+1}. Bed. bausteinartige Verbindungen.

Alkyone, 1. *Alcyone, Halkyone,* in der grch. Sage Gattin des *Keyx.* Als dieser im Meer ertrank, stürzte sich auch A. nach übermäßiger Klage ins Meer; beide wurden von Zeus in Eisvögel verwandelt. – 2. η *Tauri,* hellster Stern in den Plejaden, im Sternbild Stier.

All, die gesamte gegenständliche u. geistige Welt, Weltall, Weltraum, Kosmos, Universum.

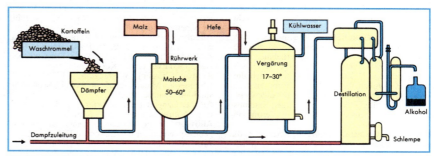

Alkohol (Ethylalkohol): Gewinnung von Primasprit aus Kartoffeln

Allah [arab., »der Gott«], im Islam die einzige Gottheit.

Allahabad, ind. Stadt am Zusammenfluß von Yamuna u. Ganges, einer der heiligsten Wallfahrtsorte der Hindu, 642 000 Ew.; Ind., Univ.

Alle, poln. *Lyna,* russ. *Lawa,* l. Nbfl. des Pregel (Masuren), 289 km: *A.-Talsperre* bei Friedland, 1924 erbaut.

Allee [frz.], von Baumreihen begleitete Straße.

Allegheny [æli'geni], **1.** Quellfluß des Ohio, 465 km. – **2.** *A. Mountains,* stark zerschnittener Gebirgszug der Appalachen (im O der USA), im *Spruce Knob* 1487 m.

Allegorie, die ausschmückende Verbildlichung eines abstrakten Begriffs wie Tugend, Poesie, Gerechtigkeit oder eines Denkvorgangs, bes. durch *Personifikation* (z. B. Fortuna mit dem Füllhorn für »Glück«).

allegretto, musikal. Tempobezeichnung: ziemlich bewegt.

allegro, musikal. Tempobezeichnung: schnell, lebhaft; gesteigert: *piu a., a. assai, a. molto;* gemäßigt: *a. moderato, a. ma non troppo, a. ma non tanto.*

Allemagne [-'maɲə], frz. für Deutschland.

Allemande [alə'mãd], von mehreren Paaren meist im 4/2-Takt ausgeführter Schreittanz; auch Gattungsname für Tanzsätze mit langsamem 4/4-Takt.

Allen [ˈælən], Woody, eigtl. A. Stewart *Konigsberg,* *1.12.1935, US-amerik. Regisseur, Filmschauspieler u. -autor; 🎬 »Der Stadtneurotiker«, »Manhattan«, »Hannah und ihre Schwestern«, »Manhattan Murder Mystery«.

Allende [a'ljende], **1.** Isabel, Nichte von 2), *2.8.1942, chilen. Schriftst.; 🎬 Roman »Das Geisterhaus«, »Eva Luna«. – **2.** *Gossens,* Salvador, *1908, †1973, chilen. Politiker (Linkssozialist); Gründer der Sozialist. Partei (1943); Führer der vereinigten Linksparteien FRAP (»Frente de Acción Popular«); seit 1970 Staats-Präs.; 1973 durch Militärputsch gestürzt.

Allenstein, poln. *Olsztyn,* Stadt in Ostpreußen, an der Alle, 160 000 Ew.

Aller, größter r. Nbfl. der Weser, 262 km; mündet bei Verden.

Allergie, Überempfindlichkeitsreaktion des Immunsystems auf normalerweise harmlose Stoffe, sog. *Allergene* (Reizstoffe), z. B. Blütenpollen, Tierhaare oder Hausstaub (durch Berühren oder Einatmen), Nahrungsmittel, z. B. Milch, Mehl, Eier, Erdbeeren, oder Chemikalien u. Medikamente (Penicillin). Die allerg. Reaktion besteht in einer Entzündung des betroffenen Gewebes oder Organs. Zu den so entstehenden allerg. Krankheiten *(Allergosen)* zählt man *Heuschnupfen, Asthma, Nesselsucht, Ekzeme* u. a.

Allerheiligen, kath. Fest aller Heiligen u. Seligen, seit dem 9. Jh. am 1. 11. gefeiert.

Allerheiligstes, im nachexilischen Judentum der 10 x 10 m große Tempelraum, der als Wohnung Gottes galt. Nur der Hohepriester durfte an einem Tag des Jahres (Versöhnungstag) das A. betreten. – In der kath. Kirche heißt das aufbewahrte Altarsakrament (die konsekrierte Hostie) A.

Allerseelen, am 2. 11. gefeierter kath. Gedächtnistag für alle Verstorbenen, eingeführt von Abt *Odilo* von Cluny um 995.

Allesfresser, *Gemischtköstler, Omnivoren,* Lebewesen, die sich von pflanzl. u. tier. Kost ernähren; z. B. das Schwein.

Allgäu, gebirgige Landschaft im südl. Schwaben u. in den angrenzenden Teilen von Oberschwaben, Tirol u. Vorarlberg, zw. Bodensee u. Lech; Hauptort Kempten; i. e. S. nur das *Bay. A.;* im S die *Allgäuer Alpen* (bis über 2650 m); Fremdenverkehr, Milchwirtschaft.

Allgemeine Geschäftsbedingungen, Abk. *AGB,* formularmäßig bereitliegende Vertragsbestandteile, die die von einem Unternehmer abgeschlossenen Einzelverträge ergänzen u. vereinheitlichen sollen, z. B. Lieferungs- u. Zahlungsbedingungen. Gültigkeit für den Einzelvertrag erlangen AGB nur, wenn ausdrückl. auf sie hingewiesen wurde u. die Möglichkeit zur vorherigen Kenntnisnahme (im einzelnen) am Ort des Vertragsabschlusses bestand.

Allgemeine Ortskrankenkasse, Abk. *AOK,* die allg. →Krankenkasse für alle Versicherungspflichtigen eines örtl. Bezirks, die nicht einer anderen gesetzl. Krankenkasse angehören; gegr. 1883.

Allgemeiner Deutscher Arbeiterverein, 1863 von F. *Lassalle* gegr. Arbeitervereinigung mit gewerkschaftl. u. polit. Zielen; Vorläufer der dt. Gewerkschaften u. der Sozialdemokrat. Partei; →Sozialdemokratie.

Allgemeiner Deutscher Automobil-Club, Abk. *ADAC,* Sitz: München: gegr. 1903 in Stuttgart als *Deutsche Motorradfahrer-Vereinigung* (DMV); rd. 12 Mio. Mitgl. Arbeitsgebiete: Verkehrs- u. Kfz.-Wesen, Motorsport, Touristik.

Allgemeiner Deutscher Gewerkschaftsbund, Abk. *ADGB,* 1919 gegr. Spitzenorganisation der freien Gewerkschaften Dtld.; 1933 aufgelöst.

Allgemeines Bürgerliches Gesetzbuch für Österreich, Abk. *ABGB,* vom 1. 6. 1811, bildet den Erbländern der östr. Monarchie ein einheitl. Privatrecht; hat sich mit nur 1502 Paragraphen als anpassungsfähig u. wandlungsfähig erwiesen u. gilt noch heute in Östr.

Alliance française [-'ljãs frãsˈɛːz], älteste Einrichtung zur Verbreitung der frz. Sprache u. Kultur unter Ausländern, weltweit tätig, 1884 gegr.

Allianz, *Alliance,* Bündnis, Zusammenschluß von Staaten; z. B. die *Heilige A.*

Allianz für Deutschland, Wahlbündnis der Parteien *Christl.-Demokrat. Union* (CDU), *Deutsche Soziale Union* (DSU) u. *Demokrat. Aufbruch* (DA) für die Volkskammerwahl in der DDR am 18.3.1990.

Allianzwappen, Ehewappen; gegeneinander geneigt; das Wappen des Ehemannes steht auf der (heraldisch gesehen) rechten Seite.

Allier [a'lje], l. Nbfl. der Loire in Frankreich, 410 km; mündet im SW von Nevers.

Alligatoren, Fam. der *Krokodile;* die Schnauzen sind relativ kurz; die Zähne des Oberkiefers greifen über die des Unterkiefers. 7 süßwasserbewohnende Arten in Amerika u. China: *Hecht-A., China-A., Brillenkaiman* u. a.

Alliierte, allg. Verbündete; bes. die 5 führenden unter den 27 im 1. Weltkrieg gegen Dtld. verbündeten Mächte: England, Frankreich, Italien, Rußland, USA. Im 2. Weltkrieg galten alle gegen Dtld. kämpfenden Staaten als A.; ihre Streitkräfte, die *Allied forces,* standen unter zusammengesetzten Kommandos.

Alliierte Hohe Kommission →Hohe Kommission.

Alliierter Kontrollrat →Kontrollrat.

Alliteration →Stabreim.

Allium →Lauch.

Allmende, das Gemeinschaftseigentum der Bewohner einer Dorfgemeinde an der landwirtschaftl. Kulturfläche. Die A. wurde meist gemeinschaftl. genutzt u. war Merkmal einer fast 1000jährigen Bodenordnung von der Zeit der Germanen bis ins 19. Jh.

Allobroger, kelt. Volk in Gallien, zw. Genfer See, Rhône, Isère u. Alpen; 121 v. Chr. von den Römern unterworfen.

allochthon, nicht an Ort u. Stelle entstanden; Ggs.: *autochthon.*

Allokution, päpstl. Ansprache.

Allongeperücke [a'lɔ̃ʒ-], langlockige, von Ludwig XIV. eingeführte Perücke.

Allopathie, die »Schulmedizin« im Ggs. zur Homöopathie.

Allopezie, *Fuchsräude,* krankhafter Haarausfall; Ursachen sind hormonale Störungen, Giftwirkungen (z.B. Pilze) oder gestörte Nervenversorgung.

Allotria, Spaß, Unfug.

Allotropie, das Vorkommen eines chem. Elements in mehreren verschiedenen Zustandsformen, den *allotropen Modifikationen;* Kohlenstoff z. B. als Graphit u. Diamant.

Allradantrieb, Antriebsart, bei der die Übertragung des Motordrehmomentes mit einem Verteilergetriebe auf alle Achsen u. Räder erfolgt; führt zu höherer Fahrstabilität.

Allschwil, Stadt im schweiz. Kanton Basel-Land, an der schweiz.-frz. Grenze, 19 000 Ew.

Allstedt, Stadt in Sachsen-Anhalt, in der Goldenen Aue, 4300 Ew.; ehem. Königspfalz.

Allston [ˈɔːlstən], Washington, *1779, †1843, US-amerik. Maler; schuf mytholog. Szenen u. sinnbildl. Landschaften.

Allüre, Gangart (bes. bei Pferden); **A.n,** Benehmen, Auftreten; (abwertend) *Starallüren.*

Alluvium, heute *Holozän* genannt, die jüngste geol. Epoche nach der Eiszeit; →Erdzeitalter.

Alm, *Alp, Alpe,* hochgelegene Sommerweide im Gebirge mit einfacher Stallung *(Sennereibetrieb);* vom Frühjahr bis Herbst bezogen.

Alma-Ata, Hpst. von Kasachstan, am Nordhang des Kungej-Alatau, 1,1 Mio. Ew.; kultureller u. wirtschaftl. Mittelpunkt; Hochgebirgs-Eislaufbahn (1680 m ü. M.).

Almadén, südspan. Bergbaustadt im N der Sierra Morena, 9700 Ew.; reichste Quecksilbergrube der Erde; schon von Griechen, Römern u. Mauren ausgebeutet.

Almagro, Diego de, *1475, †1538, span. Konquistador; eroberte mit Francisco *Pizarro* Peru.

Alma mater, »nährende Mutter«, segensspendende altröm. Gottheit; auch Bez. für *Universität.*

Almanach, urspr. astronom. Tafelwerk für die astrolog. Praxis; seit dem 16. Jh. regelmäßig erscheinend (Jahrbuch), seit dem 18. Jh. mit Beigaben zeitgenöss. Dichtung verschiedener Verfasser.

ALPEN

Die Dolomiten in den Südlichen Kalkalpen bieten ein eindrucksvolles Gebirgspanorama; im Bild der Ort Corvara im Gadertal mit dem Sass Songher

Die Hohen Tauern sind der größte Gebirgszug der Ostalpen; Blick von der Großglockner-Hochalpenstraße auf das Große Wiesbachhorn

Der Südrand der Alpen wird von zahlreichen Seen begrenzt; im Bild eine Ansicht des Gardasees bei Malcesine

Almelo, ndl. Industriestadt, 63 300 Ew.

Almemor, die Tribüne, von der aus in der Synagoge die Lesung vorgetragen wird.

Almenrausch, volkstüml. Name für die Alpenrose (*Rhododendron*).

Almería, röm. *Portus Magnus,* südspan. Hafenstadt in Andalusien, am *Golf von A.,* 160 000 Ew.; Seebad; Altstadt in maur. Bauweise.

Almohaden, islam. Sekte u. Herrscherdynastie (1147–1269), begründet von *Abd al-Mumin* (1130–1163), der NW-Afrika bis Tunis sowie das arab. Spanien eroberte.

Almoraviden, islam. Sekte u. Herrscherdynastie (1036–1147); herrschten in Spanien u. Marokko; 1147 von den *Almohaden* gestürzt.

Almosen, mildtätige Gabe.

Almosenier, frz. *Aumônier,* engl. *Almoner,* kirchl. o. weltl. Almosenpfleger, bei Fürsten oft der (einflußreiche) Beichtvater, *Aumônier* heute Titel für Militär- u. Anstaltsseelsorger.

Aloe [ˈaːloːe], Gatt. der *Liliengewächse,* über 200 Arten, hpts. in den Steppen S-Afrikas. Die **A.faser** wird von der *Scheinagave* (*Fourcroya*) gewonnen.

Alofi, polyn. Insel, →Wallis u. Futuna.

Alonso, Alicia, eigentlich Alicia *Martínez,* * 21.12.1921, kuban. Tänzerin; gründete 1948 ein eig. Ensemble.

Alor, indones. Kleine Sunda-Insel nördl. von Timor, 2098 km², 100 000 Ew.

Alor Setar, Hpst. des Teilstaats *Kedah* im N von Malaysia, 80 000 Ew.

Alpen 35

Alp, 1. *Alpe* →Alm. – **2. Alb,** *Nachtmahr,* niederdt. *Mahr,* oberdt. *Drud,* im Volksglauben ein Schreckgeist, der dem Schlafenden auf der Brust sitzt u. Angstzustände (**Alpträume**) verursacht.

Alpaka, eine Rasse des →Lamas u. dessen Wolle.

Alpen, das größte u. höchste Gebirge Europas, an dem Österreich, die BR Deutschland, Frankreich, die Schweiz, Italien u. Slowenien Anteil haben; Klima- u. Wasserscheide zwischen Mittel- u. Südeuropa. Die A. schließen nördl. vom Golf von Genua an den Apennin an u. umfassen in weitem Bogen nach W die Po-Ebene, verzweigen sich beim Lac du Bourget in den Französischen u. Schweizer

Zahlreiche Bergbahnen dienen ausschließlich dem Fremdenverkehr; im Bild die Schynige-Platte-Bahn im Berner Oberland (links). – Der Aletschgletscher in den Berner Alpen ist der größte u. längste Gletscher der Alpen (Mitte). – Die negativen Auswirkungen der Anlage von Skipisten auf den Naturraum werden immer offensichtlicher. Die Zerstörung der Landschaft und Vegetation durch Einplanierung tritt hier deutlich zutage. Die Folgen sind Erosionen und Erdrutsche (rechts)

Verkehrswege

Alpendohle

Jura u. enden fächerförmig im O vor dem westpannonischen Berg- u. Hügelland an der Donau bei Wien. Gesamtlänge der A. von Genua bis Wien etwa 1200 km; Breite 150–200, im O bis 300 km; Mehrzahl der Gipfel zwischen 3000 u. 4300 m; höchster Gipfel *(Mont Blanc)* 4807 m. Die A. sind ein durch Gletschereis, hpts. während der Eiszeit überformtes Faltengebirge aus der Tertiärzeit; die gebirgsbildenden Kräfte sind noch nicht zur Ruhe gekommen. Noch vor 130 Mio. Jahren befand sich anstelle der heutigen A. ein gewaltiges Meer *(Tethys)*. Im Tertiär wurde der ehem. Meeresboden allmähl. angehoben u. zum Hochgebirge herausgebildet.

Gliederung: *Voralpen* bis zur oberen Waldgrenze (1500–2000 m), *Mittelalpen* bis zur Schneegrenze (2400–3100 m), darüber die *Hochalpen*. – Die Linie Rheintal-Splügen-Comer See gilt als Grenze zwischen Ost- u. Westalpen. Die *Ostalpen* beherrscht ein zentrales kristallines Massiv (Rätische, Bernina-, Ortler-, Ötztaler, Stubaier, Zillertaler A., Hohe u. Niedere Tauern, Norische, Cetische u. Eisenerzer A.), das durch große Tälerlinien von den *Nördl. Kalkalpen* (Allgäuer, Nordtiroler, Bayerische, Salzburger u. Österr. A.) u. den *Südl. Kalkalpen* (Bergamasker, Trienter A., Dolomiten, Karnische, Julische A. u. Karawanken) getrennt wird. In den *Westalpen* wird ein Zug hoher Zentralmassive (Mercantour, Pelvoux, Belledonne, Grandes Rousses, Mont Blanc, Finsteraarmassiv, Gotthard) durch Tälerlinien mehr oder weniger scharf von einer äußeren Gneis- sowie einer nördl.

Alpendohle

Kalkzone geschieden. Nördlich der Meer-, Cottischen, Grajischen, Walliser u. Tessiner A. liegen hier die Berner u. Glarner A.

Klima: im N u. O mitteleurop. Klima mit Niederschlägen zu allen Jahreszeiten; im S mildes Mittelmeerklima mit Sommertrockenheit. Temperaturen nehmen mit der Höhe ab (im Mittel 0,58 °C auf 100 m). Häufig tritt **A.-Föhn**, ein warmer u. trockener Fallwind, auf.

Gewässer u. Gletscher: Flüsse entwässern zu Donau, Rhein, Rhône u. Po. Seen liegen oft in den Becken ehem. Gletscher: Bodensee, Zürichsee, Gardasee. Längste Gletscher: Aletsch- u. Gornergletscher, Mer de Glace, Pasterze.

Wirtschaft: überw. Vieh-(Rinder) u. Holz-

Alpenmolch

wirtsch. Der Reichtum an Wasserkraft wird in Talsperren u. Kraftwerken genutzt. Der starke Fremdenverkehr (Mineralquellen, Wintersport, Heilklima) stellt den Alpenraum vor schwerwiegende ökolog. Probleme. Bekannte Fremdenverkehrsorte sind Chamonix, Zermatt, Sankt Moritz, Davos, Kitzbühel, Innsbruck, Garmisch-Partenkirchen, Berchtesgaden, Meran.

Alpendohle, gelbschnäbliger *Rabenvogel* der höchsten Lagen der euras. Gebirge.

Alpenglöckchen, *Soldanella, Troddelblume,* Gatt. der *Primelgewächse;* geschützt.

Alpenglühen, der Widerschein des abendl. oder morgendl. Purpurlichts von Schnee- u. Kalkgipfeln der Berge.

Alpenkrähe, rotschnäbliger *Rabenvogel* der west- u. südeurop., nordafrik. u. asiat. Gebirge; im Alpengebiet heute selten.

Alpenmolch, *Bergmolch,* ein *Schwanzlurch* der mittel- u. südosteurop. Gebirge.

Alpenrose → Rhododendron.

Alpensalamander, etwa 15 cm langer, schwarzer Schwanzlurch der Alpen, Verwandter des *Feuersalamanders;* unter Naturschutz.

Alpensegler, größerer, hellerer Verwandter des *Mauerseglers.*

Alpenveilchen, ein *Primelgewächs* mit immergrünen Blättern u. karminroten Blüten; unter Naturschutz; beliebte Zimmerpflanze.

Alphabet, *Abc,* die Buchstabenfolge einer Schrift u. Sprache; benannt nach *Alpha* u. *Beta,* den ersten beiden Buchstaben im grch. A.

alphanumerisch, *Datenverarbeitung:* Bez. für einen Zeichenvorrat, der sich sowohl aus Ziffern wie auch Buchstaben zusammensetzt.

Alphastrahlen, α-Strahlen, beim natürl. radioaktiven Zerfall aus α-Teilchen (doppelt positiv geladenen Heliumkernen, 2 Protonen u. 2 Neutronen) bestehende Strahlenart; zuerst 1896 beim Zerfall des Radiums entdeckt; → Radioaktivität.

Alphorn, Hirtenhorn von 2–5 m Länge aus einem längsseits aufgeschnittenen Holzstamm, dessen Teile ausgehöhlt, wieder zusammengefügt u. mit Wachs u. Rindenumwicklung fest verbunden sind; in den Schweizer Alpen.

Alpinismus, *Alpinistik,* die bergsteiger. Erschließung der Alpen u. a. Hochgebirge aus sportl., wissenschaftl. u. künstler. Interessen; erst gegen Ende des 18. Jh. aufgekommen.

alpinotyp, Bez. für eine Art der Gebirgsbildung durch Faltung u. Überschiebung von abgelagerten Sedimenten; Ggs.: germanotyp.

Alpirsbach, Stadt u. Luftkurort in Ba.-Wü., an der Kinzig, 7000 Ew.; ehem. Benediktinerkloster (1095 gegr.).

Alraune, *Alraun- oder Erdmännchen, Mandragora officinarum,* stengellose Kräuter der Fam. der *Nachtschattengewächse;* möhrenförmige Wurzeln, die früher arzneilich verwendet wurden u. wegen ihres oft menschenähnl. Aussehens als Amulette getragen oder als Zaubermittel verwendet wurden.

Als, dän. Insel im Kleinen Belt, 315 km², 52 000 Ew.; Hauptort: *Sonderburg.*

Alsace → Elsaß.

Alsfeld, hess. Stadt an der Schwalm, 18 000 Ew.; Stadtkern mit Fachwerkhäusern (15.–19. Jh.).

Alster, r. Nbfl. der Elbe, 52 km; in Hamburg künstl. zu 2 seeartigen Becken *(Außen- u.Binnenalster)* aufgestaut.

Alt, Altstimme → Stimmlage.

Alt, rumän. *Olt,* l. Nbfl. der Donau, 706 km.

Alt, Rudolf von, *1812, †1905, östr. Maler; einer der Hauptmeister der Vedutenmalerei in Östr.

Bekannte Pässe und Tunnel in den Alpen

Name	Land	größte Steigung in %	Höhe (m) bzw. Länge (km)
Albula	Schweiz	12	2312 m
Albula-Tunnel*	Schweiz		5,86 km
Arlberg	Österreich	13	1800 m
Arlberg-Tunnel	Österreich		13,972 km
Bernina	Schweiz	12	2328 m
Bonette	Frankreich	17	2802 m
Brenner-Autobahn	Österreich/Italien	6	1380 m
Falzaregopaß	Italien	11	2117 m
Felbertauern-Tunnel	Österreich		5,2 km
Fernpaß	Österreich	8	1209 m
Flexenpaß	Österreich	10	1773 m
Flüela	Schweiz	11	2383 m
Furka	Schweiz	14	2431 m
Furka-Basistunnel*	Schweiz		15,442 km
Gerlos	Österreich	17	1507 m
Grimsel	Schweiz	11	2165 m
Grödner Joch (Gardena)	Italien	12	2137 m
Großer Sankt Bernhard	Schweiz/Italien	11	2469 m
Großer Sankt Bernhard-Tunnel	Schweiz/Italien		5,828 km
Großglocknerstraße (Hochtor)	Österreich	12	2505 m
Col de l'Iseran	Frankreich	12	2770 m
Jaufenpaß (Monte Giovo)	Italien	12	2094 m
Julierpaß	Schweiz	13	2284 m
Karawankentunnel	Österreich/Slowenien		7,864 km
Klausenpaß	Schweiz	10	1948 m
Kleiner Sankt Bernhard	Frankreich/Italien	9	2188 m
Loibl-Tunnel	Österreich/Slowenien		1,59 km
Lukmanierpaß	Schweiz	10	1972 m
Malojapaß	Schweiz	15	1815 m
Mont-Blanc-Tunnel	Frankreich/Italien		11,690 km
Mont Cenis	Frankreich	11	2083 m
Mont Cenis*	Frankreich/Italien		13,655 km
Mont Genèvre	Frankreich/Italien	12	1850 m
Nufenen	Schweiz	10	2478 m
Oberalppaß	Schweiz	10	2044 m
Ofenpaß	Schweiz	14	2149 m
Plöckenpaß	Österreich	13	1360 m
Pordoi Joch (Passo di Pordoi)	Italien	8	2238 m
Radstädter Tauern	Österreich	15	1738 m
Reschenpaß	Österreich/Italien	9	1504 m
San Bernardino	Schweiz	12	2065 m
San-Bernardino-Tunnel	Schweiz		6,596 km
Sankt Gotthard	Schweiz	10	2108 m
Sankt-Gotthard-Tunnel	Schweiz		16,320 km
Sella Joch	Italien	11	2240 m
Semmering	Österreich	6	985 m
Splügenpaß	Schweiz	13	2113 m
Stilfser Joch (Passo di Stélvio)	Italien	15	2757 m
Sustenpaß	Schweiz	9	2224 m
Tauern-Tunnel	Österreich		6,4 km
Tauern-Tunnel* (Hohe Tauern)			8,5 km
Timmelsjoch	Österreich/Italien	13	2497 m
Umbrailpaß	Schweiz/Italien	11	2501 m
Wurzenpaß	Österreich/Slowenien	18	1073 m

* Eisenbahntunnel mit Autoverladung

Hebräisch		Griechisch			Lateinisch	Russisch				Arabisch		
א	aleph	A	α	Alpha	A a	А а	A	Ф ф	Ef	ا	Alif	ض	Dhad
ב	beth	B	β	Beta	B b	Б б	Be	Х х	Cha	ب	Ba	ط	Tha
ג	gimel	Γ	γ	Gamma	C c	В в	We	Ц ц	Ze	ت	Ta	ظ	Dsa
ד	daleth	Δ	δ	Delta	D d	Г г	Ge	Ч ч	Tsche	ث	Tsa	ع	Ain
ה	he	E	ε	Epsilon	E e	Д д	De	Ш ш	Scha	ج	Dschim	غ	Ghain
ו	waw	Z	ζ	Zeta	F f	Е е	Je	Щ щ	Schtscha	ح	Ha	ف	Fa
ז	sajin	H	η	Eta	G g	Ж ж	Sche	Ъ ъ	Twordy snak	خ	Cha	ق	Qaf
ח	cheth	Θ	ϑ	Theta	H h	З з	Se	Ы ы	Jery	د	Dal	ك	Kaf
ט	teth	I	ι	Jota	I i	И и	I	Ь ь	Mjagki snak	ذ	Dsal	ل	Lam
י	jod	K	$\varkappa$	Kappa	(J j)	Й й	I kratkoje	Э э	E	ر	Ra	م	Mim
כ	kaph	Λ	λ	Lambda	(K k)	К к	Ka	Ю ю	Ju	ز	Sa	ن	Nun
ל	lamed	M	μ	My	L l	Л л	El	Я я	Ja	س	Ssin	ه	Ha
מ	mem	N	ν	Ny	M m	М м	Em			ش	Schin	و	Waw
נ	nun	Ξ	ξ	Xi	N n	Н н	En			ص	Ssad	ى	Ja
ס	samech	O	o	Omikron	O o	О о	O						
ע	ajin	Π	π	Pi	P p	П п	Pe						
פ	pe	P	ϱ	Rho	Qu qu	Р р	Er						
צ	zade	Σ	$\sigma\,\varsigma$	Sigma	R r	С с	Es						
ק	koph	T	τ	Tau	S s	Т т	Te						
ר	resch	Y	υ	Ypsilon	T t	У у	U						
ש	sin	Φ	φ	Phi	(U u)								
ש	schin	X	χ	Chi	V v								
ת	taw	Ψ	ψ	Psi	(W w)								
		Ω	ω	Omega	X x								
					(Y y)								
					(Z z)								

Alphabete

Altai, rd. 2500 km langes Randgebirge Inneresiens zw. Mongolei u. Dsungarei, in NW-SO-Richtung ziehend; *Russischer A.* (Belucha 4506 m) u. *Mongolischer A.* (Mönkh Khairkhan Uul 4321 m), der im *Gobi-A.* ausläuft.

altaische Sprachfamilie, Zweig der ural-altaischen Sprachen; 3 Untergruppen: *Turk-, mongol. u. tungus. Sprachen.*

altamerikanische Kulturen, die vorkolumb. Kulturen Mittel- u. Südamerikas, deren bed. u. letzte die der *Maya* in Mittelamerika, der *Azteken* in Mexiko u. der *Inka* in Peru waren.

Altamira, Höhle mit altsteinzeitl. Malereien u. Gravierungen, bei Santillana del Mar (Spanien); 1879 entdeckt; im sog. *Bisonsaal* farbige Tierfiguren.

Altamirano, Ignacio Manuel, *1834, †1893, indian. mexikan. Schriftsteller.

Altar, in allen Religionen ein block- oder tischartiger Platz für die Darbringung von Opfern. Im Christentum entwickelte sich ein A. erst allmähl. aus dem für Liebesmahle (Agapen) u. Eucharistiefeiern gebrauchten Tisch; seit dem 11. Jh. mit verziertem Aufsatz, der sich im 14.–16. Jh. zum Flügel-A. ausbildete. Das vom A. aus gespendete Abendmahl ist das *A.sakrament.*

Altbier →Bier.

Altdorf, 1. Hauptort des schweiz. Kt. Uri, im Reußtal, 8500 Ew.; Tell-Festspiele. – **2.** *A. bei Nürnberg,* Stadt in Bayern an der Schwarzach, 14000 Ew.; 1623–1809 prot. Univ.

Altdorfer, Albrecht, *um 1480, †1538, dt. Maler, Kupferstecher, Holzschneider u. Baumeister; Hauptmeister der *Donauschule*; von ihm stammen zahlreiche histor. u. bibl. Szenen; schuf als erster europ. Künstler stimmungshafte Landschaftsbilder (Donaulandschaft bei Regensburg).

Altena, Stadt in NRW im Sauerland an der Lenne, 24 000 Ew.; 1100 erbaute Burg (Jugendherberge, Gründungsstätte des dt. Jugendherbergswesens), Dt. Drahtmuseum, Dt. Schmiedemuseum.

Altenberg, ehem. Zisterzienserabtei in *Odenthal,* nö. von Köln, 1133–1803; die heutige, hochgot. Kirche (»Bergischer Dom«) ist 1255 begonnen worden, 1379 eingeweiht.

Altenburg, Krst. in Thüringen, am Südrand des Braunkohlenreviers von Leipzig, 55 000 Ew.; Schloß (18. Jh.), Herstellung von Spielkarten (Museum).

Altenteil, *Ausgedinge, Auszug, Austrag, Leibzucht,* Leistungen (Wohnrecht, Unterhalt u. a.) eines aus der Bewirtschaftung ausscheidenden Bauern *(Altsitzer, Austräger, Auszügler)* bis zum Lebensende.

Alter, der Zeitraum, der seit der Entstehung eines Organismus verflossen ist; Altersstufen.

altera pars, der andere Teil, die Gegenpartei.

Alteration, Abänderung, Änderung.

Alter Dessauer →Leopold I., Fürst von Anhalt-Dessau.

alter ego, »das andere Ich«, vertrauter Freund.

altern, alt werden; lebenslang anhaltende Veränderung von Organen. Die einzelnen Organe des Körpers a. sehr unterschiedl. Äußere Alterszeichen sind Körpergröße, Haltung, Gang, Elastizität der Haut, Haut- u. Haarfarbe. Zu den Alterserscheinungen der Organe gehören Abnahme der Elastizität der Blutgefäße u. der Leistung des Herzens, die Kreislaufveränderungen verursachen, Versteifung von Geweben durch Ablagerung von Schlacken, Veränderungen an den Sinnesorganen. Das Endstadium des Alterns ist der Tod. Am wenigsten a. Tiere, die eine große Regenerationsfähigkeit der Zellen besitzen. – Den Wissenschaftszweig, der sich mit den Vorgängen des Alterns beschäftigt, nennt man *Alters-* bzw. *Alternsforschung* oder *Gerontologie,* während Geriatrie die Altersheilkunde ist. Die letzte Ursache des Alterns ist unbekannt.

Alternanz, *Ertragswechsel,* das Abwechseln reicher Ernten mit Ausfällen.

Alternative, Wahl; Entscheidung zw. zwei Möglichkeiten.

alternative Bewegung, Sammelbez. für verschiedenartige soziale, politische u. weltanschauliche Strömungen, denen eine bestimmte, inhaltliche Kritik an der westl. Industriegesellschaft sowie ein darauf bezogenes Streben nach Selbstbefreiung u. Entwicklung eines neuen Lebensstils gemeinsam ist. Beispiele alternative Lebensformen, Bürgerinitiativen, Bürgerrechtsbewegung, Friedensbewegung, Frauenbewegung, Neue Linke, Ökologiebewegung, Spontigruppen.

alternierend, abwechselnd.

alternierender Vers, ein Vers, in dem Hebung u. Senkung regelmäßig wechseln (z.B. Jambus).

Alter Rhein, *Oude Rijn,* kanalisierter Mündungsarm des Rhein, verbindet Utrecht mit Leiden u. Katwijk aan Zee.

Altersaufbau, die Gliederung der Bevölkerung nach Altersjahrgängen; in der *Alterspyramide* dargestellt.

Altersbestimmung, Feststellung des Alters von Organismen: z.B. bei Säugetieren am Verknöcherungszustand des Skeletts, durch das Zahnalter bei Pferd, Rind u. Hund. Das Alter von Bäumen wird durch Zählen der →Jahresringe auf einem Stammquerschnitt bestimmt.

Altersblödsinn, *senile Demenz, seniles Irresein,* in höherem Alter, meist nach dem 70. Lebensjahr, auftretende Rückbildung von Hirngewebe.

Altersgrenze, Begrenzung der aktiven Berufstätigkeit; in der Regel Vollendung des 65. Lebensjahrs, bei Beamten des Polizeivollzugsdienstes u. bei Berufssoldaten am Ende des 60., bei Hochschullehrern des 68. Lebensjahrs. Die *flexible A.* der Arbeiter- u. Angestelltenversicherung bietet die Möglichkeit, auf Antrag bereits

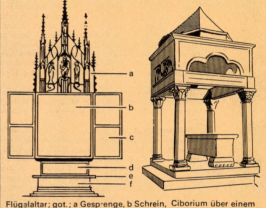

Flügelaltar; got.; a Gesprenge, b Schrein, c Flügel, d Predella, e Mensa, f Stipes — Ciborium über einem Sarkophagaltar

Altarformen

nach Vollendung des 63. Lebensjahrs (bei Frauen 60., auch bei Schwerbeschädigten 60.) die Altersrente zu erhalten. →Altersruhegeld.

Altersheim, *Altenheim,* eine Anstalt, die gegen Entgelt oder als Wohlfahrtseinrichtung alten Leuten Unterkunft u. Verpflegung bis ans Lebensende gewährt.

Alterspräsident, verhandlungsführendes ältestes Mitgl. einer Körperschaft bis zur Wahl des Präsidenten.

Alterspyramide →Altersaufbau.

Altersruhegeld, Rente nach Erreichung der Altersgrenze aus der Angestellten- u. Arbeiterrentenversicherung; in der Knappschaftsrentenversicherung *Knappschaftsruhegeld* genannt.

Altersschwäche, durch den fortschreitenden Altersprozeß bedingter körperl. u. geistiger Kräfteverfall.

Alterssichtigkeit, *Presbyopie,* Übersichtigkeit aufgrund altersbedingter Abnahme der Akkomodationsfähigkeit durch Elastizitätsverlust der Augenlinse.

alter Stil, Abk. *a. St.,* Zeitrechnung nach dem *Julianischen Kalender;* in Rußland bis Febr. 1918 gültig.

Altersversorgung, Versorgung im Alter durch soziale oder private *Altersversicherung,* betriebl. *Ruhegeld* oder *Pension.*

Altertum, *i.e.S.* die Welt des antiken Griechenland u. Rom *(klass. A.,* →Antike); i.w.S. die Epoche von den Anfängen der geschichtl. Überlieferung, deren

---

Altersstufen im deutschen Recht (nach vollendeten Lebensjahren)

Geburt	Beginn der Rechtsfähigkeit
6. Lebensjahr	Beginn der Schulpflicht
7. Lebensjahr	beschränkte Geschäftsfähigkeit, bedingte Deliktsfähigkeit
12. Lebensjahr	Zustimmungserfordernis (beschränkte Religionsmündigkeit) zum Bekenntniswechsel
14. Lebensjahr	Jugendstrafmündigkeit, uneingeschränkte Religionsmündigkeit
16. Lebensjahr	Eides- und Testierfähigkeit
18. Lebensjahr	Volljährigkeit und Ehemündigkeit; unbeschränkte Geschäftsfähigkeit; regelmäßig volle Strafmündigkeit (Ende des Jugendstrafrechts); volle bürgerlich-rechtliche Deliktsfähigkeit; aktives und passives Wahlrecht
21. Lebensjahr	volle Strafmündigkeit (absolutes Ende des Jugendstrafrechts)
25. Lebensjahr	regelmäßiges Mindestalter für Adoptiveltern
60. Lebensjahr	Berechtigung zur Ablehnung einer Vormundschaft

Beginn in Asien schon zw. 4000 u. 3000 v. Chr. liegt (Indus-Kultur, frühe Kulturen Ägyptens, Mesopotamiens u. Kleinasiens), bis zum Untergang der antiken Mittelmeerkulturen zw. dem 4. u. 7. Jh. n. Chr.

Altes Land, fruchtbare Flußmarsch an der Unterelbe, zw. Hamburg u. Stade; Obst- u. Gemüsebau.
Altes Testament, Abk. *AT, Alter Bund,* in den christl. Kirchen übl. Bez. für kanon. Schriften, die den Bund Gottes mit Israel bezeugen. – Die Schriften des AT sind in einem Zeitraum von rd. 1000 Jahren entstanden. Gliederung: →*Bibel.*
Alte Welt, der asiat.-europ. Landblock, im Ggs. zur *Neuen Welt* (Amerika).
altfränkisch, altmodisch.
Altfrid, *vor 800, †874, Bischof von Hildesheim seit 851, Patron der Diözese Hildesheim (nicht heiliggesprochen).
Altgläubige, russ.-orth. Kirche, →*Raskolniki.*
Althaea, *Stockmalve, Stockrose, Eibisch, Samtpappel, Heilwurz,* Gatt. der *Malvengewächse.*
Althing [álθiŋ], das isl. Parlament (seit 930).
Althochdeutsch, Abk. *ahd.,* ältester Abschnitt der hochdt. Sprachentwicklung (750–1050); →*deutsche Sprache.*
Altig, Rudi, * 18.3.1937, dt. Radrennfahrer; 1966 Straßenweltmeister.
Altiplano, das boliv. Hochland zw. den Ketten der Anden, 3600–4000 m hoch.
Altkastilien, span. *Castilla la Vieja,* histor. Landschaft im nördl. Spanien, alte Hptst. *Valladolid.*
Altkatholiken. Gegen das vom 1. Vatikan. Konzil 1870 verkündete Unfehlbarkeit des Papstes erhob sich in Dtld., Östr. u. der Schweiz eine Bewegung des Protests, aus der die altkath. Kirche hervorging. Die A. lehnen auch Ohrenbeichte und Priesterzölibat ab. Seit 1994 dürfen auch Frauen zu Priestern geweiht werden. 1889 schlossen sich die meisten altkath. Kirchen in der *Utrechter Union* zusammen. In der Schweiz: *Christkath. Kirche.*
Altkönig, Berg im Taunus, sö. des Feldbergs, 798 m.
Altlasten, die vor dem Inkrafttreten des Abfallbeseitigungsgesetzes (1986) auf Mülldeponien abgelagerten Abfälle, von denen Umweltgefahren ausgehen können.
Altlutheraner, luth. Kirchen, die sich im 19. Jh. in den »altpreuß.« Provinzen gegenüber den Unionsbestrebungen des Staats bildeten. Zugleich entstanden in Hessen, Hannover, Sachsen u. Hamburg freikirchl. Gemeinden. 1972 schlossen sich alle luth. Freikirchen zur *Selbständigen Ev.-Lutherischen Kirche* (SELK) zusammen. Diese gehört nicht der EKD u. nicht dem Luther. Weltbund an.

Altsteinzeit: weibliche Speckfigur, eine sog. »Venusstatuette« aus Haćilar; 6000 v. Chr. Berlin, Museum für Vor- und Frühgeschichte

Altman [ɔ:ltmən], Robert, * 20.2.1925, US-amerik. Filmregisseur u. -produzent; »M·A·S·H«, »The Player«, »Short cuts«.
Altmark, westl. der Elbe gelegene Landschaft mit dem Wendland u. dem Drömling, Zentrum *Stendal;* Kernland der Mark Brandenburg.
Altmeier, Peter, * 1899, † 1977, dt. Politiker, Mitgr. der CDU, 1947–69 Min.-Präs. von Rhld.-Pf.
Altmetall →*Schrott.*
Altmühl, l. Nbfl. der Donau in Mittelfranken, 230 km; im Unterlauf Teilstück des Rhein-Main-Donau-Kanals.
altnordische Literatur, die Lit. des nördl. Zweigs des altgerm. Sprachstamms. Sie deckt sich in der Frühzeit (etwa bis ins 13. Jh.) weitgehend mit der *isl. Literatur.* Nach einer noch älteren Stufe, der nur in spärl. Überresten erhaltenen *Runenliteratur* (etwa bis ins 8. Jh.), ist die a. L. die einzige der germ. Literaturen überhaupt, die das Leben u. die Anschauungen des nord. Heidentums widerspiegelt.
Altokumulus →*Wolken.*
Altöl, mineralölhaltige Rückstände, die nicht mehr für den urspr. Zweck eingesetzt werden können. A. zählt zu den wassergefährdenden Stoffen. Die ordnungsgemäße A.-Beseitigung ist gesetzlich geregelt.
Altona, westl. Stadtteil von Hamburg; seit 1640 dän. (Stadtrecht 1664), erster Freihafen N-Europas; 1867 zu Preußen, 1937 in *Groß-Hamburg* eingemeindet.
Altostratus →*Wolken.*
Altötting, oberbay. Krst. im Inntal, 11 000 Ew.; Wallfahrtsort.
Altphilologie, *klassische Philologie,* die Wissenschaft von den klass. Sprachen (Latein u. Griechisch) u. Literaturen.
Altpreußen, das eigtl. Preußenland (Ost- u. Westpreußen) u. dessen Bewohner balt. Sprachgruppe (*Pruzzen* mit Unterstämmen).
altpreußische Sprache, *Pruzzisch, Prußisch,* ausgestorbene Sprache; in Ostpreußen bis ins 17. Jh. gesprochen.
Altpreußische Union, Abk. *APU,* die Unionskirche im preuß. Staat, die seit 1817 Lutheraner u. Reformierte zusammenschloß, seit 1953 »Ev. Kirche der Union« (Abk. *EKU*).
Altrhein, alle stillgelegten Arme des Rheins.
Altruismus, das dem *Egoismus* entgegengesetzte Handeln aus Solidarität.
Altsächsisch, *Altniederdeutsch,* ältester Abschnitt (9.–11. Jh.) der niederdt. Sprachentwicklung. →*Heliand.*
Altsilber, durch chem. Mittel künstl. gedunkeltes Silber.
Altsteinzeit, *Paläolithikum,* die älteste, das gesamte Eiszeitalter umfassende Epoche der Menschheitsgeschichte (in Europa um 600 000 bis 8000 v. Chr.). Gliederung in *Alt-, Mittel-* u. *Jungpaläolithikum* (durch Radiocarbonmessungen mit 30 000 u. 8000 v. Chr. datiert).
Das die älteste Stufe umfassende *Abbevillien* ist durch roh behauene, meist dicke Faustkeile gekennzeichnet. Im *Acheuléen,* der 2. Stufe, sind die Faustkeile regelmäßig geformt; der Gebrauch des Feuers ist nachzuweisen. Träger der mittelpaläolith. Kultur war der *Neandertaler,* der seine Toten erstmalig bestattete. Kennzeichnend sind die Funde von Le Moustier (danach *Moustérien*). Im Jungpaläolithikum tritt mit der Cro-Magnon-Rasse der erste heutige Menschentypus (*Homo sapiens*) auf. Steingeräte werden durch Geräte aus Knochen, Elfenbein u. Rengeweih ergänzt.
Altvater, tschech. *Praded,* höchster Berg (1492 m) des *A.-Gebirges* (Hohes Gesenke) in den SO-Sudeten.
Altwasser, abgeschnittene Flußschlinge mit stehendem Wasser.
Altweibersommer, 1. Schönwetterperiode Ende Sept.-Okt., bes. im östl. Mitteleuropa u. N-Amerika. – **2.** *fliegender Sommer, Flug-, Frauensommer, Marien-, Sommer-, Herbstfäden,* Spinnfäden, die im Frühjahr u. Herbst umherwehen.
Altweltaffen →*Schmalnasen.*
Aluminium, (lat. *alumen,* »Alaun«), ein →Element; silberweißes Leichtmetall; wird elektrolytisch aus Bauxit gewonnen. Wichtigstes Gebrauchsmetall (Fahrzeug- u. Flugzeugbau, Elektrotechnik u. a.) mit guten Festigkeitseigenschaften.
Alumnat, heute unübliche Bez. für das mit einem Gymnasium verbundene Schülerheim.
Alunit, Alaunstein, ein Mineral.

Alvarado, Pedro de, *um 1485, †1541, span. Konquistador; eroberte 1524 Guatemala u. El Salvador.
Alvarez, Luis, * 1911, † 1988, US-amerikan. Physiker; Arbeiten über Elementarteilchen; Nobelpreis 1968.
Alvensleben, niedersächs. Adelsgeschlecht (seit 1163); Gustav von, * 1803, † 1881, Generaladjutant König Wilhelms I. von Preußen; schloß 1863 die *A.sche Konvention,* eine Vereinbarung zw. Preußen u. Rußland zu gemeinsamer Unterdrückung der poln. Revolution 1863.
Alveolar, ein am Gaumen über den Oberzähnen gebildeter Laut, z.B. »s«.
Alveole, 1. *Zahn-A.,* Zahnfach des Kiefers, in dem der Zahn mit der Wurzel eingekeilt ist. – **2.** *Lungen-A.,* Lungenbläschen.
Alverdes, Paul, * 1897, † 1979, dt. Schriftsteller.
Alweg-Bahn, eine Einschienenbahn für hohe Geschwindigkeiten; 1952 entwickelt nach Plänen des schwed. Industriellen A. L. *Wenner-Gren.*
Alz, r. Nbfl. des Inn, 45 km; Abfluß des Chiemsees.
Alzette [-'zet], r. Nbfl. der Sauer, 72 km; durchfließt S-Luxemburg.
Alzey, Krst. in Rhld.-Pf., an der Selz, 16 000 Ew.; Weinanbau.
Alzheimer Krankheit [ben. nach dem dt. Neurologen Alois *Alzheimer,* *1864, †1915], fortschreitendes Nachlassen der geistigen Fähigkeiten bis zum völligen Verfall der Persönlichkeit u. absoluter Pflegebedürftigkeit. Die Ursache der A. ist unklar.
amabile, Vortragsbez.: lieblich.
Amadinen, Gatt. von südasiat. u. austral. *Prachtfinken;* beliebte Käfigvögel.
Amadis, Idealgestalt des europ. Ritters; seine Ritterfahrten zu Ehren seiner Geliebten *Ariana* bilden den Inhalt zahlreicher *A.-Romane* (älteste bekannte Fassung von Rodriguez de Montalvo: »Amadís de Gaula« 1508).
Amado, Jorge, * 10.8.1912, brasil. Schriftst.
Amagasaki, jap. Industrie- u. Hafenstadt auf Honshu, nördl. von Osaka, 555 000 Ew.
Amal [arab. »Hoffnung«], polit. u. militär. Organisation der Schiiten im Libanon; 1975 von dem Imam *Musa Sadr* gegr. Die A.-Miliz engagierte sich seit 1982 zunehmend im libanes. Bürgerkrieg.
Amaler, *Amelungen,* ostgot. Königsgeschlecht, dem *Theoderich d. Gr.* entstammte.
Amalfi, ital. Hafenstadt u. Seebad, am Golf von Salerno, 7200 Ew.
Amalgam, Legierung des Quecksilbers mit anderen Metallen (Silber, Zinn u. a.); *Zahn-A.* wird für Zahnfüllungen (Plomben) verwendet.
Amalthea, *Amaltheia,* in der grch. Mythologie eine Ziege oder Nymphe, die den kleinen Zeus nährte; Zeus füllte ein »Horn der A.« mit Segenskraft.
Amami-Inseln, nordöstl. Gruppe der jap. Ryukyu-Inseln, 718 km², Hptst. *Naze;* 1945–53 von den USA besetzt.
Amandus, † 679 oder 684, Missionar in Friesland u. Flandern; Heiliger, Patron von Flandern (Fest: 6.2.).
Aman Ullah, * 1892, † 1960, afghan. Emir u. König. Unter seiner Herrschaft erlangte Afghanistan die Unabhängigkeit; wurde später zum Thronverzicht gezwungen.
Amapá, Territorium in →*Brasilien.*
Amarelle, Sorte der Sauerkirsche.
Amarna, *Al A., Tell el A.,* Ruinenstätte in Mittelägypten; Pharao *Amenophis IV. (Echnaton)* erbaute hier um 1370 v. Chr. seine dem Kult des Sonnengottes *Aton* gewidmete Residenz *Achat Aton;* Paläste, Felsgräber u. Tempel (*Atontempel*); bed. Funde (u. a. *Nofretete*).
Amaryllis, Gatt. der *Amaryllisgewächse;* hierzu die *Primadonna-Lilie* mit großen rosenroten Blüten; Zierpflanzen mit vielen Zuchtrassen.
Amaterasu [jap., »vom Himmel leuchtend«], *A. Omikami,* jap. Sonnengöttin; angebl. Stammmutter des Kaiserhauses.
Amateur [-'tø:r], »Liebhaber«, jemand, der eine Tätigkeit aus Liebhaberei ausübt, ohne einen Beruf oder Gelderwerb daraus zu machen; im Sport durch A.regel festgelegt.
Amati [ital. Geigenbauerfamilie in Cremona:], **1.** Andrea, * um 1500/1505, † vor 1580; Begr. der Cremoneser Schule. – **2.** Nicola, * 1596, † 1684, größter Künstler seiner Familie, Lehrmeister von A. *Stradivari* u. A. *Guarneri.*
Amazonas, 1. längster Strom Südamerikas

Amazonas: Brandrodungsinseln an einem Seitenarm

(6437 km); wasserreichster Strom der Erde; Einzugsbereich 7 Mio. km²; entsteht aus den von den Anden kommenden Hauptquellflüssen *Marañón* u. *Ucayali;* bis zur Mündung des Rio Negro *Rio Solimões* gen.; mündet mit 3 Hauptarmen in den Atlantik; durchfließt das A.tiefland u. ist an der Mündung 250 km breit; Gezeiten sind bis 800 km landeinwärts spürbar (Flutwelle heißt *Pororoca);* für Seeschiffe befahrbar. – 2. Bundesstaat in →Brasilien; im Regenwaldgebiet des westlichen u. mittleren A.

Amazonen, 1. ein sagenhaftes krieger. Frauenvolk Asiens. Unter ihrer Königin →Penthesilea kämpften sie im Trojan. Krieg auf seiten der Trojaner. – 2. südamerik. Papageiengattung; überwiegend grüngefärbte Großpapageien, beliebte Stubenvögel.

Ambassadeur [ãbasad'œ:r], Gesandter, Botschafter.

Amberbaum, *Ambrabaum,* platanenähnl. Gatt. der *Hamamelisgewächse.*

Amberg, bay. Stadt in der Oberpfalz, an der Vils, 43 000 Ew.; mittelalterl. Stadtbefestigung.

Amberger, Christoph, *um 1500, †1562, dt. Maler; hpts. Porträt- u. Altarbilder in Augsburg.

Ambesser, Axel von, eigtl. Axel Eugen von Oesterreich, *1910, †1988, dt. Schauspieler, Regisseur u. Schriftst.

Ambiente, persönl. oder räuml. Umgebung (Milieu), die bes. Ausstrahlung verleiht.

Ambition, Ehrgeiz, Streben nach Höherem.

Ambitus, Chorumgang.

Ambivalenz, Doppelwertigkeit; in der Psych. das gleichzeitige Bestehen sich widersprechender Gefühle, Regungen u. Willensvorstellungen (z.B. Haßliebe, Gehorsam u. Auflehnung).

Amboise [ã'bwa:z], frz. Stadt an der Loire, 11 000 Ew.; bed. Schloß (15. Jh.; Residenz der Valois).

Ambon, *Amboina,* indones. Molukken-Insel, 761 km², 120 000 Ew. *(Ambonesen* u. *Alfuren);* Hptst. A.

Ameisen: Weibchen (»Königin«) der Roßameise bei der Aufzucht ihrer Brut

Amboß, 1. ein Stahlblock mit gehärteter Arbeitsfläche, zum Schmieden. – **2.** *Incus,* das mittlere Gehörknöchelchen der Säugetiere; →Ohr.

Ambras, amtl. *Amras,* Schloß in Tirol, sö. von Innsbruck; im 16. Jh. im Renaissancestil ausgebaut, jetzt Museum; bis 1806 Aufbewahrungsort des **A.er Heldenbuchs,** einer um 1510 aufgeschriebenen Sammlung mhd. Heldenepen.

Ambrosia, in der grch. Mythologie Speise der Götter, die ihnen Unsterblichkeit verlieh.

Ambrosiana, 1609 in Mailand gegr. Bibliothek mit angegliederter Gemäldegalerie.

ambrosianischer Lobgesang, *Tedeum,* Gesang nach den lat. Anfangsworten »Te Deum laudamus« (»Dich, Gott, loben wir«); *Ambrosius* zugeschrieben.

Ambrosius, *339, †397, Kirchenlehrer, Bischof von Mailand seit 374; bekämpfte den Arianismus u. verschaffte dem Nicänischen Glaubensbekenntnis im Abendland Geltung; bibl. u. dogmat. Schriften. Heiliger (Fest: 7.12.).

ambulant, wandernd, umherziehend; a.e *Behandlung,* die Krankenbehandlung in der Sprechstunde des Arztes (im Ggs. zur stationären Krankenhausbehandlung).

Ambulanz, bewegl. Rettungsstelle (Krankenwagen); Krankenhaus(abt.) für ambulante Behandlung *(Poliklinik).*

Amdabad, Stadt im ind. Bundesstaat Gujarat, 2,9 Mio. Ew., Altstadt (1411 gegr.), viele Tempel u. Moscheen (Elfenbeinmoschee); Baumwollzentrum.

Ameisen, *Emsen, Formicoidea,* über die ganze

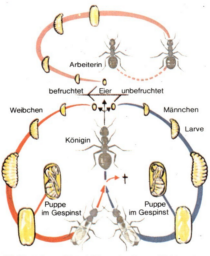

Waldameisen : Entwicklung der Roten Waldameise

Erde verbreitete, zu den *Hautflüglern* gehörende Überfam. staatenbildender Insekten mit mindestens dreierlei Individuentypen: geflügelte, nur zur Schwarmzeit vorhandene Männchen; Weibchen, zur Schwarmzeit (Begattung) ebenfalls mit Flügeln versehen, die sie aber danach abwerfen; ungeflügelte Weibchen mit rückgebildeten Geschlechtsorganen *(Arbeiterinnen).* Bei einigen Formen sind die Arbeiterinnen als »Soldaten« mit bes. vergrößerten, beißenden Mundwerkzeugen entwickelt. Die etwa 6000 Arten verteilen sich auf 8 Fam. *Weber-A.* benutzen ihre mit Spinndrüsen versehenen Puppen als Webeschiffchen u. nähen damit Blätter zum Nest zus. Trop. *Wander-A.* bauen fast jeden Abend ein neues Nest. Vorliebe für süße Stoffe führt zum Besuch der Blattläuse, die die A. zur Abgabe ihres zuckerhaltigen Kotes veranlassen. »*A.straßen*« sind durch Geruchsstoffe für das staatsangehörige A. markiert. A. können polarisiertes Licht wahrnehmen u. Nachrichten durch »Fühlersprache« (Austausch von Tastreizen) übermitteln.

Ameisenbär, zahnloses Säugetier S-Amerikas mit röhrenförmig verlängerter Schnauze, langer, klebriger Zunge und fast körperlangem Schwanz; Ameisen- u. Termitenfresser; *Großer A. (Yurumi)* über 2 m Körperlänge.

Ameisenhege, Ansiedlung u. Förderung von *Waldameisen* zur biol. Schädlingsbekämpfung im Forstbereich. Brauchbar ist v. a. die *Kleine Rote Waldameise, Formica polyctena,* wegen ihrer hohen Vermehrungsfähigkeit (bis 5000 Weibchen pro Nest können bis zu 1,5 Mio. Tiere Nachwuchs im Monat erzeugen).

Ameisenigel, *Schnabeligel, Echidnidae,* Fam. der *Kloakentiere,* von plumper Gestalt, mit Grabkrallen. Die wurmförmige Klebzunge dient zum Fang von Insekten; verbreitet in Australien.

Ameisenjungfern, *Myrmeleonidae,* Fam. der *Netzflügler;* libellenähnl. Tiere. Die Larven sind

Ameisenjungfer

die **Ameisenlöwen,** die im Sand trichterförmige Gruben anlegen, an deren Grund sie sich eingraben u. auf hineinfallende Ameisen lauern.

Ameisensäure, *Formylsäure,* H-COOH, eine sehr starke organ. Säure, die im Bienen- u. Ameisengift sowie in Brennesseln vorkommt; in der BR Dtld. zugelassener Konservierungsstoff für Lebensmittel.

Ameland, eine der Westfries. Inseln vor der niederl. Nordseeküste, 57 km², rd. 3000 Ew.; Seebäder, Fähre von Holwerd.

Amelungen, in der dt. Heldensage die Mannen *Dietrichs von Bern,* der ein ostgot. *Amaler* war.

Amen [hebr.], »gewiß, wahrlich«], Gebetsschluß u. Zustimmungsformel, womit die Gemeinde das Verlesene für sich anerkennt; aus der israelit. Rechtsordnung in die christl. u. islam. Gebets- u. Gottesdienstordnung übergegangen.

Amenemhet, grch. *Ammenemes,* 4 ägypt.Könige der 12. Dynastie. – **A. III.,** *Marres,* 1842–1798 v. Chr.: kolonisierte die mit dem Niltal verbundene Oasenlandschaft Faiyum, wo er einen Tempel, das *Labyrinth,* erbaute.

Amenophis, ägypt. *Amen-hotep,* 4 ägypt. Könige der 18. Dynastie. – **A. III.,** um 1400–1364 v. Chr., war ein prachtliebender Herrscher, erbaute den Tempel von Luxor. Sein u. seiner Frau *Teje* Sohn war *A. IV.* (→Echnaton).

Amenorrhöe, Ausbleiben der Menstruation bei der geschlechtsreifen Frau; normal bei Schwangerschaft u. Wochenbett.

American Express Company, Abk. *AMEXCO,* Reise- u. Transportunternehmung, gegr. 1850; führte 1891 den »Traveller Cheque« (Reisekreditbrief) ein; →Kreditkarte.

American Federation of Labor [ə'merikən fedə'reiʃən ɔv 'leibə], *AFL,* 1881 gegr. Spitzenverband US-amerik. Gewerkschaften. 1955 schloß sich die AFL mit der *CIO* (Congress of Industrial Organizations) zur *AFL/CIO* zus.

American Football [ə'merikən 'futbɔ:l], amerik. Variante des Rugby; →Football.

Americium, ein →chem. Element.

Amerika, Doppelkontinent aus Nord- u. Süd-A. Beide Teile sind durch die zentralamerik. Landbrücke miteinander verbunden. Mit 42 Mio. km² ist der Doppelkontinent nur wenig kleiner als Asien u. umfaßt rd. 28% der Landoberfläche der Erde. A. erstreckt sich von N nach S über 16 000 km u. ist damit der Kontinent mit der größten N-S-Ausdehnung. Sowohl auf der N-Halbkugel als auch auf der S-Halbkugel hat er Anteil an allen Klimazonen der Erde. A. beherbergt rd. 706 Mio. Ew. oder 14% der Erdbevölkerung. Der Kontinent A., der nach dem Seefahrer *Amerigo Vespucci* benannt worden ist u. wegen der relativ späten Entdeckung durch die Europäer auch als »Neue Welt« bezeichnet wird, gliedert sich im einzelnen in *Nordamerika* (inklusive Grönland u. Mexiko, 23,5 Mio. km² u.

Amerika

Nordamerika, Bodenbedeckung

- Kulturland (Ackerland, Plantagen und Bewässerungskulturen)
- Grasland und Grünlandwirtschaft der gemäßigten Zone
- Wald der gemäßigten Zone
- Tropischer Wald
- Savanne
- Steppe (Strauch- und Grassteppe)
- Halbwüste und Wüste
- Waldtundra
- Tundra
- Fels-, Schnee- und Eisregion der Hochgebirge und Polargebiete

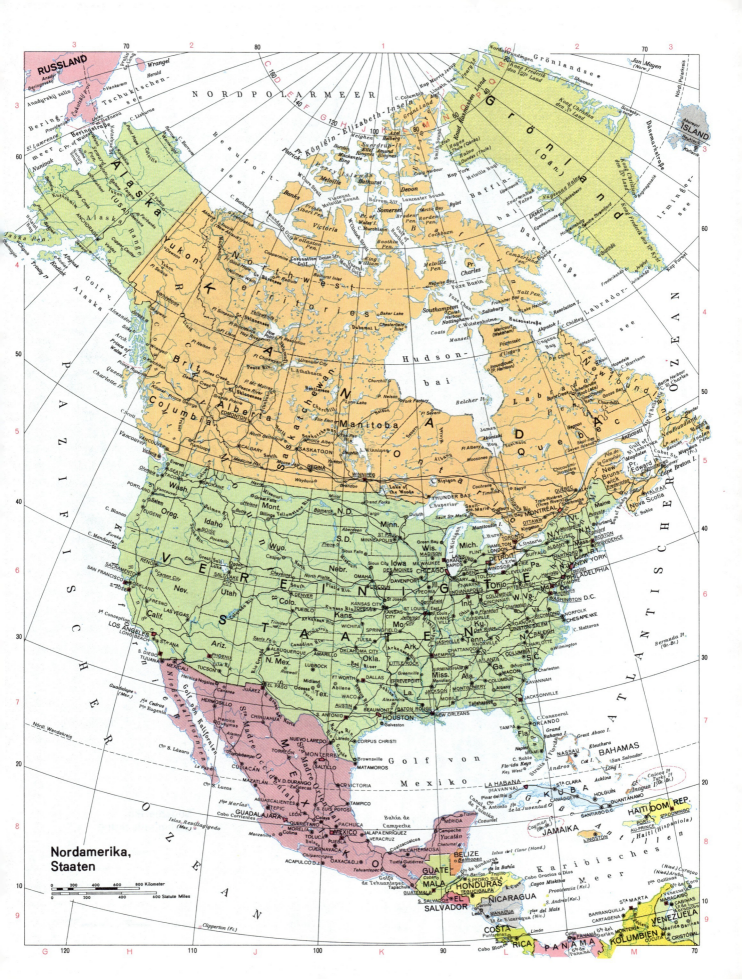

Amerikanisches Mittelmeer

355 Mio. Ew.), in *Mittelamerika* (ohne Mexiko, 761 000 km², 60 Mio. Ew.) u. in *Südamerika* (17,8 Mio. km², 291 Mio. Ew.). Nach sprachl.-kulturellen Gesichtspunkten wird der Kontinent in das überwiegend englischsprachige *Anglo-A.* (USA, Kanada) u. das überwiegend spanisch- oder portugiesischsprachige *Latein-A.* unterteilt. Mit den USA beherbergt A. das wirtschaftl. bedeutendste Land der Erde.

L a n d e s n a t u r. A. weist in seinem Oberflächenaufbau eine einheitl. Dreigliederung auf. Im W erstreckt sich das junge, vulkan. rege Hochgebirge der Kordilleren *(Rocky Mountains, Anden).* Im Innern schließen sich endlose, von breiten Strömen durchflossene Ebenen an. Den O bilden Mittelgebirge *(Appalachen, Bergland von Guyana, Brasilian. Berg- u. Tafelland).* Der Mississippi entwässert mit seinen Nebenflüssen Missouri u. Ohio rd. 15% Nord-A. Die Großen Seen südl. des Kanad. Schilds sind mit 245 212 km² die größte Süßwasserfläche der Erde. Sie sind durch den St.-Lorenz-Strom, einer der verkehrsreichsten Wasserstraßen der Erde, mit dem Atlantik verbunden. Längster Strom Süd-A.s u. wasserreichster der Erde (180 000 m³/s) ist der 6437 km lange Amazonas.

K l i m a : Nord-A. erstreckt sich von der Zone ewigen Eises in der Arktis u. dem subpolaren Klima im N Kanadas durch die gemäßigte Zone bis zu den Subtropen u. Tropen Mittel-A. Das Fehlen von ostwestl. verlaufenden Gebirgszügen ermöglicht den ungehinderten Austausch von kalten arkt. u. heißen trop. Luftmassen. Die Folge sind plötzliche Temperaturänderungen u. das häufige Auftreten von Wirbelstürmen. Süd-A. liegt größtenteils im Bereich der Tropen u. hat nur im S Anteil am gemäßigten u. an der S-Spitze auch am subpolaren Klima. Im Bereich der Anden wechseln die klimat. Verhältnisse in Abhängigkeit von der Höhenlage. – P f l a n z e n - u. T i e r w e l t : An die Tundrazone im N schließt sich nach S die Nadelwaldzone an. Die baumlosen Prärien dienen im feuchteren O-Teil dem Getreideanbau, im trockeneren W-Teil der Viehzucht. Die Appalachen sind mit sommergrünen Laubwäldern, die Kordilleren mit Nadelwäldern bedeckt. In der trop. u. subtrop. Zone Nord-u. Mittel-A. bestimmen je nach Niederschlagsverhältnissen u. Höhenlage trop. Regenwälder, trockene Savannen u. Dornbuschlandschaften das natürl. Pflanzenkleid. In Süd-A. beherbergt das Amazonastiefland das größte trop. Regenwaldgebiet der Erde. Durch raubbauartige Abholzungen u. Brandrodung ist jedoch der Bestand stark zurückgegangen. Nach N u. S gehen die Regenwälder in Savannen *(Llanos, Campos)* über. Laubabwerfende Trockenwälder *(Caatingas)* sind im östl. Brasilien verbreitet, Trockensavanne im Gran Chaco. Der außertrop. S wird von offenen Strauch- u. Graslandschaften eingenommen. Im äußersten S herrschen subantarkt. Pflanzenarten vor. In Nord-A. sind u. a. Puma, Opossum u. Klapperschlange, in Süd-A. Lama, Alpaka, Jaguar, Ameisenbär u. a. typ. Vertreter, die nur hier verbreitet sind. Die Fauna Nord-A. weist viele Parallelen zur nordeurop. u. nordasiat. Tierwelt auf (Hirsche, Wölfe, Nagetiere u. a.).

B e v ö l k e r u n g . Die Bevölkerungsverteilung ist äußerst ungleich: Den fast menschenleeren Räumen im N Kanadas u. in Amazonien stehen äußerst dichtbesiedelte Landstriche, v. a. an der Atlantikküste, gegenüber. Die Bewohner Anglo-A.s sind zu 80% Weiße. Es sind Nachkommen europ. Einwanderer, die in den USA vorw. engl., irischer, dt. u. skandinav., in Kanada zu einem Drittel auch frz. Herkunft sind. Der N Kanadas wird von Eskimos bewohnt. Die US-amerik. Bevölkerung besteht zu 83% aus Weißen u. zu 12% aus Schwarzen, den Nachkommen der als Sklaven ins Land geholten Afrikaner. Daneben gibt es noch Minderheiten von Indianern, den Ureinwohnern, Chinesen u. Japanern. In jüngerer Zeit sind noch Einwanderungsgruppen aus Mexiko, Indochina, Korea u. den Philippinen dazugekommen. Rd. die Hälfte der südamerik. Bevölkerung sind Weiße (zumeist Nachfahren der span. u. portug. Einwanderer). Eine knappe indian. Mehrheit haben noch Bolivien u. Peru. Ansonsten ist eine starke Mischbevölkerung aus Weißen, Indianern u. Schwarzen entstanden (Mestizen, Mulatten, Zambos).

W i r t s c h a f t . Die Landwirtschaft Nord-A. ist marktorientiert u. so stark industrialisiert wie in keinem anderen Teil der Erde. Die Industrie, deren

Amerika: Staaten

Staat	Hauptstadt	Staat	Hauptstadt	Staat	Hauptstadt
Antigua und Barbuda	St. John's	Ecuador	Quito	Paraguay	Asunción
		El Salvador	San Salvador	Peru	Lima
Argentinien	Buenos Aires	Grenada	St. George's	Saint Kitts-Nevis	Basseterre
Bahamas	Nassau	Guatemala	Guatemala		
Barbados	Bridgetown	Guyana	Georgetown	Saint Lucia	Castries
Belize	Belmopan	Haiti	Port-au-Prince	Saint Vincent	Kingstown
Bolivien	Sucre/La Paz	Honduras	Tegucigalpa	Suriname	Paramaribo
Brasilien	Brasília	Jamaika	Kingston	Trinidad und Tobago	Port of Spain
Chile	Santiago de Chile	Kanada	Ottawa	Uruguay	Montevideo
Costa Rica	San José	Kolumbien	Bogotá	Venezuela	Caracas
Dominica	Roseau	Kuba	Havanna	Vereinigte Staaten	Washington
Dominikanische Republik	Santo Domingo	Mexiko	México		
		Nicaragua	Managua		
		Panama	Panamá		

Stellenwert sich schon daran ablesen läßt, daß die USA den höchsten Pro-Kopf-Verbrauch an Energie haben, ist ausgesprochen vielseitig. Nord-A. kann sich mit den wichtigsten Bodenschätzen selbst versorgen u. gehört zu den bed. Förderern von Magnesium, Nickel u. Phosphat. Im krassen Gegensatz zum hochentwickelten Anglo-A. steht die wirtschaftl. Lage Süd- u. Mittel-A.s. Haupterwerbszweig ist hier zumeist noch die Landwirtschaft. Wichtigste Anbauprodukte für den Export sind Kaffee, Zuckerrohr, Tabak, Kakao u. a. Die Viehzucht ist in Süd-A. von erhebl. Bedeutung. An wichtigen Bodenschätzen gibt es außer Edelmetallen, Eisen-, Zinn-, Kupfer- u. a. Erzen Erdöl, Salpeter, Guano u. Kohle sowie Edelsteine. Die Industrie ist regional äußerst unterschiedl. entwickelt. Einige Länder gelten wegen ihrer schon weit fortgeschrittenen Industrialisierung schon nicht mehr als Entwicklungsländer (z.B. Argentinien, Brasilien), sind aber aufgrund ihrer extrem hohen Auslandsverschuldung in ihrer weiteren wirtschaftl. Entwicklung stark behindert. Es bestehen oft tiefe soz. Gegensätze sowohl innerhalb der einzelnen Staaten als auch zw. den Staaten.

E n t d e c k u n g s g e s c h i c h t e . Wikinger unter *Leif Eriksson* erreichten um 1000 die Küste von Labrador u. Neufundland. *Kolumbus* betrat am 12.10.1492 die Bahamainsel San Salvador u. später die Küsten Mittel-A. G. *Gaboto* entdeckte 1497 die Ostküste Nord-A. Im 16. Jh. eroberten v. a. Spanier weite Gebiete Süd- u. Mittel-A. In Nord-A. drangen zunächst Holländer u. Franzosen, später Engländer weiter ins Innere vor.

Amerikanisches Mittelmeer, Nebenmeer des Atlantik, umfaßt den Golf von Mexiko, das Yucatán-Meer u. das Karib. Meer.

Amerikanisch-Samoa → Samoa.

Amerikanismus, Spracheigentümlichkeit des in

AMERIKA

Teilstück der Trans-Alaska-Pipeline

Weizenfelder in Kanada

Der Grand Canyon in den USA

den USA gesprochenen Englisch (»Amerikanisch«), z.B. Aufnahme indian., dt., frz. u. span. Wörter, Bedeutungswandel engl. Wörter, Unterschiede in der Schreibweise u. Aussprache.

Amerikanistik, die Wiss. von den vorkolumb. Indianervölkern Amerikas u. ihren Kulturen; auch Wiss. von der Lit., Sprache u. Kultur der USA.

Amerling, Friedrich von, *1803, †1887, östr. Maler. Historienbilder; Bildnisse der Wiener Aristokratie.

Amersfoort, ndl. Stadt bei Utrecht, 100 000 Ew.

Amery, Carl, eigtl. Christian Anton *Mayer*, *9.4.1922, dt. Schriftst. (krit. Beiträge zu aktuellen polit. Themen); Präs. des dt. PEN-Zentrums.

Améry, Jean, eigtl. Johannes *Mayer*, *1912, †1978, östr. Schriftst.; W »Hand an sich legen«, »Charles Bovary, Landarzt«; Autobiographie »Unmeisterl. Wanderjahre«.

Amethyst, violetter Bergkristall, Abart des Quarzes; ein Schmuckstein. →Edelsteine.

Amfortas, *Anfortas,* Gralskönig; von einem vergifteten Speer verwundet, durch *Parzival* vom Leiden erlöst.

Amhara, die eigtl. *Äthiopier,* das vorwiegend hamit. Staatsvolk Äthiopiens mit semit. Sprache (*Amharisch*); gehören zur kopt. Kirche.

Amiens [a'mjɛ̃], nordfrz. Stadt an der Somme, alte Hptst. der *Picardie,* 140 000 Ew., got. Kathedrale (13. Jh.).

Amin, Dada (Idi), *1.1.1928, afrik. Politiker in Uganda; seit 1971 diktator. regierender Staatspräs., wurde 1979 gestürzt u. ging ins Exil.

Amindiven, niedrige Koralleninseln sw. der Malabarküste (Indien); zus. mit den *Lakkadiven* u. der Insel *Minikoy* ein Territorium der Ind. Union.

Amine, organ. Verbindungen; bas. Abkömmlinge des Ammoniaks, in denen Wasserstoffatome durch Alkyle oder Aryle ersetzt sind.

Aminosäuren, organ. Säuren, bei denen ein Wasserstoff der Kohlenstoffkette durch die Aminogruppe –NH$_2$ ersetzt ist; man unterscheidet α-, β-, γ... A.; A. sind Bausteine der Eiweiße (Proteine). Im menschl. Körper wurden 25 A. nachgewiesen. Zehn von ihnen sind *essentiell*, d. h. diese kann der Organismus nicht selbst herstellen, u. sie müssen daher durch die Nahrung zugeführt werden.

Amiranten, *Admiralitätsinseln,* Gruppe von Koralleninseln im westl. Ind. Ozean, Teil der *Seychellen,* zus. 83 km^2; 1502 entdeckt, 1814–1976 zu Großbritannien.

Amman, Hptst. von Jordanien, in der Gebirgslandschaft Ammon, 980 000 Ew.; moderne Handels- u. Industriestadt, internat. Flughafen; Univ.; Altstadt.

Ammann, der Bezirks- u. Gemeindevorsteher in der Schweiz.

Amme, eine Mutter, die ein fremdes Kind zum Stillen annimmt.

Ammenhaie, *Orectolobidae,* Fam. der *Echten Haie* in den Küstengewässern der warmen Zonen (nicht im Mittelmeer); hierzu der bis 4,50 m lange *Atlant. Ammenhai* u. die *Wobbegongs* der austral. Küste. Die Schwimmern gefährl. werden.

Ammenmärchen, unglaubwürdige Geschichte.

Ammer, l. Nbfl. der Isar, 186 km; entspringt als *Amber* im **A.gebirge** (Bay. Alpen, Kreuzspitze 2185 m), fließt durch den **A.see** (47,6 km^2), den er als **Amper** verläßt.

Ammern, *Emberizinae,* Unterfam. der *Finkenvögel,* mit rd. 170 Arten weltweit verbreitet. In Dtld. sind heim.: *Gold-, Grau-, Rohr-A., Ortolan.*

Ammon, altägypt. Gott, →Amun.

Ammoniak, ein farbloses, stechend riechendes, in Wasser gut lösl. Gas; Formel: NH$_3$; entsteht bei Fäulnis durch Zersetzung der Eiweißstoffe; natürl. kommt es auch in Form von Ammonsalzen vor. Die wässerige Lösung ist *Salmiakgeist.* A. wird nach dem *Haber-Bosch-Verfahren* (seit 1913) gewonnen, bei dem aus der Luft gewonnener Stickstoff mit Wasserstoff unter erhöhtem Druck u. erhöhter Temp. bei Anwesenheit von Katalysatoren reagiert. Verwendung: als Kühlmittel in Kältemaschinen, zur Herstellung von Kunstdünger u. von Salpetersäure, für Kunststoffe, verdünnt als Haushaltsreinigungsmittel. – **A.vergiftung,** Verätzungen der Mund-, Nasen-Rachenschleimhäute, entsteht durch Trinken von Salmiakgeist oder Einatmen von A.dämpfen. Erste Hilfe: Trinken von Milch oder schwachsauren Flüssigkeiten (Zitronensaft, verdünnter Essig).

Ammoniten, *Ammonshörner,* eine ausgestorbene Gruppe der *Kopffüßer* mit zumeist großen spiraligen Kalkgehäusen; hervorragende *Leitfossilien* (Jura-Kreide).

Ammoniter, semit. Volk des AT im Ostjordanland.

Amnesie, Störung oder Ausfall der Erinnerung, zeitl. begrenzter Gedächtnisausfall.

Amnestie, allg. Straferlaß bzw. Gewährung von Straffreiheit; im Unterschied zur →Begnadigung.

Amnesty International ['æmnəsti intə'næʃnəl], Abk. ai, eine 1961 gegr. internat Organisation, die sich für die Freilassung polit. Gefangener einsetzt. Sitz: London, dt. Sektion Bonn. Friedensnobelpreis 1977. B → S. 46

Amnion, *Schafhaut,* die Embryonalhülle der höheren Wirbeltiere.

Amnioskopie, Untersuchungsverfahren zur vorbeugenden Überwachung der Leibesfrucht vor der Geburt. Mit einem bes. Endoskop, dem **Amnioskop,** wird das Fruchtwasser besichtigt.

Amniozentese, Entnahme von Fruchtwasser zur Feststellung von Stoffwechselstörungen u. Blutschäden beim Kind im Mutterleib. Bei der A. werden die Eihäute durch die Bauchdecke hindurch punktiert u. so Fruchtwasser angesogen, dessen Zellen mit Hilfe einer Zellkultur untersucht werden. Nur bei Risikoschwangerschaften notwendig.

Amöben, *Wechseltierchen,* zu den *Wurzelfüßern* gehörende Gruppe der *Protozoen;* A. verändern dauernd ihre Gestalt, indem ihr Protoplasma nach allen Richtungen fließen kann. So werden die sog. Scheinfüßchen (*Pseudopodien*) ausgebildet. Die Nahrung wird durch Umfließen der Beute (Algen, organ. Material) aufgenommen.

Amoklauf, *Amok* [mal. amuk, »Wut«], wutartige, wahllose Tötungsabsicht; Geistesstörung.

Amöneburg, hess. Stadt auf einem Basaltkegel, 5000 Ew.; als Kloster 722 von *Bonifatius* gegründet.

Amor →grch. Religion.

Amorbach, Stadt u. Luftkurort in Unterfranken (Bayern), im östl. Odenwald, 4300 Ew.; ehem. Benediktinerabtei.

Amoretten, *Eroten,* in der bildenden Kunst seit hellenist. u. röm. Zeit geflügelte Knaben.

Amman mit Hussain-Moschee

Straße in den kolumbianischen Anden

Indiofrauen auf einem Markt in Peru

Argentinischer Gaucho bei der Arbeit

Kaieteur-Wasserfälle des Potaro in Guyana

46 Amoriter

Amnesty International (ai): Die Gefangenenhilfsorganisation setzt sich seit mehr als 30 Jahren für die Beachtung der Menschen- und Grundrechte ein

Amoriter, 1. *Amurru*, nach 2000 v. Chr. nach Mesopotamien eingedrungene semit. Nomaden; bed. vor allem unter ihrem Herrscher *Hammurapi* (1728–1686 v. Chr.). – **2.** Volk in Kanaan (um 1300 v. Chr.).
amorph, gestaltlos.
Amortisation, allmähl. Abtragung *(Tilgung)* einer Schuld nach festem Plan.
Amos, einer der Kleinen Propheten des AT, um 750 v. Chr.
Amoy →Xiamen.
Ampere [ã'pɛ:r], Einheitenzeichen A, nach A.M. *Ampère* ben. Einheit der *elektrischen Stromstärke*.
Ampère [ã'pɛ:r], André Marie, * 1775, † 1836, frz. Mathematiker u. Physiker; entdeckte die magnet. Wirkungen in der Umgebung stromdurchflossener Drähte.
Ampex-Verfahren, magnet. Aufzeichnungsverfahren für Bildsignale bis 5 MHz; bes. beim Fernsehen.
Ampfer, *Rumex*, artenreiche Gatt. der *Knöterichgewächse;* hierzu der *Sauer-, Feld-* u. *Garten-* oder *Gemüse-A.*
Amphibien →Lurche.
Amphibienfahrzeuge, Fahrzeuge, die sich auf dem Land fahrend u. auf dem Wasser schwimmend fortbewegen können.
Amphibole, Gruppe weitverbreiteter gesteinsbildender Minerale mit komplizierter Kristallchemie, z.B. →Hornblende.
Amphibolie, Mehrdeutigkeit, Doppelsinn.
Amphitheater, altröm. Theater mit meist ovaler Arena u. rings umlaufenden, ansteigenden Sitzreihen; für Gladiatoren- u. Wasserspiele, Fecht- u. Tierkämpfe. Das älteste erhaltene A. wurde 70 v. Chr. in Pompeji gebaut, das größte wurde 80 n. Chr. in Rom *(Kolosseum)* eingeweiht.
Amphitrite →griechische Religion.
Amphitryon, theban. Sagenheld, Gemahl der *Alkmene*. Zeus näherte sich ihr in Gestalt des A. u. zeugte mit ihr den *Herakles*.
Amphora, *Amphore*, bauchiges Ton- oder Bronzegefäß mit zwei Henkeln; ab 11. Jh. v. Chr.; zur Aufbewahrung von Wein u. Öl.
Amplitude, die Differenz zw. dem höchsten u. dem niedrigsten Meßwert; größter Ausschlag eines Schwingungsvorgangs, z.B. beim Pendel.
Ampulle, kleines zugeschmolzenes Glasfläschchen mit sterilen Lösungen zum Einspritzen.
Amputation, chirurg. Abtrennung eines Körperteils.
Amritsar, Stadt in Indien, am Fuß des Himalaya, 600 000 Ew.; »Goldener Tempel« (Haupttheiligtum der Sikhs).

Amrum, eine der Nordfries. Inseln, 20 km²; mit den Bädern Wittdün, Nebel u. Norddorf, 2800 Ew.
Amsberg →Claus, Prinz der Niederlande.
Amsel, *Merle*, einheim. *Singvogel;* Männchen schwarz mit gelbem Schnabel (daher auch *Schwarzdrossel);* Weibchen graubraun.
Amselfeld, serbokr. *Kosovo polje*, von Gebirgen umgebene, fruchtbare Ebene im südl. Serbien; am 15.6.1389 entscheidender Sieg der Türken über die Serben, am 19.10.1448 über die Ungarn.
Amsterdam, Hptst., größte Stadt u. zweitgrößter Hafen der Ndl., 700 000 Ew.; von Grachten durchzogene Altstadt; Museen *(Rijksmuseum);* 2 Univ., Kunstakad.; Diamantenschleiferei, Flughafen Schiphol; eine der führenden Handelsstädte Europas.
Amsterdam-Rhein-Kanal, 72 km langer, 100 m breiter, 6 m tiefer Schiffahrtsweg mit 4 Schleusen; verbindet Amsterdam mit den Rheinarmen Lek u. Waal; bed. Kanal W-Europas.
Amstetten, Bez.-Stadt in Niederöst., an der Ybbs, 23 000 Ew.
Amt, fester, dauernder Aufgabenkreis, kann hauptamtl. (gegen Entgelt), nebenamtl. oder ehrenamtl. (unentgeltl.) ausgeübt werden; *öffentl. Ämter* umfassen Aufgaben der Staatsgewalt oder Selbstverwaltung; staatl. Behörde oder Dienstgebäude; Gemeindeverband *(Amtsbezirk).*
Amtmann, Amtsbezeichnung für Beamte des gehobenen Dienstes; oberste Stufe **Amtsrat.**
Amtsanmaßung, unbefugte Ausübung eines öffentl. Amts.
Amtsanwalt, Beamter der Staatsanwaltschaft beim Amtsgericht.
Amtsarzt, der Leiter des Gesundheitsamts eines Kreises *(Kreisarzt)* oder Bezirks *(Bezirksarzt).*
Amtseid, vom Bundes-Präs., Bundeskanzler u. den Bundes-Min. zu leistendes feierl. Gelöbnis, die Verf. zu achten u. die Amtspflichten treu zu erfüllen.
Amtsgeheimnis, *Dienstgeheimnis, Amtsverschwiegenheit*, eine öffentl. Angelegenheit, über die der mit ihr befaßte Personenkreis Stillschweigen zu bewahren hat; Verletzung u. U. strafbar.
Amtsgericht, unterste Instanz der ordentl. Gerichtsbarkeit mit weitreichender Zuständigkeit; entscheidet durch *Einzelrichter*. – B →Recht.
Amtshaftung →Beamtenhaftung.
Amtshilfe, die v. a. in der Form der *Rechtshilfe* von den Organen der Justiz gegenseitig zu gewährende Hilfe.
Amtsverschwiegenheit →Amtsgeheimnis.
Amtsvormundschaft, die →Vormundschaft des Jugendamts.
Amudarja, der *Oxus* der Antike, Strom in Mittelasien, 2620 km lang; entspringt zw. Pamir u. Karakorum, bildet als *Pjandsch* die Grenze zw. Tadschikistan u. Afghanistan, mündet in den Aralsee.

Amundsen auf dem Rückweg vom Südpol zum Lager

Amulett, Anhänger, der die eigene Lebenskraft stärken u. schädigende Einflüsse abwehren soll.
Amun, *Amon, Ammon*, altägypt. Gott, der mit Beginn der 11. Dynastie (um 2050 v. Chr.) in Theben als göttl. Wahrer der Reichseinheit galt; dem Sonnengott *Re* gleichgesetzt. Die Griechen u. Römer verehrten ihn als *Zeus-(Jupiter-)A.;* Alexander der Gr. besuchte sein Orakel in der libyschen Oase Siwah (Ammonsorakel).
Amundsen, Roald, * 1872, † 1928, norw. Polarforscher; durchfuhr als erster die NW-Passage (1903–06), erreichte am 15.12.1911 als erster den Südpol, überflog 1926 zus. mit U. *Nobile* u. L. *Ellsworth* den Nordpol; bei einem Rettungsflug für die Nobile-Expedition verunglückte er.
Amur, chin. *Heilongjiang*, ostasiat. Strom, entsteht aus *Argun* u. *Schilka* (Quellgebiet in der Mongolei), 4345 km lang, 1 855 000 km² Einzugsgebiet, 500–2000 m breit, im Überschwemmungsgebiet bis 30 km, mündet in das Ochotsk. Meer *(A.-Golf);* auf gesamter Länge schiffbar.
Amygdalin, ein blausäurehaltiges Glucosid; in den Kernen von bittern Mandeln, Aprikosen u. a.

Amsterdam: Grachten und prachtvolle Handels- und Patrizierhäuser der Altstadt bieten den Eindruck einer wohlbewahrten Idylle; gleichzeitig ist die Hauptstadt aber ein bedeutender Handelsplatz mit dem zweitgrößten Hafen der Niederlande

Amylalkohole, fachsprachl. *Pentylalkohole* oder *Pentanole,* aliphat. Alkohole; vorw. aus Fuselöl gewonnen; Lösungsmittel u. Fruchtessenz.

Amylasen, verbreitete Enzyme, die Stärke zu Malzzucker spalten.

Amylnitrit, eine gelbl., fruchtartig riechende Flüssigkeit; bewirkt Blutdrucksenkung infolge Gefäßerweiterung.

Amyloid, ein eiweißartiger, unlösl. Stoff, der sich im Bindegewebe u. Gefäßen der Milz, Niere u. Leber bei schweren Ernährungsstörungen, chron. Eiterungen, Tumoren u. a. findet.

Amylum →Stärke.

Amyntas, mehrere makedon. Könige; so **A. III.,** 393–370 v. Chr., Vater *Philipps II.,* Großvater *Alexanders d. Gr.*

Anabaptisten →Wiedertäufer.

Anabiose, »Wiederaufleben«, die Fähigkeit vieler Tiere u. Pflanzenkeime, nach einem Zustand äußerl. völliger Leblosigkeit wieder zum aktiven Leben zurückzukehren; bes. bei Wasserzutritt.

Anabolika, Steroidhormone bzw. von den Androgenen abgeleitete Substanzen, die den Aufbaustoffwechsel **(Anabolismus)** fördern; med. Anwendung bei schweren Erschöpfungszuständen, allg. Verfall u. a.; im Hochleistungssport Mißbrauch als Dopingmittel.

Anachoret, frühchristl. Einsiedler, Eremit.

Anachronismus, Zeitwidrigkeit; nicht mehr zeitgemäße Erscheinung. – **anachronistisch,** zeitl. falsch eingeordnet, zeitwidrig.

Anadyr, Strom in NO-Sibirien, 1120 km; mündet in den *A.-Golf* des Bering-Meers.

anaerob [-a:e-], ohne Sauerstoff lebend.

Anagramm, Wortumbildung durch Buchstaben- oder Silbenversetzung; Wortspiele, Pseudonyme.

Anaheim [ˈænəhaim], Industriestadt in California (USA), südl. von Los Angeles, 280 000 Ew.; Vergnügungspark »Disneyland«. – 1857 von dt. Einwanderern gegr.

Anakonda, bis 10 m lange *Riesenschlange* an den Gewässern des nördl. S-Amerika; längstes lebendes Reptil.

Anakreon, *um 580 v. Chr., †nach 495 v. Chr., grch. Lyriker; besang in graziösen Liedern Liebe, Freundschaft u. Wein. – **Anakreontiker,** dt. Rokokodichter des 18. Jh., Fritz von *Hagedorn*, J. W. L. *Gleim* u.

anal, den After *(Anus)* betreffend, am After gelegen, zum After gehörig.

Analeptika, *Stimulantia,* Anregungsmittel für den Kreislauf, z.B. Alkohol, Campher, Coffein.

Analgetika, schmerzstillende oder schmerzlindernde Mittel.

analog, ähnlich, entsprechend. – **a.e Organe,** Körperteile u. Organe, die bei gleicher Funktion auf verschiedene Anlagen zurückgehen, z.B. Vogelflügel (Gliedmaßen) u. Flügel der Insekten (Hautfalten); Ggs.: homologe Organe.

Analogie, Ähnlichkeit, Entsprechung, Übereinstimmung gewisser Merkmale. *Analogia entis* ist die Ähnlichkeit alles Wirkl. u. die Entsprechung zw. Gott u. seiner Schöpfung hinsichtl. des Seins (ein Grundbegriff der ma. Phil.). – **A.schluß,** log. Schlußfolgerung, bei der von der Übereinstimmung einiger Merkmale zweier Dinge auf die Übereinstimmung anderer geschlossen wird; häufig im tägl. Leben u. in der Wissenschaft.

Analogrechner, in der Datenverarbeitung eine Maschine, die der Bearbeitung kontinuierlicher Vorgänge dient. Die gegebenen Größen (z.B. math. Zusammenhänge) werden in geeignete physik. Größen umgesetzt. Das Ergebnis liegt in Kurvenform vor. Ggs. *Digitalrechner,* →Computer.

Analphabetismus, Unfähigkeit des Lesens u. des Schreibens. Etwa die Hälfte der Weltbevölkerung sind *Analphabeten,* bes. in Afrika (80%) u. Asien (50%).

Analyse, 1. Zerlegung, Auflösung eines Zusammengesetzten in seine Bestandteile; Ggs.: *Synthese*. – **2.** *Chemie:* Bestimmung der Zusammensetzung eines Stoffs oder Gemisches hinsichtl. der Art (qualitative A.) oder der Menge (quantitative A.) seiner Bestandteile durch chem. oder physik. Methoden: Elementar-A., Elektro-A., Gewichts-A., Kolorimetrie, Spektral-A. – **3.** *Math.:* →Analysis. – **4.** *Psych.:* →Psychoanalyse.

Analysis, Teilgebiet der Math., in dem mit Grenzwerten gearbeitet wird; Differentialrechnung, Integralrechnung, Variationsrechnung u. a.

analytische Chemie, der Teil der Chemie, der die →Analyse (2) zum Gegenstand hat.

analytische Geometrie, Teilgebiet der Math.,

Anakonda

das geometr. Gebilde wie Kurven u. Flächen mit Hilfe von Gleichungen darstellt.

Anämie, *Blutarmut,* Verminderung der roten Blutkörperchen oder ihres Blutfarbstoffgehalts; Folge von Blutverlusten, von verminderter Blutfarbstoffbildung durch Mangel an Spurenelementen (z.B. Eisen u. Kobalt), von verminderter Blutkörperchenbildung durch Erkrankungen des Knochenmarks, von vermehrtem Blutkörperchenzerfall durch allg. Vergiftungen u. Stoffwechselstörungen. Die *perniziöse* [»gefährliche«] *A.* beruht auf einer Störung der blutbildenden Fermente in Magen u. Leber u. auf einem Mangel an Vitamin B_{12}.

Anamnese, »Wiedererinnerung«, Vorgeschichte der Erkrankung eines Patienten oder seiner Lebensentwicklung.

Ananas, die Frucht der *Ananasstaude,* Kulturpflanze, die heute in allen warmen Zonen in Plantagen angebaut wird. – **A.gewächse** →Pflanzen.

Anapher, Beginn mehrerer Sätze (Satzteile) mit dem gleichen Wort.

Anaphylaxie, eine Allergie gegen eingespritztes artfremdes Eiweiß; als *anaphylaktischer Schock* mit häufig tödl. Ausgang.

Anarchie, eigtl. der *(anarchische)* gesellschaftl. Idealzustand, daß alle Herrschaft von Menschen über Menschen aufgehoben ist; jedoch meist mißverstanden als *(anarchistischer)* polit. Zustand, in dem Verfassung, Recht u. Gesetz ihre Geltung verloren haben.

Anarchismus, eine polit. Lehre, die jede staatl. Gewalt u. Ordnung ablehnt u. das menschl. Zusammenleben rein vom Willen u. der Einsicht des einzelnen her bestimmt. – **Anarchist,** Anhänger des A.

Anasazi-Kultur, Indianerkultur im SW Nordamerikas zw. dem 9. u. 13. Jh.; *Cliffdwellings* (natürl. Höhlungen).

Anastasija, *1901, jüngste Tochter des Zaren *Nikolaus II.;* wahrsch. am 16.7.1918 in Jekaterinburg von den Bolschewisten ermordet. Anna *Anderson* (†1984) behauptete, A. zu sein.

Anästhesie, Schmerzausschaltung durch Unterbrechung der schmerzleitenden Nervenbahnen; künstl. durch *Anästhetika* oder durch Ausschalten des Bewußtseins bei der *Narkose.* – *Lokal-A.* örtl. Betäubung. – **Anästhesist,** Facharzt für A.

Anastigmat, eine Linsenkombination für Photoobjektive, die von allen Abbildungsfehlern weitgehend frei ist.

Anatexis, das Wiederaufschmelzen eines Gesteins in großer Tiefe zu flüssigem Magma.

Anathema, das der Gottheit Geweihte, auch das ihr Preisgegebene; im kath. Kirchenrecht heute gleichbedeutend mit *Exkommunikation*.

Anatolien, türk. *Anadolu, Kleinasien,* das trockne, z. T. abflußlose Hochland zw. Pontus u. Taurus, Kerngebiet der Türkei.

Anatomie, die Lehre vom Bau tier. u. pflanzl. Körper, deren Aufbau aus Organen, Geweben u. a. sie beschreibt u. durch das System aller Lebewesen verfolgt; eine Grundwiss. der Medizin. Teil der A. ist die *mikroskop. A. (Histologie),* die Lehre vom Aufbau der Organe aus Geweben.

Anaxagoras, *um 499 v. Chr., †427 v. Chr., grch. Phil.; unterschied als erster zw. Geist u. Materie.

Anaximander, *um 610 v. Chr., †um 546 v. Chr., grch. Phil. aus Milet; lehrte: Prinzip alles Seienden sei das Grenzenlose *(Apeiron)*.

Anaximenes, *um 585 v. Chr., †um 525 v. Chr., grch. Phil. aus Milet; erklärte die Luft als Prinzip des Werdens u. Vergehens.

Anchorage [ˈæŋkərɪdʒ], größte Stadt Alaskas, am Cook Inlet, 230 000 Ew.

Anchovis, 1. →Sardellen. – **2.** Handelsbez. für fette *Sprotten*.

Ancienniät [ãsjen-], Dienstalter, Dienstalterfolge.

Ancien régime [ãˈsjɛ̃reˈʒi:m], »alte Regierungsform«, der frz. Absolutismus vor der Frz. Revolution (1789).

Ancona, Hptst. der mittelital. Region *Marken,* 110 000 Ew.; Hafen am Adriat. Meer.

Anda [ˈɔndɔ], Géza, *1921, †1976, schweiz. Pianist ung. Herkunft.

Andalusien, span. *Andalucía,* histor. Ldsch. S-Spaniens, umfaßt die 8 Prov. *Almería, Cádiz, Córdoba, Granada, Huelva, Jaén, Málaga* u. *Sevilla,* zus. 87 268 km², 6,9 Mio. Ew., Hptst. *Sevilla;* im NW das durch die *Sierra Morena* im N abgeschlossene u. vom *Guadalquivir* durchströmte *Andalus. Tiefland,* im SO das Andalus. Gebirgsland oder die *Betische Kordillere;* Anbau von Oliven, Wein, Südfrüchten, Weizen; Korkeichenwälder; Viehzucht (u. a. Kampfstiere); Bergbau. – 711 von den Arabern erobert, 1492 mit dem Fall Granadas an Kastilien angeschlossen.

Andamanen, engl. *Andaman Islands,* Inselkette im O des Golfs von Bengalen, zus. mit den *Nikobaren* an ind. Unionsterritorium, Hptst. *Port Blair;* 1858–1945 ind. Strafkolonie.

Andamanensee, Nebenmeer des Ind. Ozeans zw. der Malakka-Halbinsel u. den Andamanen, im W im *Andamanenbecken* bis 4198 m tief.

andante, musikal. Tempobez.: mäßig bewegt.

Andechs [ˈandɛks], oberbay. Wallfahrtsort am Ammersee, 2700 Ew.; Benediktinerkloster, bek. Klosterbrauerei.

Anden, span. *Cordilleras de los Andes,* auch *Kordilleren,* junges, mächtiges Gebirge am Westrand des südamerik. Kontinents, von Kap Hoorn bis Trinidad 7500 km lang, 200 bis 700 km breit, im *Aconcagua* 6960 m hoch; zahlr. Vulkane; zw. parallelen Bergketten steppenhafte Hochtäler u. -flächen *(Punas* oder *Páramos);* reiche Erzlager: Gold, Silber, Kupfer, Zinn; Siedlungen bis 5000 m, Landw. bis über 4000 m; klimat. bedingte Höhenstufen (Tierra caliente, Tierra templada, Tierra fría, Tierra helada).

Anderkonto, ein Treuhandkonto, das bes. Rechtsanwälte, Notare u. Wirtschaftsprüfer zugunsten von Dritten (z.B. bei Vormundschaften oder Konkurs) bei Kreditinstituten unterhalten.

Anderlecht, Industrievorort südwestl. von Brüssel, 95 000 Ew.

Andermatt, schweiz. Luftkurort u. Wintersportort nördl. des St. Gotthard, Hauptort des *Userentals,* 1447 m ü.M., 2000 Ew.

Andernach, Stadt in Rhld.-Pf. am Rhein, 28 000 Ew.; als röm. Kastell gegründet.

Anders, Peter, *1908, †1954, dt. Opernsänger (lyr. Tenor).

Andersch, Alfred, *1914, †1980, dt. Schriftst. (Romane u. Hörspiele); schildert in »Sansibar oder

Anden: Scheitelpunkt (4781 m ü. M.) der Eisenbahnlinie Lima-Huancavelica, die die höchstgeführte Adhäsionsbahn der Welt ist

der letzte Grund« seine Flucht aus dem nat.-soz. Dtld.
Andersen, 1. Hans Christian, * 1805, † 1875, dän. Dichter; weltberühmt durch seine Märchen (Prinzessin auf der Erbse, Standhafter Zinnsoldat, Häßliches Entlein u. a.). – **2.** Lale, * 1908, † 1972, dt. Sängerin; wurde bek. durch das Lied »Lilli Marleen« (Musik: N. Schultze).
Andersen-Nexö, Martin, * 1869, † 1954, dän. Schriftst.; behandelt die Arbeiterbewegung u. das soz. Elend. W »Pelle der Eroberer«.
Anderson [ˈændəsn], **1.** Carl David, * 1905, † 1991, US-amerik. Physiker; entdeckte das Positron u. die Myonen; Nobelpreis 1936. – **2.** Maxwell, * 1888, † 1959, US-amerik. Schriftst. (Versdramen, histor. Stücke). – **3.** Philip Warren, * 13.12.1923, US-amerik. Physiker; Festkörperphysik; Nobelpreis 1977. – **4.** Sherwood, * 1876, † 1941, US-amerik. Schriftst.; beschrieb die Enge u. Sterilität des amerik. Kleinstadtlebens.
Andhra Pradesh [-dɛʃ], Bundesstaat im SO →Indiens.
Andilly [ãdiˈji], frz. Ort nördl. von Toul; größter dt. Soldatenfriedhof in Frankreich.
Andischan, Gebiets-Hptst. im O von Usbekistan, im Fergana-Tal, 300 000 Ew.; Industrie.
Andorra, Staat in Europa, in den östlichen Pyrenäen, 453 km², 56 000 Ew.; Hptst. *A. la Vella* (15 600 Ew.). Von hohen Felsgebirgen umgebene Hochtäler; kühle u. feuchte Sommer, milde Winter. Die Bevölkerung (Spanier, Andorraner, Franzosen) ist kath. u. spricht vorw. Katalanisch; Viehwirtschaft (Schafzucht); Fremdenverkehr.

Andorra

Geschichte. Die heutige Stellung A.s geht auf einen Vertrag aus dem Jahre 1278 zurück, in dem sich der Graf von Foix u. der Bischof von Seo de Urgel (Spanien) die Herrschaft über das Fürstentum teilten. Rechtsnachfolger des Grafen wurde das frz. Staatsoberhaupt. Die Staatsverwaltung führte ein gewählter Generalrat; Steuerfreiheit; A. war ein Co-Fürstentum mit republikan. Autonomie. 1993 stimmte die Bevölkerung A.s per Referendum einer neuen Verfassung zu. Danach haben der Bischof sowie der frz. Präs. nur noch repräsentative Rechte. Gewaltenteilung u. parlamentar. Demokratie wurden eingeführt.
Andöy, norw. Insel, die nördl. der Vesterålen, 489 km², 7500 Ew.
Andrade, Mário Raúl de *Morais*, * 1893, † 1945, brasil. Schriftst.; Lyriker, Hauptvertreter des brasil. Modernismus.
Andrássy [ˈɔndraːʃi], ung. Adelsgeschlecht; Gyula (Julius) d. Ä. Graf, * 1823, † 1890, östr.-ung. Politiker; nahm 1848 am ung. Freiheitskampf teil; trat für die Aussöhnung mit Wien ein (östr.-ung. *Ausgleich*); 1867 ung. Min.-Präs., 1871–79 östr.-ung. Außen-Min.; schloß das *Dreikaiserabkommen* (1873) u. das dt.-östr. Bündnis (*Zweibund* 1879).
Andreas, Apostel, Bruder des Petrus; Patron Rußlands, soll den Kreuzestod erlitten haben (daher *A.kreuz*). (Fest: 30.11.).
Andreasorden, bis 1917 höchster russ. Orden.
Andreas-Salomé, Lou, Pseudonym: Henry *Lou*, * 1861, † 1937, dt. Schriftst.; Freundin von F. *Nietzsche*, R. M. *Rilke* u. S. *Freud*.
Andrée, Salomon, * 1854, † 1897, schwed. Ing. u. Polarforscher; erfror bei dem Versuch, den Nordpol im Freiballon zu erreichen.
Andreotti, Giulio, * 14.1.1919, ital. Politiker (Democrazia Cristiana); mehrf. Min. (Innen-, Fin.-, Schatz-, Verteidigungs-, Außen-Min.), mehrf. Min.-Präs.
Andres, Stefan, * 1906, † 1970, dt. Schriftst.; behandelte moral. u. religiöse Fragen der Zeit; W »Wir sind Utopia«.
Andrić [-dritɕ], Ivo, * 1892, † 1975, serb. Schriftst.; Erzähler seiner bosn. Heimat, W u. a. »Wesire u. Konsuln«; »Die Brücke über die Drina«; Nobelpreis 1961.
Androclus, ein röm. Sklave (1. Jh. n. Chr.), der in

Andromedanebel

die Wüste geflohen war u. dort einem Löwen einen Dorn auszog; später in der Arena wurde A. einem Löwen vorgeworfen, der ihn wiedererkannte u. verschonte.
Androgene, die männl. Sexualhormone; im Hoden gebildet (→Testosteron).
Androgynie, Zwitterbildung; das Vorhandensein männl. Keimdrüsen bei gleichzeitiger Ausbildung aller übrigen weibl. Geschlechtsmerkmale.
Andromache, in der grch. Myth. die Frau *Hektors*.
Andromeda, 1. in der grch. Myth. die Frau des *Perseus*, der sie von einem Meerungeheuer befreit hatte. – **2.** Sternbild des nördl. Himmels. – **A.nebel,** großer Spiralnebel im Sternbild A., mit bloßem Auge sichtbar; Entfernung etwa 2,5 Mio. Lichtjahre.
Andropow [-pɔf], Jurij Wladimirowitsch, * 1914, † 1984, sowj. Politiker; Mitgl. des Politbüros; seit 1982 Generalsekretär des ZK der KPdSU (Parteichef), 1983 Staatsoberhaupt.
Andros, gebirgige grch. Insel der Kykladen, 380 km², 9000 Ew.
Androsch, Hannes, * 18.4.1938, östr. Politiker (SPÖ); 1970–81 Finanz-Min., 1976–81 auch Vizekanzler.
Aneas, in der grch. Myth. Sohn des Anchises u. der Aphrodite; in der *Ilias* als Führer der *Dardaner* einer der tapfersten trojan. Helden; Hauptgestalt des Epos »Äneis« von *Vergil*; rettete nach der Zerstörung Trojas seinen Vater u. seinen Sohn *Ascanius* u. gelangte nach vielen Irrfahrten nach Italien.
Aneignung, Eigentumserwerb an sog. *herrenlosen Sachen*.
Anekdote, unterhaltende (witzige) oder belehrende Kurzerzählung über histor. Ereignisse, bezeichnende Taten oder Worte geschichtl. Persönlichkeiten.
Anemogamie, *Windblütigkeit,* Übertragung der Pollenkörner durch den Wind.
Anemometer, Windgeschwindigkeitsmesser.
Anemone, *Kuhschelle, Küchenschelle, Windröschen, Wolfspfote,* Gatt. der *Hahnenfußgewächse;* viele im Frühjahr blühende Pflanzen; verbreitet sind *Leberblümchen* u. *Buschwindröschen.*
Anemonenfische, *Clownfische, Harlekinfische,* Unterfam. der *Korallenbarsche,* leben im Schutz von Riesen-Seeanemonen.
Anerbenrecht, vom allg. Erbrecht abweichende Form der gesetzl. Erbfolge im bäuerl. Grundbesitz: Der Hof fällt ungeteilt an den *Anerben* über, dessen Geschwister nur eine Abfindung im Rahmen der Leistungsfähigkeit des Hofs erhalten.
Anerkennung, *Völkerrecht:* 1. A. von Staaten zum Zweck der Aufnahme völkerrechtl. (diplomat.) Beziehungen, meist bei neugegr. Staaten; 2. A. von Regierungen, meist bei Regierungswechsel, Revolutionen u. a.; 3. A. von Aufständischen, einer kriegführenden Partei.
Aneroidbarometer →Barometer.
Anet [aˈnɛ], Claude, eigtl. Jean *Schopfer,* * 1868, † 1931, frz.-schweiz. Schriftst. (Reiseberichte, Roman »Ariane«).
Aneto, *Pico de A., frz. Pic de Néthou,* der höchste Berg der Pyrenäen, 3404 m.
Aneurysma, Erweiterung von Blutgefäßen oder anomale Verbindungen von Schlag- u. Blutadern *(arterio-venöses A.)*.
Anfechtung, im Recht Herbeiführen der Nichtigkeit einer Willenserklärung durch Erklärung.
Anfinsen, Christian Boehmer, * 26.3.1916, US-amerik. Biochemiker; Arbeitsgebiet: Struktur u. Funktion der Ribonucleasen; Nobelpreis für Chemie 1972.
Angara, im Unterlauf auch *Obere Tunguska,* r. Nbfl. des Jenissei in Mittelsibirien, 1779 km; Abfluß des Baikalsees.
Angaria, *Angaraland,* Urkontinent seit Beginn des Präkambriums, umfaßte das heutige N-Sibirien.
Angebot, die Güter u. Leistungen, die auf einem Markt zum Verkauf angeboten werden; Ggs.: *Nachfrage*. A. u. Nachfrage bilden zus. den →Markt.
Angehörige, die Verwandten u. Verschwägerten auf- u. absteigender Linie, Adoptiv- u. Pflegeeltern u. -kinder, Ehegatten u. deren Geschwister, Verlobte, Geschwister u. deren Ehegatten.
Angeklagter, im Strafprozeß der Beschuldigte, gegen den das Hauptverfahren eröffnet wird.
Angel, Gerät zum Fang von Fischen.
Angelico [anˈdʒɛː-], *Fra A.,* eigtl. *Giovanni da Fiesole,* * 1387, † 1455, ital. Maler der Frührenaissance (Altarbilder u. Fresken, u. a. im Kloster S. Marco, Florenz); Dominikanermönch.
Angeln, nach dem gleichn. germ. Volksstamm benannte Ldsch. im östl. Schl.-Ho., Hauptort *Kappeln*.
Angelot [ˈɛindʒələt], 1427 erstmals geprägte engl.-frz. Goldmünze mit Engelsbrustbild.
Angelsachsen, 1. Bez. für die vorw. aus Angeln, Jüten und Sachsen bestehenden Eroberer Britanniens, die sich seit der Mitte des 5. Jh. auf der Insel festsetzten; herrschten bis zur Eroberung durch die Normannen. – **2.** die engl. sprechenden Bewohner des Commonwealth u. der USA.
Angelus, *Engel,* Bote Gottes; auch die Botschaft an Maria (»Ave Maria«), daher: *A.-Läuten,* Läuten zur Stunde des Ave Maria.
Angelus Silesius, eigtl. Johann *Scheffler,* * 1624, † 1677, schles. Barockdichter; formte myst. Gedankengut in Sinnsprüchen (»Cherubinischer Wandersmann«).
Anger, Gemeindeweide in oder bei einem Dorf. Der *Schind-A.* war Richt- u. Abdeckplatz.
Angerapp, Abfluß des Mauersees, Ostpreußen, 169 km; vereinigt sich bei Insterburg mit der Inster zum *Pregel.*
Ångermanälven [ˈɔŋərmanɛlvən], Fluß im mittleren Schweden (Norrland), 450 km; durchfließt ein wald- u. seenreiches Bergland (Ångermanland), mündet in den Bottn. Meerbusen.
Angermünde, Krst. in Brandenburg, in der Uckermark, 12 000 Ew.
Angers [ãˈʒe], frz. Stadt an der Maine, alte Hptst. des *Anjou,* 140 000 Ew.; Univ., Kathedrale (12./13. Jh., Glasfenster), Schloßanlage (13. Jh.).
Angestellte, Arbeitnehmer in einem abhängigen Beschäftigungsverhältnis, deren Tätigkeit überwiegend geistiger Art ist; z. T. bestehen noch trennende Merkmale zum Arbeiter: monatl. Gehaltsabrechnung, Kündigungsfristen, Tarifverträge. Der A.nbegriff hat eine große berufsqualifikatorische Breite. Es gibt u. a. kaufmännische, technische und wiss. A.
Angestelltenversicherung, öffentlich-rechtliche Zwangsversicherung für Angestellte, Teil der dt. →Sozialversicherung; Aufgabe: Versorgung der Angestellten im Alter u. bei Erwerbs- u. Berufsunfähigkeit sowie Sicherstellung der Hinterbliebenen, ferner Gesundheitsfürsorge zur Erhaltung u. Wiederherstellung der Erwerbsfähigkeit. Träger der A. ist seit 1953 die *Bundesversicherungsanstalt für Angestellte* mit Sitz in Berlin.
Angina, mit Schluckschmerz u. Rötung einhergehende entzündl. Erkrankung der Mandeln u. Rachenrings. – **A. pectoris,** *Stenokardie,* unzureichende Durchblutung des Herzmuskels durch Krämpfe oder Verengung der Herzkranzgefäße; äußert sich in anfallsweise auftretenden Schmerzzuständen u. Beengungsgefühlen hinter dem Brustbein. →Herzinfarkt.
Angiographie, Verfahren zur Sichtbarmachung von Blutgefäßen im Röntgenbild durch Einspritzung von Röntgenkontrastmitteln, bes. der Herzinnenräume u. herznahen Gefäßstämme (*Angiokardiographie*); Arteriographie, röntgenolog. Darstellung der Schlagadern; *Phlebographie,* Darstellung der Blutadern.
Angiom, Gefäßgeschwulst.
Angiospermen, die bedecktsamigen →Blütenpflanzen.
Angkor, Residenz- u. Tempelstadt der Khmer-Könige von Kambodscha; um das Jahr 1000 mit über 1 Mio. Ew. die größte Stadt der Welt; 1117

Angola: angolanischer Soldat mit einer Kalaschnikow vor sowjetischen Boden-Luft-Raketen

von den Tscham zerstört. Unter *Surjavarman II.* (1113–50) entstand im SO des alten Stadtbezirks von A. Thom mit der Klosteranlage *A. Vat* das größte Bauwerk SO-Asiens; A. 1431 von den Thai zerstört.

Angler, *Seeteufel,* zu den *Anglerfischen* gehöriger Seefisch mit köderartiger Rückenflosse, eßbar (Filetfisch); geräuchert: *Forellenstör.*

Anglesey, *Anglesea* ['ænlsi], walis. Insel in der Irischen See, 715 km², 65 000 Ew., Hptst. *Llangefni.* Vorgeschichtl. Steindenkmäler.

Anglikanische Kirche, *Anglican Church, Church of England, Established Church,* die engl. Staatskirche; in Schottland: *Church of Scotland,* in N-Irland: *Church of Ireland.* – Im 16. Jh. (Heinrich VIII.) brach die engl. Kirche mehr aus polit. als aus religiösen Gründen mit Rom u. wurde unabhängig. Unter der Herrschaft der Königin Elisabeth I. entstand die A. K. dann so, wie sie in ihrer Grundverfassung noch heute vorhanden ist. Zw. 1650 u. 1660 kam die prot. Partei der Puritaner zur Herrschaft u. setzte in der A. K. eine presbyterian.-republikan. Herrschaftsform durch. – Man kann in der A. K. drei Gruppen unterscheiden: 1. die hochkirchl. Gruppe *(High Church),* stark kath. mit aristokrat. Element; 2. die niederkirchl. Gruppe *(Evangelicals,* früher *Low Church),* vom Methodismus beeinflußt, legt bes. Gewicht auf tätige Frömmigkeit; 3. die breitkirchl. Gruppe (modernist. Richtung, früher *Broad Church),* die der krit. Bibelforschung u. soz.ethischen Fragen bes. offen ist. – 1888 formulierten die Bischöfe der A. K. die Grundlagen der A. K.: 1. die Bibel, 2. das Nicänische Glaubensbekenntnis, 3. die ev. Sakramente Taufe u. Abendmahl u. 4. der histor. Episkopat. Seit 1993 können auch Frauen zum Priesteramt zugelassen werden. Die A. K. ist noch heute die engl. Volkskirche, der die Mehrheit des engl. Volkes angehört. Der Erzbischof von Canterbury ist Primas der gesamten A. K. Es gibt auf der Erde ca. 368 Diözesen u. 19 Nationalkirchen.

Anglistik, die Wiss. von der engl. Sprache u. Literatur.

Anglizismus, der engl. sprechende Teil Amerikas: USA u. Kanada; Ggs.: *Lateinamerika.*

Angola, Staat im S der Küste W-Afrikas, 1 246 700 km², 10 Mio. Ew., Hptst. *Luanda.* Zu A. gehört die Exklave →*Cabinda.*
L a n d e s n a t u r . Überwiegend Hochland (im Zentrum Hochland von Bié, im NO Lundaschwelle), das an den Rändern zum schmalen Küstentiefland u. zu den umgebenden Becken abfällt. An der Küste Regenwald, sonst Trockenwald u. Savanne.
B e v ö l k e r u n g . Die Bev. besteht überwiegend aus Bantuvölkern (120 Stämme), einzelnen Gruppen von Buschmännern u. Mulatten.
W i r t s c h a f t . Die Landw. liefert Kaffee, Sisal, Baumwolle, Palmprodukte u. Mais. Bodenschätze:

Angola

Erdöl, Diamanten, Mangan, Kupfer, Gold, Silber u. Eisen. Die Ind. verarbeitet v. a. die Produkte der Landw. – Verkehr: Benguelabahn von Lobito nach Shaba mit Verbindung bis nach Moçambique. Haupthäfen sind Luanda, Lobito, Moçamedes.
G e s c h i c h t e . Im 15. Jh. erreichten port. Seefahrer die Küste des heutigen A. Die port. Kolonialherrschaft verlagerte sich seit dem 19. Jh. von der Küste ins Landesinnere. 1951–1975 war A. port. Übersee-Prov. Im Bürgerkrieg zw. 3 Befreiungsbewegungen setzte sich die prosowjet. *MPLA* durch. Am 11.11.1975 wurde A. unabhängig. Die MPLA rief die VR aus u. konnte sich mit kuban. Truppenunterstützung gegen die von Südafrika unterstützte *UNITA-Guerilla* behaupten. 1988 einigten sich A., Kuba u. Südafrika auf den Abzug der kuban. Truppen. 1991 kam es zum Friedensschluß zw. Reg. u. UNITA. Nach dem Sieg der MPLA bei den Wahlen 1992 nahm die UNITA den bewaffneten Kampf wieder auf. Staats-Präs. u. Reg.-Chef ist seit 1979 José Eduardo *dos Santos.*

Angora, 1. alter Name der türk. Hptst. →Ankara. – **2.** Bez. für Haustierrassen mit langem, seidigem Haar; hierzu: **A.kaninchen,** deren Haar zu **A.wolle** verarbeitet wird; **A.ziege,** deren Wollhaar *(Kämelwolle)* als *Mohair* im Handel ist.

Angosturabaum, südamerik. Art der *Rautengewächse,* Rinde enthält Bitterstoffe; Rohstoff für den Likör Angosturabitter.

Angoulême [ãgu'lɛ:m], westfrz. Stadt über der Charente u. Anguienne, alte Hptst. des *Angoumois,* 51 000 Ew.; roman. Kathedrale.

Angra do Heroismo [-ðu iru'iʒmu], Hafenstadt u. Hauptort der port. Azoren-Insel *Terceira,* 16 000 Ew.

Angst, unbestimmtes, oft grundloses Gefühl des Bedrohtseins. In der Psychoanalyse wird A. als *Trennungs-A.* (des Säuglings von der Mutter) bestimmt. A. kann – wie andere Affekte – ins Gegenteil umschlagen, z.B. in Wut. A. wird auch als ein »Gefahrenschutzinstinkt« erklärt. Bei der Mannigfaltigkeit der A.zustände, von der *schleichenden* bis zur *panischen* A. ist eine eindeutige Erklärung aller Phänomene der A. nicht möglich.

Ångström ['ɔŋ-], Anders Jonas, *1814, †1874, schwed. Physiker; untersuchte die Spektren der Elemente u. das Sonnenspektrum.

Ångström-Einheit, Zeichen Å, altes Längenmaß (1 Å = 10^{-10}m) für Wellenlänge des Lichts; amtl. nicht mehr zulässige Einheit, ersetzt durch →Nanometer.

Anguilla [aŋ'gilja], westind. Insel in der Gruppe der Leeward Islands (Kleine Antillen), 91 km², 7000 Ew., Hauptort *Valley;* brit. Kolonie, seit 1976 mit innerer Selbstverwaltung.

Anhalt, histor. Territorium zw. Unterharz u. Fläming, rd. 2320 km², 430 000 Ew. (1939), Hptst. *Dessau;* 1945–52 u. seit 1990 Teil des Landes Sachsen-A., fr. Besitz der →Askanier; →Dessau.

Anhui, Prov. in →China.

Anhydride, chem. Verbindungen, die durch Abspaltung von Wasser aus den Molekülen eines Stoffs entstehen. Bei Zugabe von Wasser werden die Ausgangsprodukte zurückgebildet.

Anhydrit, *Calciumsulfat,* wasserfreier Gips, typ. Mineral der Salzlagerstätten.

Ani, türk. Ruinenstadt im NO Anatoliens; Hptst. der Bagratiden im 10. Jh.

Ani, *Madenhacker,* Gatt. elstergroßer Kuckucke.

Aniene, der antike *Anio,* l. Nbfl. des Tiber, 110 km; bei Tivoli 108 m hohe Wasserfälle.

Anilin, *Aminobenzol,* chem Formel C_6H_5-NH_2, in reinem Zustand farblose Flüssigkeit (Kohlenwasserstoff) der aromat. Reihe; als Bestandteil des Steinkohlenteers der erste techn. hergestellte Grundstoff für Teerfarben **(A.farben).** Die Dämpfe sind giftig. Rohstoff für elektro-techn. Produkte, Farbstoffe **(A.blau),** Kunststoffe u. Arzneimittel. – **A.leder,** mit wasserlösl. Farbstoffen gegerbtes Leder (z.B. Schuhe).

anima, die Seele; nach Aristoteles *a. vegetativa, sensitiva* u. *rationalis,* gemäß den Körper-, Sinnes- u. Verstandesfunktionen der Seele.

animalisch, tierisch; leiblich.

Animation, eine Freizeitgestaltung des modernen Massentourismus; **Animateure** bieten dazu vielfältige Möglichkeiten (Sport, Spiel, Unterhaltung, Kunst) an.

animieren, anregen, in Stimmung bringen.

Animismus, Seelenglaube bei Naturvölkern: Alle Gegenstände sind »beseelt«, d. h. enthalten willkürl. wirkende, der Beschwörung zugängl. Mächte.

Animosität, Gereiztheit, Feindseligkeit.

Anion, ein negativ geladenes Teilchen (Ion).

Anis [auch 'a:nis], *Pimpinella anisum,* ein weißblütiges *Doldengewächs,* dessen Samen als Gewürz u. als hustenlösendes Mittel verwendet werden. Wirkstoff ist das *A.öl.* Im Mittelmeerraum Herstellung von A.branntwein (grch. *Ouzo,* türk. *Raki,* arab. *Zibib).*

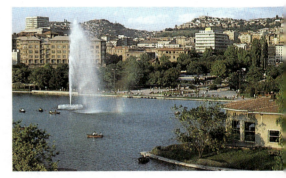

Ankara: Genclik-Park

Anisotropie, die Eigenschaft vieler Kristalle, nach versch. Richtungen unterschiedl. physikal. Eigenschaften aufzuweisen (z.B. Lichtbrechung); Ggs.: *Isotropie.*

Anjou, histor. Ldsch. im NW Frankreichs, an der unteren Loire, alte Hptst. *Angers.* – A. wurde im 10. Jh. selbständige Gft. (bed. Feudalstaat), seit 1382 Herzogtum u. fiel 1480 an die frz. Krone. – **A.-Plantagenet** [ãʒu plæn'tædʒinit], engl. Königshaus 1154–1399. Stammvater war König Heinrich II. (1154–89), Sohn des Grafen von A., Gottfried *Plantagenet* (*1113, †1151), u. seiner Frau Mathilde, Tochter König Heinrichs I. von England. Aus der Vereinigung der engl., normann. u. frz. Erbschaften entstand 1154 (bis 1204) das *Angevinische Reich* von Schottland bis zu den Pyrenäen. Nach sechs Generationen teilte sich die Dynastie in die Häuser *Lancaster* u. *York.*

Anjouan [ãʒu'ã] →Ndzuwani.

Ankara, Hptst. der Türkei (seit 1923) in Anatolien, 851 m ü M., m. V. 2,3 Mio. Ew.; Verwaltungs-, Bildungs-u. Verkehrszentrum; vielseitige Ind.; internat. Flughafen (Esenboga).- Im Altertum *Ankyra* (Hptst. der Phryger).

Anker, 1. schwerer eiserner Doppelhaken zum Festhalten von schwimmenden Körpern im Wasser. Der A. gräbt sich in den Boden u. wird mit einer Winde **(A.spill)** hochgezogen. – **2.** Bauelement aus Stahl zum Zusammenhalt von Bauteilen. – **3.** bei elektr. Maschinen (Motor, Generator) ein mit Nuten versehenes Blechpaket, das in die *A.wicklung* aufnimmt, in die vom magnet. Feld eine Spannung induziert wird. – **4.** ein Teil von Elektromagneten,

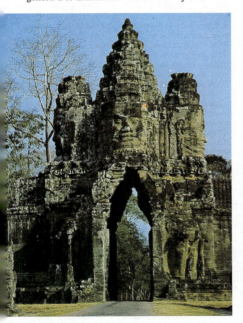

Nordtor von Angor Thom

50 Anklage

der bei stromdurchflossener Erregerspule (Feldspule) angezogen wird u. dabei eine Arbeit verrichten kann, z.B. bei Relais u. Hubmagneten. – **5.** Teil der Steigradhemmung bei Uhren. – **6.** Stahlbolzen zum Befestigen von Maschinen in Grundmauern, an Mauern oder Decken. – **7.** altes dt. u. ausländ. Flüssigkeitsmaß (Wein), je nach Land rd. 33 bis 45,4 l.
Anklage, Einleitung eines strafgerichtl. Verfahrens.
Anklam, Kreis- u. Hafenstadt in Mecklenburg, an der schiffbaren Peene, 20 000 Ew.
Ankogel, Gipfel im östl. Teil der *Hohen Tauern* (Östr.), 3246 m.
Ankylostomiasis, *Hakenwurm-, Gruben-, Bergmannskrankheit, Bergarbeiteranämie, ägyptische Bleichsucht,* Erkrankung des Menschen durch den etwa 1 cm langen Hakenwurm, der sich im Dünndarm festsetzt u. durch Saugen große Blutverluste verursacht.
Anlage, 1. Fähigkeit, Neigung *(Veranlagung);* in der *Genetik* die *Erb-A.,* deren Träger die Chromosomen sind; in der *Psych.* die Gesamtheit der bei der Geburt bestehenden, erbten Dispositionen. Die Unterschiede zw. Individuen erklärt man heute aus den Wechselwirkungen von A. u. Umwelteinflüssen. – **2.** Grünfläche, Park. – **3.** Vorrichtung, Einrichtung. – **4.** nutzbringende, langfristige Verwertung von Vermögen.
Anlagevermögen, *Anlagekapital,* die Teile des Vermögens (Gebäude, Wertpapiere, Patente u. a.) eines Betriebs, die zur dauernden Nutzung, nicht aber zum Verbrauch oder zum Verkauf bestimmt sind.
Anlasser, regelbarer Widerstand in Elektromotoren, der zu hohe Ströme, die beim Einschalten entstehen u. Motor u. Stromnetz gefährden, verhindert.
Anleihe, langfristige u. meist festverzinsl. Geldbeschaffung durch Staaten, Gemeinden u. andere öffentl.-rechtl. Körperschaften *(öffentl. A.)* oder durch Aktiengesellschaften u. ä. *(Industrieanleihe, Industrieobligation).*
Anlieger, Eigentümer oder Nutzungsberechtigter eines Hauses (Grundstücks) an öffentl. Straßen oder oberird. Gewässern. – **A.beitrag,** der *Erschließungsbeitrag,* den Grundstückseigentümer zum Ausbau von Straßen bezahlen müssen, an die ihre Grundstücke grenzen.
Anna, Heilige, Mutter Marias, der Mutter Jesu; in der Bibel nicht erwähnt (Fest: 26.7.).
Anna, 1. A. Amalia, *1739, †1807; Herzogin; führte für ihren Sohn Karl August 1758–75 die Regentschaft; machte Weimar in der Goethezeit zu einem kulturellen Mittelpunkt. – **2. A. Amalie,** *1723, †1787; Prinzessin; Schwester Friedrichs d. Gr.; 1745 Äbtissin von Quedlinburg; umfangreiche Sammlung von Musikhandschriften (u. a. Bach). – **3. A. Boleyn,** *1507, †1536; Geliebte u. 1533 zweite Frau *Heinrichs VIII.,* Mutter der späteren Königin Elisabeth I.; vermutl. zu Unrecht des Ehebruchs angeklagt u. deshalb enthauptet. – **4. A. Maria** *(A. von Österreich),* *1601, †1666; seit 1615 Frau Ludwigs XIII.; führte nach dessen Tod 1643–51 die Regentschaft für ihren Sohn Ludwig XIV. – **5. A. Stuart,** *1665, †1714; Königin von Großbritannien u. Irland 1702–14.
Annaba, bis 1963 *Bône,* Hafenstadt an der alger. Küste, 315 000 Ew.
Annaberg-Buchholz, Krst. im Erzgebirge, 25 600 Ew.; fr. Bergbau (Silber, Uran); bek. durch Spitzenklöppelei u. Posamentiergewerbe.
Annahme als Kind → Adoption.
Annalen, *Jahrbücher,* geschichtl. Aufzeichnungen auf der Grundlage des Kalenderjahrs.
Annam, schmaler Landstreifen an der Küste Vietnams, Hauptstadt *Da Nang,* bek. antike Themen u. Hptst. *Hué.* – Von 1802 an Kaiserreich, 1883–1946 frz. Protektorat.
Annamiten, Hauptvolk der Vietnamesen.
Annapolis [əˈnæpolis], Hptst. des USA-Staats Maryland, an der Chesapeake-Bucht, 34 000 Ew.; internat. Flughafen für Washington u. Baltimore; Marineakademie.
Annapurna I, Berg im Himalaya, Nepal, 8091 m; 1950 erstmals bestiegen.
Annaten, fr. die Abgaben aus einem vom Papst verliehenen Amt an die röm. Kurie.
Annexion, die einseitige (d. h. nicht vertragl.) Eingliederung fremder Territorien.

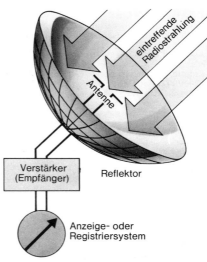

Antenne: Aufbau einer Parabolantenne (Schema)

anno, im Jahre; *a. Domini,* im Jahre des Herrn (n. Chr. Geburt); *a. Tobak,* i.ü.S. in alter Zeit.
Annobón → Pagalú.
Annonce, Anzeige.
Anno von Köln, *Anno II.,* *um 1010, †1075, Erzbischof von Köln seit 1056; – Heiliger (Fest: 4.12.).
Annuität, die Jahresrate der Tilgung u. Verzinsung einer Schuld.
annullieren, für ungültig erklären.
Annunziaten, kath. Frauenorden, gegr. 1501 (Belgien, Frankreich) u. 1604 (Italien, Frankreich), die sich der Verkündigung Mariens weihen. – **A.orden,** bis 1950 höchster ital. Verdienstorden, gestiftet 1362 als »Orden vom Halsband«.
Annunzio, Gabriele d', *1863, †1938, ital. Schriftst., nationalist. Pathetiker u. Idol der Faschisten.
Anode, der positive Pol jeder elektr. Stromquelle oder elektr. Gerätes, zu dem in ihr die Elektronen, die vom negativen Pol, der *Kathode,* herkommen, fließen.
anomal, von der Regel abweichend, abartig, seel. oder körperl. gestört. – **Anomalie,** Regelwidrigkeit, Unregelmäßigkeit.
Anomalie des Wassers. Während bei den meisten Stoffen die Dichte mit abnehmender Temperatur stets zunimmt, ist dies bei Wasser nur oberhalb von +4 °C der Fall. Wird antikes Wasser unter 4 °C weiter abgekühlt, so nimmt die Dichte wieder ab. Infolge dieser Eigenschaft gefriert in stehenden Gewässern im Winter das Wasser zunächst an der Oberfläche; unter der Eisdecke bleibt das Wasser flüssig, die Temperatur nimmt mit der Wassertiefe zu u. beträgt in der Schicht am Boden 4 °C. Für das pflanzl. u. tier. Leben im Wasser ist diese Tatsache von entscheidender Bedeutung.
anonym, ohne Namen, ohne Unterschrift.
anonyme Alkoholiker, engl. *Alcoholica Anonymous,* Abk. *AA,* Selbsthilfeorganisation von Alkoholkranken; 1935 in den USA gegr.
Anopheles, *Fiebermücken,* auch in Mitteleuropa häufige Gattung der *Stechmücken;* Übertrager der Malaria.
Anorak, wind- u. wasserdichte Jacke.
Anorexie, (krankhafte) Appetitlosigkeit.
anorganische Chemie, der Teil der Chemie, der die Erforschung jener Stoffe zum Gegenstand hat, die keinen Kohlenstoff enthalten; Ggs.: *organische Chemie.*
Anouilh [aˈnuj], Jean, *1910, †1987, frz. Dramatiker; brachte mit antiken Themen u. pessimist. Weltsicht auf die Bühne. ⓦ »Antigone«, »Becket oder die Ehre Gottes«.
Anpassung, *Adaption,* die Fähigkeit von Lebewesen, sich veränderten Umweltbedingungen durch Änderung in Verhaltens- u. Lebensweise u. z. T. auch in Körperbau u. -funktionen einzufügen.
anreichern, durch physik. u. chem. Vorgänge (Aufbereitung, Extraktion, Destillation) einen Stoff hochkonzentrieren.
Anrufbeantworter, *automatischer A.,* eine Zusatzeinrichtung (Tonbandgerät) zum Fernsprechanschluß, mit der der Anschlußinhaber während seiner Abwesenheit den Anrufern eine kurze Nachricht mitteilen kann. Bei vielen A. kann danach der Anrufende eine Nachricht auf Band sprechen.
Ansbach, Hptst. des bay. Reg.-Bez. *Mittelfranken,* an der Rezat, 38 000 Ew.; Schloß (18. Jh.), vielseitige Industrie.
Anschlußwert, bei elektr. Geräten u. Maschinen die Leistungsaufnahme in Watt (W), Kilowatt (kW), oder Summe der Nennleistungen (installierte elektr. Leistung) in der Anlage eines Abnehmers.
Anschütz, Heinrich, *1785, †1865, östr. Schauspieler dt. Herkunft.
Anselm von Canterbury [-ˈkæntəbəri], *1033, †1109, ma. Theol., »Vater« der Scholastik, Benediktiner, seit 1093 Erzbischof von Canterbury. Er entwickelte den *ontolog. Gottesbeweis.* Sein Glaubensbegriff (der Glaube verlangte nach vernünftiger Einsicht) wurde bedeutsam für die Entwicklung der scholast. Theol. – Heiliger (Fest: 21.4.); Erhebung zum Kirchenlehrer 1720.
Ansermet [ɑ̃sɛrˈmɛ], Ernest, *1883, †1969, schweiz. Dirigent u. Komponist.
Ansgar, *um 801, †865, seit 831 erster Erzbischof von Hamburg, später mit Sitz in Bremen; missionierte 827–830 in Dänemark u. Schweden (»Apostel des Nordens«). – Heiliger (Fest: 3.2.).
Anshan, chin. Stadt in der südl. Mandschurei, etwa 1,35 Mio. Ew.; Zentrum der Schwerindustrie.
Anstalt des öffentlichen Rechts, Einrichtung zur Erfüllung best. öffentl. Aufgaben mit eig. Rechtsfähigkeit (z.B. Rundfunkanstalten) oder als Teil der Staatsverw. (z.B. Schulen).
Anstand, 1. eine Jagdart, bei der der Jäger dem Wild von einer verdeckten Stelle aus auflauert, z.B. auf einem Hochsitz (Wildkanzel). – **2.** gutes Benehmen.
Ansteckung → Infektion.
Anstiftung, vorsätzl. Verleitung zu einer mit Strafe bedrohten Handlung, strafbar.
Antagonismus, (unaufhebbarer) Gegensatz.
Antagonist, Gegner, Widersacher.
Antaios, *Antäus,* Riese der grch. Myth. in Libyen, Sohn des Poseidon u. der Gäa; von Herakles in der Luft erwürgt.
Antakya, das alte *Antiochia,* türk. Stadt am Orontes, 110 000 Ew.
Antall [ˈɔntɔl], József, *1932, †1993, ung. Politiker (Demokrat. Forum); seit 1990 Min.-Präs.
Antalya, türk. Hafenstadt an der Mittelmeerküste *(Golf von A.),* 260 000 Ew.
Antananarivo, bis 1976 frz. *Tananarive,* Hptst. von Madagaskar, m. V. 810 000 Ew.; Verkehrs- u. Verwaltungszentrum, internat. Flughafen.
Antapex, Gegenpunkt des → Apex.
Antares, α Scorpii, Hauptstern im *Skorpion.*
Antarktis, das Südpolargebiet etwa südl. von 55° südl. Breite, bestehend aus dem antarkt. Kontinent *(Antarktika),* Inseln in Schelfeis-Meeren; umfaßt einschl. vorgelagerter Inseln (Südgeorgien, Südsandwich, Südorkney, Südshetland) eine Fläche von knapp 14 Mio. km²$. Abgesehen von Forschungsstationen unbewohnt. Das Festland ist bergig (bis 5140 m) u. von einer mächtigen Inlandeismasse (mittlere Dicke 2000–2500 m, max. 4500 m) überzogen. Das Klima ist extrem kalt (tiefste bisher gemessene Temp. –88 °C) u. trocken. Es finden sich Moose, Flechten, Gräser u. einige Blütenpflanzen auf der subantarkt. Inseln, an Tieren Pinguine, Robben u. Wale. Auf die A. erheben Argentinien, Australien, Chile, Frankreich, Großbritannien, Neuseeland u. Norwegen territoriale Ansprüche; die USA u. Rußland erkennen Ansprüche anderer Staaten nicht an.
Antarktische Halbinsel, *Grahamland,* die größte Halbinsel von Antarktika, zw. Weddell- u. Bellingshausen-Meer, 1200 km lang.
Antelami, Benedetto, ital. Bildhauer, tätig von ca. 1177 bis 1200; Hauptmeister der ital. Plastik des roman. MA.
Antenne, 1. als *Sende-A.* (meist *Rund-* oder *Richtstrahler)* zur Ausstrahlung größerer Leistungen in Form wechselnder elektr. u. magnet. Felder (Wellen), die in der *Empfangs-A.* die Elektronen zum Schwingen anregen u. damit drahtlos Leistungen übertragen. Die Sendeenergie wird den Strahlern durch Hochfrequenzkabel spezieller Bauart zugeführt. Für den Nachrichtenverkehr im Dezimeter- u. Mikrowellenbereich verwendet man A. mit bes. starker Richtwirkung, z.B. *Parabol-A.* (Wirkung wie Scheinwerfer) u. *Trichterstrahler.* Zum Empfang von Lang-, Mittel- u. Kurzwellen eignen sich Drähte oder Stäbe versch. Länge, während für den UKW- u. Fernsehempfang abgestimmte (halbe Wellenlänge) Dipole mit Zusatzelementen zur

Bündelung der Empfangsenergie (*Yagi-A.*) verwendet werden. A. mit Richtwirkung (*Peil-A.*) für längere Wellen sind z.B. *Rahmen-A.* oder *Ferrit-A.* – **2.** die Fühler am Kopf der Krebse, Tausendfüßer u. Insekten; außerdem bei Stummelfüßern; Träger des Tast-, Geruchs- u. Geschmackssinns.
Antependium, *Frontale,* Verkleidung des Altars durch einen herabhängenden Stoffbehang; i.w.S. auch die als *Altarvorsatz* bezeichnete Bekleidung aus Metall, Holz, Elfenbein, Textilien u. a.
Antes, Horst, * 28.10.1936, dt. Maler u. Graphiker; Schüler von HAP Grieshaber.
Antheil [ˈæntil], George, * 1900, † 1959, US-amerik. Komponist (Avantgardist). Opern »Transatlantic«, »Volpone«.

Anthologie, »Blütenlese«, Sammlung von Dichtungen, Artikeln versch. Verfasser.
Anthologion, ein liturg. Buch, das Texte der Messe nach dem Ritus der Ostkirchen enthält.
Anthracen, aromat. Kohlenwasserstoff, der im Steinkohlenteer vorkommt; Ausgangspunkt bes. für Farbstoffe (*Alizarin* u. *Indanthren*).
Anthrakose, Kohlenstaublunge, Schwarzfärbung der Lungen- u. Lungenlymphgewebe durch Eindringen u. Ablagerung von Ruß u. Kohlenstaub auf dem Atemweg.
Anthrazit, *Glanzkohle,* harte, hochwertige Steinkohle, mit 90% Kohlenstoff.
anthropo, ... [grch.], Mensch...; **anthropogen,** durch Menschen verursacht.

Anthropoide, die Menschenaffen: Orang-Utan, Gorilla, Schimpanse.
Anthropologie, 1. *naturwiss. A.:* die Wiss. von der Abstammung des Menschen, von der Entwicklung, Differenzierung u. Ausbreitung seiner Art; umfaßt die menschl. Abstammungslehre, Erblehre (→ Humangenetik) u. Rassenkunde (→ Menschenrassen). Außer dieser biol. A. gehört zur A. auch die Ethnosoziologie u. im Sprachgebrauch auch die → Völkerkunde, die in den USA in *Kultur-A.* u. *Sozial-A.* unterschieden wird. – **2.** *geisteswiss. A.:* die phil. u. theol. Frage nach der »Stel-

ANTARKTIS

Forschungsschiff im Treibeis

Pinguine in der Antarktis

Edmund Hillary und Vivian Fuchs 1958 am Südpol

Die Neumayer-Station wurde 1992 als Nachfolgerin der seit 1981 bestehenden Georg-von-Neumayer-Station errichtet. Auch sie ist ganzjährig mit Wissenschaftlern besetzt

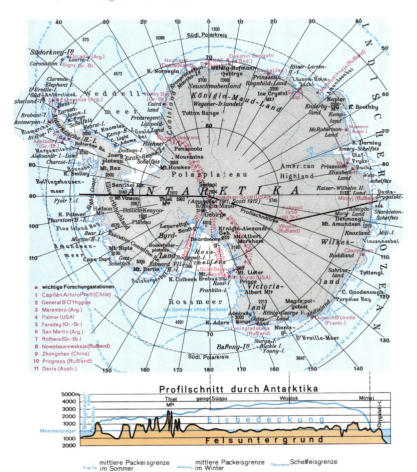

52 Anthropometrie

lung des Menschen im Kosmos« sowie seinen Eigenschaften u. Verhaltensweisen. Der Mensch wird als Einheit verstanden, wobei heute die Beziehung zum Mitmenschen, Sprache, Psych., Soziologie, Kultur u. Politik bes. wichtig sind.

Anthropometrie, eine Methode der naturwiss. *Anthropologie,* die auf zahlenmäßigem Erfassen u. Vergleichen menschl. Körpermerkmale beruht.

Anthropomorphismus, *Vermenschlichung,* **1.** die Beurteilung tierischer Verhaltensweisen aus menschl. Blickwinkel. – **2.** die Übertragung menschl. Eigenschaften auf die Gottheit oder Gottheiten.

Anthropophagie, wiss. Bez. für *Kannibalismus.*

Anthroposophie, von dem Österreicher R. *Steiner* (*1861, †1925) begr. Lehre, die die geistigen Kräfte des Menschen fördern u. seine Erkenntnisfähigkeit zum Übersinnlichen erweitern möchte. Steiner gründete die *Anthroposoph. Gesellschaft* u. als Mittelpunkt der anthroposoph. Bewegung das Goetheanum (Dornach b. Basel). Von den Auswirkungen der A. sind bes. bekannt die pädagog. (*Waldorfschulen,* die die Ausbildung der Persönlichkeit auf allen Gebieten fördern wollen), heilpädagog., soz., med. u. die künstler. (*Eurhythmie,* Bewegungskunst, um geistige Inhalte durch harmon. Leibesbewegungen auszudrücken), die Begr. der Christengemeinschaft u. die biolog.-dynam. Wirtschaftsweise in der Landwirtschaft.

anthropozentrische Weltanschauung, die Auffassung, nach der der Mensch Mittelpunkt der Welt sei.

Anthurium, *Schweif-, Schwanz-, Flamingoblume,* Gatt. der *Aronstabgewächse* im trop. Amerika.

anti [grch.], gegen.

antiautoritär, gegen den Einsatz von Autorität.

antiautoritäre Bewegungen, seit Ende der 1960er Jahre Bez. für polit. Gruppierungen von meist Jugendlichen, die den Anpassungszwängen der Gesellschaft entgehen wollen u. überzeugt sind, daß eine Gesellschaft ohne Zwänge u. Repressionen geschaffen werden könne u. müsse, auch wenn es bisher keine Vorbild dafür gibt. Eher unpolitisch motiviert sind neuere Gruppierungen, die sich gegen bestimmte Verhaltensmuster der Konsumgesellschaft (*Aussteiger, Punker*) richten.

antiautoritäre Erziehung, *nichtrepressive, zwangsfreie Erziehung,* eine von A. *Neill* u. W. *Reich* in den 1920er Jahren begr., Ende der 1960er Jahre wieder aufgegriffene Erziehungsmethode, die ohne Triebunterdrückung, Repression u. autoritäres Verhalten der Erzieher auszukommen sucht, um selbstbewußte, krit., nicht-aggressive Persönlichkeiten heranzubilden. Die a.E. verzichtet nicht auf Führung, sondern nur auf repressive Führung, da diese zu autoritätsfixierten Persönlichkeitsstrukturen führt. Sie ist in ihren Konsequenzen umstritten.

Anti-Baby-Pille, umgangssprachl. Bez. für orale Ovulationshemmer; →*Empfängnisverhütung.*

Antibes [ã'tib], südfrz. Stadt u. Seebad an der Côte d'Azur, zw. Cannes u. Nizza, 56 000 Ew.; Badeorte *Cap d'A.* u. *Juan-les-Pins;* Museum (Picasso-Sammlung), Spielcasino.

Antibiotika, natürl. oder chem. veränderte Stoffwechselprodukte von Bakterien oder niederen Pilzarten, die auf bestimmte Krankheitserreger wachstumshemmend oder abtötend wirken. Wichtige A. sind *Penicilline, Streptomycine, Chloramphenicol, Chlortetracyclin, Tetracycline.*

Anti-Blockier-System, Abk. *ABS,* ein mit Sensoren, einem elektron. Steuergerät u. Drucksteuerventilen arbeitendes Bremssystem, das das Blockieren der Räder verhindert.

antichambrieren [-ʃãb-; frz. antichambre, Vorzimmer], ein Anliegen durch mehrmalige Vorsprachen (bei einer Behörde) durchzubringen versuchen; einflußreichen Leuten schmeicheln.

Antichrist, *Widerchrist,* der teufl. Widersacher des Messias.

Antifaschist, Gegner des *Faschismus.*

Antigen, eine Substanz, die im Blut oder Gewebe die Bildung von *Antikörpern* hervorruft, z.B. Schlangen-, Bakteriengifte. Die Verbindung eines A. mit dem Antikörper ist einer der wichtigsten Abwehrmechanismen des Organismus u. Grundlage der *Immunität.*

Antigone, in der grch. Myth. Tochter des *Ödipus* u. der Iokaste; durch König Kreon lebendig in ein Felsengrab eingeschlossen, weil sie ihren Bruder Polyneikes, der gegen seine Vaterstadt Theben kämpfte, bestattete u. sich damit gegen das Gebot des Königs für das Gesetz der Menschlichkeit einsetzte u. den Göttern gehorchte. Zahlr. lit. Bearbeitungen; Tragödien von Sophokles, Hasenclever, Cocteau, Anouilh, Brecht u. a.

Antigonos, Name makedon. Könige: **A. I.,** *A. Monophthalmos* [»der Einäugige«], *um 382 v. Chr., †301 v. Chr., Nachfolger *Alexanders d. Gr.;* fiel im Verlauf der Diadochenkämpfe 301 v. Chr. in der Schlacht bei Ipsos. Sein Reich wurde unter den Siegern aufgeteilt.

Antigua, ehem. Hptst. Guatemalas, 27 000 Ew. (im 18. Jh. 80 000 Ew.); 1773 u. 1874 durch Erdbeben zerstört.

Antigua und Barbuda, Staat in der Karibik, im N der Kleinen Antillen, umfaßt die Inseln *Antigua* (280 km², 80 000 Ew.), *Barbuda* (161 km², 1500 Ew.) u. *Redonda* (1 km², unbewohnt), zus.

Antigua und Barbuda

442 km², 81 500 Ew., Hptst. *Saint John's.* Im SW tief zerschnittenes Bergland, ansonsten flache Tafelländer; Zuckerrohranbau, Fremdenverkehr. *Geschichte.* Ab 1632 wurde A. u. B. durch die Engländer kolonisiert. 1967 erhielt A. u. B. innere Autonomie. Seit dem 1.11.1981 ist A. u. B. unabhängig.

Antihistaminika, Arzneimittel, die der Wirkung von *Histamin* entgegenwirken u. z.B. zur Behandlung von Allergien angewendet werden.

antik, alt; aus der Antike stammend.

Antike, das grch.-röm. Altertum, Bildungsinhalt des Humanismus; insbes. die hohen Leistungen der Kunst u. Literatur wurden als Vorbild verstanden.

Antiklopfmittel, chem. Verbindungen (meist giftige Bleiverbindungen wie Bleitetraethyl), die bei bestimmten Kraftstoffsorten das im Otto-Motor auftretende »Klopfen« verhindern sollen. Die A. zerfallen beim Verbrennungsvorgang; der sehr feine Metallstaub wirkt als Katalysator. Bleihaltige A. werden zunehmend durch andere Substanzen ersetzt. In der BR Dtld. seit 1988 nur noch im Superbenzin erlaubt.

Antikominternpakt, am 25.11.1936 zw. Dtld. u. Japan geschlossener Pakt gegen »die Zersetzung u. Vergewaltigung der bestehenden Staaten« durch die *Kommunist. Internationale (Komintern).*

antikonzeptionelle Mittel, empfängnisverhütende Mittel; →*Empfängnisverhütung.*

Antikörper, im Organismus erzeugte Eiweißverbindungen aus der Gruppe der *Immunglobine.* Sie verkleben (*Agglutination*) mit eingedrungenen fremden organ. Verbindungen (*Antigene*) zu einem ungefährl. Komplex. A. werden in den Lymphknoten der höherentwickelten Tiere u. des Menschen gebildet. Bei der *Immunität* sind genügend A. vorhanden oder werden beschleunigt hergestellt. Sind zu viele A. vorhanden, kann es bei plötzlicher Agglutination zu Erscheinungen der *Allergie* kommen.

Antilibanon, Gebirge im syrisch-libanes.-israel. Grenzgebiet, im *Hermon* 2814 m.

Antillen, die Inselwelt Mittelamerikas (mit Ausnahme der Bahamas), begrenzen die Karib. See nach N u. O; ozean.-trop. Klima; *Große A.:* Kuba, Hispaniola, Jamaika, Puerto Rico; *Kleine A.:* eine

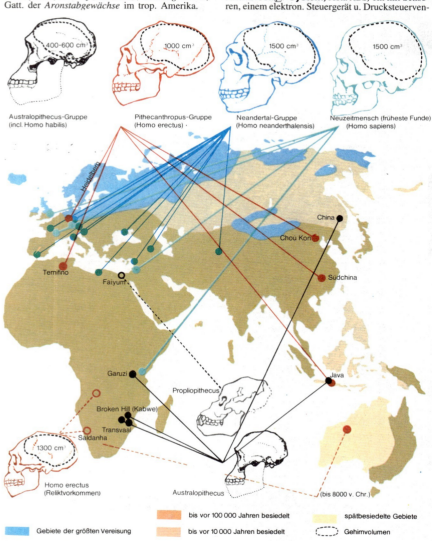

Anthropologie: Evolution des Menschen

Bongo-Antilope

Kette kleiner Inseln zw. Puerto Rico u. Venezuela (→Inseln über dem Winde u. →Inseln unter dem Winde); →Westindien.

Antilopen, horntragende Huftiere, bes. in Afrika u. S-Asien; 25–180 cm hoch; Wiederkäuer; leben gesellig; hierzu: *Gazellen, Kuh-A., Böckchen, Saigas, Oryx, Impalas, Kudus, Gnus* u. v. a.

Antimaterie, Atome, die aus *Antiprotonen* u. *Antineutronen* im Kern u. *Positronen* in der Hülle aufgebaut sind; zerstrahlt in Gegenwart normaler Materie mit dieser zusammen.

Antimon, ein →chem. Element; silberweißes, sprödes Halbmetall, das bes. zur Härtung von Blei- u. Zinnlegierungen u. zur Herstellung von Halbleitern verwendet wird.

Antimonit, *Antimonglanz, Grauspießglanz, Stibnit,* ein Mineral.

Antineutron, ein →Elementarteilchen.

Antinomie, Widerspruch zw. zwei scheinbar richtigen, doch einander ausschließenden Sätzen.

Antinoos, *Antinous,* schöner Jüngling u. Liebling des röm. Kaisers *Hadrian,* ertrank 130 im Nil; wurde danach göttl. verehrt.

Antiochia, *Antiocheia,* das heutige →Antakya, 300 v. Chr. gegr. Hptst. des Seleukidenreichs; unter den röm. Kaisern als Hptst. der Prov. Syrien eine der bed. Städte des Altertums.

Antioxidans, eine organ.-chem. Verbindung, die oxidationsempfindlichen Produkten wie Gummi, Kunststoffen u. a. zugesetzt wird.

Antipasti, Vorspeisen, z. B. Oliven, Sardellen, Schinken.

Antipathie, Abneigung, Widerwille; Ggs.: *Sympathie.*

Antipode, »Gegenfüßer«, Bewohner des gegenüberliegenden Punkts der Erdoberfläche; auch ein Mensch, der eine gegenteilige Meinung vertritt.

Antipyrin, *Phenazon,* ein synthet. Mittel zur Fiebersenkung.

Antiqua →Schrift.

Antiquariat, Handel mit sehr alten od. gebrauchten Büchern sowie solchen, für die der Ladenpreis aufgehoben ist *(modernes A.).*

Antiquitäten, alte Kunst- oder Kulturdenkmäler von dokumentar. oder künstler. Wert; i. e. S. kunsthandwerkl. Arbeiten, Möbel, alte Bücher u. Graphiken.

Antisemitismus, Feindschaft gegen die Juden, inbes. aus sog. rass. Gründen. Die 1879 von W. *Marr* geprägte Bez. ist irreführend, da die Antisemiten nicht die Angehörigen der semit. Sprachfam. (Bewohner NO-Afrikas u. Vorderasiens) bekämpfen, sondern allein die Anhänger der jüd. Religion u. Nachkommen von solchen, die die Religion nicht mehr praktizieren. Diese Menschen werden fälschl. als einheitl. Rassengruppe betrachtet, u. die so konstruierte »jüd. Rasse« wird als minderwertig bez. Von den anderen Formen der Judenfeindschaft, die seit frühchristl. Zeiten anzutreffen sind, unterscheidet sich der Rassen-A. dadurch, daß er die behaupteten negativen Eigenschaften der Juden als unaufhebbar ansieht. Auf den Werken J. A. de *Gobineaus,* H. S. *Chamberlains,* R. *Wagners* fußend, erhielt der A. durch E. *Drumont,* W. *Marr,* E. *Dühring,* Th. *Fritsch* u. a. publizist. u. durch antisemit. Organisationen u. Parteien polit. Gewicht. Im Dt. Reichstag saßen 1893 erstmals antisemit. Abgeordnete; in Rußland kam es seit 1881 zu Pogromen; die Verfolgung des Juden A. *Dreyfus* erschütterte ab 1894 Frankreich u. hatte weltweites Echo; bes. starke antisemit. Strömungen gab es in O-Europa. In Dtld. fand der A. im *Nationalsozialismus* seine konsequenteste Ausprägung. Unter *Hitlers* Einfluß steuerte die NSDAP einen scharf antisemit. Kurs. Nach der Machtergreifung 1933 nahm sie die Verwirklichung ihres judenfeindl. Programms sofort in Angriff. Die Judenverfolgung durch Boykott u. Sonderges. (u. a. *Nürnberger Gesetze*) erreichte schließl. ihren Höhepunkt mit der systemat. Massenvernichtung aller Juden Europas, deren die Nationalsozialisten habhaft werden konnten.

Auch nach 1945 lebt der A. fort, allerdings kaum als offen propagierte Ideologie. Meist äußert er sich verdeckt u. indirekt: in Form von Benachteiligungen, von Vorurteilen u. gelegentl. Schmierereien, durch zeitweilige gesellschaftl. Diskriminierung u. a. Tradit. antisemit. Stereotype finden sich auch in manchen Äußerungen des sog. *Antizionismus,* der das Existenzrecht des Staates Israel in Frage stellt.

Antisepsis, die Anwendung von keimtötenden chem. Mitteln zur Vernichtung von Krankheitserregern bei der Wundbehandlung u. Operationsvorbereitung.

Antiteilchen, zu jedem Elementarteilchen das komplementäre (paarweise zugeordnete) Teilchen von gleicher Masse, aber entgegengesetzter elektr. Ladung u. entgegengesetztem magnet. Moment; →Antimaterie.

Antithese, ein Satz, der zu einem anderen, der *These,* in Ggs. steht.

Antitoxine, Gegengift; im Blut von Mensch u. Tier vorkommende *Antikörper,* die Toxine pflanzl., tier. u. bakterieller Herkunft binden u. unschädl. machen.

antizyklische Wirtschaftspolitik, wirtschaftspolit. Maßnahmen, die das Ziel haben, konjunkturelle Schwankungen zu begrenzen bzw. zu verhindern. Dazu gehören geld- u. kreditpolit. Maßnahmen, z. B. Diskontpolitik, u. fiskal. Maßnahmen wie Steuererhöhungen bzw. -senkungen.

Antofagasta, Hafenstadt in N-Chile, 220 000 Ew.; Univ., Ind., Seebad; 1884 von Bolivien an Chile abgetreten.

Antonello da Messina, *1430, †1479, ital. Maler; religiöse Szenen u. Bildnisse; führte die Ölmalerei in der oberital. Kunst ein.

Antonescu, Ion, *1882, †1946, rumän. Offizier u. Politiker; 1940 zum »Staatsführer« Rumäniens ausgerufen; führte an der Seite Hitlers 1941–44 Krieg gegen die Sowj.; 1944 gestürzt u. als Kriegsverbrecher verurteilt.

Antoninus Pius [»A. der Fromme«], Titus Aurelius, *86, †161, röm. Kaiser 138–61; von *Hadrian* adoptiert; erhob 146 *Marc Aurel* zum Mitregenten.

Antonioni, Michelangelo, *29. 9. 1912, ital. Filmregisseur; Ⓦ »La notte« (»Die Nacht«); »Blow up«; »Beruf: Reporter«.

Antonius, Marcus, *82 v. Chr., †30 v. Chr. (Selbstmord), röm. Staatsmann; Anhänger *Cäsars;* schloß mit *Lepidus* u. Octavian das *2. Triumvirat* zur Neuordnung des Staates, beherrschte seit 42 v. Chr. den Osten des Reichs; vermählte sich mit der ägypt. Königin *Kleopatra;* wurde 31 v. Chr. von Octavian in der Schlacht bei Aktium geschlagen.

Antonius der Große, *251/252, †356, einer der ersten christl. Einsiedlermönche in Ägypten (»Vater des Mönchtums«); galt den Eremiten als Vorbild. – Heiliger (Fest: 17. 1.).

Antonius von Padua, *1195, †1231, ital. Fran-

Antonius von Padua; Tempera auf Holz, von Alvise Vivarini (Detail), um 1480. Venedig, Museum Correr

ziskaner; Kirchenlehrer; bek. als Wundertäter (*St.- Antonius-Brot,* Gabe für die Armen). – Heiliger (Heiligsprechung bereits 1232; Fest: 13. 6.).

Antonym, ein Wort, das das Gegenteil eines anderen bedeutet.

Antragsdelikt, eine Straftat, die nicht von Amts wegen, sondern nur auf Antrag hin verfolgt wird (z. B. Hausfriedensbruch, Beleidigung).

Antsirabé, Stadt im inneren Madagaskar, 1500 m ü. M., 100 000 Ew.; Thermalbad.

Antsiranana, fr. *Diégo-Suarez,* Hafenstadt im N Madagaskars, 55 000 Ew.

Antwerpen, frz. *Anvers,* Wirtschaftsmetropole, Haupthafen u. zweitgrößte Stadt Belgiens, am Ostufer der Schelde, 480 000 Ew.; Kathedrale, Renaissance-Rathaus, königl. Palast (Rokoko), Kunstakademie; kultureller Mittelpunkt des Flamentums; kath. Bischofssitz; bed. Ind.: Metall, Nahrungsmittel, Chemie, Elektrotechnik, Raffinerien, Werften, Diamantenschleifereien.

Anu, sumer.-babylon. Hauptgott.

Anubis, ägypt. Gott, Schützer der Totenstädte; in Gestalt des Schakals verehrt.

Anuradhapura, Stadt im Norden Sri Lankas, 30 000 Ew.; rd. 1250 Jahre lang Hptst. des singhales. Kgr. Ceylon (250 v. Chr. – 1017 n. Chr.); buddhist. Heiligtum (Bo-Baum).

Anus, der After; *A. praeter,* ein künstl. After (Ausgang).

Anwalt, Sachwalter, Parteivertreter vor Gericht oder Behörden, besonders Rechts-A., Patent-A. usw. – **A.sprozeß,** ein gerichtliches Verfahren, in dem sich die Prozeßparteien kraft Gesetzes durch einen Rechtsanwalt vertreten lassen müssen (*A.szwang*).

Anzeige, 1. *Annonce, Inserat,* eine Bekanntmachung (häufig werbender Art), die gegen Bezahlung im Rundf. u. Fs. od. in Ztg. u. Ztschr. veröffentlicht wird. Das A.ngeschäft ist die wichtigste Einnahmequelle der meisten Ztg. u. Ztschr. – **2.** Mitteilung (bes. als *Straf-A.*) gegenüber einer Verwaltungsbehörde. – **A.pflicht** besteht als 1) *gesundheitspolizeil.* A. von Tierseuchen u. Infektionskrankheiten (→Meldepflicht); 2) *strafrechtl.* A.pflicht hinsichtl. geplanter schwerer Verbrechen; 3) *standesamtl.* A.pflicht von Geburten u. Sterbefällen.

Anzengruber, Ludwig, *1839, †1889, östr. Schriftst.; bäuerl. Volksstücke (»Der Meineidbauer«) u. Romane (»Der Sternsteinhof«).

Anziehung, *A.skraft,* die Kraft, die den Abstand zweier Körper zu verkleinern sucht; →Gravitation, →Elektrizität, →Magnetismus.

ANZUS-Pakt, *Pazifik-Pakt,* zw. Australien, New Zealand u. den USA 1952 geschlossenes Bündnis zur Sicherung des pazif. Raums; erweitert durch den Südostasien-Pakt.

a. o., Abk. für *außerordentlich.*

AOK, Abk. für *Allgemeine Ortskrankenkasse.*

Äoler, *Aioler,* im Altertum die Griechen NW-Kleinasiens u. der vorgelagerten Inseln.

Antisemitismus: Grabbeschmierungen auf dem Friedhof einer jüdischen Gemeinde

äolisch, 1. durch den Wind abgetragen, vom Wind abgelagert. – **2.** eine der 12 Kirchentonarten (auf a).

Äolische Inseln →Liparische Inseln.

Aomen, chin. Name für *Macau.*

Aomori, jap. Hafenstadt an der Nordküste von Honshu, 300 000 Ew.; Eisenbahnfähre.

Äon, *Aion,* meist Pl. **Äonen,** Ewigkeit, Zeitalter, Weltzeitalter.

Aorta, die Hauptschlagader; führt sauerstoffreiches Blut von der (linken) Herzkammer zu den Körperorganen; von ihr zweigen alle Schlagadern *(Arterien)* ab. →Blutkreislauf.

Aosta, Hptst. der autonomen Region *Valle d'A. (Aostatal)* in N-Italien, 40 000 Ew.

AP [ɛi piː], Abk. für die US-amerik. Nachrichtenagentur **A**ssociated **P**ress.

Apachen, Indianerstamm der Athapasken im SW der USA, einst ein krieger. Jäger- u. Reitervolk; heute in Reservationen.

Apanage [-'naːʒə], Unterhalt (Abfindung) für nichtregierende Mitgl. der Herrscherfamilien.

Apartheid, bis 1990 Grundsatz der Politik der südafrik. Nationalen Partei; durch polit., soz., wirtsch. u. räuml. Trennung der Rassen sollte eine getrennte Entwicklung in allen Bereichen herbeigeführt werden; diskriminierte die Nicht-Weißen u. isolierte die Rep. Südafrika. 1990/91 wurden unter Präs. de Klerk alle A.gesetze aufgehoben; 1993/94 erhielten alle Rassen volle polit. Gleichberechtigung.

Apartment [əˈpɑːtmənt] →Appartement.

Apathie, Empfindungslosigkeit, Teilnahmslosigkeit.

Apatit, ein →Mineral.

Apel, Hans, *25.2.1932, dt. Politiker (SPD); 1974–78 Bundesmin. der Finanzen, 1978–82 Bundesmin. für Verteidigung.

Apeldoorn, Stadt in der ndl. Prov. Gelderland, 150 000 Ew.; königl. Schloß *Het Loo.*

Apelles, bed. grch. Maler, tätig um 330 v. Chr.; Hofmaler Alexanders d. Gr.

Apennin, ital. *Appennini,* die ital. Halbinsel durchziehendes Gebirgssystem, 1500 km lang; im *Gran Sasso d'Itàlia* 2914 m; Karsterscheinungen, stark entwaldet.

Apenrade, dän. *Åbenrå,* dän. Hafenstadt in N-Schleswig, an der *A. Förde,* 22 000 Ew.; 1920 vom Dt. Reich an Dänemark abgetreten.

aper, schneefrei. – *Aperwind,* Tauwind in den Alpen.

Aperçu [aper'sy], geistreiche Bemerkung; kurze Übersicht.

Aperitif, alkohol. Getränk vor dem Essen, z.B. Vermouth, Sherry, Portwein.

Apex, Zielpunkt der Sonnenbewegung in bezug auf das System der Fixsterne; liegt in der Milchstraße zw. Leier u. Herkules. →Antapex.

Apfel, *Apfelbaum, Pirus malus,* verbreitete Gatt. der *Rosengewächse.* Der Speise- oder Kultur-A. ist aus Arten entwickelt worden, die ihre Heimat u. a. in W- u. Zentralasien haben. Blätter: eiförmig, gekerbt-gesägt, kurzgestielt; Blüten: rötl.-weiß mit gelben Staubblättern, sitzen in Büscheln, erscheinen im Mai vor den Blättern. Früchte werden als Tafelobst zu Getränken (A.saft), vergoren als *A.wein,* als *A.most (Süßmost,* unvergorener Fruchtsaft; in S-Dtld. leicht alkohol.; in Frankreich *Cidre),* gedörrt als Dörrobst, als Fruchtgallert (A.kraut, A.gelee) verwendet. Kulturapfelsorten sind: Klar-A., Gravensteiner, Goldparmäne, Cox' Orangenrenette, Laxtons Superb, Schöner von Boskoop, Ontario-A. u. a. Symbol. Bedeutung als *Reichs-A.* (Machtvollkommenheit der Herrscher) u. des Sündenfalls (AT).

Apfelbaumgespinstmotte, schädl. Kleinschmetterling aus der Fam. der *Gespinstmotten.*

Apfelblattfloh, *Apfelsauger,* bis 3,5 mm lange *Schnabelkerfe* aus der Gruppe der *Blattflöhe.*

Apfelblütenstecher, zu den *Rüßlern* gehöriger, rostroter Käfer, der in Apfelblüten seine Eier ablegt.

Apfelschimmel, graugeflecktes weißes Pferd.

Apfelsine [ndl. *Apfel aus China«*], süße *Orange,* beliebte Frucht der Gatt. *Citrus* aus der Fam. der *Rautengewächse,* wahrsch. chin. Herkunft; Hauptanbaugebiete: Mittelmeerländer, Kapland, Westindien u. Kalifornien. *Blutorangen:* A. mit dunkelrotem Fruchtfleisch u. rötl. Schale.

Apfelwickler, zu den *Wicklern* gehörender Kleinschmetterling, dessen Raupen das Kernhaus der Äpfel zerfressen.

Aphasie, die Unfähigkeit, zu sprechen (motor. A., *Wortstummheit),* Gesprochenes zu verstehen *(sensor. A., Worttaubheit)* oder ein gesuchtes Wort zu finden *(amnest. A.);* Folge von Hirnerkrankungen.

Aphel, *Aphelium,* der sonnenfernste Punkt der ellipt. Bahn eines Himmelskörpers; Ggs.: *Perihel.*

Aphorismus, schlagkräftig zugespitzter Denkspruch, geschliffen formulierter Gedankensplitter.

Aphrodisiaka, Mittel zur Anregung u. Steigerung des Geschlechtstriebs.

Aphrodite →grch. Religion.

Aphthen, geschwürförmiger Ausschlag an der Mundschleimhaut, gelbl.-weiße Flecken; Erreger: Herpesvirus.

Apia, Hptst. u. Hafenstadt der Rep. Samoa, auf Upolu, etwa 33 000 Ew.

Apis, altägypt. Stiergott in Memphis.

APN, Abk. für *Agenstwo Petschati Nowosti* [russ., »Pressenachrichtenagentur«], (neben *TASS)* russ. Nachrichtenagentur; 1961 in Moskau gegr.

Apnoe, Atemstillstand, Atemlähmung.

APO, Abk. für *Außerparlamentar. Opposition.*

apodiktisch, unwiderleglich, unumstößlich.

Apokalypse, »Geheime Offenbarung«, das letzte Buch der Bibel (Ende des 1. Jh. n. Chr.), als Autor galt lange der Apostel Johannes. Sie enthält hpts. visionäre Enthüllungen über die »letzten Dinge« am Ende der Tage; sie möchte die Christenheit ihrer Zeit auf das Ende der Gesch., das als nahe bevorstehend erscheint, seelsorger. vorbereiten. –

Apokalyptik, die Literatur über die Geheimnisse am Ende der Weltzeit in den versch. Religionen. In phantast. Bildern wird das Weltende ausgemalt. –

apokalypt. Reiter, sinnbildl. Gestalten, die meist als Pest, Krieg, Hungersnot u. Tod gedeutet werden; künstler. u. a. von A. Dürer dargestellt.

Apokryphen, im hebr. AT fehlende Schriften, die in den grch. u. lat. Übers. vorhanden sind, darunter die *Makkabäer-Bücher, Judith, Tobias, Jesus Sirach* u. die *Weisheit Salomos.* Die röm.-kath. Kirche wertet sie in ihrer Mehrzahl seit dem Tridentinum als kanonisch. Analog zu den A. des AT spricht man auch von A. des NT (Evangelien, Briefe, Apostelgeschichten u. Apokalypsen).

Apolda, Kr.- u. Ind.-Stadt in Thüringen, nö. von Weimar, 28 500 Ew.

Apollinaire [-ˈnɛːr], Guillaume, eigtl. Wilhelm *Apollinaris de Kostrowitski,* *1880, †1918, frz. Dichter u. Maler; Vorkämpfer des Kubismus u. Surrealismus.

apollinisch und dionysisch, von den Gottheiten *Apollon* u. *Dionysos* abgeleitetes, aus der Romantik stammendes Begriffspaar für zwei ggs. Kunst- u. Lebensauffassungen: harmon.-zuchtvoll-geistig bzw. rauschhaft-leidenschaftl.

Apollo, 1. →Apollon. – **2.** weißer Tagfalter mit schwarzroten Flügelflecken; unter Naturschutz.

Apollodoros, 1. *Apollodor,* grch. Maler, tätig um 415 v. Chr.; gilt als der erste Tafelmaler des grch. Altertums. – **2.** *A. von Damaskus,* röm. Architekt, tätig in der 1. Hälfte des 2. Jh. n. Chr.; genialer Baumeister der röm. Kaiserzeit; W Donaubrücke beim »Eisernen Tor«; Trajansforum in Rom.

Apollon, röm. *Apollo, Apoll,* grch. Gott, mit Beinamen auch *Phoibos* oder *Phöbus* (»der Reine, Strahlende«); Sohn des Zeus u. der Leto, Zwillingsbruder der Artemis. In ihm verehrten die Griechen die geistige Macht von Ordnung, Maß u. Einsicht. A. ist der Gott des Lichts, der Jugend, der Dichtung u. der Musik, der Heilkunde u. der Weissagung; Schutzherr der Musen (Beiname *Musagetes),* der Herden, der Schiffahrt. Haupttheiligtümer waren Delos u. die Orakelstätte Delphi.

Apollonios von Perge, grch. Mathematiker in Alexandria, um 265–190 v. Chr.; stellte als erster die *Epizykel-Theorie* der Planetenbewegung auf, berechnete die Zahl π.

Apollo-Programm. Raumfahrtprogramm der USA mit dem Ziel, bemannte Mondflüge zu realisieren. Die Mondflüge wurden mit der »Saturn 5«,

Apokalypse: Albrecht Dürer, Die vier Reiter; Holzschnitt, 1498

Apollofalter (Männchen)

Apennin: Gran Sasso d'Itàlia in den Abruzzen

Apollo-Programm: die Rückkehrstufe der Mondfähre von »Apollo 11« über dem Mare Smythii

einer dreistufigen Rakete, durchgeführt. Das Apollo-Raumfahrzeug bestand aus drei Teilen: Kommandokapsel, Versorgungs- u. Geräteteil u. Mondlandefähre. Mit der Fähre konnten jeweils 2 Astronauten landen, während einer in der Kommandokapsel weiter den Mond umkreiste. Zur Erde kehrte nur die Kapsel zurück. Mit *Apollo 11* (Start 16.7.1969, Landung 24.7.1969; Astronauten: N. A. Armstrong, E. E. Aldrin, M. Collins) landeten die ersten Menschen auf dem Mond (am 21.7. N. Armstrong; ihm folgte E. Aldrin). Mit *Apollo 17* endete 1972 das A.

Apologeten, frühchristl. Autoren des 2.-4. Jh., die das Christentum gegen nichtchristl. Polemik u. Unkenntnis verteidigten. – **Apologetik,** Rechtfertigung der christl. Lehre; wiss. Zweig der Theol.

Apologie, Verteidigungsrede oder -schrift.

Apoplexie, der →Schlaganfall. – **apoplektisch,** zum Schlaganfall neigend oder gehörend.

Apostasie, Preisgabe eines bestimmten Glaubens, auch des Ordensgelübdes u. des geistl. Standes. – **Apostat,** der Abgefallene.

Apostel, von Jesus selbst zur Verkündigung des Evangeliums »Ausgesandte«, seine 12 »Jünger«: *Petrus, Andreas, Jakobus Zebedäi, Johannes, Jakobus Alphäi, Philippus, Bartholomäus, Matthäus, Thomas, Thaddäus, Simon* u. *Matthias* (an Stelle von *Judas Ischariot),* ferner auch *Paulus.* – **A.briefe, A. geschichte** →Bibel. **A.lehre,** grch. *Didache,* älteste urchristl. Kirchenordnung.

a posteriori [lat., »aus dem Späteren«], aus der Erfahrung gewonnen, empirisch; Ggs.: *a priori.*

Apostolat, von den Aposteln herleitende Sendung der Bischöfe zur Leitung, Verkündigung u. Sakramentenspendung; auch der missionar. Dienst aller Christen, z. T. in der bes. Form des *Laien-A.*

apostolisch, von den Aposteln herrührend; mit päpstl. Vollmacht ausgestattet. – **A.e Gemeinden,** religiöse Gemeinden, denen der Gedanke von der Wiederbelebung des Apostelamts (teilweise mit heilsvermittelnder Vollmacht) gemeinsam ist. – **A.er Delegat,** ständiger Gesandter des Papstes ohne diplomat. Charakter; zur Aufsicht über das kirchl. Leben in einem Land. – **A.er Legat,** Ehrentitel mancher Bischöfe aufgrund der Bedeutung ihrer Bischofssitze (z.B. Köln, Salzburg, Prag). – **A.er Nuntius,** diplomat. Vertreter des Hl. Stuhls im Rang eines Botschafters. – **a.er Segen,** päpstl. *Segen,* vom Papst oder vom Papst bevollmächtigten Klerikern erteilter Segen, mit dem ein Ablaß verbunden ist. – **A.er Stuhl,** *Heiliger Stuhl,* der Bischofssitz in Rom, Amt des Papstes. – **A.es Glaubensbekenntnis,** *Apostolikum,* das auf Traditionen des 2. Jh. zurückgehende dreigliedrige christl. Bekenntnis *(Credo),* das sich seit dem 8. Jh. im Abendland allg. durchgesetzt hat. Die Kirchen des Ostens kennen es jedoch nicht.

Apostroph, Auslassungszeichen für Laute, z.B. 's ist (statt: es ist).

Apotheke, Gewerbebetrieb für die Zubereitung u. den Verkauf von Arzneien nach ärztl. Verordnung (bei Rezeptpflicht), aber auch im Handverkauf. Der Arzneimittelverkehr ist in allen Kulturländern gesetzl. geregelt. Der Leiter einer A. muß ein staatl. geprüfter *Apotheker* mit abgeschlossenem Universitätsstudium sein. A. sind in Dtld. seit 1215 nachweisbar.

Apotheose, Vergöttlichung, Verherrlichung; wirkungsvoller Schluß eines Bühnenwerks oder Tonstücks.

Appalachen, engl. *Appalachians,* waldreiches Gebirge im östl. N-Amerika, vom St.-Lorenz-Strom bis fast an den Golf von Mexiko, bis 600 km breit; umfaßt das *Piedmont-Plateau,* die A. i.e.S. (im Mt. Mitchell 2037 m), das *A.-Längstal,* das *A.-Plateau;* reich an Bodenschätzen.

Apparat, 1. die Gesamtheit planmäßiger Hilfsmittel zur Durchführung einer Aufgabe in Wirtschaft, Politik, Heerwesen u. a. – **2.** aus vielen Einzelteilen zusammengesetztes technisches Werkzeug.

Apparatschik, abfällige Bez. für kommunist. Funktionäre, die Weisungen ihrer vorgesetzten Dienststellen (des sog. Apparats) mit bürokrat. Mitteln ohne Rücksicht auf bes. Umstände u. unter Mißachtung der Interessen der Bevölkerung durchsetzen.

Appartement [apart(ə)'mã], gut ausgestattetes Zimmer, kleine Wohnung (oft in *A.häusern);* Hotel-Suite.

appassionato, musikal. Vortragsbez.: leidenschaftlich.

Appeasement [ə'pi:smənt], »Beschwichtigung«,

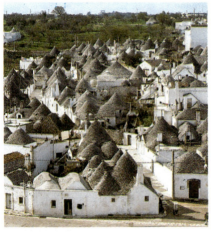

Apulien: Trullo-Häuser in Alberobello

der Grundsatz der Politik des engl. Kabinetts Chamberlain vor dem 2. Weltkrieg, Hitler durch Gewährung eines Teils seiner Forderungen für eine Friedensordnung in Europa zu gewinnen.

Appell, 1. Aufruf, Mahnruf. – **2.** Antreten militär. Einheiten, bes. Anlaß.

Appellation, Berufung. – **appellieren,** anrufen, sich an jemanden wenden.

Appendektomie, die Wurmfortsatzentfernung (fälschl. *Blinddarmoperation);* chirurg. Entfernung der entzündeten (vereiterten) *Appendix.*

Appendix, 1. [der], Anhang. – **2.** [die], *Wurmfortsatz, (A. vermicularis),* des Blinddarms. – **Appendizitis,** die Wurmfortsatzentzündung, fälschl. *Blinddarmentzündung.*

Appenzell, Kt. der →Schweiz.

Appetit, Eßlust, Wunsch nach bestimmter Speise. – **A.zügler,** appetithemmende, stoffwechselwirksame Mittel zur ärztl. Fettsuchtbehandlung.

Appische Straße, *Via Appia,* alte Römerstraße von Rom über Terracina nach Capua, 312 v. Chr. von dem röm. Zensor Appius *Claudius Ceacus* begonnen.

Appleton ['æpltən], Sir Edward Victor, *1892, †1965, engl. Physiker; arbeitete auf dem Gebiet der Radiotelegraphie. Nobelpreis 1947 (für die Erforschung der Ionosphäre, **A.-Schichten).**

Applikation, 1. Anwendung, Zuwendung; in der kath. Kirche: Darbringung des Meßopfers für bestimmte Personen oder Anliegen. – **2.** Verabreichung von Arzneimitteln, z.B. intravenöse A. – **3.** eine Aufnäharbeit, bei der aus Stoff geschnittene oder aus Filz, Perlen, Leder u. ä. gefertigte Ornamente aufgenäht werden.

apportieren, (vom Hund) das erlegte Wild herbeibringen.

Apposition, *Grammatik:* Beisatz, Beifügung, zur näheren Bestimmung des Substantivs, z.B. *»ein Glas* Wasser«, »Karl *der Große«.*

Appretur, engl. *Finish,* Zurichten von Geweben u. Papieren für den gebrauchs- u. verkaufsfertigen Zustand, z.B. durch Bleichen, Aufrauhen, Walken, Glätten, Behandeln mit Leim oder Stärke. – Zeitwort: *appretieren.*

Approbation, 1. die Ermächtigung durch kirchl. Vorgesetzte zur Ausübung kirchl. Tätigkeiten; auch die kirchl. Genehmigung zur Drucklegung eines theolog. Werks. – **2.** amtl. *Bestallung,* die staatl. Genehmigung zur Ausübung eines akad. Heilberufs.

Approximation, Annäherung, Näherung.

Après-Ski [apre:ˈʃi], die mod. Kleidung u. das gesellige Beisammensein im Winterurlaub.

Aprikose, *Prunus armeniaca, Marille,* Obstbaum aus der Fam. der *Rosengewächse* mit großen hellrosa Blüten u. orangegelber, wohlschmeckender Steinfrucht, aus Turkistan u. der Mongolei stammend, verlangt mildes Klima.

a prima vista [ital., »auf den ersten Blick«], Stücke vom Blatt spielen oder singen.

a priori [lat. »vom Früheren«, unabhängig von aller Erfahrung], nach Kant Begriffe (Urteile, Grundsätze) von strenger Allgemeingültigkeit.

à propos, nebenbei bemerkt, übrigens ...

Apscheron, Halbinsel des Kasp. Meers, große Erdöl- u. Erdgasvorkommen.

Apsiden, die Punkte der ellipt. Bahn eines Himmelskörpers, in denen er am entferntesten bzw. nächsten zum Zentralstern steht. Im Fall der Planeten sind dies das *Perihel* u. das *Aphel.*

Apsis, halbrunder oder vieleckiger nischenartiger Anbau, Chorabschluß in röm. Basiliken (Sitz des Kirchenvorstands) u. christl. Kirchenbauten.

Apuleius, Lucius, *um 125, †um 180, röm. Dichter. W satir.-erot. Roman »Metamorphosen« (mit der Novelle »Amor u. Psyche«).

Apulien, ital. *Pùglia,* Region in →Italien.

Aqaba, Al A., jordan. Hafenstadt am Roten Meer, 38 000 Ew.; einziger Hafen Jordaniens, dem israel. *Elat* benachbart.

Aqsu →Aksu.

Aqua destillata, Abk. *aq. dest.,* destilliertes, chem. reines Wasser.

Aquädukt, vielbogige Steinbrücke aus röm. Zeit als Teil der Wasserleitung für die Städte (z.B. bei Nîmes, bei Segovia).

Aquakultur, die Zucht von nutzbaren Wasserorganismen unter möglichst kontrollierten Umweltbedingungen; hierher gehören die Zucht von Algen (für Algenmehl), tier. Plankton, Großkrebsen, Muscheln u. Fischen.

Aquamarin, ein Schmuckstein: meergrün-blauer Beryll. →Edelsteine.

Aquaplaning, das unkontrollierbare Gleiten eines Autoreifens auf einer Wasserschicht.

Aquarell, mit wasserlösl. Lasurfarben *(A.farben)* gemaltes Bild auf Pergament oder Papier. Die Farben werden mit Pinsel oder Schwämmchen dünn aufgetragen. **A.malerei** gibt es seit dem 2. Jt. v. Chr. (ägypt. Totenbücher). Bed. Maler: Dürer, Turner, Nolde, Macke u. a. B → S. 56

Aquarienfische, Süß- oder Seewasserfische von meist wärmeren Regionen, die sich zur Haltung in einem *Aquarium* eignen; aus dem Süßwasser: Ährenfische, eierlegende Zahnkarpfen, Salmler, Barben, Buntbarsche u. a.; aus dem Seewasser: Borstenzähner, Demoiselles, Drückerfische, Feuerfische u. a.

Aquarium, ein Wasserbehälter mit durchsichtigen Wänden, in dem man lebende Wassertiere (Fische, Krebse, Schnecken, Insektenlarven u. a.) u. Wasserpflanzen halten kann; auch die in bes. Gebäuden zusammengefaßten, meist an zoolog. Gärten angeschlossenen Sammlungen lebender A.- u. Terrarien-Tiere. Man unterscheidet: *Kalt-* u. *Warmwasser-* *Süß-* u. *Seewasser-A.*

Aquatinta, eine Art der *Radierung* mit feiner Tonabstufung u. maler. Wirkung, bes. zur Wiedergabe

Die vier Apostel (Johannes, Petrus, Paulus, Markus) von A. Dürer, 1526. München, Alte Pinakothek

Äquator

von Tuschzeichnungen. Bed. Künstler: Goya, Picasso.

Äquator, die Verbindungslinie derjenigen Punkte der Oberfläche eines rotierenden Himmelskörpers, die von den Polen gleich weit entfernt sind. Der Erd-Ä. (40 075 km) ist die Teilungslinie zw. nördl. u. südl. Halbkugel. Er bildet den größten Kugelkreis der Erde, dessen Ebene senkrecht zur Erdachse steht. Der *Himmels-Ä.* ist der entsprechende Kreis des Himmelsgewölbes.

Äquatorialguinea [-gi-], Staat in W-Afrika, besteht aus dem Festlandsteil *Mbini* u. den vulkan. Inseln *Bioko* u. *Pagalu*, 28 051 km², 440 000 Ew. (Bantuneger), Hptst. *Malabo* auf Bioko. Feuchtheißes Klima mit Regenwäldern. Die Landwirtschaft erzeugt Kakao (auf Bioko), Kaffee, Bananen, Zuckerrohr, Sisal, Baumwolle u. Palmprodukte; Gewinnung von Edelhölzern, Fischfang.

Äquatorialguinea

Geschichte. Die Insel Fernando Póo (Bioko), seit etwa 1500 portugies., wurde 1778 span. Mbini wurde 1900 von Spanien kolonisiert. Seit 1963 Autonomie; unabh. 1968. Der seit 1968 regierende Diktator F. *Macias Nguema* wurde 1979 gestürzt u. hingerichtet. Seitdem regierte das Militär unter Oberst T. *Obiang Nguema Ubasogo*. 1991 trat eine demokrat. Verfassung in Kraft.

Äquatortaufe, *Linientaufe,* Zeremonien der Seeleute, bei denen alle, die erstmals den Äquator passieren, mit oft derben Scherzen traktiert werden.

Aquavit [lat., »Lebenswasser«], Kartoffel- oder Kornbranntwein mit Kümmeldestillat u. a. Aromastoffen.

Aquileia, ital. Stadt nahe der nördl. Adriaküste, 3400 Ew.; roman. Dom; bis in die Spätantike Handelsstadt (Ausgrabungen) mit etwa 100 000 Ew., 452 durch *Attila* zerstört.

Äquilibrist, ein Gleichgewichtskünstler, der Hand-, Kopf- u. Fußbalancen ausführt; z.B. Kunstradfahrer, Jongleur.

Aquino, ital. Stadt im südl. Latium, 4800 Ew. Auf der Burg Roccasecca wurde Thomas von *Aquin* geboren.

Aquarell: August Macke, Markt in Tunis I; 1914. Bonn, Privatbesitz

Aquino, Corazón, * 25.1.1933. philippin. Politikerin; Witwe des 1983 ermordeten Oppositionspolitikers Benigno A.; nach dem Sturz von F. *Marcos* 1986–92 Präsidentin.

Äquinoktium, *Tagundnachtgleiche,* die Zeit des Durchgangs der Sonne durch die beiden *Äquinoktialpunkte: Frühlingspunkt* (20. oder 21. März) u. *Herbstpunkt* (22. oder 23. September).

Aquitanien, frz. *Guyenne,* frz. Ldsch. u. Region zw. Pyrenäen, Cevennen u. Loire; um 418 Kerngebiet des westgot. Reichs von Toulouse; 507 erstmalig von den Franken erobert, jedoch selbständiges Herzogtum bis 771, seit 1154 zur engl. Krone, 1453 zu Frankreich.

äquivalent, gleichwertig. – **Ä.gewicht,** die Menge (in g) eines Elements, einer Verbindung oder einer Atomgruppe, die ein Mol Wasserstoff (= 1,008 g) oder Sauerstoff (= 8,0 g) oder Elektronen (= 96 494 Coulomb = Faradaysche Zahl) ersetzen oder abgeben kann; entspricht der durch die jeweilige Ä.zahl dividierten Atom- bzw. Molekularmasse.

Äquivalenz, Gleichwertigkeit.

äquivok [lat.], doppelseitig; Wörter oder Ausdrücke mit mehr. Sinn betreffend.

Ar, 1. Einheitenzeichen *a*, metr. Flächenmaß: 1 a = 100 m²; 100 Ar = 1 Hektar. – **2.** chem. Zeichen für Argon.

Ara, *Aras, Arara,* große, langschwänzige *Papageien* des trop. Amerika; beliebte Käfigvögel.

Ära, Zeitalter, Epoche; Zeitrechnung von einem bestimmten Geschichtsereignis an (z.B. christl. Ä.) oder nach einer Person benannt (z.B. Ä. Bismarcks).

Araber, vorderasiat. Volk semit. Sprache (mit verwandten u. arabisierten Stämmen ca. 115 Mio.), das sich von der Arab. Halbinsel nach N, NO u. N-Afrika ausbreitete; meist Anhänger des Islam (Sunniten). Sie gliedern sich tradit. in Stammesverbände unter Oberhäuptlingen, Stämme mit Häuptlingen (Scheich), vaterrechtl. Clans u. Familien. Sie kennen Kinderverlobung, Brautpreis u. -raub, Beschneidung von Knaben u. Mädchen. Zur Männerkleidung gehören das lange weiße Hemd mit Gürtel u. ein farbiges Kopftuch, zur Frauenkleidung langes blaues Hemd mit Gürtel, Haube u. Kopftuch. Der tradit. Wirtschaftsform nach werden getrennt: die *echten Nomaden (Beduinen),* die halbnomad. *Halbfellachen* (mit Rinderzucht) u. *Ziegenhirten (Maa'âz)* u. die seßhaften *Fellachen* (Bauern, Handwerker in den Oasen).
Im 7. Jh. gründeten die A. unter ihren Kalifen ein Weltreich, dessen Wurzel ebenso wie die der arab. Kultur war der *Islam*. Reich erstreckte sich über N-Afrika u. S-Europa bis nach Zentralasien. Bis ins 8. Jh. hinein waren die A. führend. Nach seinem Zerfall u. einer langen Zeit der Vorherrschaft der europ. Kolonialmächte in den arab. Ländern bildeten sich – v. a. nach dem 2. Weltkrieg – die arab. Nationalstaaten. Alle Bemühungen um einen (Teil-)Zusammenschluß arab. Staaten scheiterten bisher.

Araber → Pferde.

Arabeske, *Kunst:* Bandmuster aus stilisierten Ranken u. Blättern; bes. in der Antike, in der Renaissance, im Rokoko u. im Klassizismus zur Füllung langrechteckiger Architekturteile verwendet.

Arabien, größte Halbinsel Asiens u. der Erde, etwa 3 Mio. km², 24 Mio. Ew.; wüstenhaftes, bis über 3000 m ansteigendes Tafelland mit trockenliegenden Flußtälern (Wadis); trocken- bis (Küste) feuchtheißes Klima mit starken Temperaturunterschieden zw. Tag u. Nacht. Nomaden-Viehzucht; Oasenwirtschaft; im SW u. SO Regenfeldbau mit Anbau von Kaffee u. Getreide; Erdölgewinnung v. a. am Pers. Golf; polit. gehört der größte Teil A. zu Saudi-A.
Geschichte: Erstmals 854 v. Chr. traten *Araber* als Gegner der Assyrer auf. In der Folgezeit bildeten sich verschiedene selbständige arab. Reiche, vor allem in S-A. Im von Nomaden (Beduinen) bevölkerten N-A. kam es zu keinerlei dauerhaften Staatengründungen. Um 635 war A. islam. Herrschaft. Mit den Eroberungszügen der Kalifen drangen Araber nach allen Ländern des Vorderen Orients, nach N-Afrika u. Europa (Spanien) vor. Um 895 gründeten die *Karmaten* in NO-A. einen Staat. Inner-A. zerfiel danach wieder in Teildynastien. Der arab. N mit Mekka u. der Jemen kamen im 16. Jh. unter osman. Herrschaft, die erst im 1. Weltkrieg endete. Mit engl. Unterstützung entstand 1916 das Kgr. Hedjas, das später im Kgr. Saudi-Arabien aufging. Alle übrigen unter brit.

Verwaltung stehenden Gebiete A.s erhielten zwischen 1961 u. 1971 ihre Unabhängigkeit.

Arabische Liga, loser polit. Zusammenschluß arab. Staaten, gegr. am 22.3.1945; heute 23 Mitgl.

arabische Sprache, eine semit. Sprache, die sich mit dem Islam von der arab. Halbinsel bis zum Irak sowie in ganz N-Afrika verbreitete; viele Mundarten mit einer recht einheitl. Schrift, die aus 28 Zeichen für die Konsonanten besteht u. von rechts nach links gelesen wird.

Arabische Wüste, zw. dem Nil u. dem Roten Meer gelegene Gebirgswüste (bis 2187 m hoch) in Ägypten.

arabische Ziffern, die urspr. ind. Zahlzeichen für 1, 2, …, 0; in Europa seit Ende des MA statt der röm. Zahlzeichen verwendet.

Arad, Ind.-Stadt in Rumänien an der Mureș, 190 000 Ew.; bis 1920 zu Ungarn.

Arafat, Jasir, * 21.3.1929, Gründer u. Führer der arab. Partisanen-Organisation *Al-Fatah;* seit 1969 Vors. der PLO, erhielt 1994 zus. mit S. *Peres* u. I. *Rabin* den Friedens-Nobelpr.

Aragón, *Aragonien,* histor. Ldsch. im nordöstl. Spanien, alte Hptst. *Saragossa;* hpts. das Ebro-Becken. Seit etwa 1000 Kgr.; 1479 Vereinigung mit Kastilien.

Aragon [-'gɔ̃], Louis, * 1897, † 1982, frz. Schriftst. u. Publizist (Lyrik u. revolutionäre Romane).

Aralie, beliebte Zierpflanze aus Japan, ein *Efeugewächs.*

Aralsee, viertgrößter Binnensee der Erde, in den Wüsten Kasachstans u. Usbekistans; vom Austrocknen bedroht: durch starke Wasserentnahme aus seinen Zuflüssen Amu- u. Syrdarja zur Bewässerung schrumpfte die Fläche um rd. 27 000 km² auf heute 41 000 km², der Wasserspiegel sank um 12 m, der Salzgehalt stieg auf 2,7 %. Folge sind beträchtl. ökolog. u. klimat. Änderungen.

Aramäa, *Aram,* das Siedlungsgebiet der *Aramäer* im Raum Syriens u. NW-Mesopotamiens. Diese semit. Bewohner waren seit der Mitte des 2. Jt. v. Chr. aus der nordarab. Wüste eingewandert u. bildeten seit 1000 v. Chr. kleine Staaten. Ihre Sprache wurde in Vorderasien seit dem 8. Jh. v. Chr. Verkehrssprache. Aram. Texte finden sich im AT; Jesus sprach einen aram. Dialekt. Seit 650 wurde die aramäische Sprache von *Arabischen* verdrängt.

Araninseln ['æ rən-], Inselgruppe an der NW-Küste Irlands, 47 km², 1600 Ew.

Aranjuez [-xu'eθ], span. Stadt auf der Hochfläche Neukastiliens, im Tal des Tajo, 35 000 Ew.; einst Sommerresidenz der span. Könige.

Arany ['ɔrɔnj], János, * 1817, † 1882, ungarischer Schriftst.; Meister der Ballade, Ⓦ »Toldi-Trilogie«.

Aräometer, Meßgerät zur Bestimmung der Dichte von Flüssigkeiten *(Skalen-A.)* u. festen Stoffen *(Gewichts-Ä., Senkwaage).*

Arapaima, größter Süßwasserfisch des trop. Amerika, bis 250 cm lang u. 200 kg schwer, im Fanggebiet wichtiges Nahrungsmittel.

Arara → Ara.

Ararat, türk. *Büyük Agri Daği,* armen. *Masis,* erloschener Vulkan im Hochland von Armenien (östl. Türkei); *Großer A.* 5165 m, *Kleiner A.* 3925 m. In der Umgebung des A. soll die Arche Noah gelandet sein.

Aras, *Araks,* armen. *Erasch,* im Altertum *Araxes,* größter r. Nbfl. der Kura in Transkaukasien, 1070 km.

Araukaner, indian. Bevölkerung in Chile, seit dem 18. Jh. auch in der argent. Pampa.

Araukarie, Gatt. der *Araukariengewächse;* Nadelbäume der südl. Erdhälfte, bis 60 m hoch; von unterschiedl. Wuchs; Nutzholzlieferanten; hierzu: *Norfolk-Tanne* (bei uns als Zimmertanne bek.), *Brasil. Tanne* (kiefernartig), *Chilen. Tanne,* auch *Schuppentanne* oder *Andentanne.*

Arbeit, 1. jede meist zweckgerichtete Tätigkeit zur Befriedigung materieller oder geistiger Bedürfnisse. A. ist auch Ausdruck der menschl. Persönlichkeit; ihr Wert liegt in dem Beitrag, den der einzelne mit ihr für die Allgemeinheit leistet.
Die Ansichten über Sinn u. Wert der A. haben sich im Lauf der Gesch. geändert. Im AT wird die A. als Strafe für die Sünde dargestellt. In den alten Kulturen des Mittelmeerraumes galt Hand-A. als verächtl. u. wurde den Sklaven aufgebürdet. Im NT aber wird die A. als Dienst am Reiche Gottes anerkannt. Diese Auffassung hat lange Zeit bestimmend. Erst unter dem Einfluß des Calvinismus entwickelte sich allmähl. der Berufsbegriff u. das Berufsethos im heutigen Sinne. A. ist im wirtsch.

Sinn ein *Produktionsfaktor*, d. h. neben Boden u. Kapital eine unerläßl. Grundlage jeder Gütererzeugung. Die Ergiebigkeit (Produktivität) der A. ist durch fortschreitende *A.steilung*, aus der sich auch eine berufl. Gliederung herausbildete, außerordentl. gesteigert worden. Die fortschreitende Mechanisierung der A. führte schließl. zur *A.szerlegung*, zur Beschränkung der Tätigkeit des Arbeitenden auf ganz bestimmte Arbeitsverrichtungen. Der Gefahr der Monotonie, der phys. u. psych. Überforderung am A.splatz versucht man in neuerer Zeit durch Bemühungen zur *Humanisierung der A.* zu begegnen, d. h. durch betriebl. Maßnahmen die A.plätze menschengerecht gestalten. Die Unterscheidung zw. *geistiger* u. *körperl.* A. kennzeichnet nur das Überwiegen der geistigen oder der körperl. Tätigkeit, eine strenge Trennung beider Tätigkeiten ist nicht möglich. Außerdem unterscheidet man zw. *leitender (dispositiver)* u. *ausführender (exekutiver)* A., zw. *selbständiger* (Gewerbetreibende, Freischaffende) u. *unselbständiger* A. (Arbeiter, Angestellte, Beamte) sowie entspr. der Ausbildung zw. *gelernter*, *angelernter* u. *ungelernter* A. – **2.** *Physik:* das Produkt aus Kraft u. dem in Kraftrichtung zurückgelegten Weg; in Joule gemessen (1 Joule = 1 Newtonmeter = 1 Wattsekunde).

Arbeiter, jeder berufl. tätige Mensch; i.e.S. der Lohn-A. im Ggs. zum Angestellten. – **A.bewegung,** der Machtkampf der ind. A. zur Umgestaltung der gesellschaftl. u. staatl. Ordnung. Ausgangspunkt waren die schnelle wirtsch. Entwicklung, das schnelle zahlenmäßige Anwachsen der A. u. ihre völlig unzureichende wirtsch. u. soz. Lage zu Beginn des 19. Jh. Im Zusammenhang mit den Revolutionen 1830 u. 1848 gewann die A.bewegung polit. u. wirtsch. eine feste Zielrichtung u. auf der Grundlage des theoret. *Sozialismus* u. des *Kommunistischen Manifests* von 1848 auch eine ideol. Grundlage, die im grundsätzl. Widerspruch zum herrschenden Liberalismus des Bürgertums stand. Zur Durchsetzung ihrer wirtsch. Bestrebungen, v. a. zum Ausgleich ihrer wirtsch. Unterlegenheit gegenüber den Arbeitgebern, schlossen sich die A. zu *Gewerkschaften* zus. Auch das *Genossenschaftswesen*, bes. die *Konsumgenossenschaften*, war ihnen Mittel zur Besserung ihrer Lage. In der 2. Hälfte des 19. Jh. kam es zur Bildung von *A.parteien*. 1875 schlossen sich die versch. sozialist. beeinflußten Parteien zur *Sozialistischen Arbeiterpartei Deutschlands* (seit 1890 *SPD*) zus. Nach dem 1. Weltkrieg übernahmen die A.parteien in vielen Ländern, z. T. allein, z. T. in Koalitionen mit bürgerl. Parteien, die Regierungsgewalt. Nach der bolschewist. Revolution 1917 in Rußland spaltete sich die polit. A.bewegung in sozialist. u. kommunist. A.parteien. – **A.dichtung,** Literatur die den A. u. seine Welt zum Gegenstand hat, insbes. die seit dem Anfang des 20. Jh. aus den Reihen der Fabrik-A. selbst geschaffene u. auf die Lebensprobleme bezogene Lit.; Hpt.vertreter: M. *Barthel*, K. *Bröger*, G. *Engelke*, H. *Lersch*, A. *Petzold*, nach 1945 die »Gruppe 61« (Max von der *Grün*), aus der 1970 der »Werkkreis Literatur der Arbeitswelt« hervorging.

Arbeiterrentenversicherung, Teil der →Sozialversicherung, – 1889 als Invaliditäts- u. Altersversicherung eingeführt. Träger sind die →Landesversicherungsanstalten.

Arbeiter- und Soldatenräte, *Sowjets*, gewählte Organe der revolutionären Bewegung v. a. in Rußland; traten erstmals 1905 in St. Petersburg auf u. übernahmen 1917 in Rußland die Macht.

Arbeiterwohlfahrt, Spitzenorganisation (gegr. 1919, Sitz: Bonn) der freien Wohlfahrtspflege.

Arbeitgeber, jeder, in dessen Diensten ein Arbeitnehmer steht. – **A.verbände,** Zusammenschlüsse von A.n zum Zweck der Beeinflussung der Arbeitsbedingungen, bes. beim Abschluß von Tarifverträgen. Ihnen obliegt in den *Gewerkschaften* als den *Sozialpartnern* die Selbstverwaltung im Bereich des Arbeitsrechts. Dachverband ist die *Bundesvereinigung der Dt. A.verbände* (Abk. *BDA*), Köln.

Arbeitnehmer, jeder, der aufgrund eines privatrechtl. Vertrags zur Leistung von Arbeit in fremden Diensten (des Arbeitgebers) verpflichtet ist (*unselbständige Arbeit*). A.verbände sind die →Gewerkschaften.

Arbeitsamt, Behörde der Arbeitsverwaltung; ihm obliegen Arbeitsvermittlung, Berufsberatung u. -förderung, Arbeitslosenversicherung.

Arbeitsbeschaffung, *A.smaßnahmen* (Abk. *ABM*), alle Maßnahmen u. Einrichtungen, die der Wiedereingliederung von Arbeitslosen in den Wirtschaftsprozeß dienen. Die Förderung steht im Ermessen der Bundesanstalt für Arbeit.

Arbeitsdienst, Organisation männl. u. weibl. Jugend zur freiwilligen oder pflichtmäßigen Ableistung öffentl. oder im öffentl. Interesse liegender Arbeiten ohne die übl. Entlohnung. Zwecke: Bekämpfung der Arbeitslosigkeit, stärkere Lenkung der Jugendlichen, Bewältigung großer öffentl. Arbeitsvorhaben wie Kultivierung von Ödland, Bau von Straßen. In Dtld. entstand in den 1920er Jahren ein *freiwilliger A.*, der von versch. Verbänden, später auch von den Kirchen gefördert wurde. Das nat.-soz. Regime schuf 1935 den halbmilitär. *Reichs-A.*

Arbeitsgericht, die erste Instanz innerhalb der *Arbeitsgerichtsbarkeit* zur Entscheidung von bürgerl. Rechtsstreitigkeiten arbeitsrechtl. Natur, v. a. zw. Arbeitgebern u. Arbeitnehmern. Zweite Instanz ist das *Landes-A.* (LAG), dritte Instanz das *Bundes-A.* (BAG) in Kassel.

Arbeitslohn →Lohn.

Arbeitslosengeld, Versicherungsleistung der Arbeitslosenversicherung. Anspruch auf A. hat, wer arbeitslos ist, der Arbeitsvermittlung zur Verfügung steht, die *Anwartschaftszeit* erfüllt (d. h. versicherungspflichtige Tätigkeit von mindestens 360 Kalendertagen während der letzten 3 Jahre), sich beim Arbeitsamt arbeitslos gemeldet u. A. beantragt hat. Das A. beträgt für Arbeitslose mit mindestens einem Kind 68%, für die übrigen Arbeitslosen 63% des letzten Nettoentgelts. Die Dauer des Anspruchs hängt von der Länge der versicherungspflichtigen Beschäftigung u. vom Alter ab u. beträgt zw. 156 u. 832 Tagen. Nach Erschöpfung (*Aussteuerung*) entsteht ein Anspruch erst, wenn die Anwartschaft von neuem erfüllt ist. Der Arbeitslose erhält dann *Arbeitslosenhilfe*.

Arbeitslosenhilfe, Unterstützung für arbeitsfähige u. -willige bedürftige Arbeitslose, deren Eigenschaft als Arbeitnehmer erwiesen ist u. die entweder die Voraussetzungen für die Gewährung des *Arbeitslosengelds* nicht erfüllen oder den Anspruch aus der *Arbeitslosenversicherung* erschöpft haben. Die A. beträgt für Arbeitslose mit mindestens einem Kind 58%, für die übrigen Arbeitslosen 56%. Es besteht keine Rückzahlungspflicht; Finanzierung aus allg. Steuermitteln.

Arbeitslosenversicherung, Teil der Sozialversicherung, in der BR Dtld. durch das *Arbeitsförderungsgesetz (AFG)* geregelt. Träger der A. ist die *Bundesanstalt für Arbeit* (BA) in Nürnberg. Leistungen der A. sind *Arbeitslosengeld* u. *Arbeitslosenhilfe*. Zur Aufbringung der Mittel erhebt die BA Beiträge von Arbeitnehmern u. Arbeitgebern.

Arbeitslosigkeit, Mangel an Erwerbsgelegenheit für arbeitsfähige Personen, bes. Arbeitnehmer. Die Höhe des Beschäftigungsstandes ergibt sich aus dem Verhältnis von Arbeitslosen zur arbeitsfähigen Bevölkerung (*Arbeitslosenquote*). Ursachen der A.: *konjunkturelle A.* wird durch eine allg. Schwäche der wirtschaftl. Entwicklung bestimmt; *strukturelle A.* hat ihre Ursache in Veränderungen der Wirtschaftsstruktur, z.B. dem nachlassenden Arbeitskräftebedarf eines Wirtschaftszweiges (z.B. Bergbau, Landwirtschaft); *saisonale A.* beruht auf dem regelmäßig wiederkehrenden Unterschied des Arbeitskräftebedarfs eines Wirtschaftszweiges (z.B. Bau, Fremdenverkehr); *friktionelle A.*, die bedingt ist durch permanenten Wechsel von Arbeitskräften u. die Übergangsphase, die diesen Wechsel umfaßt.

Arbeitsmarkt, ein Bereich der Wirtschaft, der durch das Verhältnis von Arbeitsuchenden u. freien Arbeitsplätzen gekennzeichnet ist.

Arbeitsrecht, das Sonderrecht der Arbeitnehmer u. Arbeitgeber: 1. das *Arbeitsvertragsrecht*, d. h. die Regelung des Rechtsverhältnisses zw. dem einzelnen Arbeitnehmer u. dem einzelnen Arbeitgeber; 2. das *Betriebsverfassungsrecht*, die rechtl. Ausgestaltung der betriebl. Ordnung, bes. der Stellung u. Aufgabe des Betriebsrats; 3. das *Tarifvertragsrecht*, die vertragl. Gestaltung der Arbeitsbedingungen durch die Verbände der Arbeitnehmer u. Arbeitgeber; 4. das *Schlichtungsrecht*, das Recht der staatl. Hilfe zum Abschluß von Kollektivvereinbarungen, v. a. von Tarifverträgen; 5. das *Arbeitskampfrecht*, das Recht des Arbeitskampfes, insbes. der Aussperrung u. des Streiks; 6. das *Koalitionsrecht*, das Recht der Gewerkschaften u. der Arbeitgeberverbände; 7. die *Arbeitsgerichtsbarkeit*; 8. das *Arbeitsschutzrecht*, d. h. öffentl.-rechtl. Vorschriften zum Schutz der Arbeitnehmer. Auch das Sozialversicherungsrecht wird dazu gerechnet, v. a. das Recht der Arbeitsvermittlung u. Arbeitslosenversicherung.

Arbeitsteilung, 1. die v. a. körperl., charakterl. u. kulturgeschichtl. bedingte, durch die jeweilige Überlieferung verankerte u. unterwärts untermauerte Aufteilung der Arbeiten u. Fertigkeiten auf Mann u. Frau. – **2.** das bes. Merkmal des Aufbaus der entwickelteren Gesellschaften; Gliederungsprinzip ihrer Wirtsch.- u. Sozialordnung. Die *gesellschaftl. A.* (*soz. A.*) besteht hpts. in der Ausbildung von spezif. *Berufen*. *Ökonom. A.* kann als *Produktionsteilung* (A. in Urproduktion, Gewerbe, Handel, Verkehr u. a.), als *internat. A.* (z.B. Herausbildung von Agrar- u. Ind.staaten) u. als *techn. A.* gesehen werden. Die techn. A. ist primär aus dem Interesse erwachsen, mehr u. rationeller zu produzieren (Erhöhung der Produktivität).

Arbeitsvermittlung, Hilfe zur Erlangung eines Arbeitsplatzes, v. a. durch Nachweis eines solchen, aber auch durch Beratung, in der BR Dtld. nach dem Arbeitsförderungsgesetz (AFG) Aufgabe der Bundesanstalt für Arbeit.

Arbeitsvertrag, vertragl. Vereinbarung zw. dem einzelnen Arbeitnehmer u. dem einzelnen Arbeitgeber über die Begründung eines Arbeitsverhältnisses. Der Inhalt des A. wird außer durch das Gesetz durch Tarifvertrag u. durch Betriebsvereinbarung bestimmt.

Arbeitszeit, durch Tarifvertrag oder Betriebsvereinbarung geregelte Zeit der Anwesenheit des Arbeitnehmers im Betrieb. Grundsatz in beinahe allen Ländern ist heute der *8-Stunden-Tag*, in Auswirkung eines Washingtoner Abkommens von 1919. In der BR Dtld. ist aufgrund von Tarifverträgen in fast allen Wirtschaftszweigen die A. auf die 40-Stunden-Woche gesenkt worden. Seit Mitte der 1980er Jahre wird bes. von den Gewerkschaften die 35-Stunden-Woche angestrebt, insbes. als Mittel zum Abbau der Arbeitslosigkeit. Vielfach wurde

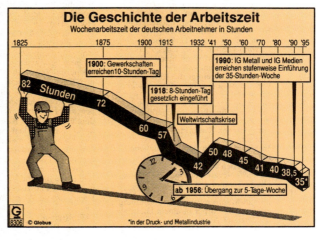

Arbeitszeit: Der Weg zu kürzerer Arbeitszeit ist noch nicht zu Ende: Die 35-Stunden-Woche ist das erklärte Ziel der Gewerkschaften; die IG-Metall konnte 1988 in Tarifverhandlungen als erste eine wöchentliche Arbeitszeit von 37,5 Stunden vereinbaren

Arber

eine *gleitende* A. eingeführt, bei der man Beginn u. Ende der tägl. A. in bestimmten Grenzen selbst festlegen kann.

Arber, höchster Berg des Böhmerwalds, bei Bayerisch-Eisenstein; *Großer* A. 1456 m, *Kleiner* A. 1384 m; dabei 2 Karseen (*Großer* u. *Kleiner Arbersee*).

Arbitrage [-'traːʒə], Spekulationsgeschäft (meist an versch. Börsenplätzen) durch zu gleicher Zeit vorgenommenen Einkauf zu niedrigeren u. Verkauf zu höheren Marktpreisen.

Arboretum, Parkanlage mit einem ausgesuchten Bestand versch. Baum- u. Straucharten.

Arbuthnot [aːˈbʌθnət], John, *1667, †1735, schott. Satiriker; schuf in der gegen die Whigs geschriebenen »History of John Bull« 1712 die Gestalt des *John Bull.*

Arcachon [-kaˈʃɔ̃], frz. Stadt u. Seebad am *Bassin*

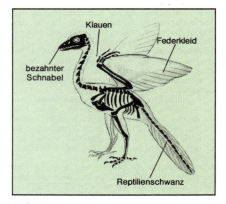

Archaeopteryx

Wichtige Daten zur Geschichte der Archäologie	
1748	Beginn der Ausgrabungen in Pompeji durch J. de Alcubierre
1764	Veröffentlichung von J. Winckelmanns „Geschichte der Kunst des Altertums"
1799	Entdeckung des Rosette-Steins in Ägypten durch Soldaten Napoléons
1820	Die Venus von Milo wird in Melos auf einem Feld gefunden
1824	Entzifferung der ägypt. Hieroglyphen durch J. Champollion
1835	H. Rawlinson kopiert die Felsinschriften von Bisutun und beginnt mit der Entzifferung der Keilschrift
1839–42	J. Stephens u. F. Catherwood erforschen die Mayastädte Copán, Palenque, Uxmal und das südamerikanische Chichén Itzá
1845–47	A. Layard gräbt in Nimrud
1846	Entdeckung des keltischen Friedhofs von Hallstatt (Österreich)
1856	Entdeckung der Schädelfragments von Neandertal
1869–73	Troja-Grabung H. Schliemanns
1875	Beginn der Grabungen in Olympia durch E. Curtius
1876	Grabung Schliemanns in Mykene
1879	Entdeckung der Höhlenmalereien in Altamira
1899–1917	R. Koldewey gräbt große Teile Babylons aus
1900–25	Ausgrabung des Palastes von Knossos durch A. Evans
1922	H. Carter entdeckt das Grab Tutanchamuns
1922–34	L. Wooley legt die Stadt Ur frei
1928	Entdeckung des Poseidons von Kap Artemision durch Taucher
1947	T. Heyerdahl fährt mit dem Floß Kon-Tiki von Südamerika nach Polynesien
1958	Entdeckung von Çatal Hüyük durch J. Mellaart
1963–68	Versetzen des Tempels von Abu Simbel
1972	Taucher finden zwei griechische Kriegerbronzen im Meer bei Riace
1974	Entdeckung des Grabes des chinesischen Kaisers Qin Shihuangdi bei Xi'an
1978	Entdeckung eines kelt. Fürstengrabs bei Hochdorf/Ludwigsburg
1983	In der südöstlichen Türkei bei Çayönü können Reste eines 9000 Jahre alten Dorfes mit Steinbauten gesichert werden
1985	In Schweden gelingt die Klonierung von Erbsubstanz einer altägyptischen Mumie
1988	Bei Wani in Georgien wird ein bronzener Jünglingstorso gefunden, der die Zugehörigkeit Georgiens zum europäischen Kulturkreis in antiker Zeit untermauert
1989	In Luxor werden fünf guterhaltene Statuen aus der 18. Dynastie ausgegraben
1990	Im türk. Nevali Çori wird der bislang älteste Tempel der Welt freigelegt
1991	Fund einer vorgeschichtl. Leiche (Similaun-Mann) mit nahezu vollständig erhaltenem Körper in einem Gletscher der Ötztaler Alpen

d'A. (155 km², Austernzucht), südwestl. von Bordeaux, 15 000 Ew.

Arcadelt, Jakob, *um 1514, †zw. 1562 u. 1572, ndl. Komponist (Madrigale).

Archaebakterien → Bakterien.

Archaeopteryx, *Urvogel,* taubengroßes Verbindungsglied zw. *Vögeln* (u. a. Federkleid) u. *Reptilien* (u. a. bezahnte Kiefer). Im Solnhofener Schiefer als Abdruck gefunden.

Archaikum, *Altproterozoikum,* ältestes geolog. Zeitalter (→ Geologie).

archaisch, einer frühen Entwicklungsstufe angehörig.

Archangelsk, Hafenstadt im NW Rußlands, an der Mündung der Sewernaja Dwina ins Weiße Meer, 420 000 Ew.; Hafen sechs Monate eisfrei; Holzausfuhr.

Archäologie, *Altertumskunde,* die Wiss. von dem aus Kulturdenkmälern u. Bodenfunden erschlossenen Altertum; entstand als Zweig der Altertumswiss. aus dem Interesse an den Kultur- u. Kunstdenkmälern der grch. u. röm. Antike. Der eigtl. Begründer dieser *klassischen* A. war J. J. Winckelmann. Neue Formen sind u. a. Unterwasser- u. *experimentelle* A.

Archäopteryx → Archaeopteryx.

Archetypus, Urform, Urbild, Urtypus.

Archilochos von Paros, grch. Lyriker, um 650 v. Chr.; entwickelte den Jambus.

Archimedes, *um 287 v. Chr., †212 v. Chr., grch. Mathematiker u. Physiker in Syrakus; lehrte die Berechnung von Quadratwurzeln, bestimmte den Kreisumfang beliebig genau, ermittelte Näherungswerte der Zahl π, löste kub. Gleichungen mit Hilfe von Kegelschnitten; baute Brennspiegel, Wurfmaschinen, Flaschenzüge u. eine mechan. Bewässerungsanlage *(archimed. Schraube);* fand die Gesetze des Schwerpunkts, der schiefen Ebene, des Hebels u. des Auftriebs **(Archimed. Prinzip** → Auftrieb).

Archipel, urspr. die grch.-kleinasiat. Inselwelt; heute allg. Inselgruppe.

Archipenko, Alexander, *1887, †1964, amerik. Bildhauer russ. Herkunft; vom Kubismus angeregt, suchte durch die »Skulptomalerei« (Einbeziehung von Hohlformen) neue plast. Ausdrucksmöglichkeiten.

Architektur, *Baukunst,* die profanen wie sakralen Zwecken dienende, älteste aller bildenden Künste. Höhle, Hütte u. Zelt sind entwicklungsgeschichtl. Urformen der A. Das Bestreben, Bauwerke außer nach Zweckbestimmung sowie materiellen u. klimat. Gegebenheiten auch nach ästhet. Grundsätzen zu gestalten, zeichnet sich in den Baustilen aller Länder u. Völker ab. In der Ausbildung ihrer Formen folgt die A. weitgehend den jeweiligen sozialen, gesellschaftl. u. religiösen Verhältnissen, dem Wandel der Schönheitsideale u. der Erfindung neuer techn. Mittel. Neben dem Wohnhaus traten, durch architekton. Besonderheiten hervorgehoben, das in mannigfachen Formen als göttl. Wohn- oder Verehrungsstätte gedachte Kulthaus u. das Grabgebäude auf (Sakral-A.). Eine Zwischenstellung nimmt der Palastbau ein, bei dem sich als Wohnsitz u. Residenz eines Herrschers, zumal im Altertum, religiös-mythische Vorstellungen mit weltl. Macht- u. Repräsentationsgedanken verbinden.

Die A. ist im Altertum wesentl. beeinflußt durch die grch. Baustile. Hauptsächl. Stilepochen des MA: Romanik, Gotik; der Neuzeit: Renaissance, Barock, Rokoko, Klassizismus.

Neue Aufgaben stellten sich der A. um die Wende zum 20. Jh., als nach dem Rückgriff auf histor. Baustile u. mit der Verwendung neuer Konstruktionsmittel, wie Stahl u. Stahlbeton, die Neigung zum baustoffgerechten u. ornamentlosen Gestalten wuchs. Bed. Anregungen kamen von Gropius u. Mies van der Rohe (Bauhaus), aus dem Ausland von Le Corbusier, Aalto, Neutra, Wright u. a. Bis etwa 1940 setzte sich die neue Richtung (Flachdach, Kragplatte, Glaswand usw.) in der ganzen Welt durch. Seit 1950 zeichnen sich klarer als bisher 2 Hauptrichtungen ab: die Vertreter des *anorgan. Bauens* wenden sich im bewußten Gegensatz zur Natur (Le Corbusier); unter *organ. Bauen* verstehen seine Anhänger (Wright, Aalto) in der Hauptsache die Verbindung des Baues mit der Landschaft.

Architrav, *Epistyl,* auf Säulen oder Pfeilern waagr. aufliegender Balken, der den Oberbau trägt.

Archiv, geordnete Sammlung von Schrift-, Bild- u. Tonwerken.

Architektur: bekannte Bauwerke (Höhe in m)	
Sears Tower in Chicago	485
World Trade Center in New York	413
Empire State Building in New York	381
Chrysler-Hochhaus in New York	319
Eiffelturm in Paris	318
Bank of Manhattan in New York	282
Woolworth-Hochhaus in New York	241
Golden Gate Bridge in San Francisco	227
Boulder-Staudamm in Arizona	223
Ulmer Münster	161
Washington-Obelisk	160
Kölner Dom	159
Kathedrale in Rouen	148
Kathedrale Notre-Dame in Paris	142
Straßburger Münster	142
Peterskirche in Rom	138
Cheops-Pyramide bei Gizeh	137
Stephansdom in Wien	136,7
Kathedrale in Antwerpen	120
Schwe-Dagon-Pagode in Rangun	112
Dom in Berlin	110
Invalidendom in Paris	105
Atomium in Brüssel	102

Archivolte, *Baukunst:* die äußere Umrandung eines Bogens; beim ma. Portal oft mit *A.figuren* geschmückt.

Archon, in einigen altgrch. Stadtstaaten, bes. in Athen, die höchsten Staatsbeamten.

Arcimboldi [artʃimˈbɔldi], Giuseppe, *um 1527,

Architektur: Verwaltungszentrum der Hypo-Bank in München

† 1593, ital. Maler des Manierismus (skurrile Porträts aus Gegenständen, Früchten, Blumen u. Tieren).

Arco, Georg Graf von, * 1869, † 1940, dt. Funktechniker; Pionier der drahtlosen Telegraphie.

Arcus → Arkus.

ARD, Abk. für *Arbeitsgemeinschaft der öffentlich-rechtlichen Rundfunkanstalten der Bundesrepublik Deutschland,* 1950 gegr. Zusammenschluß der Rundfunkanstalten Deutschlands zur Wahrnehmung der gemeinsamen Interessen der Anstalten, die gemeinschaftl. das 1. Programm des Dt. Fernsehens betreiben.

Ardabil, iranische Stadt in Aserbaidschan, 290 000 Ew., islam. Wallfahrtsort.

Ardèche [ar'dɛːʃ], r. Nbfl. der Rhône im südl. Frankreich, 120 km.

Arden [a:dn], **1.** Elizabeth, eigtl. Elizabeth Florence Nightingale *Graham,* * 1891, † 1966, USamerik. Kosmetikerin. – **2.** John, * 26.10.1930, engl. Schriftst. (Dramen).

Ardenne, Manfred Baron von, * 20.1.1907, dt. Physiker; bed. Erfindungen auf den Gebieten der Funktechnik, des Fernsehens, der Elektronenoptik u. der angewandten Kernphysik; arbeitete auch über Krebsbehandlung (Mehrschritt-Therapie).

Ardennen, in Luxemburg *Ösling,* waldreiches welliges Mittelgebirge; von der Eifel durch SO-Belgien u. Luxemburg bis N-Frankreich; in der *Botrange* (Hohes Venn) 694 m.

Areal, Fläche, Grundstück.

Arekapalme → Betel.

Arena, der Kampfplatz des röm. Amphitheaters, dann allg. Kampfstätte für (sportl.) Spiele, bes. für Zirkusveranstaltungen *(Manege).*

Arendt, 1. Hannah, * 1906, † 1975, amerik. Philosophin, Soziologin u. Politologin dt. Herkunft; Schülerin von Karl *Jaspers.* – **2.** Walter, * 27.1.1925, dt. Politiker (SPD); 1969–76 Bundes-Min. für Arbeit u. Sozialordnung.

Arengapalme, *Sagwire, Zuckerpalme,* in Hinterindien u. im Malai. Archipel vorkommende Palme; Hauptlieferant für Palmsaft, Palmwein u. Palmzucker.

Areopag, Hügel westl. der Akropolis von Athen; in der Antike höchster Gerichtshof der Athener.

Arequipa [-'kipa], Stadt in SW-Peru, am Fuß des Misti-Vulkans, 640 000 Ew.; Handelszentrum.

Ares → griechische Religion.

Aretino, Pietro, * 1492, † 1556, ital. Schriftst.; geißelte in Komödien u. Schmähschriften boshaftwitzig u. einfallsreich die Sittenverderbnis seiner Zeit.

Arezzo, das altetrusk. *Arretium,* ital. Stadt in der östl. Toskana, 92 000 Ew.; Kirche San Francesco (14. Jh.); bed. Tonwarenind. (Arretin. Reliefkeramik) in röm. Zeit.

Argentinien, Staat in S-Amerika, zw. Anden u. S-Atlantik, 2 766 889 km², 32,3 Mio. Ew., Hptst. *Buenos Aires.* A. ist in 22 Provinzen, den Bundesdistrikt Buenos Aires u. das Nationalterritorium Feuerland gegliedert (vgl. Tabelle). A. beansprucht die

Argentinien

Malwinen (Falkland-Inseln), Südgeorgien, die südl. Orkneys, die südl. Sandwich-Inseln sowie rd. 1,2 Mio. km² der Antarktis.

Landesnatur. Im W verläuft der Hochgebirgskamm der Anden (im Aconcagua 6960 m). Den wirtschaftl. Kern des Landes bildet die weite Tiefebene der *Pampa,* an die sich im S das Steppenhochland des *Chaco* u. im NO das Waldgebiet von *Misiones* anschließen. Hauptflüsse sind der Paraná u. der Uruguay. Das Klima ist im N warm-, im S kühl-gemäßigt.

Bevölkerung. Die überwiegend kath. Bev. ist meist span. u. auch ital. Herkunft. Rd. 2 Mio. sind Mestizen.

Wirtschaft. Hauptausfuhrgüter sind Getreide, Fleisch, Wolle, ferner Obst, Häute u. Pflanzenöle. Bed. Bodenschätze: Steinkohle, Eisenerz, Erdöl u. -gas. Industrie: Nahrungsmittel-, Textil-, Leder-, Holz-, Metall- u. Maschinenind., Fahrzeugbau. – Das Verkehrsnetz ist nur in der Pampa u. dem zentralen Andenvorland gut ausgebaut. Buenos Aires ist der einzige internat. bed. Hafen.

Geschichte. 1515 entdeckte der Spanier Juan Díaz de Solís die La-Plata Mündung. 1776 wurde das span. Vize-Kgr. *Rio de la Plata* errichtet. Am 9.7.1816 wurde die Unabhängigkeit verkündet. Nach Bürgerkriegen entstand 1880 der heutige Einheitsstaat A. 1943 wurde die konservative Regierung mit Hilfe des Militärs durch Juan *Péron* gestürzt, der 1946 Präs. wurde u. eine populist. Politik zusammen mit seiner Frau Eva *(Evita)* betrieb. 1955 wurde Péron gestürzt, der nach seiner Rückkehr aus dem Exil 1973–1974 erneut Staats-Präs. war. 1976–1983 regierte eine Militärjunta, die durch die Niederlage im Falklandkonflikt 1982 gezwungen war, freie Wahlen auszuschreiben. 1983–1989 war R. *Alfonsin* Staats-Präs.; seit 1989 regiert Carlos Saul *Menem.*

Argeş, l. Nbfl. der Donau in der Walachei (Rumänien), 322 km.

Arginin, eine Aminosäure, die in fast allen Proteinen vorkommt u. für den menschl. Stoffwechsel bedeutsam ist.

Argiver → Argos.

arglistige Täuschung, im bürgerl. Recht die böswillige Erregung oder Aufrechterhaltung eines Irrtums durch Vorspiegelung falscher oder Unterdrückung wahrer Tatsachen.

Argon [grch. *anergos,* »träge«], ein →chem. Element; häufigstes Edelgas, das in der Luft zu rd. 0,93 Vol.-% enthalten ist.

Argonauten, in der grch. Myth. die nach ihrem Schiff **Argo** ben. Helden, darunter Herakles, die unter *Iasons* Führung nach Kolchis (am Schwarzen Meer) fuhren, um mit Medeas Hilfe das von einem Drachen bewachte →Goldene Vlies zu holen.

Argonnen, *Argonner Wald,* frz. *Argonne,* dicht bewaldeter u. stark zerschluchtetes Bergland in NO-Frankreich, 357 m; trennt das Maastal von der Champagne u. geht nach N in die Ardennen über; im 1. Weltkrieg heftig umkämpft.

Argos, *Argus,* grch. Sagengestalt; v. a. ein hundertäugiger, alles bemerkender Riese (danach *Argusaugen).*

Argos, zahlr. Orte in Griechenland, am bed. das peloponnes. A., alte Hptst. der **Argolis,** deren Bewohner **Argiver** hießen; im 2. Jt. v. Chr. zus. mit *Mykene* u. *Tiryns* Mittelpunkt der vorgeschichtl. Kultur Griechenlands.

Argot [-'go], frz. Bez. für die Sondersprache gewisser Gruppen; zunächst nur die Sprache soz. niedriger Schichten (Bettler, Gauner), später auch die von kultivierten Kreisen (Künstler, Studenten, Gelehrte), *Jargon.*

Argumentation, Beweisführung.

Argentinien: Verwaltungsgliederung

Provinz	Fläche in km²	Einwohner in 1000	Hauptstadt
Buenos Aires (Bundesdistrikt)	200	2924	Buenos Aires
Buenos Aires	294 368	11 226	La Plata
Catamarca	100 967	230	Catamarca
Chaco	99 633	791	Resistencia
Chubut	224 686	316	Rawson
Córdoba	168 766	2629	Córdoba
Corrientes	88 199	724	Corrientes
Entre Rios	78 781	968	Paraná
Formosa	72 066	338	Formosa
Jujuy	53 219	487	Jujuy
La Pampa	143 440	231	Santa Rosa
La Rioja	89 680	183	La Rioja
Mendoza	148 827	1344	Mendoza
Misiones	29 801	690	Posadas
Neuquén	94 078	315	Neuquén
Rio Negro	203 013	477	Viedma
Salta	154 775	768	Salta
San Juan	89 651	520	San Juan
San Luis	76 748	234	San Luis
Santa Cruz	243 943	138	Rio Gallegos
Santa Fé	133 007	2675	Santa Fé
Santiago del Estero	135 254	660	Santiago del Estero
Tucumán	22 524	1112	Tucumán
Feuerland (Nationalterritorium)	21 263	50	Ushuaia

Argun, r. Quellfluß des Amur, Grenzfluß zw. dem asiat. Rußland u. China, 1620 km.

Argus → Argos.

Århus ['ɔ:r-], *Aarhus,* zweitgrößte Stadt Dänemarks an der Ostküste Jütlands (Kattegat), 270 000 Ew.; Univ., Handelszentrum.

Ariadne, grch. Sagengestalt, Tochter des Königs *Minos.* Sie gab *Theseus* ein Garnknäuel *(A.faden),* mit dem er nach der Tötung des *Minotaurus* aus dem Labyrinth fand, und flüchtete mit ihm nach Naxos. Auf Naxos wurde sie dann Gattin des *Dionysos* (Bacchus).

Ariane, im Auftrag der europ. Weltraumorganisation ESA entwickelte Trägerrakete für den Start unbemannter Satelliten u. Raumsonden; erstmals am 24.12.1979 gestartet.

Arianismus, die Lehre des alexandrin. Priesters *Arius* (* um 260, † 336), wonach Christus nicht wesensgleich mit dem Vater, sondern ein Geschöpf

Ariane IV: die Europarakete bei ihrem Start in Kourou (Französisch-Guyana)

Argentinien: Die barocke Kirche San Francisco in Salta, Hauptstadt der gleichnamigen Provinz

Arias Sánchez

des Vaters aus dem Nichts sei; vom Konzil zu Nicäa 325 verurteilt.

Arias Sánchez, Oscar, *13.9.1941, costarican. Politiker; 1986–90 Staatspräsident; Friedensnobelpreis 1987.

Arica, Hafenstadt in N-Chile, 170 000 Ew.; Ausfuhr von Salpeter u. Erz, Transithandel für Bolivien u. Peru. – Bis 1883 zu Peru.

arid, dürr, Trocken; Ggs.: *humid.* – **a.es Klima,** der Klimabereich, in dem im Ablauf eines Jahres die Verdunstung größer ist als der Niederschlag.

Arie, Sologesang in Oper u. Oratorium mit Instrumentalbegleitung, auch selbst. als *Konzert-A.*

Ariège [ari'ɛːʒ], r. Nbfl. der Garonne in S-Frankreich, 170 km.

Ariel [-ieːl], **1.** bibl. Name für Jerusalem u. seinen Tempel (Jes. 29,1). – **2.** *Uriel,* Engel des Wassers u. des Winds bei den Juden; Geist der Lüfte in Shakespeares »Sturm« u. Goethes »Faust II«. – **3.** Mond des Uranus, entdeckt 1851.

Arier, *Indoiranier,* Bez. für Inder u. Iranier; im 18. Jh. sprachwiss. Ausdruck (z. T. ident. mit »Indogermane«). In der Rassenideologie des 19. Jh. wurde die arische Rasse der nord. Rasse gleichgesetzt; der Begriff A. erhielt einen antijüd. Akzent u. wurde schließl. in der nat.-soz. Rassenpolitik mißbraucht (A. = »Nichtjude«).

Arioso, arienartiger, kürzerer Sologesang; zw. Rezitativ u. Arie.

Ariosto, Ludovico, *1474, †1533, ital. Dichter; Ⓦ Epos »Orlando furioso« (»Der rasende Roland«).

Ariovist, König der Sweben; 58 v. Chr. von Cäsar geschlagen.

Arishima, Takeo, *1878, †1923 (Selbstmord), jap. Schriftst.; behandelte in seinen Romanen soz. Probleme; geprägt vom christl. Humanismus.

Aristarchos, 1. *A. von Samos,* *um 320 v. Chr., †250 v. Chr., grch. Astronom, lehrte als erster die Bewegung der Erde um die Sonne. – **2.** *A. von Samothrake,* *um 217 v. Chr., †um 145 v. Chr., grch. Philologe; klärte die noch heute maßgebenden grammat. Begriffe u. Fachbez.

Aristides, *der Gerechte,* *nach 550 v. Chr., †um 467 v. Chr., athen. Staatsmann u. Feldherr; kämpfte bei Marathon u. Plataä gegen die Perser.

Aristippos, *Aristipp,* *um 435 v. Chr., †355 v. Chr., grch. Philosoph; Schüler des *Sokrates,* Begr. der Schule der *Kyrenaiker* u. der Ethik des *Hedonismus.*

Aristokrat, Angehöriger der *Aristokratie,* Adeliger.

ARKTIS

Weidenröschen überziehen im arktischen Sommer die Schotterfelder von Gletschern und Flüssen (links). – Pelztierjäger mit Schlittenhunden in Grönland (rechts)

Erdölbohrturm an der Prudhoe Bay in Alaska

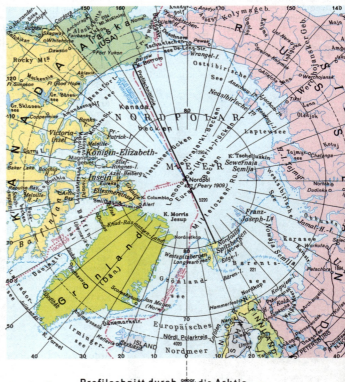

Eskimokinder in Alaska

mittlere Packeisgrenze im Winter   mittlere Packeisgrenze im Sommer   Schelfeisgrenze

Aristoteles: antike Skulptur. Rom, Museo Nazionale delle Terme

Aristokratie, eine Staatsform, in der bestimmte Geburts-, Besitz- oder Bildungsstände Träger u. Ausüber der Staatsgewalt sind; auch die herrschenden Stände selbst, die Adelsherrschaft.

Aristophanes, *um 445 v. Chr., †um 385 v. Chr., grch. Komödiendichter in Athen; Hauptvertreter der att. Komödie. Von seinen Werken sind 11 erhalten, die hinter phantast. u. derbdrast. Handlungen handfeste polit., literar. u. moral. Zeitkritik erkennen lassen. – W »Die Vögel«, »Lysistrata«, »Die Wolken« (gegen *Sokrates).*

Aristoteles, grch. Philosoph, *384 v. Chr., †322 v. Chr.; Schüler Platons u. Erzieher Alexanders d. Gr.; begr. eine eig. phil. Schule *(Peripatetische Schule).* – A. war ein universaler Geist, der Weltoffenheit mit Geistesschärfe, Tiefsinn mit größter Verstandeshelle, Spekulation mit Erfahrung verband. Die überlieferten Werke sind v. a. Lehrschriften; sie umfassen Logik, Metaphysik, Naturphil., Ethik, Politik, Psych., Poetik u. Kunsttheorie. A. war Fort- u. Umbildner des platon. Idealismus, größter Systematiker der abendländ. Geistesgesch. Seine Begriffsbildung beherrscht die Schulphil. bis zur Gegenwart. Seine Metaphysik ist wesentl. Lehre von den Seinsprinzipien Form u. Stoff, Möglichkeit u. Verwirklichung. Die *Analogie* wurde für A. zu einem grundlegenden Erkenntnismittel. Die aristotel. *Theorie der Bewegung*, die vier Arten unterscheidet (Entstehen-Vergehen, Zunehmen-Schwinden, qualitative Veränderung u. Ortsbewegung), ist schließl. die spekulative Krönung seiner Phil. u. mündet mit dem Begriff »des unbewegten Bewegenden« in eine *Theologie:* Der Gott bewegt alles »wie das Geliebte«.

Arithmetik, ein Teilgebiet der Math., das das Rechnen mit Zahlen u. die Zahlentheorie umfaßt.

arithmetische Reihe → Reihe.

arithmetisches Mittel, der Durchschnittswert aus der Summe einer Anzahl von Zahlen, dividiert durch ihre Anzahl.

Arius → Arianismus.

Arizona [engl. æri'zounə], Abk. *Ariz.*, postal. *Az,* Gebirgsstaat im SW der USA, zw. California u. New Mexico, ausgedehnte Steppen (Weideland) u. Wüsten; bei Bewässerung Feldbau (Obst-, Baumwolle); 1848 von Mexico an die USA abgetreten. → Vereinigte Staaten.

Arkade, auf Pfeilern oder Säulen ruhender Bogen (offene Bogenstellung); auch eine Reihe von Bögen als einseitige Begrenzung eines Bogengangs.

Arkadien, grch. *Arkadia,* Gebirgsldsch. im Innern des Peloponnes, bis 1936 m; in der Dichtkunst als Land der Einfachheit u. Unschuld gepriesen.

Arkansas [engl. 'a:kənsɔ:], Abk. *Ark.,* postal. *AR,* Bundesstaat der USA am Westufer des unteren Mississippi, waldreich, Baumwoll- u. Reisanbau; 1803 von Frankreich an die USA verkauft. → Vereinigte Staaten.

Arkansas River ['a:kənsɔ: 'rivə], r. Nbfl. des Mississippi, 2333 km.

Arkanum, Geheimnis; geheime Lehren u. Kultübungen in religiösen Gemeinschaften mit der Pflicht zur Geheimhaltung *(Arkandisziplin).*

Arkebuse, urspr. eine Armbrust, seit dem 15. Jh. eine Handfeuerwaffe (Hakenbüchse) mit Luntenschloß. – **Arkebusier,** der mit einer A. bewaffnete Soldat.

Arktis, die Meere u. Landgebiete um den Nordpol jenseits der Baum- u. der südl. Treibeisgrenze. Das Nordpolargebiet schließt das *Arktische Meer* ein (19 Mio. km², bis 5000 m tief) u. umfaßt eine Landfläche von 11 Mio. km²; davon entfallen 5 Mio. km² auf Kanada, je 2,2 Mio. km² auf Rußland u. Grönland, 1,5 Mio. km² auf Alaska u. auf einige Inselgruppen, u. a. das norw. Svalbard (Spitzbergen). – Durch den Einfluß des Nordpolarmeeres ist das Klima gemäßigter als in der Antarktis. Ebenfalls im Gegensatz dazu ist die A. bewohnt, von Polarvölkern *(Lappen, Eskimo* u. *nordasiat. Stämme)* u. von Zugewanderten aus gemäßigten Breiten, die bes. vom Bergbau, vom Fischfang u. von der Jagd leben bzw. die in den zahlr. Beobachtungs- u. Forschungsstationen sowie Flugstützpunkten u. Häfen arbeiten. Die eisfreien Gebiete sind von einer spärl. Vegetation bedeckt. Auf ihrer Grundlage leben u. z.B. Ren, Wolf u. versch. Vogelarten. An Bodenschätzen finden sich Kohle, Uran, Gold u. a.

Arkus, *Arcus,* Zeichen arc, das → Bogenmaß eines Winkels.

Arkwright ['a:krait], Sir Richard, *1732, †1792, engl. Erfinder; baute Spinnereimaschinen u. begr. in England die Industrialisierung der Textilverarbeitung.

Arlberg, Paß in den → Alpen.

Arlecchino [-le'ki:no], dt. *Harlekin,* Figur der ital. *Commedia dell'arte:* Hanswurst, gekennzeichnet durch ein mit bunten Flicken besetztes Trikot. Der A. trug eine dunkle Halbmaske.

Arles, *A.-sur-Rhône,* [arlsyr'ro:n], südfrz. Krst. am Rhône-Delta, 51 000 Ew.; roman. Kathedrale, röm. Amphitheater.

Arlon, fläm. *Aarlen,* dt. *Arel,* Hptst. u. wirtsch. Zentrum der südostbelg. Prov. Luxemburg, 23 000 Ew.; maler. Altstadt.

Arm, bei Mensch u. Affen paarige obere Gliedmaße. Das Knochengerüst besteht aus dem Oberarmknochen, den beiden Unterarmknochen (Elle u. Speiche), 8 Handwurzelknochen, 5 Mittelhandknochen u. 14 Fingerknochen. Am Oberarm liegen die Muskeln, die den Unterarm bewegen: innen die Beuger (v. a. der *Bizeps),* außen die Strecker.

Armada, große Seekriegsflotte der Spanier, bestehend aus 130 Schiffen mit ca. 30 000 Mann Besatzung u. 2600 Kanonen. Die A. wurde von Philipp II. 1588 gegen England ausgesandt, durch die beweglicheren engl. Schiffe unter F. Drake angeschlagen, auf der Heimfahrt durch Orkane nahezu vernichtet. Die Niederlage bedeutete das Ende der span. Seeherrschaft; für England begann der Aufstieg zur Weltseemacht.

Armagnac [arma'njak], südfrz. Ldsch. in der *Gascogne,* Hauptort Auch; Weinbau (Weinbrand »A.«). – **Armagnaken** (dt. »Arme Gecken«): zügellose Söldner (seit 1410) des Grafen von A.

Armaturen, Zubehörteile von Maschinen; Ausrüstungsstücke für Kessel- u. Rohrleitungsanlagen, Schalttafeln u. ä., z.B. Hähne, Schalter. Um die Handhabung u. die Überwachung zu erleichtern, sind die A. auf einem **A.brett** übersichtl. angeordnet.

Armbrust, alte Schußwaffe aus der Zeit vor den Feuerwaffen, aus Bogen mit Sehne u. Schaft mit Kolben bestehend; als Geschosse dienten Pfeile u. Bolzen; heute Sportwaffe.

Armee, *i.w.S.* die Landstreitkräfte, das Heer eines Staates; *i.e.S.* ein großer Verband des Heeres, der aus mehreren **A.korps** (Truppenverband aus mehreren Divisionen) besteht.

Ärmelkanal → Kanal.

Armenbibel, *Biblia pauperum,* seit 1300 verbreitete, meist illustrierte Handschrift mit ausgewählten, typolog. zusammengestellten Texten aus dem AT u. NT.

Armenhaus, urspr. Unterkunft für Arme; seit dem 17. Jh. Anstalt zur Aufnahme arbeitsfähiger Armer.

Armenien, 1. zerklüftetes Hochland in Vorderasien, zw. Kaukasus u. Mesopotamien; rauhes Hochgebirgsklima; Viehzucht, Obst- u. Gemüsekulturen; Bev.: Armenier, Kurden (bes. im S, *Kurdistan),* Osmanen im W u. Tataren im O; heute polit. aufgeteilt zw. der Türkei, zum Iran u. A. (2) gehörig. Sehr altes Siedlungsgebiet, seit 301 n. Chr. christl., sehr oft von Nachbarvölkern umkämpft; seit dem 19. Jh. große Teile A.s in russ. Besitz; türk. Armenier wurden bes. 1895/96 u. 1915/16 grausam verfolgt. – **2.** Staat in Transkaukasien, 29 800 km², 3,28 Mio. Ew., Hptst. *Eriwan;* Anbau von Getreide, Baumwolle, Wein.
Gesch.: 1918–20 unabh.; seit 1920 sowj. Republik (seit 1936 als Armen. SSR); seit 1991 ist A. unabh. u. Mitgl. der GUS; blutiger Konflikt mit Aserbaidschan um Bergkarabach.

Armenien

Armenier, Volk mit indoeurop. Sprache u. christl. Religion im Kaukasus-Gebiet, im Iran u. weit verstreut als Kaufleute u. Handwerker über das östl. Mittelmeergebiet, ferner in den USA.

Armenrecht, alte Bez. für → Prozeßkostenhilfe.

Armfüßer, *Brachiopoden,* zu den *Tentakeltieren* zählende Klasse festsitzender Meerestiere; äußerl. den Muscheln ähnl. Schalen von A. sind wichtige Leitfossilien.

Armin, *Arminius,* fälschl. *Hermann der Cherusker,* *18 v. Chr., †19 n. Chr., Cheruskerfürst; bekannteste Gestalt der germ. Frühgesch. Als Führer germ. Truppen in röm. Dienst erlernte er die röm. Kriegstechnik; befreite 9 n. Chr. durch Sieg nördl. des Teutoburger Waldes über drei röm. Legionen unter dem Feldherrn Publius Quinctilius *Varus* Germanien von der Herrschaft der Römer. Das *Hermannsdenkmal* im Teutoburger Wald erinnert an die *Varusschlacht.*

Arminianer, *Remonstranten,* Anhänger des Predigers Jakob *Arminius* (*1560, †1609) in den Ndl.; sie wandten sich 1610 gegen die kalvinist. Prädestinationslehre u. trennten sich von der reformierten Kirche. Es bestehen noch heute, auch in England u. den USA, A.-Gemeinden.

Armleuchteralgen, mit den *Grünalgen* verwandte Organismen mit quirlförmigen Verzweigungen; bilden in Teichen u. Bächen »Wiesen«. → Pflanzen.

Louis Armstrong

Armstrong, 1. Louis Daniel, »Satchmo« gen., *1901, †1971, afroamerik. Jazzmusiker (Trompeter u. Sänger); eine der zentralen Figuren der Jazzgeschichte. – **2.** Neil, *5.8.1930, US-amerik. Astronaut; betrat im Rahmen der Apollo-11-Mission als erster Mensch am 20.7.1969 den Mond.

Armutszeugnis → Prozeßkostenhilfe.

Arndt, Ernst Moritz, *1769, †1860, dt. Historiker, Politiker u. Schriftst.; wurde durch seine »Lieder für Teutsche« u. Flugschriften (»Der Rhein, Teutschlands Strom, aber nicht Teutschlands Grenze« 1813) zu einer Volksgestalt der Freiheitskriege; 1818 Prof. in Bonn; 1848 Mitgl. der Nationalversammlung.

Arnheim, ndl. *Arnhem,* Hptst. der ndl. Prov. Gelderland, 130 000 Ew.

Arnhemland, Halbinsel im N Australiens, bed. Uran- u. Bauxitvorkommen.

Arnika, *Bergwohlverleih,* ein gelbblühender *Korbblütler,* Blüten u. Wurzel werden als Wunderheilmittel verwendet.

Arnim, 1. Achim von, eigtl. Ludwig Joachim von, *1781, †1831, dt. Dichter der Romantik; zus. mit C. *Brentano* Hrsg. von »Des Knaben Wunderhorn«

(1806–08), der Sammlung alter dt. Volkslieder. – **2.** Bettina von, eigtl. Anna Elisabeth von, Frau von 1), *1785, †1859, dt. Schriftst.; Schwester von C. *Brentano;* mit Goethe befreundet; ihr »Goethes Briefwechsel mit einem Kinde« (1835) ist eine freie Umgestaltung der Originale; widmete sich später leidenschaftl. soz. Zeitfragen u. Frauenrechtsproblemen.

Arno, der antike *Arnus,* ital. Fluß, 241 km; mündet bei Pisa in das Ligur. Meer.

Arnold, 1. Karl, *1883, †1953, dt. Maler u. Karikaturist; seit 1907 sozialkrit. Mitarbeiter der Ztschr. »Simplicissimus«, »Jugend« u. »Lustige Blätter«. – **2.** Karl, *1901, †1958, dt. Politiker; 1945 Mitbegr. der CDU, 1947–56 Min.-Präs. von NRW.

Arnold von Brescia [-'breʃʃa], *um 1100, †1155, ital. Augustiner-Chorherr; trat gegen die Verweltlichung u. den Güterbesitz der Kirche auf.

Arnolfo di Cambio, *Arnolfo di Firenze,* *um 1240, †1302, ital. Bildhauer u. Architekt; Schüler von N. *Pisano.*

Arnoux [ar'nu], Alexandre, *1884, †1973, frz. Schriftst. (Novellen, Theaterstücke).

Arnsberg, Stadt in NRW im Sauerland, 75 000 Ew.; Luftkurort am *A.er Wald* (Naturpark, Möhnestausee), Verw.-Sitz des Reg.-Bez. A.

Arnstadt, Ind.-Stadt in Thüringen, an der Gera, 30 000 Ew.

Arnulf, 1. *A. von Kärnten,* *um 850, †899, ostfränk. König (887) u. Kaiser (896). – **2.** *A. »der Böse«,* †937, Herzog von Bayern 907–37; kämpfte als Vertreter einer erstarkten Herzogsgewalt gegen Konrad I. u. Heinrich I. – **3.** *A. von Metz,* *um 580, †640 (?), Bischof von Metz 614–29; Ahnherr der *Karolinger* (auch *Arnulfinger);* 629 zog er sich als Einsiedler in die Vogesen zurück; Heiliger (Fest: 19.8.).

Arolsen, Stadt westl. von Kassel in Hessen, 16 000 Ew.; Barockschloß, ehem. Hptst. des Fürstentums *Waldeck.*

Aroma, Wohlgeruch, Wohlgeschmack.

aromatische Verbindungen, *Aromate,* Kohlenwasserstoffe, die sich von Benzol ableiten; Ggs.: *aliphatische Verbindungen.*

Aromunen, *Makedorumänen, Walachen, Zinzaren, Kutzowalachen, Arnauti,* in Thessalien, Albanien, Makedonien u. im Epirus verstreut lebende rumän. Stämme mit eig. Dialekt **(Aromunisch);** meist seßhaft *(Karaguni).* Die *Farscherioten* sind z. T. noch nomad. oder halbnomad. Viehhirten.

Aronstab, Giftpflanze schattiger Laubwälder; scharlachrote Beeren. – **A.gewächse,** krautige Pflanzen, deren Blüten an einer verdickten Achse sitzen. Der Blütenstand ist von einer auffällig gefärbten Hülle umgeben; häufig in trop. Wäldern. Zimmerpflanze: Philodendron, Calla. →Pflanzen.

Arosa, Höhenluftkur- u. Wintersportort in Graubünden (Schweiz), 1820 m ü. M., 4500 Ew.

Arp, Hans (Jean), *1886, †1966, dt.-frz. Maler, Graphiker, Bildhauer u. Schriftst.; 1916 Mitbegr. des Dadaismus; farbige reliefartige Bilder, Vollplastiken.

Árpád ['a:rpa:d], Fürst der Magyaren ca. 890–907, die er 895/96 aus S-Rußland nach Ungarn führte; Begr. der ungar. Dynastie der *Árpáden* (1301 erloschen).

Arpeggio [ar'pedʒo], harfenähnliches Nacheinander-Erklingen der Töne eines Akkords auf Tasten- u. Saiteninstrumenten.

Arrabal, Fernando, *11.8.1932, span. Schriftst. (surrealist.-absurde Stücke in frz. Sprache).

Arrak, aus Rohrzuckermelasse oder Palmenzuckersaft u. Reis gewonnener starker Branntwein.

Arrangement [arãʒə'mã], **1.** Anordnung, Zusammenstellung; Übereinkunft. – **2.** die Einrichtung eines Musikstücks für eine andere als die originale Besetzung.

Arras, nordfrz. Stadt, alte Hptst. des *Artois,* 45 000 Ew., ma. Stadtbild.

Arrau, Claudio, *1903, †1991, chilen. Pianist.

Arrest, Haft bei Personen (z.B. militär. Disziplinarstrafe, Jugend-A.); Beschlagnahme bei Sachen.

Arretierung, 1. *Strafrecht:* Festnahme. – **2.** *Technik:* Anhalte- u. Feststellvorrichtung in u. an Geräten u. Maschinen.

Arretium →Arezzo.

Arrhenius, Svante August, *1859, †1927, schwed. Chemiker u. Physiker; stellte die Theorie der elektrolyt. Dissoziation auf; Nobelpreis für Chemie 1903.

Arrhythmie, Unregelmäßigkeit der Herzschlagfolge.

Arrianus, Arrian, Flavius, *95, †175, grch. Geschichtsschreiber; verfaßte die Gesch. des Feldzugs Alexanders d. Gr. nach Persien (»Anabasis«) u. eine Schrift über Indien.

Ar Rijad →Riad.

Arroganz, Anmaßung; **arrogant,** anmaßend, eingebildet.

arrondieren, abrunden; Grundstücke zwecks wirtsch. Nutzung zusammenlegen; z.B. bei Flurbereinigung.

Arrondissement [arõdis'mã], unterer Verw.-Bez. in Frankreich, einem Dép.

Arrow ['æroʊ], Kenneth Joseph, *23.8.1921, US-amerik. Nationalökonom; beschäftigte sich mit Problemen der Wohlfahrts- u. Wachstumstheorie; Nobelpreis 1972.

Arrowroot ['æroʊrut], *Pfeilwurz(mehl),* versch. trop. Stärkearten, vorw. aus Knollen u. Wurzeln; Nahrungsmittel.

ars, lat. Begriff für Kunst u. schöngeistige Wiss.; im Unterschied zur *scientia,* der empir. Forschung (insbes. Naturwiss.).

Ars antiqua, »alte Kunst«, musikgeschichtl. die Epoche mensuraler Mehrstimmigkeit zw. 1230 u. 1320; mündete in die *Ars nova,* »neue Kunst«, dauerte bis 1420 u. war gekennzeichnet durch eine flexible Notation; isorhythm. Motette.

Arsen, ein →chem. Element; stahlgraues, glänzendes, sprödes Halbmetall, das meist in Mineralien gebunden ist. *Verwendung:* in der Halbleiterproduktion, als Legierungsbestandteil u. für zahlreiche Verbindungen, z.B. Schädlingsbekämpfungsmittel. Wichtige *Verbindungen:* A.wasserstoff (AsH_3), sehr giftiges Gas; beim Ersatz des Wasserstoffs durch Metall erhält man die *Arsenide* (z.B. Zinkarsen, Zn_3As_2); *A.monosulfid* (Realgar, Rauschrot, As_4S_4) wird als Rotglas zur Enthaarung von Fellen verwendet; *A.trisulfid* (Auripigment, Rauschgelb, As_4S_6) wird als Malerfarbe (Königsgelb) verwendet; *A.trioxid* (weißes *Arsenik,* As_2O_3), starkes Gift, dient der Konservierung von Häuten; die wäßrige Lösung ist die *arsenige Säure* (H_3AsO_3).

Arsenal, Gebäude zur Herstellung u. Lagerung von Waffen; Zeughaus.

Arsenvergiftung, Vergiftung mit Arsenverbindungen; meist durch die Verdauungswege, seltener über die Atemwege (Dämpfe, Staub). *Akute A.:* Übelkeit, Erbrechen, dünnwäßrige Durchfälle, Koliken, Angstgefühle, Krämpfe. Wiederholte Aufnahme kleiner Mengen führt zur *chron. A.,* die sich durch Magen-Darm-Störungen, Hautausschläge u. Lähmungen äußert. Nachweis geringster Spuren A. mit der *Marshschen Probe.*

Art, *Species, Spezies,* die grundlegende systemat. Kategorie der Biol.: die Gesamtheit aller Individuen, die in allen wesentl. Merkmalen untereinander u. mit ihren Nachkommen übereinstimmen.

Artaud [ar'to], Antonin, *1896, †1948, frz. Schriftst.; beeinflußte das zeitgenöss. Theater, begr. 1935 das »Theater der Grausamkeit«.

Artaxerxes, altpers. Könige aus dem Geschlecht der *Achämeniden:*

1. A. I., *A. Longimanus,* König 464–424 v. Chr.; schloß mit Athen den *Kallias-Frieden* 449 v. Chr., der die Perserkriege beendete. – **2. A. II.,** *A. Mnemon,* König 404–359 v. Chr.; schloß den Frieden des *Antalkidas* (386 v. Chr.), der ihm weitgehende Einspruchsrechte in Griechenland sicherte. – **3. A. III.,** *A. Ochos,* Sohn von 2), König 359–38 v. Chr.; eroberte das seit 404 v. Chr. verlorene Ägypten für Persien zurück.

Art Déco [ar'de:ko], Abk. für frz. *art décoratif,* dekorative Kunst; auf die Ausstellung »Exposition Internationale des Arts Décoratifs et Industriels Modernes« 1925 in Paris anspielende Bez. für künstl. Produkte aus der Zeit zwischen den Weltkriegen mit Stilelementen aus Jugendstil, Futurismus u. Funktionalismus sowie ostasiat. Einflüssen.

Artefakt, allg. jedes künstl. Hergestellte; in der Urgesch. ein von Menschenhand hergestelltes Werkzeug.

Artemis →griechische Religion.

Artemisia, Beifußgewächse, Gatt. der Korbblütler; etwa 200 Arten; bek. als Gewürz- u. Heilpflanzen, z.B. *Absinth.*

Artemision, Heiligtum der Artemis.

Artenschutz, nach dem *Bundesnaturschutzgesetz* von 1987 Schutz, Erhaltung u. Pflege wildlebender Tiere u. wildwachsender Pflanzen, ihrer Entwicklungsformen, Lebensstätten *(Habitate),* Lebensräume *(Biotope)* u. Lebensgemeinschaften *(Biozönosen)* als Teile des Naturhaushalts. Unter bes. Schutz werden gefährdete einheim. u. europ. Pflanzen u. Tiere durch die A.verordnung von 1989 gestellt. Außerdem wurden internationale Verträge u. Abkommen geschlossen (z.B. das *Washingtoner A.übereinkommen).*

Arterien, *Schlagadern,* – **A.verkalkung,** *Arteriosklerose,* i. allg. nicht vor dem 40. Lebensjahr auftretende krankhafte Veränderung der A. durch nachlassende Elastizität der Gefäße, die starr werden u. in denen sich Fette u. Cholesterin einlagern, die verhärten u. die Gefäße verengen. Die Arteriosklerose führt in höheren Graden zu einer vermehrten Brüchigkeit der Gefäße u. zu Durchblutungsstörungen, erhöht den Blutdruck u. begünstigt das Auftreten von Schlaganfällen.

Arteriosklerose →Arterien.

artesischer Brunnen, eine künstl. geschaffene *Quelle,* bei der das Wasser infolge Überdrucks selbst. aufsteigt. Voraussetzung ist, daß sich das Grundwasser zw. zwei undurchlässigen, muldenförmig gelagerten Schichten sammelt und an einer Stelle angebohrt wird, die tiefer als der Zufluß liegt.

Arthritis, Gelenkentzündung; verursacht durch Krankheitserreger oder auch Gicht; jedes Gelenkleiden, das nicht auf Entzündung beruht, sondern infolge Abnutzung u. Knorpelabbau entsteht, wird als **Arthrose** bez.

Arthropoden →Gliederfüßer.

Artikel, 1. *Geschlechtswort,* der *bestimmte A.* (dt.: der, die, das) u. der *unbestimmte A.* (dt.: ein, eine). – **2.** Warensorte. – **3.** in einer Ztg. oder Ztschr. abgedruckter Beitrag, z.B. *Leit-A.* – **4.** Abschnitt eines Gesetzes, Vertrags u. ä.

artikulieren, (deutl.) aussprechen; formulieren.

Artillerie, die mit Geschützen ausgerüsteten Teile des Heeres u. der Kriegsmarine.

Artischocke, ein distelähnl. *Korbblütler* des Mittelmeergebiets. Ein Feingemüse: Die Blütenhüll-

Hans Arp: Evokation einer Form; 1950. Rio de Janeiro, Museo d'arte Moderna

Arnika

Äsche

blätter u. die fleischigen Blütenböden werden gekocht oder roh gegessen.
Artist, Varieté- u. Zirkuskünstler.
Artland, Ldsch. im südwestl. Niedersachsen.
Artois [ar'twa], histor. Ldsch. in N-Frankreich, alte Hptst. *Arras;* kam als flandr. Gft. 1191 zu Frankreich, 1384 durch Heirat zu Burgund; 1493 habsburg., im 17. Jh. endgültig frz.
Artus [frz.; kelt. *Arthur*], sagenhafter walis. König, um 500 n. Chr., Vorbild tapferen Rittertums. Der Sagenkreis um A. wurde durch *Chrétien de Troyes* in den Mittelpunkt der höf. Epik gerückt. Zur *Tafelrunde* des A. gehören berühmte Helden: *Erek, Iwein, Lanzelot* u. a.; auch *Tristan, Parzival* u. *Lohengrin.*
Aruak, weit verbreitete indian. Sprachfam. in S-Amerika, bes. im westl. Amazonas-Gebiet u. im Orinoco-Tiefland, isoliert auch im Bergland von Guyana (*Wapishana*).
Aruba [a'ryba:], Insel der Ndl. Antillen vor der Nordküste Venezuelas, 190 km², 63 000 Ew. (meist Mestizen), Hptst. *Oranjestad;* seit 1986 polit. Sonderstatus, für 1996 volle Unabhängigkeit vorgesehen.
Aru-Inseln, *Aroe-Inseln,* indones. Archipel südl. von W-Neuguinea, 8600 km², 40 000 Ew., Hauptort *Dobo;* seit 1963 indones.
Arunachal Pradesh [-deʃ], Unionsterritorium in →Indien.
Arusha [-ʃa], Stadt in Tansania, am Meru, 1380 m ü M., 70 000 Ew.
Aruwimi, r. Nbfl. des Kongo, 1300 km.
Arve, *Zirbelkiefer,* bis 20 m hohe u. im Alter mit unregelmäßiger Krone ausgestattete *Kiefer;* Samen sind bek. als *Zirbelnüsse.*
Arzberg, Stadt im Fichtelgebirge, 7000 Ew.; Porzellanindustrie.
Arznei, *Medikament, A.mittel,* aus der belebten oder unbelebten Natur gewonnene oder künstl. hergestellte Wirkstoffe, die in fester, flüssiger oder gasförmiger Form zur Heilung, Vorbeugung oder Diagnose angewendet werden. Abgabe, Herstellung, Kontrolle u. ä. sind in Dtld. gesetzl. geregelt durch das *A.mittelgesetz.* Stark wirkende A. sind *rezeptpflichtig,* d. h. sie dürfen nur auf Verordnung eines approbierten Arztes abgegeben werden. –
A.pflanzen, *Heilkräuter,* →Heilpflanzen.
Arzt, Heilbehandler u. Sachverständiger auf dem Gebiet des Gesundheitswesens mit staatl. Approbation (Bestallung) nach abgeschlossenem Hochschulstudium. Die Tätigkeit als *prakt.* A. kann er erst ausüben, wenn er sich »niedergelassen« hat. Zur Ausübung der Tätigkeit bei den gesetzl. Krankenkassen benötigt er die Zulassung als *Kassen-A.* Der A. unterliegt in seiner ärztl. Tätigkeit der Schweigepflicht. Berufs- u. Standesvertretungen der Ärzte sind die Ärztekammern.
As, 1. röm. Gewichtseinheit (= 268 g) u. älteste Kupfermünze. – **2.** erfolgreicher Spitzenkönner. – **3.** die höchste Karte des frz. Kartenspiels; entspricht dem *Daus* der dt. Spielkarte. – **4.** ein unerreichbarer Aufschlag beim Tennis. – **5.** chem. Zeichen für Arsen.
Asahikawa, jap. Ind.-Stadt auf der Insel Hokkaido, 364 000 Ew.
Asam, Egid Quirin, *1692, †1750, dt. Bildhauer u. Stukkateur; führender Meister der süddt. Barockplastik; schuf mit seinem Bruder Cosmas Damian A. bed. spätbarocke Ausschmückung von Kirchen (z.B. Einsiedeln, Weltenburg).
Asande, *Zande, Azande,* großes afrik. Volk (1,3 Mio.) im NO des Kongogebietes u. im Sudan; gründeten ein Großreich; Bodenbauern u. Jäger.
Asbest, feinfaseriges Mineral, das in Rußland, Kanada u. Südafrika gewonnen wird. *Langfaseriger A.* wird unter Zusatz organ. Tragfasern (z.B. Baumwolle) zu Garnen versponnen, aus denen Bänder, Gewebe u. Gewirke hergestellt werden. *Kurzfaseriger A.* wird zu Papier, Pappe, A.zement u. mit einem Bindemittel gemischt, zu Preßformteilen (Eternit) verarbeitet. A. wird wegen seiner Feuerbeständigkeit, Säurefestigkeit, seines Wärmedämmvermögens u. Isoliervermögens gegen Elektrizität in der Technik verwendet, allerdings eingeschränkt, seitdem der feine A.staub als krebserregender Stoff erkannt worden ist.
Ascension [ə'senʃən], *Himmelfahrtsinsel,* brit. Vulkaninsel im nördl. Südatlantik, 88 km², 1400 Ew., Hauptort *Georgetown.*
Asch, Schalom, *1880, †1957, jiddischer Schriftst. aus Polen; seit 1914 in New York; schilderte in romant., lyr.-epischem Stil die jüdische Welt.
Aschaffenburg, Krst. in Unterfranken (Bay.), am Main, 64 000 Ew.; Renaissanceschloß, rom.-got. Stiftskirche.
Aschanti →Ashanti.
Aschchabad, Hptst. von Turkmenistan, am Nordrand des Kopet Dagh, nahe der iran. Grenze, 400 000 Ew.; Kultur- u. Industriezentrum. – 1881 als russ. Festung *Poltorazk* gegr.
Asche, 1. bei der Verbrennung zurückbleibende unverbrennbare, anorgan. Stoffe. – **2.** *Vulkan-A.,* staubförmiges Lockerprodukt vulkan. Ausbrüche.
Äsche, mit den Lachsen verwandter Fisch, bis 1,5 kg schwer.
Aschenbrödel, *Aschenpuitel, Aschengrittel,* Märchengestalt: ein geplagtes Mädchen in niederen Diensten, das als schönste Braut vom erlösenden Prinzen geheiratet wird.
Aschermittwoch, in der kath. Kirche der 7. Mittwoch vor Ostern; Beginn der Fastenzeit. Am A. wird den Gläubigen zum Zeichen ihrer Bußgesinnung mit geweihter Asche ein Kreuz auf die Stirn gezeichnet.
Aschersleben, Ind.-Stadt in Sachsen-Anhalt, nordöstl. vom Harz, 34 300 Ew.; nahebei Solbad *Wilhelmsbad.*
Aschkenasim, ind. Maurya-Kaiser etwa 273–236 v. Chr.; Enkel *Tschandraguptas;* förderte die buddhist. Mission; einigte Indien zum ersten Mal.
Äschylus, *Aischylos,* grch. Tragödiendichter, *525/24 v. Chr., †456/55 v. Chr.; seine Werke zeigen in bilderreicher Sprache die Gerechtigkeit der göttl. Weltordnung; 7 sind vollständig erhalten: »Orestie« (Trilogie), »Der gefesselte Prometheus«, »Die Perser«, »Sieben gegen Theben«.
ASCII, Abk. für *American Standard Code for Information Exchange,* weltweit verbreiteter amerik. Normcode auf der Basis von 7 Bit (auch 8 Bit) zur

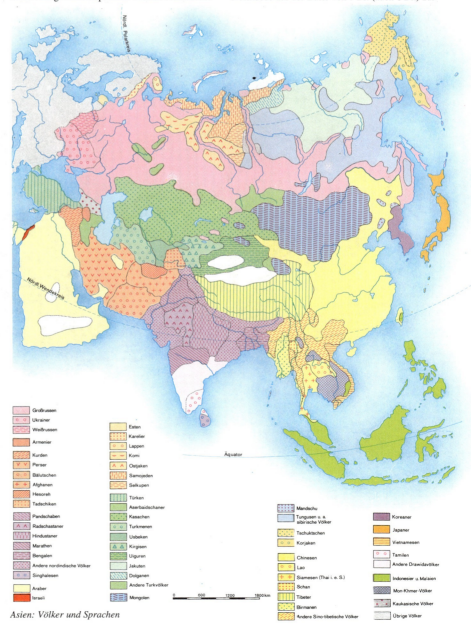
Asien: Völker und Sprachen

Asien

Asien, Bodenbedeckung

Darst. u. Übertragung von Buchstaben, Ziffern u. Sonderzeichen, in der dt. Version DIN 66003.

Ascona, schweiz. Luftkur- u. Badeort am Lago Maggiore, 5000 Ew.

Ascorbinsäure, Vitamin C → Vitamine.

Ascot, engl. Dorf südwestl. von Schloß Windsor; bek. durch die seit 1825 regelmäßig im Juni durchgeführten Pferderennen. (A.-Rennwoche).

ASEAN, Abk. für engl. *Association of South East Asian Nations,* 1967 gegr. Organisation asiat. Staaten (Indonesien, Malaysia, Philippinen, Singapur, Thailand, Brunei) zur Förderung gemeinsamer wirtsch., techn., kultureller u. soz. Interessen.

Asen, das von *Odin* geführte nord. Göttergeschlecht *(Frigg, Thor* u. *Tyr),* das in *Asgard* wohnt.

äsen, Nahrung aufnehmen (von Wildtieren).

Asepsis, das bei Wundbehandlung u. Operationen angewandte Verfahren, die Wunde u. alle Gegenstände, die mit ihr in Berührung kommen, weitgehend keimfrei zu machen, um das Eindringen von Krankheitserregern zu vermeiden; geht auf J.P. *Semmelweis* zurück.

aseptisches Fieber, Fieber ohne bakterielle Infektion, z.B. bei Schädeltraumen, Anämie.

Aserbaidschan, *Aserbeidschan* [-'dʒa:n], **1.** vorderasiat. Ldsch. südwestl. des Kasp. Meers, vom Turkvolk der *A.er (Aseri;* schiit. Moslems) bewohnt; seit dem 7. Jh. v. Chr. arab.; danach unter wechselnden Herrschaften; im 19. Jh. der nördl. Teil russ., der südl. Teil persisch; polit. geteilt in *A.* (2) u. 2 iran. Prov. *(West-A.,* Hptst. *Resa'iye; Ost-A.,* Hptst. *Täbris).* – **2.** Staat im Kaukasus, 86 600 km², 7,1 Mio. Ew., Hptst. *Baku.* Einbezogen sind die Rep. Nachitschewan u. das autonome Gebiet der Bergkarabachen; umfaßt die Kura-Niederung mit dem Tiefland von Lenkoran, die Halbinsel Apscheron, den SO des Kaukasus u. in Nachitschewan einen Teil des Armen. Hochlands; Erdöl- u. Erdgasvorkommen, Bewässerungsfeldbau (Baumwolle, Weizen, Früchte u. a.).
Geschichte: 1918–20 vorübergehend unabh.; seit 1920 Sowjetrepublik (seit 1936 Aserbaidschan. SSR). Im Zuge des Zerfalls der UdSSR erklärte A.

Aserbaidschan

1991 seine Unabhängigkeit; blutiger Konflikt mit Armenien um Bergkarabach.

Asgard, in der germ. Myth. der Wohnsitz der Götter *(Asen)* über *Midgard* (Menschenwelt) u. *Utgard* (der Riesenwelt).

Ashab, in der islam. Religion die Begleiter des Propheten *Mohammed.*

Ashanti [-'ʃanti], *Aschanti,* ehem. krieger. Sudanneger-Volk (mit Mutterrecht) der Akan-Gruppe in Ghana, bek. für Goldschmiedearbeiten; ihr Kgr. an der Goldküste (seit dem 17. Jh.) wurde im 19. Jh. von England erobert u. brit. Protektorat (1901).

Ashdod [aʃ'dɔd], Hafenstadt in Israel, südl. von Tel Aviv, 75 000 Ew.; Großkraftwerk.

Ashoka → Aschoka.

Ashqelon [aʃke'lon], Hafenstadt in Israel, nördl. von Gaza, 57 000 Ew.; *Askalon* war eine der 5 Metropolen der Philister; 12./13. Jh. Kreuzfahrerstützpunkt.

Ashram, *Aschram,* urspr. Bez. für die dritte Lebensstufe des gläubigen Hindu, in der er sich aus dem Leben zurückzieht u. der Meditation widmet; heute auch bez. religiöse hinduist. oder buddhist. Zentrum mit kommunitärem Leben.

Asien, mit 44,7 Mio. km² der größte Kontinent der Erde; umfaßt fast ein Drittel der Landoberfläche der Erde. Von N nach S beträgt die Entfernung 8600 km, von W nach O 11 000 km. A. ist gegen Amerika durch die Beringstraße, gegen Australien durch die Molukken- u. Bandasee u. gegen Afrika durch die Landenge von Suez abgegrenzt. Gegen Europa fehlt eine deutliche natürl. Abgrenzung. Meist gilt das Uralgebirge, der Uralfluß u. die Manytschniederung als Grenze. A. beherbergt mit rd. 3 Mrd. Ew. mehr Menschen als alle anderen Kontinente zusammen. Alle großen Religionen (Christentum, Judentum, Islam, Buddhismus, Hinduismus, Konfuzianismus)

haben ihren Ursprung in A. A. ist ferner ein Kontinent der Superlative: Hier liegt der höchste Berg der Erde *(Mt. Everest,* 8848 m), der tiefste See *(Baikalsee,* 1620 m) u. der größte Binnensee *(Kasp. Meer,* 371 000 km²).
Landesnatur. Tieflandcharakter herrscht v. a. in W-Sibirien u. Teilen O- u. S-Asiens, während in O- u. Mittelsibirien, in Arabien u. Indien Tafelländer u. Hochebenen das Landschaftsbild bestimmen. Eine ausgedehnte Gebirgszone durchzieht den Kontinent von W nach O. Sie schließt in Anatolien, Iran, Tibet u. der Mongolei weite Hochländer ein, bildet in Armenien, im Pamir u. östl. von Tibet mächtige Gebirgsknoten u. erreicht im Himalaya u. Karakorum ihre größten Höhen. In Hinterindien biegt sie nach S um u. setzt sich in den vulkan. Inselbögen SO-Asiens fort. – Zum Nördl. Eismeer ziehen die sibir. Ströme *Ob, Jenissej* u. *Lena.* In den Pazifik münden *Amur, Huang He* u. *Chang Jiang,* in den Ind. Ozean *Euphrat, Tigris, Indus, Ganges* u. *Brahmaputra* sowie der *Mekong.* Eine riesige Fläche im Innern A. hat keinen Abfluß zum Meer; ihre Flüsse enden in großen Binnenseen. – Klima: N- u. Zentral-A. besitzen ein ausgesprochen kontinentales Klima mit starken Temperaturgegensätzen zw. Sommer u. Winter. Von der Arab. Halbinsel bis zur Wüste Gobi zieht ein ausgedehnter Trockengürtel. Vorder- u. Hinterindien sowie weite Teile Chinas werden durch den Monsun beeinflußt, der im Sommer reichl. Niederschläge bringt. – Pflanzen- u. Tierwelt: Vom Malaiischen Archipel bis nach Indien ist trop. Regenwald verbreitet, der oberhalb von 2000 m in Nebelwald übergeht. In diesem Gebiet leben noch Elefanten, Nashörner, Tiger u. Menschenaffen. In S- u. SO-Asien gedeihen Monsunwälder, die während der Trockenzeit ihr Laub abwerfen; in den trockeneren Gebieten dieser Region herrschen Savannen vor. In Ost-A. sind teilw. noch Laub- u. Mischwälder mit großem Artenreichtum erhalten. Der innerasiat. Trockengürtel ist durch Steppe, Halbwüste u. Wüste gekennzeichnet. Hier leben Kamele, Wildesel, Antilopen u. Steppenvögel. In Sibirien dehnt sich das größte Waldgebiet der Erde, die Taiga, aus mit Birken- u. Nadelwald. Hirsche, Elche u. Pelztiere haben in den Wäldern noch eine weite Verbreitung. In dem breiten Küstenstreifen am Nördl. Eismeer erstreckt sich die karge, mit Moosen u. Flechten bedeckte Tundra, in der Rentier, Lemming u. Eisfuchs leben. Im dichtbevölkerten S, O u. SO des Kontinents mußte die urspr. Vegetation weiträumig Kulturflächen weichen. A. ist die Heimat der meisten Kulturpflanzen (Getreide, Obst, Wein, Tee u. a.) u. Haustiere (z.B. Pferd, Rind, Schaf).
Bevölkerung. A. gilt als Heimat der *Mongoliden.* Untergruppen sind die Tungiden, die jungmongoliden Siniden (Großteil der Chinesen u. Koreaner sowie ein Teil der Japaner) u. die Paläomongoliden (Teile der Koreaner, Japaner u. Chinesen, zahlreiche Völker Hinterindiens u. Indonesiens). Zu den *Europiden* zählen v. a. die Indiden. In Vorder-A. sind *Armenide, Orientalide* u. *Mediterranide* vorherrschend. Die Bevölkerung ist sehr ungleich verteilt. Den fast menschenleeren Räumen im N Sibiriens, der zentralasiat. Hochländer u. der Wüsten u. Halbwüsten der Arab. Halbinsel u. des Iran stehen v. a. im S u. O des Kontinents äußerst dicht besiedelte Gebiete gegenüber.
Wirtschaft. A. gehört zu den rohstoffreichsten Erdteilen. China u. Rußland haben große Reserven an fast allen wichtigen Rohstoffen. Bes. reich ist A. an Erdöl u. -gas (Vorder-A., W-Sibirien, Kaukasus, südl. Ural) u. Zinn (Malaysia, Indonesien). Zu den wichtigsten Agrarprodukten zählen Reis (S- u. SO-Asien), Kautschuk (Malaysia, Sri Lanka, Indonesien), Jute (Bangladesch), Baumwolle (S-Asien, Westturkistan), Seide (O-Asien), Tee (S-Kaukasien, Indien, Sri Lanka, Indonesien, China, Philippinen) u. Weizen (SW-Sibirien, Pakistan, Indien, NO-China). Die wirtschaftl. Entwicklung A.s ist äußerst ungleich: Einem der reichsten Länder der Erde (Japan) steht mit Bangladesch eines der ärmsten gegenüber. Gemessen an europ. Verhältnissen sind die meisten Länder A.s noch immer wirtschaftl. unterentwickelt.
Entdeckungsgeschichte. Phöniz. Seefahrer stellten als erste eine Verbindung zw. der Mittelmeerkultur u. dem westl. A. her. Die Feldzüge *Alexanders* d. Gr. im 4. Jh. v. Chr. brachten eine starke Erweiterung der Kenntnisse von A. Im 13. Jh. kam es durch die Mongolen zur unmittelbaren Berührung zw. Europa u. A. Reisende wie *Marco Polo* schilderten den Glanz bisher unbekannter Kulturen. Ein Fortschritt war 1497/98 *Vasco da Gamas* Entdeckung des Seewegs nach Indien. Im 16. Jh. begann der russ. Vorstoß nach Sibirien. Erst spät, mit Beginn des 19. Jh., wurde Inner-A. erforscht (Gebr. *Schlagintweit,* N. *Przewalski,* F. v. *Richthofen,* S. *Hedin*).
Asimov, Isaac, *1920, †1992, amerik. Schriftst. russ. Herkunft; schrieb Science-Fiction-Romane (»I, Robot«) u. naturwiss. Werke.

Asien: Staaten

Staat	Hauptstadt	Staat	Hauptstadt	Staat	Hauptstadt
Afghanistan	Kabul	Japan	Tokio	Oman	Maskat
Armenien	Eriwan	Jemen	San'a	Pakistan	Islamabad
Aserbaidschan	Baku	Jordanien	Amman	Philippinen	Manila
Bahrain	Manama	Kambodscha	Phnom Penh	Saudi-Arabien	Riad
Bangladesch	Dhaka	Kasachstan	Alma-Ata	Singapur	Singapur
Bhutan	Thimbu	Katar	Doha	Sri Lanka	Colombo
Birma	Rangun	Kirgisien	Bischkek	Syrien	Damaskus
Brunei	Bandar Seri Begawan	Korea, Nord-	Phyongyang	Tadschikistan	Duschanbe
		Korea, Süd-	Seoul	Taiwan	Taipeh
China	Peking	Kuwait	Kuwait	Thailand	Bangkok
Georgien	Tiflis	Laos	Vientiane	Turkmenistan	Aschchabad
Indien	Delhi	Libanon	Beirut	Usbekistan	Taschkent
Indonesien	Jakarta	Malaysia	Kuala Lumpur	Vereinigte Arab. Emirate	Abu Dhabi
Irak	Bagdad	Malediven	Male	Vietnam	Hanoi
Iran	Teheran	Mongolei	Ulan Bator	Zypern	Nicosia
Israel	Jerusalem	Nepal	Katmandu		

Asinius Pollio, *76 v. Chr., †5 n. Chr., röm. Feldherr; kämpfte im Bürgerkrieg auf der Seite *Cäsars;* zog sich unter *Augustus* von der Politik zurück; stiftete die 1. öffentl. Bibliothek in Rom.
Asir, ehem. arab. Fürstentum am Roten Meer, nw. der Rep. Jemen, seit 1923 zu Saudi-Arabien.
Askalon → Ashqelon.
Askanier, mitteldt. Fürstengeschlecht, auf Adalbert von Ballenstedt (um 1000) zurückgehend, gen. nach der Burg Askanien bei Aschersleben. Vier Linien: 1. Grafen, später Herzöge von *Anhalt* (bis 1918); 2. Markgrafen von *Brandenburg* (bis 1319); 3. Herzöge von *Sachsen-Lauenburg* (bis 1689); 4.

ASIEN

Paßstraße im Hindukusch (Afghanistan) (links). – Schulmädchen in Tadschikistan (rechts)

Blick von den Bergen des östlichen Negev (Wadi al-Araba) auf die Berge von Edom (links). – Bergdorf Linkou (Taiwan) mit terrassierten Reisfeldern. Diese Agrarlandschaft ist kennzeichnend fü

Herzöge, später Kurfürsten von *Sachsen-Wittenberg* (bis 1422).
Askenase, Stefan, *1896, †1985, belg. Pianist poln. Herkunft.
Asker, Gemeinde in S-Norwegen, sw. von Oslo, 42 000 Ew.; Getreide-, Obst- u. Gemüseanbau.
Askese, strenge Enthaltsamkeit; körperl. u. geistige Selbstüberwindung zur Erlangung eth. Ziele, übersinnl. Fähigkeiten oder christl. Vollkommenheit.
Asklepios, *Äskulap*, grch.-röm. Gott der Heilkunde; Attribut: Stab mit Schlange (**Äskulapstab,** Abzeichen der Ärzte). In den Heiligtümern des A. (**Asklepieion,** entspricht dem heutigen Kurbad) spielte der Heilschlaf eine bed. Rolle.
Äskulapnatter, größte, bis 2 m lange Schlange Mittel- u. S-Europas; ungiftig; geschützt.
Asmera, Hptst. von Eritrea, 2350 m ü. M., 300 000 Ew.; Univ.; versch. Ind.; Flugplatz.
Asmodi, Herbert, *30.3.1923, dt. Schriftst. (Schauspiele mit iron. Zeitkritik).
Asmussen, Hans Christian, *1898, †1968, dt. ev. Geistl., führend in der »Bekennenden Kirche«.
Äsop, *Aisopos*, nach Herodot ein grch. Sklave auf Samos, um 550 v. Chr.; dichtete Fabeln, die, in späteren Sammlungen, Bearbeitungen u. mit vielen Ergänzungen überliefert, seit dem MA auch die dt. Dichtung befruchteten.
Asowsches Meer, bis 15 m tiefe Bucht im N des *Schwarzen Meers*, in die Don u. Kuban münden; durch die *Straße von Kertsch* mit dem Schwarzen Meer verbunden.
asozial, gemeinschaftsfremd, gemeinschaftsunfähig; die Gemeinschaft schädigend. – Unter den Asozialen i.e.S. versteht man die *Nichtseßhaften,* d. h. Land- oder Stadtstreicher ohne festen Wohnsitz u. ohne regelmäßige Arbeit.
Aspartame, Süßstoff; zum Süßen von diätet. Lebensmitteln.
Aspekt, 1. Ansicht, Gesichtspunkt, Anblick. – **2.** in der Astrologie bes. ausgezeichnete Stellungen (Konstellationen) der Planeten, der Sonne u. des Mondes zueinander.
Aspern, Stadtteil von Wien. In der *Schlacht von A.* am 21./22.5.1809 erlitt der bis dahin unbesiegte Napoleon I. seine erste Niederlage (durch Erzherzog Karl).
Asphalt [auch -'as], Gemische von →Bitumen u. Mineralstoffen, die vorw. techn. hergestellt u. meist für Straßenbauzwecke verwendet werden (z.B. *A.beton*). Als Mineral kommt A. vereinzelt in der Natur vor (Trinidad, Kalifornien u. a.) u. war als *Erdpech* schon im Altertum bek.
Asphyxie, Atemstillstand bei Ohnmacht, Scheintod oder drohender Erstickung; häufig beim Neugeborenen.
Aspik, gallertartige, durchsichtige Masse aus Gelatine u. ä. zum Überziehen von Speisen.
Aspirant, Anwärter auf eine berufl. Position, Bewerber.
Aspiration, Erwartung, Hoffnung, Ehrgeiz.
Aspirator, Apparat zum Absaugen gasförmiger Stoffe oder (med.) krankhafter Ergüsse.
Aspirin, *Acetylsalicylsäure*, Warenzeichen für ein antirheumat., fiebersenkendes u. schmerzstillendes Arzneimittel.
Aspisviper, bis 75 cm lange *Viper* S-Europas, mit dunklen Querbinden; giftig.
Assad, Hafez Al, *6.10.1930, syr. Offizier u. Politiker; seit 1971 Staats-Präs.
Assam, Bundesstaat im NO →Indiens.
Assekuranz [lat.], veraltete Bez. für Versicherung.
Asseln, *Isopoda*, Ordnung der *Höheren Krebse* mit ca. 4000 Arten, darunter *Wasser-, Höhlen-, Mauer-, Keller-, Roll-, Fisch-, Bohr-A.,* Landtiere; die Hinterleibsgliedmaßen sind meist blattförmig u. dienen der Atmung.
Assembler [ə'sɛmblər] →Programmiersprachen.
Assen ['asə], Hptst. der ndl. Prov. Drenthe, 50 000 Ew.; Motorrad-Rennstrecke (7,675 km).
Assessor [lat., »Beisitzer«], Amtsbez. für Beamtenanwärter des höheren Dienstes nach Ablegen der 2. Staatsprüfung (*A.-Examen*): Gerichts-, Regierungs-, Studien-A. u. a.
Assignaten, urspr. Anweisungen auf Staatsgüter, eine Art Papiergeld, das 1790–97 vom frz. Staat ausgegeben wurde u. zur Inflation u. wirtsch. Zerrüttung führte; danach allg.: wertloses Papiergeld.
assignierte Streitkräfte, engl. *assigned forces,* jederzeit einsatzbereite militär. Verbände, die der NATO von den Mitgliedsstaaten unterstellt werden.
Assimilation, 1. *allg.:* Angleichung, Anpassung, Verschmelzung (an Umweltbedingungen); Verb: **assimilieren.** – **2.** *Biol.:* chem. Vor-

Straßenszene in Kaschmir

Die Koralleninseln der Malediven sind von dichten Kokosbaumwäldern bedeckt

...dregionen des Gebirges (Mitte). – Japanische Geisha beim Koto-Spiel (rechts). – Chinesische Mauer nördlich von Peking; sie diente in vergangener Zeit der Abwehr von ...golenstürmen (rechts außen)

Asien, Staaten

Assiniboin

gang, bei dem Nahrungsstoffe innerhalb lebender Zellen zu körpereig. Stoffen umgewandelt werden *(Stoffwechsel).* Bei Pflanzen die Umwandeln von Kohlensäure u. Wasser in Zucker, Stärke u. Zellstoff, wobei Sauerstoff freigesetzt wird (→Photosynthese). – **3.** *Phonetik: Lautangleichung,* die artikulator. Angleichung oder Annäherung zweier benachbarter Laute. – **4.** *Psych.:* angleichende Verschmelzung neuer Bewußtseinsinhalte mit den bereits vorhandenen zu einem neuen Ganzen. – **5.** *Soziologie:* jede Verähnlichung im gesellschaftlichen Leben, z.B. das Durchdringen bzw. Aufgehen von (rass., sprachl., konfessionellen) Gruppen in andere bisher fremde Gruppen.
Assiniboin, Stamm von Siouxindianern in der kanad. Prärie; Büffeljäger, Maisbauern.
Assise, Schwurgericht bzw. Schwurgerichtssitzung *(A.ngericht)* in Frankreich u. Schweiz.
Assisi, ital. Stadt in Umbrien, 25 000 Ew.; Geburtsort des röm. Dichters *Properz* u. des hl. *Franz von A.;* Hauptkloster der Franziskaner; Wallfahrtsort.
Assistent, Gehilfe, Mitarbeiter im prakt. Bereich, bes. im wiss. u. techn. Bereich *(Med.-techn. A.in, Diät-A.in* u. a.), auch noch nicht fertig ausgebildeter Mitarbeiter (z.B. *Assistenzarzt).*
Assiut →Asyut.
Assmannshausen, Stadtteil von Rüdesheim, Fremdenverkehrsort am Rhein, Weinbau.
Assoziation, Vergesellschaftung, Beigesellung, Verbindung. – In der Psych. die Verknüpfung von Gedanken u. Gefühlen miteinander; Grundlage für Gedächtnis- u. Lernvorgänge (z.B. kann ein Geruch ein bestimmtes Erlebnis oder Gefühl *assoziieren).* – **assoziativ,** (gedankl.) verknüpfend; verbindend, vereinigend. – **assoziiert,** zugesellt, verbündet.
assoziierte Staaten, Staaten mit einer losen Angliederung an eine Gemeinschaft ohne volle Mitgliedschaft.
ASSR, Abk. für *Autonome Sozialist. Sowjetrepublik,* in der Sowj. das Territorium einer größeren nat. Minderheit mit eig. Verfassung; tragen seit dem Zerfall der Sowj. nur noch den Namen *Republik,* einige auch *SSR.*
Assuan, *Aswan,* in der Antike *Syene,* ägypt. Stadt am Nil, 200 000 Ew.; bei *Philae* 2 km langer Staudamm mit großem Stausee (1892–1902 erbaut); südl. davon staut der 1960–70 gebaute 3,6 km lange Staudamm »Sadd al-Ali« den Nassersee: Kraftwerk.
Assumptionisten, ein geistl. →Orden.
Assunta, die in den Himmel aufgefahrene Maria.
Assur, im 2. Jt. v. Chr. die Hptst. Assyriens, am Westufer des Tigris, 614 v. Chr. von den Medern zerstört; heute Ruinenstätte *Kalat Schergat* mit freigelegten Denkmälern der assyr. Gesch. u. Kunst (u. a. Tempel der Ischtar u. des A., Reichsgott von Assyrien).
Assurbanipal, assyr. König 668–631 v. Chr.; legte in seinem Palast in *Ninive* die größte babylon.-assyr. Bibliothek (Keilschrifttexte) an, heute im Brit. Museum in London.
Assyrien, assyr. *Aschschur,* Stadtstaat *(Assur)* am mittleren Tigris in N-Mesopotamien seit dem 3. Jt. v. Chr.; durch Eroberungen Weltmacht der damali-

gen Zeit, reichte von der pers.-irak. Grenze u. dem Pers. Golf bis ans Mittelmeer u. nach Ägypten. Durch Vermischung der Urbevölkerung mit semit. Eindringlingen (Akkader) um 2400 v. Chr. entstand das assyr. Volk. A. kämpfte mit wechselndem Erfolg gegen Babylonien um den Vorrang. *Asarhaddon* (680–631 v. Chr.) erreichte mit der Eroberung Ägyptens den Gipfel der assyr. Macht. Der Verfall begann unter *Assurbanipal* (668–631 v. Chr.), der das Reich durch den Streit mit seinem Bruder um den Thron schwächte. Unter seinen Söhnen wurde A. von den Babyloniern u. Medern vernichtet.

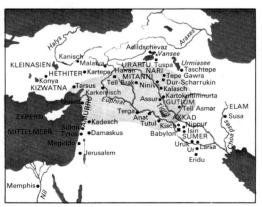

Assyrien: das Neuassyrische Reich unter Assurnasirpal II. und Salmanassar III.

Fred Astaire mit seiner Partnerin Ginger Rogers in dem Film »Shall we dance«

AStA, Abk. für *Allgemeiner Studentenausschuß,* Selbstverwaltungsorgan zur Vertretung student. Interessen.
Astaire [ə'stɛːr], Fred, eigtl. Frederick *Austerlitz,* *1899, †1987, US-amerik. Revuetänzer u. Filmschauspieler.
Astarte, hebr. *Aschtoret,* aram. *Attar,* westsemit. Göttin der Fruchtbarkeit u. der Liebe, gleich der babyl. *Ischtar.*
Astasie, Unfähigkeit zu stehen.
Aster, Gatt. der *Korbblütler,* typ. ist Strahlenblüte; vorwiegend in Amerika heimisch *(Herbst-A.);* in Mitteleuropa: *Gold-, Berg-, Alpen-, Garten-A., Strand-A.*
Asterix, Titelheld einer seit 1961 erscheinenden frz. Comic-Serie, die den Kampf eines gall. Dorfs gegen die Römer schildert.
Asteroiden →Planetoiden.
Astheniker, ein Mensch von schmächtigem Körperbau.
Ästhetik, urspr. Lehre von der sinnl. Wahrnehmung (grch. aisthesis), dann Lehre vom Schönen, bes. in der Kunst. – **Ästhet,** Mensch mit ausgeprägtem Schönheitssinn. – **ästhetisch,** »wohlgeformt«, schön, geschmackvoll. – **Ästhetizismus,** *i.w.S.* eine an der Kunst orientierte Lebenshaltung u. Weltanschauung, bes. ausgeprägt in der dt. Romantik.
Asthma, Anfälle von Atemnot: **1.** *Bronchial-A.,* Krampf der kleinen Bronchien mit Schwellung u. Absonderung zähen Schleims, Lungenblähung durch erschwerte Ausatmung. A.anfall oft allerg. bedingt. – **2.** *Herz-A.,* durch plötzl. auftretende Herzschwäche oder Lungenstauungen bei Herzerkrankungen hervorgerufen.
Asti, ital. Stadt in Piemont, 80 000 Ew.; Weinbau, bes. Schaumwein *(A. spumante).*
Astigmatismus, 1. *Stabsichtigkeit,* auf unregelmäßiger Krümmung der Hornhaut beruhender Brechungsfehler des Auges. – **2.** ein Abbildungsfehler bei Linsen, bei dem z.B. als schärfstes Bild eines Punkts ein Strich erscheint u. die beiden senkrecht aufeinander stehenden Linien eines Kreuzes in zwei versch. Ebenen scharf abgebildet werden.
Aston ['æstn], Francis William, *1877, †1945, engl. Physiker; trennte 1919 als erster Isotope mit *Massenspektrographen;* Nobelpreis für Chemie 1922.
Astor [engl. 'æstə], **1.** John Jacob, *1763, †1848, US-amerik. Großkaufmann dt. Herkunft; erwarb durch Pelz- u. Grundstückshandel großen Reichtum. – **2.** Lord Vincent William *Waldorf A.,* später Viscount *A. of Haver Castle,* *1879, †1952, brit. Politiker u. Zeitungsverleger.
Astrachan, russ. Hafenstadt im Wolga-Delta, 450 000 Ew.; Fischverarbeitung (Kaviar).
Astragalus, *Astragalos,* **1.** das *Sprungbein,* Fußwurzelknochen an der Ferse. – **2.** *Perlstab,* bes. an

ionischen Säulen ein schmales Trennglied, meist aus Perlen.
astral, auf die Sterne bezogen.
Astralreligion, *Astralkult,* relig. Verehrung u. Deutung der Gestirne als göttl. Erscheinungsformen; ihre Bewegungen werden als Willenskundgebungen der Götter u. als Lenkung der ird. Geschicke gedeutet.
astro …, Astro … [grch.], Wortteil mit der Bed. »Stern«, »Weltraum«.
Astrolabium, Instrument zur Messung von Gestirnshöhen u. zur Lösung von sphär. Aufgaben.
Astrologie, *Sterndeutung,* die im Altertum u. im MA von Priestern u. Gelehrten ausgeübte Kunst, aus der Stellung der Gestirne (bes. Sonne, Mond, Planeten) den Charakter eines Menschen sowie Schicksal u. Zukunft vorauszusagen, wobei Entsprechungen zw. den Vorgängen im Makrokosmos u. denen im Mikrokosmos angenommen wurden. Auch heute ist die A. weit verbreitet, wird aber von der Naturwiss. abgelehnt. →Horoskop.
Astronaut, Weltraumfahrer, in Rußland auch *Kosmonaut* genannt.
Astronautik, die Technik u. Wiss. der →Weltraumfahrt.
Astronomie, *Himmelskunde, Sternkunde,* die Wiss. von den Gestirnen u. vom Bau des Weltalls. Bis zum 17. Jh. war fast ausschl. das Sonnensystem Gegenstand der A., seit dem Ende des 18. Jh. die Erforschung des Systems der Fixsterne (→Milchstraßensystem); erst im 20. Jh. ist die astronom. Forschung bis an die Grenzen des sichtbaren Weltalls (System der →Spiralnebel) vorgestoßen. A. wird heute nicht nur von Erdobservatorien aus betrieben, sondern auch von Satelliten. Die A. gliedert sich in wichtige Teilgebiete: Die *Himmelsmechanik* ist die Lehre von der Bewegung der Himmelskörper. Grundlagen sind die Keplerschen Gesetze bzw. das Newtonsche Gravitationsgesetz; sie dienen u. a. zur Bestimmung der Planetenbahnen oder zur Massebestimmung von Himmelskörpern. Die *Astrometrie,* auch Positions-A., bestimmt die Positionen (Örter) der Gestirne. Die *Stellar-A.* erforscht den Aufbau u. die Bewegungsverhältnisse von Sternsystemen. Die *Astrophysik,* häufig als eigenständige Wiss. angesehen, beschäftigt sich u. a. mit der Atmosphäre, dem inneren Aufbau u. der Entwicklung von Sternen. Hierbei benutzt sie die *Astrospektroskopie* (Analyse des Sternlichtes) u. die *Astrophotometrie* (Helligkeitsmessung). Die *Radio-A.* untersucht die aus dem Weltall einfallende Radiostrahlung, die von versch. Objekten (z.B. Pulsaren, Galaxien u. a.) ausgesandt wird; die Röntgen- u. Gammastrahlen-A. befaßt sich mit extrem kurzwelliger Strahlung aus dem Weltraum. – 🗍 →S. 72
Astuar, Mündungstrichter eines Flusses mit Gezeiteneinfluß; durch Meeresspiegelanstieg oder Landsenkung ertrunkene Talabschnitte; z.B. Elbe, Themse, Garonne.
Asturias, Miguel Ángel, *1899, †1974, guatemaltek. Schriftst.; polit., sozialkrit. u. der Maya-Kultur verpflichtete Romane; Nobelpr. 1967.
Asturien, span. *Asturias,* histor. Ldsch. im nordwestl. Spanien, die heutige Prov. *Oviedo;* im 5. Jh. Teil des Westgotenreichs; 8. Jh. bis 910 Kgr. A., Ausgangsland der Reconquista; seit 924 Teil des Kgr. León, 1230 mit Kastilien vereinigt.
ASU, Abk. für *Abgas-Sonderuntersuchung,* der sich seit 1985 jährl. einmal alle Kraftfahrzeuge mit Ottomotor unterziehen mußten mit dem Ziel, die Schadstoffemissionen zu reduzieren. Seit 1.12.1993 abgelöst durch *Abgas-Untersuchung* (Abk. *AU*), die auch für Pkw mit geregeltem Katalysator oder Dieselmotor u. Lkw vorgeschrieben ist.
Asunción [asun'sjɔn], Hptst. von Paraguay, 480 000 Ew.; bed. Handels- u. Industriezentrum, Hafen am Paraguay, Flughafen, Univ.
Asyl, fr. Freistätte, Zufluchtsort für Verfolgte (Tempel, Kirchen, Klöster); heute Zufluchtsstätte für Notleidende oder Schutzbedürftige. In Dtld. u. a. Staaten genießen polit. oder religiös Verfolgte einen Rechtsanspruch auf A., d. h. u. a. Schutz vor Ausweisung u. Auslieferung an den Heimatstaat. Art. 16a GG in der A.verfahrensregelungen von 1992 u. 93 schränken das A.recht ein für Personen, die aus EG-Mitgliedsländern oder sog. sicheren Drittstaaten einreisen, sowie für Personen aus sog. sicheren Herkunftsstaaten.
Asymmetrie, Ungleichmäßigkeit.
Asymptote, *Math.:* eine Gerade, die einer Kurve beliebig nahe kommt, sie aber nicht erreicht.

ASTRONOMIE

Der große Orionnebel ist das bekannteste Beispiel eines Emissionsnebels. Die intensive Ultraviolettstrahlung sehr heißer Sterne regt ihn zu eigenem Leuchten an (links). - Der Crabnebel (Krebsnebel) im Sternbild Taurus steht an der Stelle einer im Jahr 1054 aufgeleuchteten Supernova. Er dehnt sich noch heute mit einer Geschwindigkeit von rund 1100km/s aus (rechts)

Arabisches Astrolabium geschlossen (links), geöffnet (rechts); 1086

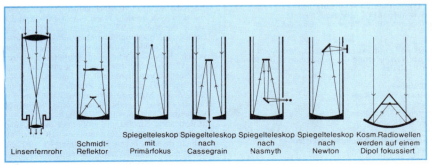

Astronomische Fernrohre

Arbeitsplatz in einem Teleskop in La Silla, Chile   *2,2-m-Teleskop auf dem Calar Alto*

Eine *asymptotische Kurve* hat dieselbe Eigenschaft.

asynchron, nicht gleichzeitig.

Asyut, *Assiut,* größte Stadt Oberägyptens, am Nil, 300000 Ew.; Kunstgewerbe; islam. Hochschule, Univ.; Nilstaudamm.

Aszendent, 1. *Astrologie:* der Schnittpunkt zwischen Tierkreis u. Osthorizont im Augenblick u. am Ort der Geburt eines Menschen. – **2.** *Genealogie:* Verwandter in aufsteigender Linie (Eltern, Großeltern usw.); Ggs.: *Deszendent.*

at, Kurzzeichen für die techn. Einheit des Drucks von 1 kp auf 1 cm² *(techn. Atmosphäre);* keine gesetzl. Einheit.

Atacama, Wüste in N-Chile, mit Salzseen *(Salar de A.);* Abbau von Borax, Salpeter, Silber- u. Kupfererzen.

Atahualpa, * nach 1500, † 1533, 13. u. letzter Inka-Herrscher von Peru 1525–33; am 16.11.1532 in Cajamarca von F. *Pizarro* gefangengenommen u. trotz Zahlung eines gewaltigen Lösegelds hingerichtet.

Atalante, Gestalt der grch. Myth.: vom Vater ausgesetzte u. von einer Bärin ernährte Jägerin in Arkadien oder Böotien; besiegte alle Freier im Wettlauf. Die Unterlegenen wurden getötet, bis A. von *Hippomenes* überlistet wurde. Sie wurde später zus. mit diesem in Löwen verwandelt.

Atami, japan. Hafenstadt südwestl. von Tokio, 55000 Ew.; Erholungs- u. Badeort.

Atatürk, Kemal, bis 1934 *Mustafa Kemal,* * 1881, † 1938, türk. Offizier u. Politiker, Schöpfer der modernen Türkei; stellte sich 1919 an die Spitze der nat. Erhebung; vertrieb 1921/22 die Griechen aus Kleinasien u. erhielt den Ehrentitel *Gazi* [»siegreicher Kämpfer«]; beseitigte das Sultanat u. das Kalifat; seit 1923 Präs. der Rep., führte Reformen nach europ. Vorbild durch.

Atavismus, das Wiederauftreten von stammesgeschichtl. ursprünglicheren Körpermerkmalen; auch übertragen: Rückkehr zu überholten Anschauungen.

Ataxie, Störung der geordneten Bewegung bei versch. Erkrankungen des Zentralnervensystems.

Atbara, r. Nbfl. des Nil, 1100 km; mündet bei der Stadt A. (Sudan).

Ate, im grch. Mythos Tochter des Zeus, Unheilstifterin.

Atelier [atəlˈjeː], Werkstatt für Künstler.

Atem, *Odem,* der ausgeatmete Luftstrom. – **A.not,** *Kurzatmigkeit, Dyspnoe,* ein Zustand, bei dem den Lungen weniger Luft zugeführt wird, als der Körper braucht; normal z.B. beim schnellen Laufen. – **A.schutzgeräte,** Masken mit oder ohne Frischluft- bzw. Sauerstoffzufuhr, die dem Träger das Vordringen in nicht atembare Umgebung ermöglichen; schützen gegen Staub, Rauch u. Giftgase. – **A.wurzeln,** *Pneumatophoren,* aus dem Boden herausragende Wurzeln, dienen (z.B. bei Mangroven) zur Sauerstoffversorgung. – **A.zentrum,** zw. Rückenmark u. Gehirn gelegenes Organ aus Nervenzentren, von dem aus die A.tätigkeit gesteuert wird. Bei Verletzung tritt sofort der Tod durch A.stillstand ein.

à tempo, *Musik:* wie vorher, im alten Zeitmaß.

Athabasca [æθəˈbæskə], Fluß im westl. Kanada, 1240 km; mündet in den *A.-See* (7917 km²).

Athanasianisches Glaubensbekenntnis, *Symbolum Quicumque,* das letzte der drei ökumenischen Bekenntnisse, die von allen Konfessionen anerkannt sind. In begriffl.-lehrhafter Sprache legt es die Lehre von der Trinität u. von den zwei Naturen Jesu fest. Seine geistigen Väter sind *Ambrosius* u. *Augustinus.*

Athanasius, * 295, † 373, grch. Kirchenlehrer, Patriarch von Alexandria; Hauptverteidiger der Wesensgleichheit Christi mit dem Vater gegen die Arianer; trug zur Verbreitung der Mönchsidee im Abendland bei. – Heiliger (Fest: 2.5.).

Athapasken, weit verbreitete indian. Sprachfam., u. a. Navaho u. Apachen im SW der USA.

Athaulf, † 415, König der Westgoten 410–15; führte sein Volk 412 aus Italien nach Gallien; verh. mit der röm. Kaisertochter Galla Placidia.

Atheismus, Leugnung jeder göttl. Wirklichkeit. – **Atheist,** Gottesleugner.

Athen, grch. *Athenai,* Hptst. von Griechenland am Saron. Golf, 885000 Ew. (m. V. 3,1 Mio. Ew.); Mittelpunkt des polit., wirtsch. u. geistigen Lebens Griechenlands; Hafen →Piräus; Sitz eines kath.

72 Athenäum

Erzbischofs u. grch.-orth. Metropoliten. Denkmäler der grch. Kultur (→ Akropolis), reger Fremdenverkehr. – Im Altertum bed. Stadtstaat (neben Sparta) mit demokrat. Regierungsform (u. a. Souveränität der Volksversammlung), begr. den *Attischen Seebund;* nach dem Perserkriegen erlebte A. um 450 v. Chr. unter Perikles seine höchste Kulturblüte. Mit der Niederlage im Peloponnes. Krieg (431–404 v. Chr.) durch die Spartaner begann der Niedergang. Nach Zerfall des Byzantin. Reichs stand A. wie das übrige Griechenland lange unter türk. Herrschaft u. ist seit 1833 Hptst. des neuen grch. Staats.

Athenäum, grch. *Athenaion,* urspr. Heiligtum der Göttin *Athene;* dann Akademie zur Pflege von Dichtkunst u. Beredsamkeit unter Kaiser Hadrian.

Athene, grch. Göttin, Lieblingstochter des *Zeus,* dessen Stirn sie gerüstet entstieg; der röm. *Minerva* gleichgesetzt; Göttin der Weisheit, der Kunst, der Handfertigkeit u. des Ackerbaus; Beinamen *Pallas* (»Mädchen«) u. *Parthenos* (»Jungfrau«).

Äther, 1. organ.-chem. Verbindungen, → Ether. – **2.** *Licht-Ä., Welt-Ä.,* überholte Auffassung von einem das Weltall ausfüllenden elast. Stoff, dessen mechan. Schwingungen die Lichtwellen u. dessen innere Spannungen die elektr. u. magnet. Felder sein sollten; ugs. »Wellen aus dem Ä. empfangen«. – **ätherisch,** zart, vergeistigt.

ätherische Öle, flüchtige, meist angenehm riechende Duftstoffe der Pflanzen, z. B. Pfefferminz-, Eukalyptus-, Fichtennadelöl; für Parfüms u. a.

Atherom, *Grützbeutel,* durch Verstopfung der Hautöffnung gestauter Ausführungsgang einer Talgdrüse, bes. am behaarten Kopf.

Äthiopien, Staat in O-Afrika, 1 100 757 km², 49,9 w Mio. Ew., Hptst. *Addis Abeba.*
Landesnatur. Ä. besteht aus einem Hochgebirge, dessen einzelne Massive mehr als 4000 m Höhe erreichen *(Ras Daschan* 4620 m). Das Hochland hat reichl. Niederschläge, verhältnismäßig niedrige Temperaturen u. z. T. üppigen Waldwuchs. Flüsse: *Atbara, Blauer Nil* (mit *Tanasee).* Die Tiefländer haben geringe Niederschläge u. lange Trockenzeiten bei hohen Temperaturen; ihre Vegetation reicht von laubabwerfenden Trockenwäldern über Trockensavannen bis zu Wüsten.
Bevölkerung. Dem kopt. Christentum *(äthiopische Kirche)* hängen etwa 60% der Bev. an, der Rest ist überwiegend islamisch. 40% der Bewohner stellen die seemit. *Amharen,* deren Sprache Staatssprache *(Amhara)* ist, u. *Tigre;* 40% sind hamit. *Galla,* der Rest *Danakil, Somal.*
Wirtschaft. Die Landw. baut Getreide, Baumwolle u. Tabak an. Exportiert werden u. a. Kaffee u. Viehzuchtprodukte. Die Bev. in den N-Prov. ist bei Dürre von Hungerkatastrophen bedroht.
Geschichte. Ä. stand unter dem Einfluß der ägypt., dann der grch. Kultur. Im 1. Jh. n. Chr. entstand das Reich von *Aksum,* das im 4. Jh. christl. wurde. Seit dem 13. Jh. war Ä. ein Gesamtstaat unter dem *Negus Negesti.* Im Laufe der Zeit verfiel die Macht der Negusse. Erst im 19. Jh. bildete sich wieder eine starke Zentralgewalt. 1930 ließ sich Kaiser *Haile Selassie I.* krönen. Ä. wurde 1935/36 durch Italien erobert. 1941 kehrte Haile Selassie aus dem Exil zurück. Nach einem Militärputsch wurde der Kaiser 1974 abgesetzt u. 1975 Ä. zur Demokrat. Volksrepublik erklärt. 1987 wurde eine Verf. nach sowjet. Vorbild verabschiedet. Neben versch. Rebellenbewegungen kämpfte in Eritrea eine Unabhängigkeitsbewegung gegen die Reg. Die Staatsführung hatte seit 1977 *Mengistu Haile Mariam.* 1991 gelang den Rebellen der Sieg im Bürgerkrieg. Mengistu floh ins Ausland. Eine Nationalkonferenz verabschiedete eine vorläufige Verfassung. Eritrea wurde 1993 selbständig.

äthiopische Kirche, die größte der morgenländ. Kirchen monophysit. Bekenntnisses, seit ihrer Entstehung im 4. Jh. bis zur Entmachtung Kaiser Haile Selassies Staatskirche nach byzantin. Vorbild; unter einem eigenen »Haupt der Erzbischöfe u. Patriarchen von Äthiopien« (Sitz: Addis Abeba) in lockerer Verbindung mit den kopt. Patriarchen selbständig. – Mit Rom unierte »Katholiken des äthiop. Ritus« unterstehen einem in Addis Abeba residierenden Erzbischof.

Athlet, Wettkämpfer, muskelstarker Mensch; in der sportl. Athletik unterscheidet man *Leicht-* u. *Schwerathletik.* – **Athletiker,** ein Mensch mit kräftig-sportl. Körperbau.

Athos, neugrch. *Hagion Oros,* östl. Landzunge der

Athos: Kloster Panteleimon an der Westküste

Äthiopien

Äthiopien: von der Hungersnot betroffene Mütter und Kinder in einem Lager

Wichtige Daten zur Geschichte der Astronomie

v. Chr.

um 500	Die Pythagoreer lehren den Umlauf der Erde um einen zentralen Himmelskörper
um 430	Kalenderreform des Meton (Lunisolarjahr)
382	Demokrit erklärt die Milchstraße als eine Anhäufung von Sternen
374	Mathematisch-astronomische Schule des Eudoxos
289	Aristarch ermittelt Entfernung und Größe von Sonne und Mond
288	Eratosthenes berechnet den Erdumfang recht genau auf 39 816 km
131	Hipparch stellt 1008 Fixsterne in einem Sternkatalog zusammen

n. Chr.

153	Geozentrisches Weltsystem des Claudius Ptolemäus
1250	Planetentafeln des Alfons X. von Kastilien
1460	Erste deutsche Sternwarte in Nürnberg (Regiomontanus)
1543	Begründung des heliozentrischen Planetensystems durch N. Kopernikus
1572	Tycho Brahe beobachtet eine Supernova
1582	Papst Gregor XIII. verbessert den Kalender (Gregorianischer Kalender)
1609	J. Kepler stellt das 1. und 2. Keplersche Gesetz auf; 1618 folgte das 3. Gesetz
1610	Entdeckung der Jupitermonde, der Sonnenflecken und des Phasenwechsels der Venus durch G. Galilei
1647	Mondkunde („Selenographia") von J. Hevelius
1655	C. Huygens erklärte den Bau der Saturnringe und entdeckte den ersten Saturnmond
1676	Berechnung der Lichtgeschwindigkeit aus einer Verfinsterung der Jupitermonde (O. Römer)
1679	Erstes Sternverzeichnis des Südhimmels von E. Halley
1687	Gravitationsgesetz von I. Newton
1728	Entdeckung der Aberration des Lichtes (J. Bradley)
1755	Theorie über die Entwicklung des Sonnensystems von I. Kant
1781	Entdeckung des Uranus durch F. G. Herschel
1796	Theorie der Entstehung des Sonnensystems von P. S. Laplace
1821/35	Begründung der Fixsternastronomie durch F. W. Bessel
1843	Periodizität der Sonnenflecken (H. Schwabe)
1846	Entdeckung des Neptun durch J. G. Galle aufgrund von Angaben Leverriers
1852/62	„Bonner Durchmusterung" (F. W. Argelander)
1877	Entdeckung der „Markskanäle" durch G. V. Schiaparelli
1913	Veröffentlichung des Hertzsprung-Russell-Diagramms
1917	Bestimmung der Entfernung des Andromedanebels durch H. D. Curtis
1919	Ablenkung eines Lichtstrahls durch die Sonne (Bestätigung der Allgemeinen Relativitätstheorie, A. Eddington)
1929	Nachweis der Ausdehnung des Weltalls aus der Flucht der Spiralnebel (E. P. Hubble)
1930	Entdeckung des Planeten Pluto durch C. Tombaugh
1931	Messung von Radiostrahlen aus dem Weltall (K. G. Jansky)
1946	Beginn der großartigen Entwicklung der Radioastronomie
1952	J. H. Oort stellt die Spiralstruktur eines Teiles der Milchstraße fest
1958	Entdeckung des Strahlengürtels, der die Erde umgibt (Van Allen)
1962	Die US-amerikanische Venussonde Mariner 2 erreicht die Venus am 14. Dezember
1963	Entdeckung der Quasare
1965	Die US-amerikanische Marssonde Mariner 2 übermittelt Einzelheiten der Marsoberfläche
1966	Sowjetische Sonde Luna 10 als erster künstlicher Mondsatellit
1967	Entdeckung des ersten Pulsars durch A. Hewish
1969	Die Mondfähren von Apollo 11 und 12 landen auf dem Mond
1975	Start der Raumschiffe Viking 1 und 2, die auf dem Mars landen
1977	Start der Sonde Voyager 1 und 2, deren Flug über Jupiter (1979) und Saturn (1980) zu Uranus (1986) führt; Entdeckung von neun Uranusringen
1978	Entdeckung des Pluto-Mondes Charon durch J. W. Christy
1979	Entdeckung eines schwachen Rings um Jupiter
1986	Erforschung des Halleyschen Kometen durch die europäische Sonde Giotto; Entdeckung einer Supernova in der Magellanschen Wolke
1988	US-amerikanische Astronomen entdecken ein 15 Mrd. Lichtjahre entferntes Sternsystem, das damit die bis dahin fernste bekannte Galaxis ist
1989	Start des Satelliten Hipparcos, der die Positionen von 120 000 Sternen präzise vermessen soll; Voyager 2 sendet Bilder von Neptuns Ringsystem und verläßt nach zwölfjähriger Reise unser Planetensystem
1990	Das Hubble-Weltraumteleskop und der Röntgensatellit ROSAT werden auf Umlaufbahnen gebracht
1993	Erfolgreiche Reparatur des Hubble-Weltraumteleskops im Orbit

Atlanta; vorn das »Atlanta Fulton County Stadium«

grch. Halbinsel *Chalkidhiki*, im Ägäischen Meer, Hauptort *Karyai*. Auf dem *Berg A.* (2033 m hoch) Ansiedlung einer berühmten grch.-orth. Mönchsgemeinde, die sich selbst verwaltet; 20 Klöster, bed. Denkmäler der byzantin. Kunst.

Äthyl → Ethyl. – **Ä.alkohol, Äthanol** → Alkohol.

Äthylen → Ethylen.

Ätiologie, die Lehre von den Krankheitsursachen.

Atlant, Stützpfeiler in Form einer herkulischen Männergestalt (entspr. der weibl. *Karyatide*).

Atlanta [ət'læntə], Hauptstadt des USA-Staats Georgia, 422 000 Ew.; mehrere Univ., Wirtschaftszentrum, Flughafen.

Atlantik-Charta, 1. die am 14.8.1941 von F. D. *Roosevelt* u. W. *Churchill* an Bord des Schlachtschiffs »Prince of Wales« verkündeten Ziele der Nachkriegspolitik der westl. Alliierten, u. a. Verzicht auf Annexionen; Grundlage der UN-Charta. – **2.** Erklärung vom 26.6.1974 der NATO-Staaten, in der u.a. die gemeinsame Verteidigung der Bündnispartner als unteilbar bezeichnet wird.

Atlantikpakt →Nordatlantikpakt, →NATO.

Atlantikwall, Befestigungsanlagen entlang der ndl., belg. u. frz. Küste; von der dt. Armee zw. 1942 u. 1944 erbaut, von amerik.-brit. Truppen 1944 in der Normandie durchbrochen.

Atlantis, sagenhafter Inselkontinent »jenseits der Meeresenge« (von Gibraltar?), der nach *Platon* in einer furchtbaren Naturkatastrophe untergegangen sein soll.

Atlantischer Ozean, kurz *Atlantik*, das zweitgrößte Weltmeer, zw. Europa/Afrika u. Amerika, Gesamtfläche 106 Mio. km², einschl. der Nebenmeere. Das untermeer. Relief wird durch den *Nord-* u. *Südatlant. Rücken* geprägt, der den Ozean von Island bis zur Bouvet-Insel zu gleichen Teilen in eine West- u. eine Ostatlant. Mulde trennt. Die größten Tiefen liegen in den beiden wichtigsten Gräben: *Milwaukee-Tiefe* im Puerto-Rico-Graben - 9219 m, *Meteor-Tiefe* im Südsandwich-Graben - 8264 m. Der *Golfstrom* beherrscht die Strömungsverhältnisse im nördl. Atlantik mit seinem Warmwasser. Klimat. zeichnet sich der Atlantik durch die Eisfreiheit seiner Ostseite bis weit nördl. des Polarkreises aus. – Der Atlantik ist der verkehrsmäßig wichtigste der drei Ozeane. Das Wirtschaftspotential Amerikas u. Europas bedingt einen starken Schiffsverkehr u. große Welthäfen in seinem Bereich. Wirtsch. wertvoll sind seine reichen Fischgründe auf der Neufundlandbank, im Europ. Nordmeer u. in der Nordsee.

Atlas, 1. in der grch. Sage ein Titan (Riese), der das Himmelsgewölbe trägt. – 2. der oberste Halswirbel, der den Schädel trägt. – 3. Pl. *Atlanten*, Sammlung von Land-, See- u. Himmelskarten. – 4. Pl. *Atlasse* (Satin), ein glänzendes Gewebe in A.bindung (→Bindung), das auf einer oder auf beiden Seiten eine glatte Fläche aufweist.

Atlas, *A.gebirge*, Hochgebirge im nordwestl. Afrika; im Jabal Toubqal 4165 m hoch; in mehrere gleichlaufende Gebirge gegliedert: *Kleiner* oder *Tell-A., Mittlerer, Hoher, Sahara-, Anti-A.* In den Tälern häufig Salzsümpfe (Schotts).

Atlasgarn, ein sechsfacher Nähzwirn.

Atlasländer, die drei nordafrik. Staaten Marokko, Algerien u. Tunesien, heute vielfach als *Maghreb* bezeichnet.

Atlas-Rakete, US-amerik. Trägerrakete, u. a. für die Mars- u. Venus- *(Mariner)* sowie für die Mondsonden *(Surveyor)* verwendet.

Atlasspinner, großer Schmetterling (Familie Nachtpfauenauge) mit ca. 24 cm Flügelspannweite; SO-Asien.

Atman [sanskrit], Hauptbegriff der brahman. Lehre: das ewige, göttl. Selbst des Menschen, das wesensgleich mit der Weltseele ist u. in der Seelenwanderung fortdauert.

Atmosphäre, 1. *allg.*: Umgebung, Ausstrahlung, Stimmung. – 2. die Lufthülle der Erde, i.w.S. allg. die Gashülle der Planeten. Der mittlere Druck der Erd-A. beträgt 1013,25 mbar bzw. hPa (Luftdruck), ihre Gesamtmasse wiegt $5,3 \cdot 10^{15}$ t. Sie breitet sich als ein dünner, unsichtbarer Mantel um den Erdball aus. Dieser Mantel besteht aus einem Gasgemisch, an dessen Zusammensetzung an der Erdoberfläche sich die Tier- u. die Pflanzenwelt angepaßt haben (in trockenem Zustand 78% Stickstoff, 21% Sauerstoff, 0,9% Argon, 0,03% Kohlendioxid sowie Spuren versch. weiterer Edelgase u. Gasverbindungen). Luftdruck u. Dichte der Luft nehmen mit der Höhe rasch ab.

Atmung, lebensnotwendiger Vorgang der Sauerstoffaufnahme u. Kohlendioxidabgabe; erfolgt bei Mensch u. Tier grundsätzl. in derselben Weise wie bei den Pflanzen. Immer wird Sauerstoff (O_2) aufgenommen (aus der Luft oder dem Wasser) u. Kohlensäure (Kohlendioxid, CO_2) als gasförmiges Endprodukt der im Körper ablaufenden Verbrennung

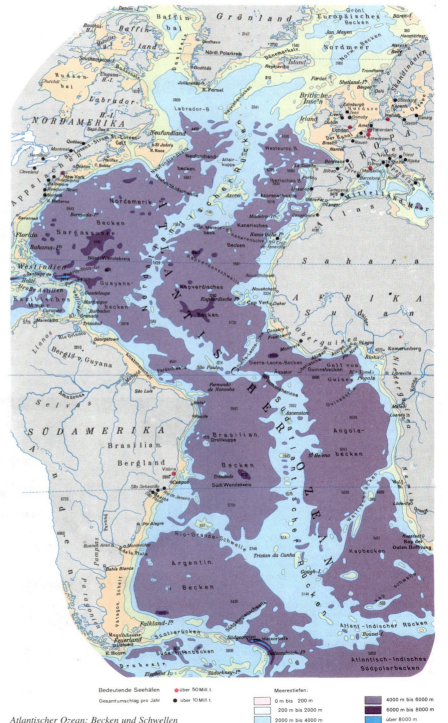

Atlantischer Ozean: Becken und Schwellen

74 Ätna

(→Stoffwechsel) abgegeben. Der Gasaustausch wird durch Ein- u. Aus-A. vollzogen *(äußere A.)*. Ihr gegenüber steht die *innere* oder *Gewebe-A.* (biol. Oxidation), ein Stoffwechselvorgang, bei dem Energie freigesetzt wird. – **A.sorgane:** Einzeller u. viele andere kleine Tiere nehmen den Sauerstoff nur durch die Körperoberfläche auf, ebenso die Pflanzen. Ein einheitl. in sich geschlossenes Organsystem für die A. haben nur die höheren Tiere (Wassertiere haben *Kiemen,* Landtiere *Lungen,* Insekten atmen durch *Tracheen*) u. der Mensch (→Lungen). Beim Menschen werden die Atembewegungen durch die abwechselnde Erweiterung u. Verengung des Brustkorbes u. durch das Auf- u. Absteigen des Zwerchfells hervorgebracht. Die Zahl der Atemzüge beträgt beim Erwachsenen 12–20 in der Minute. Mit einem normalen Atemzug werden etwa 0,5 *l* Luft befördert. Die Steuerung der A. erfolgt über Nervenbahnen durch das Atemzentrum im Gehirn.

Ätna, ital. *Monte Etna,* höchster noch tätiger Vulkan Europas (Ausbruch alle 5-6 Jahre), im O Siziliens, 3340 m.

Ätolien, grch. *Aitolia,* gebirgige, waldreiche Ldsch. in Mittelgriechenland, Hauptort *Mesolongion.*

Atoll, ringförmig um eine (meist seichte) Lagune angeordnete Koralleninsel; im Pazifik u. im Ind. Ozean häufig. Das größte geschlossene Atoll ist Rangiroa (Tuamotu-Archipel, Französisch-Polynesien), die Lagune mißt 80 x 30 km.

Atom [grch., »unteilbar«, von *Demokrit*], das kleinste, mit chem. Mitteln nicht weiter spaltbare Teilchen eines chem. Elements. Die A.e haben Durchmesser von etwa 10^{-8} cm u. bestehen aus einem positiv elektr. *A.kern* aus *Protonen* u. *Neutronen* u. einer Hülle aus negativ elektr. *Elektronen.* Der Kern ist etwa 10^{-12} cm groß u. enthält nahezu die gesamte Masse des A.s. Das A. ist nach außen elektr. neutral; die positive Kernladung ist ein ganzzahliges Vielfaches der →Elementarladung u. gleich der negativen Ladung der Elektronenhülle. Kern u. Hülle werden durch die elektr. Anziehungskräfte zw. den ungleichnamigen Ladungen zusammengehalten. Innerhalb der Hülle sind die Elektronen in einzelnen »Schalen« angeordnet, die von innen nach außen 2, 8, 18, 32 usw. Elektronen nach der Formel $2n^2$ [n = Nummer der Elektronenschale] aufnehmen können. Nach dem anschaul. **A.modell** von E. *Rutherford* u. N. *Bohr* (1912) kreisen die Elektronen auf Ellipsenbahnen um den Kern. Dieses Modell erklärt jedoch nicht alle experimentellen Tatsachen. Nach der →Quantentheorie kann man sich die Elektronen als Ladungswolken um den Kern verteilt denken. Heutzutage sind 109 Atomarten (chem. Elemente) bekannt. Das einfachste u. leichteste A. ist das Wasserstoff-A. (1 Proton als Kern, 1 Elektron als Hülle). Eine **A.spaltung** *(Kernspaltung)* gelang erstmalig Hahn u. Straßmann 1938, als beim Beschuß von Uran 235 sich der Kern spaltete u. dabei die im Kern gespeicherte Energie z. T. frei wurde. Freie Neutronen können wieder neue Kerne spalten, so daß die Reaktion lawinenförmig fortschreitet. Die Steuerung dieser Kettenreaktion war Voraussetzung, →Kernenergie techn. zu erzeugen u. zu verwerten.

Atombombe, *A-Bombe,* eine im 2. Weltkrieg in den USA entwickelte u. zum ersten Mal im August 1945 gegen die jap. Städte Hiroshima u. Nagasaki eingesetzte Waffe. Sie wirkt durch sehr hohe Temperaturen, starke Druckwelle u. radioaktive Strahlung. Die zerstör. Kraft beruht auf der Kernspaltung von Uran oder Plutonium 239. Dabei wird Energie freigesetzt, die unkontrolliert zur Explosion führt. Bei der Detonation entsteht ein sog. Atompilz.

Atomenergie →Kernenergie.

Atomistik, *Atomismus,* urspr. die Lehre des *Demokrit* u. a. grch. Naturphilosophen, später zusammenfassende Bez. für alle physik. u. chem. Theorien, nach denen die Materie aus kleinsten, nicht zerlegbaren Teilchen aufgebaut ist.

Atomkern, der elektr. positiv geladene Zentralkörper des *Atoms,* der fast die ganze Masse des Atoms in sich vereint. Der A. ist zusammengesetzt aus *Neutronen* u. *Protonen.* Die *Ordnungszahl* oder *Kernladungszahl* gibt die Zahl der Protonen im A. an u. damit seine Ladung. Die *Massenzahl* gibt die Zahl der Protonen u. Neutronen an. Diese beiden Kernteilchen, zusammenfassend *Nukleonen* gen.,

sind etwa gleich schwer u. rd. 1836mal schwerer als die *Elektronen* (→Kernphysik). Instabile A.e zerfallen unter Aussendung von Energie *(Alpha-, Beta-, Gammastrahlen),* sie sind radioaktiv. Zur Kernumwandlung stabiler Elemente sind große Kräfte nötig. Hier kommen sog. *Teilchenbeschleuniger* zur Anwendung.

Atommasse, *atomare Masseneinheit,* das Verhältnis der Masse eines Atoms oder Atomkerns zur Masse des Kohlenstoff-Isotops 12. Bei dem leichtesten Element, dem Wasserstoff, ist die A. 1,0078; bei dem schwersten natürl. vorkommenden Uran ist die A. 238,2.

Atommüll, radioaktiver Abfall.

Atomreaktor →Kernreaktor.

Atomteststoppabkommen →Abrüstung.

Atomuhr, ein Gerät zur sehr genauen Zeitmessung auf der Basis der Eigenschwingung eines Atoms oder Moleküls.

Atomwaffen, *Kernwaffen, nukleare Waffen,* Kampfmittel (Raketen, Bomben, Granaten, Minen u. a.) mit Sprengladungen aus Kernspreng- oder radioaktiven Stoffen.

Atomwaffensperrvertrag, 1968 unterzeichneter u. 1970 in Kraft getretener *Vertrag über die Nichtweiterverbreitung von Kernwaffen.* Im A. verpflichten sich einerseits die Atommächte USA, UdSSR, Großbrit. (nicht aber Frankreich, China u. Indien), Kernwaffen oder die Verfügungsgewalt darüber nicht weiterzugeben u. verzichten gleichzeitig auf die Androhung u. Anwendung nuklearer Gewalt gegen kernwaffenlose Staaten. Die beigetretenen nichtnuklearen Staaten andererseits verzichten auf Herstellung, Erwerb u. Verfügungsgewalt.

Atomwärme, *atomare Wärmekapazität,* Wärmemenge in J, die notwendig ist, um 1 Mol eines Elements um 1 °C zu erwärmen.

Aton [auch a'to:n], in der ägypt. Religion die Sonnenscheibe; von *Amenophis IV. (Echnaton)* zum alleinigen Gott erklärt.

atonale Musik, *Atonalität,* Musik, bei der die Beziehung auf eine *Grundtonart* fehlt u. die herkömml. Dissonanzen als reinen Klangwert benutzt. Die Atonalität als musikhistor. Epoche umfaßt i.e.S. die expressionist. Werke der *Wiener Schule* (A. Schönberg, A. Webern, A. Berg), von 1908–14, i.w.S. ist ein großer Teil der Kompositionen des

ATOM

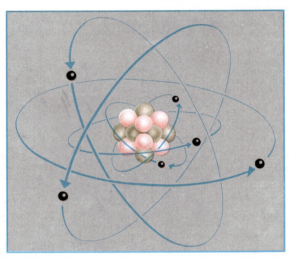

Der Aufbau eines Atoms wird an diesem vereinfachten Modell verdeutlicht. Der Kern besteht aus Protonen (rot) und Neutronen (braun), der von Elektronen (schwarz) auf bestimmten Bahnen umkreist wird

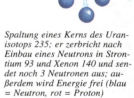

Spaltung eines Kerns des Uranisotops 235; er zerbricht nach Einbau eines Neutrons in Strontium 93 und Xenon 140 und sendet noch 3 Neutronen aus; außerdem wird Energie frei (blau = Neutron, rot = Proton)

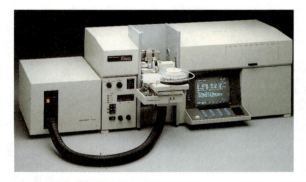

Analysegerät (Atomabsorptionsspektrometer) mit eingebautem Computer zur einfacheren Gerätebedienung und Verarbeitung der Analysedaten (links)

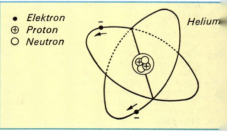

Atomschichten in einem dünnen Goldkristall bei einer 25millionenfachen Vergrößerung. Obwohl die Atome hie massive Gebilde erscheinen, bestehen sie in Wirklichkeit nur aus einem winzigen Atomkern und einer im weiter

20. Jh. atonal. Aus der a. M. entstand um 1920 u. a. die →Zwölftonmusik.

Atonie, Erschlaffung oder verminderte Erregbarkeit der (Muskel-)Gewebe.

Atout [a'tu], Trumpf im Kartenspiel.

à tout prix [atu'pri, frz.], um jeden Preis.

ATP, 1. Abk. für *Adenosintriphosphat.* – **2.** Abk. für engl. *Association of Tennis Professionals,* 1971 gegr. Organisation der Berufstennisspieler.

Atreus [-trɔis], in der grch. Myth. König von Mykene, Vater des *Agamemnon* u. *Menelaos,* der **Atriden.**

Atrium, 1. nach oben offener Mittelraum des altröm. Wohnhauses. – **2.** von Säulenhallen umgebener Vorhof *(Paradies)* der Basilika.

Atriumhaus, eingeschossiges Wohnhaus, dessen Wohnräume einen kleinen Innenhof umschließen.

Atrophie, Gewebeschwund meist bei Ernährungsstörungen oder Nichtgebrauch.

Atropin, ein sehr giftiges Alkaloid versch. Nachtschattengewächse, bes. der Tollkirsche; in geringer Dosierung therapeut. Anwendung (Pupillenerweiterung; krampflösend).

Atropos, eine der drei grch. Schicksalsgöttinnen (neben *Klotho* u. *Lachesis),* durchschneidet den Lebensfaden; →Moira.

Attaché [-'ʃe], Anwärter für den höheren auswärtigen Dienst; Sachverständiger im diplomat. Dienst *(Militär-, Handels-, Kultur-A.)*.

Attacke, Angriff (zu Pferde); (Herz-)Anfall.

Attenborough, Sir Richard, * 29.8.1923, brit. Regisseur u. Schauspieler; W »Die Brücke von Arnheim,« »Gandhi«, »Schrei nach Freiheit«.

Attendorn, Stadt in NRW, an der Bigge, 23 000 Ew.; *Attahöhle* (größte dt. Tropfsteinhöhle).

Attentat, Mordanschlag, bes. aus polit. Gründen.

Atterbom, Per Daniel Amadeus, * 1790, † 1855, schwed. Schriftst. der Romantik.

Attersee, *Kammersee,* mit 46,7 km² der größte See des Salzkammerguts (Östr.); 171 m tief.

Attest, schriftl. ärztl. Bescheinigung einer Krankheit, Arbeitsunfähigkeit u. a.

Attika, Brüstungsmauer über einem Gesims oder einer Säulenstellung.

Attika, wasserarme, wenig fruchtbare Ldsch. auf der südöstl. Halbinsel Mittelgriechenlands; Marmorvorkommen; Hauptort Athen.

Attila, † 453/454, König der mongol. Hunnen seit 434; beherrschte ein Reich vom Kaukasus bis W-Europa; stieß bis S-Frankreich vor, wurde dort von Römern u. Westgoten 451 auf den *Katalaunischen Feldern* geschlagen, zog dann nach Italien, kehrte aber vor Rom um. In die germ. Sage (Nibelungenlied) ging er als *Etzel* ein.

Attischer Seebund, Bündnis grch. Staaten, 478/77 v. Chr. zur Vertreibung der Perser unter dem Oberbefehl Athens gegr.; bestand bis 404 v. Chr.

Attitüde, ausdrucksvolle Pose oder Gebärde; auf Wirkung angelegtes Verhalten.

Attlee ['ætli:], Clement, Earl (1955), * 1883, † 1967, brit. Politiker; 1935–55 Vors. der Labour Party; 1945–51 Prem.-Min.

Attraktion, Anziehungskraft; Glanznummer.

Attrappe, täuschende Nachbildung.

Attribut, 1. Kennzeichen zur Charakterisierung myth. oder histor. Personen. – **2.** *Beifügung,* die nähere Bestimmung eines Substantivs.

Atwood ['ætwud], Margaret, * 18.12.1938, kanad. Schriftst. (psych. Romane, oft über die Selbstverwirklichung von Frauen).

ätzen, chem. hochaktiver Vorgang, bei dem die Oberfläche von Stoffen (Metall, Glas, Gewebe) durch Ätzmittel (u. a. Säuren u. Laugen) angegriffen u. verändert wird.

Ätzstift, *Kaustikum, Höllenstein,* Stift aus Ätzmitteln zur Entfernung von Gewebsschichten (»wildes Fleisch«, Warzen, Polypen).

Au, chem. Zeichen für Gold (lat. *aurum*).

AUA, Abk. für *Au*strian *A*irlines, östr. Luftverkehrsgesellschaft.

Aube [o:b], r. Nbfl. der Seine im NO Frankreichs, 248 km.

Auber [o bɛ:r], Daniel François Esprit, * 1782, † 1871, frz. Komponist; Opern »Die Stumme von Portici« 1828; »Fra Diavolo« 1830.

Aubergine [ober'ʒi:nə], *Albergine,* die eßbare Frucht der →Eierpflanze.

Aubert [o'bɛ:r], Pierre, * 3.3.1927, schweiz. Politiker (Soz.demokrat); 1983 Bundes-Präs.

Aubusson [oby'sõ], Stadt in Zentralfrankreich, 6800 Ew.; seit dem 17. Jh. bed. Gobelin- u. Teppichmanufaktur.

Auch [o:ʃ], Stadt in SW-Frankreich, alte Hptst. der *Gascogne,* 23 700 Ew.; Erzbischofssitz; spätgot. Kathedrale.

Auckland ['ɔ:klənd], größte Stadt u. Haupthafen Neuseelands, auf der Nordinsel, 870 000 Ew.; Handelszentrum; Univ., kath. u. angl. Bischofssitz.

Aude [o:d], Fluß in S-Frankreich, 224 km; mündet nordöstl. von Narbonne ins Mittelmeer.

Auden [ɔ:dn], Wystan Hugh, * 1907, † 1973, engl. Schriftst.; lebte seit 1939 in der USA; zeitkrit. Lyrik (»Das Zeitalter der Angst« 1948).

audiatur et altera pars [lat.], Rechtsgrundsatz; »man höre auch den anderen Teil« (ehe man urteilt).

Audiberti [odi-], Jacques, * 1899, † 1965, frz. Schriftst. (bühnenwirksame Dramen).

Audienz, feierl. offizieller Empfang; Unterredung (mit Würdenträgern).

Audio [lat. *audire,* »hören«], Sammelbegriff für den gesamten hörbaren Tonbereich.

audiovisuelle Medien [lat. *audire,* »hören«; *videre,* »sehen«; *medium,* »Mittel«], kurz *AV-Medien,* Verfahren u. Geräte, die Töne u. Bilder übermitteln; Tonfilm, Fernsehen, Bildplatte u. Videokassette.

auditiv, vorw. auf das Gehör ausgerichtet; Hör...

Auditor, ital. *Uditore,* Untersuchungsrichter am Bischofsgericht der kath. Kirche.

Auditorium, 1. Zuhörerschaft. – **2.** Hörsaal, *A. maximum,* der größte Hörsaal einer Hochschule, Festaula.

Aue, der bei Hochwasser überflutete Teil des Talbodens.

Aue, Krst. in Sachsen, im Erzgebirge, 31 000 Ew.; Metall- u. Textilindustrie; Bergbaugründung des MA.

Auer, Carl Frhr. A. *von Welsbach,* * 1858, † 1929, östr. Chemiker; erfand das Gasglühlicht **(A.-Licht).**

Auerbach, amtl. *A./Vogtl.,* Stadt in Sachsen, 23 000 Ew.; Maschinenbau.

Auerbach, Berthold, eigtl. Moses Baruch *A.er,* * 1812, † 1882, dt. Schriftst.; schrieb bäuerl. Dorfgesch. (»Barfüßele«).

Auerbachs Keller, durch eine Szene in Goethes

Das Atomium in Brüssel

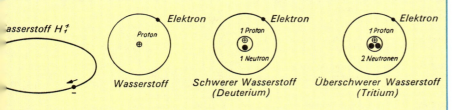

d darum verlaufenden Elektronenhülle; über 99% des Atoms sind leer (links). – Modelle von Helium und Wasser--Atom, sowie Wasser-Isotope (rechts)

Auerhuhn

Faust I bekannt gewordener Weinkeller in Leipzig, 1530 erbaut.

Auerhuhn, größtes europ. *Rauhfußhuhn* mit 1,5 m Flügelspannweite; Balz: März-Mai; gefährdet.

Auerochse, *Ur,* 1627 ausgestorbenes europ. Wildrind; Stammform unseres Hausrinds.

Auersperg, östr. Adelsgeschlecht aus der Krain.

Auerstedt, Dorf bei Apolda (nw. von Jena); am 14.10.1806 Niederlage der Preußen (bei *Jena* u. *A.*) gegen die Franzosen.

Aufenthaltsgenehmigung, die behördl. Erlaubnis zum Aufenthalt in einem bestimmten Gebiet; in Dtld. für Ausländer in bestimmten Fällen erforderl., etwa wenn der Aufenthalt länger als 3 Monate dauert.

Auferstehung, 1. *A. der Toten, A. des Fleisches,* bes. seit dem 2. Jh. v. Chr. eine der jüd. Erwartungen für die Endzeit. Die christl. Gemeinde übernahm diese jüd. Erwartung in der Form einer A. der Toten zum Gericht, das zum Ewigen Leben oder aber zu endgültiger Verdammnis führt. Die A. der Toten gehört auch zu den Grundlehren des Islams. – **2.** *A. Jesu,* nennt die urchristl. Gemeinde das als Anfang der Erfüllung der erwarteten A. der Toten verstandene Widerfahrnis des Petrus am Ostermorgen, das Paulus 1. Kor. 15,5 mit den Worten umschreibt: »und daß er gesehen worden ist von Kephas«. Die Überzeugung von der A. Jesu wird im NT auf vielfältige Weise ausgedrückt: in Glaubensformeln (1. Thess. 4,14; Röm. 4,25), in theolog. Argumentationen (1. Kor. 15), in ausführl. Erzählungen von den leeren Grab (z.B. Mark. 16,1–8) u. von den Erscheinungen des Auferstandenen (Matth. 28; Luk. 24; Joh. 20f.). Was am Ostermorgen im einzelnen geschehen ist, kann histor. nicht mehr nachgeprüft werden. Theolog. ist die A. Jesu zus. mit dem Kreuz das zentrale Heilsereignis der christl. Botschaft.

Aufgebot, *Recht:* förml. Verfahren der öffentl. Bekanntgabe oder Aufforderung zur Mitteilung von Tatsachen oder zur Anmeldung von Rechten.

Aufklärung, 1. i.w.S. die Erklärung »dunkler«, geheimnisvoll geltender Vorgänge, Einrichtungen u. Überlieferungen durch Rückführung auf ihren natürl., wirkl., vernünftigen Kern; i.e.S. eine geistige Strömung des 18. Jh., die ihre bes. geistesgeschichtl. Wurzeln hatte: die moderne Wiss., den Protestantismus u. den Rationalismus in der Philosophie. Die A. des 18. Jh. ergriff das ganze soz. Leben u. zog nicht nur ideell, sondern auch prakt.-polit. die letzten Konsequenzen (in der Frz. Revolution).

Die *Philosophie* der A. hatte eine große Breitenwirkung u. verursachte eine radikale Abkehr von aller Tradition: Die Welt ist ein der göttl. Hilfe nicht mehr bedürftiger Kosmos, ein gesetzmäßiger Zusammenhang von Atomen, Substanzen u. Kräften *(Newtonismus,* durch *Voltaire* in Frankreich eingeführt); sie ist berechenbar, eine zweckmäßige Maschine; alles ist nützl., hat einen vernünftigen Grund; alle Lebens- u. Erkenntnisgebiete werden durch analoge Gesetze beherrscht. Alles ist auf den Menschen bezogen, der wiederum die Gebote des Handelns von der »Natur« empfängt: naturgemäßes Leben u. Denken, naturgemäße Erziehung, natürl. Recht, natürl. Religion u. a. Der Gegensatz zu den überlieferten Verhältnissen brachte die Schlagworte Natur, Mensch u. Menschenrechte, Vernunft als Prinzip der Wissenschaft hervor. Die Vernunft ist Quelle aller Erkenntnis, Richtschnur menschl. Handelns u. Maßstab aller Werte. *Kant* definierte A. als »Ausgang des Menschen aus seiner selbstverschuldeten Unmündigkeit«.

Die engl. A.s-Phil. wurde einerseits durch J. *Locke* u. D. *Hume,* anderseits durch die Utilitaristen J.St. *Mill* u. J. *Bentham,* die frz. A. durch *Voltaire,* J. *d'Alembert,* D. *Diderot* (Enzyklopädisten) u. E.B. de *Condillac,* die dt. A. durch C. *Wolff,* literar. bes. durch *Lessing* vertreten; sie wurde durch I. *Kant* zum Abschluß gebracht. Ihre größte Wirksamkeit hatte die A. in Frankreich, wo *Montesquieu* z.B. die Idee der Gewaltenteilung unter dem Dach einer konstitutionellen Monarchie vertrat, während *Rousseau* »Volkssouveränität« u. Abkehr von den Zwängen der feudalen Gesellschaft forderte (»Zurück zur Natur«). – **2.** *geschlechtl. A., Sexual-A.,* die Unterweisung heranwachsender Kinder u. Jugendlicher über alle mit der Geschlechtlichkeit (→ *Sexualität*) zusammenhängenden biol., soz. u. psych. Fragen.

Auflage, die Gesamtzahl der gleichzeitig hergestellten Exemplare eines Druckwerks (Buch, Broschüre, Ztschr., Ztg. u. ä.).

Auflassung, *bürgerl. Recht:* die zur Übertragung des Eigentums erforderl. Einigung zur Übereignung eines Grundstücks. Zur Entgegennahme der A. ist jeder Notar zuständig.

Auflauf, 1. ein in feuerfestem Behälter im Ofen überbackenes Gericht. – **2.** Menschenansammlung auf öffentl. Straßen oder Plätzen.

Auflösung, die Aufhebung eines Vorzeichens (♯, ♭) durch das A.szeichen ♮; das Hinüberleiten eines dissonanten Akkords in einen konsonanten Akkord.

Auflösungsvermögen, 1. das Vermögen eines opt. Geräts (z.B. Mikroskop, Spektralapparat), zwei eng benachbarte Objektpunkte gerade noch getrennt wiederzugeben; das A. ist ein Maß für die Grenze der Leistungsfähigkeit opt. Geräte. – **2.** die Fähigkeit einer lichtempfindl. Schicht, benachbarte feinste Bildelemente getrennt wiederzugeben.

Aufrechnung, *Kompensation,* die Verrechnung gleichartiger sich gegenüberstehender Forderungen, mit dem Ergebnis ihrer wechselseitigen Tilgung, soweit sie sich decken.

Aufriß, die Vorderansicht eines Gegenstands, entsteht durch senkr. Projektion seiner Punkte auf die vertikale A.ebene; bes. die Darstellung der Vorderseite eines Bauwerks.

Aufruhr, Teilnahme an einer öffentl. Zusammenrottung, bei der mit vereinten Kräften Widerstand gegen die Staatsgewalt geleistet oder eine Beamtennötigung begangen wird.

Aufsichtsbeschwerde, *Dienst-A.,* in der Verw. ein formloser Rechtsbehelf gegen eine behördl. Maßnahme.

Aufsichtspflicht, im Interesse Dritter bestehende bürgerl.-rechtl. Verpflichtung von Eltern, Vormund, Pfleger u. a. Erziehungs- u. Sorgeberechtigten zur Beaufsichtigung von Personen, die wegen Minderjährigkeit oder wegen ihres geistigen oder körperl. Zustandes der Beaufsichtigung bedürfen.

Aufsichtsrat, Organ der wichtigsten Handelsgesellschaften (AG, Kommanditgesellschaft auf Aktien, GmbH) u. der Erwerbs- u. Wirtschaftsgenossenschaften zur Überwachung der Tätigkeit ihres *Vorstands* sowie zur Bestellung u. Abberufung von dessen Mitgl.; aktienrechtl. Regelung gemäß §§ 95–117 Aktiengesetz.

Auftakt, der Beginn einer Melodie oder einer Phrase mit unvollständigem Takt; am häufigsten mit dem letzten, aus unbetonten Taktteil (z.B. Beginn vieler Volkslieder).

Auftrag, 1. *Mandat,* eine Vereinbarung, nach der der Beauftragte (*Mandatar*) für den A.geber (*Mandant*) unentgeltl. ein Geschäft zu besorgen hat. Im allg. Sprachgebrauch werden auch Dienstvertrag, Werkvertrag u. Maklervertrag als A. bez. – **2.** *Or-*

Auerochsen; Rückkreuzung aus Hausrinderrassen (vorn Stier, hinten Kuh)

der, Ordre, im Geschäftsverkehr ein Vertragsabschluß, Bestellung von Waren oder Leistungen.

Auftrieb, eine entgegen der Schwerkraft wirkende Kraft auf einen in eine Flüssigkeit oder ein Gas gebrachten Körper (*stat. A.*). Der Körper verliert dann scheinbar so viel an Gewicht, wie die von ihm verdrängte Flüssigkeits- oder Gasmenge wiegt (*Archimedisches Prinzip*). – Ein *dynam. A.* entsteht, wenn sich ein Körper gegenüber dem umgebenden Medium bewegt (z.B. bei Flugzeugen).

Aufwand, *Aufwendungen,* der Verbrauch an Dienstleistungen u. Sachgütern eines Unternehmens zur Herstellung einer bestimmten Gütermenge.

Aufwandsentschädigung, *Dienst-A.,* Zahlungen an Angehörige des öffentl. Dienstes als Ersatz für bes. dienstl. Aufwendungen. →*Diäten.*

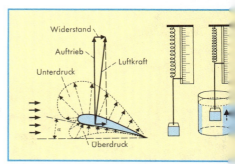

Auftrieb: Druckverteilung am Tragflügel (a = Anstellwinkel)

Aufwertung, *Revalvation,* die gegenüber dem Ausland vorgenommene Heraufsetzung der Währungsparität zwecks Angleichung an die realen weltwirtsch. Austauschverhältnisse. Die A. ist seltener als die *Abwertung (Devalvation),* da sie durch Verteuerung der eig. Währung die Einfuhr fördert u. die Ausfuhr hemmt. Die A. ist eine wirksame wirtschaftspolit. Maßnahme zum Abbau dauernder Exportüberschüsse.

Aufzug, eine Kabine für Personen oder Lasten, die meist elektr. gehoben u. gesenkt u. von der Kabine aus gesteuert werden kann. Die Kabine hängt an Drahtseilen, die über eine Scheibe oder eine Trommel geführt sind u. am Ende ein Gegengewicht haben. Geschwindigkeit: beim *Personen-A.,* 0,5–8 m/s, beim *Lasten-A.* 0,25–1 m/s. Der *Umlaufzug (Paternoster)* fährt, an einer umlaufenden Kette hängend, dauernd mit 0,3–0,45 m/s; er ist in der BR Dtld. neu nicht mehr zugelassen. Sonderformen: *Schräg-* u. *Treppen-A.* (Rolltreppe).

Auge, Lichtsinnesorgan von Mensch u. Tier. Insekten besitzen meist ein sog. *Facetten-A.,* das ein Mosaikbild erzeugt; niedere Tiere können nur Helligkeitsunterschiede wahrnehmen. Das sog. *Linsen-A.* der Wirbeltiere u. des Menschen besteht aus einem Linsenapparat u. einer Netzhaut mit Sehzellen. Der kugelförmige *Augapfel* wird von der weißen, an der Hornhautgrenze in die durchsichtige *Hornhaut* ausgebildet ist, eingeschlossen. Innen liegt der Lederhaut die gefäßreiche *Aderhaut* auf, die an der Hornhautgrenze in die ringförmige *Regenbogenhaut (Iris)* bildet. Durch die Regenbogenhaut hindurch gibt das *Sehloch (Pupille)* die Sicht frei. Der Aderhaut liegt innen die *Netzhaut (Retina)* auf,

---

Aufklärung: die Enzyklopädisten d'Alembert (oben), Diderot u.a. Vertreter des Kreises; Kupferstich von A. de Saint-Aubin

die aus den Sehzellen (7 Mio. Zapfen für das Farbensehen, 120 Mio. Stäbchen für das Hell-Dunkel-Sehen) besteht u. die Lichtempfindungen aufnimmt, verarbeitet u. über den Sehnerv dem Gehirn zuleitet, das das Bild wahrnimmt. Das Innere des A. ist mit dem durchsichtigen *Glaskörper* ausgefüllt. Hinter der Regenbogenhaut u. der Pupille ist die Linse ausgespannt, die durch bes. glatte Muskeln gewölbt oder abgeflacht werden kann. Durch andere Muskeln kann die Pupille erweitert oder verengt werden. Die Stelle des schärfsten Sehens in der Netzhaut ist der →*Gelbe Fleck*. Als *Blinder Fleck* wird der Eintritt des Sehnervs in die Netzhaut bez., weil hier keine Lichtreize verarbeitet werden können.

Augendiagnose, ein wiss. umstrittenes Verfahren, nach dem aus Veränderungen der Regenbogenhaut (Iris) durchgemachte u. bestehende Krankheiten erkannt werden sollen.

Augenfalter, Fam. mittelgroßer *Tagfalter* mit

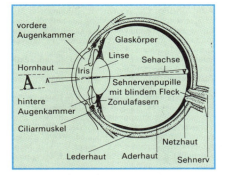

Schnitt durch das Auge

Augenfalter: Augenflecke des Braunauges

schwarzen oder bunten Augenflecken auf den Flügeln u. rückgebildeten Vorderbeinen.

Augenflimmern, Sehstörungen bei Überreizung u. Übermüdung des Auges, bei versch. Augenkrankheiten u. bei nicht passenden Augengläsern.

Augenschein, *Autopsie,* Besichtigung; im Recht die sinnl. Wahrnehmung beweiskräftiger Tatsachen durch den Richter.

Augenspiegel, *Ophthalmoskop,* 1851 von H. von *Helmholtz* erfundener, im Mittelpunkt durchlöcherter Konkavspiegel zur Untersuchung bes. des Augenhintergrundes (Netzhaut).

Augias, sagenhafter König von Elis. Herakles säuberte seinen verschmutzten Viehstall (**A.-Stall,** große Unordnung) durch Hindurchleiten eines Flusses.

Augit, Mineral, Gruppe gittermäßig gleich gebauter schwarzglänzender Silikate.

augratin [ograte͂; frz.], mit Kruste, überbacken.

Augsburg, Hptst. des bay. Reg.-Bez. Schwaben, zw. Lech u. Wertach, 250 000 Ew.; got. Dom, Rathaus, Fuggerhaus, soz. Kleinsiedlung »Fuggerei«; Univ. (1970), Bischofssitz (seit dem 6. Jh.); bed. Ind., Verkehrsknotenpunkt. – Als *Augusta Vendelicum* von Römern gegr., im 15./16. Jh. reiche Handelsstadt, 1276–1805 Reichsstadt, bedeutende Reichstage der Reformation (1530, 1548); 1555 **A.er Religionsfriede** (das Luthertum wurde als Konfession anerkannt; der Untertan hatte der Konfession des Landesherrn zu folgen, »cuius regio, eius religio«), zw. König Ferdinand I. u. den Reichsständen geschlossen. – **A.isches Bekenntnis,** *A.ische Konfession,* lat. *Confessio Augustana,* von prot. Reichsständen anläßl. des A.er Reichstags 1530 Kaiser Karl V. vorgelegtes Bekenntnis ihres Glaubens, hpts. von *Melanchthon* verfaßt.

Augstein, Rudolf, *5.11.1923, dt. Publizist; Mitgr. (1946) u. Hrsg. des Nachrichtenmagazins »Der Spiegel«.

Auguren, altröm. Priester, die den Willen der Götter aus dem Vogelflug, Vogelschrei u. ä. deuteten. – **A.lächeln,** das wissende Lächeln Eingeweihter über naive Gläubigkeit.

August, 1. *A. der Jüngere,* *1579, †1666, Herzog von Wolfenbüttel 1635–66; galt als gelehrtester Fürst seiner Zeit; gründete 1604 die der. Wolfenbütteler Bibliothek. – **2.** **A. II., A. der Starke,** *1670, †1733, König 1697–1733; Kurfürst von Sachsen seit 1694 als *Friedrich A. I.;* in Sachsen absoluter Herrscher; trat 1697 zum Katholizismus über u. wurde König von Polen; wurde im Nord. Krieg von Karl XII. von Schweden besiegt; machte Dresden zur berühmten Barockresidenz. – **3.**

A. III., Sohn von 2), *1696, †1763, König 1733–63; Kurfürst von Sachsen als *Friedrich A. II.,* seit 1733 König von Polen. – **4.** »Vater A.«, *1526, †1586, Kurfürst von Sachsen 1553–86; auf dem Augsburger Reichstag 1555 Führer der dt. Protestanten.

Augusta, *1811, †1890, dt. Kaiserin u. Königin von Preußen; Prinzessin von Sachsen-Weimar, seit 1829 verh. mit dem späteren Kaiser *Wilhelm I.*

Augusteisches Zeitalter →Augustus.

Auguste Viktoria, *1858, †1921, letzte dt. Kaiserin u. Königin von Preußen; seit 1881 verh. mit dem späteren Kaiser *Wilhelm II.*

Augustiner, kath. Ordensgemeinschaft (männl. u. weibl. Zweige), die nach der Regel des hl. *Augustinus* leben; bek. sind v. a. die **A.-Eremiten** (Bettelorden) u. die **A.-Chorherren.** →Orden.

Augustinus, Aurelius, *354, †430, Kirchenlehrer aus Tagaste (N-Afrika), seit 395 Bischof von Hippo. Seine Hauptwerke »De Civitate Dei« (»Vom Gottesstaat«), »De Trinitate Dei« (»Über die Dreifaltigkeit«), »Confessiones« (»Bekenntnisse«) beeinflußten die christl. Theologie u. Ethik bis in die Gegenwart. – Heiliger (Fest: 28.8.).

Augustus [lat., der »Erhabene«], Ehrentitel röm. Kaiser seit 27 v. Chr.

Augustus, eigtl. *Gaius Octavius, Octavianus,* *63 v. Chr., †14 n. Chr., röm. Kaiser; Großneffe *Cäsars,* von diesem im Testament adoptiert u. zum Erben eingesetzt; errang nach dem Sieg bei Mutina über *Antonius* (43 v. Chr.) durch seinen Marsch auf Rom das Konsulat u. schloß mit *Lepidus* u. Antonius im gleichen Jahr ein Triumvirat zur Neuordnung des Staates: Antonius erhielt den Osten, A. den Westen, Lepidus Afrika. In der Schlacht bei Aktium 31 v. Chr. wurden Antonius u. Kleopatra vernichtend geschlagen. 27 v. Chr. verlieh man ihm den Ehrentitel »A.«, der zum Eigennamen wurde. Seine Reg. brachte dem Reich eine lange Zeit kultureller u. wirtsch. Blüte (*Augusteisches Zeitalter*).

Auktion, Versteigerung durch einen A.ator (Ver-

August der Starke; Gemälde von L. de Silvestre d. J. Moritzburg, Barockmuseum

steigerer). Der meistbietende Kaufinteressent erhält nach Zuruf den *Zuschlag.*

Aula, 1. der offene, von Wohnräumen u. Säulenhallen umgebene Innenhof des grch. Wohnhauses; bei den Römern die Palastgebäude des Kaiserhofs; im frühen MA die Pfalz. – **2.** Festsaal in Schulen u. Universitäten.

Aulis, altgrch. Hafenort an der Ostküste Böotiens, heute *Valthy,* wo sich die grch. Flotte vor der Ausfahrt gegen Troja versammelt haben soll.

Aulos, altgrch. Schalmei; meist als Doppel-A. geblasen.

au pair [oˈpɛːr], Leistung gegen Leistung (ohne Bezahlung). *Au-pair-Mädchen,* hilft im Haushalt ausländ. Fam., erhält freie Verpflegung u. Unterkunft, Gelegenheit zu Sprachstudien u. ggf. Taschengeld.

Aura, 1. die Gesamtheit der Wirkungen, die von einem Menschen ausgehen. In Okkultismus u. Anthroposophie die Strahlungserscheinungen, die den menschl. Körper umgeben. – **2.** Sinnesempfindungen versch. Natur, die Anfallserkrankungen (Epilepsie, Asthma), auch dem Ausbruch von See- u. Luftkrankheiten vorangehen.

Aurangabad, ind. Stadt im NW von Maharashtra,

Augustus: Statue, um 20 v. Chr. Rom, Vatikanische Museen

30 000 Ew.; benachbart die Bergfeste *Daulatabad* mit dem Grab des Großmogul *Aurangseb,* weiter entfernt die buddhist. Höhlentempel (7. Jh.) von *Eluru.*

Aurangseb [-ˈseːb], Beiname *Alamgir I.,* *1618, †1707; letzter Großmogul in Indien 1658–1707. Unter ihm erreichte das Mogulreich die größte Ausdehnung. Er verbreitete fanat. den Islam.

Aurbacher, Ludwig, *1784, †1847, dt. Volksschriftst.; erneuerte alte Fabeln, Schwänke u. geistl. Lieder im spätromant. Geschmack.

Aurelian, *Lucius Domitius Aurelianus,* *214, †275, römischer Kaiser 270–75; festigte das Reich durch Verwaltungs- u. Wirtschaftsreformen; ließ Rom mit einer Mauer umgeben *(A.ische Mauer).*

Aurelische Straße, lat. *Via Aurelia,* altröm. Heerstraße von Rom nach Pisa längs der Küste.

Aureole, 1. *Hof,* Lichterscheinung im engen Kreis um Sonne, Mond u. Sterne, hervorgerufen durch Beugung des Lichts an Wassertröpfchen. – **2.** Heiligenschein oder Strahlenkranz, umgibt im Unterschied zum *Nimbus* als Kennzeichen göttl. Personen die ganze Gestalt.

Auric [oˈrik], Georges, *1899, †1983, frz. Komponist; gehörte zur Gruppe der »Six«; Opern-, Ballett- u. Filmmusik.

Aurich, Krst. in Ostfriesland (Nds.), am Ems-Jade-Kanal, 37 000 Ew.; Großviehmarkt; 16.–18. Jh. Residenz der Fürsten von Ostfriesland.

Auriga, 1. im alten Rom der Wagenlenker, bes. bei Zirkusspielen. – 2. das Sternbild Fuhrmann.
Aurignacien [orinja'sjɛ̃], altsteinzeitl. Kulturstufe, ben. nach der Höhle *Aurignac* im südfrz. Pyrenäenvorland; etwa 45 000–20 000 v. Chr.; erstes Auftreten des *Homo sapiens;* erste Siedlungen; früheste Kleinplastiken.
Aurikel →Primel.
Aurillac [ori'jak], frz. Stadt in der Auvergne, 33 000 Ew.
Auriol [o'rjɔl], Vincent, *1884, †1966, frz. Politiker; 1947–54 Präs. der 4. Rep.
Auripigment, *Rauschgelb*, ein Arsen-Mineral; diente im Altertum als Schminke.
Aurora, Göttin, →griechische Religion.
Aurum, lat. Name für Gold.
Ausbeutung, nach der marxist. Theorie das Mißverhältnis von Arbeitslohn u. Arbeitsleistung: Die Gewinnspanne zw. Lohn u. Leistung, den sog. »Mehrwert«, eigne sich der Kapitalist in ausbeuter. Weise an.
Ausbildungsförderung, in Dtld. durch das *Bundesausbildungsförderungsgesetz* geregelte staatl. Förderung (als Darlehen oder Zuschuß) der Ausbildung an weiterführenden allgemeinbildenden Schulen, Fach- u. Hochschulen.

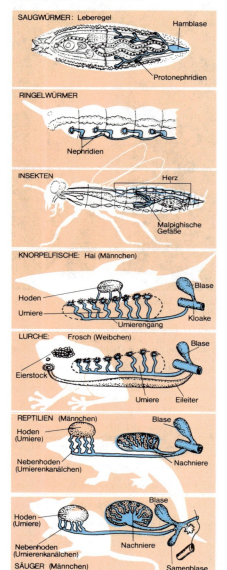

Ausscheidungsorgane der verschiedenen Tiergruppen, entsprechend dem Fortschreiten der zoologischen Systematik; die unteren vier Felder sind Urogenitalsysteme

Ausblühung, *Effloreszenz*, die Bildung von Mineralen durch Stoffausscheidung aus aufsteigenden Lösungen (Salpeter, Glaubersalz); auch bei Austrocknung von Mauerwerk oder durch Eindringen von Grundwasser u. a. *(Mauersalpeter)*.
ausbluten, auslaufen (von Färbungen auf Textilien bei Naßbehandlung).
Ausbürgerung, Aberkennung der Staatsbürgerschaft.
Auschwitz, poln. *Oświęcim*, Stadt in Polen, an der Weichsel, 46 000 Ew.; in der Nähe ab 1940 ein nat.-soz. Konzentrationslager, das ab 1941 zum Vernichtungslager ausgebaut wurde. In den Einzellagern (darunter *Birkenau*) des rd. 40 km² großen KZ-Bereichs starben mindestens rd. 1,5 Mio. Menschen (Juden, Zigeuner, Polen u. sowj. Kriegsgefangene).
Ausdehnung, Volumenvergrößerung der Materie bei Temperaturerhöhung; beruht auf der größeren Raumbeanspruchung der Moleküle bei höheren Temperaturen.
Ausdruck, körperl. oder gegenständl. Darstellung als Äußerung inneren Erlebens. Forschungsgegenstand der **A.skunde**, *A.spsychologie*, sie umfaßt: *Mimik* (Muskelbewegungen im Gesicht, Mienenspiel), *Gestik* (Bewegung der Hände), *Pantomimik* (Bewegungen des Gesamtkörpers), *Phonognomik* (Ausdruck der Stimme) u. *Graphologie* (Handschrift). – **A.stanz**, *expressionist. Tanz*, engl. *German dance*, eine seit 1918 bes. in Dtld. verbreitete Richtung der Tanzkunst, die gegenüber dem klass. Ballett den seel. Ausdruck der tanzenden Persönlichkeit betonte. Zum A. gehört die Gefühlspantomime. Bek. Vertreter des A.stanzes waren: Mary *Wigman*, H. *Kreutzberg*, Dore *Hoyer*.
ausfällen, *Chemie:* gelöste Stoffe in unlösl. Stoffe überführen, mit Hilfe chem. Reaktionen oder durch Zugabe von Mitteln.
Ausfluß, *Fluor vaginalis*, vermehrte u. abnorme Scheidenabsonderung bei der Frau; Zeichen von organ. Erkrankungen der inneren weibl. Genitalien oder allg. Krankheiten u. Schwäche.
Ausfuhr, *Export* →Außenhandel.
Ausführungsbestimmungen, *Ausführungsverordnungen, Ausführungsvorschriften*, Rechts- oder Verwaltungsvorschriften zur Aus(Durch-)führung von Gesetzen.
Ausgabekurs, *Emissionskurs*, der Preis, zu dem festverzinsl. Wertpapiere oder Aktien erstmalig dem Publikum angeboten werden. Bei festverzinsl. Wertpapieren liegt der A. meist unter dem Nennwert; das dadurch entstehende *Disagio* zum Rückzahlungskurs erhöht die Effektivverzinsung.
Ausgleichsabgabe, 1. eine Abgabe, die zugunsten der *Schwerbehindertenfürsorge* von solchen Betrieben erhoben wird, die nicht eine Pflichtanzahl von Schwerbehinderten beschäftigen. – 2. zur Finanzierung des Lastenausgleichs erhobene Abgaben: Vermögensabgabe, Hypothekengewinnabgabe, Kreditgewinnabgabe.
Ausgleichsgetriebe →Differential.
Ausgrabung, das Freilegen, Untersuchen u. Bergen von Bodendenkmälern als den Zeugnissen vergangener Kulturen mit wiss. Methoden; die ersten wiss. A.en waren Pompeji u. Babylon zu Beginn des 19. Jh. →Archäologie.
Aushieb, im Gegensatz zur *Durchforstung* Einschlag von dürren, kranken oder im Bestandsaufbau unerwünschten Waldbäumen.
Auskultation, *Abhorchen*, das Abhören des Körpers auf krankhafte Atem-, Herz- u. Darmgeräusche mit bloßem Ohr oder schallverstärkendem Gerät (Hörrohr, Stethoskop).
Ausländer, Staatsangehörige fremder Staaten; Ggs.: Inländer u. Staatenlose. Die A. unterliegen rechtl. vielfach Sonderbestimmungen; in der BR Dtld. enthalten das *Gesetz über die Rechtsstellung heimatloser A. im Bundesgebiet* von 1951, das *A.gesetz* von 1965 u. das *Asylverfahrensgesetz* in der Fassung vom 27. 7. 1993 Regelungen über die Rechtsstellung von A.
Ausländer, Rose, *1907, †1988, Lyrikerin (Themen: Verfolgung, Leid, Einsamkeit).
Ausläufer, *Stolon*, ein der Fortpflanzung der Pflanzen dienender unterird. (Kartoffel, Quecke) oder oberird. (Erdbeere, Weißklee) Seitensproß.
Auslaut, letzter Laut einer Silbe oder eines Wortes.
Ausleger, 1. über die Unterstützung hinausragender Träger (z.B. bei Brücken u. Kranen). – 2. seitl. über die Bordwand eines schmalen Boots hinausragende Konstruktion, z.B. zum Auflegen der Riemen eines Ruderboots oder als stabilisierende Schwimmbalken bei den *A.booten* SO-Asiens u. Ozeaniens.
Auslegung →Interpretation.
Auslese, 1. *Biol.: Selektion*, wichtiger Vorgang der Evolution. Unter A. versteht man sowohl die züchter. Selektion von bestimmten erbl. Merkmalen u. Leistungen *(künstl. A.)* als auch die *natürl. A.* der lebenstüchtigen Individuen. – **2.** *Pädag.:* Auswahlverfahren als *Begabten-A.* aufgrund von Intelligenztests oder Aufnahmeprüfungen. – **3.** Wein aus voll- bzw. überreifen *(Beeren-A.)* u. edelfaulen Trauben; geringer Alkoholgehalt, große Süße.
Auslieferung, die Übergabe einer Person von den Behörden des einen Staats an die eines anderen Staats zum Zweck der Bestrafung. Die A. ist ein Akt internat. Rechtshilfe, die vielfach in bes. zwischenstaatl. Verträgen geregelt ist. Ein Deutscher kann nach Art. 16 GG aus der BR Dtld. nicht ausgeliefert werden.
Auslobung, im bürgerl. Recht das Aussetzen einer *Belohnung* durch öffentl. Bekanntmachung, v. a. für Verbrechensaufklärung.
Auslöser, *Verhaltensforschung: Schlüsselreiz*, ein Reiz der Außenwelt, der ein bestimmtes Verhalten hervorruft, indem er die hemmenden Faktoren beseitigt (sog. angeborener Auslösemechanismus). A. können Farb-, Form- u. Duftmerkmale oder Verhaltensweisen sein. A. dienen ferner der Verständigung zw. versch. Arten.
Ausnahmegesetze, *Ausnahmerecht*, die für bes. Notstandsfälle des Staates *(Belagerungszustand, Ausnahmezustand, Naturkatastrophen)* geltende Rechtsetzung. Sie äußert sich v. a. in der Beschränkung der Grundrechte u. sonstiger Individualrechte (Versammlungsfreiheit, Pressefreiheit, aber auch Eigentum u. a.), in der teilweisen Außerkraftsetzung des Grundsatzes der Gewaltenteilung, oft auch in der Übernahme der vollziehenden Gewalt durch das Militär, in der Zentralisierung der Verwaltungsbefugnisse, in der Ermächtigung zur vereinfachten Rechtsetzung (Verordnungen) u. in der Übernahme polizeil. Befugnisse durch das Militär. Prakt. bedeutet die Regelung des Ausnahmezustands eine zeitl. begrenzte Form autoritärer Staatsführung.
Ausonius, Decimus Magnus, *um 310, †nach 393, lat. Dichter (Poem »Mosella«).
Auspizien, Vorzeichen; in der altröm. Religion die Erkundung des göttl. Willens aufgrund der Be-

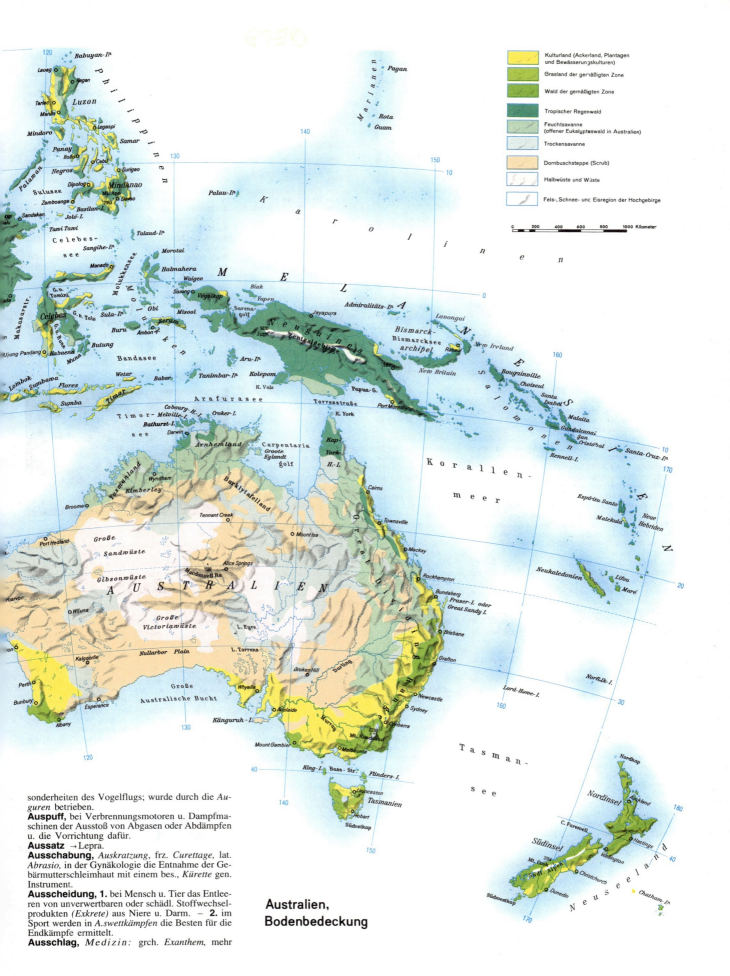

Australien, Bodenbedeckung

ausschließliche Gesetzgebung

oder weniger ausgedehnte krankhafte Veränderung der Haut: Rötungen, Hauterhebungen, Flecken, Knötchen, Bläschen, Eiterpusteln, Schorf, Schuppen u. ä.; A. ist das Zeichen der meisten Hauterkrankungen, tritt aber auch bei Infektionskrankheiten (Masern, Scharlach, Windpocken, Röteln u. a.) sowie bei Überempfindlichkeitsreaktionen u. Allergien auf.

ausschließliche Gesetzgebung, im bundesstaatl. Verfassungsrecht die Befugnis des Bundes zur alleinigen Ges.gebung auf bestimmten Gebieten, z.B. für auswärtige Angelegenheiten, Staatsangehörigkeit, Währung, Verkehrswesen.

Ausschlußfrist, die Frist, nach deren Ablauf die Geltendmachung eines Anspruchs oder ein Recht erlischt.

Ausschreibung, die Bekanntgabe des Gegenstands u. der Bedingungen einer beabsichtigten Beschaffung von Sachgütern mit der Aufforderung, Lieferangebote abzugeben; Form der Vergabe öffentl. Aufträge durch Behörden. Ggs.: *freihändige Vergabe*.

Ausschüsse, Unterorgane polit. u. a. Körperschaften, die deren Entscheidungen z. T. beratend vorzubereiten, z. T. selbst zu fällen haben; z.B. als Haushalts-, Rechts-, Untersuchungs-A.

Ausschüttung, im *Gesellschaftsrecht* die Aushändigung des Gewinns an die Gesellschafter; bei der Liquidation einer Gesellschaft die Verteilung des Vermögens an die Gesellschafter; im *Konkursverfahren* die Verteilung der Konkursmasse an die Konkursgläubiger.

Aussegnung, in der ev. Kirche die Segnung des Toten beim Verlassen des Sterbehauses; in der kath. Kirche der Muttersegen beim ersten Kirchgang nach einer Geburt.

Außenbordmotor, außen an der Bordwand befestigte Antriebseinheit (meist Zweitakt-Ottomotor) für kleinere Boote; besteht aus Motor, senkrecht stehender Kurbelwelle, Antriebswelle, Getriebe, Schraube u. oft auch Kraftstofftank; meist drehbar zum Steuern u. hochschwenkbar.

Außenhandel, wichtigster Bestandteil der *Außenwirtschaft;* der Warenverkehr über die Staatsgrenzen, sowohl *Einfuhr (Import),* als auch *Ausfuhr (Export).* Er hat die Aufgabe, den Ausgleich von Angebot u. Nachfrage nach bestimmten Gütern auf dem Weltmarkt herbeizuführen u. so einer den Weltwohlstand hebenden intern. Arbeitsteilung den Weg zu ebnen.
Im *Merkantilismus* war man der Ansicht, daß die aktive *Handelsbilanz* u. *Zahlungsbilanz* Quelle des nat. Reichtums wären; die A.spolitik war deshalb protektionist., d. h. die Einfuhr wurde gehemmt, die Ausfuhr gefördert. In der Mitte des 19. Jh. war in Europa der *Freihandel* weitgehend verwirklicht; doch schon in den 1870er Jahren ging man zum *Schutzzoll* über. Nach dem 1. Weltkrieg führte die zerrüttete Weltwirtschaftslage im A. zu einem Protektionismus, der durch Kontingentierungsvorschriften u. Präferenzsysteme gekennzeichnet war. Nach 1945 versuchte man, die protektionist. Maßnahmen abzubauen, zunächst durch die auf der Welthandelskonferenz in Havanna 1947/48 beschlossene *Havanna-Charta,* v. a. aber durch die Gründung des *GATT,* das in Zollkonferenzen weitgehende Zollermäßigungen zu verwirklichen u. damit eine Liberalisierung der A. herbeizuführen versuchte.

Außenministerium → Auswärtiges Amt.

Außenpolitik, *auswärtige Politik,* der Teil der Politik, der sich mit der Regelung der zwischenstaatl. Beziehungen befaßt, fr. oft als Politik schlechthin verstanden (nach Bismarck »die Kunst des Möglichen«). Aufgabe der A. ist insbes. die Pflege u. Aufrechterhaltung der diplomat. Beziehungen, der Abschluß von Verträgen u. Bündnissen u. die Vertretung der Interessen einzelner Staatsbürger u. Unternehmungen im Ausland. Die A. eines Staates wird wahrgenommen u. bes. Organen u. von Diplomaten: dem Außen-Min., dem Auswärtigen Amt, den Auslandsmissionen (Botschaften, Gesandtschaften, Konsulate).

Außenseiter, engl. *outsider* [autsaidə], Sportler u. Rennpferd mit eigtl. geringen Gewinnchancen; Eigenbrötler.

Außenstände, lat. *Debitoren,* noch unbezahlte Geldforderungen für Warenlieferungen oder Dienstleistungen.

Außenwirtschaft, die Wirtschaftsbeziehungen eines Staates mit dem Ausland. Die A. umfaßt den Zu- u. Abgang von Waren (→ Außenhandel), Dienstleistungen (Verkehr, Versicherung u. a.) u. den Kapitalverkehr über die Grenzen eines Staates. Der freie Warenverkehr (mit dem Vorbehalt der Beschränkungsmöglichkeit), die Verfahren zur Ein- u. Ausfuhr sind im A.sgesetz geregelt.

außereheliche Kinder → nichteheliche Kinder.

Äußere Mongolei, Teil der Mongolei zw. Sibirien u. der Wüste Gobi; deckt sich weitgehend mit dem Staatsgebiet der → Mongolei.

außerirdische Intelligenz, als naturwiss. u. phil. Betrachtungsweise heraus angenommene Existenz intelligenten Lebens auf Sternen außerhalb des Milchstraßensystems. Die Entdeckung versch. Grundbausteine der Aminosäuren (Alkohol, Ammoniak u. Ameisensäure) im freien Weltraum lieferte ein Indiz für die Wahrscheinlichkeit außerird. Lebens.

Außerparlamentarische Opposition, Kurzwort *APO,* zusammenfassende Bez. für polit. Oppositionsbewegungen der Linken (bes. Studenten u. ihre polit. Verbände) in der BR Dtld., die in der Zeit der »Großen Koalition« (ab 1966) im Streit um Notstandsgesetze, Hochschulreform u. Pressekonzentration entstanden. Ihre polit. Mittel waren bes. Kundgebungen u. Demonstrationen, Flugschriften u. Wandzeitungen. Die APO zerfiel 1969 nach dem Reg.swechsel.

außersinnliche Wahrnehmung, Abk. *ASW,* engl. *extrasensory perception,* Abk. *ESP,* zusammenfassende Bez. für die parapsych. Erscheinungen → Telepathie u. → Hellsehen.

Aussetzung, 1. vorsätzl. Verlassen einer wegen jugendl. Alters oder Krankheit hilflosen Person. – **2.** → Strafaussetzung. – **3.** Stillegung eines Prozeßverfahrens.

Aussiedler → Heimatvertriebene.

Aussig, tschech. *Ústí nad Labem,* Ind.-Stadt in N-Böhmen, an der Elbe, 110 000 Ew.; südöstl. von A. die Burgruine *Schreckenstein.*

Aussperrung, Kampfmaßnahme der Arbeitgeber im Arbeitskampf (Gegenstück zum → Streik): zeitw. Aufhebung der Arbeitsverträge oder Massenentlassung von Arbeitnehmern.

Ausstand → Streik.

Ausstattung, elterl. Zuwendungen zur Begründung oder Förderung der selbst. Lebensstellung eines Kindes; die *Aussteuer* (Zuwendung zur Einrichtung des Haushalts) bei Verheiratung einer Tochter war fr. klagbar. Das östr. Recht kennt neben der A. noch das *Heiratsgut,* das meist aus Vermögen besteht, das der Ehemann zur Erleichterung des mit der ehel. Gemeinschaft verbundenen Aufwands erhält. Das schweiz. Recht kennt nur eine Unterstützungspflicht.

Aussteiger, Personen, die sich bewußt den trad., stark leistungs- u. erfolgsorientierten Arbeitsformen u. Lebensplänen entziehen.

Ausstellung, eine Veranstaltung, die über den Stand u. die Ergebnisse gewerbl., künstler., wiss. u. a. Tätigkeiten unterrichten soll. Die erste Gewerbe-A. fand 1763 in Paris, die erste dt. 1790 in Hamburg statt. Die erste internat. A. wurde 1851 in London veranstaltet; in kurzen Zeitabständen folgten *Welt-A.* in vielen anderen Ländern; auch → Messe.

Aussterben, das gänzl. Verschwinden von Tier- u. Pflanzenarten infolge mangelnden Anpassungsvermögens an veränderte Umweltbedingungen oder Ausrottung durch den Menschen.

Aussteuer → Ausstattung.

Aussteuerung, das Erlöschen der Ansprüche in der Sozialversicherung nach Gewährung der höchstzulässigen Leistungen; v. a. in der *Arbeitslosenversicherung,* auch in der *Krankenversicherung* hinsichtl. des Krankengelds.

ausstopfen, Tierbälge mit Stroh, Werg u. ä. ausfüllen; heute meist → Dermoplastik.

Ausstrich, eine Präparationstechnik zur mikroskop. Untersuchung.

Austen [ˈɔːstɪn], Jane, *1775, †1817, engl. Schriftst.; Romane über die Kleinwelt des ländl. Adels u. Mittelstands.

Austerity, [ɔˈstɛrɪti], »strenge Selbstbeschränkung«, Schlagwort für Sparsamkeit u. Einfachheit im öffentl. u. privaten Leben; i.e.S. die der brit. Nation nach dem 2. Weltkrieg auferlegte Sparsamkeit im öffentl. u. privaten Leben.

Austerlitz, tschech. *Slavkov u Brna,* Stadt in S-Mähren (Tschech. Rep.), bei Brünn, 6000 Ew.; in der Nähe entscheidender Sieg *Napoleons I.* gegen die vereinigten Österreicher u. Russen am 2.12.1805 *(Dreikaiserschlacht).*

Austern, *Ostrea,* eine eßbare Muschel, mit der Schale am Meeresboden festgewachsen. Massenvorkommen auf A.bänken in 10–40 m Meerestiefe.

Ausgestorbene Tiere	
Tierart (bzw. -gruppe)	ausgestorben
Panzerfische	vor 400 Mio. Jahren
Riesenkrebse, Eurypterida	vor 350 Mio. Jahren
Graptolithen	vor 325 Mio. Jahren
Riesenlibelle, Meganeura	vor 285 Mio. Jahren
Trilobiten	vor 235 Mio. Jahren
Ammoniten, Dinosaurier, Flugsaurier	vor 65 Mio. Jahren
Riesengürteltiere	vor 12 000 Jahren
Mammuts	vor 10 000 Jahren
Mastodonten	vor 10 000 Jahren (bis ins 15. Jh. n. Chr. in Mittelamerika?)
Riesenhirsch	vor 10 000 Jahren
Säbelzahntiger	vor 10 000 Jahren
Auerochse*	1627 n. Chr.
Dronte*	bis Ende 17. Jh.
Riesenalk*	bis Mitte 18. Jh.
Madagaskar-Riesen-Strauß*	bis Ende 18. Jh.
Stellersche Seekuh*	1854
Moas*	bis Anfang 20. Jh.
Beutelwolf*	1933
* = durch den Menschen ausgerottete Tiere	

Auster

A.zucht wird in Europa in Frankreich, England, Holland, Belgien u. Kroatien betrieben. Die frei schwimmenden Larven setzen sich auf geeignetem Untergrund fest. Nach etwa 1 Jahr kommen die Saat-A. für mindestens ein weiteres Jahr in Zuchtparks u. dann in Mastparks (frz. »Claires«). Die A. brauchen insgesamt 2½ – 4 Jahre bis zur Marktreife.

Austernfischer, eine Vogelfam. der *Regenpfeiferartigen.* Einheimisch ist der *Europ. A.,* ein schwarzweiß gefärbter, etwa taubengroßer Wattvogel der Meeresküsten mit langem roten Schnabel.

Austernseitling, wohlschmeckender *Blätterpilz.*

Austin [ˈɔːstɪn], Hptst. des USA-Staats Texas, am Colorado, 350 000 Ew.; Univ.

Austin [ˈɔːstɪn], Mary (Hunter), *1868, †1934, US-amerik. Schriftst.; verherrlichte in Erzählungen das naturnahe Leben des amerik. Westens, dessen indian. Überlieferungen sie erforschte.

Australien, kleinster Kontinent der Erde, bildet als einziger Erdteil ein einheitl. Staatswesen *(Austral. Bund),* 7 686 848 km², 16,8 Mio. Ew., Hptst. *Canberra.* A. ist gegliedert in 6 Bundesstaaten, Nordterritorium u. Hauptstadtterritorium Canberra (vgl. Tabelle). Außer dem Festland umfaßt der Au-

Australien

stral. Bund Tasmanien, die Furneauxgruppe, Kings, Hunter Island u. die westaustral. Inseln, ferner Lord Howe Island u. Macquarie Island.
Landesnatur. A. hat eine wenig gegliederte Küste. Die Oberflächenformen sind überwiegend flach (Tafelländer) u. werden nur von Inselbergen

u. einzelnen Mittelgebirgen überragt. An der O-Küste verläuft das 3000 km lange Faltengebirge der *Great Dividing Range* (im Mt. Kosciusko 2231 m), das nur im S streckenweise Hochgebirgscharakter hat. A. ist äußerst gewässerarm; Murray u. Darling bilden das einzige größere Flußsystem des Kontinents. – Im N bei feuchtheißem Klima trop. Baum- u. Grassavannen, an der Küste Regen- u. Mangrovewälder. Außer dem SW u. SO erhält nur noch der O ausreichend Niederschlag. Das gesamte Innere u. der W sind Trockenräume, die von Wüste, Halbwüste u. Trockenbusch eingenommen werden. A. zeichnet sich durch eine einzigartige Pflanzen- (Eukalyptus, Kasuarinen, Flaschen- u. Grasbäume) u. Tierwelt (Beuteltiere, Schnabeltier, Emu) aus.

B e v ö l k e r u n g. Die Bev. besteht aus Weißen meist brit. Herkunft. Daneben gibt es rd. 160 000 Ureinwohner *(Aborigines)*. 74% gehören der anglikan. u. 25% der kath. Kirche an.

W i r t s c h a f t. A. ist der größte Wollerzeuger der Erde. Andere bed. Agrarprodukte sind Weizen, Fleisch, Butter u. Käse. Bodenschätze: Eisenerz, Braun- u. Steinkohle, Bauxit, Kupfer, Blei, Zink, Nickel, Titan, Cadmium, Uran, Zinn, Gold, Silber u. Opale. Erdöl u. -gas decken den Eigenbedarf. Vielseitige u. leistungsfähige Industrie. Die wichtigsten Industriegebiete liegen in Neusüdwales u. Victoria. – Eisenbahn- u. Straßennetz verdichten sich nur im SO u. SW. In weiten Teilen ist hier das Flugzeug einziges Verkehrsmittel. Die wichtigsten Häfen sind Sydney u. Melbourne.

G e s c h i c h t e. A. wurde Anfang des 17. Jh. ent-

AUSTRALIEN

Ayers Rock, der aus Sandstein bestehende Inselberg, liegt ziemlich genau im Zentrum des Kontinents (links). – Australischer Ureinwohner mit Bumerang und Blasinstrument (Mitte). – Graue Riesenkänguruhs in einer typischen Eukalyptus-Parklandschaft (rechts)

Weingärten im Barossa Valley *Uranabbau in Queensland*

Dornbuschsteppe in der fast baumlosen Nullarbor Plain, Süd- und Westaustralien (links). – Gold Coast, Touristenzentrum Surfers Paradise an der Küste von Queensland (rechts)

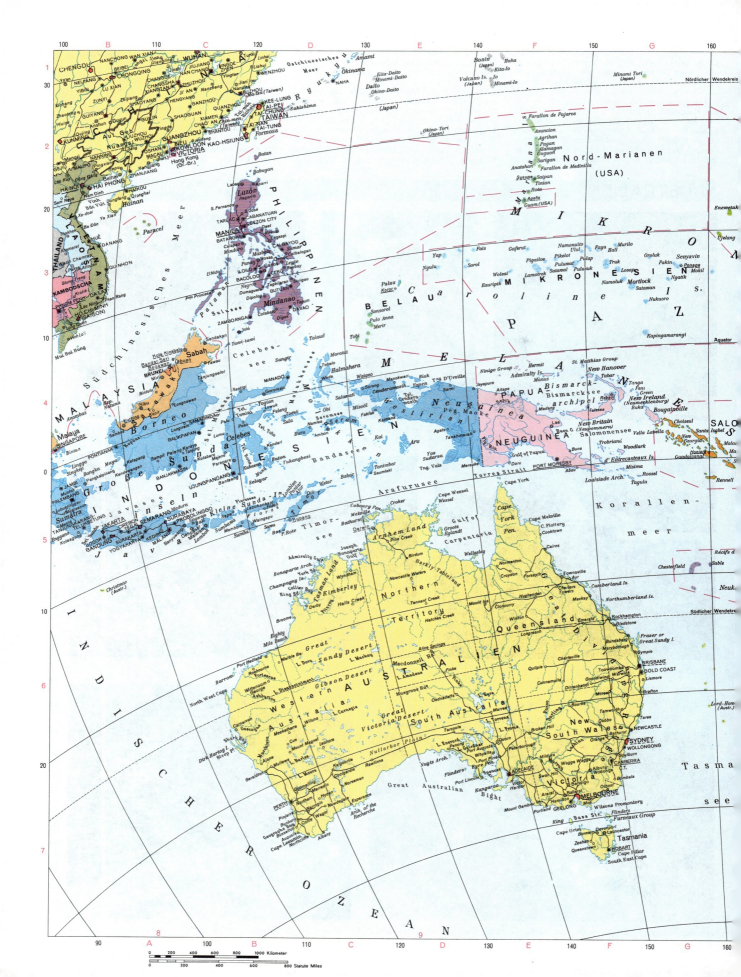

84 **Australier**

Australien: Verwaltungsgliederung			
Bundesstaat/ Bundesterritorium	Fläche in km²	Einwohner in 1000	Hauptstadt
Neusüdwales	801 600	5827	Sydney
Queensland	1 727 200	2906	Brisbane
Südaustralien	984 000	1439	Adelaide
Tasmanien	67 800	456	Hobart
Victoria	227 600	4380	Melbourne
Westaustralien	2 525 500	1633	Perth
Nordterritorium	1 346 200	157	Darwin
Hauptstadt-Territorium	2400	285	Canberra

deckt (W. *Janszoon*, L. V. de *Torres*). 1642–44 umsegelte Abel *Tasman* A. 1770 nahm James *Cook* Neusüdwales für Großbritannien in Besitz. Bis 1865 wurden Sträflinge nach A. geschickt; 1793 landeten die ersten freien Kolonisten bei Sydney. Es bildeten sich 6 engl. Kolonien, die sich am 1.1.1901 zu einem Bundesstaat (*Commonwealth of Australia*) im Brit. Empire zusammenschlossen. Am 1. u. 2. Weltkrieg nahm A. auf engl. Seite teil. 1951 wurde A. Mitgl. des ANZUS-Paktes, 1954 erfolgte der Beitritt zur SEATO. 1949–1972 sowie 1975–1983 regierte der Bürgerblock. 1983–91 war R. J. L. *Hawke* (Arbeiterpartei) Prem.-Min.; seit 1991 ist es P. *Keating* (Arbeiterpartei).

Australier, die Bewohner Australiens; i.e.S. die austral. Ureinwohner (engl. *Aborigines*), heute rd. 160 000 Menschen, die zum großen Teil in Reservationen, auf Missionsstationen oder Viehfarmen (v. a. im Nordterritorium u. im W) leben; Angehörige einer sehr altertüml. Gruppe der Menschheit, in mehreren Schüben eingewandert. Sie gehören der *australiden* Rasse an und gliedern sich in viele Stämme. Sie streifen, wo unbeeinflußt, in Horden von 20–200 Menschen unter Führung der Ältesten als Wildbeuter umher. Bumerang u. Speer sind typ. Waffen, als Wohnung dienen meist Höhlen. Sie haben einen ausgeprägten Totemismus u. reichen Mythenschatz. Viele Stämme haben ihr Stammesleben allerdings aufgegeben.

Australopithecus, eine Urmenschenform, bek. aus vielen Funden in S- u. O-Afrika. Die Hauptlebenszeit war vor 2,5–1 Mio. Jahren. Alle A. gingen aufrecht.

Austria, lat. Name für *Österreich*.

Austrofaschismus, die klerikal-ständ. Diktatur der Regierungen *Dollfuß* u. *Schuschnigg* in Östr. 1934–38 sowie die antidemokrat. Ideologie der östr. Heimwehr.

Austromarxismus, seit 1904 von O. *Bauer*, M. *Adler*, K. *Renner* u. R. *Hilferding* entwickelte östr. Richtung des Marxismus; neben dem *Revisio-*

Stadt-Autobahn in Frankfurt am Main

nismus u. dem *Kommunismus* Leninscher Prägung die wichtigste Form des Marxismus Anfang des 20. Jh.

Ausverkauf, Verkauf von Warenbeständen zu herabgesetzten Preisen aus bes. Grund; zum Schutz gegen Mißbrauch gesetzl. geregelt; *Saison-Schlußverkauf*.

Auswanderung, freiwilliges, dauerndes oder zeitw. Verlassen des Heimatstaats aus polit., wirtsch., religiösen oder anderen Gründen. Große *A.sbewegungen* der Gesch. waren die *Völkerwanderung*, die Besiedlung O- u. SO-Europas, die Besiedlung überseeischer Gebiete bes. aus Europa, Japan u. China. Von 1830–1930 sind etwa 6 Mio. Deutsche nach Übersee ausgewandert.

Auswärtiges Amt, Abk. *AA*, im Dt. Reich u. in der BR Dtld. Bez. für das *Außenministerium*, entspr. dem brit. *Foreign Office*.

Ausweisung, **1.** Entfernung von *Ausländern* aus dem Staatsgebiet aus polizeil. oder polit. Gründen, meist durch Entziehung der *Aufenthaltserlaubnis*. →Auslieferung. – **2.** Vertreibung von *Inländern* aus polit., ideolog., rass. oder religiösen Gründen.

auswuchten, die Schwerachse bei umlaufenden Maschinenteilen »einmitten«, d. h. mit der Drehachse zusammenlegen, um gefährl. Drehschwingungen zu verhindern.

Auswurf, *Sputum*, durch Hustenstöße aus den Atemwegen ausgeworfene Ausscheidung der Schleimhäute; vorw. Schleim, dem auch Eiter, Blut, Fremdkörper u. Krankheitserreger beigemischt sein können.

Auszubildender, nach dem Berufsbildungsgesetz Bez. für eine Person, die sich in Berufsausbildung (Lehre), berufl. Fortbildung oder berufl. Umschulung befindet, fr. Bez. *Lehrling*.

Auszug →Extrakt.

Autarkie, »Selbstgenügsamkeit«, v. a. wirtsch.; A. ist gegeben, wenn ein Land alles selbst erzeugt, was es (an Rohstoffen, Lebensmitteln u. a.) braucht, u. auf jede Ein- u. Ausfuhr verzichten kann. A. behindert die internat. Arbeitsteilung u. wurde in Dtld. nach 1933 angestrebt.

authentisch, echt, aus glaubwürdiger Quelle stammend, vom Urheber selbst, zuverlässig. **Authentizität**, Echtheit.

Autismus, frühkindl. A., eine schwere psych. Fehlentwicklung im Kindesalter: das Verharren in einer intellektuellen u. emotionalen Eigenwelt, das Kontaktunfähigkeit u. eine verzögerte Persönlichkeitsentwicklung zur Folge hat. Die Ursachen sind unbekannt; **autistisch**, nur auf sich selbst Bezug nehmend, in seiner eig. Wahnwelt verharrend.

auto..., **Auto...** [grch.], Wortbestandteil: selbst..., eigen...

Auto, Kurzwort für *Automobil*; →Kraftwagen.

Autobahnen, in den USA *Highway*, mehrnige, kreuzungsfreie Straßen, die dem Schnellverkehr (mindestens 60 km/h) mit Kfz vorbehalten sind. Auf den A. Deutschlands (*Bundesautobahnen*) gilt seit 1974 eine Richtgeschwindigkeit von 130 km/h, in den meisten Ländern gibt es absolute Geschwindigkeitsbegrenzungen.

Gesch.: 1913–21 Bau der *Avus* in Berlin; 1928–32 Bau der ersten europ. A. (Köln-Bonn); 1935 Eröffnung der ersten Reichs-A. (Frankfurt a.M. – Darmstadt).

Autobiographie, *Selbstbiographie*, lit. Darst. des eig. Lebens (Lebenserinnerungen, Memoiren).

Autobahnnetz in Deutschland

autochthon, eingeboren, ureingesessen; an Ort u. Stelle heimisch oder entstanden. Ggs.: *allochthon.*
Autodidakt, jemand, der seine Kenntnisse oder seine Bildung durch Selbstunterricht, nicht durch Schulen oder Lehrer, erworben hat.
autogen, aus sich selbst entstanden, ursprüngl. – **a.es Training,** psychotherapeut. Methode der »konzentrativen Selbstentspannung«, durch erlernbare Übungen die Beherrschung von sonst nicht willkürl. beeinflußbaren körperl. u. seel. Funktionen zu erlangen, wodurch psych.-vegetative Störungen (z.B. Verkrampfungszustände, Schlaflosigkeit) behoben werden können.
Autogramm, eigenhändige Unterschrift.
Autoinfektion, *Selbstansteckung,* die Übertragung von Krankheitserregern an andere Stellen des Körpers.
Autointoxikation, die *Selbstvergiftung* des Körpers durch körpereig. Stoffwechselgifte, z.B. bei Nierenerkrankungen.
Autokephalie, die Unabhängigkeit der orth. Landeskirchen, indem sie ihren leitenden Bischof selbst wählen.
Autoklav, ein verschließbarer Metallreaktor für Laborarbeiten unter hohem Druck u. bei hoher Temp.; auch mit mehreren m³ Fassungsvermögen für verfahrenstechn. Nutzungen.
Autokratie, »Selbstherrschaft«, eine Staatsform, in der der Herrscher (*Autokrat*) seine Herrschaft unumschränkt in seiner Person vereinigt u. ausübt. Sie kann *monarchisch* (Zarentum in Rußland), *caesaristisch* (Napoleon I. u. III.) mit scheindemokrat. Zustimmung oder *diktatorisch* (Faschismus, Nat.-Soz.) sein.
Automat, allg. jede Vorrichtung, die selbsttätig einen oder mehrere Arbeitsvorgänge in gleichmäßiger Wiederholung ausführt. Bei *automat. Bearbeitungsmaschinen* wird die Reihenfolge der Arbeitsvorgänge durch geeignete Schaltvorrichtungen gesteuert, ähnl. bei *Wasch-* u. *Verpackungs-A.en* u. a. Ein *Waren-A.* gibt Waren, Briefmarken, Zigaretten u. a. nach Einwurf einer Geldmünze ab.
Automatik, Vorrichtung zur Selbststeuerung eines Vorgangs; beim Kfz insbes. das *automat. Getriebe.*
Automatisierung, *Automation,* die Schaffung techn. Einrichtungen, die ständig wiederkehrende gleichartige Verrichtungen selbst. ausführen, wird bes. in der ind. Fertigung angewandt. Durch A. wird die Produktion schneller, genauer u. wirtschaftlicher. Automat. Anlagen arbeiten nach einem *Programm,* dessen Ablauf heute weitgehend elektron. geregelt (gesteuert) wird *(Regeltechnik).* Der Mensch entwirft das Programm, stellt die Maschinen darauf ein u. nimmt das fertige Erzeugnis entgegen. Infolge der hohen Investitionskosten ist die A. im allg. erst bei Massenfertigung rentabel. A. führt in manchen Wirtschaftszweigen zum Verlust von Arbeitsplätzen.
Automatismus, zumeist unbewußtes Verhalten, z.B. Hypnotisierter oder Geisteskranker; vom zentralen Nervensystem gesteuerte Bewegungen, z.B.

der Atmung, des Herzschlags; auch krankhafte dauernde Wiederholung derselben Bewegung u. Gedanken *(Stereotypie).*
autonom, selbständig, eigengesetzlich. – **Autonomie,** das Recht der Selbstverwaltungskörperschaften zur Regelung ihrer eig. Angelegenheiten; das Recht nat. Minderheiten, einen Teil ihrer Angelegenheiten selbst zu regeln.
Autopsie, *Leichenschau* → Leichenöffnung.
Autor, Verfasser, Urheber, Schriftsteller.
autorisieren, ermächtigen, jemandem Vollmacht geben.
autoritärer Staat, ein Herrschaftssystem, in dem die Reg. keiner wirksamen Kontrolle durch die Volksvertretung unterworfen ist. Es kann leicht umschlagen in die totalitäre → Diktatur *(Hitler, Mussolini),* aber auch rechtsstaatl.-demokrat. Formen haben wie die V. Rep. Frankreichs unter *C. de Gaulle.* – Nach dem Verständnis des *Anarchismus* ist jede Staatsform autoritär.
Autorität, Ansehen, Einfluß, Geltung; urspr. der Ausdruck sachl. Überlegenheit u. persönl. Größe. Soziolog. gesehen ist A. eine Form der *Macht,* die nicht auf Gewalt, sondern auf der Anerkennung von Werten oder Funktionen beruht. A. besitzt die Persönlichkeit im ganzen oder auf einzelnen Gebieten (daher »A.« auch: *maßgebl. Fachmann*). Wo immer A. nicht oder nicht mehr durch sachl. Überlegenheit oder Notwendigkeit oder durch persönl. Größe begr. ist, ist »A.« nach heutigem Verständnis nur ein beschönigendes Wort für Gewalt u. Unterdrückung *(autoritäre* Form der A.). Aber auch die begr. A., die *autoritative* Form von A., wird heute gelegentl. abgelehnt, weil jede A. die Gefahr in sich berge, zu einem unantastbaren Leitbild zu werden, das die ihm Nachfolgenden in autoritätsgläubiger Unmündigkeit beläßt.
Autosuggestion, bewußte oder unbewußte Beeinflussung eig. psych. Funktionen (Wahrnehmungen, Urteile u. a.) sowie Verhaltensweisen.
autotroph, Bez. für Organismen (fast alle Pflanzen), die die Energie der Sonneneinstrahlung mit Hilfe des Blattgrüns Chlorophyll in der *Photosynthese* zu chem. Energie umwandeln.
Autoxidation, die langsame Oxidation organ. Stoffe durch den Luftsauerstoff. Auf A. beruhen z.B. das Trocknen des Leinöls, die Alterung von Gummi u. das Verharzen von Ätherölen.
Autun [o'tœ], frz. Stadt in Burgund, 20 000 Ew.; Reste röm. Bauten.
Auvergne [o'vɛrnə], histor. Ldsch. im südl. Mittelfrankreich, alte Hptst. *Clermont-Ferrand;* das waldarme Kernland des frz. Zentralplateaus mit erloschenen Vulkanen: Mont Dore (1886 m), Cantal (1858), Puy de Dôme (1465 m); viele Heilbäder.
Auxerre [o'sɛːr], frz. Stadt in Burgund, an der Yonne, 38 000 Ew.; got. Kathedrale.
Auxine, pflanzl. Wuchsstoffe.
AV, Abk. für *audiovisuelle Medien, Audiovision.*
Avantgarde [avã], »Vorhut«, eine Richtung in Kunst, Wiss. u. Politik, die kämpfer. für neue Ideen eintritt. – **Avantgardist,** Vorkämpfer.
avanti [ital.], vorwärts.
AvD, Abk. für *Automobilclub von Deutschland,* gegr. 1899.
Ave [lat. »sei gegrüßt!«, »Heil!«], röm. Gruß.
Aveiro [a'vɐiru], alte port. Lagunenstadt an der fischreichen *Ria de A.,* 60 000 Ew. (Aggl.); Hafen.
Ave Maria, »Gegrüßet seist du, Maria«, in der kath. Kirche das Hauptgebet zur Marienverehrung; Gruß des Erzengels Gabriel an Maria (Luk. 1,28), daher auch *Englischer Gruß* genannt.
Avenarius, Ferdinand, * 1856, † 1923, dt. Schriftsteller; versuchte u. a. durch Ztschr. u. Kalender, den Geschmack breiter Kreise zu bilden.
Avenida, breite Prachtstraße span., port. u. lateinamerik. Städte.
Aventin, einer der 7 Hügel Roms, im S der Stadt.
Aventiure [-'tyːrə], in der mhd. Dichtung das Abenteuer, das der Ritter bestehen muß; personifiziert als »Frau A.«: die Erzählkunst.
Avenue [-nü], breite, baumbestandene Straße.
Avercamp, Hendrick (van), * 1585, † 1634, ndl. Maler (weiträumige Landschaften, bes. Winterbilder mit reicher Figurenstaffage).
Averroës, arab. *Ibn Roschd,* * 1126, † 1198, arab. Philosoph; lebte als Arzt in Spanien. Sein Beiname »der Kommentator« bezieht sich auf sein enges, interpretierendes Verhältnis zu den Werken des Aristoteles.
Avers, Vorderseite einer Münze.
Aversion, gefühlsmäßige Abneigung, Widerwille.
Avesta → Awesta.

Avicenna: Miniatur aus dem »Canon Maggiore«, dem großen medizinischen Werk des islamischen Philosophen. Bologna, Universitätsbibliothek

Aveyron [avɛ'rɔ̃], r. Nbfl. des Tarn in Frankreich, 250 km.
Avicenna, arab. *Ibn Sina,* * 980, † 1037, arab. Arzt u. Philosoph; Vermittler grch. Denkens im Orient. Sein med. Hauptwerk »Canon medicinae« beherrschte im MA die ärztl. Anschauungen.
Avignon [avi'njɔ̃], südfrz. Stadt an der Rhône, 90 000 Ew.; in der Antike als *Avenio* bekannt, 1309–76 Residenz der Päpste (»Babyl. Gefangenschaft« der Kirche), päpstl. Residenzschloß, Stadtmauer; Univ., Fremdenverkehr; berühmte Rhônebrücke.
Ávila, röm. *Abela,* span. Stadt am Nordfuß des Kastil. Scheidegebirges, 40 000 Ew.; befestigte Kathedrale, Stadtmauer; Wallfahrtsort.
Avion [aviɔ̃], Flugzeug; *par a.,* mit Luftpost.
Avionik, die Wissenschaft u. Technik der elektron. Luftfahrtgeräte.
Avis, östr. *Aviso,* Anzeige, Benachrichtigung. – Ztw. *avisieren.*
Avocado, kleiner Baum aus der Fam. der *Lorbeergewächse,* in der Tropen kultiviert. Die bir-

Avignon: Blick auf den Papstpalast und die durch das Lied berühmte Brücke über die Rhône

Automatisierung: Industrieroboter zum Be- und Entladen eines Magazins an einer Montageanlage

Avogadro, Amadeo, *1776, †1856, ital. Physiker; von ihm stammt das für die Molekulartheorie wichtige *A.sche Gesetz,* nach dem bei gleichem Druck u. gleicher Temp. gleiche Volumina aller Gase die gleiche Anzahl von Molekülen enthalten. Bei 0 °C u. $1,013 \cdot 10^5$ Pa Druck befinden sich in 1 cm³ eines Gases $2,687 \times 10^{19}$ Moleküle *(A.sche Zahl).*

Avon [ˈɛivən], l. Nbfl. des Severn, 155 km; durchfließt u. a. *Stratford-on-A.,* in S-England.

Avus, Abk. für *Auto-, Verkehrs- u. Übungsstraße,* 2 x 9,8 km lange Auto-(Renn-)Straße in Berlin, am Rand des Grunewalds, Teil der Stadtautobahn. 1921 fertiggestellt; bis 1938 Schauplatz vieler *A.rennen.*

AWACS, Abk. für engl. *Airborne Warning and Control System,* ein Frühwarn- u. Leitsystem der US-amerik. Luftwaffe; ist in Großraumflugzeugen mit aufwendiger Elektronik untergebracht.

Awaji, dichtbevölkerte jap. Insel in der Inlandsee.

Awami-Liga, polit. Partei in → Bangladesch.

Awaren, *Avaren*, turkvölk. Reiternomaden, die ab Mitte des 6. Jh. ein *awarisches Großreich,* von der Elbe bis in den Kaukasus beherrschten. Die Feldzüge Karls d. Gr. zw. 791 u. 803 bereiteten dem Awarenreich ein Ende; die A. wurden von den umwohnenden Slawen u. den einwandernden Ungarn völlig assimiliert.

Awesta, *Avesta,* das hl. Buch des *Parsismus;* Reste der hl. Schriften der von *Zarathustra* gestifteten pers. Religion, in altiran. Sprache. Das A. enthält in seinen 5 Teilen liturg. Texte, Sagen, Opferlieder u. Andachtsleitungen. Der Ausdruck *Zend-A.* bedeutet »kommentiertes A.«.

Axakow [-kɔf], Sergej Timofejewitsch, *1791, †1859, russ. Schriftst. (kulturhistor. Erinnerungsbücher).

Axenberg, *Axenfels*, schweiz. Bergstock am Ostufer des Vierwaldstätter Sees, 1022 m. Am Seeufer die **Axenstraße** (12 km) mit vielen Tunneln u. Galerien.

axial, in Achsenrichtung, auf die Achse bezogen.

Axiom, ein unbeweisbarer, in sich einsichtiger u. unbestreitbarer Grundsatz, der als Ausgangspunkt für deduktive Systeme dient; so die log. Axiome (Satz der Identität, des Widerspruchs, des ausgeschlossenen Dritten) oder die geometr. Axiome Euklids. – In der modernen Grundlagenforschung heißt A. jeder beliebige Satz, der in einem System als absolute *Prämisse* verwendet wird.

Ayacucho [-kutʃo], Stadt in Peru, 2560 m ü. M., 83 000 Ew., Univ. (1677); 1824 Entscheidungsschlacht im Unabhängigkeitskampf Südamerikas.

Ayatollah, im schiit. Islam Titel für einen Gelehrten, der an einer theolog. Hochschule großes religiöses Wissen durch eine Prüfung nachgewiesen hat. Der Titel wurde 1979 durch den A. Chomeini, der die Revolution in Iran anführte, bes. bekannt.

Ayers Rock [ˈɛəs ˈrɔk], einzeln stehender Berg (Monolith) südwestl. von Alice Springs (Australien), 335 m hoch, 2,5 km lang; Höhlenmalereien, Touristenziel.

Aylwin [ˈɛlwin], Patricio, *26.11.1918, chilen. Politiker (Christdemokrat); seit 1990 Staats-Präs.

Aymará, *Kolla,* altes indian. Kulturvolk mit eig. Sprache; heutige Nachkommen auf dem Hochland von S-Peru u. Bolivien; bes. am Titicacasee.

Aymé [ɛˈme], Marcel, *1902, †1967, frz. Schriftst. (phantast., z. T. groteske Romane u. Theaterstücke).

Ayr [ɛə], Stadt u. Seebad in SW-Schottland, 47 000 Ew.

Ayrer, Jakob, *um 1543, †1605, dt. Schriftst., verfaßte nach dem Vorbild von H. Sachs u. der engl. Komödianten ca. 100 Stücke (69 erhalten), bes. Dramen, Fastnachts- u. Singspiele.

Ayurveda, altind. Gesundheitslehre; es wird hpts. mit pflanzl. Arzneien behandelt.

Ayutthaya, *Krung-Kao,* thailänd. Stadt am Menam, nördl. von Bangkok, 61 000 Ew.; 1350–1767 Hptst. von Siam.

Azalee, *Azalie, Azalea,* Sträucher aus der Gatt. → Rhododendron.

Azhar, *Al A.,* Moschee u. Univ. in Kairo, gegr. 970.

Azide, die Salze der Stickstoffwasserstoffsäure, HN_3. *Bleiazid* $Pb(N_3)_2$ wird als Initialsprengstoff verwendet.

Azimut, *Astronomie:* der Winkel zw. dem Ortsmeridian u. dem Vertikalkreis eines Gestirns.

Azincourt [azɛ̃ˈkuːr], frz. Ort bei Arras, im Dép. Pas-de-Calais; am 25.10.1415 besiegten die Engländer unter Heinrich V. das frz. Heer (Hundertjähriger Krieg).

Aznavour [aznaˈvur], Charles, *22.5.1924, frz. Chansonier; auch Filmschauspieler.

Azo, ..., [frz. azote, »Stickstoff«], Wortbestandteil mit der Bedeutung »Stickstoff«.

Azofarbstoffe, umfangreiche Gruppe synthet. Farbstoffe, auf der Basis aromat. Stickstoffverbindungen *(Azobenzole);* zur Färbung von Baumwolle, Wolle, Seide, Papier, Holz u. a.

Azoren, port. *Açores,* 9 port. Inseln im Atlantik: *São Miguel, Santa Maria, Terceira, Pico, Faial, São Jorge, Graciosa, Flores* u. *Corvo,* zus. 2335 km², 254 000 Ew.; Hauptorte: *Ponta Delgada, Angra do Heroísmo* u. *Horta,* zugl. die wichtigsten Häfen. Inseln sind vulkan. Ursprungs, Klima ist subtrop., üppige Vegetation; Fremdenverkehr, Flotten- u. Luftstützpunkt. – Schon im Altertum bek. (Karthager, Normannen, Araber); seit 1439 von den Portugiesen besiedelt.

Azoren-Hoch, häufig über den Azoren liegender,

Azoren: terrassenförmig angelegte Felder auf der Insel São Miguel

in Europa wetterbestimmender hoher Luftdruck (maritime Tropikluft).

Azorín [aθoˈrin], eigtl. José *Martínez Ruiz,* *1874, †1967, span. Schriftst.; Wortführer der »Generation von 1898«, die eine traditionsbewußte Selbstbesinnung Spaniens anstrebte.

Azotämie, krankhafte Vermehrung des Reststickstoffs im Blut.

Azoturie, Vermehrung der Stickstoffausscheidung im Harn, bes. in Form von Harnstoff.

Azteken, bed. Indianerstamm in Mexiko, gehört zur Sprachfam. Nahua; wanderte zu Beginn des 2. Jt. in Mexiko ein u. wurde, umgeben von Stadtstaaten älterer u. höherer Kultur, durch geschickten Handel u. siegreiche Kriege innerhalb eines Jh. zum beherrschenden Kulturvolk u. Träger eines mächtigen Reichs im Hochtal von Mexiko. – 1325 gründeten die A. ihre Hptst. *Tenochtitlán* (Mexico) u. bauten sie mit Tempelpyramiden, Palästen, Aquädukten, Brücken, großen Plätzen u. einem System sich kreuzender Straßen aus. Der Staat der A. war lose gefügt, die eroberten Gebiete wurden nur militär. besetzt u. zu Tributzahlungen verpflichtet. Die Grundlage der aztek. Wirtsch. bildete der Feldbau mit Terrassenanlagen, künstl. Bewässerung u. schwimmenden Gärten. Sie kannten Kalender, Schrift u. Papierherstellung u. hatten ein hochstehendes Kunsthandwerk, dessen Qualität Masken mit Mosaik aus Türkis, Perlmutter u. verschiedenfarbigen Muschelschalen, Keramik mit schwarzen Mustern auf farbigem Grund, Zeremonialgewänder, Schnitzwerke, Zeremonialwaffen u. Speerschleudern beweisen. Ihre Kultur war von *Tolteken* u. *Mixteken* geprägt. Ihrem Sonnen- u. Kriegsgott *Huitzilopochtli* brachten die A. Menschenopfer dar. Die Verehrung des toltek. Kulturheros *Quetzalcoatl,* der nach aztek. Glauben einstmals aus dem O wiederkehren sollte, wurde den A. zum Verhängnis: *Motecuzoma II.* sah in der Ankunft der Spanier die alten Weissagungen bestätigt u. behandelte H. Cortez als Gott, so daß dieser sich Motecuzomas ohne Kampf bemächtigen konnte. Cortez vernichtete das Reich 1519–21 mit Hilfe der von den A. unterjochten Stämme. Die letzten Herrscher *Motecuzoma II., Cuitlahuac* u. *Quauhtemoc* fanden 1520 bzw. 1521 den Tod; Tenochtitlán wurde 1521 völlig zerstört. – Die Nachkommen der alten A. bilden heute einen großen Teil der mexikan. Bevölkerung.

Azulen, ein entzündungshemmender Stoff, der in äther. Ölen, bes. in der Kamille, vorkommt.

Azur, das Himmelsblau.

Azureelinien [Pl.], waagerechtes, meist wellenförmiges Linienmuster auf Vordrucken u. auf Wertpapieren (gegen Fälschungen).

Azteken: Schild aus Rohr mit Federmosaik (links). – Steinplastik des Regengottes Tlaloc (rechts)

B

b, B, 2. Buchstabe des dt. Alphabets, entspr. dem grch. Beta (β, B)
B, *Chemie:*, chem. Zeichen für *Bor*.
Ba, chem. Zeichen für *Barium*.
Baade, 1. *Fritz,* * 1893, † 1974, dt. Nationalökonom u. Politiker (SPD); 1935–39 Berater der türk. Regierung in Ankara; 1948–61 Prof. u. Leiter des Instituts für Weltwirtschaft in Kiel. – **2.** *Wilhelm Heinrich Walter,* * 1893, † 1960, dt. Astronom; erforschte die Struktur des Weltalls.
Baader-Meinhof-Gruppe, Selbstbez. *Rote Armee Fraktion*/RAF), eine linksextremist. Gruppe, die Terroranschläge gegen die bestehende Gesellschaftsordnung in der BR Dtld. verübt. Ulrike *Meinhof* beging 1976, Andreas *Baader* 1977 in der Haft Selbstmord. Es entstanden versch. Nachfolgeorganisationen. Mehrere Mitgl. der RAF fanden seit ca. 1980 in der DDR Unterschlupf.
Baal, Gott der Westsemiten, urspr. der Gott der heim. Scholle, dann Gewitter-, Himmels- u. Sonnengott. Sein Kult hatte ekstat. Charakter.
Baalbek, 1. *Balbek,* im Altertum syr. Stadt in der Ebene zw. Libanon u. Antilibanon, seit der Seleukiden-Zeit grch. *Heliopolis;* monumentaler Tempelbezirk aus dem 1.–3. Jh. – **2.** Stadt im Libanon el Beqa, 25 000 Ew., in der Nähe der Ruinen des antiken B.
Baath-Partei, nationalist. Partei der »arab. Auferstehung«, eine 1943 in Syrien gegr. panarab.-sozialist. Partei (seit 1947 unter dem Namen B.).
Babbage ['bæbidʒ], *Charles,* * 1792, † 1871, engl. Mathematiker u. Nationalökonom; versuchte 1822 als erster, das Modell einer programmgesteuerten Rechenmaschine zu bauen.
Babbitt ['bæbit], Bez. für den US-amerik. Spießbürger, nach dem Roman »B.« (1922) von H. S. *Lewis.*

Babel →Babylon.
Babenberger, Markgrafen- u. Herzogsgeschlecht in der bay. Ostmark u. im Hzgt. Österreich 976–1246, 1192–1246 auch Herzöge der Steiermark. Unter den B. erlebte Österreich seine erste wirtschaftl. u. kulturelle Blütezeit.
Babenhausen, Stadt in Hessen nördl. des Odenwalds, 15 000 Ew.; Schleifmaschinenbau.
Babesien, Blutparasiten bei Säugetieren, Erreger des in der ganzen Welt verbreiteten *Texasfiebers* der Rinder.
Babeuf [ba'bœf], *François Noël,* * 1760, † 1797, frz. Revolutionär; Jakobiner. Seine »Verschwörung der Gleichen« gegen das Direktorium (1796) wurde aufgedeckt. B. wurde hingerichtet.
Babinski, *Joseph François Felix,* * 1857, † 1932, frz. Neurologe. Nach ihm benannt ist der *Babinskische Reflex,* der bei Schädigungen des Rückenmarks oder Gehirns auftritt.
Babismus, urspr. islam. Sekte, gegr. von *Mirza Ali Mohammed* (* 1820, 1850 hingerichtet), der 1844 mit seiner Offenbarung hervortrat u. sich *bab* (»Tor«) nannte, durch das man in die Erlösung eingehen werde. Aus dem B. entwickelte sich der Bahaismus.
Babits ['bɔbitʃ], *Mihály,* * 1883, † 1941, ung. Schriftst.; sein Roman »Die Todgeweihten« 1927 zeichnet ein umfassendes Bild von Kleinadel u. Intelligenz um 1900.
Babybonds ['beibi-], Anleihen mit sehr kleiner Stückelung, z. B. zu 10 DM.
Babylon, *Babilu, Babel,* Ruinenstadt am Euphrat, 80 km südl. von Bagdad; seit 1700 v. Chr. Hptst., Kultur- u. Kultmittelpunkt *Babyloniens;* seit 1250 v. Chr. mehrfach von den Assyrern zerstört, immer wieder neu aufgebaut, am prächtigsten durch *Nebukadnezar II.* (605–562 v. Chr.). 539 v. Chr. von *Kyros II.,* 522 v. Chr. von *Dareios II.,* 331 v. Chr. von *Alexander d. Gr.* erobert, verfiel es unter den *Seleukiden.*
Babylonien, fruchtbares Tiefland am Unterlauf der Flüsse Euphrat u. Tigris. Hier entstand eine der ersten Kulturen der Weltgeschichte. Die Urbevölkerung läßt sich nur archäolog. nachweisen. Geschichtl. faßbar sind erstmals zu Beginn des 3. vorchristl. Jt.s die Stadtstaaten der *Sumerer.* Bedeutende, miteinander rivalisierende Städte waren *Uruk, Ur, Kisch* u. *Lagasch.* Nachdem der König *Lugalzaggesi von Umma* (um 2365–2340 v. Chr.) kurze Zeit ein sumer. Großreich regiert hatte, ging die Macht an das semit. Reich von *Akkad* (um 2350–2150 v. Chr.) über. Am Ende der Akkad-Zeit drangen wilde Bergstämme *(Gutäer)* ins Land ein, dennoch konnte *Gudea* von *Lagasch* seinem Volk Ruhe u. wirtsch. Blüte sichern. *Utuchengal* von *Uruk* (um 2070 v. Chr.) vertrieb die Gutäer, wurde aber von *Urnammu* von *Ur* (2062–2045 v. Chr.) entthront; unter seinen Nachfolgern erlebte das Sumerertum eine Renaissance. Das semit. Element wurde aber durch die Einwanderung der *Amoriter* immer stärker u. führte seit etwa 1950 v. Chr. zum allmähl. Zerfall des Staatswesens.
Im 18. Jh. v. Chr. entstand um die Stadt *Babylon* der semit. Staat B., dessen bedeutendster Herrscher, *Hammurapi* (1728–1686 v. Chr.), das gesamte Gebiet bis nach Assyrien vereinigte. Um 1530 v. Chr. wurde Babylon bei einem Vorstoß der Hethiter unter König Mursili völlig zerstört. Das zusammengebrochene Reich übernahmen die *Kassiten.* Durch den Einfall der *Elamiter* kam es 1160 v. Chr. zum Ende der Kassiten-Herrschaft. Es folgten die einheim. Herrscher der Dynastie von Isin. Im 1. Jt. v. Chr. geriet B. zeitweise unter assyr. Herrschaft, bis schließl. der chaldäische Fürst *Nabupolassar* (625–606 v. Chr.) mit Hilfe der Meder Assyrien vernichten konnte u. damit zum Begründer des Neubabylon. Reiches wurde. Unter seinem Sohn *Nebukadnezar II.* (605–562 v. Chr.) wurde B. noch einmal Großmacht. Doch schon 539 v. Chr. fiel es fast kampflos dem Perserkönig Ky-

ros II. in die Hände, kam 331 v. Chr. zum Weltreich *Alexanders d. Gr.,* 321 v. Chr. an die *Seleukiden,* 140 v. Chr. an die *Parther,* 228 n. Chr. an die *Sassaniden* u. 635 an die *Araber.* Der heutige Südirak war das alte B., der Nordirak Assyrien.
Babylonisch →akkadische Sprache.
Babylonische Gefangenschaft, *Babylonisches Exil,* **1.** Zwangsaufenthalt der durch *Nebukadnezar II.* verschleppten judäischen Oberschicht in Babylonien (597/587–538 v. Chr.). – **2.** *B. G. der Kirche,* Aufenthalt der Päpste in Avignon 1309–76; →Papst.
babylonische Kunst. Die Freilegung des bed. Zeugnisses altbabylon. Architektur, eines ca. 300 Räume umfassenden Königspalasts, gelang auf dem Gelände der alten Stadt *Mari* am Euphrat. Als Tempeltyp herrschte in der babylon. Baukunst die *Zikkurat* vor, ein auf künstl. Erdaufschüttungen errichteter *Hochtempel.* Berühmt wurde der unter Nabupolassar begonnene u. unter Nebukadnezar II. vollendete Wiederaufbau des Tempelturms in Babylon *(babylonischer Turm).* Unter Nebukadnezar II. entfaltete sich eine reiche Bautätigkeit (Umbau der Burg von Babylon, Schaffung der *Hängenden Gärten,* Neubau der Prozessionsstraße mit dem *Ischtar-Tor).*
Bei Grabungen in Mari wurden bes. Wandmalereien in schwarzen, hellblauen u. rötl.-braunen Farben auf Lehmputz (18. Jh. v. Chr.) gefunden. Aus neubabylon. Zeit ist bes. die polychrome Ziegelausstattung des Ischtar-Tors (weiße u. gelbe Stiere auf leuchtend blauem Grund), die Prozessionsstraßenwände (gelbe Löwen auf dunkelblauem oder türkisfarbenem Grund) u. des Thronsaals der Burg (schreitende Löwen) in Babylon bekannt geworden.
babylonische Literatur, in Keilschrift auf Tonta-

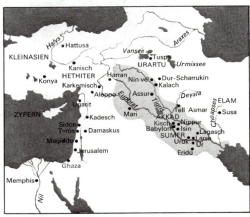

Babylonien: Babylonisches Reich unter Hammurapi um 1700 v. Chr

feln aufgezeichnete Epen, Mythen, Zaubersprüche, auch Gesetzbücher. Bedeutendstes Werk ist das *Gilgamesch-Epos.*
babylonische Religion, Religion der Vielgötterei; wurde von den Assyrern übernommen u. umgestaltet. Grundgedanke war, daß die Himmelswelt das Urbild der ird. Welt wäre. Die Sterne u. ihre Konstellationen galten als Erscheinungsformen der Götter u. als Ausdruck ihres Willens. Beobachtung der Sterne zur Erforschung des Willens der Götter u. des Schicksals der Menschen bildete die Grundlage späterer Astronomie u. Astrologie.
Babylonischer Turm, Turmbau, der nach 1. Mose 11 bis zum Himmel reichen sollte *(»Turmbau zu Babel«),* dessen Ausführung Gott aber durch die »Babylon. Sprachverwirrung« vereitelte. Die Sage geht auf den mehrfach, bes. unter *Nebu-*

Baal, der blitzeschleudernde Gott, mit ägyptischer Krone; Bronzefigur, um 1350 v. Chr. Paris, Louvre

kadnezar II. erneuerten Stufentempel (Zikkurat) in *Babylon* zurück.

Babylonisches Exil →Babylonische Gefangenschaft.

Bacall ['bækəl], Laureen, eigtl. Betty Joan *Perske*, * 10.9.1924, US-amerik. Film- u. Theaterschauspielerin.

Bacchanal [baxa-], *Bachanal*, in der grch.-röm. Antike seit dem 5. Jh. v. Chr. Gelage zu Ehren des Weingotts *Bacchus* (Dionysos); allg. Trinkgelage, Orgie.

Bacchanten [[ba'xan-], Bachanten], **1.** Anhänger des Gottes *Bacchus* (Dionysos); insbes. die »rasenden« Teilnehmerinnen *(Bacchantinnen, Mänaden)* an den Bacchanalen. – **2.** Im späten MA Bez. für fahrende Schüler, die von einer Lateinschule zur anderen wanderten.

Bacchus ['baxus] →Dionysos.

Bach, 1. Carl Philipp Emanuel, Sohn von 4), der *Berliner* oder *Hamburger B.,* * 1714, † 1788, dt. Komponist; 1740 Kammercembalist Friedrichs II. in Berlin, 1767 Nachfolger G. Ph. Telemanns in Hamburg. Seine Musik spiegelt den Übergang vom galant-empfindsamen zu einem sehr persönl. Stil. – **2.** Johann Christian, Sohn von 4), der *Mailänder* oder *Londoner B.,* * 1735, † 1782, dt. Komponist; erfolgreicher Repräsentant des galanten Stils; betreute den jungen *Mozart* 1764 auf dessen Londoner Reise. – **3.** Johann Christoph Friedrich, Sohn von 4), der *Bückeburger B.,* * 1732, † 1795, dt. Komponist; 1758 Kapellmeister des Grafen Wilhelm zu Bückeburg; Zusammenarbeit mit J. G. *Herder.* – **4.** Johann Sebastian, * 1685, † 1750, dt.

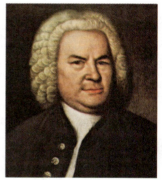

Johann Sebastian Bach

Komponist u. Musiker; bed. kammermusikal. Werke (»Brandenburgische Konzerte«, »Wohltemperiertes Klavier« u. a.), 1723–50 Thomaskantor in Leipzig; Leipziger Werke: u. a. Magnificat, Motetten, Umarbeitung der Johannespassion, Matthäuspassion 1729, »Clavierübung« in 4 Teilen, Messe in h-Moll, Weihnachtsoratorium 1734/35, Osteroratorium 1736, »Musikalisches Opfer« 1747, Kunst der Fuge 1749/50 (unvollendet), zahlr. Kantaten (auch einige weltliche). Bachs erster Ruhm gründete sich auf sein außergewöhnl. Cembalo- u. Orgelspiel, bes. auf seine hohe Improvisationskunst im polyphonen Stil. Diesen Stil, bes. die *Fuge,* die höchste Kunstform der Barockmusik, führte B. an die Grenze des Möglichen. In seinen Werken verbindet sich eine höchst dynam. Melodik mit einer überaus farbigen, feinste Ausdrucksnuancierungen ermöglichenden Harmonik u. einer den heutigen Menschen bes. ansprechenden »motor.« Rhythmik. B. darf nicht einseitig als prot. Kirchenmusiker gesehen werden; er beherrschte alle musikal. Möglichkeiten seiner Zeit mit Ausnahme der Oper, die ihm fremd blieb. – **5.** Wilhelm Friedemann, ältester Sohn von 4), * 1710, † 1784, dt. Komponist; von seinen Zeitgenossen als der größte Orgelspieler nach seinem Vater gerühmt. Er hat von allen Söhnen Bachs wohl am konsequentesten u. am längsten Stilmittel des Vaters verwendet u. wurde doch zu einem der markantesten musikal. Vertreter der Genie-Epoche.

Bacharach, Stadt in Rhld.-Pf. am Rhein, nördl. von Bingen, 2600 Ew.; Weinbau, Schieferbrücke.

Bache, Bez. für das weibl. *Wildschwein.*

Bachelor ['bætʃələr], lat. *baccalaureus,* niederster akad. Grad in angelsächs. Ländern, als B. of

Francis Bacon (1); Bildnis von W. Marshall, 1640

Arts (B. A.) in den geisteswiss., als B. of Science (B. S.; B. Sc.) in den naturwiss. Fächern.

Bachem, 1. Bele, * 17.5.1916, dt. Malerin u. Graphikerin (Buch- u. Porzellanmalereien, kunstgewerbl. Arbeiten). – **2.** Hans, * 1897, † 1973, dt. Organist; bekannt durch Aufführungen der Orgelwerke M. *Regers.*

Bachmann, Ingeborg, * 1926, † 1973, östr. Schriftstellerin; Mitgl. der »Gruppe 47«, schrieb Verse u. Prosa chiffrierter Daseinsnot von klangstarker Spracheigenart.

Bachofen, Johann Jakob, * 1815, † 1887, schweiz. Rechtshistoriker u. Kulturphilosoph; Begründer der Theorie vom *Mutterrecht.*

Bachstelze, *Motacilla alba,* einheim. Singvogel mit schwarz-weißer Zeichnung u. langem, wippendem Schwanz.

Bachtaran, Prov.-Hptst. in Iran, 531 000 Ew.; Erdölraffinerie, Textilind.

Back, seemänn.: **1.** Tisch, Tischgemeinschaft an Bord. – **2.** über die ganze Schiffsbreite u. bis zum Bug reichender Aufbau auf dem Vorschiff.

Backbord, die linke Schiffsseite; bei Dunkelheit durch rotes Licht gekennzeichnet. Die rechte Seite heißt *Steuerbord* (grünes Licht).

Backen, verstellbare Spannteile an Werkzeugen u. Maschinen, um Arbeitsstücke festzuklemmen.

Backenbremse, eine Bremse aus einem oder mehreren Bremsklötzen *(Backen),* die entweder am Laufrand *(Außen-B.)* oder am Innenrand *(Innen-B.)* oder an der Seite *(Scheiben-B.)* eines Rads oder einer Scheibe angreifen.

Backenhörnchen, *Streifenhörnchen, Tamiini,* kleinere Verwandte des *Eichhörnchens,* dem sie in Aussehen u. Lebensweise ähneln. Große Backentaschen dienen dem Sammeln von Vorräten. Vorkommen: N-Eurasien u. N-Amerika.

Backgammon ['bækgæmən; engl.], *Puffspiel,* ein Würfel-Brettspiel für 2 Personen; seit über 2000 Jahren in zahlr. Variationen in vielen Ländern verbreitet. Das Spielbrett zeigt zwei sich gegenüberstehende Reihen von Zacken, über die mit Hilfe von 2 Würfeln je 15 Steine zu führen sind.

Backhaus, Wilhelm, * 1884, † 1969, dt. Pianist; insbes. Beethoven- u. Brahms-Interpret.

Backnang, Stadt in Ba.-Wü. an der Murr gelegen, 32 000 Ew.; Leder-, Textil- u. Elektro-Ind.

Backoffen, *Backoffen,* Hans, * 1450, † 1519, dt. Bildhauer; neben H. *Leinberger* Hauptmeister des sog. spätgot. Barocks.

Backstein, →Ziegel. – **B.bau,** Bauwerk mit unverputztem, ausgefugtem Mauerwerk aus *B.en* (Ziegeln u. Klinkern); bereits in der altvorderasiat. (Mesopotamien) u. in der etrusk. u. röm. Baukunst bekannt. – **B.gotik,** Gattungs- u. Stilbez. für die aus Backstein errichteten Bauwerke der Gotik, bes. die Profan- u. Sakralbauten des 14./15. Jh. im nord- u. ostdt. Raum (Schleswig, Mecklenburg, Pommern, Mark Brandenburg, Ordensland Preußen) u. in Skandinavien.

Bacon ['beikən], magerer Speck, der vor dem Räuchern gepökelt wird; bes. in England u. Dänemark.

Bacon ['beikən], **1.** Francis, * 1561, † 1626, engl. Renaissancephilosoph u. Staatsmann; stieg zum Lordkanzler auf; wurde 1621 wegen Bestechlichkeit verurteilt u. später von Jakob I. begnadigt; Begründer des engl. *Empirismus* u. Theoretiker der Induktion, scharfsinniger Kritiker der Scholastik u. glänzender Essayist. Hptw.: »Novum Organon Scientiarum«. – **2.** Francis, * 1909, † 1992, irischer Maler (alptraumhafte Porträts, die den Menschen wie in einem Zerrspiegel erscheinen lassen). – **3.** Roger, lat. *Baco,* * 1214, † 1294, engl. Franziskaner; wegen seiner umfassenden Kenntnisse *doctor mirabilis* genannt; Kritiker der theolog. Methodik seiner Zeit, die er unter Zugrundelegung naturwiss. Erkenntnisse zu reformieren suchte.

Bad, 1. Einwirkung von Wasser, Dampf, Sand, Luft, Sonne u. a. auf den Körper zur Reinigung. – **2.** Ort mit Heilbadcharakter. Die Verleihung des Bez. B. als Badeort ist an das Vorhandensein natürl. Heilkräfte u. bestimmter Einrichtungen gebunden.

Badajoz [baða'xoθ], span. Prov.-Hptst. in Estremadura, alte Grenzfestung gegen Portugal, am Guadiana, 126 000 Ew.; Fayence-Ind.

Badakhschan [-dax-], afghan. NO-Prov., 521 000 Ew., Hptst. *Faisabad;* reich an Erzen u. Edelsteinen; Viehzucht.

Badalona, Ind.-Vorstadt von Barcelona, an der span. Mittelmeerküste, 230 000 Ew.; Textil-, Glas- u. chem. Ind.

Baden, 1. ehem. Land des Dt. Reiches, im SW am Rhein gelegen, alte Hptst. *Karlsruhe.* Heute Westteil von Ba.-Wü. mit den Reg.-Bez. *Karlsruhe* u. *Freiburg.*
G e s c h.: Seit dem 12. Jh. war B. Markgft. unter den *Zähringern.* Nach Gebietserwerbungen (Heidelberg, Mannheim, Breisgau, Baar, Konstanz u. a.) wurde es 1806 Großhzgt.; 1818 liberale Verf.; 1848/49 kam es zu Aufständen, die durch preuß. Truppen unterdrückt wurden; 1918 Freistaat; 1945 wurde Südbaden zur frz., Nordbaden zur amerik. Besatzungszone geschlagen; 1952 Vereinigung zum Bundesland Ba.-Wü. – **2.** *B. bei Wien,* östr. Stadt südl. von Wien, am Ostrand des Wienerwalds, 28 000 Ew.; bed. Schwefelbad Östr. – **3.** schweiz. Stadt an der Limmat, im Kanton Aargau, 14 000 Ew.; alte Bäderstadt, heiße Schwefelquellen (bis 48 °C); Elektroind.

Baden-Baden, Stadt u. internat. Badeort im Tal der Oos, am Westhang des nördl. Schwarzwalds, 51 000 Ew.; Kochsalzthermen (44–60 °C) gegen Gicht, Rheuma u. Katarrhe; Spielbank; Pferderennen in *Iffezheim.*

Baden-Powell [bɛidn 'pouəl], Lord Robert Stephenson Smyth, * 1857, † 1941, engl. Offizier; seit 1907 Organisator u. Leiter der engl. Pfadfinderbewegung.

Badenweiler, ba.-wü. Kurort im südl. Schwarzwald, am Blauen, 427 m ü. M., 3600 Ew.; radioaktive Thermalquellen.

Baden-Württemberg, Land in Deutschland, entstanden 1952 als Ergebnis der Bemühungen um einen Südweststaat aus Baden, Württemberg-Baden u. Württemberg-Hohenzollern, 35 751 km²,

Baden-Württemberg: Regierungsbezirke		
Regierungsbezirk	Fläche in km²	Einwohner in 1000
Freiburg	9 357	2 013
Karlsruhe	6 919	2 577
Stuttgart	10 558	3 751
Tübingen	8 917	1 660

9,6 Mio. Ew., Hptst. *Stuttgart.* Das im W u. S bis an den Rhein reichende Land umfaßt einen großen Teil der Oberrhein. Tiefebene, den Schwarzwald, den südl. Odenwald, im O einen Teil des Schwäb.-Fränk. Stufenlands mit der Schwäb. Alb u. reicht mit dem »Oberland« südl. der Donau schon ins Alpenvorland, im württemberg. Allgäu sogar bis in die Alpen. – Bodenverhältnisse u. Klima begünsti-

Backgammon: Brett, Spielsteine und Würfel

Baden-Württemberg: Staustufe des Neckar bei Gundelsheim

gen Land- u. Forstwirtschaft. Die Fertigwarenind. (Metall-, Leder-, Textilwaren, Autos, elektr. u. feinmechan. Geräte, Papier u. Druckerzeugnisse) konzentriert sich auf die städt. Zentren Freiburg i. Br., Heidelberg, Heilbronn, Karlsruhe, Mannheim, Pforzheim, Reutlingen, Stuttgart u. Ulm.

Bader, volkstüml. Bez. für *Barbier*.

Badgastein, östr. Kurort im südl. Salzburg, im oberen *Gasteiner Tal,* 1013 m ü. M., 5750 Ew.; radioaktive Thermalquellen (bis 47 °C); Spielbank; zwei 63 u. 85 m hohe Wasserfälle der *Gasteiner Ache* im Ort.

Badische Schule, *Südwestdeutsche Schule,* auf W. *Windelband* zurückgehende, lange Zeit von H. *Rickert* repräsentierte werttheoret. Richtung des *Neukantianismus*.

Badlands ['bædlændz], Gebiete im wechselfeuchten Klima, die durch verstärkte, auch vom Menschen verursachte Erosion ihrer Bodenkrume u. Pflanzendecke beraubt u. einer wirtschaftl. Nutzung entzogen wurden.

Badminton ['bædmintn], *Federballspiel,* ein Rückschlagspiel mit einem leichten Federball über ein Netz hinweg.

Badoglio [ba'dɔljo], Pietro, *1871, †1956, ital. Offizier; 1912–22 u. 1925–28 Chef des Generalstabs, 1928–1933 Gouverneur von Libyen; leitete den Feldzug gegen Äthiopien 1935/36, Vizekönig von Ital.-Ostafrika, schied 1940 aus; nach dem Sturz Mussolinis 1943/44 Min.-Präs.

Baeck, Leo, *1873, †1956, reformjüd. Rabbiner; 1913 Dozent für Homiletik u. Religionsgesch. an der Hochschule für die Wiss. des Judentums u. Rabbiner in Berlin, 1943 nach Theresienstadt verschickt, seit 1945 in London.

Baedeker, Karl, *1801, †1859, dt. Buchhändler; verfaßte weit verbreitete Reisehandbücher u. gründete 1827 einen Verlag in Koblenz, heute in Freiburg i. Br.; bekannt durch seine Reiseführer.

Baer, Karl Ernst von, *1792, †1876, dt. Zoologe; begr. die moderne Embryologie u. entdeckte das Säugetierei.

Baeyer ['baiɛr], Adolf von, *1835, †1917, dt. Chemiker; arbeitete über Farbstoffe, bes. über die Indigosynthese; Nobelpreis 1905.

Baez ['baiez], Joan, *9.1.1941, US-amerik. Sängerin; die polit. engagierte Sängerin gilt seit ihrem ersten Erfolg 1959 als wichtigste Vertreterin des Folksongs.

Baffin ['bæfin], William, *1584, †1622, engl. Seefahrer; entdeckte 1616 die nach ihm benannte *B.-Bai,* ein Nebenmeer des Atlantik zw. Grönland u. *B.-Land,* der größten Insel des kanad.-arkt. Archipels (rd. 507 450 km²).

BAföG → *Ausbildungsförderung*.

BAG, Abk. für *Bundesarbeitsgericht*.

Bagatelle [die], Kleinigkeit, Geringfügigkeit.

Bagatellsachen, geringfügige Rechtsverstöße, bei denen von einer Verfolgung abgesehen werden kann: bei vermögensrechtl. Ansprüchen unter 50 DM, im Strafrecht bei geringer Schuld des Täters u. bei geringem öffentl. Interesse.

Bagdad, Hptst. des Irak, am Mittellauf des Tigris, in fruchtbarer Umgebung, 3,8 Mio. Ew. (m. V. 4,9 Mio. Ew.); Verkehrs- u. Handelszentrum; Universitäten; Metall- u. Textilind., Zitrusfrucht-, Baumwoll- u. Dattelkulturen; Ölraffinerie; Flughafen.
G e s c h.: 762 von *Al-Mansur* gegr. als Kalifensitz u. Hptst. des Islam. Reichs. Unter *Harun Ar Ra-schid* (9. Jh.) nahm die Stadt an Bedeutung zu; kultureller u. wirtschaftl. Höhepunkt im 10./11. Jh.; 1638–1917 türk.; seit 1920 Hptst. des Irak. – Im Golfkrieg 1991 stark zerstört.

Bagdad-Bahn, über 2400 km lange Bahnlinie (Istanbul-)Konya – Adana-Mosul – Bagdad – Basra (Pers. Golf); 1903 unter dt. Beteiligung begonnen, 1918 zu ²/₃ fertig; das letzte Stück 1940 gebaut.

Bagdad-Pakt → CENTO.

Bagger, Gerät zum Ausheben von Erdmassen. Man unterscheidet: Trocken- u. Naß-, Hoch-, Flach- u. Tief-B. (vom Führersitz aus gesehen), Eimerketten-, Greif-, Löffel-, Pumpen-, Schaufelrad-B. u. a.

Bahaismus, aus dem *Babismus* hervorgegangene Religionsgemeinschaft, 1863 von Baha'u'llah (*1817, †1892) gegr. Ihre Lehre beruht auf islam. Tradition, besteht aber aus Elementen aller Weltreligionen.

Bahamas, Staat in W-Indien, 13 878 km², 250 000 Ew. (85% Schwarze u. Mulatten, 15% Weiße u. Mestizen), Hptst. *Nassau* auf New Providence Island. – Die B. bestehen aus 20 größeren bewohnten u. 3000 kleineren u. kleinsten Inseln, Riffen u. Klippen, die sich über 1200 km vor der Ostküste Floridas bis zur Insel Haiti erstrecken. Subtrop., mäßig feuchtes Klima. Ausgeführt wer-

Bahamas

den Erdöl u. chem. Produkte. Wichtigster Wirtschaftszweig ist der Fremdenverkehr.
G e s c h i c h t e: Seit 1729 waren die Inseln eine brit. Kronkolonie. 1964 erhielten die B. innere Selbstverwaltung. Am 10.7.1973 wurden die B. unabhängig.

Bahasa Indonesia [»Sprache Indonesiens«], die auf der *malaiischen Sprache* aufgebaute Staatssprache Indonesiens.

Bahia, Bundesstaat im NO → Brasiliens, steigt von der Küste zum Brasilian. Bergland hin an, Hafen u. Hptst. *Salvador;* Anbau von Kakao, Kaffee u. Baumwolle; Förderung von Mangan, Blei, Chrom, Erdöl, Kupfer u. Uran.

Bahia Blanca, argent. Hafenstadt sw. von Buenos Aires, 230 000 Ew.; Univ.; Nahrungsmittelind., Erdölraffinerie; Flughafen.

Bahnbestimmung, die Ermittlung der geometr. Gestalt des Weges eines Himmelskörpers aufgrund von Beobachtungen seines scheinbaren Ortes an der Himmelskugel zu versch. Zeiten.

Bahnhof, ortsfeste Anlagen für den Verkehr u. den Betrieb der Eisenbahn, planmäßige Haltestelle der Züge zum Ein- u. Aussteigen der Reisenden u. zum Verladen von Gepäck u. Expreßgut.

Bahnhofsmission, 1897 in Berlin auf Anregung von Pastor J. *Burckhardt* (*1853, †1914) ins Leben gerufene (ev. u. kath.) Organisation, zunächst zur Betreuung reisender Mädchen, dann aller Reisenden, die Hilfe brauchen.

Bahnpolizei, bes. Polizei zur Aufrechterhaltung der Sicherheit u. Ordnung des Bahngebiets u. Bahnverkehrs.

Bahr, **1.** Egon, *18.3.1922, dt. Politiker (SPD); 1969–72 Staatssekretär im Bundeskanzleramt; entscheidend am Zustandekommen des dt.-sowj. Vertrags (1970) u. des Grundlagenvertrags beteiligt; 1972–74 Bundesmin. für bes. Aufgaben, 1974–76 für wirtschaftl. Zusammenarbeit; 1976–81 Bundesgeschäftsführer der SPD; seit 1984 Leiter des Inst. für Friedensforschung u. Sicherheitspolitik in Hamburg. – **2.** Hermann, *1863, †1934, östr. Schriftst. (Romane u. Dramen); wandlungsreicher Kritiker mit Spürsinn für geistige u. künstler. Strömungen.

Bähr, *Baehr,* Georg, *1666, †1738, dt. Baumeister; baute mehrere sächs. Barockkirchen, am bekanntesten die Frauenkirche in Dresden (1945 zerstört).

Bahrain, Staat im Pers. Golf, vor der Ostküste Saudi-Arabiens, 678 km², 490 000 Ew., Hptst. *Manama.* – Die Inselgruppe hat Wüstenklima. Die Bewohner sind vorw. Araber. Hauptwirtschaftszweig ist die Erdölförderung u. -verarbeitung; daneben Aluminium-, Bau- u. chem. Ind. sowie die

Bahrain

Verarbeitung der landwirtschaftl. Produkte (Datteln, Zitrusfrüchte, Gemüse).
G e s c h i c h t e: Um 1520 von Portugiesen besetzt, 1602 von den Persern; später selbständiges Fürstentum, das sich seit dem 19. Jh. an Großbritannien anlehnte; bis 1971 brit. Protektorat; seither unabhängiges Emirat.

Bahr Al Ghazal [baxr ɛlga'zaː], *Gazellenfluß,* l. Nbfl. des Nils im SW der Rep. Sudan.

Bahro, Rudolf, *18.11.1935, dt. Journalist u. Wirtschaftsfunktionär, Systemkritiker in der DDR; wurde 1977 verhaftet wegen angebl. nachrichtendienstl. Tätigkeit (1990 rehabilitiert) u. 1979 in die BR Dtld. entlassen; 1980–85 Mitgl. der Partei »Die Grünen«; engagiert sich für eine Verbindung ökolog. u. sozialist. Ideen.

Baht, Währungseinheit in Thailand.

Baía [ba'ia], Bestandteil von geograph. Namen: Bucht, Bai.

Baia Mare, Hptst. des rumän. Kreises Maramures, im nördl. Siebenbürgen, 140 000 Ew.; Gold- u. Silber-, Blei- u. Kupferbergbau, chem.-metallurg. Ind.

Baiersbronn, Luftkurort u. Wintersportplatz in Ba.-Wü., im nördl. Schwarzwald, 16 000 Ew.; Textil- u. Metallind.

Baikal-Amur-Magistrale, Abk. *BAM,* 1984 fertiggestellte Eisenbahnlinie in O-Sibirien zw. Ust-Kut an der Lena und der Industriestadt Komsomolsk am Amur, nördl. der Transsibir. Eisenbahn; 3145 km lang. Dient der Erschließung der reichen Holzbestände u. Bodenschätze.

Baikalsee, von Gebirgen umgebener See im mittleren S-Sibirien, 31 500 km², 650 km lang, bis 74 km breit; tiefster See der Erde (1740 m; 455 m ü. M.)

Baikonur, Raketenstartplatz in Zentralkasachstan (GUS).

Bairam, *Bayram, Beiram.* zwei islam. Feste: *großer B.,* auch *Kurban-B.* (»Opferfest«), u. *kleiner B.* (»Zuckerfest«).

Baiser [bɛ'zeː; das; frz., »Kuß«], weiches Schaumgebäck aus geschlagenem Eiweiß, Zucker u. Gelatine.

Baisse [bɛːs; frz.], Börsenausdruck für das Sinken von Preisen oder Wertpapierkursen; Ggs.: *Hausse*.

Bajadere, portug. Bez. für die ind. Tänzerin u. Sängerin, die als *Dewadasi* von Kind an dem Dienst der Gottheiten geweiht ist (mit religiöser Prostitution) oder als *Natschni* ihren Beruf gewerbsmäßig (profan) betreibt.

Bajazzo [ital., »Strohsack«], die lustige Figur des ital. Volkslustspiels. – *Der B.,* Oper von Ruggiero Leoncavallo (1892).

Bagdad: Denkmal und Moschee am Platz des Unbekannten Soldaten

Bajer, Frederik, *1837, †1922, dän. Politiker; Gründer des Intern. Friedensbüros in Bern 1891; 1908 Friedensnobelpreis.

Bajezid I., *Bajesid, Bajezet, Beyazit,* gen. *Yíldírím* [»Blitz«], *1360, †1403, osman. Sultan 1389–1402; eroberte Serbien, schlug 1396 bei Nikopolis ein Kreuzzugsheer. In der Schlacht von Ankara am 20. 7. 1402 geriet er in die Gefangenschaft Timurs u. starb kurze Zeit später.

Ba Jin [-dʒin], *1904, chin. Schriftst.; behandelt in seinen Romanen u. Novellen den Gegensatz zw. alter Familientradition u. moderner Jugend.

Bajonett, eine seit Mitte des 15. Jh. verwendete Klinge, die zum Nahkampf am oberen Ende des Gewehrs befestigt wird, um dieses in eine Stoßwaffe zu verwandeln.

Bajonettverschluß, *Renkverschluß,* leicht lösbare Verbindung zwischen Hülsen u. Rohren, bei der sich Stifte in Führungsschlitzen der Hülse bewegen können; verwendet für Schlauchverbindungen, Lampenfassungen, opt. Geräte u. a.

Bajuwaren, *Baioaren,* westgerm. Volksstamm, Vorfahren der heutigen Bayern; seit der Mitte des 6. Jh. nachgewiesen; Herkunft ungewiß.

Bakchylides, *Bacchylides,* *um 505 v. Chr., †450 v. Chr., grch. Dichter aus Keos.

Bake, 1. im Eisenbahnverkehr Tafel zur Ankündigung eines Vorsignals. – **2.** in der Schiffahrt feststehendes Seezeichen; meist im Küstengewässer zur Kennzeichnung der Fahrrinne. – **3.** im Straßenverkehr zur Warnung aufgestellter Pfahl vor einem Bahnübergang.

Bakelit, zu den Phenolharzen gehörender Kunststoff, 1905 von L. H. *Baekeland* erfunden.

Baker ['beikə], **1.** James Addison, *28.4.1930, US-amerik. Politiker (Republikaner); 1985–88 Finanz-Min., entwarf einen Plan *(B.-Plan)* zur Lösung des Schuldenproblems der Dritten Welt; 1989-92 Außen-Min. – **2.** Josephine, *1906, †1975, US-amerik. Revue-Tänzerin; Gründerin eines Kinderdorfs. – **3.** Sir Samuel White, *1821, †1893, engl. Afrika-Reisender; eroberte 1870–73 die Länder am Weißen Nil für Ägypten.

Baker-Eddy ['beikə 'edi], Mary, *1821, †1910, US-amerik. Gründerin der → *Christian Science.*

Bakhtaran, fr. *Kermanshah,* Prov.-Hptst. in W-Iran, 566 000 Ew., überwiegend Kurden; Zuckerfabrik; Erdölraffinerie; Flughafen.

Bakkalaureus [-re:us], im MA vor der Gründung der Univ. ein junger Edelmann oder ein einfacher Geistlicher; dann der erste akadem. Grad; heute in Dtld. nicht mehr gebräuchl. In angelsächs. Ländern ist *bachelor* der niederste akadem. Grad. In Frankreich ist der *bachelier* der Inhaber des *baccalauréats* (etwa der dt. Reifeprüfung entspr.).

Bakkarat [-'ra], *Baccarat,* ein Kartenglücksspiel, bei dem zwei Spieler u. der Bankhalter gegeneinander spielen u. weitere mitwetten können.

Bakonywald ['bokonj-], Mittelgebirgszug nördl. vom Plattensee, W-Ungarn.

Bakschisch, Almosen, Bestechungsgeld.

Bakterien [Pl., Sg. das Bakterium oder die Bakterie], *Eubakterien, Bacteria, Spaltpilze, Schizomycetes,* mikroskop. kleine einzellige Organismen von kugeliger, stäbchenförmiger oder schraubiger Gestalt; ohne abgegrenzten Zellkern. Sie sind unbewegl. oder führen mit Hilfe von Geißeln schnelle Schwimmbewegungen aus. Eine Vermehrung erfolgt durch Querteilung. B. sind überall in der Luft, im Wasser u. im Boden verbreitet. Bestimmte B. *(Bazillen)* können unter ungünstigen Bedingungen Dauerformen (Sporen) bilden. B. haben große Bed. für den Abbau organ. Substanz. Wirtschaftl. Bed. haben z.B. die Gewinnung von Alkohol, Essig u. Antibiotika, die Säuerung von Milch u. die Käseherstellung. Unter den B. finden sich aber auch viele Erreger ansteckender Krankheiten, z.B. Keuchhusten, Diphtherie, Scharlach, Cholera, Typhus, Tuberkulose u. a. Als Relikte aus der Urzeit des Lebens werden die *Archaebakterien* angesehen, die von den »Echten B.« abgegrenzt werden. Archae-B. haben sich an extreme ökolog. Bedingungen angepaßt, zeigen einen andersartigen Zellwand- u. Lipid-Aufbau. Hierzu zählen u. a. *Methan-B., schwefeloxidierende B.* u. *Halo-B.* In der Biotechnologie werden B. u. a. wegen ihrer vielseitigen Stoffwechselleistungen, z. T. nach Veränderungen ihrer genet. Eigenschaften (→ Genmanipulation) eingesetzt.

Bakteriologie, ein Teilgebiet der Mikrobiologie, das sich nur mit den *Bakterien* befaßt: die *mediz. B.* mit den krankheitserregenden Bakterien, die *techn. B.* mit den industriell nutzbaren Bakterien. Begründer der B. waren L. *Pasteur* u. R. *Koch* Mitte des 19. Jh.

Bakteriophagen [»Bakterienfresser«], *Phagen, Viren,* die Bakterien befallen u. zerstören.

bakterizid, bakterientötend, keimtötend.

Baktrien, altpers. Ldsch. nördl. des Hindukusch, Teil des heutigen Afghanistans. Hptst. war *Baktra,* das heutige *Balch* im NO Afghanistans.

Baku, Hptst. von Aserbaidschan, auf der Halbinsel Apscheron am W-Ufer des Kasp. Meers; m. V. 1,8 Mio. Ew.; Zentrum eines Erdölgebiets; Univ.; Erdöl-, Maschinen-, Textilind., Werften; Hafen, Flughafen.

Bakunin, Michail Alexandrowitsch, *1814, †1876, russ. anarchist. Sozialist; beteiligte sich an fast allen revolutionären Bestrebungen W-Europas seiner Zeit. 1864 wurde er Mitgl. der 1. *Internationale,* jedoch 1872 auf Betreiben von *Marx* ausgeschlossen.

Balakirew [-ref], Milij Alexejewitsch, *1837, †1910, russ. Komponist; Begründer der jungruss. Schule.

Balalaika, russ. Zupfinstrument mit langem Hals, 3 Saiten u. dreieckigem Schallkörper; wird meist mit Plektron gespielt.

Balance [-'lɑ̃sə], Gleichgewicht.

Balanchine [balɑ̃'ʃi:n], Georges, eigtl. Georgi *Balanchiwadze,* *1904, †1983, russ. Tänzer u. Choreograph; seit 1948 Leiter des *»New York City Ballet«;* Begründer des tänzer. Neoklassizismus.

Balata, kautschukähnl. Milchsaft des in Guyana u. Venezuela heim. *B.baums.*

Balaton ['bɔlɔ-], ungar. Bez. für den → Plattensee.

Balboa, Hafenstadt am pazif. Ende des Panamakanals, in der Kanalzone, 5000 Ew.

Balboa, Vasco Núñez de, *um 1475, †1517, span. Konquistador; erreichte 1513 als erster Europäer über die Landenge von Darién (Panama) die Küste des Pazifik.

Balch [bɔːltʃ], Emily Greene, *1867, †1961, Präsidentin der USA-Sektion der Internat. Frauenliga für Frieden u. Freiheit seit 1922; Friedensnobelpreis 1946.

Balchaschsee, *Balkaschsee,* kasak. *Tengis,* abflußloser flacher See (27 m tief) in der Wüstensteppe O-Kasachstans, 620 km lang, wechselnde Größe (17 000–22 000 km²).

Baldachin, urspr. ein kostbarer, golddurchwirkter Seidenstoff aus dem Orient, später der daraus gefertigte Prunkhimmel über Thron, Bischofssitz, Kanzel, Bett u. a. sowie der bei Prozessionen verwendete Traghimmel auf vier Stangen; auch steinernes Schutzdach auf drei oder vier Säulen über Statuen, Grabmälern u. Altären.

Baldeneysee, Stausee der Ruhr südl. von Essen, 1926–33 errichtet.

Balder, *Baldr, Baldur,* altgerman. Gott, Sohn Odins u. der Frigg; nach der Edda der Liebling der Götter, schön u. tapfer.

Baldrian, *Valeriana,* Gatt. krautiger Pflanzen oder Halbsträucher aus der Familie der *Baldriangewächse* mit fiederteiligen Blättern u. gipfelständigen, trugdoldigen Blütenständen. Der *Gewöhnl. B., Katzenkraut, Valeriana officinalis,* wächst bei uns an Waldrändern, Wiesen u. Ufern. Das in der Wurzel enthaltene **B.öl** wirkt beruhigend u. krampflindernd.

Balduin, 1. B. I., *1171, †1206, Graf von Flandern u. Hennegau, 1204/05 lat. Kaiser; kam nach der Eroberung Konstantinopels im 4. Kreuzzug auf den Thron. – **2. B. I.,** *1058, †1118, König von Jerusalem 1100–18; nahm am 1. Kreuzzug teil.

Balduin von Luxemburg, *1285, †1354, Erzbischof von Trier 1308–54; verhalf seinem Bruder *Heinrich VII.* zur deutschen Krone, unterstützte gegen Ludwig den Bayern das Gegenkönigtum *Karls IV.*

Baldung, Hans, gen. *Grien,* *1484/85, †1545, dt. Maler u. Zeichner für den Holzschnitt; seit 1502/03 Geselle in *Dürers* Werkstatt, 1512–16 Freiburg i. Br., seit 1517 in Straßburg; Hptw.: Hochaltar im Freiburger Münster.

Baldur → Balder.

Baldwin ['bɔːldwin], **1.** James, *1924, †1987, afroamerik. Schriftsteller; analysiert in Romanen u. Essays die Folgen von Rassen- u. Moralvorurteilen. – **2.** James Mark, *1861, †1934, US-amerikan. Psychologe; Evolutionist; Verf. einer umfassenden Entwicklungspsychologie. – **3.** Stanley Earl (seit 1937) *B. of Bewdley,* *1867, †1947, britischer Politiker (konservativ); 1923–29 u. 1935/36 Premierminister.

Baleąren, span. *(Islas) Baleares,* Inselgruppe u. Prov. Spaniens im westl. Mittelmeer, besteht aus den eigtl. B. mit *Mallorca* u. *Menorca* u. den als *Pityusen* bekannten Inseln *Ibiza* u. *Formentera,* zusammen 5014 km², 755 000 Ew.; bes. wintermildes Klima u. subtrop. Vegetation; Anbau von Mandeln, Feigen, Wein, Oliven u. Südfrüchten; bed. internat. Fremdenverkehr; Flugstützpunkt u. Haupthafen ist die Hptst. *Palma.*

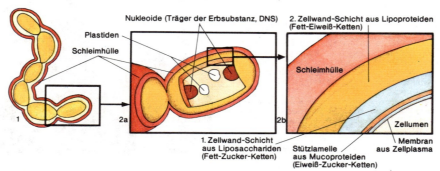

Hans Baldung, genannt Grien: Macius Scaevola. Dresden, Gemäldegalerie

Bakterien: 1) Schleimkolonie von Stäbchenbakterien 2) Feinstruktur der Bakterienzelle: a) Zellumen, aufgeschnitten; b) Zellwand

Balfour ['bælfə], Arthur James Earl of (seit 1922), *1848, †1930, brit. Politiker (konservativ); 1902–05 Premiermin.; 1916–19 Außenmin.; gab 1917 die **B.-Deklaration** ab, in der er den Juden »eine nationale Heimstätte« in Palästina versprach.
Balg, das abgezogene Fell oder Federkleid von Säugern oder Vögeln mit Schnabel, Füßen, Krallen u. ä.
Balhorn, *Ballhorn,* Johann, *1528, †1603, dt. Buchdrucker aus Lübeck. Ihm wurden zu Unrecht Drucke zugeschrieben, die fehlerhafte Korrekturen enthielten, daher *ballhornisieren, verballhornen.*
Bali, die westl. der indones. Kleinen Sundainseln, 5561 km², 2,65 Mio. Ew.; tradit. Zentrum des Hinduismus; bed. Fremdenverkehr; Hptst. *Denpasar.*
Balingen, Krst. in Ba.-Wü. an der Eyach, am Fuß der Schwäb. Alb, 518 m ü. M., 31 000 Ew.; Zollernschloß; Herstellung von Waagen, Metall-, Textil- u. Möbelind.
Balk, *Balke,* Hermann, †1239, erster Landmeister des Dt. Ordens in Preußen; gründete u. a. Thorn, Kulm, Marienwerder u. Elbing.
Balkan, 1. *Balkangebirge,* bulgar. *Stara Planina,* westöstlich verlaufender Gebirgszug in Bulgarien, 600 km lang, im Botew 2376 m; mittelgebirgsartig abgerundete Bergformen; zahlr. Pässe. – 2. *Balkanhalbinsel,* gebirgige Halbinsel im SO Europas, in N durch die Save-Donau-Linie begrenzt; Dinarische Alpen in NW, Pindosgebirge in S u. Balkan im O; Küste stark zerrissen u. in viele Halbinseln u. Inseln aufgelöst; polit. aufgeteilt in Albanien, Bosnien-Herzegowina, Bulgarien, Griechenland, Kroatien, Makedonien, Jugoslawien (Montenegro u. Serbien), Rumänien, Slowenien u. den europ. Teil der Türkei.
Balkanbund, der zw. Serbien, Bulgarien, Montenegro u. Griechenland zur Aufteilung der europ. Türkei 1912 geschlossene Bund, der im Okt. 1912 den 1. Balkankrieg eröffnete.
Balkanisierung, Zerfall eines größeren Herrschaftsgebiets in instabile oder miteinander verfeindete Kleinstaaten; abgeleitet von den Zuständen auf dem Balkan nach der Auflösung des Osman. Reichs u. der Donaumonarchie.
Balkankriege, 1912/13 gegen die Türkei unter Beteiligung von Serbien, Bulgarien, Griechenland u. Montenegro; 2. Krieg Serbiens, Griechenlands u. Rumäniens gegen Bulgarien 1913.
Balkanpakt, am 28.2.1953 zw. der Türkei, Griechenland u. Jugoslawien geschlossenes Freundschaftsbündnis.
Balkon ['-kɔ̃ oder '-koːn], offener Vorbau an der Außenwand oder im Innern (Theater, Saal) eines Gebäudes, meist eingefaßt von einem Geländer.
Ball, Hugo, *1886, †1927, dt. Schriftsteller; 1916 in Zürich Mitbegründer des *Dadaismus;* Verfasser von »Lautgedichten«; pazifist. Kulturkritiker.
Ballade, 1. episches Gedicht, das eine handlungsreiche u. spannungsgeladene, oft erschütternde Begebenheit behandelt. – 2. ursprüngl. im MA einstimmiges Tanzlied; im 14./15. Jh. frz. Kunstlied mit Instrumentalbegleitung. Die B. als Vertonung eines epischen Gedichts kam in Dtld. in der Romantik auf.
Ballast [auch -'last], tote Last (i. U. zur *Nutzlast*).
Ballaststoffe, Bestandteile der Nahrung, die

Bali: Tempeltänzerinnen

durch Verdauungsenzyme nicht aufgespalten u. vom Körper daher nicht verwertet werden können, die aber für die normale Darmtätigkeit unentbehrl. sind; u. a. enthalten in Gemüse, Obst u. Vollkornprodukten.
Ballei, Ordensprov. (Verw.-Bez.) der Ritterorden.
Ballen, 1. Frachtstück in Leinwand, Jutegewebe. – 2. Papierzählmaß: 1 B. = 10 Ries = 10 000 Boden (seit 1877). – 3. bes. kräftig ausgebildete Muskelwülste an den Seiten der Innenflächen von Hand u. Fuß; auch stark entwickelte Druckstellen an den Fußflächen u. die Schwielen an den Schalen des Schalenwilds.
Ballenstedt, Stadt u. Luftkurort im Krs. Quedlinburg, in Sachsen-Anhalt, 9900 Ew.; Schloß.
Ballerina, Ballettänzerin. – **Prima-B.,** erste Solotänzerin im Ballett.
Ballett [das; ital. *ballo,* »Tanz«], die klass. Form des Bühnentanzes, auch das Bühnenensemble, das diesen Tanz aufführt. Das B. entwickelte sich Ende des 15. Jh. aus Tanzeinlagen bei Festessen an ital. Fürstenhöfen. Erstmals 1581 wurde am Pariser Hof ein abendfüllendes »Ballet comique de la Reine« von *Balthasar de Beaujoyeux* aufgeführt, in dem sich Tanz, Dichtung, Musik u. Ausstattung miteinander zu einem einheitl. Werk verbanden. Es bestimmte die prächtigen Aufführungen der europ. Fürstenhöfe im 17. Jh.
In Frankreich entwickelten die Komponisten J. B. *Lully* u. J. P. *Rameau* u. der Operndichter P. *Quinault* das B. zu einem wichtigen, von Berufstänzern bestrittenen Bestandteil der frz. Oper. Der Choreograph P. *Beauchamp,* der Gründer der Pariser Königl. Tanzakademie, ließ 1681 auch Tänzerinnen auftreten. Sein Schüler R. R. *Feuillet* schuf 1701 mit der Erfindung der Tanzschrift *(Choreographie)* die Grundlage für die Technik des B.tanzes, die durch J. G. *Noverre* mit dramat. Handlungsfolgen u. lebensnaher Gestik neue Anregungen empfing. Um 1830 begann die Zeit des romant. B. u. des *Spitzentanzes* (»Giselle« von A. Adam). Eine Blüte erlebte das B. in Rußland, namentl. durch die Choreographien von M. *Petipa,* darunter Tschaikowskijs »Schwanensee« u. »Dornröschen«. Berühmtheit erlangte die B.schule von S. *Diaghilew,* dessen Choreographen u. Tänzer (V. *Nijinsky*) die Grundlagen für die B.entwicklung im 20. Jh. schufen.
Die Bewahrer des klass. Stils sind heute das Londoner *Royal Ballet,* das Moskauer *Bolschoj-Ballett* u. das St. Petersburger *Kirow-Ballett.* In Amerika, wo mit dem *American Ballet Theatre* u. dem *New York City Ballet* ein neues B.zentrum entstand, erlebte der klass. Stil durch G. *Balanchine* u. J. *Robbins* im Neoklassizismus (Vereinfachung zugunsten der großen Linie) seine Weiterentwicklung. Zentren des modernen B.stils, der Elemente des klass. wie des Freien Tanzes *(Modern Dance)* mischt, wurden neben New York insbes. Paris (M. *Béjart,* R. *Petit*) u. London mit einigen privaten B.kompanien, aber auch Berlin (T. *Gsovsky*). Anschluß an das internat. Niveau fand in Deutschland das *Stuttgarter Ballett* J. Crankos, das *Ballett der Hamburgischen Staatsoper* unter J. *Neumeier* u. das *Wuppertaler Ballett* unter Pina *Bausch.* Die anspruchsvollen B.musiken Strawinskys, Ravels, Egks, Henzes u. a. sichern dem B. auf der Bühne einen selbständigen Wirkungskreis neben Oper, Operette u. Musical.
Ballhaus, allg. Gebäude für das Ballspiel; bes. verbreitet im 15.–18. Jh. Berühmt wurde das B. in

Ballett: Igor Strawinskys »Jeu de Cartes«, in John Crankos Choreographie vom Stuttgarter Ballett getanzt

Versailles durch den **B.-Schwur** der Abgeordneten des 3. Stands am 20. 6. 1789, sich nicht eher zu trennen, als bis Frankreich eine Verfassung bewilligt worden sei.
ballhornisieren, *verballhornen,* »verschlimmbessern«.
Balliste, antikes Wurfgeschütz zum Schleudern von Steinen u. steinernen Kugeln.
Ballistik, Lehre von der Bewegung geschleuderter oder geschossener Körper.
ballistische Kurve, Darstellung der Flugbahn eines Geschosses; eine verwickelte Raumkurve, die von der reinen Wurfparabel erhebl. abweicht. Sie berücksichtigt die Einflüsse des Luftwiderstands u. den Geschoßdrall.
Ballon [-'lɔ̃ oder -'loːn], **1.** Luftfahrzeug, das leichter ist als Luft, bestehend aus einer gasdichten Hülle aus Seidengewebe *(B.stoff)* oder Kunststoffolie, die mit einem Traggas wie Wasserstoff, Helium oder Leuchtgas **(Gas-B.)** oder erhitzter Luft **(Heißluft-B.)** gefüllt ist u. durch den Dichteunterschied zwischen Traggas u. Luft einen statischen Auftrieb liefert. **Frei-B.** sind beschränkt steuerbar u. werden bemannt im B.sport (bes. Ziel- u. Weitfahrten) eingesetzt. **Fessel-B.** sind mit Seilen am Boden verankert u. werden für meteorolog. Mes-

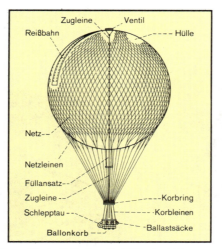

Ballon: Heißluftballons beim Start (links). – Konstruktion und Bestandteile eines Gasballons (rechts)

92 Ballotage

sungen verwendet. – **2.** kugelförmiger Glasbehälter u. ä. für Flüssigkeiten oder Gase.
Ballotage [-'ta:ʒə], geheime Abstimmung mit verschiedenfarbigen Kugeln.
Ballymena [bælɪ'mi:nə], Stadt in N-Irland, in der Prov. Ulster, nördl. des Lough Neagh, 15 000 Ew.; Marktort, Textil- u. Tabakind.
Balmer, Johann Jakob, *1828, †1898, schweiz. Mathematiker; drückte 1885 als erster die Gesetzmäßigkeit zwischen den Spektrallinien von angeregtem Wasserstoff *(B.-Serie)* in einer Formel *(B.-Formel)* aus.
Balmoral Castle [bæl'mɔrəl 'ka:sl], Schloß in der schott. Grampian Region, Sommerresidenz der engl. Könige.
Balmung, in der deutschen Sage das bei der Teilung des Nibelungenhorts von *Siegfried* gewonnene Schwert.
Balneologie, *Bäderkunde,* die Wiss. von den natürl. Heilkräften der Bade- u. Kurorte (Mineralquellen, Meerwasser, Klima).
Bal paré [frz.], bes. festl. Tanzveranstaltung.
Balsa [die; span. »Floß«], **1.** floßartiges Boot aus Binsenbündeln mit Mattensegeln der Indianer des westl. Südamerikas, z. T. auch Mexikos u. Kaliforniens. – **2.** *Balsaholz,* Holz des trop. *Balsabaums (Hasenpfotenbaum)* aus Westindien, Südamerika, auch Afrika u. Asien; leichter als Kork.
Balsam, Mischung aus Harzen u. äther. Ölen, die in vielen Bäumen vorkommt; verwendet als Riech- u. Heilmittel u. als techn. Rohstoffe für die Firnis- u. Lackbereitung.
Balsaminengewächse →Pflanzen.
Balser, Ewald, *1898, †1978, dt. Schauspieler; seit 1928 Mitgl. des Wiener Burgtheaters, Charakterdarsteller.
Balten, Völkergruppe im *Baltikum:* i. w. S. Esten, Litauer, Letten, Pruzzen, Kuren, Liven, Semgallen u. Selen; *i. e. S.* Angehörige der baltischen Sprachengruppe (Litauisch, Lettisch, Altpreußisch oder Pruzzisch); auch seit Mitte des 19. Jh. Bez. für die Deutschen in den russ. Ostseeprov.; später auch die Bez. *Deutsch-B., B.-Deutsche.*
Balthasar, *Belsazar,* einer der legendären Hl. Drei Könige.
Balthasar, Hans Urs von, *1905, †1988, schweiz. kath. Theologe u. Schriftsteller.
Baltikum, *balt. Staaten,* Bez. für das Gebiet der Länder Estland, Lettland u. Litauen, die nach dem 1. Weltkrieg unabhängig wurden u. von 1940–91 zur UdSSR gehörten.
Baltimore ['bɔ:ltɪmɔ:], Hafenstadt an der nordamerik. Atlantikküste, am Ende der Chesapeake-Bucht, 770 000 Ew., größte Stadt von Maryland (USA); in *Sparrows Point* größtes Stahlwerk der Welt; Schiff-, Flugzeug-, Maschinenbau, Elektro- u. chem. Ind.; Univ.; bed. Verlage.
Baltimore ['bɔltɪmɔ:r], David, *7.3.1938, US-amerik. Biochemiker u. Virologe; erhielt für Untersuchungen über Interaktionen des Tumorvirus mit der Erbmasse der Zelle zus. mit H. *Termin* u. R. *Dulbecco* den Nobelpreis für Medizin u. Physiologie 1975.

Baltischer Landrücken, poln. *Bałtyckie Pojezierze,* ein aus Moränenhügeln gebildeter Höhenzug mit zahlr. Seen, der in weitem Bogen von Jütland u. Holstein bis Estland den S-Rand der Ostsee umschließt; durch Oder, Weichsel u. Memel gegliedert in: *Mecklenburgische, Pommersche* u. *Masurische (Ostpreußische) Seenplatte.*
Baltrum, eine der Ostfries. Inseln, 6,5 km², 5 km lang, 800 Ew., Nordseeheilbad.
Balustrade, Brüstung u. Geländer aus einer Reihe niedriger Säulen, sog. *Baluster.*
Balz, der Teil des tier. Fortpflanzungsverhaltens, bei dem durch die verschiedenartigsten Werbezeremonien Kontakt zw. den Geschlechtspartnern aufgenommen wird, indem der Partner angelockt, seine Kontaktscheu abgebaut u. das Verhalten derart abgestimmt wird, daß eine Begattung mögl. ist; häufig durch Zurschaustellung auffälliger Körpermerkmale o. ä.
Balzac [-'zak], Honoré de, *1799, †1850, frz. Schriftst.; Schöpfer des frz. realist. Romans; ein scharfer Beobachter der menschl. Gesellschaft in all ihren Erscheinungen, Ⓦ die unvollendete, 40 Bände umfassende Romanreihe »Die menschliche Komödie« (»La comédie humaine«) 1829–54.
Bamako, Hptst. der westafrik. Rep. Mali, am Oberlauf des Niger, 650 000 Ew.; Handels- u. Industriezentrum; Flughafen.
Bamberg, Krst. in Oberfranken (Bayern), nahe der Mündung der Regnitz in den Main, 70 000 Ew.; viele Baudenkmäler fast aller Epochen; Bamberger Dom (1237 geweiht; mit berühmten Steinplastiken: *Bamberger Reiter* u. a.), Klosterkirche St. Michael (12. Jh.); Altes Rathaus (18. Jh.); Naturkunde-Museum, Diözesan-Museum, Staatsbibliothek; Bamberger Symphoniker; Erzbischofssitz; Textil-, Elektro-, Maschinen- u. chem. Ind., Klavierbau, Brauereien; Binnenhafen am Europakanal Rhein-Main-Donau.
Bambi, 1. Name eines Rehkitzes im gleichnamigen Tierbuch (1923) von F. *Salten* u. im hiernach gedrehten Zeichentrickfilm (1942) von W. *Disney.* – **2.** Filmpreis, der aufgrund einer Publikumsbefragung von der Burda Druck u. Verlag GmbH jährl. verliehen wird; gestiftet 1948.
Bambus, *Bambusrohr,* mehrere Gattungen u. die größten Formen der *Süßgräser;* Hauptverbreitung in den trop. Gebieten. Die Arten mit dicken, verholzten Stämmen werden techn. genutzt.
Bambusbär, *Großer Panda, Riesenpanda,* der größte *Kleinbär* (nach anderer Auffassung gehört er zu den Katzenbären), auffällig schwarzweiß gezeichnet, 1,50 m lang. Er lebt in den Gebirgen O-Tibets u. in Höhen von über 2000 m ausschl. von Bambussprossen u. gehört zu den seltensten u. gefährdetsten Tieren der Erde. Er ist das Wappentier des *World Wildlife Fund* (WWF).
Bambuspalme, *Raphia,* Palmengattung im trop.-afrikan. Waldgebiet; Lieferant für →Raffiafaser u. →Piassava.
Bamm, Peter, eigtl. Curt *Emmrich,* *1897, †1975, dt. Schriftsteller; erzählte, zuerst meist im Rundfunk, als Humanist von seinen Reisen u. aus der Geschichte. Ⓦ »Die unsichtbare Flagge«, »Frühe Stätten der Christenheit«, »Eines Menschen Zeit« u. a.

Bambusbären oder Große Pandas

banal, alltäglich, nichtssagend.
Banane, *Paradiesfeige, Pisang, Musa,* trop. Pflanzengattung bis 5 m hoher Stauden. Die Früchte werden v. a. von der *Obst-B.* geerntet, die *Mehl-* oder *Koch-B.* liefert Stärkemehl u. die *Faser-B.* Textilfasern, vor allem *Manilahanf.*
Banat, rumän.-jugoslaw. Ldsch. zw. Mures, Theiß, Donau u. S-Karpaten, schließt sich sö. an das Alföld an; im W flach mit fruchtbaren Böden, im O das *B.er Gebirge* (im Vîrful Gozna 1445 m). Gesch.: Das B. mit seiner Hptst. *Temesvar* kam 1718 zu Östr. u. wurde unter Maria Theresia mit Kolonisten, darunter vielen Deutschen (**B.er Schwaben**), besiedelt. Das nördl. B. kam 1779 zu Ungarn; der östl. Teil mit Temesvar fiel 1920 an Rumänien, der Rest an Jugoslawien.
Banause, Mensch ohne Kunstverständnis, Spießer.
Band, 1. *Anatomie: Ligament,* derber Bindegewebsstrang zur Festigung der Gelenke oder zum Halt von Organen. – **2.** *Elektrotechnik:* Kurzform für *Tonband* oder *Magnetband.* – **3.** *Funktechnik: Frequenzband,* begrenzter Bereich (Ausschnitt) im elektromagnet. Spektrum; die **B.breite** ist die Breite des Frequenzbereichs, der von einem elektron. Gerät verhältnismäßig ungeschwächt übertragen wird; ein **B.filter** läßt von einem breiten Frequenzspektrum einen bestimmten schmalen Frequenzbereich durch. – **4.** [bænd], Musikkapelle, bes. Jazz-, Rock- u. Pop-Ensemble.
Banda, Hastings Kamuzu, *1902, afrikan. Politiker in Malawi; seit 1963 Premier-Min. von Nyasaland, das als Malawi 1964 unabhängig wurde; seit 1966 Staats-Präs. (seit 1971 auf Lebenszeit).
Bandage [-'da:ʒə], Binde zum Stützen oder zum Schutz schwacher, verletzter oder empfindl. Körperteile.
Bandainseln, kleine indones. Vulkaninseln in der östl. Bandasee, 44 km², 15 000 Ew.
Bandaranaike, 1. Sirimavo, Witwe von 2), *1916, srilank. Politikerin; Nachfolgerin ihres Mannes im Parteivorsitz, 1960–65 u. 1970–77 Min.-Präs. – **2.** Solomon, *1899, †1959 (Attentat), srilank. Politiker; gründete 1951 die linksgerichtete *Sri Lanka Freedom Party* (SLFP), 1956–59 Min.-Präs.
Bandar Lampung, Hafenstadt in SO-Sumatra (Indonesien), an der Sunda-Straße, 300 000 Ew.; umfaßt die ehem. selbst. Städte *Telukbetung* u. *Tanjungkarang.*
Bandbreite, 1. →Band (3). – **2.** in einem System fester Wechselkurse der Spielraum zwischen der Ober- u. der Untergrenze (den *Interventionspunkten*), in dem die Kurse frei schwanken können, ohne daß die Notenbank kursregulierend Einfluß auf das Devisenangebot oder -nachfrage ausübt.
Bande, 1. Einfassung der Reitbahn, des Eishockeyspielfelds u. des Billardtisches. – **2.** Zusammenschluß von Kriminellen oder verwahrlosten Jugendlichen.
Bandeira [ban'dɛira], Manuel *Carneiro de Sousa,* *1886, †1968, brasil. Schriftsteller u. Literaturhistoriker; bek. Lyriker der Gegenwart.
Bandello, Matteo, um *1485, †1562, neben G. *Boccaccio* der bed. Novellist der ital. Renaissance mit Wirkung auf *Lope de Vega, Shakespeare,* A. de *Musset* u. a.
Bandenspektrum →Spektrum.
Banderilla [-'rɪlja], mit Bändern u. Fähnchen ge-

Bamberg: Altstadt mit Dom (links) und Altem Rathaus (rechts)

schmückter u. mit Widerhaken versehener Speer, vom *Banderillero* im Stierkampf gebraucht.
Banderole, 1. Spruchband auf Gemälden, Skulpturen u. ä. – **2.** *Steuerbanderole, Steuerband,* ein Steuerzeichen (Streifband), mit dem Schaumweine u. Tabakwaren zur Kontrolle versehen sein müssen. Die Steuer wird durch den Erwerb der B. entrichtet.
Bandfilter →Band (3).
Bandgenerator, Maschine zur Erzeugung sehr hoher Spannungen (bis rd. 3 Mio. Volt) für kernphysikal. Untersuchungen (zur Teilchenbeschleunigung). Infolge →Influenz wird auf einem Band aus Isolierstoff Elektrizität erzeugt, womit große Metallkugeln aufgeladen werden.
Bandkeramik, älteste Ackerbauern-Kultur der *Jungsteinzeit* in Mitteleuropa (5.–3. Jt. v. Chr.), benannt nach der mit bandartigen Mustern verzierten Keramik.
Bandoneon, *Bandonion,* eine *Konzertina* mit mehr als 88 Tönen, die der Krefelder Händler H. Band (*1821, †1860) seit etwa 1845 herstellen ließ.
Bandsäge, über Rollen laufendes, endloses Sägeband.
Bandscheibe, *Zwischenwirbelscheibe,* knorpelige, elast. Scheibe zw. den Wirbelkörpern. – **B.nschaden,** Bez. für alle Veränderungen der B. durch natürl. Gewebealterung u. vorzeitigen Verschleiß. – **B.nvorfall,** Vorfall des B.nkerns, meist im Bereich der Lendenwirbelsäule. Die Anzeichen eines B.nvorfalls (Schmerzen, Bewegungs- u. Empfindungsstörungen, Lähmungen u. a.) entstehen durch den Druck des vorgefallenen B.nkerns auf das Rückenmark oder die Rückenmarknerven.
Bandung, *Bandoeng,* Hptst. von Westjava (Indonesien), 700 m ü. M., 1,6 Mio. Ew.; Univ.; Flughafen. – **B.-Konferenz,** 1955 in B. abgehaltene erste Konferenz von 29 unabhängigen afrikan. u. asiat. Staaten (*B.-Staaten*) mit Ausnahme Israels, Koreas u. Südafrikas. Die Mitgl. der B.-Konferenz einigten sich unter Führung von J. *Nehru* u. *Zhou Enlai* unter ersten Anzeichen einer Ost-West-Entspannung trotz Differenzen auf eine neutrale Haltung zwischen Ost u. West.
Bandura, ukrain. Zupfinstrument von birnenförmigem Umriß mit kurzem Hals; Tonumfang 3 bis fast 5 Oktaven.
Bandurria, *Bandola,* gitarreähnl. Saiteninstrument aus Spanien, mit birnenförmigem Korpus u. einem kurzen, breiten Hals.
Bandwürmer, *Cestodes,* parasit. lebende Klasse der *Plattwürmer.* Die B. leben im Darm von Wir-

Bandkeramik: Gefäße aus der Rössener Kultur der Jungsteinzeit

beltieren. Das Vorderende *(Skolex)* ist mit Befestigungseinrichtungen (Hakenkranz, Saugnäpfe, Sauggruben) versehen, mit denen sich die B. an die Darmwand des Wirts heften. Der Körper ist in viele Abschnitte gegliedert *(Proglottiden),* die jeder einen zwittrigen Geschlechtsapparat enthalten. Die ältesten Glieder am Ende der bis zu 30 m langen B. werden abgestoßen u. gelangen mit dem Kot des Wirts nach außen, wo sie die Eier (mehrere Mio.) freigeben. Diese werden von Tieren, die als Zwischenwirte dienen, mit der Nahrung aufgenommen, bohren sich durch die Darmwand u. wandern in bestimmte Organe, wo sie sich zu *Finnen* entwickeln. Der Verzehr solch finnigen Fleisches, roh oder ungenügend gebraten, stellt die hauptsächl. Gefahrenquelle für eine Infektion mit B. dar. Gefährl. für den Menschen sind Fisch-, Rinder-, Schweine- u. Hundebandwurm (Blasenwurm). Für den letzteren dient der Mensch als Zwischenwirt.
Bandy ['bændi], dem *Eishockey* ähnliches Spiel; wird jedoch mit einem Ball gespielt.
Banff-Nationalpark ['bæmf-], ältester kanad. Nationalpark, in den Rocky Mountains, bei Banff, 6640 km²; 1885 eingerichtet.
Bang, Herman Joachim, *1857, †1912, dän. Schriftsteller; vollendete den Stil des überfeinerten Impressionismus.
Bangalore ['lɔːr], *Bengaluru,* Hptst. des ind. Bundesstaates Karnataka, 2,91 Mio. Ew.; Univ.; Textil-, Elektro-, Maschinenind.; Flughafen.
Bangemann, Martin, *15.11.1934, dt. Politiker (FDP); 1974/75 Generalsekretär der FDP; 1979–84 Vors. der liberalen Fraktion im Europ. Parlament; 1984–88 Bundes-Min. für Wirtsch.; 1985–88 Vors. der FDP; seit 1989 EU-Kommissar.
Bangkok, Hptst. von Thailand, am Menam (Tschao Phraya), 5,8 Mio. Ew.; buddhist. Klöster, Tempel, Paläste; Univ.; Handelszentr. (Reis, Teakholz); wichtigster Flughafen SO-Asiens.
Bangladesch, Staat in Südasien, im Delta von Ganges u. Brahmaputra, 143 998 km², 107 Mio. Ew., Hptst. *Dhaka.* – Fruchtbares Tiefland mit hohen Niederschlägen (Monsun) u. häufigen Überschwemmungen mit katastrophalen Folgen, zuletzt

Bangladesch

1991, als bis zu 200 000 Menschen starben. Die Bev. spricht Bengali u. ist überwiegend islam.; 10% Hindus. Die Landw. erzeugt Reis für den Eigenverbrauch u. Jute, Tee u. Tabak für den Export. Hauptverkehrswege sind die Binnenwasserstraßen. – G e s c h i c h t e . Nach einer einseitigen Unabhängigkeitserklärung Ostpakistans 1971 konstituierte sich 1972 mit ind. Hilfe unter Führung von *Mudschib ur-Rahman* (1975 ermordet) der Staat B., der dann auch internat. anerkannt wurde. Seit 1982 regierte der diktator. herrschende *Ershad*. Wichtigste Parteien sind die sozialist. Awami-Liga u. die National-Partei von *Khaleda Zia,* die 1991 bei freien Wahlen siegte.
Bangsche Krankheit, im allg. gutartig verlaufende, fieberhafte Infektionskrankheit, von Rindern auch auf den Menschen übertragen.
Bangui [bɑ̃'gi], Hptst. der Zentralafrikan. Republik, am Ubangi, 597 000 Ew.; Flughafen.
Bani-Sadr, Abolhassan, *1933 (?), iran. Politiker; vertritt einen »islam. Sozialismus«; 1963–79 im

Bank für Gemeinwirtschaft AG 93

Exil; 1979 Rückkehr mit R. *Chomeini;* versch. Min.-Posten, 1980/81 Staats-Präs.; auf Betreiben Chomeinis gestürzt, seit 1981 in frz. Exil.
Banja Luka, Stadt in Bosnien, in einer fruchtbaren Talweitung des Vrbas, 124 000 Ew.; Ind.- u. Handelszentrum.
Banjarmasin [banzar-], indones. Distrikt-Hptst. auf Borneo, 437 000 Ew; Hafenstadt (Umschlagplatz für Steinkohle), Flughafen.
Banjo, 5–7saitiges Zupfinstrument mit trommelförmigem Schallkörper.
Banjul, bis 1973 *Bathurst,* Hptst. von Gambia, Hafen an der Gambiamündung, 80 000 Ew.
Bankausweis, in regelmäßigen Abständen von der Notenbank eines Landes veröffentl. Übersicht ihrer Bilanz.
Bankbeamte, Angestellte einer Bank; keine Beamten im Rechtssinn, sondern Handlungsgehilfen im Sinn des HGB.
Bank deutscher Länder, Abk. *BdL,* 1948–57 die Zentralnotenbank der BR Dtld.; Nachfolgeinstitut ist die *Deutsche Bundesbank.*

Bangladesch: von einer Überschwemmungskatastrophe betroffene Kinder

Bänkelsang, durch große Bildertafeln erläuterte, balladenartige Gedichte über aufsehenerregende Begebenheiten *(Moritaten),* von wandernden Schaustellern dem Jahrmarktspublikum vorgesungen u. als »Fliegende Drucke« verkauft.
Banken, Unternehmen, die mit relativ geringem Eigenkapital gewerbsmäßig Geld-, Kapital- u. Kreditgeschäfte betreiben; sie unterliegen der staatl. *B.aufsicht.* Der Rechtsform nach werden unterschieden: *Privat-B., öffentl.-rechtl. B.* (Staats-, Landeszentral-, Landes-, Gemeinde-B. u. Sparkassen) u. *Kreditgenossenschaften.* Nach dem (überwiegenden) Geschäftszweig gliedern sich die B. in: 1. *Noten-B.* mit dem Recht, Banknoten auszugeben (Banknotenmonopol); 2. *Universal-B.,* die Bankgeschäfte des Geld- u. Effektenmarkts betreiben; 3. *Depositen-B.,* die sich vorwiegend auf die verzinsl. Annahme u. Verwaltung von Kundschaftsgeldern beschränken; 4. *Effekten-B.,* die sich mit der Finanzierung von Unternehmungen, Anleihe-Emissionen, Gründungen u. mit dem Effektenverkehr befassen; 5. *Hypotheken- u. Pfandbrief-B.,* die gegen Sicherung durch Grundstücksrechte langfristige Kredite einräumen u. sich das hierfür notwendige Kapital durch Ausgabe von Pfandbriefen beschaffen. – Im Mittelpunkt des Bankbetriebs steht das *Kreditgeschäft,* d. h., die Bank leiht Geld auf bestimmte Fristen an andere aus *(Aktivgeschäft)* u. beschafft sich die hierfür erforderl. Mittel, indem sie ihrerseits von Dritten Geld leihweise hereinnimmt *(Passivgeschäft).*
Bankett, 1. Schutzstreifen beiderseits der Fahrbahn zur Sicherung der Fahrbahnränder. – **2.** festl. Mahl. – **3.** verbreiterter unterster Mauerabsatz eines Gebäudes.
Bankfeiertage, Werktage, an denen die Banken geschlossen sind.
Bank für Gemeinwirtschaft AG, Abk. *BfG,* →Gemeinwirtschaftsbanken.

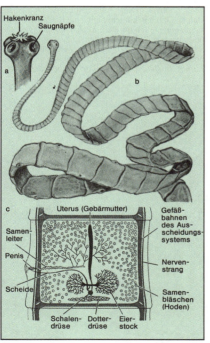

Bandwürmer: Schweinebandwurm; a) Kopf oder Skolex, mit dem sich der Bandwurm in der Darmwand verankert, b) Habitusbild, c) Bandwurmglied (Proglottide)

Bank für Internat. Zahlungsausgleich

Bank für Internationalen Zahlungsausgleich, Abk. *BIZ,* Sitz: Basel, 1930 gegr. internat. Bank zur Förderung der Zusammenarbeit der Notenbanken sowie zur Regelung der dt. Reparationen. Nach dem 2. Weltkrieg gewann sie durch die Zusammenarbeit mit der *Weltbank* u. als Bank u. Treuhänder der *Europ. Zahlungsunion* wieder stark an Bedeutung.

Bankgeheimnis, Verpflichtung der Banken, keine Auskunft über die Vermögensverhältnisse ihrer Kunden u. deren Geschäftsbeziehungen zu geben; durch die Abgabenordnung zur Verhütung von Steuerhinterziehungen gelockert. – In der Schweiz gilt das B. fast uneingeschränkt.

Bankhalter, Spielleiter beim Glücksspiel, der die *Bank* (Kasse der Einsätze) hält u. gegen den die anderen spielen.

Bankier [-'kje], leitender Inhaber oder Mitinhaber einer als Personenunternehmen (Einzelkaufmann, OHG, KG) betriebenen Bank; im Gegensatz zu den Vorstandsmitgl. von Aktienbanken.

Bankivahuhn, *Gallus gallus,* in Vorder- u. Hinterindien beheimatete Stammform aller Haushuhnrassen.

Bankleitzahl, auf Formularen des bargeldlosen Zahlungsverkehrs anzugebende achtstellige Zahl zur Kennzeichnung des Bankplatzes, der Bankengruppe u. der Bankfiliale.

Banknote, Papiergeld, das nur von privilegierten Staatsbanken in Verkehr gebracht werden darf *(Notenbank).*

Bankplatz, eine Stadt, in der sich eine Niederlassung der *Landeszentralbank* befindet.

Bankrate, → Diskont.

Bankrott, Zahlungsunfähigkeit oder Konkurs eines Schuldners.

Banks [bæŋks], Joseph, *1743, †1820, engl. Naturwissenschaftler; begleitete 1768–71 James *Cook* auf seiner ersten Reise.

Banksatz, → Diskont.

Bann, 1. im MA das Recht des Königs (oder das Recht seiner Amtsträger im Namen des Königs) zu gebieten u. zu verbieten. – **2.** sachl. oder persönl. Geltungsbereich des B. (1). – **3.** Strafe bei Zuwiderhandlung gegen den B. (1). – **4.** → Kirchenbann.

Banner, *Panier,* im MA Bez. für Fahnen u. Flaggen; heute an einer Querstange befestigte *Fahne.*

Bannmeile, im MA Schutzbezirk um einen Ort bis zur Entfernung einer Meile, innerhalb dessen kein Fremder Handel oder Gewerbe treiben durfte.

Bannwald, im MA eine Waldung, in der das Recht der Nutzung dem Landesherrn vorbehalten war; heute ein Wald, dessen Bewirtschaftung z. B. zur Vermeidung von Lawinen-, Erdrutsch- oder Erosionsgefahr im Sinn der Forstgesetze behördl. geregelt ist *(Schutzforst).*

Bannware, 1. Gegenstände u. Stoffe, die unmittelbar militär. Zwecken dienen u. für die gegner. Streitmacht oder das gegner. Gebiet bestimmt sind *(Kriegskonterbande).* – **2.** Gegenstände, deren Einfuhr, Ausfuhr oder Durchfuhr zollrechtl. verboten ist.

Banská Bystrica ['banska: 'bistritsa], mittelslowak. Stadt, → Neusohl.

Bantamgewicht, eine der → Gewichtsklassen in der Schwerathletik.

Bantang, *Bos (Bibos) javanicus,* ein Wildrind von 1,50 m Schulterhöhe; domestiziert als *Balirind* bezeichnet; in Hinterindien u. auf den Sunda-Inseln beheimatet.

Banting ['bæntɪŋ], Sir Frederick Grant, *1891, †1941, kanad. Physiologe; entdeckte 1921 gemeinsam mit Ch. H. *Best* u. J. J. R. *Macleod* das Insulin; Nobelpreis 1923.

Bantu, zur B.sprachgruppe gehörige, verhältnismäßig einheitl. Negerbevölkerung Mittel- u. Südafrikas, 90 Mio., mit über 130 Stämmen u. Stammesgruppen.

Banz, ehem. Benediktinerabtei (bis 1803) in Oberfranken, am Main, 1710–18 von J. *Dientzenhofer* erbaut; seit 1933 Sitz der Gemeinschaft von den Hl. Engeln.

Baobab, → Affenbrotbaum.

Baoding, *Paoting,* chin. Stadt in der Prov. Hebei, rd. 548 000 Ew.; Textil- u. Nahrungsmittel-Ind.

Baotou [bao'dou], chin. Ind.-Stadt am Huang He in der Inneren Mongolei, 1,1 Mio. Ew.

Baptisten, »Täufer«, freikirchl. Calvinisten, die aus Gemeindegründungen des 17. Jh. in England entstanden; jetzt vor allem in den USA verbreitet. Sie lehnen die Kindertaufe ab u. taufen nur Erwachsene (durch Untertauchen).

Baptisterium, Taufkapelle.

Bar, 1. Nachtlokal, Kleingaststätte, Trinkstube mit erhöhter Theke zur Einnahme von Getränken. – **2.** Zeichen *bar,* Einheit des Druckes; 1 bar = 10^5 Pa. Gebräuchl. ist auch *Millibar:* 1 mbar = $1/1000$ bar = 100 Pa = 1 hPa (Hektopascal). → Pascal, → Millibar.

Bär, 1. *Zoologie:* **1.** Raubtier, → Bären; **2.** Schmetterling, → Bärenspinner. – **2.** zwei Sternbilder des nördl. Himmels: *Großer B.* u. *Kleiner B.,* auch bekannt als *Großer* u. *Kleiner Wagen.* Hellster Stern im Kleinen B. ist der Polarstern.

Baracke, in Serie hergestellte, eingeschossige, zerlegbare Behelfsunterkunft.

Bárány ['ba:ra:nj], Robert, *1876, †1936, östr. Ohrenarzt; erhielt für grundlegende Untersuchungen des Gleichgewichtssinns u. seiner Störungen den Nobelpreis für Medizin 1914.

Baranya ['bɔrɔnjɔ], Ldsch. in S-Ungarn, zw. Drau u. Donau, Hptst. *Pecs;* Anbau von Weizen, Mais, Tabak, Hafer; Schweinezucht.

Barbados, Inselstaat in der Karibik, im O der Kleinen Antillen, 430 km², 260 000 Ew. (zu 90% Schwarze), Hptst. *Bridgetown.* Anbau von Zuckerrohr; Textil-, elektron. u. pharmazeut. Ind.; Fremdenverkehr.

Barbados

Geschichte: Im 16. Jh. von Spanien entdeckt; 1652 brit. Kronkolonie; seit 1966 unabhängig. Prem.-Min. ist seit 1987 E. *Sandiford.*

Barbar, im alten Griechenland urspr. der nicht Griechisch Sprechende, bei den Römern der nicht griech.-röm. Gebildete; später: unkultivierter, roher Mensch.

Barbara, †306 (?), Heilige; eine der 14 Nothelfer; Fest: 4. 12.

Barbarossa, »Rotbart«, Beiname Kaiser Friedrichs I. – **B.höhle,** *Falkenburger Höhle,* an der S-Seite des Kyffhäusergebirges liegende, 1300 m lange Karsthöhle, in der nach der Sage Kaiser *Friedrich I. Barbarossa* auf seine Rückkehr wartet.

Barbecue, Gartenfest, bes. in den USA, bei dem Fleisch am Spieß gebraten wird.

Barben, *Barbinae,* artenreiche Unterfam. der *Karpfenartigen,* in trop., subtrop. u. gemäßigten Süßgewässern beheimatet; in Dtld. vertreten durch die bis zu 90 cm große *Flußbarbe.* Viele kleine, trop. Arten sind Aquarienfische.

Barber ['ba:bə], **1.** Chris, *17.4.1930, engl. Jazzmusiker (Posaune); spielt bes. Dixieland-Jazz. – **2.** Samuel, *1910, †1981, US-amerik. Komponist; von der Spätromantik, später von I. Strawinskys Klassizismus beeinflußt; W Oper »Vanessa«, Ballett »Medea«.

Barberina, *La B.,* eigtl. Barbara *Campanini,* *1721, †1799, ital. Ballett-Tänzerin; 1744–48 in Berlin.

Barbey d'Aurevilly [bar'bɛ dɔrvi'ji], Jules, *1808, †1889, frz. Schriftsteller; Spätromantiker.

Barbie-Puppe ['ba:bi-], eine ca. 30 cm große Puppe mit bewegl. Kopf, Armen u. Beinen; 1959 von der US-amerikan. Firma *Mattel* entwickelt; weltweit mit großem Erfolg verkauft.

Barbier, Bartscherer, Haarschneider.

Barbirolli, Sir John, *1899, †1970, brit. Dirigent; bed. Orchestererzieher.

Barbitursäure, Kondensationsprodukt aus Harnstoff u. Malonsäure (Malonylharnstoff); Ausgangsstoff für zahlr. Schlafmittel *(Barbiturate).*

Barbizon [barbi'zɔ̃], *Schule von B.,* frz. Malerkolonie im Dorf B., am Wald von Fontainebleau, 1830 gegr. Sie pflegte eine schlichte, verinnerlichte Landschaftsmalerei, die wegbereitend für den Impressionismus wurde. Hauptvertreter: C. *Corot,* Ch.-F. *Daubigny,* J. *Dupré,* Th. *Troyon.*

Barbuda → Antigua u. Barbuda.

Barbuss [-'bys], Henri, *1873, †1935, frz. Schriftsteller; sein Antikriegsroman »Das Feuer« 1916 erlangte Weltgeltung.

Barcelona [barθe-], wichtigste Handels- u. Ind.- Hafenstadt Spaniens, alte Hauptstadt *Kataloniens,* geistiger Mittelpunkt des Katalanentums, 1,86 Mio. Ew.; got. Kathedrale, zahlr. Kirchen u. Paläste; Univ. (gegr. 1430), TH; Textil-, Leder-, Metallind., Schiffbau; Flughafen. Austragungsort der Olymp. Sommerspiele 1992.

Barchent, auf der Rückseite aufgerauhtes Baumwollgewebe.

Barches, *Sabbatbrot,* geflochtenes Weißbrot im jüd. Kult- u. Hausgebrauch.

Barde, kelt. Dichter u. Heldensänger des MA; im 18. Jh. fälschl. als Bez. für den altnordgerman. Sänger (den *Skalden*) verstanden. So entstand die »B.n-Dichtung« von H. W. von *Gerstenberg* u. insbes. F. G. *Klopstock,* der relig. u. krieger. Dichtungen in der Art german. Dichtungen *Bardiete* nannte.

Bardeen [-din], John, *1908, †1991, US-amerik. Physiker; arbeitete an der Entwicklung von Transistoren u. an einer Theorie der Supraleitung; Nobelpreis 1956 u. 1972.

bardieren, das Belegen von Fleisch mit dünnen Speckscheiben, damit es saftig bleibt.

Bardiet → Barde.

Bardot [bar'do:], Brigitte, *28.9.1934, frz. Filmschauspielerin; wurde mit ihrem erotisch-kindl. Darstellungsstil typbildend für die 1950er Jahre; u. a. in »Und immer lockt das Weib«, »Viva Maria«; heute engagierte Tier- u. Naturschützerin.

Bären, *Ursidae,* Fam. großer, plumper *Landraubtiere;* einheitl. Fam. mit gestreckter Schnauze, kleinen Ohren u. kurzem Schwanz; fünfzehige Sohlengänger; stellen mit dem *Kodiakbären* das größte fleischfressende Säugetier der Erde (Braunbär); Allesfresser mit breitkronigen Backenzähnen; meist Einzelgänger. Hierzu gehören: *Braunbär, Baribal, Eisbär, Brillenbär, Kragenbär, Lippenbär, Malai-*

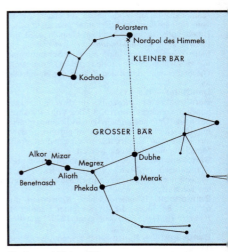

Großer und Kleiner Bär

Barcelona: Stadtansicht mit Kolumbusdenkmal

enbär u. der ausgestorbene *Höhlenbär.* B. bewohnen mit Ausnahme des Eisbären die großen, zusammenhängenden Wälder der Nordhalbkugel u. in einigen Fällen der Südhalbkugel.
Barenboim, Daniel, *15.11.1942, israel. Pianist u. Dirigent; seit 1992 künstler. Leiter der Berliner Staatsoper.
Bärenhöhle, fr. *Karlshöhle,* Tropfsteinhöhle bei Undingen in der Schwäb. Alb, fast 300 m lang.
Bäreninsel, norweg. Insel im Nördl. Eismeer, südl. von Spitzbergen, 178 km²; Wetterstation.
Bärenklau, *Herkuleskraut, Heracleum,* Gattung der *Doldengewächse;* verbreitet ist der *Wiesen-B.* mit weißen Blüten.
Bärenlauch, *Bärlauch,* zu den *Liliengewächsen* gehörende Pflanze mit weißen Blüten; riecht stark nach Knoblauch.
Bärenspinner, *Arctiidae,* Fam. oft sehr bunter Falter, heute in die nähere Verwandtschaft der *Eulen* gestellt. Hierher gehören: *Brauner Bär, Spanische Flagge, Weißer B.*
Bärentraube, *Wolfsbeere,* Gattung der *Heidekrautgewächse;* Blätter wirken als Aufguß gegen Blasen- u. Nierenentzündungen.
Barents, *Barendsz,* Willem, *1550, †1597, ndl. Seefahrer; suchte die Nordöstl. Durchfahrt im Nördl. Eismeer, entdeckte die Bäreninsel u. Spitzbergen; nach ihm benannt ist die *B.see,* östl. von Spitzbergen.
Barett, flache, runde oder eckige Kopfbedeckung, verbreitet seit dem 15. Jh.; heute vielfach Bestandteil der Amtstracht von Geistlichen, Richtern.
Barfüßer, mehrere kath. Ordensgemeinschaften, deren Mitgl. zeitw. barfuß oder in Sandalen gehen; z.B. Franziskaner, Karmeliter, Mercedarier, Passionisten, Serviten u. Trinitarier.
bargeldloser Zahlungsverkehr, Zahlung von Geldschulden nicht in *bar* (mit Münzen, Banknoten u. ä.), sondern durch *Scheck* oder durch *Überweisung* von einem Konto auf ein anderes.
Bargello [bardʒ'ɛllo], Nat.-Museum in Florenz.
Bari, ital. Hafenstadt an der Adria, Hauptort von *Apulien,* 366 000 Ew.; Kathedrale u. Basilika (11. Jh.), Kastell Friedrichs II. (13. Jh.); Univ.; bed. Handelszentrum; Fahrzeugbau, metallverarbeitende u. petrochem. Ind., Ölraffinerie.
Baribal, *Schwarzbär,* bis 2 m langer *Bär* Nordamerikas; wohnt in natürl. Höhlungen u. hält Winterruhe. Aus seinem Fell werden die Mützen der brit.-königl. Leibgardisten hergestellt u. ist deshalb von der Ausrottung bedroht.
barisches Windgesetz →Buys-Ballot.
Bariton, eine →Stimmlage.
Barium, ein →chem. Element.
Bark, ursprüngl. ein Dreimastsegler: Fock- u. Großmast mit Rahsegeln, Besanmast (hinten) mit Gaffelsegel; später auch 4- u. 5-Mast-Barken.
Barkarole, Schifferlied im 6/8-Takt.
Barkasse, urspr. größtes Beiboot (meist Motorboot) von Kriegsschiffen; heute auch ein ziviles Hafenverkehrsboot.
Barke, seegängiges Boot im Mittelmeerraum.
Barkhausen, Heinrich Georg, *1881, †1956, dt. Physiker; entdeckte die bei Magnetisierung eines Ferromagneten auftretende sprunghafte Zunahme des Magnetismus (B.-Effekt, B.-Sprünge).
Barkla ['ba:klə], Charles Glover, *1877, †1944, brit. Physiker; begr. die Röntgenspektroskopie, entdeckte die Polarisation der Röntgenstrahlung; Nobelpreis 1917.
Bar Kochba, Beiname des Simeon ben. *Koziba,* Führer des jüd. Aufstands 132–135 gegen die Römer; eroberte Jerusalem, stellte den jüd. Kult wieder her u. trat selbst als Messias auf.
Barlaam und Josaphat, mittelalterl. vorchristl. Form der Buddha-Legende (Bekehrung eines Prinzen durch einen Einsiedler).
Barlach, Ernst, *1870, †1938, dt. Bildhauer, Graphiker u. Schriftsteller; fand zu einer eigenwilligen expressiven Gestaltungsform, bes. ausgeprägt in Keramik-, Holz- u. Metallplastiken. Religiosität u. starkes Mitgefühl mit menschl. Not bestimmen als eth. Grundzüge seine Kunst u. führten mit gleichzeitiger blockhafter Vereinfachung des Formalen zu zunehmender Verinnerlichung des Ausdrucks. – Als Dramatiker u. Epiker war B. ein Hauptvertreter des literar. Expressionismus.
Bärlappgewächse →Pflanzen.
Bar-le-Duc [-'dyk], Stadt in NO-Frankreich am Rhein-Marne-Kanal, alte Hptst. des ehem. Herzogtums *Bar,* Sitz des Dép. Meuse, 20 400 Ew.
Barlog, Boleslaw, *28.3.1906, dt. Intendant u. Regisseur; 1945–72 Intendant des Schloßpark-Theaters in Berlin-Steglitz, 1951–72 auch des Schillertheaters in Berlin.

Barmbek, *B.-Uhlenhorst,* seit 1894 Stadtteil von Hamburg.
Barmen, seit 1930 Stadtteil von Wuppertal.
Barmer Synode, 1934 in Barmen-Gemarke tagende Synode der *Bekennenden Kirche* (Auseinandersetzung mit dem Kirchenregiment u. dem Anspruch des totalen Staats).
Barmherzige Brüder, Barmherzige Schwestern, kath. Genossenschaften, die sich der Krankenpflege widmen.
Bar Mizwa, der junge Jude nach seinem 13. Geburtstag, nach dem er religiös mündig ist. Auch Bez. für das Fest zum 13. Geburtstag.
Barnabas, zeitw. Mitarbeiter des Apostels *Paulus;* Heiliger; Fest: 11. 6.
Barnabiten, *Paulaner,* kath. Ordensgemeinschaft von Regularklerikern, 1530 in Mailand gegr.; bes. in Schule u. Volksmission tätig.
Barnard, 1. Christiaan Neethling, *8.11.1922, südafrik. Chirurg; nahm am 3.12.1967 in Kapstadt die erste erfolgreiche Herztransplantation von Mensch zu Mensch vor. – **2.** ['ba:nəd], Edward Emerson, *1857, †1928, US-amerik. Astronom; entdeckte mehrere Kometen u. (1892) den 5. Jupitermond. – *Barnards Stern* hat die schnellste bisher beobachtete Eigenbewegung.
Barnaul, Hptst. u. Ind.-Zentrum des Kraj Altai (Rußland), am Kamener Stausee des Ob, 610 000 Ew.; FHS; Traktorenwerk, Maschinenbau, Kunstfaserherstellung.
Barnim, Ldsch. nördl. von Berlin zw. Oder, Berliner Urstromtal, Havel u. Oder-Havel-Kanal; westl. von Wriezen die *Märk. Schweiz.*
Barnsley ['ba:nzli], Stadt u. Distrikt in N-England, in der Gft. South Yorkshire, 76 000 Ew.; Leinen- u. Maschinenind., Kohlenbergbau.

Barock 95

Barocci [-tʃi], *Baroccio,* Federico, *um 1535, †1612, ital. Maler; am Übergang vom Manierismus zum Barock.
Barock, europ. Kulturepoche zw. etwa 1600 u. 1750, hervorgegangen aus der Renaissance u. dem Manierismus, geht über in das Rokoko (etwa ab 1720); die Zeit des *Absolutismus,* zw. Humanismus u. Aufklärung. – A r c h i t e k t u r : Das B. ist vom Repräsentationswillen der weltl. u. geistl. Fürsten bestimmt. Typisch sind das von Parks umgebene Fürstenschloß, die durchgeplante, auf das Schloß ausgerichtete Stadtanlage u. der künstler. Einheit gestaltete Kirchenbau. Im Gegensatz zum ruhigen Gleichmaß der Hochrenaissance strebte das B. nach dynam. Wirkung durch Reichtum des plast. u. maler. Schmucks, durch kühne, leidenschaftl. Bewegtheit oder gewaltige Ausmaße der Bauten. Führend als Baumeister waren in Italien L. *Bernini,* F. *Borromini,* G. *Guarini* u. B. *Longhena,* in Frankreich J. *Lemercier,* F. *Mansart,* Ch. *Lebrun* u. J. *Hardouin-Mansart* u. in Dtld. Fischer von Erlach, Schlüter, Pöppelmann, L. von *Hildebrandt,* die *Dientzenhofer,* B. *Neumann,* die Brüder *Asam* u. D. *Zimmermann.* – Die P l a s t i k suchte in freier Gebärde den Raum nach möglichst vielen Seiten hin zu erschließen u. erreichte eine ekstatische Gesamtwirkung. Ihre volle Entfaltung fand die barocke Plastik in den Werken G. L. *Berninis.* Von Italien aus verbreitete sich ihre Formensprache über Europa u. wurde in Frankreich von P. *Puget* u. F. *Girardon,* in Spanien von G. *Hernández,* in den Niederlanden von A. de *Vries* u. A. *Quellinus,* in Österreich von R. *Donner* u. in Dtld. von B. *Permoser,* A. *Schlüter* u. I. *Günther* vertreten. – Auch die M a l e r e i (Wand- u. Deckengemälde, Tafel-

Bären: Kragenbär (links). – Braunbärin mit Jungtieren (rechts)

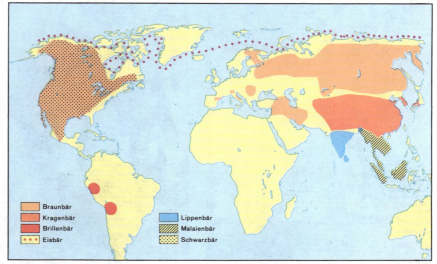

Verbreitung der Bären: Sie bewohnen hauptsächlich große zusammenhängende Wälder der Nordhalbkugel (Ausnahme sind Eisbär, Brillenbär und Malaienbär). Aus Afrika sind fossile Reste bekannt

bilder) entsprach in ihrer Farbigkeit, in einem gebärdenreichen Figurenstil sowie in ihrer räuml. Tiefenwirkung dem barocken Lebensgefühl. Die bed. Maler waren in Italien *Carracci, Caravaggio,* G. *Reni, Domenichino* u. G. B. *Tiepolo,* in Spanien *El Greco,* J. *Ribera,* D. *Velázquez* u. B. E. *Murillo,* in den Niederlanden P. P. *Rubens* u. *Rembrandt,* in Frankreich *Poussin, Lorrain, Lebrun* u. *Watteau.* – In der M u s i k entstand als neue Gattung die Oper, die eine Form des meist akkordisch baßbegleiteten Sologesangs schuf, die »Monodie«. Die Funktion der Begleitung übernahm später der *Generalbaß.* In der Folge wurde die Generalbaßbegleitung für das B. so typisch, daß man diese Epoche auch das »Generalbaß-Zeitalter« genannt hat. Bed. Opernkomponisten waren G. *Carissimi,* P. A. *Cesti,* A. *Scarlatti,* J.-B. *Lully,* H. *Purcell,* J.-P. *Rameau,* G. F. *Händel* u. W. *Gluck.* In der Orgelmusik verband G. *Frescobaldi* überkommene Polyphonie mit neuen barocken Stilelementen (Chromatik, neue Harmonik). Es entstand ein neuer selbst. Instrumentalstil, der über seinen Schüler J. J. *Froberger* nach Dtld. vermittelt wurde u. über J. *Pachelbel,* D. *Buxtehude* u. G. F. *Händel* bis J. S. *Bach* maßgebend blieb. Auf dem Gebiet der Kammermusik entstanden die ersten Triosonaten u. Solosonaten. Mit M. *Praetorius* u. H. *Schütz* begann das musikal. B. in Dtld. Den Höhepunkt bildeten hier die Oratorien G. F. *Händels* u. die Orgelkunst J. S. *Bachs.* Die L i t e r a t u r ist geprägt durch ein Lebensgefühl der starken Gegensätze, Diesseitsfreude einerseits, Jenseitshoffnung andererseits. Ein Grunderlebnis ist die Unbeständigkeit u. Fragwürdigkeit alles Irdischen. Der Stil der Darstellung ist häufig übersteigert, schwülstig. Ihren Ausgang nimmt die B.literatur in Italien (G. *Marino*) u. Spanien (*Lope de Vega, Calderón*). Beginn in Dtd. mit M. *Opitz* u. seiner Poetiklehre. Bed. Dichter: A. *Gryphius,* H. J. Ch. von *Grimmelshausen,* P. *Gerhardt,* R. *Fleming,* Ch. *Hofmann von Hofmannswaldau, Angelus Silesius.*

Baroja y Nessi [-'rɔxa i-], Pío, *1872, †1956, spanischer Schriftsteller der »Generation von 1898«; schrieb rd. 70 Romane, in denen er die spanische Welt mit einer pessimistischen Grundhal-

BAROCK

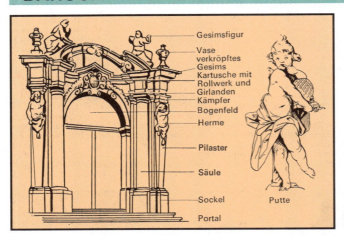 

Ihren stärksten Ausdruck fand die Barockkunst in der Architektur: verschiedene Stilelemente (links). – Georg Raphael Donner, Die March vom Brunnen auf dem Mehlmarkt; Blei, 1737–1739. Wien, Österreichische Galerie (rechts)

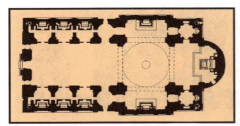

Grundriß von Il Gesù in Rom

Balthasar Neumann, Treppenhaus der Residenz Würzburg (links). – Peter Paul Rubens, Raub der Töchter des Leukippos; um 1610. München, Alte Pinakothek (rechts)

tung realist.-satir. u. abenteuerl.-phantast. schildert.

Barometer, Luftdruckmesser. Beim *Quecksilber-B.* (von E. *Torricelli* 1643 erfunden) wird die Höhe einer Quecksilbersäule in einem etwa 1 m langen, oben geschlossenen, luftleeren Glasrohr gemessen, dessen unteres, offenes Ende in ein Glasgefäß mit Quecksilber taucht *(Gefäß-B.)* oder das U-förmig gebogen ist *(Heber-B.)*. Quecksilbersäule u. der auf dem offenen Ende lastende Luftdruck halten sich jeweils das Gleichgewicht. – Beim *Aneroid-B. (Metall-B.)* wird die durch den Luftdruck bewirkte Deformation einer luftleeren, flachen Metalldose über einen Winkelhebel auf einen Zeiger übertragen. – Ein **Barograph** zeichnet die Messungen fortlaufend mit Hilfe eines Schreibgeräts auf.

Baron, seit dem 16. Jh. in Dtld. Anrede für Freiherrn (kein selbständiger Adelstitel). – **Baronin,** Freifrau. – **Baronesse,** Freifräulein.

Baronet ['bærənət], Abk. *Bart.* (hinter dem Familiennamen), Titel des niederen engl. Adels. Anrede: Sir, Lady.

Barquisimeto [-ki-], Hptst. des nw. venezolan. Bundesstaats Lara, 750000 Ew.; Ind.- u. Handelsstadt.

Barracudas, *Pfeilhechte,* Unterordnung der *Meeräschenartigen;* in trop. Breiten weitverbreitete Raubfische.

Barranquilla [baraŋ'kija], wichtigster Handelshafen u. Hptst. des Dep. Atlántico in Kolumbien, 1,12 Mio. Ew.; 2 Univ.; vielseitige Ind.

Barras [ba'ra], Paul Jean Vicomte de, *1755, †1829, frz. Revolutionär; Mitgl. des Direktoriums seit 1795, 1799 von Napoleon gestürzt.

Barrault [ba'ro], Jean-Louis, *1910, †1994, frz. Schauspieler u. Regisseur; Leiter des »Théâtre de France«.

Barre, 1. Mohammed Siyad, *1919, †1995, somal. Politiker; 1969–91 Staats-Präs. – **2.** [ba:r], Raymond, *12.4.1924, frz. Wissenschaftler u. Politiker; Prof. für Recht u. Wirtsch., 1967–73 Vize-Präs. der EU-Kommission, 1976–81 Prem.-Min. u. zugleich (bis 1978) Wirtsch.- u. Finanz-Min.

Barrel ['bærəl; das; »Faß«], US-amerik. Volumeneinheit für Petroleum u. a. Es gilt: 1 b = 0,158987 m³. – *dry barrel:* US-amerik. Volumeneinheit für Trockensubstanzen, Kurzzeichen bbl. Es gilt: 1 bbl = 0,115627 m³.

Barren, 1. gegossenes, heute meist quaderförmiges Metallstück, größtenteils mit Geldcharakter. – **2.** von F. L. *Jahn* eingeführtes Turngerät mit zwei parallelen Holmen. Der *Stufen-B.* beim Frauenturnen hat zwei unterschiedl. hohe Holme.

Barrès [-'rɛ:s], Maurice, *1862, †1923, frz. Schriftsteller, Publizist u. Politiker; Vertreter des Ichkults u. des Nationalismus.

Barrett-Browning ['bæ rit 'brauniŋ], Elizabeth, *1806, †1861, engl. Dichterin; Lyrikerin von starker Innerlichkeit, Sozialgefühl u. religiöser Empfindungskraft.

Barrie ['bæ ri], Sir James Matthew, *1860, †1937, schott.-engl. Schriftsteller; Ⓦ Märchen- u. Kinderstück »Peter Pan oder der Junge, der nicht groß werden wollte« 1904.

Barriere, Schranke, Schlagbaum, Sperre.

Barrikade, improvisierte Sperre aus Steinen, Bäumen, Wagen u. ä. an engen Stellen (Straßen, Brücken u. ä.).

Barrow ['bæ rou], *Point B.*, *B.spitze,* Nordkap des amerik. Festlands in Alaska. – **B.straße,** Meeresstraße im kanad.-arkt. Archipel.

Barsche, *Percidae,* Fam. der Knochenfische;

Bart- oder Lämmergeier

Süßwasserfische der nördl. Halbkugel; einheim. der *Barsch* oder *Flußbarsch, Zander, Kaulbarsch.*

Barscheck, bar auszuzahlender Scheck.

Barschel, Uwe, *1944, †1987, dt. Politiker (CDU); 1982–87 Min.-Präs. von Schl.-Ho. Nach zutreffenden Vorwürfen wegen rechtswidrigen Verhaltens im Wahlkampf trat B. zurück u. nahm sich kurz darauf das Leben.

Barsoi, *Russischer Windhund,* urspr. bei der Wolfsjagd eingesetzter →Windhund von 70–82 cm Widerristhöhe, mit langem, schmalem Kopf u. langem, gelocktem Fell.

Barsortiment, eine Art des (Zwischen-) Buchhandels, die dem Einzelhandel den gleichzeitigen Bezug von Büchern aus mehreren Verlagen ermöglicht; Lieferung früher nur gegen bar.

Barteln, mit Tast- u. Geschmackssinnesorganen besetzte Fäden am Mund vieler Fische, z.B. beim Wels.

Bartenwale, *Mysticeti,* 6–30 m lange Meeressäugetiere. Anstelle von Zähnen haben die B. lang herabhängende, gefranste Hornplatten **(Barten)** im Maul, mit denen sie kleine Nahrungsteile aus dem Wasser filtern.

Bartflechte, 1. meist von den Ästen oder am Stamm hängende oder niederliegende Strauchflechte. – **2.** *Bartfinne, Bartgrind, Sykose,* hartnäckige, ansteckende Entzündung der Haarbalgdrüsen, bes. der Barthaare; in einfachen Formen durch Eitererreger, in schweren Fällen durch Hautpilze hervorgerufen.

Bartgeier, *Lämmergeier,* großer *Greifvogel* (Spannweite um 2,50 m); ernährt sich hpts. von Knochen, jagt aber auch kleinere Säugetiere; kommt in Hochgebirgen Eurasiens u. Afrikas vor.

Barth, 1. Heinrich, *1821, †1865, dt. Afrikareisender; Begr. der Völkerkunde des Sudan. – **2.** Karl, *1886, †1968, schweiz. reform. Theologe; seit 1935 Prof. in Basel. In Ablehnung des neuprot. Religionsbegriffs faßte B. Religion u. christl. Offenbarung als Gegensätze auf.

Bartholomaios I., *29. 2. 1940, Ökumen. Patriarch von Konstantinopel (seit 1991); Metropolit von Chalkedon, Oberhaupt von 300 Mio. orth. Christen.

Bartholomäus, einer der 12 Apostel Jesu, der nach der Legende in Indien u. a. Ländern des Ostens missioniert hat u. als Märtyrer gestorben sein soll; Heiliger (Fest: 24.8.). – **B.nacht,** *Pariser Bluthochzeit,* die Nacht vom 23. zum 24.8. **(B.tag)** 1572, in der in Paris etwa 2000, in der Prov. anschließend 10 000 – 20 000 Hugenotten auf Geheiß der Königinmutter *Katharina von Medici* ermordet wurden.

Bärtierchen, *Tardigrada,* mikroskop. kleine *Gliedertiere* in Moospolstern, feuchter Erde u. im Wasser.

Bartmeise, einzige in Europa vorkommende *Timalie* (keine Meise); lebt in Schilfbeständen.

Bartning, Otto, *1883, †1959, dt. Architekt; baute in konstruktivist. Formen unter weitgehender Verwendung von Stahl, Beton u. Glas.

Bartók ['bɔrtɔk], Béla, *1881, †1945, ungar. Komponist; neben I. Strawinsky u. A. Schönberg führend in der Entwicklung einer neuen Tonsprache. Das Sammeln und Erforschen von Volksmusik u. Folklore führte ihn zur Verwendung national gefärbter Melodik u. zur Betonung des rhythm. Elements. Ⓦ Orchesterwerke (»Musik für Saiteninstrumente, Schlagzeug u. Celesta«), Klavier- u. Violinkonzerte, »Mikrokosmos« (Slg. von 153 Klavierstücken).

Bartolommeo, Fra B., eigtl. Baccio della Porta,

Bartholomäusnacht; Kupferstich des 17. Jahrhunderts

Baseball 97

*1472, †1517, ital. Maler (Andachtsbilder von ruhigem u. feierl. Aufbau); von nachhaltiger Wirkung auf die ital. Malerei der Hochrenaissance.

Barton ['ba:tn], Derek Harold Richard, *8.9.1918, engl. Chemiker; Untersuchungen zur räuml. Anordnung der Atome in den Molekülen u. der Reaktionsweise der entsprechenden Verbindungen; 1969 Nobelpreis zus. mit O. *Hassel.*

Bartoszewski [-'ʃɛf-], Władisław, *19.2.1922, poln. Historiker u. Schriftst.; schrieb zahlr. Arbeiten zur jüngsten poln. Geschichte; erhielt 1986 den Friedenspreis der Dt. Buchhandels.

Baruch, Schüler des Propheten *Jeremia.*

Baruch [bə'ru:k], Bernard Mannes, *1870, †1965, US-amerik. Wirtschaftspolitiker; reorganisierte 1939 die amerik. Rüstungsind., im 2. Welt-

Bärtierchen

krieg kriegswirtschaftl. Berater F. D. *Roosevelts;* arbeitete 1946 den B.-*Plan* zur internat. Kontrolle der Atomenergie aus.

Baryonen, schwere u. überschwere Elementarteilchen, Sammelname für Nukleonen u. Hyperonen.

Baryt, *Schwerspat,* $BaSO_4$, helles, schweres Mineral.

Baryzentrum, Schwerpunkt.

Barzel, Rainer, *20.6.1924, dt. Politiker (CDU); 1962/63 Bundes-Min. für gesamtdt. Fragen; 1964–73 Vors. der CDU/CSU-Bundestagsfraktion, 1971–73 Partei-Vors.; 1972 (erfolgloser) Kanzlerkandidat; 1983/84 Bundestags-Präs.

Basalt, magmat. Ergußgestein, grauschwarz bis schwarz, häufig eckig-säulig zerglidert.

Basaltemperatur, *Aufwachtemperatur,* morgens vor dem Aufstehen gemessene Körpertemperatur der Frau zur Bestimmung des Eisprungs.

Basar, 1. *Bazar,* Warenmarkt oder Marktviertel im Orient. – **2.** Warenverkauf auf Wohltätigkeitsfesten.

Baschkiren, *Baschkurt,* ugr. Volk (1,24 Mio.) im südl. Ural; turkisiert, Moslems.

Baschkirien, *Baschkortostan,* Republik innerhalb Rußlands, umfaßt den südl. Ural u. sein westl. Vorland, 143 600 km², 4 Mio. Ew., Hptst. *Ufa.* Erdöl- u. -gasvorkommen.

Baseball ['beisbɔ:l], in den USA u. Japan belieb-

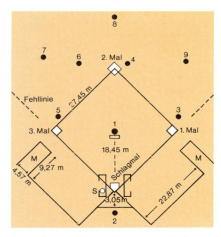

Baseball: Spielfeld und Mannschaftsaufstellung; S = Schlagmann (Mannschaft A), 1 = Werfer, 2 = Fänger, 3–5 = Malspieler, 6–9 = Feldspieler (alle Mannschaft B), M = Mannschaftsbetreuer

tes u. verbreitetes Schlagballspiel zw. 2 Mannschaften von je 9 Spielern.

Basedow [-do], Johannes Bernhard, *1723, †1790, dt. Pädagoge; gründete in Dessau 1774 das *Philanthropin(um)*, eine Erziehungsanstalt, die Ideen der Aufklärung u. J. J. Rousseaus verwirklichen sollte.

Basedowsche Krankheit [-doʃə-], benannt nach dem dt. Arzt K. A. von Basedow, *1799, †1854; auf einer Schilddrüsenüberfunktion beruhende Erkrankung, die sich neben einer Steigerung des Stoffwechsels u. a. durch glänzende, aus den Augenhöhlen hervortretende Augäpfel, Kropf u. Pulsbeschleunigung auszeichnet u. mit nervösen u. seel. Störungen (Übererregbarkeit) einhergeht.

Basel, zweitgrößte Stadt der Schweiz, beiderseits des Rheins, 172 000 Ew., meist deutschsprachig; Münster (etwa 1185–1225) u. viele histor. Bauten; älteste Univ. der Schweiz (1460), größte Bibliothek des Landes; wichtiger Handelsplatz; chem., pharmazeut. Seiden- u. Metallind.; Hafen, Flughafen. Gesch.: Ehem. röm. Lagerposten *Basilea*; 1006 zum Dt. Reich; im 14. Jh. Freie Reichsstadt; 1501 zur Eidgenossenschaft; kulturelle Blüte im 15./16. Jh.; 1833 Trennung in *B.-Stadt* u. *B.-Land* (Halbkantone) mit der Hptst. *Liestal*.

Baselitz, Georg, eigtl. *G. Kern*, *23.1.1938, dt. Maler u. Bildhauer; seine Bildmotive stellt er gerne auf den Kopf.

Basen, *Laugen*, in herkömml. Sinn Stoffe, die in wäßriger Lösung alkal. reagieren (durch Bildung von Hydroxid-[OH-]Ionen) u. mit Säuren unter Wasserabspaltung Salze bilden. Nach der allg. Definition ist J. N. Brønsted sind B. Stoffe, die Wasserstoff-Ionen *(Protonen)* aufnehmen können. Starke B. färben Lackmuspapier blau, Phenolphthalein rot.

BASF Aktiengesellschaft, *BASF AG*, bis 1973 *Badische Anilin- & Soda-Fabrik AG*, Ludwigshafen, Unternehmen der chem. Ind., gegr. 1865.

Basic [ˈbeɪsɪk], Abk. für *beginners all purpose symbolic information code*, leicht erlernbare, dialogorientierte Programmiersprache, insbes. zur Textverarbeitung.

Basic English [ˈbeɪsɪk ˈɪŋlɪʃ], ein aus 850 ausgewählten engl. Wörtern u. einfachen Regeln als internat. Hilfssprache geschaffenes Sprachsystem.

Basie [ˈbeɪzi], William »Count«, *1904, †1984, afro-amerik. Jazzpianist u. Big-Band-Leader (Prototyp des Big-Band-Swing).

Basileios, byzantin. Kaiser: **1.** *B. I.*, Kaiser 867–886; Begr. der makedon. Dynastie; bed. Herrscher. – **2.** *B. II. Bulgaroktonos* [»Bulgarentöter«], *957, †1025; vernichtete 971–1018 das Bulgarenreich u. führte Byzanz auf den Höhepunkt der äußeren Macht.

Basilicata, 1932–45 *Lukanien*, Region in →Italien.

Basilika, »Königshalle«, ein drei- oder mehrschiffiger Hallenbau mit einem überhöhten Mittelschiff, das sein Licht aus der die Dächer der Seitenschiffe überragenden Fensterzone (Lichtgaden) erhält. Das Mittelschiff endet in der *Apsis*.

Basilikum, *Hirnkraut, Basilienkraut*, zu den Lippenblütlern gehörendes Kraut aus Vorderindien; Küchengewürz.

Basilisk, ein antikes Fabeltier, dessen Blick tötet *(B.enblick)*; gekröntes Wesen aus Schlange oder Drache u. Hahn.

Basilisken, zur Fam. der *Leguane* gehörende Echsen; auffallendes Merkmal: aufrichtbare Hautkämme auf Kopf, Rücken u. Schwanz; Vorkommen: von Mexiko bis Ecuador.

Basilius der Große, *Basileios von Caesarea*, *um 330, †379, Kirchenlehrer, Heiliger; seit 370 Bischof von Caesarea (Kappadokien), mit seinem Bruder *Gregor von Nyssa* u. seinem Freund *Gregor von Nazianz* (»die drei großen Kappadokier«) wegweisend für die Theologie der griech. Theologie; Organisator des Mönchtums *(Basilianer)*. Fest: 2. 1.

Basis, **1.** *allg.*: *Base*, Grundlage, Ausgangspunkt, Stützpunkt. – **2.** *Baukunst*: Fuß einer Säule oder eines Pfeilers. – **3.** *Elektronik*: Teil eines *Transistors* zur Steuerung des Kollektorstroms. – **4.** *Mathematik*: 1. Grundlinie eines Dreiecks; Grundfläche eines Körpers; 2. Grundzahl eines Zahlensystems (z.B. 10 bei den Dezimalzahlen); 3. Grundzahl a einer Potenz a^n; 4. Grundzahl von Logarithmen (z. B. e bei den natürl. Logarithmen).

Basisdemokratie, Modell einer Herrschaftsform, in der – im Gegensatz zur repräsentativen Demokratie – alle wichtigen polit. Entscheidungen durch direkte Volksbeteiligung getroffen werden.

Basiseinheiten, *Grundeinheiten, Ausgangseinheiten*, Einheiten für physikal. Größen, die auf keine anderen Größen zurückgeführt werden können: die Längeneinheit Meter (m), die Masseneinheit Kilogramm (kg), die Zeiteinheit Sekunde (s), die Einheit der elektr. Stromstärke Ampere (A), die Temperatureinheit Kelvin (K), die Lichtstärkeeinheit Candela (cd) u. die Stoffmenge Mol (mol). Von den B. werden alle anderen physikal. Einheiten abgeleitet.

Basken, span. *Vascos*, frz. *Basques*, eigener Name *Euskaldunak*, Volk in den W-Pyrenäen mit eigener Sprache u. Kultur: 700 000 Zugehörige in den Baskischen Prov. Spaniens, 130 000 in Frankreich; ferner 125 000 in Übersee. Das span. **B.land** erhielt 1979 ein Autonomiestatut; 1980 wurde ein Regionalparlament gewählt. Die extremen Separatisten sind in der *ETA* organisiert u. treten zeitweise mit Terrorakten hervor.

Basketball, Korbballspiel, bei dem zwei Mannschaften von je 5 Spielern u. bis zu 7 Auswechselspielern versuchen, den Ball in den gegnerischen Korb einzuwerfen.

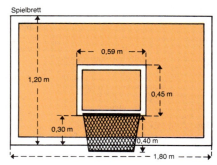
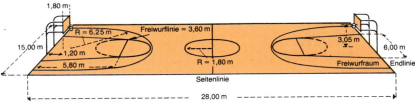

Basketball: Spielbrett und Spielfeld

baskische Provinzen, span. *Vascongadas*, die nordspan. Prov. *Guipúzcoa, Vizcaya* u. *Alava*, →Spanien.

baskische Sprache, von den Basken *Euskara, Eskuara* genannt, Ursprung bisher noch ungeklärt, Zugehörigkeit zur hamit.-semit. Sprachfamilie wird vermutet.

Basküleverschluß, *Treibriegelverschluß*, Verschluß an Fenstern u. Türen, bei dem durch einen Handgriff mehrere Riegel oder Stangen in versch. Richtungen getrieben werden.

Basler Friede, 1795 zw. Frankreich u. Preußen geschlossener Friede, in dem Preußen seine linksrhein. Beziehungen an Frankreich abtrat.

Basler Konzil, Reformkonzil 1431–37; endete mit dem Sieg des Papsttums über den Konziliarismus.

Basrah, *Bassora*, wichtigster Seehafen des Irak, am Mündungsarm von Euphrat u. Tigris (Shatt Al Arab), 300 000 Ew.; Flughafen; im irak.-iran. Krieg u. im Golfkrieg stark zerstört.

Basrelief [barəljˈɛf], *Flachrelief* →Relief.

Baß, **1.** eine →Stimmlage. – **2.** Grundstimme eines musikal. Satzes; *Basso continuo*, →Generalbaß; *Basso ostinato*, →Ostinato. – **3.** einem anderen Instrumentennamen vorgesetzte Bez. für die tiefe Bauform eines Typus, z.B. B.-Gitarre, B.-Klarinette. Noch tiefer reichende Instrumente werden als *Kontrabaßinstrumente* bezeichnet.

Baßbariton, eine →Stimmlage.

Bassermann, Albert, *1867, †1952, dt. Theaterschauspieler; berühmt zunächst in Ibsen-, später in klass. Charakterrollen.

Basset [ˈbæsət], niedriger, krummbeiniger Jagdhund mit ausgeprägten Hängeohren; von kräftigem Körperbau.

Basseterre [basˈtɛr], Hptst. des karib. Staates Saint Christopher-Nevis, auf der Antilleninsel Saint Kitts, 16 000 Ew.

Baßetthorn, eine Alt-Klarinette in F oder Es.

Bassin [basɛ̃], Wasserbecken, Schwimmbecken.

Basso continuo →Generalbaß.

Basso ostinato →Ostinato.

Bassow, *Basov*, Nikolaj Gennadijewitsch, *14.12.1922, russ. Physiker; Arbeiten über Maser u. Laser, Nobelpreis 1964 zus. mit A. M. Prochorov u. C. Townes.

Baßschlüssel, in der Notenschrift der F-Schlüssel auf der zweitobersten Linie des 5-Linien-Systems.

Bast, **1.** sekundäre Rinde, alles Gewebe, das beim sekundären Dickenwachstum von Stämmen oder Stengeln nach außen hin neu gebildet wird. – **2.** die das wachsende Geweih der Hirscharten umschließende behaarte Haut, die vor der Brunft abgescheuert *(gefegt)* wird.

Bastard, **1.** *allg.*: unehel. Kind, bes. von Eltern versch. Gesellschaftsschichten. – **2.** *Anthropologie*: Mischling. – **3.** *Biologie*: Hybride, Individuum, das aus der Vereinigung zweier Geschlechtszellen mit versch. Erbgut hervorgegangen ist.

Bastei →Bastion.

Bastia, Haupthafen an der NO-Küste Korsikas, Verw.-Sitz des Dép. Haute-Corse, 44 000 Ew.; Zitadelle; Flughafen.

Bastian, Adolf, *1826, †1905, dt. Ethnologe; Begr. der modernen Völkerkunde.

Bastille [-ˈtiːjə], Burg in Paris, später Gefängnis, bes. für polit. Vergehen, Symbol fürstl. Willkür u. Tyrannei. Der *Sturm auf die B.* am 14.7.1789 durch die Pariser leitete die Frz. Revolution ein; wurde dem Erdboden gleichgemacht.

Bastion, *Bastei, Bollwerk*, im Festungsbau ein bes. widerstandsfähig gemachter, vorspringender Teil des Hauptwalls.

Bastonade, *Bastonnade*, oriental. Stockprügelstrafe auf die Fußsohlen; später auch in Rußland.

Basuto, Volk der Sotho-Tswana-Gruppe der Südostbantu; heute vor allem in Lesotho.

Basutoland, fr. Name (bis 1966) für →Lesotho.

BAT, Abk. für *Bundes-Angestelltentarifvertrag* vom 23.2.1961, in Kraft getreten am 1.4.1961; gilt für Angestellte des Bundes (außer Bundesbahn u. Bundespost), der Länder, Landkreise u. Gemeinden u. regelt die materiellen Arbeitsbedingungen (Arbeitszeit, Urlaub u. die allg. Vergütungsordnung.

Bataillon [-taˈljoːn], seit dem 15. Jh. jeder selbständige Verband der Infanterie; in der Bundeswehr kleinster *Verband*: in der Regel 4 Kompanien u. 1 Stabskompanie.

Batak, altindones. Volk (1,5 Mio.) im nördl. Sumatra; Reisanbau, Tierhaltung; berühmte Pfahlbauten.

Batalha [-ˈtalja], port. Ort im Distrikt Leiria, 7500 Ew.; bed. ehem. Dominikanerkloster Mosteiro de Santa Maria de Vitória (14. Jh.), Nationaldenkmal der Portugiesen.

Batate, *Süßkartoffel*, in den warmen Gegenden der ganzen Welt anstelle der Kartoffel angebautes, stärkereiches Nahrungsmittel.

Bataver, german. Stamm an der Rhein-Mündung; seit dem Ende des 1. Jh. v. Chr. unter röm. Herrschaft; empörte sich 69/70 n. Chr. gegen Rom *(B.aufstand)* u. ging im 4. Jh. in den Franken auf.

Batavia, früherer Name der indones. Hptst. →Jakarta.

Batavische Republik, 1795–1806 Name der nach frz. Vorbild als Tochterrepublik organisierten Niederlande; benannt nach den *Batavern*.

Bath [baːθ], Stadt u. Heilbad im SW Englands, am Lower Avon, sö. von Bristol, 85 000 Ew.; warme Mineralquellen, röm. Bäder.

Batholith, großer magmat., in Sedimente eingedrungener Gesteinsstock von unbekannter Unterlage.

Báthory, siebenbürg. Fürstengeschlecht bis 1613. *Stephan (István) IV.* war 1576–86 König von Polen.

Bathurst [ˈbæθəːst]. **1.** Hptst. von Gambia, →Banjul. – **2.** Stadt in Neusüdwales (Australien), westl. von Sydney, 17 000 Ew.

Bathyal, Lebensbereich des Meeresbodens unterhalb von 200 m Tiefe.

Bathyscaph, von A. *Piccard* entwickeltes u. gebautes Tiefseetauchboot.

Bathysphäre →Tiefseeforschung.

Batik [mal., »gesprenkelt«], Färbverfahren für Stoffe (urspr. in Java heim, mit techn. Verbesserungen in Europa), bei dem heißes Wachs auf Stoff gegossen u. je nach Muster auf die Stellen verteilt wird, die beim anschließenden Färben »reserviert«, d. h. nicht eingefärbt werden sollen.

Batist, sehr feinfädiges Gewebe in Leinwandbindung.

Baton Rouge [ˈbætən ruːʒ], Hptst. des USA-Staats Louisiana, 242 000 Ew.; Univ.; Erdölraffinerien, chem. u. Aluminium-Ind.

Batschka, ungar. *Bácska,* serbokroat. *Bačka,* Teil der Ungar. Tiefebene zw. Donau u. Theiß; seit 1919 jugoslaw., heute Teil der Vojvodina.

Battelle-Institut [-ˈtɛl-], gemeinnütziges US-amerik. Forschungsinstitut.

Battenberg, 1314 ausgestorbenes hess. Grafengeschlecht; seit 1858 Titel der Nachkommen Alexanders Prinz von Hessen; die engl. Linie nahm 1917 den Namen *Mountbatten* an.

Batterie, 1. unterste takt. Einheit bei der Artillerie, entsprechend der *Kompanie* in anderen Waffengattungen. – **2.** Zusammenschaltung von mehreren galvanischen Elementen, Akkumulatoren oder Kondensatoren.

Batteriehaltung, Form der landw. Nutztierhaltung, bei der auf kleinstem Raum bei geringem Arbeitsaufwand Tiere in großen Mengen gehalten werden können; wird von Tierschutzverbänden entschieden abgelehnt.

Batumi, Hptst. der autonomen Rep. Adscharien (Georgien), am Schwarzen Meer, nahe der türk. Grenze, 140 000 Ew.; Raffinerien; Überseehafen.

Batzen: Avers und Revers einer ¹/₂-Batzen-Münze; Helvetische Republik, 1799

Batzen, früher in Dtld. u. in der Schweiz verbreitete Silbermünze zu 4 Kreuzer.

Bauaufsichtsbehörde, *Baupolizei,* hat die Aufgabe, die Einhaltung der gesamten Vorschriften des öffentl. Baurechts zu gewährleisten.

Bauch, lat. *Abdomen, Venter,* in der menschl. Anatomie der untere Teil des Rumpfes zw. Zwerchfell u. Beckeneingang. Sein Hohlraum, die *B.höhle,* ist mit dem *B.fell* ausgekleidet. Die B.höhle enthält die Verdauungsorgane.

Bauchhöhlenschwangerschaft →Extrauteringravidität.

Bauchpilze, *Gastromycetes,* Pilze mit geschlossenen, rundl. Fruchtkörpern, die sich erst nach der Sporenreife öffnen: Boviste, Erdstern, Stinkmorchel u. a.

Bauchreden, Sprechtechnik, bei der der Mund nicht bewegt wird u. durch extreme Resonanzverminderung der Klang der Stimme so verändert wird, als käme sie aus dem Bauch.

Bauchspeicheldrüse, *Pankreas,* Anhangdrüse des Mitteldarms bei den Wirbeltieren; liefert Verdauungssäfte u. bildet in den *Langerhansschen Inseln* das *Insulin* zur Regulierung des Zuckerstoffwechsels.

Bauchtanz, ein urspr. nur in N-Afrika, W- u. S-Asien geübter Frauentanz, durch rhythm. Bewegungen der Hüft- u. Bauchmuskeln der Tänzerin charakterisiert; einst Bestandteil des Fruchtbarkeitskults, heute meist erot. Schautanz.

Baucis →Philemon und Baucis.

Baud [boːd], Abk. *Bd,* Einheit der Telegraphiergeschwindigkeit: 1 Bd entspricht 1 Zeichen pro Sekunde.

Baude, Unterkunftshütte, auch Berggasthof im Riesengebirge.

Baudelaire [bodˈlɛːr], Charles, *1821, †1867, frz. Dichter; seine Gedichtsammlung »Les Fleurs du mal« 1857 (»Die Blumen des Bösen«) leitete den frz. Symbolismus ein.

Baudouin [boduˈɛ̃], *1930, †1993, König der Belgier seit 1951; verh. mit Fabiola de Mora y Aragón (seit 1960).

Baudouin [boduˈɛ̃], Pierre-Antoine, *1723, †1769, frz. Maler (galante Sittenschilderungen, Bildnisse u. mytholog. Gemälde, meist in Deckfarbenmalerei; malte die Marquise von Pompadour.

Bauer, *Landwirt,* der hauptberufl. Bewirtschafter von landwirtschaftl. genutzten Grundstücken in Verbindung mit einem Hof (Wirtschaftsgebäude), oft eingeschränkt auf kleinere oder mittelgroße Betriebe. Darüber liegt der *Großgrundbesitz.* Der B. repräsentiert den auf den Wildbeuter folgenden, ein kulturell höheres Niveau erreichenden Kulturtypus. Dabei erwächst erst aus der Vereinigung des primitiven vorbäuerl. Pflanzertums mit nomad. Großviehhirten die neue Wirtschaftsform des Pflugbaus als wesentl. Voraussetzung für die Existenz der seßhaften, eines wirtschaftl. Überschuß erzeugenden Feldbauergemeinden. Diese Wirtschafts- u. Lebensweise des B.ntums führte zur Ausprägung bestimmter, oft landschaftl. bedingter Lebensformen u. Gebräuche (Hausform, Kleidung u. a.).

Im Zeitalter des Feudalismus verlor der B. vielerorts seine Freiheit u. wurde einem Grund- oder Gutsherrn hörig u. abgabenpflichtig. Auflehnung hiergegen (z. B. in den *B.nkriegen*) führte selten zum Erfolg. So wurde der B. erst frei mit dem Ende der Ständeordnung u. dem Eindringen liberaler Grundsätze (in Dtld. 18./19. Jh.); *Stein* u. *Hardenberg* lösten offiziell das bäuerl.-grundherrl. Verhältnis). Die liberalist.-kapitalist. Wirtschaftsordnung u. der Anschluß an den Weltmarkt haben den B. zunehmend zu rationellem Wirtschaften u. zur Produktion für den Markt gezwungen, wobei ihm v. a. die Genossenschaften halfen.

Zahlenmäßig u. hinsichtl. seiner gesamtwirtschaftl. Bedeutung ist das B.ntum in den meisten industriell entwickelten Ländern stark zurückgegangen.

Bauer, 1. Gustav, *1870, †1944, dt. Politiker (SPD); 1919/20 Reichskanzler (*Versailler Vertrag*), 1921/22 Schatz-Min. – **2.** Josef Martin, *1901, †1970, dt. Schriftsteller; schilderte die niederbayer. Bauern- u. Kleinstadtwelt sowie Kriegserlebnisse in Rußland. – **3.** Karl Heinrich, *1890, †1978, dt. Chirurg; Hauptarbeitsgebiete: Unfallchirurgie u. Krebsforschung. – **4.** Walter, *1904, †1976, dt. Schriftsteller; Lyriker u. Erzähler proletar. Schicksals. – **5.** Wilhelm, *1822, †1875, dt. Ingenieur; baute 1851 das erste betriebsfähige Unterseeboot.

bäuerliches Erbrecht →Anerbenrecht.

Bauernbefreiung, Befreiung der Bauern von persönl. Unfreiheit (Leibeigenschaft, Erbuntertänigkeit) u. Befreiung der bäuerl. Grundstücke von lastenden Abgaben u. sonstigen Verpflichtungen (Fronden, Zehnten); zum Durchbruch gekommen durch den Sieg liberaler Auffassungen im 18. u. 19. Jh. Den Anfang machte in Preußen *Friedrich Wilhelm I.* 1718/19 auf den Domänen. 1848 vollendete die Revolution in Dtld. den Prozeß der Liberalisierung u. rechtl. Gleichstellung der Bauern.

Bauernkrieg: Aufständischer Bauer; Holzschnitt von einem unbekannten Meister; 1522

Bauernhaus, das den natürl. (Witterung, Baumaterialien), den ökonom.-landwirtschaftl. (Ackerbau, Viehzucht) u. den rechtl.-sozialen Bedingungen (Erbsitten, Besitzgröße, Reichtum) u. der bäuerl. Kultur u. Lebensweise angepaßte Wohn- u. Wirtschaftsgebäude des Bauern, im Unterschied zum städt. Bürgerhaus. Man unterscheidet eine Reihe von Konstruktionsbesonderheiten: z. B. Dach- oder Wandhaus, Ein- oder Vielhaus, Block- oder Fachwerkbau.

Größe u. Schmuckformen des B.es wechseln je nach landschaftl. Besonderheiten sowie nach Wohlstand u. Traditionsempfinden ihrer Besitzer. Neben Fachwerkverzierungen waren Freskobemalungen der Fassaden (Tirol, Oberbayern), Sgraffitoschmuck (Österreich) u. volkskünstler. Raumdekorationen üblich.

Bauernkrieg, Aufstand der um Wiederherstellung ihrer alten Rechte u. um wirtschaftl. Besserstellung kämpfenden süd- u. mitteldt. Bauern 1524/25. Schon seit dem 14. Jh. hatte es *Bauernaufstände* gegeben, die meist blutig unterdrückt wurden. So scheiterten der »*Bundschuh*« unter Joß Fritz 1502, 1513, 1517 u. der »*Arme Konrad*« 1514. Führer des B. waren u. a. Thomas *Müntzer,* Götz von *Berlichingen,* Georg *Metzler,* Wendel *Hipler* u. Michael *Gaismair.* Uneinigkeit, fehlende Zusammenarbeit u. mangelndes militär. Können der Bauern machten es dem Adel leicht, die Bauernhaufen getrennt zu unterwerfen.

Bauernlegen, Einziehung unbebauter gutsherrl. Bauernstellen *(Wüstungen)* zur Nutzung als Gutsland oder der Aufkauf freier Bauernhöfe, oft unter Druck, zu gleichem Zweck, vor allem nach der Landabgabe bei der *Bauernbefreiung.*

Bauernregel, jahrhundertealte Merksprüche über das Wetter u. seine Auswirkung auf die Landwirtschaft.

Bauersfeld, Walther, *1879, †1959, dt. Ingenieur; erfand den Stereoplanigraphen zur Herstellung von Landkarten aus photograph. Luftaufnah-

Schwarzwaldhaus

Ammerländer Bauernhaus

men; Begr. der Schalenbauweise großer freitragender Kuppeln.

Baugenehmigung, *Bauerlaubnis,* schriftl. Bestätigung der Bauaufsichtsbehörde, daß ein bestimmtes Bauvorhaben öffentl.-rechtl. Vorschriften entspricht.

Baugesetzbuch, Vorschriften des öffentl. Baurechts, für die der Bund zuständig ist; das B. löste das Bundesbaugesetz u. das Städtebauförderungsgesetz ab.

Bauhaus, von W. *Gropius* 1919 in Weimar gegr. Kunstinstitut; 1925 nach Dessau verlegt; seit 1926 trug es die Bez. »Hochschule für Bau u. Gestaltung«; 1932 Übersiedlung nach Berlin; 1933 Auflösung. Das B. sammelte in Dtld. die wichtigsten künstler. Kräfte des Nachexpressionismus. Als Ziel wurde die Versöhnung von Technik u. Kunst angestrebt. Gepflegt wurden sämtl. Kunstgattungen, u. a. auch Photographie, Tanz u. Film. Meister am B. waren neben Gropius u. a. L. *Mies van der Rohe,* L. *Feininger,* P. *Klee,* W. *Kandinsky,* O. *Schlemmer,* G. *Marcks,* L. *Moholy-Nagy.* Nach der Emigration vieler B.-Künstler in die USA lebten dort die B.-Ideen weiter. L. *Moholy-Nagy* gründete 1937 in Chicago ein »New B.«, das heutige *Institute of Design.*

Bauherrenmodell, Anfang der 1970er Jahre entwickelte Gestaltungsform der Bildung von Wohneigentum, bei der die Kapitalanleger über einen Treuhänder/Baubetreuer zu einer Bauherrengemeinschaft zusammengeschlossen werden; verfolgt das Ziel, den Kapitalanleger wirtsch. wie einen Bauherren zu stellen u. ihm steuerl. Vorteile zu verschaffen.

Bauhütte, seit dem MA Vereinigung von Steinmetzen u. Werkleuten zur Nachwuchserziehung, Weiterbildung, Standesvertretung, Pflege der Tradition u. Überlieferung von techn. u. künstler. Berufsgeheimnissen. Die Hütten entstanden in der Nachfolge mönchischer Organisationen seit dem 13. Jh.; ihre Blüte erlebten sie im 14. Jh.

Baukastensystem, Konstruktionsmethode der Technik, bei der aus genormten, in größerer Zahl, aber wenigen Typen hergestellten u. vorrätig gehaltenen Elementen Geräte, Bauwerke oder Gebrauchsgegenstände zusammengebaut werden.

Baukeramik, Erzeugnisse der Keramik, die dem Schmuck von Bauwerken dienen u. mit diesen fest verbunden sind.

Baukostenzuschuß, Geld-, Sach- oder Arbeitsleistungen des Mieters an den Vermieter zur teilw. Deckung von Baukosten.

Bauland, 1. Muschelkalklandschaft im nö. Baden, 300–350 m ü. M; zerschnitten von Jagst, Kocher, Neckar u. Tauber. – 2. Grundstücke, für die eine Bebauung geplant ist oder demnächst eine Baugenehmigung erteilt werden kann.

Baulast, gesetzl. Verpflichtung des Eigentümers, seine Gebäude ordnungsgemäß zu unterhalten u. instandzuhalten.

Baum, 1. Holzgewächs mit mehr oder weniger hohem *Stamm* u. einer *Krone,* die entweder aus beblätterten Zweigen *(Wipfel-B.)* oder aus großen Blättern, sog. Wedeln *(Schopf-B.;* z.B. *B.farne, Palmen, Gras-B.),* besteht. – **2.** *Seefahrt: Rundholz, Spiere,* meist waagerecht schwingende Stange, die der Unterkante eines Schratsegels Halt gibt. – **3.** *Weberei:* Teil des Webstuhls, unterschieden in *Kett-* u. *Waren-B.* Walzen, die die Kette bzw. den bereits gewebten Stoff aufnehmen.

Baum, 1. Gerhart Rudolf, * 28.10.1932, dt. Politiker (FDP); 1978–82 Bundes-Min. des Innern. – **2.** Vicki, * 1888, † 1960, östr. Schriftstellerin (Gesellschaftsromane).

Baumeister, Willi (Will), * 1889, † 1955, dt. Maler, Graphiker u. Bühnenbildner; schuf 1919–22 konstruktivist. »Mauer-Bilder«, verband seit 1945 den Konstruktivismus mit surrealist. Elementen u. Anregungen prähistor. Höhlenmalereien.

Bäumer, Gertrud, * 1873, † 1954, dt. Schriftstellerin u. Politikerin; führend in der Frauenbewegung, demokrat. Reichstagsabgeordnete; schrieb u. a. bes. Geschichtsromane aus dem MA.

Baumfarne, trop. u. subtrop. Farne; bis 15 m hoch, mit holzigem, etwa armdickem Stamm, der am Ende eine Rosette bis über 3 m langer, mehrfach gefiederter Blätter trägt.

Baumfarne

Baumgarten, Alexander Gottlieb, * 1714, † 1762, dt. Philosoph; führender Systematiker der dt. Aufklärungsphilosophie, begr. die Ästhetik als Wissenschaft.

Baumgrenze, Grenzlinie am Berg oder polwärts, bis zu der ein normales Baumwachstum noch möglich ist.

Baumheide, 2–6 m hoher Strauch aus der Familie der *Heidekrautgewächse;* im Mittelmeergebiet, im trop. Afrika u. auf den Kanar. Inseln heimisch.

Baumläufer, *Certhiidae,* Fam. der *Singvögel;* kleine Vögel mit dünnem, leicht gebogenem Schnabel, die spechtartig an Baumstämmen klettern; Insektenfresser; in fünf Arten die Wälder Eurasiens u. Nordamerikas bewohnend.

Bäumler, Hans-Jürgen, * 29.1.1942, dt. Eiskunstläufer; als Partner von Marika *Kilius* mehrfacher Welt- u. Europameister u. zweimal (1960 u. 1964) Olympiazweiter im Paarlauf; später im Showgeschäft, auch Fernsehen.

Baumsarg, bei Naturvölkern ein als Sarg dienender ausgehöhlter Baumstamm, vorwiegend während der Bronzezeit in N-Europa.

Baumschule, Grundstück, auf dem Forstpflanzen, Obst- u. Ziergehölze aus Samen, Ablegern oder Stecklingen unter mehrmaligem Umpflanzen *(Verschulen)* gezogen werden.

Baumwolle, bis 5 cm lange, weiche Samenhaare der Baumwollpflanzengattung *Gossypium* aus der Fam. der *Malvengewächse.* Die Pflanzen bilden 1–2 m hohe Sträucher u. sind sehr kälteempfindl. Die B. wird heute vielfach mit Pflückmaschinen geerntet u. nach Güte u. Reinheit sortiert. Gehandelt wird B. v. a. an bestimmten »B.börsen«, verarbeitet bes. in Spinnereien u. Webereien Großbritanniens u. Dtlds.

Bauopfer, die früher bei vielen Völkern verbreitete Sitte, bei einem Neubau Gegenstände u. Lebewesen einzumauern oder unter den Hauspfahl oder

Baumformen

die Türschwelle zu legen, um dem Haus das »Leben« (Festigkeit) zu sichern u. seine Bewohner vor bösen Mächten zu schützen.

Baupolizei →Bauaufsichtsbehörde.

Baur, 1. Erwin, *1875, †1933, dt. Vererbungsforscher u. Pflanzenzüchter; beschäftigte sich mit der züchter. Bearbeitung landw. Kulturpflanzen. – **2.** Ferdinand Christian, *1792, †1860, dt. ev. Theologe; Begründer der Tübinger theolog. Schule.

Bausch, Pina, *27.7.1940, Tänzerin u. Choreographin; leitet seit 1973 das Tanztheater Wuppertal, mit dem sie neuartige Formen des Tanzschauspiels entwickelte.

Bausparkassen, Kreditinstitute, die aufgrund eines Bausparvertrags dem *Bausparer* nach Ansparen eines bestimmten Eigenkapitals ein zinsgünstiges *Baudarlehen* gewähren.

Bautasteine, hohe, aufrecht u. frei stehende, unbearbeitete u. inschriftlose Steine in Skandinavien; in der Völkerwanderungs- u. Wikingerzeit Gedenksteine für in der Fremde gefallene Krieger.

Baumwollpflanze

Bautzen, Krst. in Sachsen, in der sächs. Oberlausitz, auf einer Granithöhe am Oberlauf der Spree, von der *Ortenburg* (um 1000 gegr.) überragt, 52 700 Ew.; mittelalterl. Stadtbild mit vielen Türmen; Zentrum der Lausitzer Wenden (Sorben); Textil- u. Eisenind.

Bauxit [der], weißes, graues, braunes, gelbes oder rotbraunes Sedimentgestein aus unterschiedl. Anteilen Aluminiumhydroxid u. Aluminiumoxid mit versch. Beimengungen; wichtigster Rohstoff für die Aluminiumgewinnung.

Bavaria, 1. lat. für *Bayern.* – **2.** allegor. Kolossalstandbild (20,5 m hoch) vor der Ruhmeshalle in München.

Bavink, Bernhard, *1879, †1947, dt. Naturphilosoph; erstrebte eine Verbindung von Naturwiss. u. Religion.

Bayar, Celâl, *1883, †1986, türk. Politiker; 1937–39 Min.-Präs.; Vors. der 1946 gegr. Demokrat. Partei, nach deren Wahlsieg 1950 Staats-Präs.; 1960 von der Armee gestürzt.

Bayer AG, Leverkusen, bis 1972 *Farbenfabriken Bayer AG*, Unternehmen der chem. Industrie, 1925 eine der Gründerfirmen der *IG Farbenindustrie AG*.

Bayerische Alpen, Teil der Nördl. Kalkalpen zw. Bodensee u. Salzach (Allgäuer Alpen, Oberbayer. Alpen mit Wetterstein-, Karwendel- u. Mangfallgebirge, Berchtesgadener Alpen).

Bayerischer Erbfolgekrieg, 1778/79 von Friedrich d. Gr. gegen Österreich geführter Feldzug in Böhmen, da Kaiser Joseph II. nach dem Aussterben der bayer. Wittelsbacher Niederbayern u. die Oberpfalz zu gewinnen hoffte.

Bayerischer Rundfunk, 1948 gegr. öffentl.-rechtl. Rundfunkanstalt mit Sitz u. Funkhaus in München.

Bayerischer Wald, zw. Mittelgebirge, Böhmerwald u. Donau, i.w.S. die bayer. Seite des Böhmerwalds; Hauptfluß ist der *Regen*; Holzwirtsch., Glasind. Fremdenverkehr; seit 1970 *Nationalpark B. W.* (12 000 ha).

Bayerische Volkspartei, Abk. *BVP,* 1918 gegr. Partei mit christl., agrar., monarchist. u. stark föderalist. Bestrebungen; 1920–33 stärkste Partei in Bayern; stellte 1924–33 den Min.-Präs.; 1933 aufgelöst.

Bayern, das größte Land der BR Dtld., 70 553 km², 11,1 Mio. Ew., Hptst. *München*; Großlandschaften: der dt. Teil der Nördl. Kalkalpen, Teile von Spessart u. Rhön, fränk. Schichtstufenldsch., Fichtelgebirge u. Böhm.-Bayer. Wald; im Alpengebiet Forst- u. Viehwirtsch., im nördl. Alpenvorland u. in den Becken an Naab, Rednitz u. Main überwiegend Ackerbau; Fremdenverkehr; vielseitige Ind. in München, Augsburg, Nürnberg u. a. Städten.

Geschichte: Besiedlung durch die Bajuwaren; bayer. Stammesherzogtum mit den *Agilolfingern* im 6. Jh. Ihre Herrschaft wurde 788 durch Karl d. Gr. beendet. 1070 kam B. an die *Welfen*, 1180 an die *Wittelsbacher. Maximilian I.* erwarb 1623 die Kurwürde u. 1628 die Oberpfalz. 1777 erlosch die bayer. Linie der Wittelsbacher (*Bayerischer Erbfolgekrieg*); die pfälz. Linie trat das Erbe an. In den Revolutions- u. Napoleon. Kriegen stand B. nach Abtretung der linksrhein. Gebiete an Frankreich auf Napoleons Seite. *Maximilian IV. Joseph* konnte bei Eintritt in den Rheinbund den *Königstitel* erwerben. 1918 mußten die Wittelsbacher abdanken. B. wurde Freistaat. Durch die Rätediktatur (1919), die Gegenrevolution u. den Hitlerputsch (1923) erlebte B. schwere Erschütterungen. Nach 1945 kam die Pfalz zu Rhld.-Pf.

Bayernpartei, Abk. *BP,* 1946 von Ludwig Max Lallinger gegr. Partei mit agrarischen, monarchist. u. teilweise kath. Tendenzen; extrem föderalistisch u. partikularistisch.

Bayeux [ba'jø:], frz. Stadt in der Normandie, 14 700 Ew.; Teppichmuseum, Spitzen- u. Porzellanherstellung. – **B.teppich,** *Tapisserie de B.*, friesartiger, 70 m langer Bildteppich mit Darstellungen in farbiger Wollstickerei, entstanden im letzten Drittel des 11. Jh., aufbewahrt in B. Die Bildstickereien schildern die Vorbereitungen zum Eroberungszug Herzog Wilhelms von der Normandie nach England, die Überfahrt u. den Sieg über König Harald bei Hastings (1066).

Bayle [bɛl], Pierre, *1647, †1706, frz. Schriftsteller u. Philosoph; verfaßte ein krit. Nachschlagewerk, das für die europ. Aufklärung im 18. Jh. bahnbrechend wirkte: »Dictionnaire historique et critique« 2 Bde. 1695–97, dt.1741.

Bayonne [ba'jɔn], Hafenstadt im SW Frankreichs an der Mündung des Adour, 41 400 Ew.; Kathedrale (13.–16. Jh.), Baskenmuseum; Eisenverarbeitung, chem. Ind., Nahrungsmittelerzeugung.

Bayreuth, Hptst. von Oberfranken, in einer Talweitung des Roten Mains zw. Fränk. Jura u. Fichtelgebirge, 72 000 Ew.; Kirche (15. Jh.), Schloß

Bayern: Regierungsbezirke			
Regierungsbezirk	Fläche in km²	Einwohner in 1000	Hauptstadt
Mittelfranken	7246	1622	Ansbach
Niederbayern	10331	1093	Landshut
Oberbayern	17529	3848	München
Oberfranken	7231	1084	Bayreuth
Oberpfalz	9691	1020	Regensburg
Schwaben	9993	1656	Augsburg
Unterfranken	8532	1273	Würzburg

(17. Jh.), barockes Opernhaus, *Richard-Wagner-Festspielhaus* (1872–76); Univ.; Textil-, Maschinen-, Elektroind. u. opt. Geräte.

Bayrischzell, Luftkurort u. Wintersportplatz in Oberbayern am Fuß des Wendelstein, 800 m ü. M., 1750 Ew.

Bazaine, 1. François Achille, *1811, †1888, frz. Marschall; Oberbefehlshaber der Rheinarmee; verantwortl. für die Übergabe von Metz. – **2.** Jean, *21.12.1904, frz. Maler (ungegenständl. Gemälde, Glasfenster u. Wandkeramiken).

Bazillen [Pl., Sg. *Bazillus*], Fam. sporenbildender *Bakterien.* – Im allg. Sprachgebrauch werden krankheitserregende Bakterien insges. als B. bezeichnet.

BBC [bi bi si], Abk. für *British Broadcasting Corporation.*

BBU, Abk. für *Bundesverband Bürgerinitiativen Umweltschutz.*

BDA, 1. Abk. für *Bundesvereinigung der Dt. Arbeitgeberverbände.* – **2.** Abk. für *Bund Dt. Architekten.*

BDI, Abk. für *Bundesverband der Dt. Industrie.*

BDM, Abk. für *Bund Dt. Mädel,* →Hitlerjugend.

Beadle [bi:dl], George Wells, *1903, †1989, US-amerikan. Biologe u. Biochemiker; erhielt für biochem. Erbforschungen den Nobelpreis für Medizin 1958, zus. mit J. *Lederberg* u. E. L. *Tatum.*

Beagle ['bi:gl], ursprüngl. zur Kaninchenjagd in England gezüchteter, etwa 40 cm hoher Meutehund aus der Gruppe der Bracken.

Beamte, Personen, die zum Staat (Bund, Land) oder zu einer sonstigen Körperschaft (z.B. Gemeinde) oder Anstalt des öffentl. Rechts in einem bes. öffentl.-rechtl. Dienst- u. Treueverhältnis stehen. Das B.verhältnis wird durch eine *Ernennungsurkunde* begründet und gilt regelmäßig auf Lebenszeit, u. U. aber auch auf Zeit, auf Probe, auf Widerruf oder zum Ehren-B.r. – **B.nhaftung,** *Amtshaftung,* bürgerl.-rechtl. Haftung eines B. bei schuldhafter Verletzung einer ihm gegenüber Dritten obliegenden *Amtspflicht.* Hat der B. in Ausübung hoheitl. Gewalt gehandelt, so tritt an die Stelle seiner Eigenhaftung die *Staatshaftung.*

Beardsley ['biədzli], Aubrey, *1872, †1898, engl. Zeichner; er beeinflußte die Graphik u. die Plakatkunst des *Jugendstils* (Buchillustrationen zu O. *Wilde*, E. A. *Poe* u. a.).

Beat [bi:t], im *Jazz* ein harter Schlagrhythmus, auch ein bes. betonter Taktteil; weiteste Verwendung in der *B.musik.*

Beat Generation [bi:t dʒɛnə'reɪʃən], »geschlagene Generation«, die 1930–40 geborene US-amerik. Nachkriegsgeneration, die, von der Leere des Zivilisationsgetriebes angewidert, zu einem eigenen anarch.-nonkonformist. Lebensstil gelangte (*Beatniks*). Literar. Vertreter sind u. a. J. *Kerouac,* L. *Ferlinghetti,* A. *Ginsberg.*

Beatles [bi:tlz], internat. bekannte Beatgruppe aus Liverpool in den 1960er Jahren: Paul *McCartney,* *18.6.1942 (Baßgitarre); Ringo *Starr*, eigtl. Ri-

Bayern: Werdenfelser Land mit Zugspitze

chard Starkey, *7.7.1940 (Schlagzeug); John *Lennon,* *1940, †1980 (Rhythmusgitarre); George *Harrison,* *25.2.1943 (Melodiegitarre). Nach einzigartigen Erfolgen u. Schallplattenrekorden löste sich das Quartett 1970 auf.

Beatrice [-'tri:tʃɛ], in seiner »Vita nuova« besungene Jugendliebe *Dantes.*

Beatrix, 1. *B. von Burgund,* *um 1140, †1184, seit 1156 die 2. Frau Kaiser Friedrichs I. – **2.** *B. Wilhelmina Armgard,* *31.1.1938, seit 1980 Königin der Niederlande; seit 1966 mit *Claus von Amsberg* verheiratet.

Beatty ['bi:ti], Warren, *30.3.1937, US-amerik. Filmschauspieler; spielte u. a. in »Bonnie u. Clyde«, »Der Millionenraub«, »Dick Tracy«.

Beau [bo:], Stutzer, schöner Mann.

Beaufortskala ['boufət-], Skala der Windstärke, von 0 (Windstille) bis 12 (Orkan); vom engl. Admiral Sir Francis *Beaufort* 1806 aufgestellt.

Beauharnais [boar'nɛ], frz. Adelsgeschlecht: **1.** Eugen, *1781, †1824, Vizekönig von Italien 1805, Herzog von *Leuchtenberg* u. Fürst von Eichstätt 1817, Sohn Alexandre Vicomte de B. u. 3); 1807 von seinem Stiefvater, Napoleon I., adoptiert. – **2.** Hortense, *1783, †1837, Königin von Holland, Tochter von Alexandre Vicomte de B. u. 3). Aus ihrer Ehe mit Ludwig Bonaparte, dem König von Holland, entstammte Napoleon III. – **3.** Josephine *Tascher de La Pagerie,* *1763, †1814, in erster Ehe verh. mit Alexandre Vicomte de B., in zweiter Ehe mit Napoleon I., Mutter von 1) u. 2).

Beaujolais [boʒɔ'lɛ], die in der Gegend von Beaujolais gewonnenen Burgunderweine.

Beaujolais [boʒɔ'lɛ], Bergland in Frankreich zw. Loire u. Saône, bis 1012 m hoch, größter Ort *Beaujeu.*

Beaumarchais [bomar'ʃɛ], Pierre Augustin *Caron de B.,* *1732, †1799, frz. Dramatiker; verspottete in seinen Dramen auf scheinbar harmlose Art Adel u. Rechtswesen; bes. erfolgreich mit den Lustspielen »Der Barbier von Sevilla« 1775 u. »Der tolle Tag oder Die Hochzeit des Figaro« 1783 (Opern von G. *Rossini* u. W. A. *Mozart*).

Beaumont ['boumənt], Hafenstadt im SO von Texas (USA), 125 000 Ew.; Univ.; Erdölraffinerien, petrochem. Ind., Werften.

Beaune [bo:n], Stadt in Frankreich, in der Ldsch. Burgund, 20 000 Ew.; mittelalterl. Stadtbild; Zentrum des burgund. Weinbaus u. Weinhandels.

Beauvais [bo'vɛ], Stadt in Frankreich, im N der Île-de-France, alte Hptst. der Ldsch. *Beauvaisis,* Verw.-Sitz des Dép. Oise, 49 300 Ew.; Maschinenbau, chem. u. keram. Ind.

Beauvoir [bo'vwa:r], Simone de, *1908, †1986, frz. Schriftst.; Lebensgefährtin von J.-P. *Sartre;* schrieb mehrere existentialist. Romane sowie ein Werk zur radikalen Frauenemanzipation (»Das andere Geschlecht«).

Beaverbrook ['bi:vəbruk], William Maxwell *Aitken,* Baron B., *1879, †1964, brit. Politiker (konservativ) u. Zeitungsverleger; baute nach dem 1. Weltkrieg aus »Daily Express«, »Sunday Express« u. »Evening Standard« einen der größten engl. Zeitungskonzerne auf.

Bebel, August, *1849, †1913, dt. Sozialdemokrat; 1869 Mitgr. u. Führer der Sozialdemokrat. Arbeiterpartei; 1867–81 u. 1883–1913 MdR; 1875 setzte er den Zusammenschluß der Sozialdemokrat. Arbeiterpartei mit dem Allg. Dt. Arbeiterverein zur Sozialist. Arbeiterpartei, der späteren SPD, durch.

Bebop ['bi:bɔp], Stilart des *Jazz,* entstanden zu Anfang der 1940er Jahre in Harlem als Reaktion farbiger Musiker gegen den verkommerzialisierten *Swing.*

Bebra, Stadt in Hessen, an der Fulda, 16 000 Ew.; wichtiger Bahnknotenpunkt.

Béchamel [beʃa'mɛl], Marquis von *Naintal,* †1703, frz. Koch, Haushofmeister Ludwigs XIV.; erfand die nach ihm benannte *B.soße.*

Becher, Johannes Robert, *1891, †1958, dt. Schriftst. u. Kulturpolitiker; wandelte sich vom ekstat. expressionist. Lyriker zum Vertreter eines sozialist. Realismus u. zum Verfasser polit. Gebrauchsdichtung (z.B. »Nationalhymne« der DDR).

Bechstein, 1. Carl, *1826, †1900, dt. Klavierbauer; gründete eine Klavierfabrik in Berlin. – **2.** Ludwig, *1801, †1860, dt. Schriftst. u. Märchensammler.

Bechterew [-rɛf], Wladimir von, *1857, †1927,

Die Beatles mit dem Orden of the British Empire

russ. Neurologe u. Psychiater. Nach ihm benannt ist die *B.-Krankheit,* eine chronisch entzündl. Erkrankung der Wirbelsäule mit Versteifung.

Beck, 1. Kurt, *5.2.1949, dt. Politiker (SPD); seit 1993 Landes-Vors. der SPD in Rhld.-Pf. u. seit 1994 Min.-Präs. von Rhld.-Pf. – **2.** Ludwig, *1880, †1944, dt. Offizier; 1935–38 Chef des Generalstabs des Heeres; wandte sich 1938 in mehreren Denkschriften gegen Hitlers Aggressionspolitik, nahm seinen Abschied u. wurde führend in der militär. Widerstandsbewegung; nach Scheitern des Hitler-Attentats am 20.7.1944 u. nach Selbstmordversuch erschossen.

Becken, 1. *Anatomie:* hinterer (beim Menschen: unterer) Knochengürtel des Wirbeltierskeletts, bestehend aus dem *Kreuzbein* und *Steißbein* sowie einem *Darmbein, Schambein* u. *Sitzbein* auf jeder Seite, die zu einem starren Ring zusammengefügt sind, an den Seiten die großen Gelenkpfannen zur Aufnahme des Oberschenkelkopfs (Hüftgelenk) trägt. – **2.** *Geowissenschaften:* 1. schüsselförmig lagernde Gesteinsschichten, deren Hohlform mit Verwitterungsschutt erfüllt ist; 2. größere Hohlform mit weitgehender randl. Umschließung durch Höhen; 3. *Tiefsee-B., ozean. B.,* mehr oder weniger ausgedehnte Hohlform des Meeresbodens. – **3.** *Musik:* Schlaginstrument aus gehämmerter Bronze in Form eines schwach gewölbten Tellers; gegeneinander geschlagen oder einzeln mit *Schlegeln.*

Beckenbauer, Franz, *11.9.1945, dt. Fußballspieler u. -trainer; mit Bayern München mehrfach dt. Meister u. Europapokalsieger, 1972 Europameister, 1974 Weltmeister; 1984–90 Team-Chef der dt. Fußball-Nationalmannschaft, mit der er 1990 Weltmeister wurde.

Becker, 1. Boris, *22.11.1967, dt. Tennisspieler; gewann als erster Deutscher u. jüngster Spieler überhaupt das Wimbledon-Turnier 1985, auch 1986 u. 1989. – **2.** Gary Stanley, *2.12.1930, US-amerik. Wirtschaftswissenschaftler, bes. Verdienste durch radikale Ausweitung mikroökonom. Theorien auf soziolog., demograph. u. kriminolog. Fragen. 1992 Nobelpr. für Wirtschaftswissenschaften. – **3.** Jurek, *30.9.1937, dt. Schriftst.; erlebte seine Kindheit im Ghetto u. KZ; schrieb Filmdrehbücher, Fernsehspiele u. Romane (»Jakob der Lügner«, »Bronsteins Kinder«.

Becket ['bɛkit], Thomas, *1118, †1170, Erzbischof von Canterbury 1162–70; Kanzler *Heinrichs II.;* trat für die kirchl. Freiheiten u. die Rechte des Papstes u. der Geistlichkeit ein, geriet mit seinen Forderungen in Gegensatz zum König u. wurde von königstreuen Rittern in seiner Kathedrale erschlagen; 1173 heiliggesprochen.

Beckett ['bɛkit], Samuel, *1906, †1989, ir. Dramatiker u. Erzähler; stellt in seinen nihilist. Dramen u. Romanen die Absurdität u. Auswegslosigkeit des menschl. Daseins dar; Dramen »Warten auf Godot«; »Endspiel«. – Nobelpreis 1969.

Beckmann, 1. Ernst, *1853, †1923, dt. Chemiker; entwickelte Methoden zur Molekulargewichtsbestimmung, Kryoskopie u. Ebullioskopie. Das *B.-Thermometer* erlaubt die Messung kleiner Temperaturdifferenzen auf $1/1000\,°$ genau. – **2.** Max, *1884, †1950, dt. Maler u. Graphiker; fand unter dem Einfluß des 1. Weltkriegs zu einer Gestaltung, die die Vereinzelung des modernen Menschen zum Thema hat; ein Hauptmeister des dt. Expressionismus.

Beckmesser, Sixt, Nürnberger Meistersinger des 16. Jh.; in R. *Wagners* Oper »Die Meistersinger von Nürnberg« (1868) als kleinl. Kunstrichter dargestellt u. so zu einem Urbild philisterhafter Kritik geworden.

Beckum, Ind.-Stadt in NRW, östl. von Hamm, 36 500 Ew.; Kalk- u. Zementind., Maschinenbau, Möbelfabriken.

Becquerel [bɛkə'rɛl; nach A. H. *Becquerel*], Maßeinheit für die Aktivität eines radioaktiven Stoffes, Abk.: Bq.; 1 Bq. = 1 Zerfall/Sekunde.

Becquerel [bɛkə'rɛl], Antoine Henri, *1852, †1908, frz. Physiker; entdeckte 1896 die vom Uran ausgesandten radioaktiven Strahlen; Nobelpreis 1903 zus. mit M. u. P. *Curie.*

Beda Venerabilis, *672/73, †735, engl. Mönchstheologe, Heiliger; Verfasser der ersten engl. Kirchengeschichte; Erhebung zum Kirchenlehrer 1899 (Fest: 25.5.).

Bedecktsamer, *Angiospermen* → Blütenpflanzen.

Bedford [-fəd], Verw.-Sitz der mittelengl. Gft. *B.shire,* an der Ouse, 75 000 Ew.; B.-Schule (gegr. 1574); Maschinenindustrie.

bedingte Reflexe, nicht angeborene, sondern erst nach der Geburt erlernte Reaktionen auf einen Reiz.

bedingte Strafaussetzung → Strafaussetzung zur Bewährung.

bedingte Verurteilung, Verurteilung im Strafprozeß, bei der die Entscheidung über die Strafe für eine bestimmte Bewährungsfrist ausgesetzt wird; in Dtld. nur im Jugendstrafrecht.

Bedlington-Terrier [-tən-], leicht gebaute Jagdhunderasse von schafsähnlichem Aussehen.

Bednorz, Johannes Georg, *16.5.1950, dt. Mineraloge; erhielt 1987 zus. mit K.A. *Müller* den Nobelpreis für Physik für Forschungsarbeiten auf dem Gebiet der Hochtemperatur-Supraleiter.

Beduinen, arab. Nomadenvölker in N-Afrika, Arabien u. Syrien; Kamel-, Schaf- u. Ziegenzüchter.

Beebe [bi:b], William, *1877, †1962, US-amerik. Zoologe, Forschungsreisender u. Tiefseeforscher; entwickelte ein Tauchgerät.

Beecham ['bi:tʃəm], Sir Thomas, *1879, †1961, engl. Dirigent; gründete 1932 das London Philharmonic Orchestra, 1947 das Royal Philharmonic Orchestra.

Beecher-Stowe ['bi:tʃə'stou], Harriet, *1811, †1896, US-amerik. Schriftst. Ihr Roman »Onkel Toms Hütte« 1852 stärkte durch die gefühlvolle Darstellung des Sklavenelends die Antisklavereibewegung in den USA.

Beefsteak ['bi:fste:k], gebratene Rinderlendenscheibe; *Deutsches B.* → Bulette; *Tartar-B.,* mit Ei

Boris Becker bei seinem Wimbledonsieg 1985

u. Gewürz angerichtetes, rohes, gehacktes Rindfleisch.

Beelzebub, Gottheit der Philisterstadt Ekron (2. Kön. 1,2 ff.); im NT ein Dämonenfürst im Dienst des Satans.

Beerbohm ['biəboum], Sir Max, *1872, †1956, engl. Schriftst., Kritiker u. Karikaturist.

Beere, eine Frucht mit fleischiger Fruchtwand, meist mehrsamig.

Beer-Hofmann, Richard, *1866, †1945, östr. Schriftsteller; entwickelte sich vom schwermütigen Neuromantiker zum Zionisten u. Dichter seines jüd. Volks.

Beernaert ['be:rna:rt], Auguste Marie François, *1829, †1912, belg. Politiker (kath. Partei); vertrat 1899 u. 1907 sein Land auf den Haager Friedenskonferenzen; Friedensnobelpreis 1909.

Beer Sheva [be:'ɛr ʃeva], *Beerseba, Bersabee,* arab. *Bir es Saba,* Stadt in Israel, im nördl. Negev, 120 000 Ew.; Zentrum des Negev; altjüd. Kultstätte (Niederlassung *Abrahams);* Hochschule, Inst. für Wüstenforschung; chem., metallverarbeitende Ind.

Beethoven, Ludwig van, *1770, †1827, dt. Komponist; erster Unterricht beim Vater, dann Schüler von C. G. *Neefe;* 1787 erste Reise nach Wien (Bekanntschaft mit *Mozart),* 1792 Übersiedlung nach Wien, Schüler von J. *Haydn,* J. *Schenk,*

Ludwig van Beethoven

J. G. *Albrechtsberger* u. A. *Salieri.* Ein 1795 auftretendes Gehörleiden führte bis 1819 zu völliger Ertaubung. – B.s großes Verdienst besteht darin, die Ausdrucksmöglichkeiten der Musik in vor ihm ungeahnter Weise gesteigert zu haben. Sein persönl. Stil ist geprägt von starkem Ausdruckswillen u. tiefer Empfindung. W 9 Sinfonien, darunter Nr. 3 »Eroica« 1805, Nr. 5 »Schicksalssinfonie« 1808, Nr. 6 »Pastorale« 1808, Nr. 9 mit Schlußchor »An die Freude«; 1 Violinkonzert, 5 Klavierkonzerte; 16 Streichquartette u. andere Kammermusik; 32 Klaviersonaten, 10 Violinsonaten, 5 Cellosonaten; die Oper »Fidelio«, die Ouvertüren zu »Egmont«, u. die »Coriolan« u. die »Leonoren-Ouvertüre Nr. 3«, das Oratorium »Christus am Ölberg«, die »Missa solemnis«, der Liederkreis »An die ferne Geliebte« u. a.

Befangenheit, Voreingenommenheit, Parteilichkeit, bes. von Gerichtspersonen.

Befeuerung, Kennzeichnung von Küsten, Fahrwasser, Flugstrecken u. ä. durch Leuchtfeuer.

Beffchen, *Bäffchen,* zwei viereckige Stoffstücke, als Rest des früheren Spitzenkragens von den christl. Geistl. vorn am Hals über dem Amtskleid getragen; in Form eines Doppelstreifens auch am Talar von Professoren, Richtern u. a.

Befreiungskriege, *Freiheitskriege,* 1813–15 die Erhebung der europ. Völker gegen Napoleon I., nachdem dessen »Große Armee« 1812 in Rußland untergegangen war. 1813 schlossen Preußen u. Rußland ein Militärbündnis. Trotz anfängl. Erfolge schloß Napoleon mit den Preußen u. Russen einen Waffenstillstand. Doch nun schlossen sich auch Östr., England u. Schweden den Verbündeten an. Diese, nunmehr zahlenmäßig überlegen, führten in der *Völkerschlacht bei Leipzig* die Entscheidung herbei. Die Verfolgung Napoleons ging bis nach Frankreich hinein; 1814 wurde Paris besetzt u. Napoleon nach Elba verbannt. – Als Napoleon 1815 von seinem Verbannungsort Elba nach Frankreich zurückkehrte, wurde ein neuer Kriegszug unternommen; Napoleon unterlag schließl. bei *Waterloo.* – Die auf die B. folgende Neuordnung Europas auf dem *Wiener Kongreß* ließ die durch die B. genährte Hoffnung der Deutschen auf nationale Einheit u. auf die Gewährung von Verfassungen noch unerfüllt.

Befreiungstheologie, neuere theol. Bewegung in der kath. Kirche Lateinamerikas, die sich für eine Befreiung der Armen aus polit. u. sozialer Unterdrückung einsetzt.

Befruchtung, Vereinigung verschiedengeschlechtl. Keimzellen, d. h. einer männl. (Samenzelle) u. einer weibl. Geschlechtszelle (Eizelle); grundlegender Vorgang bei der geschlechtl. (sexuellen) Fortpflanzung, der den Sinn hat, die elterl. Erbanlagen zu vermischen u. neu zu verteilen. Aus der befruchteten Eizelle entwickelt sich der Embryo. Man unterscheidet *innere* u. *äußere* B. Bei der inneren B. entwickelt sich die Eizelle im weibl. Körper, so daß der Samen durch *Begattungsorgane* (Penis, Zirrus) in den weibl. Körper eingeführt werden muß *(Begattung, Kopulation);* v. a. bei Säugetieren, Vögeln, Reptilien, Insekten). Bei der äußeren B. werden Ei- u. Samenzellen ins Wasser abgegeben u. vereinigen sich dort (v. a. bei Fischen, manchen Amphibien). Bei den Blütenpflanzen geht der B. eine Bestäubung voraus, durch die der Samen auf die Narbe gelangt. Von hier wächst ein Pollenschlauch bis zur Eizelle im Fruchtknoten aus, wo die B. erfolgt. – *Künstl. B.* →Besamung.

Begas, Reinhold, *1845, †1911, dt. Bildhauer; Hauptvertreter des Neubarocks.

Begattung →Befruchtung.

Begin, Menachem, *1913, †1992, israel. Politiker; 1948 Mitgründer u. bis 1983 Vors. der rechtsgerichteten *Cherut*-Partei; nach dem Wahlsieg des Likud-Blocks 1977–83 Min.-Präs.; unterzeichnete 1979 den Friedensvertrag mit Ägypten; Friedensnobelpreis 1978 zus. mit Sadat.

Beginen, *Beguinen, Beghinen,* Frauen, die ein asketisches, klosterähnl. Gemeinschaftsleben führen. Sie haben keine Klausur u. legen keine Gelübde ab. Entstehung um 1200 in S-Brabant; Resten begegnet man heute noch in Belgien u. Holland. – Die *Begharden* (Begarden) waren die männl. Entsprechung zu den B.

Beglaubigung, Bescheinigung der Richtigkeit der Abschrift einer Urkunde oder der Unterschrift unter einer Urkunde durch eine dafür zuständige Urkundsperson (Notar, Rechtspfleger).

Begnadigung, Erlaß, Verkürzung oder sachl. Erleichterung der Vollstreckung einer Strafe oder Sicherungsmaßnahme. Die B. wird in der Regel durch das Staatsoberhaupt ausgesprochen u. steht in dessen Ermessen. Der Verurteilte hat keinen Rechtsanspruch auf B., kann aber ein *Gnadengesuch* einreichen.

Begonie, *Schiefblatt, Begonia,* artenreiche, über die Tropen verbreitete Pflanzengatt. aus der Fam. der *Begoniengewächse* mit asymmetrisch gebauten Blättern; bei uns nur als Zierpflanzen bekannt.

Begriff, Gesamtheit der unveräußerl. Merkmale einer Sache oder eines Sachverhalts (das Wesen, das Wesentl., das Allgemeine); die mit einem Wort als gültig gesetzte Einheit dieser Merkmale; der aussagbare, definierte Bedeutungsinhalt eines Wortes.

Begum, *Begam,* ind. Titel für Fürstinnen.

Begünstigung, Beistand, der einem Straftäter erst nach Begehung eines Verbrechens oder Vergehens geleistet wird, in der Absicht, ihm die Vorteile seiner Tat zu sichern *(sachl. B.);* strafbar nach § 257 StGB mit Freiheitsstrafe bis zu 5 Jahren oder mit Geldstrafe. *Persönl. B.* →Strafvereitelung.

Behaghel, Otto, *1854, †1936, dt. Germanist.

Behaim, Martin, *1459, †1507, dt. Kosmograph u. Seefahrer; Hofastronom in Portugal; schuf den ersten Globus, den »Erdapfel« (1492).

Beham, 1. Barthel, *um 1502, †1540, dt. Maler u. Kupferstecher; vermutl. Schüler von A. *Dürer;* zw. ital. u. dt. Renaissance. – **2.** Hans Sebald, Bruder von 1), *1500, †1550, dt. Maler, Kupferstecher u. Holzschneider; einer der vielseitigsten Kleinmeister.

Behan ['bi:ən], Brendan, ir.: Breandan *O'Beachain,* *1923, †1964, ir. Schriftst.; seit 1937 Angehöriger der Untergrundorganisation »Ir. Republikan. Armee«. Seine Werke beschäftigen sich v. a. mit dem ir. Freiheitskampf.

Behaviorismus [bi'heivjə-], engl. *behaviorism,* vorw. amerik. Richtung der Psychologie mit dem Ziel, Verhalten von Tieren u. Menschen objektiv zu betrachten. Er beschränkt sich daher auf das direkt zu beobachtende oder mit Instrumenten zu messende Verhalten.

Behinderte, Personen, die infolge von angeborenen Leiden, Geburtsfehlern, Krankheiten, Unfällen oder aus sonstigen Gründen dauernd oder langfristig an körperl. oder geist. Gebrechen oder seel. Störungen leiden u. deshalb nicht ohne bes. Hilfen voll am Leben der Gemeinschaft teilhaben können. – **B.nsport,** die geeigneten sportl. Übungen Körper-B. zum Zweck der Wiederherstellung körperl. Leistungsfähigkeit, der Erhaltung der Gesundheit u. der sozialen Wiedereingliederung.

Behörde, organisator. verselbständigte Handlungseinheit des Staates oder eines anderen Trägers öffentl. Verwaltung mit der Befugnis zur eigenständigen, wenn auch z. T. weisungsgebundenen Wahrnehmung von Verwaltungs- u. Rechtsprechungsfunktionen nach außen.

Behrens, Peter, *1868, †1940, dt. Architekt, Maler, Graphiker u. Kunstgewerbler; entwarf die ersten Glaseisenbauten in Dtld.; bevorzugte einen monumentalen Klassizismus.

Behring, Emil Adolph von, *1854, †1917, dt. Bakteriologe, Serologe u. Hygieniker; entwickelte 1890 das Diphtherie-Heilserum u. wurde zum Begr. der Serumtherapie; Nobelpreis für Medizin 1901.

Beichte, öffentl. oder geheimes Bekennen von Sünden zum Zweck ihrer Tilgung; in der kath. Kirche innerhalb des Sakraments der Buße vor dem zum *Beichtgeheimnis* verpflichteten Priester (*Beichtvater*,, der allein die Absolution spenden kann. – **Beichtgeheimnis,** *Beichtsiegel,* strenge Verpflichtung des die Beichte hörenden Geistlichen, über alles in der B. Gehörte gegen jedermann Schweigen zu bewahren. Geistliche sind danach von der Anzeige u. der Zeugenpflicht über das in der B. Gehörte entbunden. – **Beichtspiegel,** eine die gewöhnl. vorkommenden Sünden enthaltende Fragensammlung, die der Gläubige vor der B. zur Erforschung seines Gewissens gebrauchen kann.

Beifügung, 1. →Apposition. – **2.** →Attribut.

Beifuß, *Edelraute, Artemisia,* Gatt. der *Korbblütler,* Kräuter u. Sträucher von meist aromat. Geruch. Heimisch in Dtld. ist der *Gewöhnl. B.* (Gänsekraut, Johanniskraut), dessen Blätter als Aromaticum u. als Gewürz verwendet werden. Angebaut werden in Dtld. als Gewürzpflanzen *Estragon* (Dragon) u. *Eberraute* (Eberreis). →auch Absinth.

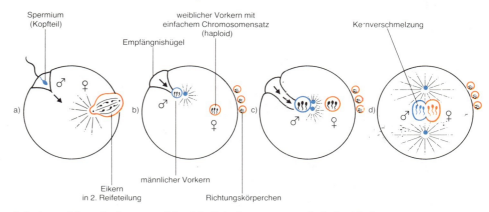

Befruchtung: Schema des Besamungs- (a) und des Befruchtungsvorganges (b–d) einer Eizelle

beige [bɛːʒ, auch beːʃ], naturfarben, gelblichgrau, sandfarben.

Beigeordneter, leitender Kommunalbeamter mit eigenverantwortl. Aufgabenbereich *(Dezernent).*

Beihilfe, 1. finanzielle Unterstützung; Anspruch auf B. haben Beamte, weitgehend auch Angestellte des öffentl. Dienstes z.B. bei Krankheit. – **2.** wissentl. Hilfeleistung bei einem Verbrechen oder Vergehen; wird milder bestraft als die Haupttat.

Beijing [beɪdʒɪŋ] → Peking.

Beil, kurzstieliges Schlagwerkzeug mit einseitiger Schneide zum Behauen von Holz, Knochen.

Beilbauchfische, Fam. der *Salmler* des Amazonasgebiets mit seitl. zusammengedrücktem Körper u. beilförmig vergrößertem Brustbein. Die dort ansetzenden Muskeln befähigen bei Gefahr oder Austrocknung zum Schwirrflug mit den flügelartig ausgezogenen Brustflossen.

Beilstein, Friedrich Konrad, *1838, †1906, russ.-dt. Chemiker; Hrsg. des »Handbuchs der organ. Chemie«, heute das umfassendste Handbuch der organ. Chemie der Welt.

Beinhaus, auf Friedhöfen Aufbewahrungsstätte für ausgegrabene Gebeine u. Schädel.

Beinhorn, Elly, *30.5.1907, dt. Fliegerin u. Schriftst.; 1931/32 Weltflug über Asien u. Australien nach S-Amerika (37000 km).

Beinum, Eduard van, *1900, †1959, ndl. Dirigent.

Beinwell, *Beinheil, Wallwurz, Schwarzwurz, Beinwurz, Symphytum,* Gatt. der *Rauhblattgewächse.* Der *Gewöhnl. B.* ist ein Volksheilmittel gegen Lungenleiden. Der *Rauhe B.* wird als Zierpflanze in Gärten gezogen.

Beira [ˈbeira], histor. Landschaft N-Portugals zw. Atlantik u. span. Grenze.

Beirut, *Beyrout,* Hptst. u. größter Hafen des Libanon, am M. v. 1,5 Mio. Ew.; Univ.; Flughafen. – Seit Ausbruch des libanes. Bürgerkriegs 1975 hat B. erhebl. an Bedeutung verloren. Die Innenstadt wurde verwüstet, das Wirtschaftsleben kam nahezu zum Erliegen.

Beischlaf → Geschlechtsverkehr.

Beisitzer, Mitgl. eines kollegialen Organs (Gericht, Prüfungskommission, Vorstand), das nicht dessen Vorsitz führt.

Beitel, *Stechbeitel,* Stemmeisen für die Holzbearbeitung, zum Herstellen von eckigen Löchern u. Vertiefungen.

Beitragsbemessungsgrenze, in der Sozialversicherung die Höhe des Bruttoarbeitsentgelts, bis zu der es der Berechnung für die Höhe der Beiträge zugrunde gelegt wird. In der *Rentenversicherung* errechnet sich die B. nach bestimmten Faktoren u. wird jährl. vom Bundesmin. für Arbeit u. Sozialordnung bekanntgegeben.

Beize, 1. *Gerberei:* Enzyme, mit der die Haut bearbeitet wird zwecks Lockerung u. Aufschluß des Hautfasergefüges. – **2.** *Jagd: Beizjagd,* → Falknerei. – **3.** *Kochkunst:* Mischung aus Essig, Wasser, Salz u. Gewürzen zum vorüber-

Gestreifter Beilbauchfisch

henden Haltbarmachen von rohem Fleisch u. Fisch. – **4.** *Pflanzenzucht:* chem. Wirkstoffe gegen Insekten- u. Pilzbefall, vor der Aussaat zugesetzt. – **5.** *Technik:* Lösung zur Oberflächenbehandlung: *Metallbeizen* schützen Metalle gegen Korrosion. *Holzbeizen* färben die Oberfläche von Holz u. heben die Maserung vor.

Béjart [beˈʒaːr], eigtl. *Berger,* Maurice, *1.1.1927, frz. Choreograph u. Tänzer; Wegbereiter des neuen Balletts, bek. durch seine freien Tanzkompositionen; gründete (1961) u. leitet seitdem das Brüsseler »Ballett des 20. Jh.«

Bekassine, *Sumpfschnepfe,* einheim. *Schnepfenvogel,* der Sümpfe, Moore u. Feuchtgebiete bewohnt. Beim Balzflug erzeugt das Männchen mit den gespreizten Schwanzfedern ein brummendes Meckern; daher auch der Name *Himmelsziege.*

Bekennende Kirche, gegen das Totalitätsstreben des nat.-soz. Staates u. gegen die *Dt. Christen* gerichtete Bewegung in der ev. Kirche seit 1934.

Bekenntnis, einerseits der Akt des Sich-Bekennens zu einer Religion; andererseits der formelhafte Ausdruck eines bestimmten religiösen Glaubens. – **B.schriften,** die in einer Kirche gültigen B.se. Die drei allgemein-gültigen der christl. Kirche sind das Apostolische, das Nicänische u. das Athanasianische Glaubens-B. – **B.schule,** *Konfessionsschule,* Schulform, in der Lehrer u. Schüler derselben Konfession angehören u. nach den Grundsätzen dieses B. so zu arbeiten, daß es den ganzen Unterricht durchdringt.

Békéscsaba [ˈbeːkeːʃtʃɔbɔ], Hptst. des Komitats Békés in SO-Ungarn, 71000 Ew.; Textilind.

Békésy [ˈbeːkeːʃi], George von, *1899, †1972, US-amerik. Physiker u. Audiologe ungar. Herkunft; erforschte die physikal. Vorgänge im Innenohr beim Hören; 1961 Nobelpr. für Medizin.

Belafonte, Harry, eigtl. *Harold George B.,* *1.3.1927, US-amerik. Pop-Sänger u. Schauspieler; machte in den 1950er Jahren die Calypso-Musik der Karibischen Inseln populär.

belasten, einen Betrag auf der Sollseite des Kontos buchen.

Belastung, 1. *bürgerl. Recht:* ein das Eigentum beschränkendes Recht (z.B. Erbbaurecht, Hypothek, Grundschuld) an einem Grundstück. – **2.** *Bauwesen:* auf den Baugrund oder ein Bauwerk wirkende Kräfte.

Belau, *Palau-Inseln,* Inselstaat in Mikronesien (Ozeanien), größte Insel *Babelthuap,* 487 km², 15000 Ew.; Hptst. *Koror;* Abbau von Phosphat u.

Belau

Bauxit; seit 1981 innere Autonomie im Rahmen der US-Treuhandverwaltung; 1993 positives Referendum für freie Assoziierung mit den USA.

Belcanto, eine Art des Singens, bei der Ausgeglichenheit der Stimme u. Schönheit des Klangs angestrebt werden.

Belchen, 1. dritthöchster Berg im Schwarzwald, 1414 m. – **2.** *Großer B., Sulzer B., Gebweiler B.,* frz. *Grand Ballon,* höchster Berg der Vogesen, nw. von Mülhausen, 1426 m; am Nordhang der *B.see.* – **3.** *Kleiner B.,* frz. *Petit Ballon,* Berg in den Vogesen, nw. von Gebweiler, 1267 m.

Belegschaft, Gesamtheit der Betriebsangehörigen (Arbeiter u. Angestellte). **B.saktien,** Aktien einer Gesellschaft, die diese an ihre B.smitgl. ausgibt, gewöhnl. zu einem unter dem Börsenkurs liegenden *Vorzugskurs.*

Beleidigung, Angriff auf die Ehre durch Kundgabe von Miß- oder Nichtachtung; strafbar nach § 185 StGB mit Geldstrafe oder Freiheitsstrafe bis zu einem Jahr, bei *tätlicher B.* mit Geldstrafe oder Freiheitsstrafe bis zu zwei Jahren.

Belém [beˈlɛ̃], **1.** Vorstadt von Lissabon, mit Schlössern, Gärten u. ehem. Kloster. – **2.** Hptst. des brasil. Staates Pará, am Mündungstrichter des Rio do Pará, 1,2 Mio. Ew.; Handelshafen u. -zentrum des Amazonasgebiets; Universität.

Belemniten, ausgestorbene Gruppe der *Kopffüßer,* mit innerem, kalkigem, aus mehreren Anteilen bestehendem Gehäuse. Verbreitung: Oberkarbon bis Eozän.

Beletage [bɛleˈtaːʒə], veraltete Bez. für das erste Obergeschoß eines Gebäudes.

Beleuchtungsstärke, photometr. Begriff: der Quotient aus dem Lichtstrom u. der von ihm beleuchteten Fläche. Die Einheit der B. ist das *Lux* (bzw. das *Lumen pro Quadratmeter*).

Belfast [ˈbɛlfaːst], Hptst. von N-Irland an der Mündung des Lagan in den *Belfast Lough* (Meeresbucht; Hafen), 304000 Ew.; Univ.; Mittelpunkt des nordir. Protestantismus. Schiffbau, Textil-.

Belfort [bɛlˈfɔːr], Stadt in O-Frankreich, im Hügelland der Burgund. Pforte, Verw.-Sitz des Dép. *Territoire de B.,* 51200 Ew. Textil- u. a. Ind.

Belgien, Staat in W-Europa, 30513 km², 9,9 Mio. Ew., Hptst. *Brüssel.* B. ist gegliedert in 3 Regionen (Flandern, Wallonien, Brüssel) u. 9 Provinzen (vgl. Tabelle).

Belgien: Lastkähne auf der Maas bei Lüttich

Belgien: Sprachgebiete

Belgien

Landesnatur. Im W u. N breitet sich Tiefland, in der Mitte fruchtbares Hügelland aus, östl. der Maas erstreckt sich das überwiegend bewaldete Mittelgebirge der Ardennen (694 m). Feuchtgemäßigtes ozean. Klima mit vorherrschenden Westwinden.

Die **Bevölkerung** ist überwiegend kath. u. lebt zu 60% im Umkreis von Brüssel; 56% sprechen Fläm., 33% Wallon. Die Sprachgrenze durchzieht das Land in OW-Richtung. Brüssel ist zweisprachig.

Wirtschaft. Die hochentwickelte Landw. bringt reiche Erträge an Weizen, Kartoffeln, Zuckerrüben, Flachs, Gemüse u. Obst. Die Viehzucht wurde durch die Brabanter Pferde berühmt. In den Ardennen herrschen Forstwirtsch., Schafzucht u. der Anbau von Hafer u. Gerste vor. – Im Kohlenrevier an Maas u. Sambre entwickelte sich eines der größten Zentren der Schwer-, Metall-, Glas- u. chem. Ind. in Europa. Flandern ist durch die Leinen- u. Baumwollind., Brabant durch Spitzen u. Wollstoffe. – Das Eisenbahnnetz ist das dichteste der Erde. Brüssel International u. Ostende sind die

Belgien: Verwaltungsgliederung			
Provinz	Fläche in km²	Einwohner in 1000	Hauptstadt
Antwerpen	2867	1592	Antwerpen
Brabant	3358	2240	Brüssel
Hennegau	3787	1278	Mons
Limburg	2422	740	Hasselt
Lüttich	3862	997	Lüttich
Luxemburg	4441	229	Arlon
Namur	3665	418	Namur
Ostflandern	9982	1329	Gent
Westflandern	3134	1099	Brügge

Hauptflughäfen. Der wichtigste Seehafen ist Antwerpen.

Geschichte. Die kelt. *Belgae*, 51 v. Chr. von Cäsar unterworfen, gaben B. den Namen. Im 5. Jh. wurde das Gebiet Kernstück des Reichs der sal. Franken. Im 15. Jh. kam es zu Habsburg, 1797 an Frankreich; auf dem Wiener Kongreß ging es im *Königreich der Vereinigten Niederlande* auf. Der Brüsseler Aufstand vom 25.8.1830 leitete die Unabhängigkeit B.s ein. Ein Nationalkongreß erließ 1831 eine Verf. u. wählte *Leopold I.* zum König. In beiden Weltkriegen war B. von dt. Truppen besetzt. Der fortwährende Sprachenstreit bewirkte 1980 die Einteilung in 4 Sprachgebiete (ndl., frz., dt., zweisprachig) u. 1993 die endgültige Föderalisierung des Landes. Seit 1993 ist Albert II. König. Min.-Präs. wurde 1992 J.-L. *Dehaene*.

Belgier, *Belg. Kaltblutpferd,* schwere Kaltblutpferderasse; gilt als schwerstes u. bestes Zugpferd der Welt.

Belgisch-Kongo, ehem. Kolonie Belgiens in Afrika, das heutige Zaire (Kongo-Kinshasa); seit 1960 unabhängig.

Belgrad, serbokroat. *Beograd,* Hptst. von Jugoslawien, Landes-Hptst. von *Serbien,* am Zusammenfluß von Save u. Donau, 1,47 Mio. Ew.; kulturelles Zentrum Jugoslawiens: Univ., Akademie, Museen; alte Festung, Schloß; Maschinen- u. Fahrzeugbau, Elektro-, Textil-, Nahrungsmittel- u. chem. Ind.; internat. Flughafen.

Belichtung, Vorgang, bei dem eine lichtempfindl. Schicht einer Lichteinwirkung ausgesetzt wird; das Produkt aus Beleuchtungsstärke u. B.szeit.

Belichtungswert, früher *Lichtwert,* Lichtintensität, durch die ein Film bestimmter Lichtempfindlichkeit richtig belichtet wird. Zu jedem B. gehören bestimmte Zeit/Blenden-Paare, die wahlweise einstellbar sind u. jeweils die gleiche Lichtmenge auf den Film gelangen lassen.

Belisar, * um 500, † 565, oström. Heerführer; zerstörte 533/34 das Wandalenreich in N-Afrika, kämpfte gegen die Ostgoten in Italien u. gegen die Perser in Syrien.

Belitung, *Billiton, Bilitong,* indones. Insel zw. Bangka u. Borneo, 4595 km², 164 000 Ew.; Hauptort *Tanjungpandan;* Zinnbergbau; Pfefferanbau; Flughafen.

Belize [engl. bəliːz, span. beˈliθe], **1.** Staat in Mittelamerika, im SO der Halbinsel Yucatán, 22 965 km², 178 000 Ew., Hptst. *Belmopan.* – Überwiegend eben bis flachwellig, im Innern bis 1122 m hoch *(Maya Mountains).* Feuchttrop. Klima mit Regen- u. Sumpfwäldern, Kiefernsavannen. Die Bev. ist stark gemischt: Schwarze, Mulat-

Belize

ten, Mestizen, Indianer, Kariben, Weiße, Chinesen u. a. Asiaten. Hauptausfuhrprodukte sind Edelhölzer sowie Zuckerrohr, Bananen, Kakao u. Kokosnüsse.

Geschichte: Seit dem 17. Jh. brit. besiedelt; als Britisch-Honduras 1862 Kolonie, 1871 Kronkolonie; 1973 Umbenennung in B.; seit 1981 unabhängig. – **2.** Hafenstadt u. ehem. Hptst. von B. (1), 47 000 Ew.; 1961 durch einen Hurrikan zerstört; Holz- u. Textilind.

Bell, Alexander Graham, * 1847, † 1922, US-amerik. Physiologe u. Erfinder schott. Herkunft; führte 1876 auf der Weltausstellung in Philadelphia das erste brauchbare *Telefon* vor.

Bellarmin, Robert, * 1542, † 1621, ital. Theologe; Jesuit, 1599 Kardinal; Heiligsprechung 1930 (Fest: 17.9.), Erhebung zum Kirchenlehrer 1931.

Belle-Alliance [bɛlaˈljɑ̃s], Gehöft in der Nähe von Brüssel, nach dem von den Preußen die Schlacht bei *Waterloo* (1815) benannt wurde.

Belle Ile, *B. Î. en Mer,* [bɛlˈiːlaˈmɛːr], breton. *Inis er Gerveur,* frz. Insel (Dép. Morbihan) vor der S-Küste der Bretagne, 84,6 km², 6500 Ew., größter Ort *Le Palais;* Landw., Fischerei u. Fremdenverkehr.

Bellerophon, *Bellerophontes,* in der grch. Sage Sohn des Korintherkönigs Glaukos oder des Poseidon, tötete die *Chimäre* u. besiegte die *Amazonen;* wurde von seinem geflügelten Roß *Pegasos* abgeworfen, als er sich wie ein Unsterbl. in den Olymp schwingen wollte.

Belletristik, *Schöne Literatur,* seit dem 18. Jh. nicht genau abgrenzbare Bez. für die Dichtung i.e.S. u. die Unterhaltungsliteratur.

Bellevue [bɛlˈvy] → Belvedere.

Belling, Rudolf, * 1886, † 1972, dt. Bildhauer; schuf expressionist. Holz- u. Metallplastiken.

Bellini, 1. Gentile, Sohn u. Schüler von 3), * 1429, † 1507, ital. Maler; 1479/80 am Hof von Mohammed II. in Konstantinopel tätig. – **2.** Giovanni, Sohn u. Schüler von 3), * um 1430, † 1516, ital. Maler; Begr. der venezian. Hochrenaissance-Malerei, Lehrer *Giorgiones* u. *Tizians;* ersetzte den harten Linearstil der Frührenaissance durch weiche Modellierung u. leuchtende, helle Farbgebung. – **3.** Jacopo, Vater von 1) u. 2), * um 1400, † um 1470, ital. Maler; Schüler des G. da *Fabriano.* – **4.** Vincenzo, * 1801, † 1835, ital. Komponist; 🎵 Opern »Die Nachtwandlerin«, »Norma«, »Die Puritaner«.

Bellinzona, dt. *Belenz,* Hptst. des schweiz. Kt. Tessin, nö. des Lago Maggiore, 17 000 Ew.; mittelalterl. Wehranlagen u. Burgen; Verkehrszentrum, Zugang zu den Alpenpässen St. Gotthard, Lukmanier, San Bernardino u. Nufenen, Station der Gotthardbahn.

Bellman, Carl Mikael, * 1740, † 1795, schwed. Schriftst.; schrieb u. komponierte Natur-, Liebes- u. Trinklieder, in denen der Lebensfreude oft Todesvisionen gegenüberstehen.

Bellow [ˈbɛloʊ], Saul, * 10.7.1915, US-amerik. Schriftst.; schrieb Romane über soziale u. psycholog. Probleme der amerik. Juden; 1976 Nobelpreis für Literatur.

Belluno, ital. Stadt in Venetien, an der Piave, Hptst. der gleichn. Prov., 36 000 Ew.; Renaissancedom (16. Jh.); Möbelind., Fremdenverkehr.

Belmondo, Jean-Paul, * 9.4.1933, frz. Filmschauspieler; Darsteller in zahlr. Unterhaltungsfilmen u. a. in »Borsalino«, »Das As der Asse«, »Der Boß«.

Belo Horizonte [bɛloriˈzɔnti], Hptst. des brasil. Staats Minas Gerais, 2,4 Mio. Ew.; Univ.; Stahl-, Eisen- u. a. Ind., Versuchs-Kernreaktor; Flughafen.

Belsazar, letzter Kronprinz von Babylon, Sohn Nabonids, 539 v. Chr. von den Persern geschlagen.

Belt, zwei Meeresstraßen, die zus. mit dem *Öresund* die Verbindung zw. Ost- u. Nordsee bilden: *Großer B.* (dän. *Store Bælt*) zw. Seeland u. Fünen; *Kleiner B.* (dän. *Lille Bælt*) zw. Fünen u. Jütland.

Belucha, höchster Berg im russ. Altai, 4506 m.

Beluga, 1. *Weißwal,* 4–6 m langer Wal aus der Fam. der *Gründelwale.* – **2.** die Stör-Art Hausen. – **3.** großkörniger (3,5 mm), silbergrauer Kaviar vom Hausen.

Belutschistan, Gebirgslandschaften im SO des Hochlandes von Vorderasien, der W gehört zu Iran, der O zu Pakistan, der N zu Afghanistan; von dem iran. Volk der Belutschen bewohnt; Weidewirtschaft.

Belvedere [ital.], frz. *Bellevue,* »schöne Aussicht«, Name landschaftl. schön gelegener Schlösser, Hotels, Aussichtspunkte, Promenaden u. a.

Ben [hebr., arab. »Sohn«], mit anschließendem Vatersnamen häufiger Bestandteil von jüd. Familiennamen.

Benares → Varanasi.

Benatzky, Ralph, * 1884, † 1957, östr. Komponist; 🎵 Operette »Im weißen Rößl«; Chansons u. Filmmusik.

Benavente, Jacinto, * 1866, † 1954, span. Bühnendichter; um die Jahrhundertwende führend in Spanien, schrieb Gesellschaftssatiren mit spritziger Dialogführung; Nobelpreis 1922.

Ben Bella, Ahmed, * 25.12.1916, alger. Politiker; baute nach 1946 für eine nationalist. Partei bewaffnete Geheimverbände auf, gehörte zu den Organisatoren des alger. Aufstands u. zu den Gründern der Nationalen Befreiungsfront *(FLN);* 1956–62 in frz. Haft. Nach der Unabhängigkeit Algeriens (3.7. 1962) Min.-Präs. u. Staats-Präs., 1965 gestürzt.

Benda, Ernst, * 15.1.1925, dt. Politiker (CDU); 1968/69 Bundes-Min. des Innern, 1971–83 Präs. des Bundesverfassungsgerichts.

Bender, 1. Hans, * 1907, † 1991, dt. Psychologe; Leiter des Instituts für Grenzgebiete der Psychologie u. Psychohygiene in Freiburg. – **2.** Hans, * 1.7.1919, dt. Schriftst.; Hrsg. der Zeitschriften »Konturen« u. »Akzente« u. von Lyriksammlungen; schrieb Romane u. Erzählungen.

Benedictus, in der kath. Messe u. der ev. Abendmahlsliturgie ein liturg. Lobgesang, mit dem *Sanctus* verbunden; auch der Lobgesang des *Zacharias* (Luk. 1,68ff.).

Benediktbeuern, Gem. in Oberbayern am Fuß der *Benediktenwand* (1801 m), 2250 Ew.; ehem. Benediktinerabtei (740–1803).

Benediktenkraut, *Bitterdistel,* Korbblütler, distelähnl., im Mittelmeergebiet heimisch.

Benediktiner, *D. O. M. Bénédictine,* frz. Kräuterlikör.

Benediktiner, lat. *Ordo Sancti Benedicti,* Abk. *OSB,* ältester kath. Mönchsorden im Abendland. Die B. leben nach der von *Benedikt von Nursia* verfaßten Regeln; regelmäßige Arbeit wird zur Pflicht gemacht u. steht neben dem Chordienst. Grundsatz: *ora et labora* (lat., »bete u. arbeite«).

Benedikt von Nursia, Heiliger. * um 480, † 547; Gründer (um 529) u. erster Abt des Klosters auf dem Monte Cassino; gab durch seine Ordensregeln dem Mönchtum feste Form *(Benediktiner);* wurde

Belgrad: Parlamentsgebäude

1964 zum »Schutzpatron Europas« proklamiert (Fest: 11.7.).
Benefizium, 1. *kirchl. B.*, das mit einer *Pfründe* bleibend verbundene Kirchenamt. – **2.** →*Lehen.*
Benelux-Staaten, die in einer Wirtschaftsunion gefaßten Länder **Bel**gien, Niederlande (**Ne**derlands) u. **Lux**emburg.
Beneš [´bɛnɛʃ], *Benesch,* Eduard, *1884, †1948, tschechosl. Politiker; Mitbegr. der Tschechoslowakei; 1918–35 Außen-Min., 1935 Staats-Präs., im Herbst 1938 nach dem *Münchner Abkommen* w. der Abtretung des Sudetenlands zurückgetreten; 1940–45 Chef der tschechosl. Exilregierung, 1945 wieder Staats-Präs.; 1948 nach der kommunist. Umwälzung zum Rücktritt gezwungen.
Benevento, dt. *Benevent,* Stadt in Italien, östl. von Neapel, Hptst. der gleichn. Prov., 65 600 Ew.; viele altröm. Bauten (Dom, Trajansbogen).
Bengalen, Ldsch. am Unterlauf von Ganges u. Brahmaputra; polit. zu Indien (*W-Bengalen*) u. Bangladesch gehörend; feuchtheiß, stark beregnet u. häufig überschwemmt; sehr fruchtbar; das am dichtesten besiedelte Gebiet Indiens.
Bengali, von ca. 135 Mio. Menschen gesprochene neuind. Sprache in Bangladesch, Indien u. Pakistan.
bengalisches Feuer, Buntfeuer, entsteht beim Abbrennen von Gemengen aus Schwefel u. den Nitraten u. Chloraten von Alkali- u. Erdalkalimetallen.
Bengasi, *Ben Ghází,* Hafenstadt in Libyen, N-Afrika, 650 000 Ew.; Univ.; Seiden-, Teppich- u. andere Ind., Ölraffinerie.
Ben-Gavriêl, *Moscheh Ya'akov,* eigtl. *Eugen Hoeflich,* *1891, †1965, isr. Schriftst. östr. Herkunft; zog nach dem 1. Weltkrieg nach Palästina; erzählte in humorist. u. erschütternder Romanen u. Novellen aus dem Orient u. von jüd. Schicksalen. W »Das Haus in der Karpfengasse«.
Bengsch, Alfred, *1921, †1979, dt. kath. Theologe; seit 1962 Bischof von Berlin (Residenz im Ostsektor), 1967 Kardinal, 1976 Vors. der Berliner Bischofskonferenz für das Gebiet der DDR.
Benguela, Hafenstadt u. Distr.-Hptst. in Angola, 155 000 Ew.; Fischerei u. Fischverarbeitung, Werften. – **B.bahn,** Eisenbahnlinie, die Angola in westöstl. Richtung durchquert; über Zaire, Sambia u. Simbabwe besteht Anschluß nach Moçambique. – **B.strom,** Meeresstrom mit kaltem u. fischreichem Auftriebwasser, vom Kap der Guten Hoffnung entlang der afrik. W-Küste bis zum Äquator.
Ben Gurion, David, eigtl. D. *Grün,* *1886, †1973, isr. Politiker poln. Herkunft; Mitgründer u. Führer der *Mapai*-Partei (1930–65); 1948–53 erster Min.-Präs. u. Verteidigungs-Min., 1955–63 wieder Min.-Präs. Nach seinem Austritt aus der Mapai gründete er die neue Partei *Rafi* (1965).
Benidorm, Fremdenverkehrsort der span. Costa Blanca, nördl. von Alicante, 25 000 Ew.
Benin, 1. Staat in W-Afrika, am Golf von Guinea, 112 622 km², 4,3 Mio. Ew. (Sudanneger), Hptst.

Benin

Porto-Novo. – Im S sumpfige feuchttrop. Küstenebene, im N ein niedriger Teil der Oberguineaschwelle, der mit Baumsavanne bestanden ist. Über 50% der Bevölkerung stellen die *Fon,* gefolgt von den *Yoruba.* Die Landw. liefert die Hauptausfuhrprodukte (Ölpalmprodukte, Erdnüsse, Baumwolle, Kaffee, Kakao). Einziger Ausfuhrhafen ist Cotonou. – G e s c h i c h t e : Im 17. Jh. Entstehung des Kgr. *Dahomey,* das 1899 Teilkolonie Frz.-Westafrikas wurde. 1960 wurde das Land als Rep. Dahomey unabhängig. 1975 wurde die Rep. Dahomey zur VR B. erklärt. Nach politischen Reformen erhielt B. 1990 eine neue Verfassung. – **2.** westafrik. Ldsch. in SW-Nigeria, westl. des Nigerdeltas an der Bucht von B.; fr. ein mächtiges Reich der Edo (seit 12. Jh.).
Benn, Gottfried, *1886, †1956, dt. Dichter (Lyrik u. Essays) u. Arzt; begann als Expressionist. Mit einer bis zum Nihilismus reichenden Skepsis ver-

David Ben Gurion

band er den strengen Willen zu einer vom Künstlergeist geschaffenen Ausdruckswelt, durch die das Dasein als ästhet. Phänomen gerechtfertigt sei.
Bennett, 1. Enoch Arnold, *1867, †1931, engl. Schriftsteller; Meister des realist. Stils in Romanen, Novellen u. Essays. – **2.** James Gordon, *1795, †1872, US-amerik. Publizist u. Verleger; gründete 1835 den »New York Herald«.
Bennigsen, Rudolf von, *1824, †1902, dt. Politiker; 1866 Mitbegründer der Nat.-lib. Partei u. von 1867–83 sowie von 1887–98 deren Vors.
Benno, †1106, Heiliger, Bischof von Meißen seit 1066; Missionar der Wenden; Stadtpatron von München (Fest: 16.6.).
Benrath, Henry, eigtl. Albert Heinrich *Rausch,* *1882, †1949, dt. Schriftst. (Romane, Erzählungen, Lyrik).
Benrather Linie, Grenze zw. den niederdt. u. den oberdt. Mundarten. Sie kreuzt den Rhein bei *Benrath.*
Bensheim, Stadt in Hessen, am W-Hang des Odenwalds, 35 000 Ew., maler., alter Stadtkern mit Fachwerkbauten; Obst- u. Weinbau; Metall-, Textil-, Papierind.; Spezialklinik für Rheumaerkrankungen.
Benthal, Bodenregion eines Gewässers.
Bentham [´bentəm], Jeremy, *1748, †1832, engl. Moralphilosoph; Vater des *Utilitarismus;* legte aller moral. Beurteilung das »Prinzip des größten Glücks der größten Zahl« zugrunde (sozialer *Eudämonismus*).
Bentheim, *Bad B.,* Stadt in Nds., an der niederl. Grenze, 13 800 Ew.; Schwefelheilbad; Burganlage *B.schloß* (15./16. Jh.).
Benthos, Pflanzen- u. Tierwelt am Boden der Gewässer.
Bentonit, stark quellfähiger Ton; findet Verwendung als Adsorptionsmaterial, als Zusatz zu Toilettenseifen u. Zahnpasta sowie im Bauwesen.
Benue [-nu:e:], längster l. Nbfl. des Niger in W-Afrika, 1400 km.
Benxi [bɛnxi], *Penki,* chin. Ind.-Stadt in der Prov. Liaoning, 839 000 Ew.; Abbau von Bauxit u. Steinkohle.
Benz, Carl Friedrich, *1844, †1929, dt. Ingenieur; mit G. *Daimler* Bahnbrecher in der Entwicklung des neuzeitl. Kraftwagens; konstruierte 1878 einen Zweitakt-Gasmotor u. 1885 ein dreirädriges Kraftfahrzeug mit Viertakt-Verbrennungsmotor u. elektr. Zündung; gründete 1883 die Firma *B. & Cie,* heute *Daimler Benz AG.*
Benzaldehyd, *Bittermandelöl,* nach bitteren Mandeln riechender, flüssiger Aldehyd der aromat. Reihe.
Benzin, Gemisch von kettenförmigen Kohlenwasserstoffen; farblose, feuergefährl. Flüssigkeit; gewonnen v. a. aus Erdöl durch Destillation. Verwendet als Motorentreibstoff unter Zusatz von Antiklopfmitteln u. a. Beim bleifreien B. werden die umweltschädigenden bleihaltigen Antiklopfmittel durch andere Substanzen ersetzt. *Normal-B.* hat mindestens eine Research-Oktanzahl (ROZ) von 91,0, u. eine Motor-Oktanzahl (MOZ) von 82,0, *Super-B.* eine ROZ von 97,4 u. eine MOZ von 87,2. Daneben wird B. auch als Lösungsmittel für Fette u. Öle verwendet (z.B. Reinigungsmittel).
Benzoe [-tso:e:], vanilleartig duftendes Gummiharz von Bäumen der Gatt. *Styrax* (Sumatra, Thailand).
Benzoesäure [-tso:e:-], einfachste aromat. Carbonsäure; als Konservierungsmittel zugelassen.
Benzol, einfachster aromat. Kohlenwasserstoff (C_6H_6-Ring); leicht entzündliche, mit Wasser nicht mischbare Flüssigkeit. B. kommt im Steinkohlenteer vor u. ist Nebenprodukt der Kokereien u. Gasanstal-

ten. B. wird verwendet zur Herstellung von Farbstoffen, Arzneimitteln, Sprengstoffen, Kunststoffen, als Lösungsmittel u. als Zusatz zu Motorentreibstoffen.
Benzpyren, aromat. Kohlenwasserstoff, ist im Steinkohlenteer enthalten, wirkt krebserregend. B. ist auch im Zigarettenrauch, in Industrie- u. Autoabgasen, in angeräucherten Waren u. gegrilltem Fleisch nachgewiesen worden.
Ben Zwi, Itzhak, eigtl. Isaac *Schimschelewitz,* *1884, †1963, isr. Politiker; 1931–48 Präs. des jüd. Nationalrats (*Vaad Leumi*), 1952–63 Staats-Präs.
Beo, 23–36 cm großer, glänzend schwarzer *Star* SO-Asiens; bester Nachahmer menschl. Stimmen unter den Käfigvögeln.
Beowulf, stabreimendes altengl. Epos aus dem 8. Jh., das vom Kampf des Gautenhelden B. gegen das Meerungeheuer Grendel berichtet.
Béranger [berã´ʒe], Pierre Jean de, *1780, †1857, frz. Dichter (polit. Chansons, volkstüml. Lieder); Mitbegr. des Napoleon-Mythos.
Berber, hamit. Bevölkerung (ca. 11 Mio.) NW-Afrikas; Moslems, z. T. arabisiert (v. a. *Kabylen, Schelluh, Tekna*); Pflugbauern, die auch Viehzucht betreiben.
Berbera, Hafenstadt im NW Somalias, am Golf von Aden, 65 000 Ew.
Berberitze, *Sauerdorn, Berberis,* Gatt. der *Sauerdorngewächse;* in Dtld. der *Gewöhnl. Sauerdorn;* Strauch mit Dornen, gelben Blüten u. roten Beeren.
Berbersprachen, Zweig der semit.-hamit. Sprachfam.: Tuareg, Kabylisch, Zenaga u. das ausgestorbene *Libysche.*
Berceuse [bɛr´sø:zə], Wiegenlied.
Berchtesgaden, Kurort u. Wintersportplatz in Oberbayern, am Fuß des Watzmann, 550–1500 m ü. M., 8700 Ew.; Solbad; Salzbergwerk; 1102 als Augustiner-Chorherrenstift gegr.
Berchtold, Leopold Graf, *1863, †1942, 1912–15 Außen-Min.; richtete im Juli 1914 das Ultimatum an Serbien, das den 1. Weltkrieg auslöste.
Berdjajew [-jɛf], Nikolaj Alexandrowitsch, *1874, †1948, russ. Geschichts- u. Religionsphilosoph; Hauptvertreter der russ. Emigrantenphilosophie, knüpfte an die Tradition der ostkirchl. Mystik u. der dt. Gnosis an.
Berdjansk, Hafenstadt in der Ukraine, am Asowschen Meer, 132 000 Ew., See- u. Heilbad; Maschinenbau, Erdölraffinerie.
Bereitschaftspolizei, seit Mitte 1951 in den einzelnen Ländern der BR Dtld. aufgestellte kasernierte Sonderpolizei zur Abwehr von Gefahren für den Bestand oder die freiheitl.-demokrat. Grundordnung des Bundes oder eines Landes. Obwohl Landespolizei, unterliegt die B. in Organisation u. Ausbildung einem weitgehenden Einfluß des Bundes.
Berengar I., †924 (ermordet); Markgraf von Friaul, seit 888 König in Italien, 915 zum Kaiser gekrönt.
Berengar von Tours [-tu:r], *um 1000, †1088, frz. Philosoph u. Theologe; verfocht den Vorrang der Vernunft vor der Autorität; geriet wegen seiner Abendmahlslehre in Konflikt mit der Kirche.

Berchtesgaden mit Blick gegen den Watzmann

Beo

Beresina, r. Nbfl. des oberen Dnjepr, 613 km.
Beresniki, Stadt in Rußland, am Kamastausee, 200 000 Ew.; Chemiekombinat, Magnesiumwerk, Maschinenbau.
Berg, ehem. rechtsrhein. Herzogtum (seit 1380) mit der Hptst. *Düsseldorf.*
Berg, 1. Alban, *1885, †1935, östr. Komponist; Schüler A. *Schönbergs.* Seine 3 Orchesterstücke 1914 u. bes. die Oper »Wozzeck« (nach G. *Büchners* »Woyzeck«) sind Höhepunkte im musikal. *Expressionismus.* Die »Lyrische Suite« für Streichquartett ist z. T., die unvollendete Oper »Lulu« (nach F. *Wedekind*) ganz in der Zwölftontechnik geschrieben. – **2.** Bengt, *1885, †1967, schwed. Schriftst. u. Tierphotograph; unternahm Expeditionen nach Afrika u. Asien; schrieb zahlr. Tierbücher. – **3.** Claus, *um 1475, †1532/35, dt.-dän. Bildschnitzer; nach B. *Notke* einer der bed. Künstler im Ostseegebiet; schuf den Altar in Odense (Dänemark). – **4.** Paul, *30.6.1926, US-amerik. Biochemiker; 1980 zus. mit W. *Gilbert* u. F. *Sanger* Nobelpreis für Chemie.
Bergama, das antike →Pergamon, türk. Stadt, 57 000 Ew.
Bergamo, Stadt in Italien, am S-Rand der Bergamasker Alpen, Hptst. der gleichn. Prov., 127 000 Ew.; kunsthistor. bed. Bauwerke des MA, Dom (15. Jh.), Donizettimuseum; Zementind.; Maschinen- u. Fahrzeugbau.
Bergamotte, *Bitterorange,* ein *Rautengewächs,* Pomeranzenart; liefert B.öl für Parfüms, Liköre.
Berganza, Teresa, *16.3.1935, span. Sängerin (Mezzosopran); Opern- u. Konzertsängerin, bes. bekannt als Interpretin span. Lieder.
Bergbau, Aufsuchung, Gewinnung, i.w.S. auch Aufbereitung mineral. Rohstoffe (Kohle, Erze, Erdöl, Salze, Steine u. Erden); mit bes. Gesetzgebung *(Bergrecht).* Die *Lagerstätten* werden durch geolog. u. geophysikal. Arbeiten u. durch *Schürfen* u. *Bohren* aufgesucht u. erforscht. Die Ausbeutung erfolgt bei oberflächennahen Lagerstätten im *Tagebau* u. bei tiefer liegenden im *Tiefbau* (Untertagebau). Beim *Tagebau* müssen zunächst die über der Lagerstätte liegenden Erd- u. Gesteinsschichten *(Abraum)* abgetragen werden. Der Abbau weichen Materials (z.B. Braunkohle) erfolgt mit Schaufelrad- u. Eimerkettenbaggern, hartes Gut (z.B. Eisenerz) wird meist gesprengt u. mit Hochlöffelbaggern geladen. Beim *Tiefbau* werden die Lagerstätten durch *Schächte* u. durch in mehreren Höhenlagen *(Sohlen)* von ihnen ausgehende horizontale *Strecken,* die *Querschläge,* zugängl. gemacht. Die in nicht standfestem Gestein stehenden Schächte, Strecken u. Abbaue müssen durch Abstützung am Zusammenbrechen gehindert werden. Das Zutagepumpen des den Gruben von der Tagesoberfläche u. aus dem Grundwasser zulaufenden Wassers ist Aufgabe der *Wasserhaltung.* Zweck der *Wetterführung* ist die Versorgung der Gruben mit frischer Luft u. die Verdünnung u. Fortführung schädl. Gase durch einen natürl. oder künstl. erzeugten Luftzug. Über Fördereinrichtungen (Förderbänder, Grubenbahnen, Transportfahrzeuge) wird das gewonnene Mineral nach über Tage transportiert.
Bergdama, negrides Restvolk mit Hottentottensprache in Namibia; Wildbeuter oder Ziegenhirten.
Bergell, ital. *Val Bregaglia,* schweiz.-ital. Hochalpental mit ital. sprechender Bev.; zw. Malojapaß u. Chiavenna.

Bergen, 1. Stadt in Nds., in der Lüneburger Heide, 13 000 Ew.; in der Nähe liegt das ehem. Konzentrationslager *B.-Belsen.* – **2.** Hafenstadt in SW-Norwegen, zweitgrößte Stadt des Landes, 215 000 Ew.; Festung *B.hus* (16. Jh.); Univ.; Schiffbau, Fischfang u. -verarbeitung; Blütezeit im 14.–16. Jh. als Hansestadt.
Bergengruen [-gry:n], Werner, *1892, †1964, dt. Schriftst.; vertrat in seinem vielseitigen Werk einen christl. Humanismus; W »Der Großtyrann u. das Gericht«, »Am Himmel wie auf Erden«.
Bergen-op-Zoom ['bɛrxəop zo:m], Industrie- u. Handelsstadt in den Ndl., an der Osterschelde, 47 000 Ew.; Gemüseanbau (Spargel u. a.); Küstenfischerei.
Berger, 1. Erna, *1900, †1990, dt. Sängerin (Koloratursopran); sang u. a. an den Staatsopern von Dresden u. Berlin, wodurch sie weltbekannt wurde. – **2.** Senta, *13.5.1941, östr. Schauspielerin u. a. in: »Die Sieger«, »Kir Royal«.
Bergfried, *Belfried,* Hauptturm der mittelalterl. Burg; letzte Zuflucht- u. Verteidigungsstätte.
Berghaus, Ruth, *2.7.1927, dt. Regisseurin; 1971–77 Leiterin des Berliner Ensemble, danach an der Dt. Oper in Berlin (Ost).
Bergheim, Stadt in NRW, an der Erft, westl. von Köln, 58 000 Ew.; Braunkohlengruben; Großkraftwerke; Glas- u. chem. Industrie.
Bergisches Land, der W-Abfall des Sauerlands zw. Ruhr u. Sieg; zahlr. Talsperren; Kleineisen- u. Textilind., Maschinen- u. Fahrzeugbau, Elektrotechnik, Feinmechanik, Optik.
Bergisch Gladbach, Stadt in NRW am Rand des Berg. Landes, östlich von Köln, 110 000 Ew.; Papier-, Elektroind., Maschinen- u. Apparatebau, Kernenergie-Forschungszentrum.
Bergius, 1. C. C., eigtl. Egon-Maria *Zimmer,* *2.7.1910, dt. Schriftst.; schrieb spannende Tatsachenromane u. Biographien. – **2.** Friedrich, *1884, †1949, dt. Chemiker; erfand das *B.-Verfahren* zur Benzinsynthese u. ein Verfahren zur Holzverzuckerung; Nobelpreis 1931 zus. mit C. *Bosch.*
Bergkamen, Stadt in NRW, 46 000 Ew.; chem. Ind., Steinkohlenbergbau, modernste Zechenanlage der BR Dtld.; Steinkohlenkraftwerk.
Bergkarabachen-AO, russ. *Nagorno-Karabachskaja AO,* autonomes Gebiet in Aserbaidschan, im östl. Kleinen Kaukasus. 4400 km², 190 000 Ew. (hauptsächl. Armenier), Hptst. *Chankendy.* – Seit 1988 kam es wiederholt zu blutigen Unruhen; die Armenier fühlen sich von den aserbaidschan. Behörden diskriminiert u. fordern den Anschluß an →Armenien.
Bergkrankheit →Höhenkrankheit.
Bergkristall, farblose, wasserklare Varietät des Quarz. →Edelsteine (Tab.).
Bergman, 1. Bo Hjalmar, *1869, †1967, schwed. Schriftst.; Zeitsatiriker (Lyrik, Novellen über Natur- u. Großstadtleben). – **2.** Hjalmar Fredrik, *1883, †1931, schwed. Erzähler u. Dramatiker; der »schwed. Dickens«. – **3.** Ingmar, *14.7.1918, schwed. Theater- u. Filmregisseur u. Drehbuchautor; W Filme: »Das Schweigen«, »Szenen einer Ehe«, »Fanny und Alexander«. – **4.** Ingrid, *1915, †1982, schwed. Filmschauspielerin; W Filme: »Casablanca«, »Wem die Stunde schlägt«, »Herbstsonate«, »Golda Meir«.
Bergmann, Ernst von, *1836, †1907, dt. Chirurg; führte die Asepsis allg. ein, förderte die Wiederherstellungs- u. Hirnchirurgie.
Bergmann-Pohl, Sabine, *20.4.1946, dt. Politi-

Bergbau: Walzenschrämlader (links). – Streckenvortrieb mit dem Großlochbohrwagen (rechts)

Bergbau: Schachtanlage für Steinkohlenbergbau

Bergner 108

kerin (CDU); 1990 Präsidentin der Volkskammer u. amtierendes Staatsoberhaupt der DDR, 1990/91 Bundes-Min. für bes. Aufgaben.
Bergner, Elisabeth, *1897, †1986, östr. Schauspielerin; bis 1933 (Emigration) große Erfolge am Dt. Theater in Berlin.
Bergpartei, frz. *Montagnards,* während der Frz. Revolution die im Konvent (1792–95) auf den oberen Rängen sitzende Gruppe von radikalen Abgeordneten; berühmte Führer *Danton, Marat* u. *Robespierre.*
Bergpredigt, urchristl. Zusammenstellung von ursprüngl. selbständigen Sprüchen Jesu zu einer großen Rede (Matth. 5–7), worin Jesus zentrale Fragen der christl. Lebensführung zusammenhängend erörtert.
Bergrecht, Regelung der Rechtsverhältnisse des Bergbaus, bundeseinheitl. im *Bundesberggesetz* (BBergG) geregelt. Unterschieden wird zw. grundeigenen Bodenschätzen (z.B. Bauxit, Quarz), die dem Grundeigentümer gehören, u. den wichtigeren bergfreien Bodenschätzen (z.B. Kohle, Eisen, Gold, Platin, Kupfer). Wer bergfreie Bodenschätze aufsuchen will, bedarf der behördl. Erlaubnis *(Bergämter* u. *Oberbergämter),* wer sie gewinnen will, der Bewilligung oder des Bergwerkseigentums.
Bergschule, Fachschule für die Ausbildung zum *staatl. geprüften Techniker im Bergbau.*
Bergson [bɛrgˈsõ], Henri, *1859, †1941, frz. Philosoph. Seine *Philosophie des Lebens* war der Höhepunkt der frz. Metaphysik um die Jahrhundertwende.
Bergstraße, die nach der Straße zw. Darmstadt u. Heidelberg benannte Ldsch. am W-Rand des Odenwalds; durch fruchtbare Lößböden u. mildes Klima eines der wichtigsten Obst-, Gemüse- u. Weinbaugebiete Dtlds.

Bergwacht-Symbol

Bergström [ˈbærjstrœm], Sune K., *10.1.1916, schwed. Biochemiker; bahnbrechende Arbeiten über Prostaglandine; zus. mit J. R. *Vane* u. B. J. *Samuelsson* Nobelpreis für Medizin 1982.
Bergwacht, Organisation zur Hilfeleistung bei Unfällen im Gebirge, zum Schutz der Natur u. zur Verhütung negativer Beeinflussung der Hochgebirgsregion.
Bergwerk, *Bergbaubetrieb, Grube, Zeche,* die Gesamtheit der ober- u. untertägigen Anlagen zur Gewinnung, Förderung u. Aufbereitung aller bergbaul. gewonnenen Materialien.
Beriberi, Vitamin-B_1-Mangelkrankheit mit Nervenschädigungen, Wasserausfall u. allg. Kräfteverfall; bes. bei ostasiat. Völkern, die vorw. von geschältem bzw. poliertem Reis leben.
Bering, Vitus, *1680, †1741, dän. Asienforscher; umfuhr als russ. Seeoffizier im Auftrag *Peters d. Gr.* die Ostspitze Asiens u. fand dabei die nach ihm ben. **B.straße,** eine flache Meerenge zw. Sibirien u. Alaska; ebenfalls nach ihm ben. das **B.meer,** ein Randmeer des Pazifik, zw. Sibirien, Alaska u. den Aleuten.
Berkeley [ˈbəːkli], Stadt in California (USA) an der O-Küste der San Francisco Bay, 122000 Ew.; Universität; Maschinen-, chemische, Lebensmittelindustrie.
Berkeley [ˈbaːkli], George, *1685, †1753, ir. Philosoph u. Theologe; Bischof von Cloyne, Vertreter des engl. *Empirismus;* leugnete eine vom Wahrnehmung u. vom Denken unabhängige Existenz der realen Außenwelt.

Die Bezirke von Berlin	
Bezirk	Einwohner
Charlottenburg	185 000
Friedrichshain	106 600
Hellersdorf (seit 1985)	126 300
Hohenschönhausen (seit 1985)	118 900
Köpenick	108 100
Kreuzberg	156 000
Lichtenberg	168 100
Marzahn (seit 1979)	165 400
Mitte	80 300
Neukölln	309 400
Pankow	107 100
Prenzlauer Berg	144 700
Reinickendorf	249 400
Schöneberg	156 800
Spandau	223 300
Steglitz	190 900
Tempelhof	188 500
Tiergarten	94 600
Treptow	104 100
Wedding	167 300
Weißensee	51 600
Wilmersdorf	146 300
Zehlendorf	97 500

Berkelium, ein →chemisches Element.
Berlage [-laːxə], Hendrik Petrus, *1856, †1934, ndl. Architekt u. Kunstgewerbler; entwickelte eine neue Architektur der stereometr. Körper u. weiten Flächen; Hptw.: Amsterdamer Börse.
Berleburg, Bad B., Stadt in NRW am Rothaargebirge, 20500 Ew.; ehem. Residenzstadt; Schloß (16. Jh.); Kneippheilbad.
Berlichingen, Götz von, der *»Ritter mit der eisernen Hand«,* *1480, †1562, übernahm im *Bauernkrieg* 1525 die Führung der Aufständischen im Odenwald, um den Aufstand in gemäßigte Bahnen zu lenken. – »Götz von B. mit der eisernen Hand«, Schauspiel von *Goethe* (1771, »Urgötz« 1773 veröffentl. Fassung).
Berlin, Hptst. u. größte Stadt Dtld., zugleich dt. Land, 883 km², 3,4 Mio. Ew. – Volksvertretung ist das Abg.-Haus, Landesreg. der Senat mit dem Regierenden Bürgermeister an der Spitze. B. ist in 23 Bez. gegliedert. – B. war 1948–90 geteilt in B. (West), 480 km², 2,09 Mio. Ew., u. B. (Ost), 403 km², 1,25 Mio. Ew. Die Teilung prägt noch das Stadtbild u. die gesamte Situation B. Die Stadtentwicklung ist in O u. W getrennte Wege gegangen. Zentrale Bereiche beiderseits der Mauer gerieten stadtplanerisch in eine Randlage; innerstädt. Verkehrsverbindungen wurden zerschnitten. Zahlr. öffentl. Einrichtungen sind doppelt vorhanden. – Das histor. Stadtzentrum im ehem. Ostsektor war Sitz der Reg.-Organe Preußens, des Dt. Reichs u. der DDR; dort befinden sich bed. barocke u. klassizist. Bauwerke (z. B. Zeughaus, Staatsoper, Brandenburger Tor) u. Repräsentationsbauten der DDR-Zeit (Palast der Rep.). Eine zweite, westl. City ist im Zooviertel entstanden. Schloß Bellevue am Tiergarten ist der B.er Amtssitz des Bundes-Präs. B. hat 3 Univ., zahlr. weitere wiss. Einrichtungen, 3 große Museumskomplexe u. viele Theater. Zum Stadtgebiet gehören ausgedehnte Wälder u. Seen. – W i r t s c h . : Durch die Folgen des 2. Weltkriegs hat B. seine Stellung als Wirtschafts- u. Verkehrszentrum Dtld. verloren, ist aber die größte dt. Ind.-Stadt (Elektrotechnik, Elektronik, Geräte- u. Maschinenbau, Bekleidung, opt., pharmazeut. u. chem. Erzeugnisse, graph. Gewerbe, Nahrungs- u. Genußmittel). Im ehem. Ostsektor bringt die Umstellung von der Zentralverwaltungs- zur Marktwirtschaft große ökonom. u. soziale Probleme mit sich.
G e s c h . : B. u. *Cölln* wurden um 1230 gegr. (Ersterwähnung 1237) u. entwickelten sich zu einer Doppelstadt, die 1709 endgültig vereinigt wurde. Seit dem 15. Jh. war B. ständige Residenz u. Hptst. von Kurbrandenburg, dem späteren Preußen. Der Aufstieg B. begann im 17. Jh. unter dem Großen Kurfürsten (Anfänge der Industrialisierung, Hugenotteneinwanderung). Der Ausbau der Ind. u. die Förderung von Kunst u. Wiss. unter seinen Nachf. machten B. zu einem wirtsch. u. kulturellen Zentrum (1810 Gründung der Univ.). Um 1800 hatte B. 170 000 Ew. Von 1871–1945 war B. Hptst. des Dt. Reiches u. wuchs zur Weltstadt heran. Nach zahlr. Eingemeindungen 1920 stieg die Ew.-Zahl auf über 4 Mio. Im 2. Weltkrieg erlitt B. schwere Zerstörungen. 1945 wurde es der gemeinsamen Verw. der 4 Siegermächte unterstellt, die 1948 zerbrach. Die UdSSR führte die Spaltung der Stadt in *B. (Ost)* (sowj. Sektor) u. *B. (West)* (die 3 westl. Sektoren) herbei. B. (Ost) wurde 1949 zur Hptst. der DDR erklärt. B. (West) erklärte sich in seiner Verf. von 1950 zu einem Land der BR Dtld. Die 3 Westmächte suspendierten diese Bestimmung als unvereinbar mit dem Viermächtestatus u. behielten sich die Regierungsgewalt selbst vor, billigten aber die Einbeziehung von B. (West) in die polit. u. wirtsch. Ordnung der BR Dtld. Am 13.8.1961 errichtete die DDR die →Berliner Mauer. 1971 brachte das *B.-Abkommen* der vier Mächte eine begrenzte Normalisierung u. menschl. Erleichterungen, beseitigte aber nicht die grundlegenden Differenzen über den Status B.
Die friedl. Revolution in der DDR von 1989 beendete die Spaltung B. Mit der dt. Wiedervereinigung am 3.10.1990 wurde ganz B. ein Land der BR Dtld. Der Einigungsvertrag erklärte es zur Hptst. Deutschlands, ließ jedoch die Frage des Sitzes von Parlament u. Regierung offen. Nach Gesamt-B.er Wahlen trat 1991 die Verfassung von 1950 für ganz B. in Kraft. Am 20.6.1991 erklärte der Dt. Bundestag B. zum Parlaments- u. Regierungssitz; für den Umzug von Bonn nach B. wurden mehrere Jahre veranschlagt.
Berlin [ˈbəːlin], Irving, *1888, †1989, US-amerik. Komponist russ. Herkunft (Schlager, Operetten, Musical); W »Annie get your gun«.
Berliner Blau, lichtechte Malerfarbe; durch Versetzen einer Eisen(III)-Salzlösung mit einer Lösung von gelbem Blutlaugensalz erzeugt.
Berliner Ensemble →Brecht.
Berliner Kongreß, Zusammenkunft der Vertreter der europ. Großmächte, um nach dem Russ.-Türk. Krieg die staatl. Zugehörigkeiten auf der Balkanhalbinsel festzulegen. Der russ. Einfluß wurde verringert, der östr. verstärkt.

BERLIN

Märkisches Viertel

Das wiedererbaute Nicolai-Viertel

Bermuda-Inseln: Hotelanlage am Strand

Berlitzschulen [-bə:-], private Fremdsprachenschulen mit ausländ. Lehrkräften u. ausschl. Verwendung der betreffenden Fremdsprache; gegr. 1878 von Maximilian David *Berlitz* (* 1852, † 1921) in New York.

Berlocke, zierl. Schmuckanhänger an Uhrketten, bes. im 18. u. 19. Jh.

Bermuda, Inselgruppe (320 Inseln, davon 20 bewohnt) im Atlantik, östl. von Kap Hatteras (USA), 53 km², 59 000 Ew., davon 70% Schwarze u. Mulatten, 30% Weiße; Hptst. *Hamilton*; Anbau von Bananen, Gemüse, Blumen; Fremdenverkehr. – Seit 1684 brit. Kronkolonie, seit 1968 mit Selbstverwaltung.

Bermuda-Dreieck, Gebiet des Atlant. Ozeans zw. Florida, Bermuda u. Puerto Rico, in dem wiederholt Flugzeuge u. Schiffe nebst Besatzung unter mysteriösen Umständen verunglückt bzw. spurlos verschwunden sein sollen.

Bern, Bundes-Hptst. der Schweiz u. Hptst. des Kantons B. (→ Schweiz), an der Aare, 540 m ü. M., 145 000 Ew.; maler. mittelalterl. Altstadt; charakt. Laubengassen, spätgot. Münster (15./16. Jh.), Rathaus (15. Jh.), Univ., Museen; Apparatebau, graph. u. Nahrungsmittelind.; wichtiger Eisenbahn- u. Straßenknotenpunkt, Flughafen. – B → S. 110

Bernadette [-'dɛt] → Heilige.

Bernadotte [-'dɔt], Name des regierenden schwed. Königshauses, Nachkommen des frz. Marschalls Jean-Baptiste B., der 1818 als Karl XIV. Johann König von Schweden u. Norwegen wurde. – *Graf Folke B.* (* 1895, † 1948 [ermordet]) war Leiter des schwed. Hilfswerks im 2. Weltkrieg. Er übernahm im Mai 1948 im Auftrag der UN die Vermittlung im Palästina-Konflikt u. wurde von israel. Terroristen ermordet.

Bernanos, Georges, * 1888, † 1948, frz. Schriftst.; streitbarer Katholik. Die Welt war ihm ein Kampfplatz zw. Gott u. dem Teufel.

Bernauer, Agnes, angebl. Tochter eines Baders aus Augsburg, mit Herzog *Albrecht III.* von Bayern seit 1432 heiml. verheiratet; vom Vater des Herzogs als Zauberin verhaftet u. 1435 in der Donau ertränkt.

Bernburg/Saale, Krst. in Sachsen-Anhalt, 42 000 Ew.; Sol- u. Moorbad; Hochschule für Landwirtschaft; Kali- u. Steinsalzbergbau, Landmaschinenbau, Zementwerk.

Berneck, *Bad B. im Fichtelgebirge,* Stadt in Oberfranken (Bayern), am Weißen Main, 5000 Ew.; Kneippheilbad u. Luftkurort.

Berner Alpen, *Berner Oberland,* Teil der Westalpen zw. Rhône u. Aare.

Berner Konventionen, versch. internat. Abkommen: über die Gründung des Weltpostvereins; über das Eisenbahnwesen; über Urheberrecht.

Berneuchener Kreis [nach einem Rittergut in der Neumark], 1923 entstandene Bewegung in der luther. Kirche zur Erneuerung der Liturgie u. des kirchl. Lebens.

Bernhard, 1. * 29.6.1911, Prinz der Ndl., aus dem Haus Lippe-Biesterfeld, verh. mit der ndl. Königin *Juliana*. – **2.** * 1604, † 1639, Herzog von Sachsen-Weimar, Heerführer im Dreißigjähr. Krieg.

Bernhard, Thomas, * 1931, † 1989, östr. Schriftsteller.

Bernhardiner → Zisterzienser.

Bernhardiner, den *Doggen* verwandte Hunderasse von massigem Körperbau; seit etwa 1665 im Kloster auf dem Großen St. Bernhard planmäßig gezüchtet.

Charlottenburger Schloß

Brunnenanlage »Wasserklops« beim Europa-Center

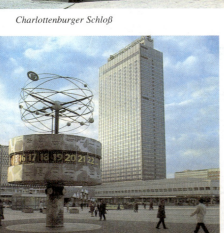
Alexanderplatz mit Weltzeituhr

Palast der Republik, bis 1990 Sitz der Volkskammer der DDR

Bernhardt [-'na:r], Sarah, eigtl. Henriette-Rosine *Bernard,* *1844, †1923, frz. Schauspielerin; übernahm 1899 das »Théâtre des Nations«, das heutige »Théâtre Sarah B.«.

Bernhard von Clairvaux [-klɛr'vo], *um 1090, †1153, seit 1115 erster Abt des Zisterzienserklosters Clairvaux-sur-Aube; Begr. der mittelalterl. Mystik; gewann 1146 Kaiser Konrad III. zur Teilnahme am 2. Kreuzzug. – Heiligsprechung 1174 (Fest: 20.8.), Erhebung zum Kirchenlehrer 1830.

Bernina, stark vergletscherte Berggruppe der Alpen im schweiz. Kt. Graubünden. Der Kamm bildet die schweiz.-ital. Grenze. Gipfel: *Piz B.* (4049 m), *Piz Palü* (3905 m).

Bernini, Giovanni Lorenzo, *1598, †1680, ital. Bildhauer u. Architekt; einer der einflußreichsten Barockkünstler Italiens; schuf Plastiken, Grabmäler, Paläste u. a.; Hptw.: Kolonnaden auf dem Petersplatz in Rom.

Bernkastel-Kues [-ku:s], Stadt in Rhld.-Pf., an der Mosel, 7300 Ew.; Weinbau u. -handel.

Bernoulli, [-'nuli], seit 1622 in der Schweiz ansässige Gelehrtenfamilie: **1.** *Daniel,* Sohn von 3), *1700, †1782, Mathematiker u. Physiker; arbeitete über hydrodynam. Probleme u. schuf die Anfänge der kinet. Gastheorie. – **2.** *Jakob,* Bruder von 3), *1655, †1705, Mathematiker; hinterließ eine Darstellung der Wahrscheinlichkeitsrechnung. – **3.** *Johann,* *1667, †1748, Mathematiker; förderte die Variationsrechnung u. die Theorie der Differentialgleichung. – **4.** *Karl Albrecht,* *1868, †1937, Theologe u. Schriftsteller.

Bernstein, *Brennstein,* fossiles Harz ausgestorbener Nadelbäume, oft mit Einschlüssen von Insekten; durchsichtig, honiggelb bis rötl.-braun oder trübe weiß.; B. bildet rundl. geflossene oder getropfte Formen; Fundorte: Samlandküste *(B.küste),* Livland, Kurland, Sizilien, Spanien; Verwendung zu Schmuck u. techn. Zwecken.

Bernstein, 1. *Eduard,* *1850, †1932, sozialdemokrat. Politiker u. Theoretiker; begr. den *Revisionismus* in der dt. Sozialdemokratie. – **2.**

Bern: Altstadt mit Aareschleife

['bə:nstain], *Leonard,* *1918, †1990, US-amerik. Dirigent, Komponist u. Pianist; 1958–69 Leiter der New Yorker Philharmoniker; Ⓦ Musical »West Side Story«, »Chichester Psalms«.

Bernstorff, 1. *Andreas Peter Graf,* Neffe von 2), *1735, †1797, dän. Politiker; 1773–80 u. 1784–97 Außen-Min. u. Präs. der Dt. Kanzlei; setzte die von seinem Onkel begonnene Friedens- u. Neutralitätspolitik fort. – **2.** *Johann Hartwig Ernst Graf,* *1712, †1772, dänischer Politiker; Außen-Minister des dän.-norweg. Gesamtstaats u. Leiter der Dt. Kanzlei 1751–70. Ihm gelang es, Dänemark-Norwegens Neutralität in allen europäischen Kriegen zu erhalten.

Bernward, *um 960, †1022, Bischof von Hildesheim seit 993; Erzieher *Ottos III.* – Heiliger (Fest: 20.11.).

Beromünster, bis 1934 *Münster,* Ort in der

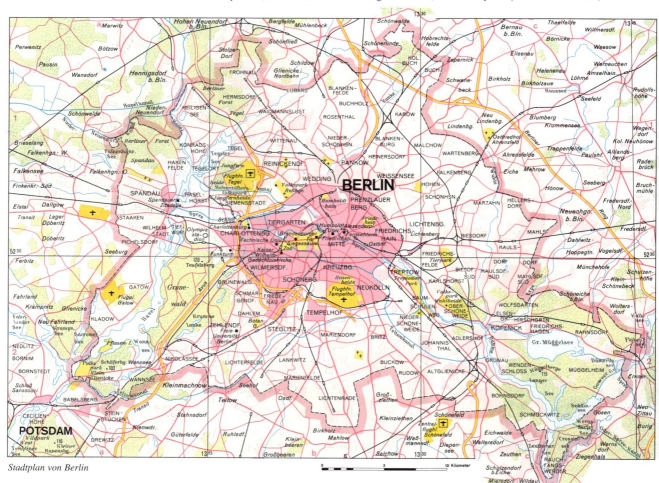

Stadtplan von Berlin

Schweiz, im Kt. Luzern, 1500 Ew.; schweiz. Landessender.
Berruguete [-'gɛtɛ], Alonso, * um 1490, † 1561, span. Bildhauer; in der Nachfolge *Michelangelos.*
Berry [bɛ'ri], histor. Prov. (ehem. Hzgt.) in Mittelfrankreich, südl. der mittleren Loire; alte Hptst. *Bourges.*
Berry, Walter, * 8.4.1929, östr. Sänger (Bariton); bekannt als Mozart-, R. Strauss- u. Liederinterpret.
Berserker, bes. im nord. Altertum ein Mann, der durch Anlegen eines Bärenfells in ekstat. Wildheit gerät u. auf echte oder vermeintl. Gegner losgeht; *übertragen:* hemmungslos wütender Mensch.
Bertelsmann AG, Medienkonzern mit Sitz in Gütersloh, hervorgegangen aus dem 1835 von Carl *Bertelsmann* (* 1791, † 1850) gegr. *C. Bertelsmann Verlag.* Die Entwicklung zum internat. tätigen Medienunternehmen begann nach dem 2. Weltkrieg unter der Leitung von R. *Mohn.* Zur B. gehören heute Buch- u. Zeitschriftenverlage (u. a. *Gruner & Jahr),* Buch- u. Schallplattengemeinschaften, Musik *(BMG),* Film *(UFA),* Fernsehen *(RTL),* Druck- u. Industriebetriebe u. Dienstleistungsunternehmen.
Berthold von Henneberg, * 1442, † 1504, Erzbischof u. Kurfürst von Mainz 1484–1504; versuchte, in der Reichsverfassung die Macht der Stände, bes. der Kurfürsten, zu verankern.
Berthold von Regensburg, * um 1210, † 1272, dt. Franziskaner; bed. Prediger des MA.
Berthollet [-'lɛ], Claude Louis Graf von, * 1748, † 1822, frz. Chemiker u. Physiker; führte Studien über chem. Affinität u. Massenwirkung durch.
Bertillon [bɛrti'jɔ̃], Alphonse, * 1853, † 1914, frz. Anthropologe; führte anthropometr. Methoden zur Erkennung von Verbrechern ein, die *Bertillonage,* die später durch das Fingerabdruckverfahren ersetzt wurde.
Bertoldo di Giovanni [-dʒɔ'vanni], * um 1420, † 1491, ital. Bildhauer; Schüler *Donatellos* u. Lehrer *Michelangelos.*
Bertolucci [-'lutʃi], Bernardo, * 16.3.1941, ital. Filmregisseur; W »Der letzte Tango in Paris«, »Der letzte Kaiser«, »Little Buddha«.
Bertram → Meister Bertram.
Bertran de Born [-'trã-], Vicomte de *Hautefort,* * um 1140, † 1215, provençal. Troubadour (Minnelieder u. polit. Kampflieder).
Bertrich, *Bad B.,* Gem. in Rhld.-Pf., in der S-Eifel, 1000 Ew.; Heilbad, Glaubersalzquelle.
Berufsaufbauschule, meist nach Fachrichtungen gegliederte Schule der berufl. Ausbildung, v. a. für Hauptschulabsolventen neben oder nach einer Berufsausbildung; vermittelt die Fachschulreife.
Berufsberatung, Erteilung von Rat u. Auskunft in Fragen der Berufswahl einschl. des Berufswechsels; wahrgenommen von der *Bundesanstalt für Arbeit.*
Berufsbild, Beschreibung eines Berufs mit möglichst vollständiger Darstellung des Arbeitsgebiets, der Anforderungen, des Ausbildungsgangs, der Aufstiegsmöglichkeiten.
Berufsfachschule, bereitet auf einen handwerkl., kaufmänn., hauswirtsch. Beruf vor, ohne eine prakt. Berufsausbildung vorauszusetzen; ersetzt vielfach eine Ausbildung im Betrieb sowie die *Berufsschule;* Abschluß berechtigt zum Besuch der *Fachoberschule.*
Berufsgeheimnis, Pflicht der Rechtsanwälte, Wirtschaftsprüfer, Steuerberater, Eheberater, Sozialarbeiter, Ärzte, Apotheker u. a. sowie deren Gehilfen, die ihnen kraft ihres Amtes bzw. Berufs anvertrauten Privatgeheimnisse zu bewahren *(Schweigepflicht).*
Berufsgenossenschaften, als öffentl.-rechtl. Körperschaften die Träger der sozialen Unfallversicherung.
Berufskrankheiten, melde- u. entschädigungspflichtige Krankheiten, die bei bestimmten Berufen gehäuft auftreten u. durch Gesetz den Betriebsunfällen gleichgesetzt sind. Zu den B. gehören durch chem., physikal. u. gemischte Einwirkungen, durch Infektionserreger, Parasiten u. verschiedenartige Einwirkungen verursachte Krankheiten sowie Hauterkrankungen.
Berufsschule, Pflichtschule für Absolventen allgemeinbildender Schulen, die in einem Ausbildungs- oder Arbeitsverhältnis stehen oder arbeitslos sind (im Rahmen der Schulpflicht, die bis zum 18. Lebensjahr besteht).
Berufsunfähigkeit, *Standesinvalidität,* Unfähigkeit, seinen Beruf auszuüben; liegt vor, wenn die Arbeitsfähigkeit auf weniger als die Hälfte der eines körperl. u. geistig Gesunden von ähnl. Ausbildung, Fähigkeit u. Kenntnis herabgesunken ist; begr. in der sozialen Rentenversicherung einen Rentenanspruch.
Berufung, Rechtsmittel, durch dessen Einlegung von einem (höheren) zweitinstanzl. Gericht begehrt wird, ein erstinstanzl. gerichtl. Urteil aufgrund tatsächl. u. rechtl. Nachprüfung aufzuheben oder abzuändern.
Beruhigungsmittel → Sedativa.
Beryll → Mineralien.
Beryllium → chem. Elemente.
Berzelius, Jöns Jacob Frhr. von, * 1779, † 1848, schwed. Chemiker; begr. die dual. Hypothese der chem. Bindung, entdeckte u. a. das Selen, führte die Begriffe *Isomerie* u. *Katalysator* u. die heute gebräuchl. chem. Zeichensprache ein.
Besamung, der Befruchtung vorangehendes Heranbringen der männl. Geschlechtszellen (Samen) an die weibl. Geschlechtszellen; entweder als freie B. im Wasser oder als Begattung *(Kopulation).* – *Künstl. B., künstl. Befruchtung,* durch den Menschen vorgenommene Übertragung von Samenflüssigkeit in die weibl. Geschlechtsorgane; wird bei der Zucht von Haustieren u. Nutzpflanzen angewendet; wird heute auch beim Menschen durchgeführt, wenn Zeugungsunfähigkeit des Mannes oder Sterilität der Frau besteht.
Besan, *Besahn,* Gaffelsegel am achtersten Mast *(B.mast)* eines Segelschiffs.
Besançon [bəzã'sɔ̃], Stadt u. Festung in O-Frankreich, am Doubs, 120 000 Ew., Reste röm. Bauten, roman.-got. Kathedrale; Univ.
Besatzungsstatut, 1949 von den drei Westmächten (USA, Großbrit., Frankreich) vereinbarte Regelung, die das Besatzungsregime auf eine vertragl. Grundlage stellte u. die Befugnisse der Alliierten gegenüber der BR Dtld. regelte. Mit dem Wirksamwerden des Deutschlandvertrags 1955 trat das B. außer Kraft, wobei einige Vorbehaltsrechte der Alliierten bestehenblieben.
Beschälseuche, *Dourine,* meldepflichtige Geschlechtskrankheit der Pferde, hervorgerufen durch das Geißeltierchen *Trypanosoma equiperdum.*
Beschlagnahme, amtl. Sicherstellung von Gegenständen, bes. in der Zwangsvollstreckung (z.B. Arrest, Pfändung), Zwangsversteigerung u. Zwangsverwaltung, sowie als B. von Beweismitteln im Strafprozeß; auch amtl. Sicherstellung u. Einziehung sämtlicher Exemplare eines Buchs, einer Zeitungs- oder Zeitschriftenausgabe u. ä.
Beschleuniger, *Beschleunigungsanlage* → Teilchenbeschleuniger.
Beschleunigung, Zunahme der *Geschwindigkeit* in der Zeiteinheit; Einheit m/s^2.
Beschluß, nicht in Urteilsform ergehende, in der Regel nur Verfahrensfragen betreffende gerichtl. Entscheidung, die keine vorherige mündl. Verhandlung erfordert.
Beschneidung, ritueller Brauch mancher Völker, den Knaben in einem bestimmten Alter die Vorhaut abzuschneiden *(Zirkumzision)* oder einzuschneiden *(Inzision),* zuweilen auch den Mädchen die Klitoris zu entfernen; Teil der Reifeweihen, der *Initiation,* bei vielen Völkern im semit. Asien, in Ozeanien, Afrika u. in Teilen Amerikas.
Beschwerde, Rechtsmittel gegen gerichtl. Beschlüsse u. Verfügungen.
Besenginster, Gatt. der *Schmetterlingsblütler;* in Dtld. gelbblühender Strauch.
Besenheide → Heidekraut.
Besetzung, 1. Verteilung der Rollen eines Theaterstücks auf die Darsteller. – **2.** → Okkupation.
Besitz, tatsächl. Herrschaft einer Person über eine Sache; zu unterscheiden vom → Eigentum.
Besitzsteuern, Steuern auf den Besitz (Vermögen u. Erbschaft), i.w.S. auch auf Einkommen u. Ertrag.
Beskiden, stark bewaldetes Mittelgebirge in Polen u. der Slowakei; Teil der Karpaten.
Besoldung, Arbeitseinkommen der Beamten, Richter u. Soldaten.
Bessarabien, fruchtbare Ldsch. im östl. Karpatenvorland zw. Pruth u. Dnjestr in Moldova (Moldawien); im N z. T. bewaldetes Hügelland, im S Steppe; 44 400 km²; Bev.: Rumänen, Ukrainer; bis zur Aussiedlung 1940 auch Deutsche. Seit Ende des 15. Jh. war B. unter türk. Herrschaft, seit 1812 russ., 1918–40 rumän.; 1940 wurde B. von Rumänien an die UdSSR abgetreten; 1941–44 vorübergehend wieder rumänisch.
Bessel, Friedrich Wilhelm, * 1784, † 1846, dt. Astronom u. Mathematiker; seit 1810 Direktor der neuen Königsberger Sternwarte. 1837/38 gelang es ihm, erstmals die Entfernung eines Fixsterns zu messen.
Bessemer, Sir Henry, * 1813, † 1898, engl. Ingenieur; erfand das für die Stahlerzeugung bahnbrechende Windfrischverfahren **(B.-Verfahren),** bei dem in birnenförmigen, feuerfest ausgekleideten Stahlbehältern **(B.-Birnen)** schmelzflüssiges Roheisen durch Hindurchblasen von Luft vom Kohlenstoff u. von anderen Beimengungen befreit u. in schmiedbaren Stahl verwandelt wird.
Best, Charles Herbert, * 1899, † 1978, kanad. Physiologe US-amerikan. Herkunft; entdeckte gemeinsam mit F. *Banting* u. J. J. R. *MacLeod* 1921 das Insulin.
Bestallung, staatl. Berufszulassung für Ärzte u. Apotheker *(Approbation).*
Bestäubung, Übertragung des Blütenstaubs *(Pollen);* bei nacktsamigen Pflanzen direkt auf die freiliegende Samenanlage, bei bedecktsamigen auf die Narbe des Fruchtknotens; bei *Selbstbestäubung (Autogamie)* findet B. innerhalb einer Blüte durch deren eigenen Pollen statt; meist jedoch zw. verschiedenen Blüten, entweder als *Nachbarbestäubung (Geitonogamie)* zw. Blüten derselben Pflanze oder als *Fremdbestäubung (Xenogamie)* zw. Blüten verschiedener Pflanzen derselben Art. Die B. erfolgt durch Wind, Wasser, vorwiegend jedoch durch Tiere, v. a. Insekten.
Bestechung, Vorteilsangebot gegenüber einem Amtsträger (Beamter, Richter), um eine gewünschte Amtshandlung zu erwirken (aktive B.) sowie Vorteilsannahme durch einen Amtsträger (passive B.); wird mit Freiheitsstrafen bis zu 5 Jahren geahndet.
Besteck, 1. ärztl. Instrumentarium, z.B. Operations-B. – **2.** der jeweilige Schiffsort auf See; bestimmt nach geograph. Länge u. Breite durch Messen der Gestirnhöhen mit naut. Instrumenten u. durch Beobachten von Kurs u. Geschwindigkeit mit dem Kompaß sowie der Ortszeit mit dem Chronometer.
Bestiarium, Titel mittelalterl. Tierbücher.
Bestrahlung, die Anwendung von natürl. oder künstl. erzeugten Strahlungen sämtl. Wellenbereiche zu Heilzwecken oder zur Diagnostik.
Bestseller, ein Buch, das einen sehr großen Verkaufserfolg erzielt.
Beta-Blocker, Abk. für *Beta-Rezeptoren-Blocker,* Arzneimittel, die die Wirkung einer Erregung des vegetativen Nervensystems auf das Herz hemmen; Anwendung bei Herzrhythmusstörungen, Bluthochdruck, Angina pectoris u. ä.
Betastrahlen, aus schnellen Elektronen bestehende radioaktive Strahlung.
Betatron, Kreisbeschleuniger für Elektronen: eine Art Transformator, bei dem Elektronen durch ein zeitl. anwachsendes Magnetfeld auf einer Kreisbahn geführt u. durch ein elektr. Feld beschleunigt werden; spielt in der Medizin eine Rolle bei der Tumorbehandlung.
Betäubung, teilw. Ausschaltung des Bewußtseins durch Stoß, Gifteinwirkung oder Sauerstoffmangel; i.e.S. Ausschaltung der Schmerzempfindung. Dabei werden bei der *Anästhesie* die anderen Bewußtseinseigenschaften erhalten, während bei der *Narkose* das Gesamtbewußtsein ausgeschaltet wird. – **B.smittel,** Arzneimittel, die die Schmerzempfindung herabsetzen oder aufheben; viele können suchterregend wirken u. als Rauschgift mißbraucht werden (Opium, Morphin u. a.); daher sind sie meist rezeptpflichtig u. unterliegen dem *B.smittelgesetz.*
Betazerfall, radioaktiver Zerfall, bei dem ein Atomkern seine Kernladungszahl um eine Einheit, seine Massenzahl aber nicht ändert; dabei werden Betateilchen (Elektronen oder Positronen) frei.
Beteigeuze, Riesenstern von 500 Mio. km Durchmesser; hellster, rötl. gefärbter Stern des *Orion.*
Beteiligung, dauernde oder vorübergehende Kapitaleinlage einer Person oder Personenmehrheit bei einer Handelsgesellschaft (z.B. OHG, KG, AG), verbunden mit Gewinn- u. Risikobeteiligung.
Betel, süd- u. südostasiat. Genußmittel aus der Frucht der *Arekapalme,* die in Scheiben geschnitten, mit Kalk bestrichen u. mit Blättern des *Betelpfeffers* umhüllt u. gekaut wird.
Bethanien, bibl. Ort zw. Jerusalem u. Jericho, östl. des Ölbergs; Wohnort des *Lazarus* (Joh. 11),

Bethe

daher häufiger Name für Krankenhäuser, Missionsstationen u. ä.

Bethe, Hans Albrecht, * 2.7.1906, dt. Physiker; seit 1935 in den USA; entwickelte eine Theorie über die Entstehung der Energiestrahlung der Sterne (*B.-Weizsäcker-Zyklus*); Nobelpreis 1967.

Bethel, 1. bibl. Stadt nördl. von Jerusalem, alte israelit. Kultstätte. – **2.** heute *von Bodelschwinghsche Anstalten* in Bielefeld, nach ihrem Gründer Friedrich von *Bodelschwingh;* zahlr. Kliniken, Schulen u. Ausbildungsstätten, Epilepsiezentrum, Heime für Nichtseßhafte u. schwer erziehbare Jugendliche.

Bethesda, *Bethsaida,* große baul. Anlage in Jerusalem mit fünf Säulenhallen um einen Doppelteich, dessen Wasser als heilkräftig galt.

Bethe-Weizsäcker-Zyklus, von H. A. *Bethe* u. C. F. von *Weizsäcker* 1938 gefundener atomarer Prozeß, der die Energieerzeugung in der Sonne u. in vielen anderen Sternen erklärt: 4 Wasserstoffatomkerne (Protonen [H]) lagern sich zu 1 Heliumatomkern (He) zusammen (Kernfusion). Dabei wird ein winziger Teil der Masse der ursprüngl. Protonen in Energie verwandelt.

Bethlehem, arab. *Beit Lahm,* Stadt in Judäa, südl. von Jerusalem, 35 000 Ew.; nach der Überlieferung Geburtsort *Jesu;* Geburtskirche, 325 von Konstantin gegr.

Bethmann, Frederike, geb. *Flittner,* * 1768, † 1815, dt. Schauspielerin u. Sängerin; gefeierte Künstlerin der Romantik.

Bethmann Hollweg, Theobald von, * 1856, † 1921, dt. Politiker; Reichskanzler 1909–17; um eine Verständigung mit England bemüht; von der Heeresleitung zum Rücktritt gezwungen.

Beton [beˈtɔŋ], Baustoff aus *Zuschlagstoffen* (Sand, Kies), *Bindemitteln* (Zement, Kalk, Asphalt) u. Wasser, der im frischen Zustand breiig u. formbar ist u. nach kurzer Zeit zu einem festen, steinartigen Körper erstarrt. Nach den Zuschlagstoffen u. der daraus resultierenden Rohdichte unterscheidet man *Leicht-B.* u. *Schwer-B.*. **Stahl-B.** ist mit Stahleinlagen versehener B.; **Spann-B.** enthält ebenfalls Stahleinlagen, die aber mit sehr starken Zugkräften vorgespannt werden, so daß der B. biegsam u. elastisch wird.

Betrieb, jedes einheitl. geleitete Wirtschaftsunternehmen zur Hervorbringung von Güter u. Leistungen.

Betriebsgeheimnis, Tatsachen, die wirklich geheim, für den Betrieb von Wichtigkeit u. dem Arbeitnehmer als geheimzuhalten erkennbar sind, z.B. techn. Verfahren, Herstellungsarten, Absatzgebiete u. a.; Verrat zu Wettbewerbszwecken oder in Schädigungsabsicht ist strafbar.

Betriebskapital, *i.w.S.* das zur Durchführung des Betriebszwecks erforderl., meist in Anlagen, Forderungen, Vorräten u. ä. gebundene Kapital; *i.e.S.* nur das *Umlaufvermögen* oder sogar nur die liquiden Mittel.

Betriebsklima, Gesamtausdruck der seel. Einstellungen u. sozialen Verhaltensweisen der Angehörigen eines Betriebs.

Betriebskrankenkassen, Träger der Krankenversicherung für einzelne Betriebe; sie treten an die Stelle der *Allg. Ortskrankenkasse.* Ihre Errichtung ist zulässig für gewerbl. Betriebe mit regelmäßig mindestens 450 Versicherungspflichtigen.

Betriebsprüfung, steuerl. Überprüfung der Buchführung eines Betriebes.

Betriebsrat, Vertretungsorgan der Belegschaft eines Betriebs mit dem Recht zur innerbetriebl. Mitbestimmung in sozialen, personellen u. teilw. auch wirtschaftl. Angelegenheiten; geregelt im Betriebsverfassungsgesetz von 1972.

Betriebsvereinbarung, Vertrag zw. Arbeitgeber u. Betriebsrat im Rahmen des Mitwirkungs- u. Mitbestimmungsrechts des Betriebsrats über betriebl. Fragen bes. im sozialen Bereich.

Betriebsverfassungsgesetz, Abk. *BetrVg,* in der Fassung von 1972, regelt die Mitbestimmungsrechte der Arbeitnehmer in den Betrieben, indem es Stellung u. Aufgaben der Arbeitnehmervertretung (Betriebsrat) festlegt.

Betriebsversammlung, Versammlung aller Arbeitnehmer eines Betriebs, das betriebsverfassungsrechtl. Organ der Belegschaft. Ihr hat der Betriebsrat einen Tätigkeitsbericht zu geben; sie darf nur Fragen behandeln, die zum Aufgabenbereich des Betriebsrats gehören.

Betriebswirtschaftslehre, Teil der *Wirtschaftswiss.,* der sich mit dem wirtschaftl. Geschehen in den einzelnen Betrieben u. deren Beziehungen untereinander befaßt.

Betrug, Schädigung eines anderen durch Täuschung, um sich oder einen Dritten rechtswidrig zu bereichern.

Betschuanaland →Botswana.

Bettelheim, Bruno, * 1903, † 1990, östr.-US-amerik. Psychologe; zahlr. Werke zur Sozialpsychologie, pädagog. Psychologie u. Therapie verhaltensgestörter Kinder. Ⓦ »Liebe allein genügt nicht«, »Die Geburt des Selbst«, »Kinder brauchen Märchen«.

Bettelorden, *Mendikanten,* im 13. Jh. entstandene Form des Mönchtums, die das Gebot der Armut in den Vordergrund stellt. Unter den »vier B.« des MA versteht man die *Dominikaner, Franziskaner, Karmeliter* u. *Augustiner-Eremiten.*

Betti, Ugo, * 1892, † 1953, ital. Schriftst.; neben L. *Pirandello* bed. ital. Dramatiker der Moderne.

Beugung, 1. *Grammatik:* →Flexion. – **2.** *Physik:* Abweichung von der geradlinigen Ausbreitung bei Wellen (Wasser-, Schall-, Lichtwellen, Elektronenstrahlen u. ä.). Eine B. tritt deutl. in Erscheinung, wenn die Welle auf einen kleinen Gegenstand trifft oder durch eine Öffnung hindurchgeht, deren Ausdehnung kleiner ist als die Wellenlänge.

Beule, umschriebene, meist schmerzhafte Schwellung an der Körperoberfläche als Folge stumpfer Verletzungen u. dadurch bedingter Gewebszerreißungen u. -blutungen (*Blut-B.*) oder umschriebener Eiteransammlungen (*Eiter-B.*).

Beurkundung, schriftl. Niederlegung rechtl. erhebl. Willenserklärungen durch eine Urkundsperson (Notar); vielfach gesetzl. vorgeschrieben.

Beuron, Wallfahrtsort in Ba.-Wü. am Durchbruch der Donau durch die Schwäb. Alb., nördl. von Tuttlingen, 1200 Ew.; Benediktinerabtei 1863 gegr.; Mittelpunkt der Liturg. Bewegung.

Beuteltiere, *Marsupialia,* urtüml. *Säugetiere,* die noch unvollkommen entwickelte Junge gebären, welche ihre Entwicklung im Brutbeutel der Mutter vollenden; dabei verwächst der Mundrand der Jungen mit der Zitze, die die Milch reflektor. entleert. – Die Blütezeit der B. lag in der Kreidezeit u. im frühen Tertiär; heute kommen sie, bis auf die amerik. Beutelratten, nur noch in Australien u. auf den umliegenden Inseln vor. Die B. umfassen die (Über-)Fam. der *Beutelratten, Raubbeutler, Beutelmaulwürfe, Beuteldachse, Opossummäuse, Kletterbeutler, Plumpbeutler* u. *Känguruhs* mit insges. 71 Gatt. u. rd. 240 Arten.

Beuthen, poln. *Bytom,* Industriestadt in Oberschlesien, in der poln. Wojewodschaft Katowice, 240 000 Ew.; Kohlen-, Zink- u. Bleibergbau, Eisenhütten, Maschinen- u. chem. Ind.

Beuys [bɔis], Joseph, * 1921, † 1986, dt. Objektkünstler; vertrat einen »erweiterten Kunstbegriff«, der auch Engagement für Politik u. Umweltfragen einschloß; inszenierte zahlr. spektakuläre Aktionen; verwendete für seine Objekte Materialien wie Fett, Filz, Honig, Wachs, Schokolade u. Blut.

Bevan [ˈbevən], Aneurin, * 1897, † 1960, brit. Politiker (Labour Party); führte die Sozialisierung des Gesundheitswesens durch.

Beveridge [ˈbevərɪdʒ], William Henry Baron, * 1879, † 1963, brit. Sozialpolitiker; schuf 1941/42 den nach ihm benannten **B.-Plan,** zur Grundlage bed. Sozialreformen in Großbrit. wurde: anstelle der karitativen Fürsorge trat ein staatl. Versicherungssystem.

Bevin [ˈbevɪn], Ernest, * 1881, † 1951, brit. Politiker (Labour Party); seit 1937 Vors. des Generalrats der Gewerkschaften, 1940–45 Arbeits-Min., 1945–51 Außen-Min.

Bevölkerung, die Gesamtheit der in einem bestimmten geograph. oder polit. Gebiet lebenden Menschen. Die B. der Erde hat sich von 1920–92 von 1,8 auf 5,5 Mrd. vermehrt; davon leben 60,2% in Asien, 13,5% in Amerika, 13,4% in Europa (einschließlich Rußland), 12,4% in Afrika u. 0,5% in Australien u. Ozeanien. Wie sich die B. der Erde weiterentwickeln wird, ist schwer vorauszusagen. Die Schätzungen differieren stark (für das Jahr 2000 zw. 6 u. 10 Mrd.). – **B.sdichte,** das Verhältnis der Zahl der Einwohner eines Gebiets zur Gebietsfläche in km^2. – **B.spolitik,** alle Maßnahmen des Staates zur Änderung der Bevölkerungsstruktur u. des Bevölkerungswachstums: familiengerechte Besteuerung (Kinderermäßigungen), Kindergeld, Ehestandsdarlehen u. a.

Bewährungsfrist →Strafaussetzung.

Bewährungshelfer, überwacht u. berät bei der *Strafaussetzung* zur Bewährung die Lebensführung des Verurteilten während der *Bewährungszeit.*

Bewegung, Lageänderung eines Körpers in bezug auf ein als ruhend angenommenes Koordinatensystem (Bezugssystem). Hierzu wird immer Zeit benötigt. Die B. heißt *gleichförmig,* wenn der Körper sich gradlinig mit konstanter Geschwindigkeit bewegt; eine *gleichmäßig beschleunigte* (oder verzögerte) B. liegt vor, wenn die Beschleunigung stets den gleichen Betrag u. die gleiche Richtung hat.

Beweis, 1. Nachweis der Richtigkeit eines Satzes aus den (zugestandenen) Voraussetzungen in Form einer *Schlußverknüpfung.* – **2.** vor Gericht das Herbeiführen der Überzeugung von der Wahrheit

Joseph Beuys

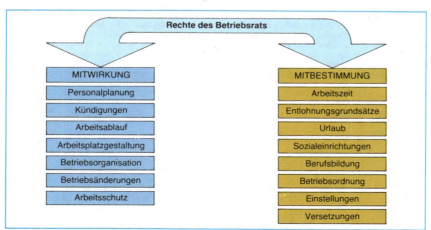

der Behauptungen der Prozeßbeteiligten durch Zeugen, Sachverständige, Urkunden, Geständnis, Parteivernehmung u. Augenschein *B.mittel).* –
B.last, im *Zivilprozeß* die einer Partei obliegende Verpflichtung, die ihr günstigen, aber bestrittenen Behauptungen zu beweisen. Kann das Gericht die Wahrheit einer Behauptung nicht feststellen, so ist gegen die Partei zu entscheiden, die ihrer B.last nicht nachgekommen ist.
Bewerbung, Bekundung des Interesses einer Person an einem Arbeitsplatz, einem Amt oder einer sonstigen Tätigkeit, in der Regel in schriftl. Form. Ein **B.sschreiben** besteht aus dem Anschreiben, in dem der Bewerber sein Interesse u. seine Qualifikationen für die angestrebte Tätigkeit angibt, dem Lebenslauf u. Zeugnissen.
Bewußtlosigkeit, *Besinnungslosigkeit,* völlige Ausschaltung des Bewußtseins; kurzdauernd bei Ohnmacht, sonst als Folge von Verletzungen, Erschütterungen u. Erkrankungen des Gehirns, bei Vergiftungen, auch solchen des inneren Stoffwechsels, bei schweren Infektionskrankheiten u. bei Einschränkung oder Absperrung der Sauerstoffzufuhr zum Gehirn.
Bewußtsein, *i.e.S.* das verstandesmäßige Gegenwärtig-Haben von Gegenständen, Zuständen, Erlebnissen; *i.w.S.* der Gesamtinhalt des seel. u. geistigen Erlebens.
Bey [beɪ], *Bei, Beg,* in der osman. Türkei Titel für Adlige u. höhere Offiziersränge; später als höfl. Anrede gebraucht (nachgestellt); amtl. heute *Bay.*
Beyle [bɛːl] →Stendhal.
Beza [ˈbeːza], eigtl. *de Bèze,* Theodor, *1519, †1605, schweiz. Theologe; nach *Calvin* Führer der reform. Kirche.
bezahlt, Abk. *bez, bz* oder *b,* hinter einer Kursnotierung Bez. dafür, daß zu diesem Kurs Umsätze gemacht worden sind; *bezahlt u. Geld (bez G, bG):* Umsätze bei überwiegender Nachfrage; *bezahlt u. Brief (bez B, bB):* Umsätze bei überwiegendem Angebot.
Béziers [beˈzje], Krst. in S-Frankreich im Dép. Hérault, an der Orb u. am Canal du Midi, 82 300 Ew.; Wein- u. Branntweinhandel.
Bezoarziege, Wildziege mit großen, säbelförmigen Hörnern von fast 100 cm Schulterhöhe; lebt in den Bergen Kretas u. W-Asiens.
Bezogener, derjenige, der laut Wechseltext einen gezogenen Wechsel bezahlen soll.
Bezugsrecht, Anspruch des Aktionärs auf einen bestimmten Anteil der bei einer Kapitalerhöhung herausgegebenen neuen Aktien.
BfA, Abk. für *Bundesversicherungsanstalt für Angestellte.*
BFBS [bi ɛf bi ɛs], Abkürzung für *British Forces Broadcasting Service,* bis 1964 *British Forces Network,* Abk. *BFN,* seit 1945 in Dtld. tätige Rundfunkeinrichtung mit Sitz in Köln, die über UKW-Sender in der ehem. brit. Zone u. in Berlin ein Programm für brit. Soldaten in Dtld. ausstrahlt.
BFD, Abk. für *Bund Freier Demokraten.*
BGB, Abk. für *Bürgerl. Gesetzbuch.*
Bhagalpur, Stadt in NO-Indien, am Ganges, 230 000 Ew.; Univ.; landw. Zentrum; Flugplatz.
Bhagawadgita, ind. Lehrgedicht im 6. Buch des *Mahabharata,* im Kern aus dem 2. Jh. v. Chr. Die B. empfiehlt als Heilsweg die persönl. Gottesliebe *(Bhakti)* u. gehört zu den meistgelesenen Schriften der Hindu aller religiösen Richtungen.
Bhagwan-Rajneesh-Bewegung [-radʒniːʃ-], *Neo-Sannyas-Bewegung,* Anhängerschaft des ind. Guru Bhagwan *Rajneesh* (*1931, †1990), der

Bhopal: Viele Einwohner der Stadt sind infolge der Giftgaskatastrophe von 1984 erblindet

1974–81 ein Meditations- u. Therapiezentrum in Poona leitete, das v. a. westl. Jugendliche u. Intellektuelle anzog.
Bhakti, gläubige Liebeshingabe an eine der hinduist. Gnadengottheiten (Schiwa, Wischnu, Kali), zugleich einer der drei Erlösungswege neben dem Weg des Werkes u. dem der Erkenntnis.
Bharat, amtl. Name der Rep. Indien.
Bhavnagar, Hafenstadt u. Distrikt-Hptst. in Gujarat (Indien), am Golf von Khambhat, 310 000 Ew.; Baumwollanbau; Textilind.
Bhawabhuti, ind. Dramatiker, um 700 n. Chr.
BHE, Abk. für *Block der Heimatvertriebenen u. Entrechteten.*
Bhopal, Hptst. des ind. Bundesstaats Madhya Pradesh, 680 000 Ew.; Flughafen. 1984 Giftgaskatastrophe, ausgelöst durch die amerik. Fa. Union Carbide (über 2000 Tote, viele Opfer erblindet).
Bhubaneshwar [-'nɛʃ-], Hptst. des ind. Bundesstaats Orissa, 220 000 Ew.; Univ.; hinduist. Tempel u. Schreine (6. – 15. Jh.); Agrarzentrum.
Bhutan, amtl. *Drug Yul,* Staat im Himalaya, 47 000 km², 1,4 Mio. Ew., Hptst. *Thimbu.* – Stark gebirgiges, schwer zugängl. Land. Die buddhist. Bewohner sind meist tibet. Einwanderer *(Bhotiyas).* Geringer Außenhandel mit Indien (Ausfuhr von Agrarprodukten).
G e s c h i c h t e : Die urspr. ind. Fürsten wurden im 9. Jh. von Tibetern vertrieben. Seit 1907 wird B. von einem (Erb-)Maharadscha regiert. Herrschende Religion ist der lamaist. Buddhismus. 1949 übertrug B. Indien die Führung seiner auswärtigen Angelegenheiten. Seit 1971 ist B. UN-Mitgl.
Bhutto, 1. Benazir, Tochter von 2), *21.6.1953, pakistan. Politikerin; 1988–90 u. seit 1993 erneut

Bhutan

Prem.-Min. – **2.** Zulfikar Ali Khan, *1928, †1979 (hingerichtet), pakistan. Politiker; 1971 Staatspräs., 1973–77 Prem.-Min.; 1977 gestürzt, 1978 zum Tod verurteilt.
Biafra →Nigeria.
Bialas, Günter, *19.7.1907, dt. Komponist; expressiver Klassizist.
Bialik, Chajim Nachman, *1873, †1934, hebr. Schriftst.; förderte mit Lyrik, Epik u. Übersetzungen das Hebräische als Literatursprache.
Białystok [bjauˈistɔk], Hptst. der gleichn. Wojewodschaft in N-Polen, 200 000 Ew.; Elektro-, Textil- u. Holzindustrie.
Biarritz, Seebad in SW-Frankreich, am Golf von Biscaya, 27 000 Ew.
Biathlon, »Doppelwettkampf«, Verbindung von Skilanglauf u. Schießübungen; Einzelwettbewerbe (Männer: 10 u. 20 km, Frauen: 7,5 u. 15 km) u. Staffeln.
Bibel, Buch der Bücher, Heilige Schrift, die als Offenbarung Gottes u. daher von allen christl. Kirchen u. Gruppen als normativ anerkannten Schriften des (hebr. geschriebenen) *Alten Testaments* (AT) u. des (griech. geschriebenen) *Neuen Testaments* (NT). – Die Schriften des AT werden in den meisten neueren Übersetzungen, allerdings nicht ganz einheitlich, in drei Gruppen eingeteilt, wobei nicht unerhebl. Unterschiede in der Einteilung, Zählung u. Benennung sowohl gegenüber dem im

Bezoarziege

Judentum geltenden hebr. Text des AT als auch gegenüber den alten griech. *(Septuaginta* u. a.) u. latein. *(Vulgata* u. a.) Übersetzungen des AT festzustellen sind. Die *Lutherbibel* teilt folgendermaßen ein: I. die Geschichtsbücher, II. die Bücher der Geschichte im Land, III. Lehrbücher, IV. prophet. Bücher. Das NT umfaßt: I. die Evangelien, II. die Apostelgeschichte, III. die Lehrbücher, IV. die Offenbarung des Johannes *(Apokalypse).* T →S. 114. – **B.gesellschaften,** gemeinnützige Vereinigungen zur Verbreitung der B.
Biber, *Nagetier,* mit plattem Schuppenschwanz u. Schwimmfüßen; kommt in Eurasien u. Nordamerika vor; fällt Baumstämme u. legt damit kunstvolle Dammbauten an; im 19. Jh. bis auf kleine Restbe-

Bibel-Fragment aus Pontigny, Initiale mit dem Sechstagewerk; Anfang 13. Jahrhundert. Paris, Bibliothèque Nationale

stände ausgerottet; heute auch im W Dtld.s wieder angesiedelt.
Biberach, an der Riß, Krst. in Ba.-Wü., in Oberschwaben, 29 000 Ew.; Altstadt mit Giebelhäusern des 15. u. 16. Jh.; Kneippkuranstalt.
Bibernelle, *Pimpinella,* ein *Doldengewächs.* Die Wurzeln von *Pimpinella saxifraga* u. *Pimpinella major* werden bei Verdauungsstörungen, gegen

Bhutan: Kloster Paro Dsong

Husten u. als Wundmittel verwendet. *Pimpinella anisum* liefert das Gewürz Anis.
Biberratte →Sumpfbiber.
Bibiena, *Galli da B.*, ital. Künstlerfamilie des 17. u. 18. Jh., tätig insbes. auf dem Gebiet der hoch- u. spätbarocken Theaterarchitektur u. -dekoration.
Biblia pauperum →Armenbibel.
Bibliographie, »Bücherverzeichnis«, Verzeichnis oder Katalog von Buchtiteln u. a. Veröffentlichungen, zusammengestellt u. geordnet nach bestimmten Gesichtspunkten. Aus der B. hat sich im 20. Jh. die Dokumentation entwickelt.
Bibliographisches Institut AG, Mannheim, Wien, Zürich, gegr. 1826 von J. Meyer in Gotha, 1828 nach Hildburghausen, 1874 nach Leipzig verlegt, seit 1915 AG, 1946 enteignet (VEB), 1953 Verlegung nach Mannheim; 1984 Fusion mit *F. A. Brockhaus;* 1991 wurden die Verlagshäuser in Leipzig u. Mannheim wieder vereinigt. Verlagsgebiete u. a.: Lexika, Wörterbücher *(Duden)* u. a. Nachschlagewerke, Atlanten u. wiss. Lehrwerke.
Bibliomanie, krankhafter Drang, Bücher u. Handschriften zu sammeln.
Bibliophilie, Liebhaberei für bes. wertvolle, seltene Bücher.
Bibliothek, Bücherei; nach bestimmten Ordnungsprinzipien angelegte Büchersammlung u. das Gebäude dafür; öffentl. B.en verleihen befristet zur Mitnahme, verfügen aber meist auch über eine Präsenzbücherei; unmittelbaren Zugang zu den Beständen bietet die Freihandbücherei. In den großen B. unterrichtet man sich an den *Katalogen* über die vorhandenen Bücher, die dann nach Bestellung aus den Magazinen geholt werden.
Nach Sammelaufgabe u. Buchbestand kann man unterscheiden: wiss. Allgemein-B.en wie z.B. *National-B.en, Staats-, Universitäts-, Landes-, Stadt-B.en.* Ferner gibt es spezielle B.en, die z.B. von Kirche, Industrie u. Wirtschaft getragen werden. Neben den wiss. Stadt-B.en haben die *öffentl. B.en* (früher: Büchereien) zunehmend an Bedeutung gewonnen, während die *Leih-B.en* privater u. gewerbl. Art kaum noch von Bedeutung sind.

Biedermeier: Carl Spitzweg, Der Schmetterlingsfänger; um 1840. Wiesbaden, Städtisches Museum

Biblis, Gem. in Hessen, nördl. von Mannheim, 8200 Ew.; Kernkraftwerk.
Bichsel, Peter, *24.3.1935, schweiz. Schriftst.; schrieb Geschichten, hinter deren äußerer Schlichtheit sich Abgründiges verbirgt.
Bickbeere →Heidelbeere.
Bidault [bi'do], Georges, *1899, †1983, frz. Politiker; 1946 u. 1949/50 Min.-Präs.; bekämpfte die Algerienpolitik de Gaulles; ging 1963 nach Brasilien ins Exil, 1968 amnestiert.
Bidermann, Jakob, *1578, †1639, dt. Dichter; Bahnbrecher des *Jesuitendramas.*
Bidet [-'de], kleine, längl. Sitzbadewanne.
Biedenkopf, Stadt in Hessen, an der oberen Lahn, 15 000 Ew., Luftkurort; Eisen-, Kunststoff-, Textilindustrie.
Biedenkopf, Kurt Hans, *28.1.1930, dt. Rechtswissenschaftler u. Politiker (CDU); 1973–77 Generalsekretär der CDU, 1986/87 Vors. des CDU-Landesverbands NRW; seit Nov. 1990 Min.-Präs. des Freistaats Sachsen.
Biedermeier, Stilbez. für Formen der dt. Wohnkultur, Malerei u. Literatur zw. 1815 u. 1848. Klar u. zweckmäßig gebaute, leichte, zierl. u. handwerkl. vorzügl. gearbeitete Möbel, helle, geblümte Stoffe u. weich geschwungene Linien bestimmen den Eindruck des Raums. Der behagl. Wohnraum des B. ist typisch für die friedl. kleinbürgerl. Atmosphäre der vorrevolutionären Zeit. Auch in der Malerei wird diese Stimmung faßbar; dargestellt werden das bürgerl. Kleinstadt- u. Wohnmilieu, idyll. Landschaften u. unpathet., einfache Menschen. Hauptmeister: C. *Spitzweg* (Frühwerk), F.G. *Waldmüller,* J. P. *Hasenclever,* J. *Oldach.* – Vertreter des literar. B.: F. *Grillparzer,* A. *Stifter,* E. *Mörike.*
Biel, frz. *Bienne,* Industriestadt in der Schweiz, im Kt. Bern, am *B.er See,* 58 000 Ew.; mittelalterl. Stadtkern; Uhren- u. Werkzeugmaschinenind.
Bielefeld, Stadt in NRW, am Teutoburger Wald, zu Füßen der *Sparrenburg,* 320 000 Ew.; Univ., Fachhochschulen; Textilind. (Leinen), Nähmaschinen, Werkzeuge, Lebensmittelherstellung. – Bei B. Heil- u. Pflegeanstalt *Bethel.*
Bieler, Manfred, *3.7.1934, dt. Schriftst. (Hörspiele, Erzählungen, Romane, Filme); parodist.-satir. Kritik an Menschen u. polit. Zuständen.
Bienek, Horst, *1930, †1990, dt. Schriftst. (Lyrik, Prosa).
Bienen, *Apoidea,* Überfam. der *Stechimmen,* bei der die Weibchen die Brut mit Honig u. Pollen versorgen, der mit bes. Sammelapparaten eingetragen wird (Ausnahme Schmarotzer-B.); unterschieden werden *solitäre Sammel-B., parasitäre* oder *Schmarotzer-B.* u. *soziale B.,* die z. T. hochorganisierte Staaten bilden. – Die *Honigbiene* gehört zu den sozialen B. Ihre Staaten bestehen aus der *Königin* (Weisel; mit voll ausgebildeten Geschlechtsorganen), 30 000–75 000 *Arbeiterinnen* (Geschlechtsorgane rückgebildet) u. Drohnen (männl. Bienen). Die Königin wird während eines Hochzeitsflugs durch mehrere Drohnen begattet. Aus den befruchteten Eiern werden weibl. Bienen, die entweder zu Arbeiterinnen oder, durch bes. »Königinnenfutter« *(Weiselsaft, Gelée royale),* zu Königinnen herangefüttert werden. Aus unbefruchteten Eiern entstehen Drohnen, die am Ende des Sommers durch die Arbeiterinnen vertrieben oder getötet werden *(Drohnenschlacht).* Die Arbeit u. Brutpflege verrichten die Arbeiterinnen in Arbeitsteilung. Sie sammeln Nektar, der im Honigmagen in Honig umgewandelt u. im Stock wieder herausgewürgt u. in den Waben abgelagert wird. Mit den Hinterbeinen *(Körbchen)* sammeln sie Blütenstaub, der zur Nahrung für die Larven dient. Das Wachs für die Waben entsteht in Drüsen an der Bauchseite. Die Lage ergiebiger Futterquellen wird den Stockgenossinnen durch charakterist. Tänze *(B.sprache)* mitgeteilt. Honig-B. sind wirtschaftl. bedeutend als Honig- u. Wachslieferanten u. als Blütenbestäuber.
Bienenameisen, *Spinnenameisen, Ameisenwespen,* Fam. der *Stechimmen* von ameisenartigem Aussehen. Die Weibchen dringen in Bienen- u. Hummelbauten ein, um dort ihre Eier abzulegen.
Bienenfresser, *Meropidae,* Fam. der *Rackenvögel;* prächtig bunt gefärbte Vögel mäßig warmer bis trop. Gebiete, die sich ausschließl. von Insekten ernähren; in S-Europa der *Europ. Bienenfresser.*
Bienenhonig, Produkt der *Honigbienen;* hauptsächl. ein Gemisch von *Glucose, Fructose* mit wenig *Dextrinen* u. *Saccharose.*
Bienenkäfer, *Bienenwolf,* ein *Buntkäfer.* Die Larven schmarotzen oft in den Nestern von solitären oder in ungepflegten Stöcken von sozialen Bienen.
Bienenstich, Gebäck aus Hefeteig mit Belag aus Butter, Zucker, Mandeln oder Nüssen.
Bienenwachs, tier. Wachs, in dem gesättigte höhere Fettsäuren mit gesättigten höheren Alkoholen verestert sind; ein Ausscheidungsprodukt aus den Drüsen der *Honigbiene;* dient zum Aufbau der Honigwaben.
Bienenwolf, eine *Grabwespe,* die Honig- u. Erdbienen raubt u. als Futter für ihre Jungen einträgt.
Biennale [biɛ'naːlə], alle 2 Jahre stattfindende Veranstaltung; z.B. die Festwochen in Venedig (Film, moderne Kunst).
Bier, alkohol- u. kohlensäurehaltiges Getränk aus Malz, Hopfen, Hefe u. Wasser; Alkoholgehalt je nach B.sorte 3–7%; je nach Hefe unterscheidet man

Die Bücher der Bibel

A: Bezeichnung in der Lutherbibel
B: Bezeichnung nach den Loccumer Richtlinien von 1981 (Ökumenisches Verzeichnis der biblischen Eigennamen)

| *Altes Testament* | | *Neues Testament* | |
A	B	A	B
Das 1. Buch Mose	Genesis	Das Evangelium des Matthäus	Das Evangelium nach Matt(h)äus
Das 2. Buch Mose	Exodus	Das Evangelium des Markus	Das Evangelium nach Markus
Das 3. Buch Mose	Levitikus	Das Evangelium des Lukas	Das Evangelium nach Lukas
Das 4. Buch Mose	Numeri	Das Evangelium des Johannes	Das Evangelium nach Johannes
Das 5. Buch Mose	Deuteronomium	Die Apostelgeschichte des Lukas	Die Apostelgeschichte
Das Buch Josua	Das Buch Josua	Der Brief des Paulus an die Römer	Der Brief an die Römer
Das Buch der Richter	Das Buch der Richter	Der 1. und 2. Brief des Paulus an die Korinther	Der 1. und 2. Brief an die Korinther
Das Buch Ruth	Das Buch Rut	Der Brief des Paulus an die Galater	Der Brief an die Galater
Das 1. und 2. Buch Samuel	Das 1. und 2. Buch Samuel	Der Brief des Paulus an die Epheser	Der Brief an die Epheser
Das 1. und 2. Buch von den Königen	Das 1. und 2. Buch der Könige	Der Brief des Paulus an die Philipper	Der Brief an die Philipper
Das 1. und 2. Buch der Chronik	Das 1. und 2. Buch der Chronik	Der Brief des Paulus an die Kolosser	Der Brief an die Kolosser
Das Buch Esra	Das Buch Esra	Der 1. und 2. Brief des Paulus an die Thessalonicher	Der 1. und 2. Brief an die Thessalonicher
Das Buch Nehemia	Das Buch Nehemia	Der 1. und 2. Brief des Paulus an Timotheus	Der 1. und 2. Brief an Timotheus
Das Buch Esther	Das Buch Ester	Der Brief des Paulus an Titus	Der Brief an Titus
Das Buch Hiob	Das Buch Ijob	Der Brief des Paulus an Philemon	Der Brief an Philemon
Der Psalter	Die Psalmen	Der Brief an die Hebräer	Der Brief an die Hebräer
Die Sprüche Salomos	Das Buch der Sprichwörter	Der Brief des Jakobus	Der Brief des Jakobus
Der Prediger Salomo	Das Buch Kohelet	Der 1. und 2. Brief des Petrus	Der 1. und 2. Brief des Petrus
Das Hohelied Salomos	Das Hohelied	Der 1., 2. und 3. Brief des Johannes	Der 1., 2. und 3. Brief des Johannes
Jesaja	Das Buch Jesaja	Der Brief des Judas	Der Brief des Judas
Jeremia	Das Buch Jeremia	Die Offenbarung des Johannes	Die Offenbarung des Johannes
Klagelieder Jeremias	Die Klagelieder des Jeremia		
Hesekiel	Das Buch Ezechiel		
Daniel	Das Buch Daniel		
Hosea	Das Buch Hosea		
Joel	Das Buch Joel		
Amos	Das Buch Amos		
Obadja	Das Buch Obadja		
Jona	Das Buch Jona		
Micha	Das Buch Micha		
Nahum	Das Buch Nahum		
Habakuk	Das Buch Habakuk		
Zephanja	Das Buch Zefanja		
Haggai	Das Buch Haggai		
Sacharja	Das Buch Sacharja		
Maleachi	Das Buch Maleachi		

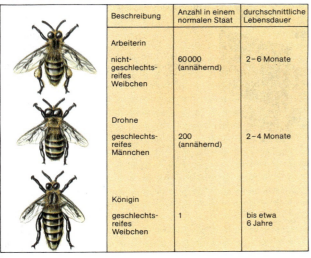

Beschreibung	Anzahl in einem normalen Staat	durchschnittliche Lebensdauer
Arbeiterin nicht-geschlechts-reifes Weibchen	60000 (annähernd)	2–6 Monate
Drohne geschlechts-reifes Männchen	200 (annähernd)	2–4 Monate
Königin geschlechts-reifes Weibchen	1	bis etwa 6 Jahre

Bienen: Der Staat der Honigbienen besteht aus Arbeiterinnen, Drohnen und der Königin. Die Königin sorgt für den Zusammenhalt des Stockes und legt täglich 1500 bis 2000 Eier. Drohnen befruchten die Königin, und die Arbeiterinnen suchen Nahrung, stellen die Waben her und führen auch alle übrigen Tätigkeiten im Stock aus

Bildplatte 115

Sammelbez. für Baukunst, Bildhauerkunst, Malerei, Graphik u. Kunstgewerbe; heute nur noch für die vier letztgenannten Gattungen verwendet; kurz auch *Kunst* genannt.

Bilderbogen, ein Einblattdruck, bei dem ein Bild im Mittelpunkt steht; seit dem 16. Jh.

Bilderrätsel, *Rebus,* Zusammenstellung von Bildern u. Zeichen, aus deren Wortlaut z.B. ein Sprichwort erraten werden soll.

Bilderschrift, *Piktographie,* die Anfangsstufe aller Schrift, bei der eine Mitteilung durch Aufzeichnung von Abbildungen natürl. Gegenstände erfolgt. Wird mit dem Bild nur dessen unmittelbarer Sinn verbunden, spricht man von *Ideenschrift* oder *Begriffsschrift.* Einen Schritt weiter führt die *Wortbildschrift,* bei der das Bild ein ganz bestimmtes Wort einer Sprache bedeutet u. zus. mit Nebenzeichen auch zur Niederschrift lautgleicher Wörter benutzt wird, so um 3000 v. Chr. in Ägypten u. Mesopotamien, in jüngerer Zeit bei den Chinesen. Von hier aus entwickelte sich die *Silben-* u. *Buchstabenschrift* (z.B. altägypt. *ro,* »der Mund«; das Bild eines Mundes steht dann für »r«).

untergärige B.e (die Hefe setzt sich nach dem Gärprozeß am Boden ab), z.B. Lager-B., Export, Pils, Märzen-B., Bock-B., Doppelbock, u. *obergärige B.e* (die Hefe schwimmt an der Oberfläche), z.B. Alt-B., Kölsch, Weizen-B., Berliner Weiße, Ale, Stout, Porter. Herstellung: Gerstenmalz wird nach Zerkleinerung (schroten) mit Wasser vermengt (*Maische*), unter Zusatz von Hopfen gekocht u. durch Hefe zur Gärung gebracht. Der Hopfen verleiht dem B. den etwas bitteren Geschmack u. ein typisches Aroma. Die Herstellung regelt in der BR Dtld. das *Biersteuergesetz,* in dem das *Reinheitsgebot* enthalten ist, das erstmals 1516 Herzog Wilhelm IV. in Bayern erließ.

Bier, August Karl Gustav, *1861, †1949, dt. Chirurg; begr. 1899 die Lumbalanästhesie u. entwickelte die Stauungsbehandlung (Hyperämiebehandlung, *B.sche Stauung*) bei Entzündungen.

Bierbaum, Otto Julius, *1865, †1910, dt. Schriftsteller (Romane, Lyrik).

Biermann, Wolf, *15.11.1936, dt. Schriftst., Kabarettist u. Protestsänger; schreibt, komponiert u. singt bänkelliederartige Balladen, Lieder u. Gedichte meist polit. Inhalts; wurde 1976 aus der DDR ausgebürgert.

Biermer, Anton, *1827, †1892, dt. Internist; beschrieb als erster (1868) die *perniziöse Anämie,* nach ihm auch *B.sche Krankheit* genannt.

Biesfliegen, Fam. großer *Fliegen,* deren Larven in Säugetieren schmarotzen; u. a. *Dasselfliegen, Nasenbremsen* u. *Magenbremsen.*

Bietigheim-Bissingen, Ind.-Stadt in Ba.-Wü., an der Enz, 38000 Ew.; mittelalterl. Stadtbild mit Fachwerkhäusern; Linoleumwerke.

Bifokalgläser → Brille.

Bigamie, *Doppelehe,* das Eingehen einer weiteren Ehe durch eine bereits verheiratete Person.

Big Band [-bænd], große Besetzung einer Jazz-Band, bei der die Melodie-Instrumente mehrfach besetzt sind. Die führende Stimme einer Instrumentengruppe spielt der *Leader.*

Big Ben, Glocke der Turmuhr im Londoner Parlamentsgebäude; 13½ t schwer.

Bihar, *Behar,* Bundesstaat in → Indien.

Bihari, Volks- u. Sprachgruppe (ca. 70 Mio.) im NO Indiens, bes. in *Bihar.*

Bijouterie [bi3u-], urspr. das Juwelengeschäft oder eine kunsthandwerkl.-modische Arbeit aus Edelsteinen; heute Schmuck aus weniger wertvollem Material.

Bikaner, ind. Oasenstadt in der Wüste Thar, 280000 Ew.; Teppich-, Wollwarenherstellung.

Bikini, Atoll von 10 Inseln nw. der Marshallinseln (Ralikgruppe); verseucht durch Atom- u. Wasserstoffbombenversuche der USA 1946–58.

bikonkav, beiderseits nach innen hohl (bei Linsen).

bikonvex, beiderseits nach außen gewölbt (bei Linsen).

Bilanz, Gegenüberstellung der durch eine Inventur festgestellten Gegenstände des *Anlage-* u. *Umlaufvermögens* u. der *Verbindlichkeiten* eines Unternehmens.

bilateral, zwei-, beiderseitig; zw. zwei Ländern; Ggs.: multilateral.

Bilbao, Prov.-Hptst. in N-Spanien, 421000 Ew.; got. Kathedrale (14. Jh.); Univ.; Eisen- u. Stahlerzeugung, Maschinen- u. Motorenbau, Hafen.

Bilche, *Schlafmäuse, Schläfer, Gliridae,* sehr alte Fam. der *Nagetiere;* von mausartiger Gestalt, meist nachtaktiv; B. der gemäßigten Breiten halten Winterschlaf; u. a. *Baumschläfer, Gartenschläfer, Haselmaus* u. *Siebenschläfer.*

bildende Kunst, im 19. Jh. aufgekommene

Bildplatte: Strahlenverlauf im Laserabtastsystem

Bilderstreit, *Ikonoklasmus,* in der byzantin. Geschichte der Streit um die Rechtmäßigkeit der Verehrung christl. Bilder. Der B. begann 726 mit dem von Kaiser *Leo III.* verkündeten Bilderverbot. Den Bilderverehrern (*Ikonodulen*) wurde von der Gegenpartei Abgötterei u. Häresie vorgeworfen. Der B. wurde 843 auf der Synode von Konstantinopel endgültig zugunsten der Bilderverehrer entschieden.

Bilderstürmer, Gegner kirchl. Kunstwerke, bes. jene Anhänger der *Reformation,* die bei unkontrollierten Volksaufläufen im 16. Jh. gewaltsam Bilder aus Kirchen entfernten.

Bildplatte, *Photogrammetrie,* Speichermedium zur Wiedergabe von bewegten Bildern u. Begleit-

Bienenfresser: Weißstirnspint

Bier: Brauer am Bierkessel

Bilche: Siebenschläfer mit Jungen

Bildröhre

ton; transparente Platte aus metallisierter PVC-Folie, auf der die Informationssignale digital so gespeichert sind, daß sie mit einem Laserstrahl abgetastet werden können.
Bildröhre →Braunsche Röhre; auch →Fernsehen.
Bildschirmtext, *Btx,* Form der Informationsübertragung, bei der Textnachrichten u. einfache Graphiken über das Fernsprechnetz übertragen u. auf dem Bildschirm eines Farbfernsehgerätes sichtbar gemacht werden. B.empfänger benötigen ein Telefon, ein Fernsehgerät mit *B.-Decoder* u. ein *Modem,* das das Gerät an das Fernsprechnetz anpaßt.
Bildstock, *Marterl,* ein an (Kreuz-)Wegen, an Bergen oder an Häusern errichtetes Kreuz, oft auch eine auf einer Säule oder in einer Nische angebrachte Darstellung von Heiligen; Ausdruck der Volksfrömmigkeit, zur Mahnung oder als Dank.
Bildtelefon, *Video-Telefon,* Fernsprecher mit Bildschirm u. elektron. Kamera. Da der Informationsgehalt eines Bildes etwa hundertmal so groß ist wie der eines Gesprächs, braucht man bes. aufwendige Übertragungseinrichtungen.
Bildtelegraphie, Verfahren zur Übertragung von Bildern über Leitungen u. Funkwege: Die Vorlage wird photoelektr. Punkt für Punkt abgetastet, u. im Empfänger wird eine Lichtquelle so gesteuert, daß das Photopapier entspr. belichtet wird.
Bildteppich, *Gobelin, Bildwirkerei,* ein der Wandbekleidung u. ä. Zwecken dienender Teppich mit bildl. Darstellungen; ein Erzeugnis der Textilkunst. Der echte B. wird mit der Hand am Wirkstuhl (*Hautelisse-* u. *Basselisse-Stuhl*) hergestellt. Sie dienten meist zur Ausstattung von Kirchen u. Wohnräumen.
Die Technik der Bildwirkerei war bereits im ägypt. Altertum bekannt. Zu den frühesten erhaltenen mittelalterl. Werken der B.-Kunst gehören der Bayeuxteppich aus dem 11. Jh. (ein 70 m langer Gobelin), drei Wirkteppiche aus dem Dom zu Halberstadt (12. Jh.) u. Teppiche der Kathedrale von Angers (14. Jh.).
Bildung, bewußte Formung der Kräfte des Menschen durch Aneignung kultureller Werte u. ihre Verarbeitung zu einer persönlichen Ganzheit; auch durch diese Formung erreichte Zustand. Logisches Denken, Ausdrucksfähigkeit, Tiefe der Empfindung u. Willensstärke sollen im selbsttätigen Umgang mit den *B.*-*gütern* entwickelt werden. – Die **B.**politik umfaßt alle polit. Maßnahmen zur Gestaltung des **B.**wesens, aller Einrichtungen u. Institutionen, die B. vermitteln.
Bildungsgewebe, *Meristem,* pflanzl. Gewebe, das im Gegensatz zum *Dauergewebe* noch teilungsfähig ist; z.B. die Zellverbände an den Sproß- u. Wurzelspitzen.
Bildungsroman, Sonderform des *Entwicklungsromans,* in dem die Bildungsweg des Menschen auf ein bestimmtes Entwicklungsziel hin dargestellt wird; z.B. Goethe »Wilhelm Meister«, H. Hesse »Das Glasperlenspiel«, G. Keller »Der grüne Heinrich«.
Bildwandler, elektronenopt. Gerät, das die von Gegenständen ausgesandten lichtschwachen oder nicht sichtbaren (z.B. infraroten oder ultravioletten) Strahlen in sichtbare umwandelt.
Bildwerfer →Projektor.
Bilge, Kielraum eines Schiffs.

Billardspieler bei einer Cadre-Partie

Bildschirmtext: Kombination aus Telefon und Btx-Terminal mit einem Thermodrucker

Bilharziose [nach dem dt. Arzt Th. Bilharz, *1825, †1862], *Schistosomiasis,* durch Saugwürmer hervorgerufene chron. Infektionskrankheit des Menschen u. a. Säugern in den Tropen u. Subtropen; befällt Blase, Darm u. Leber.
Bilingue, Inschrift oder Handschrift mit zweisprachigem Text gleichen Inhalts.
Bilinguität, Zweisprachigkeit.
Bill, engl. Bez. für Gesetzentwurf, Gesetzesvorlage, jurist. Schriftstück. – **B. of Rights,** engl. Staatsgrundgesetz (1689), mit dem das Parlament die Grundlagen der Verfassung bestimmte u. das Gesetz über Krone u. Dynastie stellte.
Bill, Max, *1908, †1994, schweiz. Architekt, Bildhauer u. Maler; 1927–29 als Architekt am Bauhaus; baute u. a. die Ulmer Hochschule.
Billard ['biljard], Kugelspiel auf einem rechteckigen, ebenen, mit grünem Tuch überzogenen Tisch, ringsum begrenzt von einem elast. Gummirand (*Bande*). Gespielt wird mit drei gleich großen Kugeln, die mit etwa 1,45 m langen Stöcken (*Queues*) gestoßen werden. Dabei muß mit dem (weißen) Spielball der andere weiße u. der rote Ball getroffen werden (*Karambolage-* oder *Franz. B.*).
Billiarde, Zahl: 1 B. = 10^{15} = 1000 Billionen.
Billinger, Richard, *1893, †1965, östr. Schriftst.; schrieb naturmag. Gedichte u. Dramen aus dem bäuerl. Leben.
Billion, Zahl: 1 B. = 10^{12} = 1000 Milliarden; in den USA u. in Frankreich jedoch: 1 B. = 10^9 = 1 Milliarde.
Billiton →Belitung.
Billroth, Christian Albert Theodor, *1829, †1894, dt. Chirurg; entwickelte zwei Formen der Magenresektion (*B.sche Operation*).
Bilsenkraut, Gatt. der *Nachtschattengewächse.* Das *Schwarze B.* enthält in den Blättern Alkaloide (*Hyoscyamin* u. *Scopolamin*) u. wird als Arzneipflanze verwendet.
Biluxlampe, Handelsname für Scheinwerferlampen mit zwei getrennt schaltbaren Glühfäden. Der Glühfaden für *Fernlicht* liegt im Brenhpunkt; der für *Abblendlicht* ist darüber in einer Kappe so angebracht, daß das Licht nur auf den oberen Teil des Scheinwerfers trifft.
Bimetall, ein aus zwei Metallen mit verschiedenen Ausdehnungskoeffizienten zusammengeschweißter Metallstreifen, der sich bei Erwärmung nach der Seite des Metalls mit dem kleineren Ausdehnungskoeffizienten hin krümmt; verwendet z.B. als elektr. Schutzschaltung u. zur Temperaturmessung.

Schwarzes Bilsenkraut

Bimsstein, blasiges, hellgraues, glashartes vulkan. Gestein; aus Vulkanen durch Freiwerden der Gase explosionsartig herausgeschleudert; dient v. a. zur Baustoffherstellung u. als Schleifmittel.
binär, aus zwei Informationseinheiten bestehend; z.B. die Dualzahlen.
Binärsystem, *Dualsystem,* Ziffernsystem mit der Grundzahl 2; baut mit 2 Ziffern (1 u. 0) alle Zahlen aus Potenzen von 2 auf; hauptsächl. zur Darstellung von Zahlen in elektron. Rechenanlagen benutzt; Ziffer 1 durch best. Spannungszustand, 0 durch das Fehlen von Spannung dargestellt.

$15 = \quad 8 + \quad 4 + \quad 2 + \quad 1$
$\quad = 1 \cdot 2^3 + 1 \cdot 2^2 + 1 \cdot 2^1 + 1 \cdot 2^0$
$\quad = 1111$ (oder auch LLLL)

Dezimalzahl		Dualzahl
1 =	$1 \cdot 2^0$ =	1 L
2 =	$1 \cdot 2^1 + 0 \cdot 2^0$ =	10 L0
3 =	$1 \cdot 2^1 + 1 \cdot 2^0$ =	11 LL
4 =	$1 \cdot 2^2 + 0 \cdot 2^1 + 0 \cdot 2^0$ =	100 L00
5 =	$1 \cdot 2^2 + 0 \cdot 2^1 + 1 \cdot 2^0$ =	101 L0L
6 =	$1 \cdot 2^2 + 1 \cdot 2^1 + 0 \cdot 2^0$ =	110 LL0
7 =	$1 \cdot 2^2 + 1 \cdot 2^1 + 1 \cdot 2^0$ =	111 LLL
8 =	$1 \cdot 2^3 + 0 \cdot 2^2 + 0 \cdot 2^1 + 0 \cdot 2^0$ =	1000 L000
9 =	$1 \cdot 2^3 + 0 \cdot 2^2 + 0 \cdot 2^1 + 1 \cdot 2^0$ =	1001 L00L
10 =	$1 \cdot 2^3 + 0 \cdot 2^2 + 1 \cdot 2^1 + 0 \cdot 2^0$ =	1010 L0L0

Bindegewebe, die Organe umhüllendes, verbindendes u. stützendes Gewebe, bestehend aus gallert. Grundmasse u. 3 Arten von Fasern, Retikulin-, elast. u. kollagenen Fasern; die versch. Arten von B. füllen Zwischenräume aus, bilden Sehnen u. Bänder u. Teile der Haut (Lederhaut).
Bindegewebsmassage, tiefgreifende Massage des Unterhautbindegewebes mit den Fingerkuppen; soll die inneren Organe, denen best. Hautregionen zugeordnet sind, reflektor. beeinflussen.
Bindehaut, *Conjunctiva,* im Winkelrauge die Schleimhaut, die den von den Augenlidern u. der Augenvorderseite gebildeten *Bindehautsack* auskleidet. – **B.entzündung,** *Konjunktivitis,* Reiz- u. Entzündungszustand der Bindehaut.
Bindewort →Konjunktion.
Binding, 1. Karl, *1841, †1920, dt. Rechtswissenschaftler; Hauptvertreter der klass. Strafrechtsschule (Strafe sei vorwiegend Vergeltung). – **2.** Rudolf Georg, Sohn von 1), *1867, †1938, dt. Schriftst.; vom Ideal männl. Ritterlichkeit geprägte u. um schöne Form bemühte Werke.
Bindung, 1. Zusammenhalt von Atomen in Molekülen u. Kristallgittern durch gemeinsame Elektronenpaare zw. 2 Atomen, durch elektrostat. Kräfte zw. Ionen, durch gemeinsame Gitterelektronen eines Kristalls. – **2.** Teil des Skis. – **3.** Art u. Weise, in der in einem Gewebe die beiden senkrecht zueinander stehenden Fadensysteme, *Kette u. Schuß,* miteinander verbunden sind.
Binet [bi'nɛ], Alfred, *1857, †1911, frz. Psychologe; arbeitete zuerst ein Testverfahren für Intelligenzprüfungen von Kindern u. Jugendlichen aus (*B.-Simon-System*).
Bingen, Stadt in Rhld.-Pf. an der Mündung der Nahe in den Rhein, 24000 Ew.; auf einer Rheininsel der *Mäuseturm* (um 1090 erbauter Zollturm), im Rhein das »Binger Loch« mit gefährl. Stromschnellen.
Bingo, Glücksspiel aus Großbrit.
Binh Dinh, *An Nhon,* Stadt an der Küste von Annam, Vietnam, 200 000 Ew.; Seiden-Ind.
Binnenhandel, der Teil des Handels, der sich innerhalb der Zollgrenzen eines Landes vollzieht, im Unterschied zum *Außenhandel.*
Binnenmeer, von Land umgebener Meeresteil, durch enge Zugänge mit dem offenen Meer verbunden; z.B. die Ostsee.
Binnenreim, der Reim zweier Wörter innerhalb derselben Verszeile.
Binnenschiffahrt, Beförderung von Personen u. Gütern auf Binnengewässern (Binnensee-, Fluß- u. Kanalschiffahrt); Ggs.: *Seeschiffahrt.*
Binnenwanderung, Bevölkerungsverschiebung innerhalb der Staatsgrenzen.
Binnig, Gerd, *20.7.1947, dt. Physiker; entwickelte zus. mit H. *Rohrer* das Rastertunnelmikroskop; dafür erhielten beide 1986 den Nobelpreis für Physik (zus. mit E. *Ruska*).
Binokel, 1. [das], *Binokular,* Vorrichtung an einem opt. Gerät, die ein Sehen mit beiden Augen erlaubt, z.B. beim Mikroskop; auch Bez. für einen Feldstecher. – **2.** [der], *Binagel, Pinnagel,* ein Kartenspiel.
Binom, zweigliedr. mathemat. Ausdruck a + b oder a - b.

binomischer Lehrsatz, Gesetzmäßigkeit für die Darstellung der Potenz eines *Binoms* durch die Summe von Potenzen u. Produkten; z.B.: $(a + b)^3 = a^3 + 3a^2b + 3ab^2 + b^3$.
Binse, *Juncus,* Gatt. der *Binsengewächse;* grasähnl., windblütige Pflanzen an feuchten Standorten.
Binsenwahrheit, allg. Bekanntes, Gemeinplatz.
Binswanger, Ludwig, *1881, †1966, schweiz. Psychiater; Begründer der *Daseinsanalyse.*
Binz, Seebad auf Rügen, 6400 Ew.
Biochemie, *physiolog. Chemie, chem. Physiologie,* Wiss. von den molekularen Grundlagen der Lebenserscheinungen; erforscht die chem. Natur der Zellbestandteile, deren Synthese- u. Abbauprozesse u. Stoffwechselvorgänge.
biochemischer Sauerstoffbedarf, Abk. *BSB,* Maßzahl zur Beurteilung der Wasserverschmutzung; sie gibt an, wie hoch der Verbrauch an gelöstem Sauerstoff durch die Lebensvorgänge der im Wasser aktiven Mikroorganismen beim Abbau von organ. Stoffen ist.
Biofeedback-Therapie [biofi:d'bæk-], psychosomat. Behandlungsverfahren, bei dem autonome Körperfunktionen, die der Mensch sonst kaum wahrnimmt (Blutdruck, Herzfrequenz) bewußt gemacht u. kontrollierbar werden.
Biogas, Gemisch aus bis zu 70% Methan u. Kohlendioxid, das bei der bakteriellen Zersetzung von organ. Materie unter Luftabschluß gewonnen wird; zur Energiegewinnung verwendbar.
biogenetische Grundregel, *biogenet. Grundgesetz, Rekapitulationstheorie,* von E. *Haeckel* (1866) formulierte Gesetzmäßigkeit, wonach die Einzelentwicklung eines Lebewesens eine abgekürzte Wiederholung der Stammesentwicklung ist.
Biogeographie, die Zweige der Geographie, die sich mit dem Leben auf der Erde, mit seiner Verteilung u. mit der Wechselwirkung zw. Lebewesen u. Landschaft befassen.
Biographie, *Lebensbeschreibung,* Aufzeichnung des äußeren Lebensweges u. der inneren Entwicklung einer Person, unter Einbeziehung ihrer Werke u. Leistungen u. ihrer Beziehungen zu Zeitgenossen sowie ihrer Stellung innerhalb des Geschichtsverlaufs.
Biokatalysator →Enzyme.
Bioklimatologie, *Bioklimatik,* Lehre von den Zusammenhängen zw. Witterungs- u. Lebensvorgängen.
Bioko, früher *Fernando Póo,* Vulkaninsel im Golf von Biafra, gehört zu Äquatorialguinea, 2017 km², 105 000 Ew.; Hptst. u. Hafen: *Malabo* (Santa Isabel); feuchtheiße Küstengebiete.
Biolithe, *biogene Sedimente,* vorwiegend aus Hartteilen von Lebewesen aufgebaute Absatzgesteine: Korallen- u. Muschelkalk, Diatomeenerde.
Biologie, Lehre vom Leben; befaßt sich mit den *Organismen* (Mensch, Tiere, Pflanzen) u. den sich in ihnen abspielenden Vorgängen.
biologische Kampfmittel, Krankheitserreger (Bakterien, Viren) oder Schädlinge für Pflanzen oder Tiere zur Erzeugung von Seuchen oder Hungersnot beim Feind. Die Verwendung von b. K. ist völkerrechtl. verboten.
biologische Schädlingsbekämpfung, Maßnahmen zur Bekämpfung von tier. u. pflanzl. Schädlingen mit Hilfe ihrer natürl. Feinde: krankheitserregende Mikroorganismen (z.B. Viren, Bakterien), Parasiten (z.B. Schlupfwespen) u. Räuber (z.B. Ameisen, Vögel).
Biologismus, meist abwertend gebrauchte Bez. für die Verwendung biolog. Begriffe u. Vorstellungen in anderen Wissenschaftsgebieten oder auch für den Anspruch, eine Metaphysik von der Biologie aus zu begründen.
Biolumineszenz, Fähigkeit mancher Bakterien, Pilze u. Tiere, Licht zu erzeugen mittels Leuchtzellen, komplizierter Leuchtorgane oder symbiotischer Bakterien.
Biomasse, Gesamtmenge von lebenden u. toten Organismen u. die von ihnen stammende organ. Substanz in einem best. Lebensraum.
Biometrie, *Biometrik, Biostatistik,* Lehre von den Meß- u. Zahlenverhältnissen der Lebewesen u. ihrer Einzelteile sowie der Lebensvorgänge.
Bionik, Wiss.-Zweig der Kybernetik, der sich mit dem Studium biolog. Systeme u. ihrer techn. Nachahmung befaßt; hpts. auf dem Gebiet der Informationsaufnahme u. -verarbeitung.
Biophysik, Untersuchung der Eigenschaften u. Funktionen lebender Systeme mit physikal. Methoden; behandelt u. a. opt. u. akust. Vorgänge in der Biologie, die B. des Blutstroms u. der Muskeln, physikal. Eigenschaften der Zelle, Strahlenbiologie u. Thermodynamik der Lebensvorgänge.
Biopsie, med. Untersuchung (bes. mikroskop.) von Gewebsproben, die dem Patienten entnommen werden.
Biorhythmik, *Periodizität,* period. Schwankungen von Lebensvorgängen als Anpassung des Organismus an die zeitl. Ordnung der Umgebung. Die Grundlage der B. bilden angeborene period. Stoffwechselvorgänge (»innere Uhr«, endogener Rhythmus).
Biosphäre, der gesamte von Lebewesen bewohnte Raum.
Biot [bi'o], Jean Baptiste, *1774, †1862, frz. Physiker; begr. die opt. Saccharimetrie; stellte mit S. *Savart* das *B.-Savartsche Gesetz* zur Bestimmung des durch einen elektr. Strom hervorgerufenen Magnetfelds auf.
Biotechnologie, ursprüngl. die techn. Anwendbarkeit biolog. Prozesse u. Funktionsprinzipien; i.e.S. die Nutzung der Stoffwechselleistungen lebender Organismen, v. a. Mikroorganismen, für techn. Prozesse, z.B. bei der Abwasserreinigung, bei Gärprozessen, zur Herstellung von Antibiotika, Enzymen, Steroiden u. a.
Biotit, ein →Mineral.
Biotop, Lebensraum einer Lebensgemeinschaft von Pflanzen u. Tieren oder einer bestimmten Organismenart; durch rel. einheitl. Lebensbedingungen gekennzeichnet.
Biozide →Pestizide.
Biozönose, Lebensgemeinschaft von Pflanzen u. Tieren in einem bestimmten Lebensraum.
Biquadrat, 4. Potenz einer Zahl.
Bircher-Benner, Maximilian Oskar, *1867, †1939, schweiz. Arzt u. Ernährungsforscher; erkannte die Bedeutung von Rohkosternährung *(Bircher-Müsli).*

Wichtige Daten zur Geschichte der Biologie

Zeit/Lebensdaten	Name	Hypothese bzw. Erkenntnis, Forschung
Altertum		
610–547 v. Chr.	Anaximander von Milet	Zoogonie (Lebensentstehung) aus dem Wasser
492–430 v. Chr.	Empedokles von Agrigent	Zoogonie aus der Erde
500–425 v. Chr.	Anaxagoras von Klazomenai	Leben entsteht aus Zusammenwirken von Geist und Materie
460–370 v. Chr.	Demokrit	Zoogonie durch Zufall aus Atomen
384–322 v. Chr.	Aristoteles	Entelechielehre: Der Antrieb jeden Fortschritts in der Natur ist Streben nach größerer Vollkommenheit und Harmonie gegenüber der toten Materie
95–53 v. Chr.	Lukrez	Zufälligkeit der Zoogonie, Überleben der Vollkommensten
Neuzeit		
15.–Anfang 17. Jh.	K. Gesner, U. Aldrovandi, O. Brunfels, L. Fuchs, H. Bock, C. Clusius u. a.	Erforschung der Tiere und Pflanzen der Heimat und fremder Länder, Sammelwerke über Floren und Faunen
15./16. Jh.	Leonardo da Vinci, Andreas Vesal	menschliche Anatomie
16./17. Jh.	P. Belon, L. Rauwolf, K. Bauhin	Morphologie und Anatomie der Pflanzen
2. Hälfte 17. Jh.	A. van Leeuwenhoek, M. Malpighi	Erfindung des Mikroskops, Beginn der Zyto- und Histologie
1637–1680	I. Swammerdam	Untersuchung zur Systematik der Insekten
17./18. Jh.	A. von Haller, L. Spallanzani, C. Bomet, C. F. Wolff	*Präformation und Epigenese* (Wolff) als Hypothesen der Embryologie
17./18. Jh.	J. Ray, Th. Klein	Versuch einer Systematik der Organismen
1707–1778	Carl von Linné	fordert ein „natürliches System" der Pflanzen- und Tierarten, schuf dafür die *binäre Nomenklatur* aus Gattungs- und Artnamen
1744–1829	J.-B. de Monet, Chevalier de Lamarck	begründet den Transformismus, die Entstehung der Arten durch Neuanpassung und Wandlung früher bestehender; vertritt die Vererbung erworbener Eigenschaften
1769–1832	Georges Cuvier	legt durch anatomische, paläontologische und systematische Studien die Grundlage zur modernen Evolutionstheorie
1809–1882	Ch. R. Darwin	begründet die moderne Abstammungslehre und Evolutionstheorie der „Entstehung der Arten durch natürliche Zuchtwahl" und „das Überleben der Bestangepaßten"
2. Hälfte 19. Jh.	Th. Huxley, E. Haeckel	erweitern Darwins Lehre zur allgemeinen Evolutions- bzw. speziellen Deszendenztheorie (Entwicklungs- und Abstammungslehre)
1822–1884	G. J. Mendel	entdeckt die Mendelschen Gesetze der Vererbung
um 1900	C. E. Cortens, E. Tschermak, H. de Vries	entdecken unabhängig voneinander die Mendelschen Gesetze neu; de Vries deutet Mutationen als Mittel zur Evolution (Mutationstheorie)
ab Mitte 19. Jh.		rasche Fortschritte auf allen Gebieten der modernen Biologie in aller Welt
1856	J. C. Fuhlrott	Fund des Neandertalers
1878–1894	W. Kühne, E. Fischer	Enzymforschung, Spezifität der Enzyme
1901	K. Landsteiner	Blutgruppen des Menschen
1903–1989	K. Lorenz	begründet zusammen mit N. Tinbergen die vergleichende Verhaltensforschung
1954	J. D. Watson, F. H. C. Crick	klären die chem. Struktur der Nucleinsäure auf (Doppel-Helix)
1960	R. B. Woodward	Totalsynthese des Chlorophylls (Blattgrüns)
1961–1966	M. W. Nirenberg, S. Ochoa, H. G. Khorane	Entzifferung des genetischen Codes
um 1970		die Ökologie (Lehre von den Wechselbeziehungen zwischen den Organismen und ihrer Umwelt) gewinnt zunehmend an Bedeutung und dringt ins Bewußtsein einer breiten Öffentlichkeit
1976	R. Dawkins	sein Buch „The Selfish Gene" macht die Soziobiologie, einen neuen Zweig der Verhaltensforschung, der Öffentlichkeit zugänglich und gibt dieser wissenschaftlichen Richtung starke Impulse
1976	H. Boyer	Übertragung eines fremden Gens in Bakterien, Beginn der Gentechnologie
1988		Gründung der Human Genome Organization (Abk. HUGO) mit dem Ziel, das gesamte menschliche Genom zu entschlüsseln
1992		erstmals Patentierung eines transgenen Tieres, der Krebsmaus

Birkhuhn (balzender Hahn)

Birch-Pfeiffer, Charlotte, *1800, †1868, dt. Schauspielerin u. Schriftst. (rührselige Erzählungen u. Bühnenstücke).
Birdie, ein von der Dt. Bundespost Telekom 1990 versuchsweise eingeführter Telefondienst, bei dem es im Umkreis von 100 m um sog. B.-Funkstationen mögl. ist, sich mit einem schnurlosen Handtelefon in das Telefonnetz einzuwählen. B. ist u. a. eine Ergänzung zu *Eurosignal* u. *Cityruf*, da das Handgerät keine Anrufe empfangen kann.
Birett, flache, vierkantige Mütze mit hochstehenden Eckkanten; Kopfbedeckung der röm.-kath. Geistlichen.
Birgel, Willy, *1891, †1973, dt. Schauspieler.
Birgitta von Schweden, *Brigitta von Schweden,* *um 1303, †1373, schwed. Ordensstifterin *(Birgittenorden).* Heiligsprechung 1391 (Fest: 23.7.).
Birke, *Betula,* artenreiche Gatt. der *Birkengewächse;* baumförmige Arten mit weißer, abblätternder Rinde; in der gemäßigten u. arkt. Zone heim.; wächst auf sandigen u. moorigen Böden.

Birkengewächse →Pflanzen.
Birkenhead ['bə:kənhɛd], Hafenstadt in W-England am Mersey, 142 000 Ew.; Unterwassertunnel nach Liverpool; Schiffbau, Maschinen- u. a. Ind.
Birkenpilz, *Birkenröhrling, Kapuzinerpilz, Graukappe, Boletus scaber,* gut eßbarer *Röhrenpilz,* v. a. unter Birken.
Birkhuhn, *Lyrurus tetrix,* eurasiat. *Rauhfußhuhn;* Hahn mit blauschwarzem Gefieder u. leierförmigem Schwanz; charakterist. Balzspiele; bevorzugt Heide u. Moore; durch Moorkultivierungen u. Aufforstungen sehr selten geworden.
Birma, engl. *Burma,* amtl. *Myanmar,* Staat in Hinterindien, 676 552 km², 41 Mio. Ew., Hptst. *Rangun* (Hauptsee- u. -flughafen).
Landesnatur. Zw. den Randgebirgen im W u. dem Schanhochland im O liegen die fruchtbaren Tiefländer des *Irrawaddy.* In den vom Monsun be-

Birma

regneten Landschaften u. an den Berghängen wächst Regenwald, im Regenschatten der Gebirge Trockenwald u. Steppe.
Bevölkerung. Die Bevölkerung sind v. a. Birmanen, daneben auch Karen, Schan, Tschin, Katschin, Kaya u. a. ²/₃ sind Buddhisten.
Wirtschaft. Die wichtigsten Exportgüter des Landes sind Teakholz u. Reis. An Bodenschätzen gibt es Erdöl, Blei, Zink, Kupfer, Zinn, Wolfram, Edelsteine u. a.
Geschichte. Seit dem 11. Jh. existieren auf dem Gebiet versch. Reiche der *Birmanen.* 1886 wurde B. brit. Prov. 1937 erhielt B. Selbstverwaltung u. wurde 1948 unabh. 1974 wurde das Land sozialist. Rep. u. erhielt eine neue Verf. Unter dem seit 1988 regierenden General *Saw Maung* wurde der Staatsname B. in *Union von Myanmar* geändert. Die 1990 abgehaltenen Wahlen gewann die bis dahin unterdrückte demokrat. Opposition. Das Militär verweigerte jedoch die Machtübergabe. 1992 trat Saw Maung zurück. Nachfolger wurde General *Than Shwe.*
Birmanen, tibeto-birman. Hauptvolk (ca. 32 Mio.) Birmas, ferner in Pakistan, Thailand u. Indien verbreitet; unter ind. Einfluß entstandenes Kulturvolk mit Buddhismus.

Birma: Tempelbezirk der Schwe-Dagon-Pagode

Birmingham [bə:miŋəm], **1.** zweitgrößte Stadt Großbrit., 1 Mio. Ew.; durch Eisen- u. Kohlenlager Schwerpunkt der engl. Metall-Ind.; bes. Kraftfahrzeugbau; Univ.; Flughafen. – **2.** größte Stadt von Alabama (USA), im SW der Appalachen, 330 000 Ew.; Univ.; Zentrum eines Eisen- u. Stahlindustriegebiets.
Birnau, am Bodensee gelegener Wallfahrtsort mit Barockkirche (1747–50).
Birne, *Pirus,* zu den *Rosengewächsen* zählende Kernobstart; die Kultur-B. wurde aus der dornigen Wild-B. (Holz-B.) gezüchtet u. kommt in zahlr. Sorten vor.
Birs, l. Nbfl. des Rheins, 73 km.
Bisam, 1. Ausscheidung des *Moschusochsen;* →Moschus. – **2.** Fell der *Bisamratte.*
Bisamratte, *Ondatra zibethica,* zu den *Wühlmäusen* gehörendes *Nagetier* Nordamerikas, Pflanzenfresser; als Pelztier gehalten u. auch in Dtld. vielfach verwildert.
Biscaya, *Golf von B.,* weite Meeresbucht des Atlant. Ozeans zw. der steilen N-Küste Spaniens u. der flachen Küste SW-Frankreichs; wegen heftiger Stürme (bes. im Winter) gefürchtet.
Bischkek, fr. *Frunse,* Hptst. von Kirgisien, Oase am N-Rand des Tian Shan, 632 000 Ew.; Univ., HS; Flughafen; versch. Ind.
Bischof, leitender Geistl., Vorsteher eines bestimmten Gebiets *(Bistum, Diözese);* nach heutiger kath. Lehre umfaßt das Bischofsamt aufgrund der Weihe das *Priesteramt,* aufgrund der Sendung das *Lehramt* u. *Hirtenamt;* im Priesteramt haben die Bischöfe den höchsten Rang; der kath. B. ist maßgebender Glaubenslehrer in seiner Diözese, ihr Leiter in geistl. u. vermögensrechtl. Belangen u. hat gesetzgebende, richterl. u. Strafgewalt; er wird vom Papst ernannt. Eine große Zahl der reformator. Kirchen, auch die *ev. Kirche,* kennen das Bischofsamt als Amt der Ordnung u. Leitung, ohne ihm jedoch eine bes. geistl. Qualität zuzusprechen.
Bischofskonferenz, 1. *ev. Kirche:* seit 1948 die unregelmäßig stattfindende Zusammenkunft der Bischöfe der VELKD. – **2.** *kath. Kirche:* Zusammenschluß der kath. Bischöfe eines best. Landes oder Gebietes mit eigenen Gesetzgebungs-, Verwaltungs- u. Rechtsprechungsbefugnissen.
Bischofsmütze →Mitra.
Bischofsstab, *Krummstab,* Teil der bischöfl. Insignien, Symbol des Hirtenamtes.

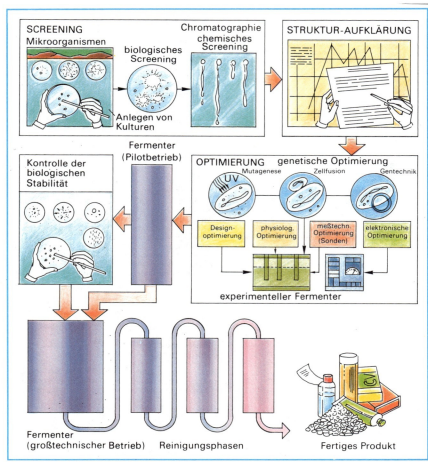

Biotechnologie: Wichtige Arbeitsphasen, die mit der Suche nach geeigneten Organismen (Screening) beginnen und beim fertigen Produkt enden. Hochgezüchtete Mikroorganismen verlieren häufig ihre Eigenschaften. Deshalb muß ihre Stabilität ständig überprüft werden. Der letzte Schritt in einem biotechnologischen Prozeß beinhaltet die Reinigung der Produkte. Sie müssen von den Nährmedien und den Produzentenzellen abgetrennt werden.

Bischofssynode, beratendes Organ des Papstes (Bischofsrat), von *Paul VI.* 1965 errichtet.
Bischofswerda, Krst. in Sachsen, 12 000 Ew.; Landmaschinenbau, Glas- u. Keramik-Ind.; Bahnknotenpunkt.
Bisexualität, Zweigeschlechtlichkeit.
Bishop ['biʃəp], Michael J., *22.2.1936, US-amerik. Mediziner; arbeitete über Onkogene, die an der Krebsentstehung beteiligt sind; erhielt 1989 den Nobelpreis für Medizin zus. mit H. E. *Varmus.*
Biskra, Palmenoase u. Winterkurort in Algerien. 259 000 Ew.; Schwefelquellen.
Biskuit [-'kvit], Kuchen, Tortenböden, Rollen u. Kleingebäck aus einem schaumigen Rührteig aus Eigelb, Zucker, Eischnee u. Mehl.
Bismarck ['bizma:k], Hptst. von North Dakota (USA), am Missouri, 45 000 Ew.; Zentrum eines Weizen- u. Viehzuchtgebiets.
Bismarck, 1. Herbert Fürst von, Sohn von 2) u. 3), *1849, †1904, Staatssekretär des Auswärtigen 1886–90. – **2.** Otto von, *1815, †1898, 1865 Graf, 1871 Fürst von *B.-Schönhausen.* 1890 Herzog von *Lauenburg;* Gründer u. erster Kanzler des Dt. Reichs von 1871; 1851–59 preuß. Gesandter am Bundestag in Frankfurt a.M., 1859 in St. Petersburg, 1862 in Paris; 1862–90 preuß. Min.-Präs., 1867–90 zugleich Bundeskanzler des Norddt. Bunds. 1871–90 Reichskanzler. – B. strebte die Vorherrschaft Preußens an, die durch den preuß. Sieg im *Dt. Krieg* 1866 geg. Östr. u. die Gründung des *Norddt. Bundes* 1867 auch erreicht wurde. Die dt.-frz. Gegensätze gipfelten 1870/71 im *Dt.-Frz. Krieg.* Der Sieg Preußens führte 1871 zur Gründung des *Dt. Reichs* unter Kaiser Wilhelm I. Eine ausgefeilte Bündnispolitik sollte das neue Kräfteverhältnis in Europa sichern: 1878 *Berliner Kongreß,* 1879 dt.-östr. *Zweibund,* durch Beitritt Italiens 1882 *Dreibund,* 1887 *Rückversicherungsvertrag* mit Rußland. In der Innenpolitik führte er vergebl. einen *Kulturkampf* (1872–78) geg. die Zentrumspartei. Der Kampf geg. die Sozialdemokratie (Sozialistengesetz 1878) hat diese eher gefestigt. Die große Leistung der Sozialgesetzgebung konnte Arbeitertum u. Staat nicht versöhnen. – B. wurde am 18.3.1890 durch Kaiser *Wilhelm II.* entlassen.
Bismarckarchipel, seit 1975 zu dem unabhängigen Staat Papua-Neuguinea gehörende Inselgruppe, 1884–1919 dt. Kolonie, 47 370 km², 330 000 Ew.; Hauptorte: *Rabaul* u. *Kavieng;* Export von Kokospalmenprodukten, Kakao, Perlmutt u. Trepang.
Bismarckhering, in einer Marinade eingelegter, entgräteter Hering.
Bismillah, »im Namen Allahs«, formelhafter Ausruf am Beginn vieler Unternehmen, Schriftstücke u. Bücher der Moslems.
Bison, *Bison bison,* in Prärien u. Wäldern Nordamerikas lebendes Wildrind, nahe verwandt mit dem euras. Wisent; Ende des 19. Jh. durch massenweise Abschüsse nahezu ausgerottet; heute vielfach aus Zuchtanlagen wieder eingebürgert u. in Nationalparks geschützt.
Bissau, *São José des B.,* Hptst. von Guinea-Bissau, W-Afrika, 125 000 Ew.

Bison

Bissier [bisi'e:], Julius, *1893, †1965, dt. Maler u. Graphiker (ungegenständl. Werke).
Bissière [-'sjɛ:r], Roger, *1888, †1964, frz. Maler; entwickelte unter dem Einfluß P. *Klees* einen träumer.-poet. Stil.
Bistrița, 1. dt. *Bestritz,* Stadt in N-Siebenbürgen (Rumänien), an der Bistrița, 78 000 Ew.; Lebensmittel- u. Holz-Ind. – **2.** rechter Nebenfluß des Sereth in den O-Karpaten, 288 km; Stausee bei *Bicaz* (Kraftwerk).
Bistum, *Diözese,* Amtsbereich eines Bischofs (auch *Bischofssprengel*).
Bit, *bit* [kurz für engl. *binary digit,* »Binärzahl, Dualziffer, Zweierschritt«], Maßeinheit für den Informationsgehalt in einer geschriebenen oder signalisierten Nachricht: Werden die Buchstaben des Nachrichtenalphabets durch Binärzeichen (z.B. 0 u. 1 oder »aus« u. »ein«) dargestellt, so ist der durch ein solches Binärzeichen gegebene Informationsgehalt gleich 1 bit.
Bitburg, Krst. in Rhld.-Pf. auf der Hochfläche der westl. Eifel, 11 000 Ew.; Brauerei; Garnison u. Militärflugplatz.
»Biterolf und Dietleib«, Spielmannsgedicht eines unbekannten Autors, in Reimpaaren (um 1260), verbindet bekannte Sagen um *Dietrich von Bern* mit denen von *Siegfried.*
Bithynien, antike Ldsch. in Kleinasien, östl. des Bosporus, Hptst. *Nikomedia* (heute *Izmit*).
Bitola, serbokroat. *Bitolj,* türk. *Monastir,* Stadt in Makedonien (Jugoslawien), 81 000 Ew.; bed. Handelszentrum; Zuckerfabrik, Textil-Ind.
Bittel, Kurt, *1907, †1991, dt. Archäologe u. Prähistoriker; Leiter der Ausgrabungen in Boghazkoy-Hattusa.
Bitterfeld, Krst. in Sachsen-Anhalt, nördl. von Leipzig, 21 000 Ew.; elektro-chem. u. Baustoff-Ind., Braunkohlegruben; Wärmekraftwerk.
Bittermandelöl, aus Aprikosen- oder Bittermandelkernen gewonnenes Öl; giftig; Hauptbestandteil ist Benzaldehyd.
Bittersalz, chem.: Magnesiumsulfat mit Kristallwasser, $MgSO_4 \cdot 7H_2O$; starkes Abführmittel.
Bittersüß, ein *Nachtschattengewächs* mit violetten Blüten u. roten, giftigen Beeren.
Bitumen, halbfeste bis harte Kohlenwasserstoffgemische; bei der Aufbereitung von Erdöl gewonnen u. in natürl. Asphalten enthalten.
Biwak, Lager unter freiem Himmel oder in Zelten.
Biwasee, *Omisee,* größter Binnensee Japans, auf Honshu, 675 km², 96 m tief.
Bizeps, aus zwei großen Bündeln (Köpfen) bestehender Beugemuskel des Unterarms.
Bizerte [bi'zɛrt], Hafenstadt in N-Tunesien, 105 000 Ew.
Bizet [bi'ze], Georges, *1838, †1875, frz. Komponist; W Opern »Die Perlenfischer«, »Carmen«.
Bjørnson ['bjø:rnsɔn], Bjørnstjerne, *1832, †1910, norweg. Schriftsteller; schrieb Bauerngeschichten, Dramen zu Zeitfragen, polit. Tendenzromane sowie die norweg. Nationalhymne; Nobelpreis 1903.
BKA, Abk. für *Bundeskriminalamt.*
Blacher, Boris, *1903, †1975, dt. Komponist balt. Herkunft (Opern, Orchesterwerk, Ballettmusik).
Black [blæk], Roy, eigtl. Gerhard Höllerich, *1943, †1991, dt. Schlagersänger u. Schauspieler.
Blackburn ['blæk bə:n], mittelengl. Stadt in Lancashire, 100 000 Ew.; Textil-, Masch.-, Elektro-Ind.
Blackett ['blækit], Patrick Maynard Stuart, *1897, †1974, engl. Physiker; entdeckte die Bildung eines Elektron-Positron-Paars durch ein Gammaquant; Nobelpreis 1948.
Black Muslims [blæk 'mʌzlimz], 1932 gegr. radikale Moslem-Organisation der farbigen Bürgerrechtsbewegung in den USA; lehnt jede Zusammenarbeit mit den Weißen ab u. beruft sich auf die Grundsätze der *Black Power.*
Black Panther [blæk 'pænθə], kleine, militante Partisanenorganisation der schwarzen Bürgerrechtsbewegung in den USA; bildete sich Ende der 1960er Jahre unter dem Einfluß von Stokely *Carmichael* u. zerfiel rasch in einander bekämpfende Richtungen.
Blackpool ['blækpu:l], engl. Seebad an der Irischer. See, 150 000 Ew.
Black Power [blæk 'pauə], »Schwarze Macht«, Schlagwort der schwarzen Bürgerrechtsbewegung in den USA, die in Teilen einen Separatstaat für Farbige in den USA anstrebt.
Blagoweschtschensk [-gavje-], Hptst. des Amur-Gebietes in Ost-Sibirien, 210 000 Ew.; Ind.-Zentrum; Hafen, Flugplatz.
Blähungen, *Flatulenz, Meteorismus,* Aufblähung von Magen u. Darm durch Gasbildung.
Blake [bleik], **1.** Robert, *1599, †1657, engl. Admiral; Anhänger O. *Cromwells;* vernichtete 1657 die span. Flotte. – **2.** William, *1757, †1827, engl. Maler, Graphiker u. Schriftst.; einer der Hauptmeister der engl. Romantik, dessen visionäre, vom myst. Erleben geprägte Kunst dichter. Inhalte in eigenwillige, von der Realität entfernte sinnbildl. Darstellungen umsetzte u. den *Präraffaelismus* vorbereiten half.
Blanc [blã], Louis, *1811, †1882, frz. Sozialist; forderte die Einrichtung von Arbeiter-Produktivgenossenschaften, Staatshilfe u. Nationalwerkstätten zur Überwindung der sozialen Folgen des Kapitalismus.
blanchieren [blã'ʃi:-], abbrühen.
Blankenburg, 1. *B./Harz,* Stadt u. Luftkurort im N-Harz (Sachsen-Anhalt), 18 000 Ew.; Schloß (18. Jh.); Metall- u. Holzverarbeitung. – **2.** *Bad B.,* Stadt u. Luftkurort in Thüringen, 10 700 Ew.; Rundfunk- u. Fernmeldetechnik.
Blankenese, Villenvorort von Hamburg an der Unterelbe, 10 000 Ew.
blanko, unbegrenzt, unausgefüllt. – **B.vollmacht,** unbegrenzte Befugnis, insbes. eine vom Empfänger noch auszufüllende oder zu vervollständigende Urkunde, die der Aussteller bereits rechtswirksam unterzeichnet hat.
Blankvers, fünffüßiger *Jambus* ohne Zäsur u. Reim; in England als Schauspielversmaß ausgebildet, in Dtld. seit G. E. *Lessing* das klass. Schauspielversmaß.
Blantyre ['blæntaiə], größte Stadt des ostafrik. Malawi, 410 000 Ew.; Handelszentrum; Flughafen.
Blase, mit Flüssigkeit gefüllter Hohlraum, von Deckzellenschichten (*Epithelzellen*) der Haut umgeben, z.B. *Harnblase* u. *Gallenblase.*
Blasebalg, Gerät, mit dem durch Zusammendrücken eines ziehharmonikaartig gefalteten Balges ein Gebläsewind erzeugt wird.
Blasenkammer, kernphysikal. Gerät zum Sichtbarmachen der Bahnen elektr. geladener Teilchen; zuerst konstruiert von D. *Glaser* 1952.
Blasenmole, Erkrankung des *Mutterkuchens* aus unbekannter Ursache, wobei dessen Zotten zu flüssigkeitsgefüllten Bläschen entarten u. der Embryo abstirbt.
Blasensprung, selbständiges Zerreißen der Eihäute (Fruchtblase) u. Abfluß des Fruchtwassers bei Beginn der Geburt.
Blasensteine, feste, aus Harnsalzen entstandene Körper; meist herabgewanderte Nierensteine, aber auch Bildungen in der Blase selbst.
Blasenstrauch, *Colutea,* Gatt. der *Schmetterlingsblütler* aus dem Mittelmeergebiet u. Vorderasien; der *Gelbe B., C. arborescens,* bei uns häufig in Anlagen angepflanzt.
Blasentang, *Fucus vesiculosus,* bis 1 m große *Braunalge.*
Blasenwurm → Bandwürmer.
Blasinstrumente, Musikinstrumente, bei denen vom Spieler durch mittelbare (Sackpfeife) oder unmittelbare Einwirkung seines Atemstroms die vom Instrumentenkörper umgrenzte Luft in period. Schwingung versetzt u. dadurch zum Klingen gebracht wird. Je nach der Art des Blasvorgangs unterscheidet man Flöteninstrumente, Zungeninstrumente, Trompeten- u. Horninstrumente. Die Einteilung in *Holzblasinstrumente* u. *Blechblasinstrumente* ist sachl. unzutreffend, jedoch in der Musikpraxis gebräuchlich.

Otto von Bismarck; Gemälde von F. von Lenbach. Berlin, Nationalgalerie

Blasius

Bläßhuhn

Große Pappelblattkäfer bei der Paarung

Blattläuse: Geburt eines Jungtiers

Blasius, Bischof von Sebaste (Armenien) zu Beginn des 4. Jh.; Märtyrer, einer der 14 *Nothelfer;* Patron geg. Halsleiden. Fest: 3.2.
Blasphemie, Gotteslästerung.
Blasrohr, bis 2 m langes Rohr aus Holz, Bambus u. ä., aus dem Geschosse, z.B. Pfeile (meist vergiftet) u. Tonkugeln, geblasen werden; Jagd- u. Kriegswaffe bei Naturvölkern.
Blaß, Ernst, *1890, †1939, dt. Schriftst.
Bläßhuhn, *Bleßhuhn, Fulica atra,* große, schwarze Art der *Rallen* mit weißem Stirnschild u. weißem Schnabel; bewohnt die meisten europ. Gewässer.
Blastula, Hohlkeim, Bläschenkeim; →Embryonalentwicklung.
Blatt, 1. neben Stengel u. Wurzel das Hauptorgan der höheren Pflanzen, das der Assimilation, dem Gaswechsel u. der Transpiration dient; flächig (Laubblatt) od. nadelförmig (Nadelblatt) ausgebildet. – **2.** Schulter, Umgebung des *Schulterblatts* über dem Vorderlauf des Wildes. – **3.** breiter, flacher Teil des Ruders.
Blättermagen, *Psalter,* Teil des Magens bei *Wiederkäuern;* dritter Vormagen.
Blattern →Pocken.
Blätterpilze, *Agariaceae,* Pilze, bei denen das sporenbildende Gewebe aus radialen Blättern (Lamellen) aufgebaut ist.
Blätterteig, feiner, ohne Treibmittel hergestellter Teig, bei dem durch Verdampfen des Wassers bei starker Backofenhitze blättrige Schichten entstehen.
Blattflöhe, *Blattsauger, Psyllina,* Gruppe der *Pflanzensauger,* mehr als 1000 Arten; Pflanzensaft saugende Schädlinge, z.B. *Apfelblattfloh, Birnenblattfloh.*
Blattfußkrebse, *Phyllopoda,* Klasse der *Krebse;* meist im Süßwasser; hierzu gehören u. a. die *Wasserflöhe.*
Blattgold, zu dünnen Folien ausgeschlagenes Gold, 1/2000 bis 1/9000 mm Schichtdicke.
Blattgrün →Chlorophyll.
Blatthornkäfer, *Lamellicornia,* Überfam. der *Käfer;* Fühler mit blattartig verbreiterten Endgliedern; hierzu die Fam. *Hirschkäfer* u. *Skarabäen.*
Blattkäfer, *Chrysomelidae,* Fam. kleiner, meist auffällig bunter, metallisch glänzender *Käfer;* viele Pflanzenschädlinge, z.B. Kartoffelkäfer.

Blattläuse, *Aphidina,* Gruppe der *Pflanzensauger;* bis 3 mm lang; scheiden zuckerhaltige Exkremente *(Honigtau)* aus, die von Ameisen gefressen u. von Bienen zu Waldhonig verarbeitet werden; viele Pflanzenschädlinge.
Blattschneiderameisen, fast ausschl. in Amerika lebende Ameisen der Gatt. *Acromyrmex* u. *Atta,* die auf einer »Kompostmasse« von abgeschnittenen Blättern Pilzzuchten anlegen.
Blaualgen →Cyanobakterien.
Blaubart, Märchenritter, der seine Frauen, die eine verbotene Kammer betreten haben, tötet.
Blaubeere →Heidelbeere.
Blaubeuren, Stadt in Ba.-Wü. an der Schwäb. Alb, 11 700 Ew.; altes Benediktinerkloster (1095 gegr.), jetzt ev.-theolog. Seminar.
Blaue Blume, Symbol der Romantik, Inbegriff aller unerfüllbaren romant. Sehnsucht; aus *Novalis'* Roman »Heinrich von Ofterdingen«.
Blaue Division, span. *División Azul,* span. Freiwillige, die im Dtld. 1941–43 bes. am Wolchow u. am Ilmensee gegen die UdSSR kämpften.
Blaue Grotte, ital. *Grotta Azzura,* 54 m lange, teilw. untergetauchte Höhle auf Capri mit azurblauen Lichteffekten.
Blauer Nil, rechter Quellfluß des Nil; entspringt nw. Äthiopien; vereinigt sich bei Khartum mit dem *Weißen Nil* zum eigentl. *Nil.*
Blauer Reiter, 1911 in München von W. *Kandinsky* u. F. *Marc* gegr. Vereinigung expressionist., später auch abstrakter Maler, der sich in den folgenden Jahren P. *Klee,* A. *Kubin,* A. *Jawlensky,* P. *Macke,* G. *Münter* u. a. anschlossen.
Blaues Band, Auszeichnung für das schnellste Passagierschiff auf der Nordatlantik-Route. Als Meßstrecke gilt die Entfernung von Bishop's Rock Leuchtturm (Scilly-Inseln) bis Ambrose-Feuerschiff vor New York.
Blaues Kreuz, prot. Verein zur Rettung Trunksüchtiger; 1877 von dem Genfer Pfarrer L. L. *Rochat* (*1849, †1917) gegr.
Blaufelchen, *Coregonus lavaretus wartmanni,* zu den *Maränen* gehöriger *Lachsfisch;* Vorkommen: z.B. im Bodensee.
Blaukehlchen, *Luscinia svecica,* zu den *Drosseln* gehörender einheim. Vogel; lebt in Tundren, Sumpf- u. Moorgebieten u. buschreichen Uferlandschaften.

Bläulinge, *Lycaenidae,* Fam. kleiner bis mittelgroßer Tagfalter; Männchen mit blauen, braunen oder roten Flügeloberseiten.
Blauracke, *Coracias garrulus,* prächtig grünblau u. braun gefärbter *Rackenvogel;* in S- u. O-Europa beheimatet.
Blausäure, Cyanwasserstoff, HCN, schwache, bittermandelartig riechende, sehr giftige Säure; in Form von *Amygdalin* in den Kernen von Aprikosen, bitteren Mandeln u. a.; ihre Salze sind die ebenfalls sehr giftigen *Cyanide,* z.B. Kaliumcyanid *(Cyankali).*
Blaustrumpf, aus England stammender Spottname für emanzipierte Frauen oder Mädchen mit einseitig schöngeistigen oder wissenschaftl. Neigungen.
Blausucht, *Zyanose,* blaurote Verfärbung der Haut, bes. der Lippen u. Fingernägel, bei ungenügender Sauerstoffsättigung des Bluts; ein Zeichen für Kreislaufinsuffizienz, Lungenkrankheiten oder Gasvergiftungen.
Blauwal, *Balaenoptera musculus,* in allen Weltmeeren vorkommender *Finnwal;* mit über 30 m Körperlänge das größte Tier der Erde; fr. der Hauptlieferant von Walöl; vom Aussterben bedroht. Das Höchstalter der B. wird auf 20–40 Jahre geschätzt.

Blaue Grotte auf Capri

Blazer ['blɛɪzə], engl. Klubjacke mit Abzeichen u. Metallknöpfen.
Blech, zu dünnen Tafeln, Platten, Bändern oder Streifen ausgewalztes Metall.
Blech, Leo, *1871, †1958, dt. Dirigent u. Komponist (Opern, Sinfon. Dichtungen, Lieder, Chorwerke).
Blechen, Karl, *1798, †1840, dt. Maler u. Graphiker; wegweisend für die Entstehung des *Realismus* u. des *Impressionismus* in der dt. Malerei.
Blei, 1. →chem. Elemente. – **2.** Karpfenfisch, →Brachsen.
bleichen, Materialien (z.B. Textilien, Papierbrei) durch Einwirkung oxidierender (Chlor, Chlorkalk, Hypochlorite, Wasserstoffperoxid, Natriumperoxid, Perborate) oder reduzierender Chemikalien (Schwefeldioxid) entfärben.
Bleicherde, nährstoffarmer Boden, →Podsol.
Bleichsucht, *Chlorose, Grünsucht,* Form der *Blutarmut,* hervorgerufen durch Eisenmangel.
bleifreies Benzin →Benzin.
Bleiglanz, grauglänzendes Bleierz, PbS, mit 86,6% Bleigehalt.

Blattformen

kreisrund Zitterpappel	elliptisch Kirschbaum	eiförmig Birnbaum	verkehrt eiförmig Aurikel	dreieckig Gänsefuß	rautenförmig Schwarzpappel	keilförmig Seidelbast	spatelförmig Gänseblümchen
lanzettlich Nelke	linealisch Gräser	nadelförmig Kiefer	nierenförmig Haselwurz	herzförmig Veilchen	pfeilförmig Pfeilkraut	zungenförmig Kleiner Sauerampfer	spießförmig Melde

Bleiglas, auch *Bleikristall,* aus Kieselsäure (Quarzsand), Pottasche u. Bleioxid erschmolzenes Glas; für Schmuckgeräte *(Straß, Edelsteinimitationen)* u. Geschirre *(Kristallglas).*
Bleikammern, 1. die mit Bleiplatten ausgekleideten Reaktionsräume der nach dem *Bleikammerverfahren* arbeitenden Schwefelsäurefabriken. – **2.** berüchtigtes venezian. Staatsgefängnis, unter einem Bleidach; 1797 zerstört.
Bleikristall →Bleiglas.
Bleilochtalsperre, Saaletalsperre im unteren Vogtland, Thüringen, 1926–32 erbaut, 9,2 km², 215 Mio. m³, 59 m Stauhöhe.
Bleistift, in einen Holzstift eingebettete Schreibmine (Graphit-Ton-Mischung).
Bleivergiftung, *Bleikrankheit, Saturnismus,* akute *B.,* durch einmalige, chronische *B.* durch anhaltende Aufnahme von bleihaltigen Verbindungen. In beiden Fällen beginnt die Krankheit mit Verdauungsstörungen *(Bleikoliken).* Nach wiederholter Aufnahme von Blei treten ferner Blutarmut mit charakterist. fahler Haut *(Bleikolorit),* Verfärbung der Zahnfleischränder *(Bleisaum)* auf; ferner Nervenlähmungen u. Gelenkveränderungen mögl.
Bleiweiß, weißer Farbstoff aus basischem Bleicarbonat, auch für Kitte u. Dichtungen.
Blekinge, fruchtbare Küstenebene u. Prov. (Län) in S-Schweden, 155 000 Ew., Hptst. *Karlskrona.*
Blende, 1. Vertiefung in einer Mauerfläche zur Gliederung u. Belebung (Blendbogen u. ä.). – **2.** Loch, das den Strahlengang eines Photoobjektivs einengt u. damit die Randstrahlen abschneidet, aber auch die durchgehende Lichtmenge verringert (»abblenden«); je kleiner die *B.,* desto größer die Schärfe u. desto länger die Belichtungszeit. – **3.** stark glänzende, oft durchscheinende Schwefelverbindung (Sulfid); z.B. Zinkblende.
Blennorrhöe, eitrige Bindehautentzündung, bes. bei Gonorrhoe.
Blériot [bleri'o], Louis, *1872, †1936, frz. Pilot u. Flugzeugkonstrukteur; überflog am 25.7.1909 als erster den Ärmelkanal.
Blesse, weißes Abzeichen vorne am Kopf bei Tieren.
Bleßhuhn →Bläßhuhn.
Blida, Stadt in Algerien, in der fruchtbaren Mitidja-Ebene. 160 000 Ew.; landw. Handelszentrum.
Blinddarm, blind endender Darmteil an der Mündung des Mitteldarms (Dünndarm) in den Enddarm (Dickdarm); setzt sich am unteren Ende im *Wurmfortsatz (Appendix)* fort. – **B.entzündung,** fälschl., aber üblicherweise gebraucht für die Wurmfortsatzentzündung *(Appendizitis);* Anzeichen sind Übelkeit, Erbrechen, Schmerzen im Mittelbauch, erst allmähl. im rechten Unterbauch, leichtes Fieber; gefürchtete Komplikation: Durchbruch u. Vereiterung der Bauchhöhle; einzig sichere Behandlung ist die Operation.
Blindenabzeichen, gelbe Binde mit 3 schwarzen Punkten u. weißer Stock.
Blindenschrift, aus erhabenen Punkten gebildete Schrift, die durch Abtasten vom Blinden gelesen werden kann (Punktschrift).
Blinder Fleck, runder lichtunempfindl. Bezirk der Netzhaut, wo der Augennerv in den Augapfel eintritt.
Blindflug, Fliegen ohne Sicht der Erde oder des Horizonts mit Hilfe von Bordinstrumenten, die Kurs u. Fluglage anzeigen.
Blindgänger, Artilleriegeschosse (Granaten) oder Fliegerbomben, die am Ziel nicht detoniert sind.
Blindschleiche, *Anguis fragilis,* einzige beinlose *Echse* Mitteleuropas; oft mit Schlangen verwechselt; harmlos; geschützt.
Blindwühlen, *Gymnophiona, Apoda,* wurmförmige, bis 1 m lange, unterird. lebende *Amphibien* ohne Gliedmaßen u. Schwanz, Augen verkümmert; nur in den Tropen.
Blitz, elektr. Entladung zw. Wolke u. Erde oder zw. Wolken; die elektr. Feldstärke erreicht 1000 Volt/cm, die Stromstärke 100 000 Ampere. Die Gesamtdauer der Entladung beträgt den Bruchteil einer Sekunde. Infolge der hohen Temperatur wird die Luft in der Strombahn stark erwärmt; die plötzl. Ausdehnung (Druckwelle) wird als Donner wahrgenommen, u. Vereisung der Wolken. – **B.ableiter,** gut geerdeter Leiter, zum Gebäudeschutz meist auf Dächern, um Blitze unschädl. abzuleiten.
Blitzlicht, Vorrichtung für kurzfristige (blitzartige) Lichtgabe beim Photographieren; heute durch Blitzlampen hervorgerufen u. synchron mit dem Verschluß gekoppelt.
Blixen ['bleɡsən-], Tania, eigtl. Baronin Karen

Blindschleichen

Christence B.-Finecke, *1885, †1962, dän. Schriftst.; lebte lange in Kenia; schrieb Erzählungen, die Phantastik u. Wirklichkeit zu hoher Kunst vereinen; W »Afrika, dunkel lockende Welt«, »Schatten wandern übers Gras« u. a.
Blizzard ['blizəd], eisiger Schneesturm in N-Amerika aus NW bis N, oft weit nach S vorstoßend, mit verheerender Wirkung.
Bloch, 1. Ernest, *1880, †1959, schweiz.-amerik. Komponist; bemühte sich um die Schaffung einer nationaljüd. Musik. – **2.** Ernst, *1885, †1977, dt. Philosoph; seine Philosophie ist v. a. von K. *Marx* u. G. W. F. *Hegel* beeinflußt; im Mittelpunkt steht die Hoffnung auf eine künftige Aufhebung aller Widersprüche; W »Das Prinzip Hoffnung« u. a. – **3.** Felix, *1905, †1983, schweiz. Physiker; arbeitete über Bremsung geladener Elementarteilchen u. Ferromagnetismus; Nobelpreis 1952. – **4.** Konrad E., *21.1.1912, US-amerik. Biochemiker (Arbeiten über Cholesterinstoffwechsel); Nobelpreis 1964 zus. mit F. F. K. *Lynen.*
Blockade, 1. *i.w.S.* wirtschaftl. Absperrung eines Landes durch internationale Handels- u. Wirtschaftsmaßnahmen *(Wirtschaftsblockade); i.e.S.* als *Seeblockade* das Unterbinden der Zufuhr für ein best. Gebiet durch Absperren seiner Häfen u. Küsten durch Kriegsschiffe. – **2.** im Schriftsatz durch *Blockieren* gekennzeichnete Stelle.
Block der Heimatvertriebenen und Entrechteten, *BHE, Gesamtdeutscher Block, Gesamtdeutsche Partei,* Anfang 1950 hpts. auf Initiative von W. *Kraft* gegr. polit. Partei in der BR Dtld. Seit 1952 nannte sich der BHE: *Gesamtdeutscher Block/BHE;* 1961 Zusammenschluß mit der *Dt. Partei* zur *Gesamtdt. Partei.*
Blockflöte, Labialinstrument, aus der Gatt. der *Schnabelflöten;* mit kon., vom Mundstück ab sich verengender Bohrung; in Sopran-, Alt-, Tenor- u. Baßlage gebaut; weicher, farbloser Klang; heute v. a. als Volks- u. Jugendinstrument.
blockfreie Staaten, neutrale, keinem multilateralen Militärbündnis angeschlossene Staaten: die meisten afrik., asiat. u. einige lateinamerik. Staaten.
Blockhaus, Bauart, bei der die rohe oder behauene Baumstämme aufeinandergelegt u. an den Ecken verkämmt, überplattet oder verzinkt werden.
blockieren, in einem Schriftsatz fragliche oder zu ergänzende Textstellen durch schwarze, auffällige Flecke kennzeichnen.
Blockparteien, in der DDR bis 1989 die Parteien CDU, DBD, LDPD u. NDPD, die mit der SED im *Demokrat. Block* zusammengeschlossen waren. CDU u. LDPD (beide 1945 gegr.) waren zunächst unabh.; DBD u. NDPD wurden 1948 von der sowj. Besatzungsmacht u. der SED geschaffen. Seit 1949/50 ordneten sich auch CDU u. LDPD der SED unter. Die B. waren in Reg. u. Parlament der DDR vertreten, aber polit. einflußlos.
Blocksberg, in der Sage Name mehrerer dt. Berge, bes. des *Brocken,* als Tanzplatz der Hexen in der Walpurgisnacht.
Blockschrift, Lateinschrift aus gleichmäßig starken Strichen: **BLOCKSCHRIFT.**
Blocksystem, im Eisenbahnsignaldienst die Einrichtungen zur Sicherung der ungefährdeten Zugfolge; Schienennetz ist in *Blockstrecken* unterteilt, die durch *Blocksignale* gekennzeichnet sind; der in eine Blockstrecke eingefahrene Zug sperrt diese für den nachfolgenden Zug u. auf eingleisigen Strecken gleichzeitig für die Gegenrichtung.
Bloemfontein ['blu:mfontein], Hptst. der Prov. *Oranjefreistaat* (Rep. Südafrika), 1392 m ü. M., 240 000 Ew.; Univ.; vielseitige Ind.
Blohm & Voss AG, 1877 in Hamburg gegr., bed. Schiffswerft.
Blois [blwa], Stadt in Mittelfrankreich, an der Loire, 48 000 Ew.; Schloß, Kathedrale (17. Jh.); Ind.; Fremdenverkehr.
Blok, Alexander Alexandrowitsch, *1880, †1921, russ. Schriftst. u. Literaturkritiker; Hauptvertreter des russ. *Symbolismus;* W »Die Verse von der schönen Dame«.
Blomberg, Werner von, *1878, †1946, dt. Offizier; 1933–38 Reichswehr-Min. bzw. (seit 1935) Reichskriegs-Min. u. Oberbefehlshaber der dt. Wehrmacht.
Blomdahl ['blu:m-], Karl-Birger, *1916, †1968, schwed. Komponist (Opern, Sinfonien, Oratorien).
Blondel [blɔ̃'dɛl], Maurice, *1861, †1949, frz. kath. Religionsphilosoph; Vertreter einer christl. Existenzphilosophie.
Bloy [blwa], Léon, *1846, †1917, französischer Schriftst.; Vorläufer der katholischen Erneuerung in Frankreich.

Gebhard Leberecht von Blücher

Blücher, Gebhard Leberecht von, Fürst von *Wahlstatt* (ab 1814), *1742, †1819, preuß. Heerführer; »Marschall Vorwärts«; besiegte mit Gneisenau die Franzosen an der *Katzbach,* trug entscheidend zum Sieg in der *Völkerschlacht bei Leipzig* bei, überschritt in der Neujahrsnacht 1813/14 den Rhein bei *Kaub* u. siegte zusammen mit Wellington bei *Waterloo* 1815.
Bludenz, östr. Bez.-Hptst. in Vorarlberg, im Ill-Tal, 12 500 Ew.; histor. Stadtbild; Textil- u. feinmechan. Ind.
Blue Jeans [blu: dʒi:nz], um 1860 in den USA aufgekommene Arbeitshose aus grobem, blauem Baumwollstoff, um 1955 in Europa eingeführt.

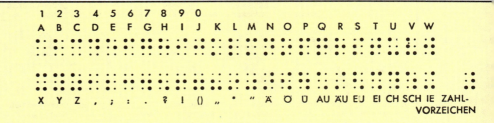

Blindenschrift

Blue Mountains, 1. *Blaue Berge*, Plateau in der südaustral. Great Dividing Range westl. von Sydney, 600–1066 m hoch, 246 km². – **2.** Gebirge auf Jamaika (Große Antillen), 2292 m. – **3.** Bergland im NO von Oregon u. SO von Washington (USA), im *Rock Creek Butte* 2776 m; reich an Bodenschätzen.

Blues, 1. weltl. Gegenstück der amerik. Negermusik zum *Spiritual;* behandelt Heimweh, Geldnöte, Naturkatastrophen, Liebeskummer, Rassendiskriminierung; ursprüngl. nur gesungen, später mit instrumentaler Begleitung; bildete eines der wesentl. Elemente bei der Entstehung des Jazz; heute Allgemeingut der Jazzmusiker in der ganzen Welt. Eine Sonderform ist der *Boogie-Woogie.* – **2.** langsamer Tanz im ⁴/₄-Takt.

Blüm, Norbert, *21.7.1935, dt. Politiker (CDU); 1977–87 Bundes-Vors. der Sozialausschüsse der Christl.-Demokrat. Arbeitnehmerschaft; seit 1982 Bundes-Min. für Arbeit u. Sozialordnung; seit 1987 Vors. des CDU-Landesverbands NRW.

Blum, 1. Léon, *1872, †1950, frz. Politiker; zus. mit J. *Jaurès* 1902 Gründer der frz. sozialist. Partei, seit 1919 deren Führer; 1936/37 u. 1938 Min.-Präs. der Volksfront-Reg., 1946 nochmals Min.-Präs. – **2.** Robert, *1807, †1848, dt. Politiker; Journalist u. Literat, 1848 Führer der sächsischen Demokraten, rief die »Vaterlandsvereine« ins Leben; Vizekanzler im *Vorparlament* u. Führer der gemäßigten Linken in der *Frankfurter Nationalversammlung;* kämpfte während der Wiener Revolution auf den Barrikaden, wurde gefangengenommen u. trotz seiner Mitgliedschaft im Parlament standrechtlich erschossen.

Blumberg ['blu:mbə:rg], Baruch Samuel, *28.7.1925, US-amerik. Mediziner; arbeitete über Hepatitis; erhielt zus. mit D. C. Gajdusek den Nobelpreis für Med. 1976.

Blumenau, Stadt in S-Brasilien, am Itajaí Açu, mit starkem Anteil deutschsprachiger Bevölkerung, 133 000 Ew.; Nahrungsmittel-, Textil- u. a. Ind. 1852 von Hermann B. (*1819, †1899) als Privatkolonie gegr.

Blumenbach, Johann Friedrich, *1752, †1840, dt. Anatom, Physiologe u. Anthropologe; Wegbereiter der vergleichenden Anatomie u. modernen Anthropologie; schrieb u. a. »Handbuch der vergleichenden Anatomie u. Physiologie«.

Blumenfliegen, *Anthomyidae,* weltweit verbreitete Fam. kleiner, unscheinbarer *Fliegen;* die Larven vieler Arten werden an versch. Gemüsearten schädl., z.B. die der *Kohlfliege, Rübenfliege, Zwiebelfliege.*

Blumenkohl →Kohl (2).

Blumenrohr, *Canna,* Gatt. der *Blumenrohrgewächse* aus dem trop. Amerika; bis 2 m hohe Stauden mit meist knolligem Wurzelstock; Blütenstände mit asymmetr. Blüten; *Eßbare B.,* C. edulis, wird in Westindien, Peru, Ecuador u. Queensland zur Stärkegewinnung angebaut; das ehem. in Westindien heim. *Indische B.,* C. indica, ist heute als Zierpflanze über die ganze Erde verbreitet.

Blumenthal, nördl. Stadtteil von Bremen, bis 1939 zur Prov. Hannover gehörig.

Blumenthal, 1. Hermann, *1905, †1942, (gefallen), dt. Bildhauer (stilisiert-archaische männl. Akte). – **2.** Oskar, *1852, †1917, dt. Kritiker, Theaterleiter u. Possenschreiber.

Blumentiere, *Anthozoa,* Klasse der *Nesseltiere;* festsitzende, oft koloniebildende Meerestiere, die nur in Gestalt der Polypen auftreten; hierher u. a.: *Seerosen, Steinkorallen, Zylinderrosen, Seefedern, Lederkorallen.*

Blumhardt, 1. Christoph Friedrich, *1842, †1919, dt. ev. Theologe; Vertreter des beginnenden religiösen Sozialismus. – **2.** Johann Christoph, *1805, †1880, dt. ev. Theologe, Vater von 1); heilte Kranke durch Handauflegen.

Blunck, Hans Friedrich, *1888, †1961, dt. Schriftst.; vertrat völk. u. nationalist. Anschauungen; 1933–35 Präs. der Reichsschrifttumskammer; schrieb geschichtl. Romane aus der Vorzeit, niederdt. Märchen, Sagen u. a.

Bluntschli, 1. Alfred Friedrich, *1842, †1930, schweiz. Architekt; Schüler von G. *Semper.* – **2.** Johann Kaspar, *1808, †1881, schweiz. Rechtswissenschaftler; Begr. einer empir.-organ. Staatsauffassung, auch von maßgebendem Einfluß auf die Entwicklung des schweiz. Zivilrechts.

Blut, die in einem geschlossenen Röhrensystem (B.gefäßsystem) zirkulierende, von einem Motor (Herz) bewegte Körperflüssigkeit; Funktionen: Transport von Sauerstoff, Kohlendioxid, Nähr-, Exkret- u. Wirkstoffen; Wärmetransport (bes. bei Warmblütern); Abwehr (Phagozytose, Antikörperbildung); Wundverschluß; Erhaltung des hydrostat. Binnendrucks. Zusammensetzung: B. ist eine wäßrige Lösung, in der die B.zellen (*B.körperchen*) suspendiert sind. Die *B.flüssigkeit (B.plasma)* enthält 90% Wasser, kolloidal gelöste Eiweiße u. Salze. Die B.körperchen setzen sich zus. aus roten (*Erythrozyten*) u. weißen *B.körperchen (Leukozyten)* u. *B.plättchen (Thrombozyten);* rote B.körperchen enthalten roten B.farbstoff (*Hämoglobin*) u. dienen dem Sauerstoff- u. Kohlendioxidtransport; weiße B.körperchen sorgen für die Vernichtung von Fremdkörpern u. Bakterien (Eiterbildung), B.plättchen für B.gerinnung u. Wundverschluß. Die *B.bildung* erfolgt im Knochenmark (rote u. weiße B.körperchen) u. im lymphat. Gewebe (weiße B.körperchen). Die *B.menge* beträgt beim erwachsenen Menschen 5–6 l.

Blutadern, ungenaue, veraltete Bezeichnung für →Venen.

Blutalgen, mikroskop. kleine Algen, die bei massenhaftem Auftreten Gewässer oder Schneeflächen rot färben.

Blutarmut →Anämie.

Blutbank, med. Einrichtung, in der von Blutspendern entnommenes Blut gesammelt, konserviert u. aufbewahrt wird.

Blutbann, im MA. die Befugnis zu jener Gerichtsbarkeit, die Todes- oder Verstümmelungsstrafe verhängte.

Blutbild, Messung des Blutfarbstoffgehalts (Hämoglobingehalts), Zählung der roten u. weißen Blutkörperchen u. Ermittlung des Verhältnisses der versch. weißen Blutkörperchen zueinander.

Blutbrechen, *Hämatemesis,* Erbrechen von im Magen angesammeltem Blut. Dieses kann aus Blutungen im Magen oder in der Speiseröhre stammen (Geschwüre, Krebs u. a.).

Blutdruck, im arteriellen Teil des Blutgefäßsystems herrschender Druck; abhängig von der Schlagkraft des Herzens, der Elastizität der Gefäße u. dem Strömungswiderstand in den Blutgefäßen; meist an der Arterie des Oberarms gemessen, mit dem *B.apparat* (Sphygmomanometer) oder elektron. Unterschieden werden; *systolischer Druck* (100–140 mm Quecksilbersäule) u. *diastolischer Druck* (60–90 mm) zw. 2 Kontraktionen des Herzens. – Der B. ist nach Alter, Geschlecht, Stoffwechsel u. Kreislaufbeschaffenheit verschieden. Im mittleren Alter beträgt er im Durchschnitt 130/85 mm; systolisch gilt er als erhöht, wenn die Summe 100 + Alter überschritten ist.

Blüte, 1. bei Pflanzen Sproß mit begrenztem Wachstum, dessen Blätter der geschlechtl. Fortpflanzung dienen u. entsprechend umgestaltet sind; die Blütenhülle (*Perianth*) schützt die inneren Blütenteile u. lockt Bestäuber an; die Blütenhüllblätter können alle gleich gestaltet sein oder einen grünen Kelch (*Kalyx*) u. eine farbige Blumenkrone bilden (*Korolle*); die Staubblätter (*Stamina*) tragen Pollensäcke, die den Blütenstaub erzeugen, u. bilden die männl. Geschlechtsorgane; die Fruchtblätter (*Karpelle*) tragen die Samenanlagen u. bilden die weibl. Geschlechtsorgane; die Fruchtblätter können frei stehen oder zu einem Stempel verwachsen sein; er bildet im unteren Teil den Fruchtknoten; der die

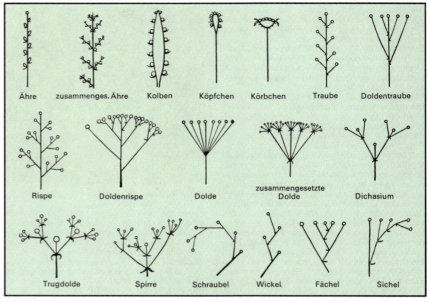

Blütenstand: schematische Darstellungen von Blütenständen

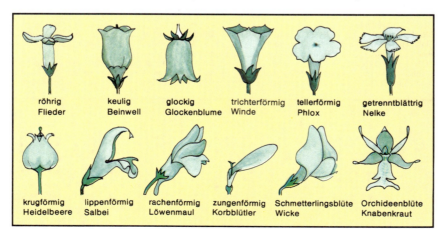

Blüte: graphische Darstellung der verschiedenen Blütenformen

Samenanlagen umschließt, u. im oberen Teil Griffel und Narbe. – **2.** gefälschte Banknote.
Blutegel, *Medizin. B., Hirudo medicinalis,* 10–15 cm langer *Egel* des Süßwassers, Blutsauger, in Dtld. selten geworden; med. zum Blutschröpfen verwendet.
Blütenpflanzen, *Samenpflanzen, Spermatophyta,* hochentwickelte, an das Landleben vollständig angepaßte Sproßpflanzen, die sich durch Blüten u. die Bildung von Samen auszeichnen. Nach der Stellung der Samenanlagen unterscheidet man: 1. *Nacktsamer (Gymnospermae),* deren Samenanlagen offen auf den Fruchtblättern liegen (v. a. Nadelhölzer); 2. *Bedecktsamer (Angiospermae),* deren Samenanlagen in einem Fruchtknoten eingeschlossen sind, der aus den verwachsenen Fruchtblättern gebildet wird. Die Bedecktsamer werden nochmals unterteilt in die *einkeimblättrigen Pflanzen (Monokotyledonen),* mit nur einem Keimblatt, meist parallelnervigen Blättern u. dreizähligen Blüten, u. die *zweikeimblättrigen Pflanzen (Dikotyledonen);* mit zwei Keimblättern, netznervigen Blättern sowie vier- u. fünfzähligen Blüten.
Blütenstand, *Infloreszenz,* gesetzmäßige Anordnung von mehreren Blüten zu einer Blütengemeinschaft; man unterscheidet: 1. *razemöse* oder *monopodiale* Blütenstände, die eine durchgehende, allen Seitentrieben übergeordnete Hauptachse haben: Traube, Ähre, Kolben, Köpfchen, Körbchen, Dolde (ohne oder mit einfachen Seitenachsen), Rispe, Doppeldolde (mit verzweigten Seitenachsen); 2. *zymöse* oder *sympodiale* Blütenstände, bei der die Hauptachse vorzeitig die Entwicklung einstellt u. die Seitenzweige die Führung übernehmen. Entsteht durch Weiterentwicklung nur einer Seitenachse eine scheinbare Hauptachse, spricht man von einem *Monochasium* (Wickel, Schraubel, Fächel); setzen zwei oder mehr Seitenachsen die Entwicklung fort, spricht man von einem *Dichasium* oder *Pleiochasium* (Trugdolde).
Blütenstecher, *Anthonominae,* Unterfam. der *Rüsselkäfer,* deren Larven sich in Blüten entwickeln u. sich von diesen ernähren, z.B. *Apfelblütenstecher, Baumwollkapselkäfer, Himbeerstecher.*
Bluterguß, *Hämatom,* Blutaustritt aus abnorm durchlässigen oder verletzten Gefäßen ins Körpergewebe.
Bluterkrankheit, *Hämophilie,* erbl. Neigung zu schweren unstillbaren Blutungen ohne oder bereits bei geringen Verletzungen; Ursache: Störung der Blutgerinnung. Die B. wird durch die nicht erkrankenden Frauen der Bluterfamilie auf die Söhne vererbt.
Blutfarbstoff, →Hämoglobin.
Blutfleckenkrankheit, *Purpura,* Auftreten von Blutflecken u. -bläschen der Haut u. Schleimhäute bei versch. Krankheiten.
Blutgefäße, *Adern* →Arterien; →Haargefäße; →Venen.
Blutgerinnung, *Koagulation,* komplizierter fermentativer Vorgang, der zur Erstarrung des Blutes nach Austritt aus einem Blutgefäß führt: zunächst zerfallen die *Blutplättchen,* wobei das Ferment *Thrombokinase* freiwird; dieses wandelt in Gegenwart von Calcium-Ionen das im Blut vorhandene *Prothrombin* in das Ferment *Thrombin* um; dieses bildet aus dem im Blut gelösten *Fibrinogen* den Faserstoff *Fibrin;* mit den Blutzellen bildet sich daraus der Blutkuchen *(Thrombus),* der sich langsam zus.zieht u. das *Blutserum* auspreßt.
Blutgruppen, erbl. Merkmale des Blutes, die jedem Menschen Blutindividualität verleihen; bedingt durch Antigene der roten Blutkörperchen u. entgegengesetzte Antikörper im Blutserum; heute werden über 10 versch. B.systeme unterschieden, dabei finden mehr als 100 Antigen-B.merkmale Beachtung. Bei B.unverträglichkeit verklumpen die roten Blutkörperchen eines Menschen, wenn man sie mit dem Serum eines anderen mischt. Haupt-B.-System ist das ABO-System mit 4 B., je nachdem, ob in den roten Blutkörperchen die beiden Faktoren A u. B. einzeln, zus. oder gar nicht vorhanden sind (A, B, AB, O) sowie die jeweils entgegengesetzten Antikörper im Serum Anti-A (α) u. Anti-B (β).
Bluthochdruck, →Hypertonie.
Bluthochzeit, *Pariser B.* →Bartholomäusnacht.
Bluthund, engl. Jagdhundrasse.
Bluthusten, *Blutspucken, Hämoptoe,* Beimengung von hellrotem, schaumigem Blut im Auswurf; öfter Zeichen einer Lungentuberkulose, aber auch bei Tumoren, Entzündungen, Verletzungen der Lunge u. a.

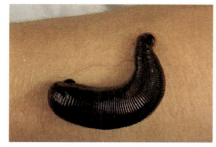
Blutegel

Blutiger Sonntag, Beginn der bürgerl.-sozialist. Revolution in Rußland am 22.1.1905, als Gardetruppen in St. Petersburg einen friedl. Bitt-Demonstrationszug unter Anführung des Priesters G. *Gapon* zusammenschossen.
Blutjaspis →Heliotrop (2).
Blutkonserve, ungerinnbar gemachtes, auf Blutgruppen geprüftes, serolog. u. bakteriolog. einwandfreies Blut, das durch Blutspenden gewonnen, in *Blutbanken* aufbewahrt u. bei Bedarf für Bluttransfusionen ausgegeben wird.
Blutkreislauf, *Blutzirkulation,* Blutumlauf in den Blutgefäßen, der dem Transport von Nahrungs- u. Abfallstoffen sowie von Atemgasen dient; Antriebsorgan ist das Herz. Bei den höheren Wirbeltieren kommt es zu einem *doppelten B.:* dem *kleinen* oder *Lungen-Kreislauf* u. dem *großen* oder *Körper-Kreislauf.* Beim Menschen fließt das Blut aus der l. Herzkammer durch Arterien in den Körper, wo in feinsten Haargefäßen (Kapillaren) der Stoffaustausch erfolgt; durch Venen fließt das Blut zum r. Vorhof, in die r. Herzkammer u. von da in die Lunge, wo es Kohlendioxid abgibt u. Sauerstoff aufnimmt, u. wieder zum l. Vorhof. Beim Erwachsenen beträgt die Umlaufzeit des Blutes etwa 1 Min.
Blutlaugensalze, Kaliumsalze der Hexacyano-Komplexe des Eisens: 1. *gelbes Blutlaugensalz,* Kaliumhexacyanoferrat(II), Kaliumferrocyanid, $K_4[Fe(CN)_6] \cdot 3 H_2O$; 2. *rotes Blutlaugensalz,* Kaliumhexacyanoferrat(III), Kaliumferricyanid, $K_3[Fe(CN)_6]$.
Blutlaus, *Eriosoma lanigerum,* 2 mm große schädl. Blattlaus mit rotbrauner Körperflüssigkeit, saugt an Apfelbäumen.
Blutplasma →Blut.
Blutplättchen, *Thrombozyten* →Blut.
Blutprobe, mikroskop., spektroskop. oder chem.

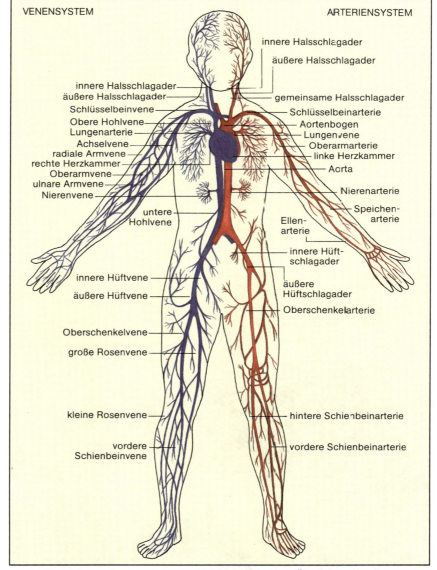

Blutkreislauf: Die Blutgefäße verzweigen sich in alle Körperregionen. Über die Arterien pumpt das Herz sauerstoff- und nährstoffreiches Blut in die Kapillaren. Dort kommt es zum Stoffaustausch, und mit Kohlendioxid und Stoffwechselabfällen beladen gelangt das Blut über die Venen zurück zum Herzen

Blutrache

Blutnachweis in Auswurf, Harn, Kot sowie an Kleidern; auch zum Alkoholnachweis im Blut.

Blutrache, die Sitte, daß ein Mord oder Totschlag nur durch die Tötung des Täters oder eines seiner Sippenangehörigen gesühnt werden kann. Bei vielen Völkern war sie Pflicht für alle Verwandten. Sie bildete den Ausgangspunkt für das Strafrecht.

Blutregen, *Blutschnee,* durch feinen rötl. Staub (in Mitteleuropa aus der Sahara herantransportiert) verursachte Rotfärbung von Regen u. Neuschnee; bei Altschnee auch durch Algen *(Blutalgen)* verursachte Rotfärbung.

Blutsbrüderschaft, eine Verbindung auf Leben u. Tod, die zwei nicht miteinander verwandte Menschen meist durch gegenseitiges Trinken vom Blut des andern eingehen.

Blutschande, *Inzest,* Beischlaf zw. Verwandten auf- u. absteigender Linie sowie zw. Geschwistern; strafbar nach § 173 StGB mit Freiheitsstrafe bis zu zwei Jahren.

Blutsenkung, med. Untersuchungsverfahren, bei dem die Geschwindigkeit des Absinkens der Blutkörperchen im Blutplasma festgestellt wird. Bei Gelenkrheumatismus, bösartigen Geschwülsten u. Entzündungen treten Veränderungen der Plasma-Eiweiße des Bluts auf, was zu Änderungen der B. führt.

Blutserum, ungerinnbares Blutplasma, aus dem das Fibrinogen entfernt wurde. →Blutgerinnung.

Blutstein, *roter Glaskopf,* ein Mineral.

blutstillende Mittel, *Hämostyptika,* Arzneimittel, die durch Zus.ziehung der Gefäße oder durch Förderung der Gerinnungsvorgänge Blutungen zum Stehen bringen; z.B. Suprarenin, Eisenchlorid, Gerbstoffe, Adstringentien, Gelatine, Pektine.

Blutstillung, *Hämostase,* 1. *spontane B.* durch Blutgerinnung u. Bildung eines Thrombus; 2. *vorläufige B.* durch Abbinden, manuelle Kompression, Ausstopfen der Wunde, Hochlagerung des blutenden Körperabschnitts; 3. *endgültige B.* durch chirurg. Maßnahmen oder blutstillende Mittel.

Blutströpfchen, Schmetterlinge aus der Fam. der *Widderchen,* deren Vorderflügel 6 karminrote Flecken tragen; über 10 Arten in Mitteleuropa.

Bluttransfusion, *Blutübertragung,* Übertragung von Blut eines Blutspenders auf einen Kranken als Ersatz für verlorengegangenes Blut bei großen Blutverlusten, Blutkrankheiten, Vergiftungen u. a.; Voraussetzung ist Übereinstimmung oder Verträglichkeit der Blutgruppen. Bei der *direkten B.* wird das Blut vom Arm des Spenders unmittelbar übertragen; bei der *indirekten B.* wird das Blut vom Spender abgenommen, ungerinnbar gemacht *(Blutkonserve)* u. später dem Kranken übertragen.

Blutung, *Hämorrhagie,* Austritt von Blut bei Gefäßverletzungen u. versch. Krankheiten; flächenförmig aus den Haargefäßen, langsam sickernd aus den Venen oder stark fließend u. rhythm. spritzend aus den Arterien; kann durch Gerinnung u. Blutpfropfbildung von selbst zum Stillstand kommen; B. in den Körper führt zu Blutergüssen.

Blutvergiftung, *Sepsis,* Überschwemmung des Bluts mit virulenten Mikroorganismen oder deren Giften; Erreger sind *Strepto-, Staphylo-, Pneumo-* u. *Gonokokken* u. a.

Blutzucker, im Blut gelöster Traubenzucker *(Glucose),* Hauptenergiequelle für alle Körperleistungen; seine Konzentration beträgt normalerweise 70–120 mg in 100 cm³ Blut *(B.spiegel);* dieser wird hormonal gesteuert, bes. durch das Insulin. Zuviel Insulin senkt den B.spiegel: *Hypoglykämie* (Ohnmacht, Krämpfe). Der B.gehalt steigt, wenn die Insulinproduktion, z.B. bei Zuckerkranken, herabgesetzt ist: *Hyperglykämie* (Symptom: Zucker im Harn).

Blyton [′blaitən], Enid, *1896, †1968, engl. Jugendschriftst.; schrieb mehrere hundert abenteuerl. Kinderbücher.

BND, Abk. für *Bundesnachrichtendienst.*

Bö, *Böe,* Windstoß, kurze Schwankung von Geschwindigkeit u. Richtung des Winds, bes. in Kaltluftmassen.

Boa, 1. langer, schmaler Schal aus Pelz oder Straußenfedern. – **2.** →Boaschlangen.

Boaschlangen, *Boinae,* Unterfam. der *Riesenschlangen;* vorw. in Amerika, aber auch Afrika, S-Asien, Papua-Neuguinea; ungiftige Schlangen, die ihre Beute durch Umschlingen erwürgen; lebendgebärend; darunter *Anakonda, Abgottschlangen, Wüstenschlangen.*

Bob, Abk. für *Bobsleigh,* lenkbarer Sportschlitten für 2 oder 4 (seltener 6) Fahrer.

Bobby, Slangausdruck für den engl. Polizisten.

Bober, l. Nebenfluß der Oder in Schlesien, 272 km; *B.talsperren:* bei Mauer, 2,4 km², 62 m Stauhöhe, u. bei Deichow.

Böblingen, Krst. in Ba.-Wü., sw. von Stuttgart, 44 000 Ew.; elektron., Textil-, Möbel- u. Metall-Ind.

Bobo-Dioulasso [-diu-], zweitgrößte Stadt in Burkina Faso, 231 000 Ew.; Wirtschaftszentrum u. Verkehrsknotenpunkt.

Bobrowski, Johannes, *1917, †1965, dt. Schriftst. (v. a. Lyrik).

Bobsleigh [-slɛi] →Bob.

Bobtail [-tɛil], mittelgroßer, altengl. Schäferhund.

Boccaccio [-′kattʃo], Giovanni, *1313, †1375, ital. Dichter; Hauptwerk ist das nach dem Pestjahr 1348 entstandene »Decamerone«, 100 durch eine Rahmenerzählung verbundene Novellen, in denen zahlr. Stoffe weitverstreuter Herkunft prägnante Form fanden.

Boccherini [bɔke′riːni], Luigi, *1743, †1805,

Viererbob beim Start

ital. Komponist u. Cellist (Sinfonien, Oratorien, Kammermusik).

Boccia [′bɔtʃa], ursprüngl. vor allem in Italien u. S-Frankreich verbreitetes Spiel, bei dem Holz- oder Kunststoffkugeln (8–10 cm Durchmesser) möglichst nahe an eine kleinere Zielkugel zu werfen sind.

Boccioni [bɔt′tʃoːni], Umberto, *1882, †1916, ital. Maler, Bildhauer u. Kunstschriftst.; Hauptmeister des ital. *Futurismus.*

Boche [bɔʃ], bes. seit dem 1. Weltkrieg frz. Schimpfname für den Deutschen.

Bocholt, Stadt in NRW, nahe der ndl. Grenze, 69 000 Ew.; St. Georgskirche (15. Jh.), Rathaus in ndl. Backsteinrenaissance; Textil- u. a. Ind.

Bochum, Ind.-Stadt in NRW, im Ruhrgebiet, 410 000 Ew.; Fachhochschule für Bergbau, Ruhr-Universität (1965); Sternwarte; chem., Eisen- u. Metall-Ind., Kraftfahrzeugbau.

Bockbier, süßes Starkbier mit mind. 16% Stammwürze; *Doppelbock* hat mind. 18% Stammwürze.

Bockelmann, Rudolf, *1892, †1958, dt. Sänger (Bariton).

Böckh, August, *1785, †1867, dt. Altphilologe u. Kulturhistoriker; führte kulturgeschichtl. Betrachtungsweise in die philolog. Forschung ein.

Bockkäfer, *Cerambycidae,* Fam. der *Käfer,* mit sehr langen Fühlern (»Hörnern«), die Larven leben meist in Holz u. unter Baumrinde; bed. Holzschädling ist der *Hausbock.*

Böckler, Hans, *1875, †1951, dt. Gewerkschaftsführer; 1949 Vors. des *Dt. Gewerkschaftsbunds* u. Vizepräs. des *Internationalen Bundes Freier Gewerkschaften.*

Böcklin, Arnold, *1827, †1901, schweiz. Maler u. Bildhauer; einer der Hauptvertreter des Idealismus in der dt. Malerei des 19. Jh.; begann mit spätromant. Landschaften, fand dann zu einem monumental-pathet. Stil u. mytholog. Themen.

Bocksbart, *Tragopogon,* Gatt. der *Korbblütler;* hierzu der *Wiesen-B., T. pratensis,* mit großen, gelben, sternförmigen Blüten, die sich nur vormittags öffnen.

Bocksbeutel, abgeplattete, bauchige Flasche für *Frankenweine.*

Bodden, seichte Bucht mit unregelmäßigem Umriß, bes. an der Ostseeküste (Mecklenburg, Pommern).

Bode, 1. l. Nbfl. der Saale aus dem Harz, 169 km, mehrere Talsperren (Rappbode- u. Wendefurthtalsperre). – **2.** Arnold Wilhelm von, *1845, †1929, dt. Kunsthistoriker; um Aufbau u. Förderung der Berliner Museen verdient.

Bodega, span. Weinstube.

Bodelschwingh, 1. Friedrich von, *1831, †1910, dt. ev. Geistlicher; führend in der Inneren Mission; übernahm 1872 die 1867 gegr. u. später nach ihm benannten Anstalten in *Bethel* bei Bielefeld (ursprüngl. nur für Epileptiker); bemühte sich um Resozialisierung der »Brüder von der Landstraße« u. gründete Arbeiterkolonien u. a. bei Berlin. – **2.** Friedrich von, Sohn von 1), *1877, †1946, dt. ev. Geistlicher; Nachfolger seines Vaters in der Leitung der Bethelschen Anstalten; verhinderte die Durchführung der Euthanasie in Bethel.

Boden, mit Wasser, Luft u. Lebewesen durch-

Arnold Böcklin: Spiel der Wellen; 1883. München, Neue Pinakothek

setzte oberste Schicht der Erdoberfläche; entstanden durch bodenbildende Prozesse wie Verwitterung, Verwesung, Humusbildung u. a.; Einflüsse, die zur B.bildung führen, sind Klima, Vegetation, Gestein, Relief sowie menschl. Bearbeitung; sie erzeugen verschiedene B.arten, z.B. Sand-, Lehm-, Kalk-B.

Boden, schwed. Handelsstadt am Lule Älv, 27 000 Ew.

Bodenanzeiger, *Indikatorpflanzen,* auf eine bestimmte Bodenart hinweisende Pflanzen.

Bodendruck, Druck, den eine Flüssigkeit auf den Boden eines Gefäßes ausübt; hängt nur von der Höhe der Flüssigkeitssäule, nicht von der Form des Gefäßes ab (*hydrostat. Paradoxon*).

Bodeneffektgeräte, Fahrzeuge, die sich infolge der Erhöhung des Auftriebs von Tragflächen in Bodennähe (Bodeneffekt) fortbewegen; z.B. das *Luftkissenfahrzeug.*

Bodenerosion, Zerstörung der Bodendecke durch Abtragung (Deflation, Erosion, Schichtfluten) u. Wegführung fruchtbarer Bestandteile, auch durch Überschüttung mit unfruchtbarem Material; häufig durch den Menschen hervorgerufen. Oft kommt es nach Regen zur B.

Bodenkunde, *Pedologie,* naturwiss. Disziplin; beschäftigt sich mit Entstehung, Entwicklung u. Eigenschaften der Böden, ihrer räuml. Verbreitung u. ihrer Nutzung.

Bodenorganismen, Lebewesen im Erdboden, unterteilt in Bodenflora u. -fauna; wichtig v. a. für den Abbau organ. Substanz u. die Bildung von Humus.

Bodenreform, zwangsweiser Eingriff in die Eigentumssituation von Grund u. Boden aus sozialen, wirtsch. u. polit. Gründen. Die aus sozialist. u. kommunist. Ideen hervorgegangene Bestrebung, den gesamten Grund u. Boden in *Gemeineigentum* zu überführen, sieht hierin die Voraussetzung für eine gerechte (sozialist.) Gesellschaftsordnung. Die *Bodenreformer* dagegen (bes. J. St. *Mill,* Henry *George,* Franz *Oppenheimer* u. Adolf *Damaschke*) wenden sich nicht gegen das Privateigentum, sondern fordern nur vom Staat scharfe Maßnahmen gegen die aus einer Monopolsituation entsprungene (ungerechtfertigte) Bereicherung der Bodenbesitzer durch die Grundrente. Sie sind hauptsächl. Vertreter der städtischen B., die sich gegen die *Bodenspekulation* wendet. – Von größerer Bedeutung ist heute die *ländl. B. (Agrarreform),* die gegen den Großgrundbesitz gerichtet ist. In den sozialist. Ländern Europas wurde nach 1945 der Großgrundbesitz (ab 100 ha) ohne Entschädigung enteignet u. auf etwa 400 000 Neubauernstellen von 4–8 ha Größe aufgeteilt *(Agrarrevolution).*

Bodenrente →Grundrente.

Bodenschätzung, Klassifizierung der land- u. forstwirtsch. genutzten Böden nach Bodenzusammensetzung u. Alterserscheinungen als Grundlage der Besteuerung.

Bodensee, *Schwäbisches Meer,* größter dt. See u. zweitgrößter Alpensee, 539 km², bis 252 m tief; im NW in 2 Einzelbecken geteilt: den Überlinger See (mit Insel Mainau) u. den durch einen 4 km langen Rheinarm mit dem eigtl. B. verbundenen Untersee (mit Insel Reichenau) mit Gnadensee u. Zellersee; mildes Klima; an den Ufern Wein- u. Obstanbau; reger Fremdenverkehr.

Bodenstedt, Friedrich v., *1819, †1892, dt. Lyriker u. Übersetzer; virtuoser Vermittler engl., russ. u. oriental. Dichtungen; bes. erfolgreich mit seinen »Liedern des Mirza Schaffy«.

Bodenturnen, *Bodengymnastik,* alle Körperübungen am Boden, die im Sitzen, Knien, Liegen u. Stehen ausgeführt werden; Disziplin beim Kunstturnen.

Bodenwellen, elektromagnet. Wellen eines Senders, die geradlinig zum Empfänger gelangen; je nach Wellenlänge von unterschiedl. Reichweite.

Bodhisattva, zukünftiger Buddha; Mensch, der das Gelübde abgelegt hat, Buddha zu werden; im ursprüngl. Buddhismus in erster Linie Bez. des Gautama Buddha vor seiner Erleuchtung.

Bodin [-'dɛ̃], *Bodinus, Bodinus,* Jean, *1530, †1596, frz. Staatsrechtler; Begr. der Lehre von der Souveränität u. erster Theoretiker der absoluten Monarchie.

Bodmer, 1. Johann Jakob, *1698, †1783, dt. Gelehrter u. Schriftsteller; vertrat gegen die verstandesmäßige Auffassung der Dichtung (J. Ch. *Gottsched*) die Auffassung von der schöpfer. Phantasie als der wirkenden Kraft; entdeckte die dt. Dichtung des MA neu. – **2.** Walter, *1903,

Bogenschießen

†1973, schweiz. Maler (abstrakte Bilder, Drahtreliefs, Draht- u. Metallskulpturen).

Bodö, Hafen u. Hptst. der norweg. Prov. Nordland, am Saltfjord, 36 000 Ew.; Handelszentrum, Fischverarbeitung.

Bodybuilding ['bɔdi'bildiŋ], »Körperbildung«, auf der Grundlage schwerathlet. Übungsformen entwickeltes Trainingssystem zur Entwicklung der Muskulatur.

Böe →Bö.

Boegner, Marc, *1881, †1970, frz. reform. Theologe; 1948–54 einer der Präs. des Ökumen. Rats der Kirchen.

Boerhaave ['bu:rha:fə], Herman, *1668, †1738, ndl. Arzt und Naturforscher; begr. die moderne klin. Krankenbeachtung u. den akadem. Med.-Unterricht.

Boethius, Anicius Torquatus Severinus, *um 480, †524, röm. Philosoph u. Politiker; erster Min. am Hof *Theoderichs d. Gr.,* wurde der Verschwörung gegen Theoderich bezichtigt u. hingerichtet; wichtigster Vermittler antiker Tradition an das MA. – W »Vom Trost der Philosophie« (im Gefängnis geschrieben).

Bogart ['bouga:t], Humphrey, *1899, †1957, US-amerik. Schauspieler; machte Filmgeschichte durch seine Verkörperung der Helden der »schwarzen Serie«; bed. Filme: »Casablanca«, »Die Caine war ihr Schicksal« u. a.

Boğazköy [bɔː'azkœi], *Boğazkale,* Dorf in der Türkei, ö. von Ankara; nahebei die Ruinen von Hattusa, der Hptst. der Hethiter.

Bogdanovich [bɔg'dænəvitʃ], Peter, *30.7.1939, US-amerik. Filmregisseur; »Is' was, Doc?«.

Bogen, 1. allg. Teil einer gekrümmten Linie. – **2.** kreis-, ellipsen- oder parabelförmig gewölbtes Tragwerk, das eine Öffnung gespannt u. beiderseits auf Widerlagern ruht. – **3.** neben der *Schleuder* älteste Kriegs- u. Jagdwaffe; bei Naturvölkern heute noch in Gebrauch, vor allem als Jagdwaffe, häufig mit vergiftetem Pfeil. – **4.** Gerät, mit dem die Saiten der Streichinstrumente zum Klingen gebracht werden.

Bogen, 1. Stadt in Niederbayern an der Donau sö. von Regensburg, 8700 Ew.; auf dem *B.berg* spätgot. Wallfahrtskirche. – **2.** *Hoher B.,* Berg im Böhmerwald (Hinterer Bayer. Wald), 1072 m.

Bogengänge, Teil des inneren Ohrs der Wirbeltiere; Gleichgewichtssinnesorgane. →Ohr.

Bogenlampe, elektr. Lichtquelle nach dem Prinzip der selbständigen *Gasentladung.* Die starke Elektronenemission der sehr heißen Kathode (4000–4800 °C) hält den Ionenentladungsstrom aufrecht.

Bogenmaß, beim Winkel die Maßzahl der Länge seines zugehörigen Bogens im *Einheitskreis.* Der rechte Winkel (90 °) mißt im B.: π/2.

Bogenschießen, sportl. Wettbewerb mit Pfeilen u. Bogen, bei dem aus einer Entfernung von 30–90 m auf eine Scheibe geschossen wird.

Bogenspektrum, Spektrum des Lichts eines elektr. *Lichtbogens.* →auch Spektrum.

Bogomilen, »Gottesfreunde«, Angehörige einer Sekte, die im 10. Jh. auf dem Balkan entstand; verstanden die Welt als Schöpfung des Teufels u. predigten einen asket. Rigorismus.

Bogomoletz, Alexander Alexandrowitsch, *1881, †1946, russ. Physiologe; entwickelte das »Verjüngungsserum« ACS (Antiretikular-Cytotoxisches Serum).

Bogor, fr. *Buitenzorg,* Stadt in Java (Indonesien); 274 000 Ew.; Univ., Landwirtschaftl. HS; bed. botan. Garten.

Bogotá, Hptst. von Kolumbien, auf einer Hochfläche der östlichen Kordilleren, 2640 m ü. M., 4 Mio. Ew.; Kulturzentrum mit Akademien, Museen, mehreren Univ.; bed. Ind.-Standort; Flughafen. – 1598 von den Spaniern gegr.

Bohème [bo'ɛːm], »Zigeunertum«, lockere, unbürgerl. Welt der Künstler u. Literaten. *»La Bohème«,* Opern von G. *Puccini* u. R. *Leoncavallo.*

Bohemien [boeˈmjɛ̃], Angehöriger der *Bohème;* unbürgerl. Mensch.

Bohley, Bärbel, *24.5.1945, dt. Bürgerrechtlerin; 1989 Mitgründerin der Bürgerrechtsbewegung *Neues Forum.*

Bohm, Hark, *18.5.1939, dt. Filmregisseur u. Schauspieler; führte Regie bei »Nordsee ist Mordsee«, »Herzlich Willkommen« u. a.

Böhm, 1. Dominikus, *1880, †1955, dt. Architekt; Erneuerer der kath. Sakralarchitektur. – **2.** *Behem,* Hans, auch unter dem Namen *Pfeifer (Pauker) von Niklashausen* bekannt, religiöser Schwärmer mit sozialrevolutionärer Tendenz; als Ketzer verbrannt. – **3.** Karl, *1894, †1981, östr. Dirigent.

Böhme, Jakob, *1575, †1624, dt. Mystiker u. Philosoph; verband Elemente des reform. Christentums mit myst. Anschauungen.

Böhmen, Beckenldsch. in der Tschech. Rep., 52 764 km²; von Erzgebirge, Sudeten, Böhmerwald u. Böhm.-Mähr. Höhe umgrenzt, von Elbe u. Moldau entwässert; Landwirtschaft stark entwickelt (Getreide-, Zuckerrüben-, Hopfen-, Gemüse- u. Obstanbau); Forstwirtschaft; Braun- u. Steinkohlenabbau; Verkehrs- u. Handelsmittelpunkt ist die Hptst. *Prag.* – G e s c h. : Kelt. *Bojer* gaben dem Land den Namen; es folgten german. *Markomannen* u. darauf im 6./7. Jh. *Slawen;* im 9. Jh. abhängig vom Frankenreich, anschließende Zersplitterung; Einigung unter den Přemysliden u. seit 1198 erbl. Kgr.; »goldenes Zeitalter« unter den *Luxemburgern* (1310–1437), bes. unter Karl IV., mit den Hussitenkriegen endete; 1526–1918 Herrschaft der *Habsburger;* im 19. Jh. Erstarken des tschech. Nationalbewußtseins; 1918 wurde die Unabhängigkeit der Tschechoslowakei proklamiert u. B. integriert.

Böhmerwald, im SW Böhmens sich erstreckendes Grenzgebirge zw. Dtld., Östr. u. der Tschech. Rep.; 250 km lang, im *Großen Arber* 1457 m; dt. Anteil wird auch als *Hinterer Bayer. Wald* bezeichnet.

Böhmische Brüder, *Mährische Brüder,* 1467 in Böhmen gegr. Gemeinschaft, die aus einer Verbindung hussit. Kreise mit Resten der Waldenser bestand; ging in den Brüdergemeine auf.

Böhmisches Mittelgebirge, vulkan. Gebirge im N Böhmens; im *Milleschauer* 837 m; an den S-Hängen Gemüse-, Hopfen- u. Obstbau.

Bohne, *Phaseolus,* Gatt. der *Schmetterlingsblütler;* wichtigste Art ist die *gewöhnl. Garten-B., P. vulgaris,* als bed. Gemüsepflanze, aus dem tropischen Amerika stammend.

Bohnenkraut, *Satureja hortensis,* Küchengewürz aus der Fam. der *Lippenblütler.*

Bohr, 1. Aage, *1922, dän. Physiker; Sohn von 2), Arbeiten über die Struktur der Atomkerne; Nobel-

Bodensee: Frühbeetkulturen auf der Insel Reichenau

preis 1975. – **2.** Niels Henrik David, *1885, †1962, dän. Physiker; entwickelte 1912 das erste Atommodell. In diesem *Bohrschen Atommodell* vereinigte er die Plancksche Quantentheorie mit Rutherfords Atommodell; Nobelpreis 1922.

Bohrinsel, stählerne Plattform mit Einrichtungen zum Bohren u. zum Fördern von Erdöl u. Erdgas unter Wasser.

Bohrmuscheln, *Pholadidae,* gestreckte *Muscheln,* die sich in Holz u. Steine einbohren, u. a. der *Schiffsbohrwurm,* der Nutzholz gefährl. werden kann.

Bohrsches Atommodell → Atom.

Bohrturm, Einrichtung zum Bohren sehr tiefer senkrechter Gesteinsbohrlöcher: ein über dem Bohrloch stehendes, bis 60 m hohes Gerüst, meist aus Stahl, in dem u. a. ein Flaschenzug untergebracht ist, mit dem das *Gestänge* u. die *Verrohrung* in das Bohrloch eingelassen oder aus ihm herausgezogen werden.

Bohus [´bu-], insel- u. fjordreiche Küstenldsch. in SW-Schweden, nördl. von Göteborg.

Boie, Heinrich Christian, *1744, †1806, dt. Liederdichter u. Publizist; einer der Führer des *Göttinger Hains.*

Boieldieu [bɔjɛl´djø], François Adrien, *1775, †1834, frz. Komponist; schrieb u. a. Opern mit melodischem Reichtum im Stil der frz. romant. Opéra comique; W »Der Kalif von Bagdad«, »Die weiße Dame«.

Boileau-Despréaux [bwa´lodεpre´o], Nicolas, *1636, †1711, frz. Dichter; seine »Art poétique« (»Die Dichtkunst«) faßte die Kunstgesetze der Klassik zus. u. wirkte bes. auf den frz. Klassizismus.

Boiler, Warmwasserbereiter.

Bois, Curt, *1901, †1991, Schauspieler; seit 1907 am Theater; u. a. Zusammenarbeit mit B. *Brecht* u. F. *Kortner;* auch Soloprogramme.

Bois de Boulogne [bwadəbu´lɔnjə], über 850 ha großer Erholungspark engl. Stils westl. der City von Paris; Pferderennbahnen Longchamp u. Auteuil.

Boise [´bɔisi], Hptst. u. größte Stadt von Idaho (USA), 110 000 Ew.; vielseitige Industrie.

Boisserée [bwasə´re], Melchior, *1786, †1851, Kunstgelehrter; erforschte die mittelalterl. Kunst in Dtld.; förderte maßgebl. den Weiterbau des Kölner Doms.

Boito, Pseudonym: Tobia *Gorrio,* *1842, †1918, ital. Komponist u. Schriftsteller; schrieb Opern im Stil Richard Wagners u. verfaßte die Textbücher zu G. *Verdis* »Othello« u. »Falstaff«.

Boizenburg/Elbe, Stadt in Mecklenburg, 12 500 Ew.; Schiffbau, metallverarbeitende Ind.

Bojar, fr. Titel des hohen Adels in Rußland, auch in Bulgarien, Rumänien u. Litauen.

Boje, *Tonne,* verankerter Schwimmkörper zum Kennzeichen des Fahrwassers oder von Gefahrenstellen; *Leuchtbojen* senden Licht-Blinksignale, *Heul-* u. *Glockenbojen* geben Tonsignale.

Bojer, latein. *Boii,* einer der bed. kelt. Stämme, ursprüngl. in SW-Dtld. ansässig; wanderten im 4. Jh. v. Chr. in das nach ihnen benannte *Böhmen* u. in die Po-Ebene, wo sie 191 v. Chr. von den Römern unterworfen wurden.

Bojer, Johan, *1872, †1959, norw. Schriftsteller; schrieb v. a. Romane, in denen er sozialkrit. das Leben des Volkes schilderte; W »Die Lofotfischer« u. a.

Bokassa, Jean Bedel, *1921, afrik. Politiker u. Offizier in der Zentralafrik. Republik; 1966 Staats-Präs. durch Staatsstreich; ernannte sich 1976 zum Kaiser B. I.; 1979 gestürzt; 1987 zum Tode verurteilt, 1993 amnestiert.

Bol →Bolus.

Bola, Schleuderriemen, deren Enden mit Steinen oder gefüllten Ledersäckchen beschwert sind; Jagdwaffe der Pampas-Indianer u. Patagonier.

Bolero, 1. kurzes, vorn offenes Jäckchen; urspüngl. Bestandteil der span. Volkstracht. – **2.** span. Tanz im mäßig bewegten 3/4- (2/4) Takt.

Bolesław [bɔ´lεsuaf], **1.** , *B. I. Chrobry* [»der Tapfere«], *967, †1025; Herzog 992–1025, König 1025; führte 1002–18 erfolgreiche Kämpfe gegen Kaiser Heinrich II., in denen er die Lausitz u. Mähren gewann. – **2.** *B. II. Szczodry,* oder *Smiały* [»der Kühne«], *1039, †1081; Herzog 1058–76, König 1076–79; betrieb eine erfolgreiche Machtpolitik gegenüber dem Kiewer Reich u. Ungarn. – **3.** *B. III. Krzywousty* [»Schiefmund«], *1085, †1138; Herzog 1102–38; schlug 1109 Kaiser Heinrich V. bei Breslau zurück.

Bolesławiec [-su´awjεts] →Bunzlau.

Boleyn [´bulin], Anna →Anna (3).

Boliden, sehr helle Meteore in Form von Feuerkugeln.

Bolingbroke [´bɔliŋbruk], Henry St. John, Viscount B., *1678, †1751, engl. Politiker; 1704–08 Kriegs-Min., 1710–14 Außen-Min.; maßgebl. an der Beendigung des span. Erbfolgekriegs beteiligt; 1715–23 im frz. Exil.

Bolívar, Simón, *1783, †1830, südamerik. Unabhängigkeitskämpfer u. Nationalheld; befreite Venezuela, Kolumbien, Panama, Ecuador, Peru u. Bolivien von der span. Herrschaft; 1819 Präs. von Kolumbien; 1827 Diktator von Peru.

Bolivien, Staat in Südamerika, 1 098 581 km²,

Bolivien

7,2 Mio. Ew., formelle Hptst. *Sucre,* Reg.-Sitz *La Paz.*

L a n d e s n a t u r . Die Gebirgsketten der bolivian. Anden (bis 6800 m hoch) schließen das 3000 bis 4000 m hohe Hochland *(Altiplano)* mit dem Titicacasee u. dem Poopósee ein. Nach O fallen sie zum Gran Chaco, nach NO zum Amazonastiefland ab. Im O ist es heiß u. z. T. sehr feucht, im Hochland dagegen trocken u. kühl.

B e v ö l k e r u n g . 42% Indianer, 31% Mestizen, 14% Weiße. Die Bewohner sind vorw. kath. u. sprechen Spanisch.

W i r t s c h a f t . Im Hochland Viehzucht (Lamas, Rinder, Schafe) u. Ackerbau für den Eigenbedarf. Die Plantagen im Tiefland liefern Kautschuk, Kakao, Zuckerrohr, Früchte, Reis u. die Wälder Edelhölzer für den Export. Die wichtigsten Bodenschätze sind Erdgas u. Zinn (13% der Weltförderung); daneben gibt es Blei, Zink, Kupfer u. a. Die Industrie ist wenig entwickelt. – Das Straßen- u. Eisenbahnnetz stellt den Anschluß zu den Pazifikhäfen in Peru u. Chile her.

G e s c h i c h t e . Seit der Unabhängigkeit 1825 erlebte B. über 150 Putsche. 1982 ging die Regierungsgewalt von den Militärs auf gewählte Organe über. Die Präsidentschaftswahlen 1993 gewann G. *Sánchez de Lozada.*

Böll, Heinrich, *1917, †1985, dt. Schriftsteller; schildert die Alltagswirklichkeit des Kriegs, der Nachkriegsjahre, des Wirtschaftswunders u. der Staats- u. Kircheninstitutionen, wobei ihn sein kath. Glaube nicht an radikaler Kritik hindert; W »Billard um halb zehn«, »Ansichten eines Clowns«, »Gruppenbild mit Dame«, »Die verlorene Ehre der Katharina Blum«; Nobelpreis 1972; 1971–74 Präs. des Internat. PEN-Clubs.

Bollandisten, Gelehrtengruppe aus dem Jesuitenorden, die im 17. Jh. begann, die Nachrichten über die Heiligen der kath. Kirche herauszugeben *(Acta Sanctorum);* ben. nach J. *Bolland* (*1596, †1665).

Böller, im 16. Jh. Mörser für Steinkugeln u. Brandkörper; heute Kleingeschütz für Freudenschüsse.

Bolletbaum, aus Guyana stammendes *Seifenbaumgewächs (Sapurdaceae).*

Bölling, Klaus, *1928, dt. Journalist u. Diplomat; 1974–80 sowie 1982 Leiter des Bundespresse- u. Informationsamts, 1981 Leiter der Ständigen Vertretung bei der DDR.

Heinrich Böll

Bollnow [-no], Otto Friedrich, *1903, †1991, dt. Philosoph; Vertreter der Lebensphilosophie.

Bollwerk, 1. Stützwand aus Bohlen u. Pfählen (Bohlwerk) für Baugruben u. ä. – **2.** →Bastion.

Bologna [-´lɔnja], Hptst. der nord-ital. Region *Emilia-Romagna* u. der Prov. B., 427 000 Ew.; älteste Univ. Europas (gegr. 1119); Kunstakad.; die (schiefen) *Geschlechtertürme* sind das Wahrzeichen der Stadt.

Bologna, [-´lɔnja], Giovanni da, eigtl. Jean de *Boulogne,* *1529, †1608, ital. Bildhauer fläm. Herkunft; schuf in einem manierist. bewegten, aber noch klass. maßvollen Stil Marmor- u. Bronzeplastiken.

Bolometer, Instrument zum Messen der Energie von Infrarot- oder Lichtstrahlen.

Bolschewik, *Bolschewist,* Anhänger des *Bolschewismus.*

Bolschewismus, von W. I. *Lenin* u. J. W. *Stalin* aus dem Marxismus entwickeltes System polit. Ideen u. Strategien; bis zum Tod Stalins (1953) übl. Bez. für den Sowjetkommunismus; Begriff geht zurück auf die Spaltung der russ. Sozialdemokratie auf dem Parteitag 1903 in *Bolschewiki* (»Mehrheitler«), die radikalen, revolutionären Anhänger Lenins, u. die gemäßigten *Menschewiki* (»Minderheitler«); die *Bolschewiki* setzten sich in der Oktoberrevolution 1917 durch.

Bolschoj-Ballett, Ballettensemble des Bolschoj-Theaters in Moskau, neben dem *Mariinskij-Ballett* in St. Petersburg führend in Rußland.

Bolsenasee, ital. *Lago di Bolsena,* ital. Kratersee im nördl. Latium, 115 km², 146 m tief.

Bolton [´bɔultən], engl. Stadt nw. von Manchester, 153 000 Ew.; Kohlengruben, Eisen-Ind.

Giovanni da Bologna: Merkur; 1564. Florenz, Museo Nazionale (Bargello)

Bolivien: Frauen beim Reinigen von Zinnerz

Taufe und Märtyrertod des Bonifatius; Sacramentarium von Udine, 11. Jahrhundert

Boltzmann, Ludwig Eduard, *1844, †1906, östr. Physiker; einer der Begr. der kinetischen Gastheorie. – **B.-Statistik,** *klass. Statistik,* von L. *Boltzmann* in Verbindung mit der kinet. Gastheorie entwickelte Statistik; zur statist. Behandlung sehr vieler Teilchen, die sich nach den Gesetzen der klass. Mechanik bewegen.

Bolus, *Bol,* feiner, fetter Ton unterschiedl. Farbe u. Zusammensetzung; *Terra di Siena* als Malerfarbe, *B. alba (weißer B.)* als Adsorptionsmittel bei Darmerkrankungen.

Bolyai ['bojɔi], János (Johann), *1802, †1860, ungar. Mathematiker; Begr. einer nichteuklid. Geometrie.

Bolzano → Bozen.

Bolzano, Bernhard, *1781, †1848, tschech. kath. Theologe, Philosoph u. Mathematiker ital. Herkunft; bed. Logiker in Leibniz-Nachfolge u. Gegnerschaft zu Kant.

Bolzen, 1. runder Metallstift zum lösbaren Verbinden von Maschinenteilen. – **2.** Geschoß der Armbrust.

Bombage [-'baːʒə], das Auftreiben des Deckels bei Lebensmittelkonserven infolge Zersetzung des Inhalts.

Bombarde, Geschütz des 14./15. Jh.

Bombardierkäfer, *Brachyninae,* Unterfam. der Laufkäfer, die zur Feindabwehr aus Afterdrüsen ein Sekret ausscheidet, das an der Luft explosionsartig verpufft.

Bombardon [-'dɔ̃], Baß- oder Kontrabaßtuba.

Bombay [-bei], ind. *Mumbai,* zweitgrößte Stadt Indiens, im N der ind. Westküste, 9,9 Mio. Ew.; Univ.; Museen; wichtigster ind. Hafen, Handels- u. Wirtschaftszentrum; Maschinenbau u. Metallverarbeitung, Nahrungsmittel-, Textil- u. a. Ind.

Bombe, 1. mit Sprengstoff geladener, mit einem Zünder versehener Hohlkörper als Abwurfmunition aus Flugzeugen; auch zu Attentatszwecken hergestellte Sprengkörper, die entweder zu sofortiger Wirkung geschleudert oder, mit Zeitzünder versehen, versteckt angebracht werden. – **2.** aus einem Vulkan ausgeschleuderte Lava, die im Flug während des Erkaltens eine aerodynam. Form angenommen hat.

Bomhart, *Pommer,* Holzblasinstrument des 16. Jh.

Bon, Gutschein, Abschnitt.

bona fide [»in gutem Glauben«], in der Rechtssprache Bez. für ein Handeln in gutem Glauben.

Bonaparte, *Buonaparte,* kors. Fam., durch *Napoleon B.* bedeutungsvoll für die europ. Gesch.: **1.** Elisa (Maria-Anna), *1777, †1820; Schwester Napoleons I., Großhzgn. von Toskana. – **2.** Jérôme, *1784, †1860; Bruder Napoleons I., Kg. von Westf. 1807–13. – **3.** Joseph, *1768, †1844; Bruder Napoleons I., Kg. von Neapel 1806–08, Kg. von Spanien 1808–13. – **4.** Letizia (Lätitia), *1750, †1836; Mutter Napoleons I. – **5.** Louis, *1778, †1846; Bruder Napoleons I., Vater Napoleons III., Kg. von Holland 1806–10. – **6.** Louis Napoleon → Napoleon III. – **7.** Lucien, *1775, †1840; Bruder Napoleons I.; verhalf diesem beim Staatsstreich zur Macht. – **8.** Maria Annunziata (Karoline), *1782, †1839; Schwester Napoleons des I., Kgn. von Neapel. – **9.** → Napoleon I. – **10.** Pauline (Marie Paulette), *1780, †1825; Schwester Napoleons I., Hzgn. von Guastalla; begleitete Napoleon nach Elba.

Bonapartisten, im 19. Jh. polit. Richtung in Frankreich, die für die Herrschaftsansprüche der Familie *Bonaparte* eintrat.

Bonaventura, eigtl. Johannes *Fidanza,* *1221, †1274, ital. Theologe der Hochscholastik; Franziskaner, seit 1257 Ordensgeneral; verteidigte Platons christl. umgedeutete Ideenlehre gegen Aristoteles, dessen Philosophie er mit der augustin. Lehre zu verknüpfen suchte. – Heiligsprechung 1482 (Fest: 15.7.), Erhebung zum Kirchenlehrer 1587.

Bond, in den angelsächs. Ländern eine verzinsbare, langfristige *Schuldverschreibung* auf den Inhaber; *Baby-B.s* haben sehr kleinen Nennwert.

Bond, Eduard, *18.7.1934, engl. Dramatiker; in seinen Stücken spielen Brutalität, Terror u. Schockwirkungen eine große Rolle.

Bône [boːn] → Annaba.

Bonebed ['bɔunbed], geolog. Schichten im *Keuper,* die fast nur aus Zähnen u. Schuppen von Fischen, Knochenresten von Sauriern u. ä. bestehen.

Bongo, zwei miteinander verbundene Trommeln afrokuban. Herkunft, auf einer Seite mit Fell bespannt, auf der anderen Seite offen.

Bongo, Omar (vor 1973 Albert-Bernard), *30.12.1935, afrik. Politiker; seit 1967 Staats-Präs. von Gabun.

Bonhoeffer, Dietrich, *1906, †1945 (im KZ Flossenbürg hingerichtet), dt. ev. Geistlicher; versuchte im Ausland Rückhalt für den Widerstand geg. Hitler zu finden.

Bonhomie [bɔnɔ'mi], Gutmütigkeit.

Bonifacio [-'tʃo], befestigte Hafenstadt unweit des S-Kaps von Korsika, in einer fjordähnl. Bucht gelegen, 2500 Ew.; große Zitadelle; Fremdenverkehr.

Bonifatius, eigtl. *Wynfrith, Winfrid,* *um 675, †754, angelsächs. Benediktinermönch u. Missionar; 718 von Papst Gregor II. mit der Mission auf dem Gebiet des späteren Dtld. beauftragt. – Heiliger (Fest: 5.6.).

Bonifatius → Päpste.

Bonifatiuswerk der deutschen Katholiken, (bis 1967 *Bonifatiusverein),* 1849 in Regensburg gestifteter Verein zur Förderung des kath. religiösen Lebens in der Diaspora Dtld.s.

Bonifikation, Vergütung, Rückvergütung.

Bonität, Güte, Zahlungsfähigkeit.

Bonitierung, Feststellung der Qualität landw. genutzter Böden.

Bonito, *Echter Bonito, Katzuwonus pelamis,* Thunfischart trop. Gewässer; bis 80 cm lang; Speisefisch; auch als Sammelbez. für versch. Thunfischarten.

Bonmot [bɔ̃'mo:], geistreiche Bemerkung.

Bonn, Stadt in NRW, 291 000 Ew.; Amtssitz der Bundes-Reg., des Bundes-Präs., der Ministerien u. a. Bundesbehörden; Univ. (neugegr. 1818), roman. Münster, Stadtschloß, Geburtshaus Beethovens, Beethovenhalle, Landesmuseum; zahlr. Ind.; Rheinhafen, Flughafen Köln-Bonn. Gesch.: Ehemals röm. Militärlager *Castra Bonnensia* (um 50 gegr.); nach fränk. Eroberung Siedlungsgründung, 1949 zur vorläufigen Hauptstadt erklärt; durch den Staatsvertrag vom 31.8.1990 ging der Status der Hptst. von B. auf Berlin über; 1991 beschloß der Bundestag, Parlaments- u. Regierungssitz nach Berlin zu verlegen.

Bonnard, Pierre, *1867, †1947, frz. Maler u. Graphiker; Mitgründer der Künstlergruppe *Nabis* (1889); ihm gelang Überwindung des Impressionismus unter Beibehaltung differenzierter Farbigkeit.

Bonsai, jap. Kunst, aus Samen oder Stecklingen normaler Bäume bizarre Zwergformen zu gestalten durch Umpflanzen, Beschneiden u. a. Regulierungsmaßnahmen. B → S. 128

Bonsels, Waldemar, *1880, †1952, dt. Schriftsteller (Reiseerzählungen), märchenhafte Naturdichtungen); W »Die Biene Maja u. ihre Abenteuer«.

Bonus, Sondervergütung, z.B. neben der Dividende an Aktionäre.

Bonvivant [bɔ̃vi'vɑ̃], eleganter Lebemann.

Bonze, ursprüngl. europ. Bez. für den buddhist. Mönch; später Spottname für Partei-, Gewerkschafts- u. a. Funktionäre.

Boogie-Woogie ['bugi 'wugi], lautmaler. Beschreibung für eine der best. Klavierbegleitung im Jazz, meist punktierte Achtel (»rollender Rhythmus«) in der linken Hand; in den 1920er Jahren im amerik. Mittelwesten entstanden; basierend auf dem Blues, wurde später instrumentiert u. schließl. als Tanz kommerzialisiert.

Bootes, *Ochsentreiber, Bärenhüter,* Sternbild am nördl. Himmel; hellster Stern: *Arkturus.*

Bootgrab, *Schiffsgrab,* die Beisetzung des Toten in einem Boot oder Schiff, das von einem Grabhügel überwölbt ist; in N-Europa vom Ende der Jungsteinzeit bis in die Wikingerzeit.

Booth [buːθ], William, *1829, †1912, Gründer u. erster General der *Heilsarmee.*

Bonn: Regierungsviertel

Boothiahalbinsel ['buːθɪə-], fr. *Boothia Felix,* kanad.-arkt. Halbinsel mit dem Nordkap des amerik. Festlands (Kap Murchison), rd. 31 800 km².
Böotien, grch. *Boiotia,* fruchtbares Becken in Mittelgriechenland, Hauptort *Lewadhia;* im Altertum nächst Attika die bedeutendste Ldsch. Mittelgriechenlands (Hptst. *Theben*).
Bootsmann, für den Decksbereich verantwortl. seemänn. Unteroffizier; in der Marine Unteroffizier im Range eines Feldwebels.
Bop, Kurzform für →Bebop.
Bophuthatswana, ehem. Homeland der Tswana innerhalb der Rep. Südafrika, 40 330 km² in 7 Gebietsteilen, 2 Mio. Ew.; Reg.-Sitz war *Mmabatho;* erhielt 1977 die Unabhängigkeit, jedoch internat. nicht anerkannt; 1994 aufgelöst.
Boppard, Stadt in Rhld.-Pf., am Mittelrhein, 17 000 Ew.; Kneipp-Kurort; Römerkastell; Reste der ma. Stadtbefestigung; Wein- u. Obstbau; pharmazeut. u. chem. Ind.
Bora, stürm., im Winter kalter Fallwind, bes. an der dalmatin. Küste.
Borås ['buroːs], Stadt in S-Schweden, östl. von Göteborg, 101 000 Ew.; Textil-Ind.
Borax, *Natriumtetraborat, Tinkal,* Mineral, das zur Herstellung temperaturbeständiger Glassorten (Jenaer Glas), zum Glasieren u. Emaillieren von Steingut u. a. verwendet wird.
Borchardt, Rudolf, *1877, †1945, dt. Lyriker, Essayist u. Übersetzer; konservativer Humanist, der dichter. Schaffen mit gelehrter Forschung verband.
Borchert, 1. Jochen, *25.4.1940, dt. Politiker (CDU); seit 1993 Bundesminister für Ernährung, Landwirtschaft u. Forsten. – **2.** Wolfgang, *1921, †1947, dt. Schriftsteller; Sprecher einer entwurzelten Kriegsjugend; schilderte die dt. Nachkriegswirklichkeit; W »Draußen vor der Tür«.
Börde, fruchtbare, lößbedeckte Tieflandsbucht.
Bordeaux [-'doː], Haupthandels- u. Hafenstadt SW-Frankreichs, an der Garonne, 640 000 Ew. (Aggl.); Univ.; Erzbischofssitz; Schiff-, Flugzeug- u. Maschinenbau, Metall-, Textil-, Holz-, Leder- u. a. Ind.; Raffinerien; Flughafen.
Bordeauxweine [-'doː], Rot- u. Weißweine der Umgebung von Bordeaux; dazu gehören die *Médocs, Graves, St. Emilion* u. *Pomerol, Palus, Sauternes, Côtes* u. *Entre-Deux-Mers.*
Bordell, *Freudenhaus,* Unternehmen, dessen Räume es der *B.halter* Dirnen, die von ihm wirtschaftl. abhängig sind, zur Ausübung der Prostitution überläßt, um daraus Gewinn zu erzielen.
Bordet [-'dɛ], Jules Jean-Baptist Vincent, *1870, †1961, belg. Hygieniker, Bakteriologe u. Serologe; entdeckte 1906 gemeinsam mit dem belg. Bakteriologen Octave *Gengou* (*1875, †1957) den Keuchhustenerreger; Nobelpreis 1919.

Bonsai: Ginkgo

Bordeaux: La Grosse Cloche, ein Torbau aus dem 13. und 15. Jahrhundert mit der Stadtglocke, befindet sich am Rand der Altstadt

Bordighera [-'gɛː-], ital. Seebad u. Winterkurort in Ligurien, 12 000 Ew.
Bordone, Paris, *1500, †1571, ital. Maler; Vertreter des venezian. Manierismus, in der Nachfolge Tizians (bes. Altarwerke).
Bordun, 1. *Bourdon,* im MA allg. für eine tiefe Stimme, dann auch tiefe Stimme eines Musikstücks. – **2.** gedacktes Orgelregister von dunklem Klang.
boreal, nördl., kalt gemäßigt.
Boreal, *Borealzeit,* rel. warme u. trockene Periode der Nacheiszeit *(Holozän),* in der in N-Dtld. die Laubbäume einwanderten.
Boreas, in der grch. Sage der Gott des Nordwinds.
Borg, 1. Björn, *6.6.1956, schwed. Tennisspieler; Wimbledonsieger 1976, 1977, 1978, 1979, 1980. – **2.** Kim, *7.8.1919, finn. Sänger (Baß).
Borgen, Johan, *1902, †1979, norweg. Schriftsteller u. Literaturkritiker.
Borges ['bɔrxɛs], Jorge Louis, *1899, †1986, argent. Schriftsteller; einer der führenden Vertreter der iberoamerik. Kultur (Lyrik, Erzählungen, Essays).
Borgese [-'dʒeː-], Giuseppe Antonio, *1882, †1952, italien. Schriftsteller u. Literaturwissenschaftler (zeitkrit. Romane, Novellen, Schauspiele, Gedichte).
Borghese [-'geːzə], einflußreiche röm. Adelsfamilie, aus der u. a. Papst *Paul V.* (1605–21) stammte; weltberühmt durch ihre Sammlung antiker Kunstwerke u. neuzeitl. Gemälde; heute Staatsbesitz u. in das Casino der *Villa B.* übergeführt.
Borgia ['bɔrdʒa], *Borja,* span. Adelsgeschlecht, das im 15. Jh. in Italien Macht erlangte. **1.** Alonso, Papst Kalixt III. →Päpste-Zeittafel. – **2.** Cesare, Sohn von 4), *1475, †1507, Erzbischof von Valencia 1493, Kardinal 1493–1498, Herzog der Romagna 1501; skrupelloser Renaissance-Fürst. – **3.** Lucrezia, Tochter von 4), *1480, †1519, zuletzt in 3. Ehe mit Alfonso I. d'Este von Ferrara verh., als Opfer der skrupellosen Familienpolitik von ihren Zeitgenossen (wohl zu Unrecht) einer unsittl. Lebensführung beschuldigt. – **4.** Rodrigo, Neffe von 1), Papst →Alexander VI.
Borgis, *Schriftgrad,* von 9 Punkt.
Borinage [bɔri'naːʒ], Westteil des Steinkohlen- u. Industriebeckens des Hennegaus in Belgien.
Boris [Fürsten:]. **1. B. I.,** †907, erster christl. Fürst der Bulgaren 852–89; zog sich am Ende seines Lebens ins Kloster zurück. – **2. B. III.,** *1894, †1943, König von Bulgarien 1918–43; regierte seit 1934 autoritär; schloß sich 1941 den Achsenmächten an. – **3. B. Godunow,** *um 1551, †1605, Zar von Rußland 1598–1605; leitete 1584–98 die Reg. für seinen Schwager, den Zaren *Fjodor I.* Soziale Spannungen führten zu Aufständen mit falschen Thronprätendenten.
Borke, 1. bei Holzgewächsen das außen auf die Rinde folgende abgestorbene Gewebe. – **2.** →Schorf.
Borken, Krst. in NRW, nahe der niederl. Grenze, 35 000 Ew.; St. Remigiuskirche (9. Jh.), Wasserburgen; Textil-, Glas-, chem.-metallurg. Ind.
Borkenflechte, *Räude, Impetigo contagiosa,* ansteckender Hautausschlag mit Eiterblasen u. Borkenbildung.
Borkenkäfer, *Scolytidae, Ipidae,* Käfer, deren Weibchen unter der Rinde von Bäumen *(Rindenbrüter)* oder tiefer im Holz *(Holzbrüter)* einen »Muttergang« nagen, an dessen Seiten die Eier abgelegt werden. Die Larven fressen typ. Gangsysteme in das Holz.
Borkum, westlichste der Ostfries. Inseln, vor der Mündung der Ems, 31 km², 8300 Ew.; mit Nordseebad *B.;* Flughafen.
Borlaug ['bɔːlɔːg], Norman Ernest, *25.3.1914, US-amerik. Agrarwissenschaftler; Friedensnobelpreis 1970.
Borman ['bɔːmən], Frank, *14.3.1928, US-amerik. Astronaut; führte 1969 als Kommandant von »Apollo 8« die erste Mondumkreisung durch.
Born, Max, *1882, †1970, dt. Physiker; Wegbereiter der modernen theoret. Physik; formulierte eine Theorie des Kristallgitters u. erarbeitete Grundlagen der Quantenmechanik; Nobelpreis zus. mit W. Bothe 1954.
Borna, Krst. in Sachsen, 25 000 Ew.; Braunkohlentagebau, Brikettfabrik.
Börne, Ludwig, eigentl Löb *Baruch,* *1786, †1837, dt. Publizist; leidenschaftl. Führer der Jungdeutschen, Agitator für geistige u. soziale Freiheit.
Borneo, *Kalimantan,* größte der südostasiat. Inseln, drittgrößte Insel der Welt, 746 950 km², 9 Mio. Ew., meist Dajaker, Malaien u. Chinesen; zw. Gebirgszügen fruchtbare, dichtbesiedelte Schwemmlandebenen, trop. Vegetation; wirtschaftl. wenig erschlossen, zahlr. Bodenschätze (Gold, Diamanten, Silber, Platin, Kupfer u. a.), bisher aber nur Erdöl- u. Steinkohleförderung; Anbau von Reis, Zuckerrohr, Baumwolle, Kautschuk, Tabak, Kokos- u. Sagopalmen. – Der umfangreiche S gehört zur Rep. Indonesien, im N gehören Teile zu Malaysia u. Brunei.
Börner, Holger, *7.2.1931, dt. Politiker (SPD); 1976–87 Min.-Präs. von Hessen.
Bornheim, Stadt in NRW, am Ostabhang der Ville, 36 000 Ew.; Obst- u. Gemüseanbau.
Bornholm, dänische Ostsee-Insel, 588 km², 48 000 Ew.; Steilküste im NW u. NO; Ackerbau, Viehzucht, Fischerei; reger Fremdenverkehr.
Bornholmer Krankheit, meist gutartig verlaufende Virusinfektionskrankheit mit Fieber, Schmerzen im Brust- u. Bauchbereich.
borniert, geistig beschränkt, dumm.
Bornit, *Buntkupfererz,* ein Mineral.
Borobudur, buddhist. Kultstätte in Indonesien (Java), abgestumpfte Pyramide mit 9 Terrassen.
Borodin, Alexander Porfirjewitsch, *1833,

Borneo: Pfahldorf

Bosnien-Herzegowina: UNO-Friedenstruppen bei der Evakuierung von Einwohnern Srebrenicas

†1887, russ. Komponist; Hauptvertreter der jungruss. Schule, brachte das nationale Element zum Ausdruck; W Oper »Fürst Igor«.

Borretsch, *Borago*, Gatt. der *Rauhblattgewächse;* hierzu der *Gewöhnl. B.* (Gurkenkraut) mit gurkenartig schmeckenden Blättern, als Salatgewürz verwendet.

Borromäische Inseln, ital. *Ísole Borromee*, 4 ital. Inseln im W-Zipfel des Lago Maggiore: Isola Bella, Isola Madre, Isola dei Pescatori, Isolino di San Giovanni; ben. nach der Mailänder Fam. *Borromeo*, die hier im 17. u. 18. Jh. herrl. Parkanlagen schuf.

Borromäus, Karl, *1538, †1584, Erzbischof von Mailand u. Kardinal; bemühte sich um die Durchführung der Reformbestimmungen des Trienter Konzils; Heiliger (Fest: 4.11.).

Borromini, Francesco, *1599, †1667 (Selbstmord), ital. Baumeister u. Bildhauer; Vertreter des röm. Spätbarocks in der Nachfolge Bramantes u. Michelangelos.

Borsalbe, milde keimtötende Salbe aus Vaseline mit 10% Borsäure, zur Behandlung oberflächl. Hautwunden.

Borsäure, H_3BO_3, weiße Kristalle; wirkt in Wasser gelöst *(Borwasser* 3%ig) keimtötend.

Borsche, Dieter, *1909, †1982, dt. Schauspieler (Theater u. Film); u.a. in »Königl. Hoheit«.

Borschtsch, poln. u. russ. Nationalgericht: Suppe aus Fleischbrühe, Zwiebeln, Knoblauch, Kohl, roten Rüben, Bohnen, Gewürzen u.a.

Börse, Markt für vertretbare Güter; das sind solche, die nach Art, Güte, Beschaffenheit u. Menge genau bestimmt sind: Massengüter (Metalle, Getreide, Baumwolle, Gummi) u. Effekten; danach werden *Waren-* oder *Produkten-* u. *Effekten-* oder *Fonds-B.* unterschieden; Abwicklung erfolgt nach *B.nrecht* u. *B.nordnung;* Aufgabe ist die Preis- oder Kursbildung, die von den *B.nmaklern (Kursmaklern)* gerecht vorgenommen werden kann, weil das gesamte Angebot u. die gesamte Nachfrage bei ihnen zusammenläuft (»Markt der Märkte«); Kauf- oder Verkaufsaufträge werden *limitiert* (bestimmte Preisgrenze) oder *unlimitiert* (bei Käufen »billigst«, bei Verkäufen »bestens«) gegeben.

Börsenverein des Deutschen Buchhandels eV., Spitzenverband des herstellenden u. vertreibenden Buchhandels in Deutschland, Sitz: Frankfurt a. Main; gibt das »Börsenblatt für den Dt. Buchhandel« (Frankfurt) heraus.

Borsig, Johann Friedrich A., *1804, †1854, dt. Industrieller; gründete 1837 eine Maschinenfabrik in Berlin, baute 1841 die erste dt. Lokomotive.

Borstenwürmer, Sammelbez. für borstentragende *Ringelwürmer;* man unterscheidet *Vielborster* (Polychäten), meist im Meer lebend, u. *Wenigborster* (Oligochäten), zu denen der Regenwurm gehört.

Borussia, lat. Name für *Preußen*.

Borwasser, 3%ige wäßrige Lösung von Borsäure; mit milder antisept. Wirkung.

Bosch, **1. Carl**, Neffe von 3), *1874, †1940, dt. Chemiker; ab 1925 Direktor der I. G. Farbenind. AG; führte die von F. *Haber* entwickelte Synthese von Ammoniak in großtechn. Maßstab durch u. machte sich um die Entwicklung der Kohlehydrierung verdient; Nobelpreis zus. mit F. *Bergius* 1931. – **2. Hieronymus**, eigentl. H. van *Aeken*, *um 1450, †1516, niederl. Maler; schilderte alptraumhaft u. mit unerschöpfl. Phantasie Versuchungen des Fleisches u. Höllenstrafen. Dämon. Wesen versammeln sich in oft schwer deutbaren Allegorien zur Peinigung der Menschheit. – **3. Robert**, *1861, †1942, dt. Elektrotechniker; Pionier im Bau elektr. Ausrüstungen von Kraftfahrzeugen; gründete 1886 in Stuttgart eine elektrotechn.-feinmechan. Werkstatt, aus der die *Robert Bosch GmbH* hervorging; brachte 1902 die Hochspannungs-Magnetzündung für Kraftfahrzeuge heraus *(B.-Zünder)*.

Bosco, Don Giovanni, *1815, †1888, ital. Ordensgründer *(Salesianer;)* wirkte als Erzieher der verwahrlosten Jugend durch Präventiverziehung. Heiligsprechung 1934 (Fest: 31.1.).

böser Blick, vermutete Fähigkeit, anderen durch bloßes Ansehen Schaden zuzufügen.

Bosna, r. Nbfl. der Save, größter Fluß Bosniens, 271 km.

Bosniaken, im 18. Jh. Bez. für poln. u. preuß. Reiter slaw. Herkunft.

Bosnien-Herzegowina, serbokroat. *Bosna i Hercegovina*, Staat in SO-Europa, 51 129 km², 4,5 Mio. Ew., Hptst. *Sarajevo*; im SW verkarstetes, waldarmes Gebirge, im N erzreiches, dichtbewaldetes Bosnisches Erzgebirge, fruchtbare u. dichtbesiedelte Savenniederung; Anbau von Getreide, Zuckerrüben, Obst, Tabak; Bergbau.

Gesch.: Im 7. Jh. von Slawen besiedelt; im 13. Jh. als Banat Bosnien, dem sich im 14. Jh. das Fürstentum Herzogowina (bis 1448) anschloß;

Bosnien-Herzegowina

1463 bzw. 1482 türk.; 1878 unter östr. Verwaltung, 1908 von Östr. annektiert *(Bosnische Krise);* seit 1918 jugoslaw.; im Verlauf des jugoslaw. Bürgerkriegs proklamierte B.-H. im März 1992 seine Unabhängigkeit; daraufhin blutiger Vernichtungsfeldzug der Serben v. a. gegen die moslem. Bevölkerungsgruppe; internat. Friedensbemühungen waren im März 1994 noch ohne Erfolg.

Bosporus, türk. *Karadeniz boğazi*, *Straße von Istanbul*, Meeresstraße zw. Europa u. Asien, verbindet Schwarzes u. Marmarameer, 30 km lang. 600–3000 m breit, 30–120 m tief; am Ausgang liegt *Istanbul* mit dem *Goldenen Horn* (Naturhafen); seit 1973 Autobahnbrücke zw. europ. u. asiat. Teil Istanbuls.

Boß, amerik. Bez. für Arbeitgeber, Vorgesetzter, auch Parteiführer.

Bosseln, bes. in N-Dtld. betriebenes Spiel mit Kugeln aus Hartgummi bzw. Holz, die möglichst weit geworfen werden müssen.

Bossuet [bɔsy'ɛ], Jaques Bénigne, *1627, †1704, franzöz. Geistlicher; 1669–71 Bischof von Condom, dann Erzieher des Dauphin, ab 1682 Bischof von Meaux; Schöpfer der »gallikan. Freiheiten«, Gegner des päpstl. Primats u. Anhänger des Konziliarismus.

Boston [ˈbɔstən], **1.** *[der]*, langsamer amerikan. Schrittwalzer. – **2.** *[das]*, in den USA, England u. Frankreich beliebtes Kartenspiel unter 4 Spielern mit 104 Whistkarten.

Boston [ˈbɔstən], Hauptst. von Massachusetts (USA), an der Mündung des Charles River in die *B.-Bai*, 571 000 Ew.; neben New York wichtigster Einfuhrhafen der USA, bed. Ausfuhr- u. Fischereihafen; Maschinen-, Textil-, Möbel-, Lederwaren-Ind. – 1630 gegr., Ausgangspunkt der amerik. Unabhängigkeitsbewegung, einstiges Zentrum des neuengl. Puritanismus.

Boström [ˈbuː-], Christoffer Jakob, *1797, †1866, schwedischer Philosoph; lehrte in Anlehnung an Platon u. Hegel einen Persönlichkeitsidealismus.

Boswell [ˈbɔzwəl], James, *1740, †1795, schott.-engl. Schriftsteller; schrieb Biographie von S. *Johnson*.

Botanik, *Pflanzenkunde*, Wiss. von den Pflanzen, heute in zahlr. Teilgebiete gegliedert: *Pflanzen-* *morphologie* (Lehre vom Bau) einschl. *Anatomie* (Organlehre), *Histologie* (Gewebelehre) u. *Zytologie* (Zellenlehre); *Pflanzenphysiologie* (Lehre von den Funktionen); *Ontogenie* (Entwicklungsgeschichte); *Genetik* (Vererbungslehre); *Pflanzensystematik*, ordnet das Pflanzenreich aufgrund natürl. Verwandtschaftszusammenhänge; *Pflanzenökologie*, untersucht die Umweltbeziehungen der Pflanzen; *Pflanzengeographie (Geobotanik)*, untersucht die Gesetzmäßigkeiten der Pflanzenverbreitung; sie umfaßt die *Floristik*, die die Artenverteilung untersucht, u. die *Pflanzensoziologie*, die die Pflanzengesellschaften erforscht; *angewandte B.*, befaßt sich mit der *Pflanzenzüchtung*, der *Phytopathologie* (Lehre von den Pflanzenkrankheiten) u. der *Pharmakognosie* (Lehre von den Heilpflanzen); *Paläobotanik*, erforscht die Pflanzenwelt früherer Erdperioden.

botanischer Garten, Anlage zur Kultivierung von Pflanzen im Freiland u. in Gewächshäusern; dient zur allg. Betrachtung, zum Studium der Pflanzenkunde u. zur Forschung.

Botero, Fernando, *19.4.1932, kolumbian. Maler; malt in altmeisterl. Manier ballonartig aufgeblasene Dinge u. monströs aufgeschwemmte Figuren mit winzigen, kindlich wirkenden Köpfen, Mündern u. Händen.

Botew, höchste Erhebung des zentralen Hohen Balkan (Bulgarien), 2376 m.

Botha, **1. Louis**, *1862, †1919, südafrik. Offizier u. Politiker; einer der Burenführer, 1910–19 Min.-Präs. der Südafrik. Union. – **2. Pieter Willem**, *12.1.1916, südafrik. Politiker (Nationalpartei); 1978–84 Premier-Min.; 1984–89 Staats-Präs.

Bothe, Walther, *1891, †1957, dt. Physiker; arbeitete über kosm. Strahlung, Elektronenstreuung u. Kernspektroskopie; Nobelpreis 1954.

Bothwell [ˈbɔθwəl], James Hepburn, Duke of Orkney and Shetland, *um 1536, †um 1578; Vertrauter der *Maria Stuart*; schmiedete das Mordkomplott gegen ihren zweiten Gatten, Henry *Darnley*, u. wurde ihr dritter Gatte. Die Ehe wurde 1570 vom Papst annulliert.

Hieronymus Bosch: Der heilige Johannes Evangelist auf Patmos. Berlin, Staatliche Museen Preußischer Kulturbesitz, Gemäldegalerie

Bötsch, Wolfgang, *8.9.1938, dt. Politiker (CSU); seit 1993 Bundesminister für Post u. Telekommunikation.

Botschaft, 1. allg. wichtige Mitteilung; bes. feierl. polit. Verlautbarung. – **2.** ständige diplomat. Vertretung bei fremden Staaten oder auch bei internat. Organisationen; heute übl. Form der diplomat. Vertretung, der sog. Mission; der Missionschef besitzt in der Regel *B.errang.* Der B.er ist beim Staatsoberhaupt beglaubigt u. genießt, ebenso wie sein »diplomat. Personal«, Immunität u. die sog. *diplomat. Vorrechte.*

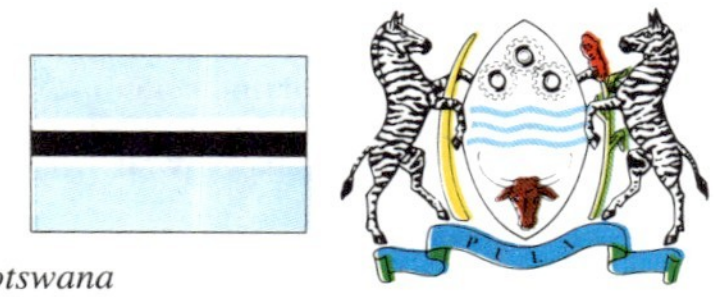

Botswana

Botswana, *Botsuana,* fr. *Betschuanaland.* Staat in S-Afrika, 581 730 km², 1,2 Mio. Ew. (aus dem Bantuvolk der *Tswana),* Hptst. *Gaborone.*
Landesnatur. Abflußloses, 900–1100 m hohes Hochland mit dem sumpfigen Okawangobecken im NW u. Salzpfannen (Makarikaripfanne) im NO; geringe Niederschläge im Sommer. Im SW wachsen lockere Grasfluren, die nach NO über Trockensavannen in laubabwerfende Trockenwälder übergehen.
Wirtschaft. Hauptausfuhrgüter sind Felle, Häute u. Molkereiprodukte aus der Viehzucht sowie die Bodenschätze Mangan, Diamanten u. Gold. Die von einer Autostraße begleitete Eisenbahnlinie Kapstadt-Gaborone-Bulawayo-Harare ist der wichtigste Verkehrsweg.
Geschichte. Das Land wurde 1885 als *Betschuanaland* brit. Protektorat. Seit 1966 ist es als B. unabhängige Rep. Staats-Präs. ist seit 1980 J. *Masire.*

Böttcher, *Küfer, Schäffler, Fäßler, Faßbinder,* handwerkl. Ausbildungsberuf für die Herstellung von Holzgefäßen (Bottiche, Kübel, Fässer).

Böttger, *Böttiger,* Johann Friedrich, *1682, †1719, dt. Alchimist; ihm gelang 1707 in Dresden die Herstellung des nach ihm benannten *B.-Steinzeugs* u. 1708 mit E. W. von *Tschirnhausen* des europ. Hartporzellans; bis zu seinem Tod Leiter der Porzellanmanufaktur Meißen.

Botticelli [-'tʃɛlli], Sandro, eigentl. Alessandro di Mariano *Filipepi,* *1444/45, †1510, ital. Maler; einer der Hauptmeister der florentin. Renaissancemalerei, tätig in Florenz u. Rom (religiöse, allegor. u. mytholog. Darstellungen); W »Der Frühling«, »Die Geburt der Venus«.

Bottnischer Meerbusen, durch Åland abgetrennter N-Teil der Ostsee zw. Finnland u. Schweden, 675 km lang, bis 240 km breit.

Bottrop, Ind.-Stadt in NRW, im Ruhrgebiet, 120 000 Ew.; Elektro-, Textil-, Stahl- u. a. Ind.

Botulismus, *Wurst-, Fleischvergiftung,* bes. nach dem Genuß von Fleisch-, Wurst-, Fisch- oder Gemüsekonserven auftretende anzeigepflichtige bakterielle Lebensmittelvergiftung; hervorgerufen durch den Bazillus *Clostridium botulinum* während der Lagerung.

Botwinnik, Michail Moisejewitsch, *17.8.1911, russ. Schachspieler; Schachweltmeister 1948–57, 1958–60 u. 1961–63.

Bouaké [bua'ke], Stadt in der Rep. Elfenbeinküste, 275 000 Ew.; Ind.- u. Handelszentrum; Flughafen.

Boucher [bu'ʃe], François, *1703, †1770, frz. Maler u. Graphiker; einer der Hauptmeister der frz. Rokokomalerei.

Bouclé [bu'kle], Garne u. Stoffe mit noppenartiger Oberfläche.

Boudoir [bu'dwar], kleines behagl. Damenzimmer mit Tapeten, Spiegeln, Sofas.

Bougainville ['bu:gɛ̃'vi:l], größte Insel der Salomonen, gehört polit. zu Papua-Neuguinea, 8754 km², 72 000 Ew.; Zentrum ist der Hafen *Kieta,* Verw.-Sitz *Sohana;* Kupfervorkommen.

Bougainville [bugɛ̃'vi:l], Louis Antoine de, *1792, †1811, frz. Seefahrer; leitete 1766–69 die erste frz. Weltumseglung; Wiederentdecker der Salomonen.

Bougainvillea [bugɛ̃-], *B. spectabilis,* in der Südsee heim. Kletterstrauch mit violetten Hochblättern; Blüten selbst unscheinbar; als Zierpflanze bes. im Mittelmeergebiet.

Bouillabaisse [buja'bɛ:s], Marseiller Fischsuppe aus Fischen, Krusten- u. a. Meerestieren.

Bouillon [bu'ljɔ̃], Fleisch- oder Kraftbrühe.

Bouillon [bu'jɔ̃], Stadt im SW der belg. Prov. Luxemburg, 6000 Ew.; Stammburg der Herzöge von B.; 1795 frz., 1814 ndl., seit 1837 belg.

Boulanger [bulã'ʒe], Georges, *1837, †1891, frz. Offizier; 1886/87 Kriegs-Min.; erstrebte den Revanchekrieg gegen Dtld.

Boule [bu:l], frz. Form des *Boccia,* meist mit Metall- oder Holzkugeln gespielt.

Boulevard [bul'va:r], breite, schöne Straße.

Boulevardpresse [bul'va:r], sensationell aufgemachte Zeitungen, die fast ausschl. im Straßenverkauf vertrieben werden; z.B. die »Bild-Zeitung«.

Boulez [bu'lɛ:s], Pierre, *26.3.1925, frz. Komponist u. Dirigent; Vertreter der seriellen Kompositionstechnik.

Boulle [bu:l], André Charles, *1624, †1732, frz. Möbelkünstler; schuf barocke Prunkmöbel mit Einlegearbeiten in der nach ihm benannten *B.technik.*

Boulogne-Billancourt [bu'lɔnjə bijã'ku:r], Villen- u. Ind.-Vorstadt am SW-Rand von Paris, 110 000 Ew.; nördl. davon der *Bois de Boulogne.*

Boulogne-sur-Mer [bu'lɔnjə syr 'mɛ:r], Hafenstadt in N-Frankreich an der Kanalküste, 50 000 Ew.; Schiffsverkehr nach Großbrit. u. Amerika; bed. Fischereihafen; Schiffbau.

Boumedienne [bumə'djɛn], Houari, *1925, †1978, alger. Offizier; kämpfte in der Guerillabewegung gegen Frankreich; 1965–78 Staatschef.

Bouquinist [buki-], frz. Bez. für den Antiquar; bes. an den Ufermauern der Seine in Paris.

Bourbaki [bur-], Nicolas, Pseudonym für eine Gruppe frz. u. US-amerik. Mathematiker, die das Gesamtgebiet der Mathematik seit 1938 unter dem modernen Gesichtspunkt der Strukturen neu ordnet u. in Einzelschriften behandelt.

Bourbonen [bur-], frz. Königsgeschlecht, Zweig der *Kapetinger,* seit 1272 Herzöge von *Bourbon;* herrschten 1589–1792 u. 1814–30 in Frankreich; auch in Neapel-Sizilien 1734–1860, in Parma-Piacenza 1748–1802 u. 1847–60 sowie in Spanien 1700–1931 u. wieder seit 1975.

Bourbonnais [burbɔ'nɛ], histor. Prov. in Mittelfrankreich, Stammland der *Bourbonen,* Hptst. *Moulins.*

Bourdelle [bur'dɛl], Émile Antoine, *1861, †1929, frz. Bildhauer, Maler u. Graphiker; Mitarbeiter von A. *Rodin;* schuf monumentale Bildnisbüsten, Denkmäler, Reliefs u. Gemälde.

Bourgeois [bur'ʒwa], der »Bürger« als Träger der Frz. Revolution 1789, der als wohlhabender *Besitzbürger* im 19. Jh. zur polit. Herrschaft in den europ. Staaten kam.

Bourgeoisie [burʒwa'zi] → Bürgertum.

Bourges [burʒ], Stadt in Mittelfrankreich, 77 000 Ew.; Erzbischofssitz; gotische Kathedrale (13./14. Jh.); Militär-Akademie; Rüstungs-Ind., Masch.- u. Flugzeugbau.

Bourget [bur'ʒɛ], Paul, *1852, †1935, frz. Schriftsteller; bed. für die Entwicklung der modernen frz. Lit.; schrieb etwa 50 psycholog. u. zeitkrit. Romane, meist aus der mondänen Gesellschaft.

Bourguiba [bur-], *Burgiba,* Habib, *3.8.1903, tunes. Politiker; 1957–87 Staats-Präs.

Bournemouth ['bɔ:nməθ], Seebad in S-England, am Kanal, 150 000 Ew.

Bourrée [bu're], altfrz. Volkstanz; seit etwa 1560 am frz. Hof; später auch in der Suite des Barock.

Bourtanger Moor ['bur-], Hochmoor westl. der Ems, an der dt.-ndl. Grenze, 3000 km².

Boutique [bu'ti:k], kleiner Laden für mod. Kleidung u. Zubehör.

Boutros Ghali, Boutros, *14.11.1922, ägypt. Politiker; seit 1991 stellv. Min.-Präs.; seit 1992 Generalsekretär der UNO.

Bouts [bɔuts], Dirk (Dieric) d. Ä., *um 1415, †1475, ndl. Maler; einer der Hauptmeister der altndl. Kunst in der Nachfolge der Brüder van Eyck u. R. van der Weydens.

Bouzouki [buz'uki], Saiteninstrument der grch. Unterhaltungsmusik.

Bovet [-'vɛ], Daniel, *1907, †1992, ital. Pharmakologe schweiz. Herkunft; arbeitete bes. über Mutterkorn, Antihistaminika u. Curare; Mitentdecker der Sulfonamide; Nobelpreis für Med. 1957.

Boviste, Gatt. der → Bauchpilze.

Bowdenzug ['bau-], in Rohren, Spiralen oder Schläuchen geführte Drahtkabel zum Übertragen von Zug- u. Druckkräften; bes. an Kfz.

Bowiemesser ['bɔui-], langes Jagdmesser.

Bowle ['bo:lə], alkohol. Getränk aus Wein, Früchten, Zucker, mit Zusatz von Sekt oder Mineralwasser.

Bowling ['bɔuliŋ], aus Amerika stammende Art des Kegelns.

Box, 1. Schachtel, Behältnis. – **2.** Abteil im Pferdestall oder in der Garage. – **3.** einfachste photograph. Kamera in Kastenform.

Boxcalf [-ka:f], *Boxkalb,* chromgegerbtes Schuhoberleder aus Kalbfellen.

Boxen, sportl. Faustkampf nach festen Regeln mit gepolsterten Boxhandschuhen in einem Boxring, nach Gewichtsklassen getrennt u. über eine vereinbarte Rundenzahl (je 3 min., 1 min. Pause); Entscheidung fällt durch Aufgabe, durch Punktwertung oder durch Knockout (k. o.); die wichtigsten Boxschläge: *Gerade* (Stoß), *Haken* (mit gebeugtem Arm), *Schwinger* (mit fast gestrecktem Arm).

Boxer, kräftige Hunderasse mit abgestumpfter Schnauze.

Boxeraufstand, fremdenfeindl. Aufstand in China 1899, der von der Geheimsekte der *Boxer* entfacht wurde; 1901 von einem Expeditionskorps der europ. Großmächte niedergeworfen.

Boxermotor, Verbrennungsmotor mit gegenüberliegenden Zylindern u. gegenläufig auf einer gemeinsamen Kurbelwelle arbeitenden Kolben.

Boy [beu], (Lauf)junge; Diener, Bote.

Boyd Orr [bɔid ɔr], Sir John, seit 1949 Lord *Brechin,* *1880, †1971, brit. Politiker u. Ernährungsphysiologe; 1945/46 Generaldirektor der FAO; Friedensnobelpreis 1949.

Boyen, Hermann von, *1771, †1848, preuß. Offizier; 1814–19 u. 1840–47 Kriegs-Min.; setzte 1814/15 das Wehrgesetz, die allgem. Wehrpflicht u. die Landwehrordnung durch.

Boykott, wirtsch., soziale u. polit. Ächtung, durch die eine Person, ein Unternehmen oder ein Staat vom Geschäftsverkehr ausgeschlossen wird.

Boyle [bɔil], Robert, *1627, †1691, engl. Naturwissenschaftler; fand 1662 das *B.-Mariottesche Gesetz,* das die Volumenänderung eines idealen Gases bei Druckänderung beschreibt, wenn die Temp. konstant bleibt: $p \cdot V$ = konstant, p = Druck, V = Volumen.

Boyne [bɔin], ostir. Fluß, 105 km.

Boy Scouts [bɔi skauts; engl., »junge Späher«], engl. *Pfadfinder.*

Boysenbeere, *Rubus hybr.,* durch Kreuzung von Brombeeren mit Himbeeren u. Loganbeeren gezüchtete Pflanze mit schmackhaften Beeren.

Bozen, ital. *Bolzano,* ital. Prov.-Hptst. in Trentino-Südtirol, 103 000 Ew.; Altstadt mit Laubengängen u. mittelalterl. Bauwerken; internat. Messe; Wein- u. Obstbau; Fremdenverkehr.

Bozzano, Ernesto, *1862, †1943, ital. Schriftsteller; Studien zur Parapsychologie.

Bozzetto, kleines, aus Wachs, Ton, Gips u. ä. gefertigtes Modell als Vorstudie für die Großplastik.

Bq., Abk. für → Becquerel.

Brabançonne [brabã'sɔn], belg. Nationalhymne.

Brabant [ehem. Herzogtum im belg.-ndl. Raum; nördl. Teil wurde 1648 von den Ndl. erobert; Süd-B. wurde 1555 span., 1714 östr. u. wurde 1830 Kerngebiet des Kgr. Belgien.], **1.** *B. (Süd-B.),* zentrale Prov. Belgiens, mit der Prov.-Hptst. *Brüssel;* 3371 km², 2,2 Mio. Ew. (im N Flamen, im S Wallonen); Landw., Steinkohlenbergbau, Eisen-, Textil-, Elektro-Ind. – **2.** ndl. Prov. *Nord-B.,* 5106 km², 2,14 Mio. Ew., Hptst. *Herzogenbusch.*

Brabham ['bræbəm], Jack, *2.4.1926, austral. Autorennfahrer; Automobil-Weltmeister 1959, 1960, 1966; auch erfolgreicher Rennwagenkonstrukteur.

Brač [bratʃ], ital. *Brazza,* kroat. Insel in der Adria, südl. von Split, 396 km², 21 000 Ew.; Viehzucht, Wein-, Obst-, Olivenanbau.

Brache, nicht bestellte Ackerfläche; Anbaupause zur Erholung u. Wiederanreicherung des Bodens mit natürl. Nährstoffen.

Bracher, Karl Dietrich, *13.3.1922, dt. Historiker u. Politologe; behandelt v. a. zeitgesch. Themen.

Brachialgewalt, rohe Gewalt.

Brachiopoden → Armfüßer.

Brachschwalbe, *Glareola pratincola,* seeschwalbenähnl., bräunl. Vogel der *Regenpfeiferartigen;* besiedelt brachliegende Ufer u. Überschwemmungsgebiete von S-Europa bis SW-Asien.

Brachsen, *Blei, Brassen, Abramis brama,* bis 70 cm langer *Karpfenfisch* in Flüssen u. Seen Mitteleuropas; bed. Wirtschaftsfisch.

Brachsenkräuter ['braksən-], *Isoetales*, zu den *Bärlappgewächsen* gehörige, teils unter Wasser, teils auf feuchtem Boden lebende, ausdauernde Kräuter.

Brachvogel, *Großer B.*, *Numenius arquata*, einheim., hochbeiniger *Schnepfenvogel* mit langem, charakterist. abwärts gebogenem Schnabel; lebt in Tundren, Mooren, sumpfigen Wiesen.

Brachvogel, Albert Emil, * 1824, † 1878, dt. Bildhauer u. Schriftsteller (Romane, Novellen, Dramen).

Bracke, leichte, hochläufige, selten gewordene Jagdhunderasse.

Brackwasser, mit Meerwasser vermischtes Süßwasser, bes. in Flußmündungen u. Haffen.

Bradbury ['brædbəri], Ray Douglas, * 22.8.1920, US-amerik. Schriftst. (utop. Romane u. Erzählungen).

Bradford, Ind.-Stadt in NO-England, 293 000 Ew.; Kathedrale (15.Jh.); TH; Hauptsitz der engl. Woll-Ind.

Bradley ['brædli], **1.** Francis Herbert, * 1846, † 1924, engl. Philosoph; Hauptvertreter des sich auf *Hegel* beziehenden engl. Neuidealismus. – **2.** James, * 1693, † 1762, engl. Astronom; entdeckte 1728 die Aberration des Lichts der Fixsterne.

Bradykardie, Verlangsamung der Schlagfrequenz des Herzens.

Braga, Stadt im nördl. Portugal, 64 000 Ew.; Kathedrale (12. Jh.), Wallfahrtskirche; Univ.

Bragança [-'gãsa], portug. Stadt u. ehem. Festung unweit der portug.-span. Grenze, 14 000 Ew.; Kathedrale; Textil-Ind.

Bragança [-'gãsa], das Geschlecht, aus dem die Könige von Portugal 1640–1853 u. die Kaiser Peter I. u. II. von Brasilien (1822–89) stammten. Bis zum Ende der portug. Monarchie (1910) herrschte das Haus *B.-Coburg*.

Bragg [bræg], Sir William Henry, * 1862, † 1942, engl. Physiker; bestimmte mit seinem Sohn William Lawrence B. (* 1890, † 1971) den Gitterabstand der Atome im Kristall durch Messung der Reflexion von Röntgenstrahlen; 1915 Nobelpreis für beide.

Bragi, *B. Boddason*, um 800, gilt als ältester nord. Skalde in Norwegen; später als Gott der Dichtkunst unter die Asen versetzt.

Brahe, Tyge, gen. *Tycho*, * 1546, † 1601, dän. Astronom; seine Planetenbeobachtungen verhalfen seinem Gehilfen J. *Kepler* zur Entdeckung der Gesetze der Planetenbewegung.

Brahm, Otto, * 1856, † 1912, dt. Theaterleiter u. -kritiker; Wegbereiter des Naturalismus auf der Bühne.

Brahman, *Brahma*, Grundbegriff der brahman.-hinduist. Religion, Urgrund alles Seins oder Weltseele; auch personifiziert u. zeitw. als höchste Gottheit verehrt.

Brahmanas, Sammlung altind. heiliger Texte.

Brahmane, Angehöriger der obersten Kaste der Hindu, hervorgegangen aus der alten Priesterkaste.

Brahmanismus, i.e.S. die ind. Religion der Epoche, in der *Brahman* als Weltprinzip u. teilw. auch

Johannes Brahms

als höchster persönl. Gott verehrt wurde; i.e.S. aus dem Namen der Priesterkaste der Brahmanen hergeleitete Bez. für den *Hinduismus*.

Brahmaputra, Fluß im nö. Indien u. Bangladesch; fließt als *Tsangpo* im Längstal zw. Transhimalaya u. Himalaya, durchbricht diesen als *Dihang* z. fließt als B. zum gemeinsamen Mündungsdelta mit dem Ganges (Bengalen); 2900 km, 1100 km schiffbar.

Brahms, Johannes, * 1833, † 1897, dt. Komponist; Spätromantiker, jedoch ohne theatralische Elemente; ein lyr. Grundton wird zu strenger Form gebändigt, ernste u. leidenschaftl. Melodik, aber auch volkstüml. Elemente kennzeichnen seinen Stil. W 4 Sinfonien, 1 Violinkonzert, 2 Klavierkonzerte, Kammermusik, Lieder, Chorwerke (»Ein Dt. Requiem«).

Braid [breid], James, * 1795, † 1860, brit. Chirurg; stellte systemat. Untersuchungen über den »Mesmerismus« (Heilmagnetismus) an; prägte 1843 den Begriff *Hypnose*.

Brăila [brə'ila], rumän. Hafenstadt am l. Ufer der unteren Donau, 243 000 Ew; für Seeschiffe zugängl. Hafen; Holz- u. Getreideumschlag; Schiffswerft, Zement- u. Maschinenfabrik, Holzverarbeitung u. a.

Braille [braj], Louis, * 1809, † 1852, frz. Blindenlehrer; schuf 1829 die intern. gültige Form der Blindenschrift (*B.-Schrift*).

Brainstorming ['breinstɔ:miŋ], Lösung von Problemen durch Befragung einer Gruppe von Personen, die möglichst spontan Einfälle zur Problemlösung äußern.

Brain Trust [breinˈtrʌst], urspr. die Berater des US-Präs. Franklin D. *Roosevelt*, die seit 1933 das *New Deal* planten u. vorwärtstrieben; danach allg.: polit. Berater- u. Fachgremium.

Brake, *B. (Unterweser)*, Krst. in Niedersachsen, 17 900 Ew.; Schiffahrtsmuseum; Reedereien.

Bräker, Ulrich, * 1735, † 1798, schweiz. Schriftst., nach seiner Flucht aus preuß. Heeresdienst Weber in seiner Heimat, weitverbreitete Autobiographie »Lebensgesch. u. natürl. Ebentheuer des Armen Mannes im Tockenburg«.

Brakteat, *Hohlpfennig*, einseitig geprägte Münze; zuletzt im 17. Jh.

Bramante, Donato, * 1444, † 1514, ital. Architekt u. Maler; führender Baumeister der ital. Hochrenaissance (Pläne für den Neubau des Vatikans u. von St. Peter; nur z. T. ausgeführt); als Maler in der Nachfolge von V. *Foppa* u. A. *Mantegna*.

Bramarbas, seit 1710 bek. Bez. für die Bühnenfigur des Großsprechers u. Prahlers. – **bramarbasieren**, prahlen, »angeben«.

Bramsche, Stadt in Nds., 29 000 Ew.; Textil-, Lebensmittel-, Metall- u. Glas-Ind.

Bramstedt, *Bad B.*, Stadt in Schl.-Ho., Moor- u. Solbad, 8100 Ew.

Branche ['brãʃə], Fach, Geschäftszweig, Wirtschaftszweig.

Branco, 1. →Castelo Branco. – **2.** *Rio B.*, l. Nbfl. des Rio Negro, im Amazonas-Gebiet, 1300 km.

Brâncuşi [brən'kuʃi], Constantin, * 1876, † 1957, frz. Bildhauer rumän. Herkunft; bed. Vertreter der abstrakten Kunst.

Brand, 1. *Faulbrand, Nekrose, Gangrän*, Gewebstod, Absterben von Organen u. Geweben nach mangelhafter Gewebsernährung, Verätzung, Quetschung, Verbrennung, Erfrierung, Vergiftung, Verschluß der versorgenden Blutgefäße bei Arterio-

sklerose u. Zuckerharnruhr. – **2.** durch *Brandpilze* hervorgerufene krankhafte Veränderungen an pflanzl. Organen, die Ähnlichkeit mit einer äußeren Verbrennung haben.

Brandauer, Klaus Maria, * 22.6.1944, östr. Schauspieler; Filmhauptrollen u. a. in: »Mephisto«, »Oberst Redl«, »Das Spinnennetz«, »Georg Elser« (auch Regie), »Das Rußland-Haus«.

Brandbinde, mit Wismutverbindungen präparierte Mullbinde.

Brandblase, durch Verbrennung 2. Grades entstandene Blase der Haut.

Brandenburg, 1. Land in Dtld., 29 059 km², 2,67 Mio. Ew.; Hptst. ist Potsdam; breites Becken mit vielen Seen u. Wasserstraßen, karge, sandige Böden mit Kiefernwald. – Gesch.: Mitte des 12. Jh. erwarb der Askanier *Albrecht der Bär* das Havelland u. nannte sich *Markgraf von B.* Nach dem Aussterben der Askanier kam die Mark an die *Wittelsbacher* (1320–1373), dann an die *Luxemburger* (1373–1415). Seit der Herausbildung des Kurfürstenkollegs Mitte des 13. Jh. zählte der Markgraf von B. zu den Kurfürsten. 1415 belehnte Kaiser Sigismund den Nürnberger Burggrafen *Friedrich VI. von Zollern* (*Hohenzollern*) mit der Mark B.; 1618 kam das Hzgt. (Ost-)Preußen dazu, u. die Mark B. wurde zum Kernland des entstehenden Staates *Preußen*. 1945–52 Landesteil der DDR, wurde 1952 auf die Bez. Potsdam, Frankfurt u. Cottbus aufgeteilt. 1990 wurde es als Bundesland wiederhergestellt. – **2.** *Brandenburg/Havel*, Krst. in Brandenburg, 95 000 Ew.; zahlr. mittelalterl. Bauten; Stahl- u. Walzwerk, Schiffswerft, Masch.- u. Fahrzeugbau.

Brandenburger Tor, Berliner Stadttor am westl. Abschluß der Straße Unter den Linden; 1788–91 von C. G. *Langhans* erbaut (den *Propyläen* nachgeahmt); 62 m breit, 11 m tief, 20 m hoch; trägt eine 5 m hohe Quadriga, den von vier Pferden gezogenen Wagen der Siegesgöttin Viktoria. Seit 1961 war es durch die Mauer für den Durchgangsverkehr gesperrt, am 22.12.1989 wurde es wieder geöffnet.

Brandes, Georg, eigtl. Morris *Cohen*, * 1842, † 1927, dän. Kritiker, Literarhistoriker u. Biograph; Wegbereiter der realist. skand. Literatur.

Brandgans, *Brandente*, weißer *Entenvogel* mit schwarzen u. rotbraunen Abzeichen; Brutvogel an mittel- u. nordeurop. Küsten.

brandmarken, durch Aufdrücken eines *Brandmals* auf die Haut kennzeichnen; im MA übliche Strafe für Verbrecher.

Brandmauer, *Brandwand*, *Feuermauer*, Wand aus feuerbeständigen Baustoffen zw. aneinanderstoßenden Gebäuden, um das Übergreifen eines Brands zu verhüten.

Brando ['brændou], Marlon, * 3.4.1924, US-amerik. Theater- u. Filmschauspieler; u. a. in »Endstation Sehnsucht«, »Der Pate«.

Tycho Brahe in seiner Sternwarte Uranienburg

Bramante: Tempietto; 1500–1502. Rom

Brandpilze, parasit. Pilze, die an den befallenen Teilen der Wirtspflanze braune Sporen in solcher Menge bilden, daß diese Teile wie verbrannt aussehen; Erreger vieler Getreidekrankheiten.

Brandrodung, ältere Form der Landwirtsch., bei der ein Stück Urwald abgeholzt u. abgebrannt wird, bevor es bepflanzt wird. Der Boden ist bald erschöpft, was meist zur Neurodung u. zur Verlegung der Siedlung führt.

Brandsohle, innere Sohle des Schuhs, an der der Schuhschaft befestigt wird.

Brandstiftung, vorsätzl. oder fahrlässiges Inbrandsetzen best. Gegenstände, insbes. von Bauwerken; strafbar.

Brandstoffe, chem. Kampfmittel, die durch ihre Brandwirkung Menschen verletzen oder töten u. Sachwerte beschädigen oder vernichten.

Brändström, Elsa, * 1888, † 1948, schwed. Mitgl. des Roten Kreuzes; als »Engel von Sibirien« tatkräftige Helferin in der dt. Kriegsgefangenenfürsorge des 1. Weltkriegs.

Brandt, Willy, urspr. Herbert Karl *Frahm*, * 1913, † 1992, dt. Politiker (SPD); emigrierte 1933 nach Skandinavien, wo er nach Ausbürgerung die norw. Staatsbürgerschaft erwarb, den Namen Willy B. annahm u. als Journalist sowie in der norw. Widerstandsbewegung tätig war; 1957–66 Regierender Bürgermeister von Berlin, 1964–87 Vors. der SPD; 1966–69 Außen-Min. einer Großen Koalition mit der CDU; 1969–74 Bundeskanzler einer SPD-FDP-Koalition. B. intensivierte die Ostpolitik

Willy Brandt

(1970 Verträge mit der UdSSR u. Polen) u. suchte im Verhältnis zur DDR ein »geregeltes Nebeneinander« herbeizuführen (Grundvertrag 1972). 1974 trat B. im Zusammenhang mit einer DDR-Spionage-Affäre als Bundeskanzler zurück. 1976 wurde er Präs. der Sozialist. Internationale. – Friedensnobelpreis 1971 für seine »Politik der Versöhnung zwischen alten Feindländern«.

Brandung, das Brechen der in flachem Wasser zur Küste voreilenden Wellenkämme u. ähnl. unregelmäßige Wellenbewegungen an Klippen.

Brandy ['brændi], Branntwein.

Brandzeichen, Brandmale bes. bei Pferden, seit uralter Zeit benutzt als Eigentumsbrand oder Zuchtbrand.

Branntwein, alkoholhaltiges Getränk; Alkoholgehalt mind. 32 Vol.-%; entsteht durch Vergärung von zuckerhaltigen Getreidearten u. Früchten u. wird durch nachfolgende Destillation (Brennen) verstärkt; Sorten: Weinbrand (z.B. Cognac), Obstwasser, Wacholder, Korn, Rum, Arrak, Whisky u. a.

Brant, Sebastian, * 1457, † 1521, dt. satir. Schriftst.; W »Das Narrenschiff« (einer der größten Buchererfolge vor M. Luther).

Branting, Karl Hjalmar, * 1860, † 1925, schwed. Politiker; sozialdemokrat. Parteiführer, 1920–25 mehrmals Min.-Präs.; Friedensnobelpreis 1921.

Braque [brak], Georges, * 1882, † 1963, frz. Maler u. Graphiker; fand 1905 Anschluß an die Gruppe der »Fauves«, wurde 1907 mit P. *Picasso* bekannt u. begründete mit diesem unter dem Einfluß der Spätwerke P. *Cézannes* den *Kubismus*.

Brasch, Thomas, * 19.2.1945, Schriftst.; ab 1947 in der DDR, seit 1976 in der BR Dtld.; schrieb Prosatexte, Bühnenstücke, Gedichte; W »Vor den Vätern sterben die Söhne«.

Brasília, seit 1960 anstelle von *Rio de Janeiro* die Bundes-Hptst. Brasiliens; hochmodern geplant (von Lúcio Costa) u. seit 1957 gebaut (Leitung

BRASILIEN

Vernichtung des tropischen Regenwalds durch Brandrodung   *Viehzucht im Staat Mato Grosso*

Rio de Janeiro (links). – Körperbemalung bei Indianern in Zentralbrasilien (rechts)

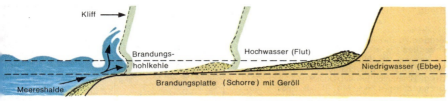

Brandung (Schema)

O. Niemeyer); 1,8 Mio. Ew. (Bundesdistrikt). B. soll die Erschließung Innerbrasiliens anregen.
Brasilien, flächenmäßig der größte Staat Südamerikas, an der Atlantikküste, 8 511 965 km², 151 Mio. Ew., Hauptstadt *Brasília.* B. ist gegliedert in 26 Bundesstaaten u. 1 Bundesdistrikt (vgl. Tabelle).

Brasilien

Landesnatur. Das feuchtheiße, von dichtem Regenwald bestandene *Amazonastiefland* ist das größte trop. Waldgebiet der Erde. Nach S hebt sich das Land zum mäßig feuchten *Brasilian. Berg- u. Tafelland* (Höhen bis 1000 m).

Kaffeeplantage bei São Paulo

Zentrum und Strand von Santos

Bevölkerung. 53% Weiße, 34% Mischlinge, 11% Schwarze, asiat. u. indian. Minderheiten. Die Bewohner sind überwiegend kath. u. sprechen portugiesisch. Fast 2/3 leben in den Küstenstaaten des S u. SO.
Wirtschaft. Wichtigster Wirtschaftszweig ist die Landw., die für die Ausfuhr v. a. Kaffee (30% der Weltproduktion), Kakao, Baumwolle, Sisal, Zuckerrohr u. Tabak liefert. Aus den Wäldern werden Hölzer, Kautschuk, Nüsse, Harze, pflanzl. Wachse u. Öle gewonnen. Die Viehzucht (v. a. Rinder) ist ebenfalls von Bedeutung. Die reichen u. vielfältigen Bodenschätze sind erst z. T. erschlossen. Erdöl u. Kohle werden in steigendem Maß gefördert u. exportiert. Wichtig sind die Metall- u. Masch.-, chem., Textil-, Leder-, Papier-, Nahrungsmittel- u. Tabakind. – Das Eisenbahn- u. Straßennetz ist nur in den Küstenstaaten des N u. O sowie im S ausreichend dicht. Im Innern spielt das gut ausgebaute Flugnetz eine wichtige Rolle.
Geschichte. B. wurde 1500 von P. A. *Cabral* für Portugal in Besitz genommen. 1822 erklärte sich B. unter dem port. Kronprinzen *Dom Pedro (Pedro I.)* für unabhängig von Portugal. Die Abschaffung der Sklaverei führte 1889 zum Sturz des Kaisertums u. zur Einführung der Rep. 1942 trat B. auf alliierter Seite in den 2. Weltkrieg ein. Unter der Präsidentschaft von J. *Kubitschek* (1956–61) wurde die neue Hptst. Brasília gebaut. Von 1964–85 regierte das Militär. 1988 wurde eine neue sozialstaatl. geprägte Verf. verabschiedet. 1989 wurde F. *Collor de Mello* zum Staats-Präs. gewählt. Er trat 1992 aufgrund einer Korruptionsaffäre zurück. Nachfolger wurde I. *Franco.*
Brașov [braˈʃɔv], dt. *Kronstadt,* Stadt in Siebenbürgen (Rumänien), 352 000 Ew.; mittelalterl. Stadtbild, Schloßberg mit Burg, spätgot. Schwarze Kirche; Univ.; Erdölraffinerie, Textil-, Metall-, Zement-Ind.
Brasse, laufendes Tau, mit dem die Rah mit oder ohne Segel horizontal um den Mast oder die Stenge geschwenkt *(gebraßt)* werden kann.
Brassen, Meer-B., Sparidae, Fam. barschartiger, meist sehr auffällig gefärbter Meeresfische; schnelle Schwimmer u. ausdauernde Jäger; wirtschaftl. bedeutend.
Brasseur [-ˈsøːr], Pierre, *1905, †1972, frz. Schauspieler u. Autor; Charakterdarsteller u. a. in »Kinder des Olymp«.
Brătianu [brə-], 1. liberale rumän. Politiker: Ion d. Ä., *1821, †1891, 1876–88 fast ununterbrochen Min.-Präs.; erreichte 1878 die Unabhängigkeit Rumäniens von der Türkei. – 2. Ion d. J., Sohn von 1), *1864, †1927, 1908–27 mehrfach Min.-Präs.; schuf Großrumänien.
Bratislava →Preßburg.
Brätling →Milchbrätling.
Bratsche, Viola, Streichinstrument, etwas größer als die Geige, eine Quinte tiefer gestimmt.
Bratsk, Industriestadt in Mittelsibirien, unterhalb des *B.er Stausees,* 255 000 Ew.; Wasserkraftwerk, Aluminiumhütte, holzverarbeitende Ind., Maschinenbau.
Brattain [ˈbrætɛin], Walter Houser, *1902, †1987, US-amerik. Physiker; arbeitete über Transistoren; Nobelpreis 1956 zus. mit J. *Bardeen* u. W. *Shockley.*
Brauchitsch, Walter von, *1881, †1948, dt. Offizier; 1938–41 Oberbefehlshaber des Heeres; geriet während des Rußlandfeldzugs in Ggs. zu den militär. Plänen Hitlers.
Brauerei, Unternehmen zur Herstellung von Bier.
Braun, 1. *Eva,* *1912, †1945, Gefährtin A. *Hitlers*; beging zus. mit ihm Selbstmord. – **2.** *Felix,* *1885, †1973, östr. Schriftst. (Romane, Essays, Dramen, Lyrik). – **3.** *Karl Ferdinand,* *1850, †1918, dt. Physiker; erfand 1897 die B.sche Röhre u. den Knallfunkensender; Nobelpreis 1909 zus. mit G. *Marconi.* – **4.** *Lily,* *1865, †1916, dt. Schriftst. u. Frauenrechtlerin. – **5.** *Mattias,* *4.1.1933, dt. Dramatiker; Ⓦ »Die Troerinnen«,

Brasilien: Verwaltungsgliederung

Bundesstaaten/Bundesdistrikt	Fläche in km²	Einwohner in 1000	Hauptstadt
Bundesstaaten:			
Acre	153 698	412	Rio Branco
Alagoas	29 107	2 409	Maceió
Amapá	142 358	258	Macapá
Amazonas	1 567 954	2 141	Manaus
Bahia	565 978	11 625	Salvador (Bahia)
Ceará	145 694	6 401	Fortaleza
Espírito Santo	45 733	2 499	Vitória
Goiás	340 166	4 082	Goiânia
Maranhão	329 556	5 131	São Luis
Mato Grosso	901 421	1 931	Cuiabá
Mato Grosso do Sul	357 471	1 775	Campo Grande
Minas Gerais	586 624	16 063	Belo Horizonte
Pará	1 246 833	4 997	Belém
Paraíba	53 958	3 282	João Pessoa
Paraná	199 324	9 168	Curitiba
Pernambuco	101 023	7 303	Recife
Piauí	251 273	2 657	Teresina
Rio de Janeiro	43 653	13 880	Rio de Janeiro
Rio Grande do Norte	53 167	2 336	Natal
Rio Grande do Sul	280 674	9 265	Pôrto Alegre
Rondônia	238 379	1 021	Pôrto Velho
Roraima	225 017	130	Boa Vista
Santa Catarina	95 318	4 402	Florianópolis
São Paulo	248 256	32 684	São Paulo
Sergipe	21 863	1 429	Aracajú
Tocantins	277 322	966	Miracema do Tocantins
Bundesdistrikt:			
Brasília	5 794	1 803	Brasília

»Medea«. – **6.** *Otto,* *1872, †1955, dt. Politiker (SPD); 1920–32 preuß. Min.-Präs. – **7.** *Volker,* *7.5.1939, dt. Schriftst. (Lyrik, Dramen, Erzählungen). – **8.** *Wernher von,* *1912, †1977, dt. Raketenforscher; leitete während des 2. Weltkriegs die Raketenversuchsanstalt *Peenemünde* u. konstruierte die V1 u. V2; seit 1945 in den USA, verantwortl. für Bau u. Start des ersten amerik. Erdsatelliten *(Explorer 1)* sowie für die Entwicklung der Saturn-Raketen.
Braunalgen →Algen.
Braunau, B. am Inn, Grenzstadt in Oberöstr., 17 000 Ew.; alte Festungsstadt mit mittelalterl. Stadtbild; Geburtsort A. *Hitlers;* Maschinen- u. Textil-Ind.
Braunbär →Bären.
Brauneisenstein, Eisenerz, →Limonit.
Braunelle, 1. *Brunelle, Braunheil,* ein *Lippenblütler* mit in Scheinähren stehenden blauen Blüten. – **2.** *Schwarze Kohlröschen,* Alpenpflanze.
Braunellen, unauffällige finkenähnl. Singvögel mit spitzem Insektenfresserschnabel; in Dtld. heim. die *Hecken-B.* u. die *Alpen-B.*
Braunerde, Bodentyp des gemäßigten, ozean. bis subkontinentalen Laubwaldklimas; gute Ackerböden.
Braunkohle, braune bis schwarze, holzige bis erdige bis dichte, feste Kohle; im *Tertiär* entstanden, die jüngste aller Kohlen; Heizwert: 7300–29 000 kJ/kg; meist nicht tief liegend u. deshalb im Tagebau gewinnbar.
Braunlage, Stadt im Oberharz, 7100 Ew.; heilklimat. Kurort u. Wintersportplatz.
Braunsberg, poln. *Braniewo,* Stadt im Ermland (Polen), 16 000 Ew.; Katharinenkirche (z. T. Ruine), ehem. Deutschordensburg.
Braunsche Röhre, eine von K. F. *Braun* erfundene Elektronenstrahlröhre, in der ein feiner Elektronenstrahl beim Auftreffen auf einen Fluoreszenzschirm einen Leuchtfleck hervorruft. Der Strahl kann durch elektr. oder magnet. Felder in seiner Richtung abgelenkt werden; verwendet im *Oszillographen* zum Beobachten von Schwingungsvorgängen u. im Fernsehempfänger als *Bildröhre.* Ⓑ →S. 134.
Braunschweig, 1. ehem. Land des Dt. Reichs. Aus welf. Besitz entstand 1235 das Hzgt. *B. u. Lüneburg,* das sich bald in mehrere Linien spaltete.

134 Braunstein

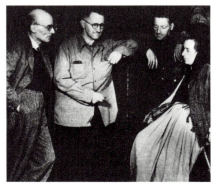

Bert Brecht mit Erich Engel, Paul Dessau und Helene Weigel bei einer Probe des Berliner Ensembles

Das spätere Hzgt. B. ging im 14./15. Jh. aus dem Teilfürstentum *B.-Wolfenbüttel* mit Bevern hervor. 1807–13 war B. Teil des napoleon. Kgr. *Westfalen,* dann wieder selbständig. Seit 1946 gehört es größtenteils zum Land Nds.; kleinere Teile kamen zum Bez. Magdeburg (DDR). – **2.** Hptst. des Reg.-Bez. B., an der Oker, im nördl. Harzvorland, 267 000 Ew.; Dom (von Heinrich dem Löwen begonnen), got. Rathaus, TU (1745), HS für Bildende Künste, Physikal.-Techn. u. Biol. Bundesanstalt; vielseitige Ind.
Braunstein, *Pyrolusit,* dunkelstahlgraues, seidenglänzendes Mineral.
Brautkauf, *Kaufheirat,* Zahlung eines Brautpreises durch den Bräutigam vor der Heirat; eigtl. keine Bezahlung, sondern ein Ausdruck der gesellschaftl. Achtung.
Bravour [bra'vu:r], Tapferkeit; Geschicklichkeit, Meisterschaft.
Bray, nordfrz. Ldsch. zw. Normandie u. Picardie.
Brazzaville [braza'vi:l], Hptst. der Rep. Kongo, 595 000 Ew.; Univ.; bed. Ind.-Zentrum des Landes; Fluß- u. Flughafen.
Break [brɛik], **1.** beim *Boxen* das Kommando des Ringrichters, mit dem er beide Boxer trennt. – **2.** beim *Eishockey* schneller Gegenangriff aus der Verteidigung heraus. – **3.** im *Tennis* Gewinn eines Spieles, obwohl der Gegner den Aufschlag hat.
Breakdance ['brɛikda:ns], Tanzformen jugendl. Rockfans; Anfang der 1980er Jahre in amerik. Großstädten entstanden; charakterist. sind die akrobat. Elemente wie Sprünge u. Drehungen auf dem Kopf oder auf dem Rücken.
Brechdurchfall, *Gastroenteritis,* schwere, mit Erbrechen, Durchfall u. Wasserverarmung des Gewebes einhergehende infektiöse Erkrankung.
Brechnuß, *Krähenaugen,* Samen des ostind. *Brechnußbaums,* enthalten Strychnin, das schon in kleinen Dosen tödl. wirkt.
Brecht, Bert(olt), *1898, †1956, dt. Schriftst.; marxist. Gesellschaftskritiker, der ein nichtaristotel. »episches Theater« anstrebte; leitete seit 1948 in O-Berlin ein eigenes Theater, das *Berliner Ensemble.* W »Die Dreigroschenoper«, »Aufstieg u. Fall der Stadt Mahagonny«, »Die heilige Johanna der Schlachthöfe«, »Mutter Courage u. ihre Kinder«, »Leben des Galilei«, »Herr Puntila u. sein Knecht Matti«, »Der kaukas. Kreidekreis«.
Brechung, *Refraktion,* Richtungsänderung eines Lichtstrahls (allg. einer ebenen Welle) beim Übergang von einem Stoff in einen anderen.

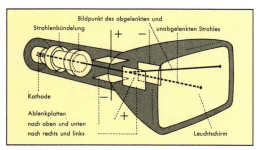

Braunsche Röhre (Schema)

Breda, ndl. Handels- u. Ind.-Stadt in N-Brabant, 120 000 Ew.; Lebensmittelindustrie, Waffen- u. Munitionsfabriken.
Bredouille [bre'dulje], Bedrängnis.
Breeches ['bri:tʃiz], Reithose, die Unterschenkel u. Knie eng umschließt u. an den Oberschenkeln ballonförmig weit geschnitten ist.
Breg, Hauptquellfluß der Donau.
Bregenz, Hptst. des östr. Bundeslands *Vorarlberg,* am O-Ufer des Bodensees, 25 000 Ew.; Festspiele; Fremdenverkehr. – **B.er Wald,** Bergland in Vorarlberg, durchschnitten von der *B.er Ache.*
Brehm, 1. Alfred Edmund, *1829, †1884, dt. Zoologe u. Forschungsreisender; machte die Ergebnisse seiner Forschungen in volkstüml. Darstellung allen Bevölkerungsschichten zugängl.; W »Brehms Thierleben«. – **2.** Bruno, *1892, †1974, östr. Schriftst. (Trilogie vom Untergang der Donaumonarchie).
Breisach am Rhein, Stadt in Ba.-Wü. 5400 Ew.; Münster mit berühmtem Altar u. Fresken von M. *Schongauer.*
Breisgau, fruchtbare Ldsch. in S-Baden, zw. Rhein u. Schwarzwald; Hauptort *Freiburg i. Br.*
Breit, Ernst, *20.8.1924, Gewerkschaftsführer; 1985–90 Vors. des DGB.
Breitbach, Joseph, *1903, †1980, dt. Schriftst. (Erzählungen, Komödien).
Breitbandantibiotika, gegen zahlr. versch. Krankheitserreger wirksame Antibiotika.
Breitbandkabel, Kabel, mit dem Frequenzbänder bis zu mehreren Millionen Hertz Breite übertragen werden können. – **Breitbandkommunikation,** gleichzeitige Übertragung von Fernschreiben, Ton- u. Fernsehfunk, Telefongesprächen u. Daten aller Art über ein Fernmeldenetz mit B.
Breite, *geograph. B.,* neben der *geograph. Länge* die zweite Bestimmungsgröße für die Lage eines Ortes auf dem Koordinatennetz der Erdkugel; nennt den Winkelbogen (*B.ngrad*) zw. der Lotlinie vom Bestimmungsort u. der Äquatorebene; wird vom Äquator aus 90° nach N (*nördl. B.*) u. nach S (*südl. B.*) gerechnet.
Breitenkreis →Gradnetz.
Breitinger, Johann Jakob, *1701, †1776, schweiz. Gelehrter u. Schriftst.; Mitarbeiter von J. J. *Bodmer;* stellte ihrer beider Kunstlehre dar, die gegenüber dem frz. bestimmten Regelzwang J. Ch. *Gottscheds* der Phantasie u. dem »Wunderbaren« Vorrang gab.
Breitnasen, *Platyrrhini,* die neuweltl. *Affen;* schlanke Baumtiere mit breiter Nasenscheidewand, Nasenlöcher seitwärts gerichtet; Verbreitung: Südamerika, Südmexiko; hierzu *Krallenaffen (Marmosetten, Tamarine), Springaffen* u. *Kapuzinerartige (Nachtaffen, Springaffen, Brüllaffen, Kapuzineraffen, Klammerschwanzaffen).*
Breitscheid, Rudolf, *1874, †1944, dt. Politiker (SPD); Außenpolitiker der SPD-Reichstagsfraktion; 1933 emigriert, 1941 im KZ Buchenwald umgekommen.
Breitschwanz, noch ungelocktes Fell totgeborener Lämmer des Karakulschafs.
Breitwand-Projektion, *Panoramaverfahren,* Filmprojektion auf sehr breite, z. T. gebogene Bildwände, um die Illusion einer Raumwirkung zu erzielen.
Breker, Arno, *1900, †1991, dt. Bildhauer u. Architekt (heroisierende Monumentalplastiken).
Bremen, 1. kleinstes Land der BR Dtld., am Unterlauf u. Mündungstrichter der Weser, 404 km², 682 000 Ew.; umfaßt die Stadtgemeinden B. u. Bremerhaven; Senats-Präs. u. neunköpfiger Senat ist zugleich Bürgermeister u. Magistrat der Stadt B.; Legislative in der Hand der Bürgerschaft (100 Mitgl., davon 20 aus Bremerhaven). – **2.** Stadt an der Unterweser, zweitgrößter dt. Handelshafen, 540 000 Ew.; Dom (1043), got. Rathaus mit Renaissancefassade; Rolandstatue, Böttcherstraße, Univ. (1971); Umschlag von Kaffee, Baumwolle, Wolle, Tabak, Holz u. a.; Schiffbau, Flugzeug-, Elektro- u. a. Ind. – G e s c h : Das *Bistum B.* wurde 787 gegr. (845 *Erzbistum Hamburg-B.*) u. wurde im frühen MA Ausgangspunkt der Mission für N-Europa. Die Stadt wurde im 13. Jh. unabhängig vom Erzbischof u. gehörte seit 1358 zur *Hanse.* 1646 wurde B. im Kampf gegen Schweden *Freie Reichsstadt;* 1947 wurde das Land B. proklamiert.
Bremerhaven, Hafenstadt an der Wesermündung, 130 000 Ew.; Inst. für Meeresforschung, Schifffahrtsmuseum, Nordseeaquarium; Passagierverkehr nach Übersee, bed. Fischerei- u. Containerhafen; Reedereien, Werften, Fischverarbeitung.

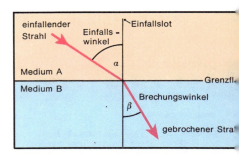

Brechung eines Lichtstrahls

Bremer Stadtmusikanten, seit dem 12. Jh. bekannter Märchenstoff von den »Tieren auf der Wanderschaft«, erzählt von H. *Sachs,* G. *Rollenhagen* u. den Brüdern *Grimm;* Bronzebildwerk von G. *Marcks* am Bremer Rathaus.
Bremervörde, Stadt in Nds. an der Oste, 18 000 Ew.; Kunststoff-, Holz-, Textilind.
Bremse, die Einrichtung, um eine Bewegung zu verlangsamen oder zu hemmen; beim Fahrzeug eine notwendige Anordnung, um es zu verzögern u. zum Halten an einer bestimmten Stelle zu bringen, bei der Talfahrt die Geschwindigkeit zu begrenzen u. um eine unbeabsichtigte Bewegung des haltenden Fahrzeugs zu verhindern. – Die verbreitetste u. wichtigste Bauform ist die *Reibungs-B.,* die als *Klotz-B.* unmittelbar am Radumfang angreifen kann. Bei allen luftbereiften Fahrzeugen u. bei Gleisketten werden nicht auf den Radumfang wirkende, aber mit dem Rad verbundene B.n verwendet. Man unterscheidet: *Trommel-B.n,* die nur mehr als *Innenbacken-B.n* gebaut werden, u. *Scheiben-B.n.* Die Innenbacken-B.n weisen in der Regel »Selbstverstärkung« auf, d. h., die erzeugte Bremskraft ist größer als die Kraft, die zum Anpressen der Backen an die Trommel nötig ist. Bei der Scheiben-B. werden die Reibungskräfte an der Oberfläche einer oder mehrerer Scheiben erzeugt. Die Scheiben-B. erlaubt eine bessere Wärmeabführung u. ein gleichmäßigeres Bremsen.
Bremsen, *Tabanidae,* Fam. kräftiger *Fliegen,* deren Weibchen das Blut von Warmblütern saugen; in Dtld.: *Rinder-(Vieh-), Regen-* (»blinde Fliegen«) u. *Goldaugen-B.;* teilw. gefährl. Krankheitsüberträger (→Milzbrand), außereurop. Arten übertragen *Tularämie* u. die *Loa-loa-Krankheit.*
Bremsstrahlung, beim Auftreffen elektr. geladener Elementarteilchen (Elektronen) auf Materie entstehende elektromagnet. Strahlung; z. B. Röntgenstrahlen.
Bremsweg, der Weg, den z. B. ein Automobil vom Bremsbeginn bis zum Stillstand zurücklegt. Der B. ist von der erreichbaren Verzögerung u. vom Quadrat der Fahrgeschwindigkeit abhängig. Eine mittlere Verzögerung von 2,5 m/s² u. eine Re-

Bremen: Roland-Säule auf dem Marktplatz

aktionszeit von 1 s vorausgesetzt, ergibt sich der Anhalteweg = Brems- + Reaktionsweg für eine Geschwindigkeit von 30 km/h mit 22 m u. für 50 km/h mit 53 m.

Brenner, ital. *Brennero,* 1375 m hoher Alpenpaß an der östr.-ital. Grenze; niedrigster u. bequemster Übergang über die Alpen; *B.-Bahn* u. *B.-Autobahn;* beste Verbindung zw. Östr. u. Italien.

Brenner, Otto, * 1907, † 1972, dt. Gewerkschaftsführer; 1952–72 Vors. der IG Metall.

Brennessel, *Urtica,* Gatt. der *Brennesselgewächse;* Kräuter mit Brennhaaren; in Dtld. die *Kleine B.,* einjährig, bis 60 cm hoch, u. die *Große B.,* bis 120 cm hoch, ausdauernd.

Brennglas →Linse.

Brennhaare, einzellige, borstenartige Haare an Pflanzen, deren Köpfchen bei Berührung leicht abbrechen. Die schräge Öffnung bohrt sich in die Haut ein, wobei der giftige Inhalt der Zelle in die Wunde eindringt (z.B. bei Nesselarten).

Brennpunkt, 1. Konstruktionspunkt bei Kegelschnitten. – **2.** *Fokus,* der Punkt, in dem achsenparallele Lichtstrahlen nach Durchgang durch Linsen *(Brennglas)* oder nach Reflexion an Hohlspiegeln *(Brennspiegel)* sich treffen. Der Abstand des B.s vom Linsenmittelpunkt heißt *Brennweite.*

Brennspiritus, durch Zusatz behördl. vorgeschriebener Stoffe (Methylalkohol, Pyridinbasen) ungenießbar gemachter, steuerbegünstigter Spiritus.

Brennstoffe, Stoffe zur Erzeugung von Wärme durch Verbrennung od. der Kernspaltung: *fossile B.* (Kohle, Erdöl, Erdgas, Torf), im Laufe der Erdgeschichte entstanden u. organ. Ursprungs, *Kern-B.* (Uran-Isotope, Plutonium).

Brennstoffelement, 1. *Brennstoffzelle,* Sonderform der galvan. Elemente: durch Oxidation versch. Brennstoffe wird unmittelbar elektr. Energie gewonnen, wobei kaum Wärme anfällt *(Kalte Verbrennung);* Energiedirektumwandler mit hohem Wirkungsgrad (70–90%). – **2.** kugel- oder stabförmiger Körper, der den Kernbrennstoff (z.B. Uranoxid) für einen Kernreaktor enthält.

Brennweite, wichtigste Kenngröße einer Linse, eines Hohlspiegels oder eines opt. Systems: Abstand zw. Linsenmitte bzw. Spiegelscheitel u. Brennpunkt.

Brenta, 1. Gruppe der südl. Kalkalpen in S-Tirol, in der *Cima Tosa* 3173 m, in der *Cima B.* 3150 m. – **2.** oberital. Fluß, 174 km; mündet bei Chiòggia in das Adriat. Meer.

Brentano, 1. Bernhard von, * 1901, † 1964, dt. Schriftst.; Gesellschaftsromane. – **2.** Bettina →Arnim, Bettina von. – **3.** Clemens, Bruder von 2), * 1778, † 1842, dt. Schriftst. der Romantik; Lyriker von einzigartiger musikal. Sprachkraft u. unerschöpfl. Erfindungsgabe; Erneuerer viele Dichtungen des 16. u. 17. Jh. u. Hrsg. (mit A. von Arnim) von »Des Knaben Wunderhorn«. – **4.** Franz, * 1838, † 1917, dt. Philosoph; verband die Philosophie mit der Psychologie, die er als philosoph. Grundwissenschaft verstand. – **5.** Heinrich von, Bruder von 1), * 1904, † 1964, dt. Politiker (CDU); 1955–61 Außen-Min. – **6.** Lujo, * 1844, † 1931, dt. Nationalökonom; Kathedersozialist, trat für das Gewerkschaftswesen nach engl. Vorbild ein.

Brenz, Johannes, * 1499, † 1570, dt. luth. Theologe; Organisator der württemberg. Landeskirche.

Brenztraubensäure, *Pyruvat,* CH_3-CO-COOH, eine essigsäure-ähnl. riechende Säure, die als Zwi-

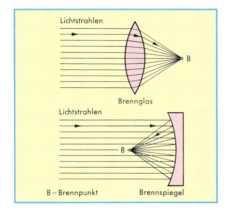

Brennpunkt bei Brennglas und Brennspiegel

schenprodukt bei der alkohol. Gärung u. beim biolog. Essigsäure-Abbau entsteht.

Brera, Gemäldegalerie in Mailand.

Breschnew [-ʒnjɛf], Leonid Iljitsch, * 1906, † 1982, sowj. Politiker; seit 1957 Mitgl. des Präsidiums bzw. Politbüros des KPdSU; 1960–64 u. seit 1977 Vors. des Präsidiums des Obersten Sowjets (Staats-Präs.); als Nachfolger N. Chruschtschows seit 1964 Erster Sekretär (1966 Generalsekretär) des ZK der KPdSU. – **B.-Doktrin,** in der westl. Welt verwendete Bez. für den anläßl. der Besetzung der Tschechoslowakei im August 1968 erhobenen Interventionsanspruch der Staaten des »sozialist. Lagers« gegenüber solchen sozialist. Staaten, deren Entwicklung »den Sozialismus gefährdet«.

Brèscia [ˈbrɛʃa], ital. Stadt in der Lombardei, 210 000 Ew.; Dom, Museen, Biblioteca Queriniana; bed. Industrie.

Bresgen, Cesar, * 1913, † 1988, östr. Komponist; (Märchen- u. Jugendopern); W »Der Igel als Bräutigam«; »Der Mann im Mond«.

Breslau, poln. *Wrocław,* Hptst. der poln. Wojewodschaft Wrocław an der Oder, 640 000 Ew.; wissenschaftl. u. kulturelles Zentrum; Rathaus (14./15. Jh.), Elisabethkirche (15. Jh.), Dom (1951 neu geweiht); Theater, Museen, Univ. (gegr. 1811), 8 HS; Masch.-, chem., Textil- u. a. Industrie. G e s c h . : seit 1163 Sitz von Piasten-Herzögen, 1335 zu Böhmen (1526 habsburg.), Hansestadt; kam im *B.er Frieden* (1742) an Preußen; im 2. Weltkrieg zu 70% zerstört.

Bressanone →Brixen.

Bresson [brəˈsõ], Robert, * 25.9.1907, frz. Filmregisseur (Filme in dokumentar. Stil).

Brest, 1. nordwestfrz. Stadt in der Bretagne, Handels- u. größter frz. Kriegshafen, 210 000 Ew.; Werften, Maschinenbau, Elektro-, chem. u. a. Ind. – **2.** bis 1940 *B.-Litowsk,* Hptst. der gleichn. Oblast in Weißrußland, 260 000 Ew. – Zw. Dtld., Östr. u. Rußland wurde 1918 der *Friede von B.-Litowsk* geschlossen.

Bretagne [-ˈtanjə], nach NW vorspringende, größte Halbinsel Frankreichs, 27 184 km², 2,77 Mio. Ew., größte Stadt *Rennes;* Viehzucht, Gemüse- u. Obstbau; Fischerei; Fremdenverkehr.

Breton [brəˈtõ], André, * 1896, † 1966, frz. Schriftst.; Mitbegründer u. Theoretiker des frz. Surrealismus.

Bretonen, kelt. Stamm auf der frz. Halbinsel *Bretagne,* 1,2 Mio., meist Fischer u. Bauern; kamen im 5./6. Jh. aus Britannien.

Bretton Woods [bretn wudz], Ort im USA-Staat New Hampshire; 1944 fand dort eine internat. Finanz- u. Währungskonferenz statt, die die Errichtung der Weltbank u. des Internat. Währungsfonds beschloß.

Brettspiele, Unterhaltungsspiele, die auf einem Brett (Spielplan) gespielt werden, z.B. Schach, Mühle, Go, Festungsspiel, Dame, Halma u. a.

Breughel →Bruegel.

Breve, päpstl. Urkunde mit kurzem Text.

Brevier, 1. liturg. Buch, welches das Stundengebet der kath. Kirche enthält, das die Kleriker u. Angehörige bestimmter Männer- u. Frauenorden tägl. zu verrichten haben; besteht u. a. aus Bibeltexten, Kirchenväterzitaten u. Hymnen. – **2.** Sammlung von Gedichten u. Worten eines Dichters.

Brewster [ˈbruːstə], Sir David, * 1781, † 1861,

Breslau: Rathaus (rechts) und alte Tuchhallen

schott. Physiker; entdeckte, daß reflektiertes Licht teilweise polarisiert ist.

Briand [briˈã], Aristide, * 1862, † 1932, frz. Politiker; mehrmals Min. u. Min.-Präs., 1925–32 Außen-Min.; arbeitete mit G. Stresemann zus. an einer dt.-frz. Verständigung (Locarno-Vertrag); Friedensnobelpreis 1926 zus. mit Stresemann; Initiator des *B.-Kellogg-Pakts.*

Bridge [bridʒ], aus dem *Whist* entstandenes Kartenspiel mit 52 Karten zw. 4 Spielern.

Bridgeport [ˈbridʒpɔːt], Hafenstadt an der Atlantikküste in Connecticut (USA), nordöstl. von New York, 152 000 Ew.; Univ. (gegr. 1927); Metall-, Elektro-, Textilind.

Bridgetown [ˈbridʒtaun], Hptst. von Barbados, 12 000 Ew.; Hafen- u. Handelsplatz.

Bridgman [ˈbridʒmən], Percy William, * 1882, † 1961, US-amerik. Physiker; arbeitete auf dem Gebiet hoher Drücke; Nobelpreis 1946.

Bridie [ˈbraidi], James, eigtl. Osborne Henry *Mavor,* * 1888, † 1951, schott.-engl. Dramatiker (realist.-satir. Bühnenstücke).

Brie, frz. Ldsch. östl. von Paris; Milch- u. Käseerzeugung *(B.käse).*

Briefadel →Adel.

Briefgeheimnis, gesetzl. verankertes Verbot für jedermann, Briefe unbefugt zu öffnen.

Briefmarken, Postwertzeichen zur Erhebung postal. Beförderungsgebühren, die durch Postdienststellen oder postamtl. Verkaufsstellen vertrieben werden; dienen zur Freimachung von Postsendungen, werden durch Stempel entwertet.

Briefroman, Form des *Romans,* die ganz oder vorw. aus Briefen des Helden an Personen seines Lebenskreises, z. T. auch aus ihren Antworten besteht; z.B. *Goethes* »Leiden des jungen Werther«.

Briefsteller, urspr. eine Person, die für andere Briefe schrieb; dann ein Buch mit Mustern u. Anweisungen zum Briefschreiben. Der älteste dt. B. (1484) stammt von dem Buchdrucker A. *Sorg.*

Brieftaube, Rasse der *Haustaube* mit bes. gutem Heimfindevermögen; überwindet Entfernungen bis 1000 km mit Geschwindigkeiten um 60 km/h.

Briefwahl, mögl. Art der Stimmabgabe bei Wahlen; unabhängig von Wahltag, Wahlzeit u. Wahlort durch einen vorher von der Wahlbehörde ausgegebenen Wahlbrief.

Brieg, poln. *Brzeg,* Stadt in Schlesien (Polen), an der Oder, 31 000 Ew.; Piastenschloß (14.–16. Jh.); Masch.-, Lebensmittel- u. Lederind.

Brienz [briˈɛnts], Ort im Kt. Bern, 3000 Ew.; am *B.er Rothorn* (2350 m) u. am *B.er See.*

Bries, *Thymusdrüse* →Thymus.

Brigach, nordl. Quellfluß der Donau.

Brigade, 1. früher der größte nur aus einer Waffengattung bestehende Truppenverband, aus 2–3 *Regimentern* zusammengesetzt; heute die kleinste zu selbständiger Kampfführung geeignete, aus allen Waffengattungen zusammengesetzte Verband des Heeres. – **2.** in den kommunist. Ländern ein aus mehreren Arbeitern bestehendes *Kollektiv,* das

Bretagne: Landschaft bei Carnac mit Alignements (parallelen Reihen von menhirartigen Steinen)

136 Briggs

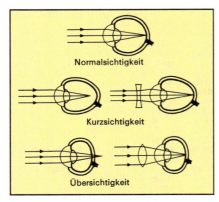

Wirkungsweise von Brillen (Strahlenverlauf)

nach produktionstechn. Gesichtspunkten zusammengestellt wird.
Briggs, Henry, * 1561, † 1630, engl. Mathematiker; entwickelte die dekad. Logarithmen (*B.sche Logarithmen*).
Brighton [braitn], engl. Seebad am Kanal, 163 000 Ew.; Univ. (gegr. 1961), Museen.
Brikętt, unter hohem Druck aus feinkörniger Braun- oder Steinkohle hergestellter Quader oder Würfel.
Brillant [bril'jant], geschliffene Form des Diamanten.
Brille, Augengläser zur Korrektur von Augenfehlern oder zum Schutz; Zerstreuungslinsen (hohl, konkav) zur Korrektur von Weitsichtigkeit; Zylinderlinsen gleichen eine Unsymmetrie des Auges (Astigmatismus) aus; bei *Bifokalgläsern* ist der obere Teil für Fernsicht, der untere für Nahsicht geschliffen. Die Stärke der Linsen wird in *Dioptrie* angegeben.
Brịlon, Stadt in NRW, im nordöstl. Sauerland, 25 000 Ew.; Luftkurort, Wintersportplatz; Holzind., Glockengießerei.
Brimbọrium, Umschweife, Geschwätz.
Brịndisi, ital. Hafenstadt in Apulien, 93 000 Ew.; Ölraffinerie, chem. Ind.; Fremdenverkehr. – Im Altertum (*Brundisium*) bed. Hafenstadt.
Bringschuld, eine Leistung, die am Wohnsitz des Gläubigers zu erfüllen ist; Ggs.: *Holschuld.*
Brion [bri'on], Friederike, * 1752, † 1813, Tochter des Dorfpfarrers Johann Jakob B. in Sesenheim; *Goethes* Jugendliebe.
Briọni, *Brijuni,* klimat. begünstigte jugoslaw. Inselgruppe (13 Inseln) an der SW-Küste Istriens.
Brisạnz, Sprengkraft eines Explosivstoffs oder Geschosses.
Brisbane ['brisbein], Hptst. des austral. Bundesstaats Queensland, 1,2 Mio. Ew.; Univ. (gegr. 1909); Hafen, Werften, Raffinerien, Flughafen. 1824 als Strafkolonie gegr.
Brise, gleichmäßiger Wind von 2–10 m/s.
Bristol [bristl], engl. Hafenstadt u. Hptst. der engl.

Grafschaft *Avon,* 390 000 Ew.; Kathedrale (12. Jh.); Univ. (gegr. 1909), TH; vielseitige Industrie.
Bristolbai ['bristlbei], Meeresbucht im S Alaskas; Lachsfanggebiet.
Bristolkanal [bristl-], 130 km lange Meeresbucht im SW Englands; geht in den Mündungstrichter des Severn über.
Britạnnien, lat. *Britannia,* vermutl. kelt. Name für England, Wales u. Schottland.
Briten, 1. *Britannier,* kelt. Einwohner des alten Britannien. – **2.** Einwohner Großbritanniens u. Nordirlands.
Britisches Reich, das ehem. brit. Weltreich (*Britisches Empire*), das zur Zeit seiner größten Ausdehnung (1921) rd. 38 Mio. km² mit 450 Mio. Bewohnern umfaßte. England wurde im 16. Jh. Seemacht u. betrieb seither Handels-, Siedlungs- u. Eroberungspolitik in Übersee, z. T. im Kampf gegen andere Kolonialmächte (Spanien, Frankreich, Niederlande). Im 17. u. 18. Jh. erwarb es Gebiete in der Karibik, in Nordamerika u. in Indien; seit Ende des 18. Jh. wurde Australien erschlossen; im 19. Jh. (Zeitalter des *Imperialismus*) kamen weitere Gebiete in Asien u. Afrika hinzu. Kolonien in Europa waren Gibraltar (1704) u. Malta (1800). Die USA befreiten sich bereits 1776 von der brit. Herrschaft. Die überwiegend von Weißen bewohnten Siedlungskolonien erhielten im 19. Jh. weitgehende Selbstverwaltung. Kanada, Australien, Neuseeland u. die Südafrik. Union (seit 1907 offiziell als *Dominions* bezeichnet) waren schon vor dem 1. Weltkrieg fakt. unabh. Staaten. Die anderen Kolonien standen in unterschiedl. Abhängigkeitsverhältnissen zum Mutterland. Seit 1926 nannte sich das B. R. *British Commonwealth of Nations.* Nach dem 2. Weltkrieg wurden fast alle brit. Kolonien unabh. (zuerst Indien 1947); sie verblieben im lockeren Verband des →Commonwealth of Nations. Brit. Besitzungen mit unterschiedl. Grad von Selbstverwaltung sind heute noch: Anguilla, Bermuda, Brit. Jungferninseln, Brit. Antarktis-Territorium, Brit. Territorium im Ind. Ozean, Cayman Islands, Falklandinseln, Gibraltar, Hongkong, Montserrat, Pitcairn, Sankt Helena, Südgeorgien u. Südl. Sandwichinseln, Turks- u. Caicosinseln.
Britisch-Guayạna →Guyana.
Britisch-Hondụras →Belize.
British Antarctic Territory ['britiʃ ænt'a:ktik 'teritəri], brit. Sektor in der Antarktis, 1962 gebildet, 388 500 km²; umfaßt die Antarkt. Halbinsel einschl. Südshetland- u. Südorkney sowie das Weddellmeer.
British Broadcasting Corporation ['britiʃ'brɔ:d-ka:stiŋ kɔ:pə'reiʃən], Abk. *BBC,* die größte brit. öffentl.-rechtl. Rundfunkgesellschaft, 1927 gegr.; löste die private *British Broadcasting Company* (1922) ab.
British Columbia ['britiʃ kə'lʌmbjiə], *Britisch-Kolumbien,* Prov. im SW von → Kanada.
Britten ['britən], Edward Benjamin, * 1913, † 1976, engl. Komponist, Dirigent u. Klavierbegleiter; komponierte in einer gemäßigt modernen, gefälligen Tonsprache. Oper »Peter Grimes«, Oratorium »War Requiem«.
Britting, Georg, * 1891, † 1964, dt. Schriftst. (Gedichte, Roman).
Brịxen, ital. *Bressanone,* ital. Stadt in S-Tirol, am Eisack, 14 000 Ew.; Dom (13. Jh.), Kloster Neustift; Fremdenverkehr.
Brjạnsk, Stadt in Rußland, an der Desna, 445 000 Ew.; Maschinenbau, Zementwerke; Wärmekraftwerk.
Brno →Brünn.
Broadway ['brɔ:dwei], Hauptgeschäftsstraße New Yorks mit zahlr. privaten Theatern; fast 25 km lang.
Broccoli, *Spargelkohl,* vorw. in Italien u. S-Schweden angebautes Gemüse; geschmackl. zw. Blumenkohl u. Spargel.
Broch, Hermann, * 1886, † 1951, östr. Schriftst.; moderner, von J. *Joyce* beeinflußter Epiker (Romane, Essays, Drama).
Brockdorff-Rantzau, Ulrich Graf von, * 1869, † 1928, dt. Diplomat; 1919 Reichsaußen-Min. u. Führer der dt. Friedensdelegation in Versailles; lehnte die Vertragsbedingungen ab u. trat nach Vertragsannahme zurück.
Brocken, *Blocksberg,* höchster Berg im *Harz* (1142 m); Schauplatz zahlr. Volkssagen.
Brockes, Barthold Hinrich, * 1680, † 1747, dt. Dichter (religiös-philos. Naturdichtung).
Brockhaus, Friedrich Arnold, * 1772, † 1823, dt.

Verleger u. Lexikograph; gründete 1805 den späteren Verlag *F. A. Brockhaus,* seit 1817 Stammhaus in Leipzig (1953 verstaatlicht), seit 1945 in Wiesbaden; 1984 Fusion mit dem *Bibliograph. Inst.,* Mannheim; bek. durch Lexika.
Brod, Max, * 1884, † 1968, östr. Schriftst. u. Kulturphilosoph; Nachlaßverwalter u. Biograph F. *Kafkas* (Romane, Lyrik).
Brodsky, Joseph (Jossif Alexandrowitsch), * 24.5.1940, russ. Schriftst.; schreibt formstrenge Lyrik, auch Essayist, Dramatiker u. Übersetzer; 1972 aus der UdSSR ausgewiesen; 1987 Nobelpreis für Literatur.
Broglie [brɔj], Louis-Victor Duc de, * 1892, † 1987, frz. Physiker; begründete die *Wellentheorie der Materie;* Nobelpreis 1929.
Brokạt, schwerer, fester, gemusterter Seiden- oder Reyonstoff, dem Gold- oder Silberfäden eingewebt sind (*Gold-* oder *Silber-B.*).
Brokdorf, Gem. in Schl.-Ho. an der Unterelbe, 800 Ew.; Kernkraftwerk.
Brọker ['broukə], Börsenmakler.
Brom →chem. Elemente.
Brombeere, artenreiche Gruppe der Gatt. *Rubus;* die *Gewöhnl. B.* mit glänzendschwarzen Früchten ist wild in Wäldern u. Gebüschen verbreitet; daneben werden bes. Sorten in Gärten kultiviert.
Brọmberg, poln. *Bydgoszcz,* poln. Stadt an der Brahe, durch den *B.er Kanal* (25 km lang) mit Netze u. Oder verbunden, 380 000 Ew.; HS, Museen; Masch.-, Transportmittel- u. a. Industrie.
Bromfield [-fi:ld], Louis, * 1896, † 1956, US-amerik. Schriftst. (Romane, Essays).
Bromịde, Salze der *Bromwasserstoffsäure.*
Bronchiạlasthma →Asthma.
Bronchiạlkarzinọm, *Lungenkrebs,* von den Bronchien ausgehende bösartige Geschwulst.
Bronchiạlkatarrh →Bronchitis.
Brọnchien, die beiden Äste der Luftröhre, die in die Lunge führen; spalten sich dort in kleinere *Bronchiolen* ab u. enden schließl. in den Lungenbläschen (*Alveolen*).
Bronchịtis, *Bronchialkatarrh,* entzündl. Reizzustand der *Bronchien,* der sich durch Husten, zähen Auswurf u. Schmerzen hinter dem Brustbein äußert; kann durch Erkältung u. Infektion, chem. Reize, aber auch durch Lungenstauung bei Herzkrankheiten entstehen.
Bronchopneumonịe →Lungenentzündung.
Bronson ['brɔnsən], Charles, eigtl. Ch. *Buchinsky,* * 3.11.1920, US-amerik. Filmschauspieler.
Brontë ['brɔnti], engl. Schriftst., Schwestern: 1. Anne, * 1820, † 1849, 2. Charlotte, * 1816, † 1855, 3. Emily Jane, * 1818, † 1848, schrieben Gedichte u. Romane, geprägt vom elterl. puritan. Pfarrhaus.
Bronx, nördl. Stadtteil von New York.
Bronze ['brõsə], alle Legierungen des Kupfers mit anderen Metallen, v. a. mit Zinn.
Bronzekrankheit →Addisonsche Krankheit.
Bronzekunst, Bildwerke u. kunsthandwerkl. Gegenstände aus Bronze; im Abgußverfahren hergestellt, zuweilen auch getrieben.
Bronzezeit →Vorgeschichte.
Brook [bruk], Peter, * 21.3.1925, engl. Theaterregisseur; bek. v. a. durch seine Shakespeare-Inszenierungen.
Brooklyn ['bruklin], südl. Stadtteil von New York.
Brooks, Richard, * 1912, † 1992, amerik. Filmregisseur u. -autor. Regie u. a. bei »Hexenkessel«, »Die Katze auf dem heißen Blechdach«.
Brosche [frz.], verzierte Vorstecknadel.
broschieren, Hefte oder Bücher (*Broschüren*) ohne Einbanddecke heften oder kleben.
Brot, aus aufgelockertem Teig durch Erhitzung bei 250–290 °C (*Backen*) bereitetes Nahrungsmittel. *Weiß-B.* wird aus feinem Weizenmehl, *Grau-B.* aus Roggenmehl, *Vollkorn-B.* aus ungeschälten Körnern hergestellt. *Schwarz-B.* (Pumpernickel) bereitet man aus mit Sauerteig gelockertem Roggenschrotteig durch etwa 12stündiges Backen bei 150–180 °C unter Einwirkung von Wasserdampf.
Broteinheit, Abk. *BE,* gebräuchl. Berechnungsgröße in der Diabetes-Diät für die (erlaubten) Mengen an Kohlenhydraten u. Zuckeraustauschstoffen; 1 BE entspricht 12 g Kohlenhydraten bzw. 20 g Weißbrot.
Brotfruchtbaum, in SO-Asien heim. Nutzbaum aus der Fam. der *Maulbeergewächse;* seine mehligen Früchte dienen gebacken als Nahrungsmittel.
Brot für die Welt, seit 1959 jährl. Sammlungsaktion der ev. Landes- u. Freikirchen in Dtld. für Ka-

Landschaft in British Columbia

Brot für die Welt: Spendenaufruf

tastrophenhilfe, Wirtsch.- u. Sozialmaßnahmen, Berufsausbildung, Gesundheitsfürsorge in der Dritten Welt.

Brouwer ['brauər], **1.** Adriaen, *1605/06, †1638, fläm. Maler, derb-realist. Bilder des Bauernlebens. – **2.** Luitzen Egbertus Jan, *1881, †1966, ndl. Mathematiker; führte die Mathematik auf das intuitive Erlebnis der natürl. Zahlenfolge zurück.

Brown [braun], **1.** Herbert C., *22.5.1912, US-amerik. Chemiker; stellte bes. organ. Borane her, die für zahlr. organ. Synthesen bed. sind; 1979 Nobelpreis zus. mit G. Wittig. – **2.** Michael S., *13.4.1941, US-amerik. Mediziner; arbeitete über Arteriosklerose u. Cholesterin; Nobelpreis 1985 zus. mit H. C. Goldstern.

Browning ['brau-], Robert, *1812, †1889, engl. Schriftst.; verh. mit Elizabeth *Barrett-B.;* Bekenntnisdichtung, dramat. Monologe.

Brownsche Molekularbewegung ['braun-], von dem engl. Botaniker R. *Brown* 1827 entdeckte Zitterbewegung, die mikroskop. kleine Teilchen (z.B. Staub) in Gasen oder Flüssigkeiten ausführen. Sie beruht auf den unregelmäßigen Stößen der Moleküle des umgebenden Mediums.

BRT, Abk. für *Bruttoregistertonne,* →Schiffsvermessung.

Brubeck, Dave, *6.12.1920, US-amerik. Jazzpianist u. Combochef; Vertreter des Cool Jazz.

Bruce [bru:s], schott. Adelsgeschlecht; gewann 1306 mit Robert B. (*1274, †1329) den schott. Thron, verlor ihn aber schon 1371 wieder mit David II. B. (*1324, †1371) an das Haus Stuart.

Bruce [bru:s], Sir David, *1855, †1931, brit. Militärarzt; wies 1887 den Erreger des Maltafiebers, *Brucella melitensis,* nach.

Brucellosen, Sammelbez. für meldepflichtige Infektionskrankheiten bei Mensch u. Tier, die durch Bakterien der Gatt. *Brucella* hervorgerufen werden; Übertragung auf den Menschen nur durch Tiere.

Bruch, 1. →Verwerfung. – **2.** mit Erlen u. Weiden bestandenes Sumpfgelände. – **3.** Quotient zweier ganzer Zahlen; Schreibweise: $\frac{a}{b}$ bzw. a/b; a ist der *Zähler,* b der *Nenner,* der B.strich steht anstelle der Teilungspunkte; beim *echten B. (gemeinen B.)* ist der Zähler kleiner als der Nenner, beim *unechten B.* größer; beim *Dezimal-B.* ist der Nenner 10 oder eine Potenz von 10, z.B. $^5/_{10}$, $^2/_{100}$, geschrieben 0,5, 0,02. – **4.** →Knochenbruch. – **5.** *Eingeweide-B. (Hernie),* Vortreten von Eingeweiden aus der Bauchhöhle in eine abnorme Ausstülpung des Bauchfells, z.B. *Leisten-, Schenkel-, Lenden-, Nabel-B.* – **B.band,** Bandage zum Zurückhalten eines B.s.

Bruch, 1. Max, *1838, †1920, dt. Dirigent u. Komponist; Spätromantiker; Ⓦ Violinkonzert g-Moll. – **2.** Walter, *1908, †1990, dt. Ing.; entwickelte das Farbfernsehsystem *PAL.*

Bruchsal, Stadt in Ba.-Wü., 38 000 Ew.; Schloß (18. Jh.), Barockkirche; Elektro-, Masch.-, Holz- u. Papier-Ind., Hopfen-, Tabak- u. Weinanbau.

Bruchwald, auf wasserreichem, saurem Humusboden stockender Wald aus Erlen u. Weiden.

Bruck, 1. *B. an der Leitha,* Bez.-Hptst. in Niederöstr., an der Grenze zum Burgenland, 6800 Ew.; Schloß Prugg. – **2.** *B. an der Mur,* östr. Bez.-Hptst. in der Steiermark, 16500 Ew.; Ruinen der Festung *Landskron.*

Brücke, 1. Bauwerk zum Überführen von Straßen, Eisenbahnen u. ä. über Flüsse, Täler u. a. Hindernisse; bestehend aus *Unterbau* (Tragwerk), *Lager-* u. *Überbau.* Nach dem stat. System des Tragwerks unterscheidet man: *Balken-B.n, Bogen-B.n, Rahmen-B.n, Hänge-B.n* u. mit *Schrägseilen;* die bewegliche B.n (Klapp-, Dreh-, Hub- u. Roll-B.n); B.n mit der Fahrbahn oben (oberhalb des Tragwerks), in der Mitte oder unten.

Gesch.: Bereits im Altertum wurden beträchtl. Spannweiten überbrückt: z.B. die Rhein-B. Cäsars, die Trajan-B. über die Donau. Neben Holz-B.n entwickelte sich der Bau steinerner B.n bereits bei den Ägyptern u. Sumerern. Unter den Römern erreichte dann der B.nbau eine Höhe, die mehr als tausend Jahre lang nicht übertroffen wurde. Im MA entstanden massive Wölb-B., oft mit Türmen, Toren u. Denkmälern. Im 12. Jh. entstanden u. a.: Donau-B. bei Regensburg (1135–46), Marien-B. bei Würzburg (1133), Rhône-B. bei Avignon (1177–85), London Bridge (1176–1209). Mit dem Emporkommen der Städte u. dem Aufschwung von Handel u. Verkehr entstanden immer mehr, darunter auch sehr bemerkenswerte B.n: Ponte Vecchio in Florenz (1345), Karls-B. Prag (1348–1507), Adda-B. bei Trezzo, 76 m Stützweite (1377), Rialto-B. Venedig (1587–91). Die erste ganz aus Eisen bestehende B. entstand 1779 in Wales. Rechner. u. zeichner. Verfahren für die Bemessung der Tragwerke wurden im 19. Jh. entwickelt. Um die Jahrhundertwende gewann durch Anwendung des Betons wieder der Massivbau an Bedeutung. Nach dem 2. Weltkrieg kam der Spannbeton dazu u. in den letzten Jahrzehnten auch noch der konstruktive Leichtbeton, der Leichtmetallbau, die Verbundbauweise aus Stahl u. Beton u. der Fertigteilbau. – **2.** im *Geräteturnen* eine Gesamtrückbeuge des Körpers, bei der die Hände, beim *Ringen* der Kopf den Boden erreichen. – **3.** →Zahnersatz.

»Brücke«, 1905 in Dresden von K. *Schmidt-Rottluff,* E. L. *Kirchner* u. H. *Heckel* gegr. Vereinigung (bis 1913) von expressionist. Künstlern, der sich später C. *Amiet,* A. *Gallen-Kallela,* E. *Nolde,* M. *Pechstein,* O. *Mueller* u. a. anschlossen; sie holten sich Anregungen bei P. *Gauguin,* V. van *Gogh* u. E. *Munch* u. erstrebten eine archaisierende Formgebung durch Flächenhaftigkeit u. hekt. Farbgebung.

Brückenau, *Bad B.,* bay. Stadt in Unterfranken, am Fuß der Rhön, 6500 Ew.; Mineralquellen, Schwefel- u. Moorbad.

Brückenechse, bis 75 cm langer, einziger lebender Vertreter einer sonst ausgestorbenen Kriechtierordnung; nur noch auf Inseln vor der Küste Neuseelands.

Brückenkopf, feindbesetztes Gebiet im erkämpften Geländestreifen, von dem aus das Übersetzen u. Vordringen weiterer eigener Truppen gesichert werden kann.

Brückenwaage, Hebelwaage mit breiter Plattform *(Brücke)* zur Aufnahme schwerer Lasten.

Brückner, Christine, *10.12.1921, dt. Schriftst.; Ⓦ Romane »Jauche u. Levkojen«, »Nirgendwo ist Poenichen«.

Bruckner, 1. Anton, *1824, †1896, östr. Komponist; einer der gewaltigsten Sinfoniker, konnte sich

Die größten Brücken

Brücke	Ort	größte Stützweite (in m)	Fertigstellung
Minami-Bisan-Seto	Schikoku-Honschu	1723	1987
Humber	Kingston upon Hull	1410	1980
Verrazano-Narrows	New York	1300	1965
Golden Gate	San Francisco	1277	1937
Bosporus	Istanbul	1074	1973
Washington	New York	1064	1931
Tejo	Lissabon	1013	1967
Firth of Forth	Schottland	1006	1964
Severn	Severn	988	1966
Tacoma Narrows	Tacoma, Washington	851	1950
Transbay	San Francisco	702	1936
Bronx-Whitestone	New York	698	1939
Delaware Memorial	Wilmington, Del.	654	1951
Tancarville	Tancarville	608	1959
Kleine-Belt-Brücke	Kleiner Belt	600	1970
Ambassador	Detroit	562	1929
Quebec	Quebec	547	1917
Delaware River	Philadelphia	532	1926
Firth of Forth	Schottland	520	1890
Kill Van Kull	Bayonne, N. J.	502	1931
Sydney Harbour	Sydney	502	1932

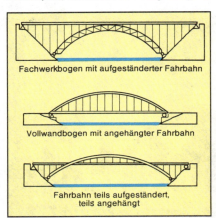

Brücken: Bogenbrücke (links). – Ausbau einer Brücke: Neben der vorhandenen Brücke entstand die zweite rund 250 m lange Brückenhälfte in Spannbetonbauweise und im Taktschiebeverfahren (Mitte). – Die über 5000 m lange Seelandbrücke über die Osterschelde in den Niederlanden (rechts)

138 Brüdergemeine

aber nur schwer durchsetzen. – W 9 Sinfonien, 3 große Messen, ein »Te Deum«, Chorwerke, ein Streichquintett. – **2.** Ferdinand, eigtl. Theodor *Tagger,* *1891, †1958, östr. Schriftst.; Repräsentant einer »neuen Sachlichkeit«, die sozialkrit. u. psychoanalyt. vorgeht (Dramen, Essays, Lyrik).

Brüdergemeine, *Brüderunität, Herrnhuter,* ev. Gemeinde, die aus Resten der Böhmischen Brüder u. dt. Pietisten um 1722 unter Leitung des Grafen N. von *Zinzendorf* auf dessen Gut Berthelsdorf (Oberlausitz) entstand, wo der Stammort *Herrnhut* gegr. wurde; gekennzeichnet durch heitere Frömmigkeit, arbeitsames Leben, Missions-, Erziehungs- u. Pflegetätigkeit.

Bruderschaften, in der kath. Kirche Vereine zur Förderung der Frömmigkeit u. Nächstenliebe; in der ev. Kirche ordensartige Zusammenschlüsse von Laien u. Theologen zur kirchl. Erneuerung.

Brüder vom gemeinsamen Leben, *Fraterherren,* um 1400 in den Ndl. entstandene weltzugewandte Bruderschaft.

Bruegel ['brœyxəl], **1.** *Brueghel, Breughel,* Malerfamilie: Jan d. Ä., gen. *Samt-* oder *Blumen-B.,* Sohn von 3), *1568, †1625, malte miniaturhaft feine Blumenstilleben u. Landschaften. – **2.** Jan d. J., Sohn von 1), *1601, †1678, malte in der Art seines Vaters Blumen- u. Landschaftsbilder. – **3.** Pieter d. Ä., gen. *Bauern-B.,* *um 1525/30, †1569, bed. ndl. Maler der 2. Hälfte des 16. Jh.; erschloß der Malerei als neues Darstellungsgebiet die Welt der Bauern (Genre- u. Landschaftsbilder). – **4.** Pieter d. J., gen. *Höllen-B.,* Sohn von 3), *um 1564, †um 1638, malte in der Art seines Vaters Winterbilder, Bauernfeste, phantast. Spukszenen u. nächtl. Brände.

Brügge, fläm. *Brugge,* frz. *Bruges,* Hptst. der belg. Prov. W-Flandern, 120000 Ew.; bed. mittelalterl. Bauwerke, 85 m hoher Belfried (Wahrzeichen); Europakolleg; Masch.- u. Schiffbau, Textil-, Möbel-, Stahl-Ind., Fremdenverkehr. – Im 13.–15. Jh. bed. als Hansestadt, damals größter Welthandelsplatz N-Europas.

Brüggemann, Hans, *um 1480, †um 1540, dt. Bildschnitzer der Spätgotik.

Brüggen, Frans, *30.10.1934, ndl. Flötist; wurde v. a. als Blockflötenspieler alter u. neuer Kompositionen bekannt.

Brühl, Stadt in NRW, südl. von Köln, 42000 Ew.; Schloß *Augustusburg* (mit berühmtem Treppenhaus von B. *Neumann*).

Brühl, Heinrich Reichsgraf von, *1700, †1763, sächs. Min.; einflußreich am Hof Augusts des Starken u. Augusts III.; Gegner Friedrichs d. Gr.

Brüllaffen, Neuweltaffen in S-Amerika mit verstärkten Stimmorganen u. langem Greifschwanz; ihre melod. Brüllkonzerte dienen der Revierabgrenzung.

Brumaire [bry'mɛːr], »Nebelmonat«, der 2. Monat im frz. Revolutionskalender, 22.–24.10. bis 20.–22.11.

Brundage ['brʌndɪdʒ], Avery, *1887, †1975, US-amerik. Sportfunktionär; 1952–72 Präs. des Internat. Olymp. Komitees.

Brunei [-neːj], Sultanat in SO-Asien, im N Borneos, 5765 km², 233000 Ew., Hptst. *Bandar Seri Begawan.* – B. besteht aus einer feuchtheißen Küstenebene, an das ein Hügelland angrenzt. Wichtigstes Wirtschaftsprodukt ist Erdöl. – Gesch.: 1888 wurde B. brit. Protektorat. 1971 erhielt es innere Autonomie. Seit 1984 ist es unabh. Sultanat.

Brunei

Brunelleschi [-'leski], *Brunellesco,* Filippo, *1377, †1446, ital. Baumeister u. Bildhauer der Renaissance; bahnbrechend bes. auf dem Gebiet des Kirchenbaus (kreuzförmige Zentralanlagen).

Brunft →Brunst.

Brunhild, *Brünhilde,* im Nibelungenlied eine nord. Königin, die durch Siegfrieds Hilfe mit Gunther vermählt wird u. Hagen zum Mord an Siegfried anstiftet. Das Vorbild war vermutl. die merowing. Königin Brunhilde.

Brunhilde, *Brunichilde,* †613, merowing. Königin westgot. Herkunft; Frau *Sigiberts I.* (561–575), seit 595 Regentin, von Chlothar II. hingerichtet.

Brünigpaß, 1007 m hoher schweiz. Paß zw. Luzern u. Interlaken.

Brüning, Heinrich, *1885, †1970, dt. Politiker (Zentrum); 1930–32 Reichskanzler; regierte ohne parlamentar. Mehrheit mit Notverordnungen, trieb eine rigorose Deflationspolitik; von Hindenburg entlassen.

Brünn, tschech. *Brno,* Gebiets-Hptst. in Mähren, 390000 Ew.; Bischofssitz, Univ. (seit 1919), HS, got. Dom (15. Jh.), zahlr. got., barocke u. Renaissancegebäude; Textil-, Masch.-, holzverarbeitende Ind.; Verbraucher- u. Industriemesse.

Brünne, mittelalterl. Panzerhemd.

Brunnen, Anlage zur Gewinnung von Grundwasser für Trink- oder Nutzzwecke: *Schacht-B.,* runder, gemauerter Schacht bis ins Grundwasser; Wasser wird auf dem Schöpfeimer *(Zieh-B.)* oder Pumpe gehoben. *Rohr-B.,* Bohrloch wird durch ein Metallrohr ausgekleidet, das Wasser nach oben gepumpt. *Ramm-B.,* wird durch Einrammen eines Rohrs hergestellt; →artesischer Brunnen.

Brunnenkresse, *Echte B.,* an langsam fließenden Gewässern u. Quellen verbreitet, auch in Kultur; Blätter liefern schmackhaften Salat.

Brunner, Emil, *1889, †1966, schweiz. reform. Theologe; Mitbegründer der *Dialekt. Theologie.*

Bruno, 1. *Brun,* *925, †965, jüngster Sohn *Heinrichs I.;* 953 Erzbischof von Köln u. Herzog von Lothringen; Heiliger (Fest: 11.10.). – **2.** *um 1030, †1101, dt. Ordensgründer *(Kartäuser,* 1084); Heiliger (Fest: 6.10.).

Bruno, Giordano, *1548, †1600 (als Ketzer verbrannt), ital. Philosoph; bis 1576 Dominikaner; einer der großen Denker der Renaissance; vertrat einen metaphys. Pantheismus, der für das moderne Lebensbild (Herder, Goethe, Schelling) wegweisend wurde; vollzog die Trennung von Philosophie u. Theologie.

Brunsbüttel, Stadt in Schl.-Ho., an der Einmündung des Nord-Ostsee-Kanals in die untere Elbe, 13000 Ew.; See- u. Ölhafen, Schiffswerft, Maschinenbau, chem. Ind., Kernkraftwerk.

Brunst, *Brunft,* period. auftretender Zustand der geschlechtl. Aktivität bei Säugetieren; geht häufig mit charakt. Verhaltensweisen einher.

Brüssel, fläm. *Brussel,* frz. *Bruxelles,* Hptst. u. Residenz des Kgr. Belgien, Hptst. der Prov. Brabant, 140000 Ew.; fläm. Unterstadt (got. Rathaus, Barock- u. Renaissancegebäude), wallon. Oberstadt; Univ. (1834); B.er Seekanal nach Antwerpen, Flughafen; vielseitige Ind.: Kokereien, Eisengießereien, Maschinenbau, Elektro-, chem., Textil-Ind. B. ist Sitz der Kommission der EG sowie des NATO-Rats; 1958 Weltausstellung (Wahrzeichen *Atomium*).

Brüsseler Pakt, 1948 zw. Großbrit., Frankreich, Belgien, den Ndl. u. Luxemburg für 50 Jahre geschlossener Vertrag, der sich u. a. gegen eine erneute Bedrohung durch Dtld. richtete; mit dem Beitritt der BR Dtld. u. Italiens 1954 in die *Westeurop. Union* (WEU) umgewandelt.

Brüsseler Spitzen, geklöppelte oder genähte Spitzen, die in einzelnen Stücken hergestellt u. dann zusammengefügt werden.

Brussilow [bru'silɔf], Alexej Alexejewitsch, *1853, †1926, russ. Offizier; führte im 1. Weltkrieg 1916 die erfolgreiche »B.-Offensive« gegen die Österreicher in Galizien durch; 1917 russ. Oberbefehlshaber.

Brust, 1. *i.w.S.* die vordere bzw. obere Hälfte des Rumpfs der Wirbeltiere; gebildet durch den knöchernen *B.korb (Thorax),* der beim Menschen aus 12 B.wirbeln, 12 Rippenpaaren u. dem vorn liegenden B.bein besteht. Zw. den Rippen spannt sich die Zwischenrippenmuskulatur. Innen ist der B.korb vom *B.fell (Pleura)* ausgekleidet. Er enthält Lungen, Herz, Luft- u. Speiseröhre, Lymphknoten u. a. – **2.** *i.e.S.* die weibl. B. *(Mamma),* das beidseitig auf dem B.korb aufsitzende, aus Drüsen-(Milchdrüsen) u. Fettgewebe bestehende Organ, das der Nahrungsbereitung für den Säugling dient. Die Milchgänge der B.drüsen münden in die von einem pigmentierten runden Hof umgebenen *B.warzen (Mamillae).* Während der Schwangerschaft vergrößern sich die Brüste u. gegen Ende beginnt die Milchabsonderung unter dem Einfluß inkretor. Drüsen.

Brustdrüsenentzündung →Mastitis.

Brustfell →Brust (1).

Brustkorb →Brust (1).

Brustkrebs, *Brustdrüsenkrebs, Mammakarzinom,* bösartige Geschwulst der weibl. Brustdrüse(n).

Bruststimme, das tiefere der beiden Register der menschl. Stimme; auch →Kopfstimme.

Brutalismus, moderne Architektur, die durch rein geometr. Körper, durch Stahl u. Glas u. vor allem durch unkaschiertes Betonmaterial mit seinen Unebenheiten u. den Abdrücken der Schalung *(Beton brut)* bestimmt ist.

Brutalität, Rohheit, Gewalttätigkeit, Gefühllosigkeit.

brüten, abgelegten Eiern die zur Entwicklung nötige Wärme zuführen, v. a. bei Vögeln; meist vom Weibchen, seltener vom Männchen oder von beiden abwechselnd; zum Brüten dient meist ein mehr oder weniger kunstvoll gebautes Nest. Die Brut-

Pieter Bruegel d. Ä.: Heimkehr der Jäger. Wien, Kunsthistorisches Museum

Brunei: die Omar-Ali-Saifuddin-Moschee in Bandar Seri Begawan

Brüssel: Zunfthäuser an der Grand Place

dauer ist unterschiedl. u. abhängig von der Größe der Eier.
Brutfürsorge, Vorsorge der Eltern für die Nachkommenschaft; setzt ein, wenn noch keine Eier gelegt sind, u. endet mit der Eiablage.
Brutkasten, *Inkubator,* geschlossener »Kasten« zur Aufzucht von Frühgeburten, in dem Temperatur, Feuchtigkeits- u. Sauerstoffgehalt der Luft gleichmäßig gehalten werden.
Brutknospen, Knospen, die sich im Ggs. zu normalen Knospen von der Mutterpflanze ablösen u. zu neuen Pflanzen heranwachsen können: *Bulbillen, Brutzwiebeln* u. *Hibernakeln* (Überwinterungsknospen).
Brutparasitismus, bei Insekten u. Vögeln vorkommendes Verhalten, daß das Muttertier nicht selbst für die Brut sorgt, sondern Brutfürsorge u. Brutpflege einer anderen Tierart überläßt; z.B. bei Vögeln das Ausbrütenlassen eigener Eier durch fremde Eltern (*Kuckuck* u. a.).
Brutpflege, Verhaltensweisen zum Schutz, zur Ernährung u. zur Pflege von Eiern u. Jungen; setzt erst mit dem Ablegen der Eier oder dem Erscheinen der Jungen ein u. ist bes. unter höher entwickelten Tieren verbreitet.
Brutreaktor, *Brüter, Kernreaktor,* der nicht nur

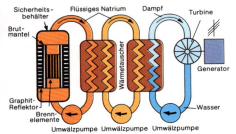

Brutreaktor (Schema)

Energie liefert, sondern während des Betriebs auch neues spaltbares Material (neuen Brennstoff aus einem *Brutstoff*) erzeugt, u. U. mehr, als er verbraucht. Brutstoffe sind: Uran 238, Thorium 232.
Brutschrank, Apparat zum Ausbrüten von Vogeleiern, mit einem Thermostat, der auf 38–39 °C eingestellt ist.
brutto, ohne Abzug; Ggs.: *netto.* – **B.einkommen, B.gehalt, B.lohn,** das Gesamteinkommen (-gehalt, -lohn) vor Abzug von Steuern u. Sozialabgaben. – **B.ertrag, B.gewinn,** der Gesamtertrag (-gewinn) ohne Abzüge u. Verluste. – **B.gewicht,** das Gewicht einer Ware einschl. Verpackung.
Bruttoregistertonne, Abk. *BRT,* →Schiffsvermessung.
Bruttosozialprodukt, Geldwert aller Güter u. Dienstleistungen, die in einer Volkswirtschaft in einer bestimmten Zeitspanne konsumiert, investiert u. exportiert werden u. die einen Marktpreis besitzen, vermindert um die Importe.
Brutus, 1. Lucius *Iunius B.,* der Sage nach der erste Konsul der röm. Republik. – **2.** Marcus *Iunius B.,* * 85 v.Chr., † 42 v.Chr., einer der Mörder *Cäsars;* obwohl von Cäsar hochgeachtet, wurde B. das Haupt der republikan. Verschwörung gegen

ihn; gab sich, von *Antonius* bei Philippi besiegt, selbst den Tod.
Brüx, tschech. *Most,* Stadt in N-Böhmen (Tschech. Rep.), 70 000 Ew.; Braunkohlenbergbau, Hydrierwerk, Textil- u. Hütten-Ind.
Bruxelles [bry'sɛl] →Brüssel.
Bruyèreholz [bry'jɛːr], Holz aus den überaus harten Wurzeln der Baumheide; bes. für Tabakspfeifen.
Bruyn [brœin], **1.** Bartholomäus (Barthel) d. Ä., * 1493, † 1555, dt. Maler (Altarwerke u. Bildnisse). – **2.** Günter de, * 1.11.1926, dt. Schriftst.; schildert krit.-iron. das Milieu der Intellektuellen in der DDR.
Brynner ['brynə], Yul, eigtl. Julius *Bryner,* * 1917, † 1985, schweiz.-US-amerik. Filmschauspieler; bes. erfolgreich in »Der König und ich«.
Brzezinski [bʒɛ'zinski], Zbigniew, * 28.3.1928, US-amerik. Politologe poln. Herkunft; 1977–81 Sicherheitsbeauftragter des Präs. J. Carter.
Btx, Abk. für *Bildschirmtext.*
Buber, Martin, * 1878, † 1965, jüd. Religionsphilosoph u. Schriftst.; erforschte den *Chassidismus.*
Bubikopf, weibl. Haartracht der 1920er Jahre mit extrem kurzgeschnittenem, glattem Haar.
Bubis, Ignatz, * 12.1.1927, seit 1992 Vorsitzender des Zentralrats der Juden in Deutschland.
Bucaramanga, Prov.-Hptst. in Kolumbien, 494 000 Ew.; Univ., TH; Tabak- u. Kaffeezentrum; in der Nähe Ölfelder u. Raffinerien.
Bucchero-Vasen [bu'kɛro-], etrusk. Keramik aus dem 8.–6. Jh. v.Chr., deren Ton im reduzierenden Feuer schwarz gebrannt ist; mit glänzender, oft reliefverzierter Oberfläche.
Bucer, *Butzer,* Martin, * 1491, † 1551, dt. ev. Theologe; Dominikaner, später für Luther gewonnen; Reformator Straßburgs u. Hessens.
Buch, zu einem Ganzen verbundene, beschriebene bedruckte Blätter von Bogen. Das B. setzt das Vorhandensein der Schrift voraus, tritt also nur im Zusammenhang mit Hochkulturen auf. Die ältesten Vorläufer des B.s waren die assyr. u. babylon. *Tontafeln.* Mit Wachs bezogene *Schreibtafeln,* die es schon im 8. Jh. v. Chr. in Assyrien gab, wurden bei den Griechen gebündelt u. geheftet, so daß man in ihnen schon wie in einem B. blättern konnte. Ägypter, Griechen u. Römer schrieben auf zusammengeklebte, dann aufgerollte *Papyrusblätter.* Erst allmähl. ging man zum *Pergament* über, das sich im 4. Jh. n. Chr. endgültig durchsetzte. Die mittelalterl. *Codices* wurden mit der Hand geschrieben u. häufig mit Initialen verziert. Die Erfindung des Papiers (aus Lumpen) u. des *Buchdrucks* (→drucken) führten zu einer Verbilligung u. damit zu einer größeren Verbreitung des B., eine Entwicklung, die durch die Erfindung der Schnellpresse noch weiter beschleunigt wurde. Mit der Erfindung der B.druckerkunst ging der B.schmuck nicht verloren. In Dtld. beteiligten sich am B.schmuck bed. Künstler wie A. Dürer u. L. Cranach. Im 18. Jh. dominierte der *Kupferstich.* Das bibliophile, mit Illustrationen u. kostbarem Einband versehene B. konnte seinen Platz auch im Zeitalter der massenhaften Produktion von preiswerten Taschenbüchern behaupten.
Buchara, *Bochard, Bokhard,* Gebiets-Hptst. in Usbekistan, 230 000 Ew.; Baumwollanbau u. Karakulzucht, Textil- u. Leder-Ind., Pelzverarbeitung; ehemals bed. Teppichknüpferei.
Bucharin, Nikolaj Iwanowitsch, * 1888, † 1938, sowj. Politiker; marxist. Theoretiker, enger Mitarbeiter *Lenins;* 1929 als Exponent der »rechten Opposition« ausgeschaltet u. später erschossen; wurde 1988 rehabilitiert.
Buchbinderei, Zusammenfügen bedruckter Bogen zum fertigen Buch. Die Druckbogen werden zunächst gefalzt, dann werden alle Bogen in richtiger Reihenfolge zusammengetragen. Nach dem *Kollationieren,* d. h. dem Nachprüfen der nun erhaltenen losen Buchblocks auf Vollständigkeit, u. nach dem Einpressen zu einem festen Buchblock folgt das *Heften.* Durch Mitheften eines Leinenstreifens, der später an der Einbanddecke befestigt wird, u. durch Verleimen der Fadenenden (Fitzbunde) u. der Abschlußlitzen (Kapitalbänder) am oberen u. unteren Rand erhält der Buchblock seine Festigkeit. Hierauf wird er auf sein endgültiges Format zurechtgeschnitten. Durch Runden des Rückens u. Pressen erhält der Buchblock seine endgültige Form. Oft wird der Schnitt (die Blattkanten) eingefärbt (*Farbschnitt*) oder mit Blattgold beklebt (*Goldschnitt*). Zum Schluß wird der fertige Buchblock in den *Einband* gehängt.
Buchdrucker, gefährlichster der mitteleurop.

Borkenkäfer; bewirkt große Schäden v. a. an Fichten infolge von Massenvermehrung.
Buche, europ. Waldbaum aus der Fam. der *Buchengewächse;* bildet hohe, schlanke Stämme mit silbergrauer, glatter Rinde u. rötl. Holz; forstwirtsch. der bed. mitteleurop. Laubbaum.
Buchen (Odenwald), Stadt in Ba.-Wü., 16 000 Ew.; Erholungsort; mittelalterl. Stadtkern; Kunststoff-, Holz- u. Metall-Ind.
Buchenwald, 1937 gegr. nat.-soz. KZ nördl. von Weimar; bis 1945 rd. 240 000 Häftlinge, davon 56 000 Todesopfer. 1945–50 diente B. als sowj. Internierungslager; wurde 1958 *Nationale Mahn- u. Gedenkstätte* für die Opfer.
Bücherei →Bibliothek.
Bücherläuse, Sammelbez. für etwa 20 ungeflügelte Arten der *Staubläuse,* die in Wohnungen in feuchten Spalträumen mit Schimmelentwicklung leben.
Bücherskorpione →Afterskorpione.
Buchfink, häufigster einheimischer *Finkenvogel;* in Laubgehölzen, Parks u. Gärten Europas u. W-Asiens; früher Zugvogel, heute meistens Stand- u. Strichvogel.
Buchführung, 1. *Buchhaltung, kaufmänn. B.,* sy-

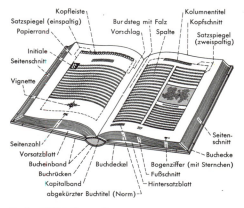

Buch- und Schriftsatzteile

stemat. regelmäßige Aufschreibung aller Geschäftsvorfälle mit Wertangabe, beginnend mit der Eröffnungsbilanz. Bei der *einfachen* B. werden alle Zugänge u. Abgänge unabhängig voneinander auf einigen wenigen Konten verbucht. Die *doppelte* B. folgt dem Prinzip, daß jeder Geschäftsvorfall eine doppelte Wirkung hat, d. h. jede Minderung auf einem Konto eine Mehrung auf einem anderen Konto bedeutet. Bei gleichzeitiger Buchung auf beiden Konten bleibt die Gleichheit der Summen beider Seiten der *Bilanz* ständig erhalten. – **2.** *kameralist. B.,* das in Verw.-Betrieben gebräuchl. System der Einnahmen-Ausgaben-Rechnung bei einem festen Etat: Nicht das Vermögen selbst, nur die Veränderung der Vermögensbestandteile wird nachgewiesen.
Buchgemeinschaften, Unternehmen, die ausgewählte Literatur (eigene Werke oder Lizenzausgaben) herstellen u. an einen bestimmten Personenkreis, der sich durch Mitgliedschaft zu einer regelmäßigen Buchabnahme verpflichtet hat, direkt oder durch den Buchhandel verbreiten.
Buchhaltung →Buchführung.
Buchhandel, Wirtschaftszweig, der sich mit der Herstellung u. dem Vertrieb von Büchern, Zeitschriften, Noten, Bilderdrucken u. ä. befaßt; gliedert sich in Verlags-B. (herstellender B.) u. vertreibenden B. (B. i. e. S.); zu letzterem gehören Sortiments-, Reise-, Versand-B., werbender Buch- u. Zeitschriftenhandel (Außendienstmitarbeiter bieten dem Kunden Bücher oder Zeitschriften-Abonnements an) u. der Kunst- u. Musikalienhandel, An- u. Verkauf gebrauchter Bücher im Antiquariat u. das *Moderne Antiquariat,* das zu herabgesetzten Preisen Auflagenreste vertreibt, sowie der Zwischen-B. (Barsortiment u. Kommissions-B.).
Buchheim, Lothar-Günther, * 6.2.1918, dt. Schriftst. u. Verleger; W »Das Boot«.
Buchholz, 1. Erich, * 1891, † 1972, dt. Maler; ging vom Expressionismus aus u. wandte sich 1919–25 dem Konstruktivismus zu. – **2.** Horst,

* 4.12.1933, dt. Schauspieler; bes. bekannt durch die »Bekenntnisse des Hochstaplers Felix Krull«.
Buchmacher, gewerbsmäßiger Wettunternehmer, bes. bei Pferderennen.
Buchmalerei →Miniaturmalerei.
Buchman ['bʌkmən], Frank Nathan Daniel, * 1878, † 1961, US-amerik. luth. Geistlicher; rief nach dem 1. Weltkrieg die Oxford-Bewegung ins Leben. Aus ihr ging 1938 die Bewegung *Moralische Aufrüstung* hervor.
Büchmann, Georg, * 1822, † 1884, dt. Sprachforscher; Hrsg. des Zitatenschatzes »Geflügelte Worte« 1864.
Buchmesse, Großhandelsmarkt für Bücher; wurde 1949 neben der Leipziger B. in Frankfurt a.M. wieder ins Leben gerufen u. entwickelte sich seither zur größten internat. B. der Welt.
Buchner, Eduard, * 1860, † 1917, dt. Chemiker; wies nach, daß die Vergärung von Zuckern durch das in Hefezellen gebildete Ferment *Zymase* bewirkt wird; Nobelpreis 1907.
Büchner, Georg, * 1813, † 1837, dt. Schriftst.; 1834 in Gießen Hrsg. der ersten sozialist. Kampfschrift »Hessischer Landbote« u. Gründer einer geheimen »Gesellschaft für Menschenrechte«, nach seiner Flucht 1836 Dozent für Anatomie in Zürich. Sein Werk zeigt einen kühnen psycholog. u. histor. Realismus, bedrängt von Fragen nach dem Sinn der menschl. Existenz. W Dramen: »Dantons Tod«, »Leonce u. Lena« (Lustspiel), »Woyzeck« (unvollendet).
Buchprüfung →Betriebsprüfung.
Buchsbaum, immergrüner Strauch oder kleiner Baum, im Mittelmeergebiet u. im atlant. Europa heim., mit ledrigen Blättern; bei uns zur Einfassung von Beeten. Das Holz eignet sich gut für Schnitz- u. Drechselarbeiten.
Buchschuld, 1. offenstehender Rechnungsbetrag im Kontokorrentverkehr (beim Gläubiger: *Buchforderung*). – **2.** eine in ein bes. Verzeichnis *(Staatsschuldbuch)* eingetragene Staatsschuld, über die keine Schuldurkunde (Schuldverschreibung) ausgestellt ist.
Büchse, Jagdgewehr für den Kugelschuß (im Ggs. zur *Flinte* für den Schrotschuß).
Buchstabe, kleinste Einheit der *Buchstabenschrift;* ein mehr oder weniger genaues Zeichen für einen Sprachlaut.
Buchstabenrechnung, Teil der Arithmetik; das Rechnen mit allg. Größen anstelle von Zahlen, z.B. $(a+b)^2 = a^2+2ab+b^2$.
Buchung, in der Buchführung das Verbuchen von Belegen auf Konten.
Buchweizen, *Fagopyrum,* Gatt. der *Knöterichgewächse;* Körnerfrucht aus Mittelasien; das Mehl ist nicht backfähig, daher meist als Grütze gegessen.
Buchwert, Wert, mit dem Vermögensbestandteile oder Verbindlichkeiten in der *Bilanz* aufgeführt sind.
Buck [bʌk], Pearl Sydenstricker, * 1892, † 1973, US-amerik. Schriftst.; wuchs als Missionarstochter in China auf u. beschrieb in ihren Romanen v. a. das Leben der chin. Bauern. W »Die gute Erde« u. a. Nobelpreis 1938.
Bückeberge, 20 km langer Bergzug des Wesergebirges, östl. von Bückeburg.
Bückeburg, Stadt in Nds., nördl. des Wesergebirges, ehem. Hptst. von Schaumburg-Lippe, 21 000 Ew.; Schloß (um 1550, Weserrenaissance), Stadtkirche; Kunststoff-, Masch. u. pharmazeut. Industrie.
Buckel, übermäßige Auswölbung der Wirbelsäule im Brustbereich nach hinten als Folge von Verletzungen, Entzündungen u. a. Wirbelerkrankungen. Beim *Rippen-B., Kyphoskoliose,* ist die Wirbelsäule zugleich seitl. verkrümmt.
Buckingham Palace ['bʌkiŋəm 'pæləs], Residenz der engl. Könige in London seit 1837; 1705 für den Herzog von *Buckingham* erbaut, 1762 von König Georg III. erworben.
Buckinghamshire ['bʌkiŋəmʃir], engl. Grafschaft nördl. der Themse, 1885 km², 630 000 Ew., Hptst. *Aylesbury.*
Bückling, *Bücking,* gesalzener u. geräucherter Hering.
Budapest [ungar. -pɛʃt], Hptst. von Ungarn, 2,1 Mio. Ew.; auf dem rechten Ufer die bergige, kleinere Stadtteil *Buda* (dt. *Ofen*); auf dem flachen linken Ufer das moderne *Pest;* Vereinigung der ehem. selbständigen Städte 1872; Handels- u. Verkehrszentrum, kultureller Mittelpunkt; mehrere Univ. u. HS, Akad. der Künste u. der Wissenschaften, Museen; Bäderstadt mit zahlr. radioaktiven Mineralquellen; zahlr. Prachtbauten (Parlament, St.-Stephans-Kirche); vielseitige Ind. – Ofen wuchs seit der Mitte des 14. Jh. zur Hptst. Ungarns; Pest blieb Handelsstadt; 1541–1686 standen beide Städte unter türk. Herrschaft; der vorwiegend dt. Charakter verlor sich im 19. Jh.
Buddha [sanskr., »der Erleuchtete«], geistl. Titel des Begründers des *Buddhismus,* persönl. Name *Siddhartha Gautama,* * 560 v. Chr., † um 480 v. Chr. Der Prinz Siddhartha verließ mit 29 Jahren die Heimat, um als Asket auf dem Weg äußerer Kasteiung die Erlösung zu suchen. Später wandte er sich jedoch von der gewaltsamen Askese ab u. der Meditation zu, um sich von innen her von der Welt zu lösen. Am Ende dieses Wegs ereignete sich in der »Hl. Nacht« des Buddhismus die Erleuchtung *(bodhi),* durch die der Asket ein »Buddha« wurde. In dieser erlösenden, jede weitere Wiedergeburt ausschließenden Erleuchtung wurden dem B. die »vier hl. Wahrheiten« offenbar: vom Leiden, von der Ursache des Leidens, von der Aufhebung u. vom Weg, der zur Leidensaufhebung führt.
Buddhismus, von *Buddha* gegr. Erlösungsreligion, basierend auf den »vier hl. Wahrheiten« (→Buddha). Der Unerlöste wird durch Wiedergeburten im Daseinskreislauf festgehalten. Voraussetzung für die Erlösung ist die Überwindung der »Daseinsgier«. Heilsziel ist das Eingehen ins *Nirvana,* den außerweltl. Zustand absoluter Befreiung. Zur Verwirklichung des Heilsweges gründete

Budapest: Blick auf das Parlamentsgebäude

Buddha einen strengen Mönchsorden, daneben aber auch Laienanhänger. – Im 1. Jh. entstand in Indien das *Mahayana,* das einen erweiterten Heilsweg u. neue Heilsmittel lehrt. Diese prägen den B. Zentral- u. O-Asiens. Die alte Meditationstradition wird im chines. Chan u. japan. Zen fortgesetzt. Der tibet. B. wird als Lamaismus bezeichnet.
Budget [by'dʒe], Haushaltsplan oder Voranschlag öffentl. Körperschaften, d. h. die Veranschlagung von erwarteten Einnahmen u. beabsichtigten Ausgaben.
Büdingen, Stadt in Hessen, 18 000 Ew.; Luftkurort; mittelalterl. Stadtbild, Schloß.
Budjonny, Semjon Michailowitsch, * 1883, † 1973, sowj. Offizier; Marschall, Organisator einer Roten Reiterarmee im russ. Bürgerkrieg u. gegen Polen 1920; 1941 Oberbefehlshaber an mehreren Fronten im SW.
Budweis, tschech. *České Budějovice,* Stadt in S-Böhmen, 175 000 Ew.; Kirche (13. Jh.), Marktplatz mit Laubengängen, Binnenfischerei; Maschinenbau, Papierfabriken, Brauerei.
Buenaventura, Haupthafen von Kolumbien, an der pazif. Küste, 200 000 Ew.; Fischkonservierung, Erdölpipeline; Flughafen.
Buenos Aires, Hptst. von Argentinien, am Rio de la Plata, 2,9 Mio. Ew.; Prachtstraßen mit prunkvollen Bauten, Univ.; vielseitige Ind.; Verkehrsknotenpunkt, Überseehafen, Flughafen. – 1536 von den Spaniern gegr.; Neugründung 1580; 1776 Residenz der Vizekönige der Länder am La Plata; 1860 Hptst. der Rep. Argentinien.
Büfett [by'fe] →Buffet.
Buff, Charlotte, * 1753, † 1828, *Goethes* Freundin in Wetzlar, der er in seinem Roman »Leiden des jungen Werthers« ein Denkmal setzte.
Buffa, Posse, Schwank.
Buffalo ['bʌfələu], Stadt im USA-Staat New York, nahe am Ausfluß des Niagara aus dem Erie-

Buddha: Gandhara, 2./3. Jahrhundert

Buddhistische Tempelanlage in Chiang Mai

Buenos Aires: Platz der Republik

see, 533 000 Ew.; Univ.; größter Binnenhafen der USA; Eisen-, Masch.-, Flugzeug-Ind.
Buffalo Bill ['bʌfəlou bil], eigtl. William (Bill) Frederick *Cody* (* 1846, † 1917), US-amerik. Soldat; berühmt als Büffeljäger (daher der Name B. B.); gründete den ersten Wildwest-Zirkus, mit dem er auch Europa bereiste.
Büffel, zusammenfassende Bez. für zwei Gatt. der Rinder in Asien u. Afrika, mit weit ausladenden Hörnern u. bis 1,80 m hohem, massigem Körper; hierzu *Anoa, Wasser-B.* u. *Kaffern-B.* – Indianer-B. → Bison.
Buffet [by'fe], *Büfett,* Anrichte, Kredenz, Sideboard; auch die darauf bereitgestellten Speisen zur Selbstbedienung *(kaltes B.).*
Buffet [by'fɛ], Bernard, * 10.7.1928, frz. Maler u. Graphiker; arbeitet mit schwarzen, gradlinigen Konturen u. graph. Gesamtwirkung.
Buffo, im Musiktheater komische Partien vor allem der Männerstimmen. Die *Opera buffa* stand im Ggs. zur *Opera seria* (ernste Oper).
Buffon [by'fɔ̃], Georges Louis *Leclerc,* Graf von B., * 1707, † 1788, frz. Naturforscher; Anhänger der Lehre von der Urzeugung; nahm eine Entwicklung der Organismen als Folge erdgeschichtl. Vorgänge, aber auch direkter Umwelteinflüsse an; Vorläufer von *Lamarck.*
Bug, 1. Vorderteil des Schiffs. – **2.** zw. den Schultern liegende Körperpartie vierbeiniger Tiere.
Bug, 1. *Nördl. B.,* r. Nbfl. der Weichsel, 776 km; bildet im Mittellauf die poln.-russ. Grenze; mündet nordwestl. von Warschau in die Narew. – **2.** *Südl. B.,* Fluß in der Ukraine, 835 km; mündet in den Dnjepr-Liman.
Bugatti, Ettore, * 1881, † 1947, ital. Erfinder u. Automobilkonstrukteur; baute ausgesprochen formschöne Automobile.
Bugenhagen, Johannes, gen. *Doctor Pomeranus,* * 1485, † 1558, dt. luth. Theologe; Freund u. Berater *Luthers;* Mitarbeiter bei der Bibelübersetzung, Wegbereiter der Reformation in Dänemark.
Buggy ['bʌgi], **1.** leichter, zwei- oder vierrädriger, ungedeckter Einspänner mit hohen Rädern. – **2.** aus den USA kommendes geländegängiges Freizeitauto mit offener Kunststoffkarosserie ohne Türen, mit überdimensionierten Reifen.
bugsieren, ins Schlepptau nehmen; mühsam an einen Ort befördern.
Bugspriet, über den Bug hinausragendes Rundholz bei Segelschiffen.
Buhl, Hermann, * 1924, † 1957 (abgestürzt), östr. Bergsteiger; 1953 Erstbesteigung des Nanga Parbat im Alleingang, 1957 des Broad Peak im Himalaya.
Bühl, Stadt in Ba.-Wü. am W-Rand des Schwarzwalds, 24 000 Ew.; Burgruine (12. Jh.), Obstanbau *(B.er Zwetschgen).*
Bühler, 1. Charlotte, geb. *Malachowski,* * 1893, † 1974, dt. Psychologin; arbeitete bes. über Kinder- u. Jugendpsychologie. – **2.** Karl, verh. mit 1), * 1879, † 1963, dt. Psychologe; arbeitete über Kinder-, Jugend- u. Wahrnehmungspsychologie.
Bühne, gegenüber dem Zuschauern abgegrenzte, meist erhöhte Spielfläche im Theater. – Im antiken

Büffel: Kaffernbüffel

Griechenland zunächst der runde Tanzplatz des Chors; im MA der Chorraum der Kirche, später der Marktplatz; hier *Simultan-B.,* mit mehreren gleichzeitig nebeneinander sichtbaren Spielplätzen; seit dem 13. Jh. daneben die *Wagen-B.,* bei der die Szenen auf mehreren aneinandergereihten Wagen aufgebaut waren; *Badezellen-B.* der Humanisten bestand aus einem flachen Podium mit einer Andeutung von Hausfassaden an der Rückwand; in England im 16./17. Jh. die *Shakespeare-B.,* ein dreistöckiges Spielgerüst; im 16. Jh. die *Winkelrahmen-B.* mit einer Vorderbühne als Spielplatz u. einer Hinterbühne mit perspektivisch bemalten Holzrahmen; *Guckkasten-B.* mit komplizierten Maschinerien u. durch einen Vorhang vom Zuschauerraum getrennt; *moderne B.* mit Seiten-, Hinter- u. Vor-B., B.nmaschinerie u. B.nbeleuchtung: *Dreh-B.,* kreisförmiger drehbarer Ausschnitt des B.nbodens; *Schiebe-B.,* größere Flächen des B.nbodens können seitl. oder nach vorn oder hinten bewegt werden; *Versenk-B.,* Spielfläche in heb- u. senkbare Flächen aufgeteilt; *Arena-B.,* Spielfläche rings vom Zuschauerraum umschlossen. – **B.nbild,** künstler. Gestaltung der B.; informiert den Zuschauer über den Ort der Handlung.
Buhurt, Ritterkampfspiel des MA, bei dem 2 Reitergruppen mit stumpfen Waffen gegeneinander fochten.
Buisson [bɥi'sɔ̃], Ferdinand, * 1841, † 1932, frz. Pädagoge; Vorkämpfer des Völkerbundgedankens; Friedensnobelpreis 1927.
Bujumbura, Hptst von Burundi in O-Afrika, Hafen am N-Ufer des Tanganjika-Sees, 273 000 Ew.; Kultur- u. Wirtschaftszentrum, Univ., Flughafen.
Bukanier, *Flibustier,* Seeräuber im 17. Jh. in Mittelamerika.
Bukarest, rumän. *Bucureşti,* Hptst. von Rumänien in der Walachei, 2 Mio. Ew.; Univ. (gegr. 1864), Akad. der Wissenschaften, Museen; bed. Industrie- u. Handelszentrum: Maschinenbau, Elektro-, Textil-, chem. Ind. – 1459 erstmals erwähnt; im 19. Jh. starker wirtschaftl. Aufschwung; im 2. Weltkrieg z. T. zerstört.
Bukett, 1. Blumenstrauß. – **2.** der sich aus der *Blume* entwickelnde Duft von Weinen.
Bukinist → Bouquinist.
bukolische Dichtung, bes. bei Griechen u. Rö-

Bulgarien: Kloster im Rila-Gebirge

mern gepflegte Dichtungsart: Hirten- u. Schäferlieder u. -gespräche, oft in erzählender Umrahmung. Hauptvertreter: *Theokrit* u. *Vergil.*
Bukowina, histor. Ldsch. in den O-Karpaten, 10 440 km², 1775–1918 zu Östr., dann zu Rumänien. Der N (6000 km²) kam 1940 zur Ukraine (Zentrum *Tschernowitz);* gleichzeitig wurden die rd. 80 000 B.-Deutschen ausgesiedelt.
Bukowski, Charles, * 1920, † 1994, US-amerik. Schriftst.; schrieb – oft in rüdem Jargon – autobiograph. Erzählungen u. Romane über das Leben in der Unterwelt amerik. Großstädte.
Bulawayo, Stadt im SW von Simbabwe, 429 000 Ew.; Ind.-, Handels- u. Verkehrszentrum.
Bülbüls, Haarvögel, Fam. der *Singvögel,* in rd. 110 Arten über Afrika u. S-Asien verbreitet.
Bulette, gebratener Fleischkloß aus gehacktem Rind- u. Schweinefleisch; auch unter den Bez. *Dt. Beefsteak, Frikadelle* u. *Brisolette* bekannt.
Bulgakow [-kɔf], Michail Afanasjewitsch, * 1891, † 1940, russ. Schriftst.; schilderte in Dramen u. Romanen mit satir. Mitteln die nachrevolutionäre Epoche. ▣ »Der Meister und Margarita«.
Bulganin, Nikolaj Alexandrowitsch, * 1895, † 1975, sowj. Politiker; Marschall, 1947–49 Verteidigungs-Min., 1955–58 Min.-Präs.: 1958 aus allen Partei- u. Regierungsämtern entlassen.
Bulgarien, Staat im NO der Balkanhalbinsel, 110 912 km², 9,0 Mio. Ew., Hptst. *Sofia.*
L a n d e s n a t u r. An die lößbedeckte Kreidetafel südl. der Donau schließen sich der Balkan (bis 2376 m hoch) u. das fruchtbare Ostrumel. Becken an. Im S liegen die hochgebirgsartigen, dichtbewaldeten Rhodopen. Nördl. des Balkans herrschen warme Sommer u. kalte Winter vor, die im S ihre Wirkung verlieren.
W i r t s c h a f t. Die Landwirtsch. liefert Tabak, Obst, Wein, Gemüse u. Rosenöl für den Export. Viehhaltung wird bes. in den Gebirgen betrieben. An Bodenschätzen gibt es v. a. Braunkohle, Eisenerz, Blei u. Zink; Schwer-, Textil-, Lebensmittel-, Tabak- u. chem. Industrie. – Die Donau ist ein

Bulgarien

wichtiger Verkehrsträger, Schwarzmeerhäfen sind Warna u. Burgas.
G e s c h i c h t e. 680 drang das Turkvolk der Bulgaren unter *Asparuch* auf dem Balkan ein u. gründete das *Donaubulgar. Reich* (681–1018). Nach byzantin. Herrschaft entstand das *Zweite Bulgar. Reich von Tirnowo* (1186–1393), das dann an die Türken fiel. Der *Berliner Kongreß* 1878 errichtete ein Fürstentum B., das dem Sultan tributpflichtig blieb. *Ferdinand I.* erklärte 1908 die Lösung von der Türkei u. nahm den Zarentitel an. 1912 war B. im Balkanbund u. schloß sich im 1. Weltkrieg den Mittelmächten u. im 2. Weltkrieg den Achsenmächten an. 1944 wurde B. sowjet. besetzt, 1946 Volksrepublik unter G. *Dimitroff.* Von 1954 bis 1989 stand T. *Schiwkow* an der Spitze der bulgar. KP (war 1971–89 auch Staatsoberhaupt). Er wurde aufgrund des durch die Reformpolitik der anderen Ostblockstaaten entstandenen Demokratisierungsdrucks zum Rücktritt gezwungen. 1991 verabschiedete das Parlament eine demokrat. Verf. Die Wahlen im gleichen Jahr gewann die »Union der demokrat. Kräfte«. Staats-Präs. ist S. *Schelew.*
Bulimie, *Bulimia nervosa,* psychosomat. Erkrankung, bei der versucht wird, Heißhungerattacken mit unkontrollierter Nahrungsaufnahme durch künstl. herbeigeführtes Erbrechen zu korrigieren. Es besteht kein Untergewicht.
Bullauge, dickes, rundes Schiffsfenster.
Bulldogge, eine Hunderasse; in England aus dem Bullenbeißer gezüchtet; 40 cm hoch, von stämmiger Gestalt, mit eckigem Schädel u. verkürzter Schnauze.
Bulle, 1. [die], urspr ein Siegel aus Metall (Gold, Silber bei Herrscherurkunden; Blei bei Papsturkunden), dann die Urkunde selbst: die feierlichste Form für päpstl. Erlasse u. Rechtssetzungen. – **Goldene B.** (1356), das Reichsgrundgesetz Kaiser

Karls IV. – **2.** [der], *Stier*, geschlechtsreifes, unkastriertes männl. Rind.
Bulletin [byl'tɛ̃], Tagesbericht, amtl. Verlautbarung.
Bullinger, Heinrich, * 1504, † 1575, schweiz. Reformator; 1531 Nachfolger H. *Zwinglis* in Zürich, Urheber der kirchl. Verfassung der Schweiz. Zwar gelang ihm keine Annäherung an *Luther*, aber er einigte sich 1549 mit J. *Calvin* in der Abendmahlsfrage u. führte Zürich näher an die calvinist. Theologie heran.
Bullock ['bulək], Alan Louis Charles, * 13.12.1913, brit. Historiker; lehrte in Oxford; in Dtld. bekanntgeworden durch seine Hitler-Biographie.
Bullrichsalz, NaHCO₃, Natriumhydrogencarbonat, doppeltkohlensaures Natron; Mittel gegen überschüssige Magensäure u. dadurch entstehende Magenbeschwerden.
Bullterrier, kräftige engl. Hunderasse, mittelgroß, kurzhaarig, reinweiß oder gefleckt; Kreuzung zw. *Bulldogge* u. *Terrier*.
Bully, beim *Hockey* u. *Eishockey* die Art u. Weise, den Ball bzw. Puck ins Spiel zu bringen (bei Spielbeginn, Halbzeit, nach einem Tor u. auf bes. Anordnung des Schiedsrichters).
Bülow [-lo], mecklenburgisch-preußisches Adelsgeschlecht, 1154 urkundlich erstmals erwähnt. **1.** Bernhard Ernst von, * 1815, † 1879, dt. Diplomat; 1873–79 Staatssekretär des Auswärtigen Amtes, beteiligt am Aufbau des Bismarckschen Bündnissystems. – **2.** Bernhard Graf, seit 1905 Fürst von, * 1849, † 1929, dt. Politiker; 1900–09 Reichskanzler u. preuß. Min.-Präs.; außenpolit. führte er Dtld. durch »Weltmachtpolitik« in die Isolierung; 1909 gestürzt. – **3.** Eduard von, * 1803, † 1853, dt. Schriftsteller, Vater von 5), Freund von L. *Tieck*; Hptw: »Das Novellenbuch«. – **4.** Friedrich Wilhelm Frhr. von, Graf von *Dennewitz* (1814), * 1755, † 1816, preuß. Offizier; erfolgreicher Heerführer der Befreiungskriege; seine Siege 1813 bei Großbeeren u. Dennewitz bewahrten Berlin vor der Einnahme durch die Franzosen. – **5.** Hans Guido Frhr. von, Sohn von 1), * 1830, † 1894, dt. Pianist, Dirigent u. Komponist; heiratete 1857 Cosima *Liszt*, die spätere Frau Richard *Wagners;* setzte sich als Dirigent für das Werk Wagners u. Liszts, später J. Brahms' ein.
Bultmann, Rudolf, * 1884, † 1976, dt. ev. Theologe; lehrte in Marburg; führender Vertreter der Existentialtheologie; beeinflußt von der Existenzphilosophie M. *Heideggers*, bemühte er sich um eine dem Verstehen des modernen Menschen zugängl. Interpretation des NT. Hptw.: »Geschichte der synopt. Tradition«.
Bulwer, Sir Edward George, seit 1866 Lord *Lytton of Knebworth*, * 1803, † 1873, engl. Schriftst.; schrieb etwa 50 Gesellschafts- u. Kriminalromane im Übergang von der Romantik zum Realismus. W »Die letzten Tage von Pompeji«.
Bumbry ['bʌmbri], Grace, * 4.1.1937, afroamerik. Sängerin (Mezzosopran).
Bumerang, *Kehrwiederkeule*, kniegförmige, hölzerne Wurfkeule mit schwacher Schraubenwindung, die beim Verfehlen des Ziels zum Werfer zurückkehrt; bes. aus Australien bekannt, heute auch als Sportgerät.
Buna, synthet., durch Polymerisation von *Butadien* hergestellter Kautschuk.
Bunche [bʌntʃ], Ralph Johnson, * 1904, † 1971, US-amerik. Diplomat; UN-Vermittler im Palästina-Konflikt 1948/49 u. in der Kongo-Krise 1960–63; Friedensnobelpreis 1950.
Bund, urspr. der Männerbund, im Unterschied zu den »natürl. Verbänden« Familie u. Sippe; eine Gruppe, für die die *bewußten Gefühlserlebnisse* konstitutiv sind.
Bund, **1.** → Bundesstaat. – **2.** im AT das Gnaden- u. Treueverhältnis Gottes zu seinem Volk u. zur Welt.
BUND, Abk. für *Bund für Umwelt u. Naturschutz Dtld. e.V.*
Bund der Steuerzahler, Organisation zur Wahrung der Interessen der Steuerzahler in der BR Dtld., gegr. 1949; Sitz: Wiesbaden.
Bund der Vertriebenen, Abk. *BdV, Vereinigte Landsmannschaften u. Landesverbände e.V.,* Bonn, Spitzenverband der Heimatvertriebenen; hervorgegangen aus dem Zusammenschluß (1958) der beiden Vertriebenenverbände »Bund der vertriebenen

Bundesbehörden

Bundesministerium	Abkürzung	Gründungsjahr	Aufgabe/Arbeitsbereich	Zum Geschäftsbereich gehörende Bundesbehörden
der Finanzen	BMF	1949	Haushalts- u. Steuerpolitik, insbesondere Aufstellung des Bundeshaushaltsplanes, Rechnungslegung über Einnahmen u. Ausgaben, Vermögen u. Schulden des Bundes, Bund-Länder-Finanzen, Währungs-, Geld- u. Kreditpolitik, Finanzverwaltung, Lastenausgleich	Bundesfinanzverwaltung mit eigenem Behördenunterbau, Bundesamt für Finanzen, Bundesaufsichtsamt für das Versicherungswesen, Bundesaufsichtsamt für das Kreditwesen, Bundesschuldenverwaltung, Aufsicht über Treuhandanstalt
der Justiz	BMJ	1949	Rechtswesen des Bundes, insbesondere Vorbereitung der Gesetzgebung auf den Gebieten: Bundesverfassungsgerichtsbarkeit, Gerichtsverfassung, ordentliche, Verwaltungs-, Finanz-, Patent-, Wehrstrafgerichtsbarkeit, bürgerl. Recht, Strafrecht, Handels- u. Wirtschaftsrecht	Bundesgerichtshof, Bundesverwaltungsgericht, Bundesfinanzhof, Bundespatentgericht, Bundesdisziplinargericht; ferner Generalbundesanwalt u. das Deutsche Patentamt
der Verteidigung	BMVg	1955	Unterstellung der Streitkräfte u. der militärischen Führung unter die Befehls- u. Kommandogewalt eines dem Parlament verantwortl. zivilen Bundesministers	Behörden der Bundeswehrverwaltung in bundeseigener Verwaltung
des Auswärtigen	AA	1951	Wahrnehmung der auswärtigen Angelegenheiten	Vertretungen der BR Dtschld. im Ausland; Botschaften, Gesandtschaften, Generalkonsulate, Konsulate; Vertretungen bei zwischen- u. überstaatl. Organisationen; Dt. Archäologisches Institut
des Innern	BMI	1949	Angelegenheiten der Innenpolitik u. der inneren Verwaltung des Bundes, die nicht besonderen Ministerien zugewiesen sind; insbesondere Verfassungsrecht, Staatsrecht, allg. Verwaltung, Verfassungsschutz, öffentl. Sicherheit, Bundesgrenzschutz, Personalrecht der Beamten, Angestellten u. Arbeiter des Öffentl. Dienstes, kulturelle Angelegenheiten des Bundes, Sportförderung, Zivilschutz u. Zivilverteidigung, Kommunalwesen, Lastenausgleich	zahlreiche Bundesbehörden, wie Statistisches Bundesamt, Bundesamt für Verfassungsschutz, Bundeskriminalamt, Bundesarchiv, Bundesverwaltungsamt, Bundesamt für Zivilschutz
für Arbeit und Sozialordnung	BMA	1949	Arbeits- u. Sozialpolitik der Bundesregierung; insbesondere Arbeitsförderung u. Beschäftigungspolitik, Arbeitsrecht u. Arbeitsschutz, Sozialversicherung u. Sozialgesetzbuch, Gesundheit u. Krankenversicherung, Versorgung der Kriegsbeschädigten u. der Kriegshinterbliebenen, internationale Sozialpolitik; jährl. Sozialbericht der Bundesregierung	Bundesausführungsbehörde für Unfallversicherung, Bundesanstalt für Arbeitsschutz, Bundesversicherungsamt; Bundesanstalt für Arbeitsmedizin; Aufsicht über: Bundesarbeitsgericht, Bundessozialgericht, Bundesanstalt für Arbeit
für Bildung, Wissenschaft, Forschung und Technologie (einzelne Institutionen seit 1955)	BMBF	1955	Bildungsplanung u. Bildungsforschung, Ausbildungsförderung u. Förderung des wissenschaftl. Nachwuchses, Berufl. Bildung u. Berufsbildungsforschung, Hochschulwesen u. Wissenschaftsförderung Koordinierung der Forschungstätigkeit des Bundes, Grundlagenforschung, Förderung der technolog. Entwicklung, Kernforschung, Datenverarbeitung, Weltraum-, Luftraum-, Meeresforschung; Modernisierung der Volkswirtschaft, Schaffung zukunftssicherer humaner Arbeitsplätze, Rohstoff- u. Energiesicherung, Verbesserung der Lebensbedingungen der Menschen	Bundesinstitut für Berufsbildung Deutsche Historische Institute in London, Paris, Rom u. Washington; Biologische Anstalt Helgoland
für Post und Telekommunikation	BMPT	1949	Alle Angelegenheiten des Post- u. Fernmeldewesens	Bundesanstalt für Post und Telekommunikation Deutsche Bundespost
für Ernährung, Landwirtschaft und Forsten	BML	1949	Land-, Forst-, Ernährungswissenschaft, Garten- u. Weinanbau, Fischerei, Holzwirtschaft, Naturschutz u. Landschaftspflege; Interessenausgleich zwischen Erzeugern u. Verbrauchern	Bundesamt für Ernährung u. Forstwirtschaft, Bundessortenamt; 12 Bundesforschungsanstalten, von denen die Biologische Bundesanstalt für Land- u. Forstwirtschaft gleichzeitig Aufgaben einer Bundesoberbehörde wahrnimmt; vier der Auf-

Bundesbehörden

Bundesministerium	Abkürzung	Gründungsjahr	Aufgabe/Arbeitsbereich	Zum Geschäftsbereich gehörende Bundesbehörden
				sicht des Ministeriums unterstehende, rechtlich selbständige Anstalten des öffentl. Rechts (z. B. Stabilisierungsfonds für Wein)
für Familie, Senioren, Frauen und Jugend (einzelne Institutionen seit 1957)	BMFSFJ	1957	Jugendfürsorge, Jugendschutz, Förderung der Ausbildung, polit. u. sonst. Bildung, Bau von Studentenwohnheimen u. Jugendbildungsstätten; Bundesjugendplan, Bericht über die Lage der Jugend; Ehe- u. Familienrecht, Kindergeldgesetzgebung, Bericht über die Lage der Familien	Bundesprüfstelle für jugendgefährdende Schriften, Bundesamt für den Zivildienst
für Gesundheit	BMG	1961	Gesundheitsvorsorge, Förderung des Krankenhausbaus	Bundeszentrale für gesundheitliche Aufklärung, Dt. Institut für medizin. Dokumentation u. Information, Paul-Ehrlich-Institut – Bundesamt für Sera u. Impfstoffe
für Raumordnung, Bauwesen und Städtebau (einzelne Institutionen seit 1949)	BM Bau	1961	städtebaul. u. bautechn. Forschung, Baunormung, Modell-, Versuchs- u. Vergleichsbauvorhaben, Wohnungsbauprogramme, Länderfinanzhilfen zur Förderung städtebaul. Sanierungs- u. Entwicklungsmaßnahmen	Bundesbaudirektion, Bundesforschungsanstalt für Landeskunde u. Raumordnung
für Umwelt, Naturschutz und Reaktorsicherheit	BMU	1986	Koordinierung der bisher auf verschiedene Ressorts verteilten Arbeitseinheiten, die sich mit Umweltschutz, Reaktorsicherheit u. Naturschutz befassen, insbes.: Luftreinhaltung, Lärmbekämpfung, Gewässer- u. Grundwasserschutz, Wasserversorgung, Bodenschutz, Abfallwirtschaft, ökolog. Schutzziele, Artenschutz, Biotop- u. Gebietsschutz, gesundheitl. Belange des Umweltschutzes, Chemikalienrecht, Schadstoffe in Lebensmitteln, Sicherheit kerntechn. Anlagen, Aufsicht über Genehmigung, Betrieb u. Entsorgung von Reaktoranlagen, Strahlenschutzrecht u. Strahlenhygiene	Umweltbundesamt, Bundesforschungsanstalt für Naturschutz u. Landschaftsökologie, Bundesamt für Strahlenschutz
für Verkehr	BMV	1949	Verkehrswesen in der BR Dtschld.; insbesondere Eisenbahnwesen, Straßenverkehr, Binnenschiffahrt, Seeverkehr, Luftfahrt, Straßenbau, Wasserstraßen, Wetterdienst	Wasser- u. Schiffahrtsverwaltung mit sechs Wasser- u. Schiffahrtsdirektionen, Bundesamt für Seeschiffahrt u. Hydrographie, Hydrographisches Institut, Bundesamt für Schiffsvermessung, Bundesoberseeamt, Bundesanstalt für Gewässerkunde, Bundesanstalt für Wasserbau; Kraftfahrt-Bundesamt, Bundesanstalt für den Güterfernverkehr, Bundesanstalt für Flugsicherung, Luftfahrt-Bundesamt, Dt. Wetterdienst
für Wirtschaft	BMWi	1949	Alle Aufgaben des Bundes auf dem Gebiet der Wirtschaft, insbesondere: europ. wirtschaftl. Zusammenarbeit u. die gesamte Wirtschaftspolitik, Handel, Grundstoffindustrie, gewerbliche Wirtschaft, Außenwirtschaft, ERP-Sondervermögen	Physikal.-Techn. Bundesanstalt Braunschweig u. Berlin, Bundesamt für Wirtschaft, Bundesstelle für Außenhandelsinformation, Bundesanstalt für Materialforschung u. -prüfung, Bundeskartellamt, Bundesanstalt für Geowissenschaften und Rohstoffe, Filmförderungsanstalt, Erdölbevorratungsverband
für wirtschaftl. Zusammenarbeit und Entwicklung	BMZ	1961	Zielkonzeption, Planung u. Koordination aller Maßnahmen der Entwicklungshilfe der BR Dtschld., Durchführung der Techn. Hilfe, Überwachung, Beratung, Betreuung u. Förderung privater Organisationen der Entwicklungshilfe	Dt. Gesellschaft für Techn. Zusammenarbeit

Deutschen« (BvD) u. »Verband der Landsmannschaften« (VdL).
Bünde, Stadt in NRW südl. des Wiehengebirges, 40 000 Ew.; Möbel- u. Zigarrenind.
Bundes-Angestelltentarifvertrag →BAT.
Bundesanstalt für Arbeit, 1952 gegr. Körperschaft des öffentl. Rechts mit Selbstverwaltung; Träger der Berufsberatung, der Arbeitsvermittlung, der Förderung der berufl. Bildung, der Arbeits- u. Berufsförderung Behinderter, der Gewährung von Leistungen zur Erhaltung u. Schaffung von Arbeitsplätzen u. der Gewährung von Arbeitslosengeld u. Arbeitslosenhilfe; Sitz: Nürnberg.
Bundesanwalt, Beamter der Staatsanwaltschaft beim Bundesgerichtshof.
Bundesanzeiger, Abk. *BAnz.,* seit 1949 herausgegebenes Veröffentlichungsorgan für amtl. Nachrichten.
Bundesarbeitsgericht, Abk. *BAG,* höchstes Gericht der Arbeitsgerichtsbarkeit in der BR Dtld.; Sitz: Kassel.
Bundesarchiv, 1952 gegr., dem Bundes-Min. des Innern unterstellte Bundesbehörde; verwaltet Archivgut der Bundesregierung sowie des ehem. Reichsarchivs; Sitz: Koblenz.
Bundesausbildungsförderungsgesetz, Abk. *BAföG,* sieht monatl. Beihilfen oder langfristige Darlehen an Schüler u. Studenten vor; nicht Begabtenförderung, sondern Herstellung von Chancengleichheit für wirtschaftl. Schwache.
Bundesbahn →Deutsche Bundesbahn.
Bundesbank →Deutsche Bundesbank.
Bundesbaugesetz →Baugesetzbuch.
Bundesbehörden →Tabelle S. 142, 143.
Bundesfinanzhof, Abk. *BFH,* oberstes Gericht der BR Dtld. für die Finanzgerichtsbarkeit; Sitz: München.
Bundesgartenschau →Gartenschau.
Bundesgenossenkrieg, Erhebung der minderberechtigten ital. Verbündeten Roms 91–89 v. Chr.; sie forderten Verleihung des röm. Bürgerrechts. Der B. wurde schließl. von Sulla beendet, u. alle Italiker südl. des Po erhielten das röm. Bürgerrecht.
Bundesgerichte, oberste Gerichte in der BR Dtld.: Bundesgerichtshof, Bundesarbeitsgericht, Bundessozialgericht, Bundesfinanzhof, Bundesverwaltungsgericht, Bundespatentgericht u. Bundesdisziplinargericht. Eine bes. Stellung nimmt das Bundesverfassungsgericht ein.
Bundesgerichtshof, Abk. *BGH,* oberstes Bundesgericht für die Zivil- u. Strafgerichtsbarkeit der BR Dtld.; Sitz: Karlsruhe; entscheidet über Revisionen in Zivilsachen u. best. Strafsachen; ihm obliegt in bes. Maße die Sicherung der Rechtseinheit u. der Fortbildung des Rechts. Die Staatsanwaltschaft am B. bilden der *Generalbundesanwalt* u. die *Bundesanwälte.* – Ⓑ →Recht
Bundesgesetzblatt, Abk. *BGBl.,* Gesetz- u. Verordnungsblatt für die BR Dtld.; hrsg. vom Bundes-Min. der Justiz.
Bundesgesundheitsamt, Abk. *BGA,* 1952 errichtete selbst. Bundesoberbehörde; Sitz: Berlin; zuständig für die Zulassung von Arzneimitteln u. Registrierung von homöopath. Mitteln, anwendungsorientierte Forschung, Erstattung von Gutachten, medizinalstat. Arbeiten.
Bundesgrenzschutz, Abk. *BGS.,* 1951 errichtete Sonderpolizei des Bundes, dem Bundes-Min. des Innern unterstellt; über 22 000 Mann stark; sichert das Bundesgebiet gegen unbefugte Grenzübertritte u. sonstige Grenzgefährdung bis zu einer Tiefe von 30 km; seit 1.4.1992 zuständig für Bahnpolizeiaufgaben u. Luftsicherheitsaufgaben auf Verkehrsflughäfen; kann auch in Fällen des inneren Notstands u. bei Katastrophen eingesetzt werden; Sondereinheit: Grenzschutzgruppe 9 (GSG 9), 1972 zur Bekämpfung des Terrorismus gebildet.
Bundeshaus, Gebäude des Dt. Bundestags in Bonn.
Bundesjugendspiele, fast ausschließl. von den Schulen durchgeführte Leistungswettkämpfe für Jugendl. zw. 8 u. 20 Jahren; *Sommer-B.:* Dreikampf in der Leichtathletik u. im Schwimmen; *Winter-B.:* Dreikampf im Geräteturnen; eine der größten jugendsportl. Veranstaltungen der Welt.
Bundeskanzler, 1. *BR Dtld.:* Chef der Bundesregierung, der die Richtlinien der Politik bestimmt u. dafür die Verantwortung trägt. Er wird auf Vorschlag des Bundespräsidenten vom Bundes-

Bundeskartellamt

tag gewählt u. daraufhin vom Bundespräsidenten ernannt. Der Bundestag ist an den Vorschlag des Bundespräsidenten jedoch nicht gebunden. Der B. kann nur dadurch gestürzt werden, daß der Bundestag gleichzeitig mit dem Ausspruch des Mißtrauensvotums einen Nachfolger wählt *(konstruktives Mißtrauensvotum).* – 2. *Östr.:* Vors. der Bundesregierung; er wird vom Bundespräsidenten ernannt. – 3. *Schweiz:* Vorsteher der Bundeskanzlei, von der Bundesversammlung für 4 Jahre gewählt.

Bundeskartellamt, seit 1958 im Rahmen des Gesetzes gegen Wettbewerbsbeschränkungen tätige selbst. Bundesoberbehörde im Geschäftsbereich des Bundes-Min. für Wirtsch.; Sitz: Berlin.

Bundeskriminalamt, Abk. *BKA,* zentrale Bundesbehörde zur Bekämpfung überregional arbeitender Verbrecher; Sitz: Wiesbaden.

Bundeslade, altisraelit. Heiligtum in Kastenform. Der Inhalt der B. ist unbekannt, laut späterer Tradition enthielt sie die steinernen Gebotetafeln (5. Mose 10). Als Symbol der Gegenwart Gottes bildete sie den kult. Mittelpunkt des Stämmeverbands.

Bundesliga, die höchsten Mannschaftssportklassen in der BR Dtld. in zahlr. Sportarten.

Bundesliste, in einigen Wahlsystemen ein von der Gebietsgröße her bestimmter Typ der *Liste,* der im Gegensatz zur *Landesliste* u. *Wahlkreisliste* das gesamte Wahlgebiet umschließt. In der Regel dient die B. in Systemen der *Verhältniswahl* zur Herstellung eines genaueren Proporzes von Stimmen u. Mandaten oder zur Reststimmenverwertung. →Listenwahl.

Bundesministerien →Tabelle, S. 142, 143.

Bundesnachrichtendienst, Abk. *BND,* Geheimdienst der BR Dtld., 1956 aus der *Organisation Gehlen* hervorgegangen; dient der Nachrichtenbeschaffung aus dem Ausland u. untersteht dem Bundeskanzleramt.

Bundespost →Deutsche Bundespost.

Bundespräsident, Staatsoberhaupt von Bundesstaaten; z.B. der BR Dtld., in Östr. u. in der Schweiz. – 1. *BR Dtld.:* wird von der *Bundesversammlung* auf 5 Jahre gewählt; ihm obliegen die völkerrechtl. Vertretung des Bundes, die Ernennung u. Entlassung der Bundesbeamten u. -offiziere einschl. der Offiziere u. Beamten der Bundeswehr, die Repräsentation der BR Dtld. nach außen u. innen u. der Personalvorschlag für einen neuen Bundeskanzler. Seine Dienststelle ist das *Bundespräsidialamt.* – 2. *Östr.:* der B. wird vom Bundesvolk auf 6 Jahre gewählt; er vertritt die Rep. nach außen, empfängt u. beglaubigt die Gesandten, schließt Staatsverträge ab, ernennt u. entläßt die Bundesreg., ernennt die Beamten u.a. Der B. ist der →Bundesversammlung verantwortlich. – 3. *Schweiz:* der B. ist Vors. des Bundesrats u. wird von der Bundesversammlung für 1 Jahr gewählt; er vertritt den Staat nach außen u. führt den Vorsitz im Bundesrat, dessen Mitgl. er ist.

Bundesrat, 1. *allg.:* Verf.-Organ eines Bundesstaats zur Vertretung der Gliedstaaten-(Länder-)Interessen; in der Regel in erhebl. Ausmaß an der Bundesgesetzgebung beteiligt u. an die Weisungen der Länder gebunden. – 2. *BR Dtld.:* föderatives Bundesorgan, bestehend aus den weisungsgebundenen Vertretern der Landesregierungen. Ein Bundesland kann je nach Bevölkerungszahl 3, 4, 5 oder 6 Vertreter im B. haben. Die Stimmen eines Landes können nur gemeinsam abgegeben werden. Durch den B. wirken die Länder an der Gesetzgebung u. Verw. des Bundes mit. – 3. *Östr.:* Zweite Kammer der Rep. Östr., Vertretung der Bundesländer. – 4. *Schweiz:* oberste vollziehende u. leitende Behörde u. Spitze der Bundesverw., mit 7 von der Bundesversammlung auf 4 Jahre gewählten Mitgliedern (Vorsteher der 7 eidgenöss. Departemente), von denen eines im jährl. Wechsel gleichzeitig *Bundespräsident* ist; kein B. im Sinn von 1), sondern die *eidgenöss. Regierung.* – 5. *Dt. Reich:* 1871–1918 verfassungsrechtl. das oberste Organ, bestehend aus Vertretern der Mitgl. des Reichs (Bundesfürsten, Hansestädte) mit nach ihrer Gebietsgröße verschiedener Stimmenzahl. Den Vorsitz führte der *Reichskanzler.*

Bundesrechnungshof, weisungsunabhängige oberste Bundesbehörde; Sitz: Frankfurt a.M.; prüft die gesamte Haushaltsführung des Bundes.

Bundesregierung, 1. *allg.:* Reg. eines Bundesstaats, bestehend aus dem Kabinetsrat (Min.-Präs., Bundeskanzler) u. den Bundesministern. – 2. *BR Dtld.:* aus dem Bundeskanzler u. den Bundes-Min. bestehende Reg.; letztere werden auf Vorschlag des Bundeskanzlers vom Bundespräsidenten ernannt u. entlassen. – 3. *Östr.:* neben dem Bundespräsidenten das höchste Verw.-Organ des Staates; es setzt sich aus dem Bundeskanzler, Vizekanzler u. den Bundes-Min. zusammen. Die Mitgl. der B. sind dem Nationalrat verantwortlich. – 4. *Schweiz:* →Bundesrat (4).

Bundesrepublik Deutschland →Deutschland.

Bundessozialgericht, eines der obersten *Bundesgerichte,* durch Gesetz von 1953 errichtet; Sitz: Kassel; letzte Instanz für d. Sozialgerichtsbarkeit.

Bundesstaat, Staatsform, bei der mehrere Gliedstaaten *(Länder, Kantone,* oft wieder als »B.« bezeichnet) zu einem souveränen Gesamtstaat *(Bund)* vereinigt sind, auf den sie einen Teil ihrer Staatsgewalt übertragen.

Bundestag, 1. im *Dt. Bund:* →Bundesversammlung (2). – 2. *Deutscher B.,* in der BR Dtld. als Gesetzgebungsorgan des Bundes u. als Repräsentanz des Volkswillens das wichtigste Verfassungsorgan; Abgeordnete vom Volk in allg., unmittelbarer, freier, gleicher u. geheimer Wahl für 4 Jahre gewählt; Hauptaufgaben: Beschluß von Bundes-Ges., Verabschiedung des Haushalts, Wahl des Bundeskanzlers, Mitwirkung bei der Besetzung des Bundesverfassungsgerichts u. der anderen Bundesgerichte, Wahl des Wehrbeauftragten, Einsetzung von Untersuchungsausschüssen, Entscheidung über polit. Verträge, Feststellung über den Eintritt des Verteidigungsfalles, Möglichkeit der Präs.-Anklage.

Bundesverband Bürgerinitiativen Umweltschutz eV., Abk. *BBU,* Sitz: Karlsruhe; Dachverband der in versch. Bereichen des Umweltschutzes tätigen *Bürgerinitiativen* in der BR Dtld.

Bundesverband der Deutschen Industrie eV., Abk. *BDI,* fachl. Zentralorganisation der Industrie; Sitz: Köln.

Bundesverdienstkreuz →Verdienstorden.

Bundesverfassungsgericht, Abk. *BVerfG,* höchstes Gericht der BR Dtld.; Sitz: Karlsruhe; 2 Senate mit je 8 Richtern, die je zur Hälfte vom Bundestag u. vom Bundesrat gewählt werden. Das B. entscheidet u.a. über verfassungsrechtl. Streitigkeiten u. über die Vereinbarkeit von Bundes- u. Landesrecht mit dem Grundgesetz, über Anklagen gegen den Bundespräsidenten sowie gegen Bundes- u. Landesrichter, über Verfassungsbeschwerden, über die Verfassungswidrigkeit von Parteien u. über die Verwirkung von Grundrechten.

Bundesversammlung, 1. *BR Dtld.:* oberstes Bundesorgan, das nur zur Wahl des *Bundespräsidenten* zusammentritt. Es besteht aus den Mitgl. des Bundestags u. einer gleichen Zahl von Mitgl., die von den Volksvertretungen der Länder gewählt werden. – 2. *Dt. Bund:* auch »Bundestag« genanntes einziges Organ, Gesandtenkongreß der 38 Bundesstaaten unter Vorsitz der östr. Präsidialgesandten; 1815–66 in Frankfurt a.M. – 3. *Östr.:* gemeinsame Sitzung von Nationalrat u. Bundesrat; zuständig für die Angelobung des Bundespräsidenten, zur Beschlußfassung über die vorzeitige Absetzung des Bundespräsidenten sowie für die Entscheidung über Abgabe einer Kriegserklärung. – 4. *Schweiz:* aus dem Nationalrat (Volksvertretung) u. dem Ständerat (Vertretung der Kantone) zusammengesetztes eidgenöss. Parlament.

Bundesversicherungsanstalt für Angestellte, Abk. *BfA,* seit dem 1.8.1953 Träger der gesetzl. Rentenversicherung der Angestellten; Sitz: Berlin; eine Körperschaft des öffentl. Rechts; Vorläufer war die *Reichsversicherungsanstalt für Angestellte.*

Bundesverwaltungsgericht, Abk. *BVerwG,* oberstes Bundesgericht der BR Dtld. für die (allg.) Verwaltungsgerichtsbarkeit; Sitz: Berlin.

Bundeswehr, Streitkräfte der BR Dtld.; gliedert in Heer, Luftwaffe u. Marine; aufgrund der Pariser Verträge 1954/55 der NATO unterstellt; 1955 zunächst nur Freiwillige; seit 1956 allg. Wehrpflicht vom 18. Lebensjahr an; Befehlshaber ist der Bundes-Min. der Verteidigung, im Verteidigungsfall der Bundeskanzler; Kontrolle durch den *Verteidigungsausschuß* des Bundestages u. den *Wehrbeauftragten.*

Bundeswehrhochschulen, seit 1973 in Hamburg u. München bestehende Ausbildungseinrichtungen für *Offiziere des Truppendienstes;* in Organisation u. Abschluß den anderen wiss. Hochschulen gleichgestellt.

Bundeszentrale für politische Bildung, 1952 als *Bundeszentrale für Heimatdienst* gegr.

Bundeszentralregister, in Berlin geführtes zentrales Strafregister, in dem alle in der BR Dtld. verhängten rechtskräftigen Haupt- u. Nebenstrafen, Sicherungsmaßregeln u. Schuldfeststellungen in Straf- u. Jugendgerichtsverfahren sowie alle Entmündigungen eingetragen werden.

Bundeszwang, in *Bundesstaaten* Maßnahmen, die die Bundesregierung treffen kann, um ein Land, das die ihm obliegenden *Bundespflichten* versäumt, zu deren Erfüllung anzuhalten.

Bund Freier Demokraten, *BFD,* Wahlbündnis der Parteien *Liberaldemokrat. Partei (LDP), Freie Demokrat. Partei (FDP)* u. *Deutsche Forumpartei (DFP)* für die Volkskammerwahl in der DDR am 18.03.1990. Nach der Wahl konstituierte sich die LDP neu als *BFD – Die Liberalen.* Diese Partei vereinigte sich im August 1990 mit der FDP der DDR, der FDP der BR Dtld. u. der DFP zur gesamtdeutschen FDP.

Bund für Umwelt u. Naturschutz Dtld. eV., Abk. *BUND,* 1975 als bundesweite Organisation zur Aufklärung der Bevölkerung über Umweltprobleme gegr.

Bündnis 90/Die Grünen, linksökolog. Partei; entstand 1993 aus der Verschmelzung der →Grünen mit dem Bündnis 90, das aus dem Zusammenschluß mehrerer DDR-Bürgerbewegungen hervorgegangen war.

Bundschuh, mit Riemen über dem Knöchel festgebundener Schuh des Bauern im MA; seit dem 13. Jh. volkstüml. Symbol u. Name versch. Bauernbünde; →Bauernkrieg.

Bundsteg, der nicht bedruckte Raum zw. 2 nebeneinanderstehenden Buchseiten auf dem Druckbogen, durch dessen Mitte nach dem Falzen geheftet wird.

Bungalow [-lo], eingeschossiges Haus leichter Bauart.

Bunin, Iwan Alexejewitsch, *1870, †1953, russ. Schriftst.; Erzählungen u. Romane (Stilhaltung des krit. Realismus); Nobelpreis 1933.

Bunker, 1. Schutzraum, Unterstand. – **2.** Vorratsraum der Industrie u. bei Schiffen.

Bunsen, Robert Wilhelm, *1811, †1899, dt. Chemiker; entwickelte u.a. mit G.R. *Kirchhoff* die Spektralanalyse, stellte organ. Arsenverbindungen dar, machte sich um die Gasanalyse, die volumetr. Analyse u. die Elektrochemie *(B.-Element)* verdient u. erfand den **B.brenner,** einen Gasbrenner, bei dem das zugeführte Gas durch verstellbare Öffnungen Luft ansaugt.

Buntbarsche, *Cichlidae,* Familie südamerik. u. mittelafrik. Süßwasserfische, über 700 Arten; beliebte Aquarienfische; hierzu die *Maulbrüter,* die *Diskusfische,* die *Segelflosser* u. die *Zwerg-B.*

Buntkupfererz, *Bornit,* ein Mineral.

Buntmetalle, alle Schwermetalle außer Eisen u. Edelmetallen.

Buntsandstein, ältester Abschnitt der Triasformation; buntfarbige, meist rote Sandsteine, Schiefertone, Gips u. Steinsalz.

Buntspecht →Spechte.

Buñuel [bunju-], Luis, *1900, †1983, span. Filmregisseur u. -produzent; prägte den surrealist. Filmstil; W »Ein andalus. Hund«, »Belle de jour – Schöne des Tages«, »Der diskrete Charme der Bourgeoisie«.

Bunzlau, poln. *Bolesławiec,* Stadt in Schlesien, in der Wojewodschaft Jelenia Góra, 40 000 Ew.; Tonwaren- *(B.er Steinzeug)* u. Glasind., Kupfererzbergbau.

Burbage ['bə:bidʒ], Richard, *1567, †1619, englischer Schauspieler; gründete 1599 das *Globe Theatre.*

Blaupunktbuntbarsche in Laichstimmung

Bürger- und Parteieninitiativen gegen den Bau der »Startbahn-West« des Frankfurter Flughafens

Burckhardt, 1. Carl Jacob, *1891, †1974, schweiz. Historiker, Diplomat u. Schriftst.; 1937–39 Hoher Kommissar des Völkerbunds in Danzig, 1944–48 Präs. des Internat. Roten Kreuzes. – **2.** Jacob Christoph, *1818, †1897, schweiz. Kunst- u. Kulturhistoriker; einer der einflußreichsten Geisteswissenschaftler des 19. Jh.; geprägt von universalem Denken u. histor. Einfühlungsvermögen.

Buren, Nachkommen der seit 1652 von der Ndl.-Ostind. Kompanie im Kapland angesiedelten Holländer u. Rheinländer. Seit 1806 unter engl. Herrschaft, zogen 1835 etwa 10 000 B. nach N (»Großer Treck«) u. gründeten die B.-Republiken *Natal, Oranjefreistaat* u. *Transvaal.* Von diesen wurde Natal schon 1842–45 engl.; die beiden anderen Freistaaten wurden i. im *B.krieg* (1899–1902) von den Engländern unterworfen. Die B. erhielten jedoch 1910 durch die Bildung der *Südafrikanischen Union* ihren eigenen Staat im Rahmen des Brit. Empire, der 1961 aus dem Commonwealth ausschied u. sich zur Republik Südafrika erklärte.

Büren, Stadt in NRW, sw. von Paderborn, 19 000 Ew.; roman. Pfarrkirche.

Bürette, mit einem Abflußhahn u. einer Skala versehenes Glasrohr zum genauen Messen von Flüssigkeits- u. Gasvolumen.

Burg, mittelalterl. Wehranlage, die ihren Benutzern zugleich als Wohnung diente. Neben Befestigungsmauern, *Bergfried* (Wart- u. Wachturm, *Donjon*) u. *Palas* (Herrenhaus) waren *Kemenate* (Wohnhaus) u. Wirtschaftsgebäude die Hauptteile der mittelalterl. B., meist um den B.hof gelagert, zu dem man über eine Zugbrücke durch einen Vorhof (Zwinger, Parcham) gelangte.

Burg, 1. *B. auf Fehmarn,* Stadt in Schl.-Ho., Hauptort der Insel Fehmarn, 6000 Ew.; Ostseeheilbad, Hafen. – **2.** *B. bei Magdeburg,* Kreisstadt in Sachsen-Anhalt, am Elbe-Havel-Kanal, 28 000 Ew.; Leder-, Eisen-, Textil- u. Möbel-Ind.

Burgas, bulgar. Hafenstadt am Schwarzen Meer, 200 000 Ew.; Erdölraffinerie, Schiff- u. Waggonbau.

Burgdorf, 1. Stadt in Nds., 29 000 Ew.; Schloß (17. Jh.); Obst- u. Gemüseanbau; versch. Ind. – **2.** frz. *Berthoud,* schweiz. Bez.-Hptst. im Kt. Bern, 15 000 Ew.; Maschinenbau, Käseherstellung.

Burgenland, seit 1921 östr. Bundesland in O-Östr., 3965 km², 267 000 Ew., Hptst. *Eisenstadt;* Bev. überwiegend deutschsprachig, knapp 10% Kroaten, 1,5% Madjaren, einige Zigeuner; im N Flachland, in der Mitte u. im S Hügelland; Weizen-, Gemüse-, Obst- u. Weinbau, Viehzucht. – Gesch.: Gebildet aus den Östr. im Vertrag von Saint-Germain 1919 zugesprochenen deutschsprachigen Gebieten der ehem. ungar. Komitate Ödenburg, Eisenburg u. Wieselburg, Ödenburg verblieb nach Abstimmung bei Ungarn.

Bürgenstock, Kalkrücken am S-Ufer des Vierwaldstätter Sees; höchster Gipfel: *Hammetschwand,* 1128 m; Drahtseilbahn zum Kurort B.

Burger, *Schweiz:* die in einer Gem. Heimatberechtigten (im Unterschied zu den bloß dort Ansässigen).

Burger, Hermann, *1942, †1989, schweiz. Schriftst.; in seinen satir.-kunstvollen Romanen u. Erzählungen spielt die Allgegenwart des Todes eine große Rolle.

Bürger →Bürgertum.

Bürger, Gottfried August, *1747, †1794, dt. Schriftst.; erstrebte die Verbindung von Volks- u. Kunstdichtung u. trug bes. zur Entwicklung der dt. Ballade bei.

Bürgerinitiativen, Zusammenschlüsse von Bürgern mit gleichen Interessen oder Ideen außerhalb der Parteien, die – meist auf lokaler Ebene – Mißstände beseitigen bzw. Verbesserungen erreichen wollen.

Bürgerkönig, Beiname des frz. Königs Louis-Philippe von Orléans, der durch die bürgerl. Revolution von 1830 zur Regierung kam.

Bürgerkrieg, bewaffnete Austragung polit., religiöser oder sozialer Differenzen innerhalb derselben Staatsgemeinschaft.

bürgerliche Ehrenrechte, Aberkennung der b. E., frühere Nebenstrafe, 1974 abgeschafft.

Bürgerliches Gesetzbuch, Abk. *BGB,* vom 18.8.1896 mit Einführungsgesetz vom gleichen Tag, mehrfach geändert u. ergänzt, in Kraft seit dem 1.1.1900, in fünf Büchern (Allg. Teil, Schuldrecht, Sachenrecht, Familienrecht u. Erbrecht) die Masse des dt. bürgerl. Rechts.

bürgerliches Recht, Zivilrecht, das allg. (jeden Bürger betreffende) Privatrecht, das die Regelung der allg. Verhältnisse des Familien- u. Wirtschaftslebens. Das b. R. der BR Dtld. ist enthalten im Bürgerl. Gesetzbuch (*BGB*) sowie in zahlr. Nebengesetzen. Zum Bürgerl. Recht gehören auch die Bestimmungen des Internat. Privatrechts, das allg. in den Artikeln 3–38 EGBGB geregelt ist. In Östr. ist das b.R. im Allg. Bürgerl. Gesetzbuch (*ABGB*) niedergelegt, in der Schweiz hpts. im Zivilgesetzbuch u. im Obligationenrecht.

Bürgermeister, leitendes Organ einer Gemeinde; Rechtsstellung in den Gem.-Ordnungen der Länder verschieden. Entweder ist der B. Vors. des Gem.-Rats ohne bes. eigene Befugnisse (NRW, Nds.) oder ihm sind solche kraft Gesetz eingeräumt, so daß er als selbständiges Organ neben dem Gem.-Rat steht.

Bürger-Prinz, Hans, *1897, †1976, dt. Psychiater u. Sexualforscher; als Gerichtsgutachter auf dem Gebiet der Sexualpathologie bekannt geworden.

Bürgerrechtsbewegung, 1. polit. Gruppen in den USA, die für volle Gleichberechtigung der Schwarzen eintreten; Höhepunkt in den 1960er Jahren mit gewaltlosen Massendemonstrationen. – **2.** Gruppen in den kommunist. Ländern O-Europas, die sich für die Demokratisierung dieser Länder einsetzen. – **3.** in der BR Dtld. Gruppen der *alternativen Bewegung,* die sich gegen eine subjektiv empfundene Einschränkung von bürgerl. Rechten u. Freiheiten wenden.

Bürgerschaft, Volksvertretung (Landtag) in Bremen u. Hamburg.

Bürgertum, der ehem. *3. Stand,* im Unterschied einerseits zu Adel u. Geistlichkeit, andererseits zur unfreien Landbevölkerung u. zum lohnabhängigen städt. Proletariat (4. Stand). Seit dem 12. Jh. zählte zum B. allg. die Schicht der freien Gewerbetreibenden in der Stadtgemeinde (*Stadtbürger*). Sie waren genossenschaftl. in Gilden u. Zünften organisiert; ihre Merkmale waren: persönl. Freiheit (keine Hörigkeit oder Erbuntertänigkeit), wirtsch. Initiative u. kommunale Selbstverw. Nach Aufhebung der Zunftschranken (Gewerbefreiheit) wurde das B. zum Träger des industriellen Fortschritts. Doch erst mit der Zerschlagung der Ständegesellschaft in den *bürgerl. Revolutionen* (seit der Frz. Revolution 1789) hatte es die Möglichkeit, seine Ziele (»Freiheit, Gleichheit, Brüderlichkeit«) über

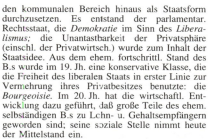

den kommunalen Bereich hinaus als Staatsform durchzusetzen. Es entstand der parlamentar. Rechtsstaat, die *Demokratie* im Sinn des *Liberalismus;* die Unantastbarkeit der Privatsphäre (einschl. der Privatwirtsch.) wurde zum Inhalt der Staatsidee. Aus dem ehem. fortschrittl. Stand des B.s wurde im 19. Jh. eine konservative Klasse, die die Freiheit des liberalen Staats in erster Linie zur Vermehrung ihres Privatbesitzes benutzte: die *Bourgeoisie.* Im 20. Jh. hat die wirtschaftl. Entwicklung dazu geführt, daß große Teile des ehem. selbständigen B.s zu Lohn- u. Gehaltsempfängern geworden sind; seine soziale Stelle nimmt heute der Mittelstand ein.

Burgfriede, im MA die Abmachung, im Bezirk ummauerter Plätze (Burg, Stadt) Frieden zu halten; heute (im übertragenen Sinn) eine Vereinbarung zw. parlamentar. Parteien oder anderen polit. Gruppen, einander bei bes. Anlässen nicht zu bekämpfen.

Burggraf, im MA ein Beamter des Stadtherrn, in erster Linie militär. Befehlshaber der Burg, zudem auch Führer des militär. Aufgebots einer Stadt; in manchen Städten zugleich Stadtgraf u. Richter.

Burghausen, Stadt in Oberbayern, 17 000 Ew.; größte dt. Burg; elektro-chem. Ind., Ölraffinerie.

Burgiba →Bourguiba.

Burgkmair, Hans d. Ä., *1473, †1531, dt. Maler u. Graphiker; vereinigte Farbigkeit, Dekorations- u. Architekturelemente der ital. Malerei mit nord. Ausdruckswillen.

Burglengenfeld, bay. Stadt in der Oberpfalz; 11 000 Ew.; Burganlage; Zement-, Beton- u. Stahl-Ind.

Burgos, nordspan. Prov.-Hptst. auf der Hochebene Altkastiliens, 160 000 Ew.; got. Kathedrale; Textil-, Papier- u. chem. Ind.; ehem. Krönungsstadt der Könige von Kastilien.

Bürgschaft, Vertragstyp des Schuldrechts: schriftl. Verpflichtung des *Bürgen* gegenüber dem Gläubiger eines Dritten, für die Erfüllung der Schuld des Dritten einzustehen.

Burgstädt, Stadt in Sachsen, 14 000 Ew.; Textil- u. Nahrungsmittel-Ind.

Burgsteinfurt, bis 1975 Name von →Steinfurt.

Burgtheater, östr. Bundestheater in Wien, 1741 von Maria Theresia gegr., 1776 von Joseph II. zum *Nationaltheater* erhoben; bis 1888 im Ballhaus, dann am Ring; 1944 ausgebrannt, 1955 wiedereröffnet.

Burgund, frz. *La Bourgogne,* histor. Ldsch. im östl. Frankreich, zw. Saône u. oberer Loire; Durchgangsland mit wichtigen Verkehrswegen zum Oberrhein *(B.ische Pforte);* Weinbaugebiet.

G e s c h.: Das seit 461 bestehende Reich der *Burgunder* wurde 534 von den Franken unterworfen. Aus dem Erbmasse des Fränk. Reichs entstanden die Kgr. Nieder-B. u. Hoch-B. Um 934 wurden beide zum *Königreich B.* oder *Arelat* vereinigt. 1032 nahm Kaiser Konrad II. das Land als Erbe in Besitz; 1156 heiratete Kaiser *Friedrich I. Barbarossa* Beatrix von B., 1178 wurde er in Arles zum König von B. gekrönt. Im Späten MA kamen die westl. Teile von B. unter frz. Herrschaft, formal bestand jedoch die Lehnshoheit des Reichs weiter. – Das *Hzgt. B.* wurde unabhängig von den burgund. Kgr. gegr. 1032 fiel es an eine Nebenlinie der Kapetinger. *Philipp der Kühne* gewann durch Heirat Flandern, das Artois u. die Frei-Gft. B. dazu. Der spätere Kaiser *Maximilian I.,* der die Erbtochter Maria

Burg: Schloß Chillon am Genfer See (links). – Windsor Castle (rechts)

146 Burgunder

von B. geheiratet hatte, konnte die Herrschaft in den größten Teilen behaupten. Die Bourgogne u. a. Gebiete fielen an Frankreich.

Burgunder, ostgerman., aus Skandinavien stammender Volksstamm, der nach 400 um Worms ein Reich gründete. Der größte Teil des Volkes wurde 436 durch Hunnen vernichtet, der Rest wurde zw. Genfer See u. Rhône angesiedelt; → Burgund.

Burgunderweine, frz. Weine hpts. aus den Bez. Hoch- u. Niederburgund (Côte d'Or u. Yonne) u. dem benachbarten *Beaujolais.*

Burgundische Pforte, bis 28 km breite Senke zw. den Vogesen im N u. dem Jura im S.

Buridan [byri'dã], Johannes, * um 1300, † nach 1358, frz. Philosoph u. Naturforscher; um Klärung des Problems der Willensfreiheit bemüht. – »B.s Esel«, fälschl. B. zugeschriebenes Beispiel vom Esel, der zw. zwei Heubündeln verhungert, weil er sich für keines entscheiden kann.

Burjaten, mongol. Volk (360 000), vorw. in **Burjatien** (351 300 km², 941 000 Ew., Hptst. Ulan Ude), Rußland u. in der Mongolei.

Burke [bə:k], Edmund, * 1729, † 1797, engl. polit. Schriftst. u. Parlamentarier; Begr. der konservativen Staatsauffassung in der Neuzeit.

Burkina Faso, bis 1984 *Obervolta,* Binnenstaat in W-Afrika, 274 200 km², 8,3 Mio. Ew., Hptst. *Ouagadougou.* – Vorwiegend von Trockensavanne be-

Burkina Faso

decktes Hochland. Die Bevölkerung (Mossi, Fulbe, Haussa, Tuareg) ist größtenteils islamisch. – Die Landwirtsch. liefert für den Export Baumwolle (fast 50% der Gesamtausfuhr), Sesam, Erdnüsse u. Tabak. Gold ist mit 23% am Gesamtausfuhrwert beteiligt. Die Flußfischerei spielt für die Ernährung eine große Rolle.

Geschichte. Das seit dem 15. Jh. bestehende Kaiserreich der *Mossi* wurde 1897 frz. besetzt. 1919 wurde die frz. Kolonie *Obervolta* gebildet. 1960 wurde das Gebiet unabh., 1984 in B.F. umbenannt. Staatschef ist seit 1987 B. *Compaoré.* 1991 trat eine neue Verfassung in Kraft. 1992 fanden freie Parlamentswahlen statt.

Burleske, derb-kom. Lust- oder Possenspiel; in der Musik ein lustig-charakterisierendes Stück.

Burma → Birma.

Burne-Jones [bə:n dʒoʊnz], Sir Edward, * 1833, † 1898, engl. Maler; von den Werken S. *Botticellis* beeinflußter Vertreter der *Präraffaeliten.*

Burnet ['bə:nit], Sir Frank *MacFarlane B.,* * 1899, † 1985, austral. Biologe; erforschte die immunolog. Abwehrprozesse bei Gewebs- u. Organtransplantationen; Nobelpreis 1960.

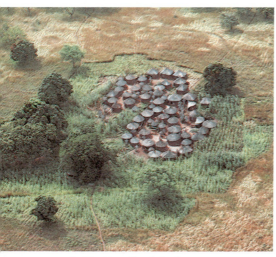

Burkina Faso: Senufo-Dorf

Burns [bə:nz], Robert, * 1759, † 1796, schott. Schriftst. (volksliedhafte Natur- u. Liebeslieder); schon zu Lebzeiten als Nationaldichter gefeiert.

Burnus, wollener, meist weißer Mantel mit Kapuze der nordafrik. Beduinen.

Bürokratie, gesamter staatl., aus Beamten bestehender Verwaltungsstab. – **bürokratisch,** beamtenhaft, an Formen klebend. – **Bürokratismus,** »Verbeamtung«. Aufblähung des Verwaltungsapparats im gesamten öffentl. Leben; gekennzeichnet durch die Unfähigkeit, von eingefahrenen Richtlinien abzugehen.

Bursa, in der kath. Liturgie die Tasche in Quadratform, in der das *Corporale* aufbewahrt wird.

Bursa, das antike *Prusa,* türk. Prov.-Hptst., nahe dem Marmarameer, 620 000 Ew.; viele Moscheen; Seiden-, chem. u. a. Ind.; Flughafen.

Burscheid, Ind.-Stadt in NRW., südl. von Solingen, 17 000 Ew.; Textil-, Metall-, Leder-Ind.

Burschenschaft, 1815 unter dem Eindruck der Befreiungskriege in Jena gegr. Organisation von Studenten u. z. T. auch Professoren, die für die dt. Einheit gegen Kleinstaaterei u. für die polit. Rechte des Bürgertums gegen die absolutist. Herrschaft eintraten; 1817 *Wartburgfest;* 1819 verboten; Weiterbestehen im Geheimen; 1832 beim *Hambacher Fest* wieder präsent; nach 1848 erneut verfolgt; 1874 Vereinigung versch. Richtungen u. ab 1902 Umbenennung in *Deutsche B.*

Burse, *Bursa,* mittelalterl. Bez. für Geldbörse, Säckel; danach: Kasse zum gemeinsamen Unterhalt, Studentenheim, Stiftung für unbemittelte Studenten.

Burton [bə:tn], Richard, eigentl. R. *Jenkins,* * 1925, † 1984, engl. Theater- u. Filmschauspieler; bek. Shakespeare-Darsteller; spielte u. a. in »Wer hat Angst vor Virginia Woolf?«

Burundi, Binnenstaat in O-Afrika, 27 834 km², 5,0 Mio. Ew., Hptst. *Bujumbura.* – B. ist ein mäßig warmes u. feuchtes Hochland, das vorw. von Sa-

Burundi

vannen eingenommen wird u. zu den dichtest besiedelten Gebieten Afrikas zählt. Rd. 85% der Bev. gehören zum Bantuvolk der Hutu, die Ackerbau treiben. Das hamit. Hirtenvolk der Tussi (14% der Bevölkerung) bildet eine kleine Oberschicht. – Die Landw. dient fast ausschl. der Selbstversorgung. Kaffee, Baumwolle u. Tee werden ausgeführt. Der Außenhandel wird über den Hafen von Bujumbura am Tanganjikasee abgewickelt.

Geschichte. Im 15. Jh. entstand in B. der südlichste der *Hima-* oder *Tussi-Staaten.* B. kam 1890 zu Dt.-Ostafrika, 1919 zusammen mit Rwanda als Völkerbundsmandat unter belg. Herrschaft (seit 1946 UN-Treuhandgebiet). Am 1.7.1962 wurde B. unabh. Monarchie, 1966 erfolgte die Umwandlung in eine Republik. B. wird stark durch den Dauerkonflikt zwischen den Volksgruppen der Tussis u. Hutus belastet (bei Massakern im Okt. 1993 Zehntausende von Opfern).

Bürzel, bei Vögeln die hinterste Rückenpartie; enthält auf der Oberseite die paarige *B.drüse,* die zum Einfetten des Gefieders ein öliges Sekret absondert (vor allem bei Wasservögeln).

Burzenland, Gebirgslandschaft im sö. Siebenbürgen; 1211–25 Besitz des Dt. Ordens; Zentrum ist Kronstadt.

Busch, 1. Adolf, Bruder von 2), * 1891, † 1952, dt. Geiger u. Komponist (im Stil von M. Reger). – **2.** Fritz, Bruder von 1), * 1890, † 1951, dt. Dirigent. – **3.** Wilhelm, * 1832, † 1908, dt. humorist. Schriftst., Zeichner u. Maler; schuf volkstüml. Bildergeschichten mit selbstgedichteten Versen in schwungvoll-bewegtem Zeichenstil u. knapper, treffender Charakterisierung; W »Max u. Moritz«, »Die fromme Helene« u. a.

Buschklepper, Strauchdieb, Räuber.

Buschmänner, kleinwüchsiges nomad. Wildbeutervolk S-Afrikas, die Urbewohner dieses Gebiets; teils ausgerottet, teils in die Kalahari abgedrängt.

Buschmeister, gefährl. *Grubenotter,* bis 3,75 m lang; von Panama bis ins trop. Brasilien verbreitet; Bodenbewohner.

George Bush

Buschneger → Maronen.

Buschor, Ernst, * 1886, † 1961, dt. Archäologe; Leiter der Ausgrabungen im Heraion von Samos, Direktor des Dt. Archäolog. Instituts in Athen 1921–30.

Buschwindröschen → Anemone.

Busek, Erhard, * 25.3.1941, östr. Politiker (ÖVP); seit 1989 Min. für Wissenschaft u. Forschung u. seit 1991 Bundesobmann der ÖVP u. Vizekanzler.

Busen, die entwickelte weibl. Brust; *übertragen:* Ausbuchtung; z.B. Meer-B.

Busento, l. Nbfl. (25 km) des Crati im nördl. Kalabrien (Italien), in dem der Westgotenkönig Alarich begraben sein soll.

Bush [buʃ], George, * 12.6.1924, US-amerik. Politiker (Republikaner); 1981–89 Vize-Präs. der USA; 1989-93 Präs. der USA. Er veranlaßte die US-amerik. Intervention in Panama u. übernahm die polit. Führung im Golfkrieg gegen Irak. B. entwarf das Konzept einer von Freiheit u. Frieden bestimmten *Neuen Weltordnung.* Aufgrund der schlechten Wirtschaftslage seit Ende 1991 geriet B. innenpolit. unter Druck.

bushel ['buʃəl], Getreidemaß in Großbritannien (36,368 *l*) u. den USA (35,24 *l*).

Bushido, von den Samurai geprägte Kampfethik, die Treue bis zum Selbstopfer, Tapferkeit, Gerechtigkeit, Hilfsbereitschaft u. Güte gegen Schwache fordert.

Busiris, im Herakles-Mythos ein ägypt. König, Erbauer Thebens, der Zeus jährl. einen Fremden opferte.

Busoni, Ferruccio, * 1866, † 1924, dt.-ital. Komponist u. Pianist; erstrebte einen neuen klass. Stil; bekannt sind seine Bearbeitungen klass. Werke.

Bussarde, *Buteo,* Gatt. der *Greifvögel;* mit kräftiger Gestalt u. breiten Flügeln; häufigster einheim. Greifvogel ist der *Mäusebussard,* Wintergast ist bei uns der weißbäuchige *Rauhfußbussard.*

Buße, Abkehr von sittl.-religiösen Verfehlungen, um eine Störung des Verhältnisses zur Gottheit zu überwinden; in der kath. Kirche Sakrament der B., bestehend aus Gewissensforschung, Reue, Sündenbekenntnis (Beichte), Absolution u. Genugtuung.

Büßerschnee, durch kräftige Sonneneinstrahlung im trop. Hochgebirge aus Schnee u. Eis herausgeschmolzene spitze Pyramiden, die mitunter menschenähnl. Formen (»Büßer«) annehmen.

Bußgeldverfahren, Verfahren zur Verfolgung u. Ahndung von Ordnungswidrigkeiten. Die Ordnungswidrigkeit wird durch *Bußgeldbescheid* geahndet; bei Geringfügigkeit kann eine Verwarnung ausgesprochen u. ein Verwarnungsgeld in Höhe von 2–20 DM erhoben werden; bes. Bed. im Wirtschaftsrecht u. für Verkehrswidrigkeiten, bei denen die Geldbuße nach einem *Bußgeldkatalog* festgesetzt wird. Das B. ist kein *Strafverfahren.*

Bussole, mit Kreisteilung versehener Magnetkompaß.

Buß- und Bettag, bes. Bußtag der ev. Kirche am Mittwoch vor dem letzten Sonntag des Kirchenjah-

res; in der BR Dtld. gesetzl. Feiertag (in Bayern nur in Gemeinden mit überwiegend ev. Bevölkerung).
Busta, Christine, eigtl. Ch. *Dimt,* *1915, †1987, östr. Lyrikerin; Gefühlserleben, Religiosität u. Menschlichkeit prägen ihre Dichtung.
Büste, rund- oder reliefplast. Teildarstellung eines Menschen (meist mit Bildnischarakter), nach unten durch Schulter, Brust oder Körpermitte begrenzt.
Bustelli, Franz Anton, *1723, †1763, ital. Bildhauer u. Porzellanmodelleur; seit 1754 an der Porzellanmanufaktur Nymphenburg; schuf figürl. Kleinplastik im Rokokostil.
Büsum, Nordseebad in Schl.-Ho., 6000 Ew.; Seehafen, Krabben- u. Hochseefischerei.
Butadien, C_4H_6, ungesättigter, gasförmiger Kohlenwasserstoff; bed. Ausgangsprodukt für die synthet. Kautschukherstellung.
Butan, gesättigter, gasförmiger Kohlenwasserstoff C_4H_{10}; aus Erdöl u. Erdgas gewonnen u. verflüssigt in Stahlflaschen; Verwendung für Heizzwecke, als Motorentreibstoff sowie für *Butadien.*
Butenandt, Adolf Friedrich, *1903, †1995, dt. Biochemiker; untersuchte die Sexualhormone; Nobelpr. 1939 zus. mit L. Ruzicka (überreicht 1949).
Butjadingen, fruchtbare oldenburg. Marschlandschaft zw. Jadebusen u. Unterweser; Hauptorte: *Brake, Nordenham.*
Butler ['bʌtlə], Leiter des Dienstpersonals in vornehmen Häusern.
Butler, **1.** Nicholas Murray, *1862, †1947, USamerik. Pädagoge; wirkte publizist. für Völkerverständigung u. Frieden; Friedensnobelpreis 1931. – **2.** Richard Austen, *1902, †1982, brit. Politiker (kons.); mehrf. Min., seit 1961 Berater H. Macmillans; 1963/64 Außen-Min. – **3.** Samuel, *1612, †1680, engl. Schriftst.; antipuritan. Satiriker. – **4.** Samuel, *1835, †1902, engl. Schriftst.; Kritiker der bürgerl. Gesellschaft seiner Zeit.
Butor [by'tɔ:r], Michel, *14.9.1926, frz. Schriftst.; einer der Hauptvertreter des *Nouveau roman.*
Butt, Plattfisch, ndt. Bez. für *Flunder,* auch *Heilbutt, Steinbutt, Scholle.*
Büttel, bis ins 18. Jh. der unterste Gerichtsbeamte.
Büttenpapier, mit der Hand geschöpftes u. an der Luft getrocknetes Papier mit unregelmäßigen Rändern; heute auch maschinell herstellbar.
Büttenrede, scherzhafte Rede im rhein. Karneval, ursprüngl. aus einer Tonne *(Bütt)* gehalten.
Butter, Fetteile der Milch, die als *Rahm (Sahne)* durch Stehenlassen oder Zentrifugieren der Vollmilch von der zurückbleibenden *Magermilch* getrennt werden. Für die Gewinnung von 1 kg B. werden ca. 255 *l* Frischmilch benötigt. Der Butterungsvorgang besteht hpts. darin, die im Rahm vorhandenen Fettkügelchen anzureichern. Bestandteile: 84% Fett, 1% Eiweiß, 0% Kohlenhydrate, 0,2% Mineralstoffe, 14% Wasser, außerdem die Vitamine A, Carotin, B_1, B_2 u. D.
Butterblume, volkstüml. Name für viele gelb blühende Pflanzen, bes. für viele *Hahnenfußgewächse,* auch für den *Löwenzahn* u. die *Ringelblume.*
Butterfly ['bʌtəflai], **1.** Stilart beim *Schwimmen* (Schmetterlingsstil); weiterentwickelt zum Delphinschwimmen (→*Schwimmen*). – **2.** Kürsprung beim Eiskunstlauf.
Buttermilch, bei der Verbutterung von Milch oder Sahne nach Abscheidung der Butter zurückbleibende, gesäuerte Flüssigkeit.
Butterpilz, wohlschmeckender Speisepilz aus der Fam. der *Röhrenpilze.*
Buttersäure, C_3H_7COOH, Fettsäure, die in starker Verdünnung einen üblen, ranzigen Geruch hat; verursacht den Geruch ranziger Butter.
Butyrometer, Gerät zur Bestimmung des Fettgehalts von Milch.
Butzbach, Stadt in Hessen, am NO-Hang des Taunus, 22 000 Ew.; altertüml. Stadt, Schloß (17. Jh.); versch. Ind.
Butzenscheibe, meist runde, in Blei gefaßte Scheibe aus grünl. Glas mit einer Verdickung *(Butze)* in der Mitte; seit dem 14. Jh. zur Fensterverglasung verwendet.
Buxtehude, Stadt in Nds., am S-Rand des Alten Lands, 33 000 Ew.; ehem. Hansestadt, Hafen; versch. Ind.
Buxtehude, Dietrich, *1637, †1707, dt. Komponist; seine Werke zeigen die ausdrucksvolle Phantastik des norddt. Barock. Einfluß auf J. S. Bach. W »Magnificat«.
Buys-Ballot [bœys 'balɔt], Christoph, *1817, †1890, ndl. Meteorologe; formulierte das *B.sche*

Lord Byron in albanischer Kleidung; Gemälde von T. Phillips

Windgesetz (bar. Windgesetz): 1. Wenn man in Richtung des Windes blickt, liegt auf der Nordhalbkugel der tiefe Luftdruck links vorn, der hohe rechts hinten, auf der Südhalbkugel der tiefe Luftdruck rechts vorn, der hohe links hinten. 2. Bei geringem Isobarenabstand ist die Windgeschwindigkeit groß.
Buzău, **1.** r. Nbfl. des Sereth, 316 km; entspringt in den südl. O-Karpaten. – **2.** Hptst. des gleichnamigen rumän. Kreises, in der Walachei, 140 000 Ew.; Erdölvorkommen, Masch.-, chem., Textil-, Holz-Ind.
Buzzati, Dino, *1906, †1972, ital. Schriftst.; Surrealist mit pessimist. Lebensgefühl (Romane, Kurzgeschichten, Märchen, Theaterstücke).
Byblos, hebr. *Gebal,* heute *Djebeil,* Ort in Libanon, an der Küste nördl. von Beirut; ehem. bed. phöniz. Hafen- u. Handelsstadt, seit dem 4. Jt. v. Chr. besiedelt, Blütezeit zwischen 2000 u. 1500 v. Chr.; 332 v. Chr. von Alexander d. Gr. erobert u. hellenisiert. – B bisher *Phönizier.* – **B.-Schrift,** zu einer Art Silbenschrift vereinfachte Hieroglyphen auf Bronzetafeln aus *B.* aus der 1. Hälfte des 2. Jt. v. Chr.; bisher ungedeutet.
Bydgoszcz ['bɪdgɔʃtʃ] →Bromberg.
Bypass ['baipa:s-], Umgehung eines krankhaft verengten Blutgefäßabschnitts durch Einpflanzen eines körpereigenen Venen- bzw. Kunststoffstücks, bes. bei arteriosklerot. Gefäßverengung.
Byrd [bə:d], **1.** Richard Evelyn, *1888, †1957, US-amerik. Flieger u. Polarforscher; überflog nach eigenen Angaben 1926 als erster den Nordpol, 1929 den Südpol. – **2.** *Bird,* William, *1543, †1623, engl. Komponist u. Organist (Kirchenmusik u. Madrigale).
Byron ['baiərən], **1.** George Gordon Noel *Lord B.,* *1788, †1824, engl. Schriftst.; Romantiker; W »Childe Harold's pilgrimage«, »Don Juan« u. a. – **2.** John, Großvater von 1), *1723, †1786, engl. Südseeforscher.
Byssus, 1. von *Muscheln* in einer Fußdrüse erzeugte, zähe, hornartige Fäden, mit deren Hilfe sich die frei auf dem Untergrund liegenden Tiere anheften können. – **2.** alle durchsichtigen baumwollartigen Stoffe u. Schleiergewebe.
Byte [bait], Einheit in der Datenverarbeitung, umfaßt 8 Informationsbits.
Bytom →Beuthen.
byzantinische Kunst, entwickelte sich in Byzanz aus der kleinasiat. alexandrin. u. syr. Kunst u. stand fast nur im Dienste der Kirche; Höhepunkte in der Zeit Kaiser *Justinians* (526–65), unter den *Mackedonen* u. *Komnenen* (9.–12. Jh.) u. in der Zeit der *Paläologen* (1258–1453). Für die Kirchenarchitektur wurde die Entwicklung zur Kuppelbasilika wichtig (bed. Beispiel: Hagia Sophia in Istanbul. Vorherrschender Bautyp in spätbyzantin. Zeit war die Kreuzkuppelkirche. Die byzantin. Malerei war vorwiegend Mosaik-, Ikonen- u. Miniaturmalerei, in späterer Zeit auch Wandmalerei. Hauptaufgabe der byzantin. Malerei war die Darstellung Christi (als Guter Hirt, Philosophentyp, Acheiropoietos).
byzantinische Literatur, das literar. Schaffen des Byzantin. Reichs in griech. Sprache nach dem Ausgang des Hellenismus, vom Anfang des 6. Jh. bis 1453 (Eroberung Konstantinopels durch die Türken); vorw. theol. Schrifttum.
Byzantinisches Reich, *Oströmisches Reich,* 395 n. Chr. nach der Teilung des Röm. Reichs entstandene griech.-oriental. Reichshälfte griech.-christl. Kultur, Hptst. *Byzanz* (Konstantinopel); Blütezeit unter *Justinian I.* (527–565): Eroberung N-Afrikas u. Vernichtung der Ostgoten in Italien, Wiederherstellung der röm. Macht; wenig später jedoch Verlust großer Teile Italiens an die Langobarden; im 7. Jh. Verlust Ägyptens u. Syriens an die Araber; im 8. Jh. innere Krise durch den »Bilderstreit« (726–843); im 9. Jh. erneuter kultureller u. polit. Höhepunkt unter der *makedonischen Dynastie* (867–1056), den Arabern konnten große Teile Kleinasiens entrissen u. das Bulgarenreich erobert werden; anschließend erneuter Verfall: 1071 eroberten die Seldschuken Kleinasien, Unteritalien fiel an die Normannen; 1204 Eroberung Konstantinopels durch die Kreuzfahrer u. Errichtung eines *Lat. Kaiserreichs;* 1261 Wiederherstellung des B. R.; 1453 jedoch erlag es endgültig dem Ansturm der osman. Türken.
Byzantinismus, würdelose Kriecherei gegenüber Höherstehenden, wie sie vom strengen Zeremoniell des byzantin. Hofs gefordert wurde.
Byzanz, Konstantinopel, das heutige Istanbul, Stadt am Bosporus, um 660 v. Chr. gegr.; 330 von *Konstantin d. Gr.* unter dem Namen *Nova Roma* (Neu-Rom) oder *Konstantinopolis* (Konstantinstadt) zur Hptst. des Röm. Reichs u. 395-1453 Hptst. des Oström. (Byzantin.) Reichs.
Bzura ['bsu:-], l. Nebenfluß der Weichsel, 166 km; entspringt nördl. von Lodz, mündet westl. von Warschau.

Byzantinisches Reich zur Zeit Justinians

C

c, C, der 3. Buchstabe des Alphabets; entspricht dem grch. *Gamma* (γ).

c, 1. bei Maßeinheiten Abk. für *Zenti*... (= 0,01). – **2.** physik. Zeichen für *Lichtgeschwindigkeit*.

C, 1. röm. Zahlzeichen für 100. – **2.** chem. Zeichen für *Kohlenstoff*. – **3.** Zeichen für *Celsius*. – **4.** Zeichen für *Coulomb*. – **5.** Name einer höheren Programmiersprache.

ca., Abk. für *circa*, ungefähr, rund.

Ca, chem. Zeichen für *Calcium*.

Caballero [kava'lj‌ɛːro], span. Ritter; in der Anrede: Herr.

Caballero [kava'lj‌ɛːro] → Largo Caballero.

Cabet [ka'bɛ], Étienne, *1788, †1856, frz. Schriftst.; schrieb den sozialist.-utop. Roman »Reise nach Ikarien«.

Cabimas, venezol. Stadt im Bundesstaat Zulia, am Maracaibo-See, 220 000 Ew.

Cabinda, *Kabinda,* Exklave von Angola nördl. der Kongomündung, rd. 7270 km², 120 000 Ew., Hptst. C.; Erdölförderung.

Cabochon [-bɔ'ʃɔ̃], ein nur oben (*einfacher C.*) oder auch unten (*doppelter C.*) rund geschliffener Edelstein.

Caboclo, Mischling (*Mestize*) zwischen Weißen u. Indianern in Brasilien.

Cabora Bassa, 160 m hoher u. 330 m langer Staudamm mit 2 Wasserkraftwerken zur industriellen u. landwirtschaftl. Erschließung des Sambesitals in Moçambique, 150 km nw. von Tete; 1970 fertiggestellt, 1974 aufgestaut, Stromerzeugung seit 1979.

Caboto, engl. *Cabot,* ital. Seefahrer in engl. Diensten: **1.** Giovanni (John Cabot), *um 1425, †1498 oder 1499; entdeckte 1497, vor *Kolumbus,* das nordamerik. Festland (wahrsch. Labrador). – **2.** Sebastian, Sohn von 1), *1472 oder 1483, †um 1557; entwarf 1544 eine Weltkarte; seit 1547 Oberaufseher des engl. Seewesens.

Cabral, 1. Amilcar, *1924, †1973 (ermordet), afrik. Politiker in Port.-Guinea; Führer der *Afrikan. Unabhängigkeitspartei (PAIGC),* die 1963 mit bewaffneten Aufständen gegen die port. Herrschaft begann. – **2.** Pedro Alvarez, *um 1467/68, †um 1526, port. Seefahrer; entdeckte im April 1500 Brasilien.

Caccini [-'tʃiː-], Giulio, *um 1550, †1618, ital. Komponist; suchte den Stil des antiken Musikdramas wiederzubeleben.

Cáceres ['kaθe-], Stadt in W-Spanien, in der nördl. Estremadura, 79 000 Ew.; Hptst. der gleichn. Prov.; von Mauern umgebene Altstadt mit mittelalterl. Adelspalästen u. Kirchen (16./17. Jh.).

Cachucha [ka'tʃutʃa], andalus. Volkstanz im ³/₄-Takt.

Cäcilia → Heilige.

Caciocavallo ['katʃoka'valo], *Reiterkäse,* halbfetter, schwach geräucherter Hartkäse.

CAD, Abk. für engl. *Computer Aided Design,* die Konstruktion techn. Erzeugnisse mit Hilfe eines Computers, der alle Routinearbeiten durchführt.

Caddie ['kædi], Schlägerträger beim Golfspiel.

Cadenabbia, ital. Kurort in der Lombardei, am Comer See, 300 Ew.

Cadillac [kadi'jak], Antoine de la *Mothe,* frz. Kolonialpionier, *um 1656, †1730; gründete 1701 Detroit.

Cádiz ['kaːdiθ], Prov.-Hptst. in S-Spanien (Andalusien), Handels- u. Kriegshafen auf einem Kalkfelsen im *Golf von C.,* durch eine schmale, 9 km lange Landzunge mit dem Festland verbunden, 167 000 Ew. – Um 1100 v. Chr. von Phöniziern gegr., seit 206 v. Chr. röm., 711–1262 unter arab. Herrschaft.

Cadmium, *Kadmium,* ein → chemisches Element.

Cadore, Tal der oberen Piave in der ital. Region Venetien, Hauptort Pieve di C.

Cadorna, Luigi, *1850, †1928, ital. General; im 1. Weltkrieg Generalstabschef; nach der Niederlage von Karfreit 1917 amtsenthoben.

Cadre [kaːdr], beim *Billard* durch Längs- u. Querlinien gebildete quadrat. u. rechteckige Felder auf dem Billardtisch für *C.-Partien.*

Caduff, Sylvia, *7.1.1937, schweiz. Dirigentin, erste dt. Generalmusikdirektorin.

CAE, Abk. für engl. *Computer Aided Engineering,* die Rechnerunterstützung der Ingenieurtätigkeit im techn. Bereich eines Unternehmens.

Caecilia Metella [tsɛː-], vornehme Römerin, bekannt durch ihr 45 v. Chr. errichtetes Grabmal an der Via Appia bei Rom.

Caedmon ['kɛː-], †um 680, ältester christl. angelsächs. Hymnendichter.

Caelius ['tsɛː-], ital. *Monte Cèlio,* einer der 7 Hügel Roms, im SO der Stadt.

Caen [kã], Handels- u. Industriestadt in N-Frankreich (Normandie), 120 000 Ew.

Caesalpinia [tsɛː-], artenreiche Gattung der *Zäsalpiniengewächse;* liefert wertvolle Farbhölzer u. Gerbstoffe.

Caesar ['tsɛ-] → Cäsar.

Caesarea [tsɛː-], Name mehrerer antiker Städte, z.B. im heutigen Algerien u. Israel.

Caetano [kai'taːnu], Marcello, *1906, †1980, port. Politiker; 1968–74 als Nachfolger *Salazars* Min.-Präs., seit 1974 in Brasilien im Exil.

Cage [kɛɪdʒ], John, *1912, †1992, US-amerik. Komponist; experimentierte mit dem Zufallsprinzip u. der Einbeziehung von Alltagsgeräuschen.

Cagliari ['kaljaːri], ital. Hafenstadt an der *Bucht von C.,* Hptst. von Sardinien, 220 000 Ew.; Univ. (1626).

Cagliostro [ka'ljɔs-], Alessandro Graf von, eigtl. Giuseppe *Balsamo,* *1743, †1795, ital. Abenteurer; gewann durch angebl. Geheimmittel u. Wunderkuren Zutritt zu hochgestellten Personen; starb im Gefängnis.

Cahors [ka'ɔːr], Handelsstadt in S-Frankreich, alte Hptst. des Quercy, Sitz des Dép. Lot, 20 900 Ew.

Caicosinseln → Turks- und Caicosinseln.

Cairns ['kɛənz], Hafenstadt im nördl. Queensland (Australien), 73 000 Ew.

Cairn-Terrier ['kɛən-], kleine, kurze, kräftige Hunderasse.

Cairo → Kairo.

Caisson [kɛ'sɔ̃] → Senkkasten.

Caissonkrankheit [kɛ'sɔ̃-] → Taucherkrankheit.

Cajal [-'xal], Santiago *Ramón y C.,* *1852, †1934, span. Anatom u. Neurohistologe (Untersuchungen über den Feinbau des Nervensystems); Nobelpreis für Medizin 1906.

Cajamarca [kaxa-], Dep.-Hptst. in Peru, 2814 m ü. M., in der W-Kordillere, 86 000 Ew.; Thermalquellen (»Bäder der Inka«). – In C. wurde 1533 der letzte Inka-Herrscher *Atahualpa* von den Spaniern hingerichtet. Kennzeichnend für die C.-Kultur ist eine weiße Keramik.

Cajetan de Vio, Thomas, *1469, †1534, ital. kath. Theologe, 1517 Kardinal; verhandelte als päpstl. Legat 1518 auf dem Augsburger Reichstag mit *Luther.*

Cajus, †296, Papst 283–296; Heiliger (Fest: 22.4.).

Cakewalk ['kɛikwɔːk], von Afroamerikanern um 1870 entwickelter Gesellschaftstanz im ²/₄-Takt.

Calais [ka'lɛ], Hafenstadt in N-Frankreich, nahe der engsten Stelle des Kanals (*Straße von C.*), gegenüber von Dover, 77 000 Ew.; Zentrum der frz. Tüll- u. Spitzenerzeugung. – 1347–1558 war C. in engl. Besitz.

Calamus, zugespitztes Schreibgerät des Altertums aus dem Zuckerrohr- oder Schilfhalm; später auch aus Metall.

Calathea, Gattung der *Pfeilwurzgewächse,* im wärmeren Amerika; Zierpflanze.

Calatrava, ehem. span. Festung in der Prov. Ciudad Real, nahe am Guadiana. Zur Verteidigung gegen die Mauren wurde 1158 der *Orden von C.* von einem Zisterzienserabt gegr.

Calau, *Kalau,* Krst. in Brandenburg, in der Niederlausitz, 6400 Ew.

Calbe, *C./Saale,* Stadt im Krs. Schönebeck, in Sachsen-Anhalt, an der Saale, 15 000 Ew.; Metall-Ind.

Calciferol, Vitamin D; → Vitamine (Tabelle).

calcinieren, feste Stoffe erhitzen (*brennen*), zur Entfernung von Kristallwasser oder zur Abspaltung von Kohlendioxid.

Calcium, *Kalzium,* ein → chemisches Element; eines der 10 am häufigsten vorkommenden Elemente, tritt in vielen Verbindungen auf (Kalkstein, Kreide, Marmor, Gips). C. ist für zahlreiche Funktionen im Organismus unentbehrlich.

Calculus, altröm. kleinstes Gewicht, auch als Steinchen zum Rechnen benutzt.

Calcutta → Kalkutta.

Caldara, Antonio, *um 1670, †1736, ital. Komponist; schrieb Opern, Oratorien u. Kirchenmusik.

Caldarium, der Heißbaderaum der röm. Thermen.

Calder ['kɔːldə], Alexander, *1898, †1976, US-amerik. Bildhauer; schuf abstrakte Metallplastiken (*Stabiles*) u. bewegl. Konstruktionen (*Mobiles*).

Caldera, vulkan. Einsturzkrater, oft erosiv erweitert oder von einem Kratersee erfüllt.

Caldera Rodríguez, Rafael, *24.1.1916, venezol. Politiker; gründete 1946 die Christl. Soziale Partei; 1969–74 Staats-Präs.

Cádiz

Calgary: Szene vom alljährlich stattfindenden, weltberühmten Rodeo

Calder Hall [ˈkɔːldə hɔːl], erstes brit. Atomkraftwerk (1956), in Cumberland.
Calderón de la Barca, Pedro, *1600, †1681, span. Dramatiker; seit 1663 Kaplan des Königs in Madrid; Vollender des span. Barocktheaters; dem Geist der Gegenreformation verpflichtet. Erhalten sind rd. 120 Dramen (über religiöse, histor., philosoph., gesellschaftl., mytholog. Themen) u. 80 geistl. Festspiele.
Caldwell [ˈkɔːldwəl], **1.** Erskine, *1903, †1987, US-amerikan. Schriftst.; beschreibt das Leben der armen Weißen im S der USA. – **2.** (Janet) Taylor, Pseudonym: Max *Reiner*, *1900, †1985, US-amerikan. Schriftst. (Romane über die wirtsch. Expansion der USA).
Caledon [ˈkælɪdən], r. Nbfl. des Oranje (Südafrika), 480 km.
Calenberg, *Calenberger Land*, ehem. braunschweig. Teilfürstentum, Grundstock des Kurfürstentums *Hannover*.
Calgary [ˈkælɡəri], Stadt im S von Alberta (Kanada), 700 000 Ew.; Industriezentrum; Reiterspiele.
Calhoun [kæˈluːn], John Caldwell, *1782, †1850, US-amerikan. Politiker; 1825–32 Vize-Präs. unter J. Q. *Adams* u. A. *Jackson*.
Cali, Hptst. des Dep. Valle del Cauca (Kolumbien), am oberen Cauca, 1,4 Mio. Ew.; Erzbischofssitz, 2 Universitäten, Industriezentrum. – 1538 von *Belalcázar* gegr.
Caliban, Gestalt in Shakespeares »Sturm«; danach allg.: halbtierischer Mensch.
Calicut [engl. ˈkælɪkət] →Kozhikode.
Californium, ein →chemisches Element.
Caligula [»Stiefelchen«], Beiname von *Gaius Julius Caesar Germanicus*, *12, †41, röm. Kaiser 37–41, Nachfolger des Tiberius; führte ein Schreckensregiment, verschwendete die Staatsfinanzen, wurde von den Prätorianern ermordet.
Calina, Lufttrübung in Spanien, verursacht durch Staub u. Flimmern heißer, aufsteigender Luft.
Calixtus, *Kalixt* →Papst (T).
Callaghan [ˈkæləhən], James, Baron *C. of Cardiff* (1987), *27.3.1912, brit. Politiker (Labour Party); 1967–70 Innen-Min.; 1974–76 Außen-Min.,

Maria Callas

1976–79 Premiermin.
Callao [kaˈjao], wichtigster Hafen von Peru u. Seebad, 14 km westl. von Lima, 535 000 Ew.
Callas, Maria, eigtl. M. *Kalogeropoulos*, *1923, †1977, grch. Sängerin (dramat. Sopran).
Call-Girl [ˈkɔːlɡəːl], telefon. bestellbare Prostituierte.
Call-money [ˈkɔːlmʌni], *tägliches Geld*, Darlehen, das beiderseits jederzeit kündbar u. daher billig ist.
Callot [kaˈlo], Jacques, *1592, †1635, frz. Graphiker; radierte Serien mit Alltags- u. Kriegsszenen.
Calmette [-ˈmɛt], Albert Léon Charles, *1863, †1933, frz. Bakteriologe; führte 1926 die *BCG-Impfung* (Tuberkuloseschutzimpfung) ein.
Caltagirone [-dʒi-], ital. Stadt auf Sizilien, sw. von Catània, 43 000 Ew.
Caltanissetta, ital. Prov.-Hptst. auf Sizilien, 65 000 Ew.; Schwefelbergbau; Sommerfrische.
Calvados [auch ˈkal-], Apfelbranntwein aus der Normandie.
Calvin, **1.** Johannes, eigtl. Jean *Cauvin*, *1509, †1564, schweiz. Reformator; führte seit 1541 in Genf eine strenge, auf die Bibel gegr. Kirchenordnung ein. Seine Lehre (Calvinismus) unterscheidet sich vom Luthertum in der Auffassung des Abendmahls (Gegenwart Christi im Geiste) u. durch die Betonung der *Prädestination* (Erlösung

Camcorder: Explosionszeichnung eines modernen Videoaufnahmegerätes

oder Verdammung des einzelnen Menschen sind vorherbestimmt). Calvinist. Kirchen entstanden in W-Europa u. N-Amerika. – **2.** Melvin, *8.4.1911, US-amerikan. Biochemiker; erforschte die Photosynthese; Nobelpreis für Chemie 1961.
Calvino, Italo, *1923, †1985, ital. Schriftst., (Romane mit phantast. Zügen).
Calw, ba.-wü. Krst. u. Luftkurort an der Nagold, westl. von Stuttgart, 22 000 Ew.
Calypso, Volkstanz der Schwarzen auf Trinidad, seit 1957 in Europa Modetanz.
CAM, Abk. für engl. *Computer Aided Manufacturing*, die Steuerung von Fertigungsprozessen mit Hilfe von Computern.
Camagüey [-guˈɛi], Prov.-Hptst. in Zentralkuba, 280 000 Ew.
Câmara, Helder Pessoa, *7.2.1909, brasil. kath. Geistlicher; 1964–85 Erzbischof von Recife u. Olinda; trat für soz. Gerechtigkeit u. grundlegende polit. Reformen ein.
Camargue [kaˈmarɡ], dünnbesiedelte frz. Landschaft im W der Provence, zwischen den beiden Hauptmündungsarmen der Rhône u. der Mittelmeerküste, 750 km²; Weiden (Stier- u. Pferdezucht), Reisfelder; Wein- u. Obstbau; Naturpark, einziger europ. Flamingo-Standort.
Camberg, hess. Stadt im nördl. Taunus, 12 000 Ew.; Kneippheilbad.
Cambrai [kãˈbrɛ], fläm. *Kambrijk*, Stadt in N-Frankreich, rechts an der kanalisierten Schelde (Escaut), 35 000 Ew. – 1529 »Damenfriede« zwischen Spanien u. Frankreich.
Cambrian Mountains [ˈkæmbrɪən ˈmauntɪnz], *Kambrisches Gebirge*, Bergland in Wales; im *Snowdon* im N 1085 m.
Cambridge [ˈkeɪmbrɪdʒ], **1.** Hptst. der ostengl. Gft. *Cambridgeshire*, 91 000 Ew.; neben Oxford die älteste u. bedeutendste engl. Universität (um 1209 gegr.). – **2.** Stadt in Massachusetts (USA), grenzt an Boston, 93 000 Ew., Sitz der *Harvard University* u. des *Massachusetts Institute Technology*.
Camcorder, Kombination aus Videokamera u. Videorecorder in einem Gerät.
Camelot [kamˈloː], in der Artussage die Residenz des Königs.
Camembert [ˈkaməbɛːr], mindestens dreiviertelfetter Weichkäse mit leichtem Schimmelbelag u. champignonartigem Geschmack.
Camera obscura, *Lochkamera*, einfachste Form einer photograph. Kamera: ein lichtdichter Kasten mit kleiner runder Öffnung, durch die Lichtstrahlen eintreten u. auf der Rückwand ein umgekehrtes Bild erzeugen.
Camerlengo, der Kardinal, der die Vermögensverwaltung des Hl. Stuhls überwacht.
Cameron [ˈkæmərən], Verney Lovett, *1844, †1894, engl. Afrikaforscher; erforschte Zentralafrika.
Cammin i. Pom., poln. *Kamień Pomorski*, Stadt in Pommern (seit 1945 poln. Wojewodschaft Szczecin), am *Camminer Bodden*, 9000 Ew.; Badeort.
Camões [-ˈmõiʃ], Luis *Vaz de C.*, *1524/25, †1580, port. Dichter; schrieb das Nationalepos »Die Lusiaden«, das die Fahrten u. Taten seiner Landsleute unter Vasco da Gama verherrlicht, sowie lyrische Dichtungen u. 3 Komödien.
Camorra, terrorist. Geheimbund in S-Italien, unterstützte im 19. Jh. die Einigung Italiens, verfolgte später kriminelle Ziele.
Camouflage [kamuˈflaːʒ], Tarnung, Verschleierung.
Campagna di Roma [-ˈpanja-], die hügelige, baumlose Landschaft um Rom; im Altertum fruchtbar, später fast unbewohnbar, jetzt wieder weitgehend kultiviert.
Campanella, Thomas, *1568, †1639, ital. Renaissance-Philosoph; schrieb die kommunist. Utopie »Der Sonnenstaat«.
Campanile →Glockenturm.
Campari, durch Zusatz von Chinarinde verbitterter Wermut.
Campbell-Bannerman [kæmbl ˈbænərmən], Sir Henry, *1836, †1908, engl. Politiker (Liberaler); 1905–08 Prem.-Min.
Camp David [kæmp deɪvid], Landsitz des US-amerikan. Präsidenten in Maryland bei Thurmont. Das **C.-D.-Abkommen** von 1978 bereitete den

Heinrich Campendonk: Stilleben mit zwei Köpfen; 1914. Bonn, Städtisches Kunstmuseum

ägypt.-isr. Friedensschluß von 1979 vor.
Campe, Joachim Heinrich, *1746, †1818, dt. Pädagoge u. Schriftst.; bearbeitete D. Defoes »Robinson Crusoe« u. gab ein 5bändiges dt. Wörterbuch heraus.
Campeche [kamˈpɛtʃe], Hptst. des gleichn. mexikan. Bundesstaats, Hafen am *Golf von C.*, auf der Halbinsel Yucatán, 110 000 Ew.
Campendonk, Heinrich, *1889, †1957, dt. Maler u. Graphiker (poet. Bilder von starker Farbigkeit); auch Glasmaler.
Campher →Kampfer.
Campina Grande, brasil. Stadt in Paraiba, 310 000 Ew.
Campinas, brasil. Stadt in São Paulo, 950 000 Ew.; kath. Univ., landwirtschaftl. Handelszentrum u. bed. Industriestandort.
Camping [ˈkæm-], das Leben in Zelten oder Wohnwagen während der Freizeit u. in den Ferien; heute meist auf bes. *C.-Plätzen*.
Campobasso, ital. Prov.-Hptst. im S der Region Molise, 52 000 Ew.
Campo Fòrmio, heute *Campoformido*, ital. Ort sw. von Udine. Der *Friede von C. F.* wurde 1797 zwischen Österreich u. Frankreich geschlossen: Österreich verlor Belgien, Mailand u. Mantua u.

Camargue: Sumpflandschaft mit Flamingos

stimmte in einem geheimen Artikel der Abtretung des linken Rheinufers an Frankreich zu; es erhielt Dalmatien, Istrien u. Teile von Venetien.
Campos, weite, trockene Grasflächen (Savannen) in Brasilien; z. T. mit Buschgruppen u. Krüppelbäumen.
Campos, brasil. Stadt im Bundesstaat Rio de Janeiro, am Unterlauf des Paraíba, 370 000 Ew; Textil-, Zement- u. a. Ind.
Campo santo, der häufig als architekton. Anlage gestaltete Friedhof in Italien.
Campus [engl. 'kæmpəs], das Universitätsgelände, bes. in den USA.
Camus [ka'my], Albert, *1913, †1960, frz. Schriftst.; geht aus von der »absurden« Existenz des Menschen, der aber in der Revolte Solidarität finden kann. Nobelpreis 1957. W »Die Pest« (Roman); »Belagerungszustand« (Drama); »Der Mensch in der Revolte« (Essay).
Canadian River [kə'nɛidiən 'rivə], r. Nbfl. des Arkansas River (Mississippi-System), in den USA, 1460 km.
Canal du Midi [ka'nal dy mi'di], Schiffahrtskanal in S-Frankreich zw. der Garonne bei Toulouse u. dem Étang de Thau bei Sète; verbindet den Atlantik mit dem Mittelmeer.
Canal du Nord [ka'nal dy 'nɔ:r], Schiffahrtskanal in N-Frankreich, von der Oise bei Noyen über die Somme bei Peronne zur Sensée bei Arleux.
Canaletto, 1. eigtl. Antonio *Canal*, *1697, †1768, ital. Maler (atmosphär. erfüllte Stadtansichten von Venedig, Rom u. London). – **2.** Bernardo, eigtl. B. *Bellotto,* Neffe u. Schüler von 1), *1720, †1780, ital. Maler; einer der Hauptmeister der Architekturmalerei im 18. Jh.
Canaris, Wilhelm, *1887, †1945 (hingerichtet), dt. Admiral; 1935–44 Chef der militär. Abwehr, hatte im 2. Weltkrieg Verbindung zur Widerstandsbewegung; nach dem Attentat auf Hitler verhaftet.
Canasta, dem *Rommé* ähnl. südamerik. Kartenspiel.
Canavalia, Gatt. der *Schmetterlingsblütler.* Die eßbaren Samen von C. ensiformis werden als *Madagaskarbohnen* nach Europa exportiert.
Canberra ['kænbərə], Hptst. des Austral. Bunds, im Bundesterritorium *(Australian Capital Territory)* im SO von Neusüdwales, 286 000 Ew.; 1911 gegr.; planmäßig angelegte Gartenstadt.
Cancan [kã'kã], in Frankreich seit 1830 bekannter schneller Tanz; heute als Schautanz im Ballett, Varieté u. in Nachtlokalen.
cand, Abk. für lat. **candidatus,** Kandidat, Prüfling.
Candela, Zeichen *cd,* internat. gültige Basiseinheit der Lichtstärke.
Candide [kã'did], »der Arglose«, Titelgestalt einer philosoph. Erzählung von *Voltaire.*
Candolle [kã'dɔl], Augustin Pyrame de, *1778, †1841, schweiz. Botaniker; begründete das *C.sche System* für eine natürl. Einteilung der Pflanzen.
Canetti, Elias, *1905, †1994, östr. Schriftst. span.-jüd. Herkunft; Romane, Dramen, philosoph. Studien u. Autobiographisches. Nobelpreis 1981.
Canisius, Petrus C., eigtl. Pieter *Kanijs,* *1521, †1597, ndl. Jesuit; Verfasser von 3 Katechismen; 1925 heiliggesprochen.
Cannabis, wiss. Bez. des →Hanf.
Cannae, antike Stadt in Apulien. In der *Schlacht bei C.* 216 v. Chr. besiegte der Karthager Hannibal vernichtend die Römer.
Cannelloni, ital. Teigware von längl. Form mit Fleischfüllung.
Cannes [kan], südfrz. Stadt an der Côte d'Azur, Seebad u. Winterkurort, 73 000 Ew.; Filmfestspiele.
Canning ['kæ niŋ], George, *1770, †1827, engl. Politiker; 1807–09 u. seit 1822 Außen-Min., 1827 Prem.-Min.; Gegner der Heiligen Allianz.
Cannstatt, *Bad C.,* östl. Stadtteil von Stuttgart, 1905 eingemeindet; Mineralbad.
Cañon ['kanjɔn], *Canyon,* schluchtartig verengtes, tiefeingeschnittenes, steilwandiges Tal.
Canossa, Stammburg der Markgrafen von C., sw. von Règgio nell'Emilia. Hier erreichte Kaiser Heinrich IV. durch seinen Bußgang 1077 die Aufhebung des Banns durch Papst Gregor VII.
Canova, Antonio, *1757, †1822, ital. Bildhauer; führender Meister der klassizist. Plastik.
cantabile, in der Instrumentalmusik: gesangartig.
Cantal [kã'tal], Vulkanruine im frz. Zentralplateau, im *Plomb du C.* 1858 m.
Cantate, 4. Sonntag nach Ostern.
Canterbury ['kæ ntəbəri], Stadt im SO Englands, 33 100 Ew.; ältestes engl. Bistum (seit dem 7. Jh.), Sitz des anglikan. Erzbischofs u. Primas der Anglikan. Kirche; Univ., got. Kathedrale.
Canton, 1. *Kanton* *Guangzhou,* Hptst. der südchin. Prov. Guangdong, am Perlfluß, rd. 150 km vom offenen Meer, 2,8 Mio. Ew. – C. wurde im 16. Jh. für den europ. Handel geöffnet u. war bis Mitte des 19. Jh. der einzige Außenhandelsplatz Chinas. – **2.** ['kæ ntən] Stadt im NO von Ohio (USA), 95 000 Ew.
Cantor, Georg, *1845, †1918, dt. Mathematiker dän. Herkunft; Begr. der Mengenlehre.
Cantus, die melodieführende Stimme, in mehrstimmigen Gesängen meist die Oberstimme. – **C. firmus** [»feststehender Gesang«], im polyphonen Satz die Stimme, zu der die anderen Stimmen im Kontrapunkt hinzugesetzt werden.
Cão [kãu], *Cam(us),* Diego, †um 1486, port. Seefahrer; entdeckte 1482/83 die Kongomündung.
Caodaismus, eine 1926 in Indochina gegr. Sekte, die Elemente versch. Religionen verschmilzt.
Capablanca, José Raoul, *1888, †1942, kuban. Schachspieler; 1921–27 Weltmeister.
Cape [kɛip], über die Arme fallender Umhang, bes. als Wetterschutz.
Cape Canaveral [kɛip kə'næ vərəl], Raketenversuchsgelände in Florida (USA); Startplatz für Weltraumflüge u. Astronautenausbildungszentrum.
Čapek ['tʃa-], Karel, *1890, †1938, tschech. Schriftst. (utop., satir. u. gesellschaftskrit. Romane, Dramen u. Erzählungen).
Capillaren →Haargefäße.
Capitaine [-'tɛ:n], frz. Offiziersdienstgrad, dem dt. *Hauptmann* entsprechend.
Capitol, einer der 7 Hügel Roms, in der Antike mit Tempeln u. Staatsbauten, in der Renaissance bauliche Gestaltung nach Entwürfen von *Michelangelo.* – C. heißen auch die Parlamentsgebäude in Washington u. in den Bundesstaaten der USA.
Capone, Alphonse, *1899, †1947, in den 1920er Jahren Chef einer Gangsterbande in Chicago.
Capote [kə'pouti], Truman, *1924, †1984, US-amerik. Schriftst. (Romane, Erzählungen, Dokumentarberichte).
Cappa, liturg. Gewand für kath. Geistliche, ärmelloser Umhang mit Kapuze.
Capra, 1. Frank, *1897, †1991, US-amerik. Filmregisseur u. Produzent (»Arsen u. Spitzenhäubchen«). – **2.** Fritjof, *1.2.1939, östr. Physiker u. Philosoph; Vertreter des *New Age;* bekämpft das rationalist. Weltbild.
Caprera, ital. Felseninsel vor der N-Küste Sardiniens, 16 km²; Grabstätte *Garibaldis.*
Capri, ital. Insel im Golf von Neapel, 11 km², 11 500 Ew.; höhlenreich *(Blaue Grotte* u. a.), im *Monte Solaro* 589 m; Städte: *C.* (7700 Ew.) u. *Anacapri* (3800 Ew.); Häfen: *Marina Grande* u. *Marina Piccola (Marina di Mulo).*
Capriccio [ka'prittʃo; das], launiges, übermütiges Tonstück.
Caprivi, Leo Graf von, *1831, †1899, dt. General; als Nachfolger *Bismarcks* 1890–94 Reichskanzler, bemühte sich um eine liberale Neuorientierung (»Neuer Kurs«).
Capstan ['kæ pstən], Tonachse beim Tonbandgerät.
Captain ['kæ ptin], engl. u. US-amerik. Offiziersdienstgrad, entspricht dem dt. *Hauptmann.*
Captatio benevolentiae, eine Redeformel, um die Gunst des Lesers (Hörers) zu erlangen.
Càpua, Stadt in der ital. Prov. Caserta, 18 000 Ew.; in der Antike berühmt durch Reichtum u. Luxus; Amphitheater-Reste.
Caput mortuum, braunrotes Eisen-III-oxid; als *Polier-* oder *Englischrot* zum Polieren von Glas u. Metallen verwendet, als *Venezianischrot* Malerfarbe.
Carabinieri, eine Truppe des ital. Heeres; versieht Polizeidienst nach Weisung des Innen-Min.
Carabobo, venezol. Bundesstaat, 4650 km², 1,5 Mio. Ew., Hptst. *Valencia.*
Caracalla, Marcus Aurelius Antoninus, *186, †217(ermordet); röm. Kaiser 211–217; verlieh allen Freigeborenen im Reich das röm. Bürgerrecht; baute in Rom große Thermen.
Caracas, Hptst. von Venezuela, in einem Längstal des Küstengebirges, 9 km südl. der Hafen *La Guaira,* 2,6 Mio. Ew.; Erzbischofssitz, mehrere Univ.; bed. Ind.-Standort.
Caracciola [kara'tʃola], Rudolf, *1901, †1959, dt. Autorennfahrer; erfolgreichster dt. Grand-Prix-Fahrer vor dem 2. Weltkrieg.
Caragiale [-'dʒa:lə], Ion Luca, *1852, †1912, rumän. Erzähler u. Dramatiker; schilderte mit Vorliebe den bürgerl. Spießer.
Carapax, der knöcherne Hauptpanzer der Rückenseite der Schildkröten.
Caravàggio [-'vaddʒo], Michelangelo *Merisi da C.,* *1573, †1610, ital. Maler; Meister der frühbarocken Helldunkelmalerei.
Carb..., Carbo..., Wortbestandteil mit der Bedeutung »Kohle«.
Carbide, Verbindungen des Kohlenstoffs mit Metallen, Bor u. Silicium; z.B. das *Calciumcarbid,* das unter der Bez. *Carbid (Karbid)* im Handel ist.
Carbin, die dritte kristalline Modifikation (neben Diamant u. Graphit) des *Kohlenstoffs.*
Carbol, *Carbolsäure* →Phenol.
Carbolineum, braunes, schweres, carbolsäurehaltiges Öl, aus Steinkohlenteer hergestellt; Anstrichmittel für Holz gegen Fäulnis u. Schwamm.
Carbonari, ital. polit. Geheimbund im frühen 19. Jh., erstrebte die nationale Einigung Italiens.
Carbonate, die Salze der *Kohlensäure.*
Carbonsäuren, organ.-chem. Säuren, die eine oder mehrere Carboxyl-(COOH-)Gruppen enthalten; z.B. die *Ameisensäure.*
Carborundum, Handelsname für ein Schleifmittel aus Siliciumcarbid oder Aluminiumoxid.
Carcassonne [-'sɔn], Stadt in S-Frankreich (Languedoc), Hptst. des Dép. Aude, 46 300 Ew.; Altstadt mit Schloß u. 2 Mauerringen.
Cardano, *Cardanus,* Geronimo, *1501, †1576, ital. Naturphilosoph u. Mathematiker; beschrieb die →kardanische Aufhängung.
Cardenal, Ernesto, *20.1.1925, nicaraguan. Priester, Politiker u. Schriftst. (Lyrik u. Essays); 1979–90 Kultur-Min. der sandinist. Reg.
Cardiff, Hptst. von Wales, am Bristol-Kanal, 280 000 Ew.; Schwerind., Kohlehafen.
Cardinale, Claudia, *15.4.1939, ital. Filmschauspielerin.
Carducci [-'duttʃi], Giosuè, *1835, †1907, ital. Literarhistoriker u. Dichter (patriot. u. antiklerikale Oden in klassizist. Form); Nobelpreis 1906.
Care [kɛə], 1946 gegr. US-amerik. Wohltätigkeits-Organisation, die nach dem 2. Weltkrieg im Auftrag Privater *C.-Pakete* mit Lebensmitteln, Kleidern u. ä. nach Europa, später in die ganze Welt sandte.
Carey ['kɛri], George Leonard, *13.11.1935, brit. Geistlicher; seit 1991 Erzbischof von Canterbury u. geistl. Oberhaupt der Kirche von England.
Cargokult, Glaubensvorstellung in Melanesien, deren Anhänger die erlösende Ankunft einer Schiffsladung (engl. *cargo*) erwarten.
Carillon [kari'jɔ̃], frz. Bez. für →Glockenspiel.
Carissimi, Giacomo, *1605, †1674, ital. Komponist; der erste große Klassiker des Oratoriums.
Caritas, Gottes- u. Nächstenliebe, insbes. die prakt. geübte christl. Liebes-Hilfstätigkeit; in der

Canterbury: Blick auf die Kathedrale

kath. Kirche organisiert im *Dt. C.-Verband,* gegr. 1897, Sitz: Freiburg i. Br.; Zusammenschluß der intern. C-Verbände in der *C. internationalis,* Sitz: Rom.
Carlisle [ka:'lail], Hptst. der N-engl. Grafschaft Cumberland, 72 000 Ew.
Carlos, 1. spanisch für Karl. – **2.** *Don Carlos,* * 1545, † 1568, span. Kronprinz; Sohn *Philipps II.* aus 1. Ehe; psychisch krank, 1568 gefangengesetzt. Schillers Drama »Don Carlos« ist unhistorisch. – **3.** *Don Carlos Maria Isidora de Borbón,* * 1788, † 1855, span. Prinz; bestritt die Rechtmäßigkeit der Thronfolge *Isabellas* (1833) u. trat als *Karl V.* auf. Daraus entwickelten sich die –Karlistenkriege.
Carlsbad ['ka:lzbæd], Stadt in New Mexico (USA), am Rio Pecos, 26 000 Ew.; westl. davon die *C. Caverns,* die größten bekannten Tropfsteinhöhlen.
Carlsson, Ingvar, * 9.11.1934, schwed. Politiker (Sozialdemokrat); seit 1986 Min.-Präs.
Carl XVI. Gustaf, König von Schweden, →Karl (24).
Carlyle [ka:'lail], Thomas, * 1795, † 1881, engl. Schriftst. u. Historiker; bekämpfte unter Berufung auf den dt. Idealismus den vermeintl. Kulturverfall seiner Zeit.
Carmagnole [karma'njɔl], ein Tanzlied der Frz. Revolution.
Carmen Sylva, Schriftstellername der Königin *Elisabeth* von Rumänien, * 1843, † 1916 (Gedichte, Romane).
Carmina Burana, im Kloster Benediktbeuern gefundene Sammelhandschrift mit lat. u. dt. Vagantenliedern aus dem 13. Jh.; in Auswahl als Chorwerk vertont von *C. Orff* 1937.
Carmona, António Oscar de Fragoso, * 1869, † 1951, port. Offizier u. Politiker; 1928–51 Staats-Präs.
Carnaby-Look ['ka:nəbiluk], 1967/68 von der *Carnaby Street* in London ausgehende Moderichtung *(Unisex-Mode).*
Carnac, frz. Seebad in der Bretagne, 3700 Ew.; in der Umgebung vorgeschichtl. Denkmäler (fast 3000 Menhire).
Carnap, Rudolf, * 1891, † 1970, dt.-amerik. Philosoph; Hauptvertreter des *Neopositivismus,* Logistiker.
Carné, Marcel, * 18.8.1909, frz. Filmregisseur (»Kinder des Olymp« 1943/45).
Carnegie [-'negi], Andrew, * 1835, † 1919, US-amerik. Großindustrieller (Stahlindustrie); machte zahlreiche Stiftungen für wiss. u. soziale Zwecke.
carnivor, *karnivor,* fleischfressend.
Carnot, 1. Lazare Nicolas, * 1753, † 1823, frz. Politiker; organisierte seit 1793 die Revolutionsheere. – **2.** Marie François Sadi, Enkel von 1), * 1837, † 1894 (ermordet), frz. Politiker; 1887–94 Präs. der Republik. – **3.** Nicolas Léonard Sadi, Sohn von 1), * 1796, † 1832, frz. Physiker; bestimmte den theoret. größtmöglichen Wirkungsgrad von Wärmekraftmaschinen.
Carnuntum, röm. Ruinenstadt in Niederöstr., zw. Petronell u. Deutsch Altenburg; röm. Militärlager, Hauptfestung am pannon. Donaulimes.
Caro, Heinrich, * 1834, † 1910, dt. Chemiker; stellte die ersten Anilinfarbstoffe fabrikmäßig her.
Carol, rumän. Könige, →Karl.
Carolina [kærə'lainə], zwei Bundesstaaten der USA: →North Carolina u. →South Carolina.
Carossa, Hans, * 1878, † 1956, dt. Schriftst. (christl.-humanist. geprägte Romane u. autobiograph. Schriften).
Carothers [kər'ʌðəz], Wallace Hume, * 1896, † 1937, US-amerik. Chemiker; entwickelte die synthet. Textilfaser *Nylon.*
Carotinoide, gelbe bis rote Farbstoffe des Pflanzen- u. Tierreichs; z.B. *Lykopin* (Farbstoff der Tomaten u. der Paprika), *Carotine* (bes. in Mohrrüben enthalten); gewisse Carotine sind das Provitamin des Vitamins A; bei den Pflanzen sind Carotine an der Photosynthese beteiligt. Zur Gruppe der *Xanthophylle* gehören das *Lutein,* der Maisfarbstoff *Zeaxanthin* u. das *Astaxanthin.*
Carpaccio [-'pattʃo], Vittore, * um 1465(?), † 1525, ital. Maler (große Bildfolgen mit erzählendem Charakter).
Carpentier [karpɛn'tjɛr], Alejo, * 1904, † 1980, kuban. Schriftst. (Romane über Geschichte u. Gegenwart der Karibik).
Carpini, Giovanni de Piano, * um 1182, † 1252, ital. Franziskanermönch; reiste 1245–47 im Auftrag des Papstes an den Hof des Großkhans nach Karakorum.
Carrà, Carlo, * 1881, † 1966, ital. Maler u. Kunstschriftst.; Mitbegründer des *Futurismus.*
Carracci [-'rattʃi], ital. Malerfamilie des 15. u. 16. Jh. in Bologna mit gemeinsamer Werkstatt, in der ein frühbarocker Klassizismus gepflegt wurde.
Carrara, ital. Stadt in der Toskana, 70 000 Ew.; Marmorbrüche.
Carrel, Alexis, * 1873, † 1944, frz.-amerik. Chirurg u. Pathologe (Gewebezüchtung, Gefäßchirurgie u. Organtransplantationen); Nobelpreis 1912.
Carreras, José, * 5. 12. 1946, span. Sänger (Tenor).
Carretera Panamericana, engl. *Panamerican Highway,* seit 1924 geplante, z. T. bestehende Nord-Süd-Straßenverbindung durch den amerik. Kontinent.
Carrillo [ka'ri:jo], Santiago, * 18.1.1915, span. Politiker; 1960–82 Generalsekretär der Kommunist. Partei; Vertreter des *Eurokommunismus.*
Carrington ['kærɪŋtən], Peter Alexander Rupert, Baron of C., * 6.6.1919, brit. Politiker (Konservativer); 1979–82 Außen-Min., 1984–88 Generalsekretär der NATO.
Carroll ['kærəl], Lewis, eigtl. Charles Lutwidge *Dodgson,* * 1832, † 1898, engl. Schriftst. (klass. Kinderbücher, W »Alice im Wunderland«).
Carrom, vereinfachte Spielart des *Pool-Billard.*
Carson City, Hptst. des USA-Staats Nevada, östl. der Sierra Nevada, 35 000 Ew.
Carstens, 1. Asmus Jakob, * 1754, † 1798, dt.-dän. Maler u. Zeichner; einer der Hauptmeister der dt. klassizist. Malerei. – **2.** Karl, * 1914, † 1992, dt. Politiker (CDU); 1976–79 Bundestags-Präs., 1979–84 Bundes-Präs.
Cartagena [-'xena], **1.** Stadt u. Kriegshafen an der SO-Küste Spaniens, 170 000 Ew.; das antike *Carthago nova,* gegr. um 225 v. Chr. – **2.** Erdölhafen u. Hptst. des Dep. Bolivar im nördl. Kolumbien, an der atlant. Küste, 530 000 Ew.
Carter ['ka:tə], **1.** Howard, * 1873, † 1939, engl. Archäologe; entdeckte 1922 in Theben (Ägypten) das Grab des Tutanchamun. – **2.** James Earl (Jimmy), * 1.10.1924, US-amerik. Politiker (Demokrat); 1977–81 Präs.; vermittelte den Frieden zwischen Ägypten u. Israel u. schloß mit der UdSSR das SALT-II-Abkommen.
Cartesius →Descartes.
Cartoon [-'tu:n], Karikatur mit Alltagshumor.
Cartwright ['ka:trait], **1.** Edmund, * 1743, † 1823, engl. Mechaniker; erfand den mechan. Webstuhl, die Wollkämmaschine u. a. – **2.** Thomas, * 1535, † 1603, engl. Theologe; Begr. des engl. Presbyterianismus.
Carus, Carl Gustav, * 1789, † 1869, dt. Naturphilosoph, Arzt u. Landschaftsmaler der Romantik; Begründer der Psychologie des Unbewußten.

Gaius Iulius Cäsar; antike Skulptur. Rom, Vatikanische Museen

Caruso, Enrico, * 1873, † 1921, ital. Sänger (Tenor), vollendeter Bühnensänger.
Casablanca, *Al Dâr Al Bayla,* wichtigste Hafenstadt u. Wirtschaftszentrum Marokkos, am Atlantik, 2,5 Mio. Ew. (über 100 000 Europäer). 14.–26.1.1943 *C.-Konferenz,* auf der Churchill u. Roosevelt die Forderung nach bedingungsloser Kapitulation der Achsenmächte formulierten.
Casals, Pablo, * 1876, † 1973, span. Cellist, Komponist u. Dirigent.
Casanova, Giovanni Giacomo, Chevalier de *Seingalt* (selbstverliehener Adel), * 1725, † 1798, ital. Abenteurer u. Frauenheld; schrieb kulturgeschichtl. wichtige Erinnerungen.
Cäsar, *Caesar,* Gaius Iulius, röm. Politiker u. Feldherr, * 100 v. Chr., † 44 v. Chr. (ermordet); eroberte 58–51 v. Chr. Gallien, drang 55/54 v. Chr. nach Britannien vor; führte 49–45 v. Chr. Bürgerkrieg gegen seinen früheren Bundesgenossen *Pompeius* u. wurde Alleinherrscher des Röm. Reiches; 44 v. Chr. zum Diktator auf Lebenszeit ernannt; fiel einem Attentat republikan. Verschwörer unter *Brutus* u. *Cassius* zum Opfer. W »Der Gallische Krieg«, »Der Bürgerkrieg«. – Der Name C. wurde später Bestandteil der röm. Kaisertitulatur. Daraus sind die Titel *Kaiser* u. *Zar* entstanden.
Cäsarius von Heisterbach, * um 1180, † um 1240, dt. Geschichtsschreiber; Mönch u. Prior im Zisterzienserkloster Heisterbach. W »Dialogus miraculorum« u. a.
Casaroli, Agostino, * 24.11.1914, ital. kath. Theologe; 1984–90 Regierungschef des Vatikanstaates.
Cäsaropapismus, die Vereinigung der höchsten weltl. u. kirchl. Gewalt in den Händen eines einzigen weltl. Machtträgers *(Staatskirchentum).*
Casein, *Kasein, Käsestoff,* phosphorhaltiges Proteid, das aus der Milch mit Säuren oder Fermenten ausgefällt werden kann (Quark); wird zur Herstellung von Käse, Kunststoffen, Klebstoffen u. a. verwendet.
Casella, Alfredo, * 1883, † 1947, ital. Komponist u. Dirigent (Opern, Sinfonien, Kammermusik).
Casement ['keis-], Sir Roger, * 1864, † 1916 (hingerichtet), ir. Politiker; organisierte von Dtld. aus die ir. Unabhängigkeitsbewegung gegen England, wegen Hochverrats zum Tode verurteilt.
Caserta, ital. Prov.-Hptst. in Kampanien, nördl. von Neapel, 68 000 Ew.; Schloß der Könige von Neapel (18. Jh.).
Cash [kæʃ], Kasse, Bargeld. – **Cash-and-Carry-Betrieb** [-ənd 'kæri-], Großhandelsbetrieb mit Selbstbedienung u. Barzahlung.
Cashewnüsse [kæ'ʃu:-], die Früchte des *Acajoubaums,* in Brasilien. B → S. 152
Cash flow [kæʃ flou], Überschuß der Umsatzerlöse über die laufenden Betriebsausgaben.
Casiquiare [-'kja:rə], Fluß in S-Venezuela, 400 km; zweigt vom Orinoco ab u. verbindet ihn mit dem Rio Negro (größte Bifurkation der Erde).

Don Carlos; Gemälde von Velázquez, um 1625

Cäsium, ein →chemisches Element.
Caspar, einer der Hl. →Drei Könige.
Caspar, Horst, *1913, †1952, dt. Schauspieler (jugendl. Held).
Cassadó, Gaspar, *1897, †1966, span. Cellist u. Komponist; gründete ein Klavier-Trio, in dem Yehudi *Menuhin* mitwirkte.
Cassata, ital. Eisspezialität.
Cassin [ka'sɛ̃], René, *1887, †1976, frz. Jurist, maßgebl. an der Menschenrechtserklärung der UNO beteiligt; Friedensnobelpreis 1968.
Cassini, Giovanni Domenico, *1625, †1712, frz. Astronom u. Mathematiker; entdeckte u. a. 4 Saturnmonde, eine Teilung des Saturnrings u. die Abplattung des Jupiter.
Cassino, das Kloster →Montecassino.
Cassiodor, Flavius Magnus Cassiodorus, *um 485, †nach 580, röm. Gelehrter u. Beamter im Dienst der Ostgotenkönige, schrieb eine Gesch. der Goten.
Cassirer, 1. Ernst, *1874, †1945, dt. Philosoph; bildete den log. Idealismus der *Marburger Schule* weiter zur »Philosophie der symbol. Formen«. – **2.** Paul, *1871, †1926, dt. Verleger u. Kunsthändler; förderte bes. den Impressionismus.
Cassius, Gaius *C. Longinus,* †42 v. Chr.; mit seinem Schwager *Brutus* Führer der Verschwörung gegen *Cäsar* (44 v. Chr.).
Cast [kɑːst], amerik. Bez. für die Gesamtheit der Mitarbeiter an einem Film.
Castagno [-'stanjo], Andrea del, *um 1423, †1457, ital. Maler (florentin. Frührenaissance).
Castaneda, Carlos, *25.12.1935, US-amerik. Anthropologe u. Schriftst. Ⓦ »Das Feuer von innen«, »Die Kraft der Stille«.
Castel del Monte, Jagdschloß von Kaiser Friedrich II. in Apulien (um 1250).
Castel Gandolfo, ital. Stadt am Albaner See, 4400 Ew.; Sommerresidenz des Papstes, seit 1929 exterritorial.
Castellammare di Stabia, ital. Hafenstadt u. Seebad am Golf von Neapel, auf den Trümmern des antiken *Stabiae,* 70 000 Ew.
Castelo Branco [ka'ʃtɛlu 'bɾaŋku], Distrikt-Hptst. im mittleren Portugal, Hauptort der früheren Prov. *Beira Baixa,* 22 000 Ew.
Castelo Branco [ka'ʃtɛlu 'bɾaŋku], Humberto de Alencar, *1900, †1967, brasil. General u. Politiker; durch Militärputsch 1964–1967 Staats-Präs.
Castiglione [kasti'ljoːne], Baldassare Graf, *1478, †1529, ital. Schriftst. u. Diplomat. Ⓦ »Der Hofmann«, eine höfische Bildungslehre.
Casting, Ziel- u. Weitwerfen mit Angelruten.
Castle [kɑːsl], engl.: Burg, Schloß.
Castlereagh [ˈkaːslrɛi], Robert *Stewart,* Viscount *C.,* Marquess of *Londonderry* (1821), *1769, †1822, brit. Politiker; 1812–22 Außen-Min.; trat für das Mächtegleichgewicht in Europa ein.
Castor, einer der →Dioskuren.
Castro, *C. Ruz,* Fidel, *13.8.1926, kuban. Politiker; stürzte 1959 den Diktator F. *Batista,* wurde Min.-Präs. u. errichtete eine kommunist. Diktatur mit enger Anlehnung an die UdSSR. 1965 wurde er Erster Sekretär der KP, 1976 zusätzl. Staatsoberhaupt (Vors. des Staatsrates).
Castro e Almeida [ˈkaʃtɾu ɛ alˈmɐiðɐ], Eugénio, *1869, †1944, port. Schriftst. (Symbolist).

Fidel Castro

Castrop-Rauxel, nordrhein-westfäl. Stadt im Ruhrgebiet, am Rhein-Herne-Kanal, 80 000 Ew.; Zement-, chem. u. a. Ind.
Castrum, Pl. *Castra,* Burg, Kastell; ursprüngl. das röm. Legionslager.
Casus belli, »Kriegsfall«, das Verhalten eines Staats, das nach Ansicht eines anderen Staats Anlaß zum Krieg gibt.
Çatal Hüyük [tʃa-], Stadt der Jungsteinzeit (7./6. Jt. v. Chr.) in S-Anatolien, im Bez. Konya.
Catània, ital. Hafenstadt u. Prov.-Hptst. auf Sizilien; südöstl. des Ätna; 410 000 Ew. – Im 8. Jh. v. Chr. als griech. Kolonie *Katane* gegr.
Catanzaro, ital. Stadt im mittleren Kalabrien. Hptst. der gleichn. Prov. u. der Region Kalabrien, 110 000 Ew.
Catch-as-catch-can [kætʃ æz kætʃ kæn], von Berufsringern *(Catchern)* ausgeübtes Freistilringen, wobei jeder Griff (außer wenigen lebensgefährlichen) erlaubt ist.
Catchup [ˈkætʃʌp] →Ketchup.
Catechine, organ.-chem. Verbindungen, Grundkörper natürlicher Gerbstoffe.
Catgut [ˈkætgʌt] →Katgut.
Cathedra, der Bischofsstuhl; →ex cathedra.
Cather [ˈkæθə], Willa Sibert, *1873, †1947, US-amerik. Schriftst.; beschrieb das Leben der Pioniere im Mittelwesten der USA.
Catilina, Lucius Sergius, *um 108 v. Chr., †62 v. Chr., röm. Adliger; Anführer einer Verschwörung gegen den Senat. Seine Pläne wurden von *Cicero* aufgedeckt.
Cato, 1. Marcus Pórcius *C. Censorius, C.d. Ä.,* *234 v. Chr., †149 v. Chr., röm. Politiker; Verfechter altröm. Tugenden, scharfer Gegner Karthagos. – **2.** Marcus Porcius *C. Uticensis, C.d. J.,* Urenkel von 1), *95 v. Chr., †46 v. Chr., röm. Politiker; entschiedener Republikaner, Gegner *Cäsars;* beging nach dessen Sieg bei Thapsus Selbstmord.
Cattaro, ital. Name von →Kotor.
Cattenom [katˈnɔ̃], frz. Gemeinde in Lothringen, 2200 Ew.; Kernkraftwerk.
Cattleya, Orchideengattung des trop. Amerika.
Catull, Gaius Valerius Catullus, *um 84 v. Chr., †um 54 v. Chr., röm. Dichter (erot. Gedichte, Elegien, Epigramme).
Cauchy [koˈʃi], Augustin Louis, *1789, †1857, frz. Mathematiker; arbeitete u. a. über Funktionen- u. Zahlentheorie.
Caudillo [-ˈdiljo], polit. Machthaber in Lateinamerika; in Spanien offizieller Titel des Diktators *Franco.*
Causerie [koːsəˈriː], Plauderei. – **Causeur** [koːˈsøːr], Plauderer.
Caux [ko], schweiz. Kurort bei Montreux, 350 Ew.; ehem. europ. Zentrum der Bewegung für Moralische Aufrüstung.
Cavaco Silva, Aníbal, *15.7.1939, port. Politiker, Vors. der (liberalen) Sozialdemokr. Partei, seit 1985 Min.-Präs.
Cavalcanti, Guido, *um 1255, †1300, ital. Dichter; Begr. des »süßen neuen Stils« mit einer höf.-idealist. Liebesauffassung.
Cavaliere, der ital. Ritter (eines Ordens).
Cavalieri, Francesco Bonaventura, *1598, †1647, ital. Mathematiker u. Astronom; entdeckte das *Cavalierische Prinzip,* nach dem Körper, die in gleichen Höhen inhaltsgleiche Querschnitte haben, inhaltsgleich sind.
cave canem [lat.], »Hüte dich vor dem Hund!«
Cavendish [ˈkævəndɪʃ], Henry, *1731, †1810, brit. Naturwissenschaftler; entdeckte den Kohlendioxid u. den Wasserstoff, bestimmte die Gravitationskonstante.
Caventou [-vãˈtu], Josef, *1795, †1877, frz. Chemiker; entdeckte zusammen mit J. *Pelletier* die Alkaloide Chinin, Strychnin u. Brucin; Mitbegr. der Alkaloidchemie.
Cavour [kaˈvuːr], Camillo Graf *Benso di C.,* *1810, †1861, ital. Politiker; seit 1852 Min.-Präs. von Piemont-Sardinien; führte mit Unterstützung Frankreichs 1861 die nationale Einigung Italiens herbei.
Caxton [ˈkækstən], William, *um 1421, †1491, erster engl. Buchdrucker.
Cayapo, Indianerstamm der Zentral-Ge am Araguaia-Tocantins.
Cayenne [kaˈjɛn], Hptst. u. wichtigster Hafen von Frz.-Guyana (S-Amerika), 38 000 Ew.; früher Strafkolonie.
Cayennepfeffer [kaˈjɛn-], *Capsicum frutescens,* scharfes Gewürz aus den gemahlenen Beerenfrüchten eines trop. *Nachtschattengewächses.*
Cayman Islands [ˈkɛimən ˈailəndz], *Cayman-Inseln,* brit. Inseln (Kronkolonie mit beschränkter Selbstverwaltung) im Karib. Meer, südl. von Kuba, 259 km², 24 000 Ew. (meist Mulatten), Hptst. *Georgetown* (3000 Ew.); Fischerei, Tourismus.
Cayman-Rücken [ˈkɛimən-], untermeer. Schwelle zwischen S-Kuba u. Belize.
CB-Funk, Abk. für engl. *Citizen Band,* »Bürgerwelle«, stationäre oder bewegl. Sprechfunkanlage mit kleiner Leistung u. geringer Reichweite, für die keine Funklizenz erforderlich ist.
Cd, chem. Zeichen für *Cadmium.*
CD, 1. Abk. für frz. *Corps diplomatique,* »diplomat. Korps«, Autokennzeichen für ausländ. Diplomaten. – **2.** Abk. für →Compact Disc.
CD-ROM →Compact Disc.
CDU →Christlich Demokratische Union.
Ce, chem. Zeichen für *Cer.*
Ceaușescu [tʃeauˈʃesku], Nicolae, *1918, †1989 (hingerichtet), rumän. Politiker (Kommunist); seit 1965 Parteichef, seit 1967 Staatsoberhaupt (1974 Präs.); 1989 gestürzt.
Cebotari [tʃeboˈtari], Maria, *1910, †1949, östr. Sängerin (Sopran).
Cebú [tseˈbu], 210 km lange, bis 800 m hohe philippin. Insel nördl. von Mindanao, 5088 km², 2,1 Mio. Ew., Hptst. *C.*
Cédille [seˈdijə], Häkchen unter einem Buchstaben zur Kennzeichnung einer bes. Aussprache; z.B. frz. ç = [s], rumän. ş = [ʃ].

Celebes: Dorf im zentralen Hochland

Cefalù [tʃe-], ital. Hafenstadt an der N-Küste Siziliens, 13 000 Ew.
Cela [ˈθela], Camilo José, *11.5.1916, span. Schriftst. (Gedichte, Erzählungen, Romane). Nobelpreis 1989.
Celan, Paul, eigtl. P. *Antschel,* *1920, †1970 (Selbstmord), dt. Dichter u. Übersetzer; schrieb hermetische Lyrik. Ⓦ »Todesfuge«.
Celebes, indones. *Sulawesi,* drittgrößte Insel Indonesiens, zwischen Borneo u. den Molukken, 189 035 km², 12 Mio. Ew.; Hafen- u. Handelsstädte: *Makasar, Manado* u. *Gorontalo.* – **C.-See,** zentraler Teil des Australasiat. Mittelmeers, zwischen Borneo, Mindanao u. C., bis -5520 m.
Celesta [tʃe-], Stahlplattenklavier auf hölzernen Resonanzkästen; mit Hämmerchen angeschlagen.
Celibidache [tʃelibiˈdake], Sergiu, *28.6.1912, rumän. Dirigent; leitete u. a. die Münchner Philharmoniker.
Céline [seˈliːn], Louis-Ferdinand, eigtl. L.F. *Destouches,* *1894, †1961, frz. Schriftst. (naturalist. Romane); Antisemit u. Kollaborateur.

Cashewnüsse

Cella, das Innerste u. Allerheiligste des antiken Tempels mit dem Gottesbild.
Celle, niedersächs. Krst. an der Aller, im S der Lüneburger Heide, 72 000 Ew.; herzogl. Schloß, Altstadt mit Fachwerkhäusern.
Cellini [tʃe-], Benvenuto, *1500, †1571, ital. Goldschmied u. Bildhauer. Seine Autobiographie (dt. von Goethe) ist ein bed. Zeugnis der Renaissance-Kultur.
Cello [′tʃe-] →Violoncello.
Cellophan →Zellglas.
Celluloid, *Zelluloid,* aus Dinitrocellulose u. Kampfer hergestellter, elast., durchsichtiger u. verformbarer Kunststoff; feuergefährlich; heute weitgehend durch andere Kunststoffe ersetzt.

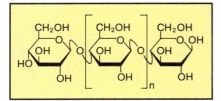

Cellulose: Das kettenförmige Makromolekül setzt sich aus 1,4-β-glykosidisch gebundenen Glucoseeinheiten zusammen. Die Molekulargewichte schwanken nach Herkunft, Vorbehandlung oder Verarbeitung zwischen 50 000 und 500 000. Die Einheit n kann sich bis zu 3000mal wiederholen

Cellulose, *Zellulose,* aus Glucose aufgebautes Polysaccharid, die am häufigsten vorkommende organ.-chem. Verbindung; Hauptbestandteil der pflanzl. Zellwände (z. B. im Holz, in Baumwollfasern). Aus Holz gewonnene C. ist *Zellstoff.*
Celsius, Anders, *1701, †1744, schwed. Astronom; schlug 1742 die 100 °-Teilung des Thermometers vor *(C.-Skala).*
Celsus, Aulus Cornelius, röm. Schriftst., 1. Jh. n. Chr.; schrieb eine Enzyklopädie, aus der 8 Bücher über Heilkunst erhalten sind.
Celtis, Konrad, eigtl. K. *Bickel* oder *Pickel,* *1459, †1508, dt. Humanist u. nlat. Dichter (Gedichte, Festspiele, Lehrwerke).
Cembalo [′tʃɛm-], kurz für *Clavicembalo,* der bes. für die Musik des 16.–18. Jh. verwendete *Kielflügel* (*Kielklavier*); ab 1750 durch das *Hammerklavier* abgelöst.
Cendrars [sã′dra:r], Blaise, eigtl. Frédéric *Sauser,* *1887, †1961, frz. Schriftst. (Lyrik, Romane).
Ceneri [′tʃe-], *Monte C.,* Bergzug u. Paß (553 m) im südl. schweiz. Kt. Tessin; untertunnelt von der Gotthard-Bahn.
Cent [sɛnt], Münzeinheit in den USA (seit 1792: 100 C. = 1 Dollar) u. im Währungsgebiet des US-Dollars, in Kanada, Australien, Neuseeland, in vielen Ländern des Sterlingblocks, in den Ndl. (seit 1816: 100 C. = 1 Gulden) u. im Währungsgebiet des holländ. Gulden, in Äthiopien, Taiwan, Liberia u. Tansania.
Centavo [port. sẽta:vu; span. θen′ta:vɔ], Münzeinheit in Portugal u. im Währungsgebiet des port. Escudo, in den meisten süd- u. mittelamerik. Staaten sowie auf den Philippinen; 1/100 der jeweiligen Landeswährung.
Centime [sã′ti:m], Münzeinheit in Frankreich u. im Währungsgebiet des frz. Franc, in Belgien, Luxemburg, Haiti, Algerien u. Marokko; 1/100 der jeweiligen Landeswährung.
Céntimo [′θen-], Münzeinheit in Spanien u. im Währungsgebiet der span. Peseta, in Costa Rica, Paraguay u. Venezuela; 1/100 der Landeswährung.
CENTO, Abk. für engl. *Central Treaty Organization,* seit 1959 Name für den (1955 gegr.) *Bagdad-Pakt.* Diesem Verteidigungsbündnis gehörten der Iran, Großbritannien, die Türkei u. Pakistan an; bis 1959 Irak. 1979 aufgelöst.
Cephalopoda →Kopffüßer.
Cepheiden, *Kepheiden,* pulsierende Sterne, die sich infolge innerer Instabilitäten in regelmäßigem Rhythmus aufblähen u. zusammenziehen, wodurch ihre Leuchtkraft schwankt.
Cer, *Cerium,* ein chemisches Element.
Ceram, C. W., eigtl. Kurt W. *Marek,* *1915, †1972, dt. Schriftst. (populärwiss. Darstellungen).
Ceres, 1. röm. Göttin der Feldfrüchte. – 2. der größte der →Planetoiden.
Cerkarie, *Zerkarie,* die geschwänzte Larve der digenetischen Saugwürmer.

Cermets [′sə:mɛts], Werkstoffe, die aus einem Metall u. einer keram. Komponente bestehen.
CERN, Abk. für frz. *Conseil* (auch *Centre*) *européen pour la recherche nucléaire,* das Europ. Kernforschungszentrum in Meyrin bei Genf; gemeinsam unterhalten von mehreren europ. Staaten; betreibt Forschungen zur Physik der Elementarteilchen (größter Teilchenbeschleuniger der Welt in 27 km langem Ringtunnel).
Cerro de Pasco [′θɛr-], Hptst. des peruan. Dep. Pasco, 4360 m ü. M. (höchstgelegene Stadt der Erde), 65 000 Ew.; Silber-Blei-Zink-Kupferminen.
Cervantes Saavedra [θɛr-], Miguel de, *1547, †1616, span. Schriftst.; sein Hptw., der Roman »Don Quijote«, urspr. als Parodie auf die Ritterromane angelegt, wurde zum Gesellschaftsbild u. zum überzeitl. Bild des Menschen, wobei sich Idealismus u. Realismus in den Gestalten des Ritters Don Quijote u. seines Stallmeisters Sancho Pansa gegenüberstehen. C. S. schrieb auch Novellen u. Komödien.
Cervelatwurst [sɛr-], Dauerwurst aus feingehacktem Schweine- u. Rindfleisch mit Speck.
Césaire [se′zɛ:r], Aimé, *25.6.1913, afrokaribischer Schriftst.; prägte den Begriff *Négritude;* schreibt in frz. Sprache (Lyrik, Dramen, Prosa).
Cesena [tʃe-], ital. Stadt in der Region Emilia-Romagna, am Savio, 90 000 Ew.
Cesti [′tʃe-], Marc′ Antonio, *1623, †1669, ital. Komponist; gab der Oper durch den größeren Anteil von Arien u. Chören stärkeres musikal. Gewicht.
Cestius-Pyramide, Grabmal des röm. Prätors u. Volkstribunen Gaius **Cestius** (†12 v. Chr.) vor der Porta S. Paolo in Rom.
Cetan, ein Kohlenwasserstoff. – Die *C.zahl,* Abk. **CZ,** kennzeichnet die Zündwilligkeit eines Dieselkraftstoffs.
Cetinje, Stadt in Montenegro, sö. von Kotor, 14 000 Ew.; 1851–1918 Hptst. des Fürstentums bzw. Königreichs Montenegro.
Ceuta [′θeuta], arab. *Sebta,* span. verwaltete Hafenstadt im nördl. Marokko, gegenüber von Gibraltar, 70 000 Ew.
Čevapčiči [tʃe′vaptʃitʃi], stark mit Knoblauch gewürzte gegrillte Hackfleischröllchen.
Cevennen [se-], der gebirgsartige, 1500 m hohe Abbruch des frz. Zentralplateaus zum Rhône-Becken; zw. Ardèche im N u. Herault im S; Klimascheide zw. dem atlant. W u. dem mediterranen O, mit dem Fallwind *Mistral.* – Der Aufstand der seit 1685 verfolgten Protestanten führte zum *C.krieg* 1702–10.
Ceylon [′tsailon] →Sri Lanka.
Ceylongarn, Garn aus Kokos für Teppiche, Matten u. ä. Gewebe.
Cézanne [se′zan], Paul, *1839, †1906, frz. Maler; zunächst Impressionist, wurde dann mit seinem eigenen Stil (Formverfestigung, flächiger Farbauftrag, Reduzierung der Räumlichkeit) zum Wegbereiter moderner Richtungen (Kubismus, Konstruktivismus).
Cf, chem. Zeichen für *Californium.*
CGS-System →absolutes Maßsystem.
Chaban-Delmas [ʃa′bãdɛl′mas], Jacques, *7.3.1915, frz. Politiker (Gaullist); 1969–72 Premierminier.
Chabarowsk [xa-], Kraj-Hptst. im Fernen Osten Rußlands, an der Mündung des Ussuri in den Amur, 680 000 Ew.
Chablis [ʃa′bli], in Niederburgund gewachsener weißer Burgunderwein.
Chabrol [ʃa′brɔl], *24.6.1930, frz. Filmregisseur der »Neuen Welle«.
Cha-cha-cha [′tʃatʃatʃa], kuban. Tanz heiteren Charakters, lateinamerik. Gesellschaftstanz.
Chaco [′tʃako] →Gran Chaco.
Chaco-Krieg [′tʃako-], Krieg zwischen Bolivien u. Paraguay 1932–35. Bolivien, das im *Salpeterkrieg* seinen Zugang zum Meer verloren hatte, versuchte, sich durch das Gebiet des *Gran Chaco* nach SO auszudehnen. Im Frieden von Buenos Aires (1938) wurde der größte Teil des strittigen Gebietes Paraguay zugesprochen.
Chaconne [ʃa′kɔn], aus einem span. Reigentanz hervorgegangener Variationensatz der Barocksuite über einem Basso ostinato.
Chadidscha, †um 619, erste Frau *Mohammeds.*
Chadli [ʃa-], Bendjedid, *14.4.1929, alger. Politiker; seit 1979 Staats-Präs.; 1992 zurückgetreten.
Chadwick [′tʃædwik], Sir James, *1891, †1974, engl. Physiker; entdeckte das *Neutron;* Nobelpreis 1935.

Cervantes: Don Quijote und Sancho Pansa; Buchillustration von Honoré Daumier

Chagall [ʃa′gal], Marc, *1887 oder 1889, †1985, frz. Maler russ. Herkunft; schuf visionäre, von russ. Folklore u. ostjüd. Glaubensmystik inspirierte Bilder; auch Gobelins u. Glasfenster.
Chagas-Krankheit [′tʃa-], in Mittel- u. Südamerika vorkommende Infektionskrankheit; Erreger: das von Wanzen übertragene *Trypanosoma cruzi.*
Chagrinleder [ʃa′grɛ̃-], Leder, dem Narbenmuster anderer Lederarten maschinell aufgeprägt sind (z. B. Eidechsnarben auf Rindsleder).
Chain [tʃein], Ernst Boris, *1906, †1979, brit. Biochemiker; Mitentdecker des Penicillins; Nobelpreis für Medizin u. Physiologie 1945 (mit A. *Fleming* u. H. W. *Florey*).
Chaireddin Barbarossa →Cheir ed-Din.
Chairman [′tʃɛəmən], Vorsitzender, Präsident.
Chaironeia, *Chäronea,* antike Stadt (heute Dorf) in Böotien; 338 v. Chr. Sieg *Philipps II.* von Makedonien über die Athener u. Thebaner.
Chaiselongue [ʃɛ:z′lɔ̃g], Ruhesofa ohne Rückenlehne.
Chakassen, Turkvölker (60 000) westl. des Jenissej, hierzu die *Katschiner, Beltyren, Sagajer* u. *Koibalen.* – **Chakassien,** Republik im S des Kraj Krasnojarsk (Rußland), 61 900 km², 570 000 Ew., Hptst. *Abakan.*
Chalcedon [kaltse′do:n], *Chalcedon* →Edelsteine.
Chalcedon [çal′tse:dɔn], antike Stadt am Bosporus (heute *Kediköy*); Ort des *4. Ökumen. Konzils* (451), das die Lehre von den »zwei Naturen« Christi verkündete u. den Patriarchen von Konstantinopel für gleichrangig mit dem Bischof von Rom erklärte (von Rom nicht anerkannt).
Chaldäa [kal-], antiker Landschaftsname, urspr. nur für das südl. Mesopotamien, später für ganz Babylonien üblich. – **Chaldäer,** ein aramäisches Volk, das von 1000 v. Chr. an in Babylonien eindrang u. Staaten bildete. König *Nebukadnezar II.* (605–562 v. Chr.) errichtete das letzte babylon. Großreich. Der letzte König der C.-Dynastie, *Na-*

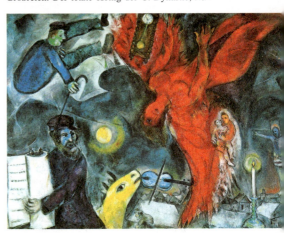

Marc Chagall: Der Sturz des Engels. Basel, Öffentliche Kunstsammlung

chaldäische Kirche

bonid (555–539 v. Chr.), unterlag dem Perser Kyros II.
chaldäische Kirche [kal-] →Nestorianer.
Chalkidhiki, *Chalkidike,* gebirgige Halbinsel in Grch.-Makedonien; löst sich im S in 3 schmale Arme auf: *Athos* (Mönchsrepublik), *Sithonia* u. *Kassandra;* Hauptort *Polygyros.*
Chalkis, Hptst. der grch. Insel *Euböa,* 45 000 Ew.
Chalkogene [çal-], die Elemente der VI. Hauptgruppe des Periodensystems der Elemente: Sauerstoff, Schwefel, Selen u. Tellur.
Challenger ['tʃælindʒə], US-amerik. Raumtransporter, der am 28.1.1986 explodierte; die 7 Astronauten starben.
Challenger-Tiefe ['tʃælindʒə-], vom engl. Vermessungsschiff »Challenger« im Marianengraben im Westpazif. Ozean gelotete Tiefe von 10 863 m.
Châlons-sur-Marne [ʃa'lɔ̃ syr 'marn], NO-frz. Stadt in der Champagne, Hptst. des Dép. Marne, 54 100 Ew.; das antike *Catalaunum,* nach der die *Katalaunischen Felder* benannt sind.
Chalon-sur-Saône [ʃa'lɔ̃ syr 'so:n], O-franz. Ind.- u. Handelsstadt im Dép. Saône-et-Loire, 52 700 Ew.
Chalosse [ʃa'lɔs], SW-franz. Ldsch. in der *Gascogne, Zentrum Dax.*
Cham [ka:m], bay. Krst. in der Oberpfalz, am Regen, im nördl. Bay. Wald, 17 000 Ew.
Chamäleons [ka-], auf Bäumen lebende Echsen, die ihre Beute mit der körperlangen klebrigen Zunge ergreifen. Die Hautfarbe wird der Umgebung angepaßt u. ändert sich bei Erregung rasch. Verbreitung: Mittelmeerländer, Afrika, Indien.
Chamberlain, 1. Austen, Sohn von 3), *1863, †1937, brit. Politiker (Konservativer); 1924–29 Außen-Min., beteiligt am Abschluß des Locarno-Pakts; Friedensnobelpreis 1925 (mit C.G. *Dawes*). – **2.** Houston Stewart, * 1855, † 1927, engl.-dt. Schriftst.; Schwiegersohn R. *Wagners;* vertrat die Ideologie von der Überlegenheit der nord. Rasse. – **3.** Joseph, * 1836, † 1914, brit. Politiker (Liberaler, dann Konservativer); betrieb bes. als Kolonial-Min. (1895–1903) eine imperialist. Politik. – **4.** Neville, Sohn von 3), * 1869, † 1940, brit. Politiker (Konservativer); 1937–40 Premiermin., nachgiebig gegenüber den Forderungen Hitlers *(Appeasement),* schloß 1938 das Münchner Abkommen. – **5.** Owen, * 10.7.1920, US-amerik. Physiker; wies die Existenz des Antiprotons nach; Nobelpreis 1959 (mit E. *Segrè*).
Chambertin [ʃãbɛr'tɛ̃], in Hochburgund gewachsener roter Burgunderwein.
Chambéry [ʃãbe'ri], SO-frz. Stadt, alte Hptst. *Savoyens,* Sitz des Dép. Savoie, 53 500 Ew.; Erzbischofssitz.
Chambord [ʃã'bɔ:r], das größte der frz. Renaissance-Schlösser im Gebiet der Loire; von *Franz I.* 1519–37 erbaut.
chambrieren [ʃã-], Rotwein auf Zimmertemperatur bringen.
Chamfort [ʃã'fɔ:r], Nicolas, * 1741, † 1794 (Selbstmord), frz. Schriftst. (kulturkritische Aphorismen); einer der *Moralisten.*
Chamisso [ʃa-], Adalbert von, * 1781, † 1838, dt. Schriftst. frz. Herkunft (Balladen, Märchennovelle »Peter Schlemihl«); nahm als Botaniker 1815–18 an der russ. Weltumsegelung unter O. von Kotzebue teil.
Chamois [ʃa'mwa], **1.** gelbbrauner Farbton. – **2.** →Sämischleder.
Chamonix-Mont-Blanc [ʃamɔ'ni mɔ̃'blã], südost-französ. Luftkurort in Savoyen, am Fuß der Mont-Blanc-Kette, 9000 Ew.
Chamorro [tʃa'mɔrro], *Barrios de C.,* Violeta, * 18.12.1929, nicaraguan. Politikerin; Hrsg. der oppositionellen Zeitung »La Prensa«; wurde 1990 als Vertreterin des Oppositionsbündnisses UNO zur Staats-Präs. gewählt.
Champagne [ʃã'panjə], NO-frz. Ldsch. im Pariser Becken; in der westl. *Champagne »trockenen C.«* Weinbau (berühmte Wein- u. Sektkellereien in Epernay u. Reims).
Champagner [ʃã'panjər], Bez., die nur Schaumweine aus Weinen der *Champagne* führen dürfen.
Champignon ['ʃãpinjɔ̃], ein Blätterpilz, beliebter Speisepilz. Die wichtigsten Arten sind *Feld-* u. *Wald-C.* C.s werden auch in Kellern gezogen.
Champion ['tʃæmpjən], erfolgreicher Sportler, Meister einer Sportart.
Champlain Lake C. [lɛik tʃæm'plɛin], 190 km

Dreihorn-Chamäleon

langer, schmaler See in den USA-Staaten New York u. Vermont, 1100 km².
Champollion [ʃãpɔ'ljɔ̃], Jean François, * 1790, † 1832, frz. Ägyptologe; entzifferte die Hieroglyphen (1822) u. begr. die Ägyptologie.
Champs-Élysées [ʃãzeli'ze], *Avenue des C.,* Prachtstraße in Paris, von der *Place de la Concorde* bis zur *Place Charles de Gaulle* mit dem Triumphbogen.
Chamsin, Wüstenwind aus S, bes. in Ägypten u. Arabien.
Chan, 1. *Han,* Karawanserei, Herberge im Orient. – **2.** →Khan.
Chance [ʃãs], günstige Gelegenheit.
Chancellor ['tʃa:nslə], Kanzler; *C. of the Exchequer,* der brit. Schatzkanzler (Finanz-Min.).
Chanchan [tʃan'tʃan], die größte Ruinenstätte des vorkolumb. Amerika, unweit der Stadt *Trujillo* in Peru, die ehem. Hptst. der *Chimú.*
Chandigarh [tʃan'di:gar], nach den Plänen *Le Corbusiers* entworfene Hptst. der ind. Staaten Panjab u. Haryana, zugleich Unionsterritorium, am Fuß des Himalaya, 380 000 Ew.
Chandler ['tʃændlə], Raymond, * 1888, † 1959, US-amerik. Schriftst. (realist., psycholog. Kriminalromane).
Chanel [ʃa'nɛl], Gabrielle, gen. »Coco«, * 1883, † 1971, frz. Modeschöpferin.
Changchun [tʃaŋtʃyn], Hptst. der chin. Prov. Jilin (Mandschurei), 2 Mio. Ew.; Zentrum der chin. Filmproduktion, Maschinenbau (LKW-Fabrik). – 1932–45 als Sinking (Xinjing) Hptst. des ehem. Kaiserreichs *Mandschukuo.*
Change [ʃãʒ, frz.; tʃɛindʒ, engl.], Veränderung, Wandel, Geldwechsel.
Changeant [ʃã'ʒã], in verschiedenen Farben schillerndes Gewebe.
Chang Jiang [tʃaŋ djiaŋ], *Jangtsekiang, Yangtze Kiang,* längster Fluß Chinas, 5472 km, entspringt in Osttibet, mündet nw. von Schanghai ins ostchines. Meer, 2700 km schiffbar.
Changsha [tʃaŋʃa], Hptst. der südchines. Prov. Hunan, am Xiang Jiang, 1,2 Mio. Ew., vielfältige Ind.
Changzhou ['tʃaŋ'dʒou], 1912–49 *Wujin,* chin. Stadt nw. von Wuxi, 450 000 Ew.; vielfältige Ind., Hafen am Großen Kanal.
Chania ['ça-], das antike *Kydonia,* Hafenstadt an der N-Küste Kretas, 39 000 Ew.
Chanson [ʃã'sɔ̃], Sololied mit Begleitung, witzigkabarettist., auch sentimental.
Chantilly [ʃãti'ji], nordfranzös. Stadt in der Île-de-France, nordöstl. von Paris, 11 000 Ew.
Chanukka, jüd. Fest zur Erinnerung an die Wiederherstellung des Jerusalemer Tempels (165 v. Chr.), im Dezember 8 Tage lang gefeiert.
Chaos, Durcheinander, Wirrwarr; urspr. der ungeordnete Anfangszustand der Welt. In der **Physik** die Erscheinung bei bestimmten Systemen, daß beliebig kleine Veränderungen der Ausgangsbedingungen das Endergebnis so stark beeinflussen, daß es nicht mehr berechenbar wird (z.B. atmosphär. Wetterbedingungen; System von harten Kugeln, mit denen Lottozahlen bestimmt werden).
Chaoten, abschätzige Bez. für nicht durch Parteidisziplin gebundene Linksextremisten.
Chaplin ['tʃæplin], Sir (1975) Charles (Charlie), * 1889, † 1977, engl. Filmschauspieler, -autor u. -regisseur; 1910–52 in den USA tätig; größter Komiker des Stummfilms. W »Goldrausch«, »Lichter der Großstadt«, »Moderne Zeiten«, »Der große Diktator«, »Monsieur Verdoux«, »Ein König in New York«.

chaptalisieren [ʃap-], bei der Weinbereitung einem zuckerarmen Most Zucker zusetzen (Trockenzuckerung).
Charakter [ka-], die seelisch-geistige Eigenart des Menschen, Inbegriff der typ. Merkmale der Persönlichkeit; daneben C. als durch Erziehung u. Selbsterziehung gebildete »Gestalt des Willens« (J.F. Herbart); hierauf beziehen sich Ausdrücke wie *C.stärke, C.schwäche, C.losigkeit.* Der Begriff C. wird meist abgelöst durch den der Persönlichkeit, der zusätzlich die spezifischen Wirkungen der Umwelt auf das Individuum umfaßt. – **Charakteristik,** Kennzeichnung, treffende Schilderung einer Person oder Sache. – **C.rolle,** Bühnengestalt mit bes. ausgeprägtem C. – **C.stück,** ein Schauspiel, dessen Handlung sich bes. aus dem C. der Hauptfigur entwickelt; z.B. Molières »Der eingebildete Kranke«. In der Musik eine Komposition mit einem einheitl. Ausdruck.
Charcot [ʃar'ko], Jean Martin, * 1825, † 1893, frz. Neurologe; arbeitete über Hysterie u. Hypnose; Mitbegründer der Psychotherapie.
Chardin [ʃar'dɛ̃], **1.** Jean-Baptiste Siméon, * 1699, † 1779, frz. Maler; unter dem Einfluß der Niederländer des 17. Jh. – **2.** →Teilhard de Chardin.
Chardonnet [ʃardɔ'nɛ], Louis-Marie-Hilaire *Bernigaud,* Graf de C., * 1839, † 1924, frz. Chemiker; erfand eine aus Nitrocellulose hergestellte Kunstseide.
Charente [ʃa'rãt], Fluß in W-Frankreich, 361 km; mündet westl. von Rochefort in den Atlantik.
Charge ['ʃarʒə], **1.** Amt, Würde, Rang, militär. Dienstgrad. – **2.** eine kleine, doch für die Gesamthandlung wichtige Bühnenrolle. – **3.** die Beschickung eines metallurg. Ofens, z.B. des Hochofens.
Chargé d'affaires [ʃar'ʒeda fɛ:r], diplomat. Geschäftsträger.
Charidschiten, extremist. religiös-polit. Richtung des Islam; geringe Reste noch in Algerien u. Oman unter dem Namen *Ibaditen.*
Charisma ['ça-], die persönl. Ausstrahlung eines Menschen, die ihn zur Führerschaft befähigt.
Charité [ʃa-], »Barmherzigkeit«, frz. Name von Krankenhäusern, z.B. in Berlin u. Paris.
Charkow ['xarkɔf], Hptst. der gleichn. Oblast im O der Ukraine, 1,6 Mio. Ew.
Charleroi [ʃarl'rwa], belg. Ind.-Stadt in der Prov. Hennegau, an der Sambre, 24 000 Ew.
Charles [tʃa:lz], **1.** Könige von Großbritannien, →Karl. – **2.** C. Philip Arthur George, Prince of Wales, * 14.11.1948, ältester Sohn Königin Elisabeths II., brit. Thronfolger, heiratete 1981 Lady Diana Spencer, von der er seit 1992 getrennt lebt.
Charles, 1. [ʃarl], Jacques Alexandre, * 1746, † 1823, frz. Physiker; konstruierte 1783 einen Luftballon *(Charlière)* mit Wasserstoff als Traggas. – **2.** [tʃa:lz], Ray, eigtl. Ray C. *Robinson,* * 23.9.1932, US-amerik. Jazzmusiker (Gesang, Klavier); als sechsjähriger erblindet; Welthit »What'd I say.«

Charlie Chaplin in »The Gold Rush« (»Goldrausch«), USA, 1925

Chartres mit der berühmten Kathedrale

Charleston [ˈtʃaːlstən], afroamerik. Tanz, seit 1926 Gesellschaftstanz im 4/4-Takt in Europa.
Charleston [ˈtʃaːlstən], **1.** Stadt in South Carolina (USA), Atlantik-Hafen an der *C.-Bucht*, 85 000 Ew.; lange Zeit Metropole der Südstaaten. – **2.** Hptst. von West Virginia (USA), 60 000 Ew.; berühmtes Capitol (1932).
Charleville-Mézières [ʃarlˈviːl meˈzjɛːr], NO-frz. Dep.-Hptst., an der Maas, 59 000 Ew.; metallurg. u. Textil-Ind.
Charlotte [ʃarˈlɔt], *1896, †1985, Großherzogin von Luxemburg 1919–64.
Charlottenburg [ʃar-], westl. Bez. in Berlin; Schloß (1698) mit mehreren Sammlungen; 1705–1920 selbst. Stadt.
Charme [ʃarm], persönl. Anziehungskraft, Liebreiz.
Charmeuse [ʃarˈmøːz], Gewebe mit glänzender Ober- u. stumpfer Unterseite.
Charon [ˈça-], in der grch. Myth. der Fährmann der Unterwelt. Er bringt die Verstorbenen über den Totenfluß *Acheron* oder *Styx*.
Charonea [ç-] → Chaironeia.
Charta [ˈkar-], grundlegende Urkunde im Staats- u. Völkerrecht, z.B. die *C. der Vereinten Nationen*, die → Atlantik-Charta u. die → Magna Charta.
Charta 77, ein 1977 veröffentlichtes Manifest tschechosl. Bürger, die für die Anerkennung der Menschenrechte in ihrem Land eintraten.
Charter [ˈtʃartər], Urkunde, Freibrief.
chartern [ˈtʃar-], ein Schiff oder ein Flugzeug mieten.
Chartisten [tʃar-], revolutionärdemokrat. u. sozialist. Arbeiterbewegung *(Chartismus)* in England zw. 1838 u. 1850.
Chartres [ʃartr], N-frz. Stadt an der oberen Eure, Hptst. des Dép. Eure-et-Loir u. Mittelpunkt der *Beauce*, 38 000 Ew.; seit dem 4. Jh. Bischofssitz; got. Kathedrale (12./13. Jh.).
Chartreuse, *Grande C.* [grãd ʃarˈtrøːz], Mutterkloster des Kartäuserordens in den frz. Kalkalpen, gegr. 1084; auch der dort hergestellte Kräuterlikör.
Charybdis, Meeresstrudel, → Skylla.
Chasaren, Turkvolk im südl. Rußland, vom Ural her eingewandert; im 7.–9. Jh. bed. Reich mit jüd. Staatsreligion.
Chassidismus, eine religiöse Richtung im Judentum, begr. im 18. Jh. in O-Europa; myst. Gegenbewegung gegenüber der rationalist. Nüchternheit des Talmudismus.
Chassis [ʃaˈsi], das Fahrgestell eines Kraftfahrzeugs.
Château [ʃaˈtoː], Schloß, Burg; auch Weingut.
Chateaubriand [ʃatobriˈã], François René Vicomte de, *1768, †1848, frz. Schriftst. u. Politiker; 1823/24 Außen-Min.; führender Frühromantiker (weltschmerzl. Novellen).
Châteauneuf-du-Pape [ʃatonœf dy ˈpap], S-frz. Weinort, südl. von Orange, 2100 Ew.
Châteauroux [ʃatoˈru], mittelfrz. Ind.-Stadt im sw. Berry, Hptst. des Dép. Indre, 60 000 Ew.
Chatham [ˈtʃætəm], S-engl. Hafenstadt an der Themse, östl. von London, 62 000 Ew.; Kriegshafen.
Chatib, islam. Vorbeter u. Prediger.
Chatschaturjan [xa-], *Khatschaturian*, Aram Il-

jitsch, *1903, †1978, armen. Komponist; zeigt eine Vorliebe für Tanzformen u. armen. Folklore.
Chattanooga [tʃætəˈnuːgə], Ind.-Stadt im USA-Staat Tennessee, am Tennessee, 162 000 Ew.; Univ. (1886); Verkehrsknotenpunkt.
Chatten, *Katten*, germ. Stamm zw. Fulda, Eder u. Schwalm. Nachkommen sind wahrsch. die *Hessen*.
Chatterton [ˈtʃætətən], Thomas, *1752, †1770 (Selbstmord), engl. Schriftst.; u.a. mittelalterl. Gedichte nach, die er als echt ausgab.
Chaucer [ˈtʃɔːsə], Geoffrey, *um 1340, †1400, engl. Dichter. Seine Novellensammlung »Canterbury Tales« gilt als Höhepunkt der engl. Literatur des MA.
Chaudeau [ʃoˈdoː], Weinschaumsauce aus Wein, Eiern u. Zucker.
Chauken [ˈçau-], german. Stamm an der Nordseeküste zwischen Ems u. Elbe.
Chauvinismus, 1. die fanatische, meist krieger.-aggressive Steigerung des *Nationalismus*. – **2.** von der radikalen Frauenbewegung gebrauchte Bez. für das Verhalten von Männern, die sich Frauen grundsätzl. überlegen fühlen.
Chaux-de-Fonds → La Chaux-de-Fonds.
Chavin-Kultur [tʃaˈvin-], vorgeschichtl. Kultur in N-Peru, 1200–400 v. Chr.; nach der Ruinenstätte *Chavin de Huántar* benannt.
Checklist [ˈtʃɛklist], die Liste, nach der vor jedem Flugstart Triebwerke, Steuerung u. Bordsysteme überprüft werden.
Checkpoint [ˈtʃɛkpeunt], Grenzkontrollstelle.
Chef de cuisine [ʃɛf də kyiˈsiːn], Küchenchef.
Chef de rang [ʃɛf də ˈrã], Revierkellner.
Chef d'œuvre [ʃɛ ˈdœːvrə], Meisterwerk.
Chefredakteur [ˈʃɛfredaktøːr], verantwortl. Leiter einer Redaktion.
Cheir ed-Din [xai-], *Chaireddin Barbarossa*, *um 1467, †1546, türk. Admiral; beherrschte 1515–35 Algerien; unterstützte mit seiner Flotte 1542/43 Franz I. von Frankreich gegen Karl V.
Chełm [ˈxɛum], O-poln. Stadt östl. von Lublin, 64 000 Ew.; Hptst. der gleichn. Wojewodschaft.
Chełmno [ˈxɛumnə], *Kulmhof*, poln. Dorf nw. von Lodz; 1941–44 nat.-soz. Vernichtungslager: 360 000 Todesopfer.
Chelsea [ˈtʃɛlsi], Stadtteil von London; im 18. u. 19. Jh. Künstlerviertel.

Chemie [çe-], die Lehre von den Stoffen u. Stoffumwandlungen. Sie befaßt sich mit dem Aufbau *(Synthese)*, der Zerlegung *(Analyse)* u. den Veränderungen *(Reaktionen)* von Stoffen u. zählt zu den exakten Naturwiss. In klass. Weise unterscheidet man die *anorganische C.*, die alle Elemente außer Kohlenstoff umfaßt, die *organische C.*, die auch *C. der Kohlenstoffverbindungen* heißt, u. die *physikalische C.*, die sich mit den physikal. Gesetzen bei chem. Reaktionen beschäftigt. Darüber hinaus gibt es Spezialgebiete, bei denen alle drei Hauptformen vertreten sind, z.B. *analytische, physiologische, pharmazeutische, gerichtliche C., Nahrungsmittel-, Agrikultur-, Elektro-, Kunststoff-, Kolloid-C*.
Chemiefasern [çe-], Sammelbez. für Kunstfasern: die vollsynthet. Fasern *(Dralon, Nylon, Perlon, PeCe-Fasern* u. a.), die halbsynthet. Fasern auf Cellulose-Basis u. die Zellwolle. Die C. werden aus Cellulose (Kunstseide, Zellwolle), Kasein (Lanital) oder vollsynthet. aus niedermolekularen Ausgangsstoffen (Synthesefasern) hergestellt; ihre Faserform wird beim Spinnen erhalten; dabei wird der verflüssigte Stoff durch feine Düsen hindurchgepreßt. Der feste Faden entsteht, indem die aus der Spinndüse austretende Flüssigkeit entweder in einem Fällbad fest wird *(Naßspinnen)* oder durch Verdunsten des Lösungsmittels, in dem der Stoff gelöst war *(Trockenspinnen)*, oder durch Abkühlung des im geschmolzenen Zustand versponnenen Fadens *(Schmelzspinnen)*.
Chemigraphie [çe-], Verfahren zur Herstellung von Druckstöcken für den Hoch- u. Flachdruck auf photochem. Wege.
Chemikalien [çe-], auf chem. Wege u. für chem. Zwecke hergestellte Stoffe.
chemische Elemente, kurz *Elemente*, die mit Hilfe chem. Methoden nicht weiter in einfachere Stoffe zerlegbaren Grundbestandteile der Materie; ihre Zahl beträgt gegenwärtig 109. Eine Anordnung der c. E. nach ihren chem. Eigenschaften ist das → Periodensystem der Elemente.
chemische Formeln, die symbol. Darstellung der chem. Verbindungen. Die *Bruttoformel (Summenformel)* zeigt, wieviel Atome welcher Elemente

Wichtige Daten zur Geschichte der Chemie			
Vor Beginn der Zeitrechnung	Gold, Silber, Kupfer, Blei, Eisen, Zinn, Quecksilber, pflanzliche und mineralische Farbstoffe	1861	Kolloide (Th. *Graham*)
11. Jh.	Alkohol durch Destillation	1867	Massenwirkungsgesetz (C. M. *Guldberg*, P. *Waage*)
13. Jh.	Mineralsäuren	1867	Dynamit (A. *Nobel*)
14. Jh.	Schwarzpulver	1868–1871	Periodensystem der Elemente (D. *Mendelejew*, L. *Meyer*)
1530	Begründung der wissenschaftl. Chemie *(Paracelsus)*	1874	Stereochemie (J. H. *van't Hoff*, J. A. *Le Bel*)
1579	Erstes Lehrbuch (A. *Libavius*)	1884	Kunstseide (L. B. *Chardonnet*)
1642	Einführung der Waage bei der Beobachtung chem. Vorgänge (J. *Jungius*)	1887	Dissoziationstheorie (S. *Arrhenius*)
1648	Trockene Destillation von Holz, Steinkohle u. Fetten (J. R. *Glauber*)	1894–1898	Entdeckung der Edelgase (W. *Ramsay*)
1674	Entdeckung des Phosphors (H. *Brand*)	1906	Chromatographie (M. S. *Tswett*)
um 1700	Phlogistontheorie (G. E. *Stahl*)	1907	Bakelit (L. H. *Baekeland*)
1750	Schwefelsäure nach dem Bleikammerverfahren	1908	Ammoniaksynthese (Fr. *Haber*)
1766	Entdeckung des Wasserstoffs (H. *Cavendish*)	1913	Kohlehydrierung (F. *Bergius*)
1771/72	Entdeckung des Sauerstoffs (C. W. *Scheele*)	1913	Atommodell (N. *Bohr*)
1774	Entdeckung des Chlors (C. W. *Scheele*)	1913	Mikroanalyse (Fr. *Pregl*)
1774	Darstellung des Sauerstoffs (J. *Priestley*)	1919	Atomzertrümmerung (E. *Rutherford*)
1777	Theorie der Verbrennung (A. L. *Lavoisier*)	ab 1928	Synthet. Waschmittel
1783	Analyse der Luft (H. *Cavendish*)	1935	Nylon (W. H. *Carothers*)
1798	Begründung der Elektrochemie (J. W. *Ritter*)	1935	Sulfonamide (G. *Domagk*)
1808	Atomtheorie (J. *Dalton*)	1938	Atomkernspaltung (O. *Hahn*, Fr. *Straßmann*)
1818	Dualistische Theorie (J. J. *Berzelius*)	ab 1940	Künstl. Elemente: Transurane
1828	Herstellung von Aluminium (Fr. *Wöhler*)	1954	Synthet. Diamanten
1835	Katalyse (J. J. *Berzelius*)	1960	Chlorophyllsynthese (R. B. *Woodward*)
1839	Vulkanisation des Kautschuks (J. *Goodyear*)	ab 1964	Energiegewinnung durch Atomkernspaltung
1839	Photographie (J. *Daguerre*)	1964	Element 104 (I. *Kurtschatow*)
1842	Gesetz von der Erhaltung der Energie (R. J. *Mayer*)	1968	Synthese von Tetracyclinen (Antibiotika)
ab 1856	Teerfarben–Industrie	1969	Isolierung eines Bakterien-Gens
1858	Organ. Strukturformeln (A. *Kekulé*)	1970	Element 105 synthetisiert
1859	Spektralanalyse (R. W. *Bunsen*, G. S. *Kirchhoff*)	1972	Neuentwicklung der Elektronenspektroskopie u. Hochdruckflüssigkeits-Chromatographie
		1973	Anwendung von Flüssigkristallen
		1973	Kohlevergasung
		1974	Element 106 synthetisiert
		1979	Laserfluorimetrie (R. *Zare* u. a.)
		1981	Totalsynthese eines Interferon-Gens (M. D. *Edge* u. a.)

ein Molekül der betr. Verbindung enthält, z.B. CO_2 (Kohlendioxid). Die *Strukturformel* gibt die Art der Verknüpfung der einzelnen Atome innerhalb des Moleküls an, im vorliegenden Fall: O=C=O. Die *Skelettformel* ist eine graph. Abk. der Strukturformel.

chemische Gleichung, *Reaktionsgleichung,* die in Form einer Gleichung geschriebene symbol. Darstellung einer chem. Reaktion. So besagt z.B. die Gleichung $2H_2+O_2 \rightarrow 2H_2O$, daß sich zwei Moleküle Wasserstoff u. ein Molekül Sauerstoff zu zwei Molekülen Wasser verbinden.

chemische Industrie, die Ind., die sich mit der Umwandlung von natürl. u. mit der Herstellung von synthet. Rohstoffen befaßt; Produkte: anorgan. u. organ. Chemikalien, Pharmazeutika, Farben, Kunststoffe, Chemiefasern u. Waschmittel.

chemische Kampfmittel, chem. Stoffe, die als *Kampfstoffe* die feindl. Soldaten schädigen oder töten (nerven-, haut-, lungenschädigende Kampfstoffe, Augen-, Nasen- u. Rachenreizstoffe), als *Brandstoffe* Menschen u. Sachwerte vernichten (durch Magnesium, Phosphor, Napalm u. a.) oder als *Nebelstoffe* die eigene Truppe tarnen oder den Feind blenden sollen. – Trotz völkerrechtl. Verbote ist es wiederholt zum Einsatz von c. K. gekommen.

chemische Keule, von der Polizei verwendetes Gerät zum Versprühen von Tränengas.

chemische Zeichen, die für die chem. Elemente verwendeten Abkürzungen, z.B. *H* (grch.-lat. Hydrogenium) für Wasserstoff; 1814 von J.J. *Berzelius* eingeführt.

chemisch rein, Bez. für Chemikalien, in denen sich Verunreinigungen mit chem. Reaktionen nicht mehr nachweisen lassen.

chemisch reinigen, Textilien mit fett- u. schmutzlösenden organ.-chem. Lösungsmitteln behandeln.

Chemisette [ʃəmiˈzɛt], gestärkte Hemdbrust an Frack- u. Smokinghemden; weißer Einsatz an Damenkleidern.

Chemnitz, 1953–90 *Karl-Marx-Stadt,* Stadt in Sachsen, Ind.-Zentrum im Steinkohlenrevier zw. C. u. Zwickau, 314 000 Ew.; TU; bed. Textil- u. chem. Ind., Maschinenbau.

Chemosynthese, bei Bakterien der Aufbau organ. Verbindungen (Zucker) aus anorgan. Stoffen (Wasser, Kohlendioxid) mit Hilfe von chem. Energie, die durch Oxidation anorgan. Substanzen gewonnen wird.

Chemotherapie, Behandlung von Infektionskrankheiten u. Krebs mit chem. Mitteln, die die Krankheitserreger bzw. Krebszellen schädigen, für den Wirtsorganismus bzw. die gesunden Zellen aber möglichst unschädlich sind.

Cheney [ˈtʃɛiniː], Richard Bruce, * 30.1.1941, US-amerik. Politiker (Republikaner); 1975–77 Stabschef im Weißen Haus; seit 1978 Abg. im Repräsentantenhaus; 1989–93 Verteidigungs-Min.

Chengde [tʃəŋ-], früher *Jehol,* chin. Stadt in der

Elementname	Zeichen	Ordnungszahl	rel. Atom-Masse	Aggregatzustand	Dichte*	Schmelzpunkt °C	Siedepunkt °C	Halbwertszeit des längstlebigen instabilen Isotops	% Gewichtsanteil**	Entdecker und Entdeckungsjahr
Actinium	Ac	89	227,0278	fest	10,07	1050	3300	21,8a[227]	minimal	Debierne, Giesel 1899
Aluminium	Al	13	26,9815	fest	2,7	660,4	2447	$7,4 \cdot 10^5$[26]	7,30	Oersted 1825
Americium	Am	95	[243]	fest	11,7	994	–	7400a[243]	künstlich	Seaborg, James, Morgan 1945
Antimon	Sb	51	121,75	fest	6,68	630,5	1637	2,7a[125]	$3 \cdot 10^{-5}$	seit dem Altertum bekannt
Argon	Ar	18	39,948	gasförmig	1,784	−189,4	−185,9	265a[39]	minimal	Rayleigh, Ramsay 1895
Arsen	As	33	74,9216	fest	5,73 (grau); 2,0 (gelb); 4,7 (schwarz)		618 (grau)	80,3d[73]	0,0003	seit dem Altertum bekannt
Astat	At	85	[210]	fest		302	377	8,3h[210]	minimal	Corson, Mackenzie, Segré 1940
Barium	Ba	56	137,33	fest	3,76	710	1537	12,8d[140]	0,054	Davy 1808
Berkelium	Bk	97	[247]	fest	–	rd. 1000	–	1380a[247]	künstlich	Seaborg, Thomson, Ghiorso 1949
Beryllium	Be	4	9,01218	fest	1,84	1286	2744	$2,5 \cdot 10^6$a[10]	$6 \cdot 10^{-4}$	Vauquelin 1798
Bismut (früher Wismut)	Bi	83	208,980	fest	9,78	271	1560	$3,7 \cdot 10^5$a[208]	$3 \cdot 10^{-6}$	15. Jahrhundert
Blei	Pb	82	207,2	fest	11,34	327,50	1751	$1,4 \cdot 10^{17}$a[204]	0,002	seit dem Altertum bekannt
Bor	B	5	10,811	fest	2,33	2030	3925	0,76s[8]	0,003	Gay-Lussac, Thénard 1808
Brom	Br	35	79,904	flüssig	3,119	−7,2	58,8	57h[77]	$1,6 \cdot 10^{-4}$	Balard 1825
Cadmium	Cd	48	112,41	fest	8,64	321,11	765	450d[109]	10^{-5}	Stromeyer 1817
Calcium	Ca	20	40,08	fest	1,54	850	1487	$8 \cdot 10^4$a[41]	2,79	Davy 1808
Californium	Cf	98	[251]	fest	15,1; 13,7; 8,7	rd. 900	–	900a[251]	künstlich	Seaborg, Thomson u. a. 1950
Cäsium	Cs	55	132,9054	fest	1,87	28,64	685	$3,0 \cdot 10^6$a[135]	$7 \cdot 10^{-4}$	Bunsen, Kirchhoff 1860
Cer	Ce	58	140,12	fest	6,773	798	3257	284,9d[144]	0,0043	Klaproth 1803
Chlor	Cl	17	35,453	gasförmig	3,214	−101,0	−34,1	$3 \cdot 10^5$[36]	0,19	Scheele 1774
Chrom	Cr	24	51,996	fest	7,2	1903	2642	27,8d[51]	0,019	Vauquelin 1797
Cobalt (früher Kobalt)	Co	27	58,9332	fest	8,9	1494	2880	5,3a[60]	10^{-3}	Brandt 1735
Curium	Cm	96	[247]	fest	13,51; 19,3	1340±40	3110	$1,6 \cdot 10^7$a[247]	künstlich	Seaborg, James, Ghiorso 1944
Dysprosium	Dy	66	162,50	fest	8,559	1407	2335	rd. 10^6a[154]		Lecoq de Boisbaudran 1886
Einsteinium	Es	99	[252]	fest	–	860	–	rd. 140d[252]	künstlich	Thomson, Ghiorso u. a. 1954
Eisen	Fe	26	55,847	fest	7,87	1536	3070	$3 \cdot 10^5$a[60]	3,38	seit dem Altertum bekannt
Element 104 (Unnilquadium)	(Unq)	104	[261]	fest	–	–	–	0,3s[260]	künstlich	sowjet. Gruppe 1964
Element 105 (Unnilpentium)	(Unp)	105	[262]	–	–	–	–	40s[262]	künstlich	US-amerik. Gruppe 1970; UdSSR
Element 106 (Unnilhexium)	(Unh)	106	[263]	–	–	–	–		künstlich	UdSSR 1974; USA
Element 107 (Unnilseptium)	(Uns)	107	[264]	–	–	–	–		künstlich	sowjet. Gruppe 1976; Gesellschaft für Schwerionenforschung 1981
Element 108 (Unniloctium)	(Uno)	108	[265]	–	–	–	–		künstlich	Gesellschaft für Schwerionenforschung 1984
Element 109 (Unnilennium)	(Une)	109	[266]	–	–	–	–		künstlich	Gesellschaft für Schwerionenforschung 1982
Erbium	Er	68	167,26	fest	9,045	1522	2510	9,4d[169]	$2,5 – 6,5 \cdot 10^{-4}$	Mosander 1843
Europium	Eu	63	151,96	fest	5,245	826	1439	16a[154]	10^{-6}	Demarçay 1896
Fermium	Fm	100	[257]	fest	–	–	–	80d[257]	künstlich	Thomson, Ghiorso u. a. 1954
Fluor	F	9	18,9984	gasförmig	1,696	−219,6	−188,1	1,9h[18]	0,066	Moissan 1886
Francium	Fr	87	[223]	fest	–	20	rd. 640	22 min[223]	minimal	Perey 1939
Gadolinium	Gd	64	157,25	fest	7,886	1312	3000	$1,1 \cdot 10^{14}$a[152]	$6,4 \cdot 10^{-4}$	Marignac 1880
Gallium	Ga	31	69,72	fest	5,91	29,78	2227	78h[67]	$1,5 \cdot 10^{-13}$	Lecoq de Boisbaudran 1875
Germanium	Ge	32	72,61	fest	5,33	937,2	2830	287d[68]	$6,7 \cdot 10^{-4}$	Winkler 1886
Gold	Au	79	196,9665	fest	19,3	1064,4	2707	183d[195]	$3 \cdot 10^{-7}$	seit dem Altertum bekannt
Hafnium	Hf	72	178,49	fest	13,36	2220	5200	$2 \cdot 10^{15}$a[174]	$2,8 \cdot 10^{-4}$	Coster, de Hevesy 1923
Helium	He	2	4,0026	gasförmig	0,178	−269,4	−268,9	0,81s[6]	$4,2 \cdot 10^{-7}$	Ramsay 1895
Holmium	Ho	67	164,9304	fest	8,78	1461	2600	$>10^3$a[163]	$1,1 \cdot 10^{-4}$	Cleve 1879
Indium	In	49	114,82	fest	7,30	156,63	2047	2,81d[111]	10^{-5}	Reich, Richter 1863
Iod (früher Jod)	I	53	126,9045	fest	4,93	113,6	184,4	$1,7 \cdot 10^7$a[129]	$6,1 \cdot 10^{-5}$	Courtois 1811
Iridium	Ir	77	192,22	fest	22,4	2447	4350	74d[192]	10^{-7}	Tennant 1804
Kalium	K	19	39,0983	fest	0,86	63,3	753,8	$1,3 \cdot 10^9$a[40]	2,58	Davy
Kohlenstoff	C	6	12,011	fest	3,51 (D); 2,25 (G)	3550 (D); 3600 (G)	4200 (D); 4000 (G)	5736a[14]	0,12	seit dem Altertum bekannt
Krypton	Kr	36	83,80	gasförmig	3,744	−157,2	−153,4	$2,1 \cdot 10^5$a[81]	minimal	Ramsay, Travers 1898
Kupfer	Cu	29	63,546	fest	8,96	1084,5	2595	62h[67]	0,01	seit dem Altertum bekannt
Lanthan	La	57	138,9055	fest	6,16	920	3470	$6 \cdot 10^4$a[137]	$4,4 \cdot 10^{-3}$	Mosander 1839
Lawrencium	Lr	103	[260]	fest	–	–	–	180s[260]	künstlich	US-amerik. Gruppe 1961

Prov. Hebei, 1 Mio. Ew.; ehem. kaiserl. Sommerresidenz mit Palast u. lamaist. Tempel.
Chengdu [tʃəŋ-], Hptst. der chin. Prov. Sichuan, am Min Jiang, 2,7 Mio. Ew.; vielfältige Ind., Verkehrsknotenpunkt; im 3. u. 10. Jh. Hptst. Chinas.
Chénier [ʃe'nje], André, *1762, †1794 (hingerichtet), frz. Dichter; anfangs Anhänger, dann Gegner der Revolution. Oper »André C.« von U. Giordano (1896).
Chenille [ʃə'ni:j], *Raupenschnur*, ein Garn mit samtartigem Aussehen.
Cheops-Pyramide ['çe:-], Grabstätte des ägypt. Königs *Cheops* (*Chufu*, 4. Dynastie, um 2750 v. Chr.) bei Gizeh, die größte Pyramide Ägyptens, urspr. 146,6 m, jetzt noch 137 m hoch.
Chephren-Pyramide ['çe:-], Grabstätte des ägypt. Königs *Chephren* (*Cha'efrê*, 4. Dynastie, um 2700 v. Chr.) bei Gizeh, die zweitgrößte Pyramide Ägyptens, 136,4 m hoch.
Cher [ʃɛ:r], l. Nbfl. der Loire in Mittelfrankreich, 350 km.

Cherbourg [ʃɛr'bu:r], NW-frz. Hafenstadt (Militärhafen) auf der Halbinsel Cotentin, 40 300 Ew.
Chéreau [ʃe'ro:], Patrice, *2.11.1944, frz. Regisseur (avantgardist. Inszenierungen, Filme).
Cherokee ['tʃɛrəki:], *Tscherokesen*, Stamm der Irokesen-Indianer, urspr. Maispflanzer in den Appalachen, heute in Oklahoma.
Cherry Brandy ['tʃɛri'brændi], süßer Kirschlikör.
Cherson [xɛr-], Hptst. der gleichn. Oblast im S der Ukraine, 352 000 Ew.
Chersones [çɛr-], antiker Name mehrerer grch. Städte auf Halbinseln; bes. C. auf der Krim, Blütezeit im 3./2. Jh. v. Chr.
Cherub, im AT ein himml. Wesen; Wächter des Paradieses.
Cherubini [keru'bini], Luigi, *1760, †1842, ital. Komponist; ging 1788 nach Paris u. wurde dort der bedeutendste Vertreter der frz. Oper (»Medea«, »Ali Baba«).
Cherusker, germ. Stamm nördl. vom Harz, zwischen Weser u. Elbe; von den Römern seit 4 n. Chr. unterworfen. Die C. besiegten 9 n. Chr. unter ihrem Fürsten *Arminius* die Römer im Teutoburger Wald.
Cherut, isr. Rechtspartei, gegr. 1948; gehört seit 1973 zum *Likud-Block*.
Chesapeake-Bucht ['tʃɛsəpi:k-], Meeresbucht an der O-Küste der USA (Maryland/Virginia), 320 km lang; Häfen: Baltimore, Washington u. a.
Chester ['tʃɛstə], **1.** Hptst. der mittelengl. Gft. *Cheshire*, am Dee; mittelalterl. Stadtbild; 117 000 Ew. – **2.** Hafenstadt an der Delaware-Bucht in Pennsylvania (USA), nahe Philadelphia, 63 000 Ew.
Chesterfield ['tʃɛstəfi:ld], mittelengl. Ind.-Stadt in Derbyshire, 97 000 Ew.
Chesterkäse ['tʃɛstər-], 45–50%iger Hartkäse aus süßer Vollmilch mit mildem, nußähnl. Geschmack.
Chesterton ['tʃɛstətn], Gilbert Keith, *1874,

Chemische Elemente

Elementname	Zeichen	Ordnungszahl	rel. Atom-Masse	Aggregatzustand	Dichte*	Schmelzpunkt °C	Siedepunkt °C	Halbwertszeit des längstlebigen instabilen Isotops	% Gewichtsanteil**	Entdecker und Entdeckungsjahr
Lithium	Li	3	6,941	fest	0,53	180,55	1317	0,84s[8]	6·10⁻³	Arfvedson 1817
Lutetium	Lu	71	174,967	fest	9,8404	1652	3327	3,3·10¹⁰a[176]	8·10⁻⁵	Urbain, Auer von Welsbach 1907
Magnesium	Mg	12	24,305	fest	1,74	650	1117	21,1h[28]	1,2	Davy, Bussy 1831
Mangan	Mn	25	54,9380	fest	7,41	1244	2095	2·10⁶a[53]	0,064	Gahn 1774
Mendelevium	Md	101	[258]	fest	–	–	–	55d[258]	künstlich	Seaborg, Ghiorso u. a. 1955
Molybdän	Mo	42	95,94	fest	10,22	2620	4800	3,5·10³a[93]	10⁻⁴	Hjelm 1790
Natrium	Na	11	22,98977	fest	0,97	97,82	889	2,6a[22]	2,19	Davy 1807
Neodym	Nd	60	144,24	fest	7,003	1016	3127	5·10¹⁵a[144]	0,0024	Auer von Welsbach 1885
Neon	Ne	10	20,179	gasförmig	0,900	-248,6	-246,1	3,4 min[24]	5·10⁻⁷	Ramsay 1898
Neptunium	Np	93	237,0482	fest	rd. 20	637	rd. 3900	2,2·10⁶a[237]	4·10⁻¹⁷	McMillan, Abelson 1940
Nickel	Ni	28	58,70	fest	8,91	1455	2800	7,5·10⁴a[59]	0,015	Cronstedt 1751
Niobium (früher Niob)	Nb	41	92,9064	fest	8,58	2468	4927	2·10⁴a[94]	1,8·10⁻³	Hatchett 1801
Nobelium	No	102	[259]	fest	–	–	–	58 min[259]	künstlich	Nobel-Inst. Stockholm 1957
Osmium	Os	76	190,2	fest	22,48	2725	4400	2·10¹⁵a[186]	10⁻⁷	Tennant 1804
Palladium	Pd	46	106,4	fest	12,0	1554	3560	6,5·10⁶a[107]	10⁻⁷	Wollaston 1803
Phosphor	P	15	30,97376	fest	2,3 (rot); 1,82 (weiß)	590 (rot); 44,2 (weiß)	725 (rot); 281 (weiß)	25d[33]	0,073	Brand 1669
Platin	Pt	78	195,08	fest	21,5	1772	4300	7·10¹¹a[190]	5·10⁻⁷	De Ulloa 1735
Plutonium	Pu	94	[244]	fest	19,8	640	3327	7,6·10⁷[244]	2·10⁻¹⁹	Seaborg, McMillan u. a. 1940
Polonium	Po	84	[209]	fest	9,196 (α-Po); 9,398 (β-Po)	rd. 250	962	103a[209]	2·10⁻¹⁴	M. Curie 1898
Praseodym	Pr	59	140,9077	fest	6,475	935	3127	13,7d[?]	5,2·10⁻⁴	Auer von Welsbach 1885
Promethium	Pm	61	[147]	fest	7,22	rd. 1068	2460	18a[145]	minimal	Marinsky, Coryell 1945
Protactinium	Pa	91	231,0359	fest	15,34 (α-Pa); 12,13 (β-Pa)	1845	–	3,25·10⁴a[231]	9,0·10⁻¹¹	Hahn, Meitner 1917
Quecksilber	Hg	80	200,59	flüssig	13,55	-38,86	356,7	1,9a[194]	10⁻⁵	seit dem Altertum bekannt
Radium	Ra	88	226,0254	fest	5	700	1525	1620a[226]	7·10⁻¹²	M. Curie 1898
Radon	Rn	86	[222]	gasförmig	10	-71,1	-62,1	3,825d[222]	minimal	Dorn 1900
Rhenium	Re	75	186,207	fest	21,04	3180	5600	7·10¹⁰a[187]	10⁻⁴	W. u. I. Noddack, Berg 1925
Rhodium	Rh	45	102,9055	fest	12,4	1970	3730	3,1a[?]	10⁻⁷	Wollaston 1804
Rubidium	Rb	37	85,4678	fest	1,53	38,8	701	5·10¹¹a[87]	0,011	Bunsen 1860
Ruthenium (früher Ruthen)	Ru	44	101,07	fest	12,3	2500	4110	367d[106]	<10⁻⁷	Claus 1844
Samarium	Sm	62	150,36	fest	7,536	1072	1804	rd. 4·10¹⁴a[149]	6·10⁻⁴	Lecoq de Boisbaudran 1879
Sauerstoff	O	8	15,9994	gasförmig	1,429	-218,8	-183,0	2,1 min[15]	50,5	Scheele 1771/72, Priestley 1774
Scandium	Sc	21	44,9559	fest	2,99	1538	2832	84 d[46]	1,2·10⁻³	Nilson 1879
Schwefel	S	16	32,066	fest	2,07	119	444,6	88d[35]	0,055	seit dem Altertum bekannt
Selen	Se	34	78,96	fest	4,46	217,4	688	6,5·10⁴a[79]	10⁻⁵	Berzelius 1817
Silber	Ag	47	107,868	fest	10,5	961,9	2180	7,5d[111]	6·10⁻⁵	seit dem Altertum bekannt
Silicium	Si	14	28,0855	fest	2,33	1423	2355	rd. 650a[32]	27,5	Berzelius 1823
Stickstoff	N	7	14,0067	gasförmig	1,25	-210,0	-195,8	10 min[13]	0,33	Scheele, Rutherford 1770
Strontium	Sr	38	87,62	fest	2,67	770	1367	28,5a[90]	0,014	Crawford 1790, Davy 1808
Tantal	Ta	73	180,947	fest	16,6	2996	5400	>10¹³a[180]	0,012	Rose 1846
Technetium	Tc	43	[98]	fest	11,5	2140±20	5030	2,6·10⁶a[97]	künstlich	Segré, Perrier 1937
Tellur	Te	52	127,60	fest	6,25	450	1390	1,24·10¹³a[123]	10⁻⁵	Müller 1783
Terbium	Tb	65	158,925	fest	8,229	1356	3123	1,2·10³a[158]	8·10⁻⁵	Mosander 1843
Thallium	Tl	81	204,383	fest	11,85	303,5	1457	3,8a[204]	10⁻⁴	Crookes 1861
Thorium	Th	90	232,0381	fest	11,7	1750	3850	1,4·10¹⁰a[232]	0,001–0,002	Berzelius 1828
Thulium	Tm	69	168,934	fest	9,318	1545	1727	1,92a[171]	10⁻⁶	Cleve 1879
Titan	Ti	22	47,88	fest	4,51	1668	3280	48a[44]	0,43	Klaproth 1795
Uran	U	92	238,0289	fest	19,1	1132,3	3818	4,51·10⁹a[238]	3·10⁻⁴	Klaproth 1789
Vanadium (früher Vanadin)	V	23	50,9415	fest	6,12	1890	3400	6·10¹⁵a[50]	0,014	Sefström 1831
Wasserstoff	H	1	1,0079	gasförmig	0,090	-259,2	-252,8	12,3a[3]	1,02	Boyle, Cavendish 1766
Wolfram	W	74	183,85	fest	19,27	3187	rd. 5900	121d[181]	10⁻⁴	de Elhuyar 1783
Xenon	Xe	54	131,29	gasförmig	5,896	-111,8	-108,1	36,4d[127]	minimal	Ramsay, Travers 1898
Ytterbium	Yb	70	173,04	fest	6,972	816	1196	32d[169]	2,7·10⁻⁴	Marignac 1878
Yttrium	Y	39	88,9059	fest	4,472	1523	3337	106,6d[88]	3·10⁻³	Mosander 1843
Zink	Zn	30	65,39	fest	7,13	419,58	907	245d[65]	0,012	in Europa seit 1600 bekannt
Zinn	Sn	50	118,71	fest	7,30	231,97	2270	10⁵a[126]	4·10⁻³	seit dem Altertum bekannt
Zirkonium	Zr	40	91,22	fest	6,50	1855	4400	1,5·10⁶a[93]	0,014	Berzelius 1824

[] = Radioaktives Element; Atommasse des längstlebigen Isotops
* bei Gasen in g/l bei 0 °C und 1013,25 hPa, bei Flüssigkeiten und Feststoffen in g/cm³
** in der 16 km dicken Erdkruste, einschl. Meere und Lufthülle
(D) = Diamant; (G) = Graphit

a = Jahre
d = Tage
h = Stunden
s = Sekunden
min = Minuten

Chevalier

† 1936, engl. kath. Schriftst. (Erzählungen über den Amateurdetektiv Pater Brown).
Chevalier [ʃəva'lje], Maurice, * 1888, † 1972, frz. Chansonsänger u. Filmschauspieler.
Chevallaz [ʃəva'la], Georges-André, * 7.2.1915, schweiz. Politiker (Freisinniger); 1974–83 Bundesrat (bis 1979 Finanz-, ab 1980 Militär-Dep.); 1980 Bundes-Präs.
Cheviot Hills ['tʃɛvjət-], Gebirgszug an der engl.-schott. Grenze, 816 m; Zucht des langwolligen *Cheviot-Schafs*.
Chevreau [ʃə'vro], auf Hochglanz zugerichtetes Schuhoberleder aus Ziegen- oder Zickelfellen.
Cheyenne [ʃai'ɛn], Algonkin-Indianerstamm der Prärie; heute in Reservaten.
Cheyenne [ʃai'ɛn], Hptst. von Wyoming (USA), 1850 m ü. M., 51 000 Ew.; Viehzuchtzentrum.
Chiang Ching-kuo [dji-], * 1910, † 1988, chin. Politiker, Sohn von *Chiang Kai-shek;* 1978–88 Präs. von Taiwan, leitete eine Liberalisierung ein.
Chiang Kai-shek [dji-], * 1887, † 1975, chin. General u. Politiker; Nachfolger *Sun Yatsens* als Führer der Guomindang, 1928–49 unter wechselnden Titeln Staatschef; unterlag im Bürgerkrieg gegen die Kommunisten u. floh nach Taiwan, dort 1950–75 Präs.
Chiang Mai, Stadt in N-Thailand, 170 000 Ew.; Erdölraffinerie, Teakholzhandel.
Chianti [ki-], *Monti del C.,* ital. Hügellschaft. in der Toskana; auch der dort erzeugte Rotwein.
Chiapas [tʃ'japas], der südl. Bundesstaat von →Mexiko.
Chiasso [ki-], Stadt im schweiz. Kt. Tessin, 9000 Ew.; Grenzstation der Gotthardbahn.
Chiàvari [ki'a:-], ital. Hafenstadt u. Seebad in Ligurien, an der Riviera di Levante, 28 000 Ew.
Chiba, jap. Präfektur-Hptst. östl. von Tokio, 800 000 Ew.; Metall- u. chem. Ind.
Chibcha ['tʃibtʃa], indian. Sprachfam. u. Völkergruppe im südl. Zentral- u. nw. S-Amerika.
Chicago [ʃi'ka:gou], Stadt in Illinois (USA), am SW-Ufer des Michigansees; drittgrößte Stadt der USA, 3,02 Mio. Ew.; mehrere Univ.; zweitgrößtes Wirtschaftszentrum der USA (bes. Eisen- u. Stahlgewinnung, fleischverarbeitende Ind.), größter Eisenbahnknotenpunkt, Mittelpunkt des Luftverkehrs (*O'Hare Field*) u. einer der größten Binnenhäfen der Erde. – 1803 als *Fort Dearborn* gegr.
Chicanos [tʃi-], abwertende Bez. für die Menschen span.-mex. Herkunft im SW der USA.
Chichen Itzá [tʃi'tʃɛnit'sa], Ruinenstadt der *Maya* auf der Halbinsel Yucatán (Mexiko); zu Beginn des 6. Jh. gegr., Blütezeit im 11.–13. Jh.
Chichester ['tʃitʃistə], Hptst. der S-engl. Teilgrafschaft West Sussex, 21 000 Ew.; anglikan. Bischofssitz.
Chicorée ['ʃikore:], *Brüsseler Salat,* bleicher Wintertrieb der *Zichorie,* Verwendung als Gemüse u. Salat.
Chiemsee ['ki:m-], der größte oberbay. See, 80 km², 518 m ü. M.; Inseln: *Herreninsel* mit Schloß *Herrenchiemsee* (1878–85 für Ludwig II. von Bayern erbaut); *Fraueninsel,* Benediktinerinnenkloster; *Krautinsel,* unbewohnt.

Chichen Itzá: El Castillo, um die Wende vom 12. zum 13. Jahrhundert errichtet

Chieti [ki-], ital. Prov.-Hptst. in der Region Abruzzen, 58 000 Ew.; röm. Tempel.
Chiffon [ʃi'fɔ̃], schleierartiges Gewebe.
Chiffre [ʃifr], Zahl, Ziffer, Geheimzeichen; Zeichenkombination anstelle des Namens in Zeitungsanzeigen. – **chiffrieren,** verschlüsseln, in Geheimschrift schreiben.
Chigi ['ki:dʒi], Adelsfamilie in Rom.
Chignon [ʃi'njɔ̃], weibl. Haartracht: ein beutelähnl., mit Kamm befestigter Wulst im Nacken.
Chihuahua [tʃi'ua'ua], größter Bundesstaat →Mexikos.
Childebert ['çil-], Name mehrerer Frankenkönige aus dem Geschlecht der *Merowinger* (6. u. 7. Jh.).
Childerich [çil-], Name mehrerer Frankenkönige aus dem Geschlecht der *Merowinger* (5.–8. Jh.).
Chile, Staat an der Pazifikküste S-Amerikas, 756 945 km², 13,4 Mio. Ew.; Hptst. *Santiago de C.* C. ist gegliedert in 13 Regionen (vgl. Tabelle).

Chile

Landesnatur. Das in NS-Richtung 4275 km lange, aber nur 120–380 km breite Land nimmt den W-Abfall der Anden ein, die sich in eine Haupt- u. Küstenkordillere aufspalten u. das *Chilen. Längstal* einschließen. Im N herrscht Wüstenklima, in der Mitte ist es gemäßigt warm mit Winterregen, der S ist äußerst regenreich, kühl u. dicht bewaldet.
Die Bevölkerung (70% Mestizen, 25% Weiße, 3% Indianer) ist vorw. kath. u. spricht Spanisch. Sie lebt vor allem im Chilen. Längstal, das den wirtsch. Kernraum bildet.
Wirtschaft. Grundlage des Außenhandels ist der Bergbau. C. liegt in der Weltförderung von Kupfer, Natursalpeter u. Jod an erster Stelle. Außerdem werden Eisen, Gold, Kohle u. a. gefördert.

Chile: Verwaltungsgliederung			
Region	Fläche in km²	Einwohner in 1000	Hauptstadt
Aisén del General Carlos Ibáñez del Campo	108 997	80	Coihaique
Antofagasta	125 253	390	Antofagasta
Atacama	74 705	198	Copiapó
Bío-Bío	36 939	1 674	Concepción
Coquimbo	40 656	486	La Serena
La Araucanía	31 946	796	Tenuco
Libertador General Bernardo O'Higgins	16 456	650	Rancagua
Los Lagos	68 247	923	Puerto Montt
Magallanes y Antártica Chilena	132 034	160	Punto Arenas
Maule	30 662	840	Talca
Metropolitana de Santiago	15 549	5 236	Santiago
Tarapacá	58 786	358	Iquique
Valparaíso	16 396	1 382	Valparaíso

Nur 8% der Gesamtfläche können als Ackerland genutzt werden (Anbau von Getreide, Gemüse, Obst, Oliven, Wein). Der S dient der Schafzucht u. der Holzwirtschaft. Wichtig ist auch die Fischerei. – Sehr bedeutsam ist der Inlandsluftverkehr, ferner die Küstenschiffahrt. Die wichtigsten Häfen sind Valparaíso, San Antonio, Antofagasta, Coquimbo u. Iquique.
Geschichte. C., im 16. Jh. von Spanien erobert, wurde 1818 unabh. Rep. Inneren Wirren folgte 1831–71 eine Periode wirtsch. u. polit. Aufbaus. Im *Salpeterkrieg* gegen Bolivien u. Peru (1879–83) gewann C. durch Angliederung der Atacama-Wüste das Weltmonopol in Salpeter. Im 20. Jh. kam es mehrfach zu soz. Unruhen. Der christdemokrat. Präs. E. *Frei* (1964–70) führte soz. Reformen durch. Der Sozialist S. *Allende* (gewählt 1970) erstrebte eine sozialist. Umgestaltung auf parlamentar. Weg; er wurde 1973 vom Militär unter A. *Pinochet* (ab 1974 Präs.) gestürzt. Das anfangs sehr harte Militärregime liberalisierte sich allmählich. Für 1989 wurden Parlaments- u. Präs.-Wahlen angesetzt. 1990 übernahm der Christdemokrat P. *Aylwin* das Präsidentenamt. 1993 nahm C. E. *Honecker* auf. Seit 1994 ist E. *Frei* (Christdemokrat) Präs.
Chilesalpeter ['tʃi:le-], das in Chile u. Peru gewonnene *Natriumnitrat (Natronsalpeter);* Verwendung u. a. als Düngemittel u. als Ausgangsprodukt von Salpetersäure.
Chiliasmus [çi-], die Erwartung eines Tausendjährigen Reichs messianischen Heils.

CHINA Geographie und Geschich[te]

Kegelkarstformen in Südchina

Auf dem Kaiserkanal in Wuxi verkehren die Schiffe in drangvoller Enge

Chicago: Der 1974 fertiggestellte Sears Tower (rechts) dominiert das Stadtbild

Chili con carne ['tʃi-], mex. Nationalgericht aus Rindfleisch, Tomaten u. Zwiebeln, scharf gewürzt.
Chilperich ['çil-], Name mehrerer Frankenkönige aus dem Geschlecht der *Merowinger* (6. u. 8. Jh.).
Chimäre [çi-], **1.** feuerschnaubendes Fabelwesen der grch. Myth., vorn Löwe, in der Mitte Ziege, hinten Drache; allg.: Hirngespinst *(Schimäre)*. – **2.** Pflanze mit genotyp. versch. Geweben; bedingt durch Plastidenspaltung, Mutation, irreguläre Reifeteilung u. a.
Chimborazo, *Chimborasso* [tʃimbo'raso], Vulkanmassiv in der W-Kordillere von Zentralecuador, 6272 m.
China, Staat in O-Asien, 9 560 980 km², 1,13 Mrd. Ew., Hptst. *Peking.* C. ist gegliedert in 22 Provinzen, 5 autonome Regionen, 3 Stadtprovinzen (vgl. Tabelle).

China

Landesnatur. Das Land bricht vom innerasiat. Tibet. Hochland in mehreren steilen Stufen nach O zum Pazifik ab. Der O wird von Mittelgebirgen eingenommen, zwischen die die großen fruchtbaren Becken der Ströme *Huang He, Chang Jiang* u. *Xi Jiang* eingeschaltet sind. Im S liegt das verkarstete S-chines. Bergland, an das sich im NO das fruchtbare Rote Becken von Sichuan anschließt. Der N u. NW wird von wüstenhaften Tafelhochländern eingenommen. – Der NO hat feuchtwarme Sommer u. kalte trockene Winter; im SO herrscht z. T. subtrop. warmes u. feuchtes Klima. Der NW u. N ist sehr trocken mit extremen Temperaturgegensätzen zw. Sommer u. Winter.
Bevölkerung. C. ist der volkreichste Staat der Erde. 94% sind Chinesen, die sich zum Buddhismus u. zur Lehre des Konfuzius bekennen, aber nach Sprache, Kultur u. Rasse ziemlich uneinheitlich sind. Sie leben vorw. im O des Landes (z. T. über 2000 Ew./km²).
Wirtschaft. Die besten Ackerbaugebiete sind die großen Stromebenen im O des Landes. Hauptanbauprodukte sind Sojabohnen, Weizen, Hirse, Baumwolle, Erdnüsse, Reis, Tee u. Süßkartoffeln. In den westl. anschl. Gebieten dominiert die Viehwirtsch. Die Forstwirtsch. liefert Tungöl u. Teakholz. C. ist einer der kohlenreichsten Staaten der Erde. Außerdem besitzt es bed. Eisenerz-, Zinn-, Erdöl-, Mangan- u. Bauxitlagerstätten sowie die größten Wolfram-, Antimon- u. Molybdänvorkommen der Erde. Die wichtigsten Ind.-Zweige sind Eisen- u. Stahlerzeugung, Maschinen- u. Fahrzeugbau, Kunstdüngerherstellung, Textil- u. Erdölind. – Das Eisenbahn- u. Straßennetz ist sehr schlecht ausgebaut, so daß dem weitverzweigten Netz von Binnenwasserstraßen um so größere Bedeutung zukommt. Der wichtigste Überseehafen ist Schanghai. Internat. Flughäfen gibt es in Schanghai, Canton u. Peking.
Geschichte. Die Anfänge der chin. Staatsbildung liegen in der Tiefebene am mittleren Huang He. Histor. faßbar ist erstmals die *Shang*-Dynastie (17.–11. Jh. v. Chr.) mit ausgebildeter Schrift u. Bronzekunst. Unter der *Zhou*-Dynastie zerfiel C. seit dem 8. Jh. v. Chr. in einander bekämpfende Einzelstaaten. Im 5. Jh. v. Chr. entstanden die philosoph. Systeme des Konfuzianismus u. Daoismus. 221 v. Chr. einigte der Fürst von *Qin* als »Erster Kaiser« *(Shihuangdi)* das Reich. Unter der *Han*-Dynastie (206 v. Chr. – 220 n. Chr.) wurde C. zum zentralist. Beamtenstaat. Danach kam es mehrmals zu Zerfall u. Wiederherstellung der Reichseinheit. Der Buddhismus drang ein u. wurde zeitweise vorherrschend. Unter der *Tang*-Dynastie (618–906) wurde C. kosmopolit. Weltmacht u. erlebte eine kulturelle Blüte. Im 13. Jh. eroberten die Mongolen C. u. herrschten bis 1368. Die ihnen folgende *Ming*-Dynastie verlegte die Hptst. nach Peking u. erneuerte die Chin. Mauer (Anfänge im 3. Jh. v. Chr.). 1644 begann die Fremdherrschaft der Mandschu *(Qing*-Dynastie). Der größten Machtausdehnung C.s im 18. Jh. folgte im 19. Jh. der Verfall: Eindringen europ. Mächte, Taiping-Revolution, Niederlage gegen Japan.
Die demokrat. Revolution von 1911 unter *Sun Yatsen* (Gründer der *Guomindang*) machte C. zur Rep.

Landarbeiterinnen in einer Volkskommune — *Wandzeitung an einer Kaserne*

Kaiser Ts'en Hsüanti; 6. Jahrhundert. Boston, Museum of Fine Arts (links). – Enthauptung eines Rebellen während des Boxeraufstandes (Mitte). – Pu Yi, der letzte Kaiser, der 1908 auf den Thron kam und 1912 gestürzt wurde (rechts)

Chinagras

China: Verwaltungsgliederung			
Provinzen/ Autonome Regionen/ Stadtprovinzen	Fläche in 1000 km²	Einwohner in Mio.	Hauptstadt
Provinzen:			
Anhui	140	56,2	Hefei
Fujian	123	30,0	Fuzhou
Gansu	367	22,4	Lanzhou
Guangdong	231	62,8	Canton
Guizhou	174	32,4	Guiyang
Hainan	34	6,6	Haikou
Hebei	203	61,1	Shijiazhuang
Heilongjiang	464	35,2	Harbin
Henan	167	85,5	Zhenghou
Hubei	188	54,0	Wuhan
Hunan	211	60,7	Changsha
Jiangsu	103	67,1	Nanjing
Jiangxi	165	37,7	Nanchang
Jilin	187	24,7	Changchun
Liaoning	151	39,5	Shenyang
Qinghai	721	4,5	Xining
Shaanxi	196	32,9	Xi'an
Shandong	153	84,4	Jinan
Shanxi	157	32,9	Taiyuan
Sichuan	569	107,2	Chengdu
Yunnan	436	37,0	Kunming
Zhejiang	102	41,4	Hangzhou
Autonome Regionen:			
Guangxi	220	42,2	Nanning
Innere Mongolei	1178	21,5	Hohhot
Ningxia	66	4,7	Yinchuan
Tibet	1222	2,2	Lhasa
Xinjiang	1647	15,2	Ürümqi
Stadtprovinzen:			
Peking	17	10,8	–
Schanghai	6	13,3	–
Tianjin	11	8,8	–

Nach langem Bürgerkrieg zw. lokalen Machthabern stellte *Chiang Kai-shek* 1928 die Einheit C.s wieder her. Die Kommunisten unter *Mao Zedong,* die seit 1927 Stützpunkte im S besaßen, zogen sich in den N zurück (»Langer Marsch« 1934/1935). Im chin.-jap. Krieg 1937–45 hielten Guomindang u. Kommunisten Burgfrieden. Im erneuten Bürgerkrieg siegten die Kommunisten. 1949 proklamierte Mao die Volksrep. C. u. leitete eine sozialist. Umgestaltung ein. Er brach mit der UdSSR u. steuerte einen extrem »linken« Kurs (1958 totale Kollektivierung im »Großen Sprung«, 1966 Kampf gegen Intellektuelle in der »Kulturrevolution«). Nach Maos Tod (1976) setzte sich *Deng Xiaoping* 1978 als fakt. Parteiführer durch. Er betrieb eine pragmat. Reformpolitik (Zulassung privatwirtschaftl. Initiativen), unterdrückte jedoch gewaltsam (1979, 1986, 1989) die besonders von Studenten getragene Bewegung für eine polit. Demokratisierung. Generalsekretär der KP ist seit 1989 *Jiang Zemin.*
Staat u. Gesellschaft. Nach der Verf. von 1982 ist die VR C. ein »sozialist. Staat der demokrat. Diktatur des Volkes«. Formell höchstes Staatsorgan ist der indirekt gewählte Nat. Volkskongreß; er wählt den Präs. u. die Reg. Die tatsächl. Macht liegt bei der Führungsspitze der Kommunist. Partei, dem Ständigen Ausschuß des Politbüros des ZK. Den über 50 Mio. Mitgl. der Partei sind die verantwortl. Positionen in Staat u. Wirtschaft vorbehalten. Der einzelne Bürger ist in hohem Maße abhängig von der »Einheit« *(danwei),* der er angehört (Wohnbezirk, Fabrik, ländl. Produktionsgruppe u. a.).
Chinagras →Ramie.
Chinarinde, *Fieberrinde,* die Rinde des *C.nbaums, Cinchona,* enthält das Alkaloid *Chinin,* das fiebersenkend wirkt (früher bes. gegen Malaria angewandt).
Chinchilla [tʃin'tʃila], *Hasenmaus,* südamerik. Nagetier mit wertvollem Pelz.
Chinesen [çi-], eigener Name *Han,* das Hauptvolk Chinas, über 1 Mrd. Etwa 23 Mio. Auslandschinesen sind über den SO-asiat. u. pazif. Raum bis nach Amerika verstreut. Die C. gehören zu den *Mongoliden.*
chinesische Kunst. Die bestimmenden Grundzüge der altchin. Baukunst waren mehr als zwei Jahrtausende hindurch wirksam. Für den ein-, selten zweigeschossigen Ständerbau auf erhöhter Plattform wurde bei Wohnbauten u. Tempeln vorw. Holz, für den Massivbau mit Tonnenwölbung bei Grabmälern, Brücken u. Ehrenpforten Stein, für Turmgebäude hpts. Stampflehm mit Ziegelverkleidung verwendet. Die Form des gestuften u. geschwungenen Dachs entwickelte sich erst während der Tang-Zeit. Typ. ist die axiale, nach S offene Ausrichtung der symmetr. Grundrisse bei Städte-, Tempel- u. Palastanlagen. In der frühen Ming-Zeit machten sich bes. im Pagodenbau ind. Einflüsse geltend. Europ. Vorbilder haben seit 1912 das Bild der neueren chin. Architektur zunehmend bestimmt.
Das chin. Kunsthandwerk ist am bekanntesten durch seine Keramik, insbes. die unerreichte Vollendung in der Herstellung von Porzellan, das im Ggs. zum europ. weicher u. durchsichtiger ist u. keine so hohen Temperaturen erfordert. In der späten Yuan-Zeit wurde die Schmelztechnik eingeführt. Die Emailmalerei auf Kupfergrund (Canton-Email) geht auf ind. u. europ. Anregung zurück. Außerordentl. Vollendung mit komplizierten Einlegetechniken erreichten Lackarbeiten. Edelseide war in China schon in der 2. Hälfte des 2. Jt. v. Chr. bekannt. Die ältesten Seiden in Köperbindungen stammen aus der Zhou-Zeit.
Die Plastik war von geringerer Bedeutung. Die aus Nebengruben des Mausoleums des ersten chin. Kaisers Qin Shihuangdi geborgenen, z. T. überlebensgroßen Figuren einer unterird. tönernen Armee zeigen bereits eine realist. Wiedergabe.
Für die Malerei ist die Verwendung von Wasserfarben u. Tusche auf Seide u. Papier kennzeichnend. Stimmungsvolle Landschaften u. abstrahierende Pflanzen-, Tier- u. Menschendarstellungen sind die auffälligen Themenkreise. Zu den frühen gesicherten Originalen zählen die Landschaftsbilder der Ma-Xia-Schule u. die Figurenbilder der Chan(Zen)-Maler Muxi u. Liang Kai. Für die Ming-Zeit sind aus alten chin. Kunstsammlungen Werke von mehr als tausend namentl. bekannten Meistern u. Kalligraphen erhalten, darunter auch von den in China am höchsten geschätzten Meistern der Song-traditionalist. Zhejiang u. Suzhou (oder Wu)-Schule. Im 17. Jh. trat mit den illustrierten, für Kunstsammler u. Literatenmaler entstandenen Mallehrbüchern u. Romanen der mehrfarbige Holzplattendruck hervor. Damals kam die chin. Malerei erstmals in Berührung mit der europ. Kunst. Neben zahllosen Malern, die das Kopieren alter Meisterwerke pflegten, traten individualist. »Mönchsmaler« auf.
chinesische Literatur. Die dreitausendjährige Gesch. der c. L. wird zunächst von der Lyrik bestimmt. Die Slg. »Buch der Lieder« von *Shi Jing* (6. Jh. v. Chr.) enthält über 300 Lieder. Unter der Tang-Dynastie (7.–10. Jh.) erlebte die Lyrik ihre Blüte. *Li Bai* zählt zu den genialsten Dichtern Chinas. Sein Freund *Du Fu* schilderte voller Anteilnahme die Leiden des Volkes, der Kaiser *Li Yu* gilt als größter Meister der Lieddichtung. *Bai Juyi* bevorzugte eine schlichte Sprache.
In der Song-Zeit (10.–13. Jh.) wurde die Erzähl-

CHINA Kultur

Sakralgefäß 12./11. Jahrhundert v. Chr. San Francisco, Avery Brundage Collection (links). – Vergleich zwischen einem chinesischen und einem abendländischen Dachstuhl und ein Konsolenbündel (rechts)

Xiandongsi; Terrasse der fünf Pagoden; um 1600. Wutai Shan, Provinz Shaanxi (links). – Liang K'ai: der Di... Langrollenbild des Malers Tiyuying (um 1522–1560) (rechts)

kunst durch volkstüml. Elemente bereichert u. bereitete den Boden für die Schöpfung der großen klass. Romane des 14.–18. Jh. (»Die Drei Reiche«, »Die Räuber von Liang-Shan-Moor«, »Jin Ping Mei«, »Der Traum der roten Kammer«). – Seit dem Anfang des 20. Jh. vollzog sich ein radikaler Bruch mit der Vergangenheit; Poesie u. Prosa näherten sich der Alltagssprache an; Führer dieser Richtung waren *Lu Xun*, die Erzähler *Mao Dun* u. *Ba Jin*. Während der »Kulturrevolution« 1966–76 konnte nur Propagandaliteratur veröffentlicht werden (eine »Narbenliteratur« schilderte die Schrecken). Eine wachsende Rolle in der c. L. spielen Frauen *(Zhang Jie, Zhang Kangkang).*

Chinesische Mauer, *Große Mauer,* rd. 2500 km, mit Verzweigungen 5000–10 000 km lange Mauer in N-China, zur Abwehr von Nomaden seit dem 3. Jh. v. Chr. angelegt, heutige Gestalt aus dem 14./15. Jh.; im restaurierten Teilstück nördl. von Peking 6,6 m hoch, 5–6 m dick.

chinesische Musik. Die Gesetze der Musik, die auch in der Philosophie (Einteilung nach dem männl. [yang] u. dem weibl. [yin] Prinzip) eine Rolle spielt, regeln u. symbolisieren nach chin. Vorstellung Makro- u. Mikrokosmos, sie beeinflussen Charakterbildung u. jedes Geschehen im polit., sozialen u. eth. Bereich. Das System der klass. chin. Kunstmusik beruht auf einer pentaton. Skala, die im 2. Jh. v. Chr. zu zwölfstufigen chromat. Tonreihen (Lü) erweitert wurde. Die c. M. ist eine monod. Kunst, in Form u. Rhythmus streng geregelt, bes. was die kult. Musik betrifft. Die Klangfarben von Singstimme u. Instrumentarium wirken auf das europ. Ohr zunächst befremdlich. Die chin. Theoretiker teilen die Instrumente nach dem Material in acht Klangkategorien ein. Wichtigste Instrumente sind die Zither *Qin (Tjin),* die Laute *Pipa* u. die Mundorgel *Sheng.*

chinesische Schrift, eine Wortschrift, bei der jedes Schriftzeichen einem Wort bzw. Begriff entspricht. Es gibt rd. 50 000 Zeichen; für den Alltagsgebrauch genügen 3–4000. Die ältesten Dokumente der c. S. stammen von etwa 1500 v. Chr. Die Normalschrift ist seit dem 4. Jh. n. Chr. im wesentl. unverändert. 1958 wurde das Lateinschriftsystem *Pinyin* für verbindlich erklärt, seit 1979 für den internat. Gebrauch umgewandelt.

chinesisches Papier →Japanpapier.

chinesische Sprache, eine sino-tibet. Sprache mit über 1 Mrd. Sprechern. Die c.S. hat 8 Hauptdialekte. Sie kennt keine Flexion u. ist eine Tonsprache, d. h. gleichlautende Silben haben je nach Tonlage unterschiedl. Sinn (im Hochchines. 4 Tonlagen).

Chinin →Chinarinde.

Chinoiserie [ʃinwazə'ri], chin. Zierformen u. Bildmotive, die von der europ. Kunst des 17./18. Jh. abgewandelt übernommen wurden.

Chinone, organ.-chem. Verbindungen: Diketone, die u. a. aus zweiwertigen Phenolen durch Oxidation entstehen. Sie werden u. a. bei der Farbstoffherstellung verwendet.

China: lebensgroße Kriegerfiguren aus Ton als »unterirdische Totenwache« des ersten Kaisers Qin Shihuangdi († 210 v. Chr.) bei seinem Grab in der Nähe von Xi'an

1140–1210, Tokio, Nationalmuseum (Mitte). – Frühling im Kaiserpalast des Han; Ausschnitt aus einem

Chittagong 161

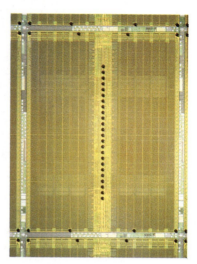

Chip mit einer Speicherkapazität von 1 Million Bit (1 Megabit)

Chintz [tʃints], buntbedruckter Baumwollstoff, mit einer Wachsschicht überzogen.

Chios ['çiɔs], türk. *Sakız,* grch. Insel der Südl. Sporaden, 842 km², 60 000 Ew.; Haupt- u. Hafenstadt *C.* (türk. *Kastro*).

Chip [tʃip], **1.** dünne kleine Halbleiterscheibe (Siliciumkristall) als Träger elektron. Schaltkreise. Der höchste Integrationsgrad wird heute bei den Speicherchips erreicht, z.B. sind beim 4-Mega-bit-Chip auf einer Fläche von nur 90 mm² 4 194 304 Speicherzellen angeordnet. – **C.karte,** Kunststoffkarte mit eingebautem Mikroprozessor, erlaubt in Verbindung mit einer persönl. Identifikationsnummer (PIN) u. a. das bargeldlose Bezahlen an Kartentelephonen. – **2.** in heißem Fett knusprig gebackene Kartoffelscheibe. – **3.** Spielmarke.

Chippendale ['tʃipəndeil], Thomas, *1718, †1779, engl. Kunsttischler; schuf den *C.-Stil,* eine Verbindung von Elementen des frz. Rokokos, des got. Maßwerks u. des O-asiat. Kunsthandwerks mit klassizist. Formengut.

Chirac [ʃi'rak], Jacques, *29.11.1932, frz. Politiker (Gaullist); 1974–76 u. 1986–88 Prem.-Min., seit 1995 Staats-Präs.

Chirico ['ki-], Giorgio de, *1888, †1978, ital. Maler (surreale Raum- u. Figurenarrangements).

Chiromantie [çi-], die Handlesekunst, die versucht, das Schicksal des Menschen aus den Handlinien zu deuten.

Chiron ['çi-], **1.** in der grch. Myth. ein Kentaur. – **2.** 1977 entdeckter größerer Planetoid.

Chiropraktik [çi-], das heilprakt. Zurechtrücken unvollständig verrenkter (subluxierter) Wirbelsäulengelenke.

Chirurgie [çi-], Behandlung von Krankheiten durch operative Eingriffe.

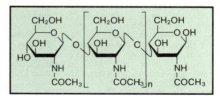

Chitin: Die geraden Ketten bestehen aus N-Acetyl-D-glucosamin-Resten und haben ein Molekulargewicht von ca. 400 000

Chișinău, russ. *Kischinjow,* Hptst. von Moldova, 663 000 Ew.; Univ. (gegr. 1945); seit dem 16. Jh. türk., seit 1812 russ., 1918–44 rumän.

Chitin [çi-], ein stickstoffhaltiger Zuckerabkömmling (N-Acetylglucosamin); u. a. als Skelettsubstanz im Hautpanzer der Gliederfüßer.

Chiton [çi'to:n], altgrch. knie- oder fußlanges Hemdgewand aus einem Stück.

Chittagong ['tʃita-], Hafenstadt in Bangladesch, am Golf von Bengalen, 1,39 Mio. Ew.

Frédéric Chopin

Chiwa [xi:-], Oasenstadt in Usbekistan, 22 000 Ew.; 16. Jh.-1920 Hptst. eines selbständigen Khanats.

Chlodwig I. ['klɔ:d-], *466, †511, Frankenkönig aus dem Geschlecht der *Merowinger*; wurde durch Siege über Römer, Alemannen u. Westgoten zum Begründer des Frankenreichs (Residenz: Paris); trat zum Christentum über.

Chloe ['klo:e], Beiname der *Demeter*; oft Name der Geliebten von Hirten in Schäferromanen.

Chlor [klo:r], ein →chemisches Element. C., ein gelbgrünes, die Schleimhäute stark reizendes Gas, verbindet sich mit fast allen anderen Elementen unter starker Wärmeentwicklung.

Chloral [klo-], CCl₃-CHO, durch Oxidation u. Chlorierung von Ethylalkohol mit Chlorkalk hergestellte Flüssigkeit. Das *C.hydrat* CCl₃-CH(OH)₂ wurde früher für Schlafmittel verwendet.

Chloramin [klo:r-], eine organ.-chem. Verbindung; zur Wunddesinfektion, zur Entkeimung von Räumen, Geräten u. Wasser u. zur Wollbleichung.

Chloramphenicol [klo:r-], synthet. →Chloromycetin.

Chlorate [klo-], die Salze der Chlorsäure HClO₃.

Chloride [klo-], die Salze der Salzsäure HCl, z.B. das *Natriumchlorid* (Kochsalz).

Chlorite, die Salze der *chlorigen Säure* HClO₂; stark oxidierend u. explosiv.

Chlorkalk [klo:r-], Bleich- u. Desinfektionsmittel, das durch die Einwirkung von Chlor auf gelöschten Kalk hergestellt wird.

Chloroform [klo-], CHCl₃, ein Halogenkohlenwasserstoff; früher bei Narkosen verwendet (herzschädigend).

Chloromycetin [klo:-], Breitspektrum-Antibiotikum, urspr. aus einer Strahlenpilzart, heute auch synthet. (*Chloramphenicol*) hergestellt.

Chlorophyll [klo-], *Blattgrün*, grüner Farbstoff in Blättern u. a. grünen Teilen der Pflanzen, dient der *Photosynthese*.

Chlorose [klo-], 1. Gelbfärbung der Blätter infolge mangelnder Chlorophyllbildung. – 2. →Bleichsucht.

Chlorwasserstoffsäure ['klo:r-] →Salzsäure.

Chlothilde [klo-], *Chrodechilde*, *um 475, †544, burgund. Königstochter; Gattin des Frankenkönigs *Chlodwig I.*, an dessen Bekehrung sie Anteil hatte. – Heilige (Fest: 4.6.).

Chmelnizkij [xmɛl-], bis 1954 *Proskurow*, Hptst. der gleichn. Oblast in der Ukraine, 223 000 Ew. – Benannt nach dem Kosakenhetman Bohdan *Chmelnickij* (*um 1595, †1657), der die Ukraine von Polen loslöste u. 1654 ihren Anschluß an Rußland vereinbarte.

Choderlos de Laclos [ʃodɛr'lo də la'klo] →Laclos.

Chodowiecki [xɔdɔ'vjɛtski], Daniel, *1726, †1801, dt. Maler u. Graphiker; schilderte in Buchillustrationen die Welt des Bürgertums.

Chodschent [xɔ'dʒɛnt], fr. *Leninabad*, Hptst. der gleichn. Oblast in Tadschikistan, am Syrdarja, 153 000 Ew.; Baumwoll-, Seiden- u. Ind.

Choke [sʃouk], Luftklappe bei Kfz-Motoren, durch deren Betätigung beim Start die Luftzufuhr gedrosselt u. dem kalten Motor ein kraftstoffreicheres Gemisch zugeführt wird.

Cholämie [xɔ-], Übertritt von Galle ins Blut.

Cholera ['ko-], anzeigepflichtige Infektionskrankheit mit heftigem Erbrechen, starkem Durchfall u. schnellem Kräfteverfall durch großen Flüssigkeitsverlust (Austrocknungserscheinungen); durch die von R. Koch 1883 entdeckten *C.-Vibrionen* hervorgerufen.

Choleriker [ko-], nach der antiken Temperamentenlehre ein leidenschaftl., jähzorniger Mensch.

Cholesterin [ko-], ein *Sterin*, unentbehrl. Bestandteil aller tier. u. Zellmembranen. Krankhaft ist das Auftreten in den Gefäßwänden (Arteriosklerose).

Cholin [ço-], Spaltprodukt der Lecithine, in tier. u. pflanzl. Organismen verbreitet; zur Behandlung von Arterienverkalkung, Krebs u. Leberleiden.

Cholula [tʃo-], *San Pedro C.*, mex. Ort westl. von Puebla, rd. 12 000 Ew.; in vorspan. Zeit bed. Zentrum (55 m hohe Pyramide).

Chomeini [xɔ'mɛini], Ruhollah, *1902, †1989, iran. Politiker u. schiit. Theologe (Ayatollah); als Gegner des Schahs 1964–79 im Exil; proklamierte 1979 die »Islam. Rep. Iran« u. errichtete als »herrschender Gottesgelehrter« eine theokrat. Diktatur.

Chomjakow [xʌmja'kɔf], Alexej Stepanowitsch, *1804, †1860, russ. Schriftst. u. Philosoph; Wortführer der *Slawophilen*.

Chomsky ['tʃɔmski], Noam, *7.12.1928, US-amerik. Sprachwissenschaftler; Begr. der *generativen Transformationsgrammatik*.

Chondrom [çɔn-], Knorpelgeschwulst.

Chongqing [tʃuŋtʃiŋ], *Tschungking*, chin. Stadt in der Prov. Sichuan, am Chan Jiang 2,8 Mio. Ew.; Univ.; Textil-, Eisen- u. Stahlind.; Verkehrsknotenpunkt. – 1937–45 Hptst. der Guomindang-Regierung.

Chons [xɔns], altägypt. Mondgott.

Cho Oyu, Gipfel im nepales. Himalaya, westl. des Mount Everest, 8189 m.

Chopin [ʃɔ'pɛ̃], Frédéric, *1810, †1849, poln. Pianist u. Komponist; Wegbereiter der romant. Tonsprache mit elegischer Melodik, berückendem Klangzauber u. schillernder Harmonik.

Chor [ko:r], 1. Gruppe von Singenden. – 2. im antiken Drama eine Sänger- oder Sprechergruppe, die das Bühnengeschehen kommentierte. – 3. in der Kirche der Raum für den Hochaltar, oft das Langhaus erhöht, von diesem durch Altarschranken, Lettner oder Querschiff abgetrennt.

Choral [ko-], 1. ev. Kirchenlied. – 2. →Gregorianischer Choral.

Chordaten [kɔr-], *Chordatiere*, Tierstamm aus der Gruppe der *Rückenmarktiere*. Kennzeichen ist ein Achsenskelett, dem die *Chorda dorsalis* zugrunde liegt. Ein Unterstamm der C. sind die *Wirbeltiere*.

Choreographie [ko-], die Regieaufzeichnung u. Einstudierung eines Tanzes.

Choresm [xɔ-], Oblast in Usbekistan, am unteren Amudarja, 4500 km², 919 000 Ew., Hptst. *Urgentsch*. – C. (*Choresmien, Chwarizm*) war schon im 4. Jh. v. Chr. als selbst. Staat bekannt.

Chorherren, Mitgl. von Domkapiteln sowie bestimmter Ordensgemeinschaften u. Stifte.

Chorin [ko-], Ort in der südl. Uckermark, 1000 Ew.; ehem. Zisterzienserabtei.

Chorioidea [ko-], *Aderhaut* →Auge.

Chorion ['ko-] →Zottenhaut.

Chorschranken [ko:r-], in der Kirche Trennungsschranken aus Stein oder Holz, die den *Chor* seitl., bisweilen auch rückwärts umschließen.

Chorumgang [ko-], *Ambitus*, der zunächst um den Altarraum, später um den ganzen *Chor* einer Kirche herumgeführte Gang.

Chotjewitz ['ko-], Peter O., *14.6.1934, dt. Schriftst. (zeitkrit. Romane, Hörspiele).

Chott [ʃɔt], *Schott*, Salzpfannen u. -seen in den Hochebenen des N-afrik. Atlasgebirges.

Chow-Chow [tʃau'tʃau], chin. Spitzhundrasse, rot, braun oder schwarz mit blauer Zunge; guter Wachhund; schon vor 2000 Jahren in China.

Chorformen

Chrestomathie [krɛs-], Sammlung von Prosaschrifttum, bes. für den Unterricht.

Chrétien de Troyes [kre'tjɛ̃də'trwa], *vor 1150, †vor 1190, frz. Dichter; bed. Vertreter der höf. Epik des MA. »Yvain« (dt. Nachdichtung von *Hartmann von Aue*); »Perceval«.

Chrisma ['xris-], *Chrisam*, das bei Taufe, Firmung, Priesterweihe u. Letzter Ölung in der kath. Kirche verwendete Salböl.

Christchurch ['kraistʃə:tʃ], 1. S-engl. Stadt an der Avonmündung, 33 000 Ew. – 2. bed. Stadt der Südinsel Neuseelands, Hptst. der Prov. Canterbury, 320 000 Ew. (Aggl.); Univ. (1873), Hafen *Lyttelton*, Flughafen.

Christengemeinschaft, anthroposoph. christl. Bewegung für religiöse Erneuerung, gegr. 1922 von dem ev. Theologen Friedrich *Rittelmeyer*.

Christentum, auf dem Boden des Judentums in der Umwelt des Hellenismus entstandene Glaubensbewegung, die sich auf →Jesus als ihren Stifter beruft. Gemeinsamer Glaubensinhalt aller christl. Kirchen u. Sekten: Den israelit.-jüd. Glauben an die Majestät, Jenseitigkeit u. Unnahbarkeit Gottes erweitert das C. zum Dreieinigkeitsglauben. Gott wird Mensch in Jesus von Nazareth u. durchdringt als Hl. Geist die Kirche. Zum AT trat das NT, das die Verkündigung über Leben u. Lehre Jesu u. über die Heilsbedeutung seines Kommens, seines Kreuzestodes u. seiner Wiederkunft am Jüngsten Tag enthält. Das C. entstand im 1. Jh. in der judenchristl. Gemeinde in Jerusalem. V.a. durch die Missionstätigkeit des *Paulus* breitete es sich rasch in der hellenist. Welt aus. Im Röm. Reich wurde es 380 Staatsreligion. In langen dogmat. Kämpfen formte sich die christl. Lehre. 1054 kam es zur endgültigen Trennung zw. der westl. (röm.-kath.) u. der östl. Kirche. Die mittelalterl. Einheit des abendländ. C. löste sich in der Reformation des 16. Jh. auf, die zur Entstehung eines ev. C. in unterschiedl. kirchl. Formen führte. Eine Annäherung der versch. Bekenntnisse erstrebt die ökumen. Bewegung. Für das C. der Neuzeit in der westl. Welt ist kennzeichnend, daß C. u. Kirche nicht mehr in jedem Fall identisch sind.

Christenverfolgung, die vom röm. Staat seit *Nero* betriebene Verfolgung u. Bestrafung der Christen wegen ihrer Weigerung, dem Kaiser religiöse Ehren zu erweisen. Mit der Duldung des Christentums durch das Edikt von Mailand 313 beendete *Konstantin* die C. im Röm. Reich.

Christian, Fürsten.

Anhalt-Bernburg:

1. C. I., *1568, †1630, Fürst von Anhalt seit 1586, von Anhalt-Bernburg seit 1603; seit 1592 kalvinist. Vorkämpfer des Protestantismus.

Braunschweig:

2. C. der Jüngere, *1599, †1626, Herzog von Braunschweig-Wolfenbüttel, Administrator von Halberstadt 1616–24; kämpfte im Dreißigjährigen Krieg auf prot. Seite.

Dänemark:

3. C. I., *1426, †1481, König 1448–81, in Norwegen seit 1450, in Schweden seit 1457; Stammvater des noch heute regierenden Königshauses. – **4. C. II.**, Enkel von 3), *1481, †1559, König von Dänemark, Norwegen u. Schweden 1513–23. Das von ihm befohlene *Stockholmer Blutbad* 1520 löste die Freiheitsbewegung Schwedens u. dessen Trennung von Dänemark aus. 1523 wurde er vertrieben. – **5. C. III.**, *1503, †1559, König 1533–59; führte die Reformation 1536 in Dänemark u. 1542 in Schleswig u. Holstein ein. – **6. C. IV.**, Enkel von 5), *1577, †1648, König 1596–1648; suchte im Kampf gegen Schweden die dän. Herrschaft über die Ostsee zu erlangen. – **7. C. V.**, *1646, †1699, König 1670–99; führte zus. mit dem Großen Kurfürsten 1675–79 Krieg gegen Schweden. – **8. C. VIII.**, *1786, †1848, König 1839–48; wurde 1814 zum Erbkönig von Norwegen gewählt, mußte aber auf Verlangen der Großmächte ablehnen. – **9. C. IX.**, *1818, †1906, König 1863–1906; unterzeichnete die eiderdän. Verfassung, die den Krieg von 1864 auslöste. – **10. C. X.**, Enkel von 9), *1870, †1947, König 1912–47; führte 1915 die demokrat. Verfassung ein; nahm 1940 den dt. Einmarsch in Übereinstimmung mit der Reg. kampflos hin.

Mainz:

11. C. von Buch, *1130, †1183, Erzbischof von Mainz 1165–83; vertrat die kaiserl. Interessen in Dtld., Italien u. Byzanz.

Norwegen:

12. →Christian (3) u.(4).

Christlich Demokratische Union: Parteivorsitzender Helmut Kohl mit dem CSU-Vorsitzenden Theodor Waigel und dem Fraktionsvorsitzenden Alfred Dregger während einer Sitzung der CDU/CSU-Bundestagsfraktion

Schweden:
13. → Christian (3) u.(4).
Christian Science [ˈkrɪstʃən ˈsaɪəns], *Christl. Wiss.*, eine von Mary *Baker-Eddy* 1875 begr. Erlösungslehre; betrachtet Krankheit als »Irrtum«.
Christie [ˈkrɪstɪ], Agatha, *1890, †1976, engl. Schriftst. (erfolgreiche Kriminalromane mit dem Detektiv *Hercule Poirot* u. der Amateurdetektivin *Miss Marple*).
Christine, *1626, †1689, Königin von Schweden 1632–54; Tochter Gustavs II. Adolf; versammelte Künstler u. Gelehrte um sich; dankte ab u. wurde kath.
Christkatholische Kirche, die altkath. Kirche in der Schweiz.
Christkönigsfest, kath. Hochfest »Christus, König der Welt« am Sonntag vor dem Advent, 1925 von Pius XI. eingeführt.
Christlich Demokratische Union, *CDU*, polit. Partei, 1945 auf überkonfessioneller Grundlage in allen Besatzungszonen gegr. In der BR Dtld. vertritt die CDU die Integration in das westl. Bündnis u. das Konzept der sozialen Marktwirtschaft. Sie hat rd. 714 000 Mitgl. Im Bundestag bildet sie eine Fraktion mit der CSU. Sie war 1949–69 u. ist seit 1982 führende Regierungspartei der BR Dtld. Partei-Vors.: 1950–66 K. *Adenauer*, 1966/67 L. *Erhard*, 1967–71 K.G. *Kiesinger*, 1971–73 R. *Barzel*, seit 1973 H. *Kohl*. – Die CDU hat Parteiorganisationen in allen Ländern der BR Dtld. mit Ausnahme Bayerns; dort verfolgt die CSU ähnl. Ziele. Die CDU in der DDR (gegr. 1945) ordnete sich seit 1949/50 als Blockpartei der SED unter. Nach der

Wichtige Daten zur Geschichte des Christentums

um 30	Wirken Jesu	1555	Augsburger Religionsfriede
48	Apostelkonvent	1559	Index librorum prohibitorum
64	Christenverfolgung unter Nero	1562	Edikt von Nantes
144	Gegenkirche des Marcion	1563	Heidelberger Katechismus
vor 200	Kanon des NT abgeschlossen	1620	Auswanderung der Pilgerväter nach Nordamerika
203	Origenes Leiter der alexandrin. Katechetenschule	1675	Anfänge des Pietismus
249	Christenverfolgung unter Decius	1685	Aufhebung des Edikts von Nantes
um 280	Antonius d. Gr., „Vater des Mönchtums"	1732	Ausweisung der Salzburger Lutheraner
303	Christenverfolgung unter Diocletian	um 1740	Beginn der Erweckungsbewegung der Methodisten in England
311–383	Wulfila	1773	Auflösung des Jesuiten-Ordens
313	Mailänder Edikt durch Konstantin d. Gr.; Religionsfreiheit	1803	Säkularisierung der geistlichen Fürstentümer
345–430	Augustinus	1814	Wiedereinführung des Jesuiten-Ordens
380	Christentum wird Staatsreligion		
nach 382	Vulgata (nach Hieronymus)	nach 1800	Erweckungsbewegungen in Deutschland
um 400	Iroschottische Kirche	1828	Rheinische Missionsgesellschaft
480–547	Benedikt von Nursia	1846	Evangelische Allianz
590–604	Papst Gregor d. Gr.	1848	Wittenberger Kirchentag/Innere Mission
675–754	Bonifatius		
726–843	Bilderstreit in der byzantinischen Kirche	1848	1. Katholikentag in Mainz
754	Pippinische Schenkung	1869/70	1. Vatikanisches Konzil
um 850	Kyrillos und Methodios, die „Slawenlehrer"	1871	Religionsgemeinschaft der Altkatholiken
910	Gründung des Klosters Cluny	1883	Gründung des CVJM
988	griechisch geprägtes Christentum Staatsreligion in Rußland	1910	Weltmissionskonferenz in Edinburgh
		1917	Codex Iuris Canonici
1054	Trennung zwischen Ost- und Westkirche	um 1920	dialektische Theologie (Karl Barth)
11./12. Jh.	Investiturstreit	1925	Weltkirchenkonferenz in Stockholm
1096–1270	Kreuzzüge	1929	Lateranverträge
1119	Gründung des Templerordens	1933	Reichskonkordat
1140	Corpus juris canonici, 1. Teil	1934	Barmer Bekenntnis der ev. Kirche
1193–1280	Albertus Magnus	1940	Communauté de Taizé
1198–1216	Innozenz III., Höhepunkt der polit. Macht des Papsttums	1948	1. Vollversammlung des Ökumenischen Rates der Kirchen in Amsterdam
13. Jh.	Beginn der Inquisition		
1209	Gründung des Franziskaner-Ordens	1948	Gründung der Evangelischen Kirche in Deutschland
1216	Gründung des Dominikaner-Ordens		
1309–1377	„Babylonische Gefangenschaft der Kirche"	1949	1. Deutscher Evangelischer Kirchentag in Hannover
1320–1384	John Wiclif	1950	Dogma der leiblichen Himmelfahrt Mariens
1378	Schisma zwischen den Päpsten von Rom und Avignon	1962–1965	2. Vatikanisches Konzil
1400–1700	Hexenverfolgungen	seit ca. 1959	Theologie der Befreiung
1415	Jan Hus in Konstanz verbrannt	1966	Holländischer Katechismus (kath.)
1498	Savonarola verbrannt	1969	Bund der Evangelischen Kirchen in der DDR
1517	Thesenanschlag Luthers/Beginn der Reformation	1974	Jugendreligionen (Prägung des Begriffs)
1521	Reichstag zu Worms/Ächtung Luthers	1979	Allgemeine Konferenz des Lateinamerikanischen Episkopats in Puebla
1522	Luther-Übersetzung des NT		
1523	Reformation in Zürich durch Zwingli	1983	Revision des Codex Iuris Canonici
1525	Hinrichtung Thomas Müntzers		
1529	Marburger Religionsgespräch zwischen Luther und Zwingli	1985	Außerordentliche Bischofssynode in Rom, die Reformen des 2. Vatikanischen Konzils zu überprüfen
1530	Augsburgisches Bekenntnis		
1534	Gründung des Jesuiten-Ordens		
1535	Heinrich VIII. Oberhaupt der Kirche von England	1991	Wiedervereinigung des Bundes der Evangelischen Kirchen in der DDR mit der Evangelischen Kirche in Deutschland
1536	Beginn der Reformation durch Calvin		
1545–1563	Trienter Konzil		
1549	Common Prayer Book	1992	neuer offizieller kath. Katechismus

Chrom 163

Christrose

Umwälzung in der DDR 1989 trat sie aus dem Demokr. Block aus u. nahm enge Kontakte zur CDU der BR Dtld. auf. Sie schloß mit der DSU u. dem DA das Wahlbündnis *Allianz für Deutschland*, wurde in der Volkskammerwahl am 18.3.1990 stärkste Partei u. stellte in der Reg. der DDR den Min.-Präs. (L. de *Maizière*) u. 10 Minister. Die Vereinigung mit der CDU der BR Dtld. wurde 1990 vollzogen.
Christlichdemokratische Volkspartei, *CVP*, bis 1970 *Konservativ-Christlichsoziale Volkspartei*, gegr. 1912 als *Schweizerische Konservative Volkspartei*, 1991 die drittstärkste polit. Partei der Schweiz.
Christliche Arbeiterjugend, *CAJ*, 1947 gegr. dt. kath. Jugendorganisation; Unterorganisation des Bundes der Dt. Kath. Jugend.
Christlicher Gewerkschaftsbund Deutschlands, *CGB*, 1959 gegr. Zusammenschluß der christl. Gewerkschaften in der BR Dtld.; rd. 300 000 Mitgl.
Christlicher Verein Junger Menschen → CVJM.
Christliche Wissenschaft → Christian Science.
Christlichsoziale Partei, 1891 gegr. östr. Partei mit kleinbürgerl., demokr. u. antisemit. Tendenz, war 1919–34 führende Regierungspartei in der 1. Rep.
Christlich-Soziale Union, *CSU*, 1945 auf überkonfessioneller Grundlage gegr. Partei in Bayern, wo sie mit Ausnahme der Jahre 1954–57 führende Regierungspartei war. Die CSU hat rd. 175 000 Mitgl. Sie bildet seit 1949 im Bundestag mit der CDU eine gemeinsame Fraktion. Partei-Vors.: 1946–49 J. *Müller*, 1949–55 H. *Erhard*, 1955–61 H. *Seidel*, 1961–88 F.J. *Strauß*, seit 1988 T. *Waigel*.
Christmas Island [ˈkrɪsməs ˈaɪlənd], **1.** »Weihnachtsinsel«, Insel südl. von Java im Ind. Ozean, 135 km², 3700 Ew.; seit 1958 austral. Territorium. – **2.** *Kirimati*, zu Kiribati gehörende Insel der *Line Islands*, mit 577 km² das größte Korallenatoll des Pazifik.
Christo [ˈxri-], eigtl. Christo *Javacheff*, *13.6.1935, bulgar. Künstler; verpackt Gebäude u. Landschaften mit Plastikfolien.
Christoff [ˈxri-], Boris, *1919, †1993, bulgar. Sänger (Baß).
Christologie, die theolog. Lehre von Jesus Christus, über seine Person u. sein Wesen.
Christophorus, legendärer Märtyrer. Nach der Legende trug er das Jesuskind durch einen Fluß.
Christrose, ein in den O- u. S-Alpen heim. Hahnenfußgewächs, das im Winter weiß oder rötl. blüht.
Christus, grch. Übersetzung des hebr. *Messias* [»der Gesalbte«], Würdename für Jesus.
Christusdorn, ein *Wolfsmilchgewächs (Euphorbiaceae)*, aus Trockengebieten Madagaskars; mit orange oder rot gefärbten Hochblättern u. Dornen; auch Zierpflanze.
Christusmonogramm, Zeichen, das die ineinander versetzten Anfangsbuchstaben X u. P [grch. Chi, Rho] des Titels *Christus* oder die Buchstaben IHS [grch. Jes(us)] enthält.
Chrom [kroːm], ein ˜ chemisches Element. C., ein silberweißes, zähes Metall, kommt hpts. als *C. eisenstein* vor. Da C. nicht oxidiert, wird es für rostschützende Überzüge (*Verchromung*) u. zur Herstellung rostfreien Stahls verwendet.

Chromate [kro-], die Salze der in freier Form nicht beständigen *Chromsäure.*
Chromatik [kro-], **1.** →Farbenlehre. – **2.** in der Musik die Versetzung eines Tons um einen halben Ton nach unten. Die *chromatische Tonleiter,* eine Folge von 12 Halbtonschritten, ist, isoliert gesehen, nicht mehr an Dur oder Moll gebunden. Die 12 gleichwertigen Töne einer Skala im Rahmen einer Oktave bilden die Basis der *Zwölftonmusik.*
Chromatographie [kro-], analyt. Methode zur Trennung von Stoffen, bes. solcher, die chem. ähnlich sind. Alle chromatograph. Verfahren beruhen darauf, daß die zu untersuchenden Substanzgemische zwischen einer *stationären* (unbewegl.) u. einer *mobilen* (bewegl.) *Phase* durch Adsorptions-, Verteilungs- oder Austauschkräfte mehr oder minder aufgeteilt werden.
Chromatophoren [kro-], farbstofftragende Zellorganellen; tier. Pigmentzellen.
Chromleder ['kro:-], mit Chromsulfat gegerbtes Leder; leichter u. feuchtigkeitsbeständiger als pflanzl. gegerbtes Leder.
Chromobakterien [kro-], Bakterien der Ordnung *Pseudomonadales.* Sie bilden Farbstoffe.
Chromosomen [kro-], aus Nucleinsäuren (hpts. DNS = Desoxyribonucleinsäure) u. Proteinen bestehende Gebilde im Zellkern von Organismen; Träger der *Gene* (Erbfaktoren). Ihre Gestalt u. Zahl ist artspezifisch (z.B. Mensch 46, Löwenmaul 14, Fruchtfliege 8). Sie vermehren sich durch Verdoppelung.
Chromosphäre [kro:-], die obere Schicht der Sonnenatmosphäre.
Chromsäure [kro:-], in freier Form nicht beständige Säure des sechswertigen Chroms, H_2CrO_4.
Chronik ['kro:-], Bericht über geschichtl. Vorgänge in zeitl. Anordnung. – **C.bücher,** 2 Gesch.-Bücher des AT, den Büchern Samuel u. Könige weithin parallel. – **Chronist,** Verf. einer C.
chronisch ['kro:-], anhaltend, langwierig (von Krankheiten); Ggs: *akut.*
Chronologie [kro-], Zeitrechnung, zeitl. Aufeinanderfolge von Ereignissen.
Chronometer [kro-], Präzisionsuhr für astronom. Zwecke.
Chruschtschow [xru'ʃtʃɔf], Nikita Sergejewitsch, * 1894, † 1971, sowj. Politiker; seit 1953 Erster Sekretär des ZK der KPdSU (Parteichef), seit 1958 auch Min.-Präs.; leitete die »Entstalinisierung« ein, lockerte das despot. Herrschaftssystem, bemühte sich um eine Wirtschaftsreform u. betrieb Entspannungspolitik; wurde nach innen- u. außenpolit. Fehlschlägen 1964 gestürzt.
Chrysalis ['kry-], *Chrysalide,* die *Puppe* der Schmetterlinge, auch allg. der Insekten.
Chrysantheme [kry-] →Wucherblume.
Chrysler ['kraizlə], Walther Percy, * 1875, † 1940, US-amerik. Unternehmer, gründete 1923 den Automobilkonzern *Chrysler Corporation* in Detroit.
Chrysopras, ein Halbedelstein, →Edelsteine.
Chrysostomos →Johannes Chrysostomos.
chthonische Gottheiten ['çto-], in der grch. Myth. Erd- u. Unterweltgottheiten, z.B. *Demeter, Hades.*
Chuquicamata [tʃuki-], N-chilen. Stadt in der W-Kordillere, 3000 m ü. M., 29 000 Ew.; eine der größten Kupfererztagebauminen der Erde.
Chur [ku:r], frz. *Coire,* ital. *Coira,* rätoroman. *Cuera,* Hptst. des schweizer. Kt. Graubünden, 595 m ü. M., 33 000 Ew.; ältester Bischofssitz der Schweiz (5. Jh.).
Churchill ['tʃə:tʃil], **1.** Sir (1953) Winston Spencer, * 1874, † 1965, brit. Politiker; zunächst kons., 1904–24 lib., dann wieder kons. Abg.; 1904–29 mehrmals Min.; leitete als Prem.-Min. 1940–45 die brit. Kriegführung gegen die Achsenmächte; 1951–55 erneut Prem.-Min. C. schrieb mehrere histor. Werke. Literatur-Nobelpreis 1953. – **2.** Winston, * 1871, † 1947, US-amerik. Schriftst. (histor. Romane).
Churfirsten ['ku:r-], Bergkette im schweiz. Kt. St. Gallen, im *Hinterrugg* 2306 m.
Churriter →Hurriter.
Chutney ['tʃʌtni], Würzpaste aus Tomaten, Äpfeln, Zwiebeln, Mangofrüchten u. Gewürzen.
Chuzpe ['xutspə], Dreistigkeit, Frechheit.
Chwarismi →Al Chwarismi.
Chylus ['çy-], die an emulgierten Fetten reiche Darmlymphe.

CIA [si ai ɛi], Abk. für *Central Intelligence Agency,* zentrale Geheimdienstorganisation der USA, 1947 gegr.
Ciano ['tʃa:no], Galeazzo, Graf, * 1903, † 1944 (hingerichtet), ital. Politiker (Faschist); Schwiegersohn Mussolinis, 1936–43 Außen-Min.; stellte sich 1943 gegen Mussolini u. wurde zum Tode verurteilt.
Ciborium, Gefäß (in Kelchform mit Deckel) für die geweihten Hostien.
Cicero, ein →Schriftgrad von 12 Punkt.
Cicero, Marcus Tullius, * 106 v. Chr., † 43 v. Chr., röm. Politiker u. Schriftst.; unterdrückte als Konsul 63 v. Chr. die Verschwörung des *Catilina;* Gegner der Alleinherrschaft *Cäsars;* wandte sich nach dessen Ermordung in scharfen Reden gegen *Antonius,* der ihn umbringen ließ. C. schuf die lat. Kunstprosa u. vermittelte den Römern das Gedankengut der grch. Philosophie.
Cicisbeo [tʃitʃis-], Begleiter, Gesellschafter, Liebhaber verheirateter Damen.
Cicognani [tʃikɔ'nja:ni], Amleto Giovanni, * 1883, † 1973, ital. Kardinal; Kardinalstaatssekretär unter Johannes XXIII. u. Paul VI.
Cid [θid], arab. Beiname von *Rodrigo Diaz de Vivar,* * um 1043, † 1099, span. Nationalheld; stand zeitweilig im Dienst der Mauren u. schuf sich 1094 ein eig. Reich um Valencia. Das *Poema del Cid* (um 1140) ist das älteste überlieferte span. Heldenlied.
Cidre ['sidrə], frz. Wein aus Apfelsaft, Alkoholgehalt 2 – 5 Vol.-%.
Cie., Abk. für *Compagnie* (Handelsgesellschaft).
Cienfuegos [siɛm-], Hafenstadt an der SW-Küste Kubas, 120 000 Ew.
Cierva ['θjerva], Juan de la, * 1895, † 1936, span. Ingenieur, erfand 1923 den *Tragschrauber.*
cif, Abk. für engl. *cost, insurance, freight,* Handelsklausel beim Überseekauf: Beförderungs-, Versicherungs- u. Frachtkosten bis zum Bestimmungshafen sind im Kaufpreis enthalten.
Cilea [tʃi'lea], Francesco, * 1866, † 1950, ital. Opernkomponist.
Ciliaten →Wimpertierchen.
Cima ['tʃi:-], Giovanni Battista, gen. *Cima da Conegliano,* * um 1459, † 1517/18, ital. Maler (Andachtsbilder mit feiner Naturbeobachtung).
Cimabue [tʃima'bu:e], eigtl. *Cenni di Pepo,* * um 1240, † nach 1302, ital. Maler; ging von der byzantin. Formensprache aus; später von N. *Pisano* beeinflußt.
Cimaltepec [simal'tepɛk], Gebirge in S-Mexiko, 3149 m.
Cimarosa [tʃima'rɔ:za], Domenico, * 1749, † 1801, ital. Komponist; schrieb über 60 Opern, darunter »Die heiml. Ehe«.
Cimbalom →Hackbrett.
Cincinnati [sinsi'næti], Stadt im SW von Ohio (USA), am N-Ufer des Ohio, 380 000 Ew.; 2 Univ.; Verkehrsknotenpunkt u. Handelszentrum.
Cincinnatus, Lucius Quinctius, röm. Politiker,

Cicero: Marmorbüste. Florenz, Uffizien

Winston Spencer Churchill

nach der Überlieferung 458 u. 439 v. Chr. Diktator; galt als sittenstreng u. uneigennützig.
Cinecittà [tʃinɛtʃi'ta], ital. Filmgelände bei Rom.
CinemaScope [sinəma'sko:p], ein Film-Breitwandverfahren.
Cinemathek [si-] →Filmothek.
Cinerama [si-], ein Breitwandverfahren, bei dem gleichzeitig 3 Filme nebeneinander auf eine halbkreisförmige Leinwand projiziert werden.
Cingulum, *Zingulum,* in der kath. Kirche Gürtel für liturg. Gewänder.
Cinna, Lucius Cornelius, * um 130 v. Chr., † 84 v. Chr. (ermordet), röm. Politiker, 87–84 v. Chr. Konsul, Parteigänger des Marius gegen Sulla.
Cinnamomum, Gatt. der *Lorbeergewächse;* hierzu: *Kampferbaum, Ceylon-Zimtbaum, Chin. Zimtbaum.*
Cinquecento [tʃiŋkwe'tʃɛnto], kunstgeschichtl. Bez. für das 16. Jh. in Italien (Hochrenaissance).
CIO, Abk. für engl. *Congress of Industrial Organizations.*
Circe ['tsirtsə] →Kirke.
Circuittraining ['sə:kittrɛiniŋ], sportl. Trainingssystem: aufeinanderfolgende Übungen an versch. Geräten.
Circulus vitiosus, *Zirkelschluß,* ein Trugschluß, der das zu Beweisende als Beweisgrund bereits voraussetzt.
Circus →Zirkus.
Cirebon ['tʃirəbɔn], Hafenstadt im N von W-Java (Indonesien), 273 000 Ew.; islam. Universität.
Cirrocumulus, *Lämmer-* oder *Schäfchenwolke,* →Wolken.
Cirrostratus →Wolken.
Cirrus, *Zirrus,* →Wolken.
Cirruswolken, *Federwolken,* →Wolken.
cisalpinisch, auf der röm. Seite gelegen; z.B. *Gallia cisalpina,* die in der Antike von Kelten bewohnte Poebene.
Ciskei [tsis-], ehem. Bantu-Homeland der *Xhosa* in der Rep. Südafrika, 12 075 km², 950 000 Ew., Hptst. *Zwelitsha;* seit 1968 autonom, seit 1981 formell unabhängig; 1994 aufgelöst.
Cisleithanien, *Zisleithanien,* nach dem östr.-ungar. Ausgleich 1867 die östr. Reichshälfte.
Cissus, *Klimme,* Kletterstäucher der Tropen aus der Fam. der *Weinrebengewächse.*
Cîteaux [si'to], das Zisterzienser-Mutterkloster im frz. Dép. Côte-d'Or; 1098 gegr., 1790 aufgehoben, seit 1898 Trappistenabtei.
citius, altius, fortius ['tsi-; lat., »schneller – höher – stärker (weiter)«], von P. de *Coubertin* genannter Grundsatz für das Streben im Sport. Wahlspruch der modernen Olymp. Spiele.
Citlaltépetl [θit-; aztek., »Sternberg«], span. *Pico de Orizaba,* höchster Berg Mexikos, 5700 m; Vulkan.
Citoyen [sitwa'jɛ̃; frz.], Bürger, Staatsbürger.
Citrin, ein Mineral; Quarzvarietät.
Citronensäure, dreibasische Oxytricarbonsäure, in vielen Früchten (Zitronen, Orangen) enthalten. Die Salze der C. heißen **Citrate.**
Citrus, *Agrume,* Gatt. der *Rautengewächse;* immergrüne Sträucher u. kleine Bäume; in zahlr. Kulturformen in allen warmen Ländern angebaut (u. a. Orange, Grapefruit, Pomeranze, Zitrone, Limone, Mandarine).
City ['siti], zentraler Stadtteil, Geschäftsviertel.
Cityruf, von der Dt. Bundespost Telekom 1989

eingeführter Funkrufdienst, erlaubt die Übermittlung von bis zu 80 Zeichen langen Nachrichten.

Ciudad de México [sju'ðað ðe 'mexiko] →México.

Ciudad Juárez [sju'ðað xu'ares], mex. Grenzstadt in Chihuahua, gegenüber El Paso (USA), 870 000 Ew.

Ciudad Trujillo [sju'ðað tru'xijo] →Santo Domingo.

Civis Romanus, im Altertum der Inhaber des röm. Bürgerrechts.

Civitas ['tsi], **1.** *C. Romana,* im alten Rom die Gesamtheit der freien Bürger *(cives).* – **2.** im MA Stadtstaat, Stadt, Gemeinde. – **C. Dei,** der »Gottesstaat« auf Erden, dessen Idee *Augustinus* vertrat.

Civitavècchia [tʃivita'vɛkja], ital. Hafenstadt nw. von Rom, 51 000 Ew.; Seebad.

Cizek ['tʃiʒɛk], Franz, *1865, †1946, östr. Maler u. Kunstpädagoge; Initiator der Jugendkunst-Bewegung.

Cl, chem. Zeichen für *Chlor.*

Claes [kla:s], Ernest (André Jozef), *1885, †1968, fläm. Schriftst.; humorvoller Erzähler.

Claesz [kla:s], Pieter, Vater von N. *Berchem,* *1597/98, †1661, ndl. Maler (einfach aufgebaute Stilleben).

Claim [klɛim], Besitzanspruch, bes. auf eine Goldgräberparzelle; auch das Grundstück selbst.

Clair [klɛ:r], René, eigtl. R. *Chomette,* *1898, †1981, frz. Filmregisseur (»Unter den Dächern von Paris«, »Die Schönen der Nacht«).

Clair-obscur-Zeichnung [klɛ:rɔb'sky:r-] →Helldunkelmalerei.

Clairon [klɛ'rɔ̃], Bügelhorn, Signalhorn.

Clairvaux [klɛr'vo], ehem. Zisterzienserkloster im N-frz. Dép. Aube, 1115 gegr. von →Bernhard von Clairvaux.

Clairvoyance [klɛrvwa'jɑ̃s] →Hellsehen.

Clan, Sippenverband in Irland u. Schottland; allg. eine durch wirkl. oder vermeintl. Blutsverwandtschaft aneinander gebundene Gruppe von Menschen.

Clapton ['klæptən], Eric, *30. 3. 1945, brit. Rockgitarrist u. -sänger (Blues- u. Countryrock).

Claque [klak], Gruppe von bezahlten Beifallklatschern *(Claqueurs).*

Clarino, im 17./18. Jh. Bez. für die hochliegenden Trompetenstimmen.

Clark [kla:k], Jim, *1936, †1967 (verunglückt), schott. Autorennfahrer; 1963 u. 1965 Automobilweltmeister.

Claß, Heinrich, *1868, †1953, dt. Politiker; 1908–39 Vors. des rechtsradikalen *Alldt. Verbandes.*

Claudel [klo'dɛl], Paul, *1868, †1955, frz. Schriftst.; führend in der kath. Erneuerungsbewegung; Ⓦ Drama »Der seidene Schuh«.

Claude Lorrain [klo:dlɔ'rɛ̃] →Lorrain.

Claudianus, Claudius, *um 355, †vor 408, röm. Dichter aus Alexandria.

Claudius, *Tiberius C. Nero Germanicus,* *10 v. Chr., †54 n. Chr., röm. Kaiser 41–54; verh. mit *Messalina* u. nach deren Hinrichtung mit *Agrippina d. J.,* die bei C. die Adoption ihres Sohns *Nero* durchsetzte u. C. anschließend vergiftete.

Claudius, 1. Eduard, eigtl. E. *Schmidt,* *1911, †1976, dt. Schriftst. (Romane des »sozialist. Realismus«). – **2.** Hermann, Urenkel von 3), *1878, †1980, dt. Schriftst.; schrieb bes. in plattdt. Mundart. – **3.** Matthias, *1740, †1815, dt. Schriftst.; Hrsg. des »Wandsbecker Boten«; schrieb Lyrik (»Der Mond ist aufgegangen«) u. Prosa, die durch ihre Schlichtheit u. Frömmigkeit von eindringl. Wirkung sind.

Clauren, Heinrich, eigtl. Carl Gottlieb *Heun,* *1771, †1854, dt. Schriftst. (seinerzeit vielgelesene sentimentale Romane).

Claus, Prinz der Niederlande, urspr. C. von *Amsberg,* *6.9.1926; 1957–65 dt. Diplomat; seit 1966 mit der ndl. Königin *Beatrix* verheiratet.

Clausewitz, Carl von, *1780, †1831, preuß. General, schuf in seinem Werk »Vom Kriege« eine umfassende Kriegstheorie.

Clausthal-Zellerfeld, niedersächs. Stadt im Oberharz, 1924 aus den Orten *Clausthal* u. *Zellerfeld* gebildet, 17 000 Ew.; Techn. Univ.

Claustrophobie, Phobie, die krankhafte Angst, sich in geschlossenen Räumen aufzuhalten.

Clausula rebus sic stantibus, stillschweigender Vorbehalt in einem Vertrag, daß dieser nur gelten soll, solange die bei seinem Abschluß bestehenden grundlegenden Verhältnisse fortbestehen.

Clavicembalo [-'tʃɛm-] →Cembalo.

Clay [klɛi], **1.** Cassius →Muhammad Ali. – **2.** Lucius, *1898, †1978, US-amerik. General; 1947–49 Militärgouverneur der US-amerik. Zone in Dtld., Organisator der Luftbrücke nach Berlin.

Clearing ['kli:-], Ab-, Verrechnung, Zahlungsausgleich.

Clematis →Waldrebe.

Clemenceau [klɛmã'so], Georges, *1841, †1929, frz. Politiker; 1906–09 u. 1917–20 Min.-Präs.; Verfechter harter Friedensbedingungen für Dtld. im Versailler Vertrag.

Clemens, Päpste →Klemens.

Clementi, Muzio, *1752, †1832, ital. Pianist, Komponist u. Musikpädagoge; bedeutendster Vertreter der ital. klass. Klaviermusik.

Clementine, Zitrusfrucht, die durch Kreuzungen von Sorten der *Mandarine* entstanden ist.

Clerk [kla:k], **1.** in England u. den USA: Schreiber, kaufmänn. Angestellter, Sekretär. – **2.** Geistlicher oder geistl. Beamter in der Anglikan. Kirche.

Clermont-Ferrand [klɛr'mɔ̃fɛ'rɑ̃], Ind.-Stadt im südl. Mittelfrankreich, alte Hptst. der *Auvergne,* im fruchtbaren Becken der Limagne, 160 000 Ew.; Univ., got. Kathedrale.

Clethra, Laubheide, den *Heidekrautgewächsen* verwandte Gattung einer eigenen Familie, der Clethraceae (zu den *Bicornes*).

Cleve, 1. Joos van, eigtl. *Joos van der Beke,* *um 1485, †1540/41, fläm. Maler (religiöse Szenen u. Bildnisse). – **2.** Per Teodor, *1840, †1905, schwed. Chemiker u. Geologe; entdeckte die Elemente Holmium u. Thulium u. (unabhängig von W. *Ramsay*) Helium.

Cleveland ['kli:vlənd], Stadt in Ohio, eine der größten Ind.- u. Handelsstädte der USA, am S-Ufer des Eriesees, 550 000 Ew.; 3 Univ., bed. Holzmarkt.

Cleveland ['kli:vlənd], Grover, *1837, †1908, US-amerik. Politiker (Demokrat); 1885–89 u. 1893–97 Präs.; Anti-Imperialist.

Cliburn ['klaibə:n], Van (Harvey Lavan), *12.7.1934, US-amerik. Pianist.

Clinch [klintʃ], beim Boxen: Umklammerung u. Festhalten des Gegners.

Clinton [klintən], Bill, urspr. *William Blythe,* *19. 8. 1946; US-amerik. Politiker (Demokrat); 1979–81 u. 1983–93 Gouverneur von Arkansas; seit 1993 42. Präs. der USA. – Ⓑ → S. 933.

Clique ['klikə], durch gemeinsame (meist selbstsüchtige) Interessen verbundene Gruppe.

Clitoris →Kitzler.

Clivage [-'va:ʒ], Schieferung, Edelsteinspaltung.

Clive [klaiv], Robert, Baron *C. of Plassey,* *1725, †1774 (Selbstmord), engl. Kolonialpolitiker; Begr. der brit. Herrschaft in Indien.

Clivia, Klivie, Riemenblatt, Gatt. der *Amaryllisgewächse,* beliebte Zierpflanze.

Clochard [klɔ'ʃa:r], Pariser Stadtstreicher.

Cloppenburg, Krst. in Oldenburg (Nds.), an der Soeste, 23 000 Ew.; Museumsdorf (alte Bauernhöfe, Heimatkunst); landwirtschaftl. Handel.

closed shop [kləuzd ʃɔp], im US-amerik. Arbeitsrecht ein Unternehmen, das nach dem Tarifvertrag nur Angehörige der tarifschließenden Gewerkschaft beschäftigen darf.

Clostermann, Pierre, *28.2.1921, frz. Flieger u. Schriftst.; erfolgreichster frz. Jagdflieger des 2. Weltkriegs.

Clostridium, Gatt. meist anaerober Bakterien; u. a. der Erreger des Wundstarrkrampfs.

Clouet [klu'ɛ], **1.** François, Sohn von 2), *um 1505–10, †1572, frz. Maler; einer der Hauptmeister der frz. Bildnismalerei im 16. Jh. – **2.** Jean, *vermutl. um 1480, †um 1540, frz. Maler; Hofmaler Franz' I.

Clouzot [klu'zo], Henri-Georges, *1907, †1977, frz. Filmregisseur (»Lohn der Angst«).

Clown [klaun], Spaßmacher, Hanswurst.

Club [klʌb] →Klub.

Club of Rome [klʌb əv rəum], 1968 in Rom gegr. internat. Zusammenschluß von Wissenschaftlern u. Industriellen zur Ermittlung der materiellen Lage der Menschheit (Rohstoffreserven, Bevölkerungsentwicklung, Umwelt u. ä.).

Cluj-Napoca [kluʒ-], dt. *Klausenburg,* ung. *Kolozsvár,* Stadt in Siebenbürgen (Rumänien), 310 000 Ew.; Univ., versch. Ind. – Das antike *Napoca,* 1173 erstmals wieder erwähnt, 1405 ung. (Geburtsort von *Matthias Corvinus),* seit 1918 rumän., 1940–46 nochmals ung.

Cluniazensische Reform [klyni-], von der Abtei *Cluny* im 10. Jh. ausgehende Bewegung zur Reform des Mönchtums: Ausschaltung des Laieneinflusses, enge Bindung an das Papsttum. Die C.R. war die Voraussetzung für den Machtanspruch des Papsttums im MA.

Cluny [kly'ni], frz. Städtchen in S-Burgund, 4500 Ew.; ehem. Benediktinerkloster, 910 gegr. Die 1C89 errichtete 3. Abteikirche war der größte Kirchenbau der Zeit.

Clusius, Klaus, *1903, †1963, dt. Physikochemiker; entwickelte 1938 das *C.sche Trennrohr* zur Trennung gasförmiger Isotope.

Clustermodell ['klʌstə-], ein Atommodell zur Beschreibung des Kernaufbaus; eine Modifikation des Schalenmodells.

Clyde [klaid], längster Fluß in W-Schottland, 160 km, mündet in den *Firth of C.* (Sitz der schott. Werftind.).

Clydebank ['klaidbæŋk], W-schott. Hafenstadt bei Glasgow, am Firth of Clyde, 49 000 Ew.

cm, Kurzzeichen für *Zentimeter.*

Cm, chem. Zeichen für *Curium.*

C-14-Methode →radioaktive Altersbestimmung.

Co, Abk. für *Compagnie, Company* (Handelsgesellschaft).

c/o, auf Briefen Abk. für engl. *care of,* »bei«, »zu Händen von«.

Co, chem. Zeichen für *Cobalt.*

Coach [kəutʃ], Trainer, Sportlehrer.

Cobalt, *Kobalt,* ein → chemisches Element.

Cobbler, Mixgetränke aus Süß-, Rot- oder Weißwein, Weinbrand, Likör, Whisky oder Rum, Fruchtsäften u. gestoßenem Eis.

Cobden, Richard, *1804, †1865, engl. Wirtsch.-Politiker; Hauptvertreter des Manchester-Liberalismus.

COBOL, eine Programmiersprache, die den Bedürfnissen von Handel u. Ind. angepaßt ist.

Coburg, Stadt in Oberfranken (Bayern), an der Itz, unterhalb der *Veste C.,* 45 000 Ew.; mittelalterl. Altstadt. – Seit 1248 Sitz der Grafen von *Henneberg;* 1826–1918 eine der beiden Hauptstädte des Herzogtums Sachsen-C.-Gotha; 1920 zu Bayern.

Coburger Convent, C.C., 1868 gegr. Zusammenschluß der *Landsmannschaften* unter den farbentragenden student. Verbindungen.

Coca →Koka.

Coca-Cola, Coke, Wz. eines alkoholfreien Erfrischungsgetränks aus Zuckersirup u. Extrakten der Frucht des Kolanußbaumes, mit Coffein-Zusatz.

Cocain, *Kokain,* ein Alkaloid der Blätter des *Kokastrauchs,* wirkt lokal schmerzstillend, gefäßkontrahierend u. schleimhautabschwellend; zentral steigert es die Gehirnfunktionen. C. führt zur Gewöhnung u. Sucht u. bewirkt schwere körperl. u. geistige Verfallserscheinungen.

Cocceji [kɔk'tse:ji], Samuel Frhr. von, *1679,

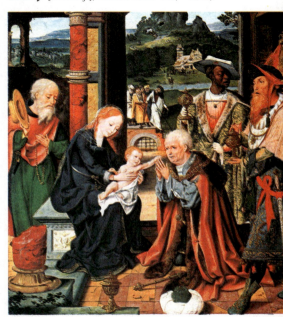

Joos van Cleve: Anbetung der Könige. Prag, Narodni Galerie

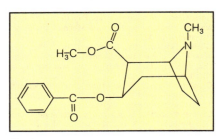
Cocain

† 1755, preuß. Minister; reformierte die Rechtspflege.
Cochabamba [kɔtʃa-], Hptst. des gleichn. bolivian. Dep., 2560 m ü. M., 330 000 Ew.; 2 Univ.
Cochem, rhld.-pf. Krst. an der Mosel, 6000 Ew.; Reichsburg C. (11. Jh.); Weinbau, Fremdenverkehr.
Cochenille [kɔʃ'nij], roter Beizenfarbstoff aus den getrockneten u. zerriebenen Weibchen einer bes. in Mexiko gezüchteten Schildlausart *Koschenille.*
Cochin ['koutʃin], *Kochin,* südind. Distrikt-Hptst. u. Hafenstadt an der Malabarküste, 560 000 Ew.; wichtiger Ind.-Standort.
Cochinchina, *Kotschinchina,* heute *Nam Bô,* Ldsch. im S Vietnams (Mekong-Delta).
Cochise-Kultur [ko'tʃize-], steinzeitl. indian. Kultur im SW N-Amerikas ab 7500 v. Chr.
Cochläus, Johannes, eigtl. J. *Dobeneck,* *1479, †1552, dt. kath. Theologe, Gegner Luthers.
Cockcroft ['koukrɔft], Sir John Douglas, *1897, †1967, engl. Atomphysiker; führte die ersten Kernzertrümmerungsversuche durch; Nobelpreis 1951.
Cocker, Joe, eigtl. John Robert C., *20.5.1944, brit. Blues- u. Rocksänger; sang 1969 beim Woodstock-Festival.
Cockerspaniel, eine Jagdhundrasse.
Cockney [-ni], Angehöriger der Londoner Unterschicht; die Mundart dieser Schicht.
Cockpit, Führerraum eines Flugzeugs.
Cocktail ['kɔkteil], alkohol. Mixgetränk; 2 Grundarten: Manhattan-Art (Whisky als Grundlage) u. Martini-Art (Gin als Grundlage). – **C.kleid,** zur C.-Party am frühen Abend getragenes Gesellschaftskleid aus kostbarem Material.
Coco, *Rio C.,* längster Fluß Zentralamerikas, 750 km; Grenze von Honduras u. Nicaragua.
Cocos Islands ['koukɔs 'ailəndz] →Kokosinseln.
Cocteau [-'to], Jean, *1889, †1963, frz. Schriftst., Maler, Graphiker, Filmregisseur u. Komponist. W »Kinder der Nacht« (Roman), »Orphée« (Film).
Coda, Zusatz zum Sonett; Schlußteil eines Musikstücks.
Code, 1. Schlüssel zum Übertragen von chiffrierten Texten in Klartext (u. umgekehrt); Regel zur Übertragung einer Folge von Signalen in eine andere Signalfolge. – **2.** Gesetzbuch; bes. die Gesetzbücher Napoléons I.: *C. Civil* oder *C. Napoléon* (bürgerl. Recht), *C. pénal* (Strafrecht) in Kraft.
Codein, *Kodein,* Teilalkaloid des *Opiums,* kann zur Sucht führen *(C.ismus)* u. untersteht dem Betäubungsmittelgesetz.
Codex, 1. bei den Römern urspr. die aneinandergebundenen Schreibtäfelchen; seit dem 1. Jh. das beschriebene Pergament, wenn es gefaltet statt gerollt wurde; im MA die gebundene Handschrift. – **2.** Sammlung von Gesetzen.
Codex argenteus [-te:us], »silbernes Buch«, Handschrift der got. Bibelübersetzung *Wulfilas* (6. Jh.) mit silbernen u. goldenen Buchstaben auf purpurrotem Pergament, in Uppsala aufbewahrt.
Codex Iuris Canonici, *CIC,* das Gesetzbuch der kath. Kirche, Revision seit 1983 in Kraft.
Codierer, Person, die vorgegebene Programm-Daten in eine Folge von Befehlen überträgt.
Codreanu, Corneliu Zelea, *1899, †1938 (ermordet), rumän. Politiker; Führer der faschist. »Eisernen Garde«.
Coelum, *Zölom* →sekundäre Leibeshöhle.
Coen [ku:n], Jan Pieterszoon, *1587, †1629, ndl. Kolonisator; gründete das ndl. Kolonialreich in O-Indien.
Coesfeld, *Koesfeld,* ['ko:s-], Krst. in NRW, westl. von Münster, 33 000 Ew.; Textil- u. Maschinenind.; Stadtrecht seit 1197.
Cœur [kø:r], Herz; im frz. Kartenspiel die Herzkarten.
Coffein, *Koffein, Thein,* ein Alkaloid, das in Kaffeebohnen, im getrockneten schwarzen Tee u. in Kolanüssen vorkommt; wirkt auf versch. Organsysteme anregend (Großhirn, Atemzentrum, Nieren, Kreislauf).
Cogito, ergo sum [lat.], »Ich denke, also bin ich«, von *Descartes* geprägter Grundsatz der neuzeitl. Philosophie.
Cognac ['kɔnjak], Weinbrand, durch Destillation natürl. Weine gewonnen. Die Bez. C. ist frz. Erzeugnissen aus der *Charente* vorbehalten.
Cognac [kɔ'njak], frz. Krst. im Dép. Charente, 22 000 Ew.; Weinanbau, Zentrum der frz. Weinbrandherstellung.
Cohen, 1. Hermann, *1842, †1918, dt. Philosoph; Begr. der Marburger Schule des log. *Neukantianismus.* – **2.** ['koun], Leonard, *21.9.1934, kanad. Sänger; Interpret monoton-düsterer Lieder.
Coiffeur [kwa'fø:r], Friseur.
Coimbatore [kwinbə'tɔ:r], *Koyampattur,* Distr.-Hptst. u. schnell wachsende Ind.-Stadt in S-Indien (Tamil Nadu), 920 000 Ew.
Coimbra ['kuim-], Distr.-Hptst. in Portugal, 80 000 Ew.; älteste Univ. des Landes (1290 gegr.), festungsartige Kathedrale; 1139–83 Residenz der port. Könige.
Cointreau [kwɛ̃'tro], frz. Likör aus Pomeranzen, Orangenschalen u. Cognac.
Coitus →Geschlechtsverkehr.
Cola, *Kola* →Kola.
Colani, Luigi, *1929, Designer (futuristisch anmutende Entwürfe für Gebrauchsgegenstände).
Colbert [kɔl'bε:r], Jean-Baptiste, Marquis de *Seignelay,* *1619, †1683, frz. Minister; schuf durch staatl. Lenkung der Wirtschaft die materielle Grundlage für den frz. Absolutismus; Hauptvertreter des *Merkantilismus.*
Colchester ['koultʃistə], O-engl. Stadt in Essex, 134 000 Ew.; normann. Burg; Textilind.
Cold Cream [kould kri:m], fette Hautcreme mit kühlender Wirkung.
Cole [koul], Nat King, eigtl. Nathaniel Adams *Coles,* *1917, †1965, afroamerik. Jazzmusiker (Klavier, Gesang).
Coleman ['koulmən], Ornette, *19.3.1930, afroamerik. Jazzmusiker (Saxophon, Trompete).
Coleridge ['koulridʒ], Samuel Taylor, *1772, †1834, engl. Schriftst.; führend in der literar. Erneuerungsbewegung der engl. Romantik.
Colerus, Egmont, *1888, †1939, östr. Schriftst. (histor. Romane).
Cölestin, 1. *C. I.,* †432, Papst 422–32; trat für Augustinus u. dessen Lehre ein; bemühte sich um die Christianisierung Irlands. – Heiliger (Fest: 6.4.). – **2.** *C. III.,* eigtl. Hyazinth Bobo, *um 1106, †1198, Papst 1191–98; krönte *Heinrich VI.* zum Kaiser, geriet aber bald mit ihm in heftigen Konflikt. – **3.** *C. V.,* eigtl. *Pietro del Murrone,* *1215, †1296, Papst 1294; als frommer Einsiedler gegen seinen Willen gewählt, dankte nach fünfmonatiger Regierung freiwillig ab. Sein Nachfolger *Bonifatius VIII.* ließ ihn bis zu seinem Tod in Haft halten, weil er ein Schisma fürchtete. – Heiliger (Fest: 19.5.).
Colette [-'lεt], Sidonie Gabrielle, *1873, †1954, frz. Schriftst. (Romane, Tiergeschichten).
Coligny [kɔli'nji], Gaspard de, Seigneur de *Châtillon,* *1519, †1572, frz. Heerführer u. Admiral; trat 1557 zum Calvinismus über u. wurde Führer der Hugenotten; in der Bartholomäusnacht ermordet.
Colima-Kultur, indian. Kultur (figürl. geformte Keramik) der Zeit von 200 v. Chr. bis 400 im mex. Bundesstaat *Colima.*
Collage [kɔla:ʒ], *Klebebild,* ein Bild, das nicht gemalt, sondern aus Fremdmaterialien (Papier, Karton, Tapetenstücke u. ä.) zusammengesetzt ist; von *Picasso* u. *Braque* zur eigenständigen Technik ausgebildet.
College, 1. in Großbrit. ein Haus, in dem Studenten u. Dozenten zusammen wohnen; vielfach den Universitäten angegliedert, mit Stipendien u. Freistellen. – **2.** in den USA eine höhere Lehranstalt, die, auf der *High School* aufbauend, zur Universitätsreife führt.
Collège [kɔ'lε:ʒ], in Frankreich die städt. höhere Schule im Gegensatz zum staatl. *Lycée.*
Colleoni, Bartolomeo, *1400, †1475, ital. Condottiere (Söldnerführer); meist im Dienst der Rep. Venedig.
Collie, *Schott. Schäferhund,* guter Nutz- u. Wachhund. Eine kleinere Züchtung ist der *Sheltie.*
Collier [kɔ'lje], Halsschmuck.
Collins, William Willkie, *1824, †1889, engl. Schriftst. (Kriminal- u. Sensationsromane).
Collodi, Carlo, eigtl. C. *Lorenzini,* *1826, †1890, ital. Schriftst.; schuf mit der Gestalt des *Pinocchio* eine der beliebtesten Kinderbuchfiguren.
Collodium, *Klebeether,* zähflüssige Lösung von C.-Wolle (Cellulosedinitrat) in einem Alkohol-Ether-Gemisch; feuergefährlich.
Collor de Mello ['kɔjɔr də 'mεljo], Fernando Alfonso, *12.8.1949, brasil. Politiker; gründete 1989 die Partei des nat. Wiederaufbaus (PRN); seit 1990 Staats-Präs.; trat 1992 zurück.
Colmar, elsäss. Stadt in der Oberrheinebene, Hptst. des Dép. Haut-Rhin, 67 000 Ew.; mittelalterl. Stadtkern, Musée d'Unterlinden mit Werken von M. *Schongauer* u. M. *Grünewald.* – 1226 Reichsstadt, seit 1672 frz.
Colombes [kɔ'lɔ̃b], Ind.-Vorstadt im Seine-Bogen nw. von Paris, 84 000 Ew.; Olympiastadion (1924).
Colombey-les-deux-Églises [kɔlɔ̃'bε: le: dø:ze 'gli:z], frz. Gemeinde im Dép. Haute-Marne, 400 Ew.; ehem. Landsitz (unter Denkmalschutz) u. Grab C. de *Gaulles.*
Colombo, Hptst. u. einzige Großstadt Sri Lankas an der mittleren W-Küste, 664 000 Ew.; einer der wichtigsten Hafenplätze Asiens.
Colombo, Emilio, *11.4.1920, ital. Politiker (Democrazia Cristiana). 1970-72 Min.-Präs., 1978/79 Präs. des Europa-Parlaments, 1980-83 u. seit 1992 Außen-Min. 1979 Karlspreis.
Colón, Prov.-Hptst. u. Hafen am atlant. Ausgang des Panamakanals, Enklave in der Kanalzone, zweitgrößte Stadt Panamas, 70 000 Ew.
Colonel [kə:nl, engl.; kɔlɔ'nεl, frz.], Oberst.
Colonia, im Altertum röm. Ansiedlung u. Militärstützpunkt im unterworfenen Gebiet; häufig Bestandteil röm. Städtenamen.
Colonna, röm. Adelsgeschlecht, dem u. a. der Papst *Martin V.* u. die Dichterin Vittoria C. (*1492, †1547) entstammten.
Colorado, Abk. Colo., Col., Gliedstaat im W der →Vereinigten Staaten.
Coloradokäfer →Kartoffelkäfer.
Colorado River [-'rivə], Fluß im SW der USA, mündet mit einem Delta in den Golf von Kalifornien, 2334 km. Der Mittellauf zerschneidet in tiefen Canyons die bunten horizontalen Schichten der *Colorado Plateaus,* im 350 km langen *Grand Canyon* bis 1800 m tief.
Colorado Springs [kɔlə'ra:dəu spriŋz], Stadt in Colorado (USA), am Gebirgsrand, 271 000 Ew.; Heilquellen.
Colt, nach dem Erfinder u. Hersteller (Samuel C., *1814, †1862) genannter Revolver.
Coltrane ['kɔltrεin], John William, *1926, †1967, afroamerik. Jazzmusiker (Saxophonist).
Columbarium, altröm. Grabstätte mit vielen, in

Colorado River: Canyon im Colorado Plateau

Commedia dell'arte: Kupferstiche von einigen der bekanntesten Typengestalten; (von links nach rechts) Pantalone, Pulcinella, Colombina, Capitano, Dottore, Scaramuccio

Stockwerken angeordneten Nischen zur Aufnahme von Aschenurnen.
Columbia [kə'lʌmbiə], Hptst. von South Carolina (USA), 100 000 Ew.; Univ. (gegr. 1801).
Columbia River [kə'lʌmbiə 'rivə], nordamerik. Fluß, mündet bei Astoria in den Pazifik, 1954 km.
Columbia-Universität [kə'lʌmbiə-], Universität in New York, aus dem 1754 gegr. *King's College* entstanden.
Columbus [kə'lʌmbəs], Hptst. von Ohio (USA), 570 000 Ew.; 3 Univ. (gegr. 1850 u. 1870), Battelle-Inst.; Kohlen- u. Eisenerzbergbau.
Columbus, Entdecker Amerikas, → Kolumbus.
Coma, *Koma,* tiefe Bewußtlosigkeit.
Comanchen [-'mantʃən], *Komantschen,* Stamm der Shoshone-Indianer.
Combo, eine kleine Jazzgruppe.
Comeback [kʌm'bæk], Wiederauftreten eines Künstlers, Sportlers oder Politikers nach längerer Pause.
COMECON, Abk. für engl. *Council for Mutual Economic Aid,* im Westen übl. Bez. für *Rat für gegenseitige Wirtschaftshilfe,* Abk. *RWG,* wirtsch. Zusammenschluß der Ostblockstaaten, gegr. 1949. Mitgl.: Bulgarien, DDR (bis 1990), Kuba, Mongol. VR, Polen, Rumänien, Sowj., ČSSR, Ungarn u. Vietnam; Albanien bis 1962. Bedingt durch den polit. Umbruch in Osteuropa wurde 1991 die Auflösung des C. sowie die Schaffung neuer Kooperationsformen beschlossen.
Comédie Française [-frä'sɛːz], staatl. frz. Schauspielbühne in Paris, 1680 gegr.
Comenius, tschech. *Komenský,* Johann Amos, * 1592, † 1670, Theologe u. Pädagoge; 1632 Bischof der *Böhm. Brüdergemeine;* vertrat einen naturgemäßen Unterricht u. schrieb zahlreiche pädagog. Werke (»Didactia magna«, »Orbis pictus«).
Comer See, *Lago di Como, Làrio,* oberital. See, 146 km²; bei Bellàgio in 2 Arme geteilt.
Comic strips ['kɔmik strips], *Comics, Bildstreifen,* Geschichten in Abfolgen einfacher Zeichnungen mit beigefügten Kurztexten.
Commedia dell'arte, die ital. Stegreifkomödie, deren Typen u. Masken feststanden, während der Text der Improvisation überlassen blieb.
comme il faut [kɔmil'foː; frz.], wie es sich gehört; beispielhaft, mustergültig.
Commis [kɔ'mi], veraltete Bez. für *Handlungsgehilfe.* — **C. voyageur,** Handlungsreisender.
Commodus, Lucius Aelius Aurelius, * 161, † 192 (ermordet), röm. Kaiser 180–192; Sohn *Marc Aurels* u. der *Faustina;* ließ sich als röm. Herkules feiern; führte das absolutist. Regiment eines von oriental. Ideen erfüllten Herrschers.
Common Law ['kɔmən 'lɔː], das durch Gerichtsgebrauch fortgebildete engl. Gewohnheitsrecht; Ggs.: *Statute Law,* »Gesetzesrecht«.
common sense ['kɔmən sɛns; engl.], gesunder Menschenverstand.
Commonwealth ['kɔmənwɛlθ], »Gemeinwesen«. Das **C. of Nations,** 1948 gegr., ist eine aus dem *Brit. Reich* hervorgegangene lockere Gemeinschaft unabh. Staaten, die die brit. Krone als Oberhaupt u. Symbol ihrer Vereinigung anerkennen. (Staatsoberhaupt ist die brit. Krone nur in den Staaten, die Monarchien sind.) Mitgl. sind: Großbritannien u. Nordirland, Antigua u. Barbuda, Australien, Bahamas, Bangladesh, Barbados, Belize, Botswana, Brunei, Dominica, Gambia, Ghana, Grenada, Guyana, Indien, Jamaika, Kanada, Kenia, Kiribati, Lesotho, Malawi, Malaysia, Malediven, Malta, Mauritius, Namibia, Nauru, Neuseeland, Nigeria, Pakistan, Papua-Neuguinea, Saint Christopher-Nevis, Saint Lucia, Saint Vincent, Salomonen, Sambia, Samoa, Seychellen, Sierra Leone, Simbabwe, Singapur, Sri Lanka, Südafrika, Swasiland, Tansania, Tonga, Trinidad u. Tobago, Tuvalu, Uganda, Vanuatu, Zypern.
Communauté de Taizé [kɔmyno'tedətɛ'ze], prot. Bruderschaft mit ordensähnl. Charakter, gegr. 1940 von Roger *Schutz,* Sitz: Taizé bei Cluny (Frankreich).
Como, ital. Prov.-Hptst. u. Luftkurort in der Lombardei, am Comer See, 93 000 Ew.
Compact Disc, *CD,* Platte von 12 cm Durchmesser, auf der digital verschlüsselt Musik gespeichert wird u. die berührungslos von einem Laser abgetastet wird. Die Weiterentwicklung zur Speicherung von 550 Megabyte-Daten (= 270 000 Seiten DIN A 4) heißt *CD-ROM* (C.D. Read Only Memory). Auf einer *CD-I* (C.D. Interactive) können gleichzeitig Bild, Ton u. Text gespeichert werden.
Compiègne [kɔ̃pjɛɲ], N-frz. Krst. im Dép. Oise, 41 000 Ew. Im anschließenden *Wald von C.* wurde am 11.11.1918 im Salonwagen des Marschalls Foch der Waffenstillstand zw. Dtld. u. der Entente, an der gleichen Stelle am 22.6.1940 der Waffenstillstand zw. Dtld. u. Frankreich unterzeichnet.
Compiler [kɔm'pailə], das Übersetzungsprogramm einer elektron. Datenverarbeitungsanlage.
Compound-Maschine [kɔm'paund-], eine Gleichstrommaschine, die im Haupt- u. im Nebenschluß gleichzeitig erregt wird.
Comprehensive School [kɔmpri'hɛnsiv skuːl], allgemeinbildende, auf der Grundschule aufbauende 4- oder 6jährige weiterführende Schule in Großbritannien; entspricht in etwa der Gesamtschule in Dtld.
Compton ['kɔmptən], Arthur Holly, * 1892, † 1962, US-amerik. Physiker; entdeckte den *C.-Effekt,* der die Teilchennatur der elektromagnet. Strahlen beweist; Nobelpreis 1927.
Computer [kɔm'pjuːtə], Sammelbegriff für elektron., programmierbare Datenverarbeitungssysteme unterschiedl. Leistungsfähigkeit u. Techniken. Einen C. zeichnen drei Eigenschaften aus: 1. er kann rechnen, 2. er kann Programme u. Daten speichern, 3. er kann Entscheidungen fällen u. dadurch den Programmablauf steuern.
Ein arbeitsfähiger C., C.system genannt, besteht aus Hardware u. Software. Dabei versteht man unter *Hardware* die Zentraleinheit u. die Peripherie. Die Zentraleinheit besteht aus dem Steuerwerk, dem Rechenwerk u. dem internen Arbeitsspeicher, sie übernimmt die Ablaufsteuerung u. Koordination aller Aktivitäten des C. bei der Programmausführung. Größere Datenmengen werden meist in Speichern abgelegt: Disketten, Festplatten u. Magnetbänder. Je nach Speicherkapazität u. anderen die Leistung beeinflussenden Faktoren unterscheidet man *Mikro-C.,* z.B. Heim- u. Personal-C.,

Compact Disc: Größenvergleich mit einer herkömmlichen Schallplatte

Geräte der sog. mittleren Datenverarbeitung, wie z.B. Abteilungsrechner, u. Großrechner. Die höchste Rechenleistung haben die Super-C. oder Parallelrechner, bei denen mehrere Zentraleinheiten parallel an einem Problem arbeiten. Die Peripheriegeräte eines C. sind die Datenein- u. -ausgabeeinheiten. Sie dienen der Mensch-Maschine-Kommunikation (z.B. Tastatur, Bildschirm, Klarschriftleser) u. der Ausgabe der computerermittelten Daten (z.B. Drucker, Plotter, Photosatzbelichter). Zur Peripherie werden auch Datenfernübertragungseinrichtungen gerechnet, die die Verbindung mit anderen C. u. Datenbanken erlauben. Zur Bedienerfreundlichkeit eines C. trägt entscheidend die *Software* bei, bei der man die Betriebssystem- u. die Anwendersoftware unterscheidet. Das Betriebssystem überwacht u. a. die Tastatureingaben, gibt Meldungen auf dem Bildschirm aus, verwaltet den Zugriff auf externe Speicher und bei Mehrbenutzerrechnern die Rechenzeit. Die Anwendersoftware ist schließl. das Element, das dem C.system die reale Aufgabe mitteilt u. es dazu ver-

\	Wichtige Daten zur Geschichte der Datenverarbeitung
1614	Lord J. *Napier* veröffentlicht eine komplette Logarithmentafel
1623	Konstruktion der ersten Rechenmaschine durch W. *Schickard*
1642	Konstruktion einer Rechenmaschine für achtstellige Additionen und Substraktionen mit automatischem Zehnerübertrag durch P. *Pascal*
1673	Konstruktion einer Staffelwalzen-Rechenmaschine für alle vier Grundrechenarten durch G. w. von *Leibniz*
1679	G. W. von *Leibniz* entwickelt das duale Zahlensystem
1833	Der britische Mathematiker C. *Babbage* entwirft den ersten programmgesteuerten Rechenautomaten
1886	Der US-amerikanische Ingenieur H. *Hollerith* konstruiert für die 11. amerikanische Volkszählung eine elektromechanische Lochkartenmaschine
1941	Erster programmgesteuerter Rechenautomat des deutschen Ingenieurs K. *Zuse*
1944	Der US-amerikanische Mathematiker H. *Aiken* entwickelt den ersten programmgesteuerten Rechenautomaten der USA, den MARK I
1944	Der US-amerikanische Mathematiker J. von *Neumann* beginnt mit der Konzeption des ersten speicherprogrammierten Rechenautomaten
1945	Der erste vollelektronische Großrechner der Welt, ENIAC, wird von den US-Amerikanern J. P. *Eckert* und J. W. *Mauchly* fertiggestellt
1948	Erfindung des Transistors durch die US-amerikanischen Physiker J. *Bardeen,* W. H. *Brattain* und W. *Shockley*
1955	Unter der Leitung von J. *Felker* wird in den Bell Laboratories/USA der erste mit Transistoren bestückte Computer (TRADIC) fertiggestellt
1958	Erfindung der ersten integrierten Schaltung durch J. *Kilby*
1967	Der zivile Verbrauch integrierter Schaltkreise erreicht erstmals den militärischen
1970	Entwicklung des Mikroprozessors
1974	Entwicklung der ersten programmierbaren Taschenrechner
1977	Bau der ersten Personal Computers (PC)
1985	Produktion von Chips mit 1 MBit Speicherkapazität
1989	In der Bundesrepublik Deutschland wird ein aus 256 Knotenrechnern bestehender Parallelrechner (Suprenum) gebaut. In Serienfertigung werden 4 MBit-Speicherchips hergestellt
1990	Erste funktionstüchtige optische Computer werden vorgestellt

anlaßt, das konkrete Problem zu lösen. Sie wird entweder selber erstellt oder im Handel bezogen. Am häufigsten verwendet werden Textverarbeitungs-, Kalkulations- u. Datenbankprogramme.
Comte [kɔ̃t], frz. Adelstitel: Graf. – **Comtesse** [kɔ̃'tɛs], Gräfin.
Comte [kɔ̃t], Auguste, *1798, †1857, frz. Philosoph; Begr. des Positivismus u. Mitbegr. der Soziologie.
Conakry, Hptst., See- u. Flughafen, Handels- u. Wirtschaftszentrum von Guinea, auf einer Insel, 800 000 Ew.
Conant ['kɔnənt], James Bryant, *1893, †1978, US-amerik. Chemiker u. Politiker (Republikaner); 1953–55 Hoher Kommissar, 1955–57 Botschafter in der BR Dtld.
Concarneau [kɔ̃kar'no], W-frz. Stadt an der S-Küste der Bretagne, 18 000 Ew.; Haupthafen des frz. Thunfischfangs.
Concepción [kɔnsɛp'sjɔn], Prov.-Hptst. in Mittelchile, am Biobio, 310 000 Ew.; Kultur-, Handels- u. Ind.-Zentrum.
Concertgebouw [kɔn'sɛrtcxəbɔu], Konzertgebäude in Amsterdam, eingeweiht 1888.
Concertino [kɔntʃɛr-], **1.** die Gruppe der Soloinstrumente innerhalb des *Concerto grosso*. – **2.** kleines Konzert für ein Soloinstrument mit Orchester (meist in kleiner Besetzung).
Concerto grosso [kɔn'tʃɛrto-], Kompositionsform der Barockzeit: für eine kleine Gruppe von Soloinstrumenten *(Concertino)* u. das ganze Orchester *(Ripieno)*.
Concierge [kɔ̃si'ɛrʒ], Hausmeister(in), Pförtner(in).
Concord ['kɔŋkɔ:d], Hptst. von New Hampshire, im NO der USA, 36 000 Ew.
Concorde [kɔ̃'kɔrd], Name eines Überschall-Verkehrsflugzeugs (2600 km/h, rd. 2,2 Mach), in frz.-brit. Zusammenarbeit gebaut; Erstflug am 2.3.1969.
Concordia, röm. Göttin, Verkörperung der Eintracht.
Condamine [kɔ̃da'miːn] →La Condamine.
Condé [[kɔ̃'de], Seitenlinie der frz. *Bourbonen:*], **1.** Ludwig (Louis) I. von Bourbon, Fürst von C., *1530, †1569; kämpfte für die Hugenotten; 1569 gefangen u. erschossen. – **2.** Ludwig (Louis) II. »der große C.«, Urenkel von 1), *1621, †1686, Heerführer; wandte sich während der *Fronde* 1650 von Mazarin ab.
Condillac [kɔ̃di'jak], Étienne Bonnot de, *1715, †1780, frz. Aufklärungsphilosoph, Vertreter des *Sensualismus*.
Conditio sine qua non, eine notwendige Bedingung, ohne die etwas anderes nicht eintreten kann.
Condorcet [kɔ̃dɔr'sɛ], Antoine Caritat Marquis de, *1743, †1794, frz. Mathematiker, Politiker u. Philosoph; in der Frz. Revolution Girondist, starb in der Haft.
Condottiere, ital. Söldnerführer des 14./15. Jh.
Condroz [kɔ̃'drɔ:], belg. Ldsch. südl. von Sambre u. Maas; Orte: Dinant, Ciney.
Coney Island ['kɔuni'ailənd], Düneninsel im SW von Long Island, New York.
Conférencier [kɔ̃ferã'sje], Vortragskünstler im Fernsehen, Varieté u. a., der durch das Programm führt.
Confessio, 1. *Konfession* →Bekenntnis. – **2.** Grab eines Märtyrers unter dem Hochaltar in frühchristl. Kirchen.
Confessio Helvetica, *Helvetische Konfession*, Bekenntnisschrift der reform. Kirche, von H. *Bullinger* verfaßt: *C. H. prior* (1536); *C. H. posterior* (1562), 1566 als Bekenntnis des ganzen schweiz. Protestantismus veröffentlicht.
Confiteor, das allg. Schuldbekenntnis in der kath. Liturgie.
Congress of Industrial Organizations ['kɔŋgrɛs ɔv in'dʌstriəl ɔ:gənai'zɛiʃənz], *CIO*, Gewerkschaftsverband in den USA, schloß sich 1955 mit der *American Federation of Labor* zur *AFL/CIO* zusammen.
Congreve ['kɔŋgriːv], William, *1670, †1729, engl. Schriftst. (geistreiche Gesellschaftskomödien meist erot. Art).
Connaught ['kɔnɔ:t], irisch *Connacht(a)*, Prov. in W-Irland, 17 116 km², 424 000 Ew.
Connecticut [kə'nɛtikət], Abk. *Conn.*, südl. Neuenglandstaat der →Vereinigten Staaten, am Atlantik.

Connery ['kɔnəri], Sean, *25.8.1930, brit. Schauspieler, spielte u. a. in vielen Filmen den Geheimagenten »James Bond«.
Conrad ['kɔnræd], Joseph, *1857, †1924, engl. Schriftst. poln. Herkunft; schrieb Romane aus der Welt des Meeres u. der fernen Länder mit scharfer Beobachtungsgabe.
Conrad von Hötzendorf, Franz Graf (1918), *1852, †1925, östr.-ung. Feldmarschall, 1906–17 Generalstabschef.
Consecutio temporum, *Zeitenfolge*, in der lat. Grammatik die geregelte Abfolge der Zeitformen der Verben in Haupt- u. Nebensatz.

Consensus, *Konsens,* Einwilligung; Übereinstimmung.
Consilium, Rat, Gutachten, Ratsversammlung.
Constable ['kʌnstəbl], John, *1776, †1837, engl. Maler; Hauptmeister der realist. Ldsch.-Malerei Englands, Vorläufer des Impressionismus.
Constans, Flavius Julius, *323, †350 (ermordet), röm. Kaiser 337–350; jüngster Sohn *Konstantins d. Gr.;* nach dessen Tod Kaiser des Mittelreichs; besiegte 340 seinen Bruder *Konstantin II.* u. regierte nunmehr auch im Westen.
Constanţa [-tsa], *Konstanza*, rumän. Hafenstadt am Schwarzen Meer, 328 000 Ew.; Schiffbau, Tex-

COMPUTER UND MIKROELEKTRONIK

Fertigung von 4-Megabit-Chips; naßchemisches Prozessieren von Siliziumscheiben in Reinräumen

Explosionszeichnung eines Personalcomputers (links). – 4-Megabit- (links) und 1-Megabit-Speicherchip (rechts) im Größenvergleich mit Briefmarken (rechts)

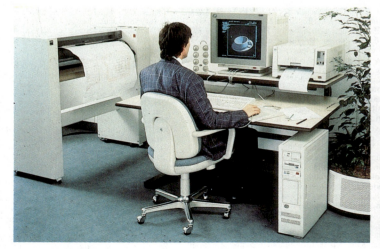

Ausstattung eines Arbeitsplatzes für komplexe graphische Anwendungen (links). – Routinetätigkeiten im Ma

til- u. Nahrungsmittel-Ind.; Ausfuhr von Getreide u. Erdöl; das antike *Tomi.*

Constant de Rebecque [kɔ̃'stɑ̃dərə'bɛk], Henri Benjamin, * 1767, † 1830, frz. Schriftsteller u. Politiker, Freund von Madame de *Stael.*

Constantine [kɔ̃stɑ̃'tiːn], Bez.-Hptst. im nördl. Algerien, 450 000 Ew.; Univ., Verkehrsknotenpunkt.

Constantine [kɔ̃stɑ̃'tin], Eddie, * 1917, † 1993, frz. Filmschauspieler US-amerik. Herkunft; spielte in Filmen der 1950er Jahre Draufgängertypen.

Constantīnus →Konstantin.

Cọnsul →Konsul.

Consulting [kən'sʌltɪŋ], wirtsch. Beratung, Unternehmensberatung.

Contadọra-Gruppe [nach dem Tagungsort], die Staaten Kolumbien, Mexiko, Panama u. Venezuela, die sich seit 1983 um Friedensvermittlung in Mittelamerika bemühten.

Container [kən'teɪnər], Großbehälter mit 8–60 m³ Laderaum zum Transport von losen oder wenig verpackten Gütern. Der *C.verkehr* erspart mehrmaliges Umladen der Einzelteile auf Lkw, Bahn, Schiff, Flugzeug u. a. Für den schnellen Umschlag zwischen *C.schiff* u. Landverkehr gibt es spezielle *C.terminals.*

Cọnte, ital. Adelstitel: Graf. – **Contẹssa**, Gräfin.

Contergan →Thalidomid.

Contradịctio, Widerspruch; *c. in adiecto*; Widerspruch in der Beifügung (z.B. eckiger Kreis).

Controller [kən'troʊlə], Leiter des Rechnungswesens, der Planung u. Organisation sowie des Informationswesens eines Betriebes.

Converter →Konverter.

Cook [kʊk], **1.** James, * 1728, † 1779, brit. Seefahrer; erforschte auf zwei Weltreisen die O-Küste Australiens u. entdeckte in der Südsee zahlreiche Inseln; auf der 3. Reise von Eingeborenen auf Hawaii erschlagen. – **2.** Thomas, * 1808, † 1892, brit. Reiseunternehmer; Gründer des ältesten Reisebüros *(Thos. C. & Son)*, 1845 in Leicester.

Cook-Straße [kʊk-], 22–85 km breite Meeresstraße zwischen den zwei Hauptinseln Neuseelands.

Coolidge ['kuːlɪdʒ], Calvin, * 1872, † 1933, US-amerik. Politiker (Republikaner); 1923–29 Präs.

Cool Jazz [kuːl dʒæz], als Gegensatz zum *Hot* u. zum aggressiven *Bebop* um 1949 entstandene Richtung des Jazz.

Cooper ['kuːpə], **1.** Gary, * 1901, † 1961, US-amerik. Filmschauspieler (»Zwölf Uhr mittags«). – **2.** James Fenimore, * 1789, † 1851, US-amerik. Schriftst.; schilderte das Grenzer- u. Indianerleben in den »Lederstrumpf«-Romanen (u. a. »Der letzte Mohikaner«, »Der Wildtöter«).

Cop, **1.** in den USA Bez. für *Polizist.* – **2.** Kop, Kötzer, beim Spinnen u. Zwirnen das auf Hülsen in Form von Kegelschichten aufgewickelte Garn.

Copán, im westl. Honduras gelegene Ruinenstätte der Maya mit einer »Akropolis«. Die von Priestern gepflegte Maya-Astronomie erlebte hier ihre höchste Blüte (8.–10. Jh.).

Cope [koʊp], Edward Drinker, * 1840, † 1897, US-amerik. Paläontologe. Nach der *C.schen Regel* werden die Tierformen im Lauf der Stammesgeschichte immer größer, bis sie der aussterben.

archiv übernimmt ein Bedienroboter (rechts)

Copland ['kɔːplənd], Aaron, * 1900, † 1990, US-amerik. Komponist (Opern, Ballette, Filmmusiken).

Copley ['kɔpli], John Singleton, * 1737, † 1815, US-amerik. Maler; der bedeutendste Porträtkünstler Amerikas im 18. Jh.

Copperfield, David, * 1956, US-amerik. Magier.

Cọppola, Francis Ford, * 7.4.1939, US-amerik. Filmregisseur (»Der Pate«, »Apocalypse Now«).

Copyright ['kɔpiraɪt], Abk. *Copr.*, Zeichen ©, das →Urheberrecht.

Coquille [kɔ'kiːjə], feines Fleischgericht (Ragout), das in Muschelschalen überbacken wird.

coram publico [lat.], in aller Öffentlichkeit.

Corbusier [kɔrby'zje] →Le Corbusier.

Cord, gerippt Gewebe aus Wolle oder Baumwolle, meist mit samtartiger Oberfläche.

Corday [kɔr'dɛ], Charlotte de *C. d'Armont*, * 1768, † 1793 (hingerichtet), frz. Republikanerin; erstach, um das Terrorregime der »Bergpartei« zu beenden, J.-P. *Marat* in seiner Pariser Wohnung.

Cordial Médoc [kɔr'djalme'dɔk], Likör aus dem Bordeauxwein *Médoc.*

Córdoba, **1.** *Córdova*, span. Prov.-Hptst. in Andalusien, am Guadalquivir, 300 000 Ew.; Alcázar (Burg) u. Kathedrale »La Mezquita«, die ehem. Hauptmoschee der westl. arab. Welt (785–990); Großmarkt für Getreide, Öl u. Wein. Das röm. *Corduba*, 572 got., seit 711 maur., 756 Residenz des westl. Kalifats, 1236 kastilisch. Ist unter den span. Städten am stärksten vom Islam geprägt. – **2.** Hptst. der gleichn. argent. Prov. östl. der *Sierra de C.* (2884 m), 990 000 Ew.; älteste Univ. des Landes (1613 von Jesuiten gegr.).

Cordon bleu [kɔrdɔ̃'blø], mit Käse u. Schinken gefülltes Filetsteak.

Cordon sanitaire [kɔr'dɔ̃saniˈtɛːr], **1.** polizeil. Absperrung eines verseuchten Gebiets. – **2.** Sicherheitsgürtel von Staaten zwischen verfeindeten Staaten oder Blöcken.

Core ['kɔːə], der Teil eines Kernreaktors, in dem Kernenergie in Wärmeenergie umgesetzt u. an das Kühlmittel abgegeben wird.

Corẹlli, Arcangelo, * 1653, † 1713, ital. Geiger u. Komponist; beeinflußte den Instrumentalstil seiner Zeit.

Corinth, Lovis, * 1858, † 1925, dt. Maler u. Graphiker; einer der Hauptmeister des dt. Impressionismus.

Corinto, Haupthafen von Nicaragua, am Pazifik, 25 000 Ew.

Coriolānus, *Coriolan*, Gnaeus Marcius, sagenhafter Held der röm. Frühzeit (5. Jh. v. Chr.); wurde aus Rom verbannt, zog mit einem Heer gegen die Stadt, gab aber auf Bitten seiner Mutter u. seiner Frau die Eroberung auf.

Coriolis-Kraft [nach dem frz. Mathematiker G. *Coriolis*, * 1792, † 1843], die Trägheitskraft, die neben der Zentrifugalkraft in einem rotierenden System auf einen Körper einwirkt. Dadurch werden auf der sich drehenden Erde Wasser u. Wind auf der Nordhalbkugel nach rechts, auf der Südhalbkugel nach links abgelenkt.

Cork [kɔːk], irisch *Corcaigh*, Hptst. der gleichn. S-irischen Gft. in der Prov. Munster, 136 000 Ew.

Corned Beef ['kɔːnəd biːf], gepökeltes, vorgekochtes Rindfleisch in Dosen.

Corneille [kɔr'nɛj], Pierre, * 1606, † 1684, frz. Dichter; Begr. der frz. Klassik durch seine (etwa 30) heiteren u. ernsten Schauspiele u. seine grundsätzl. Schriften über die Bühnendichtung.

Cornēlius, altröm. Patriziergeschlecht, dem u. a. die Scipionen, Sulla, Tacitus, Cornelius Nepos u. Cornelia, die Mutter der Gracchen, entstammten.

Cornēlius, **1.** Peter, Neffe von 2), * 1824, † 1874, dt. Komponist (»Der Barbier von Bagdad«), aus dem Liszt-Wagner-Kreis. – **2.** Peter von (1825), * 1783, † 1867, dt. Maler u. Graphiker; schloß sich in Rom den Nazarenern an.

Cornēlius Nepos →Nepos.

Cornichon [kɔrni'ʃɔ̃], kleine Pfeffergurke.

Cornwall [ˈkɔːnwəl], Halbinsel u. Gft. an der SW-Spitze Englands, 3546 km², 460 000 Ew., Hptst. *Truro.*

Coromandẹl-Küste, *Koromandel-Küste*, Küstenstreifen an der SO-Küste Indiens, zw. Kaveri- u. Krishnadelta, Zentrum *Madras.*

Corọna →Korona.

Coroner ['kɔrənə], in Großbrit. u. den USA ein Beamter, der in Fällen unnatürl. Todes die Leichenschau vornimmt u. dabei untersuchungsrichterl. Befugnisse hat.

Corot [kɔ'ro], Jean-Baptiste-Camille, * 1796, † 1875, frz. Maler u. Graphiker; führender Meister der *Schule von Barbizon*; malte bes. atmosphär. Stimmungslandschaften.

Corps, **1.** Körper, Körperschaft, Truppe, (→Korps). – **2.** die ab 1848 an den dt. Universitäten maßgebl. werdende, exklusive, waffen- u. farbentragende Form der *Studentenverbindung.*

Corpus Christi, Leib Christi; →Fronleichnam.

Corpus delịcti, Beweisstück, Objekt oder Mittel eines Verbrechens.

Corpus juris civilis, das 528–534 geschaffene Gesetzgebungswerk des oström. Kaisers *Justinian I.*

Corrẹll, Werner, * 29.6.1928, dt. pädagog. Psychologe.

Corrẹns, **1.** Carl, * 1864, † 1933, dt. Vererbungsforscher; mit E. *Tschermak* u. H. de *Vries* Wiederentdecker der Mendelschen Gesetze. – **2.** Erich, Sohn von 1), * 1896, † 1981, dt. Chemiker u. DDR-Politiker (parteilos); 1950–81 Präs. des Nationalrats der Nat. Front.

Corrida (de toros), Stierkampf.

Cọrtes, das aus Kongreß u. Senat bestehende span. Parlament.

Cortés, *Cortez*, Hernando (Hernán), * 1485, † 1547, span. Konquistador in Mexiko; eroberte 1521 Tenochtitlán, heute Mexico City, die Hptst. des Aztekenreichs; zog 1524/25 durch Veracruz, Tabasco u. Chiapas bis nach Honduras.

Cọrti, Egon Caesar Graf (Conte), * 1886, † 1953, östr. Schriftst. (histor. Biographien).

Cortina d'Ampẹzzo, ital. Wintersportort in Venetien, im Ampezzo-Tal, 1224 m ü. M., 7100 Ew.; olymp. Winterspiele 1956.

Cortisọn, ein Hormon der Nebennierenrinde, wirkt schmerzlindernd bei rheumat. Entzündungen.

Cortọna, ital. Stadt in der Toskana, 27 000 Ew.; etrusk. Stadtmauer (6./5. Jh. v. Chr.).

Corvey ['kɔrvaɪ], 822 gegr. Benediktinerabtei bei Höxter an der Weser, 1803 säkularisiert; karoling. Abteikirche.

cos, Zeichen für *Cosinus;* →Winkelfunktionen.

Cọsel, Anna Konstanze Gräfin von, * 1680, † 1765; 1700–12 Geliebte *Augusts des Starken*, der sie seit 1716 in Stolpen in Haft halten ließ.

Cosẹnza, ital. Prov.-Hptst. in Kalabrien, am Zusammenfluß von Crati u. Busento, 110 000 Ew.

Cọsimo I. Medici [-tʃi], * 1519, † 1574, Herzog von Florenz seit 1537; von Papst Pius V. 1569 zum Großherzog von Toskana erhoben.

Cosinus, *Kosinus*, →Winkelfunktionen.

Cossiga, Francesco, * 26.7.1928, ital. Politiker (christl. Demokr.); 1979–80 Min.-Präs., 1985–92 Staats-Präs.

Costa Blanca, Küstenstreifen im SO Spaniens; umfaßt den Küstenbereich der Prov. Alicante, Murcia u. Almeria; starker Fremdenverkehr; Hauptort *Benidorm.*

Costa Brava, Küstenstreifen der NO-span. Prov. Gerona, von der span.-frz. Grenze im N bis Blanes im S; Badeorte: *Lloret de Mar, Tossa, San Feliú de Guixols, Palamos* u. a.; das *Cabo Creus* ist der östl. Punkt Spaniens.

Costa de la Luz [-'luθ], Küstenstreifen in Andalusien (SW-Spanien), zw. der port. Grenze u. Gibraltar; weite Sandstrände, Fremdenverkehr; Hauptort: *Cadiz.*

Costa del Sol, Küstenstreifen an der span. S-Küste, zwischen dem Cabo de Gata im O u. Gibraltar im W; starker Fremdenverkehr; Hauptorte: *Torremolinos, Marbella.*

Costa Dorada, Küstenstreifen im NO Spaniens, zwischen Malgrat u. dem Ebrodelta; Hauptorte: *Mataró, Castelldefels, Salou.*

Costa e Silva, Arturo da, * 1902, † 1969, brasil. General u. Politiker; 1967–69 Staats-Präs.; regierte seit 1968 diktatorisch.

Costa Gomes →Gomes.

Costa Rica, Staat in Zentralamerika, 51 100 km², 2,9 Mio. Ew., Hptst. *San José.* – Die vulkan. Kordillere (im Chirripó Grande 3820 m) trennt die feuchttrop., regenwaldbestandene Küstenebene am Atlantik von der ebenfalls feuchten pazif. Küstenebene. – Die spanisch sprechende Bevölkerung besteht zu 98% aus Weißen u. lebt bes. in zentralen Gebirgsbecken. – Die Landwirtsch. liefert für den Export Kaffee, Kakao, Zuckerrohr, Bananen, Palmölprodukte, Tabak, Baumwolle, Milch- u. Schlachtvieh sowie Edelhölzer. C. R. hat eine vielseitige Konsumgüter-Ind. – Haupthäfen sind Limón u. Puntarenas.

Costa Rica

Geschichte. Kolumbus betrat das Land 1502 u. gab ihm den Namen C. R. (»reiche Küste«). 1520 wurde es dem span. Generalkapitanat Guatemala eingegliedert. 1821 wurde es unabh. Durch wirtsch. u. kulturellen Aufbau wurde C. R. nach 1900 zum weitestentwickelten Staat Zentralamerikas. Obwohl sich seit den 70er Jahren soziale u. innenpolit. Spannungen mehren, besitzt C. R. eine funktionierende präsidiale Demokratie mit regelmäßigen Wahlen u. häufigem Wechsel der regierenden Partei.

Coster, Charles de, *1827, †1879, belg. Schriftst.; Wegbereiter der fläm. Erneuerung; Roman »Ulenspiegel«.

Costner, Kevin, *18.1.1955, US-amerik. Filmschauspieler u. Regisseur; bes. erfolgreich mit dem Western »Der mit dem Wolf tanzt«.

Coswig, 1. *C./Anhalt,* Stadt im Krs. Roßlau, in Sachsen-Anhalt, am rechten Elbufer, 11 200 Ew.; Nikolaikirche (13. Jh.); Binnenhafen. – **2.** Stadt im Krs. Meißen, nw. von Dresden, 22 000 Ew.; Maschinen- u. Getriebebau; Heilstätten.

cot, Zeichen für *Cotangens;* → Winkelfunktionen.

Côte d'Azur [koˈtdaˈzyːr], die frz. → Riviera.

Côte-d'Ivoire [koːtdiˈvwaːr] → Elfenbeinküste.

Côte-d'Or [koːtˈdɔːr], bis 638 m hohes Kalkplateau südl. von Dijon (O-Frankreich), die Heimat der besten Burgunderweine.

Cotentin [kotɑ̃ˈtɛ̃], weit in den *Ärmelkanal* vorragende, flachwellige Halbinsel der Normandie.

Cotonou [kotoˈnu], Hptst. u. Haupthafen der Wafrik. Rep. Benin, Freihafen für die Rep. Niger, 478 000 Ew.; internat. Flughafen.

Cotopaxi [-xi:], der höchste tätige Vulkan der Erde, mit einer bis auf 4000 m herabreichenden Schnee- u. Eiskappe, in der Ostkordillere von Ecuador, 5897 m.

Cotta, Johann Friedrich (seit 1818 Frhr. *C. von Cottendorf*), *1764, †1832, dt. Verleger; Inhaber der Verlagsbuchhandlung C. in Tübingen (gegr. 1659); verlegte u. a. Werke von *Goethe* u. *Schiller.* Der Verlag (seit 1811 in Stuttgart) wurde 1977 vom Verlag E. *Klett* übernommen.

Cottage [ˈkɔtidʒ], engl. Landhaus.

Cottbus, Stadt in der Niederlausitz, an der Spree, 129 000 Ew.; Hochschulen; Textilind.

Cotti, Flavio, *18.10.1939, schweiz. Politiker (CVP); 1991 Bundes-Präs.

Cotton [ˈkɔtən], Baumwolle.

Coty [kɔˈti], René, *1882, †1962, frz. Politiker (Republikaner); seit 1953 Präs. der Rep.; setzte 1958 die Berufung de *Gaulles* zum Regierungschef durch, der ihm 1959 als Präs. folgte.

Coubertin [kubɛrˈtɛ̃], Pierre Baron de, *1863, †1937, frz. Historiker u. Sportführer; Begr. (1894) der neuzeitl. Olymp. Spiele; 1896–1925 Präs. des Internat. Olymp. Komitees.

Couch [kautʃ], Liegesofa mit niedriger Lehne.

Coudenhove-Kalergi [kudənˈhoːvə-], Richard Graf von, *1894, †1972, polit. Schriftst. fläm.-grch.-jap. Herkunft; Gründer der *Paneuropa-Bewegung.*

Coué [kuˈe], Émile, *1857, †1926, frz. Apotheker; heilte durch eine von ihm entwickelte Methode der bewußten Autosuggestion (*Couéismus*).

Couleur [kuˈløːr], Farbe.

Coulomb [kuˈlɔ̃], Charles Augustin de, *1736, †1806, frz. Physiker; entdeckte das *C.sche Gesetz:* Die zw. zwei elektr. Ladungen wirkende Kraft ist proportional dem Produkt der Ladungen u. umgekehrt proportional dem Quadrat ihres Abstands. Nach C. benannt ist die Einheit der Elektrizitätsmenge (Ladung), das *C.*

Countdown [kauntˈdaun], bei Raketenstarts die Überprüfung der Vorbereitungen u. der Startdurchführung anhand einer Liste; i.e.S. das Abzählen von 10 bis 0 (Start).

Country-music [ˈkʌntri ˈmjuzik], urspr. die Volksmusik der weißen Siedler in den USA; typ. Instrument: Fidel, später auch Gitarre u. Banjo; entwickelte sich in den 1920er Jahren zur *Country and Western music.*

County [ˈkaunti], in Großbrit. die Grafschaft als Verwaltungs- u. Gerichtsbezirk; in Irland u. Neuseeland der oberste Verwaltungsbezirk; in den Gliedstaaten der USA der mittlere Verwaltungs- u. Gerichtsbezirk.

Coup [ku], Schlag, Hieb, Streich, überraschende Unternehmung. – **C. d'état** [kudeˈta], Staatsstreich.

Couperin [kupəˈrɛ̃], François, gen. *C. le grand,* *1668, †1733, frz. Komponist (Cembalomusik); beeinflußte Bach u. Händel.

Couplet [kuˈple], leichtes, witzig-satir. Kabarettlied mit Refrain.

Courbet [kurˈbɛ], Gustave, *1819, †1877, frz. Maler u. Graphiker; Begr. des Realismus in der neueren frz. Malerei.

Cournand [kurˈnɑ̃], André Frédéric, *1895, †1988, US-amerik. Mediziner frz. Herkunft; Hauptarbeitsgebiet: Herzfehlerdiagnostik (Herzkatheter); Nobelpreis 1956.

Courtage [kurˈtaːʒə], die Vermittlungsgebühr des Börsenmaklers.

Courths-Mahler [kurts-], Hedwig, *1867, †1950, dt. Schriftst. Ihre klischeehaften, illusionsfreudigen 205 Unterhaltungsromane wurden in mehr als 30 Mio. Bänden verbreitet.

Courtoisie [kurtwaˈzi:], Höflichkeit.

Courtrai [kurˈtrɛ] → Kortrijk.

Cousin [kuˈzɛ̃], Vetter; Sohn des Bruders oder der Schwester eines Elternteils. – **Cousine** [kuˈsinə], Base; Tochter des Bruders oder der Schwester eines Elternteils.

Cousin [kuˈzɛ̃], Victor, *1792, †1867, frz. Philosoph; verdient um den Einfluß des dt. Idealismus in Frankreich.

Cousteau [kuˈsto:], Jacques Yves, *11.6.1910, frz. Meeresforscher; Forschungen zur Unterwasser-Archäologie u. -Biologie.

Couture [kuˈtyːr], Näherei, Schneiderei; → Haute Couture.

Couve de Murville [kuːvdəmyrˈvil], Maurice, *24.1.1907, frz. Politiker (Gaullist), 1958–68 Außen-Min., 1968/69 Prem.-Min.

Covent Garden [ˈkɔvənt gaːdn], Platz u. Opernhaus im Zentrum Londons.

Coventry [ˈkʌvəntri], Stadt in Mittel-England, 335 000 Ew.; anglikan. Bischofssitz; vielseitige Ind. – C. erlitt 1940/41 durch dt. Luftangriffe starke Zerstörungen.

Covercoat [ˈkʌvəkout], dichtgeschlossener, diagonal gewebter Kammgarnstoff aus Wolle.

Covergirl [ˈkʌvəgəːl], auf der Titelseite (*cover*) von Illustrierten abgebildetes attraktives Mädchen.

Coward [ˈkauəd], Noël Pierce, *1899, †1973, engl. Schriftst. (erfolgreiche amüsante Schauspiele).

Cowboy [ˈkaubɔi], berittener Viehhirte, bes. im W der USA; romant. Held von Büchern u. Filmen.

Cox, 1. David, *1783, †1859, engl. Maler (Aquarelle mit sturmbewegten Ldsch.). – **2.** Herald Red, *28.2.1907, US-amerik. Bakteriologe u. Serologe; entwickelte einen Polio-Impfstoff zur Schluckimpfung gegen spinale Kinderlähmung.

Coyote [koˈjoːtə], *Kojote, Präriewolf, Canis latrans,* hundeartiges Raubtier in den Steppen N- u. Mittelamerikas.

CPU, Abk. für engl. *c*entral *p*rocessing *u*nit, die Zentraleinheit, Hauptkomponente der Hardware eines Computers.

Cr, chem. Zeichen für *Chrom.*

Crab-Nebel [kræb-] → Krebsnebel.

Crack [kræk], **1.** erfolg- oder aussichtsreicher (u. daher oft eingebildeter) Sportler. – **2.** Rauschgift; Kokainbase, die geraucht wird.

cracken [ˈkrɛkən], Schweröle durch chem. Verfahren (*Crackprozeß*) zur Erhöhung der Benzinausbeute in Leichtöle umwandeln.

Craig [krɛig], Gordon, *26.11.1913, US-amerik. Historiker, schrieb mehrere Werke über dt. Geschichte.

Crailsheim, ba.-wü. Stadt an der Jagst, 27 000 Ew.; Pfarrkirche St. Johann (14. Jh.); Konfektionsbetriebe u. Maschinenbau.

Craiova, Hptst. des rumän. Kr. Dolj, in der Walachei, 300 000 Ew.; Universität (gegr. 1966); landw. Handel (Zuckerrüben, Tabak, Gemüse), Maschinenbau, Textil-, Lebensmittel- u. a. Ind.

Cramm, Gottfried von, *1909, †1976, dt. Tennisspieler; vielfacher dt. Meister.

Cranach, 1. Lucas d. Ä., *1472, †1553, dt. Maler u. Graphiker; einer der Hauptmeister der dt. Reformationszeit, Freund Luthers u. Melanchthons; 1504 vom sächs. Kurfürsten Friedrich dem Weisen als Hofmaler nach Wittenberg berufen; malte bes. Altarwerke, Madonnenbilder u. Bildnisse. – **2.** Lucas d. J., Sohn von 1), *1515, †1586, dt. Maler u. Graphiker; neben seinem Bruder Hans (†1537) zeitlebens in der väterl. Werkstatt tätig.

Crane [krein], **1.** Harold Hart, *1899, †1932 (Selbstmord), US-amerik. Lyriker (Großstadt-Gedichte). – **2.** Stephen, *1871, †1900, US-amerik. Schriftst. u. Journalist (Kurzgeschichten).

Cranko [ˈkræŋkou], John, *1927, †1973, brit. Tänzer u. Choreograph; seit 1961 Leiter des Stuttgarter Balletts.

Cranmer [ˈkrænmə], Thomas, *1489, †1556, engl. Geistlicher, seit 1533 Erzbischof von Canterbury, führte die Reformation in England ein; 1553 von Maria der Kath. eingekerkert, 1556 als Ketzer verbrannt.

Cranz, Christl, *1.7.1914, dt. Skiläuferin; Olympiasiegerin 1936 in der alpinen Kombination, gewann bei Weltmeisterschaften 1934–41 insges. 12 Goldmedaillen.

Lucas Cranach d. Ä.: Das goldene Zeitalter. Oslo, Nasjonalgalleriet

Craquelée [krakə'le], *Krakelüre,* das durch rasche Abkühlung der Glasur entstehende Netz haarfeiner Risse auf keram. Erzeugnissen.

Crassus, Marcus Licinius, * um 115 v. Chr., † 53 v. Chr. (ermordet), röm. Politiker; schlug 71 v. Chr. den Sklavenaufstand des Spartacus nieder; schloß 60 v. Chr. mit Cäsar u. Pompeius das erste Triumvirat.

Crawl [krɔ:l], *Kraul,* ein Schwimmstil; →Schwimmen.

Craxi, Bettino, *24.2.1934, ital. Politiker (Sozialist), 1983–87 Min.-Präs.

Crébillon [-bi'jɔ̃], Claude Prosper Jolyot de, *1707, †1777, frz. Schriftst. (witzige erot. Romane).

Credit, *Haben,* die rechte Seite eines Kontos; auf ihr werden Gutschriften verbucht.

Creek [kri:k], nur zur Regenzeit wasserführendes Flußbett im W Nordamerikas u. in Australien.

Creglingen, ba.-wü. Stadt an der Tauber, 5400 Ew.; got. Herrgottskirche mit Marienaltar Riemenschneiders. – Stadtrecht 1349.

Creme [krɛːm], 1. *Krem,* Sahne, schaumartige Süßspeise. – 2. Füllung für Pralinen. – 3. sämige Suppe, rahmartige Sauce. – 4. zur Haut-, Zahn-, Haar- oder Schuhpflege verwendete Salbe oder Paste. – 5. *übertragen:* feine, erlesene Gesellschaft; etwas Auserlesenes. *Crème de la crème,* die oberste Gesellschaftsschicht.

Cremer, Fritz, *1906, †1993, dt. Bildhauer u. Graphiker (Monumentalplastiken im Sinne des sozialist. Realismus).

Cremona, ital. Stadt in der Lombardei, am Mittellauf des Po, Hptst. der gleichn. Prov., 77000 Ew.; roman. Dom (12. Jh.) mit den höchsten Glockenturm Italiens (111 m), zahlreiche Paläste u. Kirchen; im 16.–18. Jh. Zentrum des Geigenbaus *(Amati, Guarneri, Stradivari).*

Crêpe [krɛːp], 1. dünner kleiner Pfannkuchen. – 2. *Krepp,* feiner, fließender Stoff mit mehr oder minder krauser Oberfläche; z.B. *C. georgette, C. marocain, C. satin.*

Cres [tsrɛs], ital. *Cherso,* kroat. Insel in der nördl. Adria (Kvarner), 336 km², 4000 Ew.

crescendo [krɛ'ʃendo], musikal. Vortragsbez.: anschwellend, lauter werdend.

Creuse [krø:z], r. Nbfl. der Vienne in Mittelfrankreich, 235 km.

Creusot [krø'zo] →Le Creusot.

Crevette →Nordseegarnele.

Crew [kru:], 1. Mannschaft, Besatzung. – 2. die Offiziersanwärter der Marine desselben Einstellungsjahrgangs.

Crewe [kru:], W-engl. Stadt im südl. Cheshire, 52000 Ew.; Bahnknotenpunkt; urspr. Eisenbahnersiedlung.

Crick, Francis Harry Compton, *8.7.1916, engl. Biochemiker; erforschte zus. mit J.D. *Watson* u. M.H.F. *Wilkins* die Molekularstruktur der Nucleinsäuren; Nobelpreis für Medizin 1962.

Crimmitschau, Ind.-Stadt im Krs. Werdau, in Sachsen, 27000 Ew.; Textil- u. Maschinen-Ind.

Cripps, Sir Stafford, *1889, †1952, engl. Politiker (Labour Party); betrieb als Schatzkanzler 1947–50 eine Politik strenger Sparsamkeit *(Austerity).*

Crispi, Francesco, *1819, †1901, ital. Politiker; Mitkämpfer Garibaldis u. Cavours bei der Einigung Italiens, 1887–91 u. 1893–96 Min.-Präs.

Cristallo, *Monte C.,* ital. Doppelgipfel (3216 u. 3143 m) in den Dolomiten.

Cristóbal, Hafen u. Flottenstützpunkt der USA am atlant. Eingang des Panamakanals, gehört zur Kanalzone, 20000 Ew.

Cristofori, Bartolomeo, *1655, †1731, ital. Klavierbauer; erfand das *Hammerklavier.*

Crna Gora ['tsrnaː-] →Montenegro.

Croce ['krotʃe], Benedetto, *1866, †1952, ital. Philosoph, Historiker, Politiker u. Kritiker; lehrte einen Vierstufenbau des Geistes: Intuition, Begriff, wirtsch. u. ethisches Handeln.

Crô-Magnon [kroma'njɔ̃], Höhle im Vézère-Tal (S-Frankreich), in der 1868 fünf menschl. Skelette der jüngeren Altsteinzeit (Aurignacien) gefunden wurden *(Cromagnon-Rasse).*

Cromargan, nichtrostende Legierung aus Stahl, Chrom u. Nickel.

Cromlech, vorgeschichtl., kreisförmig angeordnete Steinsetzung.

Cromwell ['krɔmwəl], Oliver, *1599, †1658, engl. Politiker; strenger Puritaner; organisierte im Bürgerkrieg zw. König u. Parlament das Parlamentsheer u. trug zu dessen Siegen bei; stimmte für die Hinrichtung *Karls I.* (1649), wurde Vors. des Staatsrats u. 1653 »Lordprotektor« mit diktator. Vollmachten. Durch Siege über Holland u. Spanien stärkte er Englands Machtstellung. – Sein Sohn Richard wurde 1658 sein Nachf., aber schon 1659 gestürzt.

Cronin ['krɔunin], Archibald Joseph, *1896, †1981, engl. Schriftst. (sozialkrit. Romane: »Die Zitadelle«, »Die Sterne blicken herab«).

Crookes [kru:ks], Sir William, *1832, †1919, engl. Physiker u. Chemiker; entdeckte das Thallium, erfand das Radiometer, forschte über Kathodenstrahlen.

Crosby, Bing (Harry L.), *1904, †1977, US-amerik. Schlagersänger u. Filmschauspieler.

Cross-Country [krɔs'kʌntri], Querfeldeinrennen.

Crotone, das alte *Kroton,* ital. Hafenstadt an der O-Küste Kalabriens, 62000 Ew.; Aufenthaltsort des Philosophen Pythagoras u. seiner Schule.

Crotus Rubeanus, oder *Rubianus,* eigtl. Johann *Jäger,* * um 1480, † nach 1539, dt. Humanist; Mitarbeiter an den *»Dunkelmänner-Briefen«.*

Croupier [kru'pje], Angestellter einer Spielbank, überwacht das Spiel, zieht die Bankgewinne ein u. zahlt die Spielgewinne aus.

Croûtons [kru'tɔ̃], in Fett geröstete Weißbrotschnittchen.

Croydon ['krɔidn], Stadtbez. im S von Greater London (seit 1963), Flughafen, 330000 Ew.

Crüger, Johann, *1598, †1663, dt. Komponist u. Organist; komponierte viele (ev.) Choräle.

Cruise Missile [kru:s 'misail], *Marschflugkörper,* unbemannter Flugkörper mit Nuklearsprengkopf, der vorprogrammierte Ziele im Tiefstflug (unter dem gegner. Radarschirm hinweg) mit großer Treffgenauigkeit angreifen soll; vorgesehene Reichweite 2–3000 km.

Crumb [krʌmb], George, *24.10.1929, US-amerik. Komponist; schüler von B. Blacher; schreibt überwiegend Kammermusik.

Crux, Kreuz; Kummer, Schwierigkeit.

Cruz e Sousa [kru:s e 'su:za], João da, *1861, †1898, brasil. Schriftst.; der bedeutendste afrobrasil. Lyriker, Vertreter eines myst. Symbolismus.

Crwth [krutθ], kelt. Leier.

Cs, chem. Zeichen für *Cäsium.*

Csárdás ['tʃaːrdaːʃ], ung. Nationaltanz, mit langsamer Einleitung u. feurigem Hauptteil, im 2/4-Takt. Seine heutige Form entwickelte sich im 19. Jh.

Csokor ['tʃɔ-], Franz Theodor, *1885, †1969, östr. Schriftst.; schrieb etwa 30 Dramen.

CSU, Abk. für *Christlich-Soziale Union.*

ct., Abk. für *cum tempore;* →akademisches Viertel.

Cu, chem. Zeichen für *Kupfer.*

Cuanza, *Kuansa,* längster Fluß in Angola, 950 km.

Cuba →Kuba.

Cúcuta, *San José de C.,* N-kolumbian. Dep.-Hptst., Ind.-Zentrum nahe dem Catumbo-Ölfeld; 440000 Ew.; Kaffeehandel. – 1875 durch Erdbeben zerstört.

Cudworth ['kʌdwəθ], Ralph, *1617, †1688, engl. Philosoph; Hauptvertreter der *Schule von Cambridge.*

Cuenca, 1. span. Prov.-Hptst. in Neukastilien, auf steilen Felsen über dem tief eingeschnittenen Júcar u. Huécar, 41000 Ew. – 2. Hptst. des Dep. Azuay in Ecuador, 272000 Ew.; Bischofssitz, Univ.

Cuernavaca [kuːɛr-], Hptst. des zentralmex. Bundesstaats Morelos, 150000 Ew.; Kurort.

Cugnot [ky'njo], Nicolas Joseph, *1725, †1804, frz. Ingenieur; baute 1769 den ersten von einer Dampfmasch. getriebenen Straßenwagen (4 km/h schnell).

Cui [kjui], César, *1835, †1918, russ. Komponist frz.-litauischer Herkunft; gehörte zum »Mächtigen Häuflein« der nat.-russ. Schule.

Cuiabá, Hptst. des brasil. Staats Mato Grosso, 340000 Ew.; Viehzuchtzentrum.

cui bono? [lat.], wem zum Nutzen?

Cul de Paris [kydəpa'ri], Gesäßpolster, später Reifengestell unter dem Kleid; Ende des 18. u. Ende des 19. Jh. in Mode.

Culiacán, Hptst. des W-mex. Bundesstaats Sinaloa, am Fluß C., in der pazif. Küstenebene, 560000 Ew.

Cullinan ['kʌlinən], Bergbauort nordöstl. von Pretoria (Rep. Südafrika), 20000 Ew.; 1905 Fund des bisher größten Diamanten *(C.-Diamant),* 3106 Karat.

Culotte [ky'lɔt], enge Herrenkniehose des 18. Jh., galt im Unterschied zu den langen Hosen der Revolutionäre (»Sansculottes«) als aristokrat. Kleidungsstück.

Cuma, lat. *Cumae,* grch. *Kyme,* die älteste grch. Kolonialstadt in Italien, an der Küste Kampaniens, gegr. im 8. Jh. v. Chr.; Mutterstadt *Neapels.*

Cumberland ['kʌmbələnd], engl. Herzogstitel, seit 1799 erbl. im Haus Hannover.

Cumberland ['kʌmbələnd], *C.shire,* bergige, seenreiche Ldsch. *(Lake District)* in NW-England; bis 1974 Grafschaft (→Cumbria).

Cumberland River ['kʌmbələnd 'rivə], l. Nbfl. des Ohio (USA), 1100 km.

Cumberland-Soße ['kʌmbələnd-], dickflüssige Gewürztunke zum kalten Wild.

Cumbre, *Paso de la C.,* chilen.-argent. Andenpaß, südl. des Aconcagua, 3842 m.

Cumbria ['kʌmbriə], Gft. in NW-England, 6808 km², 490000 Ew., Hptst. *Carlisle;* 1974 aus Teilen von Cumberland, Lancashire u. Westmorland gebildet.

cum grano salis [lat.], »mit einem Korn Salz«, d. h. mit Einschränkung, nicht wörtlich.

cum laude, gut (Zensur bei der Doktorprüfung).

Cummerbund, breiter Atlas- oder Seidengürtel, zum Dinner-Jackett u. Smoking getragen.

Cummings ['kʌ-], Edward Estlin, *1894, †1962, US-amerik. Schriftst. (mit den sprachl. Formen spielende Lyrik) u. Maler.

cum tempore, Abk. c.t., →akademisches Viertel.

Cumulonimbus →Wolken.

Cumulus →Wolken.

Cuna, *San-Blas-Indianer,* Stamm der Chibcha-Indianer an der Atlantikküste Panamas u. in NW-Kolumbien.

Cunard [kju'naːd], Sir Samuel, *1787, †1865, brit. Reeder; begr. 1840 die transatlant. Dampfschiffahrt nach den USA (C.-Line).

Cunene, Fluß in SW-Angola, rd. 1200 km, bildet im Unterlauf die Grenze zu Namibia.

Cuneo, ital. Prov.-Hptst. in Piemont, an der Stura di Demonte, 56000 Ew.

Cunhal [kun'jal], Alvaro, *10.11.1913, port. Politiker, seit 1961 Generalsekretär der Kommunist. Partei; trat 1992 zurück.

Cunnilingus, der *Fellatio* entsprechende Reizung der weibl. Geschlechtsteile *(Cunnus)* mit Mund u. Zunge.

Cunnus, die äußeren weibl. Geschlechtsteile.

Cuno, Wilhelm, *1876, †1933, dt. Reeder (Hapag) u. Politiker; Reichskanzler 1922/23; verkündete gegen die frz. Ruhrbesetzung 1923 den passiven Widerstand

Fritz Cremer: Aufsteigender; 1966/67. Rostock, Kunsthalle

Marie Curie

Cup [kʌp], Becher, Pokal.
Cupal, *Kupal*, mit Kupfer plattiertes Aluminiumblech; in der Elektrotechnik verwendet.
Cupido, altröm. Liebesgott, entspricht z. T. dem grch. Gott *Eros*.
Curaçao [kyra'sa:o], Likör aus den Schalen der von der Insel *C.* stammenden Pomeranzen.
Curaçao [kyra'sou], Insel der Ndl. Antillen (Inseln unter dem Winde) vor der Küste Venezuelas, 443 km², 165 000 Ew., Hptst. *Willemstad*.
Curare, ein Pfeilgift, das die südamerik. Indianer im Stromgebiet des Orinoco u. Amazonas aus der Rinde von Strychnosarten gewinnen. C. wirkt, wenn es direkt in die Blutbahn gelangt, lähmend auf die Muskulatur.
Curé [ky're], in Frankreich der kath. Geistliche.
Curie [ky'ri], Zeichen Ci, Einheit der (radiolog.) Aktivität eines radioaktiven Strahlers. 1 Ci ist diejenige Aktivität eines radioaktiven Stoffs, bei der $3{,}7 \cdot 10^{10}$ Zerfallsakte in der Sekunde stattfinden. C. wurde ersetzt durch →*Becquerel*.
Curie, [ky'ri] frz.-poln. Gelehrtenfamilie: **1.** Eve, Tochter von 3) u. 4), *6.12.1904, Musikerin u. Schriftst. – **2.** Irène *Joliot-C.*, Tochter von 3) u. 4), *1897, †1956, Physikerin; erhielt mit ihrem Mann F. *Joliot* 1935 den Nobelpreis für die Entdeckung der künstl. Radioaktivität. – **3.** Marie, geb. *Sklodowska*, *1867, †1934, Chemikerin; entdeckte 1898 mit ihrem Mann Pierre C. die radioaktiven Elemente Polonium u. Radium; 1903 mit ihm Nobelpreis für Physik, 1911 allein Nobelpreis für Chemie. – **4.** Pierre, *1859, †1906, Physiker; seit 1895 verh. mit Marie C.; untersuchte die magnet. Eigenschaften der Körper, die Piezoelektrizität von Kristallen u. radioaktive Elemente; 1903 Nobelpreis zus. mit 3).
Curitiba, Hptst. des S-brasil. Bundesstaats Paraná, 1,4 Mio. Ew.; älteste staatl. Univ. Brasiliens; Erzbischofssitz.
Curium, ein radioaktives →chemisches Element.
Curling ['kə:-], aus Schottland stammendes Eisspiel zwischen zwei Mannschaften zu je 4 Spielern, die versuchen, 20 kg schwere C.-Steine möglichst nahe an das Ziel *(tee)* zu schieben u. gleichzeitig gegner. Steine von dort wegzustoßen.
Currency ['kʌrənsi], engl. Bez. für Währung, gesetzl. Zahlungsmittel.
Curriculum, der *Lehrplan*, der die Unterrichtsziele, die Unterrichtsorganisation u. die Methode, mit denen die Bildungsziele in den einzelnen Fächern erreicht werden sollen, bestimmt.
Curriculum vitae, Lebenslauf.
Curry ['kœri], aus Indien stammende scharfe Gewürzmischung aus gelbem Curcumapulver, Cardamom, Koriander, Ingwer, Kümmel, Muskatblüte, Nelken, Pfeffer u. Zimt.
Cursor ['kə:rsər], bewegl. Leuchtmarkierung auf dem Computer-Bildschirm.
Curtis ['kə:tis], Edward S., *1868, †1925, USamerik. Photograph (photograph. Dokumentation indian. Lebensformen).
Curtius, 1. Ernst, *1814, †1896, dt. Archäologe; Leiter der dt. Ausgrabungen in Olympia. – **2.** Ernst Robert, Enkel von 1), *1886, †1956, dt. Romanist; erforschte das Fortleben der antiken Rhetorik im europ. Schrifttum des MA. – **3.** Georg, Bruder von 1), *1820, †1885, dt. Altphilologe; verschaffte der vergleichenden Sprachwiss. Eingang in die klass. Philologie. – **4.** Julius, Neffe von 6), *1877, †1948, dt. Politiker (Dt. Volkspartei); 1929–31 Außen-Min. – **5.** Ludwig, *1874, †1954, dt. Archäologe; Direktor des Dt. Archäolog. Instituts in Rom 1928–37. – **6.** Theodor, *1857, †1928, dt. Chemiker; entdeckte das Hydrazin, die Diazoverbindungen u. die Stickstoffwasserstoffsäure.
Curzon [kə:zn], George, Earl (1911), Marquess (1921) *C. of Kedleston*, *1859, †1925, engl. Politiker (konservativ); 1899–1905 Vizekönig von Indien, 1919–24 Außen-Min. – **C.-Linie**, 1921 beim russ.-poln. Waffenstillstand festgelegte Demarkationslinie (Grodno-Brest-Litowsk-Sokoły-Przemyśl). Polen erreichte im Frieden von Riga (1921) eine günstigere Linie. Nach dem 2. Weltkrieg wurde die C.-Linie mit kleinen Abweichungen der UdSSR als Grenze zugestanden.
Cusanus →Nikolaus von Kues.
Cushing ['kʌʃiŋ], Harvey, *1869, †1939, USamerik. Chirurg. – **C.sche Krankheit,** durch eine Geschwulst hervorgerufene Überfunktion der Nebennierenrinde, die u. a. Fettsucht u. hohen Blutdruck verursacht.
Custoza, *Custozza*, oberital. Dorf sö. vom Gardasee; bekannt durch Siege der Österreicher über die Italiener 1848 u. 1866.
Cut [kœt; engl. kʌt], *Cutaway*, Gehrock mit langen, vorn abgerundeten Schößen.
Cuticula →Kutikula.
Cuttack ['katak], *Katak*, größte Stadt u. ehem. Hptst. des ind. Bundesstaats Orissa, 330 000 Ew.
Cutter ['kʌtər], beim Film u. Fernsehen der Schnittmeister.
Cuvée [ky've], Verschnitt (Mischung) junger Weine bei der Sektherstellung.
Cuvier [ky'vje], Georges Baron de, *1769, †1832, frz. Zoologe u. Paläontologe; entwickelte durch vergleichende Anatomie ein natürl. System der Tiere; stellte die *Katastrophentheorie* auf, derzufolge konstante Arten einer Erdepoche jeweils durch Katastrophen vernichtet und in einem Schöpfungsakt durch neue Arten ersetzt werden.
Cuvilliés [kyvi'lje], François de (d. Ä.), *1695, †1768, frz. Architekt u. Dekorateur; in München seit 1725 als Kurfürstl. Hofbaumeister tätig.
Cuxhaven, Krst. in Nds. an der Mündung der Elbe in die Nordsee, 60 000 Ew.; Seehafen, Hochseefischerei, Fischverarbeitung, Schiffbau.
Cuyp [kœyp], Aelbert, *1620, †1691, ndl. Maler; Hauptmeister der klass. holländ. Landschaftsmalerei.
Cuza ['kuza], Alexandru Iona I., *1820, †1873, erster gewählter Fürst Rumäniens (1859); 1866 von den Bojaren gestürzt.
Cuzco ['kusko], peruan. Dep.-Hptst. in den Anden, 3470 m ü. M., 260 000 Ew.; Univ. (1692). – 1100–1533 Hptst. des Inka-Reichs in Peru, gliedert in *Hanan-C.* (Ober-C.) u. *Hurin-C.* (Unter-C.). C. wurde 1533 von Pizarro erobert.
CV, Abk. für *Cartellverband dt. kath. farbentragender Studentenverbindungen;* →Studentenverbindungen.

Curling: Der »Skip« steht im »Haus« (drei Farbringe) und dirigiert seine Mitspieler. Durch Wischen mit den Besen wird ein Wasserfilm erzeugt, auf dem die Curlingsteine besser gleiten

CVJM, Abk. für *Christlicher Verein junger Menschen,* z. T. noch *Christl. Verein junger Männer,* dt. Zweig der 1855 gegr. *Young Men's Christian Association* (YMCA), urspr. ev., später auch überkonfessionell mit christl.-missionar. u. soz. Zielen in der Jugendarbeit.
CVP, Abk. für *Christlich-demokratische Volkspartei* (Schweiz).
c$_w$-Wert, *Luftwiderstandsbeiwert,* im Windkanal ermittelte Zahl, mit der der Luftwiderstand eines Fahrzeugs angegeben wird. Der Mittelwert heutiger Autos beträgt 0,45.
Cyan, *Dicyan,* $(CN)_2$, beim Erhitzen von Quecksilbercyanid entstehendes, sehr giftiges Gas.
Cyanate, die Salze der *Cyansäure* HOCN.
Cyanide, die Salze der *Cyanwasserstoffsäure* (→Blausäure). Sie reagieren stark alkalisch, riechen nach Blausäure u. sind sehr giftig.
Cyankali, *Kaliumcyanid, Zyankali,* ein Salz der *Blausäure,* chem. Formel KCN; sehr giftig; als Lösungsmittel für Gold u. in der Galvanoplastik verwendet.
Cyanobakterien, *Blaualgen,* einzellige Organismen ohne echten Zellkern, enthalten Chlorophyll u. sind zur Photosynthese fähig, deshalb früher zu den Algen gezählt.
Cyborg [Kunstwort aus engl. *cybernetik organism*], ein Mensch, bei dem Organe durch techn. Geräte ersetzt sind (hypothet. Projekt).
Cyclamate, *Zyklamate,* eine Gruppe von Süßstoffen, meist Natrium- oder Calciumsalze der Cyclohexylsulfaminsäure. Die Süßkraft eines Cyclamats ist etwa 35mal stärker als die von Saccharose.
Cyclamen →Alpenveilchen.
cyclische Verbindungen →zyklische Verbindungen.
Cymophan, ein Edelstein, Varietät des *Chrysoberylls*.
Cynewulf ['ky-], angelsächs. Dichter im 8. Jh.
Cypern →Zypern.
Cypress Hills ['saiprəs-], SW-kanad. Bergland, 1466 m.
Cyprian von Karthago, *nach 200, †258, frühchristl. Kirchenschriftst.; seit 248 Bischof von Karthago; Märtyrer in der valerian. Verfolgung (Fest: 16.9.).
Cyrankiewicz [tsiraŋ'kjevitʃ], Józef, *1911, †1989, poln. Politiker (urspr. Sozialist, dann Kommunist); 1947–52 u. 1954–70 Min.-Präs., 1970–72 Vors. des Staatsrates (Staatsoberhaupt).
Cyrano de Bergerac [sira'nodəbɛrʒə'rak], Savinien de, eigtl. Hector-Savinien *Cyrano,* *1619, †1655, frz. Schriftst.; Vorläufer der frz. Aufklärung, schrieb Stücke u. phantast. Erzählungen.
Cyrenaica, *Kyrenaika,* Halbinsel *(Barqa)* in N-Afrika u. Teilgebiet von Libyen, östl. der Großen Syrte, 806 500 km², Hauptort *Bengasi*.
Cyriacus, Märtyrer in Rom wohl um 309; einer der 14 Nothelfer.
Cyrillus →Kyrillos und Methodios.
Cystein, schwefelhaltige, feste Aminosäure für medizin. Anwendungen, z.B. bei Infektionen.
Cysticercose, durch Finnen *(Cysticercus)* verursachte Krankheit der Zwischenwirte des Bandwurms.
Cystin, das Disulfid des *Cysteins;* im tier. u. menschl. Körper ein wichtiges Spaltprodukt von Eiweißstoffen u. Hauptbestandteil des *Keratins* der Häute, Federn, Haare u. Nägel.
Czernin ['tʃɛrnin], Ottokar Graf *C. von und zu Chudenitz,* *1872, †1932, östr.-ung. Politiker; 1916–18 Außen-Min., schloß für Östr. den Frieden von Brest-Litowsk.
Czernowitz →Tschernowitz.
Czerny, 1. Adalbert, *1863, †1941, dt. Kinderarzt; einer der Begr. der modernen Kinderheilkunde. – **2.** Carl, *1791, †1857, östr. Pianist, Komponist u. Musikpädagoge; Schüler Beethovens.
Czerny-Stefańska, Halina, *30.12.1922, poln. Pianistin.
Częstochowa ['tʃɛstɔ'xɔva] →Tschenstochau.
Czibulka [tʃi-], Alfons Frhr. von, *1888, †1969, östr. Schriftst. (Romane u. Biographien aus altöstr. u. friderizian.-theresian. Zeit).
Cziffra ['tʃifra], György, *1921, †1994, frz. Pianist ung. Herkunft.
Czinner ['tsi-], Paul, *1890, †1972, ung. Filmregisseur u. -produzent.
Czochralski-Verfahren [tʃɔ'xral-], Verfahren zur Einkristallherstellung; ein Keim wird in die Schmelze getaucht u. mit konstanter Geschwindigkeit unter ständigem Drehen herausgezogen.

D

d, D, 4. Buchstabe des Alphabets, entspricht dem grch. *Delta* (δ, Δ).
D, 1. chem. Zeichen für *Deuterium*. – **2.** an Autos Nationalitätszeichen für *Deutschland*. – **3.** röm. Zahlzeichen für 500.
D., Abk. für *Doktor der ev. Theologie* (ehrenhalber).
D2-MAC, europ. Übertragungsform für Satelliten- u. Kabelprogramme, bei der Farb- u. Helligkeitssignal zeitl. versetzt werden.
DA, Abk. für *D*emokratischer *A*ufbruch.
Dabie Shan, *Tapie Schan*, ostchin. Gebirgszug, trennt die Große Ebene vom Becken des Chang Jiang um Wuhan, bis 1860 m.
Dąbrowa Górnicza [dɔm'brova gur'nitʃa], *Dombrowa Gora*, poln. Stadt nordöstl. von Kattowitz, 140 000 Ew.; Zentrum des *Dombrower Kohlenbekkens*.
Dąbrowska [dɔm'brɔfska], *Dombrowska*, Maria, * 1889, † 1965, poln. Schriftstellerin, W »Nächte u. Tage« (Generationenroman).
da capo, »von vorn«, in der Musik Anweisung zur Wiederholung eines Abschnitts.
Dacca →Dhaka.
Dach, die Abdeckung von Gebäuden gegen Regen, Schnee, Wind, Hitze u. Kälte. Auf dem hölzernen oder stählernen Tragwerk (*D.stuhl*) ruht die *D.deckung* (*D.haut*), die *weich* (Bretter, Schindeln, Stroh, Schilfrohr) oder *hart* (Schiefer, *D.ziegel*, Metall, *D.pappe*) sein kann.
Dach, Simon, * 1605, † 1659, dt. Barocklyriker; schlichte Lieder u. Choräle im luth. Geist).
Dachau, oberbay. Krst. nw. von München, westl. des *D.er Moos* (heute fast vollständig kultiviert), 35 000 Ew. – Bei D. bestand 1933–45 eines der berüchtigten nat.-soz. Konzentrationslager; Gedenkstätte.
Dachgesellschaft, bei Konzernen eine Gesellschaft (AG oder GmbH), die gewöhnl. nicht selbst produziert, sondern nur die Aktien der Tochtergesellschaften verwaltet, die einheitl. Geschäftspolitik des Konzerns sichert u. die Finanzierung durchführt.
Dachpappe, mit Teer oder Bitumen imprägnierte, mit einer Deckmasse überzogene u. mit Sand bestreute Pappe für Zwecke der Bauwirtschaft.
Dachreiter, Türmchen auf dem Dachfirst von Gebäuden, häufig mit Glocke oder Uhr.
Dachs, *Melinae*, Unterfam. der *Marder* mit 8 Ar-

Dachs

ten. Der D. ist 75 cm lang, graugelb mit weißen u. schwarzen Streifen an Kopf u. Hals; nährt sich von Pflanzen, Früchten u. Kleintieren; nächtl. aktiv, verbringt den Tag im selbstgegrabenen Bau; hält eine Winterruhe (keinen echten Winterschlaf).

Dachsberg, Gipfel im Oberpfälzer Wald, östl. von Oberviechtach, 890 m.
Dachshund →Dackel.
Dachsriegel, Berg im Hinteren Oberpfälzer Wald, 828 m.
Dachstein-Gruppe, Gebirgsmassiv im Salzkammergut (Östr.); höchste Gipfel: *Hoher Dachstein* 2996 m, *Torstein* 2948 m, *Großer Koppenkarstein* 2865 m.
Dachstuhl →Dach.
Dachziegel, gebrannte, flächige Bauelemente aus Lehm, Ton oder tonigen Massen.
Dackel, *Teckel, Dachshund*, krumm- u. kurzbeinige, langgestreckte Jagdhundrasse für die Fuchs-, Dachs- u. Kaninchenjagd.
Dąčko, David, * 24.3.1932, afrik. Politiker; 1960–66 Präs. der Zentralafrik. Republik, von J. B. *Bokassa* gestürzt; nach dessen Sturz 1979–81 erneut Präs.
Dacqué [da'ke], Edgar, * 1878, † 1945, dt. Naturwissenschaftler u. Philosoph; gelangte von der Paläontologie zur Mythenforschung.
Dadaismus, eine 1916 begr. internat. pazifist. künstler. Bewegung, die aus Protest gegen die konventionelle bürgerl.-konformist. Kultur eine Hinwendung zum scheinbar Sinnlosen, Läppischen, Nichtssagenden forderte. Als Ausdrucksform bevorzugte man Collagen (Klebebilder). Wichtigste Vertreter: Hans *Arp*, Hugo *Ball*, Marcel *Duchamp*, Max *Ernst*, George *Grosz*, Richard *Huelsenbeck*, Marcel *Janco*, Francis *Picabia*, Kurt *Schwitters*, Tristan *Tzara*.
Dädalus →Daidalos.
Daejon [tɛdʒʌn], *Tädschon*, Stadt im Innern S-Koreas, 867 000 Ew.
Daffinger, Moritz Michael, * 1790, † 1849, östr. Maler u. Graphiker (biedermeierl. Bildnisminiaturen).
DAG, Abk. für *D*eutsche *A*ngestellten-*G*ewerkschaft.
Dagerman, Stig, eigtl. Halvard *Jansson*, * 1923, † 1954 (Selbstmord), schwed. Schriftst.; gestaltete die Lebensangst des modernen Menschen. W »Insel der Verurteilten«.
Dagestan, Republik innerhalb Rußlands, an der W-Seite des Kasp. Meers, von Kaukasus-Kamm bis zur unteren Kuma, 50 300 km², 1,8 Mio. Ew., Hptst. *Machatschkala*. Obst-, Wein- u. Ackerbau; Viehwirtschaft; Erdöl- u. Erdgasvorkommen.
Dagö, estn. *Hiiumaa*, russ. *Chiuma*, zweitgrößte estn. Ostsee-Insel, nördl. von Ösel, 965 km², 15 000 Ew.; im W die Halbinsel *Keppo (Köpu)* mit Kap u. Leuchtturm *Dagerort*.

Dagobert, Name mehrerer Frankenkönige aus dem Geschlecht der *Merowinger* (7. Jh.).
Dagomba, Sudan-Reitervolk (175 000) u. ehem. Negerreich am Weißen Volta.
Dągover, Lil, * 1897 (n. a. A. 1888), † 1980, Schauspielerin (Film, Fernsehen).
Daguerre [da'gɛːr], Louis Jacques Mandé, * 1787, † 1851, frz. Maler; erfand 1838/39 das erste prakt. verwendbare photograph. Verfahren, die *Daguerreotypie*.
Dahabije, gedecktes, besegeltes Nilschiff.
Dahl, 1. Johan Christian Clausen, * 1788, † 1857, norweg. Maler. – **2.** Roald, * 1916, † 1990, engl. Schriftst. (spannende, von »schwarzem Humor« geprägte Erzählungen).
Dahlem, Ortsteil u. Villenvorort im Westberliner Bezirk Zehlendorf.
Dahlem, Franz, * 1891, † 1982, dt. Politiker (SED), 1949–53 Mitgl. des Politbüros, als Rivale W. *Ulbrichts* entmachtet.
Dahlgrün, Rolf, * 1908, † 1969, dt. Politiker (FDP); 1962–66 Bundesfin.-Min.
Dahlie, *Georgine*, Gatt. der *Korbblütler*, beliebte Zierpflanze.
Dahlke, Paul, * 1904, † 1984, dt. Schauspieler (Charakterdarsteller).

Dahlie: gefüllte Kaktus-Dahlie

Dahlmann, Friedrich Christoph, * 1785, † 1860, dt. Historiker u. Politiker; einer der »Göttinger Sieben«; begr. die »Quellenkunde der dt. Gesch.«; 1848 Abg. der Frankfurter Nat.-Versammlung.
Dahme, 1. Ostseebad im O der Halbinsel Wagrien, 2500 Ew. – **2.** l. Nbfl. der Spree in Brandenburg, 100 km; im Unterlauf *Wendische Spree*.
Dahn, Felix, * 1834, † 1912, dt. Schriftst. u. Historiker; schrieb vielgelesene histor. Romane (»Ein Kampf um Rom«).
Dahomey [dao'meː] →Benin.
Dahrendorf, Ralf, *Baron D.* (seit 1993), * 1.5.1929, brit. Soziologe u. Politiker (1967-88 FDP) dt. Herkunft; 1969/70 parlamentar. Staatssekretär im Auswärtigen Amt, 1970–74 Mitgl. der EG-Kommission; seit 1987 Rektor des St. Anthony's College in Oxford.
Daidalos, *Dädalus*, sagenhafter grch. Baumeister, baute für König *Minos* auf Kreta das Labyrinth. Da Minos ihn nicht wieder freiließ, fertigte er für sich u. seinen Sohn *Ikaros* Flügel aus Federn u. Wachs u. entfloh durch die Luft. Ikaros flog der Sonne zu nahe, das Wachs schmolz, er fiel ins Wasser u. ertrank.
Dáil Eireann [daːl 'ɛrin], die irische Volksvertretung (Repräsentantenhaus u. Senat).
Daimler, Gottlieb, * 1834, † 1900, dt. Ingenieur; baute mit W. *Maybach* den ersten 100-PS-Gasmotor u. 1883 in Cannstatt einen Verbrennungsmotor, der 1885 im ersten Motorrad, 1886 im ersten D.-

Dachformen

Dajak

Dalai-Lama (der 14.)

Auto erprobt wurde; gründete 1890 die *D.-Motoren-Gesellschaft* in Cannstatt (seit 1904 in Untertürkheim), die sich 1926 mit der *Benz & Cie. AG* (gegr. 1883 von K. F. *Benz*) zur *D.-Benz AG* zusammenschloß.

Dajak, die etwa 2 Mio. malai. Einwohner auf Borneo; zahlreiche sprachl. u. kulturell unterschiedl. Stämme.

Dajan →Dayan.

Dakar, größter Handelshafen von Westafrika, Ind.-Zentrum u. Hptst. der Republik Senegal, 1,4 Mio. Ew.

Dakien, *Dacia,* im Altertum das von den indogerman. *Dakern* bewohnte Gebiet nördl. der unteren Donau (etwa das heutige Rumänien), 106–271 röm. Provinz.

Dakota, nach einem Indianerstamm der Sioux benanntes Territorium der USA, seit 1889 geteilt in die Staaten North Dakota, South Dakota.

Daktyloskopie, die Identifizierung eines Menschen durch den *Fingerabdruck.*

Daktylus, ein Versfuß aus einer langen Silbe u. zwei kurzen Silben: – ⌣⌣.

Daladier [-'dje], Édouard, *1884, †1970, frz. Politiker (Radikalsozialist); 1933/34 u. 1938–40 Min.-Präs.; Mitunterzeichner des *Münchner Abkommens* (1938).

Dalai-Lama, Titel des früher in Lhasa residierenden Oberhaupts des tibet. Lamaismus; gilt als Verkörperung göttl. Wesenheiten. Der derzeitige 14. D. (*6.6.1935) ging nach einem Aufstand gegen die chin. Herrschaft 1959 nach Indien ins Exil. Er erhielt 1989 den Friedensnobelpreis.

Dalälven, längstes schwed. Flußsystem; Quellflüsse sind *Öster-* u. *Väster-D.;* mündet sö. von Gävle, 520 km.

Dalarna, *Dalekarlien,* waldige Gebirgslandschaft um den Siljansee in Mittelschweden, wichtigster Ort *Falun.*

Dalberg, 1. Karl Theodor von, *1744, †1817, 1802–13 letzter Kurfürst (Erzbischof) von Mainz, seit 1806 Fürstprimas u. Haupt des *Rheinbunds,* 1810–13 Großherzog von Frankfurt, danach Erzbischof von Regensburg. – **2.** Wolfgang Heribert von, Bruder von 1), *1750, †1806, dt. Theaterleiter; 1778–1803 Intendant des Nationaltheaters in Mannheim, förderte *Schiller* (1782 Uraufführung der »Räuber«).

Dalbergia, Gatt. der *Schmetterlingsblütler,* liefert das *Palisanderholz.*

d'Albert [dal'bɛːr], Eugen →Albert.

Dale [dɛil], Sir Henry Hallet, *1875, †1968, engl. Physiologe; wies die Wirksamkeit chem. Stoffe (»Überträgerstoffe«) bei der Nervenerregungsübertragung nach; Nobelpreis 1936.

d'Alembert [dalɑ̃'bɛːr] →Alembert.

Dalén, Nils Gustaf, *1869, †1937, schwed. Physiker u. Ingenieur; Erfinder des selbsttätigen *D.-Blinklichts* für Leuchttürme; Nobelpreis für Physik 1912.

Dalfinger, Ambrosius, *1500, †1532, dt. Eroberer; ging für die *Welser* nach Venezuela.

Dali, Salvador, *1904, †1989, span. Maler; entwickelte einen effektreichen Surrealismus; zeigt in seinen Gemälden eine absurde Bildwelt von Träumen.

Dalian [daliɛn], *Dairen,* chin. Seehafen auf der Halbinsel Liaoning, Stadtteil von *Lüda,* 1,6 Mio. Ew.

Dallapiccola, Luigi, *1904, †1975, ital. Komponist; verband Zwölftontechnik mit kantabler Melodik.

Dallas ['dæləs], Stadt im NO von Texas (USA), am Trinity River, 1 Mio. Ew.; methodist. Univ.; Baumwollmarkt, vielseitige Ind., Verkehrsknotenpunkt. – 22.11.1963 Ermordung Präs. J. F. *Kennedys* in D.

Dalmatien, reichgegliederte Küstenlandschaft am Adriat. Meer, zw. der Insel Pag u. dem Shkodër-See. Haupthäfen sind *Split* u. *Zadar.* – D. wurde im 1. Jh. v. Chr. von den Römern unterworfen. Im 6./7. Jh. v. Chr. drangen im N *Kroaten,* in S *Serben* ein. Im MA war D. zw. Venedig u. Ungarn umkämpft. Im 15. Jh. begann die türk. Eroberung. 1797–1919 gehörte D. zu Östr., seither zu Jugoslawien; der größte Teil ist kroat.

Dalmatika, liturg. Gewand mit weiten Ärmeln, das bei der kath. Meßfeier vom Diakon als Obergewand getragen wird.

Dalmatiner, Jagdhundrasse, glatthaarig, weiß mit schwarzen oder braunen Flecken.

Dalsland, *Dal,* wald- u. seenreiches Bergland in S-Schweden, westl. der Vänern.

Dalton, John, *1766, †1844, engl. Chemiker u. Physiker; begr. die moderne *Atomtheorie;* formulierte grundlegende chem. u. physikal. Gesetze (Gewichtsverhältnisse von Verbindungen, Druck von Gasgemischen); entdeckte die *Rotgrünblindheit (D.ismus).*

Dam, Henrik, *1895, †1976, dän. Biochemiker; entdeckte 1934 das Vitamin K_1; Nobelpreis für Medizin 1943 (mit E. *Doisy*).

Daman, 1558–1961 port. Kolonie *(Damão);* am Golf von Khambhat (Indien); seit 1962 mit *Diu* ind. Unionsterritorium (bis 1987 auch mit Goa); →Indien.

Damaschke, Adolf, *1865, †1935, dt. Volkswirt, führend in der Bewegung für eine *Bodenreform.*

Damaskinos, eigtl. Dimitrios *Papandreou,* *1891, †1949, grch. Erzbischof u. Politiker; geistiger Führer der rechtsgerichteten Widerstandsbewegung im 2. Weltkrieg.

Damaskus, Hptst. von Syrien, in der Ghuta-Oase am SW-Rand des Antilibanon, 1,3 Mio. Ew.; Handels- u. Verkehrszentrum; Univ.; Omajjadenmoschee. – Im 15. Jh. v. Chr. erstmals erwähnt; 64 v. Chr. zum Röm. Reich; 635 von den Arabern erobert, unter der Omajjaden 661–750 Hptst. des Islamischen Reichs; im 12. Jh. Residenz Saladins, 1260 an die Mamluken, 1516–1918 türkisch.

Damast, bindungsgemustertes Gewebe aus Baumwolle, Leinen, Seide u. a. Beim echten D. ist für das gleichmäßige Abbinden eine bes. Vorrichtung zum Jacquardstuhl notwendig.

Damaszierung, Verfahren zur Herstellung von Stahlklingen *(Damaszener Klingen),* wobei Stäbe unterschiedl. Härte u. Dicke schraubenartig verschweißt u. durch Hämmern gestreckt werden, so daß die Nahtlinien Muster ergeben.

Dame, 1. im gesellschaftl. Umgang Bez. für eine weibl. Person. – **2.** im *Schachspiel* die Königin; im frz. *Kartenspiel* die dritthöchste Karte, zw. König u. Bube. – **3.** Brettspiel auf dem Schachbrett zw. 2 Spielern mit je 12 Steinen, die auf den schwarzen Feldern schräg gegeneinander gezogen werden.

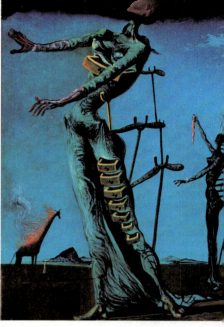

Salvador Dali: Brennende Giraffe; 1935. Basel, Kunstmuseum

Damhirsch, ein Hirsch mit schaufelartig verbreitertem Geweih u. weißgelben Flecken im Fell.

Damietta, unterägypt. Stadt an der Mündung des östl. Hauptarms des Nil, 118 000 Ew.

Damm, 1. Aufschüttung aus Erde oder Steinen, Unterbau für Verkehrswege, als Schutz gegen Überschwemmungen, zum Aufstauen von Wasser. – **2.** *Perineum,* bei den Säugetieren einschl. Mensch Gewebsgebiet zw. dem After u. der Mündung der Harn- u. Geschlechtswege; der Gefahr des **D.risses** beim Geburtsvorgang wird durch den **D.schnitt** *(Episiotomie)* begegnet.

Dammam, *Ad D.,* saudi-arab. Hafenstadt am Pers. Golf, gegenüber Bahrain, 200 000 Ew.; Ausgangspunkt der Bahn nach Riad.

Dammastock, stark vergletschertes Hochgebirgsmassiv in den schweiz. Urner Alpen; höchste Gipfel: D. 3630 m, *Galenstock* 3583 m, *Sustenhorn* 3504 m.

Damme, Stadt in Nds., im südl. Oldenburg, Luftkurort an den *D.r Bergen,* 14 000 Ew.

Dämmerung, die Zeit vor dem Aufgang u. nach dem Untergang der Sonne, während der zerstreutes Sonnenlicht in höheren Schichten der Atmosphäre schon bzw. noch Helligkeit verbreitet.

Dämmerzustand, Bewußtseinstrübung, kann bei Epilepsie, Alkoholvergiftung, schweren akuten Infektionskrankheiten u. a. auftreten.

Dämmstoffe, *Isolierstoffe,* Baustoffe, die die Übertragung von Wärme u. Schall vermindern, aber keine stat. Funktion haben, z.B. Holzfaserplatten u. geschäumte Kunststoffe.

Damnum, Abzug bei der Auszahlung eines Kredits, bes. einer Hypothek, zugunsten des Kreditgebers.

Damokles, Höfling des Tyrannen *Dionysios I.* (oder *II.*) von Syrakus. Der Tyrann ließ ihn unter einem an einem Pferdehaar aufgehängten Schwert üppig speisen, um ihm das gefährl. Glück des Herrschers zu verdeutlichen. Danach **D.schwert** sprichwörtl. für eine ständig drohende Gefahr.

Dämon, im Volksglauben vieler Kulturen ein übermenschl., jedoch nicht göttl. Wesen, meist als böse, z. T. aber auch als gut vorgestellt. – Das **D.ische** sind die irrationalen Kräfte, die das menschl. Leben beeinflussen.

Dampf, ein Gas in der Nähe seiner Verflüssigung. Beim Übergang eines Stoffs vom flüssigen in den gasförmigen Zustand besteht ein labiler Zwischenzustand, der von Druck u. Temperatur abhängig ist u. bei geringer Wärmeentzug in die Flüssigkeitsphase (Kondensation), bei geringer Wärmezufuhr in die stabile Gasphase *(überhitzter D.)* übergeht. Diesen Zwischenzustand bezeichnet man als D.

Damaskus: Sultan Selim Moschee

Dampfbad, ein Bad in wasserdampfgesättigter Atmosphäre von 40–60 °C, zur Anregung u. Durchblutung der Haut u. zur Steigerung des Stoffwechsels u. der Schweißabsonderung mit Erhöhung der Körpertemperatur.

dämpfen, Lebensmittel, bes. Fleisch, Fisch, Gemüse u. Kartoffeln, zur Vermeidung größerer Nährstoffverluste durch Wasserdampf gar machen; →Dampfkochtopf.

Dämpfer, *Sordino,* Vorrichtung zur Abschwächung des Klangs von Musikinstrumenten, womit meist eine Veränderung der Klangfarbe eintritt.

Dampfkessel, geschlossener Behälter od. geschlossene Rohranordnung, in der durch Einwirkung von Wärme Wasserdampf von höherem als atmosphär. Druck erzeugt *(Dampferzeuger)* oder Wasser über die dem atmosphär. Druck entsprechende Siedetemperatur hinaus erhitzt wird *(Heißwassererzeuger).*

Dampfkochtopf, *Schnellkochtopf,* Kochgefäß mit fest verschließbarem Deckel zum Schnellgaren unter Dampfdruck. Dadurch erhöht sich der Siedepunkt; Nährwerte bleiben weitgehend erhalten.

Dampfmaschine, eine Wärmekraftmaschine, die die Spannung des von *Dampfkesseln* gelieferten Dampfs in mechan. Arbeit umformt. Bei der *Kolben-D.* sind die Hauptteile der *Zylinder* mit dem hin u. her gehenden *Kolben,* der seine Bewegung über die *Kolbenstange,* den *Kreuzkopf* u. die *Schub-* oder *Pleuelstange* an den *Kurbeltrieb* weitergibt. Da der Kolben nur gradlinig hin u. her bewegt werden kann, muß der Dampf abwechselnd vor u. hinter den Kolben geleitet werden; dies wird durch *Schieber-* oder *Ventilsteuerungen* erreicht. Das *Schwungrad* sichert eine regelmäßige Drehung der Kurbelwelle. – 1690 baute D. *Papin* in Mar-

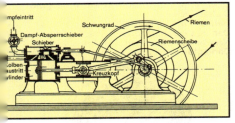

Schieberdampfmaschine (Schema)

burg eine Maschine, deren Kolben durch Dampf bewegt wurde u. dadurch Arbeit leistete. Der Engländer Th. *Newcomen* verbesserte sie 1705; aber erst James *Watt* gelang 1769 der Bau einer prakt. brauchbaren D.

Dampfnudeln, Mehlspeise aus Hefeteig, im geschlossenen Topf gebacken oder über kochendem Wasser gedämpft.

Dampfschiff, durch Dampfkraft angetriebenes Schiff. Als Brennstoff dient heute Heizöl, kaum noch Kohle. Die Antriebsmaschinen, fr. Kolbendampfmaschinen, sind heute fast ausschl. Dampfturbinen.

Dampfturbine, mit Dampf betriebene →Turbine.

Dämpfung, Abschwächung eines Schwingungsvorgangs durch dauernden Energieverlust; bei mechan. Schwingungen z.B. durch Reibung, bei elektr. Schwingungen durch Verluste in der Isolation.

Dampfwagen, mit einer Dampfmaschine betriebenes schienenloses Straßenkraftfahrzeug; 1769 von J. *Cugnot* in Paris zuerst gebaut; Vorläufer des Autos.

Dampfwalze, mit Dampf angetriebene Straßenwalze.

Damwild →Damhirsch.

Dan, »Meister«, Bez. für die Graduierung im Judosport. Die 10 D.-Grade sind an der Gürtelfarbe der Judokleidung zu erkennen: 1.–5. schwarz, 6.–9. rot-weiß, 10. rot.

Dan, im AT einer der 12 Söhne *Jakobs,* Stammvater des gleichn. Stammes Israels.

Danaer, bei *Homer* grch. Kämpfer. Der sprichwörtl. Ausdruck **D.geschenk** für ein unglückbringende Gabe geht auf das von den Griechen vor Troja angebl. als Weihegabe zurückgelassene hölzerne Pferd *(Trojan. Pferd)* zurück.

Danaiden, in der grch. Sage die 50 Töchter des Königs *Danaos.* Sie erdolchten in der Hochzeitsnacht ihre Männer u. mußten zur Strafe in der Unterwelt in ein durchlöchertes Faß Wasser schöpfen.

Danakil, *Afar,* hamit. Nomadenstämme in der äthiop. Ldsch. D. u. in Djibouti.

Da Nang, *Tourane,* vietnames. Stadt sö. von Huê, 492 000 Ew.; Kohle- u. Zinnbergbau, Hafen; im Vietnamkrieg US-amerik. Marine- u. Luftstützpunkt.

Danckelman, Eberhard Frhr. von, * 1643, † 1722, brandenburg. Staatsbeamter; Erzieher u. 1688–97 leitender Min. *Friedrichs III.,* dann in Ungnade u. bis 1707 in Haft.

Dandara, *Dendara,* oberägypt. Ort unterhalb von Qena, am linken Ufer des Nils, 16 000 Ew.; Tempel der Hathor.

Dandolo, Enrico, * um 1108, † 1205, Doge von Venedig 1193–1205, eroberte 1204 im 4. Kreuzzug Konstantinopel u. begr. die Herrschaft Venedigs im östl. Mittelmeer u. im Schwarzen Meer.

Dandy ['dændi], urspr. hoher engl. Beamter in Indien; allg. Modenarr.

Danebrog, *Dannebrog,* die dän. Nationalflagge (weißes Kreuz in rotem Feld).

Danella, Utta, eigtl. U. *Schneider,* * um 1920, dt. Schriftst. (vielgelesene Unterhaltungsromane).

Dänemark, Staat in N-Europa, zw. Nord- u. Ostsee, 43 069 km², 5,1 Mio. Ew. (prot. Dänen). Hptst. *Kopenhagen.* D. besteht aus der Halbinsel *Jütland,* den Inseln *Seeland, Fünen, Lolland, Bornholm,*

Dänemark

Falster, Langeland, Alsen u. über 400 weiteren kleinen Inseln. Zu D. gehören polit. ferner die *Färöer* u. *Grönland.*
Landesnatur. Die Mitte Jütlands prägt ein eiszeitl. Höhenzug, vor dem sich nach W über Heiden, Wäldern u. Mooren bedeckte Sandflächen ausdehnen. Mächtige Dünen begleiten die hafenarme Westküste. Das wirtschaftl. Schwergewicht des Landes liegt in den fruchtbaren, gewellten Moränengebieten O-Jütlands u. der Inseln. D. hat ein ausgeglichenes mildes u. feuchtes Klima.
Wirtschaft. Schwerpunkt der intensiv betriebenen Landw. ist die Viehzucht. D. exportiert Butter, Eier, Honig u. Fleisch. Die wichtigsten Industriezweige sind die Textil-, Metall-, Maschinen- u. Lebensmittelind. Der Schwerpunkt des Verkehrs liegt auf der Schiffahrt.
Geschichte. Die erste staatl. Zusammenfassung D. gelang im 10. Jh. Im 11. Jh. eroberte König *Sven Gabelbart* England; *Knut d. Gr.* (1018–35) beherrschte Norwegen, England u. Schottland. Das dän. Ostseereich fiel Anfang des 13. Jh. auseinander. *Waldemar IV. Atterdag* (1340–75) hielt die Auflösung des Reichs auf. Seine Tochter *Margarete* gründete 1397 die Union aller drei Reiche des Nordens *(Kalmarer Union).* Die Union mit Schweden zerbrach 1523. *Christian III.* führte 1536 durch einen Staatsstreich die Reformation ein. 1658 ging der gesamte Besitz auf der skandinav. Halbinsel an Schweden verloren. 1814 (Kieler Friede) mußte D. auch den Verlust Norwegens hinnehmen. Nach den dt.-dän. Kriegen 1848–50 u. 1864 mußte D. Schleswig, Holstein u. Lauenburg an Östr. u. Preußen abtreten. Eine Volksabstimmung brachte 1920 einen Teil Nordschleswigs an D. Von 1940–45 war D. von dt. Truppen besetzt. 1973 erfolgte der dän. Beitritt zur EU. 1979 wurde dem zu D. gehörenden Grönland Autonomie zugestanden. Staatsoberhaupt ist seit 1972 Königin Margarete II. 1993 wurde P.N. *Rasmussen* Min.-Präs. einer von den Sozialdemokraten geführten Koalitionsregierung.

Dänemark-Straße, Meeresstraße zw. Island u. Grönland.

Danewerk, von dän. Königen im 9.–12. Jh. zur Abwehr südl. Feinde errichteter Grenzwall in Schleswig; spielte noch im Krieg 1864 eine Rolle.

Daniel [-nie:l], einer der 4 großen Propheten des AT; soll um 540 v. Chr. in Babylon gelebt u. das Buch D. verfaßt haben, das aber tatsächl. erst zw. 170 u. 160 v. Chr. entstand.

Daniell ['dænjəl], John Frederic, * 1790, † 1845, engl. Naturforscher; erforschte die chem. Vorgänge bei der Elektrolyse.

Däniken, Erich von, * 14.4.1935, schweiz. Schriftst. (sensationell aufgemachte Bücher über den angebl. Besuch außerird. Wesen).

Danilewskij, Nikolaj Jakowlewitsch, * 1822, † 1885, russ. Naturforscher u. polit. Publizist; Exponent des *Panslawismus,* sah im Slawentum den Erben der »abtretenden« germ.-abendländ. Kultur.

dänische Sprache →Sprachen der Erde.

Dankwarderode, Burg in Braunschweig, 1887 auf den Resten eines um 1175 entstandenen Saalbaus Heinrichs des Löwen errichtet.

Dannecker, Johann Heinrich von, * 1758, † 1841, dt. Bildhauer; Klassizist.

Dannenberg (Elbe), Stadt in Nds., im Naturpark Elbufer-Drawehn, 8300 Ew.; Landwirtschaftszentrum.

D'Annunzio →Annunzio.

Danse macabre →Totentanz.

Dante Alighieri [-'gjɛ:ri], * 1265, † 1321, der größte ital. Dichter. D. A. war in Florenz polit. tätig, wurde 1302 verbannt u. führte von da an ein unstetes Wanderleben. Seine Jugendsonette, die er durch Prosatexte in der »Vita Nuova« (»Das neue Leben«) miteinander verband, spiegeln seine traumhafte Liebe zu *Beatrice* († 1290). In seinen Wanderjahren schrieb er das Epos »La commedia«, von den Zeitgenossen »Divina Commedia« genannt (»Göttl. Komödie«). In rd. 40 000 Versen schildert es die Wanderung des Dichters durch die drei Jenseitsbereiche des kath. Glaubens (Hölle, Fegefeuer, Paradies), es kann als vollendeter Ausdruck des Glaubens- u. Lebenswelt des christl. MA gelten. B → S. 176

Danton [dã'tõ], Georges Jacques, * 1759, † 1794, frz. Revolutionär; veranlaßte durch zündende Reden den Bastille-Sturm, den Sturz des Königtums u. die »Septembermorde« (1792); geriet in Gegensatz zu *Robespierre* u. wurde auf dessen Betreiben hingerichtet.

Danzi, Franz, * 1763, † 1826, dt. Komponist; Lehrer C. M. von *Webers* u. Freund L. *Spohrs.*

Danzig, poln. *Gdańsk,* Hptst. der poln. Wojewod-

Dänemark: Nyhavn, der malerische Stadtteil von Kopenhagen (links). – Schloß Fredensborg (Seeland), die königliche Sommerresidenz (rechts)

176 Danziger Bucht

schaft Gdańsk, am Zusammenfluß von Mottlau u. Toter Weichsel; Hafen- u. Handelsstadt im Ostseeraum, 467 000 Ew.; Werften u. Ind.; 6 HS, kath. Bischofssitz. Die Altstadt wurde nach der Zerstörung (1945) historisch getreu wiederaufgebaut: Marienkirche (14./15. Jh.), Krantor (1443). Mit *Gdingen* u. *Zoppot* bildet D. eine Stadtregion. Geschichte. D. erhielt als Hauptort des Herzogtums *Pommerellen* 1263 lübisches Stadtrecht, kam 1309 zum *Dt. Orden* (Sitz eines Komturs) u. wurde 1361 Mitgl. der *Hanse.* 1454 fiel es vom Dt. Orden ab u. trat unter poln. Oberhoheit. Bis zum beginnenden 18. Jh. konnte es eine führende Stellung im Ostseehandel behaupten. 1793 wurde D. preuß., 1807 (durch Napoleon) *Freie Stadt,* 1814 wieder preuß. Nach dem 1. Weltkrieg wurde D. durch den Versailler Vertrag vom Dt. Reich abgetrennt u. mit Teilen der umgebenden Landkreise als *Freistaat* dem Völkerbund unterstellt (Ew. 1923: 353 000 Deutsche u. 12 000 Polen). Der beschränkt souveräne Freistaat war poln. Zollgebiet. 1939 forderte Hitler ultimativ die Rückkehr D.s zum Dt. Reich; die poln. Ablehnung nahm er zum Anlaß, den 2. Weltkrieg zu entfesseln. D. wurde dem Dt. Reich eingegliedert u. Hptst. des Reichsgaues D.-Westpreußen. 1945 wurde D. poln. Verwaltung unterstellt u. Hptst. der gleichn. Wojewodschaft. Von D. ging 1980 die Bildung der unabh. Gewerkschaft Solidarność aus.

Danziger Bucht, poln. *Zatoka Gdańska,* bis 113 m tiefe Meeresbucht der Ostsee, durch die Frische Nehrung geformt.

Danziger Goldwasser, wasserklarer Kräuterlikör mit Blattgoldflitter als Einlage.

Dao [dau], *Tao,* wörtl. »Weg«, ein Grundbegriff der chin. Philosophie: bei *Konfuzius* der Weg des Himmels, dem der Weg des handelnden Menschen entsprechen muß; bei *Lao Zi* der begriffl. nicht faßbare Urgrund allen Seins.

Dao-De-Jing [daudədʒiŋ], *Tao-Te-King,* ein *Lao Zi* (6. Jh. v. Chr.) zugeschriebenes, aber wohl erst im 4./3. Jh. v. Chr. entstandenes chin. phil. Buch. Es handelt in 81 Sprüchen vom *Dao* u. vom *De,* dem individuellen Anteil des Menschen am Dao. Grundgedanke ist das »Nichthandeln«, d. h. das Handeln ohne Absicht im Einklang mit den Naturgesetzen.

Daoismus [dau-], *Taoismus,* urspr. ein auf *Lao Zi* zurückgehendes chinesisches Philosophie-System (→Dao-De-Jing); seit dem 2. Jh. v. Chr. eine mit mag. Elementen durchsetzte Volksreligion mit zahlr. Gottheiten u. Heiligen.

Daphne, von *Apollon* geliebte grch. Nymphe, Tochter der Gäa; zum Schutz vor seinen Verfolgungen in einen Lorbeerbaum verwandelt. Oper von R. Strauss.

Daoismus: Detail aus einem daoistischen Wetterhandbuch. Durham, University Library

Daphnis, sagenhafter schöner Hirte auf Sizilien, Liebhaber der *Chloe.*

Da Ponte, Lorenzo, *1749, †1838, ital. Schriftst.; Textbücher zu den Mozart-Opern »Figaros Hochzeit«, »Don Giovanni« u. »Cosi fan tutte«.

Dardanellen, im Altertum *Hellespont,* Meerenge zw. der Halbinsel *Gallipoli* (europ. Türkei) u. Kleinasien, verbindet die Ägäis mit dem Marmarameer; 60 km lang, 1,3–4 km breit. Im Frieden haben nur Handelsschiffe freie Durchfahrt, während Kriegsschiffe einer Sonderregelung unterliegen. Im Kriegsfall entscheidet die Türkei nach ihrem Ermessen.

Dardaner, im Altertum ein illyr. Volksstamm im heutigen Jugoslawien; 28 v.Chr. von den Römern unterworfen. – Da die Trojaner ihren Ursprung auf den sagenhaften König *Dardanos* zurückführten, werden sie auch D. genannt.

Dareikos, pers. einseitige Königsgoldmünze, bes. des 4. Jh. v. Chr., mit Darstellung des Königs als Bogenschützen.

Dareios, *Darius,* altpers. Könige aus dem Geschlecht der *Achämeniden:* **1. D. I.,** d. d. Gr., Großkönig 521–485 v. Chr.; schuf das pers. Weltreich; unterlag den Griechen 490 v. Chr. bei Marathon. – **2. D. II. Nothos,** Großkönig 423–404 v. Chr. Unter seiner Herrschaft ging Ägypten vorübergehend für Persien verloren. – **3. D. III. Kodomannos,** Urenkel von 2), Großkönig 336–330 v. Chr.; letzter König der Achämeniden, von *Alexander d. Gr.* 333 v. Chr. bei Issos u. 331 v. Chr. bei Gaugamela besiegt.

Dâr el Beïdâ →Casablanca.

Dar es Salaam, *Daressalam,* Hptst. u. wichtigster Hafen von Tansania, 1,5 Mio. Ew.; bed. Handelsplatz, größtes Ind.-Zentrum des Landes.

Darfur, gebirgige Ldsch. u. Prov. der Rep. Sudan, 496 371 km², 3,1 Mio. Ew., Hptst. *El Fascher.*

Dargomyschskij, Alexander Sergejewitsch, *1813, †1869, russ. Komponist; Vertreter der Neuruss. Schule.

Darío, Rubén, eigtl. Félix Rubén *García Sarmiento,* *1867, †1916, nicaraguan. Schriftst.; Erneuerer der südamerik. u. span. Lyrik des 20. Jh.

Darjus →Dareios.

Darjeeling [-'dʒi:-], ind. Höhenkurort (2185 m ü. M.) u. Distrikt-Hptst. im Vorder-Himalaya, zw. Nepal u. Bhutan, 58 000 Ew.; Teeanbaugebiet; fr. Ausgangspunkt der Karawanenwege nach Tibet.

Darlan [dar'lã], François, *1881, †1942, frz. Admiral; 1939–42 Oberbefehlshaber der Kriegsmarine, seit 1940 Mitgl. der Vichy-Regierung; ging 1942 in N-Afrika zu den Amerikanern über u. wurde kurz darauf ermordet.

Darlehen, ein Vertragstyp des Schuldrechts: die Hingabe vertretbarer Sachen (bes. Geld) gegen die Verpflichtung zur Rückgabe von Sachen gleicher Art, Güte u. Menge, meist gegen Zinsen. Ist für die Rückzahlung des D. eine Zeit nicht bestimmt, so hängt die Fälligkeit davon ab, daß der Gläubiger oder der Schuldner kündigt.

Darlehnskassen, selbst. Kreditinstitute, die zur Befriedigung eines erweiterten Kreditbedürfnisses gegen Verpfändung von Waren u. Wertpapieren Darlehen geben.

Darling ['da:liŋ], Liebling.

Darling ['da:liŋ], *D. River,* r. Nbfl. des Murray in Neusüdwales (Australien), 2740 km.

Darlington ['da:liŋtən], N-engl. Stadt in Durham,

Dareikos, 490–400 v. Chr.

99 000 Ew. Von D. nach Stockton fuhr 1825 die erste Eisenbahn.

Darm, *Intestinum,* der Hohlraum im Körper vielzelliger Tiere, der der *Verdauung* dient. Der D. des erwachsenen Menschen ist 8–9 m lang. Er wird unterteilt in *Dünn-D., Dick-D.* u. *Mast-D.* Er befördert den im Magen vorbereiteten Speisebrei durch rhythm. Zusammenziehen *(Peristaltik)* seiner längs- u. ringförmig angeordneten Muskulatur durch alle seine Abteilungen zum After. – D. krankheiten entstehen häufig von der Nahrung aus durch Krankheitserreger, die sich im D. ansiedeln, z.B. *Cholera, Ruhr, Typhus, Paratyphus* u. *Tuberkulose.* Häufigste D.geschwulst: Mastdarmkrebs.

Darmbakterien →Darmflora.

Darmblutung, Blutung aus der Darmschleimhaut oder aus Darmblutgefäßen; z.B. infolge von entzündl. Darmerkrankungen, Darmgeschwüren u. -geschwülsten oder Vitamin-K-Mangel.

Darmflora, die im Darm des Menschen u. vieler Tiere vorkommenden Mikroorganismen, bes. Bakterien; wichtig für die Verdauung.

Darmstadt, Hptst. des gleichn. Reg.-Bez. u. kreisfreie Stadt in Hessen, am W-Rand der nördl. Odenwald-Ausläufer u. am Anfang der Bergstraße, 140 000 Ew.; TH, Dt. Akademie für Sprache u. Dichtung; Industrie: Dieselmotoren, Elektro- u. Druckmaschinen, Chemie, graph. Großbetriebe. – 1330 Stadtrecht, 1479 hess., 1567–1918 Residenz der Landgrafschaft bzw. des Großherzogtums (seit 1806) *Hessen,* 1919–45 Hptst. des Freistaats *Hessen-D.*

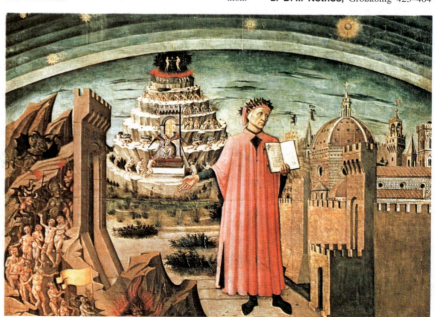

Dante Alighieri: Dante mit Göttlicher Komödie; Gemälde von Domenico di Michelino

Charles Darwin

Darmverschlingung, Verdrehung von Teilen des Verdauungskanals um ihre Aufhängung, bes. häufig des Dünndarms um sein Gekröse. Dadurch wird die Blutversorgung eines Darmteils gestört, u. es kommt zu *Darmbrand* u. *Darmverschluß.*
Darmverschluß, völlige Undurchgängigkeit für den Darminhalt durch den Darm; infolge Lähmung der Darmtätigkeit, Verkrampfung, Verstopfung der Darmlichtung durch Geschwülste u. Wurmpakete, Abschnürung von Darmteilen durch Darmverschlingung, Einklemmung von Darmteilen.
Darnley ['da:nli], Henry Stuart, Earl of *Ross* u. Duke of *Albany,* * 1545, † 1567, zweiter Gatte *Maria Stuarts;* wahrscheinl. unter Mitwissen Marias ermordet; Vater des engl. Königs *Jakob I.*
Darré, Walther, * 1895, † 1953, dt. Politiker; entwarf das Agrarprogramm der NSDAP *(Blut u. Boden);* seit 1933 Reichs-Min. für Ernährung u. Landw. u. 1934 Reichsbauernführer; 1942 aus sämtl. Ämtern entlassen.
Darrieux [-'rjø], Danielle, * 1.5.1917, frz. Theater- u. Filmschauspielerin.
Darß, Mittelteil einer Halbinsel im nw. Pommern, hängt im W mit dem Fischland, im O mit der Halbinsel Zingst zusammen; Naturschutzgebiet.
darstellende Geometrie, ein mathemat. Gebiet, das sich mit der Darstellung von räuml. Gegenständen in der Ebene beschäftigt.
darstellende Künste, Sammelbez. für Bühnen- u. Filmkunst.
Dartmoor ['da:tmuə], SW-englisches Bergland (500–600 m) in Devonshire; seit 1952 Nationalpark *D.-Forest* (945 km²).
Darwin ['da:win], 1869–1911 *Palmerston,* Hptst. u. Hafen des austral. Nordterritoriums, 76 000 Ew.; 1974 durch einen Hurrikan verwüstet.
Darwin ['da:win], Charles, * 1809, † 1882, engl. Naturforscher; unternahm 1832–37 als Schiffsarzt eine Weltreise; begr. aufgrund seiner Beobachtungen den **Darwinismus,** eine Theorie von der Entstehung der (bis dahin für konstant gehaltenen) Arten. Danach führt eine zu große Nachkommenzahl der Lebewesen zu einem Konkurrenzkampf (»Kampf ums Dasein«), bei dem nur die jeweils am besten angepaßten überleben *(Selektionstheorie).* Nur diese vermehren sich, woraus eine allmähl. Umbildung der Arten u. eine Höherentwicklung folgt. W »Über die Entstehung der Arten durch natürl. Zuchtwahl«.
Dass, Petter, * 1647, † 1707, norw. Dichter; beschrieb in dem volkstüml. Versepos »Die Trompete des Nordlandes« Natur u. Menschen seiner Heimat.
Dassault [da'so], Marcel, eigtl. M. *Bloch,* * 1892, † 1986, frz. Flugzeugkonstrukteur; gründete nach dem 2. Weltkrieg ein Werk für militär- u. Zivilflugzeuge sowie elektron. Luftfahrtgerät.
Dassel, Stadt in Nds., 12 000 Ew.; Erholungsort im Naturpark Solling. Wasserschloß Erichsburg.
Dassel → Rainald von Dassel.
Dasselfliegen, *Hypoderma,* große, behaarte Fliegen, die ihre Eier an der Haut von Nage- u. Huftieren ablegen. Die Larven wandern durch den Körper zum Rücken u. erzeugen eiternde *Dasselbeulen.*
Dassin [da'sɛ̃], Jules, * 18.12.1911, US-amerik. Filmregisseur, seit 1953 in Frankreich (»Rififi«, »Sonntags nie!«).
Datei, nach bestimmten Gesichtspunkten geordnete Zusammenstellung von Daten.
Dateldienste, Datenübertragungsdienste der Post im öffentl. Fernsprechnetz, zw. Telexanschlüssen, Datexanschlüssen oder im Direktrufnetz.

Daten, Unterlagen, Informationen, Grundlagen für die Lösung einer Aufgabe; alle Angaben, die sich für eine Datenverarbeitungsanlage codieren lassen.
Datenbank, ein System aus Datengroßspeichern; enthält viele Daten eines Wissensgebiets, die schnell abgerufen werden können.
Datenfernübertragung, Abk. *DFÜ,* Austausch von Daten zw. mindestens zwei voneinander entfernten Computern, entweder on line oder mittels Telefonleitungen u. → Modems.
Datenschutz, Schutz des Bürgers vor Mißbrauch personenbezogener Daten bei ihrer Speicherung, Übermittlung, Veränderung u. Löschung; im *Bundesdatenschutzgesetz* von 1977 erstmals festgelegt. Über die Einhaltung wachen *D.beauftragte* des Bundes, der Länder u. der Unternehmen.
Datenträger, Sammelbegriff für versch. mobile Medien, auf denen Daten abgespeichert u. später von Programmen wieder gelesen werden können.
Datenverarbeitung, das Erfassen, Speichern, Übertragen, Ordnen u. Umformen von Daten zur Gewinnung von Informationen für Wirtsch., Verw. u. Wiss. mit Hilfe von herkömml. Bürogeräten u. heute v. a. mit → Computern.
Datexnetz, Daten-Fernvermittlung auf elektron. Nachrichtenwegen. Das D. der Bundespost ist ein selbst., vom Fernsprech- u. Telexsystem unabhängiges Netz, das Übertragungsleistungen bis zu 64 000 bit/s erlaubt.
Dativ, *Wemfall, 3. Fall,* der Kasus des indirekten (ferneren) Objekts, des *D.objekts,* dem sich ein Geschehen zuwendet, z.B. »ich gebe *dir* das Buch«. Der D. steht auch nach bestimmten Präpositionen.
Datscha, *Datsche,* Sommerhaus, Sommerwohnung in Rußland. Das Wort hatte sich auch in der DDR eingebürgert.
Dattel, die Frucht der *D.palme.*
Datteln, Ind.-Stadt in NRW, an der Einmündung des Lippe-Seitenkanals in den Dortmund-Ems-Kanal, 37 000 Ew.
Dattelpalme, *Phoenix,* in Afrika u. S-Asien heim. Gatt. der *Palmen.* Die bis zu 20 m hohe *Echte D.* ist eine alte Kulturpflanze. Die weibl. Pflanze liefert eßbare Beeren *(Datteln).*
Dattelpflaume, *Diospyros,* Gatt. der Ebenholzgewächse. Die in Japan u. China häufige *Kakipflaume* trägt tomatenähnl. Früchte.
Datum, allg. »Gegebenes«, kalendermäßige Zeitangabe, bestimmter Zeitpunkt, Tag.
Datumsgrenze, die im allg. längs des 180. Längengrads von N nach S durch den Pazifischen Ozean verlaufende gedachte Linie, bei deren Überquerung nach W 1 Tag übersprungen, nach O 1 Tag wiederholt wird.
Daube, gebogenes Längsbrett des Fasses.
Däubler, Theodor, * 1876, † 1934, dt. Schriftst., Deuter der Mittelmeerkulturen u. ihrer Mythen. W »Das Nordlicht« (Versepos).
Daucher, 1. *Adolf,* * um 1460/65, † 1523/24, dt. Bildhauer, entwickelte einen stark von der ital. Kunst beeinflußten Renaissancestil. – **2.** *Hans,* Sohn von 1), * 1485, † 1538, dt. Bildhauer u. Medailleur.
Daudet [do'dɛ], Alphonse, * 1840, † 1897, frz. Schriftst. W »Tartarin von Tarascon« (Schelmenroman).
Daud Khan, Sadar Mohammed, * 1909, † 1978 (ermordet), afghan. Politiker; 1953–63 Prem.-Min.; schaffte 1973 die Monarchie ab u. wurde Staats-Präs.
Dauerauftrag, Auftrag eines Kunden an die Bank, von seinem Konto regelmäßig wiederkehrende Zahlungen (z.B. Miete) vorzunehmen.
Dauerfrostboden, ständig gefrorener Boden, z.B. im extremen N Eurasiens u. Kanadas; kann bis in 300 m Tiefe reichen.
Dauerwelle, durch Einwirkung von Chemikalien gekraustes Haar, das gegenüber atmosphär. Einflüssen etwa 6 Monate haltbar ist.
Dauerwohnrecht, veräußerl. u. vererbl. Recht, eine bestimmte Wohnung zu bewohnen; wird im Grundbuch eingetragen.
Daugava → Düna.
Daugavpils → Dünaburg.
Daume, Willi, * 24.5.1913, dt. Sportführer u. Industrieller; 1950–70 Präs. des Dt. Sportbunds u. 1961-92 des NOK; 1972–76 Vizepräs. des Internat. Olymp. Komitees.
Daumenschrauben, ein Folterwerkzeug.
Daumier [do'mje:], Honoré, * 1808, † 1879, frz. Graphiker u. Maler; scharfer Satiriker.
Daumont [do'mɔ̃], Viergespann, von zwei Fahrern im Sattel gelenkt.

Davis 177

Daun, Krst. in Rhld.-Pf. in der Vulkaneifel, 7200 Ew.; Luft- u. Kneippkurort, Mineralheilbad.
Daun, Leopold Graf, * 1705, † 1766, östr. Heerführer; brachte im *Siebenjährigen Krieg* durch die Siege bei Kolin, Hochkirch u. Maxen Friedrich d. Gr. in eine schwierige Lage.
Daunen, *Dunen,* die *Flaumfedern* der Vögel.
Dauphin [do'fɛ̃], 1349–1830 Titel der frz. Thronfolger.
Dauphiné [dofi'ne], histor. Ldsch. in SO-Frankreich. Seit 1349 trug jeder frz. Thronerbe Titel u. Wappen der D.
Daus, zwei Punkte (Augen) im Würfelspiel; in der dt. Spielkarte das As; übertragen: verhüllende Bez. für den Teufel in der Redensart »ei der Daus!«
Dausset [do'sɛ], Jean, * 19.10.1916, frz. Immunologe; wies die *H-Antigene* beim Menschen nach u. erforschte ihre genet. Grundlagen; Nobelpreis für Medizin 1980.
Dauthendey, Max, * 1867, † 1918, dt. Schriftst. (Erzählungen aus exot. Milieu; impressionist. Gedichte).
Dauzat [do'za], Albert, * 1877, † 1955, frz. Romanist.
Davao, Hptst. der gleichn. philippin. Prov. im S von Mindanao, am Fuß des tätigen Vulkans *Apo;* 620 000 Ew.
Davenant ['dævinənt], *D'Avenant,* Sir William, * 1606, † 1668, engl. Dichter u. Theaterdirektor; Vorläufer des Restaurationsdramas.
Davenport ['dævnpɔ:t], Stadt im östl. Iowa (USA), am Mississippi, gegenüber von Rock Island, 100 000 Ew.
Davenport ['dævnpɔ:t], Charles Benedikt, * 1866, † 1944, US-amerik. Vererbungsforscher; bewies die Geltung der *Mendelschen Vererbungsgesetze* auch beim Menschen.
David, * um 1040 v. Chr., † um 965/64 v. Chr., israelit. König; Schwiegersohn u. Nachfolger *Sauls;* schlug die Philister, eroberte Jerusalem; schuf ein Großreich, das Palästina u. Syrien umfaßte. Er gilt als Verfasser vieler Psalmen.
David, 1. *Gerard,* * um 1455/60, † 1523, ndl. Maler; nach H. Memlings Tod Hauptmeister der Brügger Malerschule. – **2.** [da'vid], *Jacques Louis,* * 1748, † 1825, frz. Maler; Begr. der frz. klassizist. Malerei. – **3.** *Johann Nepomuk,* * 1895, † 1977, östr. Komponist (Sinfonien, Chorwerke, Orgelwerke).
David d'Angers [da'vid dã'ʒe], Pierre Jean, * 1788, † 1856, frz. Bildhauer u. Medailleur; Klassizist; schuf viele realist. Statuen u. Büsten.
Davidis, Henriette, * 1800, † 1876, dt. Schriftst.; verfaßte ein »Prakt. Kochbuch« 1845, das lange in der dt. Küche als maßgebl. galt.
Davidstern, Sechsstern aus 2 gekreuzten gleichseitigen Dreiecken, im MA Symbol des Judentums; nat. Emblem des Staates Israel.
Davis, 1. *Angela,* * 26.1.1944, US-amerik. farbige Bürgerrechtlerin; 1972 nach einem aufsehenerregenden Prozeß von der Anklage der Beihilfe zum Mord freigesprochen. – **2.** *Bette,* * 1908, † 1989, US-amerik. Filmschauspielerin (»Alles über Eva«). – **3.** *Jefferson,* * 1808, † 1889, US-amerik. Politiker; Präs. der Konföderierten (Süd-) Staaten von Amerika im Sezessionskrieg 1861–65. – **4.** *John,*

Davids Salbung durch Samuel; byzantinische Metallarbeit, 7. Jahrhundert. New York, Metropolitan Museum of Art

*um 1550, †1605, engl. Seefahrer; unternahm 1585–87 Fahrten zur Auffindung der Nordwestl. Durchfahrt, entdeckte 1592 die Falklandinseln. – **5.** Miles Dewey, *1926, †1991, afroamerik. Jazzmusiker (Trompete); vom Bebop beeinflußt kam er zum *Cool Jazz* u. zum *Jazz Rock*. – **6.** Sammy, junior, *1925, †1990, US-amerik. Sänger, Entertainer u. Trompeter, auch im Film u. Fernsehen.

Davis-Pokal ['dɛivis-], *Davis-Cup*, internat. Wanderpreis im Tennis, gestiftet 1900 von dem Amerikaner Dwight Filley *Davis* (*1879, †1945).

Davisson ['dɛivisən], Clinton Joseph, *1881, †1958, US-amerik. Physiker; führte den Nachweis der *Materiewellen* durch Beugung an Kristallgittern; Nobelpreis 1937.

Davis-Straße ['dɛivis-; nach John D.], breite Meeresstraße zw. Baffinland u. Grönland.

Davit ['dɛivit], schwenk- oder kippbarer Kranbalken an Bord von Schiffen; für kleine Lasten u. Rettungsboote.

Davos, rätoroman. *Tavau*, schweiz. Luftkurort (früher vor allem für Lungenkranke) u. internat. Wintersportplatz in Graubünden, 1560 m ü. M., 11 000 Ew.

Davout [-'vu], Louis Nicolas, Herzog von *Auerstedt*, Fürst von *Eggmühl*, *1770, †1823, frz. Heerführer; Sieger von Auerstedt u. Wagram.

Davy ['dɛivi], Sir Humphry, *1778, †1829, brit. Physiker u. Chemiker; entdeckte die Elektrolyse u. erfand die im Bergbau benutzte Sicherheitslampe.

Dawes [dɔ:z], Charles Gates, *1865, †1951, US-amerik. Bankier u. Politiker; 1925–29 Vizepräs. der USA; entwarf den **D.-Plan**, ein 1924 in London geschlossenes Abkommen, das die Zahlung der dt. Reparationen von der Zahlungsfähigkeit Deutschlands abhängig machte. Friedensnobelpreis 1925 mit A. *Chamberlain*.

Day [dɛi], Doris, eigtl. D. *Kappelhoff*, *3.4.1924, US-amerik. Filmschauspielerin (bes. Lustspiele: »Bettgeflüster«, »Ein Hauch von Nerz«).

Dayan, Moshe, *1915, †1981, isr. General u. Politiker; 1953–58 Generalstabschef, 1967–74 Verteidigungs-Min. (Sieg im Sechstagekrieg), 1977–79 Außen-Min. (maßgebend beteiligt am Friedensschluß mit Ägypten 1979).

Dayton [dɛitn], Ind.-Stadt in Ohio (USA), Miami River, 204 000 Ew.; Luftwaffenversuchsstation *Wright Field*.

DBD, Abk. für *D*emokratische *B*auernpartei *D*eutschlands.

DDR, Abk. für *D*eutsche *D*emokratische *R*epublik, → Deutschland.

DDT, Abk. für *D*ichlor-*d*iphenyl-*t*richlorethan, Insektenbekämpfungsmittel mit hoher Dauerwirkung; reichert sich in der Nahrungskette an u. belastet die Umwelt; Anwendung in den EU-Ländern nur in bestimmten Fällen gestattet.

Deadweight ['dɛdwɛit], Abk. *dw*, die Tragfähigkeit eines Schiffs in t oder ts (tons); das gesamte Gewicht der Zuladung, d. h. Betriebsstoffe u. Fracht.

Dealer ['di:lər], illegal tätiger Händler mit Rauschmitteln.

Dean [di:n], James, *1931, †1955, US-amerik. Filmschauspieler, gefeiertes Idol der Jugend (»Jenseits von Eden«).

Dearborn ['diəbɔ:n], Stadt im SO von Michigan (USA), Vorort von Detroit, 91 000 Ew.; Ford-Autowerke.

Death Valley [dɛθ'væli], *Tal des Todes*, abflußloses Wüstenbecken (bis 86 m u. M.) im O Kaliforniens (USA); der »Hitzepol« mit der höchsten absolut gemessenen Temperatur der Erde (+ 57 °C).

Deauville [do'vi:l], N-frz. Seebad in der Normandie, 5500 Ew.; Segelregatten, Pferderennen.

Debakel [das], Zusammenbruch.

Debatte, Erörterung, Beratung, bes. im Parlament.

Debellation, die vollständige militär. Niederringung eines feindl. Staats, meist verbunden mit militär. Besetzung.

Debet [lat. »er schuldet«], Soll, die linke Seite eines Kontos, auf der die Belastungen verbucht werden.

Debilität, die leichteste Form des Schwachsinns.

Debitoren → Außenstände.

Debora, im AT Richterin u. Prophetin Israels.

Debré [də'bre], Michel, *15.1.1912, frz. Politiker (Gaullist); 1959–62 Premier, 1966–68 Finanz- u. Wirtschafts-, 1968 Außen-, 1969–73 Verteidigungs-Min.

Debrecen [-tsɛn], *Debreczin*, Hptst. des Komitats Hajdú-Bihar u. Heilbad im nordöstl. Ungarn, östl. der *D.er Heide*, 220 000 Ew.; Univ.; reges Handel-, Metall-, Zement- u. a. Ind.; Mittelpunkt des ung. Calvinismus. – 1849 Sitz der ung. Regierung (Proklamation der Unabhängigkeit Ungarns durch L. Kossuth).

Debussy [dəby'si], Claude, *1862, †1918, frz. Komponist; Meister des musikal. Impressionismus u. Wegbereiter der modernen Musik. Ⓦ »Pelléas u. Mélisande« (Oper); Orchester- u. Klavierwerke, Ballette.

Debüt [-'by], das erste Auftreten vor der Öffentlichkeit, bes. von Schauspielern u. Sängern.

Debye [də'bɛjə], Peter, *1884, †1966, ndl. Physiker; seit 1940 in den USA; verdient um den quantentheoret. Ausbau der Molekularphysik u. der Theorie von der Struktur der Materie; 1936 Nobelpreis für Chemie.

Decamerone, das Hptw. G. *Boccaccios*, eine nach 1348 geschriebene, durch eine Rahmenerzählung verbundene Sammlung von 100 Novellen meist erot. Inhalts.

Decamps [də'kã], Alexandre-Gabriel, *1803, †1860, frz. Maler u. Graphiker; interessierte sich bes. für den Orient.

Deccan, das Hochland → Dekan.

Decca-Verfahren, Funkortungsverfahren in der Schiff- u. Luftfahrt zur Mittelstreckennavigation (*Hyperbel-Navigationsverfahren*).

Decemvirn, *Dezemvirn*, im alten Rom für Sonderaufgaben ernannte 10köpfige Kommissionen.

Dechant, *Dekan*, in der kath. Kirche ein mit der Aufsicht über mehrere Pfarreien betrauter Geistlicher; in einigen ev. Kirchen soviel wie *Superintendent*.

dechiffrieren [deʃif-], entschlüsseln, eine Geheimschrift in Klarschrift umwandeln.

Děčín ['djɛtʃi:n] → Tetschen.

Decius, Gaius Messius Quintus Traianus, *zw. 190 u. 200, †251, röm. Kaiser 249–51; von revoltierenden Truppen zum Kaiser ausgerufen; löste 249 die erste große Christenverfolgung im Röm. Reich aus.

Deck, waagerechter oberer Abschluß eines Schiffsraums. Große Schiffe haben zahlr. D.s, z.B. Ober-, Boots-, Promenaden-D.

decken, bei Haustieren: begatten.

Deckenmalerei, das Ausschmücken geschlossener Raumdecken mit figürl. oder ornamentalen Malereien, eine Sonderform der *Wandmalerei*.

Deckfarben, Farben, die eine darunter befindl. Farbe nicht durchscheinen lassen; Ggs.: *Lasurfarben*.

Deckfrucht, eine Frucht (meist Getreide, seltener Hülsenfrüchte), in die eine zweite Frucht (*Untersaat*, meist Futterpflanzen) gesät wird, um in einem Jahr zweimal ernten zu können.

Deckinfektion, eine Krankheit von Haustieren, die durch den Deckakt übertragen werden kann, z.B. *Druse*, *Beschälseuche*, *Abortus Bang*.

Degen: Fechtszene

Deckoffizier, in der dt. Marine bis 1920 ein Rang zw. Offizieren u. Unteroffizieren.

Decoder, elektron. Schaltung zur Umsetzung von verschlüsselten Signalen, z.B. in Fernseh- u. Stereogeräten.

de Coster → Coster.

decrescendo [dekrɛ'ʃɛndo], an Tonstärke abnehmend, leiser werdend.

Dedekind, Richard, *1831, †1916, dt. Mathematiker (Arbeiten über höhere Algebra, Zahlentheorie u. Mengenlehre).

Dedikation, Widmung, Zueignung.

Deduktion, im Ggs. zur *Induktion* die Ableitung bes. Sätze (Erkenntnisse, Wahrheiten) aus allg., ohne Zuhilfenahme von Erfahrungstatsachen.

Dee [di:], **1.** Fluß in N-Wales, 122 km; mündet in die Irische See. – **2.** Fluß in O-Schottland, 139 km; mündet bei Aberdeen in die Nordsee.

Deerhound ['diəhaund], der in Schottland zur Hirschhatz verwendete Windhund.

DEFA, Abk. für *Deutsche Film AG*, 1946 in der Sowjetzone gegr. Filmgesellschaft; 1952–90 volkseigener Betrieb der DDR.

de facto, tatsächl. bestehend, unabhängig von der Rechtslage. Ggs.: *de jure*.

Defäkation, die Ausscheidung von Nahrungsrückständen (Kot, Stuhl) durch den After.

Defätismus, Zustand der Mutlosigkeit u. Resignation, in dem die eigene Sache für aussichtslos angesehen u. die Fortsetzung des Kampfs abgelehnt wird.

Defekt, Mangel, Schaden, Fehler; körperl. oder geistiges Gebrechen.

Defensive, Verteidigung.

defensives Fahren, vorsichtiges u. rücksichtsvolles Verhalten im Straßenverkehr, wobei sich der Fahrer der Verkehrssituation anpaßt u. Vorrechte zurückstellt.

Defereggental, 40 km langes westl. Seitental des Iseltals in O-Tirol (Östr.), durchflossen von der Schwarzach; Hauptort: *Sankt Jakob*, 1389 m ü. M., 890 Ew.

Deficit spending ['dɛfisit-], Erhöhung der Staatsausgaben mit Inkaufnahme eines Haushaltsdefizits zur Ankurbelung der Wirtschaft in Rezessionsphasen.

defilieren, vorbeimarschieren.

Definition, Begriffsbestimmung, Erklärung.

Defizit, in der öffentl. Finanzwirtschaft die Überschreitung der Einnahmen durch die Ausgaben; im kaufmänn. Rechnungswesen ein Fehlbetrag, der sich bei der Kassenkontrolle ergibt.

Deflation, 1. Unterversorgung einer Volkswirtschaft mit Zahlungsmitteln (Ggs.: *Inflation*). Die D. wirkt preisdrückend u. einkommensmindernd. Die daraus folgenden Störungen des wirtschaftl. Gleichgewichts führen zu Arbeitslosigkeit u. Konkursen; die wirtschaftl. Entwicklung wird gehemmt. – **2.** Abtragung u. Transport von Sand u. Staub durch den Wind.

Defloration, Entjungferung.

Defoe [də'fou], Daniel, *um 1660, †1731, engl. Schriftst. u. Journalist; trat für religiöse Toleranz u. parlamentar. Monarchie ein. Ⓦ Abenteuerroman »Robinson Crusoe« (unter Verwendung der Erlebnisse des Matrosen Alexander *Selkirk*).

Deformation, Formänderung eines Körpers durch äußere Kräfte oder Erwärmung; Verunstaltung.

Defraudation, Betrug, Hinterziehung, Unterschlagung.

Defregger, Franz von, *1835, †1921, östr. Maler (idealisierte Genreszenen mit oft histor. Thematik aus dem Leben der Tiroler Bauern).

Defroster, am Auto eine Heizvorrichtung oder chem. Mittel zum Freihalten der Schutzscheibe von Beschlag, Schnee u. Eis.

Death Valley: Blick vom bekannten Aussichtspunkt »Zabriskie Point« über das Tal

Degas [dəˈga], Edgar, *1834, †1917, frz. Maler, Graphiker u. Bildhauer; vom Impressionismus beeinflußt; entdeckte ein neues Darstellungsgebiet die Sport- u. Bühnenwelt (Pferderennen, Ballettszenen).
De Gasperi, Alcide, *1881, †1954, ital. Politiker; beteiligte sich während des 2. Weltkriegs an der Widerstandsbewegung; Mitgr. u. 1946–54 Vors. der Democrazia Cristiana; 1945–53 Min.-Präs., mehrmals zugleich Außen-Min.; führte Italien in das westl. Bündnis.
de Gaulle [dəˈgoːl] → Gaulle.
Degen, Waffe mit schmaler, gerader, elast. Klinge u. Griff; bes. als Stich- oder Stoß-, aber auch als Hiebwaffe (Haudegen) verwendet; im 16. Jh. Hauptwaffe der Reiterei. – Beim sportl. *Fechten:*

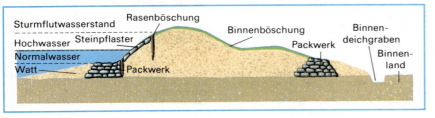

Deich: schematischer Schnitt

Stoßwaffe mit dreieckigem Klingenquerschnitt, Gewicht 770 g, Gesamtlänge 110 cm.
Degeneration, 1. Entartung; im biolog. Sinn Umwandlung einzelner Zellen u. Organe von Organismen, die zur Minderung der Leistungsfähigkeit führen, z.B. Alterungsprozesse. – 2. teilweiser oder totaler Verlust von Erbeigenschaften des urspr. Typus, z.B. nach Inzucht oder Strahlenschädigungen.
Degenhardt, 1. Franz Josef, *3.3.1931, dt. Liedermacher u. Schriftst.; polit. u. sozialkrit. engagiert. – 2. Johannes Joachim, *31.1.1926, dt. kath. Theologe; seit 1974 Erzbischof von Paderborn.
Degerloch, südl. Stadtteil von Stuttgart.
Deggendorf, niederbay. Krst. an der Donau, 30 200 Ew.; Holz-, Getreide- u. Viehhandel, Textil- u. Konservenind. – Stadtrecht 1316.
degoutant [-gu-], ekelhaft, widerwärtig.
Degradierung, 1. natürl., klimat. bedingte Entwertung der Böden. – 2. strafweise Herabsetzung des Dienstgrads um eine oder mehrere Stufen; bes. beim Militär.
Degras [dəˈgra], oxidierter Tran, der bei der Entfettung trangegerbter →Sämischleder anfällt.
Degrelle [dəˈgrɛl], Léon, *1906, †1994, belg. Politiker (Faschist); kämpfte im 2. Weltkrieg mit der *Wallon. Legion* auf dt. Seite; 1945 in Abwesenheit als Kollaborateur zum Tode verurteilt.
degressiv, abnehmend, sinkend.
Degustation, Prüfen von Lebensmitteln, Kostprobe.
De Havilland [dəˈhævilənd], Sir Geoffrey, *1882, †1965, engl. Flugzeugbauer; baute u. a. das erste Strahlverkehrsflugzeug »Comet«.

Eugène Delacroix: Pferd, nach links gewandt; Aquarell. Bayonne, Musée Bonat

Dehio, Georg, *1850, †1932, dt. Kunsthistoriker; Ⓦ »Handbuch der dt. Kunstdenkmäler«.
Dehler, Thomas, *1897, †1967, dt. Politiker (FDP); 1949–53 Bundesjustiz-Min., 1954–57 Partei-Vors.
Dehmel, Richard, *1863, †1920, dt. Schriftst.; (pathet. Lyrik, Versroman »Zwei Menschen«, Dramen).
Dehnung, Längenänderung eines auf Zug beanspruchten Körpers.
Dehors [dəˈoːr], äußerer Schein, gesellschaftl. Anstand.
Dehydrierung, Entzug von Wasserstoff aus chem. Verbindungen; im Labor unter Verwendung von Katalysatoren oder D.smitteln (Schwefel).
Dei, *Dai, Dey*, [türk. »Oheim«], Titel der 1600–1830 in Algerien herrschenden Janitscharen-Fürsten.
Deich, Damm am Meer oder Flußufer zum Schutz von Ortschaften u. Niederungen. Das geschützte Gelände wird durch *Binnendeiche* unterteilt, um bei einem D.bruch den Schaden zu begrenzen. Die Erhaltung eines D. obliegt den Eigentümern der geschützten Grundstücke. Sie werden zu einem **D.verband** (*D.genossenschaft*) zusammengeschlossen, an dessen Spitze der **D.vorsteher** (*D.hauptmann, D.graf*) steht.
Deidesheim, Stadt in Rhld.-Pf., an der mittleren Haardt, 3600 Ew.; Weinbau u. -handel, Sektkellerei.
Deimos, einer der Monde des *Mars.*
Deisenhofer, Johann, *30.9.1943, dt. Biochemiker (Forschungen zur Photosynthese); Nobelpreis für Chemie 1988 mit H. *Michel* u. R. *Huber*.
Deismus, die Ansicht, daß Gott zwar die Welt geschaffen habe, aber nicht in die Natur u. das Weltgeschehen eingreife; im Ggs. zum *Theismus*, der einen in der Welt wirkenden Gott annimmt. Der D. war in der Zeit der *Aufklärung* (17./18. Jh.) verbreitet; Vertreter waren z.B. *Voltaire* u. *Lessing*.
Deister, Bergrücken in Nds., Teil des *Weserberglands*.
Déja-vu-Erlebnis [deʒaˈvy-], eine Erinnerungstäuschung, die darin besteht, daß man eine bestimmte Situation bereits einmal erlebt zu haben glaubt.
Déjeuner [deʒœˈne], Frühstück.
de jure, rechtl., von Rechts wegen. Ggs.: *de facto*.
Deka, Vorsilbe vor Maßeinheiten, auch Wortbestandteil mit der Bedeutung »zehn«, z.B. D.meter = 10 m.
Dekabristen, die Teilnehmer eines gescheiterten Aufstands gegen die russ. Zarenherrschaft im Dez. 1825.
Dekade, Anzahl von 10 Stück, Zeitraum von 10 Tagen.
Dekadenz, Verfall, Niedergang; in der europ. Literatur des späten 19. Jh. der Kult einer überreifen, nervös verfeinerten Geistigkeit u. Sinnlichkeit.
dekadisches System →Dezimalsystem.
Dekalog, die →Zehn Gebote.
Dekameron →Decamerone.
Dekan, 1. Vors. einer *Fakultät*. – 2. höherer Geistlicher, →Dechant.
Dekan, *Dekhan, Deccan*, der südl. Teil des ind. Subkontinents, »Halbinsel-Indien«, in Form einer riesigen, schräggestellten Scholle. Der West- u. Ostrand sind aufgewölbt zu den *West-* bzw. *Ostghats*.
Dekanat, Amt, Amtsbezirk eines *Dekans*.
dekantieren, eine Flüssigkeit von einem auf dem Boden des Gefäßes abgesetzten Stoff abgießen.
Dekantierkorb, Körbchen aus Weidengeflecht zum Servieren edler Rotweine.
dekatieren, Tuch, Filz, Wolle u. Seidenstoffe unter Druck dämpfen, um einen bestimmten Glanz, Griff u. ä. zu erzielen.
Dekker, Eduard Douwes, *1820, †1887, ndl. Schriftst.; schrieb unter Pseud. *Multatuli* den Roman »Max Havelaar« gegen koloniale Ausbeutermethoden.
Deklamator, Vortragskünstler.
Deklaration, Erklärung. – **deklarieren**, eine Zollerklärung abgeben.
deklassieren, jemanden in eine niedrigere Klasse verweisen.
de Klerk →Klerk, Frederik Willem de.
Deklination, 1. Winkelabstand eines Gestirns vom Himmelsäquator. – 2. Abweichung der Nordrichtung einer Magnetnadel von der geograph. Nordrichtung (*Mißweisung*). – 3. *Flexion*, (Beugung) der Substantive, Adjektive, Pronomina, Zahlwörter u. Artikel.
Dekolleté [dekɔlˈte], Entblößung von Schulter, Brust u. Rücken durch Ausschnitte der weibl. Kleidung.
Dekontamination, Entgiftung radioaktiv verseuchter Gebiete, Geräte, Kleider usw.
Dekor, Schmuck, Verzierung.
Dekret, Erlaß, Verfügung, Verordnung.
Dekretalen, päpstl. Entscheidungen u. Gesetze in Briefform.
Dekubitus, das Aufliegen (Wundliegen) bei langer Bettlägrigkeit.
Delacroix [dəlaˈkrwa], Eugène, *1798, †1863, frz. Maler u. Graphiker; löste den Klassizismus durch reich bewegte, dramat. Komposition u. kräftige Farbgebung ab u. wurde zum Begr. der romant. Richtung der frz. Malerei.
Delagoabucht, *Baia de Maputo*, Meeresbucht mit Naturhafen an der südl. Küste von Moçambique, im Innern die Hptst. *Maputo.*
Delamuraz [dəlamyˈraz], Jean-Pascal, *1.4.1936, schweiz. Politiker (FDP); seit 1984 Bundesrat (bis 1986 Militär-Deputierter, seit 1987 Volkswirtschafts-Deputierter); 1989 Bundes-Präs.
Delaunay [dəloˈnɛ], Robert, *1885, †1941, frz. Maler; in Verbindung zur dt. Künstlergruppe »Blauer Reiter«.
Delaware, *Lenape*, Indianerstamm der Algonkin-Gruppe Nordamerikas.
Delaware [ˈdeləweːə], *Del.*, ein Gliedstaat der →Vereinigten Staaten von Amerika.
Delbrück, 1. Hans, Neffe von 3), *1848, †1929, dt. Historiker; Hauptgebiet: Kriegsgeschichte. – 2. Max, *1906, †1981, US-amerik. Genetiker dt. Herkunft; erforschte die bakteriophagen Viren; Nobelpreis 1969. – 3. Rudolf von, *1817, †1903, preuß. Politiker; verdient um den Ausbau des Dt. Zollvereins, enger Mitarbeiter *Bismarcks*.
Delcassé, Théophile, *1852, †1923, frz. Politiker; mehrmals Außen-Min., begr. die *Entente cordiale* mit England.
Deledda, Grazia, *1871, †1936, ital. Schriftst.; schilderte Land u. Menschen Sardiniens; Nobelpreis 1926.
Delegation, Abordnung, Gesandtschaft. – **delegieren**, abordnen; Zuständigkeiten auf einen Untergebenen übertragen.
Delémont [dəleˈmɔ̃], *Delsberg*, Hptst. des schweiz. Kt. Jura, an der Mündung der Sorne in die Birs, 11 300 Ew.; ehem. Sommerresidenz der Fürstbischöfe von Basel; Uhren-, feinmechan., Metall- u. Zementind.
Delft, ndl. Ind.-Stadt in der Prov. Südholland, 88 000 Ew.; Altstadt mit Grachten; elektron., metallverarbeitende u. chem. Ind. – Im 17. u. 18. Jh. war D. durch seine Fayencerie bekannt. Bis zur Erfindung des europ. Hartporzellans galt die *Delfter Fayence* als Ersatzporzellan. In der 2. Hälfte des 18. Jh. sank die Qualität; am Ende des 19. Jh. wurde die Fabrikation nach alten Mustern wiederaufgenommen.
Delhi, fr. *Dehli*, Hptst. der Ind. Union, wichtigste Stadt Indiens im Landesinnern, am W-Ufer der Yamuna, mit Vororten als Unionsterritorium 1485 km², 9,37 Mio. Ew.; im SW das modern angelegte *Neu-D.*, Sitz der Regierung. – Seit 1192 Zentrum des ind. Islam u. später Großmogulsitz; seit 1911 Regierungssitz.
Delibes [dəˈliːb], Léo, *1836, †1891, frz. Komponist; Ⓦ Ballette »Coppélia«, »Sylvia«, Oper »Lakmé«.
Delikt, Straftat (Strafrecht), unerlaubte Handlung (bürgerl. Recht). – **D.sunfähigkeit**, die rechtl. Unfähigkeit, ein D. zu begehen, bes. wegen jugendl. Alters u. mangelnder Zurechnungsfähigkeit.

Delinquent, Verbrecher, Angeklagter.
Delirium, Verwirrungszustand mit Wahnideen u. motorischer Unruhe. – **D. tremens,** *Säuferwahnsinn,* Verwirrungszustand durch chron. Alkoholmißbrauch.
Delitzsch, Krst. in Sachsen, am SW-Rand der *Dübener Heide,* 27 600 Ew.; versch. Ind.; mittelalterl. Stadtbefestigung.
Delius ['di:ljəz], Frederick, *1862, †1934, engl. Komponist; Oper »Romeo u. Julia auf dem Dorfe«, Orchesterwerke, Kammermusik.
Delkredere, im Handelsrecht die Gewährleistung für den Eingang einer Forderung. – **D.-Konto,** auf der Passivseite der Bilanz ausgewiesene Wertberichtigung für zweifelhafte Forderungen.
Delmenhorst, Stadt in Nds., an der Delme, westl. von Bremen, 75 000 Ew.; vielseitige Ind., Bundeswehrstandort. – 1667–1733 dänisch.
Delon [də'lɔ̃], Alain, *8.11.1935, frz. Filmschauspieler u. a. in »Der eiskalte Engel«.

Delphin

De Long, George Washington, *1844, †1881 (im Eis verhungert), US-amerik. Polarforscher; versuchte 1879, den Nordpol von der Beringstraße aus zu erreichen. Nach ihm benannt sind die **De-Long-Inseln** im Nördl. Eismeer (Rußland) u. die **De-Long-Straße** zw. dem N-asiat. Festland u. der Wrangelinsel.
Delorme [də'lɔrm], Philibert, *1510/15, †1570, frz. Architekt; neben P. *Lescot* Hauptmeister der frz. Renaissance-Baukunst.
Delors [də'lɔːr], Jacques, *20.7.1925, frz. Politiker (Sozialist); seit 1985 Präs. der EG-Kommission.

Delos, grch. Kykladen-Insel, 4 km²; im Altertum Heiligtum des *Apollon* u. religiöser Mittelpunkt der ion. Griechen.
Delp, Alfred, *1907, †1945, dt. kath. Theologe; als Angehöriger des *Kreisauer Kreises* nach dem 20. Juli 1944 verhaftet u. hingerichtet.
Delphi, antike grch. Stadt am Fuß des Parnaß; wichtigster Kultort *Apollons,* in dessen Tempel die Seherin *Pythia* vieldeutige Orakelsprüche verkündete.
Delphin, 1. artenreiche Fam. der *Zahnwale;* kleine bis mittelgroße Meeressäugetiere mit schnabelartig verlängertem Schädel. Zu den D. gehören u. a. die *Schwert-* oder *Mörderwale,* der *Grindwal,* der *Große Tümmler* u. der *Delphin* i.e.S. Die hochintelligenten Tiere leben gesellig; sie nähren sich hpts. von Fisch. – **2.** kleines Sternbild des nördl. Himmels. – **3.** eine Stilart beim →Schwimmen.
Delsberg →Delémont.
Delta, der 4. Buchstabe des grch. Alphabets (δ, Δ), dem lat. d, D entsprechend; in der Math. Symbol für das Dreieck u. für den Zuwachs einer Größe (z.B. Δx).
Delta, Flußmündung mit einem verzweigten Netz von Flußarmen u. ständiger seewärtiger Neulandbildung (oft in Form eines grch. Δ) aus mitgeführten Sinkstoffen.
Deltaflügel, Flugzeugtragfläche in Dreieckform.
Deltametalle, Kupfer-Zink-Legierungen *(Sondermessing)* für Schiffsbeschläge u. Armaturen.
Deltaplan, nach der Sturmflutkatastrophe von 1953 in den Ndl. entwickelter Plan zur Abdämmung des Deltas von Rhein, Maas u. Schelde, 1987 abgeschlossen. Etwa 15 000 km² (40% der Landfläche der Ndl.) wurden durch Dämme u. Deiche gesichert.
Deltgen, René, *1909, †1979, dt. Schauspieler (Theater, Film, Fernsehen).
Demagoge, Volksverführer, Hetzer. – **Demagogenverfolgung,** Maßnahmen der Regierungen der dt. Bundesstaaten zur Unterdrückung liberaler u. nationaler Strömungen seit 1819.
de Maizière [də mɛ'zjɛːr] →Maizière.
Demarche [de'marʃ], das Eingreifen diplomat. Stellen durch schriftl. oder mündl. Erklärungen gegenüber einem anderen Staat.
Demarkationslinie, im Ggs. zur Staatsgrenze vorläufig festgelegte Linie zur Abgrenzung von Hoheits- oder Einflußgebieten.
Demawend, vulkan. Hauptgipfel des Elburs (Iran), 5604 m.
Dementi, Ableugnung, Widerruf, Richtigstellung.
Demenz, *Dementia,* Form des *Schwachsinns; Dementia praecox,* Jugendirresein.
Demeter, grch. Göttin der Fruchtbarkeit u. des Wachstums, von den Römern der *Ceres* gleichgesetzt.
Demetrius [russ. *Dmitrij,*], **1. D. Iwanowitsch Donskoj,** *1350, †1389, Großfürst von Moskau u. Wladimir; siegte 1380 am Don gegen die Mongolen. – **2. D. Iwanowitsch,** *1582, †1591, russ. Thronfolger, Sohn Iwans des Schrecklichen; wohl auf Betreiben von *Boris Godunow* ermordet. Die Unsicherheit über seinen Tod verleitete zum Auftritt von Betrügern, die sich als D. ausgaben. Der erste falsche D., vielleicht der entlaufene Mönch *A. Otrepjew,* errang 1605 mit poln. Unterstützung den Zarenthron u. wurde 1606 ermordet. Sein Schicksal ist oft literar. gestaltet worden, u. a. von *Puschkin* u. *Schiller.*
Deminutivum →Diminutivum.
Demirel, Süleiman, *6.10.1924, türk. kons. Politiker, 1964–80 Vors. der »Gerechtigkeitspartei«, 1975–77, 1979/80 u. 1991–93 Min.-Präs.; seit 1993 Staats-Präs.
Demission, Rücktritt von einem Amt.
De Mita, Ciriaco, *2.2.1928, ital. Politiker (Christl. Demokr.); 1988/89 Min.-Präs.
Demiurg, bei *Platon* u. anderen grch. Philosophen der »Weltbaumeister«, Mittler zw. der höchsten Gottheit u. der Schöpfung.
Demmin, Krst. in Mecklenburg, 17 000 Ew.; versch. Ind. – 1070 slaw. Burg, 1283 Hansestadt, 1648–1720 schwedisch.
Democrazia Cristiana, *DC,* Christl. Demokratie, ital. polit. Partei, als Nachfolgepartei der kath. Volkspartei *(Partito Popolare Italiano, PPI)* 1942 unter Führung A. *De Gasperis* entstanden; 1946–1994 die stärkste polit. Partei Italiens; 1994 wieder in PPI umbenannt.
Demodulator, Bauteil in einem Empfänger, das den niederfrequenten Anteil eines Signals von seinem Hochfrequenzträger trennt.
Demographie, Beschreibung des Zustands u. der Veränderung von Bevölkerung u. Bevölkerungsteilen mit statist. Methoden.
Demokraten, 1. allg. die Vertreter demokr. Ideen im Ggs. zu autoritären Vorstellungen. – **2.** *Democratic Party,* eine der beiden großen polit. Parteien der USA. Ihr Ggs. zu den *Republikanern* ist nicht grundsätzl., da sich beide zur privatwirtschaftl. Gesellschaftsordnung bekennen u. über die demokr.-republikan. Organisation des staatl. Lebens einig sind. Die D. haben keine feste überregionale Organisation u. kein ständiges verbindl. Programm u. treten stärker für soz. Reformen ein.
Demokratie, die Staatsform, in der die Staatsgewalt vom Volke ausgeht, das Volk also der Souverän ist. Wichtigste Merkmale der D. sind: regelmäßig wiederkehrende freie, allg., gleiche u. geheime Wahlen; Entscheidung nach dem Mehrheitsprinzip bei gleichzeitigem Schutz der Minderheit; Bindung

Delphi: Theater und Ruinen des Apollontempels

Demokratie: In einigen Kantonen der Schweiz, wie hier in Glarus, besteht heute noch die alte demokratische Form der Landsgemeinde aller freien Männer, die einmal im Jahr unter freiem Himmel zusammentritt, Wahlen in kommunale Ämter vornimmt und Kantonsangelegenheiten berät und entscheidet (links). – Demonstration: Maidemonstration der APO 1969 in Berlin (rechts)

der Staatsgewalt an eine Verfassung (die auch die Form von Einzelgesetzen oder Konventionen haben kann); Gewährleistung unveräußerl. Grundrechte (z.B. Glaubens-, Meinungs-, Informations-, Versammlungsfreiheit, Freizügigkeit); Gewaltenteilung (voneinander unabhängige Organe der Gesetzgebung, Regierung u. Rechtsprechung). – Hauptformen der D.: Die *direkte D.,* bei der alle Entscheidungen unmittelbar vom Volk getroffen werden, läßt sich nur in kleinen Gemeinwesen u. auch da nur bedingt verwirklichen. Die Regel ist heute die *repräsentative D.,* bei der die Gesetze von gewählten Volksvertretern beschlossen werden. Direkte Beteiligung des Volkes durch *Volksentscheid (Plebiszit)* ist jedoch in unterschiedl. Maße möglich. Unterarten der repräsentativen D. sind die *parlamentarische D.,* bei der die Volksvertretung nicht nur die Gesetzgebung, sondern auch die Regierungsbildung bestimmt (wie in den meisten westeurop. Staaten), u. die *Präsidial-D.,* bei der das Volk den Regierungschef direkt wählt (wie in den meisten amerik. Staaten). – Im einzelnen kann die demokr. Staatsform unterschiedl. ausgestaltet sein. Entscheidend für das Funktionieren einer D. ist, daß die ungehinderte Tätigkeit oppositioneller Parteien u. die Möglichkeit eines Regierungswechsels gewährleistet sind.

Demokratie Jetzt, unter dem SED-Regime in der DDR 1989 gegr. oppositionelle Bürgerbewegung; trat nach der polit. Wende für Basisdemokratie ein, lehnte den Parteienstaat u. eine rasche Wiedervereinigung Dtld.s ab; schloß 1990 mit dem *Neuen Forum* u. der *Initiative Frieden u. Menschenrechte* die Wahlkoalition *Bündnis 90.*

Demokratische Bauernpartei Deutschlands, *DBD,* polit. Partei in der DDR, gegr. 1948 auf Betreiben der SED, der sie sich von Anfang an untergeordnet. 1989 trat sie aus dem Demokrat. Block aus u. kandidierte selbständig in den Wahlen 1990; schloß sich dann der CDU an.

Demokratischer Aufbruch, *DA,* unter dem SED-Regime in der DDR 1989 gegr. oppositionelle Bewegung, formierte sich als Partei, trat für baldige Wiedervereinigung ein u. bildete mit der CDU u. der DSU das Wahlbündnis *Allianz für Deutschland.* In der Regierung der DDR (Kabinett de Maizière) stellte sie einen Minister. Der DA schloß sich im Aug. 1990 der CDU an.

Demokratisierung, die Durchsetzung demokr. Entscheidungsverfahren in allen gesellschaftl. Bereichen. Über den wünschenswerten Umfang der D. (z.B. in der Wirtschaft) gehen die Meinungen weit auseinander.

Demokrit, *um 460 v. Chr., †um 370 v. Chr., grch. Philosoph; erklärte die Welt als Zusammensetzung kleinster, unvergängl. Teilchen, die sich im leeren Raum bewegen, u. wurde damit Begründer der *Atomistik.*

Demonstration, 1. Veranschaulichung in eindrucksvoller Form. – 2. Massenkundgebung zur Verdeutlichung von Forderungen und Protesten.

Demonstrativpronomen →Pronomen.

Demontage [-'ta:ʒə], Abbau u. Abtransport von Industrieanlagen zur Wiedergutmachung von Kriegsschäden; nach 1945 von den Siegermächten in Dtld. in großem Umfang angewandt.

Demoralisation, Untergrabung der Moral u. Disziplin, Entmutigung.

De Morgan [də'mɔːgən], Augustus, *1806, †1871, engl. Mathematiker (Arbeiten über Algebra u. Logik).

Demos, im alten Griechenland das »Volk«, d. h. die Gesamtheit der Vollbürger eines Stadtstaats; im heutigen Griechenland der kleinste Verw.-Bez.

Demoskopie →Meinungsforschung.

Demosthenes, *384 v. Chr., †322 v. Chr., grch. Politiker; verfocht erfolglos die Freiheit Athens gegen Philipp II. von Makedonien; einer der berühmtesten Redner des Altertums.

demotische Schrift →Hieroglyphen.

Demutsverhalten, bei Tieren ein Verhalten, das die Aggression des Gegners dämpfen soll; z.B. »Kleinmachen« des eigenen Körpers.

den, Abk. für *Denier,* früher Maß für die Feinheit von Fasern; jetzt ersetzt durch *dtex* (Gewicht eines 10 000 m langen Fadens in g).

Denar, Silbermünze im alten Rom u. im MA.

denaturieren, Genußmittel (z.B. Alkohol) ungenießbar machen, damit sie bei der Verwendung für techn. Zwecke steuerfrei sind.

Dendara →Dandara.

Dender, frz. *Dendre,* rechter Schelde-Zufluß in Belgien, 117 km; mündet bei *Dendermonde.*

Deng Xiaoping

Dendrit, 1. moosförmige, aus Eisen- u. Manganoxiden bestehende Zeichnung auf Gesteinen, oft für Pflanzenversteinerung gehalten. – 2. bäumchenartig verzweigter Plasmafortsatz an der Oberfläche von Nervenzellen.

Dendrochronologie, Methode zur Altersbestimmung archäolog. Objekte anhand der Jahresringe des vorgefundenen Holzes.

Dendrologie, Gehölzkunde.

Deneb, hellster Stern im Sternbild *Schwan.*

Deneuve [də'nø:v], Cathérine, eigtl. C. *Dorléac,* *22.10.1943, frz. Filmschauspielerin, u. a. in »Belle de jour«, »Nächtl. Sehnsucht«.

Denguefieber [-gə-], durch Mücken übertragene akute Viruskrankheit in den Tropen u. Mittelmeerländern.

Deng Xiaoping [dəŋ cjaupiŋ], *22.8.1904, chin. Politiker (Kommunist); seit den 30er Jahren hoher Parteifunktionär; wegen »kapitalist.« Abweichungen 1966 u. 1976 gestürzt, beide Male rehabilitiert; seit 1978 faktisch (nicht formell) Partei- u. Staatsführer; betrieb eine pragmat. Wirtschaftspolitik mit Öffnung nach Westen, unterdrückte aber Demokratisierungsversuche.

Den Haag, *s'Gravenhage,* ndl. Stadt, Residenz des Königshauses, Sitz von Reg. u. Parlament sowie des Internat. Gerichtshofs der UN u. anderer internat. Einrichtungen; durch das bek. Seebad *Scheveningen* mit der Nordseeküste verbunden; 460 000 Ew. – 16.–18. Jh. Sitz der Generalstaaten, seit 1831 Residenz des Königshauses.

Den Helder, ndl. Hafenstadt, gegenüber der Insel *Texel,* 65 000 Ew.; Seebad.

Denikin, Anton Iwanowitsch, *1872, †1947, russ. General; im Bürgerkrieg 1918–20 Befehlshaber der antibolschewist. Truppen; emigrierte 1920.

Denim, im Garn gefärbter Baumwollstoff für Blue Jeans u. ä.

De Niro, Robert, *17.8.1943, US-amerik. Filmschauspieler; erfolgreich u. a. in »Der Pate, 2. Teil«, »Taxi Driver«, »Kap der Angst«.

Denis [dəˈni] →Dionysius.

Denizli [dɛˈnizli], Hptst. der gleichn. W-türk. Prov., nahe dem Menderes, 170 000 Ew.

Denkmalpflege, *Denkmalschutz,* alle Maßnahmen zur Pflege u. Erhaltung von kunst- u. kulturhistorisch wertvollen Werken der Architektur, Plastik, Malerei u. des Kunstgewerbes. In Dtld. hat jedes Bundesland ein *Landesamt für D.;* oberster Beamter ist der *Landesdenkmalpfleger.*

Denkpsychologie, Zweig der experimentellen Psychologie, als Bez. von der *Würzburger Schule* eingeführt; untersucht das *Denken* als besonderen, nicht auf andere Akte zurückzuführenden seel. Prozeß.

Denktaş [-taʃ], Rauf, *27.1.1924, türk.-zypr. Politiker; seit 1973 Vizepräs. Zyperns, nach Proklamation des türk. Teilstaates (1975) dessen Präs.

Denomination, religiöser Zirkel, Sekte.

Denpasar, Stadt auf Bali (Indonesien), Kulturzentrum, 261 000 Ew.

dental, den Zahn betreffend.

Dental, *Zahnlaut,* durch die Zunge mit den oberen Schneidezähnen gebildeter Laut (d, t).

Dentin, *Zahnbein,* die Grundsubstanz der Zähne.

Dentist, bis 1952 ein Zahntechniker mit Fachschulausbildung, der in begrenztem Umfang die Zahnheilkunde ausüben durfte.

Dents du Midi [dɑ̃dymi'di], Berggruppe im schweiz. Kt. Wallis, bis 3257 m.

De Quincey 181

Denudation, Abtragung einer stark reliefierten Landoberfläche zu einer Ebene in Meereshöhe.

Denunziation, Anschwärzung; Anzeige aus niedrigen, meist persönl. Beweggründen.

Denver, Hptst. von Colorado (USA), am Rand der Rocky Mountains, 1585 m ü. M., 515 000 Ew.; 2 Univ., vielseitige Ind.

Deodorant, aus keimhemmenden Stoffen mit Parfümzusatz bestehendes Mittel gegen Körpergeruch.

Depardieu [dəpar'djø], Gérard, *27.12.1948, frz. Schauspieler; im Film erfolgreich u. a. in »Die letzte Metro«, »Danton«, »Cyrano de Bergerac«, »Green Card«, »Germinal«.

Departamento, in mehreren lateinamerik. Staaten die oberste Verwaltungseinheit.

Département [depart'mã], frz. Verwaltungsbezirk mit einem *Präfekten* an der Spitze. Die D. wurden seit 1789 durch Aufteilung der histor. Provinzen geschaffen. – **Departement,** in der Schweiz Regierungsbehörde mit einem *Bundesrat* an der Spitze. – **Department,** Abteilung, Fachbereich; in den USA auch Ministerium.

Depesche, Eilnachricht, Telegramm. – **D.nbüro,** veraltet für *Nachrichtenagentur.*

Depilation, *Epilation,* Enthaarung.

Deplacement [deplas'mã], Wasserverdrängung eines Schiffs in t oder ts (tons).

Deponie, Müllabladeplatz.

Deportation, Zwangsverschickung von Schwerverbrechern oder polit. Mißliebigen.

Depositen, hinterlegte Wertgegenstände; Geldeinlagen bei Kreditinstituten *(D.banken)* mit unterschiedl. Kündigungsfrist u. entspr. unterschiedl. Zinssatz.

Depot [de'po], 1. Aufbewahrungsort, Lager. – 2. bei einer Bank verwahrte Wertstücke u. Wertpapiere. – **D.stimmrecht,** auf der Hauptversammlung einer AG von einer Bank für die in ihrer Verwahrung befindl. Aktien ausgeübtes Stimmrecht.

Depotpräparate [de'po-], Arzneimittel mit lang anhaltender Wirkung.

Depression, 1. Niedergeschlagenheit, gedrückte Stimmung, Schwermut. Die *exogene D.* ist eine Reaktion auf nicht bewältigte innere oder äußere Belastungen. Die *endogene D.,* wohl körperl. begründet, tritt meist im Wechsel mit manischer (euphorisch-gehobener) Stimmungslage auf. – 2. Eintiefung unter den Meeresspiegelniveau, z.B. Kasp. Meer (–28 m). – 3. Tiefstand in der wirtsch. Entwicklung.

deprimiert, niedergeschlagen, mutlos.

Deprivation, mangelnde mütterl. Pflege u. deren nachteilige psych. Folgen für das Kind.

Deputat, regelmäßige Leistung von Naturalien als Teil des Arbeitslohns.

Deputation, Abordnung, Ausschuß. – **Deputierter,** Abgeordneter. – **Deputiertenkammer,** in Frankreich 1871–1940 die direkt gewählte 2. Kammer des Parlaments (neben dem *Senat* als 1. Kammer).

De Quincey [də ˈkwinsi], Thomas, *1785,

Denver: das Kapitol

182   Derain

† 1859, engl. Schriftst.; schilderte die Welt der Süchtigen.
Derain [dǝ'rɛ̃], André, * 1880, † 1954, frz. Maler; von P. *Cézanne* u. den »Fauves« angeregt, später unter dem Einfluß des Kubismus.
Derby ['da:bi, engl.; 'dǝ:bi, amerik.], das bedeutendste Rennen des Jahres für dreijährige Pferde in zahlr. Ländern; ben. nach Earl Edward *D.*, der 1780 das alljährl. in Epsom gelaufene engl. D. einführte.
Derby ['da:bi], Hptst. der mittelengl. Gft. *D.shire*, am Derwent, 216 000 Ew.; anglikan. Bischofssitz; Porzellan-, Flugzeug-, Textilind.
Derfflinger, Georg Reichsfreiherr von, * 1606, † 1695, brandenburg. Feldmarschall; seit 1654 als Reitergeneral im Dienst des Großen Kurfürsten.
Derivat, *Abkömmling*, eine chem. Verbindung, die aus einer anderen abgeleitet werden kann.
Dermatitis, Hautentzündung.
Dermatologie, die Lehre von den Hautkrankheiten; hierzu wird auch die *Venerologie* (Lehre von den Geschlechtskrankheiten) gerechnet.
Dermatozoen, Sammelname für Hautschmarotzer, z.B. Milben u. Zecken.
Dermoplastik, möglichst lebensgetreue Nachbildung von Lebewesen für Ausstellungszwecke.
Dermota, Anton, * 1910, † 1990, östr. Opernsänger (bes. Mozart).
Dernier cri [dɛrnje'kri], »letzter Schrei«, letzte Modeneuheit.
Derogation, Ersetzung oder Abänderung eines Gesetzes durch ein später erlassenes Gesetz.
Derridá, Jacques, * 15.7.1930, frz. Philosoph (sprach- u. zeichentheoret. Untersuchungen).
Derschawin [djer'ʒa:-], Gawriil Romanowitsch, * 1743, † 1816, russ. Dichter (klassizist. u. volkstüml. Lyrik).
Dertinger, Georg, * 1902, † 1968, dt. Politiker; 1946–49 Generalsekretär der Ost-CDU, 1949–53 Außen-Min. der DDR; 1954 wegen angebl. Spionage zu 15 Jahren Zuchthaus verurteilt, 1964 haftentlassen.
Derwall, Josef (»Jupp«), * 10.3.1927, dt. Fußballehrer; 1978–84 Bundestrainer des Dt. Fußballbunds.
Derwisch, Mitglied islam. Orden mit myst. Tendenz.
Déry ['de:ri], Tibor, * 1894, † 1977, ung. Schriftst. (gesellschaftskrit. Romane); urspr. Kommunist, nach dem Volksaufstand als einer seiner geistigen Führer 1956–61 in Haft.

Tanzende Derwische: aus einer Handschrift aus Herat, 1485. Dublin, Chester Beatty Library

Desaster, Unglück, Unheil, Zusammenbruch.
desavouieren [-avu-], ableugnen, bloßstellen.
Descartes [de'kart], René, latinisiert: Renatus *Cartesius*, * 1596, † 1650, frz. Philosoph, Mathematiker u. Naturforscher. Mit D. beginnt die neuzeitl. Philosophie in Form eines strengen *Rationalismus (Kartesianismus)*. Er suchte ein geschlossenes mechanist. Weltsystem zu errichten. D. forderte das Zurückgehen auf die einfachsten Einsichten, die durch Intuition gewiß sind. Um die letzte Gewißheit zu erreichen, führt er eine Zweifelsbetrachtung durch: Alles bezweifelnd, bin ich mir doch meines Denkens, also meiner Existenz gewiß (*cogito, ergo sum*, »Ich denke, also bin ich«). Davon ausgehend lehrte er einen Dualismus der denkenden u. der ausgedehnten Substanz. Als Mathematiker begr. D. die analyt. Geometrie. – W »Discours de la méthode« (»Versuch über die Methode«), »Meditationen über die Erste Philosophie«, »Philosoph. Prinzipien«.
Deschnew [dɛʒ'njɔf], Deschnjow, Semjon Iwanow, russ. Kosak; umfuhr 1648 als erster die O-Spitze Asiens, das nach ihm benannte **Kap D.**
desensibilisieren, 1. eine Überempfindlichkeit (Allergie) künstl. herabsetzen. – **2.** photograph. Schichten gegen chem. wirksames Licht durch einen Entwicklerzusatz unempfindl. machen.
Deserteur [-'tø:r], fahnenflüchtiger Soldat.
Desertifikation, räuml. Ausweitung der Wüsten, z.B. durch Rodung, Überweidung, Absenken des Grundwasserspiegels.
De Sica, Vittorio, * 1903, † 1974, ital. Schauspieler u. Filmregisseur, ein Hauptvertreter des Neorealismus. W »Fahrraddiebe«, »Das Dach«.
Desiderat, Lücke, Erwünschtes, Vermißtes.
Desiderio da Settignano, * nach 1428, † 1464, ital. Bildhauer der Frührenaissance.
Desiderius, letzter König der Langobarden, 756–774, von Karl d. Gr. entthront.
Design [di'zain], *Industrieform*, der Zweckmäßigkeit u. Schönheit vereinende Formentwurf bei serienmäßig hergestellten Industrieerzeugnissen.
Designer [di'zainǝr], Formgestalter industrieller Erzeugnisse.
designieren, bezeichnen, bestimmen, als Nachfolger vorsehen.
Desinfektion, Beseitigung einer Ansteckungsgefahr durch Abtöten der Krankheitserreger (*Entseuchung*) u. aller Kleinstlebewesen (*Entkeimung*); geschieht physikalisch durch Hitze, Strahleneinwirkung u. Verbrennung, chem. durch Chlorkalk u. a. Kalk- u. Chlorverbindungen, Carbolsäure, Kresol, Lysol, Kreolin, Sagrotan, Zephirol, Formalin, Sublimat.
Désirée, Eugénie Bernardine, * 1777, † 1860, Tochter des Seidenhändlers *Clary* aus Marseille, zeitw. von *Napoleon* umworben, heiratete 1798 den frz. Marschall *Bernadotte*, den späteren König *Karl XIV. Johann* von Schweden. Ihre Schwester Julie (* 1771, † 1845) heiratete 1794 Napoleons Bruder *Joseph*.
Desjatine, altes russ. Flächenmaß verschiedener Größe, etwas mehr als 1 ha.
deskriptiv, beschreibend.
Desman, ein *Bisamrüßler* mit wertvollem Pelz (*Silber-* oder *Moschus-Bisam*), lebt an Flußufern in Europa.
Des Moines [di'mɔin], Hptst. von Iowa (USA), am *D. M. River*, 193 000 Ew.; Verkehrs- u. Handelszentrum, vielseitige Ind.
Desmoncus, in den Tropen Südamerikas heim. Palmengattung mit eßbaren Früchten.
Desmoulins [demu'lɛ̃], Camille, * 1760, † 1794, frz. Revolutionär; einer der Organisatoren des Bastillesturms; mit *Danton* hingerichtet.
Desna, l. Nbfl. des Dnjepr, 1050 km; mündet bei Kiew.
desolat, öde, trostlos, hoffnungslos.
Desoxidation, Entzug von Sauerstoff aus Metallschmelzen, z.B. Stahl. Hierzu werden D.smittel (z.B. Mangan, Silicium, Aluminium) der Schmelze zugesetzt, die aufgrund ihrer höheren Affinität zum Sauerstoff diesen binden.
Desoxyribonucleinsäure, *DNS* → Nucleinsäuren.
Desperado, bedenkenloser Abenteurer; zu Verzweiflungstaten fähiger Mensch.
desperat, verzweifelt.
Despiau [de'pjo], Charles, * 1874, † 1946, frz. Bildhauer; Schüler von H. *Lemaire* u. A. *Rodin*.
Despot, schrankenloser Gewaltherrscher. – **Despotie**, Willkür-, Gewaltherrschaft.
Desprez, Josquin →Josquin Desprez.

DESY: Blick in den Tunnel des Elektronen-Synchrotrons

Dessau, Paul, * 1894, † 1979, dt. Komponist; vertonte Dramen von B. Brecht; Filmmusiken.
Dessau, Ind.-Stadt in Sachsen-Anhalt, an der Mündung der Mulde in die Elbe, 104 000 Ew.; bis 1945 Junkers-Flugzeugwerke, 1925–32 Sitz der Kunsthochschule *Bauhaus*. – Ersterwähnung 1213; 1603–1918 Residenz der Fürsten u. Herzöge von Anhalt-D. bzw. Anhalt.
Dessauer, Friedrich, * 1881, † 1963, dt. Physiker u. Philosoph; entwickelte die Quantenbiologie u. die Röntgentiefentherapie.
Dessert [dɛ'sɛ:r], Nachtisch.
Dessertweine [dɛ'sɛ:r-], süße oder halbsüße Weine wie Wermut, Muskateller oder Malaga.
Dessin [dɛ'sɛ̃], Muster, Entwurf, Zeichnung.
Dessoir [-'swa:r], Max, * 1867, † 1947, dt. Philosoph u. Psychologe; begr. die »Allg. Kunstwissenschaft«, unterschieden von der Ästhetik; prägte den Begriff *Parapsychologie*.
Dessous [dǝ'su], Damenunterwäsche.
Destillat, nach einer *Destillation* wieder kondensierte Flüssigkeit.
Destillation, Verdampfung u. anschließende Kondensation (Wiederverflüssigung durch Abkühlen) einer Flüssigkeit zur Abtrennung von darin gelösten Feststoffen oder zur Trennung verschiedener Flüssigkeiten, die unterschiedl. Siedepunkte haben. Sonderformen sind fraktionierte D., Vakuum-D., Wasserdampf-D., Molekular-D. u. trockene D. Die fraktionierte D. spielt in der chem. Technik, z.B. bei der Erdölverarbeitung, eine wichtige Rolle.
Destination, Bestimmung, Endzweck.
Destruenten, Organismen, die organ. Substanz abbauen (Pilze, Bakterien).
Destruktion, Zerstörung, Zersetzung. – **destruktiv**, zerstörerisch, zersetzend.
Desventurados, *Islas de los D.*, zwei kleine chilen. Vulkaninseln im Südpazif. Ozean; zeitweilig bewohnt.
DESY, Abk. für *Dt. Elektronen-Synchrotron*, kernphysikal. Forschungszentrum in Hamburg, in Betrieb seit 1964 (großer Speicherring HERA seit 1990).
Deszendenz, Abstammung, Nachkommenschaft, Verwandtschaft in absteigender Linie: Kinder, Enkel usw. (*Deszendenten*). Ggs.: *Aszendenz*.
Deszendenztheorie →Abstammungslehre.
Detachement [detaʃ'mã], fr. Bez. für eine militär. Abt. mit einer bes. Aufgabe.
Detail [de'taj], Einzelheit. – **detaillieren**, bis ins D. erklären, darstellen.
Detektei, Büro eines Detektivs.
Detektiv, jemand, der berufsmäßig in privatem Auftrag Ermittlungen über persönl. Verhältnisse anstellt. Die Ausbildung unterliegt keinen gesetzl. Bestimmungen.
Detektor, Gleichrichter für Hochfrequenzströme, heute durch Halbleiterdioden verdrängt.
Détente [de'tãt], Entspannung.
Deterding, Sir Henri Wilhelm August, * 1866, † 1939, ndl.-brit. Erdölmagnat; gründete 1907 die *Royal Dutch/Shell*-Gruppe.
Detergentien →waschaktive Substanzen.
Determinante, Rechenhilfsmittel der Algebra; ein Zahlenwert, der sich über den Weg einer →Matrix errechnet u. Auskunft über die Lösbarkeit von linearen Gleichungssystemen gibt.
Determinismus, die philosoph. Lehre, wonach alles Geschehen ursächl. bestimmt, der menschl. Wille also nicht frei ist.

Detersion, die den Untergrund ausschleifende Wirkung von Gletschern.

Detmold, Hptst. des gleichn. Reg.-Bez. u. des ehem. Freistaats *Lippe* (heute zu NRW), am Rand des Teutoburger Walds, 77 000 Ew.; Altstadt mit Schloß (16. Jh.) u. Fachwerkhäusern; Nordwestdt. Musikakademie; Freilichtmuseum bäuerl. Zusammenballung; im SW das *Hermannsdenkmal*. – Seit 1305 Stadt, 1501–1918 Residenz einer Linie des Hauses Lippe.

Detonation, unter Knallerscheinung u. Gasentwicklung sehr rasch (rascher als eine *Explosion*) vor sich gehende chem. Reaktion.

Detritus, 1. feinste Teilchen von organ. Substanz u. zerfallenden Tier- u. Pflanzenresten als Schwebestoffe oder Bodensatz im Wasser. – **2.** Geröll, zerriebenes Gestein.

Detroit [di'trɔit], Ind.- u. Handelsstadt in Michigan (USA), am *D. River*, 1,1 Mio. Ew.; weltgrößte Zusammenballung von Betrieben der Autoind. (Ford, General Motors, Chrysler). – 1701 von Franzosen gegr.; 1805–47 Hptst. von Michigan.

Deukalion, in der grch. Sage Sohn des *Prometheus;* er u. seine Frau *Pyrrha* überlebten als einzige die von Zeus geschickte Sintflut.

Deus, lat. für *Gott.*

Deus ex machina, der »Gott aus der Maschine«, in der antiken Tragödie der mit einer Maschine auf die Bühne herabgelassene Gott, der den Knoten der Handlung auflöste; danach allg. für eine unerwartet herbeigeführte Lösung von Problemen.

Deussen, Paul, *1845, †1919, dt. Philosoph; Schulfreund *Nietzsches;* erforschte die ind. Philosophie.

Deut, kleine ndl. Kupfermünze des 16.–19. Jh.

Deuterium, schwerer Wasserstoff, Elementsymbol D, ein Isotop des Wasserstoffs mit der Atommasse 2,015. Wasser, das anstelle von Wasserstoff D. enthält, wird *schweres Wasser.*

Deuteron, der Atomkern des *Deuteriums.* Er besteht aus einem Proton u. einem Neutron. D.en können für Atomkernzertrümmerungen benutzt werden.

Deuteronomium, das 5. Buch Mose. Der Kern des D. ist vermutl. um 650 v. Chr. entstanden.

deutsch →deutsche Sprache.

Deutsch, 1. Ernst, *1890, †1969, dt. Schauspieler (klass. u. moderne Charakterrollen). – **2. Julius,** *1884, †1968, östr. Politiker (Sozialist); gründete 1924 den *Republikan. Schutzbund;* im Span. Bürgerkrieg General der republikan. Armee.

Deutsch-Altenburg, *Bad D.,* östr. Kurort im östl. Wiener Becken, 1350 Ew.; radioaktive Schwefelquelle mit Jodgehalt.

Deutsch-Brod, tschech. *Havlíčkův Brod,* ostböhm. Stadt, 25 200 Ew.; Lebensmittel- u. a. Ind.

Deutsch-Dänische Kriege, die 1848–50 u. 1864 zw. Dänemark auf der einen u. Preußen u. Österreich auf der anderen Seite geführten Kriege um Schleswig-Holstein.

Deutsche Akademie für Sprache u. Dichtung, 1949 gegr. Vereinigung zur Pflege des dt. Schrifttums; verleiht jährl. den *Georg-Büchner-Preis.* Sitz: Darmstadt.

Deutsche Angestellten-Gewerkschaft, *DAG,* 1945 gegr. Gewerkschaft für Angestellte ohne Rücksicht auf die berufl. oder betriebl. Gliederung; gehört nicht dem DGB an.

Deutsche Angestellten-Krankenkasse, *DAK,* Hamburg, eine →Ersatzkasse.

Deutsche Arbeitsfront, *DAF,* der NSDAP angeschlossener Verband, dem 1933–45 prakt. alle dt. Arbeitnehmer u. Arbeitgeber angehören mußten (1939: 22,5 Mio. Mitgl.). Die DAF übernahm das Vermögen der aufgelösten Gewerkschaften. Sie befaßte sich mit der polit. Schulung u. soz. Betreuung ihrer Mitgl., durfte aber keine Tarifverhandlungen führen. Führer der DAF war R. Ley.

Deutsche Bahn AG, am 1.1.1994 aus *Dt. Bundesbahn* u. *Dt. Reichsbahn* hervorgegangen.

Deutsche Bibliothek, gegr. 1947 vom Börsenverein des Dt. Buchhandels in Frankfurt a.M. mit dem Zweck, ähnl. Aufgaben wie die →Deutsche Bücherei wahrzunehmen; seit 1969 Bundesanstalt; gibt zahlr. bibliograph. Verzeichnisse heraus, z.B. die *Deutsche Bibliographie.* 1991 wurden die D. B. u. die *Deutsche Bücherei* unter dem Namen *Die Deutsche Bibliothek* vereinigt.

Deutsche Bücherei, gegr. 1912 vom Börsenverein des Dt. Buchhändler in Leipzig als Archivbibliothek des gesamten deutschsprachigen u. des im Ausland über Dtld. erscheinenden Schrifttums; nach dem 2. Weltkrieg verstaatlicht.

Deutsche Bucht, der südöstl. Teil der Nordsee zw. Schl.-Ho. u. Ostfriesland, bis 40 m tief.

Deutsche Bundesbahn, *DB,* bundeseigenes Eisenbahnunternehmen, Streckennetz rd. 27 000 km (davon 11 700 km elektrifiziert); Verw. in Frankfurt a.M. DB u. *Dt. Reichsbahn* wurden zum 1. 1. 1994 in die *Deutsche Bahn AG* überführt.

Deutsche Bundesbank, Frankfurt a.M., die 1957 als Nachfolgerin der *Bank deutscher Länder* gegr. Zentralnotenbank der BR Dtld. Die D. B. hat das alleinige Recht zur Ausgabe von Banknoten u. ist Trägerin der Währungspolitik. Sie ist von Weisungen der Bundesregierung unabhängig, muß jedoch deren allg. Wirtschaftspolitik unterstützen. Die Hauptverw. in den Bundesländern heißt *Landeszentralbank.*

Deutsche Bundespost, *DBP,* bundeseigene Verw. unter der Leitung des Bundes-Min. für Post u. Telekommunikation. 1989 wurde die DBP in drei selbst. Unternehmen aufgeteilt: *Postdienst* (herkömml. Postaufgaben), *Postbank* u. *Telekom* (Fernmeldewesen). 1990 wurde die Deutsche Post (DDR) in die D. B. eingegliedert.

Deutsche Christen, eine Bewegung der dt. ev. Kirche, die Veränderungen der kirchl. Organisation u. Verkündigung nach den nat.-soz. Grundsätzen erstrebte. Mit Unterstützung der NSDAP besetzten die D. C. 1933 zahlr. kirchl. Führungsstellen, verloren aber 1934 weitgehend ihren Einfluß; 1945 aufgelöst.

Deutsche Demokratische Partei, *DDP,* gegr. 1918 als Sammlung linksliberaler Kräfte aus der *Fortschrittspartei* u. einem Teil der *Nationalliberalen.* Die DDP war an fast allen Reichsregierungen beteiligt. 1930 schloß sie sich mit dem *Jungdeutschen Orden* zur *Dt. Staatspartei* zusammen. 1933 löste sie sich selbst auf.

Deutsche Demokratische Republik, Abk. *DDR,* →Deutschland.

deutsche Farben, die deutschen Nationalfarben Schwarz-Rot-Gold. Sie kamen (als angebliche Farben des alten Dt. Reichs) 1818 in Gebrauch. 1867–1918 u. 1933–45 waren Schwarz-Weiß-Rot die Nationalfarben (seit 1935 in der Hakenkreuzflagge). In der DDR wurde 1959 das Staatswappen (Hammer u. Zirkel im Ährenkranz) in die schwarz-rot-goldene Flagge eingefügt.

Deutsche Forschungsgemeinschaft, *DFG,* von Bund u. Ländern finanzierte Selbstverwaltungsorganisation der Wiss. zur Förderung der Forschung u. des wiss. Nachwuchses, gegr. 1951, Sitz: Bonn. Vorgängerin war die 1920 gegr. *Notgemeinschaft der dt. Wiss.*

Deutsche Fortschrittspartei, lib.-demokr. Partei, gegr. 1861, die erste im modernen Sinn. Sie siegte in den preuß. Landtagswahlen 1861 u. versuchte erfolglos, eine lib.-parlamentar. Umwälzung auf dem Reformweg durchzusetzen. 1884 vereinigte sie sich mit abgesplitterten Nationalliberalen zur *Deutschen Freisinnigen Partei.*

Deutsche Forumpartei, *DFP,* liberale Partei in der DDR, entstand 1990 als Abspaltung vom *Neuen Forum,* schloß sich im Aug. 1990 der gesamtdt. FDP an.

Deutsche Gesellschaft zur Rettung Schiffbrüchiger →Seenot.

deutsche Kolonien, vom Dt. Reich seit 1884 erworbene Überseebesitzungen in Afrika (Kamerun, Togo, Dt.-Südwestafrika, Dt.-Ostafrika), Ozeanien (Kaiser-Wilhelm-Land, Bismarckarchipel, Nauru, Nördl. Salomonen, Karolinen, Marianen, Marshallinseln, Palauinseln, Samoa) u. China (Kiautschou). 1914 umfaßten die dt. Kolonien 2,9 Mio. km², 13,7 Mio. Ew. Nach dem 1. Weltkrieg wurden sie als Mandate dem Völkerbund, nach dem 2. Weltkrieg als Treuhandgebiete der UNO unterstellt. Inzwischen sind sie unabh. bzw. teilunabh. Staaten geworden.

Deutsche Kommunistische Partei, *DKP,* in der Nachfolge der 1956 verbotenen KPD 1968 neugegr. kommunist. Partei in der BR Dtld.; finanziell von der fr. SED abhängig; verlor nach dem Umsturz in der DDR 1989 an Bedeutung.

deutsche Kunst. Seit Bestehen des karoling. Reiches bildeten sich unter den Ottonen in Architektur, Plastik, Malerei u. Kunsthandwerk charakterist., landschaftl. gebundene Formen heraus. Angeregt von spätantiken Formen, zeigte damals die d. K. in grundlegender Umwandlung der Übernommenen bereits bis in die Gegenwart hinein bezeichnende Züge: Sie wurde mehr von der Dramatik des Geschehens als vom Eigenwert der sinnl. Schönheit bestimmt u. zog der rationalen Durchklärung der Form einen expressiven Stil vor.

Die otton. K i r c h e n b a u k u n s t übernahm von der karoling. Architektur zahlreiche Elemente, darunter das Westwerk, überwand Vielteiligkeit u. Polyzentrismus zugunsten einer einheitl. Weiträumigkeit; Teileinheiten wurden der Gesamtanlage untergeordnet; Beispiel: Michaelskirche in Hildesheim. Die dt. Romanik bevorzugte häufig die Einturmlösung, im Ggs. zu normann. bzw. Zweiturmfassaden. Die Bauideen der frz. G o t i k , bei der mit dem Einheitsraum des Kathedralbaus alle Teile streng u. im Gesamtzug der Raumbewegung verschmolzen sind, wurden in Dtld. willkürl. umgeformt. Nach dem Vorbild von Amiens wurde der Kölner Domchor geplant, während das Straßburger Münster Motive aus Chartres (Querschiff), St.-Denis (Langhaus) u. Notre-Dame in Paris (Querhausfassaden) vereinte. Eigtl. schöpferisch wurde die dt. got. Baukunst erst in ihrer Spätphase, etwa seit dem 14. Jh. N-Dtld. u. die Provinzen des dt. Ritterordens bevorzugten die *Backsteingotik.* Der Typus der Hallenkirche verbreitete sich zuerst in Westfalen (Dom zu Minden; Wiesenkirche/Soest). Durch die schwäbische Baumeisterfamilie Parler wurde die Hallenkirche in Böhmen (Veitsdom zu Prag; Annaberg) heimisch. Viele Burgen (Marienburg), Rathäuser (Lübeck, Braunschweig, Breslau, Münster), Bürger- u. Kaufhäuser (Freiburg i. Br.) zeugen von der Bedeutung des got. Profanbaus. Die Haupttätigkeit der dt. Baukunst der R e n a i s s a n c e (16. Jh.) konzentrierte sich auf Schlösser, Rat- u. Bürgerhäuser.

Mit J.B. *Fischer von Erlach,* der die vorherrschenden ausländ. Einflüsse erstmalig überwand, kam die dt. u. östr. Barockarchitektur zur Geltung. Die exemplar. Kunstlandschaften des 18. Jh. lagen in

deutsche Kolonien

S-Dtld., wo sich frz. u. ital. Stilformen des Barocks u. Rokokos durchdrangen. D. *Zimmermann* (Wies) u. M. D. *Pöppelmann* (Dresdner Zwinger) vertraten den Baustil des Spätbarocks (etwa 1730–70).
Im schroffen Ggs. zum spätbarocken Formenrausch brachte der Klassizismus (etwa 1770–1830) eine entscheidende Wandlung im Verhältnis von Gesellschaft u. Kunstwerk. Von nun an traten Kunsttheorien in den Vordergrund, die aus der klass. Bildung erwuchsen u. zum Eklektizismus führten. Die Baukunst suchte, antiken Formen u. Ordnungsprinzipien folgend, strenge Gesetzmäßigkeiten (K.F. *Schinkel:* Hauptwache, Altes Museum u. Schauspielhaus in Berlin; L. von *Klenze:* Glyptothek u. Propyläen in München).
Das 19. Jh. versuchte vergangene Stilepochen wiederzubeleben. Die Darmstädter Ausstellung auf der Mathildenhöhe (1901) verhalf dem *Jugendstil* zum Durchbruch, die Werkbundausstellung in Köln (1914) dem expressiven Formwillen u. der funktionell-sachl. Schönheit des »Neuen Bauens« (P. *Behrens,* W. *Gropius,* E. *Mendelsohn,* L. *Mies van der Rohe).* Als Keimstätte avantgardist. Baugedanken erlangte das *Bauhaus* Weltgeltung, bis die nat.-soz. Kulturpolitik alle schöpfer. Kräfte in der Architektur zum Erliegen brachte. Nach 1945 fand die dt. Baukunst nur langsam den Anschluß an die internat. Architekturentwicklung. Als Hauptvertreter der dt. Gegenwartsarchitektur sind u. a. E. *Eiermann,* H. *Scharoun* u. R. *Schwarz* sowie die Städteplaner E. *May* u. H.B. *Reichow* zu nennen. Die Architektur der *Postmoderne* wird vertreten durch A. von *Branca,* O.M. *Ungers* u. a.
Plastik. Hptw. der otton. Plastik sind die Bronzearbeiten der *Bernwardskunst* in Hildesheim (Domtüren, Bernwardssäule), Relieftüren des Doms in Augsburg u. die Türen von St. Maria im Kapitol zu Köln. Hptw. der spätroman. Bildnerei sind die Apostel- u. Prophetenfiguren der Georgenchorschranken des Bamberger Doms.
In der Gotik entstanden in Bamberg in den Gestalten Adam u. Eva die ersten großplast. nackten Figuren in der d. K. Einen großartigen Ausdruck fand diese Stilepoche in den Werken des *Naumburger Meisters* mit den Stifterfiguren im Westchor. Im 14. Jh. entstanden viele Madonnenfiguren der eleganten, höfischen Richtung, Andachtsbilder mit der Christus-Johannes-Gruppe, dem Schmerzensmann, der Pietà u. der Schutzmantelmadonna. Die Holzskulptur wurde zur volkstüml. Kunstgattung der Spätgotik (Hochaltäre von M. *Pacher,* B. *Notke,* V. *Stoß,* T. *Riemenschneider).*
Im 18. Jh. verbanden sich Plastik, Architektur u. Deckenmalerei zu festl. Raumschöpfungen: Die Plastik wurde ein Teil der Architektur (Brüder *Asam).* Den Expressionismus in der dt. Plastik vertraten E. *Barlach* u. W. *Lehmbruck;* die ersten ungegenständl. Formgebilde schufen H. *Arp* u. R. *Belling.* Nach dem Krieg dominierten abstrakte Tendenzen. Kinet. Lichtplastiken kamen auf. Zentrale Figur des zeitgenöss. Kunstbetriebs war J. *Beuys,* der mit seinem Begriff der »sozialen Plastik« Kunst u. Leben gleichsetzte.
Malerei. Ihre reinste Ausprägung fand die otton. Malerei in den *Miniaturen* vieler Klosterschulen, die die liturg. Bücher in Schrift u. Bild reich ausstatteten. Im 14. u. noch im 15. Jh. standen sich zwei versch. Ausdrucksformen gegenüber: eine höfisch-elegante der schönen Linie u. eine natürl., kraftvolle Richtung mit individuellen Formen u. diesseitigem Ausdruck. In der Auseinandersetzung mit den Tendenzen der ital. Renaissance standen die Werke von L. *Cranach d. Ä.,* H. *Baldung,* M. *Grünewald,* A. *Altdorfer* u. A. *Dürer.* Mit deutl. Hinweis auf den Manierismus vollzog sich der Übergang zur Renaissance im Werk H. *Holbeins d. J.* Die dt. Malerei des 17. Jh. unterlag ndl. u. ital. Einflüssen. In das Bestreben, bei der Lösung größerer künstler. Aufgaben eine illusionist. Gesamtwirkung zu erreichen, wurde bes. die Deckenmalerei einbezogen (v. a. in S-Dtld. u. Östr.).
Romantische Malerei. Ph. O. *Runge* malte beseelte Porträts. K. F. *Schinkel,* C. D. *Friedrich,* F. *Olivier* u. C. *Fohr* drückten in ihren Landschaften Größe u. Geheimnis der Natur aus. P. von *Cornelius,* J.F. *Overbeck* u. J. *Schnorr von Carolsfeld* suchten mit ihren Bildern Geschichte gegenwärtig zu machen. Von Romantik beeinflußt malte H. *Thoma.*
Eine führende Stellung in der Kunstwelt Europas brachte Dtld. der Expressionismus mit den Künstlergruppen »Brücke« in Dresden (E. *Heckel,* E.-L. *Kirchner,* M. *Pechstein,* K. *Schmidt-Rottluff* u. a.) u. »Der Blaue Reiter« in München (F. *Marc,* W. *Kandinsky,* A. *Macke,* G. *Münter,* A. *Kubin* u. a.). Die vom Expressionismus geweckten Impulse setzten sich in den Kriegs- u. Nachkriegsjahren im antibürgerl. Protest der *Surrealisten* u. *Dadaisten* (M. *Ernst,* K. *Schwitters,* G. *Grosz)* fort u. beeinflußten u. a. M. *Beckmann.* Im Dienst des Bauhauses standen W. *Kandinsky,* L. *Moholy-Nagy,* L. *Feininger* u. a. Die Kunstpolitik des Dritten Reichs (Verfolgung der »entarteten Kunst«) untersagte vielen Künstlern die Tätigkeit oder veranlaßte sie zur Emigration. Nach dem 2. Weltkrieg dominierte die abstrakte Malerei (W. *Baumeister,* K.F. *Dahmen,* H. *Hartung,* E. *Meistermann,* E.W. *Nay,* F. *Winter* u. a.). In den 1970er Jahren machte sich eine verstärkte Hinwendung zur Gegenständlichkeit bemerkbar, so bei G. *Richter.* Auch die Kunst der Graphik u. damit der Buchillustration erlebte einen Aufschwung (HAP *Grieshaber).* Der Beginn der 1980er Jahre brachte eine Wiederbelebung expressionist. Tendenzen.

Deutsche Lebens-Rettungs-Gesellschaft, Abkürzung *DLRG,* Sitz: Bonn; gegr. 1913 zur Verbreitung sachgemäßer Kenntnis u. Fertigkeit im Schwimmen u. Rettungsschwimmen.

deutsche Literatur, die Literatur des dt. Sprachraums, unabh. von früheren oder heutigen Staatsgrenzen.
Mittelalter. Die ältesten ahd. Sprachdenkmäler sind geistl. Texte aus dem 8. Jh. Von der vorchristl. Dichtung hat sich außer dem *Hildebrandslied* nur wenig erhalten. Im 9. Jh. entstanden geistl. Dichtungen: der *Heliand* noch in der überlieferten Stabreimform, die Evangelienharmonie *Otfrids von Weißenburg* mit dem Endreim, der sich rasch durchsetzte. In der frühmhd. vorhöfischen Zeit (1060–1170) war die Lit. zunächst von religiösen Themen bestimmt. Die Kreuzzüge erweiterten das Blickfeld; aus Frankreich kamen die ersten ritterl. Stoffe *(Rolandslied, Alexanderroman).* Die Lit. der mhd. Blütezeit (1170–1300) war überwiegend ritterl. Standesdichtung. Hauptformen der Lyrik waren das von provenzal. Vorbildern beeinflußte erot. Minnelied u. der Spruch (Gedankendichtung mit polit., philosoph. u. religiösem Inhalt). Meister in beiden Arten wurde *Walther von der Vogelweide.* Der höf. Versroman war ebenfalls formal u. stoffl. von Frankreich angeregt; den Höhepunkt bildeten *Hartmann von Aue* (»Iwein«, »Erec«), *Wolfram von Eschenbach* (»Parzival«) u. *Gottfried von Straßburg* (»Tristan«). Gleichzeitig entstand das *Nibelungenlied,* das an die german. Heldensage anknüpfte, aber auch höf. Züge aufwies. Die Entwicklung zum nüchternen bürgerl. Realismus kündigte sich bei *Wernher dem Gartenaere* (»Meier Helmbrecht«) an. Charakterist. für das späte MA waren moralisierende Fabeln (U. *Boner,* »Der Edelstein«), Lehrgedichte *(Hugo von Trimberg,* »Der Renner«) u. gereimte Schwänke mit Motiven aus dem internat. Erzählgut. Die Prosa gewann an Ausdruckskraft *(Johann von Tepl,* »Der Ackermann aus Böhmen«).
Humanismus u. Reformation (bis 1600). Der aufkommende Buchdruck förderte die literar. Wirkungsmöglichkeiten u. das Entstehen einer nhd. Schriftsprache. Der Humanismus brachte eine reiche Bildungsliteratur in lat. Sprache hervor (U. von *Hutten,* Erasmus von Rotterdam, W. *Pirckheimer,* J. *Reuchlin).* Hingegen war das Schrifttum der Reformation meist in »gemeinem Deutsch« verfaßt. Bahnbrechend war *Luthers* ostmitteldt. Bibelübersetzung; er schuf auch das ev. Kirchenlied. Die Dichtung der Zeit war bügerl., moral.-didaktisch oder schwankhaft-derb. Am erfolgreichsten war S. *Brants* »Narrenschiff«. H. *Sachs* war äußerst fruchtbar als Meistersinger u. Stückeschreiber. J. *Wickram* schrieb die ersten dt. Prosaromane (»Der Godfaden« u. a.). Prosafassungen ritterl. Versepen u. Übersetzungen märchenhafter frz. Romane wurden zu »Volksbüchern«.
Im Barock (17. Jh.) standen sich in der d. L. eine höf.-idealist. u. eine volkstüml.-realist. Richtung gegenüber. M. *Opitz* (»Buch von der Dt. Poeterey») suchte die Gesetze einer sprachreinen dt. Dichtung herauszuarbeiten. Mit J.C. *Günther* begann die Wendung zur individuellen Erlebnislyrik. Das barocke Theater wurde von der Oper beherrscht (erste dt. Oper »Dafne« von M. *Opitz* u. H. *Schütz);* maßgebend für die Sprechbühne waren die süddt. Jesuitendramen mit glanzvollem Bühnenbild u. Massenauftritten u. die schles. Tragödien u. Komödien (A. *Gryphius,* D.C. von *Lohenstein)* mit ihrem christl. Stoizismus. Von den höf. Erzählern wurde der ital. u. frz. Schäferroman nachgeahmt (P. von *Zesen),* dann folgten heroisch-galante Staatsromane (D.C. von *Lohenstein,* »Arminius«; H. A. von *Zigler* und *Kliphausen,* »Die Asiat. Banise«). Vom span. Schelmenroman angeregt, schuf H.J.C. von *Grimmelshausen* mit seinem »Simplicissimus« den ersten großen Zeitroman. Ein Abenteuerroman, worin zeitkritische Utopie u. Robinsonade vereint sind, ist J.G. *Schnabels* »Insel Felsenburg«.
Die Aufklärung (18. Jh.) vereinigte den frz. Rationalismus, den engl. Sensualismus u. den dt. Pietismus. Betont bürgerl. u. optimist., erstrebte sie Ausgleich, Toleranz u. Befreiung von Vorurteilen. Ihr erster Wortführer in der d. L. war J.C. *Gottsched,* der im Namen der Vernunft das Pathos u. den Schwulst des Spätbarocks bekämpfte. Eine »Rückkehr zur Natur« (B.H. *Brockes,* A. von *Haller)* mischte sich mit der Eleganz des Rokoko in Naturidyllen (S. *Geßner),* geselligen Liedern (J.W.L. *Gleim),* Fabeln (C. F. *Gellert)* u. am glücklichsten in der heiter-iron. Erzählkunst *Wielands.* Als Gegner Gottscheds traten J. *Bodmer* u. J.J. *Breitinger* für das Recht der Phantasie u. des Wunderbaren ein. Mit *Klopstock* (»Der Messias«, Oden) kam die »empfindsame Dichtung« zum Durchbruch. K.P. *Moritz* begr. den psycholog. Roman (»Anton Reiser«). *Lessing* erschütterte in seiner »Hamburg. Dramaturgie« das frz. Vorbild, gab der literar. Kritik neue Grundlagen u. eröffnete mit seinen Stücken (»Emilia Galotti«, »Minna von Barnhelm«, »Nathan der Weise«) die Reihe der klass. dt. Dramen.
Die Goethezeit (1770–1830) brachte der d. L. Weltgeltung. Man nennt diese Blütezeit nach *Goethe,* weil sie seine Schaffensjahre umfaßt u. er ihre wichtigsten Phasen (Sturm u. Drang, Klassik, Romantik) mitgestaltet hat. Unter Berufung auf Rousseau u. Shakespeare begeisterten sich die Dichter des Sturm u. Drang (W. *Heinse,* F.M. *Klinger,* J.M.R. *Lenz)* u. seine Theoretiker (J.G. *Hamann, Herder)* für unverdorbene Natur u. intuitives Fühlen u. bekämpften die Vernunftregeln der Aufklärung u. die sozialen Konventionen. In diesem geistigen Klima entstanden Goethes »Urfaust«, »Götz« u. »Werther«. Dann setzte sein Wandel zur Klassik ein. Im Gedicht, im Drama (»Tasso«, »Iphigenie«) u. im Bildungsroman (»Wilhelm Meister«) strebte er nach Klarheit, Maß, Harmonie u. letztl. nach einer Religion der Humanität. Ähnl. verlief der Weg *Schillers,* der sich nach revolutionären Anfängen (»Die Räuber«, »Kabale u. Liebe«) zum Dichter umfassender Gedankenlyrik u. weltgeschichtl. Dramen (»Don Carlos«, »Wallenstein«, »Wilhelm Tell«) entwickelte. Zur gleichen Zeit zielte eine neue Generation unter dem Losungswort der Romantik wieder ins Religiöse, Mystische u. Elementare u. suchte ein neues Verhältnis zum Volk, zur Gesch. u. zu fremden Literaturen: die Brüder *Schlegel, Novalis,* L. *Tieck,* A. von *Arnim,* C. *Brentano,* J. von *Eichendorff,* E.T.A. *Hoffmann,* F. de la Motte *Fouqué,* A. von *Chamisso.* Neben den Romantikern wirkten bed. Einzelgänger: der Erzähler *Jean Paul* (»Siebenkäs«, »Titan«), der Lyriker F. *Hölderlin* u. der Dramatiker u. Novellist H. von *Kleist* (»Der Prinz von Homburg«, »Michael Kohlhaas«). Anteil am Geist der Romantik hat auch das Alterswerk *Goethes* (»Faust«, 2. Teil).
Im 19. Jahrhundert suchten konservativ Gesinnte das Erbe der Goethezeit fortzuführen. Man hat den damals gepflegten Stil einer verfeinerten Bürgerkultur als »Biedermeier« bezeichnet u. ihm sehr versch. Dichter zugeordnet, so den Dramatiker F. *Grillparzer,* den Erzähler A. *Stifter* (»Der Nachsommer»), die Lyriker N. *Lenau,* A. von *Droste-Hülshoff* u. E. *Mörike.* Eine Gestalt des Übergangs von der Klassik zur Moderne ist der Dramatiker F. *Hebbel.* Revolutionär gesinnte Autoren (H. *Heine,* F. *Börne,* K. *Gutzkow,* G. *Büchner)* nahmen am polit. u. literar. Tageskampf teil; in ihrem Kreis entwickelte sich ein neuer Stil des Journalismus. In der ep. Prosa setzte sich der Realismus durch. Bed. Erzähler waren G. *Keller* (»Der Grüne Heinrich«), C.F. *Meyer* (»Jürg Jenatsch«), T. *Storm* (»Der Schimmelreiter«), G. *Freytag* (»Soll u. Haben«), W. *Raabe* (»Der Hungerpastor«), T. *Fontane* (»Effi Briest«); einige von ihnen waren zugleich Lyriker von Rang. Gegen Ende des Jh.

wurde der Naturalismus kämpferisch verkündet; er lenkte den Blick vor allem auf soziale Probleme (G. *Hauptmann*, »Die Weber«). Gleichzeitig suchte der Impressionismus den sinnenhaft genau erfaßten Augenblickseindruck festzuhalten (H. von *Hofmannsthal*, A. *Schnitzler*, S. *George*, R.M. *Rilke*). 20. Jahrhundert. Eine Gegenbewegung zum Naturalismus war der Expressionismus, der sich am stärksten in der Lyrik manifestierte (G. *Trakl*, G. *Heym*, F. *Werfel*, G. *Benn*, J.R. *Becher*), daneben auch im Drama (F. *Wedekind*, G. *Kaiser*, C. *Sternheim*) u. in der ep. Prosa (A. *Döblin*, K. *Edschmid*). Für viele Autoren (z.B. Hauptmann, Hofmannsthal, Rilke, Benn, Döblin) waren die literar. Bewegungen der Jahrhundertwende nur Durchgangsstadien zu anderen Ausdrucksformen. T. *Mann* (»Der Zauberberg«), H. *Mann* (»Der Untertan«), H. *Hesse* (»Das Glasperlenspiel«), R. *Musil* (»Der Mann ohne Eigenschaften«), F. *Kafka* (»Der Prozeß«) u. H. *Broch* (»Der Tod des Vergil«) erweiterten die stoffl. u. formalen Möglichkeiten des Romans. Bahnbrechend für die Erneuerung des Theaters war B. *Brecht*. Die nat.-soz. Diktatur trieb viele bed. Schriftst. ins Exil. In Dtld. wurde eine provinzielle »volkhafte« Lit. offiziell gefördert; manche Autoren zogen sich in eine »innere Emigration« zurück. Nach dem 2. Weltkrieg wirkte sich die 45jährige Teilung Dtld.s auch auf die d.L. aus. Im W wurden vielfältige Anregungen aus dem Ausland aufgenommen; die literar. Produktion war von Pluralismus gekennzeichnet. In der DDR wurde das Dogma des »sozialist. Realismus« lange Zeit verbindl. Entgegen offiziellen Behauptungen entwickelte sich jedoch keine »Nationalliteratur der DDR«; die dort entstandenen Werke sind Teil der d. L. – Namhafte Autoren der Nachkriegszeit: Lyrik: I. *Bachmann*, W. *Biermann*, P. *Celan*, G. *Eich*, E. *Fried*, P. *Huchel*, S. *Kirsch*, K. *Krolow*, R. *Kunze*. – Epische Prosa: A. *Andersch*, H. *Böll*, M. *Frisch*, G. *Grass*, S. *Heym*, U. *Johnson*, W. *Kempowski*, W. *Koeppen*, S. *Lenz*, E. *Loest*, A. *Schmidt*, M. *Walser*, C. *Wolf*. – Drama: T. *Bernhard*, F. *Dürrenmatt*, P. *Hacks*, P. *Handke*, R. *Hochhuth*, F. X. *Kroetz*, H. *Müller*, B. *Strauß*, P. *Weiss*.

Deutsche Mark, Abk. *DM*, 1948 durch die Währungsreformen in W-Dtld. u. in der SBZ anstelle der *Reichsmark* eingeführte dt. Währungseinheit; 1 DM = 100 *Pfennige*. In der DDR wurde die DM 1964 durch die *Mark der Deutschen Notenbank* u. 1968 durch die *Mark der DDR* abgelöst. 1990 wurde in der DDR wieder die DM eingeführt.

deutsche Musik. Im 12. Jh. entstand unter Einbeziehung des reichen Volksliederschatzes der höfische *Minnegesang*. Die Fortbildung des Minnegesangs in der Welt des städt. Bürgertums war der *Meistergesang* des 15. u. bes. des 16. Jh. Nach 1610 gewannen die neuen Stilmerkmale aus Italien an Einfluß. Von entscheidender Bedeutung war das Werk von H. *Schütz*. Die Oper wurde zwar von dt. Musikern gepflegt, jedoch bis ins 18. Jh. meist völlig in italien. Stil. Mit G.P. *Telemann*, v. a. aber mit J.S. *Bach* u. G.F. *Händel* erreichten die Kantate, die Instrumentalmusik u. das Oratorium des Barock ihren Entwicklungshöhepunkt. In der Vorklassik hatte bes. die Mannheimer Schule mit J.A. *Stamitz* große Bedeutung, an die sich später die sinfon. Kunst J. *Haydns*, W.A. *Mozarts* u. L. van *Beethovens* anschloß. Alle musikal. Formen, bes. Sonate u. Sinfonie, aber auch Oper (C.W. *Glucks* Opernreform) u. kammermusikal. Kompositionen, erlebten in der Klassik eine Blütezeit.

Die Epoche der Romantik führte über die Nationaloper C.M. von *Webers* u. H. *Marschner* zum Musikdrama R. *Wagners*, das seine Fortsetzung durch H. *Pfitzner* u. R. *Strauss* erfuhr. Die Mannigfaltigkeit des Stils in der Romantik trat in der Kammermusik u. im Lied zutage (F. *Schubert*, R. *Schumann*, F. *Mendelssohn-Bartholdy*, F. *Liszt* u. H. *Wolf*). Formen, die direkt an die Klassik anknüpfen, findet man lediglich bei J. *Brahms* u. A. *Bruckner*. Einer der Komponisten des Übergangs von der Romantik zur Gegenwart war G. *Mahler*, der die Sinfonie in den Mittelpunkt seines Schaffens stellte. Im 20. Jh. knüpfte man einerseits an die Tradition an, andererseits wandten sich einige Komponisten radikal neuen Versuchen zu, so z.B. die Österreicher A. *Schönberg*, A. von *Webern* u. A. *Berg*, die nach dem Zwölftonprinzip komponierten. Um die Mitte d. Jh. führten E. *Křenek*, K. A. *Hartmann*, B. A. *Zimmermann*, W. *Fortner* u. W. *Zillig* u. viele andere die Tradition der Wiener Schule Schönbergs fort. Eine Ver-

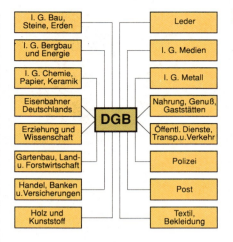

Deutscher Gewerkschaftsbund: 16 Gewerkschaften gehören dem DGB an

bindung von Atonalität u. linearer Kontrapunktik unter Einbeziehung rhythm. Erneuerungsversuche ist in Werken u. a. von P. *Hindemith*, J.N. *David*, H. *Distler*, B. *Blacher*, C. *Orff* zu erkennen. Während Komponisten wie H.W. *Henze* u. G. *Klebe* trotz aller Neuerungen an den tradit. Tonsatztypen festhalten, verzichten die Komponisten der seit 1950 entwickelten elektron. u. seriellen Musik auf alle herkömml. Elemente (K. *Stockhausen*).

Deutsche Olympische Gesellschaft, *DOG*, gegr. 1951, Sitz: Frankfurt a.M., Gesellschaft zur ideellen u. materiellen Förderung des Sports, bes. zur Pflege des olymp. Gedankens.

deutsche Ostgebiete →Ostgebiete.

deutsche Ostsiedlung →Ostsiedlung.

Deutsche Partei, *DP*, 1947 gegr. konservative Partei, 1949–61 im Bundestag u. 1949–60 in der Bundesreg. vertreten, danach bedeutungslos.

Deutscher Bauernverband, *DBV*, gegr. 1948, Spitzenorganisation der mit Land-, Forstwirtschaft u. Binnenfischerei verbundenen Interessenverbände; Sitz: Bonn.

Deutscher Beamtenbund, Abk. *DBB*, Gewerkschaftsbund der Berufsbeamten, gegr. 1948, Sitz: Bonn; gehört nicht dem DGB an.

Deutscher Bund, der anstelle des 1806 aufgelösten Hl. Röm. Reichs Dt. Nation durch die *Bundesakte* von 1815 gegr. lockere dt. Staatenbund zw. 35 (zuletzt 31) souveränen Fürsten u. 4 Freien Städten mit 630 100 km² u. 29,2 Mio. Ew. Einziges Organ war ein ständiger Gesandtenkongreß in Frankfurt unter österr. Vorsitz (*Bundesversammlung* oder *Bundestag*). Der Bund war belastet durch den preuß.-österr. Dualismus u. hörte auf zu bestehen bei Ausbruch des Dt. Kriegs 1866.

Deutscher Bundestag →Bundestag (2).

Deutsche Reichsbahn, *DR*, das öffentl.-rechtl. Eisenbahnunternehmen des Dt. Reichs 1920–45. Rechtsnachfolgerin in der BR Dtld. war die *Dt. Bundesbahn* (DB). In der DDR führte das staatl. Eisenbahnunternehmen weiterhin den Namen *DR*. Seit dem 3.10.1990 wird die DR als Sondervermögen der BR Dtld. geführt. 1994 wurden die DR u. DB in die *Deutsche Bahn AG* überführt.

Deutscher Evangelischer Kirchentag →Kirchentag.

Deutscher Fußball-Bund, *DFB*, die 1900 gegr. Spitzenorganisation des dt. Fußballsports, für die BR Dtld. 1949 neugegr.; größter Sportverband in Dtld.; Sitz: Frankfurt a.M.

Deutscher Gewerkschaftsbund, *DGB*, in der BR Dtld. der Spitzenverband von 16 Gewerkschaf-

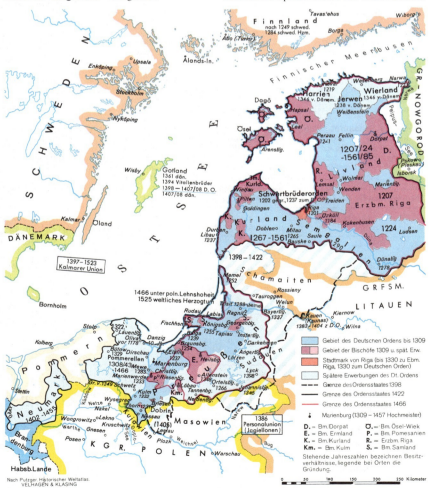

Deutscher Orden: territoriale Entwicklung des Ordensstaates

Deutscher Industrie- und Handelstag

ten; Sitz: Düsseldorf. Die 16 Mitgliedorganisationen sind *Einheitsgewerkschaften* (d. h. parteipolit. u. weltanschaul. neutral) u. *Industriegewerkschaften* (d. h., sie umfassen alle Arbeitnehmer, die in den Betrieben eines Industriezweigs tätig sind, ohne Rücksicht auf die Art ihrer Tätigkeit).

Deutscher Industrie- u. Handelstag, *DIHT*, Spitzenorganisation der dt. *Industrie- u. Handelskammern*, gegr. 1918; für die BR Dtld. neu gegr. 1949; Sitz: Bonn.

Deutscher Krieg, der Krieg 1866 zw. Preußen u. Östr. Auslöser des von *Bismarck* angestrebten Krieges war der Streit um die seit 1864 gemeinsam verwalteten Herzogtümer Schl.-Ho. Auf preuß. Seite standen Italien u. 17 kleinere norddt. Staaten, auf östr. Seite 13 dt. Staaten. Die Preußen siegten am 3.7. in der Entscheidungsschlacht bei *Königgrätz*. Im *Frieden von Prag* erhielt Preußen Schl.-Ho., Hannover, Kurhessen, Nassau u. Frankfurt a.M. Der Dt. Bund wurde aufgelöst; Östr. schied aus der dt. Politik aus.

Deutscher Orden, während der Kreuzzüge 1190 vor Akko als Spitalbrüderschaft von dt. Kaufleuten gegr., 1198 in einen geistl. Ritterorden umgewandelt. An seiner Spitze stand der vom *Generalkapitel* lebenslängl. gewählte *Hochmeister*. Sitz des Hochmeisters war seit 1291 Venedig, seit 1309 die Marienburg, seit 1457 Königsberg. 1225 wurde der D. O. zur Christianisierung der Pruzzen gerufen. Er eroberte nach u. nach große Gebiete in Preußen (heutiges Ost- u. Westpreußen), Livland u. Estland. Die größte Ausdehnung erreichte der Ordensstaat im 14. Jh. Seine staatsbildende u. kultivierende Leistung ist bedeutend. 1410 unterlag er bei Tannenberg Polen u. Litauen. 1466 mußte er Westpreußen u. das Ermland an Polen abtreten u. die poln. Oberhoheit über seine restl. Besitzungen anerkennen. 1525 verwandelte Hochmeister *Albrecht von Brandenburg* das preuß. Ordensgebiet in ein erbl. Herzogtum unter poln. Lehnshoheit. Im Laufe des 16. Jh. verlor der D. O. auch Kurland, Livland u. Estland. 1530 wurde der Sitz nach Mergentheim verlegt. 1809 löste Napoleon den D. O. auf. In Östr. wurde er 1834 wiederbelebt. Seit 1918 besteht nur noch ein priesterl. Zweig. B → S. 185

Deutscher Paritätischer Wohlfahrtsverband e. V., Sitz: Frankfurt a. M., überkonfessioneller u. überparteil. Spitzenverband der freien Wohlfahrtspflege, gegr. 1924 in Berlin, 1933/34 aufgelöst, 1949 neu gegr.

Deutscher Presserat, 1956 gegr. Selbstverantwortungsorgan der Presse in der BR Dtld., Sitz: Bonn. Aufgabe: Schutz der Pressefreiheit, Bekämpfung von Mißständen im Pressewesen, Abwehr von freiheitsgefährdenden Monopolbildungen. Mitgl. sind Verleger, zur Hälfte Journalisten.

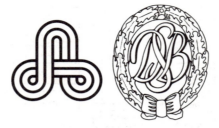

Deutscher Sportbund: Verbandszeichen (links). – Deutsches Sportabzeichen (rechts)

Deutscher Sportbund, *DSB*, Dachorganisation der Sportverbände u. Sportinstitutionen in der BR Dtld., gegr. 1950, Sitz: Berlin.

Deutscher Sprachatlas, seit 1927 in Lieferungen erscheinender Atlas der dt. Umgangssprache aufgrund von Fragebogenerhebungen, 1879 begr. von G. *Wenker;* als wortgeograph. Ergänzung dazu: »Dt. Wortatlas«, hrsg. von W. *Mitzka* u. L. E. *Schmitt* 1951 ff.

Deutscher Sprachverein, gegr. 1885, trat in völk.-nationalist. Sinne für die »Reinigung« der dt. Sprache, d. h. den Kampf gegen Fremdwörter, ein. Nachfolgeorganisation mit veränderter Zielsetzung ist die →Gesellschaft für deutsche Sprache.

Deutscher Städtetag, Zusammenschluß von Städten u. Städteverbänden zur Vertretung u. Förderung ihrer gemeinsamen Interessen; Sitz: Köln.

Deutscher Turner-Bund, Abk. *DTB*, gegr. 1868 als Nachfolgeorganisation der *Dt. Turnerschaft* (Abk. *DT),* Sitz: Frankfurt a. M.; Dachverband für Turnen (einschl. Gymnastik, Rhönrad- u. Trampolinturnen).

Deutscher Zollverein, der 1834 unter Führung Preußens geschaffene wirtschaftspolit. Zusammenschluß dt. Staaten zum Abbau der Binnenzölle u. zur gemeinsamen Erhebung der Außenzölle. Mehrere dt. Staaten schlossen sich erst später an.

deutsche Schrift, eine aus der spätgot. *Notula* entstandene, seit dem Ende des 15. Jh. in Dtld. verwendete Schreibschrift; seit 1941 nicht mehr in den Schulen gelehrt.

Deutsches Eck, Landspitze an der Mündung der Mosel in den Rhein in Koblenz.

Deutsches Museum, *D. M. von Meisterwerken der Naturwiss. u. Technik,* München, gegr. 1903 auf Anregung von O. von *Miller,* 1925 eröffnet; zeigt an Originalen u. Modellen die Entwicklung von Technik u. Naturwissenschaft.

Deutsche Soziale Union, *DSU,* 1990 in der DDR gegr. liberal-konservative Partei, der bay. CSU nahestehend; bildete für die Volkskammerwahl 1990 mit der CDU u. dem DA das Wahlbündnis *Allianz für Deutschland.*

Deutsche Sporthilfe, vom *Dt. Sportbund* u. von der *Dt. Olymp. Gesellschaft* 1967 gegr. Stiftung zur soz. Betreuung von Spitzensportlern.

deutsche Sprache, zur indoeurop. (indogerm.) Sprachfam. gehörende westgerm. Sprache, gesprochen in Dtld., Östr., der Schweiz, Liechtenstein, Luxemburg, dem Elsaß, Südtirol u. dt. »Sprachinseln« anderer Länder, insges. von rd. 100 Mio. Menschen. Die d. S. hat sich vom 5.–8. Jh. unter politisch-kulturellen Einflüssen (Zusammenschluß germ. Stämme im Frankenreich, Ausbreitung des Christentums) aus mehreren germ. Stammesspr. entwickelt. Das Wort *deutsch* bedeutete urspr. »volksspr.« im Ggs. zum Latein der Geistlichen. In der Gesch. der d. S. unterscheidet man nach der lautl. Entwicklung folgende Stufen: *Althochdeutsch / Altsächsisch* (750–1050), *Mittelhochdeutsch / Mittelniederdeutsch* (1050–1350), *Neuhochdeutsch/Neuniederdeutsch* (seit 1350, mit der Zwischenstufe *Frühneuhochdeutsch* bis 1500). Die Übergänge sind fließend. Die Gliederung des dt. Sprachraums in Mundarten (Dialekte) ist im wesentl. das Ergebnis der 2. *Lautverschiebung,* die sich in Ober-Dtld. vollständig, in Mittel-Dtld. teilweise, in Nieder-Dtld. gar nicht durchgesetzt hat. Danach unterscheidet man die 3 großen Mundartgruppen *Oberdeutsch, Mitteldeutsch* u. *Niederdeutsch.* Die d. S. existierte jahrhundertelang nur in ihren Mundarten. Die »hochdt.« Schriftsprache bildete sich vom 15.–18. Jh. aus ober- u. mitteldt. Mundarten heraus, während sich das Niederdt. – hpts. aus polit. Gründen – nicht zur modernen Schriftsprache entwickeln konnte.

deutsches Recht, im Unterschied zum röm. Recht u. zum Kirchenrecht das aus den Volksrechten der germ. Stämme erwachsene *germ. Recht* in Dtld.; bis zum Ende des MA mit den anderen Rechtssystemen verschmolzen.

Deutsches Reich, 1. ungenaue Bez. für →Heiliges Römisches Reich. – **2.** 1871–1945 offizielle staatsrechtl. Bez. für →Deutschland.

Deutsches Rotes Kreuz →Rotes Kreuz.

Deutsches Sportabzeichen, 1913 als *Dt. Turn- u. Sportabzeichen* (1934–45 *Reichs-Sportabzeichen*) geschaffene Auszeichnung in drei Klassen (Bronze, Silber, Gold) für gute vielseitige körperl. Leistungsfähigkeit; vom DSB verliehen. Für Jugendl. u. Kinder gibt es das *Dt. Jugendsportabzeichen* u. *Dt. Schülersportabzeichen.*

Deutsche Staatsbibliothek, zentrale wissenschaftl. Bibliothek der DDR in Ostberlin (seit 1954 unter diesem Namen), hervorgegangen aus Beständen der *Preuß. Staatsbibliothek;* 1992 mit der Westberliner Staatsbibliothek Preuß. Kulturbesitz vereinigt zur *Staatsbibliothek zu Berlin – Preuß. Kulturbesitz.*

Deutsche Staatspartei, polit. Partei der Weimarer Republik; 1930 aus der Verbindung der *Dt. Demokrat. Partei* mit dem *Jungdt. Orden* (Volksnationale Reichsvereinigung) hervorgegangen, 1933 aufgelöst.

Bedingungen für das Deutsche Sportabzeichen																
	Übung	Männer								Frauen						
		Bronze	Silber	Gold	Gold	Gold	Gold	Gold	Gold	Bronze	Silber	Gold	Gold	Gold	Gold	Gold	Gold
	Alter	von 18–29	von 30–39	von 40–44	von 45–49	von 50–54	von 55–59	von 60–64	ab 65 Jahre	von 18–29	von 30–39	von 40–44	von 45–49	von 50–54	von 55–59	von 60–64	ab 65 Jahre
1	200-m-Schwimmen	6:00	7:00	7:30	8:00	8:30	9:00	9:30	10:00	7:00	8:00	9:00	9:30	10:00	10:30	11:00	11:30
2	Hochsprung	1,35	1,30	1,25	1,15	1,05	1,00	0,95	0,90	1,10	1,05	1,00	0,95	0,90	0,85	0,80	0,75
	Weitsprung	4,75	4,50	4,25	4,00	–	–	–	–	3,50	3,25	3,00	–	–	–	–	–
	Standweitsprung	–	–	–	–	2,00	1,90	1,80	1,70	–	–	–	1,60	1,50	1,40	1,30	1,20
	Sprung: Hocke o. Grätsche	1,20	1,10	1,40	1,30	1,20	1,10	1,00	1,00	1,20	1,10	1,10	1,20	1,10	1,00	1,00	1,00
3	50-m-Lauf	–	–	–	8,2	–	–	–	–	–	–	9,2	–	–	–	–	–
	75-m-Lauf	–	–	11,0	–	–	–	–	–	12,4	13,0	–	–	–	–	–	–
	100-m-Lauf	13,4	14,0	14,5	16,0	17,0	18,0	19,0	20,0	16,0	17,0	18,5	20,0	21,0	22,0	23,0	24,0
	400-m-Lauf	68,0	70,0	72,0	74,0	–	–	–	–	–	–	–	–	–	–	–	–
	1000-m-Lauf	–	–	–	–	5:00	5:30	6:00	6:30	–	–	–	6:40	7:00	7:20	7:40	8:00	8:20
4	Kugel, Männer 7,25, 6,25, 5 kg	8,00	7,75	7,50	7,25	7,25	7,00	7,00	6,75	–	–	–	–	–	–	–	–
	Kugel, Frauen 4 bzw. 3 kg	–	–	–	–	–	–	–	–	6,75	6,25	6,00	5,75	5,75	5,50	5,25	5,00
	Steinstoß (15 kg, li. u. re.)	9,00	8,75	8,50	8,00	–	–	–	–	–	–	–	–	–	–	–	–
	Schlagball (80 g)	–	–	–	–	–	–	–	–	37,00	34,00	31,00	29,00	27,00	25,00	24,00	23,00
	Wurfball (200 g)	–	–	–	–	–	–	–	–	27,00	25,00	24,00	23,00	22,00	21,00	20,00	19,00
	Schleuderball (1 kg, 1,5 kg)	35,00	34,00	33,00	32,00	30,00	28,00	26,00	24,00	27,00	25,00	24,00	23,00	22,00	21,00	20,00	19,00
	100-m-Schwimmen	1:40	1:45	1:50	2:00	2:10	2:20	2:30	2:40	2:00	2:20	2:35	2:50	3:05	3:20	3:35	3:50
5	2000-m-Lauf	–	–	–	–	–	–	–	–	12:00	13:00	14:00	15:00	16:00	17:00	17:30	18:00
	3000-m-Lauf	–	–	15:00	17:30	19:00	20:00	21:00	22:00	–	–	–	–	–	–	–	–
	5000-m-Lauf	23:00	26:00	28:00	31:00	34:00	36:00	36:00	36:00	32:00	35:00	38:00	40:30	43:30	46:30	–	–
	20-km-Radfahren	45:00	47:30	50:00	52:30	55:00	60:00	65:00	70:00	60:00	65:00	70:00	72:30	75:00	77:30	80:00	82:30
	1000-m-Schwimmen	26:00	28:00	30:00	32:00	34:00	36:00	38:00	40:00	28:00	30:00	32:00	34:00	36:00	38:00	40:00	42:00
	10-km-Skilanglauf	–	–	–	–	–	–	–	–	54:00	60:00	65:00	70:00	75:00	80:00	85:00	90:00
	15-km-Skilanglauf	72:00	75:00	79:00	83:00	88:00	93:00	99:00	105:00	–	–	–	–	–	–	–	–

Deutsch-Französischer Krieg: Napoleon III. übergibt seinen Degen; Lithographie von Hartwich

Deutsche Volkspartei, *DVP,* 1918 aus dem rechten Flügel der *Nationalliberalen* hervorgegangene Partei. Anfangs monarchist. u. nationalist., söhnte sie sich unter G. Stresemanns Führung mit der Republik aus. Sie löste sich 1933 auf.

Deutsche Welle, 1953 gegr. öffentl.-rechtl. Rundfunkanstalt (Funkhaus in Köln), die über Kurzwelle Programme in 35 Sprachen ausstrahlt; seit 1992 auch Satellitenfernsehprogramm für das Ausland.

Deutsche Wirtschaftskommission, *DWK,* seit Febr. 1948 die Zusammenfassung der dt. Zentralverwaltungen in der SBZ, Vorläufer der Reg. der DDR.

Deutsch-Französischer Krieg, 1870/71, nach dem Dt.-Dän. Krieg 1864 u. dem Dt. Krieg 1866 der letzte der 3 dt. Einigungskriege. *Bismarck* nahm frz. Proteste gegen eine span. Thronkandidatur des Erbprinzen von Hohenzollern-Sigmaringen zum Anlaß, die Kriegserklärung Frankreichs an Preußen (19.7.1870) zu provozieren. Die mit dem Norddt. Bund durch Defensivbündnisse verbundenen süddt. Staaten sahen den Bündnisfall als gegeben an. Am 2.9. kapitulierte *Napoleon III.* bei Sedan. Frankreich führte den Krieg unter republikan. Führung weiter. Nach langwieriger Belagerung von Paris kapitulierte es am 28.1.1871. Im Frieden von Frankfurt (10.5.1871) mußte Frankreich Elsaß-Lothringen an Dtld. abtreten u. sich zur Zahlung von 5 Mrd. Francs Kriegsentschädigung verpflichten. – Mit der Proklamation *Wilhelms I.* zum Dt. Kaiser am 18.1.1871 in Versailles kam der dt. Einigungsprozeß zum Abschluß.

Deutschherren → Deutscher Orden.

Deutsch Krone, poln. *Wałcz,* Stadt in der Wojewodschaft Piła (Polen), nw. von Schneidemühl, 21 000 Ew.

Deutschland, Staat in Mitteleuropa, dessen Ausdehnung u. staatsrechtl. Stellung im Lauf der Geschichte vielen Wandlungen unterworfen war; infolge des Ost-West-Konflikts 1949–90 geteilt in die *Bundesrepublik Deutschland* (248 626 km², 62 Mio. Ew., Hpst. Bonn; gegliedert in 11 Länder) u. die *Deutsche Demokratische Republik* (108 332 km², 16,6 Mio. Ew., Hpst. Berlin [Ost]; 1952–90 gegliedert urspr. in 5 Länder, seit 1952 in 14 Bezirke). Die beiden Teilstaaten vereinigten sich am 3. Oktober 1990 (356 958 km², 79 Mio. Ew). Hptst. ist Berlin, Reg.-Sitz zunächst Bonn.

Deutschland

Landesnatur

D. wird begrenzt von den Alpen im S u. der Nord- u. Ostsee im N u. ist ein Übergangsgebiet zw. dem westl. u. dem östl. Europa. – Der dt. Alpenanteil beschränkt sich auf die Allgäuer, Bayerischen u. Salzburger Alpen (Zugspitze 2962 m). Zw. Alpen u. Donau liegt das hügelige Alpenvorland mit seinen zahlr. Seen.

Als Mittelgebirge schließen sich entlang der klimatisch begünstigten Oberrhein. Tiefebene die Vogesen u. der Schwarzwald (im Feldberg 1493 m) mit ihren nördlichen Fortsetzungen Pfälzer Wald u. Odenwald an. Die Schwäb.-Fränk. Alb wird im O vom Böhmerwald u. Bayerischen Wald begrenzt. Das Rheinische Schiefergebirge (mit Eifel, Hunsrück, Sauerland, Westerwald u. Taunus) mit seinen wenig fruchtbaren Hochflächen ist nur dünn besiedelt. Die Vulkanmassive von Vogelsberg u. Rhön führen durch das Weserbergland ins Tiefland. Als Schollen erheben sich Harz, Thüringer Wald, Fichtelgebirge, Erzgebirge sowie das Lausitzer Bergland.

Die dt. Mittelgebirgszone ist gekennzeichnet durch einen vielfältigen Wechsel von alten Gebirgsresten, geolog. jüngeren Stufen- u. Tafelländern, vulkan. Formen, Grabenbrüchen u. Beckenlandschaften. Durch Senken u. Flußläufe, die sich teilw. im Verlauf von Jahrmillionen tiefe u. breite Täler geschaf-

Deutschland: Die Länder

Land	Fläche in km²	Ew. in 1000	Hauptstadt
Baden-Württemberg	35 751	10 002	Stuttgart
Bayern	70 554	11 596	München
Berlin	889	3446	–
Brandenburg	29 053	2543	Potsdam
Bremen	404	684	–
Hamburg	755	1669	–
Hessen	21 114	5837	Wiesbaden
Mecklenburg-Vorpommern	23 598	1892	Schwerin
Niedersachsen	47 364	7476	Hannover
Nordrhein-Westfalen	34 071	17 510	Düsseldorf
Rheinland-Pfalz	19 846	3821	Mainz
Saarland	2570	1077	Saarbrücken
Sachsen	18 338	4679	Dresden
Sachsen-Anhalt	20 443	2823	Magdeburg
Schleswig-Holstein	15 731	2649	Kiel
Thüringen	16 251	2572	Erfurt

Deutsche Herrscher und Staatsoberhäupter bis 1945

Könige und Kaiser

911–918	Konrad I.

Ottonen

919–936	Heinrich I.
936–973	Otto I., der Große
973–983	Otto II.
983–1002	Otto III.
1002–1024	Heinrich II.

Salier

1024–1039	Konrad II.
1039–1056	Heinrich III.
1056–1106	Heinrich IV.
(1077–1080)	Rudolf von Rheinfelden } (Gegenkönige Heinrichs IV.)
(1081–1088)	Hermann von Salm }
1106–1125	Heinrich V.
1125–1137	Lothar III. von Supplinburg (Sachse)

Staufer

1138–1152	Konrad III.
1152–1190	Friedrich I. Barbarossa
1190–1197	Heinrich VI.
1198–1208	Philipp von Schwaben } (Doppelwahl)
1198–1218	Otto IV. (Welfe) }
1212–1250	Friedrich II.
(1246/47)	Heinrich Raspe von Thüringen } (Gegenkönige Friedrichs II.)
(1247–1256)	Wilhelm von Holland }
1250–1254	Konrad IV.

Interregnum

1257–1275	Alfons X. von Kastilien
1257–1272	Richard von Cornwall

Habsburger, Luxemburger u. a.

1273–1291	Rudolf I. von Habsburg
1292–1298	Adolf von Nassau
1298–1308	Albrecht I. von Österreich (Habsburger)
1308–1313	Heinrich VII. von Luxemburg
1314–1347	Ludwig IV., der Bayer (Wittelsbacher)
1314–1330	Friedrich der Schöne von Österreich (Habsburger) } (Doppelwahl)
1346–1378	Karl IV. (Luxemburger)
1349	Günther von Schwarzburg (Gegenkönig Karls IV.)
1378–1400	Wenzel von Böhmen (Luxemburger)
1400–1410	Ruprecht von der Pfalz (Wittelsbacher)
1410–1437	Sigismund (Luxemburger)
1410/11	Jobst von Mähren (Luxemburger; Gegenkönig)

Habsburger

1438/39	Albrecht II.
1440–1493	Friedrich III.
1493–1519	Maximilian I.
1519–1556	Karl V.
1556–1564	Ferdinand I.
1564–1576	Maximilian II.
1576–1612	Rudolf II.
1612–1619	Matthias
1619–1637	Ferdinand II.
1637–1657	Ferdinand III.
1658–1705	Leopold I.
1705–1711	Joseph I.
1711–1740	Karl VI.
1742–1745	Karl VII. von Bayern (Wittelsbacher)

Habsburg-Lothringen

1745–1765	Franz I.
1765–1790	Joseph II.
1790–1792	Leopold II.
1792–1806	Franz II.

Hohenzollern

1871–1888	Wilhelm I.
1888	Friedrich III.
1888–1918	Wilhelm II.

Staatsoberhäupter

1919–1925	Reichspräsident Friedrich Ebert
1925–1934	Reichspräsident Paul von Hindenburg
1934–1945	„Führer u. Reichskanzler" Adolf Hitler
1945	„Reichspräsident" Karl Dönitz

Deutschland

fen haben, ist das Mittelgebirge für den Verkehr leicht durchgängig.

Das Norddt. Tiefland wurde von der Eiszeit geformt. Während die Ostseeküste meist sandig ist, hat die Nordseeküste fruchtbares Marschland. Der Südl. Landrücken zieht sich von der Lüneburger Heide u. dem Fläming bis zur Niederlausitz; zum Nördl. Landrücken gehören das Holsteinische Hügelland u. die Mecklenburgische Seenplatte. Den beiden eiszeitl. Höhenzügen folgen im N ein flachwelliges Grundmoränengebiet, im S verheidete Sandflächen u. die Urstromtäler. Weite Buchten greifen ins Mittelgebirge ein mit fruchtbaren Lößböden: die Kölner Bucht, die Westfälische Bucht, die Leipziger Tieflandsbucht. – G e w ä s s e r: Die meisten Flüsse (Rhein, Ems, Weser, Elbe, Oder) streben zur Nord- u. Ostsee. Mit Ausnahme des Rheins, des größten u. wichtigsten Stroms, der eine unmittelbare Verbindung zw. Alpenraum u. Nordsee schafft, entspringen sie im Mittelgebirge. Im Tiefland sind sie durch Kanäle (Mittellandkanal) verknüpft. Nur die Donau mit ihren Zuflüssen öffnet S-Dtld. dem südosteurop. Raum. Die stehenden Gewässer sind außer den Eifelmaaren eiszeitl. Ursprungs. Zahlr. Talsperren mit Stauseen dienen dem Hochwasserschutz, der Regulierung der Wasserstände u. der Wasserversorgung. – K l i m a: Im NW ist das Klima mehr ozeanisch bestimmt (mäßig warme Sommer, relativ milde Winter) u. nimmt nach O kontinentalen Charakter an (größere Temperaturgegensätze zw. Sommer u. Winter, geringere Niederschläge). Auch nach S zu verstärkt sich der kontinentale Klimatyp. Charakteristisch ist der häufige Wechsel zw. feuchtkühlem (im Winter feuchtmildem) Wetter u. trockenwarmen (im Winter trockenkalten) Hochdruckwetterlagen. Der Wind weht vorw. aus westl. Richtungen. – V e g e t a t i o n: Der Laubwald (bes. Eichen und Buchen) gilt in D. als die natürl. Vegetation. Dazu treten in den Mittelgebirgen Nadelwälder u. im NW Charakterpflanzen des ozean. Klimas (Ginster, Fingerhut, Glockenheide). Ein Großteil der Naturlandschaften sind in land- u. forstwirtschaftl. Nutzflächen umgewandelt worden. Fichte, Kiefer u. Buche sind die wichtigsten Nutzhölzer. Auch die Heiden sind z. T. auf menschl. Einwirkungen zurückzuführen.

B e v ö l k e r u n g

Die Bevölkerung des dt. Nationalstaats wuchs 1871–1915 von 41 Mio. auf 67,9 Mio. Ew.; 1937 hatte D. insgesamt 69 Mio. Ew. Wichtige Ballungsräume sind das Rhein-Ruhr-Gebiet, das sächsische Industriegebiet, das Rhein-Main-Gebiet, der Rhein-Neckar-Raum, das schwäb. Industriegebiet um Stuttgart sowie die Verdichtungsräume um die Städte Bremen, Hamburg, Hannover, Berlin, Dresden, Nürnberg-Fürth u. München. Das Verhältnis von Stadt- zu Landbevölkerung beträgt heute 4:1. In der alten BR Dtld., deren Bevölkerung 1946–87 von 46,2 auf 61,1 Mio. anwuchs, leben z.Z. rd. 4,4 Mio. Ausländer.

R e l i g i o n. Rd. 75% der Bev. gehören christl. Kirchen an, etwa 36,4% der ev., 35% der kath. Konfession, 25% anderen Konfessionen oder sind bekenntnislos. Der ev. Volksteil überwiegt im N u. O, der kath. im S D.s. Rhld.-Pf., Saarland u. Bay. sind mehrheitl. kath., in Ba.-Wü. u. NRW sind beide Konfessionen etwa gleich stark, in den übri-

DEUTSCHLAND Geographie

Im Wattenmeer vor der Nordseeküste liegen die Ost- und Nordfriesischen Inseln; das Bild zeigt die ostfriesische Insel Norderney

Steilküste (Kreidefelsen) des Königsstuhls beim Gehöft Stubbenkammer auf der Ostseeinsel Rügen

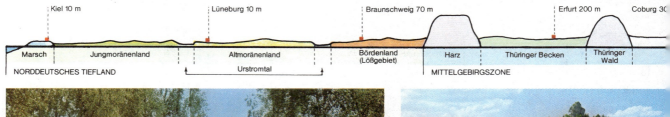

Norddeutsches Tiefland: Lüneburger Heide

Mittelgebirge: Fränkische Schweiz

gen Bundesländern überwiegen die Protestanten. – Die jüd. Gemeinde zählt etwa 40 000 Mitgl.
Seit der Zuwanderung zahlr. ausländ. Arbeiter leben heute 1,7 Mio. Moslems, zumeist Türken, in D. Der Griech.-Orthodoxen Metropolie von D. gehören etwa 350 000 Gläubige an.

Bildungswesen. Das Grundgesetz weist die Regelung des Schulwesens den Ländern zu. Die Schulgesetze regeln Aufbau, Organisation, Verwaltung u. Finanzierung der öffentl. Schulen, die allg. Schulpflicht vom 6.–18. Lebensjahr, die Schulgeld- u. teilw. Lernmittelfreiheit, die Lehrerbildung sowie das Privatschulwesen.

In der (alten) Bundesrepublik hat sich aufgrund der Bildungsreform der 70er Jahre das Bildungsniveau deutlich erhöht. Der Anteil der Schulabgänger eines Jahrgangs mit Hochschul- oder Fachhochschulreife lag 1990 bei rd. 30%, während um 1950 nur 3% der Schulabgänger das Abitur hatten.

In der DDR stand das Bildungswesen wie alle anderen staatl. Einrichtungen unter dem beherrschenden Einfluß der SED. Es war völlig auf die »Entwicklung der sozialist. Gesellschaft« ausgerichtet u. streng zentralistisch organisiert. Privatschulen waren nicht gestattet. Es bestand zehnjährige allg. Schulpflicht. Als pädagog. Grundsatz galt die Verbindung von Unterricht u. produktiver Arbeit (polytechn. Unterricht).

Im vereinigten D. gibt es insges. 104 wissenschaftl. Hochschulen (Universitäten, techn. Hochschulen, Gesamthochschulen) sowie zahlreiche Fachhochschulen.

Eine durchgreifende Umgestaltung des Bildungswesens, großenteils in Angleichung an das der bisherigen Bundesrepublik, ist in den 1990 wiederhergestellten Ländern auf dem Gebiet der ehem. DDR in Angriff genommen worden.

Gesundheitswesen. Die ambulante medizin. Versorgung wird überwiegend durch niedergelassene Ärzte u. Zahnärzte sichergestellt. Der Patient hat die freie Wahl unter den Kassenärzten u. -zahnärzten. Die stationäre Versorgung erfolgt in Krankenhäusern.

Staatl. Aufgaben im Gesundheitswesen werden durch den öffentl. Gesundheitsdienst erfüllt: die Überwachung von Wasser, Boden u. Luft, die Aufsicht über Einrichtungen des Gesundheitswesens, die Überwachung der im Gesundheitswesen tätigen Personen, die Überwachung des Verkehrs mit Lebensmitteln, Arzneien u. Giften, gesundheitl. Aufklärung u. Gesundheitserziehung, Mutter- u. Kindberatung, Sammlung u. Auswertung von Daten, die für die Gesundheit der Bev. bedeutsam sind u. a. Die prakt. Arbeit vor Ort wird von den Gesundheitsämtern geleistet.

Kostenträger im Gesundheitswesen sind v. a. die gesetzl. Krankenkassen, die rd. 90% der Bev. Versicherungsschutz im Krankheitsfall gewähren. Hinzu kommen private Krankenversicherungen, Berufsgenossenschaften im Unfallschutz, Landesversicherungsanstalten u. die Bundesversicherungsanstalt für Angestellte als Träger der Rentenversicherung.

Wirtschaft

In der alten BR Dtld. stand die wirtschaftl. Entwicklung unter dem Zeichen der »Sozialen Marktwirtschaft«. Außerdem wurde sie geprägt durch die engen wirtschaftl. Verflechtungen mit anderen westl. Staaten, bes. im Rahmen der EU. – In der Landwirtschaft sind heute durch zunehmende Mechanisierung nur noch wenige Erwerbstätige beschäftigt. Wichtige Anbauarten sind Roggen, Weizen, Kartoffeln, Gerste, Hafer, Futterpflanzen, Zuckerrüben, Obst, Mais, Gemüse u. Wein. Aufgrund der hohen Bev.-Zahl ist D. auf Nahrungsmittelimporte angewiesen. In der Industrie dominierte bis Ende der 1950er Jahre die in D. seit jeher stark vertretene eisenschaffende Ind. in Verbindung mit dem Steinkohlenbergbau (Ruhrgebiet). Durch das Vordringen von Erdöl u. Erdgas (vorw. aus dem Ausland) ging die Steinkohlenförderung zurück. Außerdem werden u. a. Braunkohle (höchste Förderung der Welt), Stein- u. Kalisalz gewonnen. Während die alten, auf Eisen- u. Stahlproduktion basierenden Industriegebiete (Ruhrgebiet, Saarland) Strukturkrisen zu überwinden haben, haben sich in den Industrieräumen der Länder Hessen, Ba.-Wü. u. z. T. in Bayern moderne Wachstumsindustrien angesiedelt (insbes. Elektro-, elektron., Masch.-, Automobil-, chem., opt. u. Kunststoff-Ind.) Die für den Export wichtigsten Industrieerzeugnisse sind Maschinen, Kraftwagen, chem. Produkte, elektrotechnische u. chem. Erzeugnisse, Eisen- u. Stahlwaren, Textilien. D. ist mit rd. 12% am Welthandel beteiligt. Haupthandelspartner sind die Mitgliedsstaaten der EU, insbes. Frankreich u. die Niederlande, u. die USA.

Mit der Wiedervereinigung D.s hat in der Wirtschaft der ehem. DDR eine Anpassung an die neuen Anforderungen des Marktes u. eines verschärften Wettbewerbs begonnen. Die Wirtschaft befindet sich z. Z. in einer Umstellungskrise. Bis zur Wiedervereinigung wurde das Wirtschaftsleben in der DDR von einem System der zentralen Verwaltungswirtschaft bestimmt, fest eingebunden in das Wirtschaftsbündnis *RGW*. Die Betriebe waren bis zur beginnenden Reprivatisierung 1990 fast ausschl. Volks- oder Genossenschaftseigentum. In der Landwirtschaft wurden nach dem 2. Weltkrieg die alten Besitzverhältnisse durch Schaffung von Landw. Produktionsgenossenschaften *(LPG)* u. Volkseigenen Gütern *(VEG)* grundlegend verändert. Die wichtigsten Anbaugebiete sind Magdeburger Börde, Thüringer Becken u. Leipziger Tieflandsbucht. Hauptanbauprodukte sind Getreide, Kartoffeln, Zuckerrüben u. Futterpflanzen.

Verkehr

Die Eisenbahn ist in D. nach wie vor ein sehr wichtiges Verkehrsmittel. Die N-S-Verbindungen sind am leistungsfähigsten. Das Straßennetz muß dem ununterbrochen steigenden Bestand an Kraftfahrzeugen angeglichen werden. (1953 rd. 3,7 Mio., 1990 rd. 35,7 Mio. Kraftfahrzeuge). Im Vergleich zur industriellen Entwicklung war das Verkehrswesen in der DDR relativ rückständig. Nach 1945 mußte das gesamte, vor dem 2. Weltkrieg hauptsächlich auf West-Ost-Verbindungen ausgerichtete Verkehrsnetz umstrukturiert werden, um den wenig industrialisierten Norden mit den Industriezentren des Südens zu verbinden. Die umfangreichen Maßnahmen gingen zu Lasten der Modernisierung des Verkehrsnetzes.

Die Binnenschiffahrt stützt sich auf die Stromsysteme von Rhein (mit Neckar, Main u. Mosel), Weser, Elbe u. auf ein weit verzweigtes Kanalnetz. Die wichtigsten Binnenhäfen sind Berlin, Duisburg,

Der Thüringer Wald beim Kasthäuserberg (Raum Eisenach) von der Wartburg aus gesehen

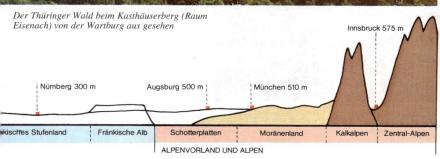

Alpen: Karwendelgebirge bei Mittenwald

Deutschland

Köln, Ludwigshafen, Magdeburg, Mannheim, Hamburg u. Frankfurt a.M. D. ist mit einer Tonnage von rd. 5 Mio. BRT an der Welthandelsflotte beteiligt. Neben Hamburg sind Wilhelmshaven, Bremen/Bremerhaven, Rostock u. Emden die bedeutenden Seehäfen. Zu den wichtigsten Flughäfen gehören Frankfurt a.M., Berlin (Tegel, Schönefeld), Düsseldorf, Köln/Bonn, Stuttgart, München, Hamburg u. Hannover.

Geschichte

Der Landesname D. ist entstanden durch allmähl. Bedeutungserweiterung des Wortes *deutsch*. Dieses, seit dem 8. Jh. belegt, bezeichnete urspr. nur die in einem Teil des Frankenreichs gesprochene germ. Sprache. Seit dem 11. Jh. wurde es auf deren Sprecher (»dt. Leute«) u. ihre Wohngebiete (»dt. Lande«) übertragen. Das Wort *Deutschland* ist erst seit dem 15. Jh. geläufig. Das Frankenreich brach bald nach dem Tod von *Karl d. Gr.* (814) auseinander. Es entstanden ein west- u. ein ostfränk. Reich, die Vorläufer Frankreichs u. D.s. Die dt. Westgrenze, die im wesentl. der Sprachgrenze zw. Dt. u. Frz. entsprach, war damit prakt. fixiert. Die Ostgrenze hingegen war lange fließend. Um 900 verlief sie etwa an Elbe u. Saale. In den folgenden Jh. wurde das dt. Siedlungsgebiet weit nach O ausgedehnt. Die um 1350 erreichte Volksgrenze zw. Deutschen u. Slawen hatte bis zum 2. Weltkrieg Bestand.

Hochmittelalter. Der Übergang vom ostfränk. zum dt. Reich vollzog sich 911 mit der Wahl *Konrads I.*, der als erster dt. König gilt. Der König wurde vom hohen Adel gewählt, sollte aber auch

Der Reichsapfel; entstanden am Ende des 12. Jahrhunderts, vermutlich in Köln

Kaiser Friedrich I. Barbarossa mit seinen Söhnen Heinrich (VI.) und Friedrich (V.); Welfenchronik; um 1180. Fulda, Hessische Landesbibliothek (links)

Kaiserproklamation in der Spiegelgalerie des Schlosses von Versailles am 18. 1. 1871

Hitler verkündet im Reichstag den Beginn des Krieges mit Polen (links). – Das zerstörte Frankfurt 1945 (rechts)

Versammlung des Parlamentarischen Rates am 2.9.1948 unter Vorsitz Adenauers

Nach der Bundestagswahl 1969 bildeten SPD und FDP eine Koalition; im Bild Bundeskanzler Willy Brandt mit Außenminister Walter Scheel

Treffen zwischen Bundeskanzler Helmut Kohl und dem DDR-Staatsratsvorsitzenden Erich Honecker in Moskau, 1985

Am Tag der Öffnung des Brandenburger Tors

mit seinem Vorgänger verwandt sein. Der Reichsname lautete seit dem 11. Jh. »Röm. Reich«, seit dem 13. Jh. »Hl. Röm. Reich«, seit dem 15. Jh. mit dem Zusatz »Dt. Nation«. Dem Königtum standen weitgehend selbst. Stammesherzogtümer gegenüber (Sachsen, Franken, Bayern, Schwaben). Gegen sie konnten sich erst die Ottonen *Heinrich I.* u. *Otto I.* durchsetzen. Otto ließ sich 962 in Rom zum Kaiser krönen. Er begr. damit die Anwartschaft des dt. Königs auf die Kaiserwürde u. eine 300jährige dt. Herrschaft in Ober- u. Mittelitalien. Der Idee nach war das Kaisertum universal, verlieh die Herrschaft über das ganze Abendland u. hatte Vorrang vor dem Papsttum. Dieser Vorrang ging im Investiturstreit unter den Salier *Heinrich IV.* verloren. Eine neue Blüte erlebte das Kaisertum unter den Staufern *Friedrich I., Heinrich VI.* u. *Friedrich II.* Zugleich begann aber eine territoriale Zersplitterung, die die Zentralgewalt schwächte. Das bisher herrschende Lehnswesen verlor an Bedeutung. Die geistl. u. weltl. Fürsten wurden zu halbsouveränen Landesherren.

Spätmittelalter und frühe Neuzeit. Es folgte eine Zeit des Gegen- u. Doppelkönigtums (Interregnum). Seit *Rudolf I.,* dem ersten Habsburger auf dem Thron, wurde Hausmachtpolitik das Hauptinteresse jedes Königs. Das alleinige Königswahlrecht der 7 Kurfürsten setzte sich durch u. wurde 1356 in der Goldenen Bulle *Karls IV.* endgültig festgelegt. Die großen Territorien entwickelten ihre Landeshoheit weiter. Die Städte gewannen dank ihrer wirtsch. Macht an Einfluß, wozu auch ihr Zusammenschluß zu Bünden beitrug. Der wichtigste Städtebund, die Hanse, wurde im 14. Jh. zur führenden Macht im Ostseeraum. Im Fernhandel, im Bergbau u. im Textilgewerbe entstanden frühkapitalist. Wirtschaftsformen. Seit 1483 war die Krone – obwohl das Reich formal eine Wahlmonarchie blieb – praktisch erbl. im Hause Habsburg, der stärksten Territorialmacht. *Maximilian I.* nahm als erster den Kaisertitel ohne Krönung durch den Papst an. Er bemühte sich um eine Reichsreform, der jedoch nur wenig Erfolg beschieden war; er konnte somit die fortschreitende Zersplitterung nicht aufhalten.

Reformation u. Gegenreformation. Das neue Weltgefühl der Renaissance u. die Ideen des Humanismus ergriffen auch D. Das krit. Denken wandte sich zuerst gegen kirchl. Mißstände. Die von *Luther* 1517 eingeleitete Reformation breitete sich rasch aus u. wirkte weit über den religiösen Bereich hinaus. Sie beeinflußte den Reichsritteraufstand 1522/23 u. den Bauernkrieg 1525, die beide blutig niedergeschlagen wurden. Auf dem Kaiserthron saß *Karl V.,* durch Erbschaft (er war auch König von Spanien) Herr des größten Weltreichs seit Karl d. Gr. Seine weltpolit. Interessen nahmen ihn so in Anspruch, daß er sich in D. nicht durchsetzen konnte. Hauptnutznießer der Reformation waren die Landesfürsten. Sie erhielten im Augsburger Religionsfrieden 1555 das Recht, die Religion ihrer Untertanen zu bestimmen. Die prot. Konfession wurde als gleichberechtigt mit der kath. anerkannt. D. war damals zu 80% prot., doch konnte die kath. Kirche in der Folgezeit viele Gebiete zurückgewinnen (Gegenreformation). Die konfessionellen Gegensätze verschärften sich; es kam zur Bildung von Religionsparteien, der prot. Union (1608) u. der kath. Liga (1609). Ein lokaler Konflikt in Böhmen löste den Dreißigjährigen Krieg aus, der aus einem dt. Religionskrieg zu ei-

Die Länder Deutschlands (in den Grenzen von 1952 und wieder seit Oktober 1990)

nem europ. Machtkampf wurde. Weite Teile D.s wurden verwüstet u. entvölkert. Im Westfäl. Frieden (1648) mußten Gebiete an Frankreich u. Schweden abgetreten werden, die Schweiz u. die Ndl. schieden endgültig aus dem Reichsverband aus, u. die Landesfürsten erhielten alle wesentl. Hoheitsrechte, darunter das Recht, Bündnisse mit ausländ. Mächten zu schließen.

Z e i t a l t e r d e s A b s o l u t i s m u s. Das Reich versank in einen Zustand polit. Ohnmacht. Die nahezu souveränen Territorialstaaten übernahmen als Regierungsform nach frz. Vorbild den Absolutismus, der eine straffe Verw., geordnete Finanzverhältnisse u. die Aufstellung stehender Heere ermöglichte. Die Wirtschaftspolitik des Merkantilismus ließ sie auch ökonom. erstarken. Bayern, Brandenburg (das spätere Preußen), Sachsen (1697–1763 in Personalunion mit Polen) u. Hannover (1714–1837 in Personalunion mit England) wurden zu eigenständigen Machtzentren. Östr., das die angreifenden Türken abwehrte u. Ungarn sowie Teile der türk. Balkanländer erwarb, stieg zur europ. Großmacht auf. Ihm erwuchs im 18. Jh. ein Rivale in Preußen, das unter *Friedrich d. Gr.* zu einer Militärmacht ersten Ranges wurde. Beide Staaten gehörten mit Teilen ihres Gebiets nicht dem Reich an, u. beide betrieben europ. Großmachtpolitik.

V o m a l t e n z u m n e u e n R e i c h. 1789 brach die Frz. Revolution aus. Der Versuch Preußens u. Östr.s, mit Waffengewalt in Frankreich einzugreifen, scheiterte u. führte zum Gegenstoß. Unter dem Ansturm der Heere *Napoleons* brach das Reich zusammen. Frankreich nahm sich das linke Rheinufer. Durch den Reichsdeputationshauptschluß 1803 verloren viele kleine Fürstentümer u. Freie Städte ihre Selbständigkeit zugunsten der Mittelstaaten. Die meisten von diesen schlossen sich 1806 unter frz. Protektorat zum Rheinbund zusammen. Im selben Jahr legte *Franz II.* die Kaiserkrone nieder; damit endete das Hl. Röm. Reich Dt. Nation. Die Frz. Revolution griff zwar nicht auf D. über, doch kam es in den Rheinbundstaaten u. in Preußen zu Reformen, die den Abbau der feudalen Gesellschaftsordnung einleiteten. Nach dem Sieg über Napoleon in den Befreiungskriegen 1813–15 regelte der Wiener Kongreß die Neuordnung Europas. Hoffnungen auf einen freien, einheitl. dt. Nationalstaat erfüllten sich nicht. An die Stelle des Reichs trat der Dt. Bund, ein loser Zusammenschluß souveräner Einzelstaaten, der alle Einheits- u. Freiheitsbestrebungen bekämpfte. Diesen reaktionären Tendenzen wirkte eine moderne wirtschaftl. Entwicklung entgegen. Die frz. Revolution von 1848 fand in D. sofort ein Echo. In allen Bundesstaaten kam es zu Volkserhebungen, die den Fürsten Zugeständnisse abnötigten. Der in Frankfurt tagenden Nationalversammlung gelang jedoch nicht die Schaffung eines bürgerl. Nationalstaates. Die alten Mächte setzten sich durch, die meisten Errungenschaften wurden rückgängig gemacht. Trotzdem erstarkte das lib. Bürgertum, gestützt auf seine wachsende ökonom. Kraft. Allerdings unterlag es 1862 dem preuß. Min.-Präs. *Bismarck* in einem Verfassungskonflikt. Bismarck arbeitete auf die nat. Einigung »von oben« hin. Im Dt. Krieg 1866 wurde Östr. geschlagen. Der Dt. Bund wurde aufgelöst, an seine Stelle trat der Norddt. Bund, der alle dt. Staaten nördl. der Mainlinie umfaßte. Der Widerstand Frankreichs wurde im Dt.-Frz. Krieg 1870/71 gebrochen. Die süddt. Staaten schlossen sich 1871 mit dem Norddt. Bund zum Dt. Reich zus.; König *Wilhelm I.* von Preußen wurde Dt. Kaiser, Bismarck Reichskanzler.

D a s K a i s e r r e i c h. Bismarck suchte bes. durch eine konsequente Friedens- u. Bündnispolitik dem Reich eine gesicherte Stellung in dem neuen europ. Kräfteverhältnis zu schaffen. Den demokr. Tendenzen der Zeit stand er jedoch verständnislos gegenüber. Erfolglos bekämpfte er den linken Flügel des lib. Bürgertums, den polit. Katholizismus u.

DEUTSCHLAND Kultur

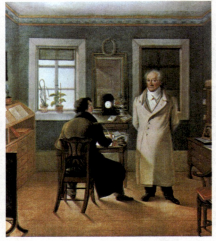

Der Dresdner Zwinger bei Nacht (links). – Johann Wolfgang von Goethe diktiert seinem Schreiber John; Ölgemälde von Josef Schmeller 1831 (Mitte). – »Kritik der reinen Vernunft« von Immanuel Kant; Erstausgabe (rechts)

Szene aus »Der Rosenkavalier« von Richard Strauss (links). – Literarische Zirkel: Ludwig Tieck (2. von rechts) im Kreis bedeutender Zeitgenossen (rechts)

bes. die organisierte Arbeiterbewegung. Trotz der Entwicklung zu einem modernen Industrieland u. trotz einer fortschrittl. Sozialgesetzgebung behielt D. viele Züge des feudal-absolutist. Obrigkeitsstaates. 1890 wurde Bismarck von dem jungen Kaiser *Wilhelm II.* entlassen. Unter ihm erfolgte der Übergang zur »Weltpolitik«: D. wollte den Vorsprung der imperialist. Großmächte aufholen u. geriet dabei in Interessenkonflikte u. letztl. in die Isolierung. In der Julikrise 1914 trug es Mitverantwortung dafür, daß es zum Ausbruch des 1. Weltkriegs mit D. u. Östr. auf der einen, Frankreich, Rußland, England u. Italien auf der anderen Seite kam. Nach großen Anfangserfolgen zeigte sich D. dem Mehrfrontenkampf nicht gewachsen, bes. seit dem Kriegseintritt der USA 1917. Dem militärischen Zusammenbruch folgte die Novemberrevolution 1918. Die Dynastien traten widerstandslos ab, D. wurde Republik.

Die Weimarer Republik. Die Macht lag zunächst in den Händen soz.-demokr. Politiker (*F. Ebert*, *P. Scheidemann* u. a.), die v. a. einen geordneten Übergang von der alten zur neuen Staatsform sichern wollten. Versuche linksradikaler Gruppen, die Revolution in sozialist. Richtung weiterzutreiben, wurden abgewehrt. Die 1919 in Weimar tagende Nationalversammlung schuf eine republikan. Verfassung. Der Versailler Vertrag entmachtete D. militär., zwang es zur Abtretung großer Gebiete u. legte ihm mit den Reparationen schwere wirtsch. Lasten auf. Die ersten Jahre der Rep. waren gekennzeichnet durch Inflation, soz. Unruhen u. Umsturzversuche rechts- u. linksradikaler Gruppen. Mit der wirtsch. Erholung trat eine gewisse polit. Beruhigung ein. Die Außenpolitik G. *Stresemanns* gewann D. durch den Locarno-Vertrag (1925) u. den Beitritt zum Völkerbund (1926) die polit. Gleichberechtigung zurück. Doch wurden im Lauf der 20er Jahre im Volk u. im Parlament die Kräfte, die dem demokr. Staat ablehnend gegenüberstanden, immer stärker. Der Niedergang der Weimarer Rep. begann mit der Weltwirtschaftskrise 1929 u. der damit einsetzenden Massenarbeitslosigkeit. Im Reichstag fanden sich keine regierungsfähigen Mehrheiten mehr. Die von A. *Hitler* geführte NSDAP wurde 1932 stärkste Partei. 1933 wurde Hitler mit Unterstützung konservativer Kreise Reichskanzler.

Die nationalsozialistische Diktatur. Hitler entledigte sich rasch seiner konservativen Bundesgenossen, sicherte sich durch ein Ermächtigungsgesetz, dem alle bürgerl. Parteien zustimmten, nahezu unbegrenzte Befugnisse u. errichtete eine auf Terror gestützte Diktatur. Zustimmung bei der Bevölkerung fand er durch die schnelle Beseitigung der Arbeitslosigkeit u. durch außenpolit. Erfolge (1935 Rückkehr des Saarlands zu D., Einführung der Wehrpflicht, 1936 Rheinlandbesetzung, 1938 Annexion Östr.s u. des Sudetenlandes). Sofort nach der Machtergreifung nahm Hitler die Verwirklichung seines antisemit. Programms in Angriff. Es begann mit der schrittweisen Entrechtung der dt. Juden u. endete mit der Ermordung von 6 Mio. Juden aus mehreren europ. Ländern während des Krieges. Um die Herrschaft über Europa zu erringen, entfesselte Hitler 1939 mit dem Angriff auf Polen den 2. Weltkrieg. Nach dt. Siegen über Polen, Dänemark, Norwegen, Holland, Belgien, Frankreich, Jugoslawien, Griechenland u. erfolgreichem Vordringen in der UdSSR u. in N-Afrika kam es 1942 zur Wende des Krieges u. zu Rückzügen an allen Fronten. 1944 scheiterte ein vornehml. von Offizieren getragener Aufstand. Beim völligen Zusammenbruch des Reichs 1945 beging Hitler Selbstmord. Sein testamentar. bestimmter Nachf. K. *Dönitz* vollzog die bedingungslose Kapitulation.

Das geteilte Deutschland. Die 4 Siegermächte (USA, UdSSR, Großbrit., Frankreich) übernahmen die Regierungsgewalt. D. wurde in 4 Besatzungszonen eingeteilt, Berlin von den 4 Mächten

Bach-Ehrung zum 300. Geburtstag im Leipziger Gewandhaus (links). – Günter Grass, Schutzumschlag von »Die Blechtrommel«, graphisch-bildhaft, mit gemalter Schrift; nach einer Zeichnung des Autors (Mitte). – Szene aus Ruth Berghaus' »Dantons Tod« am Hamburger Thalia-Theater (rechts)

Robert und Clara Schumann (links). – Ernst Barlach: Ekstase; 1916. Zürich, Kunsthaus (Mitte). – Wallfahrtskirche in Neviges von Gottfried Böhm (rechts)

Bundesrepublik Deutschland

Die Bundespräsidenten

Theodor Heuss (FDP)	1. Amtsperiode	1949–1954
	2. Amtsperiode	1954–1959
Heinrich Lübke (CDU)	1. Amtsperiode	1959–1964
	2. Amtsperiode	1964–1969
Gustav Heinemann (SPD)		1969–1974
Walter Scheel (FDP)		1974–1979
Karl Carstens (CDU)		1979–1984
Richard von Weizsäcker (CDU)	1. Amtsperiode	1984–1989
	2. Amtsperiode	1989–1994
Roman Herzog (CDU)		1994–

Die Bundeskanzler

Konrad Adenauer (CDU)	1. Kabinett	1949–1953
	2. Kabinett	1953–1957
	3. Kabinett	1957–1961
	4. Kabinett	1961–1963
Ludwig Erhard (CDU)	1. Kabinett	1963–1965
	2. Kabinett	1965–1966
Kurt Georg Kiesinger (CDU)		1966–1969
Willy Brandt (SPD)	1. Kabinett	1969–1972
	2. Kabinett	1972–1974
Helmut Schmidt (SPD)	1. Kabinett	1974–1976
	2. Kabinett	1976–1980
	3. Kabinett	1980–1982
Helmut Kohl (CDU)	1. Kabinett	1982–1983
	2. Kabinett	1983–1987
	3. Kabinett	1987–1991
	4. Kabinett	1991–1994
	5. Kabinett	1994–

Deutsche Demokratische Republik

Die Staatsoberhäupter (1949–1960 u. seit 1990 Präsident, 1960–1990 Vorsitzender des Staatsrates)

Wilhelm Pieck (SED)	1949–1960
Walter Ulbricht (SED)	1960–1973
Willi Stoph (SED)	1973–1976
Erich Honecker (SED)	1976–1989
Egon Krenz (SED)	1989
Manfred Gerlach (LDPD; amtierend)	1989–1990
Sabine Bergmann-Pohl (CDU; amtierend)	1990

Die Ministerpräsidenten bzw. Vorsitzenden des Ministerrats

Otto Grotewohl (SED)	1949–1964
Willi Stoph (SED)	1964–1973
Horst Sindermann (SED)	1973–1976
Willi Stoph (SED)	1976–1989
Hans Modrow (SED/PDS)	1989–1990
Lothar de Maizière (CDU)	1990

gemeinsam verwaltet. Die Gebiete östl. der Oder u. der Lausitzer Neiße wurden poln. u. sowj. Verw. unterstellt. Ihre Bewohner sowie die in der Tschechoslowakei u. in Ungarn lebenden Deutschen wurden größtenteils vertrieben. Die zunehmenden Gegensätze zw. den Westmächten u. der UdSSR führten 1948 zum Ende der Viermächte-Verw. in Berlin u. ganz D. Die Teilung D.s wurde 1949 besiegelt durch die Gründung der *Bundesrepublik Deutschland* im W u. der *Deutschen Demokratischen Republik* in O. Bundeskanzler K. *Adenauer* betrieb die Eingliederung der Bundesrep. (BR) in die westl. Gemeinschaft: 1955 wurde sie Mitgl. der NATO, 1957 gehörte sie zu den Gründern der EG/EU. Bei anhaltendem wirtsch. Aufschwung im Rahmen der soz. Marktwirtsch. entwickelte sie sich zu einer stabilen parlamentar. Demokratie.

In der DDR wurde eine sozialist. Gesellschafts- u. Wirtschaftsordnung nach sowj. Vorbild eingeführt, verbunden mit der Alleinherrschaft der kommunist. SED unter ihrem Generalsekretär W. *Ulbricht.* 1953 kam es zu einem Volksaufstand, der von der sowj. Armee niedergeschlagen wurde. Bis 1961 flüchteten 3,5 Mio. Menschen aus der DDR in die BR. Nachdem von der DDR schon seit 1952 Grenzsperren errichtet worden waren, wurde 1961 der letzte Fluchtweg durch den Bau der Berliner Mauer abgeschnitten. Kontakte zw. den beiden dt. Staaten gab es nur auf niederer Ebene. Im Klima der internat. Entspannung nahm Bundeskanzler W. *Brandt* 1970 Verhandlungen mit der DDR auf. Sie führten zu einem »geregelten Nebeneinander«, das einige menschl. Erleichterungen brachte. In der DDR trat unter Ulbrichts Nachf. E. *Honecker* eine gewisse Konsolidierung ein, doch betrieb die Führung eine Politik strikter »Abgrenzung« gegenüber der BR, um bei den Bürgern keine Hoffnungen auf Wiedervereinigung aufkommen zu lassen. Die Parteidiktatur der SED blieb unangetastet.

Die Wiedervereinigung. Versorgungsmängel u. der Widerstand der SED-Führung gegen die Reformpolitik M. *Gorbatschows* ließen in den späten 80er Jahren die Mißstimmung in der DDR wachsen. Als Ungarn 1989 die Grenze zu Östr. öffnete, begann eine Massenflucht von DDR-Bürgern in die BR. In Großstädten kam es zu Demonstrationen für Demokratie, Meinungs- u. Reisefreiheit. Eine tiefe polit., ökonom. u. moral. Krise des SED-Regimes wurde sichtbar. Die SED verzichtete auf ihr Machtmonopol, ihre gesamte Führung trat zurück. Die Grenze zur BR u. die innerstädt. Grenze in Berlin wurden am 9.11.1989 geöffnet. Eine neue Reg. unter H. *Modrow* (SED) bekannte sich zu Pluralismus u. Marktwirtsch., zögerte aber mit entspr. Reformen. Bundeskanzler H. *Kohl* entwickelte einen Stufenplan zur schrittweisen Vereinigung der beiden dt. Staaten. Zunächst war nur eine Konföderation vorgesehen, doch angesichts des anhaltenden Übersiedlerstroms u. des polit. u. wirtsch. Verfalls der DDR gewann die Forderung nach baldiger Herstellung voller staatl. Einheit rasch an Boden. In der DDR formierten sich neue polit. Parteien. In der ersten freien Volkskammerwahl am 18.3.1990 wurde die CDU stärkste, die SPD zweitstärkste Partei. Die Kommunalwahl am 6.5. bestätigte im wesentl. dieses Ergebnis. Eine Reg. der Großen Koalition unter Min.-Präs. L. *de Maizière* wurde gebildet. Sie verkündete als Ziel den Beitritt der DDR zur BR nach Artikel 23 des Grundgesetzes. Am 18.5.1990 schlossen die beiden dt. Staaten einen Vertrag über die Bildung einer Währungs-, Wirtschafts- u. Sozialunion, die am 1.7.1990 mit der Einführung der DM als alleiniges Zahlungsmittel wirksam wurde. Die UdSSR erklärte am 16.7. ihr Einverständnis mit der NATO-Mitgliedschaft des vereinten D. Am 31.8. wurde der »Einigungsvertrag« zw. DDR u. BR unterzeichnet. Am 12.9. schlossen die 4 Siegermächte des 2. Weltkriegs u. die beiden dt. Staaten den »Vertrag über die abschließende Regelung in bezug auf D.«, durch den die Siegerrechte erloschen u. D. seine volle Souveränität erlangte. Mit Anbruch des 3.10.1990 wurde die Wiedervereinigung D.s in Berlin feierlich vollzogen. Am 14.10. fanden in den wiederhergestellten 5 Ländern der ehem. DDR Landtagswahlen statt. Am 14.11. erkannte D. die Oder-Neiße-Grenze mit Polen völkerrechtlich an. Die erste gesamtdt. Bundestagswahl am 2.12. gewann die bisherige Regierungskoalition unter H. Kohl.

Die Umstellung von der Zentralverwaltungs- zur Marktwirtschaft führte in der ehem. DDR zu großen wirtsch. u. sozialen Problemen (Betriebsstillegungen, Arbeitslosigkeit). Der Aufbau einer demokr. u. rechtsstaatl. Verw. u. Justiz erwies sich als schwierig. Erhebl. Mittel für die Lösung der dringendsten öffentl. Aufgaben mußten von der alten Bundesrep. aufgebracht werden.

Staat u. Gesellschaft

Die Verfassungsurkunde der Bundesrep. D. ist das Grundgesetz von 1949. Die Bundesrep. D. bestand bis 1990 aus 11 Ländern (darunter Berlin [West] mit einer Sonderstellung) u. besteht seither aus 16 Ländern. Sie ist eine sozialstaatl., rechtsstaatl. u.

Deutschland: Der Staatsvertrag zwischen der Bundesrepublik Deutschland und der DDR zur Wirtschafts-, Währungs- und Sozialunion beider Staaten wurde am 18. 5. 1990 in Bonn von den beiden Finanzministern Theo Waigel und Walter Romberg im Beisein der Regierungschefs Helmut Kohl und Lothar de Maizière unterzeichnet

Deutschland: Montags-Demonstration in Leipzig 1989 (links). – Öffnung des Brandenburger Tors am 22. 12. 1989; am Mikrophon Bundeskanzler Helmut Kohl bei seiner Ansprache (rechts)

Jubelnde Menschen vor dem Reichstagsgebäude in Berlin feiern den Tag der Wiedervereinigung

gewaltenteilende parlamentar. u. repräsentative (mittelbare) Demokratie. Die Staatsbürger haben gegenüber der Staatsgewalt festumrissene Grundrechte. Gesetzgebungsorgane sind der Bundestag, dessen Abg. vom Volk auf 4 Jahre gewählt werden, u. der Bundesrat, der aus Mitgl. der Regierungen der Länder besteht. Staatsoberhaupt mit vorw. repräsentativen Aufgaben ist der Bundespräsident. Er wird auf 5 Jahre von der nur zu diesem Zweck zusammentretenden Bundesversammlung gewählt. Einmalige Wiederwahl ist möglich. Der Bundeskanzler bestimmt die Richtlinien der Politik. Er wird auf Vorschlag des Bundespräsidenten vom Bundestag gewählt u. kann von diesem nur durch konstruktives Mißtrauensvotum abberufen werden. Die Gerichte sind unabhängig von anderen Staatsorganen. Das Bundesverfassungsgericht wacht über die Einhaltung des Grundgesetzes. Die Verfassungen der Länder entsprechen in ihren Grundsätzen dem Grundgesetz, sind sonst aber unterschiedl. ausgestaltet. Die Länder können eigene Gesetze erlassen, außer in Bereichen, die wegen ihrer überregionalen Bedeutung der Gesetzgebung des Bundes vorbehalten sind. Von Bedeutung sind Landesgesetze v. a. auf dem Gebiet der Kultur. Die Ausführung der Bundesgesetze liegt größtenteils bei den Ländern. Städte, Gemeinden u. Kreise ge-

Das politische System der DDR (1949–1989)

Die 1. Verf. der DDR von 1949 hatte parlamentar.-demokr. u. bundesstaatl. Züge, doch war die SED von Anfang an im Besitz aller Machtpositionen. 1952 wurden die 5 Länder durch 14 Bezirke ersetzt; die DDR wurde zum zentral geleiteten Einheitsstaat; es gab keinerlei Selbstverwaltung. Die 2. Verf. von 1968 (geändert 1974) verankerte die Führungsrolle der SED. Diese beanspruchte die Entscheidung in allen Bereichen des gesellschaftl. Lebens. Ihr vom Generalsekretär geleitetes Politbüro war die eigtl., diktator. herrschende Reg. der DDR. Auf allen Verwaltungsstufen waren die Parteiorgane den Staatsorganen übergeordnet. Die SED war mit 4 einflußlosen »Blockparteien« u. mehreren Massenorganisationen in der Nat. Front zusammengeschlossen. Alle Wahlen wurden nach Einheitslisten bei offener Stimmabgabe durchgeführt; der Anteil der Ja-Stimmen lag stets bei 99%. Formal höchstes Staatsorgan war die Volkskammer mit 500 Abg. Sie wählte den Staatsrat (das kollektive Staatsoberhaupt) u. den Ministerrat (die Reg.). Die Gerichte waren wie alle Staatsorgane dem Willen der SED unterworfen. Außerhalb aller Gesetze stand der Staatssicherheitsdienst (Stasi), der nur der SED-Führung verantwortl. war.
Aufgrund der Umwälzung von 1989/90 hatte die DDR in den letzten Monaten ihres Bestands die wesentl. Züge eines parlamentar.-demokr. Rechtsstaates.

nießen Selbstverwaltung. Die Gesellschaft in D. ist pluralistisch. Führend im polit. Willensbildungsprozeß sind die Parteien. Sie müssen nach demokratischen Grundsätzen aufgebaut sein. Großes polit.-gesellschaftl. Gewicht haben auch die Kirchen u. die Interessenverbände der Arbeitnehmer (z.B. der Dt. Gewerkschaftsbund) u. der Arbeitgeber.
Deutschlandfunk, 1960 gegr. öffentl.-rechtl. Rundfunkanstalt, die ein Programm für Dtld. u. Europa ausstrahlte; Sitz: Köln. →Deutschlandradio.
Deutschlandlied, 1841 von H. *Hoffmann von Fallersleben* auf die Melodie der östr. Kaiserhymne von J. *Haydn* gedichtet; von Reichs-Präs. F. *Ebert* 1922 zur Nationalhymne erklärt; seit 1952 Nationalhymne der BR Dtld. (nur die 3. Strophe).
Deutschlandradio, öffentl.-rechtl. Rundfunkanstalt zur Veranstaltung bundesweiten Hörfunks, Sitz Köln u. Berlin, gegr. 1993; RIAS Berlin u. Deutschlandfunk wurden in D. überführt.
Deutschlandvertrag, Vertrag vom 26.5.1952 über die Beziehungen zw. der BR Dtld. u. den westl. Besatzungsmächten USA, Großbrit. u. Frankreich, seit 5.5.1955 in Kraft als Bestandteil der *Pariser Verträge;* beendete die Besatzungsregime, regelte die Anwesenheit alliierter Stationierungstruppen u. gab der BR Dtld. die Souveränität (Einschränkungen: Verantwortung der Siegermächte für Dtld. als Ganzes). Der D. bezeichnete als gemeinsames Ziel die friedl. Wiedervereinigung Dtld.s.
Deutschmeister, der Vertreter des *Hochmeisters* des Dt. Ordens für die Gebiete im Dt. Reich.
Deutschnationale Volkspartei, *DNVP,* 1918 gegr. konservative Partei, bekämpfte die demokr. Weimarer Verf. u. erstrebte die Wiederherstellung der Monarchie; beteiligte sich 1933 unter A. *Hugenberg* am Kabinett *Hitler,* mußte sich wenig später auflösen.
Deutsch-Ostafrika, die größte der ehem. dt. Kolonien, nach dem 1. Weltkrieg aufgeteilt in die Völkerbundmandate Tanganjika u. Ruanda-Urundi; heute das Gebiet der Staaten *Tansania, Rwanda* u. *Burundi.*
deutsch-polnischer Vertrag →Warschauer Vertrag.
deutsch-sowjetischer Nichtangriffspakt, *Hitler-Stalin-Pakt,* am 23.8.1939 auf 10 Jahre geschlossener dt.-sowj. Pakt, der Nichtangriffs- u. Neutralitätsverpflichtung, Konsultationsversprechen u. das Bekenntnis zur friedl. Beilegung etwaiger Konflikte enthielt. In einem geheimen Zusatzprotokoll, dessen Existenz die UdSSR erst 1989 zugab, wurden die beiderseitigen Interessensphären in O-Europa abgegrenzt. Ein Grenz- u. Freundschaftsvertrag vom 28.9.1939, wieder mit geheimem Zusatzabkommen, traf endgültige Festlegungen. Zur sowj. Interessensphäre gehörten danach Finnland, die 3 balt. Staaten, Bessarabien u. Polen etwa entlang der Linie, die heute die poln. Ostgrenze bildet. – Mit dem Angriff auf die UdSSR 1941 wurde der Pakt von Dtld. gebrochen.
deutsch-sowjetischer Vertrag →Moskauer Vertrag.
Deutsch-Südwestafrika, ehem. dt. Kolonie an

der SW-afrik. Küste, nach dem 1. Weltkrieg Mandatsgebiet der Südafrikan. Republik, das heutige *Namibia.*
deutsch-tschechoslowakische Verträge, 1. *Prager Abkommen* vom 11.12.1973 zur Normalisierung des Verhältnisses zw. BR Dtld. u. ČSSR; das →Münchner Abkommen wurde für nichtig erklärt. – **2.** *Vertrag über gute Nachbarschaft u. freundschaftl. Zusammenarbeit,* unterzeichnet in Prag am 27.2.1992; die bestehenden Grenzen wurden bestätigt, die Rechte der dt. Minderheit in der ČSFR anerkannt.
deutschvölkische Bewegung, Sammelbegriff für verschiedene antisemit. Gruppen der 1920er Jahre, die später z. T. in der NSDAP aufgingen.
Deutz, rechtsrhein. Stadtteil von Köln.
Deutzie, *Deutzia,* im Himalaja, in Ostasien u. Nordamerika verbreitete Gatt. der *Steinbrechgewächse;* Ziersträucher.
De Valera →Valera.
Devalvation →Abwertung.
Deventer, ndl. Stadt in der Prov. Overijssel, am O-Ufer der IJssel, 67 000 Ew.; Textil- u. Maschinen-Ind.; alter Handelsplatz (Hansestadt) mit sehenswerter Altstadt
Deviation, 1. in der Seefahrt Ablenkung der Kompaßnadel durch die Eisenmasse der Schiffe. – **2.** Abweichung vom normalen Sexualverhalten; wertungsfreier Begriff als Ersatz für *Abartigkeit, Perversion* u. ä.
Devise, Wahlspruch, Sinnspruch, Motto.
Devisen, in Auslandswährung ausgeschriebene Wechsel, Schecks u. Zahlungsanweisungen, i.w.S. auch bares Geld ausländ. Währung.
Devisenkurs →Wechselkurs.
Devolutionskrieg, Eroberungskrieg *Ludwigs XIV.* 1667/68 gegen die span. Niederlande.
Devon, eine geolog. Formation. →Erdzeitalter.
Devonshire [ˈdɛvnʃə], engl. Herzogstitel, seit 1618 im Besitz der Fam. *Cavendish.*
devot, unterwürfig, dienstbeflissen.
Devotio moderna, von Geert *Groote* Ende des 14. Jh. ins Leben gerufene religiöse Erneuerungsbewegung, aus der *Mystik* erwachsen.
Devotionalien, Gegenstände, die der persönl. Frömmigkeit dienen sollen, z.B. Rosenkränze, Heiligenbilder u. Kreuze.
De Voto, Bernard Augustine, *1897, †1955, US-amerik. Literatur- u. Kulturkritiker.
Devrient [dəˈfriːnt, dəvriˈɛ̃], **1.** Eduard, Neffe von 2), *1801, †1877, dt. Schauspieler u. Theaterleiter schrieb eine »Gesch. der dt. Schauspielkunst«. – **2.** Ludwig, *1784, †1832, dt. Schauspieler; genialer Charakterdarsteller, mit E.T.A. *Hoffmann* befreundet.
Dewar [ˈdjuːə], Sir James, *1842, †1923, brit. Chemiker u. Physiker; arbeitete auf dem Gebiet der tiefen Temperaturen; entwickelte das **D.-Gefäß** für tiefgekühlte Stoffe, dessen Prinzip auch bei der *Thermosflasche* angewandt wird.
Dewey [ˈdjuːi], **1.** John, *1859, †1952, US-amerik. Philosoph u. Pädagoge; führender Vertreter des *Pragmatismus;* beeinflußte die Reformpädagogik. – **2.** Thomas Edmund, *1902, †1971, US-amerik. Politiker (Republikaner); unterlag als Präsidentschaftskandidat 1944 gegen Roosevelt, 1948 gegen Truman.
Dextrine, Kohlenhydratgemische wechselnder Zusammensetzung, die durch Einwirkung von Fermenten, Hitze oder Säuren auf Stärke entstehen; Verwendung u. a. zur Herstellung von Klebemitteln u. für Appreturzwecke.
Dextrose → Glucose.
Dezennium, Jahrzehnt.
Dezernat, Unter-Abt. einer Behörde mit best. Sachbereich. – **Dezernent,** Leiter eines *D.s.*
Dezi →Vorsatz (3).
Dezibel, Kurzzeichen dB, dimensionslose Maßeinheit für Dämpfung, Verstärkung oder den mit einer Bezugsgröße verglichenen Absolutwert einer Schallstärke u. a. Größen. Die Maßeinheit D. drückt diese Werte im dekad. Logarithmus aus. →Lautstärke.
Dezimalsystem, *dekadisches System,* das Ziffernsystem mit der Grundzahl 10. Es beruht auf dem Zählen mit den 10 Fingern. Je 10 Einheiten werden zu einer höheren Einheit zusammengefaßt (Einer, Zehner usw.). Das D. gelangte von den Indern über die Araber im 12. Jh. nach Europa.
Dezime, Intervall von 10 Tönen.

Dezimeterstrecke, *Richtfunkstrecke,* drahtlose Nachrichtenverbindung, die mit Wellenlängen von 10 cm bis 1 m arbeitet.
dezimieren, stark vermindern; urspr.: jeden 10. Mann hinrichten (als Strafe für Meuterei).
DFB, Abk. für *Deutscher Fußball-Bund.*
DFP, Abk. für *Deutsche Forumpartei.*
DFÜ, Abk. für *Datenfernübertragung.*
DGB, Abk. für *Deutscher Gewerkschaftsbund.*
dH, Abk. für *deutsche Härte (Grade).* →Härte des Wassers.
Dhahran [dax'ra:n], saudi-arab. Stadt im Erdölgebiet der Ldsch. *Al Hasa,* am Pers. Golf; 40 000 Ew.; internat. Flughafen.
Dhaka, *Dacca,* Hptst. von Bangladesch, im Delta des Brahmaputra, 4,5 Mio. Ew.; Ind.-Zentrum; zahlr. Bauten aus der Mogulzeit (17. Jh.), über 700 Moscheen.
Dharma, altind. religiöse Lehre über den Weg zum Heil; im Buddhismus eine der Größen, die das »dreifache Kleinod« (neben Buddha u. der Gemeinde) bilden.
Dhaulagiri [-'dʒi:ri], Gipfel im westl. Nepal, 8168 m.
d'Hondtsches Verfahren, nach dem Belgier Victor d'*Hondt* (* 1841, † 1901) ben. Verrechnungsmethode zur Umsetzung von Stimmen in Mandate; bis 1983 Grundlage für die Mandatsvergabe bei Bundestagswahlen (jetzt: *Hare-Niemeyer-Verfahren*).
Dia, Kurzwort für →Diapositiv.
Diabas, zähes, dunkelgrünes oder schwarzes subvulkan. Gestein aus Plagioklas, Augit, Hornblende, Olivin; Pflasterstein u. Schottermaterial.
Diabelli, Anton, * 1781, † 1858, östr. Komponist u. Musikverleger; Schüler von M. *Haydn.*
Diabetes, *Harnruhr,* Bez. für 3 Krankheiten: 1. *D. mellitus* →Zuckerkrankheit. – 2. *D. insipidus* →Wasserharnruhr. – 3. *D. renalis,* Nierendiabetes, eine Nierenanomalie, bei der die Niere bei normalem Kohlenhydratstoffwechsel zuviel Zucker durchläßt.
Diabetes-Diät, eine Schonkost für Zuckerkranke. Sie berücksichtigt den u. a. durch eine gestörte Zuckerverwertung bei relativem oder absolutem Insulinmangel gekennzeichneten Krankheitszustand. Bei genau ermitteltem Nährstoffbedarf sind insbes. Dosierung u. Verteilung der Kohlenhydrate wichtig; ihre Mengenangabe erfolgt in Broteinheiten (BE).
Diabetiker-Lebensmittel, zur Ernährung der *Zuckerkranken* bestimmte Nahrungsmittel, die einen erhebl. niedrigeren Gehalt an belastenden Kohlenhydraten aufweisen.
diabolisch, teuflisch.
Diacetyl, *Butandion-(2.3),* $CH_3\text{-}CO\text{-}CO\text{-}CH_3$, ein Duftstoff in Butter u. vielen Naturstoffen.
Diadem, kostbarer Kopfschmuck; im Altertum Haar- oder Stirnband als Zeichen der Herrscher- u. Priesterwürde.
Diadochen, die Feldherren Alexanders d. Gr., die nach seinem Tod (323 v. Chr.) das Reich aufteilten u. dann in wechselnden Bündnissen gegeneinander kämpften.

Diaghilew [-ljɛf], Serge, * 1872, † 1929, russ. Ballettmeister; Schöpfer u. Leiter der Ballett-Truppe *Ballets Russes.*
Diagnose, die Krankheitserkennung aufgrund der Krankengeschichte u. der Untersuchung.
Diagonale, die Verbindungsstrecke zweier nicht benachbarter Ecken eines Vielecks oder Körpers.
Diagramm, *Schaubild,* zeichner. Darstellung von zahlenmäßigen Abhängigkeiten zw. zwei oder mehr Größen.
Diakon, in der kath. Kirche ein Kleriker, der die letzte der höheren Weihen vor der Priesterweihe erhalten hat; dadurch auch eigenständiges Amt, nicht nur Durchgangsstufe zum Priesteramt. – In der ev. Kirche Mitarbeiter des *Diakonischen Werks,* z.B. Gemeindehelfer, Krankenpfleger, Jugendleiter.
Diakonie, in der christl. Kirche durch *Diakone* u. *Diakonissen* ausgeübter Dienst an Kranken u. Bedürftigen.
Diakonisches Werk der Evang. Kirche in Deutschland, Zusammenschluß (1957) der *Inneren Mission* u. des *Hilfswerks* mit der Aufgabe, die diakonisch-missionar. Arbeit im Bereich der EKD zu fördern. Das D. W. umfaßt die *Gemeinde-Diakonie* (Kindergärten, Ehe- u. Erziehungsberatungsstellen, Pflegestationen), die *Anstaltsdiakonie* (Heil- u. Pflegeanstalten, sonstige soz. u. sozialpädagog. Ausbildungseinrichtungen) u. die *Ökumenische Diakonie* (Entwicklungshilfe, »Brot für die Welt«, »Dienste für Übersee«). In Dtld. beschäftigt das D. W. rd. 300 000 hauptberufl. Mitarbeiter. Sitz Stuttgart.
Diakonissen, evang. Gemeinde- u. Pflegeschwestern, Erzieherinnen u. Fürsorgerinnen, die von *D.-Mutterhäusern* aus eingesetzt werden.
diakritische Zeichen, zur Bezeichnung der Aussprache oder Betonung einem Buchstaben beigegebene Zeichen, z.B. Akzent, Häkchen, Cédille.
Dialekt, →Mundart.
Dialektik, urspr. die Kunst der Gesprächsführung; dann eine philosoph. Methode; in ihrer heutigen Form bei *Hegel* geprägt: Ein Begriff *(These)* erzeugt seinen eigenen Gegenbegriff *(Antithese);* in der *Synthese* ist der Widerspruch »aufgehoben« (d. h. überwunden u. zugleich aufbewahrt).
dialektischer Materialismus, *Diamat,* Teil des *Marxismus-Leninismus,* zus. mit dem →historischen Materialismus dessen philosoph. Grundlage. Nach Auffassung des d.M. ist die Welt ihrem Wesen nach materiell. Die Prozesse der Entwicklung zu neuen, höheren Formen in Natur u. menschl. Gesellschaft vollziehen sich dialektisch, d. h. durch das Auftreten u. Überwinden von Widersprüchen, u. in Sprüngen, d. h., daß evolutionäre, quantitative Veränderungen an einem bestimmten Punkt revolutionär in qualitative Veränderungen umschlagen.
dialektische Theologie, von K. *Barth* um 1920 ausgegangene Richtung der ev. Theologie, die an *Kierkegaard* anknüpft u. den unendl. Abstand zw. Gott u. Mensch betont, der zur Folge hat, daß keine direkte, sondern nur eine dialekt. Aussage über Gott gemacht werden kann.
Dialog, Gespräch zw. zweien oder mehreren.
Dialyse, 1. Trennung von Elektrolytenlösungen u. Kolloiden mit Hilfe einer halbdurchlässigen *(semipermeablen)* Hülle (Tierblase, Cellophanschlauch). – **2.** Apparatur zur Entfernung harnpflichtiger Stoffe aus dem Blut. →künstliche Niere.
Diamant, das härteste Mineral: reiner Kohlenstoff mit bes. dichter Atompackung (Härte 10); natürl. Vorkommen in Oktaedern, Rhombendodekaedern u. Würfeln; Färbungen: weiß, grau, gelbl., grünl., bläul., rötl. bis schwarz. Hohe Lichtbrechung, »Feuer« u. Härte erheben ihn zum wertvollsten Edelstein (→Brillant); minderwertige »Carbonados« werden zum Bohren u. Schleifen verwendet. Seit 1955 werden D. auch synthet. hergestellt.
diamantene Hochzeit, der 60. Jahrestag der Hochzeit.
Diamat →dialektischer Materialismus.
Diameter, Durchmesser. – **diametral,** am Endpunkt eines Kreisdurchmessers befindlich.
Diana, die der grch. *Artemis* gleichgesetzte röm. Göttin der Jagd.
Diana [engl. dai'ænə], Prinzessin von Wales, * 1.7.1961, urspr. Lady D. *Spencer;* seit 1981 verh. mit dem brit. Thronfolger Prinz *Charles,* von dem sie seit 1992 getrennt lebt.
Diapause, vorübergehende Ruhepause in der Entwicklung von Tieren, oft in Beziehung zu Kälte- oder Trockenperioden.

diaphan, durchscheinend. – **Diaphanbild,** auf Glas oder dünnes Papier gedrucktes oder gemaltes Bild, das gegen das Licht betrachtet werden kann.
Diaphorese, Schweißausscheidung. – **Diaphoretika,** *schweißtreibende Mittel,* Mittel zur verstärkten Schweißausscheidung.
Diaphragma, 1. →Zwerchfell. – **2.** poröse Scheidewand zw. zwei Elektrolyten bei einigen elektrolyt. Verfahren, um eine Vermischung zu verhindern, ohne den Stromfluß zu sperren.
Diapositiv, *Dia,* positive Kopie eines Negativs auf der Platte oder einen Film, die mit einem Projektor auf die Leinwand gestrahlt werden kann.
Diarium, Tagebuch.
Diarrhoe →Durchfall.
Diaspora, zerstreut lebende religiöse Minderheit; auch das Gebiet, in dem sie lebt.
Diastasen, stärkeabbauende Enzyme; →Amylasen.
Diastole, auf die Kontraktion *(Systole)* folgende Erschlaffung der Herzkammermuskulatur bei Säugetieren.
Diät, der bes. Konstitution eines Menschen gemäße Lebens- u. Ernährungsweise; Krankenkost.
Diäten, Tagegelder, bes. für Abgeordnete.
Diätetik, Lehre von der gesunden Lebensweise, insbes. Ernährung.
diatherman, durchlässig für Wärmestrahlung (z. B. Glas).
Diathermie, medizin. Durchwärmungsbehandlung mit hochfrequentem Wechselstrom.
Diathese, erhöhte Krankheitsbereitschaft.
Diatomeen, *Kieselalgen,* braune, einzellige Algen; zwei Grundformen: *Pennales* (längl.). *Centricae* (rundl.). Innerhalb der äußeren Plasmamembran ist eine Kieselsäureschicht abgelagert. Sie bildet einen starren, nicht wachstumsfähigen Panzer.
Diatonik, ein Tonsystem, das durch die Aufteilung der Tonleiter in 5 Ganz- u. 2 Halbtonschritte das Aufstellen u. Bestimmen der Dur- u. Moll-Systems zuläßt; im Gegensatz zu *Chromatik* u. *Enharmonik.*
Diaz ['diaʃ], Bartolomëu, * um 1450, † 1500, port. Seefahrer, umfuhr als erster Europäer 1487/88 die S-Spitze Afrikas.
Diazoverbindungen, organ.-chem. Verbindungen, die die Azogruppe (–N=N–) an ein Aryl gebunden enthalten. Sie sind von großer techn. Bedeutung für die Herstellung von *Azofarbstoffen.*
Dibbuk, im ostjüd. Volksglauben der Geist eines Toten, der sich an den Leib eines Lebenden anheftet.
Dibelius, Otto, * 1880, † 1967, dt. ev. Kirchenführer; führend in der Bekennenden Kirche; 1945–66 Bischof der Ev. Kirche in Berlin-Brandenburg, 1949–61 Vors. des Rats der EKD.
Di Benedetto, Antonio, * 1922, † 1986, argentin. Schriftst.; Romane u. Erzählungen (»Und Zama wartet«).
Dichlorbenzol, in Ortho-, Meta- u. Para-Form vorkommende organ.-chem. Verbindung, wirksam gegen Termiten u. Motten.
Dichogamie, die Erscheinung, daß die Narben u. Staubblätter einer zwittrigen Blüte zu verschiedener Zeit bestäubungsreif werden. D. verhindert die Selbstbestäubung.
Dichotomie, Zweiteilung, Gliederung nach zwei Gesichtspunkten.
Dichte, das Verhältnis der Masse eines Körpers zu seinem Rauminhalt (Volumen). Die D. ist zahlenmäßig (prakt.) gleich der *Wichte* (dem *spezifischen Gewicht*).
Dichter, Schöpfer sprachl. Kunstwerke.
Dichtung, 1. *Poesie,* die Kunst, deren Ausdrucksmittel die Sprache ist; gegliedert in die D.sgattungen *Lyrik, Epik, Dramatik.* – **2.** Vorrichtung verschiedener Bauart zum Abdichten der Trennfugen von Maschinenteilen, Gefäßen oder Rohren gegen das Ausströmen von Flüssigkeiten oder Gasen.
Dickblatt, *Crassula,* Gatt. der *D.gewächse;* hierzu: *Moosblümchen, Wasser-D., Rötliches D.* Das D. ist mit der Fetthenne verwandt.
Dickdarm →Darm.
Dicke Berta, volkstüml. Bez. für den im 1. Weltkrieg eingesetzten dt. 42-cm-Mörser, der damals schwerste Geschütz im Landkampf.
Dickens ['dikinz], Charles, * 1812, † 1870, engl. Schriftst.; humorvoller, gütiger Schilderer wirtschaftl. bedrückter u. seel. bedrängter Lebensschicksale. Seine Romane vermitteln ein realist. Bild vor allem der kleinbürgerl. Schichten Londons. Ⓦ »Oliver Twist«, »David Copperfield«.
Dickhäuter, veraltete Bez. für verschiedene Tier-

Dialyse: Die künstliche Niere, seit 1960 klinisch in Gebrauch, ist für viele chronisch Nierenkranke die letzte Rettung. Bei der Dialyse wird das Blut des Patienten durch mehrere halbdurchlässige Membrankammern geleitet, die von einer wäßrigen Lösung umgeben sind. Dabei wandern aufgrund des Konzentrationsgefälles die harnpflichtigen Substanzen in die Spülflüssigkeit ab. Das gereinigte Blut wird über eine Vene zurückgeleitet

Dieselmotor: Schnittdarstellung eines stationären 12-Zylinder-Viertakt-V-Motors mit Abgas-Turboaufladung und einer Leistung von 383–600 kW (521–816 PS) je nach Einstellung

gruppen, z.B. Elefanten, Nashörner, Flußpferde u. Schweine.
Dickhornschaf, nordamerik. Unterart des *Wildschafs.*
Dickmilch, *Sauermilch,* rohe, durch Milchsäurebakterien geronnene Milch.
Didaktik, Unterrichtslehre; Wiss. vom Lehren u. Lernen u. von den Bildungsinhalten. – **didaktisch,** lehrhaft.
Diderot [-'ro], Denis, *1713, †1784, frz. Schriftst. (Romane, Dramen, philosoph. Schriften); führender Kopf der Aufklärung; entwarf den Plan zur »Encyclopédie«.
Dido, sagenhafte Prinzessin von Tyros, floh nach der Ermordung ihres Gatten u. gründete Karthago; tötete sich aus Schmerz über den Weggang des *Äneas.*
Didymaion, altgrch. Orakelstätte des Apollon südl. von Milet; Ausgrabungen.
Diebitsch-Sabalkanskij, Iwan Iwanowitsch Graf von, *1785, †1831, russ. Feldmarschall; trat 1801 aus preuß. in russ. Dienste, schloß 1812 mit Yorck die Konvention von Tauroggen.
Diebsameise, kleinste einheim. *Ameise* Mitteleuropas, 1,3–3 mm; stiehlt die Brut größerer Ameisen u. verzehrt sie.
Diebskäfer, weltweit verbreitete Fam. kleiner Käfer (bis 5 mm), rd. 600 Arten, leben in menschl. Wohnungen.
Diebstahl, Wegnahme einer fremden bewegl. Sache in der Absicht, sie sich rechtswidrig zuzueignen; strafbar mit Freiheitsstrafe bis zu 5 Jahren oder Geldstrafe, in bes. schweren Fällen mit Freiheitsstrafe bis zu 10 Jahren.
Dieburg, hess. Stadt an der Gersprenz, 14 000 Ew.; Wallfahrtskirche, Schloß; Kunststoff-, Tonwaren-, Textil-, Lederwarenind.
Dieckmann, Johannes, *1893, †1969, Redakteur; 1945 Mitgr. der Liberal-Demokrat. Partei Dtld.s (LDPD), 1949–69 Präs. der Volkskammer der DDR.
Diedenhofen, frz. *Thionville,* lothring. Krst. an der Mosel, 42 000 Ew.; ehem. Festung; Eisen- u. Stahlind.
Diederichs, 1. Eugen, *1867, †1930, dt. Verleger; verdient um Erneuerung der Buchkultur. – **2.** Georg, *1900, †1983, dt. Politiker (SPD); 1961–70 Min.-Präs. von Niedersachsen.
Diefenbaker [-'bɛikə], John, *1895, †1979, kanad. Politiker (Konservative Partei); 1957–63 Prem.-Min.
Diego Garcia ['djɛigou 'ga:θi:a], Insel in der Gruppe der Chagosinseln im Ind. Ozean; militär. Basis der USA.
Diégo-Suarez [-rɛs] → Antsiranana.
Dielektrikum [di:e], elektr. nicht leitendes Material, in dem ein elektr. Feld aufrechterhalten werden kann; Ggs.: ein *Leiter,* in dem sich elektr. Spannungen sofort ausgleichen.
Dielektrizitätskonstante [di:e-], Zahl, die angibt, um wieviel höher ein Kondensator aufgeladen werden kann, wenn zw. den Kondensatorplatten anstelle der Luft ein *Dielektrikum* verwendet wird.
Diels, Otto, *1876, †1954, dt. Chemiker; erfand zus. mit K. *Adler* die *Diensynthese;* Nobelpreis 1950.
Diem, Carl, *1882, †1962, dt. Sportfunktionär u. -wissenschaftler; Organisator der Olymp. Spiele 1936 in Berlin, seit 1947 Rektor der von ihm gegr. Sporthochschule in Köln.
Diemel, l. Nbfl. der Weser, 80 km; mündet bei Karlshafen.

Diên Biên Phu [djɛn bjɛn fu], Stadt in Nordvietnam, nahe der Grenze zu Laos. Die Niederlage der frz. Armee gegen die vietnames. Kommunisten bei D. B. P. am 7.5.1954 leitete den Rückzug Frankreichs in Indochina ein.
Dien, *Diolefine,* ungesättigte aliphat. Kohlenwasserstoffe mit zwei Doppelbindungen im Molekül; allg. Formel: C_nH_{2n-2}.
Dienst, in der Gotik entwickelte Halbsäule, die Pfeilern, Rundpfeilern oder Wänden vorgelegt ist u. ein Glied des Gewölbes trägt.
Dienstalter, bei Beamten, Richtern u. Soldaten die für Beförderung, Besoldung u. Ruhegehalt maßgebende Dienstzeit.
Dienstaufsicht, Überwachung der Tätigkeit nachgeordneter Stellen durch die vorgesetzten Behörden. – **D.sbeschwerde,** Anrufung einer übergeordneten Behörde mit dem Verlangen, Maßnahmen einer nachgeordneten Behörde aufzuheben.
Dienstbarkeiten, *Servituten,* dingl. Rechte an einem fremden Grundstück.
Dienstbezüge, das Gehalt von Beamten; →Besoldung.
Diensteid, *Treueid,* feierl. Gelöbnis von Staatsoberhäuptern, Ministern, Beamten, Richtern u. Soldaten über die ordnungsgemäße Erfüllung ihrer Dienstpflichten u. ggf. auch die Treue zur Verfassung. – In Österreich *Treuegelöbnis,* in der Schweiz *Amtseid* oder *Handgelübde.*
Dienstgipfelhöhe, *Gipfelhöhe,* die Höhe, in die Steiggeschwindigkeit eines Flugzeugs noch mindestens 0,5 m/s beträgt. Die D. moderner Verkehrsflugzeuge liegt über 12 000 m.
Dienstgrad, Rangstufe im militär. Personalaufbau. Die D.bezeichnung kann je nach Teilstreitkraft oder Laufbahn unterschiedl. sein; z.B. sind Hauptmann, Kapitänleutnant, Stabsarzt versch. Bez. für den gleichen D. – **D.gruppe,** Zusammenfassung mehrerer D.e. In der Bundeswehr gibt es die D.gruppen der Generale, Stabsoffiziere, Hauptleute, Leutnante, Unteroffiziere mit Portepee, Unteroffiziere ohne Portepee, Mannschaften.
Dienstleistung, eine wirtschaftl. Tätigkeit, die keine Sachgüter (Waren) hervorbringt. Zu den **D.sgewerben** *(tertiärer Sektor)* zählen u. a. Handel, Verkehr, Banken, Versicherungen, Gaststätten, Hotels u. freie Berufe.
Dienststrafrecht, *Disziplinarstrafrecht,* u. *Disziplinarrecht,* die Regelung der Strafbarkeit von Dienstvergehen von Beamten.
Dienstvergehen, schuldhafte Verletzung von Dienstpflichten durch Beamte; bei Ruhestandsbeamten die Verletzung der Amtsgeheimnisses u. bestimmte gegen den Staat gerichtete Handlungen.
Dienstverpflichtung, die Verpflichtung von Bürgern durch den Staat, im Notstands- oder Verteidigungsfall eine bestimmte Arbeit oder Funktion zu übernehmen; in der BR Dtld. in Art. 12a GG geregelt.
Dienstvertrag, privatrechtl. Vertrag, durch den sich ein Partner zur Leistung vereinbarter Dienste, der andere zur Gewährung der vereinbarten Vergütung verpflichtet. Vertragsinhalt ist die Tätigkeit als solche, im Unterschied zum *Werkvertrag,* der zur Herbeiführung eines bestimmten Erfolgs (Arbeitsergebnisses) verpflichtet.
Dientzenhofer, oberbay. Baumeisterfamilie: **1.** Christoph, Bruder von 2), 3), 4), *1655, †1722; beteiligt an vielen Prager Kirchenbauten. – **2.** Georg, Bruder von 1), 3), 4), *um 1643, †1689; Hptw.: Dreifaltigkeitskapelle Waldsassen, Martinskirche Bamberg. – **3.** Johann, Bruder von 1), 2), 4), *1663, †1726; beeinflußt von ital. Barockarchitekten; Hptw.: Dom zu Fulda, Schloß Pommersfelden, Klosterkirche Banz. – **4.** Johann Leonhard, Bruder von 1), 2), 3), *1660, †1707; Hptw.: bischöfl. Residenz Bamberg, Abtei u. Konventsgebäude des Klosters Banz. – **5.** Kilian Ignaz, Sohn von 1), *1689, †1751; seit 1720 in Prag Hauptmeister der dortigen Barock-Baukunst.
Diepgen, Eberhard, *13.11.1941, dt. Politiker (CDU); 1984–89 Regierender Bürgermeister von Berlin (West), seit 1991 in gleicher Funktion von Gesamt-Berlin.
Diepholz, Krst. in Niedersachsen, an der Hunte, 15 000 Ew.; landw. Handel, Masch.-, Schallplatten- u. a. Ind.
Dieppe [di'ɛp], N-frz. Stadt an der Kanalküste, 36 000 Ew.; Fischerei- u. Handelshafen, Seebad.
Diesel, Rudolf, *1858, †1913, dt. Ingenieur; erfand 1892 den *D.motor.*
Dieselmotor, eine Verbrennungskraftmaschine, in der nicht (wie beim *Ottomotor*) ein brennfähiges Gemisch, sondern reine Luft angesaugt u. unter hohem Druck verdichtet wird, wodurch die Temperatur auf 700–900 °C ansteigt. Durch eine Pumpe wird dann der Brennstoff eingespritzt, der in der heißen Luft verbrennt u. dabei Energie entwickelt. Der D. verbrennt höher siedende Kraftstoffe als der Ottomotor (sog. *Dieselöle*).
Dies irae [-ræ], »Tag des Zorns«, Beginn einer lat. Hymne auf das Weltgericht, die als Sequenz in die Totenmesse aufgenommen worden ist.
Diestel, Peter-Michael, *14.2.1952, dt. Politiker (DSU, dann CDU); April-Okt. 1990 stellv. Min.-Präs. u. Innen-Min. der DDR; 1990–92 Fraktions-Vors. der CDU im Landtag von Brandenburg.
Diesterweg, Adolf, *1790, †1866, dt. Pädagoge; trat ein für eine einheitl. nat., lib. Erziehung u. für konfessionslosen Religionsunterricht.
Dieterle, William, *1893, †1972, US-amerikan. Filmregisseur dt. Herkunft (»Der Glöckner von Notre Dame«).
Diethylenglykol, *Diglykol,* chemische Formel $CH_2OH-CH_2-O-CH_2-CH_2OH$, farblose, zähe, süßlich schmeckende, wasserlösl. Flüssigkeit; Lösungsmittel für Textil- u. Druckfarbstoffe; Bestandteil von Heizflüssigkeiten u. Gefrierschutzmitteln; Feuchthaltemittel für Tabak u. Papier; gesundheitsschädlich.
Dietikon [di'ɛ-], schweiz. Ind.-Stadt westl. von Zürich, am Zusammenfluß von Reppisch u. Limmat, 20 700 Ew.; röm. Ruinen.
Dietmar von Aist, oberöstr. ritterl. Minnesänger des 12. Jh.; schrieb die frühesten dt. Tagelieder.
Dietrich, eigtl. Maria Magdalena von *Losch,* *1901, †1992, dt.-amerik. Filmschauspielerin u. Sängerin; weltberühmt durch den Film »Der blaue Engel«.
Dietrich von Bern (Bern = Verona), germ. Sagengestalt, in der *Theoderich d. Gr.* fortlebt.
Dietzenbach, hess. Stadt im Rodgau, 30 000 Ew.; Maschinen-, Elektro-, Kunststoff-Ind.
Dietzfelbinger, Hermann, *1908, †1984, dt. ev. Theologe; 1955–75 Landesbischof der ev.-luth. Landeskirche Bayerns, 1967–73 Vors. des Rats der EKD.

Marlene Dietrich mit G. Cooper in »Marocco«

Dievenow [-no], poln. *Dziwna,* der östl. Mündungsarm der Oder, 36,5 km.

Diez, Stadt in Rhld.-Pf. an der Lahn, 9200 Ew.; Naturheilbad; Schloß.

Diffamierung, Verleumdung, Ehrenkränkung.

Differdingen, französ. *Differdange,* luxemburg. Ind.-Stadt im Kt. Esch, 16 000 Ew.; Eisenerzbergbau, Hütten-Ind.

Differential, *Differentialgetriebe, Ausgleichsgetriebe,* ein *Planetengetriebe,* das den Antrieb zweier Wellen von einer Antriebswelle aus gestattet, wobei die angetriebenen Wellen mit versch. großer Drehschnelle laufen können. Beim Kraftfahrzeug ist ein D. für die Kurvenfahrt notwendig, weil das äußere Rad schneller drehen muß als das innere.

Differentialrechnung, Methode zur Berechnung der Veränderung der Werte einer Funktion u. zur Analyse ihres Verlaufs. Ausgangspunkt ist die Ermittlung der Steigung der Tangente in einem Punkt P (x, y) der Kurve $y = f(x)$, wobei die Tangente als Grenzlage einer sich um P drehenden Sekante P_1 aufgefaßt wird. P_1 fällt bei der Drehung auf P. Der Grenzwert der Steigungswerte heißt *Differentialquotient* oder *1. Ableitung* der Funktion $f(x)$, geschrieben y', $f'(x)$ oder dy/dx. Die Größen dy und dx heißen *Differentiale.* Die Berechnung der 1. Ableitung von Funktionen unterliegt bes. Rechenregeln, z.B. ist $y' = nx^{n-1}$ die 1. Ableitung der Funktion $y = x^n$. Die Ableitung der 1. Ableitung heißt die *2. Ableitung (2. Differentialquotient),* geschrieben y'', $f''(x)$ oder d^2y/dx^2; die der 2. Ableitung heißt *3. Ableitung* usw. – Angewandt in Kurven-, Flächen-, Funktionentheorie, Physik u. Technik.

differentielle Psychologie, von W. *Stern* eingeführter Begriff auf dem Gebiet der Psychologie, das sich mit den individuellen psych. Unterschieden, den Differenzierungen seelischer Funktionen u. Eigenschaften befaßt.

Differenz, 1. Zwist, Unterschied. – **2.** das Ergebnis einer *Subtraktion.*

differenzieren, 1. Teile ausgliedern, unterscheiden, Unterschiede bilden. – **2.** eine *Ableitung* bilden; → Differentialrechnung.

diffizil, schwierig, heikel.

diffus, verschwommen, nicht klar abgegrenzt. – **d.es Licht,** zerstreutes Licht ohne bestimmte Strahlenrichtung.

Diffusion, 1. Streuung, wechselseitige Durchdringung, Ausbreitung. – **2.** in der Physik auf der Wärmebewegung der Moleküle beruhende selbst. Vermischung von Gasen, Lösungen oder mischbaren Flüssigkeiten.

Diffusionspumpe, Öl- oder Quecksilberdampfstrahlpumpe zur Erzeugung höchster Vakua.

Digest ['daidʒɛst], Auszug, Kurzfassung; Zusammenstellung von Auszügen aus bereits veröffentlichten Büchern und Artikeln.

Digesten, *Pandekten,* Sammlung von Auszügen aus den Schriften bed. röm. Juristen, Hauptbestandteil des → Corpus juris civilis.

Digestion, Verdauung.

digital, zahlen-, ziffernmäßig. Ggs.: *analog.* – **Digitaluhr,** eine Uhr, die die Zeit nicht durch Zeiger, sondern durch Ziffern anzeigt.

Digitalis →Fingerhut.

Dignitar, Würdenträger. – **Dignität,** Würde, hohes Amt.

Dijon [diˈʒõ], O-frz. Ind.- u. Handelsstadt, ehem. Hptst. von *Burgund,* 150 000 Ew.; Univ. (1722); Kathedrale, Kirche Notre-Dame (13. Jh.), Herzogspalast (15. Jh.).

Dike, in der grch. Myth. Tochter des Zeus, Göttin der rechten Ordnung.

Dikotyledonen →Blütenpflanzen.

Diksmuide [diksˈmœydə], *Dixmuiden,* Stadt in W-Flandern (Belgien), an der Yser, 15 000 Ew.

Diktaphon →Diktiergerät.

Diktatur, Zusammenfassung der polit. Gewalt in der Hand einer Person (**Diktator**) oder einer Gruppe unter Ausschaltung verfassungsrechtl. u. gewohnheitsrechtl. Schranken, manchmal verschleiert durch scheindemokr. Formen, z.B. ein machtloses Parlament. Im alten Rom gab es eine rechtmäßige zeitl. begrenzte D. zur Abwendung von Notständen. – **D. des Proletariats,** nach Auffassung von K. Marx die kurze Durchgangsstufe zw. bürgerl. u. klassenloser Gesellschaft; im Marxismus-Leninismus später als länger währende Staatsform umgedeutet.

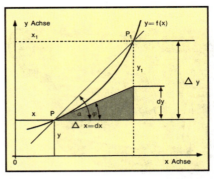

Differentialrechnung: Differential einer Funktion

Diktiergerät, *Diktaphon,* kombiniertes Aufnahme- u. Wiedergabegerät für gesprochene Texte. Heute arbeiten D.e meist mit Minikassetten.

Diktion, Ausdrucks-, Sprechweise, Schreibart.

Dilatation, Ausdehnung, Erweiterung.

dilatorisch, aufschiebend, hinhaltend.

Dilemma, Zwangslage, die eine Entscheidung zw. zwei (meist ungünstigen) Möglichkeiten fordert.

Dilettant, Nur-Liebhaber, Nichtfachmann.

Dill, *Gurkenkraut,* ein *Doldengewächs,* in Indien u. Vorderasien heim. Kraut mit gelbblütigen Dolden.

Dill, r. Nbfl. der Lahn, 54 km; Talsperre bei Dillenburg.

Dillenburg, N-hess. Stadt an der Dill, 24 000 Ew.; mittelalterl. Stadtkern; versch. Ind. – 1516–1739 Residenz einer nassauischen Linie.

Dillingen an der Donau, Krst. in Schwaben (Bay.), 17 000 Ew.; Schloß (13. Jh.); Herstellung von Elektrogeräten, Präzisionswerkzeugen, Miederwaren. – 1549–1804 Universität.

Dillingen/Saar, saarländ. Stadt, 22 000 Ew.; Eisenhüttenwerk, Maschinen- u. Metallwaren-Ind., Stahlbau.

Dilthey [-tai], Wilhelm, * 1833, † 1911, dt. Philosoph; erstrebte eine erkenntnistheoret. Begründung der Geisteswiss., deren Methode er gegen die Naturwiss. abzugrenzen suchte.

Diluvium, *Eiszeit,* veraltete Bez. für das *Pleistozän,* ein →Erdzeitalter.

Dime [daim], US-amerik. Münze im Wert 10 Cents.

Dimension, 1. Ausdehnung, Ausmaß. Die 3 D.en sind Länge, Breite, Höhe. – **2.** Kennzeichnung einer physikal. Größe durch Verknüpfung der Grundgrößen Länge, Zeit, Masse, auch Ladung; z.B. hat die Geschwindigkeit die D. Länge/Zeit.

diminuendo, musikalische Vortragsbez.: leiser, schwächer werdend.

Diminutivum, Verkleinerungsform eines Worts; im Dt. mit den Nachsilben *-chen, -lein* gebildet.

Dimitrow, Georgi, * 1882, † 1949, bulgar. Politiker (Kommunist), 1919 Mitgr. der KP Bulgariens; 1933 in Dtld. im Reichstagsbrand-Prozeß freigesprochen; 1935–43 in Moskau Generalsekretär der Komintern; 1946–49 Generalsekretär der bulgar. KP u. Min.-Präs.

Dimitrowgrad [-trɔf-], bulgar. Ind.-Stadt an der Maritza, 57 000 Ew.; Braunkohlenlager, chem. u. Schwerind. – 1947 gegründet.

Dimmer, elektron. Gerät zur stufenlosen Regulierung der Helligkeit von Beleuchtungsanlagen.

Dimona, isr. Stadt im nördl. Negev, 28 000 Ew.; Kernforschungsanlagen. – 1955 gegründet.

Dimorphismus, Zweigestaltigkeit, Ausbildung zweier versch. Gestalten innerhalb einer Tierart; als *Saison-D.,* wenn sich versch. Generationen (z.B. Frühlings- u. Herbstgeneration) gestaltl. unterscheiden, oder als *Sexual-D.,* wenn sich die Geschlechter über die primären Geschlechtsmerkmale hinaus unterscheiden.

DIN, Abk. für **Dt.** *Institut für Normung e. V.,* gemeinsam von Erzeugern u. Verbrauchern, Forschern u. Behörden aufgestellte Vorschriften u. Richtlinien zum Vereinheitlichen von Bau- u. Maschinenteilen, Werkstoffen, Gebrauchsgegenständen, Maßen, Verfahren u. ä., die vom *Dt. Normenausschuß (DNA)* laufend überprüft, ergänzt u. in Form von Normblättern mit dem Zeichen DIN herausgegeben werden.

Dinant [diˈnã], belg. Stadt im Durchbruchstal der Maas durch die Ardennen, 88 000 Ew.; Metall-Ind.; alte Zitadelle; wegen seiner strateg. Lage oft umkämpft.

Dinar, arab. Goldmünze des 7.–15. Jh. u. Hauptwährung der islam. Welt; heute Währungseinheit in Jugoslawien, Irak, Jordanien, Kuwait, Tunesien u. Algerien.

Dinaride, der bes. im Dinar. Gebirge u. in den östr. Alpen wohnende Menschenschlag.

Dinarisches Gebirge, die meist verkarsteten Gebirgszüge im W der Balkanhalbinsel; i.e.S. das Grenzgebirge an der dalmatin.-bosn. Grenze.

Dine [dain], Jim, * 16.6.1935, US-amerik. Maler; Kunst aus Mülleimerfundstücken; Happenings u. graph. Zyklen.

Diner [diˈneː], Essen aus mehreren Gängen, Festmahl.

Dingelstedt, Franz Frhr. von (seit 1876), * 1814, † 1881, dt. Schriftst. u. Theaterleiter; Leiter der Hofbühnen in München 1852–57, Weimar 1857–67 u. Wien 1867–81.

Dingi, *Dinghi,* kleinstes Beiboot von Schiffen; auch Klassen-Bez. für kleinere Bootstypen.

dingliche Rechte, *Sachenrechte,* im bürgerl. Recht Befugnisse zur Ausübung (gegen jedermann wirkenden) unmittelbaren Sachherrschaft (Ggs.: *obligator. Rechte,* die nur zw. den Vertragsparteien wirken). Außer dem vollen dingl. Recht, dem *Eigentum,* gibt es als beschränkte d. R. u. a. *Vorkaufsrecht, Dienstbarkeiten* u. *Pfandrechte.*

Ding Ling, * 1904, † 1986, chin. Schriftst. (realist. Romane); 1957 u. 1970–75 als »rechte Abweichlerin« verfolgt.

Dinglinger, Johann Melchior, * 1664, † 1731, dt. Goldschmied; seit 1698 am Hof Augusts des Starken in Dresden tätig.

Dingo, *Warragal,* austral. Wildhund; wahrscheinl. eine verwilderte Haushundrasse der ersten Einwanderer.

Dingolfing, niederbay. Krst. an der Isar, 15 000 Ew.; Herzogsburg (15. Jh.); Kraftfahrzeug- u. Konserven-Ind. – Stadtrecht 1274.

Dinitrobenzol, durch Nitrierung von Benzol entstehende Verbindung; $C_6H_4(NO_2)_2$; Verwendung in Sprengstoffen u. zur Herstellung von Farbstoffen.

Dinkel, *Spelz,* Form des *Weizens,* bei dem die Hülsen (Spelze) am Korn verbleiben. Die meist unreif geernteten Körner werden getrocknet als *Grünkern* verkauft.

Dinkelsbühl, bay. Stadt in Mittelfranken, an der Wörnitz, 11 000 Ew.; mittelalterl. Stadtbild; Fremdenverkehr. – 1273–1802 Freie Reichsstadt.

Dinner, die engl. Hauptmahlzeit, abends eingenommen.

Dinoflagellaten, Ordnung der *Geißeltierchen;* Einzeller mit Cellulosepanzer.

Dinosaurier, ausgestorbene Reptilien, die vor 220–65 Mio. Jahren lebten; meist Pflanzenfresser; darunter die größten bekannten Landtiere (manche Arten einschl. Schwanz über 30 m lang).

Dinslaken, Stadt in NRW, am Niederrhein, 65 000 Ew.; Eisen- u. Stahl-Ind.; Trabrennbahn.

Dio Cassius, * um 150, † nach 229, grch. Historiker, schrieb röm. Gesch. von den Anfängen bis 229.

Diocletian, * um 243, † 316, römischer Kaiser 284–305; als Soldat emporgekommen, 284 vom Heer zum Kaiser ausgerufen; gliederte das röm. Weltreich in 4 Herrschaftsbereiche; schuf eine

Dinosaurier: Modell eines Brontosaurus

Diocletian

straffe Zivil- u. Militärverw.; ordnete 303 eine allg. Christenverfolgung an; dankte 305 ab u. zog sich nach Spalato (Split) zurück.

Diode, elektron. Bauelement, dessen Leitfähigkeit stark von der Stromrichtung abhängt u. das deshalb als *Gleichrichter* wirkt. Eine D. kann eine Elektronenröhre mit 2 Elektroden sein; heute benutzt man aber meist Halbleiter-D.n.

Diogenes, *von Sinope,* * um 412 v. Chr., † um 323 v. Chr., grch. Philosoph; Vertreter des *Kynismus;* wohnte nach der Überlieferung in einem Faß, um seine Gleichgültigkeit gegen äußere Kulturgüter zu bekunden.

Diokletian →Diocletian.

Diolen, Wz. für eine Kunstfaser (Polyesterfaserstoff).

Dione, 1. in der grch. Myth. Gemahlin des Zeus, Mutter der Aphrodite. – **2.** einer der Monde des Planeten *Saturn.*

Dionysios, Herrscher von Syrakus: **1. D. I.,** * 430 v. Chr., † 367 v. Chr., Tyrann seit 405 v. Chr.; errichtete ein Kolonialreich an der Adria. – **2. D. II.,** Sohn von 1), * um 397 v. Chr., † nach 337 v. Chr., Tyrann 367–344 v. Chr. An seinem Hof lebte vorübergehend *Platon.*

dionysisch, rauschhaft, zügellos; Ggs.: *apollinisch.*

Dionysius, † 267/68, Papst 259–67 (268?); Heiliger (Fest: 30.12.).

Dionysius, *Denis,* Bischof von Paris in der 2. Hälfte des 3. Jh.; Märtyrer, einer der 14 Nothelfer; frz. Nationalheiliger (Fest: 9.10.).

Dionysius Exiguus, * um 470, † um 550, in Rom lebender skyth. Mönch; führte die christl. Zeitrechnung u. die Osterfestberechnung ein.

Dionysos, lat. *Bacchus,* grch. Gott des Weins, des Rausches u. der Fruchtbarkeit; Sohn des *Zeus* u. der *Semele.* Zu seinem Gefolge gehören Nymphen, Satyrn u. Mänaden (Bakchantinnen).

Diophantos, grch. Mathematiker, um 250 v. Chr. Die ihm fälschl. zugeschriebenen *diophantischen Gleichungen* sind Gleichungssysteme mit mehr Unbekannten als Gleichungen, deren ganzzahlige Lösungen zu suchen sind.

Dioptrie, Zeichen dpt, fr. dptr., Einheit für die Brechkraft einer Linse. Die Brechkraft ist gleich dem Kehrwert der Brennweite in Metern:
1 dpt = 1 m^{-1}.

Dior, Christian, * 1905, † 1957, frz. Modeschöpfer; prägte 1947 den *New Look.*

Diorama, zweiseitige Bemalung auf lichtdurchlässigem Stoff, wobei je nach Beleuchtung die eine oder andere Seite hervortritt; auch Schaubild (z.B. in Museen), bei dem plast. Gegenstände mit Hintergrundmalerei vereinigt werden.

Diorit, körniges, intermediäres Tiefengestein.

Dioskuren, in der grch. Myth. die Zwillinge *Kastor* u. *Polydeukes* (lat. Castor u. Pollux), Söhne der Leda u. des Zeus.

Diotima [auch di'o-], grch. Priesterin, der *Platon* im »Gastmahl« seine Gedanken über die Liebe in den Mund legt. *Hölderlin* verherrlichte unter dem Namen D. Susette *Gontard.*

Diouf [dju:f], * 7.9.1935, senegales. Politiker; seit 1980 Staats-Präs.

Dioxan, Lösungsmittel z.B. für Wachse, Fette, Celluloseester, Harze u. Farbstoffe.

Dioxide, Verbindungen, in denen 2 Sauerstoffatome an 1 Atom eines anderen Elements gebunden sind.

Dioxin, Sammelbez. für bestimmte chem. Verbindungen. Das bekannteste D., *TCDD,* ist äußerst giftig, verursacht schwere Hautschäden *(Chlorakne),* ist krebserzeugend sowie erbgut- u. embryoschädigend. Es entsteht als Nebenprodukt bei der Herstellung von Bakteriziden u. Entlaubungsmitteln sowie bei der Müllverbrennung.

Diözese →Bistum.

Diphtherie, durch Bakterien erregte Schleimhauterkrankung der Mandeln, des Rachens, des Kehlkopfs, der Luftröhre u. der Nase. Herzmuskelschäden u. Nervenlähmungen können auftreten. Behandlung mit D.-Heilserum; vorbeugende Schutzimpfung.

Diphthong, einsilbig gesprochener, aus zwei Vokalen zusammengesetzter Laut, z.B. *au.*

diploid, mit zwei Chromosomensätzen ausgestattet; Ggs.: *haploid.*

Diplom, Urkunde über eine Auszeichnung oder eine bestandene Prüfung. An wiss. HS gibt es in zahlr. Fächern D.-Prüfungen, durch deren Ablegung ein akadem. Grad erlangt wird, z.B. D.-Biologe, D.-Ingenieur.

Dionysos: Ausschnitt aus dem Dionysos-Mosaik, der eine tanzende Mänade und einen Satyr darstellt. Köln, Römisch-Germanisches Museum

Diplomat, mit der Wahrnehmung der außerpolit. Beziehungen betrauter höherer Beamter des *Auswärtigen Dienstes.* Die D. vertreten die Interessen ihres Landes bei fremden Staaten u. internat. Organisationen. Sie genießen im Aufenthaltsstaat Immunität u. Exterritorialität. – **Diplomatisches Korps** [-kor], frz. *Corps diplomatique, CD,* Gesamtheit der bei einem Staat akkreditierten (»beglaubigten«) diplomat. Vertreter.

Diplomatik →Urkundenlehre.

Dipol, 1. bes. Ausführungsform einer Antenne; im einfachsten Fall ein Draht oder Metallstab halber Wellenlänge. – **2.** *Zweipol,* elektr. D., zwei gleich große Ladungen entgegengesetzten Vorzeichens ($+q$ u. $-q$) im Abstand l voneinander. – **3.** *magnet. D.,* kleiner stabförmiger Magnet, auch eine stromdurchflossene Spule.

dippen, Flaggen mehrf. niederholen u. vorheißen, z.B. als Begrüßung auf See.

Dippoldiswalde, Krst. in Sachsen, im östl. Erzgebirge, 6000 Ew.; Schloß, roman. u. spätgot. Kirche; Nährmittel-Ind.

Dipsomanie, anfallweises Auftreten von Trunksucht (Quartalssäufer).

Diptam, Gatt. der *Rautengewächse;* 1 m hohe Staude mit meist rosenroten Blütentrauben; reich an äther. Öl.

Dipteros, grch. Tempelform mit zweischiffigem Säulenumgang um die Cella.

Diptychon, 1. in der Antike zweiteilige zusammenklappbare Schreibtafel. – **2.** aus zwei Flügeln bestehender Altaraufbau.

Dirac [di'ræk], Paul, * 1902, † 1984, engl. Physiker; stellte eine Gleichung auf, die 1928 die Voraussage der Existenz positiv geladener Elektronen, der *Positronen,* erlaubte (1932 nachgewiesen); entwickelte eine Quantentheorie der Wechselwirkung zw. Licht u. Materie; Nobelpreis 1933 zus. mit E. *Schrödinger.*

Directoire [dirɛk'twa:r], *Kunst:* Sonderform des frz. *Klassizismus* in der Revolutionszeit, ben. nach dem →Direktorium; vermittelt zw. *Louisseize* u. *Empire.*

direkte Aktion, bes. von Anarchisten befürwortete polit. Kampfform unter Verzicht auf parlamentar. Methoden; oft mit Gewaltanwendung verbunden.

direkte Rede, im Ggs. zur *indirekten Rede* die Wiedergabe einer Aussage in unveränderter Form; in der Schrift meist in Anführungszeichen eingeschlossen.

Direktive, Weisung, Richtlinie.

Direktor, Leiter, Vorsteher; Mitgl. eines *Direktoriums.*

Direktorium, 1. aus mehreren Personen zusammengesetzte Leitung eines Betriebs, einer wiss. Anstalt u. a. – **2.** *Directoire,* oberste Regierungsbehörde Frankreichs 1795–99, bestehend aus 5 Direktoren; am 18. Brumaire (9.11.1799) von Napoleon Bonaparte gestürzt.

Direktrice [-'tri:sə], leitende Angestellte der Bekleidungsind.

Direktverkauf, Warenabsatz unter Umgehung von Handelsstufen.

Direttissima, Direktaufstieg in der Fallinie eines Berges oder einer Gipfelwand.

Dirham, Währungseinheit in Marokko; Münzeinheit in Libyen u. in Kuwait.

Dirigent, Leiter eines Orchesters oder Chors. Orchester-D. im heutigen Sinn gibt es seit etwa 1800.

Dirigismus, staatl. Lenkungsmaßnahmen in der Wirtschaft, die aber im wesentl. freie Marktwirtschaft bleibt.

Dirndl, seit dem 1. Weltkrieg in die Mode als Sommerkleid übernommene Form der weibl. Alpenbauerntracht; mit Mieder, weitem Rock u. Schürze.

Dirschau, *Tczew,* poln. Stadt am W-Ufer der unteren Weichsel, 55 000 Ew.; Verkehrsknotenpunkt u. Hafen, Metall- u. Zuckerind. – 1260 Stadt.

Dirt-Track-Rennen →Speedway.

Disaccharid, aus 2 Molekülen eines *Monosaccharids* unter Wasserabspaltung entstandene Verbindung, z.B. Rohrzucker, Malzzucker, Milchzukker; allg. Formel: $C_{12}H_{22}O_{11}$

Disagio [-'a:dʒo], Abschlag vom Wert eines Wertpapiers, bes. bei einem unter dem Nennwert liegenden Ausgabekurs *(Emissions-D.).*

Disco, umgangssprachl. für *Diskothek.*

Discountladen [dis'kaunt-], Einzelhandelsbetrieb, in dem bei Beschränkung auf ein Minimum an Geschäftsausstattung u. Kundendienst die Waren zu niedrigen Preisen angeboten werden.

Disengagement [disin'geidʒmənt], militär. Auseinanderrücken von Machtblöcken, Truppenentflechtung.

Disentis, rätorom. *Muster,* schweiz. Kurort u. Wintersportplatz im Kt. Graubünden, 1133 m ü. M., 3700 Ew.; Benediktinerabtei (gegr. um 750); geistiger Mittelpunkt der *Räteromanen.*

Diseuse [di'zø:sə], Vortragskünstlerin im Kabarett.

disjunktiv, einander ausschließend, gegensätzlich.

Diskant, hohe Stimmlage; auch hohe Lage bei Instrumenten.

Diskette, *Floppy Disk,* kleiner, scheibenförmiger, flexibler magnet. Datenträger für Personal Computer, Speicherschreibmaschinen u. ä.

Diskjockey ['diskdʒɔki], in Funk u. Fernsehen sowie in Diskotheken der Ansager u. Kommentator von Schallplatten.

Diskont, der Betrag, der beim Ankauf einer Forderung vor dem Fälligkeitstermin zum Ausgleich des

Weißer Diptam

Diskothek

Zinsverlustes abgezogen wird, vor allem beim Ankauf (**Diskontierung**) von Wechseln. Das **D.geschäft** ist eine der wichtigsten Arten der Kreditgewährung durch die Banken, die die angekauften Wechsel entweder bis zum Fälligkeitstermin behalten oder an die Zentralnotenbank weiterverkaufen (*rediskontieren*). Durch Erhöhung oder Senkung des *D.satzes*, zu dem die Zentralnotenbank Wechsel ankauft, kann diese den Kredit verteuern oder verbilligen u. dadurch erhebl. Einfluß auf den Konjunkturablauf ausüben.

Diskothek, urspr. Schallplattensammlung; heute Tanzlokal (*Disco*) mit Schallplatten- oder Tonbandmusik.

diskreditieren, in Verruf bringen.

Diskrepanz, Unstimmigkeit, Mißverhältnis.

diskret, 1. verschwiegen, unauffällig. – 2. *Physik:* nicht zusammenhängend, unstetig.

Diskriminierung, Ächtung u. Absonderung von Gruppen oder einzelnen as menschl. Verbänden; verbunden mit Benachteiligung u. Schlechterstellung.

Diskurs, Gespräch, Erörterung.

Diskus, Wurfscheibe, schon im grch. Altertum ein Sportgerät. Der moderne D. besteht aus Holz mit Metallkern u. Metallring, für Männer 2 kg, für Frauen 1 kg schwer.

Diskussion, Aussprache, Erörterung, Meinungsaustausch.

Dislokation, Lageveränderung in der Stellung von Knochen oder Bruchenden bei Ausrenkung bzw. Bruch.

Dislozierung, räuml. Verteilung von Truppen.

Disney [-ni], Walt (Walter Elias), * 1901, † 1966, US-amerik. Filmregisseur, -autor u. -produzent; schuf weltbekannte Zeichentrickfilme (»Mickey Mouse«, »Donald Duck«); auch Dokumentarfilme (»Die Wüste lebt«); errichtete den Vergnügungspark *D.land* bei Los Angeles.

Dispatcher [-'pætʃər], in Industrie u. Verkehrswesen der DDR ein Beauftragter, der für reibungslosen Ablauf der betriebl. Prozesse sorgen u. Störungen beseitigen sollte.

dispensieren, von einer Verpflichtung befreien.

Dispersion, Zerlegung, Verteilung; bes. die Zer-

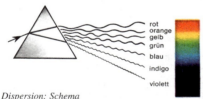

Dispersion: Schema

legung des Sonnenlichts in die Spektralfarben durch ein Prisma.

Displaced Persons [dis'pleist 'pə:sənz], *DP*, Personen aus anderen Staaten, die sich (meist als Zwangsarbeiter oder Flüchtlinge) bei Ende des 2. Weltkriegs in Dtld. aufhielten. Sie wurden größtenteils repatriiert; ein kleinerer Teil wanderte in andere Länder aus.

Display [-'plɛi], 1. Blickfang in Schaufenstern. – 2. Anzeigensystem (mit Leuchtdioden oder Flüssigkristall) an Taschenrechnern, Registrierkassen u. ä.

Disponent, kaufmänn. Angestellter, der einem Sachbereich mit einem gewissen Grad von Selbständigkeit vorsteht.

Disposition, Planung, Entwurf, Verfügung (über etwas); körperl. u. seel. Verfassung, Empfänglichkeit (für bestimmte Einflüsse, für eine Krankheit).

Dispositionsfonds [-fɔ̃], im Staatshaushalt ein Posten, dessen Verwendung dem freien Ermessen der Verw., bes. der Min., anheimgestellt ist.

Disproportion, Mißverhältnis; beim Menschen die Störung im gegenseitigen Größenverhältnis der Körperabschnitte.

Disput, Wortwechsel, Auseinandersetzung. – **Disputation**, wiss. Streitgespräch.

Disqualifikation, Untauglichkeitserklärung; Ausschluß vom sportl. Wettkampf bei Regelverstoß.

Disraeli [diz'rɛili], Benjamin, Earl of *Beaconsfield*, * 1804, † 1881, engl. Politiker; 1868 u. 1874–80 Prem.-Min.; vertrat einen soz. orientierten Konservatismus; sicherte Großbrit. den maßgebenden Einfluß auf den Suezkanal, veranlaßte die Erhebung von Königin *Viktoria* zur Kaiserin von Indien u. erlangte von der Türkei die Abtretung Zyperns. D. schrieb auch Novellen u. Romane.

Dissens, Meinungsverschiedenheit.

Dissertation, wiss. Arbeit zur Erlangung der Doktorwürde.

Dissidenten, Personen, die keiner staatl. anerkannten Religionsgemeinschaft angehören: im Westen auch Bez. für die polit. u. intellektuelle Opposition in den kommunist. Staaten Osteuropas (bis 1989/90).

Dissimilation, 1. Lautentwicklung, bei der einer von benachbarten gleichen oder ähnl. Lauten ausgestoßen oder verwandelt wird. – 2. im pflanzl. u. tier. Organismus Abbau der energiereichen Kohlenstoffverbindungen zu energiearmen Stoffen unter Freisetzung von Energie.

Dissipation, Übergang irgendeiner Energieform in Wärme.

Dissonanz, Unstimmigkeit, Mißton, Mißklang; in der Musik spannungsgeladener Klang, der nach Überführung in die *Konsonanz* verlangt.

Dissousgas [di'su-], in Stahlflaschen gefülltes *Acetylengas* zum autogenen Schweißen.

Dissoziation, Zerfall, Spaltung; Aufspaltung von Molekülen in einfachere Atomgruppen unter Wärmeaufnahme. D. tritt auf bei der Lösung von Säuren, Basen u. Salzen in bestimmten Lösungsmitteln, wobei elektr. neutrale Moleküle in einander entgegengesetzt geladene Ionen zerfallen (*elektrolyt. D.*); auch bei starker Erwärmung eines Stoffs (*therm. D.*). Der Grad der Spaltung (**D.grad**) von Säuren u. Basen ist ein Maß für ihre Stärke u. bedingt die elektr. Leitfähigkeit.

Distanz, Abstand, Entfernung.

Distel, mit dornigen Blättern ausgestattete *Korbblütler*.

Distelfalter, rotbrauner Tagschmetterling mit schwarz-weißer Zeichnung.

Distelfink → Stieglitz.

Disthen, *Cyanit*, ein Mineral.

Distichon, Zweizeiler aus einem *Hexameter* u. einem *Pentameter*.

distinguiert [-'giːrt], hervorgehoben, ausgezeichnet, vornehm.

Distinktion, Auszeichnung, hoher Rang, Würde.

Distler, Hugo, * 1908, † 1942 (Selbstmord), dt. Komponist; mit J. N. *David* u. E. *Pepping* maßgebl. an der Erneuerung der prot. Kirchenmusik beteiligt.

Distorsion → Verstauchung.

Distribution, Verteilung, Verbreitung.

District of Columbia [-kə'lʌmbiə], *D. C.*, Bundesterritorium der USA, ident. mit der Hptst. *Washington*, 174 km²; dem Kongreß direkt unterstellt.

Distrikt, Bezirk.

Disziplin, 1. Zucht, Ordnung, Selbstbeherrschung. – 2. *kirchl. D.*, Gesamtheit der rechtl. Normen für das äußere kirchl. Leben. – 3. Unterrichts- oder Wissenschaftszweig, Fachrichtung, Zweig einer Sportart.

Disziplinarrecht, rechtl. Ordnung für das Verhalten bestimmter, in einem öffentl.-rechtl. Dienstverhältnis stehender Personen (Beamte, Soldaten) durch Strafbestimmungen.

Ditfurth, Hoimar von, * 1921, † 1989, dt. Mediziner u. Wissenschaftsjournalist; bekannt durch Fernsehserien u. populärwiss. Bücher.

Dithmarschen, Geest- u. Marschlandschaft zw. Elbe- u. Eider-Mündung, z. T. erst durch Eindeichung dem Meer abgewonnen; bis 1559 selbst. Bauernrepublik, bis 1867 dän., jetzt Ldkrs. in Schl.-Ho.

Dithyrambus, im Altertum Festgesang auf *Dionysos*; begeisterte, überschwengl. Lobrede.

dito, gleichfalls, ebenso.

Ditters von Dittersdorf, Karl, * 1739, † 1799, östr. Komponist aus dem Umkreis der Wiener Klassik.

Ditzingen, ba.-wü. Stadt westl. von Stuttgart 23 000 Ew.; Metall-, chem. Ind.

Diu, ind. Insel vor der S-Küste von Kathiawar, 38 km²; 1535–1961 port., seit 1962 mit *Daman* ind. Unionsterritorium (bis 1987 auch mit *Goa*).

Diuretika, harntreibende Mittel.

Diva, gefeierte Bühnen- u. Filmkünstlerin.

Divergenz, Auseinanderstreben, Meinungsverschiedenheit.

Diversifikation, Ausweitung des Produktionsprogramms eines Wirtschaftsunternehmens, um weniger anfällig gegen Konjunkturschwankungen zu werden.

Divertikel, abnorme Ausstülpung der Wand eines Hohlorgans, z.B. der Speiseröhre, des Magens, des Darms oder der Harnblase.

Divertimento, mehrsätziges unterhaltsames Musikstück des 17./18. Jh.

Dividende, zur Auszahlung an die Teilhaber gelangender Teil des Gewinns einer Kapitalgesellschaft, meist ausgedrückt in % des gewinnberechtigten Kapitals.

Divination, religiös bestimmte Ahnung, Weissagung.

Divis, *Bindestrich*, Satzzeichen zur Kennzeichnung zusammengesetzter Wörter u. Namen; meist anstelle der Zusammenschreibung gebraucht, wenn ein oder mehrere Glieder des zusammengesetzten Komplexes fremde Namen sind, z.B. »Richard-Wagner-Festspiele«.

Division, 1. Grundrechnungsart, die angibt, wie oft eine Zahl (*Divisor*) in einer anderen (*Dividend*) enthalten ist. Das Ergebnis heißt *Quotient*. – 2. größerer Heeresverband, zur Erfüllung selbst. Kampfaufträge imstande (10–15 000 Mann).

Diwan, 1. *Divan*, Polsterbank, Liegesofa. – 2. im alten Orient Empfangsraum des Herrschers; Ratsversammlung. – 3. Gedichtsammlung eines einzelnen islam. Dichters.

Dix, Otto, * 1891, † 1969, dt. Maler u. Graphiker des Expressionismus; geißelte die Schrecken des Krieges u. das Nachkriegselend in veristisch-expressivem Stil; schuf eigenwillige Synthesen zw. altmeisterl. Realismus u. moderner Zeitkritik.

Dixieland ['diksilænd], 1820 aufgekommene Bez. für die damals sklavenhaltenden Südstaaten der USA, südl. der von J. *Dixon* (daher wohl der Name) u. Ch. *Mason* 1763–67 vermessenen Grenze zw. Maryland u. Pennsylvania. – **D.-Jazz**, um 1900 entstandener Jazz-Stil weißer Musiker; Wiederbelebung in den 50er Jahren.

Dixmuiden [-'mœydən] → Diksmuide.

Diyarbakir, das antike *Amisa*, türk. Prov.-Hptst. in Kurdistan, an dem von hier ab schiffbaren Tigris, 310 000 Ew.; Verkehrs- u. Handelszentrum, byzantin. Festungsanlagen. Stadtmauer u. Große Moschee (11. Jh.).

Djakarta [dʒa-] → Jakarta.

Djerba ['dʒɛrba], fruchtbare tunes. Insel in der Kleinen Syrte, 514 km², 92 000 Ew., Hauptort Houmt-Souk; Oasenwirtschaft, Fremdenverkehr (Flughafen); mit dem Festland durch einen vermutl. von den Phöniziern angelegten, 1953 erneuerten Straßendamm verbunden.

DJH, Abk. für *Deutsche Jugendherberge*.

Djibouti, *Dschibuti*, Staat in Nordostafrika, im halbwüstenhaften Danakilland, 23 200 km², 485 000 Ew. (vorw. Afar u. Issa; Moslems), Hptst. *D*. (200 000 Ew., am Golf von Aden, Ausfuhrhafen von Äthiopien, Flughafen). Die Bev. lebt von nomad. Viehzucht, Salzgewinnung u. Fischfang. G e s c h i c h t e. Die 1892 geschaffene französ. Kolonie *Frz.-Somaliland* wurde 1946 zum Überseeterritorium erklärt. 1967 erhielt das Gebiet unter dem

Otto Dix: Mieze abends im Café; Aquarell, 1923. Feldafing, Sammlung Lothar-Günther Buchheim

Djibouti

Namen *Frz. Afar- u. Issaterritorium* weitgehende Autonomie, 1977 die Unabhängigkeit unter dem Namen *Republik D.* Frankreich ist in D. weiterhin militärisch präsent.

Djidda ['dʒida], *Jidda*, saudi-arab. Stadt am Roten Meer, 1,5 Mio. Ew.; wichtigste Hafenstadt Saudi-Arabiens, Pilgerhafen von Mekka; Ind.-, Handels- u. Verkehrszentrum; internat. Flughafen; extremes Klima (bis 40 °C, fast ohne Niederschläge).

Djilas, Milovan, * 12.6.1911, jugoslaw. Politiker u. Schriftst.; ehem. enger Mitarbeiter *Titos*, als Kritiker des kommunist. Herrschaftssystems 1954 aller Ämter enthoben, 1955–61 u. 1962–66 in Haft. W »Die neue Klasse«, »Gespräche mit Stalin«.

Djoser, ägypt. König der 3. Dynastie, um 2635–15 v. Chr.; ließ durch seinen Baumeister *Imhotep* die Stufenpyramide von Saqqara, den ältesten monumentalen Steinbau, errichten.

Djuba ['dʒu:-] →Juba.

DKP, Abk. für *Deutsche Kommunistische Partei*.

DKW, Abk. für *Das kleine Wunder*, fr. Automarke der Auto-Union (heute: Audi).

DLRG, Abk. für *Deutsche Lebens-Rettungs-Gesellschaft*.

dm, Kurzzeichen für *Dezimeter* (= 10 cm).

DM, Abk. für *Deutsche Mark*.

Dmitrij →Demetrius.

DNA, engl. Abk. für *Desoxyribonucleinsäure*.

Dnjepr, bedeutendster Fluß der Ukraine u. drittlängster Strom Europas, 2285 km, davon 2075 km schiffbar, Einzugsgebiet 504 000 km²; mündet ins Schwarze Meer; mehrere Stauseen u. Kanäle zum Ostseeraum.

Dnjeprodserschinsk, bis 1936 *Kamenskoje*, Ind.- u. Hafenstadt in der Ukraine, rechts des Dnjepr, 290 000 Ew.

Dnjepropetrowsk, bis 1926 *Jekaterinoslaw*, Hptst. der gleichn. Oblast in der Ukraine, Schwerindustriezentrum am Dnjepr, 1,2 Mio. Ew.

Dnjestr, osteurop. Strom, 1352 km, davon 700 km schiffbar, Einzugsgebiet 72 000 km²; mündet ins Schwarze Meer.

DNS, Abk. für *Desoxyribonucleinsäure*, →Nucleinsäuren.

Döbel, *Aitel*, *Eitel*, Süßwasserfisch der *Karpfenartigen*, 30–60 cm lang u. bis 4 kg schwer; beliebter Sportfisch.

Döbeln, Krst. in Sachsen, an der Freiberger Mulde, 27 700 Ew.; Metallwaren-, Maschinen-, Möbel-Ind. – 1350 als Stadt erwähnt.

Doberan, *Bad D.*, Krst. in Mecklenburg, 12 200 Ew.; Stahl- u. Moorbad; got. Zisterzienserkirche (13./14. Jh.); 6 km nördl. das älteste dt. Ostseebad *Heiligendamm* (seit 1793); ehem. Sommerresidenz der mecklenburg. Herzöge.

Döbereiner, Johann Wolfgang, * 1780, † 1849, dt. Chemiker; entdeckte katalyt. Eigenschaften des Platins u. machte den ersten Versuch zur Aufstellung eines Periodensystems der Elemente.

Dobermann, große, glatthaarige Hunderasse; guter Gebrauchshund.

Dobi, István, * 1898, † 1968, ung. Politiker (Kleinlandwirte-Partei, seit 1959 KP); 1948–52 Min.-Präs., 1952–67 Staatsoberhaupt.

Döblin, Alfred, * 1878, † 1957, dt. Schriftst.; expressiver u. revolutionärer Erzähler, der zuerst das Kollektivseelische u. Naturelementare zu gestalten suchte, später zu theolog. Deutung neigte. W »Berlin Alexanderplatz« (Roman).

Dobrovský, Josef, * 1753, † 1829, tschech. Wissenschaftler u. Schriftst.; Begr. der Slawistik.

Dobrudscha, rumän. *Dobrogea*, bulg. *Dobrudža*, Ldsch. zw. unterer Donau u. Schwarzem Meer, 23 262 km²; im N bewaldetes Mittelgebirge, im S fruchtbares, aber trockenes, steppenartiges Flachland; Anbau von Getreide, Sonnenblumen, Gemüse u. Wein; an der Küste Strandseen u. Seebäder (Hamaia, Eforie u. a.). – Der größere nördl. Teil ist rumän., der kleinere südl. bulgarisch.

Docht, aus Baumwollfäden gewebte oder verdrillte Schnur, die in Petroleumlampen u. Kerzen durch Kapillarwirkung Brennstoff hochsaugt.

Dock, Anlage zur Trockenstellung von Schiffen für Reparatur- u. Reinigungsarbeiten. Das *Trocken-D.* ist ein durch Tore verschließbares Becken aus Beton, in das das Schiff einfährt; das geschlossene D. wird leergepumpt. Das *Schwimm-D.* ist ein stählerner, hohlwandiger Schwimmkörper. Seine Boden- u. Seitentanks werden zum Absenken geflutet; dann schwimmt das Schiff ein, u. die Tanks werden wieder leergepumpt; dadurch wird das Dock mit dem Schiff aus dem Wasser gehoben.

Docking, das Manöver zum Verbinden zweier Raumfahrzeuge.

Documenta, in Kassel in mehrjährigen Abständen stattfindende Ausstellung zeitgenöss. Kunst; erstmals 1955.

Dodekaeder, von 12 Flächen begrenzter Körper.

Dodekanes, grch. Inselgruppe der Südl. Sporaden, an der SW-Küste Kleinasiens; 12 große (u. a. *Rhodos, Kalymnos, Kos*) u. rd. 40 kleine Inseln; Hptst. *Rhodos.* – 1522 türk., 1912 ital., 1947 grch.

Dodekaphonie →Zwölftonmusik.

Doderer, Heimito von, * 1896, † 1966, östr. Schriftst. (groß angelegte Romane in z. T. barocker Sprache).

Dodoma, Hptst. von Tansania, im Landesinnern gelegen, 203 000 Ew.; Handelszentrum, Verkehrsknotenpunkt; seit 1981 offiziell Reg.-Sitz.

Dodọna, im Altertum neben *Delphi* berühmteste grch. Orakelstätte (Zeus-Heiligtum), in Epirus.

Doetinchem ['dutiŋxəm], ndl. Stadt im sö. Gelderland, an der Oude IJssel, 42 000 Ew.

Dofar, Ldsch. im sw. Oman, an der Grenze zu Jemen.

Doge ['do:ʒə], das gewählte Staatsoberhaupt in den Rep. Venedig (seit 697) u. Genua (seit 1339) bis 1797. – **Dogaressa**, Gemahlin des D.

Dogge, kräftige, in den einzelnen Ländern unterschiedl. Hunderasse. Die *Deutsche D.* ist mit bis 92 cm Schulterhöhe die größte Hunderasse. Die *Tiger-D.* ist weiß mit schwarzen Flecken.

Dogger, *Brauner Jura* →Erdzeitalter.

Doggerbank, Sandbank in der Nordsee, rd. 30 000 km², 13–30 m tief; erst in der mittleren Steinzeit überflutetes Festland; Fischgründe (Hering, Kabeljau). Am 5.8.1781 engl./ndl. Seeschlacht, am 24.1.1915 dt./engl. Seeschlacht.

Dogma [Pl. *Dogmen*], religiöser Glaubenssatz; ungeprüft übernommene Lehrmeinung. – **D.tismus**, unkrit. Festhalten an überlieferten Lehren, die nicht ausreichend überprüft u. begründet sind.

Dogmatik, Teilgebiet der *Theologie*, in dem die Glaubensinhalte einer Religion wiss. dargelegt werden. – **D.er**, Wissenschaftler auf dem Gebiet der D.; rechthaberischer Vertreter einer Lehrmeinung.

Dogon, afrik. Volk in Mali; Hackbauern; bekannt für Goldschmiedetechnik, Lehmbauten u. Maskentänze.

Doha, *Ad Dawhah*, Hptst. des arab. Scheichtums Katar, am Pers. Golf, 220 000 Ew.; Fischereihafen, Flughafen.

Dohle, taubengroßer einheim. *Rabenvogel*; grauer Nacken, sonst schwarz.

Dohnányi ['dɔxna:nji], **1.** Ernst von, * 1877, † 1960, ung. Pianist, Dirigent u. Komponist (Spätromantiker). – **2.** Hans von, Sohn von 1), * 1902,

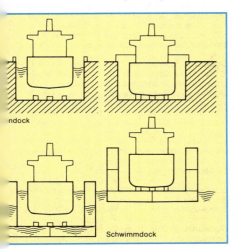

Dock: Funktionsweise von Schwimm- und Trockendock

Gebräuchliche Doktortitel

Dr. theol. (theologiae)	Dr. der Theologie
Dr. iur. (iuris)	Dr. der Rechtswissenschaft
Dr. med. (medicinae)	Dr. der Medizin
Dr. med. dent. (medicinae dentariae)	Dr. der Zahnmedizin
Dr. med. vet. (medicinae veterinariae)	Dr. der Tierheilkunde
Dr. phil. (philosophiae)	Dr der Philosophie (Sprach-, Kultur- u. Geisteswissenschaften)
Dr. phil. nat. (philosophiae naturalis)	Dr. der Naturwissenschaften
Dr. rer. nat. (rerum naturalium)	Dr. der Naturwissenschaften
Dr. rer. pol. (rerum politicarum)	Dr. der Staatswissenschaften
Dr. oec. publ. (oeconomiae publicae)	Dr. der Volkswissenschaft
Dr. agr. (agriculturae)	Dr. der Landwirtschaft
Dr.-Ing.	Dr. der Ingenieurwissenschaften
Dr. h. c. (honoris causa)	Ehrendoktorwürde
Dr. e. h. (ehrenhalber)	
Dr. habil. (habilitatus)	Doktor mit Lehrberechtigung an einer Hochschule

ergänzende bzw. abweichende Titel:

in Österreich

Dr. med. univ. (medicinae universae)	Dr. der gesamten Heilkunde
Dr. rer. comm. (rerum commercialium)	Dr. der Handelswissenschaften
Dr. rer. soc. oec. (rerum socialium oeconomicarumque)	Dr. der Sozial- und Wirtschaftswissenschaften
Dr. techn. (technicarum)	Dr. der techn. Wissenschaften

in der Schweiz

Dr. pharm. (pharmaciae)	Dr. der Arzneikunde

† 1945 (hingerichtet), dt. Jurist; führendes Mitgl. der Widerstandsbewegung, 1943 verhaftet. – **3.** Dohnanyi, [do'na:ni], Klaus von, Sohn von 2), * 23.6.1928, dt. Politiker (SPD); 1972–74 Bundes-Min. für Bildung u. Wiss., 1976–81 Staats-Min. im Auswärtigen Amt, 1981–88 Erster Bürgermeister von Hamburg.

Dohne, hölzerner Bügel mit Pferdehaarschlinge zum Fang von Vögeln; in Dtld. verboten.

Doisy, Edward, * 1893, † 1986, US-amerik. Biochemiker; entwickelte 1923 zus. mit E. *Allen* einen Test zum Schwangerschaftsnachweis bei Stuten; fand 1929 die Synthese des Vitamins K. Nobelpreis für Medizin 1943 zus. mit H. *Dam*.

Dokkum ['dɔkəm], ndl. Stadt in der Prov. Friesland, 8400 Ew. – Bei D. wurde 754 Bonifatius ermordet (Wallfahrtsort).

Doktor, *Dr.*, akadem. Grad, den Univ. u. andere wiss. HS auf dem Wege der *Promotion*, d. h. nach Einreichung einer wiss. Arbeit (*Dissertation*) u. Ablegung einer mündl. Prüfung (*Rigorosum*), verleihen u. der mit der Bez. des betr. Wissenschaftsgebiets verbunden ist. Voraussetzung ist ein Studium von mindestens 8–10 Semestern. Der D.grad ist Bestandteil des Namens. Er kann auch aufgrund bes. Verdienste ehrenhalber verliehen werden.

Doktorfische, zu den *Barschartigen* gehörende mittelgroße Küstenfische trop. u. subtrop. Meere; bes. prachtvoll gefärbt. Viele Arten sind Bewohner von Korallenriffen.

Doktrin, Lehre, Lehrsystem; Grundsatz oder Programm einer Politik. – **doktrinär**, starr an einer einseitigen, als absolut gültig betrachteten Lehrmeinung festhaltend.

Dokument, Urkunde; als Beweismittel dienendes Schriftstück.

Dokumentarfilm, ein Film, der im Unterschied zum *Spielfilm* Ausschnitte aus der Wirklichkeit wiedergibt.

Dokumentation, geordnete Sammlung von Dokumenten u. Informationen zu einem Thema.

Dolby-Verfahren, von dem US-amerik. Elektrotechniker R. M. *Dolby* entwickeltes Verfahren zur Verminderung des Rauschens bei elektroakust. Geräten.

dolce ['dɔltʃə; ital.], süß, sanft. niedl. – **D. far**

niente [-'njɛntə] »süßes Nichtstun«. – **D. vita,** »süßes Leben«, müßiggängerischer, ausschweifender Lebensstil.
Dolch, kurze Stichwaffe mit Griff, meist zweischneidig.
Dolchstoßlegende, die in dt. rechtsorientierten Kreisen nach 1918 weitverbreitete Ansicht, Dtld. habe den 1. Weltkrieg nicht militär., sondern durch Sabotage aus der Heimat (»Dolchstoß von hinten«) verloren.
Dolde, ein Blütenstand, bei dem von einem Punkt der Hauptachse mehrere Seitenachsen ausgehen, die ebenso lang sind wie die Hauptachse.
Doldengewächse →Pflanzen.
Doldenrebe, Zierpflanze aus der Fam. der *Weinrebengewächse.*
Doldinger, Klaus, *12.5.1936, dt. Jazz- u. Popmusiker (Tenor- u. Sopransaxophon, Klarinette, Klavier).
Doline, in Karstgebieten eine schlot-, trichter- oder schüsselartige Vertiefung, entstanden durch Auswaschungen im Kalkgestein.
Dolisie →Loubomo.
Dolivo-Dobrowolski, Michael von, *1862, †1919, russ. Elektrotechniker; seit 1909 techn. Direktor der AEG; erfand den Drehstrommotor.
Dollar, Zeichen $, seit 1792 Währungseinheit in den USA: 1 D. = 10 *Dimes* = 100 *Cents*; außerdem Währungseinheit in Australien, Guyana, Hongkong, Jamaika, Kanada, Neuseeland, Simbabwe, Singapur, Taiwan, Trinidad u. Tobago, Westind. Assoziierte Staaten.
Dollart, flache Bucht der Nordsee an der Emsmündung; durch Sturmfluten im 13./14. Jh. entstanden.
Dollfuß, Engelbert, *1892, †1934, östr. Politiker (christl.-soz.); 1932–34 Bundeskanzler; suchte einen christl. Ständestaat mit autoritärer Führung zu errichten; wurde bei einem gescheiterten Putsch der von ihm verbotenen nat.-soz. Partei ermordet.
Dollinger, Werner, *10.10.1918, dt. Politiker (CSU), 1962–66 Bundesschatz-Min., 1966–69 Bundespost-Min., 1982–87 Bundesverkehrs-Min.
Döllinger, Ignaz von, *1799, †1890, dt. kath. Theologe; lehnte die Dogmen von der unbefleckten Empfängnis u. der Unfehlbarkeit des Papstes ab; 1871 exkommuniziert; unterstützte die altkath. Kirche.
Dollmann, Georg von, *1830, †1895, dt. Architekt (Schloßbauten König *Ludwigs II.* von Bayern).
Dollond ['dɔlənd], John, *1706, †1761, engl. Optiker; baute die erstn achromat. Fernrohre.
Dolmen, Grabform der Jungsteinzeit u. frühen Bronzezeit: aus 3–6 Steinblöcken (Tragsteinen) gebildete Grabkammer, mit einem oder mehreren Decksteinen bedeckt u. meist mit einem Erdhügel überwölbt.
Dolmetscher, jemand, der mündl. übersetzt.
Dolomit, ein →Mineral.
Dolomiten, Gruppe der südl. Kalkalpen in Südtirol, in bizarre Türme u. Zinnen aufgelöst oder hohe Kalk- u. Dolomitstöcke, dazwischen grüne Weideflächen mit Wäldern u. Seen; in der *Marmolada* 3342 m hoch; Fremdenverkehr in *Cortina d'Ampezzo, St. Ulrich* u. *Pieve di Cadore*; 1901–09 angelegte **D.-Straße** von Bozen über den Karerpaß u. das Pordoijoch nach Cortina d'Ampezzo.
Dom, Haupt-, Bischofs-, Metropolitankirche; gleichbedeutend mit der in S-Dtld. u. der Schweiz gebräuchl. Bez. *Münster.*
Dom, mit 4545 m der höchste Gipfel der *Mischabelhörner,* im schweiz. Kt. Wallis.
Domagk, Gerhard, *1895, †1964, dt. Mediziner u. Chemiker; Mitbegr. der Chemotherapie von Infektionskrankheiten; führte die Sulfonamide als Heilmittel ein.
Domäne, 1. landw. Betrieb im Besitz des Staates; häufig Mustergut, Lehrbetrieb oder Versuchsgut. – **2.** Arbeits-, Wissensgebiet, auf dem man bes. gut Bescheid weiß.
Domestik, veraltet für *Dienstbote.*
Domestikation, *Zähmung,* Verwandlung eines wilden Tiers in ein Haustier durch planvolle Züchtung u. Kreuzung.
Domfreiheit, Gebiet in der Umgebung des Doms, das im MA nur der geistl. Gerichtsbarkeit unterstand.
Domin, Hilde, *27.7.1912, dt. Schriftst.; als Jüdin 1932–54 im Ausland; schrieb Lyrik, Essays, Romane.

dominant, vorherrschend, überwiegend.
Dominante, in der Harmonielehre der auf dem 5. Ton der Dur- oder Moll-Tonleiter aufgebaute Dur-Dreiklang; auch der 5. Ton selbst.
Domingo, Placido, *21.1.1941, span. Sänger (Tenor).
Dominica, Staat in Westindien (Mittelamerika), bergige, bewaldete Insel in der Gruppe der Kleinen Antillen, nördlich von Martinique, 751 km²,

Dominica

88 000 Ew., Hptst. *Roseau;* feuchtheißes Tropenklima; Ausfuhr: Bananen, Kakao, Kopra.
Geschichte. Die 1493 von Kolumbus entdeckte Insel geriet 1805 unter britische Kolonialherrschaft. 1967 erhielt D. den Status eines mit Großbritannien assoziierten Staates u. 1978 die volle Unabhängigkeit.
Dominikaner, lat. *Ordo Fratrum Praedicatorum,* Abk. *OP,* kath. Bettelorden, aus der Auseinandersetzung des hl. *Dominikus* mit den Albigensern u. Waldensern entstandener Predigerorden. Ordensziel ist das Apostolat des Wortes in Predigt u. Lehre. Den D. wurde seit 1231 vorzugsweise die Inquisition übertragen. Tracht: Tunika, Skapulier u. Kapuze in Weiß, darüber schwarzer offener Mantel. Ordenszentrale: S. Sabina, Rom (Aventin).
Dominikanische Republik, Staat in Westindien (Mittelamerika), der Ostteil der Großen Antilleninsel *Hispaniola,* 48 734 km², 6,9 Mio. Ew., Hptst. *Santo Domingo.*

Dominikanische Republik

Landesnatur. Von NW nach SO verlaufen Gebirgszüge, die durch Längstäler voneinander getrennt sind; im SO erstreckt sich die Küstenebene von Santo Domingo. An den Luvseiten der Gebirge wächst trop. Regenwald, in den Hochtälern u. in der sw. Küstenebene Trockensavanne.
Die Bevölkerung spricht überw. Spanisch u. besteht zu 60% aus Mulatten, 28% Weißen, 12% Schwarzen.
Wirtschaft. Für den Eigenbedarf wird v. a. Reis angebaut, für den Export Zucker (über 40% des Gesamtausfuhrwerts), Kaffee, Kakao u. Tabak; Bergbau: Bauxit, Nickel, Kupfer, Steinsalz.
Geschichte. Als der westl. Teil Hispaniolas 1697 französisch wurde, blieb der Ostteil spanisch u. machte sich 1821 unabhängig. 1822–44 bei Haiti u. 1861–65 erneut span., erfolgte 1865 die endgültige Unabhängigkeit. Nach inneren Unruhen war die D. R. 1916–24 von den USA besetzt. 1930–61 herrschte R. L. Trujillo y Molina diktatorisch. Bei Unruhen 1965 intervenierten die USA erneut. Polit. Reformen wurden durchgesetzt. Seit 1986 ist J. Balaguer Staats-Präs.
Dominikus, *um 1170, †1221, span. Ordensstifter, Gründer der *Dominikaner;* wirkte bes. für die Bekehrung der Albigenser in Südfrankreich; Heiligsprechung 1234 (Fest: 7. 8.).
Dominion [dəˈmɪnjən], 1907–48 offizielle, z. T. schon vorher gebräuchte Bez. für einen sich selbst regierenden, nur noch durch die Krone mit dem Mutterland verbundenen Staat des Brit. Reichs bzw. British Commonwealth of Nations, z. B. Kanada, Australien, Neuseeland. Aus den D. wurden 1948 Länder des Commonwealth of Nations.
Domino, urspr. Regen- u. Wintermantel für ital. u. span. Geistliche; später langes seidenes Maskenkostüm mit weiten Ärmeln u. Kapuze.
Domino-Theorie, von US-Präs. *Eisenhower* formulierte, aus der Indochinakrieg bezogener polit. Grundsatz: Wenn man in einer Reihe aufgestellter Dominosteine den ersten umstößt, so fallen nacheinander alle übrigen um; ebenso würden alle Staaten Südostasiens kommunist., wenn man einen von ihnen dem Kommunismus überlasse.
Domitian, *51, †96 (ermordet), röm. Kaiser

Donatello: David; um 1430. Florenz, Museo Nazionale

81–96; begann den Bau des *Limes;* förderte den Kaiserkult.
Domizil, Wohnsitz.
Domkapitel, geistl. Körperschaft an einer Bischofskirche, wirkt am Gottesdienst u. an der Bistumsverw. mit.
Domowina, Organisation der Lausitzer Sorben zur Pflege ihrer Sprache u. Kultur.
Dompfaff →Gimpel.
Dompteur [-'tøːr], **Dompteuse** [-'tøːzə], Tierbändiger(in).
Don, Herr (Anrede in Italien u. Spanien); weibl. **Donna** [ital.], **Doña** [span.].
Don, Fluß in Rußland, 1870 km, etwa 1600 km schiffbar; mit der Wolga durch den 1952 eröffneten, 101 km langen *Wolga-D.-Kanal* verbunden; mündet ins Asowsche Meer.
Donar, altnord. *Thor,* germ. Gott des Gewitters.
Donatello, eigtl. *Donato di Niccolò di Betto Bardi,* *um 1385, †1466, ital. Bildhauer; Hauptmeister der ital. Plastik des 15. Jh.; der größte Neuerer seiner Generation: Der »Hl. Georg« ist die erste Standfigur im klass. Sinn, die bronzene Davidstatue die erste plast. Aktdarstellung, die Büste des Niccolò da Uzzano die erste weltl. Porträtbüste, das Gattamelata-Denkmal in Padua das erste Reiterstandbild der Renaissanceplastik.
Donatismus, nach 300 in N-Afrika entstandene, nach dem Bischof *Donatus* von Karthago (†355) ben. Bewegung; Sonderkirche bis ins 7. Jh.
Donator, Störstelle im Kristallgitter eines Halbleiters.
Donatus, Aelius, röm. Grammatiker des 4. Jh. n. Chr. Seine Grammatik war bis ins 18. Jh. das grundlegende Lehrbuch der lat. Sprache.
Donau, zweitlängster europ. Strom, 2858 km, davon 2580 km schiffbar; entspringt mit den Quellflüssen *Breg* u. *Brigach* im östl. Schwarzwald, fließt durch Dtld. (647 km), Östr., Tschech. Rep., Slowakei, Ungarn, Serbien, Kroatien, Bulgarien u. Rumänien; mündet in einem 5000 km² großen Delta ins Schwarze Meer. Seit 1856 ist die D. ab Bräila, seit 1921 ab Ulm internationalisiert.
Donaueschingen, ba.-wü. Stadt u. Sommerfrische am Zusammenfluß von *Brigach* u. *Breg* zur *Donau,* 19 000 Ew.; Fürstl. Fürstenbergisches Schloß mit bed. Bibliothek.
Donaufürstentümer, die Moldau u. die Walachei bis zu ihrer Vereinigung als Rumänien.
Donaumonarchie, Name für Österreich-Ungarn.
Donaumoos, 1796 trockengelegtes Moorgebiet an der Donau bei Ingolstadt.
Donauried, die ehem. moorige Ebene an der Donau zw. Günzburg u. Donauwörth.

Donauschule, im Gebiet der oberen Donau (bes. Regensburg) aufgekommene Richtung der dt. Malerei im fr. 16. Jh.; Hauptmeister: A. *Altdorfer,* L. *Cranach* d. Ä., W. *Huber.*
Donauschwaben, Sammelbez. für dt. Siedler an der mittleren Donau auf ung., kroat., serb. u. rumän. Gebiet.
Donau-Schwarzmeer-Kanal, Schiffahrtsstraße in Rumänien zw. Cernavodă u. Constanța, 64 km.
Donauwörth, Krst. in Schwaben (Bay.), an der Mündung der Wörnitz in die Donau, 18 000 Ew.; Waggon-, Masch. u. Flugzeugbau. – 1301–17. Jh. Freie Reichsstadt.
Donbass →Donezbecken.
Don Carlos →Carlos (2).
Doncaster [ˈdɔŋkəstə], mittelenglische Stadt, 82 000 Ew.; Agrarmarkt, Lokomotiv- u. Waggonbau, Kohlenbergbau; Pferderennen.
Donez [daˈnjɛts], r. Nbfl. des Don 1053 km; durchfließt die östl. Ukraine.
Donezbecken [daˈnjɛts-], russ. Kurzwort *Donbass,* leichtwellige Rumpffläche westl. des unteren Donez, größtes europ. Steinkohlenrevier (auf 80 000 km² rd. 130 Mrd. t, 350 Schächte); Zentren der ukrain. Schwerind.: Donezk, Makejewka, Gorlowka, Lugansk, Schachty.
Donezk [daˈnjɛtsk], bis 1924 *Jusowka,* 1924–61 *Stalino,* Hptst. der gleichn. Oblast in der Ukraine, Ind.-Stadt im Donezbecken, 1,1 Mio. Ew.
Dong, Währungseinheit in Vietnam.
Dongen, Kees (Cornelius) van, *1877, †1968, Maler u. Graphiker (modische Porträts, Figuren- u. Landschaftsbilder).
Don Giovanni →Don Juan.
Dönhoff, 1. Marion Gräfin, *2.12.1909, dt. Publizistin; 1968–72 Chefredakteurin, dann Hrsg. der Wochenzeitung »Die Zeit«. – **2.** Sophie Julie Gräfin von, *1767, †1834, Mätresse *Friedrich Wilhelms II.* von Preußen.
Dönitz, Karl, *1891, †1980, dt. Großadmiral; 1943–45 Oberbefehlshaber der Kriegsmarine; von *Hitler* testamentar. als Nachf. eingesetzt, ordnete die bedingungslose Kapitulation an; im Nürnberger Prozeß als Kriegsverbrecher zu 10 Jahren Haft verurteilt, bis 1956 im Gefängnis Spandau.
Donizetti, Gaetano, *1797, †1848, ital. Komponist (Kirchenmusik u. rd. 70 Opern); Ⓦ »Der Liebestrank«, »Lucia di Lammermoor«, »Don Pasquale«.
Don Juan [-xuˈan], ital. *Don Giovanni,* span. Sagengestalt: ein Frauenverführer, der schließl. in die Hölle kommt; beliebter Opern-, Schauspiel- u. Romanheld.
Donkosaken, die russ. Kosaken am unteren Don. – *D.chor,* 1920 aus Soldaten der »Weißen Armee« gegr. Chor; erlangte unter S. *Jaroff* Weltruhm.
Donne [dʌn], John, *1572, †1631, engl. Dichter (Liebeslyrik, geistl. Gedichte, Elegien, Satiren).
Donner, rollendes Geräusch nach dem *Blitz* infolge der Ausdehnung erhitzter Luft auf der Blitzbahn u. am Zurückschlagens in die Ausgangslage. Jedem km Abstand des Hörers vom Blitz entsprechen etwa 3 s Zeitunterschied zw. Blitz u. D.
Donner, Georg Raphael, *1693, †1741, östr. Bildhauer zw. Barock u. Klassizismus.
Donnerkeil →Belemniten.
Donnersberg, 1. Berggruppe im Pfälzer Bergland, 687 m; höchste Erhebung in der Pfalz. – **2.** Berg im Böhm. Mittelgebirge, 837 m.
Don Quijote [-kiˈxɔtə], *Don Quixote, Don Quichotte,* Romans von M. de *Cervantes Saavedra;* ein Idealist, der mit den realen Gegebenheiten in Konflikt gerät, daran scheitert u. zum Gespött wird. *Donquichotterie,* durch Weltfremdheit zum Scheitern verurteiltes Unternehmen.
Donzdorf, ba.-wü. Stadt am westl. Fuß des Albuchs, 11 100 Ew.; Schloß (15./16. Jh.) der Grafen von Rechberg.
Doorn, ndl. Gem. sö. von Utrecht, 9700 Ew. Schloß »Huis te D.« war 1920–41 Wohnsitz des ehem. dt. Kaisers *Wilhelm II.*
Döpfner, Julius, *1913, †1976, kath. Theologe; 1948–57 Bischof von Würzburg, 1957–61 von Berlin, 1958 Kardinal, 1961–76 Erzbischof von München u. Freising.
Doping, unerlaubte Zuführung von Substanzen (z.B. Aufputschmitteln), die eine Steigerung der sportl. Leistung bewirken sollen. Bei einem Nachweis wird der Sportler disqualifiziert.
Doppeladler, Adler mit 2 Köpfen als herald. Symbol, häufiges Wappentier, z.B. in Byzanz, im röm.-dt. Reich, in Östr. u. Rußland.

Dordrecht: die Grote Kerk am Hafen

Doppelbeschluß →NATO-Doppelbeschluß.
Doppelbesteuerung, 1. *Doppelbelastung,* zwei- oder mehrf. Besteuerung desselben Steuergegenstands, z.B. vor 1977 die Besteuerung des Gewinns einer AG durch Körperschaftsteuer u. anschließend beim Aktionär durch Einkommensteuer. – **2.** *internationale D.,* Besteuerung des Einkommens eines Ausländers im Inland u. im eigenen Land; wird meist durch *D.abkommen* vermieden oder gemildert.
Doppelbindung, chem. Bindung zweier Atome durch je zwei Valenzen (→Wertigkeit).
Doppelbrechung, die Eigenschaft aller nicht-kubischen Kristalle, einen Lichtstrahl in zwei Teile zu zerlegen. Die Lichtwellen der beiden Strahlen schwingen senkrecht zueinander.
Doppelbürger, *Doppelstaatler,* Person mit mehreren Staatsangehörigkeiten.
Doppeldecker →Flugzeug.
Doppelehe →Bigamie.
Doppelkolbenmotor, Verbrennungsmotor, bei dem je zwei Kolben in einem Zylinder vereinigt sind; durch die Explosionsgase wird ein Kolben nach oben, der andere nach unten getrieben.
Doppelkopf, Kartenspiel mit 48 (bei Varianten mit 40) Karten unter 4 Personen.
Doppelkorn, Kornbranntwein mit einem Alkoholgehalt von mindestens 38 Vol.-%.
Doppelsalze, Salze, die aus Lösungen oder Schmelzen zweier Salze mit einem gemeinsamen Kristallgitter auskristallisieren; z.B. Alaun.
Doppelsame, *Diplotaxis,* Gatt. der *Kreuzblütler;* in Dtld.: *Schmalblättriger D., Mauer-D., Ruten-D.*
Doppelschlag, musikal. Verzierung durch Umspielen einer Note mit Ober- u. Untersekunde.
Doppelspat, reiner wasserklarer *Kalkspat;* doppelbrechend.
Doppelstern, zwei eng benachbarte Fixsterne. Bei *visuellen D.* sind die Einzelsterne im Fernrohr trennbar, bei *spektroskop. D.* nur durch Aufspaltung der Spektrallinien; *physische D.* bilden ein System u. bewegen sich umeinander; *optische D.* stehen nur zufällig für den Betrachter dicht beieinander, aber in verschiedenen Entfernungen. D. sind sehr häufig (vermutl. über 50% aller Sterne).
doppelte Buchführung →Buchführung.
Doppelzentner, Kurzzeichen *dz,* alte Gewichtseinheit: 1 dz = 100 kg.
Doppler-Effekt, die von dem östr. Physiker C. *Doppler* (*1803, †1853) 1842 entdeckte Wellenlängenänderung einer Licht- oder Schallwelle bei einer relativen Bewegung von Quelle u. Empfänger. Nähert sich die Quelle dem Beobachter, so erhöht sich die Zahl der in 1 s ankommenden Licht- bzw. Schallwellen, die Linien im Spektrum verlagern sich nach dem Violetten, der Ton wird höher (z.B. bei Signalhorn eines vorbeifahrenden Rettungswagens). Das Umgekehrte gilt, wenn sich die Quelle entfernt. Der D. erlaubt u. a. die Messung der Geschwindigkeit von Sternen u. die bordeigene Geschwindigkeitsmessung von Flugzeugen gegenüber den Erdboden.
Dor, Milo, eigtl. Milutin *Doroslovac,* *7.3.1923, östr. Schriftst. serb. Herkunft (autobiograph. u. iron.-krit. Romane, Hör- u. Fernsehspiele).

Dorado →Eldorado.
Dorchester [ˈdɔːtʃistə], Hptst. der südengl. Gft. Dorset(shire), 14 000 Ew.; röm. Ausgrabungen.
Dordogne [-ˈdɔnj], r. Nbfl. der Garonne in SW-Frankreich, 475 km; mündet bei Bec d'Ambès in die Gironde.
Dordrecht, niederländ. Stadt im Rheindelta, 110 000 Ew.; Werften, Metall-, elektrotechn., chem., Lebensmittel-Ind. – Älteste Stadt der Gft. Holland, seit dem 11. Jh. bedeut. Hafen im Rheindelta; seit 1572 Mittelpunkt der antispan. Aufstandsbewegung; 1618/19 D.er Synode (Sieg des orth. Calvinismus).
Doré, Gustave, *1832, †1883, frz. Graphiker u. Maler (Illustrationen zu Werken der Weltliteratur).
Dorer →Dorier.
Dorf, mehr oder weniger geschlossene, meist ländl. Gruppensiedlung mit wenigstens 12–15 Wohnplätzen; bes. charakterist. mitteleurop. Formen: *Haufen-D., Straßen-D., Anger-D., Reihen-D., Rundling.* Das D. ist über die ganze Erde verbreitet, jedoch in sehr unterschiedl. Weise u. oft als Übergang zu anderen Siedlungsformen. So leben z.B. nomad. oder halbnomad. Völker häufig in Zelten oder zeltartigen Hütten u. nur gelegentl. in dorfähnl. Gruppensiedlungen. In China gibt es ausgesprochene Großdörfer; diese sind nach außen abgeschlossen, nur durch einen einzigen Zugang betretbar. In Afrika haben die Dörfer oft eine ausgesprochene Rundform.
Dorfen, oberbay. Stadt an der Isen (Nbfl. des Inn), 11 000 Ew.; Wallfahrtskirche.
Dörfler, Peter, *1878, †1955, dt. Schriftst. (Volksschrifttum, Heiligenbiographien, Jugendbücher).
Doria, Andrea, *1468, †1560, genues. Admiral in päpstl., frz., schließl. kaiserl. Diensten; herrschte seit 1528 diktator. in Genua. Gegen ihn richtete sich 1547 die Verschwörung des *Fiesco* (Drama von *Schiller*).
Dorier, *Dorer,* einer der grch. Hauptstämme, im 13./12. Jh. v. Chr. aus dem N nach Griechenland eingewandert. Die D. verbreiteten sich bes. auf dem östl. u. südl. Peloponnes, wo ihr Sinn für staatl. Ordnung im Stadtstaat *Sparta* seine stärkste Ausprägung fand. Sie besiedelten ferner Kreta, Rhodos, Thera, die SW-Küste Kleinasiens, Unteritalien u. Sizilien.
dorischer Stil →Säulenordnung.
Dormagen, Stadt in NRW, am Rhein, 57 500 Ew.; Zucker- u. chem. Ind.
Dornach, Hptst. des Bez. *Dorneck* im schweiz. Kt. Solothurn, an der Birs, 5500 Ew.; *Goetheanum,* Freie HS für Anthroposophie.
Dornberger, Walter, *1895, †1980, dt. Raketenforscher; leitete im 2. Weltkrieg das dt. Raketenwaffenprogramm.
Dornbirn, größte Stadt in Vorarlberg (Östr.), am

Donau-Durchbruch zwischen Weltenburg und Kelheim (Bayern)

204 Dornen

Westfuß des Bregenzer Walds, 37 000 Ew.; Textil- u. Masch.-Ind., Textilmesse.

Dornen, starre, pfriemförmige Gebilde der Pflanzen, durch Umwandlung von Blättern, Sproßachsen oder (selten) Wurzeln entstanden; schützen die Pflanze vor Tierfraß.

Dornfortsatz, bei Wirbeltieren ein Fortsatz auf der Rückenseite des Wirbelkörpers.

Dornhai, häufigste Haiart des Nordatlantik, mit 2 Stacheln vor den Rückenflossen, bis 1 m lang u. 10 kg schwer. Sein Fleisch ist als *Seeaal* im Handel, seine geräucherten Bauchlappen als *Schillerlocken.*

Dornier [dɔrni'e], Claudius, * 1884, † 1969, dt. Flugzeugkonstrukteur; Mitarbeiter Graf *Zeppelins,* gründete 1914 in Friedrichshafen die *D.-Werke.*

Dornschwänze, Gatt. der *Agamen* mit kräftigem Schwanz, der mit Ringen aus stachelspitzigen Schuppen bewehrt ist; Wüstenbewohner; 12 Arten, darunter der bis 70 cm lange *Ägypt. Dornschwanz.*

Dornseiff, Franz, * 1888, † 1960, dt. klass. Philologe; W »Der dt. Wortschatz nach Sachgruppen«.

Dornstein, der bei den Gradierwerken auf dem Reisig der Salinen entstehende Niederschlag von Magnesium- u. Calciumsulfat u. -carbonat.

Dornteufel, der →Moloch (2).

Dornzikade, bis 11 mm lange *Buckelzirpe* Mitteleuropas; früher angebl. an Weinreben schädl. (»Weinteufel«), jetzt selten.

Dorothea von Montau, * 1347, † 1394, Klausnerin; Patronin Preußens u. des Dt. Ordens; Selige (Feste: 25.6. u. 30.10.).

Dorpat, estn. *Tartu,* russ. bis 1918 *Jurjew,* estn. Stadt, 100 000 Ew.; Univ. (gegr. 1632, wiedergegr. 1802, bis 1889 dt.), Landwirtschaftsakademie; Landmasch.-, Holz-, Textil- u. a. Ind. – 1224 vom dt. Schwertbrüderorden erobert, Bischofssitz; im 14. Jh. Hansestadt, 1582 poln., 1629 schwed., 1721 russ. — Im Frieden von D. (2.2.1920) zw. der UdSSR u. Estland wurde Estlands Unabhängigkeit anerkannt.

Dörpfeld, Wilhelm, * 1853, † 1940, dt. Archäologe; Begr. des wiss. Ausgrabungswesens; Ausgrabungen in Troja, Mykene, Pergamon, Tiryns u. Orchomenos.

dörren, *trocknen,* Gemüse, Obst u. Gewürzkräuter durch Entziehen des natürl. Wassergehalts *(Dehydrieren)* konservieren, um den Verderbniserregern (Bakterien, Pilzen) die Lebensmöglichkeiten zu nehmen. Der Wassergehalt von **Dörrgemüse** darf 12%, der von **Dörrobst** *(Backobst)* 23% nicht übersteigen, um lange Haltbarkeit zu gewährleisten.

dorsal, zum Rücken (Dorsum) gehörig, auf der Rückenseite befindlich.

Dorsch →Kabeljau.

Dorsch, Käthe, * 1890, † 1957, dt. Schauspielerin; seit 1939 am Wiener Burgtheater; viele Filmrollen.

Dorst, Tankred, * 19.12.1925, dt. Schriftst. (Hörspiele u. Fernsehspiele, iron.-groteske Theaterstücke, Dokumentartheater).

Dorsten, Stadt in NRW, an der Lippe, 77 000 Ew.; Wasserschloß *Lembeck;* Steinkohlenbergbau, Eisen-, Masch.-Ind.

Dortmund, Stadt in NRW, im östl. Ruhrgebiet, Handels- u. Wirtschaftsmetropole u. größte Stadt Westfalens, 595 000 Ew.; Univ.; Eisen- u. Stahlwerke, Maschinenbau, Brauereien, bed. Binnenhafen. — Ersterwähnung 885 als karoling. Königshof, 1220 Freie Reichsstadt (einzige Westfalens), Mitgl. der Hanse, 1815 preußisch.

Dortmund-Ems-Kanal, 1892–99 gebauter, einschl. Ems u. Dollart 282 km langer Schiffahrtsweg, verbindet das Ruhrgebiet mit der Nordsee.

Dosimetrie, Messung einer Strahlungsdosis.

Dosis, Arzneimittelmenge, die auf einmal *(Einzel-D.)* oder während eines Tages *(Tages-D.)* zu nehmen ist.

Dos Passos [dɔs'pæsəus], John, * 1896, † 1970, US-amerik. Schriftst.; sozialist. Kritiker der amerik. Kultur, später konservativ-positiv.

Dosse, r. Nbfl. der Havel in Brandenburg, 120 km; Unterlauf schiffbar.

Dossier [dɔ'sje:], Aktenbündel; Sammlung aller Schriftstücke über eine Sache oder Person.

Dost, in Dtld. häufiger *Lippenblütler;* als *Herba Origani* arzneil. verwendet; beliebtes Gewürz *(Oregano)* der ital. Küche.

Dostal, Nico, * 1895, † 1981, östr. Operetten- u. Filmkomponist; W »Clivia«, »Monika«, »Die ung. Hochzeit«.

Dostojewskij, Fjodor Michajlowitsch, * 1821, † 1881, russ. Schriftst.; wegen revolutionärer Betätigung 1849 zum Tode verurteilt, dann zu Zwangsarbeit in Sibirien begnadigt. Seine psycholog. tiefdringenden Romane behandeln religiösphilosoph. Fragen in Gegenwartsthematik. W »Erniedrigte u. Beleidigte«, »Schuld u. Sühne« (»Raskolnikow«), »Der Idiot«, »Die Dämonen«, »Die Brüder Karamasow«.

Dotation, Schenkung, Zuwendung, bes. an öffentl. Einrichtungen, fr. auch an Personen für bes. Verdienste.

Dotierung, Einbau von Fremdatomen in Halbleiter.

Dotter, Reservestoffe in der Eizelle, die dem sich entwickelnden Embryo zur Nahrung dienen.

Dotterblume, *Butterblume, Sumpfdotterblume,* Gatt. der *Hahnenfußgewächse,* blüht gelb auf feuchten Wiesen.

Dou [dau], Gerrit (Gerard), * 1613, † 1675, ndl. Maler; Schüler *Rembrandts.*

Douai [du'ɛ:], N-frz. Krst., 45 000 Ew.; Eisen-, chem. u. Textil-Ind. – 1652–1889 Univ., 1712–89 Sitz des flandr. Parlaments.

Douala [du'a:la], *Duala,* wichtigster Hafen u. größte Stadt von Kamerun, 1 Mio. Ew.; vielseitige Ind., Flughafen.

Douane [du'a:n], Zoll, Zollamt.

Douaumont [duo'mɔ̃], Panzerfort der Festung *Verdun,* im 1. Weltkrieg schwer umkämpft.

Double [du:bl], im Film Vertreter des eigtl. Darstellers, bes. bei gefahrvollen Szenen.

Doublé [du:ble:] →Dublee.

Doublette, Doppel, zweifach Vorhandenes; Doppeltreffer.

Doubs [du:], l. Nbfl. der Saône, 430 km; Teil der frz.-schweiz. Grenze.

Douglas ['dʌgləs], Hptst. der engl. Insel *Man,* 20 400 Ew.; Seebad, Fischerei.

Douglas ['dʌgləs], schott. Grafengeschlecht, zeichnete sich bes. in den Kriegen gegen England (13.–15. Jh.) aus.

Douglas ['dʌgləs], **1.** Kirk, eigtl. *Issur Danielowitsch Demskij,* * 9.12.1916, amerik. Schauspieler russ. Herkunft; erfolgreich bes. in Abenteuerrollen; »Vincent van Gogh«; »Spartacus«. – **2.** Michael, Sohn von 1), * 25.9.1944, amerik. Schauspieler u. Produzent; »Eine verhängnisvolle Affäre«; »Wall Street«; »Basic Instinct«.

Douglas-Home ['dʌgləs 'hju:m], Sir Alexander, * 2.7.1903, brit. Politiker (konservativ); 1951–63 Earl of *Home,* seit 1974 Baron *Home of the Hirsel,* 1960–63 u. 1970–74 Außen-Min., 1963/64 Prem.-Min.; D. mußte seinen Adelstitel ablegen, um Prem.-Min. zu werden; nach seinem Rückzug aus der Politik wieder geadelt.

Douglasie [du-], *Douglastanne,* im westl. Nordamerika heim., bis 100 m hoher Nadelholzbaum.

Douro ['doru] →Duero.

do ut des [lat.], »ich gebe, damit du gibst«, Bez. für eine Politik gegenseitiger Zugeständnisse.

Doutiné [du-], Heike, * 3.8.1945, dt. Schriftst. (gesellschaftskrit. Romane).

Dover ['douvə], befestigte S-engl. Hafenstadt am Kanal, zw. hohen Kreidefelsen, 34 000 Ew.; Seebad; bed. für den Verkehr zw. England u. dem Festland.

Dovifat, Emil, * 1890, † 1969, dt. Publizist; W »Zeitungslehre«, »Hdb. der Publizistik«.

Dow-Jones-Index [dau 'dʒounz-], anhand der Kurse ausgewählter Aktien an der New Yorker Börse tägl. ermittelter Durchschnittskurs, gibt Aufschluß über die Börsenstimmung.

Downing Street ['daunɪŋ 'stri:t], Straße in London; das Haus Nr. 10 ist seit 1735 Amtssitz des brit. Prem.-Min.

Downs [daunz], zwei SO-engl. Höhenzüge aus Kreidekalk; *North D.,* im Botley Hill 294 m; *South D.* 271 m.

Down-Syndrom, früher *Mongolismus,* angeborene Störung der Embryonalentwicklung, die zu einer Fehlbildung von Geweben u. Organen führt. Charakteristisch ist eine unterschiedl. ausgeprägte geistige Behinderung, schräge Augenstellung, breite Nasenwurzel u. a. Ursache: Anstatt der normalen 46 Chromosomen sind 47 vorhanden, u. zwar tritt das Chromosom 21 dreifach auf *(Trisomie 21).* Bis zum 35. Lebensjahr entfallen auf 1000 Geburten weniger als 1 Fall. Mit zunehmendem Alter der Mutter (evtl. auch des Vaters) wird das D. häufiger. Durch eine Fruchtwasseruntersuchung ist ein Erkennen vor der Geburt möglich.

Doxale, spätmittelalterl. Lettner, Orgelempore u. Chorgitter einer Kirche.

Doxologie, Lobpreisung Gottes als Abschluß von Gebeten, Psalmen u. Hymnen oder als selbst. Lobgesang.

Doyen [dwa'jɛ̃], Dienst-, Rangältester; Sprecher des Diplomat. Korps: entweder der am längsten am Ort akkreditierte Botschafter oder der diplomat. Vertreter des Hl. Stuhls.

Doyle [dɔil], Sir Arthur Conan, * 1859, † 1930, engl. Kriminalschriftst.; erfand den Meisterdetektiv *Sherlock Holmes.*

Dozent, *Privatdozent,* Lehrer an einer Hochschule.

DP, Abk. für *Deutsche Partei.*

dpa, Abk. für *Deutsche-Presse-Agentur,* 1949 gegr. Nachrichtenagentur für die BR Dtld., Sitz: Hamburg.

Drá, *Oued ad D.* [wed-], *Wad Dra'ah,* Trockenfluß im südl. Marokko, 1200 km.

Drach, Albert, * 1902, * 1995, östr. Schriftst. (Romane, Erzählungen Dramen).

Drache, 1. feuerspeiendes Fabeltier von echsentiger Gestalt oder Mischgestalt aus Vogel, Schlange u. Löwe. Im Abendland verkörpert er böse, in Ostasien dagegen wohltätige Mächte. – **2.** Sternbild des nördl. Himmels.

Drachenbaum, Gatt. der *Liliengewächse;* Sträucher oder Bäume mit schopf- oder schwertförmigen Blättern. Manche Arten liefern ein rotes Harz, das *Drachenblut.*

Dortmund: Westfalenpark mit Fernsehturm; im Vordergrund ein Stahlwerk

Drachenbaum auf Teneriffa, über 3000 Jahre alt

Drachenflieger

Drachenfels, 1. Berg in der Haardt (Pfalz), 571 m, sw. von Bad Dürkheim; Schauplatz der Siegfried-Sage. – **2.** Trachytkegel des Siebengebirges am Rhein, bei Königswinter (Zahnradbahn), 321 m.
Drachenfische, *Petermännchen,* mit Giftstacheln an Rückenflosse u. Kiemendeckeln versehene Barscharige der europ. u. afrikan. Küsten.
Drachenfliegen, *Hanggleiten,* Form des Flugsports mit einem *Hängegleiter,* bei der unter Ausnutzung der Aufwinde an Berghängen von einem Berg oder Hochplateau zu Tal gesegelt wird. Der Pilot hängt dabei in Gurten u. steuert das Fluggerät durch Gewichtsverlagerung mittels eines Steuerbügels *(Trapez).*
Drachenköpfe, Fam. der *Barschfische* wärmerer Breiten; Kopf u. Flossen mit starren Stacheln (manche Arten mit Giftdrüsen) bewehrt, zu den D. gehören z.B. die *Meersau,* der *Rotfeuerfisch* u. als wichtigster Wirtschaftsfisch der *Rotbarsch.*
Drachmann, Holger, *1846, †1908, dän. Schriftst.; schrieb als Neuromantiker im Stil alter Barden.
Drachme, 1. altgrch. Silbermünze (4,3 g) zu 6 Obolen. – **2.** Währungseinheit in Griechenland; 1 D. = 100 *Lepta.*
Dracula, *Vampir,* Titelfigur eines Romans von B. Stoker (1897), Hauptgestalt zahlr. Horrorfilme.
Drage, poln. *Drawa,* r. Nbfl. der Netze, 199 km.
Dragée [dra'ʒeː], mit Zuckermasse überzogenes Arzneimittel; gefülltes Bonbon aus Zuckermasse mit versch. Zusätzen.
Dragoman, fr. im Vorderen Orient Bez. für *Dolmetscher.*
Dragonaden, in Frankreich unter Ludwig XIV. Zwangseinquartierung von Dragonern bei Protestanten, um diese zum Übertritt zur kath. Kirche zu nötigen.
Dragoner, berittene Infanterie, die zum Feuern absaß; allmähl. in die Kavallerie übergegangen.
Dragster ['drægstə], formelfreier Spezialrennwagen; leistungsstarker Motor (1000 u. mehr PS).
Draht, durch Walzen oder Ausziehen durch enge Löcher hergestellte, bis 5 mm dicke, beliebig lange Metallstäbchen.
Drahtfunk, Übertragung von Rundfunkprogrammen über normale Fernsprechleitungen; in der BR Dtld. 1963 eingestellt.
Drahtglas, zu Dachdeckungen, Oberlichtern, Fenstern u. ä. verwendetes Glas, in das im flüssigen Zustand Drahtgeflechte eingelegt worden sind.
Drahthaarterrier, Hunderasse mit drahtigem hartem Haar u. dichter, feinerer Unterwolle; Unterrasse der *Foxterrier.*
Drahtseil, aus dünnen Drähten von höchster Zugfestigkeit um ein Hanfseil oder einen Draht *(Seele)* auf Verseilmaschinen verdrilltes Seil; in hohem Grad biege- u. zerreißfest.
Drahtseilbahn → *Seilbahn.*
Drainage → *Dränage.*
Draisine, 1. leichtes motorgetriebenes Schienenfahrzeug zur Kontrolle von Eisenbahnstrecken. – **2.** von K. *Drais von Sauerbronn,* *1785, †1851, erfundene Laufmaschine, Vorläufer des Fahrrads.
Drake [dreik], Sir Francis, *um 1540, †1596, engl. Admiral; umsegelte 1577–80 als zweiter (nach Magalhães) die Erde; Begr. der engl. Seefahrertradition; führende Rolle beim Kampf gegen die span. Seemacht (siegte über die *Armada).*

Drakensberge, *Kathlambagebirge,* Teil der Großen Randstufe im sö. Südafrika, im *Thabana Ntlenyana* 3482 m hoch.
Drakestraße ['dreik-], nach F. *Drake* ben. Meeresstraße zw. Kap Hoorn u. Antarktis.
Drakon, um 621 v. Chr., Verfasser des ältesten, wegen seiner »drakonischen Härte« berüchtigten Gesetzbuchs der Athener.
Drall, 1. → *Drehimpuls.* – **2.** bei Garnen, Zwirnen u. ä. die Drehung der das Ganze bildenden Fäden. – **3.** Drehung des Geschosses um seine Längsachse, durch die schraubenförmig in den Lauf eingeschnittenen Züge.
Drama, jedes Bühnenwerk für das Sprechtheater, d. h. ein literar. Werk, bei dem Figuren, von Schauspielern dargestellt, auf einer Bühne handeln u. sprechen. Die Handlung entwickelt sich aus Dialog u. Monolog. Bes. Formen des D. sind *Tragödie (Trauerspiel)* u. *Komödie (Lustspiel);* i.e.S. werden D. u. *Schauspiel* gelegentl. nur als Mittelding zw. diesen beiden verstanden. – **dramatisch,** das D. betreffend; spannend, bewegt, erschütternd.
Dramaturg, künstler.-wiss. Mitarbeiter der Bühnenleitung, der Theaterstücke prüft u. bearbeitet, das Programmheft herausgibt u. ä. – **Dramaturgie,** Lehre von Wesen, Aufbau u. Wirkung des Bühnenspiels.
Drammen, S-norw. Hafenstadt, sw. von Oslo, Hptst. der Prov. Buskerud, 52000 Ew.; versch. Ind., Schiffbau.
Dramolett, kleines Bühnenspiel.
Dränage [-ʒə], **1.** *Drainage, Dränung,* Ableitung überschüssigen Bodenwassers durch unterird. verlegte Abflußleitungen, meist aus Ton. Die Rohre liegen in frostfreien Tiefen u. werden nur lose aneinandergelegt, so daß das Wasser in sie gelangen kann. – **2.** Ableitung der Wundflüssigkeit aus Körperhöhlen durch Gummi- oder Glasröhren, auch Gazestreifen.
Drance [drãs], l. Nbfl. der Rhône, 43 km.
Draper ['dreipə], Henry, *1837, †1882, US-amerik. Astronom. Aus einer Stiftung seiner Witwe wurde bis 1924 der »Henry-D.-Katalog« mit Angaben der Spektralklassen von 225000 Sternen geschaffen.
drapieren, wirkungsvoll in Falten legen; ausschmücken.
Drau, serbokr. *Drava,* r. Nbfl. der Donau, 720 km; mündet bei Osijek.
Drawida, *Dravida,* Gruppe von Völkern, die vermutl. vor den Indoeuropäern in Vorderindien eingewandert ist (über 100 Mio., darunter die *Tamilen*); **drawidische Sprachen** werden in S-Indien, Sri Lanka u. Pakistan gesprochen.
Dreadnought ['drednɔːt], brit. Schlachtschiff (1906), später Sammelbegriff für Großkampfschiffe, 1963 Name des ersten brit. atomar angetriebenen U-Boots.
Dregger, Alfred, *10.12.1920, dt. Politiker (CDU), 1956–70 Oberbürgermeister von Fulda, 1967–82 CDU-Vors. in Hessen, 1982–91 Vors. der CDU/CSU-Bundestagsfraktion.
Drehbank → *Drehmaschine.*
Drehbuch, Manuskript eines Films oder einer Fernsehsendung; meist sind auf jeder Seite rechts die akust., links die opt. Vorgänge verzeichnet.
Drehbühne, drehbarer Teil des Bühnenbodens, in Sektoren aufgeteilt. Nur einen Sektor kann der Zuschauer jeweils sehen, auf dem anderen wird das nächste Bühnenbild aufgebaut. Die D. ermöglicht schnellen Szenenwechsel.
Dreheiseninstrument, elektr. Meßgerät zur Messung von Strömen u. Spannungen.
Drehfeld, magnet. Feld, das mit gleichbleibender

Draisine; englischer Kupferstich, 1819

Drehscheibe zum Drehen einer Lokomotive

Geschwindigkeit um eine Achse umläuft u. dessen Stärke konstant ist. Es entsteht durch Überlagerung mehrerer Wechselfelder.
Drehflügelflugzeug, Flugzeug, bei dem die Tragfläche in einzelne Blätter (2–8) aufgelöst ist, die eine Drehbewegung ausführen. Beim *Hubschrauber* werden die Drehflügel motorisch angetrieben, beim *Tragschrauber* rotieren sie frei im Fahrtwind.
Drehimpuls, *Drall,* bei der Drehung eines Massenpunkts um eine Achse das Produkt aus dem momentanen Abstand des Punkts von der Achse u. seinem momentanen *Impuls.* Bei der Bewegung eines Planeten um die Sonne ist der D. konstant. Alle Elementarteilchen haben einen inneren D., den *Spin.*
Drehkolbenmotor, Verbrennungsmotor, der anstelle eines hin- u. hergehenden Kolbens einen sich drehenden Kolben verwendet. Der bisher wichtigste D. ist der *Wankelmotor.*
Drehkrankheit, durch Finnen eines Hundebandwurms hervorgerufene tödl. Krankheit, bes. bei Schafen; mit Zwangs- u. Drehbewegungen des gesenkt gehaltenen Kopfes verbunden.
Drehleier, Streichinstrument, dessen Saiten mittels mechan. Vorrichtungen gegriffen u. gestrichen werden; im 15.–17. Jh. Bettlerinstrument; im 18. Jh. vorübergehend beliebt.
Drehmaschine, *Drehbank,* Werkzeugmaschine zur spanenden Bearbeitung eines Werkstücks, das durch einen Antrieb eine Drehbewegung erhält, während längs oder quer zu seiner Achse ein einschneidiges Werkzeug *(Drehmeißel)* vorbeigeführt wird.
Drehmoment, die aus Kraft mal Kraftarm (Hebelarm) sich ergebende Drehwirkung. Für die Drehbewegung spielt das D. dieselbe Rolle wie die Kraft für die lineare Bewegung. Es wird durch die zeitl. Änderung des *Drehimpulses* bestimmt.
Drehorgel, *Leierkasten,* kleine trag- oder fahrbare Orgel mit Kurbelantrieb für die Bälge u. die Stiftwalze oder Lochscheibe, die die Ventile betätigt; vor allem Instrument der Straßenmusikanten.
Drehscheibe, 1. Gleisstück auf einer im Kreis drehbaren Stahlkonstruktion, zum Umsetzen von Schienenfahrzeugen, bes. Lokomotiven, auf andere Gleise. – **2.** Töpferscheibe.
Drehstrom, *Dreiphasenstrom,* bes. Art von *Wechselstrom;* entsteht durch Verkettung dreier um 120° phasenverschobener Wechselströme mit gleicher Spannung u. Frequenz. D. ist die wichtigste u. wirtschaftlichste Stromart.
Drehung, 1. → *Rotation.* – **2.** *Drall, Draht, Torsion,* erfolgt beim Spinnen von Fasern zu Vorgarnen u. Gespinsten zwecks Rundung, Formgebung u. Festigung des Faserverbands. Die D. wird unterschieden nach Drallrichtung (Z-Drehung, S-Drehung) u. Anzahl der D. je Meter.
Drehwaage, *Torsionswaage,* Gerät zum Messen kleinster Drehmomente: Ein an einem Faden aufgehängtes Stäbchen dreht sich bei Einwirkung einer Kraft um einen kleinen Winkel; diesem ist das Drehmoment proportional.
Drehzahl, *Tourenzahl,* Zahl der Umläufe von Maschinen in der Zeiteinheit (Minute).
Dreibund, geheimes Verteidigungsbündnis zw. dem Dt. Reich, Östr.-Ungarn u. Italien 1882 in Erweiterung des dt.-östr. *Zweibunds* (1879); zuletzt 1912 erneuert. 1915 verließ Italien den D.

Drei-D

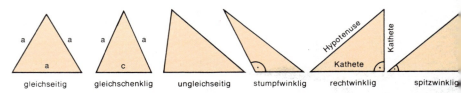

Dreieck: Formen

Drei-D, *3-D,* abkürzende Bez. für dreidimensionales (plastisches) Sehen beim →Raumfilm.

Dreieck, 1. Ebene, von 3 Geraden begrenzte Figur. Man unterscheidet: *spitzwinkliges D.* (alle Winkel sind kleiner als 90°), *rechtwinkliges D.* (1 Winkel ist 90°; die ihn begrenzenden Seiten heißen *Katheten,* die gegenüberliegende *Hypotenuse*), *stumpfwinkliges D.* (1 Winkel ist größer als 90°), ferner *ungleichschenkliges D.* (3 verschieden lange Seiten), *gleichschenkliges D.* (2 gleiche Seiten), *gleichseitiges D.* (3 gleiche Seiten). Die Winkelsumme im D. beträgt 180°. Der Flächeninhalt ist das halbe Produkt aus einer Seite u. der zugehörigen Höhe. – **2.** *Triangulum,* zwei kleine Sternbilder am nördl. u. südl. Himmel.

Dreiecksköpfe, Gatt. nächtl. lebender *Grubenottern,* sehr gefährl. Giftschlangen.

Dreieich, hess. Stadt im Rodgau, 39 000 Ew.; Metall-, Elektro-, Textil-, Kosmetik-Ind.; Ruine der Wasserburg *Hain.*

Dreieinigkeit, *Dreifaltigkeit, Trinität,* die eine Natur der drei Personen (Vater, Sohn u. Heiliger Geist) in Gott. Dem Vater wird die Schöpfung, dem Sohn die Erlösung, dem Hl. Geist die Heiligung zugesprochen. Die Lehre von der D. unterscheidet das Christentum von Judentum u. Islam. Sie wurde auf den ökumen. Konzilien von Nicäa (325) u. Konstantinopel (381) als Dogma festgelegt. – Symbole: *Dreipaß* (dreifaches Kreissymbol) u. *Dreieck.* Die figürl. Darst. der D. kennt mehrere Typen: 1. drei einander ähnl. Männer; 2. Gottvater u. Sohn nebeneinander thronend, zw. ihnen die Taube; 3. der *Gnadenstuhl:* Gottvater hält das Kreuz mit dem Sohn; die Taube erscheint darüber oder daneben.

Dreier, norddt. Kleinmünze des 16.–19. Jh.

Dreifaltigkeit →Dreieinigkeit.

Dreifaltigkeitsberg, Berg bei Spaichingen (Schwäb. Alb), 985 m; mit Wallfahrtskirche.

Dreifarbendruck, Druckverfahren, bei dem 3 Druckplatten in den Grundfarben Blau, Rot u. Gelb übereinandergedruckt werden, so daß durch deren Mischung ein wirklichkeitsgetreues farbiges Bild entsteht.

Dreifelderwirtschaft, Bodennutzung in dreijährigem Turnus: Wintergetreide, Sommergetreide, Brache. Die D. herrschte vor der Einführung des Kunstdüngers in Dtld. fast 1000 Jahre. Zu Anfang des 19. Jh. wurde sie verbessert durch Bestellen der Brache mit Futterpflanzen u. später auch Hackfrüchten.

Drei Gleichen, drei thüring. Burgberge (mit Ruinen) zw. Gotha u. Arnstadt.

Dreikaiserjahr, das Jahr 1888, in dem im Dt. Reich nacheinander Wilhelm I., Friedrich III. u. Wilhelm II. regierten.

Dreikaiserschlacht →Austerlitz.

Dreiklang, aus einem Grundton u. der darüberliegenden Terz u. Quinte aufgebauter Zusammenklang von 3 Tönen, wobei der Dur-D. eine große u. eine kleine (z.B. c-e-g), der Moll-D. eine kleine u. eine große Terz (z.B. c-es-g) hat.

Dreiklassenwahlrecht, das in Preußen von 1849 bis 1918 geltende Wahlrecht, das keine Gleichheit der Stimmen vorsah. Die Wähler wurden nach der Höhe ihrer Steuerzahlung in 3 Klassen eingeteilt, von denen jede 1/3 der Abg. wählte. 1908 gehörten zur 1. Kl. nur 4%, zur 2. Kl. 14% u. zur 3. Kl. 82% der Wähler. Ähnl. Systeme bestanden auch in anderen dt. Staaten.

Drei Könige, *Heilige Drei Könige,* die »Magier aus dem Morgenland«, die nach Matth. 2,1–12 dem Jesuskind huldigten; erst im MA *Caspar, Melchior* u. *Balthasar* genannt. Der *Dreikönigstag* (6. Jan.) ist das Fest →Epiphanias.

Dreikönigstreffen, seit 1864 am Dreikönigstag (6. Jan.) stattfindender Parteitag der württemberg. bzw. SW-dt. Liberalen, heute der ba.-wü. FDP.

Dreikörperproblem, die Aufgabe, die Bewegung von drei sich gegenseitig anziehenden Körpern zu berechnen; mathematisch nicht exakt lösbar.

Dreimächtepakt, 1940 geschlossener Vertrag zw. Dtld., Italien u. Japan, dem später Ungarn, Rumänien, die Slowakei u. Bulgarien beitraten. Der Beitritt Jugoslawiens im Frühjahr 1941 löste dort eine Revolte u. den dt. Angriff aus. Der D. wurde 1942 durch ein Militärbündnis der drei Hauptmächte ergänzt.

Dreimaster, Laienausdruck für ein Segelschiff mit drei Masten.

Dreimeilenzone, fr. das gewohnheitsrechtl. anerkannte Hoheitsgebiet von Staaten in den Küstengewässern (3 Seemeilen = 5,556 km). Heute ist die 12-sm-Zone nahezu allg. anerkannt.

Dreipaß, Figur des got. Maßwerks.

Dreisam, l. Nbfl. der Elz, 60 km; durchfließt Freiburg i. Br.

Dreisatz, *Regeldetri,* Verfahren zur Berechnung einer 4. Größe aus 3 gegebenen, wenn diese entweder in gleichem (*proportional*) oder umgekehrtem (*umgekehrt proportional*) Verhältnis stehen. Beispiel: 2,5 kg Kartoffeln kosten 4 DM. Wieviel kosten 8 kg Kartoffeln?
Lösung durch Dreisatz:

1. 2,5 kg kosten 4 DM

2. 1 kg kostet $\dfrac{4\ \text{DM}}{2,5}$

3. 8 kg kosten $\dfrac{4\ \text{DM}}{2,5} \cdot 8 = 12{,}80$ DM

Entsprechend die Berechnung bei umgekehrtem Verhältnis: 26 Arbeiter erledigen eine Arbeit in 40 Tagen. In wieviel Tagen wird sie von 16 Arbeitern erledigt?

In $\dfrac{40 \cdot 26}{16} = 65$ Tagen.

Dreiser ['draizə], Theodore, *1871, †1945, USamerik. Schriftst. (naturalist. Romane, die meist den brutalen Kampf um Reichtum u. Ansehen in der amerik. Gesellschaft darstellen).

Dreispitz, vor 1800 Hut (für Männer) mit dreiseitig hochgeschlagener Krempe.

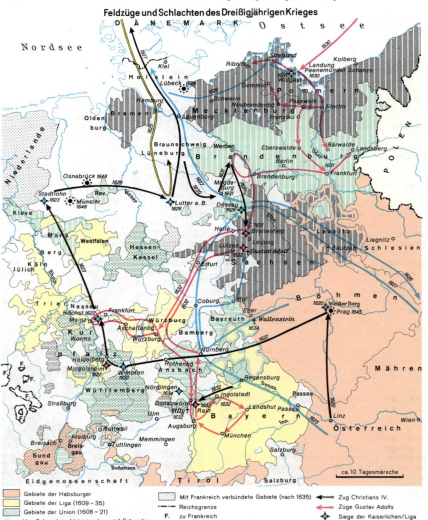

Dreiklang: C-Dur-Dreiklang mit Umkehrungen (1) – C-Dur Tonleiter mit Haupt- u. Nebendreiklängen (2)

Dreisprung, leichtathlet. Übung: drei aufeinanderfolgende Sprünge mit der Schrittfolge links-links-rechts oder rechts-rechts-links.
Dreißigjähriger Krieg, Sammelbez. für mehrere Kriege in Dtld. 1618–48. Auslöser war ein Aufstand des prot. böhm. Adels gegen die habsburg. Herrschaft. Aus konfessionellen Gegensätzen entstanden, weitete sich der Krieg zum Reichskrieg um die Stellung des Kaisers gegenüber den Ständen (Reichsfürsten) aus u. entwickelte sich durch

Dreißigjähriger Krieg: Gustav Adolfs Tod bei Lützen; zeitgenössische Darstellung

das Eingreifen Schwedens u. Frankreichs zu einem auf dt. Boden geführten Machtkampf um die europ. Stellung des Hauses Habsburg. Dabei wurden weite Teile Dtld.s verwüstet u. entvölkert; die wirtschaftl. Folgen waren katastrophal. Im *Westfäl. Frieden* 1648, der den D.K. beendete, mußten Gebiete an Frankreich u. Schweden abgetreten werden, das Ausscheiden der Schweiz u. der Niederlande aus dem Reichsverband wurde bestätigt, u. die Reichsstände erhielten alle wesentl. Hoheitsrechte, darunter das Recht, Bündnisse mit ausländ. Mächten zu schließen.
Dreitagefieber → Pappataci-Fieber.
Dreiverband, *Tripelentente,* das 1907 dem *Dreibund* entgegengesetzte Einvernehmen zw. Frankreich, England u. Rußland, ohne feste Verträge.
Dreizack, Harpune der grch. Fischer des Altertums, mit 3 Zinken, die in Widerhaken enden; Attribut des Meeresgotts *Poseidon.*
Drei Zinnen, ital. *Tre Cime,* 3 Felstürme in den östl. *Dolomiten,* 2881–3003 m.
Drell, *Drillich,* sehr dichtes Leinen- oder Baumwollgewebe in Köperbindung; für Matratzenbezüge, Arbeitskleidung, Schürzen u. ä.
Drensteinfurt, Stadt in NRW, an der Werse, 12 000 Ew.; Wasserschloß.
Drenthe, *Drente,* Prov. der →Niederlande.
dreschen, die Getreidekörner vom Stroh bzw. die Samen der Hülsenfrüchte von den Hülsen trennen; früher mit dem *Ausreiten* oder mit dem *Dreschflegel,* später mit der *Dreschmaschine;* heute bei Getreide überwiegend mit dem *Mähdrescher.*
Dresden, Hptst. des Freistaates Sachsen, 520 000 Ew.; bed. Industrieort in klimat. begünstigter Lage in einer fruchtbaren, von der Elbe durchflossenen Senke; TU u. zahlr. andere Hochschulen, berühmte Kunstsammlungen (Galerien Alte u. Neue Meister, Grünes Gewölbe); eine der schönsten Städte Europas; Bauwerke aus Barock u. Rokoko; im Febr. 1945 durch Luftangriffe stark zerstört, z. T. wiederaufgebaut; Zwinger, Jap. Palais, Oper (von G. *Semper),* Hofkirche, Kreuzkirche. – Gesch.: Das aus einer slaw. Siedlung entstandene D. ist seit 1216 bezeugt; 1485–1918 Residenz der albertin. Wettiner (Mark Meißen, Kurfürstentum, dann Königreich Sachsen), 1918–52 Hptst. des Freistaats bzw. Landes Sachsen. 1952–90 Hptst. des DDR-Bez. D. – B → S. 192
Dreß, Anzug, Kostüm, der Sportanzug.
dressieren, 1. →Dressur. – **2.** *formbügeln,* formbare Stoffe (Wollstoffe) in eine dem Körper angepaßte Form bügeln.
Dressing, gewürzte Soße für Salate, Braten u. ä.
Dreßler, August Wilhelm, * 1886, † 1970, dt. Maler; in den 20er Jahren Vertreter der Berliner *Neuen Sachlichkeit.*

Dressman [-mən], männl. Mannequin.
Dressur, das Abrichten von Tieren zur Ausführung bestimmter Handlungen durch Belohnung u. Bestrafung *(Fremd-D.)* oder durch Erfolg u. Mißerfolg *(Selbst-D.).* – **D.reiten,** *Schulreiten,* Ausbildung des Pferdes zur gewünschten Leistungsfähigkeit. Höchste Stufe ist die → Hohe Schule.
Drewenz, poln. *Drewęca,* r. Nbfl. der Weichsel, 250 km.
Drewermann, Eugen, * 20.6.1940, kath. Theologe u. Psychotherapeut; steht im Ggs. zur kath. Kirche; 1991 wurde ihm die kirchl. Lehrbefugnis, 1992 auch die Predigtbefugnis u. die Ausübung des Priesteramtes entzogen. W »Tiefenpsychologie und Exegese«; »Kleriker. Psychogramm eines Ideals«.
Drewitz, Ingeborg, * 1923, † 1986, dt. Schriftst. (realist. Romane).
Dreyfus [drɛ'fys], Alfred, * 1859, † 1935, frz. Offizier jüd. Herkunft; aufgrund gefälschter Dokumente wegen Landesverrats 1894 zu lebenslängl. Deportation verurteilt. Der Schriftst. É. *Zola* löste 1898 mit einem scharfen Protest gegen das Urteil die **D.-Affäre** aus, die zu heftigen innenpolit. Auseinandersetzungen u. letztl. zur Trennung von Staat u. Kirche führte. D. wurde 1899 begnadigt, 1906 rehabilitiert.
Driburg, *Bad D.,* Stadt u. Heilbad in NRW, im Eggegebirge, 17 700 Ew.; Schwefelmoorbäder.
Driesch, Hans, * 1867, † 1941, dt. Biologe u. Philosoph; begr. mit seinen Gedanken über die »Autonomie des Lebendigen« den *Neovitalismus.*
Drift, Meeresströmung, die durch ständig annähernd in gleicher Richtung wehende Winde hervorgerufen wird; transportiert häufig polare Eisschollen als *D.eis.*
Drill, beim Militär mechan. Einüben von Verhaltensweisen, Bewegungen u. Bedienungsgriffen an Waffen u. Geräten.
Drillbohrer, kleines Bohrgerät, bei dem die Drehung des Bohrers durch Hinundherbewegen einer Hülse auf einer schraubig gewundenen Spindel erreicht wird.
drillen, mit der *Drillmaschine* säen, die das Saatgut in gleichem Reihenabstand linienförmig in den Boden einbringt.
Drillich → Drell.
Drilling, Jagdgewehr mit drei Läufen; gewöhnl. zwei glatte Schrotläufe u. ein gezogener Kugellauf.
Drillinge → Mehrlingsgeburt.
Drin, serbokr. *Drim,* Fluß in N-Albanien, entsteht bei Kukës aus *Schwarzem D.* (276 km) u. *Weißem D.* (254 km).
Drina, r. Nbfl. der Save, 346 km; Grenzfluß zw. Bosnien- Herzegowina u. Serbien.
Drink, alkohol. Getränk.
Dritte Republik, der frz. Staat 1871–1940.
Dritter Orden → Terziaren.
Dritter Stand, in den frz. *Generalständen* (Ständeparlament) die Vertretung der Bürger, die 1789 Gleichberechtigung mit Adel u. Geistlichkeit erlangten; allg.: besitzendes Bürgertum.
Dritter Weg, Zielvorstellung einer sozialist. Gesellschaftsordnung, die weder totalitär-kommunist. noch kapitalist. ist.
Drittes Reich, urspr. christl. Begriff für ein Endzeitalter unter Herrschaft des Hl. Geistes; von den Nat.-Soz. häufig gebrauchte Bez. für ihr Regime in Dtld. seit 1933 (nach dem Röm.-Dt. Reich u. dem Bismarck-Reich).
Drittes Rom, die nach Rom u. Byzanz vom Großfürstentum Moskau beanspruchte führende Rolle in der christl. Staatengemeinschaft.
Dritte Welt, Sammelbez. für Länder Afrikas, Asiens u. Lateinamerikas, die weder zu den kapitalist. noch zu den sozialist. Ind.-Ländern *(Erste* u. *Zweite Welt)* gehören u. wirtschaftl. unterentwickelt sind. Meist gehören sie keinem Militärblock an. Da innerhalb der D.W. große Wohlstandsunterschiede bestehen, bezeichnet man die ärmsten Länder oft als *Vierte Welt.*
Drive [draiv], im Jazz die rhythm. Intensität u. Spannung.
Drive-in-Kino [draiv'in-], Freilichtkino, in das man mit dem Auto hineinfahren kann.
DRK, Abk. für *Deutsches Rotes Kreuz.*
Drobeta-Turnu Severin, rumän. Hafenstadt an der Donau, am *Eisernen Tor,* 100 000 Ew.; Handels- u. Verkehrszentrum.
Drogen, 1. i.w.S.: Rohstoffe zur Arzneibereitung. – **2.** i.e.S.: *Rauschmittel, Rauschgifte,* chem. Stoffe, die durch ihre Wirkung auf das Zentralnervensystem einen Erregungs-, Rausch- oder ähnl. Ausnahmezustand herbeiführen, gekennzeichnet durch

Dressur: Nicole Uphoff mit ihrem Pferd Rembrandt

gehobene Stimmung, körperl. Wohlgefühl u. Vergessen der Realität bzw. halluzinator. Erscheinungen. Die Wirkung der D. beruht auf einer akuten Vergiftung, nach deren Abklingen es zu Niedergeschlagenheit u. Unlustgefühlen kommt. Das physiolog. oder psych. Bedürfnis nach erneuter Einnahme von D. führt zur *Sucht (D.abhängigkeit).* T → S. 208
Drohne, *Drohn,* die männl. Biene.
Drolerie, bildl. Darst. von Fabelwesen, häufig in mittelalterl. Handschriften u. geschnitzt an Chorgestühl.
Dromedar → Kamele.
Dronten, flugunfähige, gänsegroße *Taubenvögel,* die auf den Maskarenen lebten. Die letzten D. wurden etwa 1730 ausgerottet.
Dronten, ndl. Stadt im Polder O-Flevoland, 25 000 Ew.; Agrarzentrum.
Drops, sauer schmeckender Fruchtbonbon.
Drosophila melanogaster, zur Fam. der *Taufliegen* gehörende kleine Fliege; wegen ihrer leichten Züchtbarkeit u. schnellen Generationsfolge oft Versuchstier der Vererbungsforschung.
Drossel, Unterfam. der *Singvögel,* weltweit verbreitet, Würmer-, Insekten- u. Beerenfresser. Wichtige Arten: *Amsel, Sing-D., Krammetsvogel.*
Drosselklappe, drehbare Scheibe in Rohrleitungen zur Veränderung des Durchgangsquerschnitts, um den Durchlauf zu drosseln.
Drosselspule, windungsreiche Drahtspule zur Spannungs- u. Stromregelung in Wechselstromkreisen.
Drost, *Droste,* fr. Verwalter eines Bezirks oder einer Vogtei, bes. in Niedersachsen.
Droste-Hülshoff, Annette Freiin von, * 1797, † 1848, dt. Dichterin; schrieb Lyrik von intensivem Naturempfinden, religiöse Dichtungen u. die Kriminalnovelle »Die Judenbuche«.

Drogen: Fixer beim Ansetzen der Nadel

Droste zu Vischering, Klemens August Frhr. von, *1773, †1845, seit 1835 Erzbischof von Köln; geriet wegen der Mischehenpraxis in Ggs. zur preuß. Reg., die ihn 1837 verhaftete u. bis 1839 in Minden internierte *(Kölner Kirchenstreit).*
Drottningholm, Sommersitz (Barockschloß) des schwed. Königs auf der Insel Lovö im Mälaren.
Droysen, Johann Gustav, *1808, †1884, dt. Historiker; 1848 Abg. der Frankfurter Nationalversammlung; prägte den Begriff *Hellenismus;* legte die Grundlage für die *Verstehenslehre* der modernen Geisteswissenschaften.
Druck, 1. Vervielfältigung einer Text- oder Bildvorlage mit Hilfe von Druckformen. – **2.** das Verhältnis p der Kraft F zur Fläche A, auf die sie senkrecht wirkt: $p = F/A$.
Einheit des D. ist (seit 1978) das *Pascal* (Pa). Der D. bei Flüssigkeiten u. Gasen wird in *Bar* (bar) gemessen; 1 bar = 10^5 Pa. Der *hydrostat. D.* ist der allseitig in einer Flüssigkeit herrschende D. Er nimmt mit der Tiefe zu, z.B. bei Wasser um rd. 1 bar je 10 m. – *Osmot. D.* →Osmose. – Ältere Einheiten sind *Atmosphäre* u. *Millimeter-Quecksilbersäule (Torr).*
drucken, Wort u. Bild auf Bedruckstoffen (meist Papier) durch Druckverfahren vervielfältigen. Hauptverfahren sind: *Hochdruck* (hochstehende Teile der Druckform werden eingefärbt); *Tiefdruck* (Vertiefungen der Druckform werden eingefärbt); *Flachdruck* (chem. vorbehandelte Stellen der ebenen Druckform werden eingefärbt, hierzu gehören *Offset-, Stein-, Lichtdruck).* Druckmaschinen sind Tiegel-, Zylinder- u. Rotationsmaschinen.
Drückerfische, Fam. aus der Ordnung der *Haftkiefer.* Bes. farbenprächtige Bewohner der Korallenriffe trop. u. subtrop. Meere; bis 60 cm lang u. bis 8 kg schwer.
Druckfarben, pastenförmige Gemische aus Leinölfirnis, Kunst- u. Naturharzen u. feinstverteilten Farbstoffen (Pigmenten) zum Drucken.
Druckkabine, hermetisch abgeschlossener, klimatisierter Raum für Passagiere u. Besatzung eines Flugzeugs, in dem trotz des veränderl. Außendrucks ein konstanter normaler Luftdruck herrscht.

Druckknopf, Patentdrücker aus zwei Teilen als Verschluß an Kleidungsstücken, 1885 von Heribert *Bauer* erfunden.
Druckluft, *Preßluft,* in Kolben- oder Kreiselkompressoren oder Gebläsen verdichtete Luft, die zu techn. Zwecken benutzt wird; z.B. zum Betrieb von Stampfern u. Sandstrahlgebläsen, Abbau-, Bohr- u. Niethämmern u. ä.
Druckmesser, *Manometer,* Gerät zum Messen des Drucks von Gasen u. Flüssigkeiten. Beim *Platten-* u. *Röhren-D.* wird der auf eine Metallplatte bzw. Röhre wirkende Druck auf ein Zeigerwerk übertragen; beim *Flüssigkeits-D.* wird der Höhenunterschied einer Flüssigkeitssäule gemessen. Zum Messen des atmosphär. Luftdrucks dient das Barometer.
Drucksache, in mehreren gleichen Stücken für den Postversand bestimmte Vervielfältigung; zu ermäßigter Gebühr befördert; mit der Reform der Briefpost 1993 entfallen.
Druckschrift, für den Buchdruck verwendete Schrift. Man unterscheidet *Fraktur-* u. *Antiquaschriften.* Innerhalb dieser Schriftarten gibt es zahlreiche Einzelausführungen. Daneben entwickelten sich *Bastardschriften* u. die die Handschrift nachahmenden *Schreibschriften.* Fast alle D. werden in versch. Größen u. Schriftstärken u. auch als *Kursivschriften* verwendet.
Drucktechnik →drucken.
Druckverband, Verbandspolster zur vorläufigen Blutstillung an Körperstellen, an denen ein Abbinden nicht mögl. ist; wird auf die Wunde gepreßt u. mit einer Binde befestigt.
Druden, im Volksglauben hexenhafte Nachtgeister, die die Schläfer quälen; durch den **D.fuß** *(Pentagramm)* zu vertreiben, d. i. ein Zauberzeichen in Form eines fünfzackigen Sterns.
Drugstore [ˈdrʌgstɔːr], amerik. Gemischtwarengeschäft mit Imbißraum.
Druiden, kelt. Priester, die im Altertum in Gallien u. Britannien neben dem Adel die polit. Macht in Händen hatten. Die Priesterschaft der D. wurde von den Römern aufgelöst.
Drumlin [ˈdrʌmlin], flacher Hügel in Gebieten früherer Vereisung aus Grundmoränenmaterial.
Druschba, *Družba* [ˈdruʒba], bulgar. See- u. Thermalbad östl. von Warna, Hotelsiedlung.

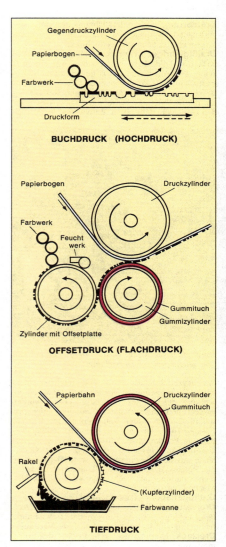

Druckverfahren

Druse, 1. Gesteinshohlraum mit Schalen aus kristallisiertem Quarz, Kalkspat, Aragonit u. Zeolithen. – **2.** Infektionskrankheit der Pferde; Entzündung der Nasenschleimhäute, Vereiterung der Lymphknoten.
Drusen, um 1000 gegr. islam. Sekte mit streng geheimen Schriften, die als abgetrennte Völkerschaft hpts. in Syrien, Libanon u. Israel lebt.
Drüsen, aus spezif. D.gewebe aufgebaute Organe, die bestimmte Flüssigkeiten (z.B. Milch, Harn, Schweiß, Salzsäure, Verdauungsfermente) oder auch feste Harnkristalle, Talg, Schleim oder Gase (Duftstoffe, Sauerstoff) absondern. Nach der Art ihrer Ausscheidung unterscheidet man *exkretorische D.* u. *inkretorische D.* Exkretorische D. geben ihre Ausscheidungen (Sekrete u. Exkrete) auf die Hautoberfläche oder in den Darmkanal ab. Inkretorische D. geben ihre Ausscheidungen (Inkrete: Hormone) direkt ins Blut ab.
Drusus, Nero Claudius D. Germanicus, d. Ä., *38 v. Chr., †9 v. Chr., Stiefsohn des Augustus, Bruder des Tiberius u. Vater des Claudius; kämpfte erfolgreich gegen die Germanen am Niederrhein (12–9 v. Chr.).
dry [drai], trocken, herb (bei alkohol. Getränken).
Dryaden, in der grch. Myth. Waldnymphen, weibl. Baumgeister.
Dryden [ˈdraidn], John, *1631, †1700, engl. Dichter (Dramen, Lustspiele, Satiren, Lyrik).
Dryfarming [ˈdrai-], Bewirtschaftungsform landwirtsch. Betriebe in trockenen Gebieten: Durch tiefes Pflügen vor Regenfällen u. starkes Eggen danach wird Feuchtigkeit gespeichert u. Ackerbau ermöglicht.
Drygalski, Erich von, *1865, †1949, dt. Geograph, Geophysiker u. Polarforscher; unternahm

Drogen		
Gruppen	**Rauschmittel**	**Ursprung**
Alkohol	Alkohol (Ethylalkohol)	pflanzliche Zucker
Nicotin	Nicotin	Tabak
Cannabis-Produkte	Haschisch, Marihuana	Hanf
Aufputschmittel (Stimulantia, Psychotonika)	Coffein	Kaffeestrauch Teestrauch
	Weckamine	synthetisch
	Amphetamine (z. B. Benzedrin, Pervitin, Eventin, Preludin, Captagon)	synthetisch
	Ephedrin	Meersträubchen u. synthetisch
Beruhigungsmittel (Sedativa)	Barbiturate	synthetisch
	Bromverbindungen	synthetisch
	Tranquilizer (z. B. Librium, Valium)	synthetisch
	Methaqualone (z. B. Mandrax)	synthetisch
Opiate	Opium	Schlafmohn
	Morphin	Schlafmohn
	Heroin	Schlafmohn
	Codein	Schlafmohn
	Dolantin (Pethidin)	synthetisch
	Polamidon (Methadon)	synthetisch
	Valoron (Tilidin)	synthetisch
Schnüffelstoffe (Sniffles)	Lösungsmittel (z. B. Aceton, Benzin, Benzol, Toluol, Ether, Trichlorethylen, Chloroform)	synthetisch
Halluzinogene	LSD (Lysergsäurediethylamid)	synthetisch
	Mescalin	Peyote-Kaktus
	Cocain	Kokastrauch
	crack	Cocain, mit Backpulver angereichert
	Ololiuqui	Purpurwinde
	Psilocybin	Psilocybe-Pilze
	STP (Abk. für „Serenity, Tranquillity, Peace")	synthetisch
	PCP (Phencyclidin)	synthetisch
	Designer Drugs (Analoge des Phencyclidin, Fentanyl, Pethidin, Tryptamin, Amphetamin, z. B. MDA, MDMA)	synthetisch

Expeditionen nach W-Grönland u. in die Antarktis; entwickelte die heute noch gültige Theorie des strömenden Eises.
DSB, Abk. für *Deutscher Sportbund.*
Dschaipur →Jaipur.
Dschalandar →Jalandhar.
Dschambul, fr. *Aulie-Ata,* Hptst. der gleichn. Oblast im S Kasachstans, 320 000 Ew.; chem. Ind.
Dschemdet Nasr, Ruinenhügel ca. 40 km nordöstl. von Babylon, namengebend für die zweite Epoche der sumer. Frühgeschichte, die *D.-N.-Zeit* (um 2800 v. Chr. – 2700 v. Chr.).
Dschidda →Djidda.
Dschihad, der »Heilige Krieg« des Islams gegen alle Ungläubigen; die am D. Beteiligten haben hohen Lohn im Jenseits zu erwarten.
Dschingis-Chan →Tschingis Khan.
Dschinismus, *Dschainismus* →Jinismus.
Dschinn, im dem Koran dämon. Geister teils guter, teils böser Art.
Dschungel, der feuchtheiße, dichte Monsunwald SO-Asiens.
Dschunke, chin. Segelschiff.
DSD →Duales System Deutschland – Gesellschaft für Abfallvermeidung u. Sekundärrohstoffgewinnung mbH.
Dserschinsk [-'ʒinsk], bis 1930 *Rastjapino,* Stadt in Rußland, an der unteren Oka, 285 000 Ew.; chem., Landmasch.- u. Textil-Ind.; Flußhafen.
Dserschinskij [-'ʒin-], *Dzierżyński,* Feliks Edmundowitsch, *1877, †1926, sowj. Politiker poln. Herkunft; organisierte 1917 die Geheimpolizei *Tscheka* u. leitete sie sowie ihre Nachfolgeorgane *GPU* u. *OGPU.*
DSU, Abk. für *Deutsche Soziale Union.*
Dsungarei, innerasiat. Beckenlandschaft in der chin. Autonomen Region Xinjiang-Uygur zw. Altai u. östl. Tian Shan; wüstenhaft, teils mit Salzseen.
Dual, neben *Singular* u. *Plural* in einigen Sprachen eine bes. Form zur Bez. der Zweizahl.
Duales System Deutschland – Gesellschaft für Abfallvermeidung und Sekundärrohstoffgewinnung mbH, Abk. DSD, ein von der dt. Wirtschaft 1990 gegr. Unternehmen; Sitz: Bonn, das zusätzlich zur Müllabfuhr ein Sammelsystem für Verpackungsmaterial, das beim Endverbraucher anfällt, aufgebaut hat. Die Materialien werden getrennt gesammelt u. einer Wiederverwertung zugeführt. Auch →Grüner Punkt.
Dualismus, 1. philosoph. oder religiöse Lehre, die die Wirklichkeit auf zwei gegensätzl. Prinzipien zurückführt, z.B. Licht u. Finsternis, Geist u. Materie. – **2.** Aufteilung der Staatsgewalt auf zwei Herrschaftsträger. – **3.** Rivalität zweier Mächte in einem polit. Gesamtverband, z.B. Preußen u. Östr. im Dt. Bund 1815–66.
Dualsystem →Binärsystem.
Dubai, arab. Scheichtum am Pers. Golf, →Vereinigte Arab.Emirate.
Dubarry [dyba'ri], Marie Jeanne *Bécu,* seit 1769 Gräfin D., *1743, †1793 (hingerichtet), Mätresse *Ludwigs XV.*
Dubček ['dubtʃɛk], Alexander, *1921, †1992, tschechoslowak. Politiker (Kommunist); 1968 Erster Sekretär des ZK der KP, führender Repräsentant des reformkommunist. Kurses (»Prager Frühling«), 1968/69 nach dem Einmarsch der Warschauer-Pakt-Truppen schrittweise entmachtet, 1970 aus der KP ausgeschlossen; seit der polit. Umwälzung 1989 Parlaments-Präs.
Dübel, in ein Stemm- oder Bohrloch eingesetztes Holz-, Kunststoff- oder Metallteil, um Nägel, Haken, Schrauben sicher befestigen zu können.
Düben, *Bad D.,* Stadt in Sachsen-Anhalt, an der Mulde, 8300 Ew.; Eisenmoorbad. – **D.er Heide,** Waldgebiet auf sandigem Endmoränenboden nordöstl. von Leipzig, teils vermoort.
Dübendorf, schweiz. Ind.-Stadt östl. von Zürich,

Dübel: moderner Kunststoffdübel

an der Glatt, 440 m ü. M., 20 700 Ew.; Zivil- u. Militärflugplatz.
Dublee, *Doublé,* auf Kupfer- oder Silberlegierungen aufgewalzte, dünne Schicht von Goldlegierungen.
Dublette, Doppelstück, zweimal vorhandenes Exemplar (z.B. in Bibliotheken).
Dublin ['dʌblin], ir. *Baile Atha Cliath,* Hptst. u. wichtigster Hafen der Rep. Irland, in der Prov. Leinster, an der Mündung des Liffey in die Irische See, mit Kanalverbindung zum Shannon, 526 000 Ew.; kath. u. anglikan. Erzbischofssitz; 2 Kathedralen (12. Jh.), Schloß (13. Jh.), 3 Univ.; Brauereien, Brennereien, Bekleidungs-, Nahrungsmittel-, Automobil-Ind. – G e s c h .: Alte gäl. Siedlung, dann Wikingerfestung, 1172 engl. Stadtrecht, Mittelpunkt der engl. Unterwerfungspolitik, 1652 Hptst. ganz Irlands, 1922 Hptst. der Rep. Irland.
Dublone, span. Goldmünze (13,5 g).
Dubna, 1956 gegr. Stadt in der Oblast Moskau, 56 000 Ew.; Kernforschungseinrichtungen.
Du Bois [du 'bois], William Edward Burghardt, *1868, †1963, afroamerik. Politiker u. Schriftst.; führend in der Bürgerrechtsbewegung der US-amerik. Schwarzen; Theoretiker des Panafrikanismus.
Du Bois-Reymond [dy'bwa rɛ'mɔ̃], Emil, *1818, †1896, dt. Physiologe (Untersuchungen über Elektrophysiologie); vertrat philosoph. einen mechan. Materialismus.
Dubrovnik, ital. *Ragusa,* Hafenstadt u. Kurort in Kroatien, an der Adria, 70 000 Ew.
G e s c h .: Im 7. Jh. von Slawen gegr., vom 9. Jh. bis 1205 byzantin.; dann Stadtrepublik, bis 1358 unter venezian., bis 1526 unter ungar. Oberhoheit;

Dubrovnik; die festungsartige Stadt hatte ihre Blütezeit im 15. Jh.

1526–1806 türk., 1815–1918 östr., seitdem kroatisch. Kriegsbedingte Zerstörungen 1991/92.
Dubuffet [dybyˈfɛ], Jean, *1901, †1985, frz. Maler u. Graphiker; prägte für seine antiakadem. Ästhetik den Begriff »L'Art Brut« (»die rohe Kunst«).
Duc [dyk; frz.], ital. *Duca,* Herzog, der höchste Adelstitel nach dem *Prinzen* in Frankreich u. Italien.
Duccio di Buoninsegna ['dutʃo di buonin-'sɛnja], *um 1255, †1319, ital. Maler der Schule von Siena; verband byzantin. Formstrenge mit zunehmender Wirklichkeitsbeobachtung.
Duce ['du:tʃɛ], »Führer«, Titel B. *Mussolinis.*
Duchamp [dy'ʃã], Marcel, *1887, †1968, frz. Maler u. Schriftst.; einer der Hauptvertreter des Dadaismus.
Duchesse [dy'ʃɛs], **1.** Herzogin. – **2.** schwerer atlasbindiger Kleider- u. Futterstoff; sehr glänzend.
Duchoborzen, im 18. Jh. entstandene, wegen Eides- u. Kriegsdienstverweigerung vielfach verfolgte russ. Sekte.
Ducht, Ruderbank im offenen Boot, zugleich Querversteifung.
Dückdalbe, Bündel von starken Pfählen zum Festmachen von Schiffen im Hafen.
Ducker, *Schopfantilopen,* hasen- bis rehgroße *Horntiere* mit Stirnmähne; in ganz Afrika südl. der Sahara verbreitet.
Duclos [dy'klo], Jacques, *1896, †1975, frz. Politiker (Kommunist); 1950–64 zeitweise kommissarischer Generalsekretär der KPF.
Ducommun [dykɔˈmœ̃], Elie, *1833, †1906, schweiz. Schriftst.; führend in der internat. Friedensbewegung; Friedensnobelpreis 1902.
Ductus [lat.], *Anatomie:* Gang, Kanal; *Schrift:* →Duktus.

Duisburg 209

Düdelingen, frz. *Dudelange,* luxemburg. *Diddeléng,* Stadt in S-Luxemburg, 15 000 Ew.; Eisenerzbergbau, Eisen- u. Stahlwerke, Maschinenbau.
Dudelsack, die →Sackpfeife der Schotten.
Duden, Konrad, *1829, †1911, dt. Philologe; schuf mit dem »Orthograph. Wörterbuch der dt. Sprache« 1880 die Grundlage der dt. Einheitsrechtschreibung.
Duderstadt, Stadt in Nds., am Nordrand des Eichsfelds, 22 800 Ew.; guterhaltene Bauten aus dem 15.–18. Jh.; Masch.-, Leder-, chem. Ind.
Dudinzew [-tsɛf], Wladimir Dmitrijewitsch, *29.7.1918, russ. Schriftst. (krit. Romane über die Stalinzeit).
Dudley ['dʌdlɛi], mittelengl. Ind.-Stadt am *D.-Kanal,* nw. von Birmingham, 299 000 Ew.; Steinkohlenbergbau, Eisenind.; Maschinenbau.
Duell →Zweikampf.
Dueña [du'ɛnja], Erzieherin, Hüterin, Anstandsdame.
Duero, port. *Douro,* Fluß der Iber. Halbinsel, 895 km, bildet auf 123 km die Grenze zw. Spanien u. Portugal, mündet unterhalb von *Porto* in den Atlant. Ozean.
Duett, Musikstück für 2 Singstimmen oder für 2 Instrumente *(Duo).*
Dufay, Guillaume, *um 1400, †1474, ndl. Komponist (Meßzyklen, Motetten, Chansons).
Dufflecoat ['dʌflkɔut], knielanger Mantel aus grobem Wollstoff, mit losem Schnitt, Knebelverschluß u. angearbeiteter Kapuze.

Dufhues [-hu:s], Josef Hermann, *1908, †1971, dt. Politiker (CDU); 1962–66 Geschäftsführender Partei-Vorsitzender.
Dufour [dy'fu:r], Guillaume Henri, *1787, †1875, schweiz. General; 1847 im *Sonderbundskrieg* Oberbefehlshaber der Armee; Schöpfer der topograph. Karte der Schweiz 1:100 000 *(D.-Karte)*; Mitbegr. des *Roten Kreuzes.*
Dufourspitze [dy'fu:r-], höchster Gipfel des Monte-Rosa-Massivs, 4634 m, höchster Berg der Schweiz, zweithöchster der Alpen.
Duftdrüsen, *Duftorgane,* bei Insekten u. Wirbeltieren verbreitete Hautdrüsen, deren Sekrete dem soz. Zusammenhalt dienen: Erkennen des Artgenossen, Anlocken u. Erregung des Geschlechtspartners, Reviermarkierung, Orientierung u. a.; zuweilen auch Abschreckungswaffe gegen Feinde.
Du Fu, *Tu Fu,* *712, †770, chin. Dichter (formvollendete Lyrik, oft mit sozialkrit. u. polit. Thematik); gilt neben *Li Bai* als größter Dichter Chinas.
Dufy [dy'fi], Raoul, *1877, †1953, frz. Maler u. Graphiker; Mitbegr. des *Fauvismus;* schuf farbkräftig-heitere Stilleben u. Landschaften in betont dekorativem Stil.
Dugong, Gabelschwanz-Seekuh, lebt an den Küsten des Roten Meers u. des Indischen Ozeans.
Duhamel [dya'mɛl], Georges, *1884, †1966, frz. Schriftst. (psycholog. Romane, Essays).
Dühring, Eugen Karl, *1833, †1921, dt. Philosoph u. Nationalökonom; krit. Materialist, Antisemit, antimarxist. Sozialist.
Duisberg [dy:s-], Carl, *1861, †1935, dt. Chemiker u. Industrieller; führend an der Gründung der *I. G. Farbenindustrie AG* beteiligt.
Duisburg [dy:s-], Ind.-Stadt in NRW, an der Mündung der Ruhr in den Rhein u. am Beginn des

Rhein-Herne-Kanals, 540 000 Ew.; größter Binnenhafen der Welt (im Stadtteil *Ruhrort*), Eisen- u. Stahl-Ind., Maschinenbau, Raffinerien, Textil-, chem. u. elektrotechn. Ind. – Fränk. Königspfalz, 1129 als Reichsstadt erwähnt, 1290 zur Gft. Kleve, mit dieser 1609 zu Brandenburg (später Preußen).

Dukas [dy'ka], Paul, * 1856, † 1935, frz. Komponist; von R. *Wagner* u. C. *Franck* beeinflußt; W »Der Zauberlehrling« (sinfon. Dichtung).

Dukat, *Dukaten*, erstmals 1284 in Venedig geprägte Goldmünze (*Zecchino*, 3,5 g); wurde seit dem 16. Jh. zur wichtigsten Goldmünze in mehreren Ländern.

Dukatenfalter, ein *Bläuling* (Schmetterling); Männchen mit glänzend rotgoldenen Flügeln (*Feuerfalter*).

Dukatengold, Gold von höchster Reinheit (Feingehalt 986).

Duke [dju:k], Herzog, höchster engl. Adelstitel.

Düker, *Dücker*, Rohrbogen oder gerade Röhre zur Unterführung von Wasser oder Gas unter Flußläufen, Kanälen oder Straßen.

Duklapaß, poln. *Przełęcz Dukielska*, Karpaten-Übergang (502 m) südl. der poln. Stadt Dukla.

Duktor, die Stahlwalze im Farbwerk einer Druckmaschine, von der die Farbe an die Verreibwalze weitergegeben wird.

Duktus, Art eines Schriftzugs, Linienführung bei Schreib- u. Druckschriften.

Dulles ['dʌləs], John Foster, * 1888, † 1959, US-amerik. Politiker (Republikaner); 1953–59 Außen-Min. unter *Eisenhower*, vertrat eine »Politik der Stärke« gegenüber dem Ostblock.

Dülmen, Stadt in NRW, sw. von Münster, 40 000 Ew.; Textil-, Masch.-, Möbel-Ind.; Wildpark mit Wildpferdgehege im *Merfelder Bruch* (Moor- u. Heidelandschaft).

Dult, in Bayern: Jahrmarkt.

Duluth [dju:'lu:θ], Stadt am Westzipfel des Oberen Sees in Minnesota (USA), 100 000 Ew.; bed. Binnenhafen.

Duma, beratende Versammlung in Rußland; *Reichs-D.*, das gewählte Parlament 1906–17.

Dumas [dy'ma], 1. Alexandre D. *père* (»Vater«), * 1802, † 1870, frz. Schriftst.; schrieb viele spannende Geschichts- u. Abenteuerromane; W »Die drei Musketiere«, »Der Graf von Monte-Christo«. – 2. Alexandre D. *fils* (»Sohn«), * 1824, † 1895, frz. Schriftst.; schrieb v. a. Gesellschaftsdramen; W »Die Kameliendame«, »Halbwelt«.

Du Maurier [dju: 'mɔːriei], Daphne, * 1907, † 1989, engl. Schriftst. (z. T. abenteuerl. Romane, von denen viele verfilmt wurden, z. B.: »Rebecca«).

Dumbarton [dʌm'baːtn], schott. Ind.-Stadt an der Mündung des Clyde, 23 000 Ew.; Werften.

Dumbarton Oaks [dʌm'baːtn 'ouks], Landsitz in Washington; 1944 fanden hier erste Beratungen der Großmächte über die Satzung der künftigen UNO statt.

Dumdumgeschoß, Infanteriegeschoß, das an der Spitze den Bleikern freiläßt oder eine offene Höhlung hat; erzeugt schwere Verletzungen; durch die Haager Landkriegsordnung 1907 verboten.

Dümmer, von der Hunte durchflossener See in Nds., 16 km², bis 3,4 m tief; Vogelschutzgebiet.

Dummy ['dami], Attrappe; Schaufenster-, Testpuppe; Blindband (Buch mit leeren Seiten als Muster für die äußere Gestaltung).

Dumont [dy'mɔ̃], Louise, * 1862, † 1932, dt. Schauspielerin u. Theaterleiterin; gründete 1905 mit ihrem Mann Gustav *Lindemann* (* 1872, † 1960) das Düsseldorfer Schauspielhaus.

Dumpalme, *Hyphaene*, hpts. afrik. Gatt. der *Palmen*; Charakterpflanze der afrik. Steppengebiete.

Dumping ['dʌm-], Export zum Selbstkostenpreis oder mit Verlust, um einen ausländ. Konkurrenten zu unterbieten u. vom Markt zu verdrängen.

Düna, *Westliche Dwina*, lett. *Daugava*, russ. *Sapadnaja Dwina*, osteurop. Fluß, 1020 km; mündet in den Rigaer Meerbusen.

Dünaburg, lett. *Daugavpils*, russ. früher *Dwinsk*, lett. Stadt an der Düna, 130 000 Ew. – 1278 dt. Ordensstadt, 1561 poln., 1772 russ., 1920 lett., 1944–91 sowjetisch.

Dunant [dy'nã], Henri, * 1828, † 1910, schweiz. Philanthrop; veranlaßte den Abschluß der *Genfer Konvention* 1864 u. die Gründung des *Roten Kreuzes;* 1901 Friedensnobelpreis.

Dunaújváros ['dunɔuːjvɑrɔʃ], vor 1951 *Dunapentele*, 1951–61 *Sztálinváros*, ung. Stadt an der Donau, südl. von Budapest, 62 000 Ew.; Eisenverhüttung.

Duncan ['dʌŋkən], Isadora, * 1878, † 1927, US-amerik. Tänzerin; verwarf die Regeln des klass. Balletts u. ließ sich von der grch. Kunst in Kostüm u. Bewegung inspirieren.

Duncker, Franz, * 1822, † 1888, dt. lib. Politiker; gründete 1869 mit Max *Hirsch* u. H. *Schulze-Delitzsch* den Verband der *Hirsch-D.schen Gewerkvereine*.

Dundee [dʌn'diː], O-schott. Hafenstadt am Nordufer des Firth of Tay (3200 m lange Brücke), 175 000 Ew.; Schiffsbau, Raffinerien, Jute-, Leinen- u. Maschinen-Ind.

Düne, vom Wind gebildete Anhäufung aus losem Sand, 30–50 m, gelegentl. bis 300 m hoch; in trockenen Binnengebieten oder an Flachküsten (meist parallel zum Strand angeordnet).

Dunedin [dʌ'niːdin], Hafenstadt im SO der Südinsel Neuseelands, Hptst. der Prov. *Otago*, 114 000 Ew.; Univ. (1869); Handelszentrum. – 1848 von schott. Siedlern gegr.

Dunen → Daunen.

Dunfermline [dʌn'fəːmlin], O-schott. Stadt am Firth of Forth, 52 000 Ew.; Leinen-, Eisen-Ind., Kohlengruben.

Dunganen, *Tunganen*, chin. *Hui*, W-mongol. islam. Volk mit chin. Sprache in der Dsungarei u. im Tarimbecken.

Dünger, Stoffe, die dem Boden zugeführt werden, um seine Erschöpfung zu verhüten. Der D. ersetzt die von den angebauten Pflanzen entzogenen Nährstoffe, bes. Stickstoff, Phosphorsäure u. Kali, teilweise auch Kalk u. Spurenelemente, macht den Boden wieder tätig, indem er an der notwendigen chem. Umsetzungen verursacht u. dem Bakterienleben dient, u. wirkt verbessernd auf die physikal. Bodenzustand ein. *Natürl. D.* sind Stallmist, Jauche, Gründüngung, Kompost u. Fäkalien. *Mineral-* oder *Kunst-D.* werden z. T. synthet. hergestellt. Sie enthalten v. a. Stickstoff-, Phosphor-, Kalium- u. Calciumverbindungen.

Dungkäfer, Unterfam. der *Skarabäen*, kleine bis mittelgroße Käfer, leben von frischem Säugetierkot.

Dunkelkammer, lichtdichter Raum zur Bearbeitung photograph. Filme u. Papiere.

Dunkelmännerbriefe, 1515 u. 1517 anonym erschienene lat. Spott- u. Schmähschriften gegen die Kölner Dominikaner und den klerikalen Dünkel, verfaßt von jüngeren Humanisten (u. a. Ulrich von Hutten).

Dunkelwolken, *Dunkelnebel*, interstellare Materie, die das Licht von im Hintergrund stehenden Sternen abschwächt, z. B. der *Pferdekopfnebel* in Orion.

Dunkelziffer, statist. nicht erfaßte oder erfaßbare Zahl, z. B. von Straftaten.

Dünkirchen, frz. *Dunkerque*, fläm. *Duinekerke*, stark befestigte frz. Hafen-, Ind.- u. Krst. an der Kanalküste (nahe der belg. Grenze), Haupthafen des N-frz. Industriegebiets, 84 000 Ew.; vielseitige Ind., Erdölraffinerie, Kraftwerk, Schiffswerft, Fischerei. – Bei D. wurden im 2. Weltkrieg brit., frz. u. belg. Truppen eingekesselt; sie konnten sich vom 28.5.–4.6.1940 nach England absetzen (335 000 Mann).

Dún Laoghaire [dʌn 'lɛərə], fr. *Kingstown*, ir. Stadt an der Irischen See, 55 000 Ew.; Vorhafen von Dublin, Seebad.

Dunlop ['dʌnlɔp], John, * 1840, † 1921, engl. Tierarzt; erfand die pneumat. Gummibereifung, gründete 1889 eine Fabrik, aus der sich ein Konzern der Kautschuk-Ind. entwickelte.

Dünndarm → Darm.

Dünnsäuren, Produktionsrückstände der chem. u. metallverarbeitenden Ind., die hpts. verdünnte Säuren, daneben auch Schwermetalle u. halogenierte Kohlenwasserstoffe enthalten. Wegen mögl. Umweltschäden dürfen D. aus dt. Industrieunternehmen seit 1990 nicht mehr in die Nordsee eingeleitet (verklappt) werden.

Dünnschliff, durch Schleifen u. Polieren hergestellte Gesteinsplättchen (0,02–0,04 mm), dienen zur mikroskop. Untersuchung der Minerale.

Dunois [dy'nwa], Jean Graf von, * 1403, † 1468, frz. Heerführer; unehel. Sohn aus dem Haus Orléans, Kampfgefährte der *Jungfrau von Orléans*.

Duns Scotus, Johannes, * 1265/70, † 1308, brit. Philosoph u. Theologe; Franziskaner; vertrat den Vorrang des Willens vor dem Intellekt (*Voluntarismus*) u. förderte die erkenntniskrit. Reflexion.

Düne: Die wandernden Binnendünen in der Wüste Namib sind teilweise über 300 m hoch

Dunstable ['dʌnstəbl], John, * um 1385, † 1453, engl. Komponist (geistl. Musik); Anreger der Niederländ. Schule.

Dunstglocke, die Form der Luftverschmutzung über industriellen Ballungsräumen.

Dünung, gleichmäßige, lange, meist schnelle Meereswellen mit abgerundeten Kämmen.

Duo, Musikstück für zwei Instrumente.

Duodez, veraltete Bez. für ein kleines Buchformat mit 12 Blättern (24 Seiten) je Bogen; danach übertragen: etwas unbedeutend kleines. – **D.fürst**, spött. Bez. für den Herrscher eines Ländchens in der Zeit der dt. Kleinstaaterei.

Duodezimalsystem, Zahlensystem mit der Grundzahl 12.

düpieren, täuschen, übertölpeln, zum besten haben.

Duplexbetrieb, Funkverkehr in beiden Richtungen gleichzeitig, z. B. Funkfernsprechen.

Duplik, Erwiderung des Beklagten auf eine Entgegnung (*Replik*) des Klägers.

Duplikat, Doppel (einer Urkunde), Zweitausfertigung.

Duplizität, doppeltes Auftreten, Vorkommen (gleicher oder ähnl. Fälle).

Düppel, dän. *Dybbøl*, dän. Ort in Nordschleswig, 1800 Ew. Die 1848 erbauten *D.er Schanzen* wurden 1864 im Dt.-Dän. Krieg von preuß. Truppen erstürmt.

Dur, Tongeschlecht, das alle Tonarten umfaßt, deren Tonleitersystem neben 5 Ganztonschritten 2 Halbtonschritte aufweist. Der *D.-Dreiklang* besteht aus Grundton, großer Terz u. reiner Quinte.

Dural, Aluminiumlegierung von bes. Härte, für den Flugzeugbau.

Durance [dy'rãs], l. Nbfl. der Rhône in SO-Frankreich, 350 km; mündet sw. von Avignon.

Durand [dju'rænd], Asher Brown, * 1796, † 1886, US-amerik. Maler u. Graphiker (idyll.-romant. Landschaften).

Durango, *Victoria de D.*, Hptst. des gleichn. mex. Bundesstaats, 330 000 Ew.; am Fuß des Erzbergs *Cerro del Mercado* (Quecksilber).

Durant ['dju:rænt], Will, * 1885, † 1981, US-amerik. Historiker; schrieb mit seiner Frau Ariel D. eine 11bändige »Kulturgeschichte der Menschheit«.

Duras [dy'ra], Marguerite, * 4.4.1914, frz. Schriftst. (psycholog. Romane, Drehbücher).

Durazzo → Durrës.

Durban ['dəːbən], *Port Natal*, wichtigster Hafen der Provinz Natal der Südafrikan. Republik, 990 000 Ew.; Industriezentrum, Seebad.

Durbridge ['dəːbridʒ], Francis H., * 25.11.1912, engl. Schriftst. (Drehbücher für Kriminalfilme, u. a. »Das Halstuch«).

Durchblutungsstörungen, Sammelbez. für alle Erkrankungen, die auf einer Minderdurchblutung eines Gewebes (Organs, Körperteils) entweder durch Behinderung des arteriellen Zu- oder des venösen Abflusses beruhen. Diese Behinderung kann entweder organ. Art (z. B. Arteriosklerose, Thrombose) oder funktioneller Natur sein (Gefäßverkrampfung).

Durchfall, *Diarrhoe*, häufiger dünnflüssiger Stuhl durch vermehrte Abscheidung von Flüssigkeit im Magen-Darm-Kanal; Anzeichen versch. Erkrankungen des Magen-Darm-Bereichs; ärztl. Behandlung nach der Ursache, sonst zunächst Fasten mit schwarzem Tee bis zum Aufhören des D.

Durchführung, 1. Ausarbeitung u. Weiterführung eines musikal. Themas, bes. in der Fuge; 2. freie Bearbeitung der im 1. Teil eines Sonaten- oder Sinfoniesatzes vorgestellten musikal. Themen.

Durchlaucht, Anrede fürstl. Personen.
Durchlauferhitzer, an die Wasserleitung angeschlossenes, mit Gas oder elektr. Strom beheiztes Gerät, das jederzeit erwärmtes Wasser abgeben kann.
Durchliegen →Dekubitus.
Durchmesser, durch den Mittelpunkt eines Kreises oder einer Ellipse gehende Sehne.
Durchmusterung, Sternkatalog, der genäherte Daten enthält, aber größte Vollständigkeit erstrebt.
Durchschnitt →Mittelwert.
Durchschuß, Zeilenzwischenraum in gedruckten Texten.
Durchsuchung, im strafprozessualen Ermittlungsverfahren die D. der Räume, bes. der Wohnung *(Haussuchung),* der Person u. der Sachen eines einer Straftat Verdächtigen; darf in der Regel nur durch den Richter, bei Gefahr im Verzug auch durch die Staatsanwaltschaft u. ihre Hilfsbeamten (bes. Polizei) angeordnet werden.
Düren, Krst. in NRW, an der Rur, östl. von Aachen, 85 000 Ew.; Eisenbahnknotenpunkt; Metallwaren-, Teppich-, Textilind.
Dürer, Albrecht, *1471, †1528, dt. Maler u. Graphiker; ausgebildet bei seinem Vater u. M. *Wolgemut,* unternahm mehrere Reisen, u. a. nach Italien u. den Ndl., wirkte hpts. in seiner Vaterstadt Nürnberg. In seiner Kunst vollzog sich am augenfälligsten u. mit stärkster Schöpfer. Kraft innerhalb der dt. Malerei der Übergang von der Spätgotik zur Renaissance. In der Geschichte der dt. Kunst ging er als eine der beherrschenden Gestalten ein. Sein Gesamtwerk umfaßt etwa 125 Gemälde, 100 Kupferstiche, 350 Holzschnitte u. mehr als 1000 Handzeichnungen.
Durga, im Hinduismus Gattin des *Schiwa;* bes. in Bengalen verehrt.
Durgapur, ind. Stadt in Westbengalen, am Damodarfluß, 312 000 Ew.; eines der größten ind. Stahlwerke.
Durham ['dʌrəm], **1.** Hptst. der gleichn. N-engl. Gft., am Wear, 29 000 Ew.; normann. Burg, normann.-roman. Kathedrale (11. Jh.). – **2.** Stadt in North Carolina (USA), 120 000 Ew.; Tabakhandel u. -verarbeitung, Textilind.
Durianbaum, *Ind. Zibetbaum, Stinkfruchtbaum,* im mal. Gebiet oft angebauter Baum aus der Fam. der *Bombaceae.* Die fleischigen Samenmäntel der unangenehm riechenden Früchte *(Durionen)* sind eßbar.
Durieux [dyr'jø], Tilla, eigtl. Ottilie *Godeffroy,* *1880, †1971, dt. Schauspielerin (Charakterdarstellerin).
Durkheim [dyr'kɛm], Émile, *1858, †1917, frz. Soziologe; betrieb die Soziologie als streng empir. Wissenschaft.

Albrecht Dürer; Selbstbildnis, 1500. München, Alte Pinakothek

Durga, Gattin Schiwas, trägt eine Schädelkette um den Hals und tanzt auf den Leibern gefallener Feinde und Dämonen

Dürkheim, *Bad D.,* Krst. u. Badeort in Rhld.-Pf., an der mittleren Hardt, 17 000 Ew.; Arsen- u. Solquellen, Traubenkuren; Weinbau u. -handel, Sektkellereien.
Dürnstein, maler. Ort in der Wachau, in Nieder-Östr., 1000 Ew. In der über dem Ort gelegenen Burg wurde *Richard Löwenherz* 1192/93 gefangengehalten.
Duroplaste →Kunststoffe.
Dürr, Ludwig, *1878, †1956, dt. Luftschiffbauer; Mitarbeiter F. von *Zeppelins.*
Durrani, von *Ahmed Schah* 1747 in Afghanistan begr. Dynastie, bis 1829.
Durrell ['dʌrəl], Lawrence, *1912, †1990, engl.-ir. Schriftst. (Romane in exot.-oriental. Milieu).
Dürrenmatt, Friedrich, *1921, †1990, schweiz. Schriftst.; schrieb u. a. satir. u. unkonventionell moralist. Tragikomödien, in denen sich oft Groteskes mit Grausigem mischt; W »Die Ehe des Herrn Mississippi«, »Der Besuch der alten Dame«, »Die Physiker«, »Der Meteor«, »Bericht von einem Planeten«; auch Kriminalromane.
Durrës, ital. *Durazzo,* serbokr. *Drač,* alban. Hafenstadt an der Adria, 79 000 Ew.; Amphitheater; Badeort; Maschinenbau, Nahrungsmittel- u. a. Ind. – D., das antike *Epidamnos* (gegr. um 626 v. Chr.), wurde nach wechselvoller Gesch. 1392 venezian., 1501 türk., 1913–21 Hptst. Albaniens.
Dürrheim, *Bad D.,* Solbad u. Luftkurort im südl. Schwarzwald, 704 m ü. M., 10 200 Ew.; Uhrenind.
Durst, das Bedürfnis nach Flüssigkeitsaufnahme, hervorgerufen durch Wasserabnahme oder erhöhte Kochsalzkonzentration im Blut.
Duschanbe, 1929–61 *Stalinabad,* Hptst. von Tadschikistan, im S des Altai, 600 000 Ew.; Baumwoll-, Seiden-, Leder-, Masch.-, Nahrungsmittel-Ind., Verkehrsknotenpunkt.
Duse, Eleonora, *1858, †1924, ital. Schauspielerin; durch Gastspielreisen weltberühmt; spielte bes. moderne trag. Rollen.
Düse, meist konisch zulaufendes Rohrstück zur Verengung von Rohrleitungen, wodurch eine Beschleunigung des strömenden Mediums u. ein damit verbundener Druckabfall hervorgerufen wird.
Düsenantrieb →Strahlantrieb.
Düsenflugzeug →Strahlflugzeug.
Düsseldorf, Hptst. des Landes NRW u. des Reg.-Bez. D., westl. des Bergischen Lands am rechten Rheinufer, 580 000 Ew.; parkreiche Stadtanlage mit Königsallee (kurz »Kö« gen.) u. Altstadt; Univ. (1966), Kunstakademie, Konservatorium, Verwaltungsakademie, Museen, Opernhaus, Theater, Kabarett; Börse, Hafen, Messeplatz für internat. Fachmessen; Maschinen-, Waggon- u. Fahrzeugbau, Walz- u. Röhrenwerke, chem. u. elektrotechn. Ind.; internat. Flughafen in D.-Lohausen.
G e s c h.: Ersterwähnung Mitte 12. Jh., 1288 Stadtrecht, Ende 15. Jh. – 1716 Residenz der Herzöge von Jülich-Berg (seit 1685 Kurfürsten der Pfalz), 1815 preuß., 1946 Hptst. von NRW.
Dutschke, Rudi, *1940, †1979, führender Kopf der antiautoritären Studentenbewegung Westberlins u. der BR Dtld. 1965–68; durch einen Mordanschlag 1968 schwer verletzt.

Duttweiler, Gottlieb, *1888, †1962, schweiz. Großkaufmann u. Politiker; gründete die *Migros AG* zum Vertrieb billiger Lebensmittel u. andere Unternehmen sowie die Partei *Landesring der Unabhängigen;* Hrsg. der Zürcher Tageszeitung »Die Tat«.
Duty-Free-Shop ['dju:tɪ'fri:ʃɔp], Laden, in dem Waren zollfrei verkauft werden (auf Flugplätzen, in Häfen, an Bord von Schiffen).
Dutzend, altes, noch gebräuchl. Zählmaß: 12 Stück.
Duumvirn, im alten Rom eine aus 2 Männern bestehende Behörde.
Duvalier [dyva'lje], **1.** François, *1907, †1971, haitian. Politiker; Arzt (»Papa-Doc«); 1957–71 despotisch herrschender Staats-Präs. – **2.** Jean-Claude, gen. »Baby-Doc«, *3.7.1951; 1971–86 Nachf. seines Vaters als Staats-Präs.; wurde gestürzt u. ging ins Exil.
Duve [dyw], Christian de, *2.10.1917, belg. Biochemiker; führend in der Zellpartikelforschung; Nobelpreis für Medizin 1974.
Duvetine [dyf'ti:n], Gewebe mit weicher, aufgerauhter, wildlederähnl. Oberfläche.
Duvivier [dyvi'vje:], Julien, *1896, †1967, frz. Filmregisseur (»Don Camillo u. Peppone«).
Dux, Führer, Herzog.
Dux, tschech. *Duchcov,* NW-böhm. Stadt am Erzgebirgsfuß, 11 000 Ew.; Waldsteinsches Schloß; Braunkohlenabbau, Glas-Ind.
Dvořák ['dvɔrʒa:k], Anton(ín), *1841, †1904, tschech. Komponist; zeigt betont national-tschech. u. volkstüml. Züge; 10 Opern (u. a. »Rusalka«), 9 Sinfonien (u. a. »Aus der Neuen Welt«), Instrumentalkonzerte. Kammermusik (Dumky-Trio), Lieder (Zigeunermelodien, Biblische Lieder).
DVP, Abk. für *Deutsche Volkspartei.*
Dwina, 1. *Sapadnaja D.* →Düna. – **2.** *Nördl. D.,* N-russ. Strom, 1302 km, mündet bei Archangelsk in die *D.bucht* des Weißen Meers.
Dy, chem. Zeichen für *Dysprosium.*
dyadisches System →Binärsystem.
Dybuk →Dibbuk.
Dyck [dɛjk], Anthonis van, *1599, †1641, fläm. Maler u. Radierer; neben seinem Lehrer *Rubens* der bedeutendste Meister der fläm. Barockmalerei; seit 1632 Hofmaler Karls I. in London, bes. gefeiert als Porträtist der höf. Gesellschaft.
Dylan ['dɪlən], Bob, eigtl. Robert *Zimmermann,* *24.5.1941, US-amerik. Pop- u. Protestsänger u. Gitarrist; Jugendidol Ende der 60er Jahre.
Dynamik, 1. Schwung, Triebkraft, Kraftentfaltung, lebhafte Bewegung. – **2.** Lehre von der Bewegung von Körpern unter dem Einfluß von Kräften; Ggs.: *Statik.* – **3.** Lehre von der Abstufung der Tonstärke in der Musik, auch die Abstufung selbst.
dynamisch, lebhaft, kraftvoll, bewegt.
dynamisieren, in Bewegung setzen; Leistungen wie Renten u. ä. den steigenden Lebenshaltungskosten anpassen.
Dynamit, von A. *Nobel* 1867 erfundener Sprengstoff, urspr. aus 75% Nitroglycerin, 24,5% Kieselgur u. 0,5% Soda bestehend. Heute wird Kieselgur durch Gemische aus Salpeter u. Holz- u. Kohlemehl ersetzt, die die Sprengwirkung erhöhen.
Dynamo, Maschine zur Stromerzeugung; im Prinzip ein kleiner →Generator.
Dynamometer, Gerät zum Messen von mechan. Kräften, z. B. eine Spiralfeder, deren Längenänderung auf einer Skala abzulesen ist. Beim *hydraul. D.* wird ein Kolben in eine abgeschlossene Ölmenge gedrückt, deren Druckanstieg ein Manometer anzeigt.
Dynastie, *Herrscherhaus,* Familie, die durch Erbfolge in mehreren Generationen den Herrscher eines Landes stellt.
Dyophysitismus, Lehre von den zwei Naturen Christi (göttl. u. menschl.).
Dyopol, *Duopol,* Marktform, bei der sich das Gesamtangebot bzw. die Gesamtnachfrage des Marktes auf nur zwei Anbieter bzw. zwei Nachfrager verteilt.
dys..., Vorsilbe mit der Bedeutung »nicht der Norm entsprechend«, »krankhaft«, »miß... «.
Dysbakterie, Störung der normalen Bakterienflora der Haut, der Scheide u. bes. des Darms.
Dysmelie, angeborene Mißbildung und Fehlentwicklung der Extremitäten (Arme, Beine).
Dysmenorrhoe, schmerzhafte Regelblutung, eine Menstruationsstörung.

E

e, E, 5. Buchstabe des dt. Alphabets, grch. Epsilon (ε, E).

e, 1. irrationale Zahl, Basis der natürl. Logarithmen, Grenzwert des Ausdrucks

$$\left(1+\frac{1}{n}\right)^n \text{ für } n \to \infty;$$

Es ist $e = 2,71828\ldots$ – **2.** Symbol für die *Elementarladung*.
E, Symbol für die elektr. Feldstärke.
E 605, Wz. für ein bes. giftiges Insektenbekämpfungsmittel; auch für den Menschen sehr giftig.
Eagle ['i:gl], 1792 eingeführte goldene Hauptmünze der USA, Adler als Prägebild; 1 E. = 10 $.
Eakins ['eɪkɪnz], Thomas, * 1844, † 1916, US-amerik. Maler; Freilichtmalerei.
EAN, Abk. für *Europ. Artikelnummer,* Strichmarkierung an Waren, die aus einem Länderkennzei-

EAN: Die Strichmarkierung auf Handelswaren kann elektronisch abgelesen werden

chen, einer Betriebsnummer u. der Artikelnummer des Herstellers besteht u. elektron., z.B. an Ladenkassen, abgelesen wird; dient der Rationalisierung des Handels.
Eanes [e'anɛʃ], António dos Santos Ramalho, * 25.1.1935, port. Politiker u. Offizier; schlug 1975 einen Linksputsch nieder; 1976–86 Staats-Präs.; 1986/87 Vors. der Demokrat. Erneuerungspartei (PRD).
Eannatum, Sumererfürst von *Lagasch* um 2470 v. Chr.
Earl [ə:l], engl. Adelstitel: Graf.
Early English ['ə:li ɪŋlɪʃ], erste Entwicklungsstufe der engl. Gotik (Frühgotik), etwa 1175–1240.
Eastbourne ['i:stbɔ:n], S-engl. Stadt u. Seebad am Kanal, 78 000 Ew.
East Ham ['i:st hæm], bis 1964 selbst. engl. Stadt in Essex; bei der Neugliederung von Greater London mit *West Ham* zum neuen Stadtbez. (Borough) *Newham* vereinigt.
East London ['i:st'lʌndən], *Oos-London,* Hafenstadt in Kapland (Rep. Südafrika), 200 000 Ew.; vielseitige Ind. (Auto-, Reifen-, Textilind.).
Eastman ['i:stmən], George W., * 1854, † 1932, US-amerik. Industrieller u. Erfinder; gründete 1880 eine Fabrik für photograph. Platten (die spätere *E. Kodak Company*) in Rochester; stellte 1884 den ersten Rollfilm auf Papier her, 1888 den Kodak-Photoapparat, 1889 den Celluloid-Rollfilm.

Friedrich Ebert

East River [i:st 'rivə], 26 km lange Meeresstraße in New York, zw. Long Island (Brooklyn) u. Manhattan; für Hochseeschiffe befahrbar.
Eastwood ['i:stwud], Clint, * 31.5.1930, US-amerik. Filmschauspieler u. Regisseur; bes. erfolgreich mit »Erbarmungslos«, »In the Line of Fire«, »Perfect World«.
Eau de Cologne [o:dəkɔ'lɔnjə] → Kölnisch Wasser.
Eau de Javelle [o: də ʒa'vɛl; das; frz.], *Bleichwasser,* wäßrige Lösung von Kaliumhypochlorit, KOCl, u. Kaliumchlorid, KCl; Bleich- u. Desinfektionsmittel; sollte nur bei farblosen Baumwoll- u. Leinenstoffen verwendet werden.
Eau de toilette [o: də toa'lɛt], Duftwasser mit geringerer Duftkonzentration als Parfüm.
Eban, Abba, * 2.2.1915, isr. Politiker (Mapai); 1948–59 Vertreter Israels bei den UN u. zugleich seit 1950 Botschafter in den USA; 1966–74 Außen-Min.
Ebbe, Absinken des Meeresspiegels im Rhythmus der → Gezeiten.
Ebbegebirge, Bergrücken im westl. Sauerland, in der *Nordhelle* 663 m.
Ebbinghaus, Hermann, * 1850, † 1909, dt. Psychologe (Gedächtnisforschung).
Ebeling, Hans-Wilhelm, * 15.1.1934, dt. Politiker (DSU); 1990 Mitgr. u. kurzzeitig Vors. der DSU; Min. für wirtsch. Zusammenarbeit der DDR; trat im Juli 1990 aus der Partei aus.
Ebene, 1. reliefarmes Gebiet der Erdoberfläche. Bei Höhenunterschieden bis 200 m spricht man von *Flachland. Hochebenen* liegen über 200, *Tiefebenen* unter 200 m ü. M. – **2.** *Math.:* unbegrenzte, in keinem ihrer Punkte gekrümmte Fläche.
Ebene der Tonkrüge, Hochland in Zentrallaos, nördl. von Vientiane, bis 2817 m hoch; im 2. Indochina-Krieg heftig umkämpft.
Ebenholz, Sammelbez. für zahlr. tiefschwarze oder braungestreifte Laubhölzer der Tropen u. Subtropen der Gatt. Dattelpflaume; sehr schwer u. hart, witterungsfest. *Künstl. E.:* schwarzgebeiztes Birnbaumholz u. ä.
Ebenholzgewächse → Pflanzen.
Ebensee, östr. Ferienort im Salzkammergut, an der Mündung der Traun in den Traunsee, 445 m ü. M., 9000 Ew.; Steinsalzgewinnung, Soda- u. Ammoniakwerk, Textil-Ind.; Drahtseilbahn zum Feuerkogel (1594 m).
Eber, männl. Schwein.
Eberbach, 1. ba.-wü. Stadt am Neckar, sw. des Katzenbuckels, 15 000 Ew.; Hohenstaufenburg *Stolzeneck* (12. Jh.). – **2.** ehem. Zisterzienserkloster im Rheingau, 1135 von Bernhard von Clairvaux gegr., 1803 säkularisiert.
Eberesche, *Sorbus,* Gatt. der *Rosengewächse* in der nördl. gemäßigten Zone; hierzu die *Gewöhnl. E.,* Vogelbeere oder *-kirsche* mit scharlachroten, zuweilen gelben Früchten *(Drosselbeeren)*, u. die *Haus-Vogelbeere* oder *Speierling*.
Eberhard, 1. E. I., der Erlauchte, * 1265, † 1325, regierender Graf 1279–1325; endgültig 1323 von König *Ludwig (IV.) dem Bayern* in seinem erweiterten Besitz bestätigt. Seine Residenz war seit 1321 Stuttgart. – **2. E. II., der Greiner** (d. h. der Zänker) oder *der Rauschebart,* Enkel von 1), * 1315, † 1392, regierender Graf 1344–92; besiegte den *Schwäb. Städtebund* am 24.8.1388 in der Schlacht bei Döffingen. – **3. E. V. (I.), E. im Bart,** * 1445, † 1496, seit 1495 (erster) Herzog von Württemberg; seit 1488 führend im *Schwäb. Bund.*
Ebermayer, Erich, * 1900, † 1970, dt. Schriftst. (zeitgesch. Werke).
Ebernburg, Burgruine an der Nahe; ehem. Hauptburg Franz von Sickingens.
Eberraute, *Eberreis,* ein gelbblühender S-europ. Korbblütler mit zitronenartigem Geruch; fr. als schweiß- u. harntreibendes Mittel verwendet.
Ebers, Georg, * 1837, † 1898, dt. Schriftst. u. Ägyptologe; Verfasser zahlr. kulturhistor. Romane.

Ebersbach, 1. Stadt im Krs. Löbau, in Sachsen, in der Oberlausitz, 14 000 Ew.; Textilind., Glasveredlung. – **2.** *E. an der Fils,* ba.-wü. Gem. westl. von Göppingen, 16 000 Ew.; Veitskirche (16./17. Jh.); Textil-, Nahrungsmittel-, Metallind.
Ebersberg, oberbay. Krst. östl. von München, 9600 Ew.; opt. u. Holzind.
Eberswalde-Finow, Krst. in Brandenburg, am Finow-Kanal, nordöstl. von Berlin, 55 000 Ew.; Forstl. Hochschule; chem. Ind.
Ebert, Friedrich, * 1871, † 1925, dt. sozialdemokrat. Politiker, erster Reichspräs. der Weimarer Rep.; 1913 Mit-Parteivors. als Nachfolger A. *Bebels;* seit 1918 Vors. des *Rats der Volksbeauftragten;* 1919–25 Reichs-Präs.
Eberth, Karl Joseph, * 1835, † 1926, dt. Pathologe u. Bakteriologe; entdeckte 1880 den Typhuserreger *(Salmonella [Eberthella] typhi).*
Eberwurz, *Carlina,* von Europa bis Vorderasien verbreitete Gatt. der *Korbblütler;* in Mitteleuropa finden sich die *Gewöhnl. E.* oder *Golddistel,* u. die *Stengellose E. (Silberdistel, Silberwurz);* beide geschützt.

Gewöhnliche Eberwurz

Ebioniten, judenchristl. Sekte.
Ebner-Eschenbach, Marie Freifrau von, geb. Gräfin *Dubsky,* * 1830, † 1916, östr. Schriftst.; realist. Romane u. Erzählungen.
Ebonit, ein Hartgummi, Isoliermaterial der Elektrotechnik.
Ebrach, Markt in Oberfranken (Bay.), 2000 Ew.; Zisterzienserabtei (1126–1803; seit 1851 Strafanstalt).
Ebro, Fluß in NO-Spanien, 927 km, mündet sö. von *Tortosa* in das Mittelmeer.
Ebstorf, Ort in Nds. in der nördl. Lüneburger Heide, 5000 Ew. Die berühmte *E.er Weltkarte* aus dem 13. Jahrh. verbrannte 1943; originalgetreue Nachbildungen im Kloster E. u. in Lüneburg.
Eça de Queirós ['ɛsa də kɐi'rɔ:ʃ], José Maria, * 1846, † 1900, port. Schriftst.; bed. Romancier Portugals im 19. Jh.
Ecce homo ['ɛktsə 'ho:mo], »Seht, welch ein Mensch«, Wort des Pilatus (Joh. 19,5) angesichts des dornengekrönten Jesus.
Eccles [ɛklz], Sir John Carew, * 27.1.1903, austral. Neurophysiologe; erforschte die physikal.-chem. Prozesse bei Entstehung u. Übertragung von Nervenimpulsen u. erhielt hierfür den Nobelpreis für Medizin 1963.
Ecclesia, 1. in altgrch. Staaten (bes. Athen) die Versammlung des ganzen Volks. – **2.** älteste Bez. für die Christengemeinde; Kirche überhaupt.
Ecevit [ɛdʒeˈvit], Bülent, * 1925, türk. Politiker (Republikan. Volkspartei); seit 1966 Parteisekretär, 1974, 1977, 1978/79 Min.-Präs.
echauffieren [eʃoˈfi:rən], sich erregen.
Echegaray y Eizaguirre [etʃegaˈra:i i eiθaˈgire], José, * 1832, † 1916, span. Schriftst., von H. Ibsen u. H. Sundermann beeinflußt; Nobelpreis 1904.

Echnaton: Kalkstein-Relief des Königs aus Amarna (18. Dynastie). Berlin (-Charlottenburg), Ägyptisches Museum

Echeverle [ɛtʃɛ-], *Echeveria,* mittelamerik. Gatt. der *Dickblattgewächse;* die dickfleischigen Blätter bilden auffallende Rosetten; beliebte Zierpflanzen.

Echeverría [etʃeve'rria], Estéban, *1805, †1851, argent. Schriftst. Seine Erzählung aus den Bürgerkriegen »El matadero« (1840) wurde zum wirksamsten Ruf im Kampf gegen den Diktator J. M. de *Rosas.*

Echeverría Alvarez [etʃeve'rria al'bareθ], Luis, *17.1.1922, mex. Politiker (Partido Revolucionario Institucional, PRI); 1964–69 Innen-Min., 1970–76 Staats-Präs.

Echinacea → Sonnenhut.
Echinocactus → Igelkaktus.
Echinococcus granulosus → Bandwürmer.
Echinodermata → Stachelhäuter.
Echinoidea → Seeigel.
Echinus, polsterähnl., unter dem *Abakus* liegender Teil des dor. Kapitells; beim ion. Kapitell der Teil unter der Volute.

Echnaton, Achenaten, Amenophis IV., ägypt. König der 18. Dynastie, um 1364–47 v. Chr.; versuchte, den monotheist. Sonnenglauben einzuführen, in dessen Mittelpunkt der Sonnengott *Aton* stand: verlegte die Hptst. von Theben nach dem neugegründeten *Amarna. Tutanchamun,* E. Schwiegersohn, stellte den Amun-Kult wieder her. Im weiteren Fortgang dieser Restauration wurde E. als Ketzer verfemt; sein Name wurde aus den Königslisten getilgt.

Echo, 1. *Widerhall,* reflektierter Schall. In geschlossenen Räumen spricht man von *Nachhall.* – **2.** in der grch. Myth. eine Bergnymphe, die sich in *Narkissos* verliebte, ohne Gegenliebe zu finden. Sie magerte ab, ihr Gebein wurde zu Felsen, nur die Stimme blieb.

Echolot, *Behmlot,* Gerät, das Wassertiefen oder Flughöhen nach dem Echoprinzip mißt: Eine (Ultra-)Schallquelle sendet Impulse in Richtung auf das Objekt aus, das die Schallwellen reflektiert. Aus dem halben Zeitunterschied bis zum Echoempfang u. der Schallgeschwindigkeit im Wasser (bzw. in der Luft) errechnet sich die Entfernung.

ECHO-Viren, (Abk. für engl. *enteric cytopathogenic human orphan*), zu den Picornaviren gehörende Gruppe von Viren, die grippale Infekte, Darmentzündungen mit Durchfall, Hautausschläge u. a. beim Menschen hervorrufen.

Echsen, *Sauria,* Unterordnung der *Schuppenkriechtiere.* Im Unterschied zu den *Schlangen* sind bei den E. die Unterkieferäste stets fest miteinander verwachsen: Meistens besitzen die E. vier Extremitäten. Es finden sich aber auch beinlose Formen (z.B. Schleichen u. Skinke). Hauptverbreitungsgebiet sind die warmen Länder. In der kalten u. gemäßigten Zone verbringen die E. oft 8–10 Monate in Kältestarre. Zu den E. zählen *Geckos, Flossenfüße, Agamen, Chamäleons, Leguane, Eidechsen, Wirtel-E., Schienen-E., Skinke, Doppelschleichen, Schleichen, Krusten-E., Warane.*

Echternach, luxemburg. *Eechternaach,* Krst. im östl. Luxemburg, an der Sauer, 4200 Ew.; gegenüber der dt. *E.erbrück* (Römerbrücke), Benediktinerabtei (698–1794). Die *Springprozession* zum Grab des hl. *Willibrord* am Pfingstdienstag ist ein Dankfest für das Enden des im 8. Jh. hier wütenden Veitstanzes.

Echter von Mespelbrunn, Julius, *1545, †1617, Fürstbischof von Würzburg 1573–1617; führte in Franken die Gegenreformation durch; Mitgründer der kath. Liga.

Eck, Johann, eigtl. Johann *Maier,* *1486, †1543, dt. Theologe; Gegner M. Luthers (Disputation in Leipzig 1519).

Eckart, 1. »der getreue E.«, in der Volkssage der Warner vor dem Wilden Heer u. vor dem Venusberg (Tannhäuser). – **2.** → Eckhart.

Eckball, *Ecke,* in versch. Ballspielen Freistoß (Freiwurf) von einem Punkt der Torlinie nahe der Eckfahne, wenn die verteidigende Mannschaft den Ball über die eigene Torauslinie spielt.

Eckener, Hugo, *1868, †1954, dt. Luftschifführer; Mitarbeiter F. von *Zeppelins;* Fahrten mit dem Luftschiff LZ 127 über den Atlantik, um die Erde (1929) u. zum Nordpol (1931).

Eckermann, Johann Peter, *1792, †1854, seit 1823 *Goethes* Mithelfer an der »Ausgabe letzter Hand« der Werke; W »Gespräche mit Goethe in den letzten Jahren seines Lebens«.

Eckernförde, Stadt in Schl.-Ho., Ostseebad u. Marinestützpunkt an der *E.r Bucht,* 23 000 Ew.; Fischerei, Herstellung von Jagd- u. Sportwaffen.

Eckhart, Eckart, Eckehart, *Meister E.,* *um 1260, †1327/28, dt. Mystiker; Dominikaner; Prof. in Paris, Straßburg u. Köln. Er sah die Tiefe des Christentums im Eingehen Gottes in den Seelengrund *(unio mystica),* das sich in der Begegnung der gläubigen Seele mit Gott vollziehe.

Ecklohn, der in einem *Tarifvertrag* festgesetzte Lohn für die typ. Arbeit im Tarifbereich. Zu ihm werden die Löhne der anderen Arbeiter in ein Prozent-Verhältnis gesetzt.

Eckzähne, *Hundszähne, Canini;* →Zahn.

Eco ['ɛko], Umberto, *5.1.1932 Alessandria; ital. Schriftst. u. Sprachphilosoph; Prof. für Semiotik in Bologna; große Erfolge mit den Romanen »Der Name der Rose«, »Das Foucaultsche Pendel«.

ECOSOC, Abk. für engl. *Economic and Social Council,* Wirtschafts- u. Sozialrat der Vereinten Nationen.

Ecraséleder, farbiges, grobnarbiges, gegerbtes u. dann durch starkes Pressen geglättetes Portefeuilleleder aus Ziegenhaut.

ECU, *Ecu* [engl. 'iːʃ iː 'juː; frz. e'ky:], Abk. für *European Currency Unit.*

Ecuador, Staat an der W-Küste Südamerikas, 283 561 km², 10,8 Mio. Ew., Hptst. *Quito.*
Landesnatur. Zw. dem feuchtheißen pazif. Küstentiefland *(Costa)* im W u. dem Amazonastiefland *(Oriente)* im O erstrecken sich die beiden Hauptketten der Anden (Chimborazo 6267 m, Cotopaxi 5897 m), die ein dichtbesiedeltes Hochbekken *(Sierra)* einschließen.
Die Bevölkerung spricht Spanisch u. ist vorw. kath. Sie besteht aus 41% Mestizen, 39% Indianern, 10% Kreolen, 5% Schwarzen u. 5% Mulatten.
Wirtschaft. Die landw. Anbauprodukte der Costa sind die wichtigsten Exportgüter (Bananen, Kaffee, Kakao, Zucker, Reis, Baumwolle). Im Hochland wird v. a. Viehzucht betrieben. Die Hochseefischerei ist bedeutend. Bei den Bodenschätzen steht Erdöl an erster Stelle. – Hauptstrecke des Straßennetzes ist die Carretera Panamericana. Haupthafen ist Guayaquil.
Geschichte. Als die nördlichste Prov. des Inkareichs wurde das Gebiet 1533/34 für Spanien erobert. Erst 1822 beseitigte S. *Bolívar* die span. Herrschaft in E., das sich 1830 unter J. J. *Flores* zur selbständigen Republik erklärte. Nach 1875 machte E. eine Zeit schwerer innerer Unruhen u. Bürgerkriege durch. 1972–79 regierte eine Militärjunta. 1979 trat eine neue Verfassung in Kraft. Seit 1992 ist der Konservative S. *Durán Ballén* Staats-Präsident.

Edelstähle 213

Ecuador

ed., Abk. für lat. *editio,* ediert, »herausgegeben«.
Edam-Volendam, ndl. Gem. in der Prov. Nordholland, 25 000 Ew.; bek. durch seinen kugelförmigen, rotrindigen Käse.
Edaphon, Organismenwelt im Erdboden.
Edberg, Stefan, *19.10.1966, schwed. Tennisspieler; Wimbledon-Sieger 1988 u. 1990; 1990/91 Erster der Weltrangliste.
Edda, Titel einer Skaldenpoetik (um 1225) des *Snorri Sturluson:* die *Jüngere,* Prosa- oder *Snorra-E.;* dann übertragen auf eine Sammlung altnord. Stabreimgedichte aus dem 13. Jh.: die *Ältere, Lieder-* oder *(fälschl.) Saemundar-E.,* die mit ihren Göttermythen u Heldensagen die wichtigste Quelle der altgerm. Dichtung ist.
Eddington [-tən], Sir Arthur Stanley, *1882, †1944, brit. Astronom; bed. Arbeiten über inneren Aufbau der Sterne u. des Universums.
Edelfäule, *Fruchtfäule,* durch Pilzbefall hervorgerufene Zersetzung vollreifer Weinbeeren, die ein rosinenartiges Aussehen annehmen u. Ausleseweine ergeben.
Edelgase, die gasförmigen Elemente *Helium, Neon, Argon, Krypton, Xenon, Radon.* Sie sind zu insges. 0,94% in der Luft enthalten u. gehen unter normalen Bedingungen keine chem. Verbindungen ein.
Edelhagen, Kurt, *1920, †1982, Jazzmusiker u. Bandleader; internat. bekannt, seit Rolf Liebermann für ihn das »Concerto for Jazzband« schrieb.
Edelman ['eɪdlmæn], Gerald Maurice, *1.7.1929, US-amerik. Biochemiker; klärte die Struktur des Immunglobulins auf; erhielt 1972 zus. mit R. *Porter* den Nobelpreis für Medizin.
Edelmarder, *Baummarder,* ein gelbbraun bis dunkelbraun gefärbter *Marder* mit gelbem Kehlfleck; in Europa, W- u. N-Asien.
Edelmetalle, Metalle, die beim Erhitzen an der Luft nicht oxidieren u. von den meisten Chemikalien nicht angegriffen werden: Gold, Silber, Quecksilber, Rhenium u. die Platinmetalle.
Edelraute → Beifuß.
Edelrost → Patina.
Edelstähle, Stahlsorten hoher Reinheit, die sich durch ihre Gebrauchseigenschaften (z. B. Warmfestigkeit, Korrosionsbeständigkeit, Schweißbarkeit), die durch Legierungselemente u. Wärmebehandlung in weiten Grenzen veränderbar sind, von Grund- u. Qualitätsstählen unterscheiden.

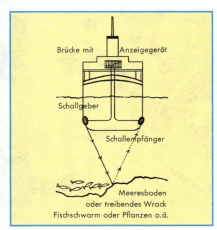

Funktionsweise eines Echolots

Edelfäule bei Weinbeeren

Edelsteine, alle durch Schönheit u. Klarheit der Farbe, Durchsichtigkeit, Glanz, Härte u. hohe Lichtbrechung ausgezeichneten Mineralien: Diamant, Korund, Saphir, Rubin, Smaragd, Beryll, Aquamarin, Zirkon, Turmalin, Edeltopas, Edelopal, Spinell, Chrysolith u. a. Als *Halb-E.* (im Handel geläufige Bez.) gelten: Bergkristall, Amethyst, Rauchtopas, Citrin, Rosenquarz, Chalzedon, Chrysopras, Karneol, Achat, Onyx, Tigerauge, Jaspis, Heliotrop, Malachit, Mondstein, Lasurstein, Hämatit, Rhodonit u. a. *Synthet. E.* werden techn. im Elektroofen aus Schmelzfluß gezüchtet. Bei Korund, Bergkristall u. a. sind sie völlig identisch mit den Naturprodukten (abgesehen von Einschlüssen). Sie dienen als Schmuck, Lager für Wellen in Präzisionsinstrumenten u. a. Die »Magie der E.« zeigt sich in ihrer Verwendung als »Tierkreis-, Planeten-, Monats- u. Geburtssteine«.

Edeltanne, 1. →Tanne. — **2.** →Araukarie.
Edelweiß, in den Alpen, Pyrenäen u. Karpaten in über 1700 m Höhe vorkommende Gatt. der *Korbblütler;* die Blütenköpfchen sind meist zu 4–8 vereint u. werden von weißwolligen Hüllblättern strahlig eingefaßt; unter Naturschutz.
Eden, im AT das Paradies.
Eden [i:dn], Sir (1954) Anthony, Earl of *Avon* (1961), * 1897, † 1977, brit. Politiker (konservativ); 1935–38, 1940–45 u. 1951–55 Außen-Min.; 1955–57 als Nachfolger W. *Churchills* Prem.-Min. Die von ihm verantwortete brit.-frz. Intervention in Ägypten im Okt./Nov. 1956 *(Suez-Krise)* löste heftige Proteste aus, die seinen Rücktritt erzwangen.
Edenkoben, rheinland-pfälz. Stadt an der mittleren Hardt, 5800 Ew.; Luftkurort; Kloster Heilsbruck (13. Jh.); Weinbau, Weinhandel.
Eder, *Edder,* l. Nbfl. der Fulda, entspringt am **E.kopf,** 177 km. Die **E.talsperre** (1908–14 erbaut) südl. von Waldeck (12 km², 202 Mio. m³, 42 m Stauhöhe) dient zur Regulierung von Weser u. Mittellandkanal. 1943 bombardiert (verheerende Überschwemmungen).
Edessa →Urfa.
edieren, ein Buch (meist ein wiss. Werk) herausgeben.
Edikt, obrigkeitl. Bekanntmachung, Erlaß.
Edinburgh [-bərə], Hptst. von Schottland, inmitten von Felshügeln an der Südküste des Firth of Forth, 440 000 Ew.; Mittelpunkt des polit., kirchl. u. kulturellen Lebens; mehrere Univ.; Banken-, Versicherungs- u. Geschäftszentrum; bed. Verlagsstandort; neuerdings Eisenerz- u. Kohleabbau; Brauereien, Brennereien; seit 1947 internat. Musik- u. Theaterfestspiele; E.s Hafen *Leith* ist der wichtigste der Ostküste Schottlands.
Edirnę, das fr. *Adrianopel,* in der Antike *Orestia, Orestea,* später *Hadrianopolis,* türk. Stadt im SO der Balkanhalbinsel, an der Mündung der Tundscha in die Maritza, 87 000 Ew.; bed. Moscheen; Bazar; Teppich-, Tuch- u. Leder-Ind.; Wein- u. Gartenbau.
Edison ['ɛdisən], Thomas Alva, * 1847, † 1931, US-amerik. Erfinder; baute 1876 die erste Sprechmasch. (Phonograph, Grammophon), 1879 die elektr. Glühlampe, verbesserte den Akkumulator *(E.-Akku),* baute das erste Elektrizitätswerk, konstruierte ein Kinoaufnahmegerät (1889), ein Projektionsgerät (1895) u. führte viele Neuerungen in der Bautechnik ein.
Edition, Ausgabe eines Buchs oder Musikwerks; Ausgaben-Reihe. — **Editio princeps,** Erstausgabe.
Edmonton ['ɛdməntən], Hptst. der mittelkanad. Prov. Alberta, am Saskatchewan, 610 000 Ew.; Univ.; chem., eisenverarbeitende u. Nahrungsmittelind.; Getreide-, Vieh- u. Pelzhandel; Erdölfelder.
Edschmid, Kasimir, eigtl. Eduard *Schmid,* * 1890, † 1966, dt. Schriftst.; zunächst expressionist., dann subtil realistisch.
Eduard, engl. *Edward,* Fürsten von England/Großbritannien: **1. E. der Bekenner,** * nach 1002, † 1066, angelsächs. König 1042–66; 1161 heiliggesprochen (Fest: 5.1.). — **2. E. I.,** * 1239, † 1307, König 1272–1307; aus dem Haus *Plantagenet;* unterwarf 1276–84 Wales u. wurde 1292 Oberlehnsherr von Schottland; berief 1295 das *Model Parliament* (Musterparlament) ein. — **3. E. II.,** Sohn von 2), * 1284, † 1327, König 1307–26; trug als erster engl. Thronfolger den Titel *Prince of Wales* (1301), mußte 1323 die schott. Unabhängigkeit wieder anerkennen; 1326 vom Parlament abgesetzt u. 1327 ermordet. — **4. E. III.,** Sohn von 3), * 1312, † 1377, König 1327–77; unterwarf Schottland erneut; nahm als Enkel *Philipps des Schönen* den frz. Königstitel an, womit der *Hundertjährige Krieg* mit Frankr. begann. — **5.** Prince of Wales, Sohn von 4), der *Schwarze Prinz* (nach der Farbe seiner Rüstung), * 1330, † 1376; Heerführer im Hundertjährigen Krieg, schlug die Franzosen 1356 bei Poitiers. — **6. E. IV.,** * 1442, † 1483, König 1461–83. Sein Sieg über die Anhänger von Lancaster *(Rote Rose)* u. seine Krönung 1461 verschaffte dem Haus York *(Weiße Rose)* den Thron. Im wechselvollen Verlauf der *Rosenkriege* (1455–85) gelang es E. mit Hilfe Karls des Kühnen von Burgund erst 1471, seine Herrschaft zu sichern. — **7. E. VII.,** * 1841, † 1910, König 1901–10; maßgebl. an der polit. Isolierung Dtld. beteiligt. — **8. E. VIII.,** * 1894, † 1972, König Jan.-Dez. 1936, *Herzog von Windsor* seit 1937; verzichtete auf den Thron wegen seiner Ehe mit Wallis *Warfield Simpson.*
Edukation, Erziehung.
EDV, Abk. für *elektron. Datenverarbeitung* mit Hilfe von →Computern.

EDELSTEINE

Opallagerstätte »Cooper Pedy«, Australien

Stadien des Facettschliffs

Ein Edelstein wird geschliffen

Rubine im Muttergestein (Pargasit), Grönland. Idar-Oberstein, Sammlung H. Gaertner (links). – Das Werkzeug eines Edelsteinhändlers: Standlupe, Steinbrief mit Saphir, Kornzange, Steinsieb, Waage, Handlupe, Edelsteintabelle, Meßinstrument (Leveridge), Diamantlehre (rechts).

Edelsteine und Schmucksteine

Name	Härte	Dichte	Kristallsystem	Farbe	Chemische Zusammensetzung
Achat	6,5–7	2,59–2,67	trigonal	buntes Farbenspiel	SiO_2
Amethyst	7	2,65	hexagonal	violett	SiO_2
Aquamarin	7,5	2,65–2,75	hexagonal	blau	$B_3Al_2[Si_6O_{18}]$
Bergkristall	7	2,65	hexagonal	farblos	SiO_2
Bernstein	2–2,5	1,05–1,10	amorph	gelbbraun	$C_{10}H_{16}O$
Chalcedon	7	2,59–2,61	trigonal	gelblich-rot, braun, grün	SiO_2+Zusätze
Chrysopras	7	2,59–2,61	trigonal	grün	SiO_2+Zusätze
Diamant	10	3,51–3,53	kubisch	farblos, alle Farben	C
Goldberyll	7,5	2,65–2,75	hexagonal	gelb-gold	$Al_2B_3[Si_6O_{18}]$
Granate					
Almandin	7,5–8	3,83–4,20	kubisch	rot, violett, braun	$Fe_3 \cdot Al_2[SiO_4]_3$
Grossular	6,5–7	3,60–3,70	kubisch	braungelb, gelbgrün	$3CaO \cdot Al_2O_3 \cdot 3SiO_2$
Hämatit	5,5–6,5	4,90–5,30	trigonal	schwarz, stahlfarben	Fe_2O_3
Heliotrop	6,5–7	2,65	trigonal	dunkelgrün mit roten Flecken	SiO_2+Zusätze
Jadeit	6,5–7	3,30–3,35	monoklin	grün, weißlich, gelblich	$Na[AlSi_2O_6]$
Jaspis	7	2,50–2,60	trigonal	verschieden, je nach Färbebeimengungen	SiO_2+Zusätze
Karneol	7	2,59–2,61	trigonal	rotbraun	SiO_2+Zusätze
Lapislazuli	5,5	2,38–2,51	kubisch	tiefblau	$(Na, Ca)_8[(SO_4,Cl)_2 (AlSiO_4)_6]$
Malachit	3,5–4	3,70–4,00	monoklin	grün	$Cu_2[(OH)_2/CO_3]$
Mondstein	6–6,5	2,56–2,62	monoklin	farblos, gelb bläulicher Schimmer	$K[AlSi_3O_8]$
Nephrit	6–6,5	2,94–3,06	monoklin	grün	$CaO \cdot 3MgO \cdot 4SiO_2$
Opal	5–6,5	2,05–2,22	amorph	weiß, rot, blau, oft Farbenspiel	$SiO_2 \cdot nH_2O$
Rosenquarz	7	2,65	trigonal	rosa	SiO_2
Rubin	9	3,94–4,10	trigonal	rot	Al_2O_3
Saphir	9	3,94–4,10	trigonal	blau, grünblau	Al_2O_3
Smaragd	7,5	2,65–2,75	hexagonal	gelbgrün, blaugrün	$B_3AlCr_2[Si_6O_{18}]$
Spinell	8	3,53–3,65	kubisch	alle Farben	$MgAl_2O_4$
Spodumen	6,5–7	3,10–3,20	monoklin	rosarot, grün	$AlLi[Si_2O_6]$
Tigerauge	7	2,64–2,71	trigonal	goldbraun	SiO_2+Zusätze
Topas	8	3,50–3,56	rhombisch	farblos, gelb, hellblau, rosa, hellgrün	$Al_2[(SiO_4/F_2)]$
Türkis	5,5–6	2,60–2,84	triklin	blau, blaugrün	$CuAl_6[(OH)_2/PO_4]_4 \cdot 4H_2O$
Turmalin	7–7,5	2,94–3,16	trigonal	grün, rot, braun, blau, schwarz	Bor-Silicat
Zirkon	7–7,5	4,33–4,75	tetragonal	farblos, braun, blau	$Zr[SiO_4]$

Edward-See [ˈedwəd-], *Rutanzige*, verlandender See im Zentralafrikan. Graben, rd. 2200 km².

EEG, Abk. für *Elektroenzephalographie*.

Efendi, *Effendi*, Anrede in der osman. Türkei für Personen von höherem Rang; 1934 durch »Bay« ersetzt.

Efeu, Kletterpflanze, die oft in Baumkronen hinaufreicht oder als kriechender Strauch den Boden bedeckt. E. trägt immergrüne Blätter u. im Frühjahr reifende schwarze Beeren.

Effekt, Wirkung, Erfolg.

Effekten, Wertpapiere, die an der Börse gehandelt werden. Festverzinsl. E. (*Rentenpapiere*) gewähren einen gleichbleibenden Zins (Staatsanleihen, Pfandbriefe, Obligationen), *Beteiligungs-E.* (Aktien, Kuxe) dagegen den Anspruch auf eine veränderl. Gewinnbeteiligung.

effektiv, tatsächl., wirkl.; wirksam.

Effektivgeschäft, Kauf von Waren oder Wertpapieren, bei dem die vereinbarte Lieferung u. Zahlung tatsächl. stattfinden soll. Ggs.: *Differenzgeschäft*.

Effektivwert, quadrat. Mittelwert einer Wechselgröße (Wechselstrom, Wechselspannung).

Effemination, Verweiblichung; **effeminiert**, weibisch.

efferent, ausleitend, wegführend, herausführend (aus einem Organ, vom Zentrum); Lagebezeichnung in der Anatomie; Ggs.: *afferent*.

Effet [ɛˈfeː], Drehimpuls des Balls (bei Tennis, Billard u. a. Spielen).

Effizienz, Wirksamkeit, Wirkungsgrad, Leistungsfähigkeit.

Effloreszenz, **1.** Hautausschlag durch krankhafte Vorgänge, z.B. Pusteln, Bläschen. – **2.** Mineralüberzüge auf Gesteinen (Ausblühungen).

Effner, Josef, *1687, †1745, dt. Baumeister; 1714–30 kurfürstl. Hofbaumeister in München.

Effusion, Ausströmung, Erguß (z.B. von Magma).

Effusivgesteine, → *Ergußgesteine*.

EFTA, Abk. für engl. *European Free Trade Association*, → *Europäische Freihandelsassoziation*.

EG, Abk. für → *Europäische Gemeinschaft(en)*.

egal, gleichmäßig, gleichförmig; gleichgültig; **egalisieren**, gleich machen.

Egbert, **1.** E. d. Gr., *775, †839, angelsächs. König, vereinigte erstmals die angelsächs. Teilreiche. – **2.** E. von Trier, †993, Kanzler Kaiser Ottos II.; stiftete Kunstgegenstände, u. a. den *E.schrein* u. den *Codex Egberti*.

Egede, Hans, *1686, †1758, dän. Missionar u. Grönland-Forscher, »Apostel der Eskimo«.

Egel, **1.** → *Blutegel*. – **2.** → *Leberegel*.

Egelschnecken, *Schnegel, Limacidae*, nackte Landlungenschnecken mit zu einer Kalkplatte zurückgebildetem Gehäuse, z.B. die *Wegschnecke*, die *Kellerschnecke* u. der *Baumschnegel*.

Eger, **1.** tschech. *Cheb*, Hauptort des *E.landes* in NW-Böhmen, am gleichn. Fluß, 31 000 Ew.; maler., histor. Stadtbild; Braunkohlenlager, Brauereien, Maschinenbau, Textilfabrik. – 1634 Ermordung *Wallensteins*. – **2.** tschech. *Ohře*, l. Nbfl. der Elbe in Böhmen, 270 km. – **3.** nordung. Stadt, → *Erlau*.

Egge, Bodenbearbeitungsgerät mit Zinken zum Krümeln u. Krustebrechen, zur Unkrautbekämpfung u. zum Unterbringen von Saat u. Dünger.

Eggebrecht, Axel, *1899, †1991, dt. Schriftst., bes. Funk- u. Filmautor.

Eggegebirge, Höhenzug in Westfalen, Fortsetzung des Teutoburger Walds nach S; in der *Hausheide* 441 m.

Egger-Lienz [-ˈliːɛnts], Albin, *1868, †1926, östr. Maler (genrehafte Historienbilder).

Egill Skallagrímsson, *um 900, †um 985, isl. Skalde; Held der *Egillsage* (Vorbild der Tellsage).

Egk, Werner, eigtl. Werner J. *Mayer*, *1901, †1983, dt. Komponist u. Dirigent; gestisch bestimmte Musik von starker Motorik (Einfluß von I. Strawinsky) u. orchestraler Farbigkeit; Ⓦ Opern: »Die Zaubergeige«, »Der Revisor«, Ballette »Abraxas«, »Danza«; Autobiographie: »Die Zeit wartet nicht«.

EGKS, Abk. für *Europäische Gemeinschaft für Kohle u. Stahl*, → *Montanunion*.

Egli, Alphons, *8.2.1924 Luzern; schweizer. Politiker (CVP); 1983–86 im Bundesrat (Dep. für Inneres); 1986 Bundes-Präs.

eGmbH, Abk. für *eingetragene Genossenschaft mit beschränkter Haftpflicht*.

Egmont, *Egmond*, Lamoral Graf von, Fürst von Gavre, *1522, †1568, seit 1559 Statthalter von Flandern u. Artois; Gegner der span. Zentralisierungspolitik in den Ndl.; auf Befehl von Herzog Alba zus. mit dem Grafen Ph. *Hoorn* enthauptet.

Egoismus, Selbstsucht, das ausschl. am eig. Nutzen fördernde Handeln; Ggs.: *Altruismus*.

Egoutteur [eguˈtøːr], Walze einer Langsieb-Papiermasch. zur Egalisierung der Papieroberfläche oder zur Herstellung des echten Wasserzeichens durch aufgelötete Zeichen.

egozentrisch, das eigene Ich in den Mittelpunkt alles Geschehens stellend.

EG-Richtlinien, *EU-Richtlinien*, vom Rat der Europäischen Union erlassene Regelungen zur Rechtsangleichung (Harmonisierung) einzelner Gebiete des Handels-, Umwelt- u. Steuerrechts innerhalb der Mitgliedsstaaten. Diese verpflichten sich, den Inhalt der E. in nat. Recht zu übertragen. Form u. Mittel der Umsetzung bleiben den Staaten überlassen.

Egyptienne [eʒipˈsjɛn], Antiqua-Schriftart.

Ehe, die zur gemeinsamen Lebensführung durch Sitte oder Gesetz geschützte u. anerkannte Verbindung von Mann u. Frau in der menschl. Gesellschaft. Als bürgerl. Vertrag dient die E. der Regelung der Geschlechtsbeziehungen u. der soz. Einbettung der Funktion der → *Familie*. Über die E.gesetzgebung behält sich der Staat ein Lenkungs- u. Mitspracherecht vor. Die geschichtl. durchgreifende Hauptform der E. ist die *Einehe* (Monogamie). Daneben bestehen die polygamen Formen *Polygynie* (E. eines Mannes mit mehreren Frauen) u., seltener, *Polyandrie* (E. einer Frau mit mehreren Männern). – In der BR Dtld. ist das Eherecht hpts. im BGB u. im Ehegesetz von 1946 geregelt. Die **Eheschließung** kommt dadurch zustande, daß die Verlobten vor dem *Aufgebot* persönl. u. bei gleichzeitiger Anwesenheit vor einem Standesbeamten erklären, die E. miteinander eingehen zu wollen. Die **Ehefähigkeit** hat, wer ehemündig (mit Vollendung des 18. Lebensjahres) u. geschäftsfähig ist. **Eheverbote** bestehen bei schon bestehender E. eines Partners (*Doppelehe*), bei naher Verwandtschaft u. Schwägerschaft. Die Eheleute sind einander zur ehel. **Lebensgemeinschaft** verpflichtet, d. h. zu gegenseitigem Beistand, Rücksichtnahme u. zur Geschlechtsgemeinschaft. Sie führen einen gemeinsamen Familiennamen (*Ehenamen*), können jedoch anderenfalls seit 1993 auch ihre jeweiligen Familiennamen behalten. Treffen die Eheleute keine Vereinbarung über ihre vermögensrechtl. Beziehungen, so tritt mit der Eheschließung der *gesetzl.* Güterstand, die *Zugewinngemeinschaft*, ein. Die Vermögen der Eheleute bleiben jedoch rechtl. getrennt; jeder Ehegatte haftet nur für eig. Schulden. Ein Vermögenszuwachs (Zugewinn) wird erst dann ausgeglichen, wenn die Zugewinngemeinschaft endet (Tod eines Ehegatten, Ehescheidung). **Ehescheidung**: Eine E. wird auf Antrag eines oder beider Ehegatten durch Urteil regelmäßig geschieden, wenn sie *gescheitert* ist, d. h. wenn die Lebensgemeinschaft der Eheleute nicht mehr besteht u. ihre Wiederherstellung nicht erwartet werden kann (bei dreijähriger Aufhebung der häusl. Lebensgemeinschaft, bei einjähriger Trennung u. beiderseitigem Einvernehmen). Nach der Scheidung muß jeder Ehegatte grundsätzl. selbst für seinen *Unterhalt* sorgen. Unterhalt wird nur noch gezahlt, wenn ein Ehegatte aus bes. Gründen nicht erwerbstätig sein kann. Ein *Rentenausgleichsanspruch* steht demjenigen Partner zu, der in der E. nicht oder nicht dauernd berufstätig sein konnte (*Rentensplitting*). – In der kath. Kirche wird die E. verstanden als die rechtmäßige Verbindung eines Mannes u. einer Frau zu ungeteilter u. unteilbarer Lebensgemeinschaft. Sie kommt als *Sakrament* zustande durch den *Konsens* (Zustimmung) hindernisfreier Partner in der vorgeschriebenen Form. Die *Scheidung* einer gültigen, geschlechtl. vollzogenen Ehe unter Christen ist kirchenrechtl. unmöglich. Sonst ist nur eine zeitweilige oder dauernde *Trennung* unter Bestehenbleiben des Ehebands möglich. – Nach Auffassung der ev. Kirche ist die E. zwar von Gott in der Schöpfung des Menschen als Mann u. Frau eingesetzt u. untersteht Gottes Verheißung u. Willen; sie hat aber keinen sakramentalen, erlösenden Charakter, sondern ist weltl. Gesetz unterworfen. 1874/75 wurde in Dtld. die obligator. Zivilehe eingeführt. Die Ehegesetzgebung u. -gerichtsbarkeit wird seither ausschl. dem Staat überlassen. – **eheähnl. Gemeinschaft**, nichtehel. Lebensgemeinschaft, dauerhaftes Zusammenleben einer Frau u. eines Mannes ohne Eheschließung vor dem Standesbeamten; keine Erbrechte. – **Eheberatungsstellen**, Einrichtungen der Gesundheitsämter, Wohlfahrtsbehörden, konfessionellen Verbände u. a., die sich mit der Beratung in Ehefragen von

eheliches Kindesverhältnis

Eiche: Blätter und Eichel

gesundheitl., psych., soz., seelsorger. u. wirtsch. Gesichtspunkten aus befassen.

eheliches Kindesverhältnis, das Rechtsverhältnis zw. Eltern u. ihren ehel. Kindern, begründet durch *Ehelichkeit, Legitimation* oder *Annahme als Kind.*

Ehelichkeit, *eheliche Abstammung,* natürl. Begründung eines *ehel. Kindesverhältnisses* durch Abstammung von den Ehegatten.

Ehelichkeitserklärung, *Ehelicherklärung,* eine Art der *Legitimation.* Durch E. erlangt das unehel. Kind die rechtl. Stellung eines ehel. Kindes.

ehernes Lohngesetz, von F. *Lassalle* 1863 geprägte Formulierung der Lohntheorie D. *Ricardos,* daß der Arbeitslohn auf Dauer nicht über das Existenzminimum steigen könne, da eine Erhöhung sofort zu einer Bevölkerungsvermehrung führe, die den Lohn wieder herabdrücke.

Ehingen (Donau), ba.-wü. Stadt an der Donau, 23 000 Ew.; Konviktskirche (18. Jh.); Zellstoff-, Baumwoll- u. Metallind.

Ehlers, Hermann, *1904, †1954, dt. Politiker (CDU); 1950–54 Präs. des Bundestags.

Ehmke, Horst, *4.2.1927, dt. Politiker (SPD); 1969–74 Bundes-Min., zunächst für Justiz, dann für bes. Aufgaben u. Chef des Bundeskanzleramts, schließl. für Forschung u. Technologie u. Post- u. Fernmeldewesen, 1977–91 stellv. Vors. der SPD-Bundestagsfraktion.

Ehre, Ansehen, Achtung u. Anerkennung, die einem Menschen als Träger bestimmter eth. Tugenden von anderen entgegengebracht werden.

Ehre, Ida, *1900, †1989, dt. Schauspielerin u. Regisseurin; gründete 1945 die Hamburger Kammerspiele.

Ehrenamt, nebenberufl., unentgeltl., nur gegen Entschädigung für etwaigen Dienstaufwand versehenes öffentl. Amt.

Ehrenbreitstein, ehem. preuß. Festung am r. Rheinufer in Koblenz; heute Museum für Vor- u. Frühgeschichte.

Ehrenburg, *Erenburg,* Ilja Grigorjewitsch, *1891, †1967, russ. Schriftst. (Kriegsreportagen, propagandist., satir. Zeitromane u. Erzählungen).

Ehrenbürger, von Univ. oder Gem. verliehener Ehrentitel, im letzteren Fall meist mit Befreiung von der Gemeindesteuerpflicht verbunden.

Ehrendoktor, *Dr. honoris causa,* Abk. *Dr. h. c., Dr. E. h.,* Ehrentitel, von Hochschulen für bes. Verdienste um Wiss., Kultur u. Politik verliehen.

Ehrenerklärung, Widerruf einer *Ehrverletzung,* öffentl. oder in dem Kreis, in dem sie ausgesprochen wurde.

Ehrenfels, Christian Frhr. von, *1859, †1932, östr. Psychologe u. Philosoph; Begr. der modernen *Gestaltpsychologie.*

Ehrengerichtsbarkeit, *Berufsgerichtsbarkeit,* die staatl. Gerichtsbarkeit zur Ahndung von Verstößen gegen berufl. Pflichten; die verhängten Disziplinarstrafen treten neben die Strafen der ordentl. Gerichte.

Ehrenlegion, frz. *Légion d'honneur,* frz. Orden, gestiftet 1802 von Napoleon I. für militär. u. bürgerl. Verdienste.

Ehrenpreis, *Männertreu, Veronica,* Gatt. *Rachenblütler;* blaue, meist kurzröhrige Blüten; in Dtld.: *Gamander-E., Wald-E., Bachbungen-E.*

Ehrenstrafe, fr. als *Aberkennung der bürgerl. Ehrenrechte* eine Nebenstrafe neben der »entehrenden« Zuchthausstrafe; mit deren Abschaffung 1970 ebenfalls beseitigt.

Ehrenwort, feierl. Bekräftigung einer Aussage; rechtl. bedeutungslos.

Ehrenzeichen, Verdienstauszeichnung. *E. des Dt. Roten Kreuzes, Dt. Feuerwehrehrenkreuz* (z. T. als *Brandschutz-E.*), *Grubenwehr-E.*

Ehrismann, Gustav, *1855, †1941, dt. Germanist; Arbeitsgebiet: Gesch. der dt. Lit. bis zum Ausgang des MA.

Ehrlich, Paul, *1854, †1915, dt. Serologe u. Arzneimittelforscher; Entdecker des *Salvarsans* (1910) zur Syphilisbehandlung; Begr. der modernen Chemotherapie; Nobelpreis für Medizin 1908.

Ei, *Ovum, Eizelle,* die weibl. Fortpflanzungszelle (→Keimzellen) der vielzelligen Lebewesen, Träger des gesamten mütterl. Erbguts; eine Riesenzelle. Eier werden bei niederen Lebewesen an beliebiger Stelle des Körpers, bei höheren Pflanzen in *Archegonien* oder im *Embryosack* der Samenanlage, bei höheren Tieren einschl. Mensch im *Eierstock* gebildet. Die befruchtete Eizelle heißt *Zygote.* Die Eientwicklung kann in bes. Organen vor sich gehen (z.B. Gebärmutter der Säuger) oder erst, nachdem das Ei abgelegt worden ist (z.B. von Vögeln in Nester; von vielen Fischen, Schnecken, Würmern ins Wasser). →Befruchtung.

Eibe, *Taxus,* Gatt. der E.ngewächse; immergrüne zweihäusige Nadelhölzer, über die gesamte nördl. gemäßigte Zone verteilt. Die *Gewöhnl. E.,* meist als Unterholz in Wäldern, kann sehr alt werden (3000 Jahre). Die Samen haben einen roten, fleischigen Mantel. Mit Ausnahme dieser Samenmäntel enthält der ganze Baum giftige Alkaloide u. ein Glykosid.

Eibisch, 1. →Althaea. – **2.** →Hibiscus.

Eibl-Eibesfeldt, Irenäus, *15.6.1928, dt. Zoologe u. Verhaltensforscher; 1953/54 u. 1957/58 Begleiter von H. *Hass* auf den »Xarifa«-Expeditionen; erforscht u. a. die angeborenen Anteile im menschl. Verhalten.

Eibsee, abflußloser See am Nordfuß der Zugspitze (Bay.), 972 m ü. M., 1,8 km², ist 32,5 m tief.

Eich, Günter, *1907, †1972, dt. Schriftst. (Lyrik u. Hörspiele); in mehrfach preisgekrönten Hörspielen verband er Traum- u. Märchenhaftes mit krit. Zeitdeutung.

Eiche, *Quercus,* Gattung der *Buchengewächse;* Hauptverbreitung im Vorderen Orient, in Mexiko, im Himalaya-Gebiet, in Ostasien u. in den USA. Die wichtigsten mitteleurop. Arten sind die *Stiel-E. (Sommer-E.)* mit gestielten Früchten *(Eicheln)* u. sitzenden Blättern u. die *Trauben-E. (Winter-E., Stein-E.)* mit sitzenden Früchten u. gestielten Blättern. Immergrün sind die westmediterrane *Kork-E.* u. die *Stech-E.*

Eichel, 1. Frucht der Eiche. – **2.** *Glans,* das verdickte vordere Ende des männl. Glieds (Penis) u. des weibl. Kitzlers (Klitoris). – **3.** *Ecker,* eine Farbe in der dt. Spielkarte.

Eichel, Hans, *24.12.1941, dt. Politiker (SPD), seit 1991 Min.-Präs. von Hessen.

Eichelhäher, in Europa u. Asien verbreiteter rötl.-brauner *Rabenvogel* mit schwarzen, weißen u. blauen Abzeichen.

eichen, Maße u. Meßgeräte amtl. prüfen u. kennzeichnen (stempeln).

Eichendorff, Joseph Frhr. von, *1788, †1857, dt. Dichter; sehnsüchtige u. ahnungsschwere, volks-

Eichelhäher

Adolf Eichmann während seines Prozesses in Jerusalem 1961

liedhafte Lyrik; der volkstümlichste Romantiker; W »Aus dem Leben eines Taugenichts«.

Eichenspinner, *Quittenvogel,* goldgelb bis goldbraun gezeichneter Spinner aus der Fam. der *Glukken,* dessen Raupen an Eiche u. Weide leben.

Eichhörnchen, in zahlr. Arten mit Ausnahme Australiens über die ganze Erde verbreitete mittelgroße Nagetiere *(Hörnchen)* mit einem buschig behaarten Schwanz, der beim Sprung als Steuer dient. Baum- u. Tagtiere, die kugelförmige Nester bauen; hierzu das *Gewöhnl. E.,* das *Grauhörnchen* u. das *Königshörnchen.*

Eichmann, Adolf, *1906, †1962 (hingerichtet), SS-Führer; seit 1941 Organisator der Deportation u. Vernichtung aller im dt. Machtbereich lebenden Juden (»Endlösung«); nach dem Krieg aus Argentinien nach Israel entführt u. dort zum Tod verurteilt.

Eichsfeld, Ldsch. südl. des Harzes, östl. der Werra; durch die Leine-Wipper-Senke gegliedert in das rauhe *Obere E.* u. das fruchtbare *Untere E.*

Eichstätt, bay. Krst. an der Altmühl, 13 000 Ew.; Bischofssitz, kath. philosoph.-theolog. Univ.; Dom (11.–14. Jh., mit bed. Kunstwerken), Benediktinerabtei St. Walburgis mit Klosterkirche (17. Jh.), Willibaldsburg (14.–15. Jh.).

Eid, Schwur, feierl. Bekräftigung der Wahrheit einer Tatsachenbehauptung, bes. vor Gericht. Aussage *(Zeugeneid, Sachverständigeneid)* oder eines Treuversprechens *(Diensteid),* meist mit bes. religiöser Beteuerungsformel (z.B. »so wahr mir Gott helfe«); *Meineid* u. *Falscheid* sind strafbar.

Eidechse, *Lacerta,* Sternbild des nördl. Himmels.

Eidechsen, *Lacertidae,* Fam. der *Echsen,* in rd. 200 Arten in den warmen u. gemäßigten Zonen aller Erdteile verbreitet. Die langschwänzigen Läufer haben eine flache u. zweizipflige Zunge. E. sind meist Insektenfresser; in Dtld.: *Zaun-E., Berg-E., Mauer-E., Smaragd-E.*

Eider, längster Fluß in Schl.-Ho., bildet die Grenze zw. Schleswig u. Holstein, 188 km.

Eiderdänen, dän. Partei, die 1848–64 den Zusammenschluß Schleswigs mit Dänemark propagierte.

Eiderente, große, im männl. Geschlecht prächtig

Eichhörnchen

schwarz-weiß gefärbte Ente der Nordseeküste. Die E. liefert bes. begehrte Daunen.
Eiderstedt, Halbinsel an der W-Küste von Schl.-Ho., nördl. der Eider-Mündung.
Ei des Kolumbus, sprichwörtl. für die einfache Lösung eines Problems; soll auf Kolumbus zurückgehen, der die Aufgabe, ein Ei aufrecht zu stellen, durch Eindrücken der Eispitze löste.
eidesstattliche Versicherung, Bekräftigung einer Tatsachenbehauptung »an Eides Statt« oder durch ähnl. Ausdrücke; als Mittel der Glaubhaftmachung gegenüber Behörden weithin gebräuchl.; in der Zwangsvollstreckung ist sie an die Stelle des *Offenbarungseids* getreten.
Eidetik, die bes. bei Jugendl. auftretende Fähigkeit, opt. Wahrnehmungen in allen Einzelheiten vorstellungsmäßig zu reproduzieren.
Eidgenossenschaft, *Schweizer. Eidgenossenschaft* → Schweiz.
Eidos, »Abbild«, Gestalt, Form; als *Idee* Grundbegriff der platon. Philosophie.
Eierfrucht, die Aubergine, → Eierpflanze.
Eierfruchtbaum, in trop. Küstenwäldern verbreiteter Baum mit großen, schildförmigen Blättern.
Eiermann, Egon, * 1904, † 1970, dt. Architekt; Vertreter einer streng gegliederten Glas-Beton-Architektur mit Betonung der konstruktiven Elemente; W Neubau der Kaiser-Wilhelm-Gedächtnis-Kirche in Berlin (1963 vollendet).
Eierpflanze, aus O-Indien stammendes, nach S-Europa eingeführtes *Nachtschattengewächs* mit gänseeiartigen gelbl.-weißen oder violetten Früchten *(Eierfrüchte, Alberginen* oder *Auberginen).*
Eierschlangen, Unterfam. der *Nattern* in Afrika u. Asien. Sie fressen Eier, die sie erst in der Speiseröhre mit Wirbelfortsätzen zerdrücken.
Eierschwamm → Pfifferling.
Eierstab, im ion. u. korinth. Baustil ein gewölbtes Schmuckprofil mit glatten eiförmigen, von Stegen gerahmten u. durch Zwischenspitzen verbundenen Blättern.
Eierstock, *Ovar(ium),* weibl. Keimdrüse. Beim Menschen ist der E. ein paariges, pflaumengroßes Organ, das beiderseits der Beckenwand in einer Bauchfellfalte aufgehängt ist. Beim Heranreifen der Eizellen bildet sich um diese ein Bläschen *(Graafscher Follikel),* in dem das *Follikelhormon* entsteht. Der Follikel platzt *(Eisprung, Ovulation)* im allg. zw. 2 Regelblutungen (etwa 12–16 Tage vor Beginn der nächsten) u. stößt das Ei aus, das dann durch die Bauchhöhle in den Eileiter u. in die Gebärmutter gelangt. Aus den Follikelresten bildet sich der Gelbkörper; dieser gibt das *Gelbkörperhormon* ab, das die Gebärmutterschleimhaut zur Eiaufnahme vorbereitet. Bei Befruchtung des Eies fördert es die Schwangerschaftsentwicklung. Wird das Ei nicht befruchtet, kommt es zur → Menstruation, u. eine neue Eizelle reift im E. heran, wird ausgestoßen usw.
Eifel, nw. Teil des Rhein. Schiefergebirges, nördl. der Mosel; geht mit der nördl. *Schnee-E. (Schneifel)* ohne deutl. Grenze in das *Hohe Venn* über; Hochfläche (400–600 m) mit steil eingeschnittenen Tälern, aufgesetzten Vulkankegeln *(Hohe Acht* 747 m, *Nürburg)* u. den charakterist. *Maaren* (Laacher See).
Eiffel [ɛ'fɛl], Gustave, * 1832, † 1923, frz. Ing.; zahlr. Stahlbauten, u. a. den **E.turm** in Paris (1889 fertiggestellt; 300 m hoch).
Eigelb, *Eidotter,* Gemisch aus Fetten, Proteinen u. Kohlenhydraten zur Ernährung des Embryos im Ei; je nach Carotingehalt gelb bis tiefrot gefärbt; cholesterinreich.
Eigen, Manfred, * 9.5.1927, dt. Physikochemiker; erforschte extrem schnelle Reaktionen; Nobelpreis für Chemie 1967.
Eigenbedarf, im Mietrecht Bez. des Falles, daß ein Vermieter die vermieteten Räume für sich, für zu seinem Hausstand gehörende Personen oder seine Familienangehörigen benötigt. E. ist ein Grund, der den Vermieter berechtigt, ein unter Kündigungsschutz stehendes Mietverhältnis zu beenden.
Eigenbetrieb, organisatorisch verselbständigter, rechtl. unselbst. Betrieb einer Gem. (meist Verkehrs- u. Versorgungsbetriebe).
Eigenkapital, das vom Inhaber bzw. den Gesellschaftern eines Unternehmens durch Einlagen oder nicht abgehobene Gewinne im Unternehmen eingesetzte Kapital.
Eigenname → Name.
Eigenschaftswort → Adjektiv.
Eigentum, umfassende rechtl. Herrschaft über Sachen, im Ggs. zum *Besitz* der tatsächl. Sachherrschaft; mögl. als *Allein-, Mit-* u. *Gesamthands-E.,* nach geltendem Recht der BR Dtld. dagegen nicht als *Ober-* u. *Unter-E.*
Eigentumsvorbehalt, Bestimmung bei Kaufverträgen über bewegl. Sachen, die vom Käufer nicht sofort (voll) bezahlt werden, daß der Verkäufer bis zur Zahlung des vollen Kaufpreises Eigentümer der Kaufsache bleibt.
Eigentumswohnung, im *Wohnungseigentum* stehende Wohnung; als eigengenutzte E. hinsichtl. der Förderung den *Familienheimen* gleichgestellt.
Eigenwechsel, *Solawechsel* → Wechsel.
Eiger, Gipfel im Berner Oberland, 3970 m; durch das *E.joch* (3619 m) mit dem *Mönch* verbunden; Erstbesteigung 1858. Die fast senkrechte *Nordwand* von 1800 m Höhe wurde 1938 erstmals durchstiegen.
Eijkman ['ɛik-], Christiaan, * 1858, † 1930, ndl. Hygieniker u. Pathologe; gab den Anstoß zur Erforschung der *Vitamine* u. der Vitaminmangelkrankheiten. Nobelpreis für Medizin 1929.
Eike von Repkow, *Repgow* (Reppichau bei Aken/Elbe), * um 1180, † nach 1233; Verfasser des *»Sachsenspiegels«.* Seine »Sächs. Weltchronik« ist die früheste Chronik in niederdt. Prosa.
Eileiter, *Ovidukt,* bei vielen Tieren der Ausleitungsgang der weibl. Keimdrüsen (Eierstöcke, Ovarien). Beim Menschen *Tuba uterina,* ein paariges, bleistiftdickes Rohr, das mit glatter Muskulatur u. Schleimhaut versehen ist, jederseits in der Nähe des *Eierstocks* beginnt u. abwärts in die *Gebärmutter* führt. **E.schwangerschaft,** *Tubargravidität* → Schwangerschaft.
Eilenburg, Krst. in Sachsen, 22 000 Ew.; Zelluloidwerk, Masch.-, Möbel-, Süßwaren-Ind.
Eilsen, *Bad E.,* niedersächs. Kurort u. Heilbad sö. von Bückeburg, 2200 Ew.; Schwefelquellen.
Eimert, Herbert, * 1897, † 1972, dt. Komponist; Vorkämpfer der elektron. Musik. Sein 1925 veröff. Streichquartett ist das früheste dt. Zwölftonwerk.
Einakter, Theaterstück in nur einem Akt.
Einäscherung → Feuerbestattung.
einbalsamieren, einen Leichnam konservieren. Nach Entfernung der inneren Organe wird der Leichnam mit fäulnisverhindernden Mitteln durchtränkt u. dann ausgetrocknet. Das Einbalsamieren war schon den Persern, Assyrern u. Ägyptern bekannt. → Mumie.
Einbaum, aus einem ausgehöhlten Baumstamm hergestelltes Boot.
Einbeck, Stadt in Nds., an der Ilme, 29 000 Ew.; altertüml. Stadtbild; Brauerei, Metallind.; Saatzuchtanstalt.
Einbeere, *Paris,* Gatt. der *Liliengewächse;* in Europa u. Asien ist die giftige *Vierblättrige E.* heim.; sie wächst in schattigen Wäldern u. hat nur 4 Blätter, eine grünl. Blüte u. eine 4fächerige schwarze Beere.
Einblattdrucke, einseitig bedruckte Einzelblätter, früheste Form des *Holzschnitts;* gegen Ende des 15. Jh. in Frankr. u. Dtld. aufgekommen.
Einbrenne, *Mehlschwitze,* wird aus Fett u. Mehl durch Bräunen zum Andicken von Suppen u. Soßen hergestellt.
Einbruch, schwere Form des *Diebstahls,* auch Form des *Hausfriedensbruchs.*
Einbürgerung, 1. Aussetzung von Tier- oder Pflanzenarten in Biotope, in denen sie vorher nicht heim. waren. – **2.** → Staatsangehörigkeit.
Eindhoven ['ɛindho:vǝ], ndl. Stadt in der Prov. Nordbrabant, 196 000 Ew.; Techn. Hochschule; Elektro- u. Automobilind.
eineiig, aus einer Eizelle stammend, z.B. *eineiige Zwillinge.*
Einem, Gottfried von, * 24.1.1918, östr. Komponist; Schüler B. *Blachers,* von I. *Strawinsky* beeinflußt; Opern, Ballette, Vokalwerke, Instrumentalkonzerte, Orchesterwerke u. Kammermusik.
Einfeldwirtschaft, *Einfelderwirtschaft,* erstes Bodennutzungssystem in der Landw. Das Feld wird so lange bestellt, bis sich der Boden durch die einseitige Nutzung erschöpft hat.
Einfuhr, *Import,* der Bezug von Waren u. Dienstleistungen aus dem Ausland. Als Schutzmaßnahmen zugunsten der eig. Wirtsch. oder der Aufrechterhaltung einer aktiven Handelsbilanz dienen *E.beschränkungen* u. *E.verbote.*
Eingabe, 1. Bittschrift, Gesuch. – **2.** das Eingeben von Daten in eine EDV-Anlage.
Eingemeindung, rechtl. Eingliederung einer Gem. in eine andere.
eingeschlechtig, *eingeschlechtlich,* Blüten, in denen sich entweder nur weibl. oder nur männl. Geschlechtsorgane entwickeln oder vorfinden.
eingetragener Verein, Abk. *e. V.,* ein Verein, der im *Vereinsregister* des zuständigen Amtsgerichts steht; eine *jurist. Person* des Privatrechts. Bei der Eintragung, die nur mögl. ist, wenn der Verein mindestens 7 Mitgl. hat, sind der Name u. der Sitz des Vereins, der Tag der Errichtung der Satzung sowie die Mitgl. des Vorstands anzugeben.
Eingeweide, *Entera, Intestina,* die im Körperinnern liegenden inneren Organe.
Eingeweidefische, *Nadelfische,* schuppenlose *Barschfische,* die zeitweilig in anderen Tieren, vor allem in Seewalzen, Seesternen u. Muscheln leben. Hierzu gehört der *Nadelfisch* (i.e.S.).
Einhard, * um 770, † 840, fränk. Gelehrter; Vertrauter u. Biograph Karls d. Gr., Berater Ludwigs des Frommen u. Kaiser Lothars.
einhäusig, *monözisch,* Bez. für Pflanzen, die weibl. (Fruchtblätter) u. männl. (Staubblätter) Geschlechtsorgane auf einer Pflanze vereinigen; Ggs.: *zweihäusig.*
Einheit, 1. die unterste militär. Formation, deren Führer Disziplinargewalt hat, z.B. die Kompanie. *Teil-E.* sind z.B. Zug u. Gruppe. – **2.** eine Größe mit einem ganz best. Wert; entweder 1. *Basis-E.,* d. h. eine E., deren Wert willkürl. festgesetzt werden kann, oder 2. *abgeleitete E.,* d. h. aus den Basiseinheiten durch Multiplikation oder Division abgeleitet. Beispiele für E.en: 1 m, 1 kg, 1 DM.
Einheitskurs, für alle Aufträge des Tages an der Börse einheitl. festgesetzter → Kurs; Ggs.: *fortlaufende Notierung.*
Einheitsschule, ein seit J. A. *Comenius* von vielen Pädagogen gefordertes einheitl. Schulsystem von der Grundschule bis zur Hochschulreife ohne ständ. u. ökonom. Differenzierungen. Die für alle verpflichtende Grundschule (seit 1919 in Dtld.) kann als Vorstufe zur E. aufgefaßt werden.
Einheitsstaat, Staat, der (im Unterschied zum *Bundesstaat*) nur in Verw.-Bez., nicht aber in Eigenstaatlichkeit besitzende Länder *(Gliedstaaten)* gegliedert ist; z.B. Frankr. u. Italien.
Einheitswert, der von den Finanzämtern für die Berechnung der *E.steuern* (Grund-, Gewerbekapital-, Vermögen-, Erbschaftsteuer) zugrunde gelegte Wert für Vermögensmassen.
Einhorn, 1. Fabeltier mit einem Horn in der Stirnmitte; zurückzuführen auf assyr.-babyl. Reliefs, die den Ur (Auerochsen) im Profil zeigen, so daß nur ein Horn sichtbar ist. Im christl. Mythos ist das E. ein Symbol der Stärke u. Jungfräulichkeit. – **2.** *Monoceros,* Sternbild der Äquatorzone des Himmels.
Einhufer, Zebra, Esel, Pferd.
Einigungsstellen, 1. nach dem Betriebsverfassungsgesetz bei Bedarf zu bildende Schiedsstellen zur Beilegung von Meinungsverschiedenheiten zw. Arbeitgeber u. Betriebsrat. – **2.** Einrichtungen bei den einzelnen *Industrie- u. Handelskammern* mit der Aufgabe, Wettbewerbsstreitigkeiten der gewerbl. Wirtsch. gütlich beizulegen.
Einigungsvertrag, *Vertrag zw. der BR Dtld. u. der DDR über die Herstellung der Einheit Deutschlands,* am 31.8.1990 unterzeichneter Vertrag, durch den die DDR mit Wirkung vom 3.10.1990 der BR Dtld. gemäß Artikel 23 des GG beitrat. Der E. enthält 6 Änderungen des GG u. regelt die mit dem Beitritt verbundenen Rechtsfragen. Sein Inhalt ist geltendes Bundesrecht.
einjährige Pflanzen, *annuelle Pflanzen,* Pflanzen, die ihren Entwicklungszyklus innerhalb eines Jahres beenden können. Es gibt *Sommer-* u. *Winterannuellen.*
Einkammersystem, Volksvertretung mit nur einer Kammer; Ggs.: *Zweikammersystem.*
Einkaufsgenossenschaft, genossenschaftl. Zusammenschluß von Einzelhandelsbetrieben zum Zweck des gemeinsamen Warenbezugs; oft auch mit Beratung der Mitgl. in Fragen der Finanzierung, Besteuerung, Werbung u. a. verbunden; z.B. EDEKA- u. REWE-Handelsgruppe.
einkeimblättrige Pflanzen → Blütenpflanzen.
Einklang, *unisono,* musikal. Bez., im Einklang aller Stimmen oder Instrumente in Oktavführung.
Einkommen, Gesamtheit der einem Wirtschaftssubjekt während eines Zeitraums zufließenden Geldbeträge. Das *Brutto-E.* ist das E. vor Abzug der Steuern u. Sozialabgaben; nach Abzug ergibt sich das *Netto-E.* Unter *Real-E.* versteht man die

218 Einkommensteuer

Sachgütermenge, die mit dem Geldbetrag *(Nominal-E.)* gekauft werden kann. Arbeitnehmer-E. u. Unternehmerlohn bilden das *Erwerbs-E.* Weiter gibt es das *Besitz-E.* (E. aus Vermögen, z.B. Zinsen) u. das *Übertragungs-* oder *Transfer-E.* (Sozialleistungen).

Einkommensteuer, Steuer auf das Einkommen der natürl. Personen. E. ist zu zahlen für *Einkünfte* aus 1. Land- u. Forstwirtsch., 2. Gewerbebetrieb, 3. selbst. Arbeit, 4. nichtselbst. Arbeit, 5. Kapitalvermögen, 6. Vermietung u. Verpachtung u. 7. für sonstige Einkünfte wie Renten u. Spekulationsgewinne. Der Betrag des zu versteuernden Einkommens ergibt sich nach Abzug der *Freibeträge* u. *Sonderausgaben* von den Einkünften. Ehegatten können zw. getrennter Veranlagung u. Zusammenveranlagung *(Splitting)* wählen. Die E. wird bei der Quelle *(Quellenabzugsverfahren)* erfaßt wie die →Lohnsteuer beim Arbeitgeber u. die →Kapitalertragsteuer beim Schuldner (Unternehmer). Das Aufkommen an E. wird zw. Bund, Ländern u. Gem. aufgeteilt. Mit der Steuerreform 1986–90 wurde in der BR Dtld. die progressive Besteuerung der mittleren u. höheren Einkommen abgemildert.

Einkorn, Urform des Weizens.

Einkristall, kristalliner Körper, dessen Kristallachsen über den ganzen Körper gleich orientiert sind.

Einlagen, 1. Spargutaben bei Kreditinstituten. – **2.** Beteiligungen an einer Personen- oder Kapitalgesellschaft.

Einlassung, in der Zivilprozeßordnung die Rückäußerung des Beklagten. – **E.sfrist,** Frist, die zw. der Zustellung der Klageschrift u. dem Termin zur (ersten) mündl. Verhandlung liegen muß.

Einlauf, *Klistier, Klysma,* Einführung von Flüssigkeiten in den Mastdarm zu Reinigungs- u. Behandlungszwecken mit u. ohne Arzneizusatz.

Einlegearbeit →Intarsia.

Einliegerwohnung, eine weitere Wohnung in einem Einfamilienhaus; gegenüber der Hauptwohnung von untergeordneter Bed. u. von dieser getrennt.

einmachen, *einkochen, einwecken,* Nahrungsmittel in Gläsern, Büchsen oder Flaschen durch Erhitzen unter Abtötung der Mikroorganismen u. ihrer Keime haltbar machen.

Ein-Mann-Gesellschaft, eine Handelsgesellschaft (meist AG oder GmbH) mit eig. Rechtspersönlichkeit, deren sämtl. Anteile bei einer Person vereinigt sind; ist nur zulässig, wenn sie im Verlauf des Bestehens einer Kapitalgesellschaft zustande kommt.

Einpeitscher, engl. *Whip,* im brit. Unterhaus ein Parlamentarier, dem die Koordinierung der Arbeit seiner Fraktion obliegt. Die E. entspricht in der BR Dtld. etwa dem *Fraktionsgeschäftsführer.*

Einrede, im Zivilprozeß das gesamte Gegenvorbringen des Beklagten zur Entkräftung der vom Kläger aus seinen Tatsachenbehauptungen abgeleiteten Rechtsfolgen; auch →Einwendung.

Einsatzgruppen, bewaffnete, motorisierte Sonderformationen der SS, die im 2. Weltkrieg ein Hauptinstrument der nat.-soz. Judenvernichtung in den von der Wehrmacht besetzten Ostgebieten bildeten. Die Zahl der von E. Ermordeten wird auf 2 Mio. geschätzt.

Einschienenbahnen, auf nur einer Schiene laufende Wagen, z. T. noch im Versuchsstadium.

einschießen, unbedrucktes Papier beim Stapeln von frischen Drucken zwischenlegen, um das Abfärben zu verhindern.

Einschlafen der Glieder, *Parästhesie,* durch Reizung oder Lähmung der Empfindungsnerven auftretendes Gefühl des Taub- u. Pelzigseins in Armen u. Beinen.

Einschlag, in der Weberei der →Schuß.

Einschlüsse, das Auftreten von Fremdkörpern wechselnder Größe u. Art in Kristallen, Mineralien u. ä.

Einschreiben, Postsendung, für deren Übermittlung die Post (gegen *Einschreibegebühr*) eine bes. Gewähr übernimmt. Der Absender erhält einen Einlieferungsschein; der Empfänger quittiert die Sendung. Bei Verlust der Sendung leistet die Post Ersatz.

Einsegnung, in der ev. Kirche bei Konfirmation, Trauung, Ordination u. Bestattung geübte Segenshandlung.

einseitige Rechtsgeschäfte, Rechtshandlungen, zu deren Verwirklichung die Willenserklärung einer Person genügt; Ggs.: zweiseitige Rechtsgeschäfte *(Verträge).*

Einsiedeln, schweizer. Wallfahrtsort im Kt. Schwyz, südl. des Zürichsees, 881 m ü. M., 10 000 Ew.; barocke Benediktinerabtei, Stiftskirche, Gnadenkapelle mit Wallfahrtsfigur; Apparatebau, Kunstgewerbe; Wintersport.

Einsiedler, Eremit, religiöser Mensch, der die Einsamkeit sucht, um der Welt zu entsagen u. Gott näher zu sein.

Einsiedlerkrebse, Gruppe von *Mittelkrebsen,* die den häufig weichhäutigen u. asymmetr. Hinterleib in Schneckenschalen u. ä. bergen. Auf den Gehäusen leben oft *Seeanemonen,* die dem Krebs mit ihren nesselnden Tentakeln Schutz gewähren u. selbst von seinen Nahrungsabfällen leben *(Symbiose).*

Einspritzpumpe, kleine Kolbenpumpe bei *Einspritzmotoren* (alle Dieselmotoren sowie Ottomotoren mit Einspritzmündung). Die E. spritzt den Kraftstoff unter hohem Druck in den Verbrennungszylinder; im Verbrennungsraum des Zylinders entsteht ein hochexplosives Kraftstoff-Luft-Gemisch.

Einspritzung →Injektion.

Einspruch, Rechtsmittel gegen Maßnahmen eines Gerichts oder einer Verwaltungsbehörde, durch das die Aufhebung (oder Abänderung) derselben durch die erlassende Stelle begehrt wird.

Einstein, Albert, * 1879, † 1955, dt.-amerik. Physiker; 1909–13 Prof. in Zürich u. Prag, 1914–33 Leiter des Kaiser-Wilhelm-Instituts für Physik in Berlin, seit 1933 Prof. in Princeton, N. Y. (USA); stellte 1905 die spezielle, 1915 die allg. *Relativitätstheorie* auf, mit der er die Massenanziehung

EISENBAHN

 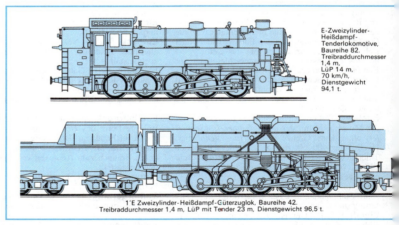

Zeitgenössische Darstellung der ersten deutschen Eisenbahn »Adler« (links). – Verschiedene Dampflokomotiven (rechts)

Einwandfrei arbeitende Signalanlagen sind Voraussetzung für den modernen Eisenbahnbetrieb (links). – Diesellokomotive V 200 (rechts)

Albert Einstein

(Gravitation) erklärte; erkannte die Äquivalenz von Masse u. Energie; vermutete schon 1905, daß alle in Atomen auftretenden Energie-Umsetzungen quantenhaften Charakter haben; entwickelte die Theorie der *Brownschen Molekularbewegung;* veröffentlichte eine »vereinheitlichte Feldtheorie«. Nobelpreis 1921 (für die quantenmäßige Deutung des lichtelektr. Effekts).
Einsteinium, ein →chemisches Element.
einstweilige Verfügung, vorläufige gerichtl. Anordnung zur Abwendung schwerer Nachteile von einer Partei im Zivilprozeß auf deren Antrag (Gesuch), der nur glaubhaft gemacht, nicht voll bewiesen werden muß; in dringenden Fällen ohne mündl. Verhandlung.
Eintagsfliegen, *Ephemeroptera,* Ordnung der *Insekten.* Die Larven leben länger als 1 Jahr im Süßwasser; sie vollziehen bis zu 20 Häutungen. Die fertigen Vollinsekten schlüpfen an warmen Sommerabenden. Nur wenige der rd. 800 Arten leben als Imago länger als einen Tag.
Einthoven ['ɛintho:v], Willem, *1860, †1927, ndl. Physiologe; konstruierte das Saitengalvanometer, mit dem er die in Nerven u. Muskeln auftretenden Aktionsströme nachwies; Nobelpreis für Medizin 1924.
Einwanderung, Einreise von Ausländern in ein Staatsgebiet mit der Absicht, sich dort dauernd niederzulassen.
Einwendung, rechtl. Verteidigungsvortrag, der die Wirkung des gegner. Anspruchs aufhebt. Eine E. muß der Richter im Ggs. zu den sonstigen *Einreden* von Amts wegen berücksichtigen.
Einwohnergleichwert, Vergleichszahl, die angibt, mit welcher biochem. abbaubaren Schmutzstoffmenge ein Einwohner einer Gemeinde tägl. das Abwasser belastet.
Einwohnermeldeamt, Behörde der Gemeinde oder – in Rhld.-Pf. – der Polizei, die für das Meldewesen zuständig ist.
Einzahl, Singular.
Einzelhandel, *Detailhandel, Kleinhandel,* Zweig des Handels, der Waren an den Endverbraucher, den Konsumenten, abgibt; hierzu zählen auch Warenhäuser, Konsumvereine, Großfilialbetriebe u. Versandgeschäfte.
Einzeller, einzellige Pflanzen *(Bakterien,* viele *Algen)* u. Tiere *(Protozoen),* bei denen eine Zelle in der Lage ist, sämtl. Funktionen zu erfüllen, die bei den vielzelligen Organismen auf versch. Zellgruppen verteilt sind.
Einzelrichter, Richter, der allein gerichtl. Entscheidungen fällt, »das Gericht« ist; Ggs.: *Kollegialgericht.*
Einzugsgebiet, 1. *Einzugsbereich,* Gebiet, das durch zentrale wirtsch. kulturelle u. andere Einrichtungen versorgt wird. – **2.** *Stromgebiet,* das gesamte von einem Fluß u. seinen Nebenflüssen ober- u. unterird. entwässerte Gebiet.
Eipper, Paul, *1891, †1964, dt. Schriftst. (liebe- u. verständnisvolle Tierbücher).
Eire ['ɛ:rə], ir. Name für →Irland.
Eirene, *Irene,* grch. Friedensgöttin, eine der *Horen;* Tochter des Zeus u. der Themis.
Eis, festes, erstarrtes Wasser, das sich bei 101 325 Pa Luftdruck bei 273,15 K (= 0 °C, »Gefrierpunkt«) bildet u. auf dem flüssigen Wasser schwimmt (spezif. Gewicht bei 273,15 K: 0,918).
Eisack, ital. *Isarco,* l. Nbfl. der Etsch in Südtirol, 95 km.
Eisbär, bis 2,80 m hoher u. 800 kg schwerer *Bär* der Arktis; mit weißem Fell, schwarzem Nasenspiegel u. dunklen Augen (kein Albino). Hauptnahrung sind Robben.
Eisbein, *Haxe,* unterer *(Spitzbein)* oder oberer *(Dickbein)* Teil vom Bein des Schweins.
Eisberge, im Meer schwimmende, abgebrochene (»gekalbte«) Randstücke des antarkt. Schelfeises oder polarer Gletscher, bis zu 100 m hoch u. mehrere km² groß; ragen nur zu 1/7 aus dem Wasser.
Eisbeutel, *Eisblase,* verschraubarer Behälter aus Gummi oder Blech, der mit zerkleinerten Eisstück-

Eisberge vor der Westküste Grönlands

chen (auch mit Salz gemischt) gefüllt wird; dient in der Medizin der örtl. Kälteeinwirkung u. führt zu einer örtl. Zusammenziehung der Blutgefäße.
Eisbrecher, Schiff mit starken Antriebsmaschinen u. verstärkt gebautem, flach ansteigendem Vorsteven, mit dem es sich auf die Eisdecke schiebt u. sie hpts. durch sein Gewicht aufbricht.
Eisen, ein →chemisches Element; chem. Zeichen Fe (lat. *Ferrum);* silberweißes, ziemlich weiches, an trockener Luft u. in luft- u. kohlendioxidfreiem Wasser unveränderliches, 2-, 3- u. selten 6wertiges Metall. In feuchter Luft bildet sich an der Oberfläche ein Überzug von *Eisenoxidhydrat (Rost).* E. ist zu 4,7% in der Erdrinde enthalten u. ist magnetisch. Vorkommen in gediegener Form ist selten (Meteorite), häufig jedoch in Form sulfid. u. oxid. Erze. Die Gewinnung beruht auf der Reduktion der oxid. Erze mit Koks. Neben der konventionellen Roheisengewinnung im *Hochofen* sind heute zahlr. Verfahren der *Direktreduktion* gebräuchl. E. ist neben Kohle u. Erdöl der wichtigste Rohstoff in der Weltwirtsch. Obwohl E. heute schon in großem Ausmaß durch Leichtmetalle u. Kunststoffe ersetzt wird, steigen Bedarf u. Produktion von E. u. Stahl in der Welt ständig an. Die größten Vorkommen liegen in den Randgebieten des Atlantik (voll ausgenutzt bes. in den USA, Schweden, Frankr.). Die Verhüttung (Roheisenerzeugung) ist meist an Kohlevorkommen gebunden.
Eisenach, Krst. in Thüringen, Kurort in der Senke zw. Thüringer Wald u. Hainich, zu Füßen der *Wartburg,* 50 000 Ew.; Geburtsort von J. S. *Bach* u. E. *Abbe;* reich an mittelalterl. Bauten; Auto-, Masch.-, Elektro-, Textil-, Farben-Ind. – Ehem. Stadtresidenz der thüring. Landgrafen, 1596–1741 Residenz versch. wettin. Linien, bis 1918 gelegentl. Residenz des Großherzogtums *Sachsen-Weimar-E.*
Eisenbahn, Verkehrsunternehmer, das Personen u. Güter in Schienenfahrzeugen befördert; A r t e n : *Hauptbahnen* (zwei- oder mehrgleisig), *Nebenbahnen* (überwiegend eingleisig), *Vorort-, Stadt-, Ring-, Gürtel-, Hoch-* u. *Untergrundbahnen, Straßenbahnen, Werkbahnen* (Ind.-, Hütten-, Grubenbahnen) u. a. Infolge der geringen Rollreibung zw. Schiene u. Rad (20–60 N Laufwiderstand je t Zuggewicht) sowie der hohen Belastbarkeit der Schienen (15–25 t Achsdruck) können große Lasten auf verhältnismäßig einfache u. billige Weise bei geringem Energieaufwand mit großer Geschwindigkeit befördert werden. Hinsichtl. der A u s f ü h -

Hochgeschwindigkeitszug ICE auf der Neubaustrecke Fulda–Würzburg

Eisenbakterien

rung sind zu unterscheiden: 1. *Adhäsions-(Reibungs-)Bahnen,* die die Reibungskräfte zw. Rad u. Schiene (etwa 0,16–0,3% des wirksamen Gewichts bei trockener Schiene) für den Antrieb ausnutzen; 2. *Zahnradbahnen (Gebirgsbahnen),* bei denen das Fahrzeug durch ein von der Antriebsmaschine gedrehtes Zahnrad fortbewegt wird, das in eine zw. den Schienen befindl. Zahnstange eingreift; 3. *Hängebahnen,* die das Fahrzeug an einer von einem Traggestell gestützten Hängeschiene führen; 4. *Seilbahnen,* bes. über unwegsamem Gelände, deren Fahrzeug an einem Seil aufgehängt ist oder über ein Tragseil läuft; 5. *Einschienenbahnen,* bisher nicht über einige gelungene Ausführungen hinaus gediehen.

Der *Bahnkörper* der Adhäsionsbahnen besteht aus dem *Unterbau* (Damm, Ein- u. Anschnitte, insges. *Bahnplanum* gen.) u. den Kunstbauten sowie aus dem *Oberbau,* d. h. aus der meist aus Schotter bestehenden *Bettung,* den *Schwellen* aus Holz, Stahl oder Spannbeton u. den *Schienen* aus Stahl; die Schienen werden in Längen von 30–60 m eingebaut u. anschließend verschweißt. Hinzu kommen Oberleitungen *(Fahrdraht)* für Züge mit elektr. Antrieb, Strecken- u. Bahnhofssicherung durch Signalanlagen, Schranken an Wegeübergängen u. a. Die Spurweite, d. i. der Abstand zw. den Schienenköpfen des Gleises, mißt in Dtld. wie in den meisten anderen Ländern 1435 mm. Diese »Regelspur« findet sich bei 78% der Strecken des Welteisenbahnnetzes. Abweichungen der Spurweite nach oben heißen »Breitspur«, nach unten »Schmalspur«. Die russ. u. span. Bahnen fahren auf 1524 mm bzw. 1676 mm Breitspur, die südafrik. auf 1067 mm Schmalspur. Das E.netz der Welt ist auf 1,3 Mio. km angewachsen, davon entfallen auf Europa ohne das Gebiet der ehem. Sowjetunion 315 000 km, auf Asien einschl. Sibirien 309 000 km, auf N-Amerika 465 000 km, auf S-Amerika 101 000 km, auf Afrika 76 000 km u. auf Australien mit Neuseeland 41 000 km.

Fahrzeuge. Bis ins 20. Jh. waren *Dampflokomotiven* die einzigen Antriebsmaschinen der E. Sie waren im allg. mit einer Kolbendampfmaschine ausgestattet, die mit Kohle, Öl oder Kohlenstaub befeuert wird. Sie sind nur wenig störanfällig u. haben eine hohe Lebensdauer. *Diesellokomotiven* werden durch Spezialdieselmotoren angetrieben. Die durch *Elektromotoren* betriebenen Lokomotiven nützen die zugeführte Energie besser aus, sind geräuschärmer u. frei von Rauch und Abgasen. Allerdings brauchen sie zur Stromzuführung eine Oberleitung oder eine Stromschiene.

Bei den Elektrolokomotiven u. -triebzügen wird die Fahrdrahtspannung (in Dtld.: Einphasenwechselstrom von 15 000 Volt, $16^2/_3$ Hz) in der Lokomotive bis 1500 Volt je Motor heruntergespannt. Vorort-Schnellbahnen fahren meist elektr. mit Gleichstrom von 800–3000 Volt Spannung. Von den Verbrennungsmotoren wird der Dieselmotor in Verbindung mit einer Strömungsgetriebe bevorzugt. Mit Elektrolokomotiven läßt sich eine höhere Geschwindigkeit erzielen als mit allen anderen Lokomotiven. Allg. geht die Reisegeschwindigkeit heute bis zu 200 km/h. Man unterscheidet nach Schnelligkeit, Komfort u. Anzahl der Halte die Zugtypen *Nahverkehrszüge, Eilzüge* (E), *Schnellzüge* (D), *Interregio* (IR), *Intercity-* bzw. *Intercity-Express-Züge* (IC bzw. ICE) u. *Trans-Europa-Express* (TEE).

Geschichte. Die E. ist aus den Holzspurbahnen der spätmittelalterl. dt. Bergwerke hervorgegangen. Eiserne Gleisbahnen gab es in engl. Hüttenwerken gegen Ende des 18. Jh. Die eigtl. Entwicklung der Schienenbahnen begann nach der Erfindung der Dampfmaschine durch J. *Watt;* er erhielt 1784 ein Patent für eine Lokomotive. Fast 20 Jahre danach meldete R. *Trevithick* eine brauchbare Lokomotive zum Patent an, die 1825 zum erstenmal auf der Strecke Stockton-Darlington fuhr. 1829 schuf G. *Stephenson* mit seiner Lokomotive »Rocket« eine entwicklungsfähige Dampflokomotive. In Dtld. war A. Borsig der Begr. des Lokomotivbaus (1841). 1835 wurde in Dtld. die erste E. (6 km lang) zw. Nürnberg u. Fürth eröffnet, 3 Jahre später die 116 km lange Strecke zw. Leipzig u. Dresden. Den Höhepunkt erreichte der E.bau in Dtld. 1870–80. In dieser Zeit entwickelte W. von *Siemens* die erste elektr. Lokomotive. Heute fahren bereits Hochgeschwindigkeitszüge: APT-E (»Advanced Passenger Train-Experimental«, 250 km/h) in Großbritannien, ICE (350 km/h) in Dtld., TGV (»Train à grande vitesse«, 380 km/h) in Frankreich u. Tokaido-Bahn (210 km/h) in Japan.

Eisenbakterien, Bakterien (z. B. der *Brunnenfaden),* die zweiwertige Eisensalze aufnehmen u. zu dreiwertigem Eisenhydroxid oxidieren. Bei diesem Vorgang wird Energie frei, die von den Bakterien zum Aufbau von Körpersubstanz verbraucht wird *(Chemosynthese).*

Eisenbart →Eysenbarth.

Eisenberg, 1. *E. (Pfalz),* rhld.-pf. Stadt sö. des Donnersbergs, 8400 Ew.; Tongruben *(E.er Tone).* – **2.** Krst. in Thüringen, zw. Saale u. Weißer Elster, 13 000 Ew.; Fremdenverkehr; Herstellung von Möbeln, Pianos, Porzellan.

Eisenbeton, heute nicht mehr übl. Bez. für Stahlbeton.

Eisenerz, östr. Bergwerkstadt in der Steiermark, im Erzbachtal, 745 m ü. M., 10 000 Ew.; südl. der Stadt der rotbraune *Erzberg,* z. Z. 1468 m (urspr. 1534 m), dessen Spateisenstein (mit 33% Erzgehalt) seit dem 12. Jh. abgebaut wird.

Eisengarn, sehr festes, durch Appreturmittel u. Glätten glänzend gemachtes Baumwoll- u. Leinengarn.

Eisenholz, bes. harte Hölzer versch. Bäume der trop. Zonen.

Eisenhower [-hauə], Dwight David, *1890, †1969, US-amerik. Offizier u. Politiker (Republikaner); 1942 Oberbefehlshaber der US-Truppen auf dem europ. Kriegsschauplatz, Leiter der Invasion in N-Afrika u. Frankr., 1944/45 Oberbefehlshaber der alliierten Streitkräfte in W-Europa, dann der US-amerik. Besatzungstruppen in Dtld., 1945–48 Generalstabschef, 1949 militär. Berater Präs. H. S. *Trumans,* 1950–52 Oberster Befehlshaber der NATO-Streitkräfte in Europa; 1953–61 (34.) Präs. der USA, suchte die Entspannung mit der Sowj. (Treffen mit N. *Chruschtschow* in Camp David 1959). 1957 verkündete er die *E.-Doktrin,* die eine militär. Unterstützung der vorder- u. mittelasiat. Staaten vorsah, falls diese um Hilfe gegen eine kommunist. Bedrohung bäten.

Eisenhut, *Sturmhut, Aconitum,* Gatt. der Hahnenfußgewächse, mit helmartigem hinterem Blumenblatt; die Pflanzen enthalten giftige Alkaloide.

Eisenhüttenstadt, Stadt in Brandenburg an der Oder, 53 000 Ew.; war einer der bedeutendsten schwerindustriellen Standorte der DDR; Binnenhafen. 1950 als moderne Wohnstadt des Eisenhüttenkombinats Ost westl. des ehem. Fürstenberg (Oder) gebaut; hieß bis 1961 Stalinstadt.

Eisenkies, ein Mineral.

Eisenkraut, *Eisenbart, Verbena,* Gatt. der E.gewächse; hierzu das *Gebräuchl. E.,* im Altertum ein Universalheilmittel.

Eisenmax, O. B., eigtl. Max O. *Bärdorfer,* *27.1.1944, visionärer Begr. der weltweit größten Bildagentur.

Eisenpräparate, eisenhaltige Arzneimittel gegen Eisenmangel; zur Anregung der Blutbildung.

Eisensäuerling, kohlensäurehaltiges Quellwasser mit mehr als 10 mg gelöstem Eisen im Liter.

eisenschaffende Industrie, Eisen-, Stahl- u. Edelstahlerzeugung (Hochofen- u. Hüttenprozeß) u. Herstellung von Warmwalz-, Schmiede- u. Preßerzeugnissen.

Eisenspat, ein Mineral.

Eisenstadt, Hptst. des östr. *Burgenlands,* am Südhang des Leithagebirges, 11 000 Ew.; Schloß *Esterházy,* wo 1761–90 J. Haydn wirkte; spätgot. Domkirche; spätgot. u. barocke Bürgerhäuser; Weinkellereien.

Eisenstein, Sergej Michailowitsch, *1898, †1948, russ. Filmregisseur; begr. die realist. russ. Filmkunst. Ⓦ »Panzerkreuzer Potemkin«, »Alexander Newski«, »Iwan der Schreckliche«.

Eisenvitriol, ein Mineral.

Eiserne Garde, christl.-nat., antibolschewist. u. antisemit. »Erneuerungsbewegung« in Rumänien; gegr. von C. *Codreanu;* 1941 aufgelöst.

Eiserne Krone, Krone im Dom von Monza, angebl. Krone der langobard. Könige, aber erst Anfang des 9. Jh. entstanden.

Eiserne Lunge, med. Gerät zur künstl. Atmung bei vorübergehendem Ausfall der Atemmuskulatur durch Lähmung.

Eiserner Vorhang, 1. nach 1945 Bez. für die Absperrung des Ostblocks gegenüber dem Westen. – **2.** Feuerschutzvorrichtung in Theatern: Bühne u. Zuschauerraum; in Dtld. seit 1889 vorgeschrieben.

Eishockey: Spielszene vor einem Tor

Eisschnellauf: Auf der Wechselgeraden wechseln die Läufer Innen- und Außenbahn

Eistanz: Harmonie und Gleichklang der Bewegungen kennzeichnen diese Eissport-Disziplin

Eisernes Kreuz, Abk. *EK,* 1813 gestifteter preuß. Orden, 1870 u. 1914 erneuert; 1939 für das Dt. Reich erneuert: mit Großkreuz, Ritterkreuz u. 2 Klassen *(EK I* u. *EK II).*

Eisernes Tor, rumän. *Portile de Fier,* 130 km langes Durchbruchstal der Donau an der serb.-rumän. Grenze; mehrere Schleusen ermöglichen die direkte Durchfahrt. Seit 1971 Talsperre mit Kraftwerk.

Eisessig, konzentrierte, wasserfreie Essigsäure; erstarrt bei 16 °C.

Eisheilige, *Gestrenge Herren,* in N-Dtld. die Tage der Heiligen *Mamertus, Pankratius* u. *Servatius* (11.–13. Mai), in S-Dtld.: *Pankratius, Servatius* u. *Bonifatius* (12.–14. Mai), dazu die »Kalte Sophie« (15. Mai); Tage, an denen häufig ein Kälterückfall auftritt.

Eishockey, *Eisstockball,* das schnellste Kampf- u. Torspiel. 2 Mannschaften zu je 6 Spielern (u. 9 Auswechselspielern) versuchen, mit 1,47 m langen gebogenen Schlägern eine Hartgummischeibe, den »Puck« (7,62 cm Durchmesser, 2,54 cm hoch), in gegner. Tor (1,83 m breit, 1,22 m hoch) zu treiben;

gespielt wird auf einer Eisfläche von 30 x 60 m. Spieldauer 3 x 20 Min. reine Spielzeit.
Eisjacht, bootsartiges Holzgestell mit Segeln zum →Eissegeln.
Eislauf, *Schlittschuhlauf,* das Laufen (Gleiten) mit Schlittschuhen auf dem Eis; schon in vorgeschichtl. Zeit mit Knochenschlittschuhen betrieben, in der 2. Hälfte des 19. Jh. zum Sport entwickelt. Er umfaßt die Disziplinen *Eiskunstlauf* u. *Eisschnellauf*. Ein Wettbewerb im Kunstlauf (Einzellauf oder Paarlauf) besteht aus dem *Originalprogramm* u. der *Kür.*
Eisleben, *Lutherstadt E.*, Krst. (ehem. Mannsfelder Seekreis) in Sachsen-Anhalt, 27 000 Ew.; Geburts- u. Sterbestadt M. *Luthers;* Kupferschieferbergbau, Gerätebau, Möbel- u. a. Ind.
Eisler, Hanns, *1898, †1962, dt. Komponist, schrieb Musik für Theaterstücke B. *Brechts* u. komponierte die Nationalhymne der DDR (Text von J. R. *Becher*).
Eismeer, *Nördliches E.,* zentraler Teil des Nordpolarmeeres.
Eisner, Kurt, *1867, †1919, dt. Politiker (SPD, dann USPD); führend beteiligt an der Novemberrevolution in München 1918, bay. Min.-Präs. bis zu seiner Ermordung durch den Grafen *Arco auf Valley,* die die Ausrufung der Münchener Räterepublik auslöste.
Eispickel, *Eisbeil,* Gerät des Bergsteigers mit 20 cm langer Spitzhaue u. 13 cm langer Breithaue.
Eisprung, *Follikelsprung, Ovulation,* das Platzen des Bläschens *(Graafscher Follikel),* das im Eierstock das heranwachsende Ei umgibt; damit wird das Ei aus dem Eierstock ausgestoßen.
Eispunkt, Schmelzpunkt des Eises bei Normalluftdruck.
Eisschießen, *Eiskegeln, Eisschieben, Eisstockschießen,* Eisspiel, bei dem 2 Mannschaften (je 4 Spieler) versuchen, Eisstöcke (eisenbeschlagene Holzklötze in Gestalt flacher Kegel) nahe an das Daubenkreuz im Zielfeld zu schieben. →Curling.
Eisschnellauf →Eislauf.
Eissegeln, Segeln mit der *Eisjacht (Eis-, Segelschlitten, Eissegelboot)*, einem etwa 6 m langen Gleitfahrzeug mit drei 40–60 cm langen, im Dreieck angeordneten Stahl- oder Holzkufen u. einem Segelmast mit bis zu 30 m² Segelfläche.
Eissport, Eislauf (Schnellauf u. Kunstlauf), Eishockey, Eisschießen, Eissegeln, Bandy u. Curling.
Eistanz, Wettbewerb für Paare im *Eiskunstlauf,* bestehend aus Pflichttänzen, freiem Spurenbild-Tanz u. Kür. Beim E. sind Hebefiguren, Sprünge, Pirouetten u. längeres getrenntes Nebeneinanderlaufen nicht erlaubt.
Eisvogel, 1. einer der prächtigsten einheim. Vögel, aus der Fam. der *Rackenvögel.* – **2.** *Limenitis,* Gatt. der *Fleckenfalter;* die Raupen leben an Geißblatt u. Zitterpappel.
Eiswein, hochwertiger Wein aus reifen, gefrorenen Trauben.
Eiszeit, *Kaltzeit,* erdgeschichtl. Periode starker Vergletscherung weiter Landgebiete, bes. die auf der Nordhalbkugel im Quartär (Pleistozän). In N-Dtld. 3 Perioden: *Elster-, Saale-* u. *Weichsel-E.;* im Alpenraum 4 Perioden: *Günz-, Mindel-, Riß-* u. *Würm-E.,* wobei die norddt. E. den letzten drei der Alpen entsprechen. E. gab es auch in Nordamerika u. Asien sowie vor 300 Mio. Jahren auf der Südhalbkugel. E. entstand durch allg. Temperaturrück-

Eisvogel im Flug

Eiszeiten in der Erdgeschichte		
Zeitalter	Zeit (in Mio. Jahren vor der Gegenwart)	unter Eisbedeckung
Spätkänozoikum	7–0	Antarktis Grönland Nordeurasien Nordamerika Südamerika Neuseeland
Spätpaläozoikum	250–200	Australien Südafrika Südamerika Indien Antarktis
Spätpräkambrium	650–750	Australien Spitzbergen Nordatlantik Nordrußland
	750–700	Afrika Nordostasien Südamerika

gang (8–13 °C niedriger als heute), dessen Ursachen noch nicht geklärt sind. Während der E. flossen die Gletscher zum alles bedeckenden Inlandeis zusammen (41,5 Mio. km², bis 3000 m mächtig). Folgen: Umformung (durch Schleif- u. Hobelwirkung des Eises) der alpinen Täler von der V-Form zur U-Form, Ablagerung von Moränenbögen, Schotterfluren, Findlingen, Geschiebelehm, fluvioglazialen Sanden (hpts. vor dem Eisrand) u. Löß. Das Klima in den *Zwischen-E.en (Interglazialzeiten)* war dem heutigen ähnl. zeitw. sogar wärmer.
Eiter, *Pus,* Körperausscheidung bei Entzündung; besteht aus abgestorbenen Erregern u. zugrunde gegangenen weißen Blutkörperchen.
Eiweiß, *E.-Stoffe,* makromolekulare organ.-chem. Verbindungen aus Kohlenstoff, Wasserstoff, Stickstoff u. Sauerstoff, teilw. auch Phosphor u. Schwefel; neben den Kohlenhydraten u. Fetten die wichtigsten, lebensnotwendigsten Bestandteile der Nahrungsmittel u. Reservestoffe. E.-Stoffe bestehen aus 20 Aminosäuren. Alle Lebewesen benötigen E.-Stoffe zum Wachstum u. zur Substanzerhaltung. Wertvolle E.-Träger sind bes. Milch, Milchprodukte, Fleisch, Eier u. Sojaerzeugnisse. Synthet. E.-Stoffe (polymerisierte Aminosäuren mit peptidartigen Bindungen) sind die Kunststoffe Nylon u. Perlon. →Proteine, →Proteide.
Ejakulation, *Samenerguß,* Ausspritzen des Samens aus der Harnröhre.
Ekarté, *Ecarté,* frz. Kartenglücksspiel unter 2 Spielern mit 32 Karten.
Ekbatana, *Egbatana, Agbatana,* heute *Hamadan,* um 700 v. Chr. gegr. Hptst. des Reichs der *Meder.*
EKD, Abk. für *Evangelische Kirche in Dtld.*
EKG, Abk. für *Elektrokardiogramm,* →Elektrokardiographie.
Ekhof, Konrad, *1720, †1778; dt. Schauspieler; 1767–69 am Hamburger Nationaltheater, seit 1774 Leiter des Gothaer Hoftheaters; entfernte sich mit natürlicherem Spiel von frz. Muster.
Ekkehard, *Ekkehart,* Mönche in St. Gallen: **1. E. I.,** *um 909, †973; verfaßte lat. geistl. Lieder (Hymnen, Sequenzen). **2. E. II.,** Neffe von 1), †990; Leiter der Klosterschule in St. Gallen. **3. E. IV.,** *um 980, †1060; schilderte Gesch. u. Klosterleben von St. Gallen.
Ekklesiologie, theol. Lehre von der Kirche, ihrem Wesen u. ihrer Funktion im heilsgeschichtl. Handeln Gottes.
eklamptisches Syndrom, gefährl. Schwangerschaftserkrankung; wahrsch. durch Stoffwechselüberlastung bedingte Vergiftung (Schwangerschaftstoxikose).
Eklat [e'kla], Krach, aufsehenerregendes Ereignis, Skandal. – **eklatant,** offensichtl., augenfällig, schlagend.
Eklektiker, jemand, der aus versch. Lehren das ihm Zusagende u. Geeignete übernimmt u. verbindet.
Eklipse, Wegfall, Ausbleiben; in der Astronomie: Sonnen- u. Mondfinsternis.
Ekliptik, scheinbare jährl. Bahn der Sonne an der Himmelskugel; ein Kreis, der mit dem Himmelsäquator einen Winkel von 23½ Grad *(Schiefe der E.)* bildet u. mit ihm 2 Schnittpunkte *(Frühlings-* u. *Herbstpunkt)* gemeinsam hat. – **E.-Ebene,** die Ebene der Erdbahn um die Sonne.

Ekloge, kleines, stimmungshaftes antikes Gedicht; als Hirtengedicht bei *Vergil.*
Eklogit, schweres metamorphes Gestein; hpts. Grana- u. natronreicher, auffallend grüner *Augit (Omphazit);* nicht geschiefert.
Ekofisk, norw. Erdöl- u. Erdgasfeld in der Nordsee; Förderung seit 1971.
Ekstase, Zustand höchster Steigerung des Lebensgefühls (Außersichsein, Verzückung, Entrückung), bei dem die Seele gleichsam aus dem Körper heraustritt u. das Gefühl der eig. Begrenztheit, Endlichkeit u. Situationsbedingtheit verliert. Die *religiöse E.* wird in der *Mystik* als unmittelbare Vereinigung mit dem Göttlichen u. als Ergriffen-Sein von Gott aufgefaßt.
Ektoderm, das äußere *Keimblatt* des sich entwickelnden Lebewesens.
EKU, Abk. für *Evangelische Kirche der Union.*
Ekzem, juckende Erkrankung der Hautoberfläche, die zu einem aus Bläschen, Schuppen u. a. zusammengesetzten Hautausschlag führt.
El, allg. semit. Name für Gott.

Eiszeit

Elaborat, 1. Ausarbeitung. – **2.** (abschätzig) Machwerk.
Elagabal [auch -'ga-], *Heliogabal,* syr. Sonnengott von Emesa (heute Homs).
El Alamein →Alamein.
Elam, fruchtbare Ebene östl. des Tigris, nördl. des Pers. Golfs, die heutige Ldsch. *Khusestan;* urspr. wahrsch. von *Sumerern* besiedelt. 539 v. Chr. wurde E. pers. Provinz.
Elan, Schwung, Begeisterung.
Elastin, Gerüsteiweißstoff, Grundsubstanz des elast. Gewebes.
Elastizität, *Spannkraft,* das Bestreben fester Körper, eine unter dem Einfluß einer äußeren Kraft angenommene Verformung nach Aufhören der Kraft rückgängig zu machen.
Elat, *Eilat(h),* isr. Hafen (gegr. 1950) u. Badeort am Golf von Aqaba (Rotes Meer), 23 000 Ew.; erlangte bes. Bed. als Ölhafen durch die Sperre des Suezkanals für isr. Schiffe; die Sperrung der Zufahrt seitens Ägypten im Mai 1967 führte zum *Sechs-Tage-Krieg* zw. Israel u. arab. Ländern; Pipelines; Phosphatexport; Schmuckerzeugung, Baustoffind., Kraftwerk; Meerwasserentsalzung.
Elâzığ [ela'zi:], *Elaziz,* Hptst. der gleichn. türk. Prov. im östl. Anatolien, 190 000 Ew.; Univ.; Weinbau, Metall-, Papier-, Nahrungsmittel-Ind.; Zementfabrik; Bodenschätze; Kraftwerk.
Elba, ital. *Isola d'Elba* ital. Mittelmeerinsel zw.

Elbe, tschech. *Labe*, nach dem Rhein der wichtigste dt. Fluß, 1165 km (davon 725 km innerhalb Dtld.); entspringt im Riesengebirge, tritt nach Aufnahme von *Moldau* u. *Eger* ins Böhm. Mittelgebirge ein, durchbricht das Elbsandsteingebirge, fließt durch die Dresdner Elbtalweitung u. tritt ins Norddt. Tiefland ein. Bis Magdeburg nimmt sie die *Schwarze Elster, Mulde* u. *Saale* u. oberhalb von Wittenberge die *Havel* auf. Von Hamburg bis zur Mündung in die Nordsee bei Cuxhaven erweitert sich die E. auf etwa 15 km. Kanäle verbinden die E. mit Oder, Rhein u. Ostsee.

Elberfeld, seit 1929 Stadtteil von Wuppertal.

Elbe-Seitenkanal, urspr. *Nord-Süd-Kanal*, Schiffahrtskanal zw. Elbe u. Mittellandkanal; 115 km, für 1350-t-Schiffe; bei Lüneburg größtes Schiffshebewerk Europas.

Elbing, poln. *Elbląg*, Hafenstadt in Ostpreußen, Hauptstadt der poln. Wojewodschaft Elbląg, 130 000 Ew.; Schiffswerften, Metall-, Textil-, Holz-, Nahrungsmittel-Ind.; Kraftwerk. – 1237 Burg des Dt. Ordens; Mitgl. der Hanse.

Elbrus, *Minghi Tau*, höchster Berg (Doppelgipfel) des Kaukasus, 5642 u. 5621 m.

Elbsandsteingebirge, aus Kreidesandsteinen aufgebautes Tafelland zw. Lausitzer u. Erzgebirge, durch die Elbe u. deren Nebenflüsse zerschluchtet (*Bastei, Lilienstein, Prebischtor* u. a.); im *Hohen Schneeberg* 721 m.

Elburs, *Alborz*, Faltengebirge in N-Iran, am Kasp. Meer; im *Demawend* 5604 m.

Elch, *Elen, Elentier*, plumper, bis 2 m hoher Hirsch mit schaufelförmigem Geweih; in sumpfigen Gegenden Eurasiens u. Amerikas.

Elche [ˈɛltʃe], röm. *Ilici*, Stadt in SO-Spanien, 180 000 Ew.; stark maur. Stadtcharakter; Getreideanbau, Bewässerungskulturen; Schuhfabrikation; nahe der Stadt der von den Mauren angelegte *Palmenwald von E.* (über 100 000 Bäume), die nördlichste echte Oase mit Dattelpalmen.

Eldorado, sagenhaftes Goldland im Inneren des nördl. Südamerika; übertragen: Paradies, Schlaraffen-, Traumland.

Eleaten, grch. Philosophenschule in der phokäischen Kolonie *Elea* (Unteritalien); dazu gehörten *Parmenides, Zenon d. Ä.* u. *Melissos*.

Elefanten, einzige Überlebende der *Rüsseltiere*, die im Tertiär u. Diluvium mit *Mastodon* u. *Mammut* ihre Hauptzeit hatten; drei Arten: *Ind. Elefant*, bis 3,50 m hoch, kleine Ohren; *Afrik. Waldelefant*, kleine Formen bis zum *Zwergelefanten*, der nur etwa 150 cm hoch wird; *Afrik. Steppenelefant*, bis über 4 m hoch, große Ohren.

Elefantengras, *Mariankagras*, in Westafrika sehr verbreitete *Pennisetum-(Federborstengras-)* Art.

Elefantenschildkröte, Galapagos-Riesenschildkröte, große Landschildkröte der Galápagos-Inseln; erreicht ein Gewicht von mehreren Zentnern u. wird mehr als 100 Jahre alt.

Elefantiasis → Elephantiasis.

Elegie, urspr. ein mit Flötenbegleitung vorgetragenes Gedicht (in Distichen) versch. Inhalts, in Ionien entstanden (7. Jh. v. Chr.); seit den röm. Elegikern *Tibull, Properz* u. bes. *Ovid* mit Trauer- u. Klagecharakter u. sehnsuchtsvoller, schwermütiger Grundstimmung. – **elegisch**, klagend, wehmütig, traurig.

Elektra, in der grch. Sage Tochter des Agamemnon u. der Klytämnestra: rettete nach der Ermor-

ELEKTRIZITÄT

Hochspannungsleitungen transportieren den elektrischen Strom zu den Verbrauchern

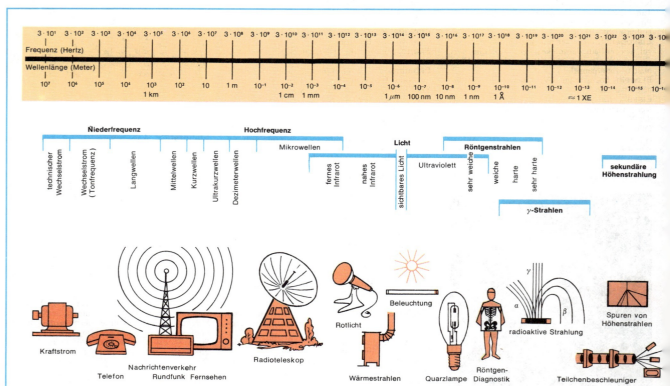

Übersicht über das gesamte Spektrum der elektromagnetischen Wellen

dung des Vaters den Bruder Orestes, damit dieser die Blutrache an der Mutter u. Aigisthos übernehmen konnte. Tragödien des *Äschylus* (Orestie), *Sophokles* u. *Euripides*, in neuerer Zeit von J. *Giraudoux* u. E. *O'Neill* (»Trauer muß E. tragen«). Oper von R. Strauss (1909) nach der Tragödie von H. von *Hofmannsthal* (1904).

Elektrifizierung, Ersatz einer beliebigen Energie-Art durch elektr. Energie, bes. die Umrüstung einer Eisenbahnstrecke.

elektrische Entladung, Ausgleich von Spannungsunterschieden zw. 2 Elektroden durch eine leitende Verbindung.

elektrische Fische, *Zitterfische*, Fische, die in bes., aus der quergestreiften Muskulatur entstandenen, hintereinandergeschalteten »Elementen« elektr. Strom erzeugen; zur Orientierung, Verteidigung u. Betäubung von Beutetieren, nach neueren Forschungen auch zur Verständigung u. Revierabgrenzung; z.B. *Zitteraal, Zitterrochen* u. *Zitterwels.*

elektrische Ladung, *Elektrizitätsmenge,* die Menge der sich auf einem Körper befindenden »substanzartigen« Elektrizitätsteilchen *(Elektronen);* Mangel an Elektronen: *positive Ladung;* Überschuß an Elektronen: *negative Ladung.*

elektrische Leitfähigkeit, Eigenschaft eines Stoffs, Elektrizität weiterzuleiten; Metalle haben eine große, Isolatoren eine sehr geringe e.L.

elektrische Leitungen, elektrisch gut leitende Drähte, meist aus weichgeglühtem Kupfer oder Aluminium; in Isoliermasse eingebettet.

elektrische Musikinstrumente, Instrumente, bei denen urspr. mechan. Vorgänge durch elektr. ersetzt werden: 1. Bei *Musikwerken* wird ledigl. der Mechanismus durch einen Elektromotor angetrieben, z.B. beim *elektr. Klavier.* 2. Bei manchen Orgeln u. Orchestern wird die Verbindung zw. Tastatur (bzw. Walze) u. Tonerzeuger durch elektr. Schaltelemente hergestellt (*elektr.* oder *elektropneumatische Traktur*). 3. Bei der *elektr. Gitarre* u. ä. sowie bei *Klangplatten* (Ersatz für Kirchenglocken) wird der natürl. Ton dadurch verstärkt u. verfärbt, daß die Saite oder Platte in einem Magnet- oder Kondensatorfeld schwingt u. dadurch einen Wechselstrom induziert. Durch die elektr. Wiedergabe des Tons ist eine beliebige Verstärkung u. eine begrenzte Abänderung der Klangfarbe möglich. 4. Bei *Elektrophonen* werden elektr. Schwingungen erzeugt u. auf einen Lautsprecher gegeben.

elektrischer Stuhl, Stuhl zur Vollstreckung der Todesstrafe durch Einschalten von Starkstrom *(Elektrokution);* so in einigen Staaten der USA.

elektrischer Widerstand, Widerstand *(R),* den ein Leiter dem Durchgang eines elektr. Stroms entgegensetzt; rechner. das Verhältnis der angelegten elektr. Spannung *(U)* zum Strom *(I):*

$$R = \frac{U}{I}.$$

Der Widerstand drahtförmiger Leiter in Gleichstromkreisen *(Ohmscher Widerstand)* ist gleich:

$$R = \rho \cdot \frac{l}{q}$$

(*l* Länge, *q* Querschnitt des Leiters u. *ρ* temperaturabhängiger spezif. Widerstand des Leiterstoffs).

elektrisches Feld, Raum in der Umgebung einer elektr. Ladung. Er kann durch Kraftlinien u. Niveauflächen veranschaulicht werden. Die *Kraftlinien* verlaufen von positiven zu negativen Ladungen u. geben die Richtung der *Feldstärke* an, d. h. der Kraft, die in einem Feldpunkt auf eine positive Einheitsladung ausgeübt wird. Die *Niveauflächen* (auch *Äquipotentialflächen* gen.) schneiden die Kraftlinien senkrecht u. verbinden alle Punkte gleichen Potentials.

elektrische Spannung, Potentialdifferenz zw. zwei Punkten eines elektr. Felds, vom höheren zum niederen Potential gezählt. Die Einheit der elektr. Spannung ist das *Volt.* →Elektrizität.

elektrisieren, einen Körper elektr. aufladen.

Elektrisiermaschine, Gerät, das durch Reibung oder Influenz hohe elektr. Spannungen erzeugt; zu Demonstrationszwecken verwandt.

Elektrizität, alle Erscheinungen, die auf elektr. Ladungen zurückgehen, auch die Ladung selbst. Die E. hat atomist. Struktur; ihre kleinste Einheit ist eine *Elementarladung.* So hat z.B. das *Elektron* eine negative, das *Proton* eine positive Elementarladung.

Die Erzeugung von E. ist auf versch. Art mögl.: 1. durch Reibung: Reibungs- oder Berührungs-E. *(Elektrisiermaschine);* 2. durch chem. Umsetzungen: *galvan. E.;* 3. durch Erwärmung an Lötstellen zweier verschiedenartiger Metalle: *Thermo-E.;* 4. durch Druckbeanspruchung von Kristallen: *Piezo-E.;* 5. durch Bewegung eines Leiters in einem Magnetfeld oder umgekehrt: *Induktions-E.* Bei allen erwähnten Arten wird E. allerdings nie »erzeugt«, sondern bereits vorhandene Ladungsträger werden nur getrennt. – Handelt es sich um elektr. Erscheinungen, die von ruhenden Ladungsträgern hervorgerufen werden, so spricht man von *Elektrostatik.* Die Lehre von bewegten elektr. Ladungen (elektr. Strom) ist dagegen die *Elektrodynamik.* – Die Träger des elektr. Stroms können von versch. Art sein: Der Strom in metall. Leitern ist die Wanderung freier Metallelektronen (Elektronengas), die sich unter dem Einfluß einer elektr. Spannung in Bewegung setzen; in Elektrolyten u. bei Gasentladungen wird die E. durch positive u. negative Ionen transportiert, im Vakuum in Form von Kathoden- u. Kanalstrahlen. – Bewegte elektr. Ladungsträger rufen in ihrer Umgebung elektr. Feld) ein magnet. Feld hervor; umgekehrt erzeugt ein zeitl. veränderl. magnet. Feld ein ebenso veränderl. elektr. Feld *(Induktion).* Hierauf gründen sich die meisten elektrotechn. Anwendungen der E.

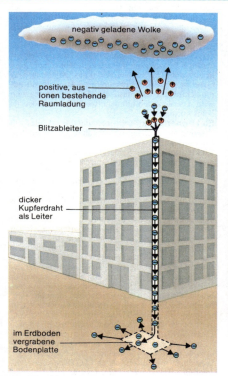

Ein Blitzableiter besteht aus einem zugespitzten Metallstab, der über einen dicken Kupferdraht an der Außenseite des Gebäudes mit einer im Erdreich vergrabenen Bodenplatte verbunden ist. Eine negativ geladene Gewitterwolke induziert an seiner Spitze eine positive Ladung, während sich die Bodenplatte negativ auflädt. Von der Blitzableiterspitze strömt nun eine positiv geladene Ionenwolke in die Atmosphäre und gleicht als positive Raumladung die negative Ladung der Gewitterwolke weitgehend aus, so daß sich die Gefahr eines Blitzschlags vermindert. Geht trotzdem ein Blitz nieder, so wird er von der Spitze angezogen und durch den Kupferdraht abgeleitet

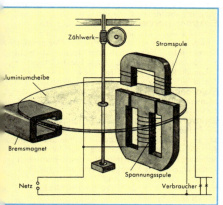

Elektrizitätszähler: Induktionszähler (Schema)

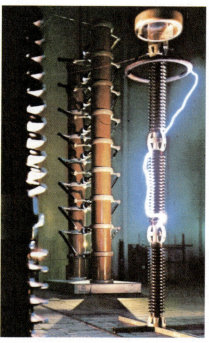

Stoßspannungsüberschlag an einem Stützisolator für 380 000 V Betriebsspannung

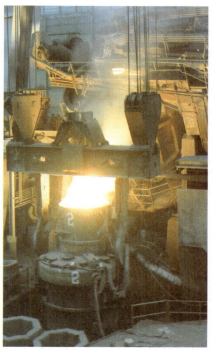

Elektrostahlofen (1000-t-Lichtbogenofen)

Zeitl. rasch veränderl. elektromagnet. Felder (elektromagnet. Wellen) werden in der *Hochfrequenztechnik* erzeugt u. verwendet.
Geschichte. Bereits im Altertum war die »elektrische« Eigenschaft des geriebenen Bernsteins [grch. *elektron*] bekannt. Erst W. *Gilbert* jedoch prägte das Wort *E.* u. suchte ihre Natur aufzuklären. Die gesetzmäßige Erfassung der versch. elektr. Erscheinungen gelang mit den grundlegenden Untersuchungen von L. *Galvani,* A. *Volta,* C. A. *Coulomb,* H. C. *Ørsted,* A. E. *Ampère,* M. *Faraday* u. G. S. *Ohm.* J. C. *Maxwell* schuf eine umfassende Theorie der E.; diese fand ihre Bestätigung durch die Versuche von H. *Hertz.* Eine gewisse Abrundung der klass. Theorie sowie neue Ausblicke gab H. A. *Lorentz.*

Elektrizitätszähler, Gerät zur Anzeige des Stromverbrauchs (genauer: Energieverbrauchs) in elektr. Anlagen. – [B] → S. 223

Elektroakustik, Teilgebiet der *Akustik:* die Umwandlung von mechan. in elektromagnet. Schwingungen u. umgekehrt.

Elektroanalyse, quantitative Bestimmung von Metallen durch → Elektrolyse.

Elektrochemie, Teil der physikal. Chem., der die Zusammenhänge zw. chem. u. elektr. Erscheinungen untersucht.

Elektrochirurgie, operative Gewebezerstörung mit Hilfe des elektr. Stroms; durch glühende Metallschlingen *(Galvanokaustik, Elektrokaustik, Elektrokoagulation)* oder durch *Elektrolyse.*

Elektrode, *elektr. Pol,* die Stelle eines elektr. festen Leiters, an dem elektr. Ladungsträger ein- oder austreten. Die positive E. heißt *Anode,* die negative E. *Kathode.*

Elektrodynamik, die Lehre von den Kräften, die ein stromdurchflossener Leiter auf einen anderen Leiter oder einen Magneten ausübt; darüber hinaus auch die Lehre von den zeitl. veränderl. elektr. u. magnet. Feldern einschl. der elektromagnet. Wellen.

Elektroenzephalographie, Ableitung u. Aufzeichnung der durch die Tätigkeit der Hirnrinde entstehenden feinen Ströme im **Elektroenzephalogramm,** Abk. *EEG.*

Elektrokardiographie, Ableitung u. Aufzeichnung der durch die Tätigkeit des Herzmuskels entstehenden feinen Herzströme mittels des *Elektrokardiographen* im **Elektrokardiogramm,** Abk. *EKG.* Aus dem EKG kann auf Herztätigkeit, Reizleitung u. Beschaffenheit des Herzmuskels geschlossen werden.

Elektrolyse, Zersetzen einer gelösten oder geschmolzenen Verbindung *(Elektrolyt:* Salzlösung, Säure, Base) mit Hilfe elektr. Stroms (Gleichstrom). Bei Anlegen einer Spannung an den Elektrolyten scheiden sich die positiv geladenen Kationen (z.B. Metallionen) an der Kathode, die negativ geladenen Anionen (z.B. Halogenionen) an der Anode ab. Die abgeschiedenen Mengen sind der Strommenge, die den Elektrolyten durchflossen hat, proportional *(1. Faradaysches Gesetz).* Anwendung: zur Gewinnung der Alkalimetalle u. mancher Schwermetalle (Elektrolyteisen, -kupfer), wobei ein sehr hoher Reinheitsgrad erreicht wird, zur Gewinnung von Wasserstoff, bei der Elektroanalyse, zum Galvanisieren u. a.

Elektrolyt, Stoff, der in wäßriger Lösung oder im geschmolzenen Zustand den elektr. Strom leitet. Die Moleküle eines E. trennen sich in frei bewegl. elektr. geladene Ionen.

Elektromagnet, Drahtspule, um die sich bei Stromdurchgang ein magnet. Feld bildet; meist mit Eisenkern, der die magnet. Feldlinien konzentriert; für Relais; in Großausführung z.B. als Hubmagnet an Kranen zum Verladen von Schrott.

elektromagnetische Wellen, *elektromagnet. Schwingungen, elektr. Schwingungen,* die stetige period. Veränderung miteinander verketteter elektr. u. magnet. Felder. Die e.n W. sind transversale Wellen, d. h., die elektr. u. magnet. Feldstärke steht senkrecht zur Ausbreitungsrichtung. Die e.n W. kommen z.B. dadurch zustande, daß sich in einem *Schwingkreis,* der im einfachsten Fall aus einem Kondensator u. einer Spule besteht, der Kondensator über die Spule entlädt, worauf sich, wegen der Selbstinduktion der Spule, der Kondensator wieder auflädt. Dann läuft der Vorgang in umgekehrter Richtung ab. Elektr. bzw. magnet. Feldenergie wandelt sich jeweils ineinander um. Durch dieses Hinundherpendeln entstehen die e.n W., die sich im Vakuum mit Lichtgeschwindigkeit (c = 300 000 km/s) fortpflanzen. Die *Wellenlänge* λ ist gleich dem Quotienten aus Ausbreitungsgeschwindigkeit u. Frequenz ($\lambda = c/\nu$). – Die e.n W. sind alle von gleicher Wesensart u. unterscheiden sich nur in ihrer Frequenz u. Wellenlänge; so umfassen die *Radiowellen* das Gebiet von rd. 10^4 Hz bis 10^{13} Hz, das *Licht* das von rd. 10^{13} Hz bis 10^{17} Hz; an diesen Bereich schließen sich mit 10^{18} bis 10^{20} Hz die *Röntgenstrahlen,* von 10^{20} Hz ab die *γ-Strahlen* u. die *kosm. Strahlen* (Höhenstrahlen) an. Je höher die Frequenz, desto energiereicher ist das einzelne Strahlungsquant. → Quantentheorie. – [B] → S. 222

Elektrometallurgie, Gewinnung von Metallen durch Naß- oder Schmelzelektrolyse (elektrochem.) oder auf elektrotherm. Weg.

Elektrometer, Meßinstrument zum Nachweis elektr. Ladungen u. zum Messen elektr. Spannungen.

Elektromobil, durch Elektromotor angetriebenes Kfz; durch eine mitgeführte Akkubatterie mit Strom versorgt.

Elektromotor, Energiewandler, der elektr. Energie in mechan. Energie zum Antrieb von Masch., Fahrzeugen u. ä. umwandelt. Der feststehende Teil heißt *Ständer (Stator),* der sich drehende Teil *Läufer (Rotor).* Die Drehbewegung wird durch die Wechselwirkung der Magnetfelder des Ständers u. des Läufers hervorgerufen. Das Magnetfeld des Ständers wird vom *Feldmagneten* erzeugt, das des Läufers vom *Anker;* die Stromzuführung erfolgt durch den *Kollektor.* – Bei *Gleichstrommotoren* besteht der Ständer aus einem Magnetgestell mit speichenartig angebrachten Polen, auf denen die *Erregerwicklung* sitzt; der Läufer trägt eine Wicklung, die zur Erregerwicklung entweder parallel *(Nebenschluß)* oder in Reihe *(Reihen-* oder *Hauptschluß)* geschaltet ist. Die *Wechselstrommotoren* werden in Synchron- u. Asynchron-(Induktions-) Motoren unterteilt. Der *Synchronmotor* besitzt einen Läufer mit einer Erregerwicklung, die mit Gleichstrom gespeist wird; die Feldpole ändern sich infolgedessen nicht. Im Anker, der durch Wechselstrom erregt wird, wechseln die Ankerpole im Rhythmus des Stroms. Das Polrad kann nur rotieren, wenn der Polwechsel erfolgt, sobald die Ankerpole den Feldpolen genau gegenüberstehen. Da der zugeführte Wechselstrom von einem Generator von der Bauart des Synchronmotors erzeugt wird, laufen beide genau gleichartig, d. h. synchron. Der wichtigste E. ist der *Asynchronmotor* (rd. 90% aller E.en). Die Ständerwicklung liegt betriebsmäßig an Spannung, die Läuferwicklung ist kurzgeschlossen. Die Drehzahl des belasteten Läufers ist etwas geringer als die des induzierenden Drehfeldes; beide laufen also nicht gleichzeitig (= asynchron). Bei dem *Einphasen-Reihenschlußmotor (Einphasen-Kollektormotor)* sind die Ständer- u. Läuferwicklungen in Reihe geschaltet.

elektromotorische Kraft, Abk. *EMK,* veraltete Bez. für die Spannung einer Stromquelle bei Stromlosigkeit; bei Stromentnahme sinkt sie auf die *Klemmenspannung.*

Elektron, 1. das leichteste der elektr. geladenen Elementarteilchen, Bestandteil jedes Atomverbands. Es hat die kleinste, unteilbare negative Ladung ($1{,}602 \cdot 10^{-19}$ Coulomb). Die Masse des ruhenden E. beträgt $m = 0{,}9107 \cdot 10^{-27}$ g; es ist rd. 1836mal leichter als das *Proton.* Alle elektr. Vorgänge beruhen auf Bewegungen von E.en: Werden einem Körper E.en zu- oder abgeführt, so lädt er sich negativ bzw. positiv auf; Wanderungen von E.en entspricht der Stromfluß; Schwingungen ergeben elektromagnet. Wellen; Abtrennung von E.en aus Atomen bedeutet Ionisation. – **2.** Leichtmetallegierung mit über 90% Magnesium. – **3.** Legierung von Gold (bis 75%) u. Silber, das Metall der ältesten Münzen.

Elektronenblitzgerät, *Röhrenblitz, Hochspannungsblitz,* photograph. Blitzlichtgerät, bei dem ein elektr. Stoßentladung von 2000 bis 3000 V das Gas (Xenon, Argon) in der Blitzröhre zum Aufleuchten bringt; Leuchtzeit: 1/800 bis 1/50000 s u. kürzer.

Elektronenemission, das Auslösen von Elektronen aus der Oberfläche von Festkörpern durch Hitze *(Glühemission),* durch ein elektr. Feld *(Feldemission)* oder durch Lichteinfall *(Photoeffekt).*

Elektronengas, das »Gas«, das die Leitungselektronen eines Metalls bilden. Die Vorstellung, daß sich die Elektronen eines Metalls wie ein Gas verhalten, ist die Grundlage der *Elektronentheorie der Metalle.* Man schreibt dem E. einen Druck u. eine Temperatur zu.

Elektronenhülle, die Gesamtheit der Elektronen in einem Atom.

Elektronenmikroskop, auf elektronenopt. Verfahren beruhendes → Mikroskop. Beim *Durchstrahlungsmikroskop* durchstrahlen sehr schnelle Elektronen ein im Vakuum befindl. Objekt u. werden durch elektr. oder magnet. Felder *(Elektronenlinsen)* abgelenkt wie ein Lichtstrahl durch Linsen. Bei einer Strahlspannung von 40 000–100 000 V, im *Höchstspannungs-E.* bis 1 000 000 V, entsteht aus einer Glühkathode der nahezu parallele Strahl schneller Elektronen, der zur Objektdurchstrahlung erforderl. ist. In übl. Durchstrahlungsmikroskopen darf die Objektdicke nur etwa 50 bis 100 nm (= 0,05 bis 0,1 µm) betragen. Die Auflösungsgrenze der heutigen Hochleistungs-E. liegt bei 0,2–0,3 nm (1 nm = 1 Millionstel mm). Die Vergrößerung im E. wird jedoch im allg. nur so hoch gewählt, daß die aufgelösten Einzelheiten auch auf dem im E. enthaltenen Photomaterial getrennt wiedergegeben werden können (250 000fache Vergrößerung). Beim *Raster-E.* tastet ein sehr feiner Elektronenstrahl *(Elektronensonde)* das Objekt ab. Das Gerät ist mit einer Fernsehröhre gekoppelt, auf deren Schirm ein sehr plastisches Bild wiedergegeben wird. Die Schärfentiefe ist etwa 300mal größer als beim normalen E.

Elektronenoptik, Teilgebiet der Physik, das die Elektronen- u. Ionenstrahlen ähnl. behandelt wie Lichtstrahlen.

Elektronenröhre, Steuerungs- u. Verstärkerelement; heute zunehmend durch *Halbleiter* verdrängt. Die E. besteht im einfachsten Fall *(Diode)* aus einem luftleeren Glas- oder Metallkolben mit zwei *Elektroden* im Innern (Anode u. Kathode). Die glühende Kathode sendet Elektronen aus *(Glühkathode).* Wenn die Anode durch eine Anodenspannung positiv gegenüber der Kathode gepolt ist, so werden ständig alle emittierten Elektronen zur Anode gesaugt, u. es entsteht ein *Anodenstrom* durch das Vakuum. Umgekehrte Polung hält die Elektronen an der Kathode fest, so daß kein Strom fließt. Darauf beruht die *Gleichrichterwirkung* der E. – Eine zweite Leistung der E. besteht in ihrer *Verstärkerwirkung:* Ein zw. Kathode u. Anode gebrachtes Gitter *(Steuergitter)* beschleunigt oder hemmt die Elektronen, je nach der Größe der Gitterspannung. Schon kleine Spannungsschwankungen zw. Gitter u. Kathode beeinflussen so den Elektronenstrom. Am Anodenarbeitswiderstand kann dann eine größere Wechselspannung abgenommen werden. – Je nach der Zahl der Elektroden bezeichnet man die E. als *Diode, Triode, Tetrode, Pentode, Hexode, Heptode, Oktode* usw.

Elektronenschleuder → Betatron.

Elektronenstrahlverfahren, ein Verfahren der Werkstoffbearbeitung (Schweißen, Bohren, Fräsen), bei dem im Vakuum ein Elektronenstrahl mit magnet. Linsen stark gebündelt u. durch hohe Spannungen beschleunigt wird. Beim Aufprall auf das Werkstück setzt sich die gesamte kinet. Energie der Elektronen in Wärme um.

Elektronenteleskop, Fernrohr mit Bildwandler am Okularende zur Verstärkung schwacher Lichteindrücke oder zur Umwandlung roter u. infraroter Bilder auf elektronenopt. Wege.

Elektronentheorie der Metalle, Theorie, die freie Elektronen (Elektronengas) im Kristallgitter eines Metalls annimmt; gestattet u. a. die Berechnung der metall. Leitfähigkeit.

Elektronenvervielfacher, *Sekundärelektronen-Vervielfacher, Multiplier,* ein Verstärker für schwache Elektronenströme; Prinzip: Der primäre Strom wird auf eine Metall- oder Metalloxidschicht gelenkt, aus der jedes auffallende Elektron mehrere Sekundärelektronen auslöst; diese werden wiederum auf eine zweite Schicht gelenkt usw.

Elektronenvolt, Kurzzeichen eV, u. a. in der Elementarteilchenphysik benutzte Energieeinheit: 1 eV = $1{,}602 \cdot 10^{-19}$ J (Joule).

Elektronik, Zweig der Elektrotechnik, der sich mit der Leitung von Elektrizität in Form von Elektronen im Vakuum, in Gasen u. in Halbleitern u. mit der Verstärkung u. Steuerung von Strömen u. Spannungen befaßt; hierzu: Rundfunk, Fernsehen, Tonbandgeräte, elektroakust. Verstärker für Fernsprechnetze, Meßgeräte mit Verstärkern, Elektronenrechner, Regler mit Transistoren u. alle Einrichtungen mit Photozellen.

elektronische Datenverarbeitungsanlage → Computer.

elektronische Musik, die mit elektr. Klangmitteln erzeugte Musik. Die *Musique concrète* arbeitet mit Mikrophonaufnahmen von wirkl. (konkreten) Klängen, Geräuschen, Stimmen u. ä., die durch Bandmanipulationen zu Klangmontagen u. Geräuschkulissen verarbeitet werden. Etwa gleichzeitig (1948) begann das Studio für e. M. des Kölner Rundfunks (H. *Eimert,* K. *Stockhausen,* H. *Pousseur*), als Bauelemente durch *Elektrophone* hervorgerufene Sinustöne, Farbgeräusche u. Impulse zu verwenden. An der Entwicklung der e. M. waren ferner maßgeblich beteiligt: P. *Boulez,* L. *Nono* u. B. *Maderna.*

elektronische Musikinstrumente → Elektrophone, → elektrische Musikinstrumente.

Elektrophone, Musikinstrumente, die elektr. Schwingungen (elektromagnet. Wellen) erzeugen u. über Lautsprecher oder Kopfhörer als Töne oder Klänge hörbar machen, ohne sonst mechan. klingende Elemente zu verwenden; Arten: *Hammondorgel, Welte-Lichtton-Orgel, Dereux-Orgel, Theremin-Gerät, Ondes Martenot, Trautonium, Elektronenorgel.* Allen E. ist die stufenlose Lautstärkeregelung am Verstärkerteil gemeinsam, ebenso die Möglichkeit einer gleitenden Klangfarben-Änderung.

Elektrophorese, Wanderung von elektr. geladenen Kolloidteilchen in einem elektr. Feld. Die Teilchen wandern versch. schnell u. können z.B. durch Farbreaktionen nachgewiesen werden. Anwendung in der Chemie, Medizin u. Technik.

Elektrophysiologie, Zweig der Physiologie, der sich mit den elektr. Erscheinungen der Organismen befaßt, z.B. mit den Strömen an Muskeln u. Nerven.

Elektroschock, *Elektrokrampf,* heute seltener angewandte Behandlungsmethode für bestimmte endogene Psychosen, die mit Wechselstrom geringer Stromstärke u. kurzer Dauer arbeitet.

Elektroskop, ungeeichtes → Elektrometer.

Elektrostahl, Qualitätsstahl, der vornehml. im *Lichtbogenofen* erschmolzen wird.

Elektrostal, Stadt in Rußland, östl. von Moskau, 160 000 Ew.; Eisenhütten (vor allem Herstellung von Elektrostählen).

Elektrostatik, Lehre von den ruhenden elektr. Ladungen u. ihren Feldern.

Elektrotechnik, Zweig der Technik, der sich mit der Anwendung der Elektrizität befaßt; *elektr. Energietechnik* (Starkstromtechnik) u. *Nachrichtentechnik* (Schwachstromtechnik).

Elektrotherapie, Krankenbehandlung durch niederfrequente Gleich- (*Galvanisation*) oder Wechselströme *(Faradisation)* zur Reizung oder Beruhigung von Muskeln u. Nerven oder durch hochfrequente Wechselströme zur Wärmebehandlung (*Diathermie, u. Kurzwelle*).

Element, 1. jeder einzelne der Grundbestandteile eines zusammengesetzten Ganzen; nach der Lehre des *Empedokles* die Prinzipien *Erde, Wasser, Feuer* u. *Luft;* so (oder auch mit einem 5. E., *Äther*) bis Ende des MA. – **2.** → chemische Elemente. – **3.** → galvanische Elemente.

elementar, grundlegend, wesentlich.

Elementarladung, *elektrisches Elementarquantum,* Zeichen e, kleinste in der Natur vorkommende elektr. Ladung, die ein Teilchen haben kann. Die E. beträgt $1{,}602 \cdot 10^{-19}$ Coulomb. Ein Elektron hat eine negative, ein Positron u. Proton haben eine positive E.

Elementarmagnet, die kleinste Einheit para- oder ferromagnet. Stoffe.

Elementarteilchen, alle atomaren Teilchen, die nach dem heutigen Stand der Forschung als unteilbar, nicht mehr aus einfacheren Teilchen zusammengesetzt, angesehen werden; 3 Klassen: *massenlose Bosonen (Photonen), Leptonen* u. *Hadronen.* Die meisten E. sind nicht stabil u. gehen nach einer charakterist. Lebensdauer in andere E. über. Grundsätzl. gilt, daß alle E. entweder ineinander umgewandelt oder aus Energie erzeugt werden können. Die Physik der E. ist gleichbedeutend mit der Hochenergiephysik.

Elementarzeit, die Zeit, die das Licht benötigt, um eine Strecke von der Größe der *Elementarlänge* (10^{-13} cm) zu durchlaufen; etwa 10^{-23} s.

Elen, → Elch.

Elenantilope, größte u. schwerste rezente *Echte Antilope,* mit rinderähnl. Körper, bis 1,90 m hoch; in den Steppen vom Südrand der Sahara bis Südafrika.

Elephantiasis, *Elefantiasis,* krankhafte, oft unförmig entstellende Verdickung der Haut u. des Unterhautbindegewebes (bes. an Gliedmaßen u. Geschlechtsteilen) als Folge einer Infektion mit dem Fadenwurm.

Eleusine, *Fingerhirse, Kreuzgras,* Gatt. der *Süßgräser* in den wärmeren Zonen der Alten Welt.

Eleusis, *Elefsis,* grch. Stadt westl. von Athen, 20 000 Ew.; Hafen; Schwerind., Zement, Schiffswerft; in der Antike Schauplatz der angebl. von der Göttin *Demeter* selbst gestifteten *eleusinischen Mysterien* (Geheimkult), die alljährl. mit rituellen Festen die Wiederkehr der *Persephone* (Tochter der Demeter) aus der Unterwelt feierten.

Elevation, 1. Erhöhung, Erhebung. – **2.** das Emporhalten von Hostie u. Kelch in der kath. Meßfeier.

Elevator, Fördereinrichtung (Becherwerk, Saugrohr) für Schüttgut.

El Fatah [-'fataχ] → Al-Fatah.

Elfen, *Elben, Alben,* kleine Geisterwesen wie Zwerge, Unterirdische, Moosweibel, Kobolde u. ä. in Sage u. Märchen.

Elfenbein, Zahnbein der Stoßzähne von Elefant, ausgestorbenem Mammut, Walroß, Nilpferd u. Narwal. Die Stoßzähne des Ind. Elefanten enthalten bis 50 kg E., des Afrik. Elefanten bis 115 kg. – Die Technik der *E. schnitzerei* ist in allen Kulturen verbreitet. E. eignet sich auch für Drechsel- u. für Einlegearbeiten (bes. im 16.–18. Jh.).

Elfenbeinküste, Gebiet am Golf von Guinea (W-Afrika), zw. Kap Palmas u. Cape Three Points, in der heutigen Republik Côte d'Ivoire; ben. nach dem Elfenbein, das fr. Hinterland erbeutet wurde.

Elfenbeinküste, amtl. *Côte d'Ivoire,* Staat in W-Afrika, an der Oberguineaküste, 322 463 km², 12,1 Mio. Ew., Hptst. *Yamoussoukro,* Reg.-Sitz u. wichtigster Hafen *Abidjan.*
Die Küstenebene ist von dichtem Regenwald bestanden. Im Hochland dehnen sich Feucht- u. Trockensavannen aus. Die Bewohner teilen sich auf rd. 60 verschiedene Sudanneger-Stämme auf.

Elfenbeinküste

60% sind Anhänger von Naturreligionen, 23,5% Moslems u. 16,5% Christen.
Wirtschaft. Die Bevölkerung lebt vorw. von der Landw. (Export von Kaffee u. Kakao). Die Wälder liefern Mahagoni u. andere Edelhölzer. Nahrungsmittel-, Holz-, Baumwollind. u. Ölmühlen; Förderung von Mangan, Erdöl u. Diamanten.
Geschichte. Ohne Staatenbildung bis zur Kolonialzeit, 1893 frz. Kolonie, später ein Teil Frz.-Westafrikas, 1958 Republik mit innerer Autonomie, am 7.8.1960 unabh. Staats-Präs. seit Erlangung der Unabhängigkeit war Félix *Houphouet-Boigny.* Nach dessen Tod wurde 1993 H. K. *Bédié* neuer Staatschef.

Elfenbeinturm, im E. leben, sich von seiner Umwelt abschließen.

El Ferrol, vorübergehend *E. F. del Caudillo,* NW-span. Stadt in Galicien, befestigter Kriegs- u. Fischereihafen an der Ria del Ferrol, 90 000 Ew.; Werften, Docks, Gießereien, Fischkonserven- u. Holz-Ind.; Geburtsort von F. Franco.

Elfenbeinküste: Kakao ist neben Kaffee das wichtigste landwirtschaftliche Exportgut des Landes

Elfmeter, *E.ball, E.stoß,* beim Fußball der Strafstoß vom *E.punkt* (11 m vor dem Tor) aus gegen das Tor, das nur vom Tormann verteidigt werden darf; bei groben Regelverstößen im eig. Strafraum.

Elgar ['elgə], Sir Edward, *1857, †1934, engl. Komponist; entwickelte einen spätromant. pompösen Stil.

Elgin-Marbles [-'maːblz], die von Lord Th. *Elgin* (*1766, †1841), brit. Gesandter an der Hohen Pforte, von der Athener Akropolis entfernten Marmorwerke; seit 1816 im Brit. Museum, London.

El Greco → Greco.

Elias, *Elija,* alttestamentl. Prophet, um 870 v. Chr.; gewann im Spätjudentum als Vorläufer des Messias bes. Bedeutung (1. Könige 17 bis 2. Könige 2).

Elias, Norbert, *1897, †1990, Soziologe; Arbeiten zu Zivilisations- u. Staatsbildungsprozessen.

Eligius, *um 588, †660, Bischof von Noyon seit 641; Patron der Goldschmiede (Fest: 1.12.).

Elimination, Beseitigung, Entfernung; Entfernung einer Größe aus math. Gleichungen. – **eliminieren,** entfernen, ausschalten.

Eliot ['ɛljət], **1.** George, eigtl. Mary Ann *Evans,* *1819, †1880, engl. Schriftst. (eindringl., erlebnisnahe Schilderungen aus dem bäuerl. u. kleinbürgerl. Leben mit tiefdringender, geistiger Schau u. psych. Erfassung.) – **2.** Thomas Stearns, *1888, †1965, US-amerik.-engl. Schriftst.; Erneuerer des angelsächs. Lyrik u. des religiösen Dramas; wirkte für die abendländ. Kultur in einem christl.-konservativen u. dem Klassischen zugewandten Geist; Nobelpreis 1948; Ⓦ Drama »Mord im Dom«.

Elis, *Eleia,* fruchtbare Ldsch. an der W-Küste des Peloponnes, Hauptort *Pyrgos;* im Altertum nach Homer Heimat der *Epeier.*

Elisa, *Elisäus,* Schüler u. Nachfolger des *Elias,* um 850 v. Chr.

Elisabeth, Mutter Johannes' des Täufers, Heilige (Fest: 5.11.).

Elisabeth, engl. *Elizabeth,* russ. *Jelisaweta,* Fürstinnen:
England/Großbritannien:
1. Elizabeth I., *1533, †1603, Königin von England 1558–1603; Tochter *Heinrichs VIII.* u. der *Anna Boleyn,* unter der Regierung *Marias der Katholischen* 1554 im Tower gefangengehalten, nach deren Tod 1558 vom Parlament als Thronfolgerin anerkannt; machte England zur prot. Vormacht Europas (angl. Staatskirche, Sieg über Spanien, Flotten- u. Kolonialpolitik); Hinrichtung der schott. Königin *Maria Stuart* 1587. Ihre Ära, in der Shakespeare lebte u. die Renaissance in England blühte, wurde nach ihr das *E.anische Zeitalter* genannt. –
2. Elizabeth II., *21.4.1926, Königin von Großbrit. u. Nordirland seit 1952; Tochter *Georgs VI.,* am 2.6.1953 gekrönt; seit 1947 verheiratet mit *Philip Mountbatten,* Herzog von Edinburgh.
Frankreich:
3. E. Charlotte, *Liselotte von der Pfalz,* *1652, †1722, Tochter des Kurfürsten *Karl Ludwig von der Pfalz,* heiratete 1671 Herzog *Philipp I.* von *Orléans,* Bruder *Ludwigs XIV.*
Österreich-Ungarn:
4. E. Amalie Eugenie, *1837, †1898, Kaiserin von Östr. seit 1854, Königin von Ungarn seit 1867; Tochter des Herzogs *Maximilian* in Bayern (*1808, †1888), heiratete 1854 Kaiser *Franz Joseph I.;* von einem ital. Anarchisten in Genf erdolcht.
Rußland:
5. Jelisaweta Petrowna, *1709, †1762, Zarin 1741–62; Tochter *Peters d. Gr.* u. *Katharinas I.,* stürzte mit Hilfe der Garde *Iwan VI.* u. setzte sich gegen die Thronansprüche der Regentin *Anna Leopoldowna* durch.
Thüringen:
6. hl. E., *1207, †1231; Tochter des ung. Königs *Andreas II.,* heiratete 1221 den Landgrafen *Ludwig IV.* von Thüringen; stiftete in Marburg ein Franziskanerhospital, wo sie sich dem Armen- u. Krankendienst widmete. (Fest: 19.11.).

Elisabethanischer Stil, der während der Reg. der engl. Königin *Elisabeth I.* (*Elisabethan. Zeitalter*) im engl. Profanbau vorherrschende Stil, gekennzeichnet durch eine Mischung von Gotik u. Renaissance.

Elisabethville [-'viːl] → Lubumbashi.

Elision, Auslassung eines unbetonten Vokals.

Elis Island [-'ailənd], kleine Insel im Hafen von

New York, vor der Südspitze Manhattans; 1892 bis 1954 Prüfstelle für 16 Mio. Einwanderer.
Elista, 1944–57 *Stepnoj,* Hptst. der Rep. Kalmükien (Rußland), in den Jergeni-Höhen, 83 000 Ew.
Elixier, alkohol. Auszug oder Mixtur aus pflanzl. Substanzen mit Zusätzen von Zucker, Extrakten, äther. Ölen u. a.
Elizabeth [ɪˈlɪzəbəθ], Ind.- u. Hafenstadt im NO von New Jersey (USA), 110 000 Ew.; zahlr. histor. Gebäude; Schiff- u. Autobau, Kohlen- u. Eisenhandel, Textilind.
Ellade, Mircea, * 1907, † 1986, rumän. Religionsphilosoph u. Schriftst. (existentialist. Romane), seit 1957 Prof. für Religionsgeschichte in Chicago.
Ellbogen, *Ellenbogen, Cubitus,* die Übergangsstelle von Ober- zu Unterarm.
Elle, 1. *Ulna,* einer der beiden Unterarmknochen der vorderen Gliedmaßen bei Wirbeltieren einschl. Mensch. – **2.** fr. Längenmaß, von der Länge des Unterarms abgeleitet, zw. rd. 55 u. 85 cm; engl. E. *(Ell):* 1,1143 m.
Ellenburg, Krst. in Sachsen, 22 000 Ew.; Zelluloidwerk, Masch.-, Möbel-, Süßwaren-Ind.
Ellesmere-Insel [ˈɛlsmiːr-], kanad. Insel in der Arktis, 212 000 km², im N bis rd. 3000 m hoch.
Ellice-Inseln [ˈɛlɪs-], Inselgruppe im Pazif. Ozean, → Tuvalu.
Ellington [ˈɛlɪŋtən], Duke (Edward Kennedy), * 1899, † 1974, afroamerik. Jazzmusiker (Pianist, Arrangeur, Komponist u. Bandleader).
Ellipse, 1. zentr.-symmetr. geschlossene Kurve, bei der für jeden Punkt P die Summe der Entfernungen von 2 Festpunkten, den Brennpunkten F u. F₁, den konstanten Wert 2a hat. Gleichung der E. in rechtwinkligen Koordinaten: $b^2x^2+a^2y^2 = a^2b^2$; Flächeninhalt: $F = \pi \cdot a \cdot b$. – **2.** das Weglassen inhaltlich weniger bed. Satzteile, z.B. »Rauchen verboten!« statt »Rauchen ist hier verboten!«.
Ellipsoid, zentr.-symmetr. krumme Fläche mit einem Mittelpunkt, durch den drei aufeinander senkrechte Achsen *(2a, 2b, 2c)* gehen; Gleichung in rechtwinkligen Koordinaten: $x^2/a^2+y^2/b^2+z^2/c^2 = 1$. Ebenen schneiden das E. in Ellipsen. *Dreh-* oder *Rotations-E.*e entstehen durch Drehung einer Ellipse um ihre Achsen. Die Erde ist annähernd ein Drehellipsoid.
Ellora, *Elura,* Dorf in Maharashtra (Indien), in der Umgebung jinist., buddhist. u. hinduist. Höhlentempel, bes. bekannt durch Skulpturen des hinduist. Gottes Schiwa im Kailasa-Tempel (8. Jh.).
Ellwangen (Jagst), ba.-wü. Stadt am rechten Ufer der Jagst, 22 000 Ew.; Schloß, Stiftskirche (13. Jh.), barocke Wallfahrtskirche; Leder-, Metall-, Textilind., Maschinenbau.
Elm, *Elmwald,* bewaldeter Muschelkalkrücken (bis 322 m), sö. von Braunschweig.
Elmsfeuer, *St.-Elms-Feuer, Eliasfeuer,* selbst. elektr. Gasentladung; *Büschellicht.*
Elmshorn, Krst. in Schl.-Ho., an der Krückau, 42 000 Ew.; rege Ind.; landw. Handel.
Eloge, Lob, Schmeichelei.
Elohim, alttestamentl. Bez. für Götter u. Geistwesen, auch für den Gott Israels (Jahwe).
Elongation, 1. der Winkel, den die Linien Erde-Sonne u. Erde-Planet einschließen. – **2.** bei einem

Elritze (Männchen)

Schwingungsvorgang der momentane Ausschlag, der maximal gleich der *Amplitude* ist.
Eloquenz, Beredsamkeit.
Eloxal-Verfahren, Verfahren zur Erhöhung der Korrosionsbeständigkeit von Aluminium durch anod. Oxidation in verdünnten Säuren.
Éloy [eˈlwa], Jean-Claude, * 15.6.1938, frz. Komponist; Schüler von D. *Milhaud* u. P. *Boulez;* experimentiert mit metrischer Polyphonie.
El Paso, Stadt in Texas (USA), am linken Ufer des Rio Grande del Norte, 510 000 Ew.; Univ., zahlr. Museen; Bewässerungsfeldbau- u. Rinderzuchtgebiet; Textil- u. Nahrungsmittel-Ind.; Erdöl- u. Kupferraffinerien.
Elritze, *Pfrille, Pfrelle, Sonnenfisch,* bis 13 cm langer *Karpfenfisch* mit prachtvollem rotem Laichkleid; als »Maipiere« oder »Rümpchen« gegessen.
El Salvador, kleinster u. dichstbevölkerter Staat in Zentralamerika, 21 041 km², 5,2 Mio. Ew. (70% Mestizen, 20% Indianer, 10% Kreolen), Hptst. *San Salvador.*
L a n d e s n a t u r. Hinter einem schmalen, zumeist versumpften Küstenstreifen erheben sich die Küstenkordillere (bis 2381 m hoch) u. die Zentralamerik. Kordillere, die ein dichtbesiedeltes zentrales Hochland einschließen. Randtrop. wechselfeucht-

El Salvador

tes Klima mit einer Regenzeit von Mai bis Oktober.
W i r t s c h a f t. Die Landw. ist der bed. Wirtschaftszweig u. liefert v. a. Kaffee (50% des Ausfuhrwerts), Baumwolle, Zucker, Sisal, Kakao. Die Ind. ist weiter entwickelt als in den übrigen mittelamerik. Staaten. – Wichtig ist der Inlandsluftverkehr. Hauptseehäfen sind *La Unión, La Libertad* u. *Acajutla.*
G e s c h i c h t e. 1524 wurde E. S. von Spanien erobert. 1823–39 war es Mitgl. der Zentralamerik. Konföderation. Seit 1839 ist es selbst. Republik. Nach vorübergehender Militärherrschaft trat 1983 eine neue Verf. in Kraft. 1994 wurde A. *Calderón Sol* zum Staats-Präs. gewählt.
Elsaß, frz. *Alsace,* histor. Ldsch. zw. Vogesen u. Oberrhein; umfaßt die frz. Dép. *Bas-Rhin* u. *Haut-Rhin,* zus. 8300 km², 1,6 Mio. Ew. Zentren sind *Straßburg, Mülhausen* u. *Colmar.*

Gesch.: Bei der Reichsteilung im Vertrag zu Meersen 870 kam das E. zum ostfränk. (dt.) Reich u. gehörte seit 925 zum Herzogtum Schwaben. Im Westfäl. Frieden wurden im E. an die habsburg. Besitzungen im E. an Frankr. abgetreten; Ludwig XIV., dehnte seine Oberhoheit jedoch aus: Straßburg wurde besetzt. In der Frz. Revolution wurde das E. Frankr. eingegliedert. 1871–1918 bildete es mit einem Teil Lothringens das dt. Reichsland **E.-Lothringen,** 1919 fiel es durch den Versailler Vertrag wieder an Frankr. und blieb dort bis auf die dt. Besetzung 1940–44.
Elsheimer, Adam, * 1578 (?), † 1610, dt. Maler; der selbständigste dt. Maler des Frühbarocks, Mitbegr. der idealen Landschaftsmalerei; meist bibl. oder mythologische Szenen (»Die Flucht nach Ägypten«).
Elsner, Gisela, * 1937, † 1992, dt. Schriftst.; Mitgl. der »Gruppe 47«, gesellschaftskrit. Romane (»Die Riesenzwerge«, »Das Berührungsverbot«).
Elßler, östr. Ballett-Tänzerinnen, die Schwestern Fanny (* 1810, † 1884) u. Therese (* 1808, † 1878); begr. den Ruf des Wiener Balletts.
Elster, schwarz-weißer, rd. 45 cm langer *Rabenvogel* Eurasiens, NW-Afrikas u. N-Amerikas; Nesträuber.
Elster, 1. *Schwarze E.,* r. Nbfl. der Elbe, 188 km; mündet oberhalb von Wittenberg. – **2.** *Weiße E.,* l. Nbfl. der Saale, 247 km.
Elsterchen, kleine, elsterähnl. gefärbte *Prachtfinken* aus Afrika, die häufig als Käfigvogel gehalten werden, z.B. das *Braunrücken-E.*
elterliche Sorge, das Recht u. die Pflicht der Eltern, für das minderjährige Kind zu sorgen. Der Begriff e. S. ist 1979 an die Stelle des Begriffs *elterl. Gewalt* getreten, wobei Rechte u. Pflichten neu beschrieben wurden.
Elternbeirat, *Elternausschuß, Elternrat,* gewählte Vertreter der Elternschaft mit beratender Funktion im Rahmen der Schule.
Eltville am Rhein, *Elfeld,* Stadt in Hessen, 16 000 Ew.; Weinbau- u. -handel; elektrotechn. u. feinmechan. Ind., Großdruckerei; im 14./15. Jh. Residenz der Mainzer Erzbischöfe.
Eltz, eine der besterhaltenen mittelalterl. Burgen, am Elzbach z (Voreifel).
Éluard [elyˈaːr], Paul, eigtl. Eugène *Grindel,* * 1895, † 1952, frz. Schriftst.; Lyriker des Surrealismus u. der kommunist. orientierten Widerstandsdichtung.
Ely [ˈiːli], engl. Stadt in den südl. *Fens,* 10 000 Ew.; seit 1008 Bischofssitz; Zuckerfabrik.
Elysée-Palast [eliˈzeː], Amtssitz der Präs. der Frz. Rep. in Paris; von C. Mollet 1718 erbaut.
Elysium, *Elysion,* im grch. Mythos ein Ort (als »Inseln der Seligen« im fernen Westen), an den auserlesene Helden entrückt werden, um ein glückl. Dasein zu führen.
Elytis, Odysseas, eigtl. O. *Alepudelis,* * 2.11.1911, neugrch. Schriftst. (surrealist. Lyrik von leuchtender Farbenpracht u. Naturverbundenheit); Nobelpreis für Literatur 1979.
Elzevier [ˈɛlzəviːr], *Elsevier, Elzevirus,* holl. Drucker- u. Buchhändlerfamilie, durch die Söhne u. Enkel von Louis E. (* um 1540, † 1617) im 17. Jh. weltberühmt.
em., Abk. für *emeritiert.*
Email [eˈmaj], zu Dekorations- oder Schutzzwecken in Emaillieröfen auf Metall aufgeschmolzener Überzug von getrübtem u. häufig gefärbtem Glas.
Eman, Zeichen: eman, fr. Einheit für die Konzentration des radioaktiven Gases; 1 eman = 10^{-10} Curie pro Liter; amtl. nicht mehr zugelassen.
Emanation, 1. Zentralbegriff einer philosoph. Lehre, wonach die Welt aus der Fülle des höchsten Seins »ausströmt«, ohne daß sich dieses dabei vermindert. – **2.** ältere Bez. für die beim radioaktiven Zerfall von Actinium, Thorium u. Radium entstehenden Radonisotope Rn-219 *(Actinon),* Rn-220 *(Thoron)* u. Rn-222 *(Radon).*
Emanuel, E. I., *E. d. Gr., E. der Glückliche, Manuel I.,* * 1469, † 1521, König von Portugal 1495–1521; Begr. des port. Kolonialreichs u. der Macht Portugals.
Emanzipation, die rechtl. u. fakt. Befreiung einer Klasse oder Gruppe aus einem Abhängigkeitsverhältnis, z.B. der Sklaven, der Frauen, →Frauenbewegung.
Emba, Fluß in W-Kasachstan, 647 km lang, entspringt in den Mugodscharybergen, mündet in das Kasp. Meer; sehr hoher Salzgehalt; am Unterlauf Erdölvorkommen.
Emballage [ãbaˈlaːʒə], Verpackung.

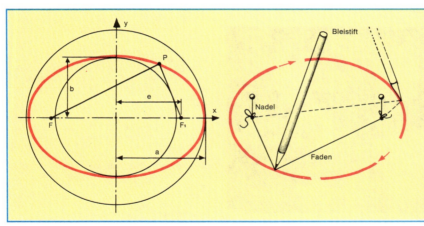

Ellipse: Bestimmungsstücke und Fadenkonstruktion

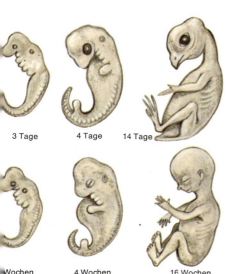

Vergleich der Embryonalentwicklung beim Huhn (oben) und beim Menschen (unten)

Embargo, das Festhalten fremder Schiffe; heute: Ausfuhrverbot, insbes. von Kriegsmaterial.
Emblem, allegor. Gebilde aus Spruch (*Lemma, Devise*), Bild (*Ikon*) u. Bilderläuterung (*Epigramm*).
Embolie, plötzl. Gefäßverschluß in der Blutbahn durch Blutgerinnsel, durch Luft oder durch Fetttröpfchen.
Embryo, *Keim,* Keimling von Tieren einschl. Mensch, auch von Pflanzen, →*Fetus.*
Embryologie, Wiss. von der Embryonalentwicklung.
Embryonalentwicklung, *Embryogenese, Keimesentwicklung,* die Lebensperiode der Gewebetiere von der Befruchtung bis zum Beginn eines selbst. Lebens; umfaßt Furchung, Keimblätterbildung, Organbildung u. Differenzierung.
Embryonalhüllen, *Eihäute, Eihüllen, Fruchthüllen,* die in der Entwicklung der *Amniontiere* (Reptilien, Vögel, Säuger) auftretenden Hüllen, die den Embryo einschließen: das *Amnion* (Schafhaut), die *innere Embryonalhülle* u. die *Serosa,* die *äußere Eihülle.*
Embryotransfer, Einbringen eines Embryos in die Gebärmutter, z.B. nach einer künstl. Befruchtung. →*Retortenbaby.*
Emden, niedersächs. Hafenstadt an der Emsmündung, 50 000 Ew.; mit dem rhein.-westfäl. Industriegebiet durch den Dortmund-Ems-Kanal, mit Wilhelmshaven durch den Ems-Jade-Kanal verbunden; Reedereien, Werften, fischverarbeitende Ind., Ölraffinerie. – Um 800 als Handelsniederlassung (Wik) gegr. Im 16. Jh. erlebte E. einen großen Aufschwung durch den Zuzug ndl. Protestanten.
Emendation, krit. Aussonderung u. Verbesserung nachweisbarer Fehler u. Schäden in handschriftl. überlieferten Texten.
Emeritierung, *Entpflichtung,* Entbindung eines ordentl. Hochschulprof. von den amtl. Pflichten bei Erreichen der Altersgrenze; die Tätigkeit eines akad. Lehrers kann weiter ausgeübt werden.
Emerson [ˈemərsn], Ralph Waldo, * 1803, † 1882, US-amerik. Essayist u. Philosoph; suchte einen dogmenfreien, dem Pantheismus nahestehenden Glauben zu begründen.
Emetika, Brechmittel.
Emigrant, Auswanderer, insbes. Flüchtling, der aus polit. oder religiösen Gründen sein Vaterland verläßt. – **Emigration,** Auswanderung oder Flucht ins Ausland.
Emilia-Romagna, Region in →*Italien.*
eminent, hervorragend, außerordentl.
Eminenz, Ehrentitel der Kardinäle in der röm.-kath. Kirche.
Eminescu, Mihai, * 1850, † 1889, rumänischer Schriftst. (weltschmerzl. philosoph. Dichtungen u. melancholl. Liebeslyrik).
Emin Pascha, Mehmed, eigtl. Eduard *Schnitzer,* * 1840, † 1892 (ermordet), dt. Afrikaforscher; vollzog die aufständ. Mahdisten 1888 bei Dufili; erforschte Arabien, Uganda u. seit 1890 in dt. Auftrag das ostafrik. Seengebiet.

Emir, Titel für Fürsten, Statthalter oder Generale in islam. Ländern.
Emissär, Sendbote, meist in geheimem Auftrag (im Sinne von »Agent«).
Emission, 1. Aussendung von Strahlen (z.B. Licht, radioaktive Strahlen) oder Teilchen (z.B. Elektronen). – **2.** Ausströmen von Stoffen in die Außenluft. – **3.** Ausgabe von Wertpapieren.
Emittent, Verursacher von Emissionen.
Emitter, Teil eines Transistors.
emittieren, ausgeben, in Umlauf setzen.
EMK, Abk. für *elektromotorische Kraft.*
Emmaus [ˈɛmaːʊs], *Emaus,* heute *'Amwas,* bibl. Ort nw. von Jerusalem, wo der auferstandene Jesus sich am Osterabend zwei Jüngern gezeigt haben soll (Luk. 24,13).
Emme, 1. *Große E.,* r. Nbfl. der Aare, 80 km; fließt durch das wegen seiner Käsereien bek. *Emmental.* – **2.** *Kleine E.,* l. Nbfl. der Reuss, 58 km.
Emmen, ndl. Großgem. in der Prov. Drente, 93 000 Ew.; Moorkolonisation; Textil-, Metall-, elektrotechn. u. Kunstseiden-Ind.
Emmendingen, ba.-wü. Krst. im *Breisgau,* 25 000 Ew.; Residenzschloß; Spinnerei u. Maschinenind.
Emmer, Art des →*Weizen.*
Emmeram, *Haimrham,* fränk. Wanderbischof, Martyrium um 710; Heiliger (Fest: 22.9.).
Emmerich, Stadt in NRW am Niederrhein, 29 000 Ew.; bed. histor. Kirchen; Nahrungs- u. Genußmittel-Ind., Masch.- u. Fahrzeugbau; Industriehafen mit Container-Terminal.
Emotion, Gefühls-, Gemütsbewegung. – **emotional,** gefühlsbetont.
Empedokles, *von Akragas,* (Agrigent), * um 483 v. Chr. † um 423 v. Chr., grch. Philosoph; erklärte das Werden u. Vergehen durch Mischung u. Entmischung von 4 Elementen (Feuer, Luft, Wasser, Erde).
Empfängnis, *Konzeption,* Befruchtung einer Eizelle durch eine Samenzelle beim Menschen.
Empfängnisverhütung, *Geburtenkontrolle, Geburtenregelung, Kontrazeption,* die Verhinderung unerwünschter Schwangerschaft; durch *hormonale Kontrazeption* (Anti-Baby-Pillen als orale Ovulationshemmer), durch die *Knaus-Ogino-Methode* (Enthaltsamkeit in der von der Ovulation abhängigen befruchtungsgünstigsten Zeit vom 12. bis 16. Tag beim 28tägigen Menstruationszyklus), durch »unterbrochenen Beischlaf« (*Coitus interruptus,* Samenerguß außerhalb der Scheide) oder durch Anwendung von *Kondomen* für den Mann, von *Pessaren* für die Frau oder von bestimmten chem. *Substanzen.* – Nur i.w.S. gehört die *Sterilisation* (Unfruchtbarmachung) zur E., bei der Frau durch Verschluß der Eileiter, beim Mann durch Verschluß der Samenleiter.
empfindsame Dichtung, die gegen die Verstandeskälte der Aufklärungsschrifttum gerichtete literar. Bewegung des 18. Jh., die Gefühlseindrücke u. -erlebnisse in den Mittelpunkt ihrer künstler. Darstellung rückte; Höhepunkte: F. G. Klopstocks Gedichte, *Goethes* »Werther«.
Empfindung, 1. Wahrnehmung, die bei Einwirkung eines Reizes auf ein Sinnesorgan entsteht. – **2.** jede gefühlsmäßige Bewußtseinsregung.
Emphase, Leidenschaftlichkeit im Ausdruck, starke rhetor. Betonung. – **emphatisch,** nachdrückl., leidenschaftl.
Emphysem, das Eindringen oder die Bildung von Luft oder anderen Gasen in Geweben, z.B. das *Lungen-E.*
Empire [ãpiːr], **1.** der *Klassizismus* unter Napoleon I. bis etwa 1830; spiegelt sich bes. in der Innendekoration u. Möbelkunst sowie im Kunstgewerbe u. in der Mode. – **2.** das Kaiserreich *Napoleons I.* u. *Napoleons III.* – **3.** [ˈɛmpaɪə] →*Britisches Reich.*
Empire State Building [ˈɛmpaɪə ˈsteɪt ˈbɪldɪŋ], 1931 erbauter Wolkenkratzer in New York, Bürohaus für rd. 25 000 Beschäftigte; 380 m hoch, dazu ein 68 m hoher Fernsehmast.
Empirie, Erkenntnis durch *Erfahrung,* durch experimentell ermittelte Wahrnehmungsdaten. **Empirische Wiss.** sind Tatsachen- oder Realwiss., die Erfahrungen zergliedern oder zusammenfassen, beschreiben u. auswerten. – **empirisch,** auf Erfahrung beruhend, aus Erfahrung gewonnen.
Empirismus, Lehre, daß alle Gegebenheit nur Erfahrungsgegebenheit, vor allem daß alle Erkenntnis nur empir. *Erfahrung* sei.
Empore, Galerie in Kirchen u. Sälen.
Empyem, Eiteransammlung in einer Körperhöhle.

Ems, 1. *Bad E.,* Heilbad in Rhld.-Pf., an der unteren Lahn, 10 000 Ew.; pharmazeut., chem. u. Kunststoff-Ind. – **2.** Fluß in NW-Dtld., 371 km, entspringt im östl. Teutoburger Wald u. mündet bei Emden in den Dollart.
Emscher, r. Nbfl. des Rhein im nördl. Ruhrgebiet, 98 km; Hauptabwasserkanal des Ruhrgebiets.
Emsdetten, Stadt in NRW, an der Ems, 32 000 Ew.; Jute- u. Textil-Ind.
Emser Depesche, Telegramm des preuß. Geheimrats *Abeken* aus Bad Ems vom 13.7.1870 an *Bismarck;* Inhalt: Bericht von der Unterredung König *Wilhelms I.* mit dem frz. Botschafter *Benedetti* über das Ansinnen Napoleons III., der König solle dem Verzicht Leopolds von Hohenzollern-Sigmaringen auf die span. Thronkandidatur beitreten, deren Endgültigkeit verbürgen u. sich noch nachträgl. entschuldigen, was Wilhelm abgelehnt hatte. – Diese Depesche wurde von Bismarck so gekürzt veröffentlicht, daß sich eine Verschärfung der Ablehnung des Königs ergab. Dadurch stieg die Erregung der frz. Öffentlichkeit so sehr an, daß Frankr. Preußen den Krieg erklärte.
Emser Salz, durch Eindampfen des Emser Thermalwassers gewonnenes oder künstl. hergestelltes Salzgemisch, das gegen Katarrhe der Atemwege eingesetzt wird.
Emsland, der Grenzraum Nds. gegen die Niederlande westl. der mittleren Ems; im N das *Bourtanger Moor,* im S das *Bentheimer Revier;* Erdölgebiet; Ldkrs. mit Verw.-Sitz Meppen.
Emu, straußenähnl., flugunfähiger Vogel Australiens.

Emu

Emulsion, 1. feinste Verteilung einer Flüssigkeit in einer anderen, nicht mit ihr mischbaren. – **2.** die aus Gelatine u. lichtempfindl. Silbersalzen bestehende photograph. Schicht.
en bloc [ã ˈblɔk], im ganzen.
Encke, Johann Franz, * 1791, † 1865, dt. Astronom; berechnete die Bahn des nach ihm ben. *E.schen Kometen.*
Ende, 1. Edgar, * 1901, † 1965, dt. Maler des Surrealismus. – **2.** Michael, Sohn von 1), * 12.11.1929, dt. Schriftst.; phantasievolle Erzählungen. Ⓦ »Jim Knopf u. Lukas, der Lokomotivführer«, »Momo«, »Die unendliche Geschichte«, »Der Wunschpunsch«.
Endemie, *endem. Krankheit,* Infektions- oder sonstige Krankheit, die in einem bestimmten Gebiet ständig herrscht oder immer wieder entsteht.
Enders [ˈɛndəz], John Franklin, * 1897, † 1985, US-amerik. Bakteriologe u. Virusforscher; züchtete Kinderlähmungsviren zur Herstellung eines Impfstoffs; Nobelpreis 1954.
en détail [ãdə ˈtaj], im einzelnen.
Endivie, *Korbblütler,* Salatpflanze (Winter-, Sommer-E.).
Endlagerung, endgültige Einlagerung der nicht wiederverwertbaren radioaktiven Abfälle, die bei der Erzeugung von Kernenergie entstehen.
»Endlösung der Judenfrage«, nat.-soz. Bez. für die geplante phys. Ausrottung des europ. Judentums; →*Judenverfolgung.*
Endmoränen, von Gletschern am Eisrand wallartig abgelagerte Schuttmassen.

228 endo...

endo..., Vorsilbe mit der Bed. »in, innerhalb, innen«.
Endodermis, die für wasserlösl. Stoffe schwer durchlässige innerste Rindenschicht der Wurzel.
Endogamie, *Binnenheirat,* Beschränkung der Heiratsmöglichkeiten auf die Mitgl. einer Gemeinschaft (Stamm, Kaste, Clan).
endogen, von innen; durch innere Kräfte bewirkt; Ggs.: *exogen.*
Endokard, die Herzinnenhaut.
endokrine Drüsen, *Inkretdrüsen,* die Drüsen, die die *innere Sekretion* bewirken.
Endokrinologie, Wiss. von der *inneren Sekretion,* d. h. von der Bildung u. den Funktionen der *Hormone,* sowie von deren krankhaften Störungen u. Abweichungen *(klinische E.).*
Endolymphe, Flüssigkeit in den Bogengängen des Ohrlabyrinths.
Endometrium, Gebärmutterschleimhaut.
endoplasmatisches Retikulum, unter dem Elektronenmikroskop entdeckte Struktur des *Zytoplasmas* fast aller Zellen: ein System kanalförmig miteinander verbundener Membranen, die mit Zell- u. Kernmembran verschmelzen können.
Endorphine, *endogene Morphine,* im Hirngewebe u. in der Hypophyse vorkommende Peptide mit Opiatwirkung.
Endoskop, ärztl. Instrument, das die Beleuchtung u. Besichtigung von Körperhöhlen u. ihrer Zugänge ermöglicht *(Endoskopie).*
Endosperm, Nährgewebe im pflanzl. Samen.
Endothel, *Epithel* der Innenflächen tier. Organsysteme, z.B. Leibeshöhle u. Gefäße.
endotherm, Wärme aufnehmend; **e.e Reaktionen** sind physikal. oder chem. Prozesse, die unter Verbrauch von Wärme verlaufen.
Endseen, abflußlose Seen.
Endspurt, im Sport letzter Kräfteeinsatz vor Erreichen des Ziels.
Endymion, grch. Sagengestalt, ein schöner Hirte oder Jäger; Geliebter der Mondgöttin Selene.
Energetik, *Energetismus,* von W. Ostwald eingeführte Bez. für eine monist., den Begriff *Materie* durch den der *Energie* ersetzende, den mechanist. Materialismus bekämpfende naturphil. Weltanschauung.
Energie, jede realisierbare Kraft; im allg. Sprachgebrauch: Tatkraft, Nachdruck; in der P h y s i k: Fähigkeit eines Körpers, Arbeit zu leisten. So hat jeder Körper aufgrund seiner Lage u. seiner Bewegung in bezug auf andere Körper eine *mechan. E.,* näml. eine *Lage-E. (potentielle E.)* u. eine *Bewegungs-E. (kinet. E.).* Andere E.formen sind: *Wärme-, elektr., magnet.* u. *Ruhe-* oder *Masse-E.* Nach R. *Kirchhoff* ist die Summe aller E. konstant. Alle Prozesse bedeuten daher letztl. nur eine Umwandlung der E. von einer Form in eine andere. M. *Planck* entdeckte, daß ein Atom nicht stetig E. in Form von Lichtstrahlung aufnehmen oder abgeben kann, sondern nur ganz bestimmte (»diskrete«)

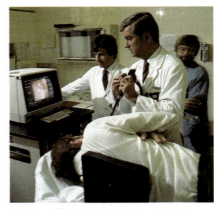

Endoskop: Über eine miniaturisierte Spezialkamera an der Spitze der eingeführten Sonde wird das Bild aus dem Organ vergrößert auf einen Monitor übertragen und erleichtert so dem Arzt die Diagnose

Beträge *(E.quanten),* → Quantentheorie. – Die Maßeinheiten der E. sind: Joule, Kilowattstunde u. Elektronenvolt.
Energiewirtschaft, Wirtschaftszweig der Grundstoffind. mit der Aufgabe der Nutzbarmachung der Energiequellen u. -vorräte. Bedeutendste Energiequelle ist heute *Elektrizität,* die aus *Kohle, Rohöl* oder *Wasserkräften* gewonnen wird. Für die Ind. ist *Gas* bed.; es wird aus Kohle u. *Erdgas-Quellen* gewonnen. Die Kernenergie hat einen relativ geringen Anteil an der Energieversorgung. Für die Zukunft wird eine größere Nutzung von *Sonnen-, Wind-, Gezeiten-* u. *geotherm. Energie* angestrebt.

Umrechnungstabelle für Energie-Einheiten						
	J = Nm	kWh	kpm	kcal	eV	erg
1 J = 1 Nm	1	2,78·10⁻⁷	0,102	2,39·10⁻⁴	6,24·10¹⁸	10⁷
1 kWh	3,60·10⁶	1	3,67·10⁵	859,85	2,25·10²⁵	3,60·10¹³
1 kpm	9,81	2,72·10⁻⁶	1	2,34·10⁻³	6,12·10¹⁹	9,81·10⁷
1 kcal	4186,8	1,16·10⁻³	426,94	1	2,61·10²²	4,19·10¹⁰
1 eV	1,60·10⁻¹⁹	4,45·10⁻²⁶	1,63·10⁻²⁰	3,83·10⁻²³	1	1,60·10⁻¹²
1 erg	10⁻⁷	2,78·10⁻¹⁴	1,02·10⁻⁸	2,39·10⁻¹¹	6,24·10¹¹	1

Enescu, *Enesco,* George, *1881, †1955, rumän. Geiger u. Komponist; Schüler von G. *Fauré* u. J. *Massenet.*
en face [ã 'fas], von vorn.
en famille [ã fa'mijə], im Familienkreis.
Enfant terrible [ãfãtε'ribl, frz. »schreckl. Kind«], Mensch, der durch unerwünschte Offenheit andere in Verlegenheit bringt.
Enfleurage [ãflœ'ra:ʒə], Gewinnung von Duftstoffen u. Blütenölen aus Pflanzenteilen.
Engadin, schweizer. Tallandschaft des oberen Inn (Kt. Graubünden), 90 km lang; klimat. bes. begünstigt; *Ober-E.* vom Malojapaß bis Zernez mit der Seenkette zw. Sils u. St. Moritz; *Unter-E.* von Zernez bis zur östr. Grenze mit steilen Schluchten zw. Zernez u. Scuol; Nationalpark.
Engagement [ãgaʒə'mã], **1.** Anstellung, Verpflichtung (bes. bei Bühnenkünstlern u. Musikern). – **2.** das Sich-Einsetzen für die Belange einer Gruppe oder Richtung.
Engel, als Personen gedachte Boten der Gottheit u. himml. Wesen; nach Vorstellungen der *Angelologie* (Lehre von den E.) hierarchisch gegliedert: Seraphim, Cherubim, Throne; Mächte, Herrschaften, Gewalten; Fürsten, Erzengel u. E. In der Volksfrömmigkeit sind nur Erzengel (7 oder 4: Michael, Gabriel, Rafael, Uriel) u. E. bekannt, letztere bes. als Schutzengel.
Engel, 1. Erich, *1891, †1966, dt. Regisseur; arbeitete mit B. *Brecht* zusammen; inszenierte u. a. »Die Dreigroschenoper«. – **2.** Ernst, *1821, †1896, dt. Statistiker; stellte das *E.sche Gesetz* auf, nach dem der prozentuale Anteil der Ausgaben eines Familienhaushalts für Nahrungsmittel an den Gesamtausgaben mit steigendem Einkommen abnimmt.
Engelberg, schweizer. Sommer- u. Winterkurort im Kt. Obwalden, an der *E.er Aa,* 3000 Ew.; Benediktinerabtei (gegr. 1120).

Engelbert, *um 1185, †1225 (ermordet), Erzbischof von Köln 1216–25; Heiliger (Fest: 7.11.).
Engelhard, Hans, *16.9.1934, dt. Politiker (FDP); 1982–91 Bundes-Min. der Justiz.
Engelhardt, Klaus, *11.5.1932, ev. Theologe; seit 1991 Vors. des EKD-Rates.
Engelke, Gerrit, *1890, †1918, dt. Schriftst.; expressionist. Lyriker, Arbeiterdichtung.
Engelmann, Bernt, *1921, †1994, dt. Schriftst.; zeitkrit. Sachbücher u. Romane.
Engels, bis 1932 *Pokrowsk,* Stadt in Rußland, am Wolgograder Stausee, 182 000 Ew.; chem. Ind., Fahrzeug-, Masch.-, Holz-Ind.; Erdgas- u. Erdölförderung; 1923–41 Hptst. der (1941 aufgelösten) Wolgadeutschen ASSR.
Engels, Friedrich, *1820, †1895, dt. Sozialist; arbeitete eng mit K. *Marx* zusammen. Als Programmschrift für den »Bund der Kommunisten«, dem Marx u. E. 1847 beitraten, verfaßten sie das »Kommunist. Manifest« 1848. Während der Revolution 1848/49 war E. Redakteur der von Marx geleiteten »Neuen Rhein. Zeitung«. Nach Teilnahme an dem gescheiterten pfälz. Aufstand emigrierte er nach England. 1870 wurde er Mitgl. des Generalrats der 1. Internationale. In zahlr. Schriften trug er maßgebl. an der Ausbildung der marxist. Theorie mit u. trug zu ihrer Popularisierung bei.
Engelsburg, 139 n. Chr. eingeweihter, von Kaiser *Hadrian* errichteter monumentaler Grabbau in Rom, an der Engelsbrücke; ben. nach der dem Erzengel Michael geweihten Kapelle, die Papst *Bonifatius IV.* einbauen ließ; 1277–1870 als Zwingburg u. Zuflucht im Besitz der Päpste; heute Museum.
Engelsüß, beliebte Zierpflanze (Tüpfelfarn).
Engelwurz, *Brustwurz, Heiliggeistwurz, Zahnwurzel, Angelica,* Gatt. der *Doldengewächse;* hierzu die *Wald-E.* u. die *Echte E.* Die Wurzeln der Echten E. werden gerne als Verdauung förderndes Heilmittel verwandt.

Engerling, die (meist in der Erde lebende) Larve von Blatthornkäfern.
Engführung, *Stretto,* bei der Durchführung der *Fuge* der Eintritt der das Thema nachahmenden Stimme, bevor das Thema in der 1. Stimme beendet ist.
Enghien [ã'gjɛ̃], Louis Antoine Henri de *Bourbon-Condé,* Herzog von E., *1772, †1804; kämpfte auf Veranlassung Napoleons im Emigrantenkorps gegen die Frz. Revolution.
Enghien-les-Bains [ãgjɛ̃le'bɛ̃], frz. Kurort nördl. von Paris, 10 000 Ew.; Pferderennbahn.
Engholm, Björn, *9.11.1939, dt. Politiker (SPD); 1981/82 Bundes-Min. für Bildung u. Wiss.; seit 1988 Min.-Präs. von Schl.-Ho.; seit 1991 Vors. der

Energiewirtschaft: Windkraftanlage in Schweden, die 300 Landhäuser mit Strom beliefert

Engadin: Sils-Baselgia und Silser See

Engelsburg

SPD; trat 1993 wegen einer Falschaussage vor dem Barschel-Untersuchungsausschuß von allen Ämtern zurück.
England, Stammland des Vereinigten Königreichs von Großbrit. u. Nordirland im nichtschott. u. nichtwalis. Südteil der brit. Hauptinsel (ausgenommen Insel Man), umfaßt 130 363 km² mit 47,4 Mio. Ew.
Gesch.: →Großbrit. u. Nordirland.
Engländer, Schraubenschlüssel mit verstellbarer Maulbreite.
Engländer, germ. Volk, die Bewohner des brit. Mutterlands.
Engler, 1. Adolf, *1844, †1930, dt. Botaniker (Systematik u. Pflanzengeographie). – **2.** Carl Oswald Viktor, *1842, †1925, dt. Chemiker; führte die erste Synthese des Indigos aus u. erfand ein Viskosimeter zur Bestimmung der Zähflüssigkeit von Ölen.
englische Komödianten, engl. Berufsschauspieler, die seit dem Ende des 16. Jh. Wandergastspielreisen aufs Festland unternahmen u. dadurch zur Bildung des europ. Berufsschauspielerstands, zur Ausformung der neuzeitl. Bühne u. zur Entwicklung des modernen Dramas beitrugen.
englische Krankheit →Rachitis; 1650 zuerst von dem engl. Arzt Francis *Glisson* (*1597, †1677) beschrieben.
englische Kunst. Nach bed. künstler. Leistungen in vorgeschichtl. Zeit (Cromlech von Stonehenge, um 2000 v. Chr.) u. in der kelt. Periode (Metallkunst, Buchmalerei, Steinkreuze) schloß sich die e. K. seit der normann. Eroberung stilist. der roman. Kunst der Normandie an. In der Architektur begannen sich im 11. Jh. spezifisch engl. Formen auszubilden, die der engl. Kirchenbaukunst über alle Stile u. Jahrhunderte hinweg ihr eigenes Gepräge gaben (ungewöhnl. Längenausdehnung im Grundriß, breite Proportionen des Aufrisses, Vorliebe für die lange, gleichförmige Reihung eines Gliederungsmotivs). Die anglo-normann. Periode (Canterbury, Durham, Rochester, Gloucester, Worcester, St. Albans) bildete den für das engl. MA verbindl. Kathedraltyp aus. Mit dem 1175 begonnenen Umbau des Chors der Kathedrale von Canterbury vollzog sich in enger Anlehnung an frz. Vorbilder der Übergang zur Gotik (Kathedralen von Salisbury, Wells u. Beverley).
Im *Tudorstil* (1500–1600, bes. Schloßbau) vermischten sich Formen der Spätgotik u. der ital. Renaissance, bis Anfang des 17. Jh. im Anschluß an A. *Palladio* eine barock-klassizist. Entwicklung einsetzte, die weitergeführt von W. *Kent* u. Ch. *Wren* (u. a. St. Paul's Cathedral in London), den Klassizismus allg. verbreitete. Das 19. Jh. war zunächst beherrscht von der Tudorgotik (*Barry* u. *Pugin:* Londoner Parlamentsgebäude; *Scott:* zahlreiche neugot. Kirchen). Losgelöst von diesen historisierenden Tendenzen, setzte sich gleichzeitig ein neues Stilgefühl durch, das eigtl. einheitl. Ausstattung von Innenräumen u. Ingenieurarchitektur aus Eisen, Eisenbeton u. Glas seit dem Ende des 18. Jh. (»Kristallpalast« der Londoner Weltausstellung 1851 von J. *Paxton*). Die Wende zum 20. Jh. brachte bes. im Wohnhausbau mit einer neoklassizist. Haltung den sog. *Modern Style* (Jugendstil). Ihre erste Blütezeit erlebte die engl. Malerei im 10. u. 11. Jh. (Miniaturmalerei der *Schule von Winchester*). In der Gotik, bei zunehmender Bed. der Glas- u. Wandmalerei, geriet die engl. Malerei unter frz. Einflüsse *(Wilton-Diptychon,* um 1395). Die kontinentalen Strömungen, die nach dem Beginn des 15. Jh. für etwa 300 Jahre die engl. Malerei beherrschten, gingen überwiegend auf die Tätigkeit ausländ. Künstler in England zurück *(Holbein d. J., Rubens, van Dyck).* W. *Hogarth,* der eigtl. Begr. einer nationalengl. Malerei, hielt sich abseits von den Konventionen der Porträtkunst u. entwickelte in zeit- u. gesellschaftskrit. Genrebildern einen kraftvollen Realismus. Einen neuen Höhepunkt erreichte die Bildnismalerei nach der Mitte des 18. Jh. mit der Weiterentwicklung der van Dyck begr. Porträttradition durch *Reynolds, Gainsborough* u. *Romney.* Anfang des 19. Jh. machten *Bonington* u. *Constable* die Landschaftsmalerei (häufig Aquarelle) zu einem der fruchtbarsten Zweige der engl. Kunstschaffens, mit dem Werk *Turners* als Höhepunkt. Daneben vereinigten die Präraffaeliten *Rossetti, Burne-Jones* u. a. Züge des Quattrocento mit einer im 18. Jh. bei *Blake* u. *Füßli* aufgekommenen mystischen Bildphantasie. Internat. Geltung gewannen *Beardsley* als bed. engl. Maler des Jugendstils u. im 20. Jh. bes. *Bacon, Blake, Nicholson, Pasmore* u. *Sutherland.*
englische Literatur. Die Anfänge der e. L. liegen in der angelsächs. Periode, die mit der Eroberung der Brit. Inseln durch Angelsachsen (um 450) begann. Im 8. Jh. entstand das stabreimende Heldenepos *Beowulf.*
Die mittelengl. Periode setzte mit der Eroberung der Brit. Inseln durch die Normannen (1066) ein. Sie brachten aus Frankreich neue Stoffe u. Formen (Fabliaux, Ritterromane) u. den Endreim mit. G. *Chaucer* (»Canterbury Tales«) verband das frz. Element an den heim. Traditionen. Humanismus u. Renaissance brachten neben antiken Einflüssen v. a. die Übersetzung der Bibel (W. *Tyndale,* M. *Coverdale*) u. die Einbürgerung von Sonett u. klass. Versmaßen. Überragender Frühhumanist war T. *More.*
Das Elisabethanische Zeitalter brachte die erste große Blütezeit der e. L., wobei die Lyrik (P. *Sidney*) u. die Bildung eines Nationalepos (E. *Spenser*) prägend wurden. Eine nie erreichte Blüte erlebte das Drama mit C. *Marlowe* u. B. *Jonson,* v. a. aber mit *Shakespeare*. Zu Beginn des 17. Jh. war zunächst die Lyrik dominierend (J. *Donne*). Mit der Herrschaft der Puritaner entstand eine religiös geprägte Lit. Sie fand ihren Höhepunkt in J. *Miltons* Epos »Verlorenes Paradies«. Mit der Herrschaft Karls II. zeigte sich unter frz. Einfluß der Klassizismus durch (J. *Dryden*).
Mit dem 18. Jh. begann die große Zeit des engl. Prosaromans. Der Abenteuerroman wurde von D. *Defoe* in realist. Sinn umgebildet. Als neue Richtung trat der moral.-sentimentale Sittenroman hervor (S. *Richardson*). Der Gefühlsseligkeit traten H. *Fielding* u. T. G. *Smollett* mit iron. Realismus u. Humor entgegen. Kritik an Kirche u. Staat fand ihren Ausdruck im satir. Roman (J. *Swift*). Der schlichte Familienroman (O. *Goldsmith*) u. die Geistigkeit L. *Sternes* weisen schon auf die Geistesströmungen des 19. Jh. hin.
Um die Wende vom 18. zum 19. Jh. (Romantik) proklamierte eine Gruppe junger Dichter im Anschluß an Rousseau die Rückkehr zur Natur. Als Quelle der Dichtung wurde die dem Verstand unzugängliche Einbildungskraft verkündet (W. *Wordsworth,* S. T. *Coleridge*). Individualismus, Freiheitsdrang u. Weltschmerz kennzeichnete die engl. Hochromantik (S. T. *Coleridge,* Lord *Byron,* P. B. *Shelley* u. J. *Keats*).
Das Viktorianische Zeitalter brachte um die Mitte des 19. Jh. große soziale Umwälzungen. Diese Problematik wurde im realist. Roman gestaltet (W. M. *Thackeray,* C. *Dickens*). In den folgenden Jahrzehnten entstand eine pessimist. Weltsicht, die zu Untergangsstimmung (T. *Hardy*) oder scharfer Gesellschaftskritik führte (S. *Butler*). Die Lyrik schloß sich an die Romantik an (A. *Tennyson,* R. *Browning*). O. *Wilde* vertrat gegen Ende des Jh. einen schrankenlosen Ästhetizismus.
Die engl. Schriftst. des 20. Jahrhunderts zerbrachen die Maßstäbe des Viktorian. Zeitalters. Grundthema der e. L. wurde, bes. nach dem 1. Weltkrieg, die Auflösung der bürgerl. Gesellschaft. Noch immer behauptete der Roman seine Vormachtstellung. In der Prosadichtung der älteren Generation macht sich eine neuromant. Strömung bemerkbar. Daneben entwickelte sich eine realist. Richtung (J. *Galsworthy,* C. *Morgan,* W. S. *Maugham*). Die humorist. Erzählung war der großen Tradition des 18. u. 19. Jh. verpflichtet (J. B. *Priestley*). Abenteuerlichkeit u. ein weltweites Machtbewußtsein vereinigten sich in der Empire-Dichtung (R. *Kipling*). Aus der Kritik an den gegenwärtigen Zuständen entstanden soziale Phantasien u. Utopien (H. G. *Wells,* G. K. *Chesterton*). Mit seinen witzigen gesellschaftskritischen Stücken wirkte G. B. *Shaw* stark auf das engl. Theater. Kulturpessimismus u. Unsicherheit gaben den Anstoß, die überkommenen literar. Formen zu verneinen (J. *Conrad,* E. M. *Forster,* J. *Joyce*) u. neue Werte zu setzen, sei es christl. Gläubigkeit (G. *Greene,* E. *Waugh*), sei es Entfaltung der Persönlichkeit oder Erotik (D. H. *Lawrence*). Der ganzen Generation von Romanschriftst. ist das Interesse an psycholog. u. sozialen Fragen gemeinsam. Die Frauenfrage war Thema für V. *Woolf* u. V. *Sackville-West,* die Auseinandersetzung mit dem Totalitarismus für G. *Orwell.* Im Drama der 1950er Jahre dominierten wieder religiöse Elemente (T. S. *Eliot,* C. *Fry*). Danach kam die gesellschaftskrit. Richtung der »zornigen jungen Männer« (J. *Osborne*) zu Wort. Die letzte große lyrische Bewegung ging vom christl.-humanist. Symbolismus T. S. *Eliots* u. W. B. *Yeats'* Symbolismus aus. Daneben läßt sich das Erstarken einer schott. u. walis. Nationalliteratur beobachten. Bed. Romane der Gegenwart schrieben W. *Golding,* L. *Durrell,* A. *Burgess,* I. *Murdoch,* D. *Lessing.*
englische Musik. In der Mitte des 10. Jh. entstand das bed. Sammelwerk *(Winchester-Tropar)* der frühen Mehrstimmigkeit. Um die Wende des 15. Jh. war bes. John *Dunstable* für die auf dem Ndl. fortsetzende Polyphonie bedeutsam. Das 16. Jh. brachte eine Hochblüte des Madrigals mit W. *Byrd* u. T. *Morley.* Auf die Lautenmusik wirkten J. *Dowland,* auf die Entwicklung der Klaviermusik (Virginal, Cembalo, Orgel) J. *Bull* ein. Eine der ältesten Quellen dieser Kunst ist das »Fitzwilliam-Virginal-Book« (um 1570–1625).
Mit *Purcell* erhielt England einen der bed. Opern-, Kirchen- u. Instrumentalmusik-Komponisten seiner Zeit. Deutsche waren es andererseits, die, in England lebend, auf das engl. Musikleben des 18. Jh. einwirkten, so in erster Linie *Händel,* daneben J. Ch. *Bach* u. *Haydn.*
Während aus der klass. romant. Periode kaum Komponisten zu nennen sind, mit Ausnahme von *Bennett,* zeigte England erst wieder Ende des 19. Jh. ein stärkeres Aufleben der Musik auf fast allen Gebieten mit *Sullivan, Mackenzie* (Oper), *Delius, Parry, Scott, Elgar* (Chor- u. Instrumentalmusik), *Holst.* Bei *Walton, Tippett, Vaughan Williams* u. B. *Britten* ist weitgehend ein Festhalten an tradierten Gatt. u. an der Tonalität erkennbar. Vertreter der jüngsten engl. Musik wie *Fricker, Bennett, Goehr, Davies, Birtwistle* zeichnen sich durch eine gewisse stilist. Unbefangenheit aus. – Von großer Bed. ist England durch die Entwicklung der Beat- u. Rockmusik in den 1960er Jahren *(Beatles, Rolling-Stones).*
englischer Garten, die der Natur nachgebildete, künstler. gestaltete Park- u. Gartenanlage, die in der Gesch. der Gartenkunst den regelmäßigen (Barock-)Garten ablöste. Erste Anlagen dieser Art entstanden im 18. Jh. in England.
Englischer Gruß →Ave Maria.
englische Sprache, westgerm. Sprache; entstanden aus dem Angelsächsischen (Altenglisch), zunächst stark beeinflußt vom Dänischen (bis zum 11. Jh.). In den nächsten Jahrhunderten herrschte das Französische (Anglonormannische) am Hof u. in der Verw. vor. Die Zeit der Vermischung u. Auseinandersetzung (unter bestimmender Mittelpunktstellung der Londoner Mundart) bezeichnet man als *Mittelenglisch* (1066–1500), die neueren Formen in den späteren Jahrhunderten als *Neuenglisch.* Die in Nordamerika gesprochene e. S. (*Amerikanisch*) weicht in manchen Einzelheiten vom Inselenglischen ab. – Die e. S. ist heute Muttersprache von rd. 300 Mio. Menschen.
Englischhorn, Alt-Oboe, eine Quinte tiefer als die Oboe.
English-Waltz ['iŋgliʃ 'woːls], ein dem *Boston* ähnl. langsamer Walzer im ³/₄-Takt; seit 1929 Standardtanz.
Engramm, nach R. *Semon* die durch Reize bewirkten Veränderungen einer organ. Substanz, die Grundlage des Gedächtnisses sein sollen.

en gros [ã'gro:], im großen, in großen Mengen.
Enharmonik, Möglichkeit, gleichklingende, doch versch. notierte Töne (z.B. cis – des) u. damit Akkorde miteinander zu vertauschen (»enharmon. Verwechslung«). Hierauf beruhen zahlr. Modulationen.
Eniwetok, Atoll im Pazifik, westl. der Marshall-Inseln, 27 km²; 1947-58 Atombombenversuchsgelände der USA (1952 erste Wasserstoffbombe); teilw. wieder bewohnt.
Enjambement [ãʒãbə'mã], *Zeilensprung,* metr. *Brechung,* Übergreifen des Satzes über das Vers- oder Strophenende auf die nächste Zeile eines Gedichts.
Enkaustik, antikes Malverfahren, bei dem mit Wachs gebundene Farben heiß auf Stein, Holz oder Elfenbein aufgetragen oder (bei kaltem Auftrag) durch einen heißen Spachtel untereinander u. mit dem Malgrund verschmolzen wurden; auch die Imprägnierung von Marmorbildwerken u. Gipsabgüssen mit geschmolzener Stearinsäure oder Paraffin, womit eine elfenbeinartige Tönung erzielt wird.
Enklave, ein vom eigenen Staatsgebiet umschlossenes Territorium eines fremden Staates; Ggs.: *Exklave.*
Enkomion, Lobrede, Lobgedicht.
en masse [ã'mas], massenhaft, in großer Zahl.
en miniature [ã minia'ty:r], in kleinem Format.
Enna, bis 1927 *Castrogiovanni,* ital. Stadt auf Sizilien, Hptst. der gleichn. Provinz, 30 000 Ew.; Dom (14. Jh.), Castello di Lombàrdia; Schwefelabbau.
Ennepe, l. Nbfl. der Volme in Westfalen, 35 km; im Oberlauf die E.-Talsperre, erbaut 1902–10, 12,6 Mio. m³.
Ennepetal, Industriestadt in NRW, östl. von Wuppertal, 1949 durch Zusammenschluß von *Milspe* u. *Voerde* gebildet, 34 000 Ew.; Kluterthöhle (Asthma-Naturheilstätte).
Ennius, Quintus, * 239 v. Chr., † 169 v. Chr., röm. Dichter; führte den Hexameter in die röm. Dichtung ein u. schuf die Gatt. der Satire.
Enns, r. Nbfl. der Donau, 254 km; durchbricht die **E.taler Alpen** (Hochtor 2372 m) in einer wilden Schluchtstrecke (*Gesäuse*).
enorm, sehr groß, erstaunl., wunderbar.
en passant [ãpa'sã], im Vorübergehen, beiläufig.
Enquête [ã'kɛ:t], amtl. Untersuchung, Umfrage.
Ens, in der Scholastik das Ding, Seiende, Wesen.
Enschede ['ɛnsxədə], ndl. Stadt in der Prov. Overijssel, nahe der dt. Grenze, 150 000 Ew.; Textilzentrum; Masch.-, chem. Ind., Brauereien, Autoreifenfabrik.
Ensemble [ã'sãbl], die Gesamtheit, das Ganze; beim Theater die Schauspielertruppe.
Ensinger od. **Ensingen,** Ulrich, * um 1359, † 1419, dt. Baumeister; leitete 1392–1417 den Bau des Ulmer Münsters, errichtete 1399 den Nordturm des Straßburger Münsters.
Ensor, James, * 1860, † 1949, belg. Maler u. Graphiker; Hauptmeister des fläm. Expressionismus.
en suite [ã'swit], im folgenden, demzufolge.
entartete Kunst, *artfremde Kunst,* Schlagwort der nat.-soz. Kulturpropaganda, u. a. für die Werke von E. *Nolde,* E. *Heckel,* E. L. *Kirchner,* F. *Marc,* M. *Pechstein,* O. *Kokoschka,* O. *Dix,* L. *Hofer,* P. *Klee* u. M. *Beckmann.* Die Reichsregierung erließ am 21.5.1928 ein »Gesetz über Einziehung von Erzeugnissen entarteter Kunst«.
Entartung, 1. Degeneration. – **2.** bei einem physikal. System das Auftreten versch. Bewegungszustände gleicher Energie.
Entbindung → Geburt.
Entdeckungsreisen, aus wirtsch. Interesse oder Abenteuerlust, später auch aus wiss. Gründen unternommene Fahrten zur Erforschung u. Erschließung der Erdoberfläche. Den Griechen war um 500 v. Chr. das Mittelmeergebiet mit seinen Randländern bis an die Grenze Indiens u. auch bis zum Kasp. Meer bekannt. Zur Zeit des röm. Imperiums erweiterte sich das Erdbild bes. nach West- u. Mitteleuropa. Das MA jedoch hat bis zum Jahre 1000 wenige Gebiete neu erschlossen. Im 13. Jh. bereiste Marco Polo Zentral-, Ost- u. Südasien. Von 1450 bis 1650 fanden die großen Entdeckungsreisen statt. Portugiesen u. Spanier leiteten Ende des 15. Jh. das *Zeitalter der Entdeckungen* ein. 1492 entdeckte Kolumbus Westindien, 1498 Südamerika u. 1502 Mittelamerika; 1497/98 betrat Cabot Nordamerika, 1498 Vasco da Gama Vorderindien; 1519–22 umsegelte Magalhães erstmals die Welt. Im 17. u. 18. Jh. übernahmen Holländer u. Engländer die Führung, erreichten Australien, Tasmanien, Neuseeland u. die Südsee. Cook erforschte bes. den Pazif. Ozean u. entdeckte zahlr. Inseln Ozeaniens (1768/80). Im 19. u. 20. Jh. gelangen die nordöstl. Durchfahrt (Nordenskjöld 1878/79), die Auffindung der Nordwestpassage (Mac Clure 1850, Amundsen 1903/06) u. die Erreichung von Nordpol (Peary 1909) u. Südpol (Amundsen 1911). Die letzten 100 Jahre haben seither noch vorhandene weiße Flecken auf der Erdkarte ausgefüllt. Zur Geschichte der Entdeckungsreisen: → Afrika, Amerika, Asien, Australien.

Im Zeitraum	waren bekannt:	
	Erdoberfläche	Landfläche (ohne Meer)
400 v. Chr.	2,8%	6,1%
200 v. Chr.	7,0%	13,4%
um 1000 n. Chr.	8,1%	15,2%
um 1500 n. Chr.	22,1%	25,0%
um 1600 n. Chr.	49,0%	40,0%
um 1800 n. Chr.	82,6%	60,0%
um 1900 n. Chr.	95,7%	90,0%
um 1950 n. Chr.	100,0%	100,0%

Ente, haltloses Gerücht, Zeitungslüge.
Entebbe, Stadt in Uganda (Ostafrika), am Victoriasee, 21 000 Ew.; ältester botan. Garten in Afrika, Binnenhafen, Flughafen.
Enteignung, *Expropriation,* Entziehung des Eigentums durch öffentl. Hoheitsakt; nach Art. 14 Abs. 3 GG nur zulässig zum Wohl der Allgemeinheit u. durch Gesetz oder aufgrund eines Gesetzes, das Art u. Ausmaß einer *Entschädigung* regelt.
Entelechie, von *Aristoteles* geprägter Begriff: das allem Wirklichen innewohnende Formprinzip. Alle stoffl. Verwirklichung ziele auf Ausprägung dieser seiner »inneren Form«. Die E. des Leibes ist nach Aristoteles die Seele.
Enten, Unterfam. der *Gänsevögel;* Schwimmvögel, die sich von Samen, Wasserinsekten, Pflanzen u. Fischlaich ernähren. Die E.arten unterscheidet man am Hochzeitskleid der Männchen (*Erpel*). Die Jungen sind Nestflüchter. Bek. Vertreter: *Glanz-E. (Moschus-E., Mandarin-E., Braut-E.),* Schwimm-E. *(Stock-E., Pfeif-E., Löffel-E.),* Halbgans *(Brand-E., Rostgans, Nilgans), Spiegelgänse (Dampfschiff-E.), Tauch-E. (Tafel-E., Reiher-E.), Meer-E. u. Säger (Eider-E., Trauer-E., Samt-E., Zwergsäger, Mittelsäger, Gänsesäger).* Stammform der Haus-E. ist die Stockente.
Entenbühl, höchster Gipfel im Oberpfälzer Wald, nordöstl. von Weiden, 936 m.
Entenmuscheln, Gruppe der *Rankenfußkrebse,* mit muschelartig abgeplattetem Körper; 320 Arten in allen Meeren.
Entente [ã'tãt], Verständigung, Bündnis. **E. cordiale** [»herzl. Einverständnis«], das 1904 zw. Großbrit. u. Frankreich geschlossene Abkommen über koloniale Fragen, aus dem 1907 durch den Beitritt Rußlands der Dreiverband *(Tripel-E.)* wurde. Im 1. Weltkrieg Ausdruck für die Gegner des Dt. Reichs.
Enterbung, Ausschluß eines Erbberechtigten von der gesetzl. Erbfolge durch Verfügung von Todes wegen, ausdrückl. (§ 1938 BGB) oder durch Erbeinsetzung eines anderen. Der Enterbte kann von den Erben den *Pflichtteil* (die Hälfte des gesetzl. Erbteils) verlangen.
Enteritis, Entzündung des Dünndarms. Ist der Dickdarm mitbeteiligt, spricht man von *Enterocolitis,* bei Miterkrankung des Magens von *Gastroenteritis.*
entern, 1. in der Takelung eines Schiffs hinauf- oder herabklettern. – **2.** ein feindl. Schiff erstürmen.
Entertainer [ɛntə'tɛinə], Unterhalter im Showgeschäft.
Entfernungsmesser, *Telemeter,* opt. Instrument zur Ermittlung der Entfernung eines Punkts vom eig. Standort, z.B. bei der Landvermessung sowie bei Kameras.
Entführung, *Freiheitsberaubung,* rechtswidriges Wegführen einer Frau zur Vornahme außerehel. sexueller Handlungen; strafbar, wenn die E. gegen den Willen der Frau geschieht, oder sie minderjährig (ohne Einwilligung der Eltern) ist. Andere Formen sind: *Geiselnahme, Luftpiraterie, erpresserischer Menschenraub (Kidnapping), Kindesraub, Verschleppung.*
enthärten, die im Wasser gelösten Mineralsalze durch Destillation oder chem. Verfahren entfernen.
Enthusiasmus, leidenschaftl. Begeisterung.
Entität, in der Scholastik das *Dasein,* im Unterschied zum *Wesen (Sosein).*
Entkolonialisierung, *Entkolonisierung, Dekolonisierung,* die Befreiung von Völkern aus der Abhängigkeit von Kolonialmächten, die Auflösung des Kolonialsystems.
Entmannung → Kastration.
Entmilitarisierung, die vertragl. begründete, vollständige *(totale)* oder teilw. *(partielle) Abrüstung* eines Staates; i.e.S. die dauernde Entfernung aller Streitkräfte u. militär. Anlagen aus bestimmten Gebieten, →Abrüstung.
Entmündigung, amtsgerichtl. Aufhebung oder Beschränkung der *Geschäftsfähigkeit* einer Person, die infolge von Geisteskrankheit oder -schwäche, Verschwendung oder Trunksucht ihre Angelegenheiten nicht zu besorgen vermag oder sich oder ihre Familie der Gefahr eines Notstands aussetzt oder (nur bei Trunksucht) die Sicherheit anderer gefährdet.
Entmythologisierung, die rationale Auflösung u. Deutung von *Mythen;* insbes. eine von R. *Bultmann* geforderte Auslegung des NT, durch die zeitgeschichtl. bedingte mytholog. Elemente in den Textaussagen im Sinn des modernen, von der Naturwiss. u. der histor.-krit. Geschichtsforschung bestimmten Denkens gedeutet werden u. die solcherart von den Mythen befreite Botschaft des NT auf die Existenz des Menschen bezogen wird.
Entnazifizierung, *Denazifikation,* nach dem 2. Weltkrieg in Dtld. von den alliierten Besatzungsmächten auf der Grundlage des Potsdamer Abkommens angeordnete Entfernung ehem. Nationalsozialisten aus einflußreichen Stellungen u. ihre Bestrafung. Zuständig für die Durchführung der E. waren *Spruchkammern* (mit polit. Gegnern der Nat.-Soz. besetzte, gerichtsförmig verhandelnde Sonderbehörden). Die E., deren Durchführung den dt. Ländern übertragen war, wurde zw. 1949 u. 1952 im allg. abgeschlossen.
Entoderm, das innere Keimblatt des sich entwickelnden Embryos.
Entomologie, Insektenkunde.
Entrada, Einleitung, Vorspiel, →Intrada.
Entreakt [ãtrə'akt], Zwischenspiel.
Entrecote [ãtrə'ko:t], gebratenes Mittelrippenstück vom Rind.
Entrée, Eintritt, Einlaß, Einlaßgebühr; Vorraum.
Entree, 1. kalte oder warme Vorspeise in der Menüfolge. – **2.** im frz. Ballett des 16.–18. Jh. eine in sich geschlossene Szene; auch Bez. für die Musik dieser Szene, z.B. Einzugsszene.
Entremes, kom. Einakter des span. Theaters, als *Zwischenspiel* in mehraktigen Dramen.
entre nous [ãtrə'nu:], im Vertrauen.
Entre Ríos, Prov. in → Argentinien.
Entropie, in der Wärmelehre der thermodynamisch ausgeglichene Zustand eines Systems (Gas oder Flüssigkeit). Nach dem 2. Hauptsatz der Wärmelehre kann die E. bei Zustandsänderungen des Systems nicht abnehmen (E.-Satz). Sind z.B. alle Luftmoleküle zu Anfang in einer Ecke eines Zimmers, so verteilen sie sich gleichmäßig in diesem Zimmer: Die E. nimmt zu. Es ist jedoch prakt. ausgeschlossen, daß umgekehrt die gleichmäßig verteilten Moleküle sich einmal (ohne äußere Energiezufuhr) alle in einer Zimmerecke ansammeln.
Entschädigung, Ausgleich für erlittene Nachteile; insbes. für Eingriffe der öffentl. Hand in private Rechte u. für unschuldig erlittene Strafverfolgungsmaßnahmen.
Entseuchung →Desinfektion.
Entsorgung, Bez. für die Aufbereitung, Behandlung u. Beseitigung von Abfällen, insbes. von *Atommüll;* Zwischenlagerung, Wiederaufarbeitung, Endlagerung; Brennelemente aus dt. Kernkraftwerken werden vorw. im Ausland entsorgt.
Entspannungspolitik, Politik, die, ungeachtet unterschiedl. polit. Auffassungen u. Systeme, zur Sicherung des Friedens im Nebeneinanderleben *(Koexistenz)* von Staaten u. Staatengruppen in Sicherheit durch Verträge ermöglichen soll.
Entwässerung →Dränage.
Entwickler, organ.-chem. Verbindungen wie Metol, Hydrochinon u. Amidol in Verbindung mit alkal. Substanzen (Kaliumcarbonat, Natriumhydroxid) u. Schwefelsalzen, die eine Verbindung mit

den belichteten Silberhalogenidteilchen der photograph. Schicht eingehen (Reduktion). Dabei entsteht metall. schwarzes Silber. Die nicht belichteten Silberhalogenidkörner bleiben unverändert u. werden beim anschließenden *Fixieren* aus der Schicht gelöst.

Entwicklung, Fortschreiten von einem Zustand zum anderen, wobei der frühere Zustand als Vorstufe der nächsten aufgefaßt wird. In der Biol. unterscheidet man zw. stammesgeschichtl. E. *(Phylogenese, Evolution)* u. E. des einzelnen Organismus *(Ontogenese).* Als E. eines Organismus wird der Ablauf derjenigen Formveränderungen verstanden, die die Herausbildung eines Organismus bis zur Erlangung der *Geschlechtsreife* zur Folge haben; heute meist auch weitergefaßt unter Einbeziehung aller Veränderungen bis zum Tod des Organismus. Phasen der E.: 1. Embryonalentwicklung; 2. Jugendentwicklung (Wachstumsphase); 3. Geschlechtsreife (erwachsenes Tier; Phase der Fortpflanzung); 4. Altersperiode (Seneszenz).

Entwicklungshelfer, Freiwillige aus Industrieländern, die für eine begrenzte Zeit in *Entwicklungsländern* arbeiten.

Entwicklungshilfe, Hilfeleistungen seitens der Industriestaaten u. internat. Wirtschaftsorganisationen an die *Entwicklungsländer* mit dem Ziel, deren wirtsch. Entwicklung zu ermöglichen oder zu beschleunigen; durch Kapitalhingabe (Kapitalexport) an das betr. Land oder wirkungsvoller direkt durch Hebung des Bildungsniveaus (Errichtung von Schulen, Ausbildung von Lehr- u. Fachkräften u. ä.), den Bau von Verkehrswegen u. Ausbau der Energie- u. Wasserversorgung.

Entwicklungsjahre → Pubertät.

Entwicklungsländer, *unterentwickelte Länder, Dritte Welt,* Länder, deren wirtsch. Entwicklung im Vergleich zu den *Industriestaaten* weit hinter den durch die vorhandenen Arbeitskräfte u. Bodenschätze gebotenen Möglichkeiten zurückgeblieben ist. u. die durch absolute Armut eines im internat. Vergleich überdurchschnittl. hohen Bevölkerungsanteils u. durch rel. Armut des Bevölkerungsdurchschnitts gekennzeichnet sind. Merkmale zur Beurteilung sind: Wirtschaftsstruktur, Analphabetenquote, Lebensmittelverbrauch pro Ew. u. a.; häufig nur Bruttosozialprodukt pro Kopf. Die niedrigst entwickelten Länder der Dritten Welt werden auch als Vierte Welt bezeichnet.

Entwicklungspsychologie, Teilgebiet der Psychologie, das die Entwicklung des Seelischen zum Gegenstand hat, sowohl bei Individuen wie bei Völkern (Bevölkerungsgruppen) u. bei Tieren. – Die E. des Menschen bezieht sich vorw. auf die Zeit bis zur Reifung (→ Pubertät).

Entwicklungsroman, *Bildungs-, Erziehungsroman,* Roman, der das seel. Reifen eines jungen Menschen darstellt; Beispiele: »Parzival« von *Wolfram von Eschenbach, Goethes* »Wilhelm Meister«, G. *Kellers* »Grüner Heinrich«.

entzerren, die bei photograph. Aufnahmen mit gekippter Kamera entstandenen »stürzenden Linien« nachträgl. bei der Vergrößerung wieder gleichlaufend ausrichten.

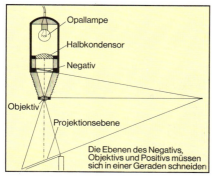

entzerren: Entzerrungsgerät

Entziehungskur, ärztl. Maßnahme zur Befreiung eines Menschen von der Sucht nach bestimmten Rausch- u. Genußmitteln.

Entzündung, 1. das Einsetzen der *Verbrennung.* – **2.** vom Körper zur Abwehr bakterieller, physikal., chem. oder mechan. Schädigungen ausgelöste Vorgänge in den Körpersäften u. -geweben.

Enugu, Hptst. des Bundesstaates Anambra in Nigeria, 260 000 Ew.; Zentrum des nigerian. Steinkohlenbergbaus; Farben-, Zementherstellung; Flugplatz; 1967–69 Hptst. von *Biafra.*

Enver Pascha, *1881, †1922, türk. General u. Politiker; führend in der Revolution der *Jungtürken* 1908; 1914 Kriegs-Min.; verließ nach dem Waffenstillstand 1918 das Land.

Environment [in'vairənmənt], ital. *ambiente,* dem *Happening* verwandte Kunstrichtung, bei der der Versuch gemacht wird, die Abgrenzung des Kunstwerks zum Betrachter hin aufzuheben (Kunst als »Umgebung« u. ihn aktiv oder passiv einzubeziehen.

Enz, l. Nbfl. des Neckars, 112 km.

Enzensberger, Hans Magnus, *11.11.1929, dt Schriftst.; zeitkrit. Essayist; 1965–75 Hrsg. der Ztschr. »Kursbuch«, 1980–82 Mit-Hrsg. der Ztschr. »Transatlantik«.

Enzephalitis, Gehirnentzündung.

Enzian, *Gentiana,* Gatt. der *E.gewächse,* meist blau oder violett, aber auch purpurrot, gelb u. weiß blühende Gebirgspflanzen; in Dtld.: *Gewöhnl. E., Breitblättriger E., Frühling-E., Schnee-E., Gletscher-E.;* dient in Form von Extrakten, Tinkturen u. Pulvern als magenstärkendes Mittel u. zur Herstellung des *E.-Branntweins.*

Enziangewächse → Pflanzen.

Enzio, *um 1215, †1272, König von Sardinien seit 1238; natürl. Sohn Kaiser *Friedrichs II.;* in Gefangenschaft der Bolognesen.

Enzyklika, Rundschreiben des Papstes an die Bischöfe oder an alle Gläubigen, meist in lat. Sprache; nach den Anfangsworten zitiert; gilt im allg. nicht als eine unfehlbare Lehrentscheidung.

Enzyklopädie, umfassendes Nachschlagewerk, das den Gesamtbestand des Wissens seiner Zeit in sachl. oder alphabet. Anordnung darstellt. – In der Aufklärungszeit entstanden die frz. »Encyclopédie« (1751–72) von D. Diderot u. J. d'Alembert u. die engl. *Encyclopaedia Britannica* (von William *Smellie* 1768–71 bearbeitet). Ihnen zur Seite stehen in Dtld. das *Zedlersche Lexikon* (1732–54) u. das unvollendete Werk von J. S. Ersch u. J. G. Gruber: »Allg. E. der Wiss. u. Künste«, von dem 1818–89 167 Bände erschienen. Das moderne *Konversationslexikon* gewann durch F. A. *Brockhaus* seine klass. Form (seit 1808), die durch Neuauflagen, wie durch das Bemühen anderer (*Meyer* seit 1840, *Herder* seit 1854, *Bertelsmann* seit 1953) ständig verbessert u. zeitnah erhalten wurde.

Enzyklopädisten, die Mitarbeiter an der von D. *Diderot* angeregten, von ihm u. *d'Alembert* herausgegebenen »*Encyclopédie*«; u. a. *Rousseau, Voltaire,* Baron *Holbach, Montesquieu,* E. B. *de Condillac.*

Enzyme, *Fermente, Biokatalysatoren,* Protein-Katalysatoren, durch deren Wirkung die gesamten chem. Umwandlungen im Organismus ermöglicht werden (→ Stoffwechsel). Fast für jede Reaktion haben die Zellen eines Organismus ein bes. Enzym.

eo ipso, von selbst, selbstverständlich.

Eolithen, aus voreiszeitl. Schichten stammende Steine, von manchen Forschern als die frühesten menschl. Werkzeuge angesehen.

Entsorgung: Zementierung mittelradioaktiver flüssiger Abfallkonzentrate

Ephraim 231

Eos, lat. *Aurora,* grch. Göttin der Morgenröte, Tochter Hyperions u. der Theia.

Eosander, Johann Friedrich von, gen. *E. von Göthe,* *1669, †1728, dt. Architekt; 1692–1713 Hofbaumeister in Berlin, danach für *Karl XII.* in Stockholm, seit 1723 am Dresdner Hof tätig.

Eosin, leuchtendroter Farbstoff, kaum lichtecht; einer der ersten photograph. Sensibilisatoren; auch zur Herstellung von roter Tinte.

Eozän, Erdzeitalter; untere Abteilung des *Tertiärs.*

Eozoikum – Proterozoikum.

Epakte, *Mondzeiger,* Tafel, die für den 22. März jeden Jahres im Julian. Kalender bzw. für den 1. Januar im Gregorian. Kalender angibt, wieviel Tage seit dem letzten Neumond vergangen sind; fr. zur Berechnung des Osterdatums benutzt.

Epaminondas, *Epameinondas,* *um 420 v. Chr., †362 v. Chr., theban. Feldherr; siegte durch die von ihm entwickelte schiefe Schlachtordnung über

Enver Pascha (links) mit Generalfeldmarschall August von Mackensen an der Balkanfront, 1916

die Spartaner 371 v. Chr. in der Schlacht bei Leuktra.

Eparch, Provinzstatthalter im Röm. u. Byzantin. Reich. – **Eparchie,** kommunalpolit. u. kirchl. Verwaltungseinheit im modernen Griechenland.

Epaulette [epo-], *Schulterstück,* für Offiziere, von Mannschaften nur bei den Ulanen u. schweren Reitern (Kürassieren).

Épernay [epɛr'nɛ], NO-frz. Krst. im Dép. Marne, im Mittelpunkt des reichsten Weinbaugebiets der Champagne, 28 000 Ew.; Champagner-, Wein- u. Sektkellereien; Verpackungs- u. Metall-Ind.; Eisenbahnwerkstätten.

Ephebe, im antiken Griechenland allg. der Knabe, der die Pubertät erreicht hatte; in Athen: Jüngling ab 18 Jahren.

Ephedra, *Meerträubchen,* selbst. Gatt. der Kl. *Gnetopsida* der Gymnospermen; Rutensträucher des Mittelmeergebiets sowie der asiat. u. amerik. Trockengebiete.

Ephedrin, Alkaloid aus versch. Ephedra-Arten; Anwendung gegen Asthma u. Schnupfen u. zur Kreislaufstützung.

ephemer, eintägig, vergängl., vorübergehend.

Ephemeriden, Tabellen, in denen die Stellung eines Gestirns am Himmel oder sein Ort innerhalb seiner Bahn um einen Zentralkörper für eine regelmäßige Folge von Zeitpunkten angegeben ist. – **E.zeit,** gleichförmiges Zeitmaß; ab 1960 allg. eingeführt, da der mittlere Sonnentag u. Sterntag infolge der ungleichförmigen Erdrotation ungleich lang sind.

Epheserbrief, Brief des NT, der sich selbst als paulinisch einführt; zählt zu den *Gefangenschaftsbriefen.*

Ephesos, *Ephesus,* altgrch. Stadt an der Westküste Kleinasiens. nahe dem heutigen Ort *Selçuk.* Der im 6. Jh. v. Chr. errichtete Tempel der Artemis wurde 356 v. Chr. von *Herostratos* in Brand gesteckt u. (als eines der 7 Weltwunder) prächtiger wiedererrichtet. E. war in röm. Zeit Hptst. u. eine der größten Städte Kleinasiens; Tagungsort des 3. Ökumen. Konzils 431 n. Chr.

Ephoren, wichtigste staatl. Behörde in dor. Stadtstaaten, vor allem in Sparta; fünf von der Volksversammlung jährl. gewählte Vertreter.

Ephraim, 1. im AT zweiter Sohn *Josephs.* – **2.** einer der 12 Stämme Israels; seit *Jerobeam I.* (927 v. Chr.-907 v. Chr.) der führende Stamm des Nordreichs Israel.

epi..., Vorsilbe mit der Bedeutung »darauf, daneben, bei, darüber«; wird zu *ep...* vor Selbstlaut u. h (ph wird dann wie f gesprochen).

Epidauros, *Epidaurus,* altgrch. Stadt am Saronischen Golf, in der Antike berühmt durch das rd. 10 km von der Stadt entfernte Asklepios-Heiligtum (z. T. ausgegraben).

Epidemie, Auftreten massenhafter Infektionsfälle in einem begrenzten Bezirk gleichzeitig oder in laufender Folge; →Seuche.

Epidermis, oberste Hautschicht, Oberhaut.

Epidermophytie, Hautpilzerkrankungen der Oberhaut.

Epidiaskop, als *Episkop* u. *Diaskop* verwendbarer Bildwerfer.

Epigonen, »Nachgeborene«, in der grch. Sage die Söhne der 7 Helden (Sieben gegen Theben), die 10 Jahre nach deren Untergang den Kampf gegen Theben wiederaufnahmen; allg. die Nachkommen einer Epoche ohne eigenschöpfer. Leistungen.

Epigramm, urspr. »Aufschrift« auf Weihgeschenken, Denkmälern u. Gebäuden; seit dem 6. Jh. v. Chr. lit. Kurzform (meist in Distichen), das *Sinngedicht.*

Epigraphik →Inschriftenkunde.

Epik, Sammelbez. für die erzählende Dichtung (in Versen oder Prosa): Epos, Saga, Roman, Erzählung, Novelle, Kurzgeschichte, Skizze, Anekdote, Märchen, Sage, Legende; ferner Ballade, Romanze, Idylle (als lyrisch-epische Mischformen); →episch.

Epiktet, *um 50 n. Chr., †138, grch. Philosoph; betonte, wie die ganze spätere *Stoa,* eine vom Vertrauen in die göttl. Führung getragene Ethik der Menschenliebe. W »Enchiridion« (Handbüchlein der Moral).

Epikur von Samos, *341 v. Chr., †270 v. Chr., grch. Philosoph; gründete 306 v. Chr. in Athen eine Schule; lehrte ein Leben des klugen, zurückgezogenen Lebensgenusses; die **Epikureer** galten als Genußmenschen.

Epilepsie, »Fallsucht«, die durch Anfälle von Bewußtlosigkeit u. Krämpfen gekennzeichnete Krankheit. Mit Fortschreiten der Krankheit häufen sich die Anfälle u. können zur Schwächung des Geistes führen. Neben der erbl. E. kann es aufgrund von Verletzungen der Hirnrinde zu epilept. Anfällen kommen.

Epilog, Schlußansprache eines Bühnenwerks, einer Erzählung oder eines Vortrags.

Epimetheus, in der grch. Sage Bruder des *Prometheus,* Gatte der *Pandora.*

Épinal, frz. Stadt in Lothringen, an der oberen Mosel, 38 000 Ew.; Textil-, Lederwaren-, Metall- u. feinmechan. Ind.; graph. Gewerbe.

Épinglé [epɛ̃'gle:], Woll- oder Chemiefasergewebe mit wechselnd erhabenen u. flachen Querrippen.

Epiphanias, *Epiphanie,* in den christl. Kirchen das Fest der »Erscheinung des Herrn«; urspr. als Geburtsfest Christi begangen, dann Fest der Hl. Drei Könige (6.1.).

Epiphyse, 1. Endstücke der großen Röhrenknochen der Wirbeltiere. – **2.** →Zirbeldrüse.

Epiphyten, *Auf-, Überpflanzen,* Pflanzen, die nicht im Boden wurzeln, sondern auf anderen Pflanzen, meist Bäumen, oft mit Hilfe bes. Haftwurzeln.

Epirogenese, über lange Zeiträume andauernde Hebungen u. Senkungen größerer Erdkrustenteile ohne Veränderung der Struktur.

Epirus, *Epeiros,* gebirgige Ldsch. u. grch. Region, an der grch.-alban. Grenze, Hauptort *Ioannina;* Bewohner: Albaner, Griechen u. Walachen.

episch, Stilbegriff; Bez. für eine lit. Darstellungsweise, die gekennzeichnet ist durch weit ausholende Schilderung u. Freude an der bunten Fülle der Wirklichkeit.

episches Theater, besser: *dialekt. Theater,* das von B. *Brecht* geprägte Theater des »wiss. Zeitalters«: Der Zuschauer wird durch illusionsstörende Mittel *(Verfremdungseffekt)* zum krit. Mitdenken statt zum »Einfühlen« gezwungen.

Episkop, *Projektor, Bildwerfer,* opt. Gerät, mit dem undurchsichtige Bilder über einen Spiegel durch ein lichtstarkes Projektionsobjektiv vergrößert an die Wand gestrahlt werden.

Episkopalsystem, 1. kath. Kirchenverfassungsprogramm, wonach dem Papst nur ein Ehrenprimat zukommt, die oberste Jurisdiktion aber bei der im allg. Konzil versammelten Gesamtheit der Bischöfe liegt. Seit dem Dogma vom päpstl. Primat (1870, 1. Vatikan. Konzil) gilt in der kath. Kirche das entgegengesetzte *Papalsystem.* – **2.** ev. Kirchenverfassungstheorie insbes. des 17. Jh.; erklärte die rechtl. Stellung des ev. Landesherrn aus der treuhänder. Übernahme der 1555 suspendierten Jurisdiktionsgewalt der kath. Bischöfe.

Episkopat, Amt eines Bischofs; auch die Gesamtheit der Bischöfe.

Episode, urspr. die zw. den Chorliedern liegende Handlung des grch. Bühnenspiels; Nebenhandlung, kurzes, belangloses, meist zufälliges Geschehen.

Epistel, 1. Brief, insbes. apostol. Sendschreiben. – **2.** *Lesung* (vor dem Evangelium) aus dem NT (oft aus dessen Brieftteil).

Epitaph, Denkmal oder Schrifttafel zum Gedächtnis an einen Toten; nicht identisch mit dem *Grabstein,* sondern an anderem Ort aufgestellt.

Epithel, tier. Gewebe: einschichtige oder (bei Wirbeltieren) mehrschichtige Zellagen, die äußere Oberflächen u. innere Hohlräume begrenzen. –

E. körperchen →Nebenschilddrüsen.

Epitheton, kennzeichnendes Beiwort, oft formelhaft-typisiert mit dem Hauptwort verbunden; **E. ornans,** schmückendes Beiwort.

Epitome, Auszug aus einem größeren literar. oder wiss. Werk.

Epizentrum, der Ort an der Erdoberfläche senkrecht über dem Erdbebenherd; →Erdbeben.

Epizoen, Tiere, die auf anderen Tieren oder Pflanzen siedeln, ohne an ihnen zu schmarotzen.

Epizykel, Kurve, die ein Punkt eines sich gleichförmig drehenden Kreises beschreibt, wenn der Mittelpunkt dieses Kreises auf dem Umfang eines anderen Kreises liegt, der sich ebenfalls gleichförmig dreht. – **E.-Theorie,** Theorie der Planetenbewegung im Altertum, durch *Hipparch* begründet, später von *Ptolemäus* vervollkommnet.

Epoche, Zeitabschnitt, Periode; durch ein herausragendes Ereignis oder eine Person gekennzeichneter geschichtl. Zeitraum.

Epode, 1. *Epodos,* antikes Gedicht, in dem längere u. kürzere Verszeilen regelmäßig wechseln. – **2.** in der altgriech. Chorlyrik die auf Strophe u. Antistrophe folgende, metrisch versch. *Abgesang.*

Epos, Großform der *Epik:* Verserzählung, meist mit einem oder mehreren Helden oder Göttern vor histor. oder myth. Hintergrund; die reinste Ausprägung des ep. Stils (→episch). – Meister des europ. E.: *Homer, Vergil,* der Nibelungendichter *Wolfram von Eschenbach, Dante Alighieri,* T. *Tasso,* L. *Ariosto,* J. *Milton,* F. G. *Klopstock* (»Messias«), *Goethe* (»Hermann u. Dorothea«).

Epoxidharze, *Ethoxylinharze,* durch Kondensation von Epichlorhydrin mit Diphenylolpropan u. anschließende Vernetzung mit Härtern hergestellte Kunststoffe; *Gießharze,* die beim Erstarren ihre Form behalten u. nicht schrumpfen.

Eppan, ital. *Appiano,* ital. Ort sw. von Bozen, 10 000 Ew.; Weinbau, Sommerfrische; Burgruine *Hoch-E.*

Eppelmann, Rainer, *12.2.1943, dt. Politiker (DA, CDU); Pfarrer, als Regimekritiker in der DDR verfolgt; 1989 Mitgr. der Partei DA; Febr.-April 1990 Min. ohne Geschäftsbereich, dann Min. für Abrüstung u. Verteidigung der DDR; seit Dez. 1990 MdB (CDU).

Eppelsheimer, Hanns Wilhelm, *1890, †1972, dt. Bibliothekar; gründete 1946 die *Dt. Bibliothek;* schrieb mehrere bibliograph. Standardwerke.

Eppingen, Stadt in Bad.-Wü., im *Kraichgau,* 16 000 Ew.; histor. Bauten, alte Univ. (15. Jh.); Masch.-, Elektro-, Textil-Ind.

Eppler, Erhard, *9.12.1926, dt. Politiker (SPD); 1968–74 Bundes-Min. für wirtsch. Zusammenarbeit, seit 1970 Mitgl. des Parteivorstands, 1973–82 u. 1984–89 Mitgl. des Parteipräsidiums der SPD, 1973–81 Landes-Vors. der SPD in Ba.-Wü.; einer der Wortführer des linken Parteiflügels. W »Die tödl. Utopie der Sicherheit«.

Epsom and Ewell ['epsəm ənd 'ju:il], engl. Stadt südl. von London, 69 000 Ew.; seit 1779 Pferderennen *(Derby)* in Epsom.

Epstein, Sir Jacob, *1880, †1959, brit. Bildhauer poln. Herkunft; durch krassen, meist expressiv gesteigerten Realismus gekennzeichnet.

Epsteinapparat [nach dem Erfinder, dem Physiker P.S. *Epstein,* *1883, †1966], Prüfgerät zur Ermittlung von elektr. Verwendung metallischer Werkstoffe (Dynamobleche).

Epstein-Barr-Virus, Abk. *EBV* (nach den engl. Medizinern M. A. Epstein u. Y. M. Barr), ein erst-

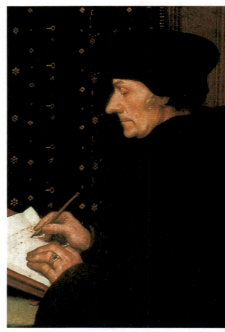

Erasmus von Rotterdam; Gemälde von Hans Holbein, um 1523. Paris, Louvre

mals 1964 isoliertes Virus, das heute als Drüsenfiebererreger gilt.

Equalizer ['i:kwəlaizə], mehrstufiger Entzerrer in HiFi-Anlagen; soll eine bestmögl. Anpassung an die Raumakustik erreichen.

Equipage [eki'pa:ʒə], luxuriöse, herrschaftl. Kutsche.

Equipe [e'kip], (Reiter-)Mannschaft.

Er, chem. Zeichen für *Erbium.*

Erasmus von Rotterdam, latein. *Desiderius,* *1466 oder 1469, †1536, ndl. Humanist; Zentrum u. Maßstab der klass. Gelehrsamkeit; auf ihn geht die noch heute gebräuchl. Aussprache des Altgriechischen zurück; auf seiner grch. Erstausgabe des NT fußte M. *Luthers* Übersetzung; suchte nach einer toleranten »philosophia Christi« u. stand zw. den streitenden Lagern der Glaubenskämpfe.

Erato, grch. *Muse* der Liebesdichtung.

Eratosthenes, *um 275 v. Chr., †um 195 v. Chr., grch. Gelehrter, Dichter u. Philologe; Leiter der Bibliothek von Alexandria; berechnete annähernd richtig den Umfang der Erdkugel u. entwarf eine Erdkarte.

Erbach, Krst. in Hessen, im östl. Odenwald, 11 000 Ew.; Luftkurort; Schloß; Dt. Elfenbeinmuseum; versch. Ind.

Erbanlage, *Erbfaktor, Anlage* →Gen.

Erbbaurecht, das veräußerl. u. vererbl. dingl. Recht des *Erbbauberechtigten,* auf oder unter der Oberfläche des mit dem E. belasteten Grundstücks ein Bauwerk zu errichten u. zu besitzen.

Erbe, der durch *Erbfolge* als Inhaber eines *Erbrechts* Berufene. Die *Erbschaft (Nachlaß)* geht mit dem Erbfall sofort u. als Ganzes *(Universalsukzession)* auf den E. über, an den sich die durch *Auflage, Vermächtnis* oder *Pflichtteil* Berechtigten dann erst halten können. Der E. ist *Allein-E.* oder *Mit-E.* in einer *Erbengemeinschaft.* Von dem urspr. u. endgültig erbenden E. sind zu unterscheiden der *Vor-E.,* der *Nach-E.* u. der *Ersatz-E.*

Erbeskopf, höchster Berg des *Hunsrück* (Rhein. Schiefergebirge), im *Hochwald,* 816 m.

Erbfaktoren →Gen.

Erbfolgekrieg, *Sukzessionskrieg,* um das Erbe u. die Erbfolge eines Herrscherhauses, eines Herrschers oder einer Linie geführter Krieg: *Span. E.* 1701–14, *Poln. E.* 1733–38, *Östr. E.* 1740–48, *Bay. E.* 1778/79.

Erbkrankheit, *Erbleiden,* Krankheit (oder der *Disposition* dazu), die auf erbl. Faktoren beruht.

Erblande, im Röm.-Dt. Reich die Länder, die die ererbte Machtgrundlage einer Dynastie bildeten; in Östr. die *Habsburg. E.:* die bis 1918 westl. der Leitha gelegenen Gebiete.

Erbpacht, vererbl. u. veräußerl. dingl. Nutzungs- (nicht Eigentums-)Recht an einem (bes. landw.)

Grundstück gegen Zahlung von Pachtzinsen (*E.zins*); ähnl. dem *Erbzins*.
Erbrechen, *Vomitus*, *Emesis*, durch rückläufige Peristaltik der Magenmuskulatur u. der Speiseröhre verursachte Entleerung des Mageninhalts durch den Mund.
Erbrecht, Regelung des Übergangs des Vermögens (auch der Schulden) eines *Erblassers* (*Erbschaft*, *Nachlaß*) auf den *Erben* u. auf andere durch Verfügung von Todes wegen Begünstigte anläßl. des *Erbfalls* (Tod des Erblassers).
Erbschaftsteuer, Steuer, deren Gegenstand der Vermögensübergang kraft Erbfalls ist.
Erbschein, nachlaßgerichtl. Zeugnis über ein Erbrecht, bei einem Miterben auch über die Größe des Erbteils.
Erbse, *Pisum*, Gatt. der *Schmetterlingsblütler*; hierzu die *Garten-E.* (Saat-, Schoten-, Brech-, Pahl-, Zucker-, Mark- oder Feld-E.) u. die *Acker-E.* (Sand-, Stock-E., Peluschke).
Erbsünde, nach christl. Lehre die vom Sündenfall Adams herrührende Verfallenheit aller Menschen, die Leid u. Tod sowie ausnahmslose Erlösungsbedürftigkeit zur Folge hat (Röm. 5,19); unterschieden von der persönl. *Sünde*, die nur Ausdruck dieser Verfallenheit ist.
erbunwürdig, rechtl. unfähig, Erbe zu sein; gilt für eine Person, die den Erblasser vorsätzl. u. rechtswidrig getötet oder zu töten versucht oder in einen Zustand versetzt hat, in dem er nicht mehr in der Lage war, eine Verfügung von Todes wegen zu errichten oder aufzuheben.
Erbvertrag, vertragl. (im Ggs. zum einseitigen *Testament* unwiderrufl.) Verfügung von Todes wegen, durch die der Erblasser Erbeinsetzungen, Vermächtnisse u. Auflagen zugunsten des Vertragspartners (*Vertragserben*) oder eines Dritten anordnen kann.
Erciyas Daği ['ɛrdʒijaʃ daːi], der antike *Argäus*, höchster Berg (ehem. Vulkan) Kleinasiens, südl. von Kayseri, 3916 m.
Erdalkalimetalle, *Erdalkalien*, Elemente der II. Gruppe des Periodensystems der Elemente: *Beryllium*, *Magnesium*, *Calcium*, *Strontium*, *Barium*, *Radium*.
Erdapfel, **1.** → *Kartoffel*. – **2.** → *Topinambur*.
Erdbeben, natürl. Erschütterungen der Erdoberfläche mit tiefem Ausgangspunkt (*Hypozentrum*); durch Einsturz von Hohlräumen (*Einsturzbeben*), durch Vulkanismus (*Ausbruchsbeben*), vor allem aber tekton. Beben (*Dislokationsbeben*). Ein E.

Die stärksten Erdbeben seit 1900 (Auswahl)		
Jahr	Ort u. Land	Tote
1905	Kangra (Indien)	20 000
1906	San Francisco	1 000
1908	Messina und Kalabrien	110 000
1915	Avezzano (Mittelitalien)	30 000
1920	Gansu (China)	180 000
1923	Sagamibucht (Japan)	145 000
1932	Gansu (China)	70 000
1935	Quetta (Vorderindien)	50 000
1939	Chillan (Chile)	30 000
1939	Erzincan (Türkei)	45 000
1950	Assam	25 000
1960	Südchile	5 700
1960	China	10 000
1960	Agadir (Marokko)	12 000
1962	Nordwestl. Iran	10 000
1963	Skopje (Makedonien)	1 000
1966	Anatolien	3 000
1968	Östl. Iran	10 500
1970	Peru	70 000
1972	Iran	5 000
1972	Managua (Nicaragua)	11 000
1975	Lice (Türkei)	3 000
1976	Guatemala	22 500
1976	Gemona (Italien)	980
1976	Westirian (Indonesien)	9 000
1976	Tangshan (China)	655 200
1976	Mindanao (Philippinen)	3 000
1977	Van (Türkei)	5 300
1977	Rumänien	1 570
1978	Tabas (Iran)	25 000
1980	Asnam (Algerien)	45 000
1980	Süditalien	3 000
1982	Nordjemen	2 000
1983	Erzurum (Türkei)	1 300
1985	México	5 000
1985	Ecuador	2 000
1988	Armenien	24 000
1990	Nordwestiran	50 000
1990	Luzón (Philippinen)	1 600
1992	Osttürkei	1 000
1993	Westindien	1 000
1995	Kobe (Japan)	5 100

wird am stärksten empfunden im *Epizentrum* (senkrecht über dem Hypozentrum). Wirkungen: Spaltenbildung, Gas-, Wasser- u. Schlammausbrüche, Bergstürze u. Flutwellen. Die E.forschung (*Seismologie*) benutzt die automat. Aufzeichnung seism. Wellen. Die E.stärke wird nach der 12gradigen *Mercalli*- (Intensität) oder der *Richter-Skala* beschrieben. Letztere gibt in einem Zahlenwert die freigesetzte Energie an. Gebiete starker E.tätigkeit sind die Ränder des Pazif. Ozeans, die Zone junger Faltengebirge von Indonesien über den Himalaya bis in den Mittelmeerraum u. das System der ozean. Rücken (Riftzonen). Jährl. werden etwa 150 000 E. registriert, davon rd. 20 Großbeben.
Erdbeerbaum, S-europ. immergrüner Strauch oder Baum, aus der Fam. der *Heidekrautgewächse*, mit erdbeerartig aussehenden Früchten.
Erdbeere, *Fragaria*, Gatt. der *Rosengewächse*; Wildarten: *Wald-E.* (Knickbeere) u. *Hügel-E.* (Knackbeere, Bresling). Im 14. Jh. in Frankr. kultiviert. Die großfrüchtige Garten-E. geht zurück auf die sog. *Ananas-E.*, die erstmals im 18. Jh. in Holland auftauchte.

Bei dem starken Erdbeben 1988 in Armenien stürzten, wie hier in Spitak, viele Gebäude ein

Erde, Zeichen ♁, von der Sonne aus gesehen der 3., an Umfang der größte der *Inneren Planeten* des Sonnensystems. – Die E. umkreist bei einer mittleren Geschwindigkeit von 29,76 km/s die Sonne in 365 Tagen, 5 h, 48 min u. 46 s. Bei diesem Umlauf beschreibt sie eine Ellipse, in deren einem Brenn-

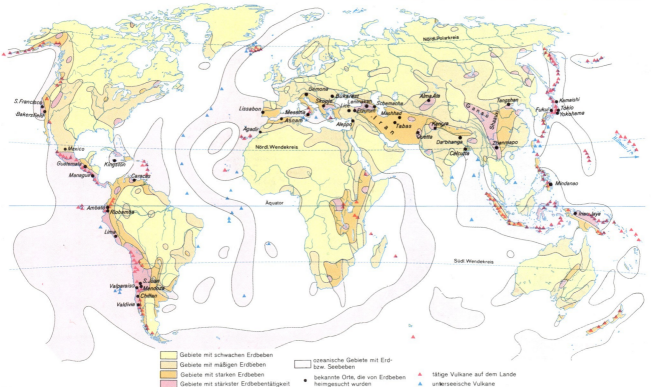

Verbreitung der Erdbeben und Vulkane

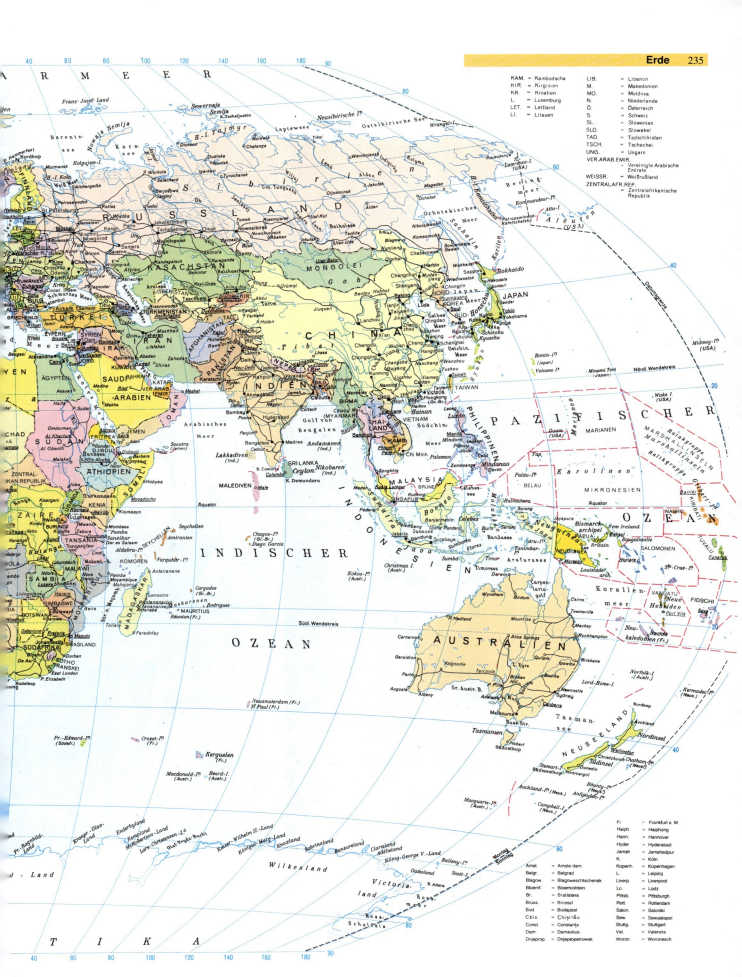

236 Erden

punkt die Sonne steht. Die Ebene ihrer Bahn heißt *Ekliptik*. Geringster Sonnenabstand *(Perihel)* am 2. Jan. (147 Mio. km), größter Abstand *(Aphel)* am 3. Juli (151,9 Mio. km); die Geschwindigkeit im Perihel ist größer, daher gibt es auf der Nordhalbkugel um 8 Tage kürzere Winter u. um 8 Tage längere Sommer. – Außerdem rotiert die E. von W nach O in 23 h, 56 min, 4,1 s einmal um ihre Achse. Der dabei jeweils der Sonne zugekehrte Teil ihrer Oberfläche hat *Tag*, der abgewandte *Nacht*. Infolge der Schrägstellung der Erdachse schneiden sich Äquatorebene u. Ekliptik unter einem Winkel von 23° 27'; dadurch verschiebt sich die Sonnenscheindauer im Lauf des Jahres (Entstehung der Jahreszeiten; Polarnacht u. -tag). Die Erdrotation bewirkt eine Erhöhung der Zentrifugalkraft am Äquator u. damit eine Abplattung der E. an den Polen zu einem *Geoid* (unregelmäßiges Rotationsellipsoid): Äquatorradius 6378,1 km, Polarradius 6356,75 km, Äquatorumfang 40075 km, Meridianumfang 40007,9 km. Durch die Rotation werden alle sich an der Oberfläche bewegenden Luft- oder Wassermassen auf der Nordhalbkugel nach rechts, auf der Südhalbkugel nach links abgelenkt (Blickrichtung jeweils zum Äquator hin). – Die Oberfläche der E. beträgt 510,1 Mio. km², ihr Inhalt 1083,3 Mrd. km³, ihr Gewicht 5970 Trill. t. Der Aufbau der E. ist schalenförmig (Erdkern, Erdmantel, Erdkruste). Die Eigenwärme der E. nimmt in der Erdkruste durchschnittl. um 1 °C pro 33 m zu *(geotherm. Tiefenstufe)*. Die Temperatur der Oberfläche wird hpts. von der eingestrahlten Sonnenenergie bestimmt. – Nur 29% der Erdoberfläche (149 Mio. km²) bestehen aus festem Land; 71% (361 Mio. km²) sind von Wasser bedeckt; die Verteilung auf beiden Halbkugeln ist ungleichmäßig (Nordhalbkugel: 100 Mio. km² Land, 155 Mio. km² Wasser; Südhalbkugel: 49 Mio. km² Land, 206 Mio. km² Wasser); mittlere Höhe des Festlands 875 m, größte Höhe 8848 m; mittlere Tiefe des Meeres 3790 m, größte gemessene Tiefe 11034 m.

Die E. entstand vermutl. vor rd. 4,5 Mrd. Jahren aus einer glühenden Gaswolke gemeinsam mit der Sonne u. den übrigen Planeten. Sie erhitzte sich durch die gravitative Energie bei der Zusammenballung der kosmischen Masse u. durch die Wärmeproduktion der radioaktiven Elemente. Das Alter der Erdkruste wird mit rd. 3,75 Mrd. Jahren angegeben, die ersten Spuren des Lebens mit etwa 3,35 Mrd. Jahren.

Erden, verschieden schwerschmelzbare basische Oxide, z.B. die Oxide der Metalle Aluminium, Titan, Zirkonium u. die *Seltenen E*.

Erdfarben, anorgan. Pigmentfarbstoffe (z.B. Okker, Caput mortuum), die als farbige Mineralien vorkommen u. in Pulverform im Handel sind.

Erdferkel, *Röhrenzähner, Tubulidentata*, urtüml. Ordnung der *Säugetiere* aus dem Huftierstamm; plumpe Tiere mit rüsselförmig verlängertem Kopf u. langem Schwanz; hierzu das *Äthiopische E*. u. das *Kapische E. (Kapschwein)*.

Erdferne, *Apogäum*, der erdfernste Punkt der Bahn des Mondes oder eines künstl. Satelliten.

Erdflöhe, *Flohkäfer*, bis 4 mm große *Blattkäfer*; an Gartengewächsen schädlich.

Erdfrüchtler, *geokarpe Pflanzen*, Pflanzen, deren Früchte unter der Erde reifen; z.B. Erdnuß.

Erdgas, *Naturgas*, vorw. aus *Methan* u. geringen Mengen *Ethan, Propan* u. *Butan* bestehendes Gemisch aus leichtentzündl. Kohlenwasserstoffen, das häufig in Gegenden mit Erdölvorkommen unter Druck der Erde entströmt. Es gewinnt als Energielieferant u. als Ausgangsstoff für Produkte der *Petrochemie* ständig an Bedeutung.

Erdgeschichte →Erdzeitalter.

Erdhummel, gelb, schwarz u. weiß gebänderte *Hummel* Mitteleuropas.

Erdhunde, kleine Jagdhunde (Dachshunde, Terrier), die Raubwild (Fuchs, Dachs) in unterird. Schlupfwinkeln aufsuchen u. stellen oder abwürgen.

Erding, oberbay. Krst. am *E.er Moos*, nordöstl. von München, 25000 Ew.; landw. Handel; Mühlen, Gießerei, Brauereien; internat. Flughafen.

Erdkern, die innerste Schale des Erdkörpers, von 2900 km Tiefe ab zum Erdmittelpunkt.

Erdkruste, der oberste Teil im Schalenaufbau des Erdkörpers, bis zur *Mohorovičić-Diskontinuität* (in durchschnittl. 33 km Tiefe).

Erdkunde →Geographie.

ERDE

Apollo-11-Aufnahme der Erde aus über 170000 Kilometer Entfernung; gut erkennbar sind Nordafrika mit der Wüste Sahara, die Arabische Halbinsel und Vorderasien

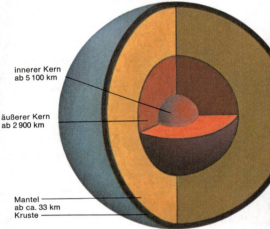

Schalenaufbau der Erde mit Tiefenangaben

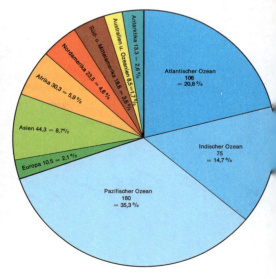

Verteilung von Land und Meer (in Millionen Quadratkilometer und in Prozent)

Erdleguane, bis 30 cm lange südamerik. *Leguane,* bodenbewohnend, eierlegend.

Erdlicht, das von der Erde zurückgeworfene Sonnenlicht, das den von der Sonne nicht beschienenen Teil des Mondes sichtbar macht.

Erdmagnetismus, die überall auf der Erde wirksame magnet. Kraft, die durch die Nord-Süd-Einstellung einer drehbar aufgehängten Magnetnadel nachweisbar ist u. in der sich die Auswirkungen des *Magnetfelds* der Erde zeigen. Die Abweichung von der geograph. Nord-Süd-Richtung heißt *Deklination,* die Neigung gegen die Horizontale *Inklination.* Die Erde verhält sich wie ein großer Stabmagnet.

Erdmann, 1. Benno, *1851, †1921, dt. Philosoph; Begr. der modernen Kant-Philologie. – 2. Eduard, *1896, †1958, dt. Pianist u. Komponist; von F. *Busoni,* M. *Reger* u. A. *Schönberg* beeinflußt.

Erdmannsdorff, Friedrich Wilhelm Frhr. von, *1736, †1800, dt. Architekt; schuf seine Hauptwerke in u. um Dessau in einem strengen, frühklassizist. Stil.

Erdmantel, die Schale des Erdkörpers von der durch die *Mohorovičić-Diskontinuität* gekennzeichneten Fläche (in durchschnittl. 33 km Tiefe) bis zum äußeren Erdkern in 2900 km Tiefe.

Erdmetalle, die Metalle der III. Gruppe des →Periodensystems der Elemente.

Erdnähe, *Perigäum,* der erdnächste Punkt der Bahn des Mondes oder eines künstl. Satelliten.

Erdnuß, *Erdpistazie, Erdeichel, Arachis hypogaea,* amerik. Gatt. der *Schmetterlingsblütler.* Die Frucht bohrt sich vor der Reife in die Erde. Die dünnschaligen Samen sind ein beliebtes Nahrungsmittel; aus ihnen wird hochwertiges Speiseöl gewonnen.

Erdöl, *Petroleum, Rohöl, Steinöl, Bergöl,* ein kompliziertes Gemisch von etwa 500 versch. Kohlenwasserstoffen, hpts. Aliphaten, Naphthenen u. Aromaten mit wechselnden Anteilen ungesättigter Kohlenwasserstoffe. Die Farbe ist wasserklar bis fast schwarz, grünl. fluoreszierend, viskos; Dichte zw. 0,65 u. 1,02. – Aufgrund neuerer Forschungen wird angenommen, daß sich das E. in vorgeschichtl. Zeit hpts. aus tier. Substanzen (Kohlenhydrate, Fette u. Eiweiße), z.B. aus dem Plankton (*Faulschlamm*), gebildet hat. Die chem. Zusammensetzung schwankt je nach Fundort in weiten Grenzen. – Vorkommen: hpts. Rußland (Sibirien), USA (Pennsylvania), Saudi-Arabien, Mexiko, China, Großbrit., Venezuela, Irak, Iran, Kuwait, Libyen, Norwegen, Rumänien, Kanada, Indonesien, Nigeria u. Ägypten; dt. Vorkommen in Nds. (bei Hannover, im Emsland) u. in Schl.-Ho. Aus dem Meeresboden u. in Küstennähe erfolgt die Gewinnung von Bohrinseln aus. Nach den bisherigen Ölfunden u. Lagerstätten ist der Bedarf der Welt für etwa zwei Generationen gedeckt. Das nach Anbohren der bis zu 6000 m tiefen erdölführenden Schichten entweder unter eig. Druck an die Erdoberfläche tretende oder hochgepumpte E. wird durch *Pipelines* zu den *Raffinerien* befördert u. dort in oft vollautomat. arbeitenden Anlagen einer *fraktionierten Destillation* (Rektifikation) unterworfen. Man destilliert dabei zunächst unter Normaldruck die bis etwa 200 °C siedenden Bestandteile ab (*Straightrun-Benzine; Toppen* des Rohöls), wobei *Petrolether* (Gasoline, Lösungsmittel) bei 40–70 °C, *Leichtbenzin* bei 70–90 °C (Cracken zu Olefinen), *Petroleum* (Schwerbenzin, für Düsenflugzeuge) bei 100–150 °C u. *Ligroin* (Lack-, Testbenzin) bei 100–180 °C erhalten werden. Der Rückstand wird im Vakuum destilliert, wobei man *Leuchtpetroleum* (Traktorentreibstoff) bei 200 bis 300 °C, *Gasöle* (Dieselöl, Haushaltsheizöl) bei 300–350 °C sowie *Spindel-, Maschinen-* u. *Zylinderöle* erhält. Die über 350 °C siedenden Rückstände trennt man in *Schmieröle, Vaseline,* feste *Paraffine* u. *Asphaltrückstände.* Meist werden die höhersiedenden Öle durch einen bes. gelenkten Crackprozeß in niedrigsiedende Bestandteile aufgespalten, wodurch die Benzinausbeute erhöht wird. →Petrochemie.

Erdpyramiden, *Erdpfeiler,* pfeilerartige Abtragungsformen aus Blocklehm, vulkan. Tuffen u. a., die durch aufliegende Gesteinsblöcke vor der völligen Abtragung bisher bewahrt blieben.

Erdrauch, *Fumaria,* Gatt. der *Mohngewächse;* in Dtld. der *Gewöhnl. E.* (Feldraute).

Erdschluß, leitende Verbindung eines Spannung führenden Teils mit Erde, z.B. infolge schlechter Isolierung.

Erdstern, *Wetter-E., Geaster,* Gatt. der *Bauchpilze;* kein Speisepilz.

Erdströme, sehr schwache elektr. Ströme in der Erdrinde, die bes. bei magnet. Stürmen oder Gewittern Telegraphenanlagen stören.

Erdteile, *Kontinente,* die Festlandmassen der Erde einschl. der vorgelagerten Inseln; durch Meere getrennt, außer Europa u. Asien (Eurasien), deren Grenze nur histor.-kulturell bedingt ist. Man unterscheidet je nach Auffassung 5 (Eurasien, Afrika, Amerika, Australien, Antarktika) bis 7 E. (Europa, Asien, Afrika, N-Amerika, S-Amerika, Australien, Antarktika), gewöhnl. 6 (Amerika zusammengefaßt).

Erdung, Verbindung eines Pols elektr. Anlagen oder von Teilen von Geräten u. Masch. mit dem Erdpotential. Dafür werden *Erder* aus Metallstäben oder -bändern verwendet. Auch bei Blitzableiteranlagen handelt es sich um eine Art von Schutz-E.

Erdwachs, *Bergwachs, Ozokerit,* hochmolekulares Paraffingemisch von gelber bis brauner Farbe.

Erdwärme, Eigenwärme des Erdkörpers, schon in geringer Tiefe (30 m) bemerkbar; sie beruht z. T. auf der Restwärme des allmähl. erkaltenden Erdkörpers, z. T. auf der bei radioaktiven Zerfallsprozessen freiwerdenden Wärme.

Erdzeitalter, Hauptepochen der Erdgeschichte, gegliedert in Formationen, Abteilungen, Stufen u. ä.; das Forschungsgebiet der *Histor. Geologie.* T →S. 238

Erebus, *Mount E.* [maunt 'erɪbəs], tätiger Vulkan auf der antarkt. Ross-Insel, 3794 m.

Erec, *Erek,* Held der Artus-Sage.

Erechtheion, auf der Akropolis von Athen 421–407 v. Chr. errichteter Kultbau für *Athene, Erechtheus* u. *Poseidon;* an der Südseite die Korenhalle mit 6 Karyatiden.

Erektion, das Steifwerden der *Klitoris* u. des *Penis* durch vermehrte Einströmung des Bluts in die *Schwellkörper* u. gleichzeitige Abdrosselung des Blutrückstroms.

Eremit, Einsiedler.

Eremitage, 1. Einsiedelei, im 18. Jh. gern als künstl. Grotte oder kleiner Schloßbau angelegt. – 2. *Ermitage,* Museum in St. Petersburg, heute im ehem. Winterpalast; die bedeutendste Kunstsammlung Rußlands, gegr. von Katharina II.

Eresburg, *Heresburg,* ehem. Grenzfeste der Sachsen an der oberen Diemel, 772 von Karl d. Gr. erobert.

Erfahrung, Gesamtheit der Erlebnisse u. der daraus gewonnenen Erkenntnisse des Menschen in der Auseinandersetzung mit der Welt (*äußere E.*) u. mit sich selbst (*innere E.*).

Erfindung, schöpfer. Leistung auf techn. Gebiet, durch die ein neues Ziel mit bek. Mitteln oder ein bek. Ziel mit neuen Mitteln oder ein neues Ziel mit neuen Mitteln erreicht wird; kann durch *Patent* oder *Gebrauchsmuster* geschützt werden.

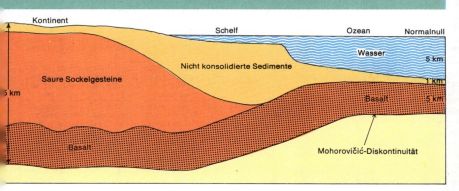

Schematisches Profil der Erdkruste zwischen Kontinent und Ozean

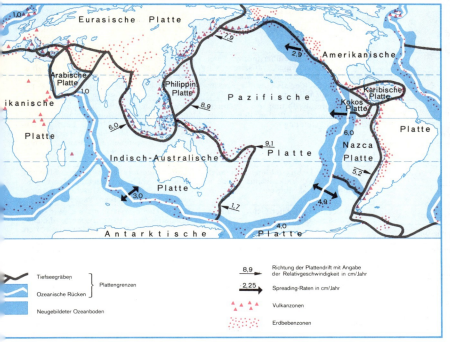

Großgliederung der Erde nach der Theorie der Plattentektonik

Erfrierung

Erfrierung, *Congelatio,* Schädigung des Körpers oder einzelner Teile durch Kälte. Sinkt die Körpertemperatur allg. unter 20 °C *(Unterkühlung),* tritt der Tod ein. *Örtl. E.en* beginnen mit Rötung u. Schwellung des betroffenen Glieds *(1. Grad),* dann folgen Blasen- u. Geschwürbildungen *(2. Grad),* schließl. tritt Gewebstod ein *(3. Grad).* Hierbei muß das befallene Glied meist entfernt werden.
Erft, l. Nbfl. des Rheins, 115 km; mündet bei Neuss.
Erftstadt, Stadt in NRW, an der Erft sw. von Köln, 45 000 Ew.; Schloß; bis 1960 Braunkohletagebau, zum Erholungsgebiet Liblarer Seenplatte rekultiviert.
Erfüllung, im bürgerl. Recht die Leistung des geschuldeten Gegenstands (z. B. Zahlung). – **E.sort,** *Leistungsort,* der Ort, an dem die E. vorzunehmen ist; im Zweifel der Wohnsitz oder der Ort der gewerbl. Niederlassung des Schuldners zur Zeit der Entstehung des Schuldverhältnisses.
Erfurt, 1948–52 u. seit 1990 Hptst. des Landes Thüringen, an der Gera, 220 000 Ew.; Med. Akademie, Pädagog. HS, Ingenieurschulen; reich an histor. wertvollen Bauwerken (Dom, bed. Kirchen, Krämerbrücke u. a.); Masch.-, Anlagen- u. Gerätebau; versch. Ind.; traditioneller Gartenbau mit Saatzuchtbetrieben, Blumen- u. Gemüseanbau u. Baumschulen (»Blumenstadt E.«).
G e s c h .: Im MA blühende Handelsstadt, 1392–1816 Univ.; 1803 preuß., 1807 frz., 1814 wieder preuß. 1808 trafen Napoleon I. u. Zar Alexander I. in E. zusammen *(E.er Fürstentag).* 1850 tagte das *E.-Parlament,* das auf Initiative Preußens eine (nicht durchgeführte) Unionsverfassung für Dtld. (unter Ausschluß Östr.) beschloß. 1891 Parteitag der dt. Sozialdemokraten (Erfurter Programm). 1970 Treffen zwischen Bundeskanzler W. Brandt u. DDR-Ministerrats-Vors. W. Stoph.
Erfurter Programm, das 1891 neu formulierte, in seinem grundsätzl. Teil marxist. geprägte Parteiprogramm der SPD. Es trat an die Stelle des *Gothaer Programms* von 1875 u. wurde 1921 durch das *Görlitzer Programm* ersetzt.
Erg, Zeichen erg, Einheit der Energie (Arbeit): $1\, erg = 1\, dyn \cdot 1\, cm = 1\, g \cdot 1\, cm^2/s^2 = 10^{-7}\, J$ (Joule), amtl. nicht mehr zulässig.
Erg, Sandwüste mit Dünenbildung in der Sahara, insbes. in Algerien (in Libyen *Edeyen*).
ergo, also, mithin, folglich.
Ergologie, Lehre von den volkstüml. Arbeitsbräuchen u. von den Arbeitsgeräten in ihrer Bed. für die allg. Kultur.
Ergometer, Gerät, mit dem in der *Sportmedizin* Arbeit bzw. Leistung gemessen wird.

Erdzeitalter

Beginn vor Mio. Jahren	Dauer in Mio. Jahren	Erdzeitalter	Formation	Abteilung		Erdgeschichtliche Vorgänge	Entwicklung des Lebens
2	2	Känozoikum (Erdneuzeit)	Quartär	Holozän (Alluvium, Nacheiszeit)		Postglazialer Meeresspiegelanstieg, Entwicklung der heutigen Küstenlinien	Ausbreitung des Menschen, Domestikation von Tier- und Pflanzenwelt, künstliche Lebensbedingungen
				Pleistozän (Diluvium, Eiszeit)		Vereisung der Nordhalbkugel, Hebung der zentraleuropäischen Mittelgebirge, abklingender Vulkanismus	Verschiebung der Floren- und Faunengürtel der Erde, differenzierte biologische Entwicklung durch klimatische und geographische Isolation, rasche Entwicklung des Menschen
65	63		Tertiär	Jungtertiär (Neogen)	Pliozän Miozän	Alpidische Gebirgsbildung auf der ganzen Erde, starker Vulkanismus, Einbruch des Mittelländischen Meeres	Entwicklung der Prähomininae, durch zunehmende Abkühlung Verlagerung der Palmengrenze von Nord- nach Süddeutschland
				Alttertiär (Paläogen)	Oligozän Eozän Paläozän		Rasche Entfaltung der Säugetiere, Koniferen und Blütenpflanzen. Im Meer: Muscheln, Schnecken, Seeigel, Knochenfische, Nummuliten
135	70	Mesozoikum (Erdmittelalter)	Kreide	Obere Kreide		Ablagerungen des Kreidemeeres, Beginn der alpidischen Gebirgsbildung, auflebender Vulkanismus	Angiospermen nach Florensprung in der mittleren Kreide, Höhepunkt in der Entwicklung der Reptilien: Riesensaurier und Ammoniten sterben mit der Kreide aus
				Untere Kreide			
190	55		Jura	Malm (Weißer Jura)		Weite Meeresüberflutungen (Tethys im Bereich Mittelmeer–Alpen)	Gymnospermen; rasche Entwicklung der Reptilien mit Großformen (Ichthyosaurier, Plesiosaurier); erste Vögel; reiche marine Fauna: Fische, Ammoniten, Belemniten, Schnecken, Muscheln, Seeigel, Korallen, Schwämme, Foraminieren und Radiolarien; kleinwüchsige Säuger
				Dogger (Brauner Jura)			
				Lias (Schwarzer Jura)			
220	30		Trias	Keuper		Keine größeren tektonischen Ereignisse, wüstenhaftes Festland herrscht vor	Schachtelhalme und Farne, daneben Gymnospermen. Erste kleinwüchsige Säuger neben Reptilien und Amphibien. Paläoammonidea des Paläozoikums werden durch die Ceratiten (Mescammonidea) abgelöst
				Muschelkalk			
				Buntsandstein			
280	60	Paläozoikum (Erdaltertum)	Perm	Zechstein Rotliegendes		Abklingen der variszischen Gebirgsbildung, Vereisung auf der Südhalbkugel, Kali- und Salzablagerungen in Zechstein-Meeren	Florenschnitt an der Wende Rotliegendes/Zechstein. Gefäßsporenpflanzen werden durch Gymnospermen abgelöst, Aussterben der Tribolyten, Brachiopoden, rasche Entwicklung der Reptilien
350	70		Karbon	Oberkarbon		Rückgang der Meeresüberflutung, Vereisung der Südhalbkugel, variszische Gebirgsbildung mit starkem Vulkanismus, große Sumpfwälder als Grundlage späterer Steinkohlenbildung	Differenzierung der Pflanzenwelt in Florenprovinzen, Bärlapp, Farne, Schachtelhalme, erste Gymnospermen. Fauna mit Amphibien, Brachiopoden, Insekten, erste Reptilien (Cotysaurier, Korallen)
				Unterkarbon			
400	50		Devon	Oberdevon		Weite Meeresüberflutungen, Ausklingen der kaledonischen, Beginn der variszischen Gebirgsbildung	Florenschnitt, Wende Thallophytikum/Paläophytikum mit Psilophyten im Unterdevon, Pteridophyten (Bärlapp, Farn, Schachtelhalm) ab dem Mitteldevon. Reiche Fauna mit ersten Amphibien, Knochen- und Knorpelfischen, zahlreichen Wirbellosen und Insekten
				Mitteldevon			
				Unterdevon			
440	40		Silur (Gotlandium)	(Obersilur)		Kaledonische Gebirgsbildung (besonders in Nordeuropa), Vulkanismus, Salze in Nordamerika und Sibirien	Thallophytenflora ohne höhere Pflanzen, reiche marine Fauna; Brachiopoden, Cephalopoden, Schnecken, Muscheln, Echinodermen, Gigantostraken, Panzerfische
				(Untersilur)			
500	60		Ordovizium	(Oberordovizium)		Beginn der kaledonischen Gebirgsbildung, z. T. Vulkanismus	Marine Thallophyten, marine Wirbeltiere (Agnaten und Panzerfische); daneben Graphtolithen, Brachiopoden, Trilobiten, Schnecken, Cephalopoden
				(Unterordovizium)			
580	80		Kambrium	Oberes Kambrium		Ablagerung der ersten fossilführenden Sedimente	Außer Wirbeltieren alle Stämme des Tierreichs vertreten; besonders Trilobiten, Brachiopoden, Cephalopoden, Medusen
				Mittleres Kambrium			
				Unteres Kambrium			
~2600	2000	Proterozoikum (Erdfrühzeit)				Erste gebirgsbildende und vulkanische Vorgänge, Vereisungen, Rotsedimente	Erste Metazoen, Medusen, Anneliden, Invertebraten, Biostratigraphie mittels Kalkalgen (Collenia)
~4500	1900	Archaikum				Bildung der Urkontinente und Urmeere	Beginn der Thallophytikums, riffbildende Stromatolithen. Beginn der Photosynthese
		Erdurzeit				Erde im Zustand eines glühenden Planeten	

Ergonomie, Wiss., die sich mit den Arbeitsbedingungen u. deren Anpassung an den Menschen befaßt.

Ergotismus, Vergiftung durch Mutterkorn, das in ungereinigtem Getreide mit vermahlen wird u. zu Nerven- u. Gehirnstörungen u. Unempfindlichkeit in Händen u. Füßen führen kann; auch Auftreten von Krämpfen; heute sehr selten.

Ergußgesteine, *Vulkanite,* das durch vulkanische *Eruption* (Eruptivgesteine) oder *Effusion* (Effusivgesteine) an die Erdoberfläche als Schmelzfluß *(Lava)* ausgetretene, relativ schnell abgekühlte u. erstarrte *Magma.*

Erhaltungssätze, grundlegende Sätze der Physik, die aussagen, daß in abgeschlossenen physik. Systemen gewisse Größen zeitl. konstant bleiben. E. gelten für die *Energie,* den *Impuls,* den *Drehimpuls,* die *elektr. Ladung* u. die Zahl der *Baryonen.* Weitere E. werden in der Physik der *Elementarteilchen* vermutet.

Erhard, Ludwig, * 1897, † 1977, dt. Wirtschafts-Wiss. u. Politiker (CDU); 1945/46 bay. Wirtschafts-Min., 1948 Direktor der Verw. für Wirtsch. des Vereinigten Wirtschaftsgebiets; beseitigte mit der *Währungsreform* die Zwangswirtsch.; 1949–63 Bundeswirtschafts-Min., seit 1957 Vizekanzler u. 1963 als Nachfolger K. *Adenauers* zum Bundeskanzler gewählt; mußte 1966 zurücktreten. Der rasche wirtschaftl. Aufstieg der BR Dtld. (»Wirtschaftswunder«) gilt vielen vorw. als Verdienst Erhards u. seiner *soz. Marktwirtschaft.*

Erich, *Erik,* nord. Könige:
1. E. IX., E. der Heilige, † 1160 (ermordet), König von Schweden etwa 1150–60; förderte die schwed. Besiedelung SW-Finnlands; Heiliger u. Schutzpatron Schwedens. – **2. E. von Pommern,** E. VII., * um 1382, † 1459, König von Schweden u. Dänemark bis 1439, von Norwegen bis 1442; erster Unionskönig der *Kalmarer Union.* – **3. E. XIV.,** * 1533, † 1577, König von Schweden 1560–69; Sohn *Gustav Wasas;* schuf durch die Eroberung Estlands die Voraussetzung zur schwed. Ostseeherrschaft u. behauptete sich im *Nord. Krieg;* 1569 abgesetzt, gefangengehalten u. vermutl. vergiftet.

Erich der Rote, Erik Raude, * um 950, † um 1007, normann. Seefahrer; betrat als erster Europäer 981/82 die Insel Grönland; Vater von *Leif Eriksson.*

Eridanus, Sternbild am Südhimmel; hellster Stern *Achernar* (α Eridani).

Eridu, altbabylon. Stadt, die heutige Ruinenstätte *Abu Schahrain.*

Erie [´i:ri], Hafen- u. Ind.-Stadt im NW von Pennsylvania (USA), am Südufer des *E.sees,* 119 000 Ew.; Handelsplatz für Erdöl, Holz, Kohle, Eisenerz u. Getreide; Schiff- u. Maschinenbau.

Eriesee [´i:ri-], *Lake Erie,* südlichster, zweitkleinster u. flachster der 5 nordamerik. *Großen Seen,* 25 667 km². Der 548 km lange *Erie Canal* verbindet den E. (Buffalo) mit dem Hudson (Albany).

Erika [eigtl. -´ri-], *Erica* → Heidekraut.

Erinnerung, 1. Fähigkeit des willentlichen Bewußtmachens meist auf Erlebnisse zurückgehender Bewußtseinsinhalte. – **2.** Rechtsbehelf in der Zwangsvollstreckung zur Erhebung von Einwendungen.

Erinnyen, *Erinyen,* grch. Rachegöttinnen der Unterwelt, euphemistisch als *Eumeniden* [»Die Wohlmeinenden«], lat. als *Furiae* (Furien) bezeichnet; gewöhnl. 3: *Alekto, Megära, Tisiphone.*

Eris, grch. Göttin der Zwietracht.

Eristik, *erist. Dialektik,* in der antiken Sophistik die Kunst, in der Diskussion Behauptungen zu entkräften oder aufzustellen.

Eritrea, Staat in O-Afrika, 121 143 km², 3 Mio. Ew., Hptst. *Asmera.* – Hinter einer trockenheißen Küstenzone erhebt sich das Bergland von E. Der W wird von einem gemäßigt trockenen Hochland eingenommen. – Die Bev. (Tigre, Afar u. a.) bekennt sich je zur Hälfte zum Islam u. zum kopt. Christentum. – Die Landw. (Anbau von Getreide, Kaffee, Baumwolle, Tabak) ist der wichtigste Wirtschaftszweig. Die wichtigsten Häfen: Massaua u. Assab.

Eritrea

Ludwig Erhard

Gesch.: Seit 1952 (UN-Beschluß 1950) autonomer Staat innerhalb Äthiopiens, seit 1962 Prov. Sezessionsbestrebungen der islam. E. gegenüber Äthiopien wurden von arab. Staaten unterstützt u. führten zu blutigen Auseinandersetzungen. 1991 endete der Bürgerkrieg. 1993 sprach sich die Bev. in einem Referendum für die Unabhängigkeit E.s aus, die am 24.5.1993 proklamiert wurde.

Eriwan, *Erevan, Jerewan,* Hptst. von Armenien, 1,2 Mio. Ew.; Kultur- u. Wirtschaftszentrum; Univ.; Maschinenbau, Kupferhütte, chem. Ind.

Erkältung, Herabsetzung der Abwehrkraft des Körpers gegen Ansteckung durch Abkühlung einzelner Körpergebiete.

Erkelenz, linksrhein. Stadt in NRW, sw. von Mönchengladbach, 38 000 Ew.; spätgot. Backsteinbauten; Bohrgeräte- u. Masch.-Ind.

Erkenntnis, gesichertes Wissen über einen Sachverhalt; nach I. Kant die Verknüpfung einer *Anschauung* mit einem *Begriff.* – *E.theorie, E.lehre, Noetik, Gnoseologie, Gnostologie,* Lehre vom *Erkennen;* ist sie bes. auf die Grenzen der menschl. E. ausgerichtet, heißt sie *E.kritik;* ist sie bes. auf die E.vorgänge in den Wiss. ausgerichtet, heißt sie *Wissenschaftstheorie.*

Erkennungsdienst, Sachgebiet u. Organisationszweig der *Kriminalpolizei* zur Aufklärung von strafbaren Handlungen u. zur Überführung der Straftäter, insbes. mit Hilfe von Lichtbildern u. Fingerabdrücken.

Erkennungsmarke, von Soldaten ständig an einer Halskette zu tragende Metallmarke mit Personalkurzangaben.

Erker, vorspringender, durch Balken, Pfeiler oder Konsolen gestützter Ausbau in den Obergeschossen von Gebäuden.

Erkrath, Stadt in NRW, östl. von Düsseldorf, 47 000 Ew.; Stahl-, Masch.-, Kfz- u. Papier-Ind. Östl. von E. liegt das *Neandertal.*

Erlander, Tage, * 1901, † 1985, schwed. Politiker (Sozialdemokrat); 1946–69 Min.-Präs.

Erlangen, krsfr. Stadt in Mittelfranken (Bay.), an der Regnitz, 100 000 Ew.; regelmäßig gebaut, mit zwei Stadtkernen: Altstadt (um 1362) u. 1686 gegr. Neustadt (Hugenottensiedlung); barocke Bauten; Univ.; elektrotechn. (Siemens) u. Textil-Ind., Maschinenbau, Forschungszentrum des Siemenskonzerns; Hafen am Europakanal Rhein-Main-Donau.

Erlanger [´ə:læŋər], Joseph, * 1874, † 1965, US-amerik. Physiologe; erforschte die elektrophysiolog. Vorgänge im Nervensystem; Nobelpreis für Medizin 1944.

Erlaß, 1. allg. Verwaltungsvorschrift oder -anordnung einer Behörde. – **2.** Verzicht des Gläubigers auf die Forderung durch einen Vertrag mit dem Schuldner.

Erlau, ung. *Eger,* Stadt an der Eger, Hptst. des Komitats *Heves* (N-Ungarn), 70 000 Ew.; bed. Kirchen; Thermalquellen; Obst- u. Weinanbau; Tabak- u. Nahrungsmittel-Ind.

Erlaucht, im 1. Dt. Reich Titel der regierenden Reichsgrafen; seit 1829 Titel der mediatisierten Grafen.

Erle, *Eller, Alnus,* Gatt. der *Birkengewächse;* in Dtld.: *Grün-E., Schwarz-E., Grau-E;* holzige Fruchtstände.

erlebte Rede, nicht eigens gekennzeichnete Wiedergabe von Worten oder Gedanken einer Person; Stilmittel des modernen Romans.

Erler, Fritz Karl Gustav, * 1913, † 1967, dt. Politiker (SPD); außen- u. wehrpolit. Experte seiner Partei, 1964–67 Fraktions-Vors.

Erlösung, in den Universalreligionen, den eigtl. *E.sreligionen,* die Aufhebung einer existentiellen Unheilssituation u. die Herbeiführung eines existentiellen Heils; so im Christentum die gnadenhafte Befreiung von Sünde u. Gottferne aufgrund des einmaligen Erlösungswerks Jesu.

Ermächtigungsgesetz, Reichsgesetz vom 24.3.1933, das der Reg. *Hitler* die Befugnis zur Gesetzgebung übertrug.

Ermanarich, *Ermanrich, Ermenrich,* König der Ostgoten ca. 350–75; gründete ein großes Reich in S-Rußland, das nach seinem Tod von den Hunnen zerstört wurde.

Ermatinger, Emil, * 1873, † 1953, schweizer. Literarhistoriker.

Ermessen, Handlungsspielraum der Behörde im Verwaltungsverfahren.

Ermittlungsverfahren, im Strafprozeß der Teil des Vorverfahrens, in dem die Staatsanwaltschaft den Verdacht einer strafbaren Handlung klärt.

Ermland, poln. *Warmia,* hügelige Ldsch. in Ostpreußen, zw. dem Frischen Haff u. der Masur. Seenplatte. 1243 Bistum des Dt. Ordens.

Ernährung, Zufuhr von *Nährstoffen,* die für den Organismus zur Aufrechterhaltung der Lebensvorgänge notwendig sind; dient 1. als Energiequelle für alle Lebenserscheinungen wie Muskeltätigkeit, Körperwärme u. Stofftransport, liefert 2. das Material zum Körperaufbau beim Wachstum u. schafft 3. Ersatz für im Organismus verbrauchte Substanzen. Grundnährstoffe sind die chem. Energiespeicher *Kohlenhydrate, Eiweiße* u. *Fette.* Sie können sich bei der Energieproduktion weitgehend vertreten. Das Eiweißminimum für den Menschen beträgt ca. 35–50 g/Tag. Eine gute E. enthält 70–90 g Eiweiß/Tag. Die Mindestmenge der Energie zur Erhaltung der Körperfunktionen wird im *Grundumsatz* gemessen u. beträgt beim Menschen 5900–8400 kJ/Tag (= 1400–2000 kcal/Tag). Dazu tritt der Arbeitsumsatz, beim körperl. arbeitenden Menschen mehr als 14 700 kJ/Tag. 1 g Kohlenhydrat liefert 17 kJ, 1 g Fett 39 kJ, 1 g Eiweiß 17 kJ.

Ernst, Fürsten.
Hannover:
1. E. August I., * 1629, † 1698, Kurfürst 1692–98; erhielt 1692 von Kaiser Leopold I. die Kurwürde, womit die Zahl der Kurfürsten auf 9 erhöht wurde. –
2. E. August II., * 1771, † 1851, König 1837–51; Sohn König Georgs III. von Großbrit.; hob 1837 das bestehende Staatsgrundgesetz von Hannover auf u. entließ 7 Professoren der Landesuniv. Göttingen, die gegen diesen Akt protestierten *(Göttinger Sieben).*
Hessen-Darmstadt:
3. E. Ludwig, * 1868, † 1937, letzter regierender Großherzog 1892–1918.
Sachsen:
4. * 1441, † 1486, Kurfürst 1464–86; 1455 zus. mit seinem Bruder *Albrecht dem Beherzten* durch Kunz von Kaufungen († 1455) geraubt *(Sächs. Prinzenraub);* Begr. der *Ernestinischen Linie.* – **5. E. der Fromme,** * 1601, † 1675, Herzog von Sachsen-Gotha 1620–75; kämpfte an der Seite Gustav Adolfs im Dreißigjährigen Krieg; reformierte Landesverw. u. Erziehungswesen.
Schwaben:
6. E. II., * um 1010, † 1030, Herzog 1015–30; empörte sich gegen seinen Stiefvater Konrad II.; büßte sein Hzgt. ein.

Ernst, 1. Max, * 1891, † 1976, frz. Maler, Graphiker u. Bildhauer dt. Herkunft; Mitbegr. des Dadaismus, dann des Surrealismus; suchte die Grenzen zw. Traumwelt u. Wirklichkeit aufzuheben. – **2.** Otto, eigtl. O. E. *Schmidt,* * 1862, † 1926, dt. Schriftst. (Komödien u. Romane aus dem Kleinbürgerleben). – **3.** Paul, * 1866, † 1933, dt. Schriftst.; Dramen, religiöse Schauspiele.

Ernste Bibelforscher → Zeugen Jehovas.

Erntedankfest, um 1770 ausgebildetes kirchl. Fest zum Abschluß der Ernte (bes. in der ev. Kirche). Kennzeichen des meist am Sonntag nach Michaelis (29. Sept.) gefeierten Fests ist der mit Feld- u. Gartenfrüchten geschmückte Altar.

Erntevölker, Naturvölker, deren Wirtsch. auf dem

regelmäßigen Abernten bestimmter Wildpflanzen beruht.

Eroberung, die militär. Inbesitznahme fremden Staatsgebiets.

Eröffnungsbeschluß, im Strafprozeß der Beschluß des Gerichts, der die Eröffnung des Hauptverfahrens anordnet.

erogene Zonen, Körperstellen, deren Berührung (Reizung) sexuell erregt; *i.e.S.* die äußeren Geschlechtsteile selbst u. ihre unmittelbare Umgebung; *i.w.S.* auch (individuell versch.): Brustwarzen der Frau, Lippen, Hals, Ohrläppchen, Gesäß, Innenseite der Oberschenkel u. a.

Eros, 1. lat. *Amor* oder *Cupido,* grch. Gott, Sohn der Aphrodite u. des Ares, Gott der menschl. Liebe; in der Antike als geflügelter Knabe mit Pfeil u. Bogen dargestellt, in röm. Zeit sowie in Renaissance u. Barock auch als *Eroten* in der Mehrzahl. – **2.** die Liebe als sinnl.-geistige Einheit; Liebe um der Schönheit willen (im Unterschied zu *Caritas* u. *Sexus*). – **3.** einer der *Planetoiden,* 1898 entdeckt; kommt auf stark exzentrischer Bahn der Erde bis auf 22 Mio. km nahe.

Erosion, linienhafte Abtragung der Erdoberfläche durch fließendes Wasser (*fluviatile E.*). Übernormale E. führt zu Störungen des Wasserhaushalts u. zur Boden-E.

Erotik, Gesamtbereich der sinnl.-geistigen Liebe (des *Eros*), insbes. ihre spieler. kultivierten Formen ohne den Geschlechtsakt selbst; auch die Ausstrahlungskraft der sinnl. Schönheit.

ERP, Abk. für engl. *European Recovery Program,* »Europ. Wiederaufbauprogramm«, die amtl. Bez. für den *Marshall-Plan*.

erpresserischer Menschenraub, engl. *kidnapping,* das Entführen oder Sich-Bemächtigen einer Person, um einen Dritten zu einem bestimmten Verhalten zu veranlassen; strafbar mit Freiheitsstrafe nicht unter 3 Jahren.

Erpressung, Nötigung zu einer schädigenden Vermögensverfügung durch Gewalt oder Drohung mit einem empfindl. Übel, um sich oder einem Dritten einen rechtswidrigen Vermögensvorteil zu verschaffen; *räuberische E.* ist die E., die durch Gewalt gegen eine Person oder durch Androhung von gegenwärtiger Gefahr für Leib oder Leben begangen wird, strafbar nach §§ 253 u. 255 StGB, Freiheits- oder Geldstrafe.

errare humanum est [lat.], Irren ist menschlich.

erratische Blöcke, *Findlinge,* während der Eiszeit von einem Gletscher weit verfrachtete, ortsfremde Gesteinsbrocken u. Blöcke.

Erregerwicklung, Feldwicklung von elektr. Masch. u. Geräten, in der der *Erregerstrom* (Gleichstrom) zum Aufbau des magnet. Feldes fließt.

Erregung, typische, zeitl. begrenzte Antwort eines Organismus auf äußere oder innere Reize.

Ersatzdienst →Zivildienst.

Ersatzinvestition, Anschaffungen zum Ersatz der Gegenstände, die verkauft wurden oder techn. unbrauchbar bzw. wirtsch. überholt sind.

Ersatzkassen, *Krankenkassen,* für Arbeiter oder Angestellte innerhalb der soz. Krankenversicherung, deren Mitgl. von der Pflichtmitgliedschaft bei den Allg. Orts-, Land-, Betriebs- oder Innungskrankenkassen befreit sind.

Ersatzzeiten, Teil der Versicherungszeiten; den *Beitragszeiten* gleichgestellt, um versicherungsrechtl. Nachteile zu vermeiden; z.B. Militärdienst, Kriegsgefangenschaft, Vertreibung.

Ersitzung, Erwerb des Eigentums an einer *beweg. Sache* durch zehnjährigen Besitz in gutem Glauben an das in Wirklichkeit nicht bestehende eig. Eigentum. Bei *unbewegl. Sachen* (Grundstüken) nur im *Buch-E.* möglich.

Erskine ['ə:skin], John, * 1879, † 1951, US-amerik. Schriftst. u. Musiker; schrieb populäre Romane, die Gegenwartsprobleme vor zeitlosem Hintergrund behandeln.

Erstarrungsgesteine, *Magmatite, Massengesteine,* aus glühendflüssigem Schmelzfluß (*Magma*) durch Erstarren entstandene Gesteine; *Plutonite* u. *Vulkanite.*

Erste Hilfe, vorläufige, aber zweckmäßige Maßnahmen zur Behebung der unmittelbaren Gefahr u. zur Vermeidung von Komplikationen bei Unglücksfällen bis zur Herbeirufung eines Arztes oder bis zum Transport ins Krankenhaus. Im allg. leistet man die E. H. an Ort u. Stelle.

Bei *Verletzungen* ist die dringlichste Aufgabe, durch Blutstillung weitere Blutverluste zu vermeiden; bei inneren Blutungen: Ruhiglagerung, Eisblase. Bei stoßweise spritzendem, hellrotem Blut Druckverband anlegen.

Die *Wundversorgung* durch den Notverband geschieht durch Auflegen einer sterilen Lage Mull, Polsterung mit Zellstoff, Befestigung des Verbands mittels Binde oder Heftpflaster oder Schnellverband. Die Wunde u. die Verbände dürfen niemals mit den Händen berührt werden. Bei *Knochenbrüchen* behelfsmäßige Schienung mit möglichst ausreichender Polsterung; die Schienung muß beiderseits über die Gelenke des betroffenen Knochens hinausreichen.

Bei *Vergiftungen:* Erbrechen herbeiführen (Finger in den Hals), aber nicht bei Verätzung, nicht bei Bewußtlosigkeit! Reste des Gifts sorgfältig aufbewahren, weil sie Anhalt über die Art der Vergiftung geben können. Bei Gasvergiftung ist so rasch wie mögl. für Sauerstoffzufuhr zu sorgen.

Verbrennungen: sofort kühlen, z.B. mit kaltem Wasser. In keinem Fall mit »Brandsalben« u. ä. behandeln. Mit einer sterilen Lage Mull abdecken.

Erfrierungen: bei allg. Unterkühlung von innen mit warmen Getränken aufwärmen (z.B. Tee, kein Alkohol) u. von außen nur den Rumpf mit warmen Wickeln; erst dann die betroffenen Glieder allmähl. aufwärmen.

Bei *Bewußtlosen:* kontrollieren, ob das Herz schlägt (Puls tasten) u. ob Atmung vorhanden ist. Beengende Kleidung, Krawatte, Gürtel usw. lockern. Mund u. Rachen von Erbrochenem freimachen. Seitwärts lagern.

Bei fehlender Atmung u. freien Atemwegen: *Mund-zu-Mund-Beatmung.* Der Bewußtlose liegt dabei auf dem Rücken, der Kopf wird überstreckt. Mit einer Hand wird die Nase beim Einatmen zugehalten, mit der anderen der Mund geöffnet. Etwa im Rhythmus der eigenen Atmung bläst man Luft in die Lungen des Bewußtlosen u. wartet ab, bis sie wieder entweicht, um dann erneut zu blasen, usw.

Erster Mai, internat. Feiertag der Arbeit; geht zurück auf einen 1888 gefaßten Beschluß der *American Federation of Labor,* den 1. Mai 1890 als soz. Feiertag zu begehen. Seit 1918 ist der Tag in zahlr. Ländern zum gesetzl. Feiertag erklärt worden. In den USA wird der 1. Montag im Sept. als *Labor Day* begangen.

Erstgeburt, Vorzugsrecht des Erstgeborenen, →Primogenitur.

Erstickung, Tod durch Unterbrechung der äußeren oder inneren Atmung bei Verlegung der Luftwege, bei Abschnürung der Halsschlagadern bei Vergiftung mit Leuchtgas, Blausäure u. a. oder bei Verhinderung des Sauerstofftransports durch die roten Blutzellen infolge Blutzerfalls bei Blutkrankheiten (*innere E.*).

Ertl, Josef, * 7.3.1925, dt. Politiker (FDP); 1969–83 Bundes-Min. für Ernährung, Landw. u. Forsten.

Ertrag, Ergebnis der wirtsch. Betätigung, bes. von Unternehmen u. land- u. forstwirtsch. Betrieben.

Ertragsteuern, *Objektsteuern,* Steuern, die bestimmte ertragbringende Objekte nach objektiven Gesichtspunkten der Besteuerung unterwerfen, ohne auf persönl. Verhältnisse des Steuerpflichtigen Rücksicht zu nehmen; so *Grundsteuer* u. *Gewerbesteuer.*

Ertragswert, Barwert der geschätzten künftigen Erfolge (Gewinne) eines Unternehmens, Grundstücks, Wertpapiers u. ä.

ertrinken, durch Eindringen von Wasser in die Atmungswege oder in die Lunge sterben.

Eruption, explosionsartiger Vulkanausbruch.

Eruptivgesteine →Ergußgesteine.

Erwachsenenbildung, *Volksbildung,* Fortbildungsmöglichkeiten über das Schulalter hinaus durch die verschiedenen Medien (Bücher, Radio, TV, Vorträge u. a.), insbes. durch die jedermann zugängliche *Volkshochschule.* Daneben spielt auch die Arbeit der gewerkschaftl., polit. u. kirchl. Bildungswerke eine wichtige Rolle.

Erweckungsbewegungen, die bes. vom Pietismus geprägten Bewegungen zur Verlebendigung der Gem. in den ev. Kirchen; in Dtld. bes. nach 1800, in England um 1740 im *Methodismus,* in Dänemark durch *Grundtvig* u. a.

Erwerbsunfähigkeit, die durch körperl. oder geistige Leiden bedingte Unfähigkeit, durch Arbeit den Lebensunterhalt zu verdienen; in der Unfall-, Angestellten- u. Arbeiterrentenversicherung Voraussetzung für den Anspruch auf Rente.

Erwin von Steinbach, † 1318, dt. Baumeister; nachweisbar seit 1284 als Werkmeister am Straßburger Münster.

Erxleben, Dorothea Ch., * 1715, † 1762, dt. Ärztin; erwarb 1754 als erste Frau in Dtld. den medizin. Doktortitel; Praxis in Quedlinburg.

Eryngium →Mannstreu.

Erysipel, *Med.:* →Rose.

Erythem, Rötung der Haut mit brennendem Gefühl u. häufig nachfolgender Schuppung.

Erythroblastose, Auftreten zahlr. unreifer Vor-

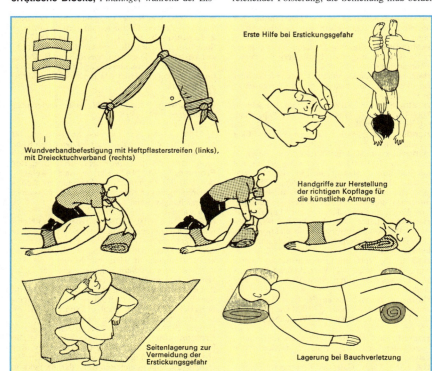

Erste-Hilfe-Maßnahmen nach Unfällen

Erzgebirge: Fichtelberg (1214 m)

stufen roter Blutkörperchen **(Erythroblasten)**; bei best. Blutkrankheiten, bes. aber bei Neugeborenen infolge Rhesus-Unverträglichkeit: *fetale E.*
Erythrozyten, die roten Blutkörperchen der Wirbeltiere, die das *Hämoglobin* enthalten; →Blut.
Erzählung, *i.w.S.* Sammelbegriff für alle epischen Gatt., *i.e.S.* eine an Umfang zw. Roman u. Novelle stehende Erzählform.
Erzämter, Reichs- u. Hofämter (Titulärämter) im Röm.-Dt. Reich, die im 14. Jh. an die vier weltl. Kurfürsten übergingen, die sie symbol. bei den Krönungsfeierlichkeiten versahen *(Erztruchseß:* Pfalzgraf bei Rhein; *Erzmundschenk:* König von Böhmen; *Erzmarschall:* Herzog von Sachsen; *Erzkämmerer:* Markgraf von Brandenburg. Die drei geistl. Kurfürsten (Erzbischöfe von Mainz, Köln u. Trier) waren *Erzkanzler*.
Erzberger, Matthias, * 1875, † 1921, dt. Politiker; Führer des linken *Zentrums;* unterzeichnete 1918 als Staatssekretär den Waffenstillstand von *Compiègne* u. trat für die Unterzeichnung des *Versailler Vertrags* ein. Er fiel einem Attentat rechtsradikaler ehem. Offiziere zum Opfer.
Erzbischof, *Archiepiscopus,* in der Westkirche allg. seit dem 8. Jh. der erste Bischof *(Metropolit)* einer Kirchenprov., dem die anderen Bischöfe *(Suffragane)* unterstehen; oft nur als Ehrentitel.
Erzdiözese, *Erzbistum,* die erste Diözese einer kath. Kirchenprov., in der der *Erzbischof* (Metropolit) residiert. In Deutschland gibt es fünf E.n: München u. Freising, Freiburg i. Br., Bamberg, Paderborn, Köln.
Erze, in der Natur vorkommende metallhaltige Mineralien u. Mineralgemische (Gesteine). *Gedigene E.* enthalten Metall in nahezu reiner Form. E. sind: Blei, Eisen, Gold, Kupfer, Mangan, Molybdän, Nickel, Platin, Quecksilber, Silber, Uran, Wolfram, Zink, Zinn.
Erzengel →Engel.
Erzgebirge, dt. Mittelgebirge an der sächs.-böhm. Grenze, 150 km lang, 40 km breit; waldreicher, vermoorter Kamm *(Keilberg* 1244 m; *Fichtelberg* 1214 m) mit Steilabfall nach SO (Egergraben) u. allmähl. Abdachung nach NW zur steinkohlenreichen *Erzgebirg. Mulde.*
Erzherzog, 1359–1918 Titel der Prinzen des östr. Herrscherhauses.

Erziehung, planmäßige Tätigkeit zur Formung junger Menschen, die mit allen ihren Anlagen u. Kräften zu vollentwickelten, verantwortungsbewußten u. charakterfesten Persönlichkeiten im Sinn der geltenden Persönlichkeitsideale gebildet werden sollen. Zur E. gehören außer Wissensvermittlung u. Ausbildung von Fertigkeiten (Hauptaufgaben des *Unterrichts)* auch Willensbildung, Charakterbildung, Gewissensbildung sowie die Entwicklung der Fähigkeit, sich selbst zu sehen u. zu beurteilen. Die wichtigsten Institutionen der E. sind das Elternhaus u. die Schule, daneben Kirche u. Jugendorganisationen. →Bildung, →Pädagogik.
Erziehungsbeistandschaft, Schutz u. Überwachung gefährdeter Minderjähriger in ihrer leibl., geistigen u. seel. Entwicklung durch einen *Erziehungsbeistand,* der vom *Vormundschaftsgericht* entweder von Amts wegen oder auf Antrag des *Personensorgeberechtigten* oder des *Jugendamts* bestellt wird. E. kann auch vom *Jugendgericht* angeordnet werden.
Erziehungsberatung, öffentl. Einrichtung zur allg. erzieher. Aufklärung u. zur Beratung bei konkreten Erziehungsschwierigkeiten.
Erziehungsurlaub, Urlaub für Mütter oder Väter, der seit 1986 an Stelle des fr. Mutterschaftsurlaubs gewährt wird; beträgt bei Geburt eines Kindes max. 3 Jahre.
Erziehungswissenschaft →Pädagogik.
Erzlagerstätten, sind natürl. in der Erdkruste (in *Gängen, Lagern, Flözen, Seifen)* angereicherte Mineralvorkommen, aus denen sich nutzbare Metalle gewinnen lassen.
Erzschleiche, bis 40 cm langer schlangenähnl. *Skink,* auf Grasböden der westl. Mittelmeerländer zu finden.
Erzurum [ˈɛrzu-], *Erzerum,* O-türk. Prov.-Hptst. in Ostanatolien, 1950 m ü. M., 260 000 Ew.; Verkehrs- u. Handelsmittelpunkt; Univ.; reich an Moscheen u. Kirchen; Festung *Theodosiopolis* an der »Seidenstraße«.
Erzväter, *Patriarchen,* im AT die Stammväter Israels: Abraham, Isaak, Jakob u. auch dessen Söhne.
Es, chem. Zeichen für *Einsteinium.*
Es, in der Psychoanalyse der unbewußte, triebhafte Teil der Persönlichkeit.
ESA, Abk. für engl. *European Space Agency,* Europ. Weltraumbehörde, gegr. 1975; ihr gehören 13 europ. Staaten an. Hauptprojekte: Weltraumlabor *Spacelab* u. Trägerrakete *Ariane.*
Esaki, Leo, * 12.3.1925, jap. Physiker; erforschte den Tunneleffekt in supraleitenden Medien u. in halbleitenden Festkörperkristallen; Nobelpreis 1973 zus. mit I. *Giaever* u. B. *Josephson.*
Esau, *Edom,* Sohn *Isaaks,* von seinem Bruder *Jakob* um die Erstgeburt betrogen.
Esbjerg [-bjɛr], dän. Hafenstadt an der SW-Küste Jütlands, 82 000 Ew.; Fischerei, Nahrungsmittel-Ind.; Fährverbindung mit Großbritannien.
Esch an der Alzette [-ˈzɛt], frz. *Esch-sur-Alzette,* luxemburg. *Esch-Uelzecht,* zweitgrößte luxemburg. Stadt, im *Luxemburger Minett* (Erzbergbau-u. Schwerindustrierevier), 26 000 Ew.; Eisenhütten, Stahl- u. Walzwerke.
Eschatologie [esça-], Lehre von den »letzten Dingen«, d. h. für den einzelnen: Tod, Auferstehung von den Toten u. Gericht, für die Gesamtheit: Weltende u. Kommen des Reiches Gottes.
Esche, *Fraxinus,* Gatt. der *Ölbaumgewächse,* in den nördl. gemäßigten Zonen verbreitete laubabwerfende Bäume; hierzu die *Manna-* oder *Blumen-*

E. u. die *Gewöhnl. E.* (bis 40 m hoch). – Der Welt-u. Lebensbaum *Yggdrasil* in der nord. Myth. ist eine E.
Eschenburg, 1. Johann Joachim, * 1743, † 1820, dt. Schriftst. u. Kunsttheoretiker; Freund G. E. *Lessings,* schuf die erste vollständige dt. Shakespeare-Übersetzung (in Prosa) 13 Bde. – **2.** Theodor, * 24.10.1904, dt. Politologe; durch Kritik an öffentl. Mißständen starke publizist. Wirkung; zahlr. Veröffentlichungen.
E-Schicht, elektr. gut leitende Schicht der *Ionosphäre* in 100–150 km Höhe.
Eschkol, *Eshkol,* Levi, * 1895, † 1969, isr. Politiker (Mapai); 1963–69 Min.-Präs., 1963–67 auch Verteidigungs-Min.
Eschwege, hess. Krst. an der Werra, 23 000 Ew.; histor. Bauten; versch. Ind.
Eschweiler, Stadt in NRW nordöstl. von Aachen, 54 000 Ew.; Braunkohlenbergbau, Eisen-, Metall-, Kunststoff-Ind.
Escoffier, Auguste, * 1849, † 1935, frz. Küchenmeister; gilt als Erneuerer der frz. u. internat. Kochkunst.
Escorial, *El E., Monasterio de San Lorenzo del E.,* span. Klosterschloß nw. von Madrid, erbaut 1563–84 unter Philipp II.; Sommerresidenz u. Grabstätte der span. Könige.
Escudo, Abk. *Esc,* Währungseinheit in Portugal seit 1911 (1 E. = 100 *Centavos)* u. 1960–75 in Chile (1 E. = 100 *Centésimos).*
Esdras →Esra.
Esel, *Equus asinus,* fast nur noch als Haustier erhaltene Art der *Pferde;* grau, mit langen Ohren u. typ. »I-aaa«-Geschrei. Stammform ist der *Wild-E.,* der in mehreren Rassen noch in diesem Jh. die Wüstensteppen N-Afrikas bewohnte.
Eselsbrücke, einfache Denkhilfe.
Eskadron, fr. eine der *Kompanie* entspr. Einheit bei berittenen oder bespannten Truppen.
Eskalation, stufenweise Entwicklung einer Krisensituation zu einem Konflikt.

Eskimo: Nationaltracht der grönländischen Mädchen und Kinder in Sarqaq an der Diskobucht

Eskamoteur [-ˈtøːr], Taschenspieler, Zauberer. – **eskamotieren,** unbemerkt einen Gegenstand verschwinden lassen, wegzaubern.
Eskapade, Mutwilligkeit, Seitensprung.
Eskilstuna, schwed. Stadt westl. von Stockholm, 89 000 Ew.; Stahlindustriezentrum, Präzisionsmaschinenbau.
Eskimo, eig. Name *Inuit* [»Menschen«], von Alaska bis Grönland u. in NO-Sibirien verbreitetes mongolides Polarvolk mit einheitl. Sprache u. Kultur; lebt von Jagd, Fischfang u. Rentierzucht.
Eskişehir [-ˈʃeˈhir], Hptst. der gleichn. türk. Prov. in Kleinasien, 370 000 Ew.; Zentrum der Meerschaumgewinnung u. -verarbeitung; Textil-, chem. u. Zucker-Ind.
Eskorte, Begleitmannschaft, Geleit.
Esmarch, Friedrich von, * 1823, † 1908, dt. Chirurg; führte die **E.sche Blutleere** ein: Abschnürung der Blutgefäße in einem Körperglied zum Zweck der Blutstillung.
esoterisch, geheim; in der grch. Philosophie: nur

Escorial

242 Esparsette

nach vorheriger Schulung durch Eingeweihte verständlich.

Esparsette, *Onobrychis*, Gatt. der *Schmetterlingsblütler*; Kräuter, auch Dornsträucher.

Esparto, *Alfagras*, Blätter der im westl. Mittelmeergebiet wachsenden Süßgräser *Lygeum spartum* u. *Stipa tenacissima*, die seit alten Zeiten zu Flechtarbeiten, als Rohstoff für die Papierherstellung (*E.papier*) u. als Polstermaterial dienen.

Espe, *Zitterpappel* →Pappel.

Esperanto, *Lingvo Internacia*, die bis heute am weitesten verbreitete *Welthilfssprache*, 1887 geschaffen von dem Warschauer Augenarzt L. *Zamenhof*.

Espírito Santo [ɛs'piritu 'santu], Bundesstaat in →Brasilien.

Espíritu Santo [ɛs'piritu 'sa:ntou], größte Insel der *Neuen Hebriden (Vanuatu)*, 4860 km², bis 1880 m hoch, 15000 Ew.; Kokosplantagen, Viehzucht, Fischverarbeitung.

Esplanade, freier Platz; Name von Plätzen.

Espresso, starker, aromatischer Kaffee ital. Geschmacksrichtung, in einer *E.maschine* frisch zubereitet.

Esquire [es'kwaiə], Abk. *Esq.*, Titel bestimmter Gruppen des niederen engl. Adels; auch eine dem »Hochwohlgeboren« entspr. Höflichkeitsform in Briefen.

Esquivel [eski'bɛl], Adolfo Perez, * 26.11.1931, argent. Friedenskämpfer; Präs. der lateinamerik. Organisation »Dienst für Frieden u. Gerechtigkeit«; Friedensnobelpreis 1980.

Esra, *Esdras*, jüd. Priester u. Schriftgelehrter, Referent (»Schreiber«) für jüd. Religionsangelegenheiten bei der pers. Reg. in Babylon, 458 v. Chr. nach Jerusalem entsandt.

Essen: Grugahalle

Essäer →Essener.

Essay ['ɛsei oder ɛ'sei], frz. *Essai*, kürzere Abhandlung über kulturell-aktuelle Fragen. **E.istik**, Form u. Kunst des *E.s*.

Esse, 1. Schornstein, bes. bei Fabriken. – 2. Schmiedeherd.

Essen, größte Stadt u. Mittelpunkt des Ruhrgebiets, zw. Ruhr u. Emscher, 630000 Ew.; Sitz von Bundes- u. Landesbehörden, Ind.-Konzernen u. Wirtschaftsverbänden, Zentrum des Handels, der Verwaltung, von Banken u. Versicherungen; Messeplatz; kath. Bischofssitz, kath. u. ev. Theol. Seminare; Univ.; Münsterkirche (9.–14. Jh.), Museum Folkwang, Kunstsammlung *Villa Hügel* (ehem. Wohnsitz der Fam. *Krupp*); Bergbau, Eisen-, Metall-, chem. Ind., Energiewirtschaft; Hafen, Wetteramt; Grugapark, Baldeneysee.

Essener, *Essäer*, spätjüd. Sekte (150 v. Chr. bis 70 n. Chr.), deren Mitgl. sich in Besitz- u. Ehelosigkeit u. strengstem Gesetzesgehorsam auf das nahe bevorstehende Weltende vorbereiteten.

essentiell, wesentlich.

Essenz, 1. Auszug (Extrakt) von Pflanzenstoffen. – **2.** *essentia*, Wesen(heit), Sosein; in der Scholastik als Ggs. zu Existenz.

Essex ['ɛsiks], Gft. in SO-England, zw. Themse u. Stour, 3674 km², 1,5 Mio. Ew., Hptst. *Chelmsford*; Obst- u. Gemüseanbau; versch. Ind.; bis um 800 selbst. Königreich.

Essex ['ɛsiks], engl. Grafentitel seit 1139. – Robert *Devereux*, Earl of E. (* 1566, † 1601), war seit 1588 Günstling der Königin *Elisabeth I.* Er versuchte 1601 in London einen Aufstand u. wurde enthauptet.

Essig, aus einer verdünnten, wäßrigen Lösung von *E.säure* (5–10%) bestehendes, schon im Altertum bek. saures Würz- u. Konservierungsmittel; Herstellung hpts. durch Oxidation alkoholhaltiger Flüssigkeiten mit Hilfe eines in den *E.bakterien*

vorkommenden Ferments, im Haushalt auch durch Verdünnen von E.essenz.

Essigessenz, 60–80%ige, mit Farb- u. Aromastoffen versetzte *Essigsäure*; unverdünnt lebensgefährlich.

Essigester, fr. *Essigäther*, Ethylacetat, Essigsäureethylester, $CH_3COOC_2H_5$, angenehm riechende Flüssigkeit, dargestellt aus Essigsäure u. Ethylalkohol unter Zusatz von Schwefelsäure.

Essigsäure, *Eisessig, Ethansäure, Acetylsäure*, CH_3COOH, die älteste bek. u. noch heute die wichtigste Carbonsäure; mit Wasser unbegrenzt mischbar; wesentl. Bestandteil des Speiseessigs.

essigsaure Tonerde, *Liquor aluminii (sub-)acetici*, 8%ige wäßrige Lösung basischen Aluminiumacetats; für Umschläge u. Spülung.

Esslingen, *E. am Neckar*, ba.-wü. Krst., sö. von Stuttgart, 92000 Ew.; alter Stadtkern, mittelalterl. Vorstädte; Masch.-, Elektro-, Nahrungsmittel-, Metall-, Fahrzeug-Ind.

Essonne [ɛ'sɔn], nordfranzös. Dép. beiderseits des gleichn. Flusses, 1811 km², 1,1 Mio. Ew., Verw.-Sitz: *Evry*.

Establishment [is'tæblifmənt], meist polemisch gebrauchtes Schlagwort für die politisch, gesellschaftl. u. wirtschaftl. führenden Gruppen in Staat, die im allg. die Behauptung u. Festigung ihrer Stellung erstreben.

Estancia [-θia], südamerik. Viehzuchtfarm.

Este, eine der ältesten Dynastien Italiens, 1452 als Herzöge von Mòdena u. Règgio u. 1471 als Herzöge von Ferrara anerkannt; herrschte bis 1796 in Mòdena, seit 1738 auch in Massa u. Carrara.

Esten, eigener Name *Eestlased*, westfinn. Volk (finn.-ugr. Sprachfam.) in Gebiet südl. des Finn. Meerbusens (*Estland*). Die Kultur der E. weist starke schwed. u. dt. Einflüsse auf. →Estland.

Ester, chem. Verbindungen, die aus einem Alkohol u. einer Säure unter Wasserabspaltung entstehen (*Veresterung*). Der entgegengesetzte Prozeß ist die *Verseifung*. E. sind Fruchtessenzen (meist synthetisch) u. Geruchsstoffe.

Esterházy ['ɛstɛrha:zi], *E. von Galántha*, ehem. eines der mächtigsten ung. Adelsgeschlechter (Grafen u. Fürsten). Fürst Nikolaus Joseph (Miklós József) E., * 1714, † 1790, Kaiserl. Feldmarschall, baute seinen Sommersitz am Neusiedler See zum »Ungar. Versailles« aus.

Esther, umstrittenes Buch des alttestamentl. Kanons, das die Geschichte einer Jüdin am pers. Hof erzählt; wahrsch. im 3. Jh. v. Chr. entstanden.

Estland, estn. *Eesti*, Staat in NO-Europa, im Baltikum, an der Ostsee, 45100 km², 1,6 Mio. Ew., Hptst. *Reval (Tallinn)*; flachhügeliges Land mit vielen Seen, Sümpfen u. Mooren; gemäßigtes Klima; Milchvieh- u. Schweinemastwirtschaft, Anbau von Futtergetreide u. Kartoffeln; Torfgewinnung; Textil-, Holz-Ind., Maschinenbau.

Estland

Geschichte: Die Esten wurden 1219 durch die Dänen unterworfen. 1346 löste sich E. vom *Dt. Orden* u. geriet unter dän. Oberhoheit ab. E. wurde 1561 schwed., im Nord. Krieg russ. (1721). Am 24.2.1918 wurde unter Einschluß der von Esten besiedelten Teile Livlands die *Rep. E.* ausgerufen. 1940, nach Einmarsch der sowj. Truppen, wurde E. als *Estn. Sozialist. Sowjetrepublik* Teilstaat der Sowjetunion. Seit 1990 bestand über die Unabhängigkeitsbestrebungen E. ein Konflikt mit der sowj. Zentralregierung. Nach dem gescheiterten Putsch in der UdSSR 1991 erklärte E. seine Unabhängigkeit, die schließl. am 6.9.1991 von der sowj. Zentral-Reg. anerkannt wurde.

Estland: die Hauptstadt Reval (Tallinn)

Estomihl, fr. *Quinquagesima*, 7. Sonntag vor Ostern.

Estoril, portug. Seebad westlich von Lissabon, 24000 Ew.

Estrade, ein- oder mehrstufiges Podium aus Holz oder Stein.

Estragon, *Korbblütler*, aus Sibirien u. Nordamerika; Zusatz zu Essig u. Gewürz.

Estremadura, *Extremadura*, histor. Ldsch. in W-Spanien, zw. dem Kastil. Scheidegebirge u. der Sierra Morena, umfaßt die 2 Prov. *Badajoz* u. *Cáceres*; großes Bewässerungsgebiet im Tal des Guadiana; Anbau von Wein, Oliven, Getreide, Gemüse u. Baumwolle; Viehzucht.

Estrich, fugenloser Fußboden aus Gips, Zement, Steinholz, Asphalt, Terrazzo oder Lehm.

Esztergom, dt. *Gran*, ung. Stadt an der Donau, 33000 Ew.; Sitz des kath. Erzbischofs (Primas) von Ungarn; klassizist. Dom; Schwefelquellen.

ETA, Abk. für *Euzkadi Ta Askatasuna* [»bask. Vaterland u. Freiheit«], nationalist. Autonomiebewegung des Baskenlandes, mehrf. gespalten; einige Gruppen terroristisch.

etablieren, einrichten, errichten, sich niederlassen, ein Geschäft eröffnen.

Etablissement [etablismã], Niederlassung wie Geschäft, Lokal, Vergnügungsstätte usw.; heute auch Gaststätte mit zweifelhaftem Ruf.

Etage [e'ta:ʒə], Stockwerk, Geschoß.

Etappe, 1. Abschnitt, Teilstrecke; Rastort. – **2.** Raum zw. dem Operationsgebiet einer Armee u. dem Heimatgebiet.

Etat [e'ta], Staatshaushalt; →Haushaltsplan.

et cetera, Abk. *etc.*, und so weiter.

Eternit, Handelsname für Erzeugnisse aus *Asbestzement*.

Etesien, trockene sommerl. Winde aus N u. NW im östl. Mittelmeer. – **E.klima** (Mittelmeerklima), das Klima sommertrockener, winterfeuchter subtrop. Gebiete, z.B. Kalifornien, Mittelchile.

Ethanol →Alkohol.

Ether, fr. *Äther*, organ.-chem. Verbindungen, bei denen zwei gleiche (*einfache E.*) oder versch. Kohlenwasserstoffreste (*gemischte E.*) über ein Sauerstoffatom miteinander verbunden sind. E. entstehen u. a. durch Wasserabspaltung aus Alkohol mittels Schwefelsäure. Wichtigster E. ist der **Ethyl-E.**, C_2H_5-O-C_2H_5. Er wird als Lösungsmittel für Fette, Öle, Harze u. Alkaloide sowie, gemischt mit anderen Narkosemitteln, für Narkosezwecke verwendet. Kohlensäureschnee u. E. ergeben eine Kältemischung (bis –80 °C).

Ethik, Lehre vom rechten, zum wahren Glück führenden Handeln; in der Antike: die Lehre von den Institutionen (*Ethos* u. *Nomos*); in der Neuzeit: die Lehre von den inneren Bestimmungen des Handelns (*Moralität*), zumeist gleichbedeutend mit *Moralphilosophie* u. *Sittenlehre*; im kath. Bereich *Moraltheologie* genannt.

ethnisch, der Volksart entspr., Volks... – Als *e. Einheit (Ethnie)* bezeichnet man eine Menschengruppe (Volk, Stamm u. a.) in gemeinsamem Siedlungsraum, die sich durch Lebensgewohnheiten u. Güter klar von den Nachbarn abhebt.

Ethnographie, Methode der Völkerkunde; beschreibt Sitten u. Brauchtum einzelner Völker u. Kulturen.

Ethnologie, Methode der Völkerkunde: die kulturvergleichende Forschung.

Ethologie →Verhaltensforschung.

Ethos, die menschl. Haltung bestimmende hohe sittl. Norm (z.B. Berufs-E.).

Ethylalkohol →Alkohol.

Ethylen, *Ethen*, einfacher ungesättigter Kohlenwasserstoff, $CH_2=CH_2$.

Etikett, schweiz. *Etikette*, Aufschrift (Zettel) auf Flaschen, Waren u. ä.

Etikette, die herkömml. gesellschaftl. Umgangsformen.

Etmal, von einem Mittag zum folgenden (24 Std.) zurückgelegte Fahrstrecke eines Schiffs in Seemeilen.

Eton ['i:tən], S-engl. Stadt an der Themse, westl. von London, 4000 Ew. Das 1440 gegr. *E. College* ist eine der berühmtesten engl. Internatsschulen.

Etrusker: bemalte Aschenurne

Etrurien, lat. *Etruria,* später *Tuscia,* grch. *Tyrrhenia,* antike, von den *Etruskern* bewohnte Ldsch. in W-Italien, zw. Arno u. Tiber; heute die Region Toskana mit Teilen von Umbrien u. Latium.

Etrusker, lat. *Etrusci, Tusci,* grch. *Tyrrhenoi, Tyrsenoi,* eig. Name *Rasenna,* Volk, das vom Beginn des 7. Jh. v. Chr. bis ins 1. Jh. v. Chr. im W-mittelital. Raum zw. Arno u. Tiber als Träger einer eigenständigen Kultur auftrat. Es gab keinen gesamt-etrusk. Staat, nur einzelne Stadtkulturen. Das erste Auftreten der E. fiel in die 1. Hälfte des 10. Jh. v. Chr. Bis 600 v. Chr. unterwarfen sie Volksteile der *Umbrer;* am Ende des 6. Jh. v. Chr. wurde Kampanien mit den Städten *Capua* u. *Pompeji* etruskisch; ebenfalls im 6. Jh. v. Chr. gewann das etrusk. Geschlecht der *Tarquinier* die Vorherrschaft über *Rom* u. die latin. Städte. Wahrsch. in diese Zeit fiel auch der Zusammenschluß von 12 Städten *(Zwölfstädtebund)* der E. Das 5. Jh. v. Chr. brachte den Niedergang der etrusk. Macht. Die K u n s t der E. entstand in der Auseinandersetzung der indoeurop.-ital. Kultur der frühen Eisezeit auf der nördl. Apenninhalbinsel, die sich bes. in der *Villanova-Kultur* (rd. 1000–650 v. Chr.) manifestierte, mit oriental. u. frühgrch. Einflüssen. Diese bestimmten seit etwa 700 v.Chr. die etrusk. Kunst u. führten sie rasch zur Blüte. – Hauptzentren waren Caere, Veji, Tarquinia, Vulci u. Chiusi. Grabgemälde u. Reliefs auf Sarkophagen u. Urnen in den ausgedehnten Nekropolen zeigen Familienszenen mit Kindern u. Haustieren, Fisch- u. Vogelfang, Wettrennen u. a. Hptw. der Zeit um 500 v. Chr. sind die Tonstatue »Apollon von Veji«, ein Terrakottasarkophag aus Caere (Rom, Villa Giulia) sowie die Kapitolin. Wölfin.

Etsch, ital. *Adige,* N-ital. Fluß, 410 km; mündet südl. von Chióggia in das Adriat. Meer.

Etschmiadsin, Stadt in Armenien, westl. von Eriwan, 40 000 Ew.; Sitz des Oberhaupts *(Katholikos)* der Armen. Kirche.

Ettal, oberbay. Gem. am Südfuß des *E.er Mandls* (1638 m), 1000 Ew.; Benediktinerabtei (gegr. 1330), berühmte Barockkirche.

Etter, Philipp, *1891, †1977, schweiz. Politiker (Kath.-Kons. Partei); 1939, 1942, 1947 u. 1953 Bundespräs.

Ettlingen, ba.-wü. Stadt im Albgau, südl. von Karlsruhe, 38 000 Ew.; Schloß; Wein- u. Obstanbau; Spinnerei u. Weberei, Papierfabrik.

Etüde, musikal. Übungsstück zur techn. Schulung.

Etui [e'tvi], Futteral, Behälter.

Etymologie, Entwicklungsgeschichte eines Wortes, d. h. seine Veränderungen an Lautgestalt u. Bedeutung, vorzugsweise in jenen Zeitabschnitten, die noch nicht durch kontinuierl. schriftl. Überlieferung beleuchtet sind. Die E. faßt die Wörter zu etymolog. verwandten Wortsippen zusammen u. erschließt für diese die gemeinsame Grundlage (Stamm, Basis, Wurzel); sie arbeitet die Regelmäßigkeiten der Lautentwicklung heraus *(Lautgesetze)* u. muß den Bedeutungswandel der Wörter nachzeichnen.

Etzel, Name des Hunnenkönigs Attila in der dt. Heldensage.

eu..., Vorsilbe mit der Bedeutung »gut, schön, reich«.

Eu, chem. Zeichen für *Europium.*

EU →*Europäische Union.*

Euböa, *Evboia, Evvoia,* Insel vor der grch. Ostküste, 3658 km², 190 000 Ew.; gebirgig, fruchtbare Täler, im N bewaldet; Magnesit, Braunkohle; Hauptort *Chalkis.*

Eucharistie, »Danksagung«, das christl. Altarsakrament des heiligen *Abendmahls,* bei Katholiken auch *Kommunion.*

Eucken, 1. Arnold Thomas, Sohn von 2), *1884, †1950, dt. Physikochemiker; bek. Lehrbücher. – **2.** Rudolf, *1846, †1926, dt. Philosoph; Begr. des *Neuidealismus;* Nobelpreis 1908 (Literatur). – **3.** Walter, Sohn von 2), *1891, †1950, dt. Nationalökonom; Vertreter der *Freiburger Schule,* gab dem *Neoliberalismus* die theoret. Begründung.

Eudämonismus, in der Ethik der Standpunkt, daß das höchste Gut die eig. Glückseligkeit sei; als Doktrin bes. im *Epikureismus.*

Eugen, 1. »Prinz Eugen«, *1663, †1736; Prinz von Savoyen, Staatsmann u. Feldherr in Östr.; kämpfte seit 1683 im kaiserl. Heer gegen die Türken, dann auch gegen Frankreich; schlug die Türken entscheidend bei Mohács 1687, Zenta 1697, Peterwardein 1716 u. Belgrad 1717, wodurch er die Türkengefahr endgültig bannte. Im Span. Erbfolgekrieg siegte er bei Höchstädt (1704), Turin (1706), mit *Marlborough* bei Oudenaarde (1708) u. Malplaquet (1709). 1714–24 war er Statthalter der östr. Niederlande. – **2. E. IV.,** eigtl. Gabriele *Condulmer,* *um 1383, †1447, Papst 1431–47. Das *Basler Konzil,* das er vergeblich aufzulösen versuchte, verlegte er 1437 nach Ferrara u. bald darauf nach Florenz. Die in Basel gebliebene Minderheit wählte 1439 den Gegenpapst *Felix V.,* gegen den E. sich aber durchsetzen konnte.

Eugenie, *Eugénie,* [øʒe'ni:], Marie de *Guzmán,* Gräfin *Montijo,* *1826, †1920, Kaiserin der Franzosen seit 1853; verh. mit *Napoléon III.,* auf den sie starken polit. Einfluß ausübte.

Eugenik, Verhinderung der Ausbreitung ungünstiger Erbanlagen; im Nat.-Soz. zu rassist. Zwecken mißbraucht.

Euglena, Gatt. spindelförmiger *Flagellaten* des Süßwassers.

Euhemeros, grch. Historiker u. Philosoph aus Messene, um 300 v. Chr.; verfaßte einen Reiseroman (»Heilige Schrift«), in dem er die Volksgötter als ausgezeichnete Menschen der Vorzeit auffaßt *(Euhemerismus).*

Eukalyptus, *Eucalyptus,* Gatt. der *Myrtengewächse* aus Australien, jetzt in allen warmen Zonen angebaut; hierzu der *Riesen-E.* mit Stämmen von über 150 m Höhe; der *Fieberbaum,* der durch seinen Wasserbedarf den Grundwasserspiegel senkt u. die Brutplätze der Malaria-Mücke austrocknet. Aus den Blättern wird ein stark riechendes äther. Öl gewonnen; Heilmittel bei Entzündungen im Nasen-Rachen-Raum, Riech- u. Geschmacksstoff.

Euklid, *Eukleides,* etwa 365–300 v. Chr., grch.

Eugen, Prinz von Savoyen; Gemälde von J. G. Auerbach

Mathematiker in Alexandria, »Vater der Geometrie«: sammelte in seinem Gesamtwerk »Elemente« (13 Bücher) das math. Wissen seiner Zeit; die *euklid. Geometrie* beruht auf dem →*Parallelenaxiom;* sie ist Modell des wirkl., *euklid. Raums.*

Eulen, 1. eine Ordnung nächtl. jagender, weltweit verbreiteter Vögel mit großen Augen, die zum Dämmerungssehen geeignet sind, u. weichem Gefieder (daher geräuschloser Flug); mit den *Nachtschwalben* verwandt. Mitteleurop. Arten: Uhu, Waldohr- u. Sumpfohreule, Wald- u. Steinkauz, Schleiereule. – **2.** Fam. der Nachtschmetterlinge; die nackten Raupen vieler Arten sind an Nutzpflanzen schädl., andere als Mordraupen nützl.

Eulenberg, Herbert, *1876, †1949, dt. Schriftst. (neuromant. Dramen u. lit. Miniaturen).

Eulenburg, 1. Botho Graf zu, *1831, †1912, preuß. Min.-Präs. 1892–94; betrieb 1878–81 als preuß. Innen-Min. die Durchführung der *Sozialistengesetze.* – **2.** Friedrich Albrecht Graf zu, *1815, †1881, preuß. Innen-Min. 1862–78; Mitkämpfer O. von Bismarcks im *Verfassungskonflikt.* – **3.** Philipp Fürst (ab 1900) zu E. u. *Hertefeld,* *1847, †1921, dt. Diplomat; Freund *Wilhelms II.;* mußte 1907 den Hof verlassen aufgrund der Angriffe M. *Hardens* gegen ihn wegen (im Prozeß nicht erwiesener) homosexueller Neigungen.

Eulengebirge, poln. *Góry Sowie,* niederschles. Gebirge, Teil der *Sudeten* zw. Glatzer Neiße u. Weistritz, *Hohe Eule* 1015 m.

Eulenspiegel, niederdt. *Ulenspegel,* Till (Tyll), Volksnarr, soll als histor. Figur um 1300 in Kneitlingen (Braunschweig) geboren u. 1350 in Mölln b. Lübeck gestorben sein; Held eines Schwankbuchs (verlorene niederdt. Urform wohl 1483, ältester erhaltener Druck Straßburg 1515); neigt dazu, die Aufforderungen seiner Partner allzu wörtl. zu nehmen, statt sie sinngemäß zu erfüllen.

Euler, 1. August, eigtl. A. *Reith,* *1868, †1957, dt. Flugpionier u. Flugzeugbauer; erwarb am 1.2.1910 den dt. Flugzeugführerschein Nr. 1. – **2.** Leonhard, *1707, †1783, schweiz. Mathematiker; hinterließ umfangreiche Arbeiten über Kurven, Reihen, Variationsrechnung, Infinitesimalrechnung, Geometrie, Algebra u. über Fragen der Technik, Mechanik, Optik u. Astronomie.

Euler-Chelpin [-'kɛl-], **1.** Hans von, *1873, †1964, dt. Chemiker (Untersuchungen über Enzyme u. die chem. Vorgänge in Pflanzen); Nobelpreis 1929. – **2.** Ulf Svante von, Sohn von 1), *1905, †1983, schwed. Neurophysiologe; Nobelpreis für Medizin 1970.

Eumenes, 1. *um 362 v. Chr., †316 v. Chr. (ermordet), Privatsekretär *Philipps II.* u. *Alexanders d Gr.;* nach dessen Tod Statthalter von Kappadokien; setzte sich in den Diadochenkämpfen gegen *Antigonos I.* zur Wehr. – **2. E. II. Soter,** König von Pergamon 197–59 v. Chr., aus dem Geschlecht der *Attaliden;* Bundesgenosse der Römer in Kleinasien. In seiner Regierungszeit wurde der Pergamonaltar vollendet.

Eunuch, kastrierter Mann; im Orient als Haremswächter.

Eupatriden, Uradelsgeschlechter im alten Attika.

Eupen, Ind.-Stadt in der belg. Prov. Lüttich, südl. von Aachen, 17 000 überwiegend deutschsprachige Ew.; 1815–1920 preußisch.

Eupen-Malmédy-St.-Vith, drei Kantone der belg. Prov. Lüttich; 1815 von den Niederlanden abgetrennt u. preußisch. 1920 aufgrund des Versailler Vertrags belgisch.

Euphemismus, *Hüllwort,* beschönigende Umschreibung ungern ausgesprochener Tatsachen, z.B. *heimgehen* für »sterben«; **euphemistisch,** beschönigend.

Euphonie, Wohlklang, Wohllaut.

Euphorie, Zustand subjektiv gehobenen Wohlbefindens nach dem Genuß von Rauschmitteln, bei Psychosen u. Gehirnerkrankungen, auch bei schweren Infektionen (Tuberkulose, Sepsis).

Euphorion, nach später altgrch. Sagentradition der auf den Inseln der Seligen erzeugte schöne, geflügelte Sohn des Achilles u. der Helena.

Euphrat, arab. *Al Furat,* längster Fluß Vorderasiens, 2775 km; entspringt mit dem *Westl. E. (Karasu)* bei Erzurum in der Türkei u. dem *Östl. E. (Murat)* sö. des Ararat in Armenien; bildet mit dem *Tigris* die Schwemmlandebene *Mesopotamien* u. mündet, mit dem Tigris zum *Schatt al-Arab* vereint, in den Pers. Golf; mehrfach aufgestaut.

Euphrosyne, grch. Göttin des Frohsinns, eine der *Chariten.*

Euphuismus, nach dem Roman »Euphues« 1578 (J. *Lyly*) benannter schwülstiger Prosastil des engl. *Manierismus.*

Eupolis, * um 446 v. Chr., † um 411 v. Chr., grch. Dichter der »alten Komödie« (mit polit. Tendenz) in Athen.

Eurasien, zusammenfassende Bez. für *Europa* u. *Asien,* die größte zusammenhängende Landmasse der Erde (rd. 55 Mio. km² mit 3,89 Mrd. Ew.).

Eurasier, Mischling zw. Europäer u. Inder.

Euratom, Abk. für *Europäische Atomgemeinschaft,* von den Mitgliedstaaten der →Montanunion 1957 begr. gemeinsamer Markt für Kernbrennstoffe u. Ausrüstungen zur friedl. Nutzung der Kernenergie. Die Exekutive liegt seit 1967 bei der *Kommission der Europ. Gemeinschaften.*

Eure [œ:r], l. Nbfl. der *Seine* in N-Frankreich, 225 km, u. Dép. in der Normandie, Verw.-Sitz *Évreux.*

Eureca, *Eureka,* Abk. für engl. *European Research Coordinating Agency (Europ. Forschungskoordinationsagentur),* 1985 begonnenes Projekt für die gemeinsame europ. Forschung u. Entwicklung ziviler u. militär. Projekte der Hochtechnologie. An E. beteiligen sich z. Z. (1994) 23 europ. Staaten.

Euripides

Euripides, * vor 480 v. Chr., † 406 v. Chr., nach *Äschylus* u. *Sophokles* der größte grch. Tragödiendichter. Sein krit., sehr »modernes« Werk fand zunächst in Athen nur wenig Anerkennung. Von den 92 ihm zugeschriebenen Dramen sind 18 erhalten u. a. »Alkestis«, »Iphigenie bei den Taurern«, »Elektra«, »Andromache«, »Orestes«.

Eurocheque [-ʃɛk] →Euroscheck.

Eurocontrol, von Belgien, der BR Dtld., Frankreich, Großbrit., Luxemburg u. den Ndl. 1960 gegr. internat. Flugsicherungsbehörde; Sitz: Paris.

Euro Disney Resort, Vergnügungspark östl. von Paris; nach den amerik. Vorbildern Disneyworld u. Disneyland erbaut; ca. 20 km² groß; 1992 eröffnet.

Eurokommunismus, um 1975 geprägte Bez. für eine Richtung im Kommunismus, die den sowj. Führungsanspruch ablehnte u. einen demokr. Weg zum Sozialismus proklamierte. Hauptvertreter: die kommunist. Parteien Spaniens u. Italiens.

Europa, in der grch. Sage Tochter des phöniz. Königs *Agenor;* Geliebte des *Zeus,* der sie in Gestalt eines Stiers nach Kreta entführte.

Europa, mit rd. 10,5 Mio. km² der zweitkleinste Erdteil (nach Australien). Er hängt Asien als Halbinsel an *(Eurasien),* wird aber aufgrund seiner besonderen kulturgeschichtl. Rolle als eigenständiger Kontinent gesehen. Als seine Ostgrenze gilt das Uralgebirge, der Uralfluß u. die Manytschniederung. Von S, W u. N greifen Mittelmeer, Nord- u. Ostsee tief ins Land u. machen E. zu dem am stärksten gegliederten Erdteil. So entfällt mehr als ein Drittel der Gesamtfläche auf Inseln u. Halbinseln. Mit rd. 710 Mio. Ew. beherbergt E. ca. 13% der Weltbevölkerung u. ist damit der Kontinent mit der größten Siedlungsdichte (67 Ew./km²). E. ist politisch stark zersplittert: Es gliedert sich in 41 Staaten u. ist Verbreitungsgebiet von 120 versch. Sprachen.

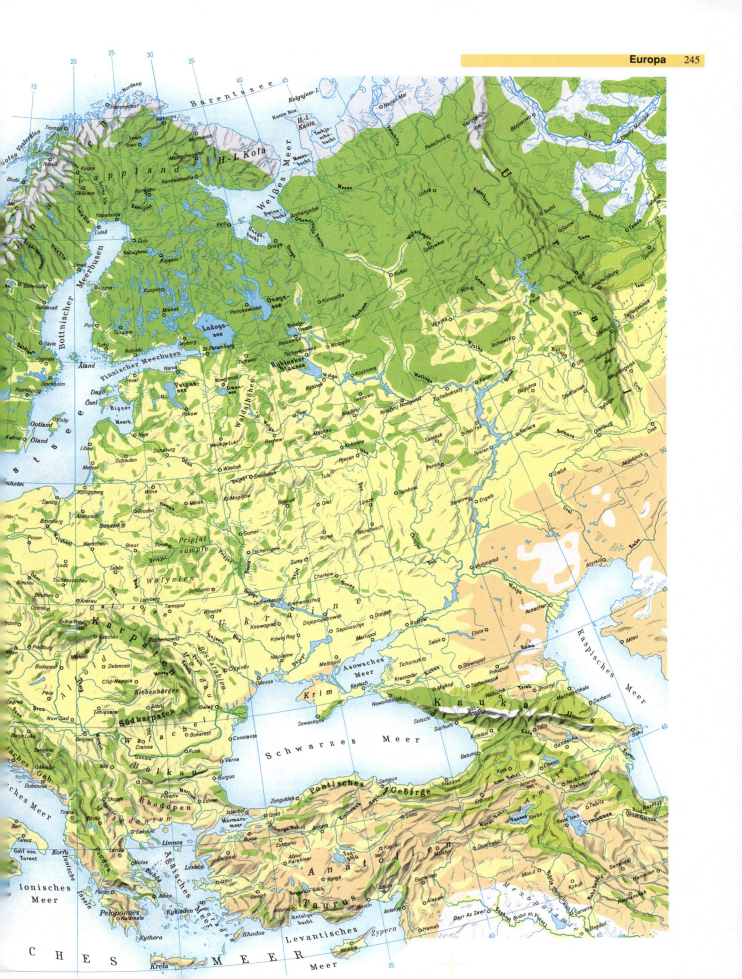

Europa-Bewegung

Seine zentrale Lage machte es jahrhundertelang zum Mittelpunkt der Welt.

Landesnatur. Der Rumpf des westl. E. wird in drei Großlandschaften untergliedert: im N u. NW Flachland, in der Mitte die vielfach gekammerten Mittelgebirgsldsch. u. im S der z. T. vergletscherte Hochgebirgszug, der von den Pyrenäen über die Alpen bis zu den Karpaten reicht. Daran schließen sich im S die Pyrenäen-, Apenninen- u. Balkanhalbinsel an, im N die Brit. Inseln, Jütland u. Skandinavien. Ost-E. ist ein weites Flachland, so daß rd. 60% der Gesamtfläche E.s aus Tiefländern bestehen. – Die Flüsse in West-E. sind durch regelmäßige Wasserführung wichtige Verkehrsträger. Im O dagegen ist ihre Schiffbarkeit durch längere Eisbedeckung im Winter eingeschränkt. Die größten Ströme sind *Wolga, Donau, Dnjepr* u. *Don.* – Klima: Ozean. Westwinde u. der Einfluß des warmen Golfstroms verleihen E. ein günstiges Klima mit gemäßigten Temperaturen u. ausreichenden Niederschlägen zu allen Jahreszeiten. Nach O wird das Klima kontinentaler mit zunehmenden Temperaturgegensätzen zw. Sommer u. Winter u. abnehmenden Niederschlägen. Südl. der Alpen hat E. Anteil am *Mittelmeerklima.* – Pflanzen- u. Tierwelt: E. ist von Natur aus größtenteils mit Wäldern bedeckt, die im N vorw. aus Nadelwäldern u. im S aus Laub- u. Mischwäldern bestehen. Bis heute sind rd. 49% der Gesamtfläche E. in Kulturland umgewandelt worden. Die verbliebenen Wälder (rd. 28% der Fläche) sind aus forstwirtschaftl. Gründen artenärmer geworden. In Süd-E. überwiegen niedrige Hartlaubgehölze. Der SO wird von Grassteppe eingenommen. – Der urspr. Tierbestand hat sich entweder der Kulturlandschaft angepaßt (Fuchs, Marder, Igel, zahlr. Vögel) oder wurde ausgerottet (Auerochse) oder geschützt (Reh, Hirsch) oder in entlegene Gebiete zurückgedrängt (Bär, Wolf, Luchs).

Bevölkerung. Nach Sprache u. Geschichte gehören 95% der indoeurop. Völkerfamilie an. Die restl. 5% sind finn.-ugr. Völker oder Restvölker (Basken, Albaner). Die europ. Rasseelemente sind weitgehend miteinander vermischt. Die Industriegebiete sind Zonen dichtester Besiedlung (250 bis 1000 Ew./km²), bes. Teile von Großbritannien, N-Frankreich, die Beneluxländer, das Ruhrgebiet, die Rhein. u. Leipziger Bucht, weiterhin Oberschlesien u. Oberitalien. In Gebirgen, in Nord- u. Ost-E. sinkt die Bevölkerungsdichte z. T. unter 10 Ew./km².

Wirtschaft. Trotz intensiver Landwirtschaft können die meisten europ. Staaten ihre Bevölkerung wegen der hohen Volksdichte nicht voll ernähren u. sind auf Nahrungsmittelimporte angewiesen. Hauptanbauprodukte sind Getreide, Kartoffeln, Zuckerrüben, im S auch Wein u. Südfrüchte. Die Viehzucht dominiert im kühleren Nord- u. Nordwest-E. sowie in den Höhenlagen. E. verfügt über vielseitige Bodenschätze, deren Förderung aus Rentabilitätsgründen z. T. stagniert oder rückläufig ist. E. ist nach N-Amerika der wichtigste Industrieraum der Erde. Meist in Anlehnung an Kohlen- u. Eisenerzlagerstätten haben sich die ältesten europ. Industriegebiete entwickelt (in Mittelengland, Belgien u. N-Frankreich unter Einschluß des Saar- u. Ruhrgebiet, in Oberschlesien, Ukraine u. O-Rußland). Wichtigste Industriezweige sind die Eisen- u. Stahlerzeugung, die Maschinen-, Kraftfahrzeug-, Textil- u. Nahrungsmittelindustrie. Ein starkes Wachstum verzeichnen die Kunststoff- u. die elektron. Industrie (Datenverarbeitung). Kennzeichnend für die europ. Wirtschaft ist die internat. Verflechtungen mit allen Teilen der Erde. Ein wichtiger Faktor sind auch die wirtschaftl. u. polit. Bündnisse (insbes. die *Europ. Union*).

Verkehr: West-E. verfügt über das dichteste Schienennetz der Erde. Hauptverkehrsträger für Güter u. Personen ist aber der Straßenverkehr (bes. in West-E.). Das dichte Netz von Binnenwasserstraßen, deren wichtigste Achsen Rhein, Rhône u. Donau sind, ist durch zahlr. Kanäle ergänzt worden. Von rasch zunehmender Bedeutung ist der Flugverkehr.

Europa-Bewegung, *Europäische Bewegung,* → europäische Unionsbewegungen.

Europabrücke, 1963 eingeweihte Brücke der Autobahn Innsbruck-Brenner über den Sillfluß bei Schönberg; Länge 820 m, Breite 22,2 m, Höhe 190 m.

Europacup [-kʌp] → Europapokal.

Europa: Staaten

Staat	Hauptstadt	Staat	Hauptstadt	Staat	Hauptstadt
Albanien	Tirana	Jugoslawien	Belgrad	Rumänien	Bukarest
Andorra	A. la Vella	Kroatien	Zagreb	Rußland	Moskau
Belgien	Brüssel	Lettland	Riga	San Marino	San Marino
Bosnien-Herzeg.	Sarajewo	Liechtenstein	Vaduz	Schweden	Stockholm
Bulgarien	Sofia	Litauen	Vilnius	Schweiz	Bern
Dänemark	Kopenhagen	Luxemburg	Luxemburg	Slowakei	Bratislava
Deutschland	Berlin/Bonn	Makedonien	Skopje	Slowenien	Ljubljana
Estland	Tallinn	Malta	Valletta	Spanien	Madrid
Finnland	Helsinki	Moldova	Chișinău	Tschech. Rep.	Prag
Frankreich	Paris	Monaco	Monaco	Türkei	Ankara
Griechenland	Athen	Niederlande	Amsterdam	Ukraine	Kiew
Großbritannien	London	Norwegen	Oslo	Ungarn	Budapest
Irland	Dublin	Österreich	Wien	Vatikanstadt	–
Island	Reykjavik	Polen	Warschau	Weißrußland	Minsk
Italien	Rom	Portugal	Lissabon		

Europadörfer, seit 1956 bestehendes Sozialwerk zur Ansiedlung heimatloser Ausländer.

Europaflagge, die Flagge des *Europarats:* auf blauem Grund 12 kreisförmig angeordnete goldene Sterne. – Die Flagge der *Europ. Union* führt im grünen Feld ein weißes »E«.

Europahymne, die von der Beratenden Versammlung des Europarats 1972 zur offiziellen europ. Hymne bestimmte »Hymne an die Freude« aus L. van Beethovens 9. Sinfonie.

Europäische Atomgemeinschaft → Euratom.

Europäische Freihandelsassoziation, engl. *European Free Trade Association,* Abk. *EFTA,* 1960 gegr. handelspolit. Zusammenschluß der Länder Dänemark, Großbrit., Norwegen, Östr., Portugal, Schweden u. Schweiz; 1970 wurde Island, 1986 Finnland u. 1991 Liechtenstein Mitglied. Großbrit. u. Dänemark wurden 1973 Mitgl. der EG. Portugal folgte 1986. 1994 trat ein Abkommen mit der EU zum Europ. Wirtschaftsraum (EWR) in Kraft (ohne Schweiz). Im gleichen Jahr wurden die Beitrittsverhandlungen zw. Finnland, Norwegen, Österreich, Schweden u. der EU abgeschlossen.

Europäische Gemeinschaften, Sammelbez. für die *Europäische Gemeinschaft, Euratom* u. *Montanunion.*

Europäische Gemeinschaft für Kohle und Stahl → Montanunion.

Europäische Organisation für Kernforschung → CERN.

Europäischer Binnenmarkt, 1993 neugeschaffener Wirtschaftsraum, in dem der freie Verkehr von Personen, Waren, Dienstleistungen u. Kapital zw. den EU-Staaten verwirklicht sein soll. Die Schaffung des Binnenmarktes wurde in der *Einheitl. Europäischen Akte* (1987) festgelegt.

Europäischer Gerichtshof, *Gerichtshof der Europ. Gemeinschaften,* Abk. *EUGH* → Europäische Union.

Europäischer Gerichtshof für Menschenrechte, *Gerichtshof der Europ. Union,* seit 1959 bestehendes Organ des *Europarats.*

Europäischer Rat → Europäische Union.

Europäischer Wirtschaftsraum, Abk. *EWR,* 1994 neugeschaffener Binnenmarkt für das Gebiet der Mitgliedstaaten der EU u. der EFTA (ohne Schweiz), der die Grenzen für Waren, Dienstleistungen, Personen u. Kapital überwinden soll.

europäische Sicherheitskonferenz → KSZE.

Europäisches Mittelmeer → Mittelmeer.

Europäisches Nordmeer, Nebenmeer des Atlant. Ozeans zw. Norwegen, Island, Grönland u. Spitzbergen.

Europäisches Parlament → Europäische Union.

Europäisches Währungsabkommen, *EWA,* Abkommen über ein System des multilateralen Zahlungsausgleichs bei freier Konvertibilität der verschiedenen Währungen; wurde 1955 von den Mitgliedern der *OEEC* abgeschlossen u. trat Ende 1958 anstelle der *Europäischen Zahlungsunion* (EZU) in Kraft; 1973 durch eine neue Vereinbarung abgelöst.

Europäisches Währungssystem, *EWS,* Währungssystem der EU, 1978 beschlossen (1979 in Kraft getreten), mit dem Ziel einer stabilen Währungszone in Europa. Bezugsgröße ist die *Europäische Währungseinheit* (*European Currency Unit, ECU*).

Europäische Union, Abk. *EU,* auf Grundlage des *Vertrags von Maastricht* am 1. 11. 1993 von den 12 EG-Mitgliedern Belgien, Dänemark, Deutschland, Frankreich, Griechenland, Großbritannien, Irland, Italien, Luxemburg, Niederlande, Portugal u. Spanien gebildete überstaatl. Organisation, die den institutionellen Rahmen für die gemeinsame Außen- u. Sicherheitspolitik, für die Zusammenarbeit in der Justiz- u. Innenpolitik sowie für die **Europäischen Gemeinschaften (EG)** (Europ. Wirtschaftsgemeinschaft, Europ. Gemeinschaft für Kohle u. Stahl, Europ. Atomgemeinschaft) bildet.

Ihren institutionellen Ursprung hat die EU in der 1951 von der BR Dtld., Frankr., Italien u. den Benelux-Staaten gebildeten Europ. Gemeinschaft für Kohle u. Stahl (EGKS). Diese 6 Staaten unterzeichneten 1957 die *Röm. Verträge,* die 1958 zur Gründung der *Europäischen Atomgemeinschaft (Euratom)* u. der **Europäischen Wirtschaftsgemeinschaft (EWG)** führten. Der EWG-Vertrag

Organe der Europäischen Union

Eröffnung des Europaparlaments am 25. 4. 1979

definierte als Hauptziel, durch die Errichtung eines *Gemeinsamen Marktes* u. die schrittweise Annäherung der Wirtschaftspolitik eine harmon. Entwicklung zw. den Mitgliedstaaten zu fördern. Um einen freien Warenverkehr für sämtl. Erzeugnisse der beteiligten Staaten zu ermöglichen, wurden die mengenmäßigen Beschränkungen der Ein- u. Ausfuhr aufgehoben. Für landwirtschaftl. Produkte wurde ein *gemeinsamer Agrarmarkt* geschaffen. 1967 wurde die EWG zusammen mit der EGKS u. der Euratom integrierter Bestandteil der **Europäischen Gemeinschaft (EG)**. 1968 bildeten die Mitgliedstaaten eine *Zollunion* mit einem gemeinsamen Außenzolltarif gegenüber anderen Staaten. 1970 erfolgte die Koordinierung der Außenpolitik im Rahmen der *Europ. Polit. Zusammenarbeit (EPZ).* Großbrit., Irland u. Dänemark traten 1973 der EG bei. 1981 wurde Griechenland EG-Mitgl., Portugal u. Spanien folgten 1986. 1987 trat die *Einheitl. Europ. Akte* in Kraft, die die Errichtung eines *Europ. Binnenmarktes* (seit 1. 1. 1993) festlegte. 1992 wurde der Maastrichter Vertrag über die EU unterzeichnet. Im gleichen Jahr vereinbarten die EG u. die EFTA die Bildung eines *Europ. Wirtschaftsraumes (EWR).* 1994 konnten mit Finnland, Norwegen, Österreich u. Schweden Beitrittsverhandlungen zur EU abgeschlossen werden. Die wichtigsten Organe der EU sind der *Europ. Rat,* der *Rat der EU,* die *Kommission der Europ. Gemeinschaften (Europ. Kommission),* ein beratender Wirtsch.- u. Sozialausschuß, der *Gerichtshof der Europ. Gemeinschaften (EUGH)* sowie das **Europ. Parlament.** Die 567 Abg. des Parlaments werden in den Mitgliedsländern direkt gewählt. Sie haben v. a. kontrollierende u. beratende Funktionen. Zukünftige Zielsetzungen der EU sind u. a. die stufenweise Errichtung einer *Wirtschafts - u. Wäh-*

rungsunion, die Gründung einer *Europ. Zentralbank* sowie die Verwirklichung einer polit. Union. *Assoziierte Staaten der EU:* Bulgarien, Polen, Rumänien, Slowakei, Tschech. Republik, Türkei u. Ungarn. Malta, die Schweiz, Türkei u. Zypern haben Beitrittsanträge gestellt. 69 Staaten Afrikas, der Karibik u. des Pazifiks *(AKP-Staaten)* werden im Rahmen des *Lomé-Abkommens* durch die Entwicklungspolitik der EU gefördert.

europäische Unionsbewegungen, *Paneuropa-Bewegungen,* Bewegungen zur Errichtung der *Vereinigten Staaten von Europa* durch freiwilligen Zusammenschluß der europ. Völker unter einer gemeinsamen Verfassung; wurde nach dem 1. Weltkrieg bes. durch die *Paneuropa-Bewegung* vertreten. Nach dem 2. Weltkrieg arbeiten in derselben Richtung u. a.: 1. die *Europa-Bewegung,* aus deren Arbeit der *Europarat* hervorging; 2. die *Europ. Parlamentar. Union;* 3. die *Europ. Föderalist.*

Europapokal: Die begehrten Siegestrophäen der europäischen Fußballwettbewerbe sind der Pokal der Landesmeister (links), der UEFA-Pokal (Mitte) und der Pokal der Pokalsieger (rechts)

Union; 4. die *Unabhängige Liga für europ. Zusammenarbeit.*
Europäische Verteidigungsgemeinschaft, Abk. *EVG,* »*Pleven-Plan«,* durch den Pariser Vertrag von 1952 vorgesehene übernationale Gemeinschaft (Belgien, BR Dtld., Frankreich, Italien, Luxemburg, Ndl.) zur Aufstellung einer integrierten Verteidigungsmacht unter gemeinsamem Oberbefehl u. nationalem Kommando. Der Plan wurde 1954 in der frz. Nationalversammlung zu Fall gebracht.

Europäische Währungseinheit →European Currency Unit.
Europäische Wirtschaftsgemeinschaft, Abk. *EWG,* →Europäische Union.
Europapokal, *Europacup,* 1955 zuerst im Fußball, inzw. in über 30 anderen Sportarten durchgeführte sportl. Wettbewerbe mit Teilnehmern aus allen europ. Ländern. Im Fußball gibt es drei (jährl. ausgetragene) E.-Wettbewerbe für Vereinsmannschaften: den *E. der Landesmeister* (seit 1955), den *E. der Pokalsieger* (seit 1960) u. den *UEFA-Pokal* (seit 1971).
Europarat, 1949 gegr. Organisation europ. Staaten auf völkerrechtl. Grundlage. Gründungsmitgl.: Beneluxstaaten, Dänemark, Frankreich, Großbrit., Irland, Italien, Norwegen, Schweden. Weitere Mitglieder: Bulgarien, Dtld., Estland, Finnland, Griechenland, Island, Liechtenstein, Litauen, Malta, Östr., Polen, Portugal, Rumänien, San Marino, Schweiz, Slowakei, Slowenien, Spanien, Tschech. Rep., Türkei, Ungarn u. Zypern. Der E. ist ein Forum zur Diskussion europ. Probleme u. zur Förderung gemeinsamer Interessen. Schwerpunkte der Tätigkeit sind u.a. Schutz der Menschenrechte, Humanisierung des Arbeitslebens, gemeinsamer Schutz u. Nutzung natürl. Reichtümer.
Europastraßen, ein rd. 50 000 km langes Netz

Junge Europäer in Paris

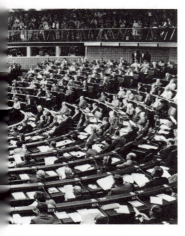

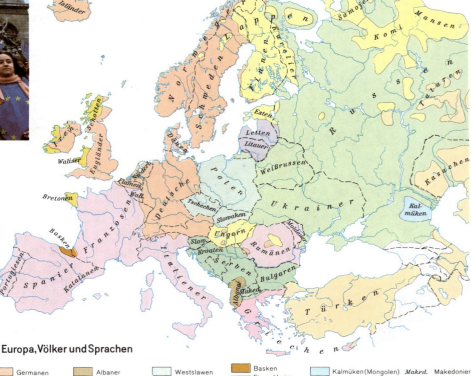

Europa, Völker und Sprachen

Europa, Staaten

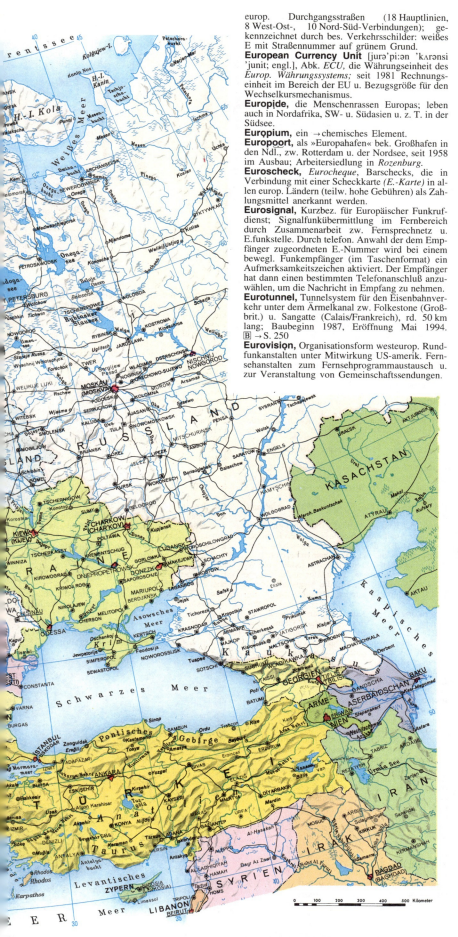

europ. Durchgangsstraßen (18 Hauptlinien, 8 West-Ost-, 10 Nord-Süd-Verbindungen); gekennzeichnet durch bes. Verkehrsschilder: weißes E mit Straßennummer auf grünem Grund.
European Currency Unit [juərə'pi:ən 'kʌrənsi 'ju:nit; engl.], Abk. *ECU,* die Währungseinheit des *Europ. Währungssystems;* seit 1981 Rechnungseinheit im Bereich der EU u. Bezugsgröße für den Wechselkursmechanismus.
Europide, die Menschenrassen Europas; leben auch in Nordafrika, SW- u. Südasien u. z. T. in der Südsee.
Europium, ein →chemisches Element.
Europoort, als »Europahafen« bek. Großhafen in den Ndl., zw. Rotterdam u. der Nordsee, seit 1958 im Ausbau; Arbeitersiedlung in *Rozenburg.*
Euroscheck, *Eurocheque,* Barschecks, die in Verbindung mit einer Scheckkarte (*E.-Karte*) in allen europ. Ländern (teilw. hohe Gebühren) als Zahlungsmittel anerkannt werden.
Eurosignal, Kurzbez. für Europäischer Funkrufdienst; Signalfunkübermittlung im Fernbereich durch Zusammenarbeit zw. Fernsprechnetz u. E.funkstelle. Durch telefon. Anwahl der dem Empfänger zugeordneten E.-Nummer wird bei einem bewegl. Funkempfänger (im Taschenformat) ein Aufmerksamkeitszeichen aktiviert. Der Empfänger hat dann einen bestimmten Telefonanschluß anzuwählen, um die Nachricht in Empfang zu nehmen.
Eurotunnel, Tunnelsystem für den Eisenbahnverkehr unter dem Ärmelkanal zw. Folkestone (Großbrit.) u. Sangatte (Calais/Frankreich), rd. 50 km lang; Baubeginn 1987, Eröffnung Mai 1994. B → S. 250
Eurovision, Organisationsform westeurop. Rundfunkanstalten unter Mitwirkung US-amerik. Fernsehanstalten zum Fernsehprogrammaustausch u. zur Veranstaltung von Gemeinschaftssendungen.

Evangelische Kirche in Deutschland 249

Eurydike, Gattin des →*Orpheus.*
Eurythmie, von R. *Steiner* geschaffene Bewegungskunst: in Bewegung umgesetzte Sprache oder Musik; als pädagog. E. u. als Heil-E. angewandt in Erziehung u. Heilkunst.
Eusebius, *um 265, †339, grch. Historiograph u. Theologe; Bischof von Caesarea in Palästina (etwa seit 313); Schüler des *Pamphilos* u. *Origenes,* theol. Gegner des *Athanasius.*
Euskirchen, Krst. in NRW an der Erft, am Nordrand der Eifel, 49 000 Ew.; roman. Martinskirche, Wasserschloß; Masch.-, Elektro-, Glas-Ind.
Eustachi [eu'sta:ki], *Eusta(c)chio,* Bartolomeo, *1524, †1574, ital. Arzt u. Anatom; nach ihm benannt die *E.sche Röhre (Ohrtrompete),* ein Hohlgang, der das Mittelohr mit dem Rachenraum verbindet.
Euter, spezielle Hautorgane der Säugetiere, die *Milchdrüsen* zur Ernährung des Nachwuchses enthalten.
Euterpe, die *Muse* der (von Flötenspiel begleiteten) lyr. Dichtung.
Euthanasie, schmerzloser selbstgewählter Tod; als *Sterbehilfe* bei unheilbar schweren Krankheiten in der BR Dtld. strafbar. – Der nat.-soz. Staat tarnte mit dem Begriff E. die »Vernichtung unwerten Lebens«.
Eutin, Krst. in Schl.-Ho., am *E.er See,* Luftkurort in der Holstein. Schweiz, 17 000 Ew.; Schloß; Elektro-, Papier- u. Metall-Ind.; 1155–1803 Residenz der Bischöfe von Lübeck, 1803–1937 Hptst. der oldenburg. Exklave Lübeck; zur Goethezeit kulturelles Zentrum (»Weimar des Nordens«), Geburtsort von C. M. von *Weber.*
Eutrophierung, Umwandlung (Verschmutzung) eines nährstoffarmen (oligatrophen) Gewässers in ein nährstoffreiches (eutrophes) durch Nährstoffzufuhr, z.B. aus häusl., landw. u. industriellen Abwässern.
eV, Kurzzeichen für die Energie-Maßeinheit *Elektronenvolt.*
e. V., Abk. für *eingetragener Verein.*
Eva, *Adams* Frau, nach dem Schöpfungsbericht des AT mit u. aus ihm erschaffen (1. Mose 2,22); Stammutter des Menschengeschlechts.
evakuieren, 1. luftleer pumpen, in einem Gefäß ein Vakuum herstellen. – 2. ein Gebiet von Bewohnern räumen, Bewohner aussiedeln.
Evaluation, Auswertung von soz. oder pädagog. Programmen; Beurteilung von Erfahrungen.
Evangeliar, *Evangelienbuch,* Buch mit den vier Evangelien; im MA oft kunstvoll ausgestaltet u. mit Bildern geschmückt.
Evangelienharmonie, Zusammenstellung aus allen vier Evangelien zu einem einheitl. Bericht über das Leben Jesu. Die älteste bek. E. ist das *Diatessaron* des *Tatian.*
Evangelikale, Anhänger der heutigen Bekenntnisgemeinschaften in der Tradition der Erweckungsbewegungen des 19. Jh.
Evangelimann, öster. Volksgestalt; las gegen Almosen aus dem Evangelium.
Evangelisation, auf persönl. Entscheidung dringende Verkündigung des Evangeliums durch ev. Predigergemeinschaften, Verbände u. Gesellschaften; als Erweckungsbewegung, Volksmission, Zeltmission u. a.
evangelisch, 1. auf das *Evangelium* bezügl., zu ihm gehörend. – 2. Selbstbez. der reformator. Bewegung (anstelle der anfängl. Bez. *luth.* oder *martinianisch*), da sie ihre Theol. allein auf das Evangelium gründete; bald durch *protestantisch* verdrängt; später Bez. für die unierte Kirche.
Evangelische Akademien, seit dem 2. Weltkrieg von den ev. Kirchen Dtld.s eingerichtete Tagungsstätten zu geistiger Begegnung u. Aussprache; erste Akademie 1945 in Bad Boll, ferner u. a. in Arnoldshain, Berlin, Hofgeismar, Iserlohn, Loccum, Tutzing, in Magdeburg u. Meißen.
Evangelische Kirche in Deutschland, Abk. *EKD,* nach der 1948 in Eisenach beschlossenen Grundordnung Bund luth., reform. u. unierter Landeskirchen; unter Beibehaltung einer stark föderativen Struktur um Festigung der Gemeinschaft unter den Landeskirchen bemüht. 1969–91 waren die ostdt. ev. Landeskirchen von der EKD getrennt u. im *Bund der Ev. Kirchen in der DDR* zusammengeschlossen.
Organe der EKD: Synode (bis 1991 126 Mitgl., seit der kirchl. Einheit 160), Kirchenkonfe-

Evangelischer Kirchentag

renz (aus Mitgl. der Kirchenleitungen der 24 Landeskirchen gebildet), Rat (bis 1991 15, seitdem 19 von Synode u. Kirchenkonferenz gewählte Mitgl.). Amtsstelle ist das Kirchenamt der EKD in Hannover. Am Sitz der Bundesregierung ist der Rat durch einen Bevollmächtigten vertreten.

Evangelischer Kirchentag →Kirchentag.

Evangelisten, 1. Verfasser der vier neutestamentl. Evangelien: *Matthäus, Markus, Lukas* u. *Johannes.* – **2.** Verkündiger des Evangeliums im Urchristentum. – **3.** Prediger der ev. Erweckungsgemeinden.

Evangelium, 1. die apostol. Verkündigung von Jesus u. von dem durch ihn gebrachten Heil. – **2.** Gattungsbez. für aus dem fr. Christentum stammende erzählende Schriften, die die Worte u. Taten Jesu zum Gegenstand haben. Man unterscheidet »kanonische« (die 4 neutestamentl.) u. »apokryphe« (nicht in das NT aufgenommene u. im allg. nur in Resten erhaltene) Evangelien.

Evans [ˈɛvənz], Sir Arthur, *1851, †1941, brit. Archäologe; erforschte die kret. Kultur.

evaporieren, Flüssigkeiten unter vermindertem Druck eindampfen; z.B. bei kondensierter Milch.

Evektion, eine der period. Unregelmäßigkeiten der Mondbewegung.

eventuell, möglicherweise, ggf. – **Eventualität,** Möglichkeit.

Everding, August, *31.10.1928, dt. Theaterleiter u. Regisseur; Generalintendant der Münchner Bühnen.

Everest, Mount E. [maunt ˈɛvərist], tibet. *Jomolungma* [»Göttin-Mutter der Erde«], der höchste Berg der Erde, im *Himalaya,* an der Grenze zw. Nepal u. Tibet, 8848 m hoch, nach neuen Messungen 8846 m; am 29.5.1953 durch Sir E. *Hillary* u. *Tenzing Norgay* erstmalig erstiegen.

Everglades [ˈɛvəgleɪdz], 12 000 km² große subtrop. Grassumpflandschaft in S-Florida (USA); seit 1947 Nationalpark, Indianerreservat.

Evergreen [ˈɛvəgriːn], populäre Melodie (Schlagerlied oder Tanz), die über einen langen Zeitraum lebendig bleibt.

EVG, Abk. für *Europäische Verteidigungsgemeinschaft.*

Évian-les-Bains [eˈvjɑ̃leˈbɛ̃], frz. Bade- u. Luftkurort in Savoyen, am S-Ufer des Genfer Sees, 6000 Ew. – Der Waffenstillstand in E. vom 18.3.1962 zw. Frankreich u. Algerien beendete den alger. Unabhängigkeitskrieg.

evident, augenscheinl., offenkundig; einleuchtend. – **Evidenz,** unmittelbar einleuchtende Gewißheit.

Evolute, geometr. Ort der Krümmungsmittelpunkte einer Kurve.

Evolution, allmähl. Entwicklung, bes. die der Lebewesen von niederen zu höheren Formen. – **E.stheorie** →Abstammungslehre.

Évora, Stadt im mittleren Portugal, 35 000 Ew.; altröm. Bauten, maur. geprägte Altstadt; Getreide- u. Ölmühlen, Korkverarbeitung; im 15./16. Jh. Residenz der portug. Könige.

Evren, Kenan, *1.1.1917, türk. General u. Politiker; 1980–1989 Staats-Präs.

Évreux [evˈrø], Verw.-Sitz des frz. Dép. Eure, in der Normandie, 46 000 Ew.; versch. Ind.; eine der ältesten frz. Städte; Bischofssitz (seit dem 3. Jh.), Kathedrale.

EWA, Abk. für *Europäisches Währungsabkommen.*

Ewald, 1. Heinrich, *1803, †1875, dt. Orientalist; einer der »Göttinger Sieben«. – **2.** Johannes, *1743, †1781, dän. Schriftst.; schrieb u. a. ein Singspiel, das die dän. Nationalhymne enthält.

Ewe, in mehr als 100 Stämme unterteiltes Volk W-Afrikas, bes. in Ghana, Togo, Benin; zur Gruppe der *Kwa-Sprachen* gehörig; das Staatsvolk Togos. Der E.-Stamm *Fo* gründete Dahomey (heute Benin).

Ewenken, veraltet *Tungusen,* den *Mandschu* verwandtes altaisches Volk (in Rußland, China, Mongolei). Einst Nomaden mit Jägerkultur, Rentierzucht, Schamanismus, reichem Sagenschatz; jetzt hpts. in Kolchosen mit Landw. u. Viehzucht.

Ewer, *Ever,* plattbodiges Küstensegelschiff mit Seitenschwert.

EWG, Abk. für *Europäische Wirtschaftsgemeinschaft.*

ewige Anbetung, in der kath. Kirche die ununterbrochene Verehrung des ausgesetzten Altarsakraments.

Ewiger Jude →Ahasver.

ewiges Licht, *ewige Lampe,* Öllampe, die in kath. Kirchen vor der im Tabernakel aufbewahrten geweihten Hostie ständig brennt.

Ewige Stadt, Ehrenname der Stadt Rom.

EWS, Abk. für *Europäisches Währungssystem.*

ex..., Vorsilbe mit der Bedeutung »aus (... heraus), weg, ent..., früher, ehemalig«.

exakt, genau, sorgfältig.

exakte Wissenschaften, Wiss., die meß- u. zählbare Dinge *mathemat.* darstellen oder *axiomat.* ableiten, also Math., Physik, Chemie, Astronomie; zu unterscheiden von den *empir. Wiss., hermeneut. Wiss.*

exaltiert, überspannt, aufgeregt; überschwengl. begeistert.

Examen, Prüfung. – **Examinand,** Prüfling. – **Examinator,** Prüfender. – **examinieren,** prüfen.

Exanthem, Hautausschlag →Ausschlag.

Exarch, 1. Befehlshaber, Feldherr; seit 584 Titel der byzantin. Statthalter in Italien u. Afrika. – **2.** kirchl. Würdenträger in den orth. Kirchen.

Exarchat, 1. *E. von Afrika,* byzantin. Prov. in N-Afrika mit der Hptst. Karthago, vom Ende des 6. Jh. bis zur arab. Eroberung 697. – **2.** *E. von Ravenna,* der byzantinische Herrschaftsbereich in Italien, der von der langobardischen Eroberung frei blieb.

Exaudi, der 6. Sonntag nach Ostern, im MA *Rosensonntag* genannt.

ex cathedra [»vom Stuhl des Petrus aus«], in der kath. Kirche Kennzeichnung jener Entscheidungen des Papstes, die er in der Nachfolge des Petrus als Lehrer der Kirche in Glaubens- u. Sittenfragen trifft u. die daher den Charakter der *Unfehlbarkeit* haben.

Exchange [ɪksˈtʃeɪndʒ], Austausch, Geldumtauschstelle, Börse.

Exchequer [ɪksˈtʃɛkə], das seit dem 12. Jh. bestehende brit. Schatzamt; Titel des brit. Fin.-Min.: *Chancellor of the E.*

Exedra, in der antiken Architektur ein halbrunder Stufenbau mit Bank, im Kirchenbau die *Apsis.*

Exegese, Auslegung eines Dokuments, bes. der Bibel.

Exekias, grch. Vasenmaler, tätig um 550–25 v. Chr. in Athen; Vollender des schwarzfigurigen Malstils.

Exekution, Vollstreckung eines richterl. Urteils, bes. eine Hinrichtung.

Exekutive, die (vorw.) ausführende oder vollziehende Gewalt in einem Staat mit Gewaltenteilung, Regierung u. Verwaltung.

Exempel, Beispiel; ein *E. statuieren,* ein warnendes Beispiel, Muster geben. – **exemplarisch,** vorbildl., musterhaft; abschreckend (Urteil).

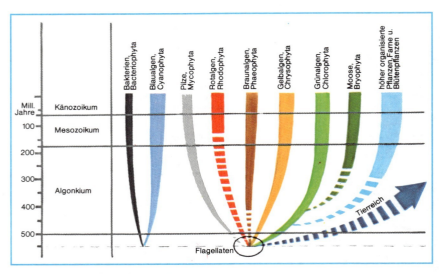

Evolution: vermutliche Entwicklung der Lebewesen

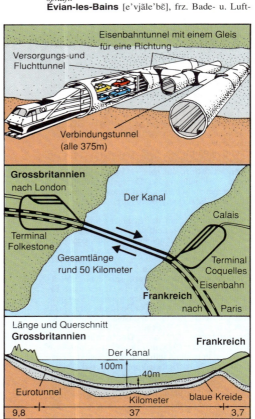

Das Eurotunnel-System

Mount Everest

Exemplifikation, Erklärung anhand von Beispielen. – **exemplifikatorisch,** zur Erläuterung an Beispielen dienend. – **exemplifizieren,** anhand von Beispielen erläutern.

Exemtion, Ausnahme, Befreiung von einer Last od. Pflicht; im *kath. Kirchenrecht:* unmittelbare Unterstellung unter den Papst.

Exequatur, die dem *Konsul* eines fremden Staates erteilte Befugnis zur Ausübung seiner Tätigkeit.

Exequien, *Exsequien,* Bestattungszeremonien.

exerzieren, üben, einüben.

Exerzitien, in der kath. Kirche geistl. Übungen zur Vertiefung in die Glaubensgeheimnisse, die das persönl. religiöse Leben erneuern sollen.

Exeter, Verw.-Sitz der SW-engl. Gft. *Devon(shire),* 96 000 Ew.; Kathedrale (12.–14. Jh.) u. a. alte Kirchen u. Klöster, Theater, Museen; Univ.; Eisen-, Metall-, Textil-, Papier-Ind.

Exhalation, »Aushauchung« von Gasen u. Dämpfen aus Vulkanen u. Lavamassen. Dabei können *E.slagerstätten* entstehen.

Exhaustor, Gebläse (in einem Rohr).

Exhibitionismus, triebmäßige Entblößung *(Exhibition)* der Geschlechtsorgane vor anderen Personen; (beim Mann) strafbar.

exhumieren, eine Leiche wieder ausgraben.

Exil, Verbannung, Verbannungsort; Zufluchtsort. – **E.-Regierung,** auf fremdem Staatsgebiet amtierende Regierung.

existential, *existentiell,* das Dasein betreffend.

Existentialismus →Existenzphilosophie.

Existenz, Dasein, fakt. Vorhandensein; im Ggs. zum *Sosein (Essenz);* insbes. das menschl. Leben; →Existenzphilosophie.

Existenzminimum, Einkommensbetrag (in Geld oder Bedarfsgütern), der zur Fristung des Lebens unbedingt notwendig ist *(phys. E.)* oder der zur Realisierung eines durch Sitte u. Umgebung bestimmten Lebensstandards benötigt wird *(soz. E.).*

Existenzphilosophie, nach dem 1. Weltkrieg vor allem in Dtld. hervorgetretene philos. Richtung, die das Wesen des Menschen als *Existenz* auffaßt. *Existieren* heißt hier: sich zu sich selbst verhalten. Gemeint ist damit ein Erleiden des eig. Daseins in seiner Endlichkeit, Gebrochenheit u. Schuld. Die E. sucht als Gewißheit über den Bereich des Rationalen hinaus eine Erfahrung des *Seins* im Ganzen. – Hauptvertreter: M. *Heidegger* u. K. *Jaspers;* in der Theol.: R. *Bultmann.* Nach dem 2. Weltkrieg entstand in Frankreich als ebenso literar.-weltanschaul. wie philos. Bewegung der *Existentialismus* (G. *Marcel,* J. P. *Sartre,* A. *Camus,* M. *Merleau-Ponty).*

Exitus, kurz für *E. letalis,* »tödl. Ausgang«, mediz. Bez. für *Tod.*

Exklamation, Ausruf. – **exklamieren,** ausrufen.

Exklave, von fremdem Staatsgebiet umschlossener Teil des eigenen Territoriums; Ggs.: *Enklave.*

Exklusion, Ausschaltung, Ausschließung. – **exklusiv,** ausschließlich, auf einen bestimmten Personenkreis beschränkt. – **exklusive,** ohne, ausschließl. – **Exklusivität,** Absonderung; Vornehmheit.

Exkommunikation →Kirchenbann.

Exkremente, die vom Körper nicht verwertbaren Stoffe aus der Nahrung, i.e.S. Harn u. Kot.

Exkrete, Ausscheidungsprodukte, die nach außen abgesondert werden, z.B. Harn, Schweiß.

Exkurs, Abschweifung; in sich geschlossene Erörterung eines Nebenthemas im Rahmen einer wiss. Abhandlung.

Exkursion, Lehr- oder Studienfahrt.

Exlibris, *Bucheignerzeichen,* vom Inh. in ein Buch angebrachter Zettel, der den Namen des Eigentümers trägt, häufig mit einer zusätzl. symbol. oder allegor. Darstellung.

Exmatrikulation, Streichung aus dem Studentenverzeichnis *(Matrikel)* einer Hochschule.

Emission, Zwangsräumung. – **exmittieren,** zwangsweise aus einer Wohnung weisen.

exo..., Vorsilbe mit der Bedeutung »aus (... heraus), außerhalb«; wird zu ex... vor Vokal.

Exobiologie, *Astrobiologie,* die Wiss. von den Lebensvorgängen außerhalb der Erde; ein Zweig der *Weltraumforschung.*

Exodus, 1. Auszug, Auswanderung. – **2.** Schlußgesang des Chors im grch. Schauspiel. – **3.** das 2. Buch Mose, das vom Auszug der Israeliten aus Ägypten berichtet.

ex officio, von Amts wegen.

Exogamie, *Außenheirat,* Verbot, innerhalb einer bestimmten Gemeinschaft (Verwandtschafts-, Totemgruppe) zu heiraten.

exogen, außen entstehend, von außen kommend; Ggs.: *endogen.*

exorbitant, außerordentl., übertrieben.

Exorzismus, Austreibung böser Mächte durch krafthaltige Worte (z.B. durch Gottesnamen) u. mag. Handlungen.

Exosphäre, höchste Schicht der Atmosphäre.

Exotarium, Schauhaus für Tiere, deren Haltung bes. Einrichtungen erfordert.

Exoten, Bez. für Menschen, Tiere oder Pflanzen aus fernen, meist trop. Ländern.

exotisch, auch Uneingeweihten zugängl., allg. verständl.; Ggs.: *esoterisch.*

exotherm, Wärme freigebend. – **e.e Reaktionen** sind physik. oder chem. Prozesse, bei denen Energie in Form von Wärme frei wird (z.B. die Verbrennung); Ggs.: *endotherm.*

exotisch, fremd, aus den Tropen stammend.

Expander, Gerät aus Drahtfedern oder Gummisträngen für Zugübungen zur Stärkung der Arm- u. Oberkörpermuskulatur.

Expansion, 1. Bestreben bei Gasen u. Dämpfen, den vorhandenen Raum ganz auszufüllen. – **2.** Ausdehnung des Macht- u. Einflußbereichs eines Staates durch Vergrößerung des Staatsgebiets oder durch Ausweitung der polit. Einflußsphäre.

Expatriierung, Verbannung, Ausweisung, Aberkennung der *Staatsangehörigkeit.*

Expedition, 1. Forschungsreise; auch ein militär. Feldzug *(Straf-E.).* – **2.** Versandabteilung.

Expektoration, Aushusten, Abhusten des Auswurfs aus der Lunge. – *Expectorantia,* auswurffördernde Mittel, Hustenmittel.

Experiment, wiss. Versuch. – **experimental, experimentell,** auf einem E. beruhend.

Experte, Sachverständiger, Fachmann.

Expertensystem, *wissensbasiertes System,* praktische Anwendung der künstl. Intelligenz in Form von Computerprogrammen, die auf einem speziellen Fachgebiet das Wissen u. die Erfahrung von menschl. Experten zur Verfügung stellen. Anwendung u. a. bei der Diagnose u. Therapie von Infektionskrankheiten (Mycin), für die Suche nach Bodenschätzen (Prospector), bei der computerunterstützten Konstruktion u. Fertigung (CAD/CAM) u. in der Umwelttechnik.

Expertise, Gutachten eines anerkannten Fachmanns.

Explikation, Erklärung, Erläuterung.

explizit, ausführl. dargelegt, erläutert, erklärt; Ggs.: *implizit.*

Exploration, Ausforschung, erkundendes Gespräch, Befragung. – **explorieren,** erforschen, untersuchen.

Explosion, starke, als Knall vernehmbare Druckentwicklung durch plötzl. entstehende u. sich ausdehnende Gase u. Dämpfe, z.B. beim Zerfall von Explosivstoffen.

Explosivstoffe, Stoffe u. Stoffgemische, bei denen durch gebundenen Sauerstoff eine schnell verlaufende Oxidation unter Wärmeabgabe u. Entwicklung von Gasen stattfindet, deren Druck nutzbar gemacht werden kann. Man unterscheidet: Treibmittel, Sprengmittel u. Zündstoffe (u. a. Initialsprengstoffe, Knallquecksilber, Bleiazid). Wichtige E.: Schwarzpulver, Nitroglycerin, Schießbaumwolle, Pikrinsäure, Di- u. Trinitrotoluol u. Tetranitromethylanilin. Sicherheitssprengstoffe bestehen hpts. aus Ammonsalpeter. Sie werden vorwiegend für militär. Zwecke verwendet.

Exponat, Ausstellungs-, Museumsstück.

Exponent, 1. herausgehobener Vertreter einer (wiss. oder künstler.) Richtung u. a. **2.** Hochzahl einer Potenz; gibt an, wie oft eine Zahl mit sich selbst multipliziert werden soll; z.B. $4^3 = 4 \cdot 4 \cdot 4$.

Exponentialfunktion, Funktion, deren Gleichung die Form $y = a^x$ hat, in der die Variable also als Exponent auftritt; bes. die *e-Funktion* mit $y = e^x$ (e = Basis der natürl. Logarithmen).

Exponentialgleichung, transzendente Gleichung, bei der die Unbekannte auch als Exponent vorkommt; z.B. $ae^x = bx+c$.

exponieren, herausstellen, (einer Gefahr) aussetzen.

Export →Ausfuhr.

Exposé, Entwurf, kurzer Bericht, vorläufige Darlegung.

Exposition, 1. jeweilige Lage u. Neigung von Geländehängen, Flächen oder auch Bauwerken zur Himmelsrichtung. – **2.** erste Vorstellung des Themas, Eröffnung, Plan (z.B. eines Aufsatzes).

Expreßgut, schnellstens befördertes Transportgut, z.B. auf Eisenbahn.

Expressivität 251

Expressionismus, eine sich um 1905/06 durchsetzende Stilrichtung, vor allem in bildender Kunst u. Lit., gekennzeichnet durch die Abkehr von der objektiven Weltdarstellung zugunsten einer subjektiven Ausdruckssteigerung. Kunst wird verstanden als Aufschrei aus der inneren Not des Menschen. Der E. kann als Reaktion auf Naturalismus u. Impressionismus gedeutet werden. An die Stelle von Harmonie u. Schönheit tritt die Stärke des Ausdrucks.
Bildende Kunst: Die Stilbez. E. entstand 1911 anläßl. der 23. Ausstellung der Berliner Sezession, an der sich eine als »Expressionisten« deklarierte Gruppe frz. Maler (u. a. G. *Braque,* P. *Picasso* u. M. de *Vlaminck*) beteiligte. Heute werden als E. in der bildenden Kunst hpts. die mit den Künstlergruppen »Brücke« u. »Der Blaue Reiter« verbundenen Stilströmungen bezeichnet. In der expressionist. Malerei u. Graphik wurden statt der offenen Bildform u. der labilen Struktur der impressionist. Kunst formale Geschlossenheit u. Verfestigung angestrebt. Kennzeichnend sind ferner eine antinaturalist. u. ungebrochene Farbgebung, die Veränderung der natürl. Maßverhältnisse zugunsten der emotionalen Gebärde, starke Linienbetonung u. farbl. Kontrast- u. Monumentalwirkung. Der E. in der Malerei, zu dessen Wegbereitern P. *Gauguin,* V. van *Gogh,* J. *Ensor* u. E. *Munch* gehören, trat in Frankreich am deutlichsten im *Fauvismus* in Erscheinung; in Belgien bei C. *Permeke* u. F. van den *Berghe;* bei osteurop. Künstlern im Frühwerk von W. *Kandinsky,* bei A. *Jawlensky,* C. *Soutine* u. B. *Shahn;* in Südamerika bei D. *Rivera,* C. *Orozco,* R. *Tamayo,* C. *Portinari* u. D. *Siqueiros.* In Dtld. standen außer den Künstlern der »Brücke« u. des »Blauen Reiter« vor allem C. *Rohlfs,* P. *Modersohn-Becker,* O. *Kokoschka,* E. *Nolde* u. M. *Beckmann* dem Bestrebungen des E. nahe. – W. *Lehmbruck* u. E. *Barlach* sind Hauptrepräsentanten des E. in der Bildhauerei.
Lit.: In der Lit. blieb der E. fast ausschl. auf Dtld. beschränkt. Er erstrebte Verdichtung, Erhöhung u. Leidenschaftlichkeit des Gefühls. Einer oft karikierten Bürgerlichkeit, dem Materialismus u. der Mechanisierung des Lebens stellte die Forderung nach einer Erneuerung des ganzen Menschen, nach Verbrüderung u. Menschenwürde entgegen. Stärksten Ausdruck fand die Lit. des E. in der Lyrik: A. *Mombert,* R. *Schickele,* T. *Däubler,* G. *Trakl,* G. *Heym,* E. *Stadler,* A. *Stramm,* F. *Werfel,* G. *Benn,* E. *Lasker-Schüler.* Das expressionist. Drama ist durch typenhafte Verkörperungen, erregten Ton u. heftige Gebärdensprache gekennzeichnet. Von A. *Strindberg* u. F. *Wedekind* führte die Entwicklung zu R. J. *Sorge,* E. *Barlach,* G. *Kaiser,* F. von *Unruh,* F. *Werfel,* C. *Sternheim,* B. *Brecht,* W. *Hasenclever* u. A. *Wildgans.* Die expressionist. Prosa blieb Durchgangsstadium von A. *Döblin,* G. *Benn,* L. *Frank,* F. *Werfel,* K. *Edschmid,* Klabund, teilw. auch von H. *Mann,* H. *Hesse,* J. *Wassermann* u. G. *Hauptmann.*

expressis verbis, ausdrücklich.

Expressivität, Ausdrucksstärke. – **expressiv,** ausdrucksvoll, mit Ausdruck.

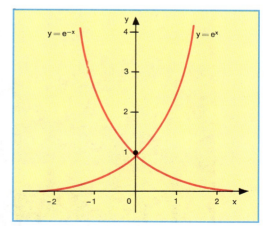

Exponentialfunktion: die Funktion $y = e^x$ und $y = e^{-x}$

252 Expropriation

Expropriation, Enteignung. – *Marxismus: E. der Expropriateure,* Stufe in der gesellschaftl.-wirtsch. Entwicklung, in der das klassenbewußte Proletariat die kapitalist. Betriebe- u. Produktionsmittel übernimmt.
exquisit, ausgesucht, hervorragend.
Exsikkator, Gefäß zum Trocknen wasserhaltiger u. zum Aufbewahren wasserfreier chem. Präparate.
Exspektanz, Anwartschaft auf ein kirchl. Amt.
Exspiration, Ausatmung.
Exstirpation, vollst. Entfernung eines kranken Organs oder einer Geschwulst auf chirurg. Wege.
Exsudat, *Exsudation,* Ausschwitzung entzündl. Charakters, z.B. bei Rippen- u. Bauchfellentzündung.
Extempore, improvisiertes Spiel.
Extension, Ausdehnung, Streckung. – **extensiv,** ausgedehnt, ausgebreitet. – **extensivieren,** verbreitern, in die Breite wirken.
extensive Wirtschaft, Wirtschaftsweise in der Landw., bei der im Verhältnis zur Bodenfläche wenig Arbeit u. Kapital aufgewandt wird; Ggs.: *intensive Wirtschaft.*
Extensor, Strecker.
Exterieur [-'œr], Äußeres, Außenseite; Erscheinung.
extern, auswärtig, draußen befindl.; Ggs.: *intern.*
Externsteine, *Eggersteine,* 13 freistehende Sandsteinfelsen (bis 38 m hoch) bei Horn (Lippe) im sö. Teutoburger Wald; vermutl. ehem. germ. Kultstätte.
Exterritorialität, im Staats- u. Völkerrecht die Stellung bestimmter ausländ. Staatsangehöriger, z.B. Diplomaten (nicht Konsuln), ausländ. Staatsoberhäupter u. fremder Truppen, die von der staatl. Zwangsgewalt, d. h. von der Gerichtsbarkeit, von bestimmten Steuerabgaben u. von der Anwendung polizeil. Zwangs befreit sind *(Immunitätsrechte).*
Extinktion, Lichtschwächung durch *Absorption* u. *Streuung.*
extra, besonders, zusätzl.; nebenbei, nur, eigens.
extrahieren, herausschreiben, herausziehen.
extrakorporale Insemination, künstl. Befruchtung außerhalb des mütterl. Körpers; → Retortenbaby.
Extrakt, 1. Auszug aus Schriftwerken u. Reden. – 2. eingedickter Auszug aus pflanzl. oder tier. Stoffen *(Fleisch-E.).* – 3. Hauptinhalt, Kern.
Extraktion, 1. Herauslösen einzelner Stoffe aus festen Substanzen. – 2. Ausziehen eines Zahns.
extraordinär, außergewöhnlich.
Extrauteringravidität [-a·u-], Entwicklung einer Schwangerschaft (Einnistung einer befruchteten Eizelle) außerhalb der Gebärmutter; verschiedene Formen: 1. *Tubargravidität,* Eileiterschwangerschaft; 2. *Ovarialgravidität,* Eierstockschwangerschaft; 3. *Abdominalgravidität,* Bauchhöhlenschwangerschaft. Ärztliche Behandlung (Operation) ist erforderlich.
extravagant, aus dem Rahmen fallend, auffallend, ausschweifend.
Extrem, *E.wert,* Höchst- oder Tiefstwert (Maximum oder Minimum).
Extremismus, übersteigert extreme, radikale Haltung; → *Radikalismus.*
Extremitäten, Gliedmaßen.
extrovertiert, in der Typenlehre von C. G. *Jung* Bez. für die Einstellung des Denkens, Fühlens u. Handelns auf die Außenwelt; Ggs.: introvertiert.
Extruder, Schneckenpresse für die Kunststoffverarbeitung.
Exulanten, allg. Verbannte, bes. die im 17./18. Jh. aus den habsburg. Erblanden, Schlesien u. Salzburg vertriebenen Protestanten.
ex usu, aus der Erfahrung.
exzellent, hervorragend, ausgezeichnet.
Exzellenz, urspr. Titel der langobard. u. fränk. Könige, dann der dt. Kaiser u. Könige; schließl. auch für Gesandte, Min., geistl. u. weltl. Würdenträger, auch Generäle.
Exzenter, rotierende Scheibe, die außerhalb der Mitte (ex-zentrisch) auf einer Welle angebracht ist. Dadurch kann die Drehbewegung der Scheibe in die hin- u. hergehende Bewegung eines um die Scheibe greifenden Gestänges umgesetzt werden.
exzentrisch, 1. ohne gemeinsamen Mittelpunkt (z.B. zwei ineinanderliegende Kreise oder Kugeln mit versch. Mittelpunkten). – 2. absonderl., verstiegen.
Exzentrizität, bei Kegelschnitten: 1. *lineare E.,* Abstand zw. Brennpunkt u. Mittelpunkt; 2. *numer. E.,* das Verhältnis zw. linearer E. u. großer Halbachse.
exzeptionell, ausnahmsweise (eintretend), außergewöhnlich.
exzerpieren, herausschreiben.
Exzeß, Ausschreitung, Ausschweifung. – **exzessiv,** übertrieben, übermäßig, maßlos.
Exzision, Ausschneiden, chirurg. Maßnahme.
Eyck [ɛik], ndl. Maler, Brüder: Hubert v (* um 1370, † 1426) u. Jan van (* um 1390, † 1441); begründeten die das MA überwindende neuere nord. Malerei. Das erste gesicherte Werk des Jan van E. ist der (von seinem Bruder begonnene) 1432 vollendete *Genter Altar* (Gent, St. Bavo). Noch zu Lebzeiten wurde Jan van E. als Erfinder der Ölmalerei gerühmt.
Eyre, *Lake E.,* Lake E. [lɛik 'ɛːr], Salzsee von stark wechselnder Größe; im wüstenhaften Südaustralien, 9323 km², in einer Depression (−12 m).
Eyre [ɛːr], Edward John, * 1815, † 1901, brit. Australien-Forscher u. Kolonialbeamter; reiste 1839/40 ins südl. u. mittlere Australien.
Eysenbarth, Johann Andreas, * 1663, † 1727, dt.

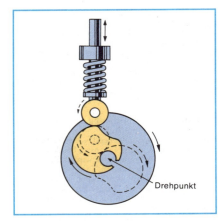

Exzenter

Jan van Eyck: Mann mit rotem Turban, 1433. London, National Gallery

Augen- u. Wundarzt; angesehener u. gesuchter, aber auch geschäftstüchtiger Praktiker; zu Unrecht als Kurpfuscher dargestellt.
Eysenck, Hans Jürgen, * 4.3.1916, dt. Psychologe; befaßt sich vor allem mit der Lerntheorie u. Persönlichkeitsforschung.
Eyskens ['ɛis-], Gaston, * 1905, † 1988, belg. Politiker (Christl.-Soz. Partei); 1945–49 Fin.- u. Wirtsch.-Min.; Min.-Präs. 1949/50, 1958–61 (durch die Kongo-Krise zum Rücktritt veranlaßt) u. wieder 1968–72.
Eyth, Max von, * 1836, † 1906, dt. Schriftst.; arbeitete als Ingenieur in drei Weltteilen.
Eyzies-de-Tayac-Sireuil [ei'sjæ də tei'jak siʁøil], *Les E.,* Stadt an der Vézère in der Dordogne (Frankreich). In der Umgebung liegen zahlreiche prähistor. Fundstellen, die z. T. weltberühmt wurden, wie *La Micoque, Le Moustier, Cro-Magnon* u. *Abri Pataud.* Ebenso bekannt sind die Bilderhöhlen der näheren Umgebung.
Ezechiel [e'tseçiɛl], *Hesekiel,* jüd. Prophet des AT; wirkte im 6. Jh. v. Chr. im babylon. Exil.
Ezinge ['eːziŋə], Prov. Groningen, ndl. Fundort der »Ezinger Warf«, wo zw. 1931 u. 34 unter Leitung von A. E. von *Giffen* großflächige Grabungen die Entwicklung einer Dorfwurt (→ *Warften*) von der frühen Latènezeit bis ins MA (13. Jh. n. Chr.) freilegten.
EZU, Abk. für *Europäische Zahlungsunion.*
Ezzelino da Romano, * 1194, † 1259, Machthaber in Verona, Padua, Vicenza u. in der Mark Treviso; Führer der kaisertreuen *Ghibellinen;* 1259 bei Soncino geschlagen.
Ezzolied, früh-mhd. Hymnus in aufgelockertem Versmaß des Klerikers *Ezzo* aus Bamberg, geschrieben um 1060; behandelt die christl. Heilsgeschichte.

Expressionismus: Edvard Munch, Karl-Johan-Straße an einem Frühlingsabend; 1899. Oslo, Munch-Museum

F

f, F, 6. Buchstabe des dt. Alphabets.
f, F, *Musik:* 1. Abk. für die Vortragsbez. *forte.* 2. die 4. Stufe der C-Dur-Tonleiter.
f., Abk. für *u. folgende (Seite).*
F, 1. Abk. für *Farad.* – 2. Abk. für *Fahrenheit.* – 3. Abk. für *Franc.*
Fa., Abk. für *Firma.*
Fabel, eine erzählende Lehrdichtung, häufig aus der Tierwelt, die sittl. Wahrheiten oder allg.-menschl. Erfahrungen veranschaulicht; z.B. bei *Äsop, J. de La Fontaine* u. G.E. *Lessing.*
Fabeltiere, in Märchen u. Sagen vorkommende Phantasiegeschöpfe wie Drache, Einhorn, Sphinx, Nixe u. ä.
Fabianismus, Richtung des engl. Sozialismus, die eine langsame Verstaatlichung der Produktion u. des Grundbesitzes erstrebte; 1883 Gründung der von bürgerl.-radikalen Intellektuellen getragenen *Fabian Society (Fabier)* unter Sidney u. Beatrice *Webb;* ideolog. Grundlage für die Labour Party.
Fabiola, Doña *F. de Mora y Aragón,* * 11.6.1928, heiratete 1960 den König von Belgien *Baudouin I.* († 1993).
Fabius [fabi'ys], Laurent, * 20.8.1946, frz. Politiker (Sozialist); 1984–86 Prem.-Min., 1988–92 Präs. der Nationalversammlung.
Fabius, Quintus *F. Maximus Verrucosus Cunctator* (»Zauderer«), * um 280 v. Chr., † 203 v. Chr., röm. Feldherr u. Konsul; 217 v. Chr. zum Diktator ernannt; erhielt seinen Beinamen *Cunctator* wegen seiner Hinhaltetechnik im Kampf gegen Hannibal.
Fabrik, gewerbl. Produktionsstätte, im Ggs. zur *Manufaktur* mit Maschinen ausgestattet; Hauptform der Industriebetriebs. – **Fabrikant,** leitender Inhaber oder Mitinhaber einer Fabrik. – **Fabrikat,** das industrielle Fertigerzeugnis. – **F.inspektion,** in der Schweiz Bez. für die → Gewerbeaufsicht. – **F.marke,** ein vom Hersteller zur Kennzeichnung der Herkunft der Ware aus seinem Betrieb verwendetes Warenzeichen.
Fabritius, Carel, * 1622, † 1654, ndl. Maler; begabtester Schüler *Rembrandts* (Genrebilder u. Porträts).
fabulieren, erdichten, Geschichten erfinden.
Face-lifting [feis liftiŋ], operative Hautstraffung im Gesicht.
Facette [fa'sɛtə], eine kleine ebene Fläche, wie sie beim Edelstein durch Abschleifen erzeugt wird.
Facettenauge [fa'sɛtən-], das *Komplexauge* der *Gliederfüßer.*
Facharbeiter, Arbeiter mit abgeschlossener Ausbildung in einem anerkannten Beruf der Industrie.
Facharzt, Arzt für ein bestimmtes med. Fachgebiet, z.B. für Augenheilkunde.
Fächerahorn, Art der *Ahorngewächse;* beliebte Zierpflanze der Japaner.
Fächerflügler, *Strepsiptera,* Ordnung der *Insekten,* als Larven parasit. in anderen Insekten.
Fächergewölbe, komplizierte Form des *Rippengewölbes;* bes. in der engl. Architektur der Gotik.
Fächerpalmen, Palmen mit fächerförmig ausgebreiteten Blattwedeln, z.B. die *Borassopalmen.*
Fachhochschulen → Hochschulen.
Fachlehrer, Lehrer, der eine bes. Lehrbefähigung für einzelne Fächer erworben hat.
Fachoberschulen, eine 1968 in der BR Dtld. neu geschaffene Schulform; umfaßt die Klassen 11 u. 12, bereitet auf das Studium an *Fachhochschulen* vor.
Fachschulen, Schulen zur Fortbildung in versch. Berufen nach einer prakt. Berufsausbildung (Lehrzeit). Ziel: Vertiefung des prakt. u. theoret. berufl. Könnens; im Ggs. zur *Berufsschule* ist der Besuch der F. freiwillig.
Fachverbände, fachl. ausgerichtete Organisationen des Handels u. der Ind., im *Bundesverband der Deutschen Industrie e.V.* bzw. in der *Hauptgemeinschaft des Deutschen Einzelhandels e.V.* zusammengefaßt.
Fachwerk, *Riegelwerk, Rahmenwerk,* eine Bauart, urspr. in Holz, dann auch in Stahl u. Stahlbeton, bei der zunächst ein Gerüst aus senkr. Säulen, waagr. Riegeln u. schrägen Streben errichtet wird, dessen Zwischenräume dann mit Flechtwerk, Reisig, Lehm u. ä. ausgefüllt oder mit Ziegeln ausgemauert werden.

Facialis, *Nervus facialis, Fazialis,* der 7. Gehirnnerv der Wirbeltiere; versorgt bei den Säugetieren als Gesichtsnerv rein motorisch die mimische Muskulatur. *Fazialis-* oder *Gesichtslähmung* ist die vollständige Lähmung bzw. Schwäche *(Fazialisparese)* der vom *Nervus facialis* versorgten Muskeln.
Fackel, 1. ein am oberen Ende mit brennbarem Material versehener Holzstab. – 2. unregelmäßig begrenztes, wolkenartiges Gebiet auf der Sonnenoberfläche, von höherer Temperatur u. Helligkeit als die Umgebung.
Faction ['fækʃən], dt. *Faktographie,* russ. *Literatura fakta,* in der neuesten Lit. die dokumentar. Darst. mit authent. Personennamen, Tonband, Kartenskizze u. a.; z.B. bei R. *Hochhuth.*
Fadejew [-jɛf], Alexander Alexandrowitsch, * 1901, † 1956 (Selbstmord), russ. Schriftst. (Romane im Stil des sozialist. Realismus).
Faden, 1. auch *Klafter,* altes dt. Maß für Brennholz: 1 F. = 1,74–4,45 m³. – 2. engl. *Fathom,* Längenmaß für Meerestiefen: etwa die Armspanne eines Mannes, 1 Faden = 1/1000 Seemeile = 1,85 m. – 3. langes, dünnes Faserstoffgebilde, z.B. Garn, Zwirn, Schnur.
Fadenbakterien, nichtwiss. Bez. für fadenförmige Bakterien.
Fadenglas, ungefärbtes Kunstglas mit eingeschmolzenen ein- oder mehrfarbigen Glasfäden.
Fadenkreuz, hinter das Okular von Fernrohren u. Mikroskopen geschaltetes Kreuz zum genauen Anvisieren eines Ziels.
Fadenmoleküle, fadenförmige *Makromoleküle.*
Fadenwürmer, *Nematoden, Nematodes,* Kl. der *Hohlwürmer;* runde, langgestreckte Tiere, meist getrenntgeschlechtl.; Größe: zw. mikroskop. klein u. 1 m. Viele F. sind schädl. für Nutzpflanzen; auch Tier- u. Menschenparasiten, z.B. der *Spulwurm* u. der Madenwurm.
Fading, ['fei-], Schwund 1. das Schwanken der Lautstärke beim Rundfunkempfang, verursacht durch Interferenz der Boden- u. Raumwelle. – 2. Nachlassen der Bremswirkung bei Kfz-Bremsen, verursacht durch Erwärmung.
Fado ['faðo], ein seit dem 19. Jh. in Portugal gepflegter Gesang mit sentimentalen Texten u. Gitarrenbegleitung.
Faenza, ital. Stadt in der Region Emilia-Romagna, 55 000 Ew.; im 15./16. Jh. weltberühmt durch seine Majoliken (nach F. auch *Fayence* gen.).
Faesi, Robert, * 1883, † 1972, schweiz. Schriftst. u. Literaturhistoriker.
Fafnir, *Fafner,* in der nord. Myth. der Drache, der den Nibelungenhort bewacht u. von *Sigurd* erschlagen wird.
Fagott, tieftönendes Holzblasinstrument mit doppelter Röhre; Höhe: 1,37 m; Tonumfang: Kontra-B (selten -A) bis es"; bildet im Orchester den Baß der Holzbläsergruppe. Das eine Oktave tiefer klingende *Kontra-F.* ist das tiefste Instrument eines Orchesters.
Fahd, *F. Ibn Abd Al Aziz,* * 1922, König von Saudi-Arabien (seit 1982).
Fähe, *Fehe,* der weibl. Fuchs, Marder, Dachs, Iltis u. das weibl. Wiesel.
Fahlcrantz, Carl Johan, * 1774, † 1861, schwed. Maler (romant. Landschaften).
Fahlerz, *Schwarzerz, Tetraedrit,* stahlgraues bis eisenschwarzes, glänzendes Mineral; Silber- u. Kupfererz.
Fahlleder, stark gefettetes Schuhoberleder aus Rindhäuten.
Fahndung, Maßnahmen zur Ermittlung u. Ergreifung von Tätern, Tatverdächtigen oder Zeugen (*Personen-F.*) sowie abhanden gekommenen Sachen (*Sach-F.*) durch den *F.sdienst.* Bei der *Raster-F.* werden Daten von Tatverdächtigen in Computerlisten erfaßt u. bei F. entspr. kombiniert (v. a. bei der Terroristen-F.).
Fahne, 1. ein ein- oder mehrfarbiges Tuch, oft mit Wappen oder Sinnbildern, als *Feldzeichen* schon im Altertum u. MA in Gebrauch. – 2. der erste Druckabzug eines Schriftsatzes.
Fahneneid, Diensteid des Soldaten, in der dt. Bundeswehr nur von Berufssoldaten u. Soldaten auf Zeit geleistet.
Fahnenflucht, *Desertion,* das unerlaubte Sichtentfernen oder Fernbleiben von der Truppe in der Absicht, sich dem Wehrdienst dauernd oder für die Zeit eines bewaffneten Einsatzes zu entziehen; in der BR Dtld. mit Freiheitsstrafe bis zu 5 Jahren bestraft. In Östr. u. Schweiz ähnlich.
Fahnenjunker, Offiziersanwärter im Dienstgrad eines Unteroffiziers; bei der Marine: *Seekadett.*
Fähnlein, Schlachthaufen u. Verwaltungseinheit der *Landsknechte* (16./17. Jh.).
Fähnrich, im MA der Fahnenträger, heute Offiziersanwärter im Dienstgrad eines Feldwebels; bei der Marine: *F. zur See.*
Fähre, ein Wasserfahrzeug für den Personen-, Fahrzeug- u. Gütertransport von Ufer zu Ufer; versch. Arten: *Ketten-F.* (unter Wasser), *Seil-F.* (über Wasser), *Gier-F.* (einseitiges Seil im Strom- u. Ruderdruck), *Trajekte* (Fährschiffe zum Überführen von Eisenbahnzügen) u. *Auto-F.*
Fährenberg, Berg im Oberpfälzer Wald, östl. von Weiden, 801 m.
Fahrende, *fahrendes Volk, fahrende Leute,* umherziehende Schausteller, Jahrmarktkünstler u. Gaukler seit dem MA; auch wandernde Studenten u. Dichter; außerhalb der Standesordnung stehend.
Fahrenheit, Gabriel Daniel, * 1686, † 1736, dt. Physiker; führte Quecksilberfüllungen u. die nach ihm ben. Gradeinteilung für Thermometer ein.
Fahrerflucht, das unerlaubte Entfernen eines Unfallbeteiligten vom Unfallort; Freiheits- oder Geldstrafe, Entzug der Fahrerlaubnis.
Fahrerlaubnis, behördl. Erlaubnis zum Führen von Kfz im öffentl. Straßenverkehr; in 5 Klassen eingeteilt. Als Bescheinigung über eine erteilte F. wird der *Führerschein* ausgestellt.
Fahrgestell, *Fahrwerk,* Gerüst eines Fahrzeugs, an dem alle Teile wie Motor, Achsen, Lenkung, Räder befestigt sind.
Fahrlässigkeit, *Recht:* eine geringere Form des *Verschuldens,* bei der der Schuldige den Erfolg seines Handelns zwar nicht gekannt u. gewollt hat, aber ihn bei der Beachtung der verkehrsübl. oder zumutbaren Sorgfalt hätte vermeiden können. Grade der F. sind *grobe F., leichte F.* u. *individuelle F.*

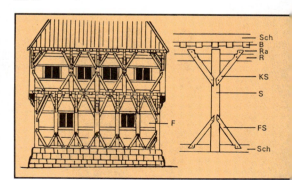

Fachwerk (Renaissance), links: Alemannisches »Männle« (F = Fach, Feld); rechts (im Detail): B Balkenkopf, R Riegel, KS Kopfstrebe, S Ständer, FS Fußstrebe, Sch Schwelle, Ra Rahmen

Fahrnis, *fahrende Habe,* bewegl. Eigentum.
Fahrprüfung, die zum Führen eines Kfz auf öffentl. Straßen notwendige Prüfung; durch eine amtl. *Fahrerlaubnis (Führerschein)* bestätigt.
Fahrrad, einspuriges Straßenfahrzeug mit zwei Rädern, angetrieben durch Muskelkraft; bes. Bauformen: *Damen-F., Klapprad, Rennrad, Kunst-F., Tandem* (zweisitzig); Spezialräder heute: *BMX-Rad* (geländegängiges F. für Kinder u. Jugendliche), *Mountain-bike* (berggängiges F. mit dicken Stollenreifen). Vorläufer des F. ist die *Draisine* (1817 von C. Frhr. von *Drais* erfunden).
Fährte, Fußspuren v. a. des Schalenwilds im Boden oder Schnee.
Fahrtrichtungsanzeiger, *Blinker,* für alle Kfz vorgeschriebene Blinkleuchten, die kurzzeitige Lichtimpulse geben, um eine Änderung der Fahrtrichtung oder Fahrspurwechsel anzukündigen.
Fahrtschreiber, *Tachograph,* Apparat in Kfz zur Überprüfung der Fahrweise; zeichnet auf einer mit Uhrzeit versehenen Fahrtscheibe den gesamten Fahrtverlauf auf (Fahrstrecke, Haltezeit, Geschwindigkeit).
Fahrverbot, Verbot, für die Dauer von 1–3 Mon. ein Kfz zu führen; bei einer Straftat im Zusammenhang mit dem Führen eines Kfz (z.B. Trunkenheitsdelikte) oder unter Verletzung der Pflichten eines Kfz-Führers als *Nebenstrafe* (neben Freiheits- bzw. Geldstrafe) verhängt.
Fahrwerk, beim Flugzeug die an Streben befestigten Laufräder; zur Widerstandsverminderung während des Flugs eingezogen.
Faible [fɛːbl], Vorliebe, Schwäche, Neigung.
Fail-safe-Prinzip [ˈfeɪl seɪf-], Ausfallsicherheit, ein techn. Konstruktionsprinzip, nach dem Bauteile so gestaltet werden, daß das Versagen eines einzelnen Bauelements nicht zum Ausfall des gesamten Bauteils führt; bes. im Luftfahrzeugbau.
Fairbanks [ˈfɛəbæŋks], Bergbaustadt in Mittelalaska, 15 000 Ew.; Univ.; Endpunkt der Alaska-Straße, Luftstützpunkt; Kohle- u. Goldabbau.
Fairbanks [ˈfɛəbæŋks], Douglas, eigtl. Elton Julius *Ullman,* * 1883, † 1939, US-amerik. Filmschauspieler (Filmidol des Stummfilms, bes. Liebhaber- u. Abenteuerrollen). W »Das Zeichen Zorros«, »Der Dieb von Bagdad«.
Fair Deal [fɛə diːl], Wirtschafts- u. Sozialprogramm des US-amerik. Präs. *Truman* von 1949.
Fairneß [ˈfɛənɪs], den sportl. Regeln entspr. korrektes Verhalten (im Sport u. im Alltagsleben).
Fair play [fɛə pleɪ], anständiges, ehrenhaftes Spiel (bes. im Sport).
Faisal, Feisal, Fürsten.
Irak:
1. F. I., * 1885, † 1933, König 1921–33; Sohn König *Hussains* des Hedjas; 1920 König von Syrien, von den Franzosen verdrängt; mit engl. Unterstützung König des Irak. – **2. F. II.,** Enkel von 1), * 1935, † 1958, König 1939–58; bei einem Staatsstreich getötet.

Fahrwerk eines Airbus A 300

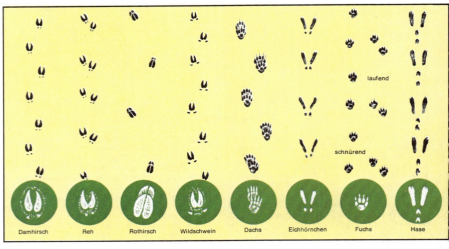

Fährten

Saudi-Arabien:
3. F. Ibn Abdal-Aziz Ibn Saud, * 1907, † 1975 (ermordet), König 1964–75, westl. orientiert.
Faisalabad, fr. *Lyallpur,* pakistan. Stadt im Pandschab, westl. von Lahore, 1,3 Mio. Ew.; Nahrungsmittel-, Textil-, Metall-Ind.
Fait accompli [fɛːtakɔ̃ˈpli], vollendete Tatsache.
Faiyum, *Al F., Al Fayyum,* ägypt. Oasengebiet u. Prov. sw. von Kairo, 1792 km², 1,5 Mio. Ew.; Anbau von Getreide, Zuckerrohr, Obst, Wein u. Baumwolle; Hptst. *F.* 230 000 Ew.; Ruinen aus altägypt. u. grch. Zeit.
Fäkalien, *Faeces,* die tier. u. menschl. Ausscheidungen.
Fakir, Angehöriger bestimmter religiöser Sekten in Indien, Asket; auch Artist, der Experimente der Körperbeherrschung zeigt, z.B. Liegen auf dem Nagelbrett, Laufen durch Glasscherben u. ä.
Faksimile, getreue, photomechan. Wiedergabe einer Vorlage (Zeichnung, Bild, Dokument, Unterschrift).
faktisch, tatsächlich, wirklich.
Faktor, 1. *allg.:* maßgebl. Umstand, Triebfeder. – **2.** *Gewerbe:* 1. der Leiter einer *Faktorei;* 2. veraltete Bez. für den Abteilungsleiter in einer Druckerei. – **3.** *Math.:* Bestandteil eines *Produkts;* → Multiplikation.
Faktorei, seit dem MA Bez. für Handelsniederlassungen europ. Kaufleute in fremden Ländern.
Faktotum, Helfer für alle Arbeiten.
fakturieren, *Fakturen* (Rechnungen) ausschreiben.
Fakultas, *Facultas,* Fähigkeit, Befähigung; *Facultas docendi,* Lehrbefähigung.
Fakultät, 1. an einer Hochschule der Zusammenschluß eines Wissenschaftsgebiets zu einer Körperschaft unter Leitung eines *Dekans,* heute z. T. in die kleineren *Fachbereiche* gegliedert. – **2.** in der kath. Kirche die Übertragung einer Vollmacht. – **3.** das Produkt aller natürl. Zahlen von 1 bis n, geschrieben n! (gesprochen: n Fakultät); z.B.: 5! = 1·2·3·4·5 = 120.
fakultativ, dem Belieben, dem freien Ermessen überlassen; Ggs.: obligatorisch.
Falange [faˈlaŋxɛ], *F. Española Tradicionalista y de las Juntas de Ofensiva Nacional-Sindicalista,* die von J.A. *Primo de Rivera* (Sohn des fr. Diktators M. Primo de Rivera) 1933 gegr. faschist. span. Organisation, die im Bürgerkrieg auf seiten *Francos* kämpfte u. in der Folge eine der Hauptstützen seiner autoritären Reg. war; 1958 in *Nationale Bewegung* umbenannt, 1977 aufgelöst.
Falascha, ein Volksstamm in Äthiopien; mit jüd. Kult; Bauern u. Handwerker.
Falbe, ein Pferd mit gelber Grundfärbung; Mähne, Schweif u. Unterfuß stets schwarz.
Falckenberg, Otto, * 1873, † 1947, dt. Intendant, Regisseur u. Schriftst.; 1917–47 Staatsschauspieldirektor der Münchner Kammerspiele.
Falconet [-ˈnɛ], Étienne Maurice, * 1716, † 1791, frz. Bildhauer; schuf Modelle für die Porzellanmanufaktur Sèvres; 1766–78 in St. Petersburg (Reiterstandbild Peters d. Gr.).
Falerner, Wein aus Kampanien (bei *Falerno*).
Falk, 1. Adalbert, * 1827, † 1900, lib. Kirchen- u. Schulpolitiker; Mitarbeiter O. von Bismarcks im Kulturkampf, 1872–79 Kultus-Min. – **2.** Johann(es) Daniel, * 1768, † 1826, dt. Schriftst. (Lieder, Erinnerungen an Goethe). – **3.** Peter, * 16.9.1927, US-amerik. Filmschauspieler; bek. als Kommissar in der TV-Serie »Columbo«.
Falken, *Falconidae,* Fam. der *Greifvögel,* in rd. 60 Arten weltweit verbreitet; kennzeichnend eine zahnartige Spitze an der Seite des Schnabels *(Falkenzahn);* gewandte Flieger, die ihre Beute im Flug schlagen (z.B. Wanderfalke). Arten: *Turm-F., Wander-F., Baum-F.;* ganzjährig geschützt.
Falken, *Die F.,* Sozialist. Jugend Deutschlands, 1925/26 entstandene sozialist. dt. Jugendorganisation; der SPD nahestehend, 1933 unterdrückt, seit 1946 wiederaufgebaut.
Falkenhayn, Erich von, * 1861, † 1922, dt. Offizier; 1896–1902 in chin. Diensten, 1913–15 preuß. Kriegs-Min.; im 1. Weltkrieg (als Nachf. *Moltkes*) 1914–16 Generalstabschef.
Falklandinseln, *Malwinen,* engl. *Falkland Islands,* span. *Islas Malvinas,* Inselgruppe im S-Atlantik, 11 961 km², 2000 Ew.; bilden zus. mit Südgeorgien u. den Südsandwichinseln die brit. Kronkolonie *Falkland Islands and Dependencies,* 2 Hauptinseln: Ostfalkland u. Westfalkland; Hauptort *Stanley* (Walfangstation); Gemüseanbau, Schafzucht, Fischerei. – *Gesch.:* 1592 entdeckt, seit 1823 argentin., 1833 (1842 Kronkolonie) brit., Besitzansprüche von seiten Argentiniens u. Großbrit.; im April 1982 von Argentinien besetzt u. bis Juli 1982 von Großbrit. in einem blutigen Krieg (über 1000 Tote) zurückerobert.
Falkner, ein Beizjäger, der Jagdfalken zur Beizjagd abrichtet. – **Falknerei,** *Beize, Beizjagd, Falkenbeize, Falkenjagd,* die Jagd mit Raubvögeln, v. a. mit Falken, die zur freiwilligen Rückkehr abgerichtet sind; Blütezeit im MA.
Fall, 1. *freier F.,* die unter dem Einfluß der *Schwerkraft* nach dem Erdmittelpunkt strebende Bewegung eines Körpers. Die Geschwindigkeit wächst im luftleeren Raum proportional der Fallzeit, wobei die Beschleunigung 9,81 m/s² beträgt. Die Gesetze des *freien F.* wurden von G. *Galilei* entdeckt. – **2.** → Kasus. – **3.** [das], Tau zum Segelhissen.
Fall, Leo, * 1873, † 1925, östr. Operettenkomponist. W »Der fidele Bauer«.
Falla [ˈfalja], Manuel de, * 1876, † 1946, span. Komponist; verknüpft span. Volksmusik mit dem Impressionismus; Opern, Ballett »Der Dreispitz«, Klavier- u. Kammermusik.
Fallada, Hans, eigtl. Rudolf *Ditzen,* * 1893, † 1947, dt. Schriftst.; realist. zeitgeschichtl. Romane; W »Kleiner Mann – was nun?«, »Wer einmal aus dem Blechnapf frißt«, »Der eiserne Gustav«.
Fallbeil → Guillotine.
fallieren, die Zahlungen einstellen, bankrott werden. – **Falliment,** veraltete Bez. für Konkurs.
Fälligkeit, der Zeitpunkt, an dem eine Forderung geltend gemacht werden darf bzw. eine Schuld erfüllt werden muß.
Fallingbostel, niedersächs. Krst. in der Lüneburger Heide, 11 000 Ew.; Kneippkurort; sö. von F. steinzeitl. Grabkammern (»Sieben Steinhäuser«).
Fallout [fɔːlˈaut], die Ablagerung von radioakti-

ven Stoffen (Niederschlag) aus der Atmosphäre, die z.B. bei Atombombenexplosionen entstanden sind.

Fallreep, Strickleiter, Treppe u. ä. außenbords am Schiff.

Fallschirm, schirmartige Vorrichtung aus Natur- oder Kunstfaser zum Absetzen von Personen u. Lasten aus Flugzeugen heraus, sowohl für militär. (*F.jäger, F.truppe*) als auch zivile Zwecke (*Rettungs-F.*). Der F. wird beim Absprung durch die am Flugzeug eingehakte Zugleine aus einem Verpackungssack herausgezogen (*automat. F.*) oder (mit Verzögerungsmöglichkeit) durch Handzug geöffnet (*manueller F.*); er bläht sich halbkugelförmig (*Rundkappenschirm*) oder in Form eines rechteckigen Tragflügels (*Rechteckgleiter*) auf u. gleitet mit einer Sinkgeschwindigkeit von etwa 5 m/s zu Boden. Die unterste Absprunghöhe beträgt 50–80 m. – **F.sport,** das Abspringen mit *Sprung-F.* aus Flugzeugen oder Hubschraubern nach sportl. Regeln. Man unterscheidet die Wettbewerbsarten *Zielspringen, Figurenspringen* u. *Formations-(Relativ-)springen*.

Fallsucht → Epilepsie.

Fallturm, Anlage für wiss. Experimente mit dem freien Fall unter der Bedingung der Schwerelosigkeit, seit 1989 erstmalig in der BR Dtld. (*Bremer F.*); Durchführung der Experimente in einer Stahlkapsel, die in einer 110 m langen Stahlröhre im Inneren des Turms in einer Zeit von 4,5 s zu Boden stürzt, wobei während der Fallzeit in der Kapsel nur ein Millionstel der normalen Schwerkraft herrscht; Untersuchung insbes. der Phänomene der Flüssigkeitsmechanik, von Verbrennungsprozessen u. der Materialerstarrung.

Fallwild, durch Krankheit, Unfall u. ä. eingegangene jagdbare Tiere.

Fallwind, im Windschatten von Gebirgen rasch absteigende Winde, z.B. Föhn oder Bora.

Falschaussage, mit der Wirklichkeit nicht übereinstimmende Aussage; strafbar.

Falscheid, *fahrlässiger F.*, im Ggs. zum vorsätzl.

Fallschirm (Schema)

Meineid das fahrlässige Ablegen eines falschen Eides, in der BR Dtld. strafbar, in Östr. u. Schweiz straffrei.

Falschfahrer, *Geisterfahrer,* Kraftfahrer, der eine Autobahn in falscher Richtung (im Gegenverkehr) befährt.

Falschmünzerei, unberechtigte Herstellung in Umlauf befindl. Münzen; zu unterscheiden von der *Münzfälschung* (Nachahmung alter, außer Kurs gesetzter Münzen zum Schaden der Münzsammler).

Falsett, Fistel- oder → Kopfstimme.

Falsifikat, Fälschung.

Falsifikation, Widerlegung einer wiss. Aussage durch (mindestens) ein Gegenbeispiel; Ggs.: *Verifikation.*

Falstaff, Figur aus *Shakespeares* »Heinrich IV.« u. den »Lustigen Weibern von Windsor« (auch als Oper von *G. Verdi*).

Falster, dän. Insel südl. von Seeland, 514 km², 50 000 Ew., Hauptort *Nyköbing F.*

Faltboot, zusammenlegbares Boot mit Holz- oder Metallgerüst u. wasserdichter Außenhaut.

Falten, *Geologie:* durch seitl. Druck entstandene, wellenartige Verbiegung von Erdschichten; mit *Sattel* u. *Mulde.* – **F.gebirge** (z.B. Alpen).

Falterblumen, Blumen, deren Nektar nur den Schmetterlingen zugängl. ist.

Falun, Prov.-Hptst. in Mittelschweden, im sö. Dalarna, 53 000 Ew.; Kupfer- u. Eisenbergbau (seit dem 13. Jh.).

Falz, 1. Aussparung bei Steinen u. Hölzern, damit sie übereinandergreifen u. fest schließen (z.B. bei Fensterflügeln). – **2.** Verbindung der Ränder dünner Bleche (Dosen, Gefäße, Rohre) durch wechselseitiges Ineinanderhaken der Ränder. – **3. 1.** beim gebundenen Buch die beiden Erhöhungen längs des Buchrückens, an die der Deckel angelegt wird; 2. in den Buchrücken eingeheftete Papier- oder Leinwandstreifen, an den Bildtafeln angeklebt werden können.

falzen, 1. Druckbogen mit dem *Falzbein* oder der *Falzmaschine* ein- oder mehrmals falten. – **2.** Leder ungleichmäßiger Stärke durch »Abfalzen« von dünnen Spänen auf gleiche Dicke bringen.

Fama, Ruf, Gerücht.

Famagusta, grch. *Ammochostos*, türk. *Maguša*, Hafenstadt an der O-Küste von Zypern, 45 000 Ew.; antike (*Salamis*) u. mittelalterl. Ruinen.

familiär, die Familie betreffend; vertraut, zwanglos; vertraulich.

Familie, 1. in der Systematik der Pflanzen u. Tiere die Kategoriestufe zw. *Gattung* u. *Ordnung.* – **2.**

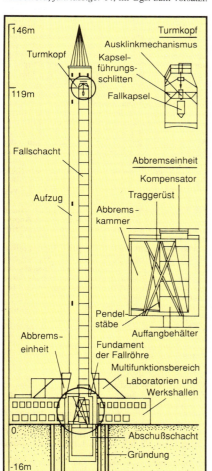

Bremer Fallturm

kleinste gesellschaftl. Einheit, die in der Industriegesellschaft meist aus Eltern u. ihren (unselbständigen) Kindern (*Klein-* bzw. *Kern-F.*) besteht. Die *Groß-F.*, bei der (neben Eltern u. Kindern) eine größere Zahl von Verwandten in einer Hausgemeinschaft lebt, überwiegt in anderen Kulturformen (z.B. in großen Teilen Afrikas u. Asiens). In zahlr. Gesellschaftsformen sind neben der *Einehe* auch *polygame F.formen* bekannt. In den meisten Gesellschaften ist die F. als *soziale Institution* rechtl. geschützt. In Dtld. ist das *Bundesministerium für Familie u. Senioren* für F.politik zuständig. – **F.planung,** übergeordnete Maßnahmen der *Geburtenregelung* mit dem Ziel der wirtsch. u. soz. Stabilisierung von Individuum (Eltern u. Kinder) u. Gesellschaft; insbes. in den Ländern der Dritten Welt zur Steuerung des Bevölkerungswachstums.

Familienbuch, *Personenstandsbuch,* vom Standesamt nach der Eheschließung angelegtes Buch, in das alle Angaben u. Änderungen zum Personenstand der Familienangehörigen eingetragen werden.

Familiengericht, Spezialabteilung des Amtsgerichts für Familiensachen (z.B. Ehesachen, Regelung der elterl. Sorge, Unterhaltspflicht u. ä.).

Familienhilfe, Leistungen der gesetzl. Krankenversicherung an Fam.-Mitgl. der Versicherten.

Familienkunde → Genealogie.

Familienname → Name.

Familienstand, die Stellung einer Person zum Bestehen einer eig. Familie (ledig, verh., verwitwet, geschieden).

Famulus, Medizinstudent, der ein Praktikum in einem Krankenhaus ableistet. – **famulieren,** als F. tätig sein.

Fan [fæn], begeisterter Anhänger (z.B. Rockfan, Sportfan).

Fanal [das], Feuerzeichen; i.w.S. weithin sichtbares Zeichen.

Fanatismus, eiferndes, unduldsames Eintreten für eine Überzeugung.

Fandango, span. Paartanz (Werbetanz) aus Andalusien u. Kastilien, mit Kastagnetten- u. Gitarrenbegleitung.

Fanfani, Amintore, *6.2.1908, ital. Politiker (Democrazia Cristiana); 1954, 1958/59, 1960–63, 1982/83 u. 1987 Min.-Präs.; 1968–73, 1976–82 u. 1985–87 Senats-Präs.

Fanfare, 1. Horn- oder Trompetensignal. – **2.** hellklingende Naturtrompete mit nur zwei Windungen.

Fänge, 1. die Eckzähne des Jagdhunds u. des Raubwilds. – **2.** die Krallen der Raubvögel (Greifvögel).

Fangheuschrecken, zur Ordnung der Insekten gehörige große Heuschrecken mit zu Fangwerkzeugen entwickelten Vorderbeinen; ca. 2000 Arten, v. a. in den Tropen, hierzu die *Gottesanbeterin* u. die *Teufelsblume.*

Fangio [-xio], Juan Manuel, *24.9.1911, argent. Automobil-Rennfahrer; 1951 u. 1954–57 Weltmeister.

Fallschirmsport: Das Bilden einer Sternformation im freien Fall ist eine schwierige Disziplin des Relativspringens

256 Fango

Fango, Mineralschlamm vulkan. Herkunft für Bäder, Packungen u. Umschläge.
Fangschuß, der Schuß, mit dem angeschossenes oder krankes Wild getötet wird.
Fano, ital. Hafenstadt u. Seebad an der Adria, 53 000 Ew.
Fanø, dän. Insel westl. von Jütland, 56 km^2, 2700 Ew.; Fischerei, Fremdenverkehr.
Fantasia, *Phantas,* festl. Reiterspiele in N-Afrika u. Arabien, auch bei asiat. Reitervölkern.
Fantasie, *Fantasia,* meist improvisiertes Musikstück für ein Instrument.
Fantasy ['fæntəsi], eine im 20. Jh. entstandene Literaturgatt., meist Romane, Erzählungen oder Filme über phantast. Welten u. Geschehnisse mit z. T. Themen aus Mythen u. Märchen. Vertreter u. a.: J.R.R. *Tolkien,* M. *Ende,* M. *Zimmer Bradley.*
FAO, Abk. für engl. *Food and Agriculture Organization,* UN-Organisation für Ernährung u. Landw., Sitz: Rom.
Farad [das;], nach M. *Faraday* Kurzzeichen *F,* die Einheit der elektr. Kapazität eines Kondensators. Dieser hat die Kapazität 1 F, wenn er bei der Spannung 1 Volt die Ladungsmenge 1 Coulomb aufnehmen kann. In der Technik wird meist das *Mikro-F.* (1 μF = 1 millionstel F) verwendet.
Faraday ['færədi], Michael, *1791, †1867, engl. Naturforscher; entdeckte die Verflüssigung von Chlor, Kohlensäure u. Ammoniak, das Benzol, die elektromagnet. Induktion, den Diamagnetismus, die Drehung der Polarisationsebene eines Lichtstrahls durch ein Magnetfeld **(F.-Effekt)** u. die nach ihm ben. Grundgesetze der Elektrolyse. – **F.-Käfig,** allseitig geschlossener Maschendraht- oder Metallkäfig, der zur Abschirmung des Inneren gegen ein äußeres elektr. Feld dient. Ein geschlossener Kraftwagen wirkt bei Gewittern als F.-Käfig u. bietet somit Schutz für die Insassen.
Faradisation →Elektrotherapie.
Farah Diba, *15.10.1938, ehem. Kaiserin des Iran; seit 1959 verh. mit Schah *Mohammed Riza Pahlewi* († 1980); ging mit ihm 1979 ins Exil.

Farandole [farã'dol], alter provençal. Volkstanz.
Farbbuch, *Buntbuch,* nach dem meist einfarbigen Umschlag ben. Zusammenstellung von Dokumenten, die von einer Regierung zur Orientierung u. zur Rechtfertigung des eig. Verhaltens vorgelegt werden, z.B. in Dtld. *Weißbuch,* in Frankreich *Gelbbuch,* in den USA u. in Östr. *Rotbuch.*
Farbe, 1. Chemie: →Farbstoffe. – **2.** Physik: →Farbenlehre. – **3.** die vier unterschiedl. Symbole auf europ. Spielkarten, durch die jedes Kartenspiel gegliedert ist, z.B. in den frz. F.: Treff (Kreuz), Pik, Herz u. Karo.
Farbechtheit, die Widerstandsfähigkeit der Farbe von Textilien gegen eine Reihe von Einflüssen während der Fertigung u. des Gebrauchs, z.B. gegen Lösungsmittel, Licht u. Waschen.
Färbeindex [-ə'in-], das Mengenverhältnis von rotem Blutfarbstoff *(Hämoglobin)* zu den roten Blutkörperchen *(Erythrozyten);* der F. gibt den Hämoglobin-(Hb-)Gehalt der einzelnen Erythrozyten an, normalerweise F. = 1 *(normochrom);* Erhöhung des F. auf über 1 z.B. bei der perniziösen Anämie *(hyperchrom);* Erniedrigung unter 1 z.B. bei Eisenmangelanämien *(hypochrom).*
Farbenblindheit, die Unfähigkeit der Farbenunterscheidung, meist angeboren, am häufigsten die erbl. Rot-Grün-Blindheit *(Daltonismus),* seltener die Gelb-Blau-Blindheit.
Farbendruck, farbige Gestaltung eines Drucks oder die vielfarbige Gestaltung einer Reproduktion durch Übereinanderdrucken mehrerer gerasteter Farbenplatten; häufig als *Dreifarbendrucke* mit den Grundfarben Rot, Gelb u. Blau, deren Mischung jeden anderen Farbton ergibt, oder als *Vierfarbendruck* mit Schwarz als vierter Farbe.
Farbenlehre, *Chromatik,* Lehre von der Entstehung u. Ordnung der Farben u. von ihrer Wirkung auf das Auge. – *Licht* ist eine elektromagnet. Wellenbewegung. Die Wellen werden vom menschl. Auge in einem Wellenlängenbereich von etwa 380–780 nm (Nanometer) wahrgenommen **(Farbensinn).** Die jeweilige charakterist. Farbempfindung, die von einem Lichtreiz bestimmter Wellenlänge hervorgerufen wird, heißt **Farbton.** Das menschl. Auge kann rd. 160 Farbtöne unterscheiden. Bek. Farbnamen u. die zugehörigen Wellenlängenbereiche sind:

Farbnamen im sichtbaren Wellenlängenbereich	
Farbname	Wellenlängenbereich (in nm)
Purpurblau	380…450
Blau	450…482
Grünlichblau	482…487
Cyan (Blau)	487…492
Bläulichgrün	492…497
Grün	497…530
Gelblichgrün	530…560
Gelbgrün	560…570
Grünlichgelb	570…575
Gelb	575…580
Gelblichorange	580…585
Orange	585…595
Rötlichorange	595…620
Rot	620…780

Neben diesen *bunten* Farben gibt es die *unbunten* Farben von Weiß über die versch. Grautöne bis Schwarz. – Die Farben selbstleuchtender Objekte heißen *Lichtfarben,* die von nicht selbstleuchtenden Körpern *Körperfarben.*
Das von uns als weiß empfundene Sonnenlicht wird beim Durchgang durch ein Prisma in seine *Spektralfarben* zerlegt, die (nach abnehmenden Wellenlängen geordnet) über Rot, Orange, Gelb, Grün, Blau, Violett nahezu kontinuierl. ineinander übergehen. Jenseits von Rot u. Violett gibt es unsichtbare Lichtwellen: *Infrarot* u. *Ultraviolett.* Treffen Lichtwellen, die zu versch. Spektralfarben gehören, im Auge auf dieselbe Stelle der Netzhaut, so entsteht ein einziger Farbeindruck *(additive Farbmischung);* z.B. erscheint eine weiße Fläche bei Beleuchtung mit einer orangefarbenen u. einer grünen Lampe gelb. Alle Farben können in einem kontinuierl. *Farb(en)kreis* angeordnet werden. Gegenüberliegende Farben heißen *Komplementär-* oder *Gegenfarben;* ihre additive Mischung ergibt den Eindruck Weiß (ein helles Grau).
Der Farbeindruck aller nicht selbstleuchtenden Körper entsteht dadurch, daß diese gewisse Farben des auf sie auffallenden weißen Sonnenlichts verschlucken (absorbieren) u. den Rest wieder abstrahlen (reflektieren); man sieht also einen Körper in der Farbe, die komplementär zu der von ihm am stärksten absorbierten Farbe ist. Werden versch. Malfarben miteinander gemischt, so absorbieren ihre Farbkörperchen jeweils versch. Teile des Lichts, u. man sieht die Farbe, deren Anteil von allen Körpern am wenigsten verschluckt wird *(subtraktive Farbmischung).* Zwei Komplementärfarben geben subtraktiv den Eindruck Grau oder Schwarz, weil sie gemischt keinen Teil des Spektrums mehr bevorzugt reflektieren.
Die erste bed. F. wurde von I. *Newton* entwickelt, der die Spektralnatur des Lichts erkannte. Zu ihm in Ggs. trat J.W. von *Goethe* mit einer F., die von der Unteilbarkeit des Lichts ausging.
Farbenperspektive, ein Prinzip der Farbgebung in der neuzeitl. Malerei, wobei durch die Anordnung der Farben der tiefenräuml. Aufbau des Bildes unterstützt wird.
Farbensymbolik, die in einzelnen Kulturkreisen versch. Ausdeutung der Farben nach Symbolwerten, z.B. Weiß in westl. Kulturen als Farbe absoluter Reinheit u. Wahrheit, in östl. Kulturen als Farbe der Trauer u. des Todes. Die wichtigsten Farbbedeutungen:
Blau: Himmel, Unendlichkeit, Treue, Reinheit;
Braun: Demut;
Gelb: Sonne, Ewigkeit, aber auch Neid (im MA Farbe der Juden);
Grün: Natur, Hoffnung, Unsterblichkeit;
Rot: Liebe, Leidenschaft, auch Christi Blut (daher Farbe der Kardinäle);
Schwarz: Tod, Trauer;
Violett: Passion Christi.
Färberdistel, *Saflor,* mittelmeer.-vorderasiat. Korbblütler; liefert roten Farbstoff.
Färberei, seit alters her bek. Vorgang der künstl. Veränderung der natürl. Farben von Faserstoffen u. Häuten; Eintauchen des Färbeguts in die Farbstofflösung *(Färbeflotte);* fr. ausschließl. natürl., heute überwiegend künstl. Farbstoffe.
Färberröte, *Rubia tinctoria,* mittelmeer.-vorderasiat. Gatt. der *Rötegewächse;* mit gelben Blüten u. einem hellroten Wurzelstock; fr. als Färberpflanze *(Krapp)* angepflanzt.

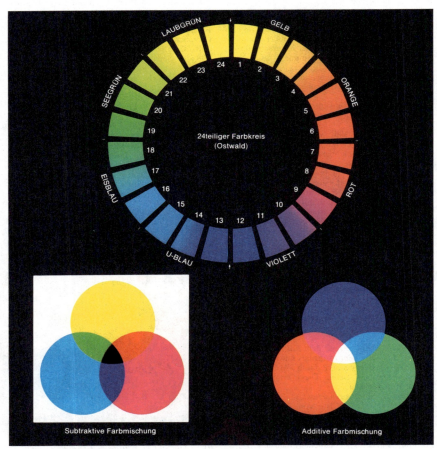

Farbenlehre

Farbfernsehen →Fernsehen.
Farbhölzer, Holzarten meist trop. Herkunft, die bestimmte Farbstoffe liefern, z.B. das *Brasilin* im *Rotholz.*
Farbphotographie →Photographie.
Farbschnitt, die Anfärbung des Buchschnitts durch Anilin- oder mit Klebstoff gemischte Wasserfarben.
Farbstoffe, *Farben,* anorgan. oder organ. Stoffe, die der unbelebten u. belebten Materie Farbe verleihen; Arten: *anorgan. Mineralfarben,* die entweder durch feine Zerteilung natürl. vorkommender Mineralien *(Erdfarben)* oder durch chem. Reaktionen hergestellt werden; *pflanzl. F.,* die aus Blüten, Hölzern u. Wurzeln gewonnen werden können (z.B. Indigo, Chlorophyll); *tier. F.* (z.B. Purpur, Hämoglobin); *synthet. F.,* die wegen ihrer Herstellung aus Destillationsprodukten des Steinkohlenteers (z.B. Anilin) auch *Anilin-* oder *Teerfarben* genannt werden. Heute werden v. a. synthet. F. zum Färben von Textilien, Leder, Papier u. ä. verwendet, da hierdurch die Skala der zur Verfügung stehenden Farbnuancen u. die Haltbarkeit der F. erhöht wird.
Farbwechsel, Fähigkeit von Tieren, ihre Färbung zu ändern, entweder durch langsame Zu- u. Abnahme pigmenthaltiger Zellen, die *Chromatophoren* genannt werden, oder schneller durch Pigmentbewegungen innerhalb der Zelle. Die Reaktionen innerhalb der Chromatophoren werden gesteuert durch Nervensignale (Buntbarsche, Tintenfische) oder hormonell (Würmer, Krebse, Insekten). Funktionen des F.: zur Tarnung oder als *Auslöser* zur innerartl. Verständigung (z.B. als »Hochzeitskleid«).
Farce, 1. *Fasche, Füllsel,* Füllung für Geflügel, Pasteten. – 2. derb-lustiges kurzes Theaterstück, entstanden aus der Einlage im mittelalterl. frz. Mirakelspiel; in Dtld. bes. von der Romantik gepflegt (z.B. in der Literatursatire bei L. Tieck u. A.W. Schlegel). – Übertragen: schlechter Scherz, als wichtig hingestellte belanglose Sache.
Farel, Guillaume, *1489, †1565, schweiz. Reformator; führte in Genf die Reformation ein, die er gemeinsam mit J. Calvin 1536 durch die neue Kirchenordnung sicherte.
Farin, *Meliszucker,* gelbl. Zucker aus Abfällen bei der Raffinadegewinnung, reich an *Melasse.*
Farm, bes. in den USA verwendete Bez. für einen landw. Betrieb, in Europa teilweise auch übl. auf bestimmten Teilgebieten, wie Pelztier- oder Geflügel-F.
Farne, *Filicinae,* Kl. der *Farnpflanzen;* mit großen, meist gestielten Blättern *(Wedel),* die auf der Unterseite zahlr. Sporangien (Sporenkapseln) tragen; deutl. Generationswechsel in der Entwicklung: aus der Spore entsteht der Vorkeim, die sog. geschlechtl. Generation *(Gametophyt),* eine kleine lebermoosähnl. Pflanze, die männl. u. weibl. Geschlechtsorgane trägt. Nach Befruchtung der Eizelle entwickelt sich die ungeschlechtl. Generation *(Sporophyt),* die eigtl. Farnpflanze; etwa 10 000 Arten, Hauptverbreitung in den Tropen (z. T. als Baum-F.), einheim. F.: u. a. *Adler-F., Hirschzunge, Rippen-F., Tüpfel-F., Wurm-F.*

Färöer: Tórshavn

Farnese, ital. Adelsgeschlecht, 1545–1731 Herzöge von Parma u. Piacenza.
1. *Alessandro,* Papst →Paul III. – **2.** *Alessandro,* *1545, †1592, Heerführer (u. a. bei Lepanto); seit 1578 span. Statthalter in den Ndl. – Die Farnes. Kunstsammlungen (darunter der *Farnes. Stier* u. der *Farnes. Herakles)* befinden sich heute im Nationalmuseum zu Neapel. Die *Villa Farnesia* (1509–11) in Rom enthält Fresken von Raffael.
Farnpflanzen →Pflanzen.
Faro, Hafenstadt in S-Portugal, 29 000 Ew.; Fremdenverkehrszentrum der Algarve, Flughafen; Fischerei, Korkverarbeitung, Salzgewinnung.
Färöer, dän. Inselgruppe vulkan. Ursprungs zw. Island u. den Shetlandinseln, 18 große u. viele winzige Inseln, 1399 km², 47 000 Ew. *(Färinger),* Hptst. *Tórshavn;* waldlos mit zahlr. Moorem u. Grasflächen (Schaf- u. Rinderzucht); buchtenreiche Steilküsten; seit 1948 innere Selbstverwaltung (eig. Landtag).
Farrell [ˈfærəl], James Thomas, *1904, †1979, US-amerik. Schriftst. (soz.-krit. Romane u. Kurzgeschichten).
Farrow [ˈfærou], Mia, *9.2.1945, US-amerik. Filmschauspielerin (u. a. in »Rosemaries Baby« u. Filmen von W. *Allen*).
Fars, *Farsistan,* Ldsch. in SW-Iran, Kerngebiet des alten pers. Reichs, das vom Iran. Hochland in Stufen zum Pers. Golf abfällt, jetzt Prov., 133 000 km², 3,3 Mio. Ew., Hptst. *Shiraz.*
Färse, weibl. Rind nach vollendetem 1. Lebensjahr bis zum 1. Kalb.
Faruk I., *1920, †1965, König von Ägypten 1936–52 u. König des Sudan 1951/52; 1952 durch einen Militärputsch unter Führung A.M. *Nagibs* u. G.A. *Nassers* zur Abdankung gezwungen.
Farvel, *Kap F., Kap Farewell,* südlichste Spitze Grönlands, in 59° 46' nördl. Breite.
Fasan, asiat. *Hühnervogel,* seit langem in Europa eingebürgert *(Jagd-F.),* meist langer Schwanz, Hähne oft mit buntem Prachtgefieder; vielfach als Ziergeflügel, z.B. *Gold-F., Silber-F.*
Fasces, Rutenbündel mit herausragendem Beil; urspr. Zeichen der etrusk. Könige, bei den hohen röm. Beamten von *Liktoren* vorangetragen, Symbol für die Gewalt über Leben u. Tod, von der faschist. Bewegung B. *Mussolinis* als Abzeichen übernommen.
Faschinen, fest zusammengeschnürte Reisigbündel zur Befestigung von Ufern u. für militär. Zwecke.
Fasching →Fastnacht.
Faschismus, urspr. die von B. Mussolini 1919 gegr. rechtsradikale Bewegung, die sich 1921 als Partei formierte u. 1922–45 über Italien herrschte; i.w.S. auch für verwandte Bewegungen, z.B. der *Falangismus* (unter *Franco)* in Spanien, die »Pfeilkreuzler«-Bewegung (unter F. *Szálasi*) in Ungarn; kennzeichnend für den F.: autoritäre, nationalist., nach dem Führerprinzip organisierte Staatsform, Einparteiensystem, Unterdrückung von Kommunismus u. Sozialismus. – **fa**

schistoid, dem F. verwandt; zum F. hinführend.
Faschoda, fr. Name der sudanes. Stadt *Kodok.* – **F.krise,** Kampf zw. brit. u. frz. Kolonialtruppen um die Herrschaft im Sudan (1898/99).
Fase, *Abfasung,* abgeschrägte Ecke oder Kante.
Fasern, textile Rohstoffe aus endl. langen oder endlosen F.; Arten: *Natur-F.:* 1. tier. F. (u. a. Seide, Wolle); 2. pflanzl. F. (u. a. Baumwolle, Flachs, Hanf); 3. mineral. F., im allg. nur aus Asbest. *Chemie-F.:* aus tier. oder pflanzl. Ausgangsstoffen (u. a. aus Cellulose, Proteinen, Gummi) hergestellte halbsynthet. Gewebe (u. a. Viskose, Zellwolle) oder vollsynthet. Gewebe (u. a. Nylon, Perlon).
Faserpflanzen, Pflanzen, die einen hohen wirtsch. Gehalt an Fasern tragen, z.B. zur Herstellung von Textilgewebe. F. sind u. a. Baumwolle, Sisal, Flachs, Hanf.

Goldfasan (Hahn)

Fashion [ˈfæʃən], Mode, feine Sitte.
Faß, altes dt. Flüssigkeitsmaß, bis 1884 auch Bez. für *Hektoliter.*
Fassade, das Äußere, die Vorderseite (meist von Gebäuden).
Fassbaender, Brigitte, *3.7.1939, dt. Opern- u. Konzertsängerin (Alt).
Fassbinder, Rainer Werner, *1946, †1982, dt. Regisseur; gesellschaftskrit. Filme (u. a. »Die Ehe der Maria Braun«, »Berlin Alexanderplatz«), Fernseh- u. Theaterinszenierungen.
Fasson [-ˈsõ], Form, Fassung, Muster, Haltung; insbes. Gestalt u. Form der Kleidung (Zuschnitt).
Fassung, 1. Anschlußvorrichtung für Glühlampen u. Elektronenröhren. – 2. die farbige Bemalung einer Holzplastik (Staffiermalerei) auf einer Grundierung aus Kreide, Gips oder Leinwand; seit dem MA, bes. im Barock, durch eigens darauf spe-

Faschismus: Die nationalsozialistische SA (Sturmabteilung) marschiert durch Berlin

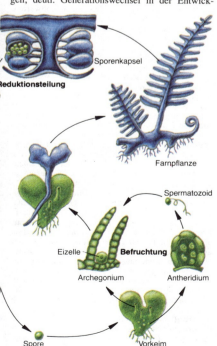

Farne: Generationswechsel eines Farns; blau: diploide Phase; grün: haploide Phase

Fasten

zialisierte *Faßmaler* ausgeführt. – **3.** Gestalt eines Textes.

Fasten, freiwilliges Einschränken der Nahrung, gilt in fast allen Religionen als Opfer, Buße, als Mittel zur Reinigung, zur Herbeiführung einer Ekstase, zur Vorbereitung auf Initiationsriten u. bes. Zeiten im Leben der Kultgemeinschaft. Der Islam hat einen ganzen Fastenmonat: *Ramadan.* Die kath. Kirche kennt zwei *Fasttage*, an denen das Gebot der *Abstinenz* besteht: Aschermittwoch u. Karfreitag. – **F.zeit,** *österl. Bußzeit*, in der kath. Kirche die vierzigtägige Vorbereitungszeit auf das Osterfest (Aschermittwoch bis Karsamstag).

Fastnacht, *Fasnet, Fastelabend, Fasching, Karneval,* die vor der (mit Aschermittwoch beginnenden) kirchl. *Fastenzeit* gelegene Zeit, die i.w.S. an Dreikönig (6.1.) oder am 11.11. beginnt; gekennzeichnet durch eine Vielzahl von scherzhaften Bräuchen, Verkleidungen, durch Umzüge, Bälle u. Tanzveranstaltungen.

Fastnachtsspiele, schwankhafte Schauspiele, bes. im 15. u. 16. Jh. von den *Meistersingern* verfaßt (H. *Sachs,* H. *Folz,* H. *Rosenplüt,* J. *Ayrer*).

Fąszie, bindegewebige Haut, die v. a. die Muskeln einhüllt; auch die sehnenartige Fortsetzung von Muskeln.

Faszination, Bezauberung, Anziehungskraft.

fatal, verhängnisvoll, unangenehm.

Fatalismus, Lehre, daß das Schicksal *(Fatum)* vorherbestimmt sei u. der menschl. Wille nichts daran ändern könne.

Fata morgana, eine →Luftspiegelung.

Fathom ['fæðəm], engl. u. US-amerik. Längenmaß: 1 F. = 6 Feet = 1,8288 m.

Fątiha, die 1. Sure (Kapitel) des Korans.

Fątima, *um 607, †632, Tochter des Propheten Mohammed; bei den *Schiiten* als weibl. Idealbild verehrt; gilt als Ahnfrau der **Fatimiden** (schiit. Dynastie, 909–1171 in N-Afrika).

Fátima, Wallfahrtsort im mittleren Portugal, nw. von Tomar, 5500 Ew.

Fątum, das (unabänderliche) Schicksal.

Faulbaum, ein *Kreuzdorngewächs,* bis 2,5 m hoher Strauch, Rinde dient als Abführmittel.

Faulbrut, *Bienenpest,* seuchenhaft auftretende, meldepflichtige Erkrankung der Bienenbrut, verursacht durch Absterben der Bienenmaden erhebl. Verluste an Bienenvölkern.

Faulhaber, Michael, *1869, †1952, dt. Kardinal; seit 1917 Erzbischof von München u. Freising; predigte gegen den Nat.-Soz.

Faulkner ['fɔ:knər], William Harrison, *1897, †1962, US-amerik. Schriftst.; Romane über den kulturellen Verfall der amerik. Südstaaten; beherrschte die verschiedensten Stilmittel des modernen Romans; Nobelpreis 1949.

Fäulnis, anaerobe (d. h. ohne Sauerstoff) Zersetzung stickstoffhaltiger organ. Substanzen (bes. der Eiweiße) durch Bakterien; Endprodukte: (neben Aminosäuren) übelriechende, z. T. giftige Verbindungen wie Ammoniak, Indol, Schwefelwasserstoff.

Faultiere: Das Dreizehenfaultier lebt in den Regenwäldern Amazoniens

Deckelvase aus Delfter Fayence von A. Pijnacker; um 1700. Hannover, Kestner-Museum

Faulschlamm, 1. *Sapropel, Mudden, Mud,* Bodenschlamm stehender Gewässer, auch flacher Meeresteile; besteht aus Resten abgestorbener Tiere u. Pflanzen, die in Fäulnis übergegangen sind u. infolge Sauerstoffmangels nicht völlig abgebaut werden können. – **2.** →Klärschlamm.

Faultiere, *Bradypodidae,* südamerik. Säugetier-Fam.; bewegungsarme Blattfresser mit kräftigen Krallen an Vorder- u. Hinterfüßen, die den Tieren das Schlafen im Hängen ohne Muskelanstrengung ermöglichen; hierzu das *Zweizehenfaultier* u. das *Dreizehenfaultier.*

Faun, *Faunus,* altröm., mit Gehörn u. Bocksfüßen dargestellter Naturgott der Fruchtbarkeit, Beschützer der Herden; dem grch. *Pan* gleichgestellt.

Fauna, Tierwelt.

Faure, 1. Edgar, *1908, †1988, frz. Politiker (Radikalsozialist, später Gaullist); 1945/46 Anklagevertreter bei den Nürnberger Prozessen; 1952 u. 1955/56 Min.-Präs.; 1973–78 Präs. der Nationalversammlung, seit 1979 im Europ. Parlament. – **2.** François Félix, *1841, †1899, frz. Politiker; Staats-Präs. 1895–99.

Fauré [fo're], Gabriel, *1845, †1924, frz. Komponist der vorimpressionist. Generation; Orchesterwerke, Kammermusik u. a.

Faust, Dr. Johannes (eigtl. Georg), *um 1480, †um 1540, dt. »Schwarzkünstler«; Astrologe, Zauberer u. vagabundierender Arzt, zu Lebzeiten der Teufelsbündelei verdächtigt; wurde zum Sinnbild menschl. Erkenntnisstrebens; der F.stoff wurde mehrfach literar. verarbeitet, zuerst (1587) im Volksbuch, als Puppenspiel von Ch. *Marlowe* (um 1590), später bei *Lessing, Goethe,* C.D. *Grabbe,* N. *Lenau,* P. *Valéry,* Th. *Mann.*

Faustball, Ballspiel für 2 Mannschaften von je 5 Spielern, wobei der Ball mit der Faust oder dem Unterarm derart über eine in der Mitte des Spielfelds in 2 m Höhe gespannte Leine zu schlagen ist, daß der Gegner ihn nicht erreicht.

Fäustel, Hammer des Bergmanns.

Faustkampf →Boxen.

Faustkeil, meist aus Feuerstein oder Quarzit hergestelltes, zweischneidiges Gerät der altsteinzeitl. Kulturen.

Faustrecht, aus dem MA stammender Rechtsbegriff, der es dem einzelnen gestattete, sein Recht mit Gewalt zu erkämpfen.

Faustwaffe, kurze, mit einer Hand zu bedienende Handfeuerwaffe: Revolver u. Pistole.

Fauves [fo:v] →Fauvismus.

Fauvismus [fo'vis-], Stilrichtung der frz. Malerei Anfang des 20. Jh. (1905–07). Die »Fauves« [»Wilde«] setzten anstelle der gebrochenen Farben des *Impressionismus* ungebrochene, leuchtende Farbwerte in Flächen nebeneinander; Ähnlichkeiten zum *Expressionismus.* Hauptvertreter: H. *Matisse,* A. *Derain,* A. *Lhote,* A. *Marquet,* M. de *Vlaminck* u. R. *Dufy.*

Fauxpas [fo'pa], Verstoß gegen die gute Sitte, Taktlosigkeit, Versehen.

Favęlas, südamerik. Elendsviertel.

Favorit, Günstling, voraussichtl. Gewinner eines sportl. Wettkampfs. – **favorisieren,** begünstigen, bevorzugen.

Favre, 1. Jules, *1809, †1880, frz. Politiker (Republikaner); Oppositionsführer im 2. Kaiserreich (Napoleon III.), nach dessen Sturz 1870 Außen-Min. – **2.** Louis, *1826, †1879, schweiz. Ing.; baute den St.-Gotthard-Tunnel.

Fawkes [fɔ:ks], Guy, *1570, †1606 (hingerichtet), engl. Verschwörer; übernahm bei der *Pulververschwörung* die Aufgabe, die Pulvermine anzuzünden, die am 5.11.1605 bei der Eröffnung des Parlaments König Jakob I. u. das gesamte Parlament in die Luft sprengen sollte. Dieser Tag wird noch heute in England als *Guy-F.-Day* gefeiert.

Fayence [fa'jãs; nach dem ital. Herstellungsort *Faenza*], *Majolika,* Tonware, die mit einer deckenden weißen Zinnglasur überzogen u. ggf. bemalt ist. Anfänge der F. seit dem 4. Jt. v. Chr. in Ägypten, Babylonien u. Persien; Blütezeit in der Renaissance, bes. in den ital. Städten Orvieto u. *Faenza,* in Frankreich gegen Ende des 14. Jh. die *Henri-deux-F.,* im 17. Jh. bes. in Portugal u. den Ndl. *(Delft).*

Fazies [-tsies], **1.** verschiedenartige äußere Erscheinung von gleichaltrigen Gesteinsschichten, z. B. alpine F. (Alpen). – **2.** die bei der Sedimentgesteinsbildung herrschenden Umweltfaktoren, z.B. Wüsten- oder Sumpf-F.

Fazit, Endergebnis, Schlußfolgerung.

FBI ['ɛfbi:'ai], Abk. für *Federal Bureau of Investigation,* US-Bundeskriminalamt u. -fahndungsdienst.

FCKW, Abk. für *Fluorchlorkohlenwasserstoffe.*

F'Derik [fdɛ'rik], *F'Derick, Fort-Gouraud,* Bergbauort im nw. Mauretanien (W-Afrika), 16 000 Ew.; Flughafen; Eisenerzabbau.

FDGB, Abk. für *Freier Deutscher Gewerkschaftsbund.*

FDJ, Abk. für *Freie Deutsche Jugend.*

FDP, seit 1969 F.D.P., Abk. für *Freie Demokratische Partei.*

Fe, chem. Zeichen für Eisen.

Feature ['fi:tʃə], eine durch Dialog-, Kommentar- u. Reportage-Elemente aufgelockerte Darstellung sachl. Inhalte in Presse, Film, Fernsehen u. Hörfunk.

febril, fieberhaft, fiebrig.

Februar-Revolution, 1. Umsturz in Paris, am 22.–24.2.1848 von Arbeitern u. Studenten herbeigeführt, Sturz *Louis Philippes* u. Ausrufung der Rep., Niederwerfung des Aufstands im Juni. – **2.** russ. Revolution vom März (Februar a. St.) 1917, die zur Abdankung Zar *Nikolaus' II.* führte; Rußland wurde Republik.

Fécamp [fe'kã], Hafenstadt u. Seebad in N-Frankreich, nordöstl. von Le Havre, 21 000 Ew.; Fischfang, Werft; Ursprung des bek. Benediktinerlikörs.

Fechner, Gustav Theodor, *1801, †1887, dt. Naturwissenschaftler u. Philosoph; Begr. der *experimentellen Psychologie* u. der *Psychophysik.*

Fechten, Zweikampf mit Hieb- oder Stoßwaffen. Das moderne sportl. F. kennt drei Waffen: Florett, Degen u. Säbel; Frauen fechten Degen u. Florett. Jedes Gefecht *(Gang, Assaut)* wird auf der Fechtbahn *(Planche)* ausgetragen, die bei allen Waffen je 14 m lang ist. Als Trefferfläche gilt beim Florett-F. der Rumpf ohne Kopf u. Glieder, beim Säbel-F. der Oberkörper einschl. Kopf u. Arme, beim Degen-F. der ganze Körper. Herren u. Damen fechten pro Gang auf 5 Treffer; in der Direktausscheidung (K.o.-System) werden max. 3 Gefechte (»Best of three«) ausgetragen.

Fechter, Paul, *1880, †1958, dt. Schriftst. u. Literarhistoriker (zahlr. Monographien).

Fedaijin, *Fedayin,* polit.-religiöse Terror-Organisationen im Orient *(Assassinen),* heute bes. die versch. Untergrundorganisationen der Palästinenser, deren Dachverband die PLO ist. Die bekannteste F.-Organisation ist die 1958 gegr. *Al-Fatah.*

Feder, 1. *Vogelfeder,* Horngebilde von kompliziertem Bau in der Haut der Vögel; Hauptarten: *Kontur-F., Flaum-F., Faden-F.* Die Kontur-F. *(Deck-F., Schwung-F.* u. *Steuer-F.);* bestehend aus dem *F.kiel,* der mit der hohlen *Spule* in die Haut eingesenkt ist, u. dem *Schaft* (mit Mark gefüllt), der die *F.fahne* trägt. Das *Gefieder* dient der Wärmedämmung u. Steuerung des Fluges. – **2.** spiraliges, schraubenförmiges oder gerades Metallglied zw. gegeneinander bewegl. Maschinenteilen, das sich bei Belastung verbiegt u. bei Entlastung in seine Ausgangslage zurückkehrt (z.B. zum Dämpfen von Stößen in Fahrzeugen).

Federball →Badminton.

Federgewicht →Gewichtsklassen.

Federgras, *Federiges Pfriemengras, Federpfriemengras,* zu den *Süßgräsern* gehörendes Charaktergras der ung. Pußta und der südruss. Steppen; mit sehr langen, federförmigen Grannen.

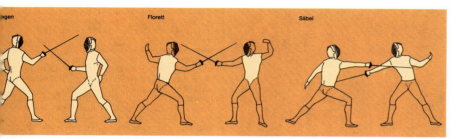

Fechten: gültige Treff-Flächen (hell) bei den verschiedenen Waffenarten

Federmotten, *Orneodidae,* Fam. von Kleinschmetterlingen, deren Flügel in je 6 federartig behaarte Lappen aufgelöst sind.
Federsee, See in Oberschwaben, vom F.moor (Vogel- u. Naturschutzgebiet) umgeben; mittel- u. jungsteinzeitl. Fundstellen.
Federstahl, bes. elastischer Stahl für Federn.
Federwaage, eine Waage, die das Gewicht durch die Spannkraft einer elast. Schraubenfeder feststellt u. anzeigt; verwendet als Kraftmesser.
Federweißer, junger Wein nach der Hauptgärung, noch hefetrüb u. kohlensäurehaltig.
Federwild, *Flugwild,* die jagdbaren einheim. Vogelarten.
Fedin, Konstantin Alexandrowitsch, * 1892, † 1977, russ. Schriftst. (realist. psycholog. Romane).
Fedtschenkogletscher, 72 km langer Gletscher im NW-Pamir.
Fee, weibl. überird. Märchengestalt.
Feedback [fi:d'bæk] →Rückkopplung.
Feenring →Hexenring.
Fegefeuer, *Purgatorium,* nach kath. Lehre der Läuterungsprozeß für die Seelen Verstorbener, die vor der Anschauung Gottes noch läßl. Sünden büßen müssen (Dogma seit 1439).
fegen, den Bast des Geweihs an jungen Bäumen u. Sträuchern abreiben (bei Hirschen u. Rehböcken).
Feh, Felle der skand., russ., sibir. u. nordamerik. Eichhörnchen.
Fehde, in german. Zeit u. im MA die anerkannte Selbsthilfe eines in seinen Rechten Verletzten gegen den Rechtsbrecher; im Ewigen Landfrieden von 1495 im Röm.-Dt. Reich verboten.
Fehlgeburt, *Abortus,* der Abgang einer lebensunfähigen oder abgestorbenen Leibesfrucht bis zum 7. Schwangerschaftsmonat; zeigt sich durch Blutungen u. wehenartige Schmerzen an.
Fehling, Hermann v., * 1811, † 1885, dt. Chemiker; fand eine Methode zum Nachweis reduzierender organ. Verbindungen *(F.-Reaktion).*
Fehlleistung, *Fehlhandlung,* eine Abweichung oder Störung im Verlauf voll beherrschter Handlungsabläufe durch unbewußte, unterdrückte (verdrängte) Vorstellungen.
Fehmarn, schleswig-holstein. Ostseeinsel, vom Festland durch die 1500 m breiten F.sund (mit der 1963 eingeweihten F.sundbrücke der Vogelfluglinie), von der dän. Insel Lolland durch den 18 km breiten F.belt getrennt (Fähre von Puttgarden), 185 km², 13 000 Ew., Hauptort Burg.
Fehn, *Feen, Fenn, Vehn, Venn,* ein Moor (insbes. Hochmoor), v. a. in NW-Dtld. – **F.kultur,** Urbarmachung eines Moores durch Abtorfung. – **F.kolonien,** Siedlungen auf den Moorflächen Ostfrieslands u. des Emslandes.

Gesetzliche Feiertage in Deutschland

	Baden-Württemberg	Bayern	Berlin	Brandenburg	Bremen	Hamburg	Hessen	Mecklenburg-Vorpommern	Niedersachsen	Nordrhein-Westfalen	Rheinland-Pfalz	Saarland	Sachsen	Sachsen-Anhalt	Schleswig-Holstein	Thüringen
Neujahr	O	O	O	O	O	O	O	O	O	O	O	O	O	O	O	O
Hl. Dreikönige	O	O												O		
Karfreitag	O	O	O	O	O	O	O	O	O	O	O	O	O	O	O	O
Ostermontag	O	O	O	O	O	O	O	O	O	O	O	O	O	O	O	O
1. Mai	O	O	O	O	O	O	O	O	O	O	O	O	O	O	O	O
Christi Himmelfahrt	O	O	O	O	O	O	O	O	O	O	O	O	O	O	O	O
Pfingstmontag	O	O	O	O	O	O	O	O	O	O	O	O	O	O	O	O
Fronleichnam	O	O					O			O	O	O	x			x
Mariä Himmelf. (15. 8.)		x										O				
Tag der dt. Einheit (3. 10.)	O	O	O	O	O	O	O	O	O	O	O	O	O	O	O	O
Reformationstag				O				O					O	O		O
Allerheiligen (1. 11.)	O	O								O	O	O				
Buß- und Bettag													O			
1. u. 2. Weihnachtstag	O	O	O	O	O	O	O	O	O	O	O	O	O	O	O	O

O = gesetzlicher Feiertag; x = Feiertag in Gemeinden mit überwiegend kath. bzw. ev. Bevölkerung

National- u. a. Feiertage einiger europäischer Staaten

Belgien: 21. 7. (Nationalfeiertag)
Dänemark: 18. 5. (Bußtag); 5. 6. (Nationalfeiertag)
Frankreich: 14. 7. (Nationalfeiertag)
Großbritannien: letzter Montag im August (Bankfeiertag)
Italien: 25. 4. (Tag der Befreiung)
Niederlande: 30. 4. (Nationalfeiertag)
Österreich: 26. 10. (Nationalfeiertag)
Portugal: 25. 4. (Nationalfeiertag); 5. 10. (Ausrufung der Republik); 1. 12. (Unabhängigkeitstag)
Schweiz: 1. 8. (Bundesfeier)
Spanien: 12. 10. (Nationalfeiertag)

Fehrbellin, Stadt in Brandenburg, 3000 Ew. – Am 28.6.1675 Sieg des Großen Kurfürsten (Friedrich Wilhelm von Brandenburg) über die Schweden.
Fehrenbach, Konstantin, * 1852, † 1926, dt. Politiker (Zentrum); 1919/20 Präs. der Nationalversammlung, 1920/21 Reichskanzler.

Feichtmayr, *Feuchtmayer,* Bildhauer- u. Stukkatorenfamilie aus Wessobrunn; Joseph Anton, * 1696, † 1770, Bildhauer; Hauptmeister der dt. Rokokoplastik.
Feiertage, meist arbeitsfreie Festtage. Man unterscheidet *gesetzl.* u. *kirchl.* F.; Festlegung der gesetzl. F. durch das Landesrecht.
Feige, *Feigenbaum, Ficus,* artenreiche Gatt. der *Maulbeergewächse,* bes. in den Tropen verbreitet, auch in S-Europa, Amerika, N-Afrika u. Australien; meist als Baum mit großen, fingerförmigen Blättern u. birnenförmigen grünen, gelben oder rötl.-violetten Früchten **(Feigen).**
Feigenkaktus, *Feigendistel, Opuntia,* Gatt. der *Kaktusgewächse* mit feigenförmigen, eßbaren Früchten.
Feigwurz →Hahnenfuß.

Feile, Handwerkszeug zum Glätten oder Abheben (Abfeilen) dünner Schichten an Werkstoffen.
Feim, *Feime, Feimen, Fehmen, Barmen, Diemen, Schober, Triste, Staken,* im Freien errichteter, gegen Witterungseinflüsse gesicherter Haufen von Getreide, Stroh, Heu, Raps oder Hanf.
Feingehalt, *Feinheit, Feine, Korn,* Verhältnis des edlen Metalls zum unedlen Metall in Gold- u. Silberlegierungen, in Tausendsteln ausgedrückt; z.B. »Gold 585« bedeutet 585/1000 Goldgehalt.
Feininger, Lyonel, * 1871, † 1956, US-amerik. Maler u. Graphiker dt. Abstammung; 1919–33 Lehrer am Bauhaus in Weimar u. Dessau; v. a. Architektur- u. Landschaftsbilder in einem dem *Kubismus* verwandten Stil.
Feisal →Faisal.
Felber Tauern, östr. Paß zw. Glockner- u. Venedigergruppe (Hohe Tauern), 2545 m; verbindet O-Tirol mit Salzburg; zw. Mittersill u. Matrei seit 1965 die *Felbertauernstraße* mit 5,2 km langem Tunnel (1630 m ü. M.).
Felchen →Maräne.
Feld, eine physikal. Größe, der an jeder Stelle des Raums ein bestimmter Wert *(F.stärke)* zugeordnet werden kann, z.B. *Gravitations-*(Schwere-), *elektr., magnet.* u. *elektromagnet.* F. Bei Vektorfeldern können Größe u. Richtung der Kraft in jedem Punkt durch *F.linien (Kraftlinien)* angegeben werden.
Feldbahn, schmalspurige, behelfsmäßige Schienenbahn auf verlegbaren Geleisen.

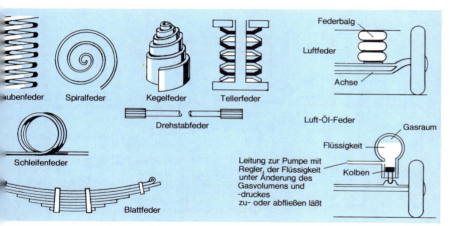

Feder (2): verschiedene Arten von Federn

Feldberg, 1. höchster Berg des Schwarzwalds, sö. von Freiburg, 1493 m; am Osthang der *Feldsee* (*F.see*) 1113 m ü. M., bis 32 m tief. – **2.** zwei Gipfel des Taunus: *Großer F.* (880 m) u. *Kleiner F.* (827 m).
Feldelektronen, Elektronen, die aus kalten Metallen durch hohe elektr. Feldstärken (etwa 10^9 Volt pro m) unter Ausnutzung des Tunneleffekts herausgelöst werden. – **F.emission** (*Feldemission*), Vorgang des Austretens der Elektronen. – **F.mikroskop,** physik. Apparatur, bei der die durch Feldemission aus einer Kathodenspitze herausgelösten Elektronen mit starker Vergrößerung auf einem Leuchtschirm (Anode) abgebildet werden, so daß Abbilder einzelner Moleküle sichtbar werden. Das ähnl. gebaute *Feldionenmikroskop* ermöglicht die bisher stärkste Vergrößerung.
Felderbse →Erbse.
Felderwirtschaft →Dreifelderwirtschaft.
Feldfieber, Infektionskrankheit mit grippe- u. typhusähnl. Symptomen, in O-Europa heimisch, anzeigepflichtig.
Feldhase →Hasen.
Feldhühner, Unter-Fam. der *Fasanenartigen;* hierzu u. a. Rebhühner u. Wachteln.
Feldjäger, in Preußen seit Friedrich d. Gr. junge Forstleute, die als *Kuriere* verwendet wurden; später im sog. *Reitenden F.korps* zusammengefaßte Oberleutnants u. Leutnants; nach dem 1. Weltkrieg aufgelöst; in der Bundeswehr (*F.truppe*) eine Waffengatt. des Heeres für Ordnungs- u. Verkehrsregelungsaufgaben; im östr. Bundesheer eig. Truppengatt. mit »Jägerschule« für alpine Ausbildung.
Feldkirch, östr. Stadt in Vorarlberg, 24 000 Ew.; versch. Ind.; Fremdenverkehr.
Feldlazarett, im Krieg bewegl. Sanitätseinrichtung zur fachärztl. Versorgung Verwundeter u. Kranker.
Feldman, Marty, *1934, †1982, brit. Filmschauspieler (Fernsehshows, kom. Rollen).
Feldmarschall, die höchste militär. Rangstufe in den meisten Streitkräften.
Feldmaus, zu den *Wühlmäusen* gehörendes Nagetier; tritt häufig in Massen auf.
Feldpost, Sondereinrichtung während des Krieges zur Verbindung zw. Front u. Heimat.
Feldsalat, *Rapunzelchen, Valerianella*, ein Baldriangewächs. Der *Gewöhnl. F.* wird als Salatpflanze angebaut.
Feldscher, fr. *Truppenarzt* ohne medizin. Studium.
Feldspat, Gruppe der →Mineralien.
Feldstecher, Doppelfernrohr mit 2–12facher Vergrößerung.
Feldsterne, Sterne, die keinem Sternhaufen oder ähnl. Sternansammlungen angehören.
Feldwebel, unterster Dienstgrad in der dt. Bundeswehr bei Berufssoldaten.
Feldzeichen, Fahnen u. Standarten, fr. auch Schärpen, Armbinden u. ä.
Feldzeugmeister, fr. Bez. für den höchsten Befehlshaber der Artillerie.
Felge, 1. der feste Radkranz, der die Gummibereifung trägt. – **2.** *Felgumschwung*, Turnübung an den Ringen, am Barren u. am Reck.
Felibristen, frz. Dichtergruppe (F. *Mistral*, Th. *Aubanel* u. a.), die sich 1854 zur Erneuerung der provençal. Sprache u. Dichtung verbanden; unter dem Namen *Félibrige* noch heute in S-Frankreich.
Felicitas, röm. Göttin, Personifikation des Glücks.
Fellachen, die Ackerbauern Syriens, Palästinas, Arabiens u. Ägyptens.
Fellatio, Berühren des männl. Glieds mit Mund u. Zunge bzw. Einführen des Glieds in den Mund.
Fellbach, Stadt in Ba.-Wü., östl. von Stuttgart, 42 000 Ew.; Weinbau, versch. Ind.
Fellini, Federico, *1920, †1993, ital. Filmregisseur; Ⓦ »La Strada«, »Das süße Leben«, »Satyricon«, »Ginger u. Fred«.
Fellow [ˈfɛləʊ], Bursche, Kamerad; in Großbritannien u. den USA auch Mitgl. einer wiss. Gesellschaft oder eines College, Inhaber eines Stipendiums.
Felmy, Hansjörg, *31.1.1931, dt. Bühnen- u. Filmschauspieler, auch im Fernsehen erfolgreich.
Felsbilder, *Höhlenmalerei,* an Felswänden, auf felsigem Untergrund oder in Höhlen angebrachte Gravierungen, Malereien u. Reliefs aus vorgeschichtl. Zeit u. bei Naturvölkern; am häufigsten

Felsbilder: Hirschkuh, Hirsch und Wildziege; 5000 bis 2000 v. Chr. Cuevas de la Araña, Provinz Valencia, Spanien

eiszeitl. Jagdtiere (Mammut, Wisent, Pferd) u. mittel- u. jungsteinzeitl. F. mit Kampf-, Jagd- u. Tanzszenen; Fundstellen in allen Erdteilen.
Felsenbirne, ein *Rosengewächs,* bis 3 m hoher Strauch mit haselnußgroßen, schwarzblauen Früchten.
Felsendom, in Jerusalem 691 n. Chr. errichteter Kuppelbau mit bed. Glasmosaiken; erhebt sich über einem Felsen, der nach jüd. u. islam. Tradition heilig ist.
Felsengebirge →Rocky Mountains.
Felsenmeer, größere Ansammlung von meist durch Verwitterung kantengerundeten Gesteinsblöcken, z.B. im Odenwald (Felsberg), im Fichtelgebirge (Luisenburg).
Felsenstein, Walter, *1901, †1975, Theaterintendant; 1947–75 Intendant der Kom. Oper in Ostberlin.
Felsgrab, *Felsengrab,* in den Felsen gearbeitete Grabkammer, in Vorderasien seit dem 2. Jt. v. Chr. als Begräbnisstätte für Herrscherpersonen; die ältesten ägypt. Felsgräber aus der Zeit des Alten Reichs (Gräber der Pharaonen im Tal der Könige).
Feme, *Fehme, Veme, Femgericht*, im MA entstandene *Freigerichte,* die Zuständigkeit über todeswürdige Straftaten im ganzen Reich anstrebten; bei Ausbleiben oder Flucht des verurteilten Beschuldigten *Verfemung (Ächtung).*
Femelschlag, eine Form des Hochwaldbetriebs, bei der nur Einzelstämme oder Baumgruppen entnommen werden.
Fememorde, Bez. für polit., von Geheimgesellschaften u. illegalen Gerichten ausgeführte Morde; bes. in Dtld. 1920–24 von rechtsradikalen Gruppen, heute bes. von radikalen Untergrundorganisationen der Palästinenser.
feminin, weiblich. – **Femininum,** weibl. Substantiv (z.B. die Kuh).

FERNSEHEN

Aufnahme der Sendung »Auslandsstudio« des WDR

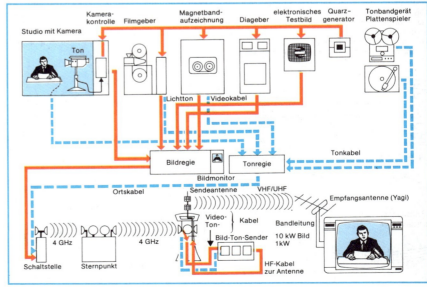

Entstehung und Übertragung eines Fernsehbildes

Feminismus, die auf der *Frauenbewegung* aufbauende Zielrichtung, das patriarchal. Gesellschaftsgefüge aufzubrechen u. Selbstbestimmung u. Gleichberechtigung des weibl. Geschlechts auf allen Gebieten durchzusetzen.
Femme fatale [fam fa'ta:l], verführer. Frau, die ihren Partnern oft zum Verhängnis wird; auch als literar. Figur.
Femto, Kurzzeichen f, Vorsatzsilbe bei Einheiten; entspricht dem Faktor 10^{-15}.
Femur, 1. der Oberschenkelknochen der Wirbeltiere einschl. Mensch. – **2.** das auf die *Coxa* (Hüftglied) folgende Beinglied bei Spinnen u. Insekten.
Fenchel, *Doldengewächs* des Mittelmeerraums, Gewürzpflanze, Kulturformen auch als Gemüse. Aus den Früchten wird ein äther. Öl *(F.öl)* gewonnen, das in der Medizin gegen Blähungen u. bei Erkältungskrankheiten angewendet wird.
Fender, Puffer aus Tauwerk, Kork, Holz oder Gummi zw. Schiffswand u. Anlegestelle.
Fénelon [fenə'lõ], François de *Salignac de la Mothe-F.,* *1651, †1715, frz. Schriftst. (phil., polit. u. theol. Werke); 1695 Erzbischof von Cambrai; übte großen Einfluß auf das Schulwesen Frankreichs aus.
Fen He, l. Nbfl. des Huang He in China, ca. 600 km.
Fenians [-njənz], *Fenier,* eine 1858 in New York gegr. irische Geheimbewegung, die mit terrorist. Mitteln für die Lösung Irlands von England kämpfte.

Fennek oder Wüstenfuchs

Fennek, Wüstenfuchs, Schulterhöhe ca. 20 cm, der kleinste Wildhund, mit auffallend großen Ohren; in wüstenartigen Gebieten N-Afrikas heimisch, nachtaktiv.
Fennosarmatia, ein Urkontinent, geol. Kern Europas, umfaßte *Sarmatia* oder *Russia* (die O-europ. Tafel u. Podolien) u. *Fennoskandia* (Baltischer Schild).
Fenriswolf, *Fenrir,* gefährl. Ungeheuer der nord. Mythologie.
Fens, *The F., Fendistrikt, Fenland,* fruchtbare Marschlandschaft an der ostengl. Küste, rd. 3400 km².
Fensterrose, großes, mit Maßwerk ausgefülltes Rundfenster, gewöhnl. an got. Kirchen.
Feodosija, Hafenstadt u. Kurort in der Ukraine, an der SO-Küste der Krim, 60 000 Ew. – Im Altertum *Theodosia,* im 14. Jh. Eroberung durch die Mongolen *(Kaffa),* 1475-1783 unter türk. Herrschaft *(Kefe).*
Ferdinand, Fürsten.
Röm.-dt. Kaiser:
1. F. I., *1503, †1564, 1526 König von Böhmen u. Ungarn, 1531 röm.-dt. König, seit 1556 Kaiser; erhielt 1521 von seinem Bruder *Karl V.* die östr. Erblande u. wurde dessen Stellvertreter u. Nachf. in Dtld.; erstrebte einen Ausgleich zw. Katholiken u. Protestanten *(Augsburger Religionsfriede* 1555). – **2. F. II.,** Enkel von 1), *1578, †1637, 1617 König von Böhmen, 1618 König von Ungarn, 1619 Kaiser; durch Unterdrückung des Protestantismus Miturheber des Dreißigjährigen Kriegs *(Restitutionsedikt* von 1629). – **3. F. III.,** Sohn von 2), *1608, †1657, 1626 König von Ungarn, 1627 von Böhmen, 1636 röm.-dt. König, 1637 Kaiser; Oberbefehlshaber im Dreißigjährigen Krieg; brachte den *Westfälischen Frieden* (1648) zustande.
A r a g ó n :
4. F. II., der Katholische, als König von Spanien *F. V.,* *1452, †1516, König von Aragón

Monitorwand im Regieraum

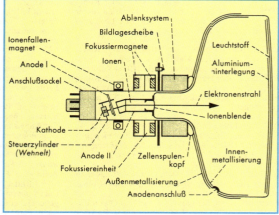

Schnitt durch eine Fernsehröhre

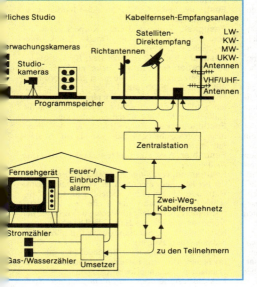

Programmübermittlung beim Kabelfernsehen

Der Satellit ASTRA überträgt 16 Programme in dem dargestellten Empfangsbereich

Fernandel als »Don Camillo«

1479–1516; heiratete 1469 die kastil. Thronerbin *Isabella I.* u. übte seit 1474 gemeinsam mit ihr die Regierung in Kastilien aus; begr. den span. Nationalstaat u. die span. Vormachtstellung; vertrieb die Juden u. nichtchristl. Mauren aus Spanien, eroberte 1512 Navarra u. beendete die Reconquista (1492 Einnahme Granadas).
Bulgarien:
5. F. I., *1861, †1948, Fürst 1887–1908, König 1908–18; 1887 zum Fürsten von Bulgarien (unter türk. Oberhoheit) gewählt, erklärte sich 1908 zum unabhängigen Zaren der Bulgaren.
Kastilien u. León:
6. F. I., der Große, *um 1018, †1065, König 1035–65; vereinigte Kastilien u. León, eroberte Coimbra (1064) u. nannte sich seit ca. 1054 Kaiser.
7. F. III., F. der Heilige, *um 1200, †1252, König 1217–52; beseitigte die Maurenherrschaft; vereinigte 1230 León wieder mit Kastilien; 1671 heiliggesprochen.
Österreich:
8. F. I., *1793, †1875, Kaiser 1835–48, als *F. V.* König von Ungarn seit 1830, von Böhmen seit 1836; trat 1848 zugunsten seines Neffen *Franz Joseph* (I.) zurück.
Rumänien:
9. F. I., *1865, †1927, König 1914–27; aus dem Hause Hohenzollern-Sigmaringen; schloß Rumänien 1916 der Entente an.
Fergana, Hptst. der gleichn. Oblast im O von Usbekistan, 210 000 Ew.; Erdölförderung u. Raffinerien, Textil- u. Nahrungsmittel-Ind. – **F.becken**, durch den *Großen F.-Kanal* bewässerte, einst wüstenhafte Beckenlandschaft in Mittelasien, fruchtbare Oasen.
Ferkel, bis etwa 14 Wochen altes Jungschwein.
Fermat [-'ma], Pierre de, *1601, †1665, frz. Mathematiker; Arbeiten über Zahlentheorie u. Wahrscheinlichkeitsrechnung.
Fermate, das Haltezeichen ⌒ für die Ruhenote (u. Pausen) von unbestimmter Dauer.
Ferment →Enzyme.
Fermentation, chem. Umwandlung von Stoffen durch *Fermente*, bes. bei Gärungsvorgängen.
Fermi, Enrico, *1901, †1954, ital. Physiker; seit 1938 in den USA; entdeckte die Kernumwandlung durch Neutronenbeschuß, unter seiner Leitung Bau des ersten Kernreaktors (1942, Chicago). Nobelpreis 1938. – **Fermionen**, nach F. ben. Elementarteilchen mit halbzahligem Spinwert (z.B. Proton, Neutron, Elektron).
Fermium, ein →chemisches Element.
Fernandel [-nä'dεl], eigtl. Fernand-Joseph-Desiré *Contandin*, *1903, †1971, frz. Filmkomiker (»Don Camillo«).
Fernando Póo [-po:] →Bióko.
Fernau, Joachim, *1909, †1988, dt. Schriftst. (v. a. histor. Romane).
Ferner →Gletscher.
Ferner Osten, 1. *Fernost*, Sammelbegriff für die Länder O- u. SO-Asiens. – **2.** das pazif. Küstengebiet des asiat. Rußlands, 6,6 Mio. km²; erstreckt sich über 4500 km von der Tschuktschen-Halbinsel bis Wladiwostok.

Fernet Branca, ein Magenbitter aus Italien.
Ferngas, an zentraler Stelle gewonnenes oder erzeugtes Gas (Erdgas, Kokereigas, Spaltgas), das unter Druck durch Rohrleitungen zum Verbraucher geführt wird.
Fernheizung, Versorgung mehrerer Gebäude oder Stadtteile durch Transport von Wärme aus dem *Fernheizwerk*.
Fernkopierer →Telefax.
Fernlenkung →Fernsteuerung.
Fernmeldesatellit →Nachrichtensatellit.
Fernmeldetechnik →Nachrichtentechnik.
Fernrohr, *Teleskop*, opt. Instrument, das weit entfernte Gegenstände näher erscheinen läßt; besteht entweder aus Sammellinsen (*Keplersches* oder *astronom. F.* mit umgekehrtem Bild) oder einer Sammellinse u. Zerstreuungslinse (*Galileisches* oder *holländ. F.*). Moderne Formen: Refraktor, Meridian-F., Zenit-F., Astrograph, Spiegel-F., Elektronenteleskop.
Fernschreiber, Telegraphenapparat mit Schreibmaschinentastatur zur schriftl. Vermittlung von Nachrichten, von den Postverwaltungen zur Übermittlung von Telegrammen (Gentex) u. in Teilnehmernetzen (Telex) verwendet.
Fernsehen, die Übertragung bewegter Bilder (zugleich mit dem Ton) über Kabel oder Funk, beruhend auf einer Umwandlung der Helligkeitswerte (beim *Schwarzweiß-F.*) und der Farbtöne u. Sättigung (beim *Farb-F.*) innerhalb eines Bildes in elektr. Signale. Hierzu dient die *Fernsehkamera*, die das zu übertragende Bild auf eine aus Mikrophotozellen bestehende Platte projiziert u. in rd. 520 000 Einzelpunkte zerlegt. Die einzelnen Photozellen, deren Aufladung von der Helligkeit des entspr. Bildpunkts abhängt, werden dann durch einen Elektronenstrahl zeilenweise abgetastet (25mal pro s). Zur Übertragung eines Fernsehbilds sind etwa 3 Mio. Impulse pro s nötig, die auf der Empfangsseite wieder Zeile um Zeile zusammengesetzt werden müssen. Für die Fernsehbildaufteilung gibt es im wesentl. 2 versch. Normen: 1. die weltweit empfohlene *Gebernorm* (in allen osteurop., in fast allen westeurop. u. in zahlr. Ländern Afrikas u. Asiens); 2. die *US-Norm* mit 525 Zeilen. In der Fernsehsendeanlage werden die Bild- u. Trägerwellen auf eine gemeinsame Sendeantenne (meist auf Bergen oder Türmen) geschaltet. Die hiervon abgestrahlten Signale werden von einer Empfangsantenne (Haus- oder Zimmerantenne) aufgenommen. Nach *Demodulation* (Gleichrichtung) der Signale werden diese im Empfangsgerät einer *Bildröhre* zugeführt (Prinzip der *Braunschen Röhre*), auf dem Bildschirm sichtbar gemacht. Beim *Farb-F.* gilt das gleiche Prinzip, nur werden hier 3 Bilder (mit Rot-, Grün- u. Blaufiltern) übertragen u. von 3 Kathodenstrahlen im Gerät wiedergegeben; durch Überlagerung ergibt sich der tatsächl. Farbton. In Europa ist v. a. das *PAL-System* in Gebrauch, das Übertragungs- u. Empfangsfehler selbsttätig ausgleicht. Dieses wird durch die *MAC-Norm* (D2-MAC) abgelöst, die Bildfolgen in digitaler Form nacheinander abtastet. Für Mitte der 1990er Jahre ist ein neues Übertragungssystem in Planung, das sog. *HDTV* (**H**igh **D**efinition **T**ele**v**ision), auch *hochauflösendes F.*, mit gegenüber dem PAL-System verdoppelter Zeilenzahl pro Bild, einem vergrößerten Gesichtsfeld u. einem dem Kinofilm angepaßten Bildseitenverhältnis 16:9 (bisher 4:3).
G e s c h.: Nach einer längeren techn. Experimentierphase fand 1935 die erste öffentl. Programmausstrahlung in Dtld. statt; seit 1952 überflutete sich das F. über alle Sendebereiche der BR Dtld.; 1953 wurde das Farb-F. eingeführt (1967 in der BR Dtld.). Bis Mitte der 1980er Jahre bestand im Monopol des *öffentl.-rechtl. F.* (seit 1992 11 Landesrundfunkanstalten der ARD u. das ZDF). Seit 1987 existiert eine *duale Rundfunkordnung* mit einem Nebeneinander von *öffentl.-rechtl.* u. *Privat-F.* Die techn. Voraussetzungen für das Privat-F. lieferten Satellitentechnik (→Satelliten-F.) u. Breitbandverkabelung (→Kabel-F.). Das Privatfernsehen wird über Werbeeinnahmen u. Abonnenten (→Pay-TV) finanziert.
Fernsprecher →Telefon.
Fernsteuerung, *Fernlenkung, Fernbedienung*, das Schalten u. Regeln von Apparaten, Maschinen u. Geräten an einem entfernten Ort. Die entspr. Befehle werden kodiert u. als elektr. Impulse über Draht oder per Funk einem Empfänger zugeführt, der Schalter betätigt u. Relais auslöst; Anwendung

z.B. bei der drahtlosen Übermittlung von Befehlen an unbemannte Fahrzeuge, (Fernlenk-)Waffen u. Modellspielzeuge.
Fernuniversität, Univ., die ihre Studenten v. a. mittels *Studienbriefen* unterrichtet; in der BR Dtld. F. Hagen (seit 1975).
Fernunterricht, *Fernstudium*, private oder öffentl. Ausbildung oder Fortbildung mit Lehrbriefen, schriftl. Aufgaben u. schriftl. Korrektur; z. T. mit Wochenendkursen verbunden; in der BR Dtld. häufig von privaten Fernlehrinstituten getragen.
Fernwärme, Wärme (in Form von Wasser, Dampf oder Gas), die aus zentralen Wärmeerzeugungsanlagen über längere Strecken zum Endverbraucher transportiert wird.
Ferrara, ital. Prov.-Hptst. in der Region Emilia-Romagna, 150 000 Ew.; Univ. (1391), Kathedrale (12./13. Jh.); landw. Handelszentrum (Obst). – Im 15./16. Jh. Blütezeit der ital. Renaissance, gehörte 1597–1859 zum Kirchenstaat.
Ferrari, Enzo, *1898, †1988, ital. Automobilkonstrukteur (Sport- u. Rennwagen).
Ferreira, António, *1528, †1569, port. Dichter; Mitbegr. der klass. port. Dichtung.
Ferreira de Vasconcelos [-vaʃkõ'sεluʃ], Jorge, *1515(?), †1585(?), port. Dichter (Lesedramen, Ritterroman).
Ferrit, 1. Metall-Eisenoxid mit der Struktur MeO·Fe$_2$O$_3$; in der Elektrotechnik z.B. als Kerne für Hochfrequenzspulen, wegen ihrer magnet. Eigenschaften auch als Dauermagnete verwendet. – **2.** Gefügebestandteil in Eisen-Kohlenstoff-Legierungen, α-Mischkristall. – **F.antenne**, Antenne, bei der eine fingerdicke Spule auf einen Stab aus F. gewickelt ist; ermöglicht einen guten Richtempfang.
Ferrolegierung, Legierung des Eisens mit Begleitelementen (z.B. Ferrosilicium, -mangan u. -chrom).
Ferromagnetismus, Verhalten der *Ferromagnetika* (Eisen, Kobalt, Nickel). →Magnetismus.
Ferrum →Eisen.
Ferse, hinterer Teil des menschl. Fußes mit dem F.nbein als knöcherner Grundlage.
Fertigbauweise, Bauen mit vorgefertigten, meist genormten größeren Bauteilen, bes. im Hoch- (*Fertighaus*) u. Brückenbau bewährt.
Fertilität, Fruchtbarkeit, Fortpflanzungsfähigkeit.
Fes, *Fez*, rote, kegelförmige Filzkappe mit dunkelblauer Quaste; heute z. T. noch in Vorderasien sowie in N-Afrika getragen.
Fès, *Fez*, Stadt im NW Marokkos, 590 000 Ew.; Univ., zeitweilige Residenz des Königs; Wirtschafts- u. religiöses Zentrum im 11.–16. Jh. eine der bedeutendsten Städte islam. Kultur.
Fessan, *Fazzan*, oasenreiche Ldsch. der nördl. Sahara, sw. Teil der Rep. Libyen, 600 000 km², Hauptort: *Sebha*; vulkan. Gebirgsmassive, Fels- u. Sandwüsten.
Fessel, bei Huftieren das oberste der Zehenglieder, das Mittelfuß u. Huf verbindet. – **F.bein**, beim Menschen Bez. für (schmale) Fußgelenke.
Fesselballon →Ballon.
Fest, Joachim, *8.12.1926, dt. Journalist u. Schriftst. (polit. Bücher).
Festigkeit, Widerstand eines Körpers gegen äußere Beanspruchung (Zug-, Druck-, Knick-, Biege-, Schub- u. Verdrehungs-F.).
Festival ['fεstivəl], internat. Bez. für Festspiel.
Festkörper, *fester Körper*, urspr. ein Stoff im festen Aggregatzustand, heute meist gleichbedeutend mit *Kristall*. – **F.physik**, Teilgebiet der modernen Physik; mit dem Aufbau u. den physik. Eigenschaften v. F. befaßt; u. a. von großer Bed. für die Halbleitertechnologie u. die Supraleitung.
Festlandsockel, *Kontinentalsockel*, die untermeer. Fortsetzung der Landmasse bis zum Steilabfall in ozean. Tiefen.
Festmeter, Abk. Fm, 1 m³ fester Holzmasse. Ggs.: *Raummeter*.
Festnahme, *vorläufige F.*, vorläufige Entziehung der Freiheit eines einer Straftat Verdächtigen ohne Haft- oder Unterbringungsbefehl; zulässig auf frischer Tat bei Fluchtverdacht oder zur Identitätsfeststellung, bei Gefahr im Verzug u. Vorliegen der Voraussetzungen eines Haft- oder Unterbringungsbefehls durch die Staatsanwaltschaft u. ihre Hilfsbeamten (bes. Polizei).
Feston, 1. ornamentales Bogengehänge aus verflochtenen Blumen, Blättern u. Früchten. – **2.** Handarbeit mit Knopflochstich.
Festplattenspeicher, *Festplatte*, magnet. Speicher mit direktem Datenzugriff.

Feudalismus: Belehnung Friedrichs VI., des Burggrafen von Nürnberg, mit der Mark Brandenburg. Darstellung aus der Handschrift Ulrich Richenthals über das Konstanzer Konzil

Festpunkte, der Lage oder der Höhe nach vermarkte Punkte in der Vermessungstechnik.
Festschrift, Veröffentlichung mit meist wiss. Beiträgen aus festl. Anlaß.
Festspiele, period. abgehaltene Festwochen für Konzert-, Bühnen- oder Filmveranstaltungen; z.B. in Bayreuth die Richard-Wagner-F.
Feststellungsklage, Klage auf Feststellung des Bestehens oder Nichtbestehens eines Rechtsverhältnisses.
Fet, Afanasij Afanasjewitsch, *1820, †1892, russ. Schriftst. (melod. Stimmungsgedichte über Natur, Liebe, Tod).
Fetisch, bei Naturvölkern ein Gegenstand, dem mag. Kräfte zugeschrieben werden (z.B. zur Abwehr von Krankheit u. Gefahr). – **F.ismus,** Glauben an die Kraft von F.; auch sexuelle Fixierung auf Gegenstände (z.B. Wäsche) oder Körperteile des Geschlechtspartners.
Fette, Christian, *1895, †1971, dt. Gewerkschaftsführer; 1948 1. Vors. der Industriegewerkschaft Druck u. Papier, 1951/52 des DGB.
Fette und fette Öle, gemischte Ester des Glycerins u. höherer Carbonsäuren mit gerader Kohlenstoffatomzahl (z.B. Palmitin-, Stearin- u. Ölsäure). Fette kommen bei Menschen u. Tieren meist im Fettgewebe (Speck) vor, bei Pflanzen oft in Früchten u. Samen (z.B. Nüsse, Sonnenblumenkerne). Sie können sowohl flüssige *(fette Öle)* als auch halbfeste u. feste Konsistenz haben, sind im Wasser unlösl., dagegen leicht lösl. in Ether, Benzin, Schwefelkohlenstoff, Tetrachlorkohlenstoff u. Trichlorethylen. Sie entstehen im tier. u. pflanzl. Organismus durch Umwandlung von *Kohlenhydraten.* Reine Fette sind farb-, geruch- u. geschmacklos; bei längerer Aufbewahrung an der Luft erleiden sie jedoch chem. Veränderungen u. werden ranzig. F. sind wichtig für die menschl. Ernährung (Butter, Margarine, Speiseöle). In der Technik dienen F. u. f. Ö. als Hilfs- u. Rohstoffe für die Fettindustrie (Seifen, kosmet. Präparate u. a.).
Fettgeschwulst, *Lipom,* gutartige Geschwulst aus Fettgewebe.
Fettgewebe, fettspeicherndes Bindegewebe.
Fetthärtung, die Umwandlung *fetter Öle* in feste Fette durch Anlagerung von Wasserstoff (Hydrierung).
Fetthenne, *Fette Henne, Fettkraut, Sedum,* Gatt. der *Dickblattgewächse.*
Fettkohle, kohlenstoffreiche Steinkohle, bes. für die Kokserzeugung verwendet.
Fettkraut, *Pinguicula,* Gatt. der *Wasserschlauchgewächse;* mit Fang- u. Verdauungsdrüsen für Insektennahrung.
Fettpflanzen →Sukkulenten.
Fettsäuren, einbasische aliphat. Carbonsäuren, die bes. in pflanzl. u. tier. Fetten vorkommen; bei festen Fetten v. a. *gesättigte F.* (z.B. Buttersäure, Palmitinsäure, Stearinsäure) oder *einfach ungesättigte F.* (z.B. Acrylsäure, Ölsäure), bei Ölen überwiegen *mehrfach ungesättigte F.* (z.B. Linolsäure, Linolensäure). F. werden u. a. zur Herstellung von Seifen, Schmiermitteln, Kunststoffen verwendet.
Fettsucht, übermäßige Fettspeicherung im Körper u. seinen Organen, verursacht u. a. durch Überernährung, Bewegungsmangel, erbl. Disposition, Störung der inneren Drüsen.
Fetus, *Foetus, Fötus,* die Frucht des Menschen oder Tieres einige Wochen nach der Befruchtung genannt; beim Menschen meist vom Ende des 2. Monats, davor *Embryo* genannt.
Feuchtgebiete, Wasserlebensräume wie Fluß- u. Bachauen, Marschen, Sümpfe, Bruchwälder, Moore, Riede, Feuchtwiesen u. a., von deren Bestehen die Existenz zahlr. Tier- u. Pflanzenarten abhängt; 1971 internat. Abkommen (Ramsar-Konvention zum Schutz von F.).
Feuchtigkeit, Wasserdampfgehalt der Luft. – **F.smesser,** Geräte zum Messen der Luft-F., z.B. das *Hygrometer.*
Feuchtwangen, Stadt in Mittelfranken (Bay.), 11 000 Ew.; got. Stiftskirche; Papier- u. Kunststoff-Ind., Teppichherstellung.
Feuchtwanger, Lion, *1884, †1958, dt. Schriftst.; histor. u. zeitgeschichtl. Romane, die sich gegen den Nat.-Soz. wandten.
Feudalismus, das mittelalterl. Lehnswesen, d. h. die Herrschaft einer sich auf Grundbesitz stützenden, mit bes. Verwaltungsvorrechten ausgestatteten, meist adligen Oberschicht; im 19./20. Jh. auch Bez. für eine Gesellschaftsform, deren Ordnung auf einer durch Besitz u. Privilegien ausgezeichneten Oberschicht beruht *(Industrie-F.).*
Feuer, durch Flammenentwicklung u. Abgabe von Energie in Form von Wärme u. Licht gekennzeichnete Erscheinungsform der Verbrennung.
Feuerbach, 1. Anselm, Enkel von 3), *1829, †1880, dt. Maler; Hauptvertreter des Idealismus in der dt. Malerei; malte monumentale Bilder mit myth. Themen. – **2.** Ludwig, Sohn von 3), *1804, †1872, dt. Philosoph; Schüler G.W.F. Hegels, der einflußreichste Denker des *Vormärz;* von sensualist. Materialismus beeinflußte insbes. *Marx* u. *Engels.* – **3.** Paul Johann Anselm Ritter von, *1775, †1833, dt. Rechtswissenschaftler; Begr. des modernen dt. Strafrechts.
Feuerbestattung, *Leichenverbrennung, Einäscherung,* im Unterschied zur *Erdbestattung* die Beisetzung der Toten durch Verbrennen der Leiche; nur mit schriftl. Genehmigung der Polizeibehörde des Einäscherungsorts in einem polizeil. genehmigten *Krematorium* möglich.
Feuerdorn, Gatt. aus der Fam. der *Rosengewächse,* Zierstrauch mit roten oder gelben Beeren.
Feuerkugeln →Boliden.
Feuerland, argent.-chilen. Inselgruppe an der S-Spitze S-Amerikas, durch die Magalhãesstraße vom Festland getrennt, bestehend aus der Hauptinsel F. und zahlr. kleinen Inseln, zus. 73 746 km², 30 000 Ew.; O zu Argentinien, W zu Chile; Schafzucht, Fischerei; Erdölförderung.
Feuerlöscher, *Handfeuerlöscher,* tragbares Gerät, zur Bekämpfung von Kleinbränden vornehml. für den privaten Feuerschutz. Arten: Wasser-, Schaum-, Pulver-, Halon-, Kohlendioxidlöscher.
Feuermelder, ein elektr. Warnsystem, das die Meldung eines Gefahrenzustands an eine Zentralstelle leitet; an zentralen Plätzen für die schnelle Meldung installiert.
Feuerquallen, Quallen mit starker Nesseltätigkeit; Nesseln können Schwellungen der Haut u. Krampfzustände beim Menschen hervorrufen.
Feuersalamander, lebendgebärender, etwa 25 cm langer, auf schwarzem Grund grellgelb gefleckter *Schwanzlurch* der europ. Mittelgebirge; unter Naturschutz.
Feuerschiff, mit Leuchtfeuer ausgerüstetes, an einer Küste oder Flußmündung verankertes Schiff als Seezeichen.
Feuerschwamm, ein v. a. an Buchen u. Birken parasitierender Pilz, fr. zur Zundergewinnung verwendet.
Feuerstein, *Flint,* Gestein aus der feinkristallinen Quarzart Chalzedon, sehr hart; in der Steinzeit zu Werkzeugen u. Waffen verarbeitet.
Feuerversicherung, Versicherungsschutz gegen Brand, Blitzschlag u. Explosionen aller Art.
Feuerwaffen, Waffen, mit denen Geschosse durch Gase, die infolge Verbrennung von Pulver entstehen, in Bewegung gesetzt werden; man unterscheidet *Handfeuerwaffe* u. *Geschütz.*
Feuerwanzen, *Pyrrhocoridae,* Fam. der *Landwanzen,* schwarz-rote Färbung; auch Baumwollschädling.
Feuerwehr, Organisation zur Verhütung u. Bekämpfung von Bränden zum Katastrophenschutz, Rettungsdienst o. ä., in allen Gemeinden Unterhaltung einer *Berufs-* oder *Freiwilligen F.*
Feuerwerk, Abbrennen von F.skörpern unter freiem Himmel, aus Papphülsen, die mit Schwarzpulver u. sauerstoffhaltigen Salzen gefüllt sind; meist als Höhepunkt eines Festes. – **F.er,** *Pyrotechniker* Hersteller von F.skörpern; bis 1945 Unteroffizier für Munition u. Gerät.
Feuilleton [fœjə'tõ], der kulturelle Teil einer Zeitung oder Wochen-Ztschr., in dem literar., künstler., wiss. u. kulturpolit. Themen behandelt werden; auch der einzelne hierfür geschriebene Beitrag im leichten, geistreich plaudernden, »feuilletonistischen« Stil.
Feyerabend, Paul K., *1924, †1994, östr. Philosoph u. Wissenschaftstheoretiker; fordert eine an-

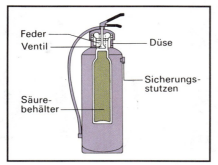

Feuerlöscher: Handschaumfeuerlöscher (Schema)

Feuersalamander

Werksfeuerwehr mit Hilfszug für Säureunfälle

Feynman

archist. Erkenntnistheorie, in der es keine theoret. Beschränkungen gibt.
Feynman [feinmən], Richard Philips, * 1918, † 1988, US-amerik. Physiker; arbeitete über Quantenelektrodynamik; Nobelpreis (zus. mit S.I. *Tomonaga* u. J. *Schwinger*) 1965.
ff, 1. Abk. von *sehr fein* (bei Waren). – **2.** Abk. für die musikal. Vortragsbez. *fortissimo*.
ff., Abk. für *u. folgende* (bei Seitenzahlen).
Fiaker, Pferdedroschke, Mietskutsche.
Fiale, *Phiale*, feingegliederter türmchenartiger Aufsatz an got. Bauteilen.
Fiasko, Mißerfolg, Zusammenbruch.
Fibel, 1. erstes Lehr- u. Lesebuch mit anschaul. Bildern, Erzählungen u. Gedichten. – **2.** Gewandschließe der Vorzeit u. des Altertums.
Fiber, Faser; auch ein daraus hergestellter Werkstoff.
Fibich, Zdeněk, * 1850, † 1900, tschech. Komponist (Opern, Orchesterwerke, Klaviermusik) der dt. Romantik.
Fibiger, Johannes, * 1867, † 1928, dän. Pathologe (experimentelle Krebsforschung); Nobelpreis für Medizin 1926.
Fibrille, kleine Faser, z.B. in Muskel- u. Nervenzellen.
Fibrin, ein Eiweißkörper, der im menschl. Blut als *Fibrinogen* vorkommt. Mit Luftsauerstoff gerinnt Fibrinogen durch das Blutferment *Thrombin* zu F. u. verklebt die verletzten Blutgefäße.
Fichte, *Picea,* Gatt. der *Kieferngewächse*; bis ca. 50 m hoher Nadelbaum mit kegelförmiger Krone u. hängenden Zapfen; in Europa bes. die *Gewöhnl. F.,* ferner die *Omorika-F.* aus dem Balkan u. die als Zierbaum beliebte *Blaufichte* aus dem östl. N-Amerika.
Fichte, 1. Hubert, * 1935, † 1986, dt. Schriftst. (Erzählungen u. Romane); »Die Palette«, »Xango«, »Lazarus u. die Waschmaschine«, Zyklus »Die Gesch. der Empfindlichkeit« (9 Bde.). – **2.** Johann Gottlieb, * 1762, † 1814, dt. Philosoph; Vertreter eines eth. u. subjektivist. Idealismus, in dessen Mittelpunkt die *Wissenschaftslehre* steht; Begr. des dt. Nationalbewußtseins, Republikaner u. Gegner des damaligen Fürstenstaats.
Fichtelgebirge, Mittelgebirge im Schnittpunkt von Thüringer Wald, Oberpfälzer Wald u. Erzgebirge, mit Granitkuppen *(Schneeberg* 1051 m, *Ochsenkopf* 1023 m); Fremdenverkehr; Glas-, Porzellan- u. Textil-Ind.
Fichu [fi'ʃy], dreieckiges, verziertes Brust- u. Schultertuch.
Ficino [-'tʃi:no], Marsilio, * 1433, † 1499, ital. Humanist u. Philosoph; bed. Platonübersetzer.
Fideikommiß [fidɛi-], fr. eine unveräußerl. u. nur als Ganzes vererbl. Vermögensmasse, deren Inhaber nur über ihre Erträge verfügen konnte; meist (adliger) Großgrundbesitz.
Fideismus, Weltanschauung, die auf eine Begründung durch die natürl. Erkenntnis verzichtet u. die religiösen Wahrheiten für unbegründbar hält.
Fidel, *Fiedel,* Streichinstrument des MA etwa in Größe einer Geige; ab 1500 von den Violen verdrängt.
Fidelismus, *Castrismus,* polit. Bestrebungen in Lateinamerika, die auf Nachahmung der Revolution F. *Castros* auf Kuba hinzielen.
Fidschi, engl. *Fiji,* Inselgruppe in Ozeanien, 18 272 km². Von den 750 000 Ew. sind 47% Fidschi-

Fidschi

Insulaner u. 49% Inder. Der Hauptort ist *Suva.* Die größeren Inseln tragen üppig bewaldete Gebirge (1323 m Höhe) vulkan. Ursprungs u. sind von Korallenriffen gesäumt; sehr reiche Niederschläge; Anbau trop. Früchte; Rinderzucht.
Geschichte. F. wurde 1643 von A.J. *Tasman* entdeckt. 1874 wurde es brit. Kolonie. 1970 wurde es unabhängig; es verblieb im Commonwealth. Nach einem Militärputsch 1987 wurde es zur Republik erklärt u. schied aus dem Commonwealth aus. Die neue Verf. von 1990 stärkte die Rechte der Insulaner.
Fieber, *Febris,* meist durch krankhafte Vorgänge ausgelöste Erhöhung der normalen Körpertemperatur (beim Menschen etwa ab 37,5 °C, über 42 °C lebensgefährl.); eine Abwehrreaktion des Körpers; mögl. Begleiterscheinungen bei höherem Fieber: Benommenheit, Wärmegefühl, Schüttelfrost, beschleunigter Puls; *F.messung* in der Achselhöhle, im After oder im Mund; zu versch. Tageszeiten gemessene Temperaturwerte werden in der *F.kurve* verzeichnet.
Fiedel, volkstüml. Bez. für eine Geige. →Fidel.
Field [fi:ld], John, * 1782, † 1837, ir. Komponist u. Pianist der Frühromantik.
Fielding ['fi:ldiŋ], Henry, * 1707, † 1754, engl.

FILM

Szene aus Federico Fellinis »La strada«; Italien, 1954 (links). – Szenenbild aus »Rosa Luxemburg«; Regie Margarethe von Trotta (Mitte). – Dean Martin (rechts) in dem Film »7 gegen Chicago« mit Frank Sinatra und Sammy Davis jr., 1964 (rechts)

Szene aus Fred Zinnemanns berühmtem Western »High noon« (»Zwölf Uhr mittags«), 1952; mit Grace Kelly und Gary Cooper (links). – Szene aus dem klassischen Monsterfilm »King Kong und die weiße Frau« von 1933 (Mitte). – Utopischer Film: »Das Imperium schlägt zurück« (rechts)

Schriftst. (humorvoll-realist. Romane); Ⓦ »Tom Jones«, »Amelia«.
Fierlinger, Zdeněk, * 1891, † 1976, tschech. Diplomat u. Politiker; mitverantwortl. für den Staatsstreich 1948, bei dem die Kommunisten die Regierung übernahmen; 1953–64 Präs. der Nationalversammlung.
Fiesco, Giovanni Luigi de, Graf von *Lavagna,* aus der genues. Patrizierfamilie *Fieschi,* * 1523, ertrank 1547 bei dem mißglückten Versuch, den Dogen *Andrea Doria* von Genua zu beseitigen (Trauerspiel von F. *Schiller).*
Fieseler, Gerhard, * 1896, † 1987, dt. Kunstflieger u. Flugzeugkonstrukteur; 1934 Weltmeister im Kunstflug.
Fièsole, das röm. *Faesulae,* ital. Stadt in der Toskana, nordöstl. von Florenz, 15 000 Ew.; Dom, röm. Ruinen.
FIFA, Abk. für frz. *Fédération Internationale de Football Association,* der Internationale Fußballverband, 1904 gegr., Sitz: Zürich.
Figaro, Lustspielfigur, auch Typ des witzigen, schwatzhaften Friseurs.
Fighter ['faitər], Kämpfer, Draufgänger; Boxertyp, der den Nahkampf u. schnellen Schlagabtausch sucht.
Figl, Leopold, * 1902, † 1965, östr. Politiker (ÖVP); 1945–53 Bundeskanzler, 1953–59 Außen-Min.; maßgebl. beteiligt am Zustandekommen des östr. Staatsvertrags 1955.
Figur, 1. Gestalt, Umriß; Person, Erscheinung, Körperwuchs; gestaltete Form, Bildwerk. – **2.** in der Math. Gebilde aus Linien oder Flächen, z.B. Dreieck. – **3.** kleine, melod. oder rhythm. zusammengehörige Tonfolge. – **4.** grammat. oder redner. Wendung. – **5.** geschlossener Bewegungsablauf beim Tanz.
Figuralmusik, kunstvolle mehrstimmige Musik des MA; Ggs.: der einstimmige Choral.
Figuration, Auflösung eines Akkords in gleichartige Figuren, Verzierung einer Melodie.
Fiktion, 1. Annahme, Erfundenes, Erdichtetes; *fiktiv,* erdichtet, angenommen. – **2.** gesetzl. Weisung, einen Sachverhalt so anzusehen, als ob ein bestimmter anderer Sachverhalt vorläge.
Filaria, Gatt. der *Fadenwürmer,* im Bindegewebe u. im Blut- oder Lymphsystem des Menschen schmarotzend; hierzu der *Augenfadenwurm* u. die *Wuchereria bancrofti* (Erzeuger der trop. *Elephantiasis).*
Filchner, Wilhelm, * 1877, † 1957, dt. Forschungsreisender u. Geodät; wurde 1900 bekannt durch den Ritt über den Pamir; führte die erdmagnet. Erforschung Zentralasiens durch; leitete 1911/12 die 2. dt. Südpolexpedition.
Filder, fruchtbare Ebene sö. von Stuttgart; Anbau von Spitzkohl (*F.kraut,* Sauerkraut).
Filderstadt, Stadt in Ba.-Wü. (seit 1976), auf der Filder, 38 000 Ew.; Metall- u. Nahrungsmittel-Ind.
Filet [fi'le], Lendenstück vom Rind, Schwein, Kalb oder Wild; Bruststück vom Geflügel; Rückenstück vom Fisch.
Filetstickerei, *Netzarbeit,* in einem aus Fäden geknoteten Netz wird mit einer stumpfen *Filetnadel* ein Muster gestickt.
Filiale, Zweiggeschäft eines Unternehmens, bes. des Einzelhandels.
Filibuster [-'bʌstər], ein Abgeordneter, der durch überlange Reden die Entscheidungen des Parlaments zu verzögern sucht; auch die Verschleppungstaktik selbst.
Filigran, feingliedriger Schmuck aus Silber- u. Golddraht.
Filip, Ota, * 9.3.1930, tschech. Schriftst.; 1974 ausgebürgert, gesellschaftskrit., z. T. autobiograph. Romane.
Filipinos, Bez. für die Bewohner der Philippinen.
Film, 1. *Photographie:* elast. Aufnahmematerial für Photo- u. Filmkameras aus durchsichtigem Kunststoff, der auf einer Seite mit einem lichtempfindl. Material beschichtet ist. – **2.** die *Laufbilder,* wie sie im Kino gezeigt u. in den genormten Formaten 35 u. 70 mm oder als → Schmalfilm mit 8 u. 16 mm Breite fabriziert werden. Aufgenommen werden in viele Einzelbilder zerlegte Bewegungsvorgänge, deren rascher Ablauf, bedingt durch die Trägheit des Auges, bei der Wiedergabe kontinuierl. Bewegung vortäuscht. J. *Tyndall* erkannte zuerst, daß dieser Bewegungseindruck eintritt, wenn dem Auge 16 oder mehr Einzelbilder in der Sekunde dargeboten werden. Die Größe des Einzelbilds war beim *Stumm-F.* 18 x 24 mm u. beträgt heute beim *Lichtton-F.* 16 x 22 mm, beim *Magnetton-F.* 18,7 x 23,8 mm. Die *Bildkamera* photographiert pro Sek. 24 Bilder. Dabei läuft der meist in einer Länge von 300 m auf Vorratstrommeln aufgespulte F. ruckweise ab. Während des Stillstands wird belichtet (1/48 s), während des Weitertransports verdunkelt die Umlaufblende. Eine Erhöhung der Aufnahmegeschwindigkeit auf 36, 48 oder 64 Bilder pro Sek. führt zur *Zeitdehnung,* wenn die Wiedergabe mit normaler Bildzahl abläuft; eine Verminderung führt zur *Zeitraffung.* Nach dem Entwickeln u. Kopieren entsteht durch Kombination mit dem *Splitband* (Tonstreifen) der *Ton-F.,* die *Schnittkopie.* Von dieser werden die Massenkopien für Vorführzwecke angefertigt. Bei der Wiedergabe werden *Bildwerfer* (Projektoren) verwendet, in denen der F. durch eine mit *Malteserkreuz* ruckweise angetriebene Zahntrommel aus der oberen Feuerschutztrommel der Filmführung zugeleitet wird. Im Bildfenster wird er angehalten, von einer Spiegelbogen- oder Xenonlampe beleuchtet u. auf die Leinwand projiziert. Während des Weitertransports verdunkelt die Umlaufblende. Bei der Tonwiedergabe wird meist das *Lichtton-Verfahren,* für Stereophonie das *Magnetton-Verfahren* verwendet.
Hauptarten des F.: *Dokumentar-F.,* in dem Ausschnitte aus der Wirklichkeit wiedergegeben werden; *Spiel-F.,* in dem erfundene u. für F.zwecke inszenierte Vorgänge wiedergegeben werden, u. der *Trick-F.,* bei dem die Bewegung der gezeigten Objekte durch Einzelbildaufnahmen versch. Bewegungsphasen künstl. hergestellt wird.
Geschichte. Vorläufer des heutigen F. waren das 1832 erfundene *Lebensrad* u. das *Stroboskop.* Nach Erfindung der Photographie u. des F.streifens entwickelten T.A. *Edison* das *Kinetoskop,* die Gebrüder *Lumière* in Lyon den *Kinematographen,* M. *Skladanowsky* u. O. *Meßter* in Berlin das *Bioskop.* Mit diesen Geräten fanden 1895 in Paris u. Berlin die ersten öffentl. F.vorführungen statt. Die Themen der ersten Stummfilme waren Straßenszenen, Sportaufnahmen u. polit. Geschehnisse. Für die künstler. Entwicklung des Stummfilms bedeutend wurden u. a. D.W. *Griffith,* C.S. *Chaplin,* F.W. *Murnau,* F. *Lang* u. S.M. *Eisenstein.* 1927 wurde in den USA (1929 in Dtld.) der *Ton-F.* eingeführt; der *Farb-F.* setzte sich (von den USA ausgehend) 1935 durch; dann kamen der *Breitwandfilm, Vistavision, CinemaScope, Todd-AO* u. *Cinerama* auf, die eine komplizierte Aufnahme- u. Wiedergabetechnik erfordern. In den 30er u. 40er Jahren beschleunigte die Einführung des Ton-F. die Entwicklung der versch. F.gattungen. Bed. Regisseure waren u. a. J. *Ford* (Western), E. *Lubitsch* (Komödien) u. O. *Welles,* der 1941 in »Citizen Kane« den Beginn einer neuen Filmdramaturgie markierte.
Das Prinzip, die Erzählung einer Geschichte durch die film. Beschreibung von sozialen u. psych. Situationen u. Gegebenheiten zu ersetzen, ist in den 1950er u. 1960er Jahren weiterentwickelt worden, so im ital. Neorealismus (F. *Fellini,* R. *Rossellini* u. a.). Innovativ für den F. waren in dieser Zeit auch I. *Bergman* u. A. *Hitchcock.* In Frankreich distanzierten sich die Regisseure der »Nouvelle Vague« (J.L. *Godard,* F. *Truffaut* u. a.) von den traditionellen Formen film. Erzählens. In der BR Dtld. knüpfte der *Neue Dt. F.* an diese Entwicklungen an. Stilbildend wurden hier Regisseure wie R.W. *Fassbinder,* W. *Herzog* u. A. *Kluge,* daneben profilierten sich W. *Wenders* u. V. *Schlöndorff.* Auch in Großbrit. *(Free Cinema)* u. den USA *(New Cinema)* versuchte man, neue Darstellungsformen zu finden (L. *Anderson,* K. *Reisz,* R. *Altman* u. a.). Wirtschaftl. dominierend blieben die großen amerik. Filmgesellschaften, die die Kommerzialisierung des F. konsequent weiterbetrieben (G. *Lucas,* S. *Spielberg).* Einen eigenständigen künstler. orientierten Stil entwickelten W. *Allen,* F.F. *Coppola* u. M. *Scorsese.*
Neue Impulse erhielt der europ. Film u. a. durch S. *Frears,* P. *Greenaway* u. A. *Kaurismäki.*
Filmothek, *Cinemathek, Kinemathek,* histor. u. moderne Sammlung von Filmen aus allen Gebieten.
Filou [-'lu], durchtriebener Mensch, Spitzbube.
Filter, 1. ein Gerät *(Trichter, Filterpresse)* zum Abtrennen fester Stoffe von Flüssigkeiten; aus mehr oder weniger porösem Material. Der Vorgang heißt **Filtration,** die durch das F. laufende Flüssigkeit **Filtrat.** – **2.** ein elektrotechn. Gerät *(Wellen-, Band-F.),* das nur eine bestimmte Wellenlänge durchläßt. – **3.** *Photographie: Farb-F.,* farbige Gläser, die vor das Objektiv gesetzt werden u. bestimmte Lichtstrahlen absorbieren.
Filz, Stoff aus gepreßten, verschlungenen, meist tier. Fasern.
Filzlaus, etwa 1 mm große *Laus,* befällt fast ausschl. die menschl. Schambehaarung.
Finale, Ende, Schlußteil, Abschluß; beim Sport Endkampf, -spiel, Schlußrunde; in der Musik der Schlußsatz einer Sonate, Sinfonie oder eines Opernakts.
Finalität, Zweckbestimmtheit.
Finalsatz, *Absichtssatz, Zielsatz,* Nebensatz, der eine Handlung als Absicht oder Ziel (einer anderen) kennzeichnet; im Dt. meist mit »daß« oder »damit« eingeleitet.
Finanzamt → Finanzverwaltung.
Finanzausgleich, Maßnahmen, die die finanziellen Wechselbeziehungen zw. den einzelnen Gebietskörperschaften (Bund, Länder, Gemeinden) regeln: 1. Aufteilung der Steuerobjekte auf die Gebietskörperschaften; 2. Beteiligung mehrerer Gebietskörperschaften an einem Steuerobjekt; 3. Zuweisung von finanziellen Mitteln von einer Gebietskörperschaft an eine andere.
Finanzen, das Haushaltswesen des Staates u. der sonstigen öffentl.-rechtl. Gebietskörperschaften; allg. die Vermögensverhältnisse.
Finanzgericht, unabhängiges, von den Verwaltungsbehörden getrenntes Gericht der *Finanzgerichtsbarkeit* in den Ländern der BR Dtld.; oberstes F. in der BR Dtld. ist der Bundesfinanzhof.
Finanzhoheit, *Finanzgewalt,* das Recht des Staates, sein Finanzwesen selbständig u. unabhängig von den anderen öffentl. Gewalten zu ordnen.
Finanzierung, Beschaffung des zur Errichtung, Fortführung oder Erweiterung von Betrieben oder zur Durchführung bes. Projekte erforderl. Kapitals. Man unterscheidet: F. durch Eigenkapital von außen, z.B. Aktien *(Eigen-F.),* durch Aufnahme von Darlehen *(Fremd-F.),* z. T. durch bes. F.sgesellschaften, F. über den Umsatz oder Einbehaltung der Gewinne *(Selbst-F.).*
Finanzmonopol, ein durch ein Gesetz geschaffenes Monopol, durch das sich der Staat die Herstellung u./oder den Verkauf eines Guts vorbehält; eine bes. Art der Besteuerung von Verbrauchsgütern; in der BR Dtld. staatl. *Branntweinmonopol.*
Finanzpolitik, alle Maßnahmen der öffentl. Hand, die sich auf die Gestaltung ihrer Einnahmen u. Ausgaben beziehen, um damit ihren wirtschafts- u. gesellschaftspolit. Zielsetzungen gerecht zu werden.
Finanzverwaltung, Beschaffung, Verw. u. Verwendung der für öffentl. Zwecke bestimmten Mittel: die Aufstellung des Haushaltsplans, das Kassen-, Rechnungs- u. Kontrollwesen, die Verw. der Staatseinnahmen, des Staatsvermögens u. der Staatsschulden sowie die Organisation der Finanzbehörden. – Aufbau der F.: oberste Behörde der Bundes-F. ist der *Bundes-Min. der Finanzen;* oberste Landesbehörde ist der *Landesfinanz-Min.* bzw. der Finanzsenator; örtl. Behörden der Länder sind die *Finanzämter.*
Finanzwechsel, ein ledigl. zu Kreditzwecken ausgestellter *Wechsel,* dem kein Warengeschäft zugrunde liegt.
Finanzwirtschaft, Wirtsch. der öffentl. Körperschaften (insbes. Staat u. Gem.); vorgegeben in einem *Haushaltsplan.*
Finanzwissenschaft, die Lehre von der *Finanzwirtschaft* u. *Finanzpolitik* der öffentl. Körperschaften u. ihren Wechselbeziehungen mit der Gesamtvolkswirtschaft.
Finck, Werner, * 1902, † 1978, dt. Schauspieler, Kabarettist u. Schriftsteller.
Findelkind, *Findling,* von den Eltern ausgesetztes oder namenlos abgegebenes Kleinkind.
Finderlohn, gesetzl. vorgeschriebene Belohnung für jemanden, der etwas Verlorenes gefunden u. abgeliefert hat.
Fin de Siècle [fɛ̃ də'sjɛ:kl], das Jahrhundertende, i.e.S. die dekadente Überfeinerung von Gefühl u. Geschmack am Ende des 19. Jh.
Findling → erratische Blöcke.
fine, in der Notenschrift die Stelle, bis zu der ein Musikstück wiederholt werden soll *(da capo al fine).*
Finesse, Feinheit, Schlauheit, Kniff, Trick.
Fingal, *Finn,* urspr. *Find Macc Umaill,* sagenhafter ir. Held im 3. Jh., Führer der Kriegerkaste der

266 Finger

Fenier. Nach ihm ist die *F.shöhle* ben., Grotte auf der Insel Staffa (Innere Hebriden).

Finger, lat. *Digiti,* die bewegl. Endglieder der Hand, die jeweils den 5 Mittelhandknochen aufsitzen. Sie bestehen aus 3 *F.gliedern* (Grund-, Mittel- u. Endglied). Der 1. F. *(Daumen)* hat kein Mittelglied u. ist bes. bewegl. u. zum Greifen geeignet. Das Muster der Papillarleisten an den F.kuppen ist bei jedem Menschen anders ausgeprägt u. dient daher der Polizei zur Identifizierung von Personen durch den *F.abdruck (Daktyloskopie).*

Fingerhut, *Digitalis,* Gatt. der *Rachenblütler;* hierzu der *Rote F.,* der *Großblütige F.* (unter Naturschutz) u. der *Gelbblütige F.;* stark giftig; auch Herzmittel.

Fingerkraut, *Potentilla,* Gatt. der *Rosengewächse;* fingerförmige oder gefiederte Blätter u. gelbe oder weiße Blüten; hierzu: *Gänse-F., Sand-F., Frühlings-F., Silber-F.*

Fingersatz, *Applikatur,* Vorschrift für den richtigen Gebrauch der Finger beim Spielen von Musikinstrumenten.

Fingersprache, Zeichensprache der Taubstummen, bei der die versch. Fingerstellungen den einzelnen Buchstaben u. Zahlzeichen der geschriebenen Sprache entsprechen.

Fingertier, *Aye-Aye,* nächtl. aktiver *Halbaffe* Madagaskars.

fingieren, vortäuschen, erfinden, erdichten.

Finish ['finiʃ], scharfer Endkampf, Endspurt. – **finishen,** bei Pferderennen am Schluß des Rennens das Pferd bes. antreiben.

finit, endgültig bestimmt.

Finken, *Fringillinae,* Fam. der *Singvögel* mit kräftigem Schnabel, mit 120 Arten weltweit verbreitet; einheim. Arten u. a.: *Buchfink, Girlitz, Zeisig, Stieglitz, Hänfling, Gimpel, Grünfink, Bergfink,* i.w.S. auch die *Ammern.*

Finnbogadóttir, Vigdís, * 15.4.1930, isl. Politikerin; seit 1980 Staats-Präs.

Finne, 1. schmale Fläche eines Handhammers. – **2.** Jugendform bestimmter Bandwürmer. – **3.** Rückenflosse *(Rücken-F.)* von Haien u. Walen, auch die Brustflossen *(Brust-F.)* der Wale.

Finnen, *Suomalaiset,* Volk in N-Europa, der finn.-ugr. Sprachfam. zugehörig, rd. 5 Mio., davon 4,6 Mio. in Finnland, 300 000 in N-Amerika, 50 000 in Schweden, 12 000 in Norwegen u. 85 000 (ohne Karelier) in Rußland; Stämme: *Savolaiset, Tavasten* (Hämäläiset), *Kainulaiset* (Kvänen) u. *Karelier,* die z. T. nach dem 2. Weltkrieg umgesiedelt wurden.

Finnischer Meerbusen, weit nach O reichende Bucht der Ostsee zw. Finnland, Rußland u. Estland, 400 km lang, 50–100 km breit.

finnisch-ugrische Sprachen, *finno-ugrische Sprachen* →Sprachen.

Finnland, Staat in N-Europa, 338 127 km², 5 Mio. Ew., Hptst. *Helsinki.*
L a n d e s n a t u r. Der N ist gebirgig (Haltiatunturi 1324 m) u. senkt sich nach S zur waldreichen Finn. Seenplatte (über 60 000 Seen). Am Finn. u. Bottn. Meerbusen breitet sich fruchtbare Flachküste aus. Im N lange, schneereiche Winter u. relativ regenarme Sommer, im Küstenbereich atlantisch gemäßigtes Klima.
B e v ö l k e r u n g. 93% sprechen Finnisch, 7% Schwedisch. Die Bewohner sind größtenteils ev.-luth. (96%) u. leben v. a. im Küstentiefland.
W i r t s c h a f t. Die bed. Holzwirtschaft liefert die wichtigsten Ausfuhrgüter (Holz, Cellulose, Papier). Andere wichtige Industriezweige sind die Metall- u. Maschinenind. sowie der Schiffbau. Für die Energieerzeugung spielt die Nutzung der Wasserkraft eine große Rolle. An Bodenschätzen gibt es kleinere Kupfer- u. Zinkvorkommen. Die Landwirtschaft beschränkt sich v. a. auf die Viehzucht; Ackerbau wird nur im Küstenbereich betrieben. –

Finnland

Der Binnenverkehr stützt sich auf zahlr. Wasserstraßen.
G e s c h i c h t e. Im 2. Jh. n. Chr. wanderten die Finnen von O her ein. Im 13. Jh. wurde F. schwed. Provinz. 1809 wurde F. Großfürstentum des russ. Zaren, behielt jedoch seine innere Selbständigkeit. Am 6.12.1917 erklärte der Landtag F. für unabhängig. Am 21.6.1919 wurde F. Republik. 1930 erzwang der Bauernmarsch *(Lappobewegung)* nach Helsinki die Ausschaltung des Bolschewismus aus dem innenpolit. Leben. Die Sowjetunion provozierte 1939 einen Krieg *(Winterkrieg),* in dem F. unterlag. 1941–44 kämpfte F. auf der dt. Seite gegen die Sowjets, schloß jedoch am 19.9.1944 einen Waffenstillstand. F. Selbständigkeit konnte dadurch bewahrt werden. Durch den Pariser Friedensvertrag 1947 erkannte F. die Gebietsverluste an die UdSSR an. Der Beistandspakt von 1948 bestimmte bis zur Auflösung der UdSSR 1991 die Außen- u. Innenpolitik F. Staats-Präs. wurde 1946 J.K. *Paasikivi,* 1956 U. *Kekkonen,* 1982 M. *Koivisto* u. 1994 M. *Ahtisaari.*

Finnmark →Währung.

Finnwale →Furchenwale.

Finsen, Niels Ryberg, * 1860, † 1905, dän. Arzt; Begr. der Lichttherapie mit kaltem, UV-reichem Bogenlicht *(F.licht)* zur Behandlung der Hauttuberkulose; Nobelpreis 1903.

Finsteraarhorn, höchster Gipfel der Berner Alpen (Schweiz), 4274 m; 1812 erstmalig bestiegen.

Finstermünzpaß, Schlucht im Ober-Inntal, zw. Silvretta u. Ötztaler Alpen, rd. 1000 m ü. M.

Finsterwalde, Krst. in Brandenburg, in der westl. Niederlausitz, 23 900 Ew., Schloß (16. Jh.); verschiedene Ind.

Finte, 1. Täuschung(sversuch); Vorwand, Ausflucht. – **2.** Scheinhieb beim Boxen, Fechten u. ä.

Firdausi, Ferdausi, Firdusi, eigtl. *Abu-l Kasim Mansur,* * um 941, † 1020, pers. Epiker; verfaßte das Reimepos »Schahname« (»Königsbuch«; mehr als 50 000 Doppelverse), in dem er die Geschichte des Perserreichs im held. Stil erzählt.

Firma, Name, unter dem ein Vollkaufmann seine Geschäfte betreibt u. der ins *Handelsregister* eingetragen wird. Der Einzelkaufmann führt eine *Personen-F.* unter Angabe des Familien- u. mindestens eines ausgeschriebenen Vornamens *(Einzel-F.);* Gesellschaften führen teilweise *Sachfirmen* nach dem Gegenstand des Unternehmens (z.B. AG, GmbH) oder verbinden beide Elemente miteinander *(gemischte F.).* – **Firmenzeichen,** charakterist. unternehmenseigenes Werbesymbol, meist gesetzl. geschützt.

Firmament, sichtbarer Teil der Himmelskugel.

firmieren, einen Geschäftsnamen führen, mit diesem unterzeichnen.

Firmung, lat. *confirmatio,* grch. *chrisma,* ein Sakrament in der kath. Kirche; gespendet durch die Handauflegung, Salbung mit Chrisam u. die begleitenden Worte des Bischofs oder bevollmächtigten Priesters (»Sei besiegelt durch die Gabe Gottes, den Heiligen Geist«).

Firn, mehrjähriger Schnee des Hochgebirges, durch Tauen, Wiedergefrieren u. Druck des Neuschnees körnig, dicht u. luftarm geworden. Bei zunehmendem Druck entsteht das Gletschereis.

Firnis, Leinöl mit flüssigen oder festen Trockenmitteln, das zu einer festen, dünnen Haut (Film) erhärtet u. einen glänzenden Überzug liefert; als Schutzanstrich verwendet.

Firth [fə:θ], fjordartige Flußmündung oder Meeresbucht in Schottland.

FIS, Abk. für frz. *Fédération Internationale de Ski,* der Internationale Skiverband.

Fisch →Fische.

Fischadler, bis 65 cm langer *Greifvogel,* oberseits sehr dunkel, unterseits weiß gefärbt; in Mitteleuropa sehr selten.

Fischart, Johann, gen. *Mentzer* (d. h. Mainzer), eigtl. J. *Fischer,* * um 1546, † um 1590, dt. Satiriker; verspottete in Reim u. Prosa Rückständigkeiten seiner Zeitgenossen.

Fischaugen-Objektiv, engl. *fish-eye,* Photoobjektiv mit extrem großem Bildwinkel (bis zu 220 °) u. extrem kurzer Brennweite (bis zu 6,3 mm).

Fischbein, aus den Barten der Bartenwale gewonnenes hornartiges Material.

Fischblase, 1. Schwimmblase der Fische. – **2.** *Schneuß,* Ornamentmotiv im spätgot. Maßwerk.

Fischchen, *Zygentoma,* Ordnung der *Insekten,* bis 2 cm lange, urspr. flügellose Tiere mit 3 langen Schwanzanhängen, feuchtigkeits- u. wärmeliebend.

Fische, 1. *Pisces,* im Wasser lebende, systemat. uneinheitl. Gruppe von *Wirbeltieren;* mit paarig angeordneten Brust- u. Bauchflossen sowie unpaarigen Rücken- u. Schwanzflossen; i.d.R. Kiemenatmer; Haut mit Schuppen bedeckt; Vermehrung meist durch Eier *(Laich),* z. T. auch lebendgebärend (einige Haie, Zahnkarpfen). Zu den F. gehören die Klassen *Knorpelfische* u. *Knochenfische.* – **2.** Zeichen ⚓, Sternbild des Tierkreises, in dem sich gegenwärtig der *Frühlingspunkt* befindet.

Fischegel, an Fischen parasitierender *Rüsselegel.*

Fischer, 1. Edwin, * 1886, † 1960, schweiz. Pianist u. Dirigent. – **2.** Emil (Hermann), * 1852, † 1919, dt. Chemiker; klärte die Struktur vieler Zucker u. der Purinkörper auf; Grundlegung der Darstellung dieser Verbindungen; Begr. der Eiweißchemie. Nobelpr. 1902. – **3.** Ernst, * 1899, † 1972, öst. Schriftst. u. Politiker (bis 1969 Mitgl. der KPÖ). – **4.** Ernst Otto, * 10.11.1918, dt. Chemiker; bed. Arbeiten über metallorgan. Verbindungen; Nobelpr. 1973 (zus. mit G. *Wilkinson*). – **5.** Eugen, * 1874, † 1967, dt. Anatom; erbrachte den Nachweis, daß die Erbmerkmale des Menschen den Mendelschen Gesetzen folgen; bildete die Anthropologie zur *Anthropobiologie* um. – **6.** Franz, * 1877, † 1948, dt. Chemiker; entwickelte mit H. *Tropsch* das *F.-Tropsch-Verfahren* zur Synthese von Benzin. – **7.** Hans, * 1881, † 1945, dt. Chemiker; stellte den Blutfarbstoff (Hämin) synthet. dar u. führte Untersuchungen zur Synthese des Blattfarbstoffs (Chlorophyll) durch; Nobelpr. 1930. – **8.** Johann Michael, * 1692, † 1766, dt. Architekt; Hauptmeister des süddt. Rokokos; Ⓦ Kirchen in Zwiefalten, Ottobeuren, Rott am Inn. – **9.** Joseph (Joschka), * 12.4.1948, dt. Politiker (Bündnis 90/Die Grünen); 1985–87 u. 1991–94 Min. für Umwelt u. Energie u. stellv. Min.-Präs. in Hessen; seit 1994 Sprecher der Bundestagsfraktion seiner Partei. – **10.** Kuno, * 1824, † 1907, dt. Philosoph; übermittelte ein Bildungswissen, das für den Historismus im 19. Jh. kennzeichnend ist. – **11.** Marie Louise, * 28.10.1922, dt. Schriftst.; Unterhaltungs-, Frauen- u. Kriminalromane, auch Jugendbücher. – **12.** Otto Wilhelm (O.W.), * 1.4.1915, östr. Schauspieler; bes. Liebhaberrollen in zahlr. Filmen.

Fischer-Dieskau, Dietrich, * 28.5.1925, dt. Opern-, Konzert- u. Oratoriensänger (Bariton).

Fischerei, der gewerbsmäßige Fang von Fischen u. a. Wassertieren im Süßwasser *(Binnen-F.)* oder im Meer *(Küsten-F., Hochsee-F.).*

Finnland: auf einem See treibendes Holz

Fischerei: Krabbenfischer

Fischerring, seit dem 13. Jh. nachweisbarer Siegelring des Papstes, auf dem neben dem Namen des Papstes der Fischzug Petri dargestellt ist.
Fischer von Erlach, Johann Bernhard, *1656, †1723, östr. Baumeister; erster bed. Barockarchitekt des dt. Kulturgebiets.
Fischmehl, aus Fischabfällen hergestelltes Mastfutter für Landw. u. Fischzucht.
Fischotter, *Lutra,* Gatt. der *Marder;* durch einen muskulösen Schwanz, Schwimmhäute zw. den Zehen u. kurze Ohren dem Leben im Wasser angepaßt. → Otter.
Fischreiher → Reiher.
Fischsaurier → Ichthyosaurier.
Fischschuppenkrankheit, *Ichthyosis,* angeborene Neigung der (menschl.) Haut zu vermehrter Verhornung, Schuppung u. Trockenheit.
Fischvergiftung, Erkrankung durch den Genuß verdorbener oder giftiger Fische; bes. Brechdurchfall.
Fischwanderungen, Laichwanderungen bestimmter Fischarten (z.B. Aale, Lachse) von den Fraßplätzen zu den Laichplätzen u. zurück, ferner Nahrungswanderungen u. temperaturbedingte Wanderungen.
Fisher [ˈfiʃə], **1.** Geoffrey Francis, seit 1961 Lord F. *of Lambeth,* *1887, †1972; 1945–61 Erzbischof von Canterbury u. Primas von England. – **2.** Irving, *1867, †1947, US-amerik. Nationalökonom; Arbeitsgebiete: math. Wirtschaftstheorie, Geld- u. Zinstheorie.
Fiskus, Staatsvermögen, Staatskasse; der Staat als Rechtsperson.
Fissur, Spalte, Einriß, z.B. *Knochen-F., Schleimhaut-F.*
Fistel, Verbindungsgang zw. sonst nicht verbundenen Organen; auch Verbindung von Organen zur äußeren Haut, häufig bei tiefen Eiterungen. Künstl. F. werden in bestimmten Fällen operativ angelegt.

Fistelstimme, *Falsett* → Kopfstimme.
Fitneß, durch körperl. Training erreichte Leistungsfähigkeit.
Fittings, *Formstücke,* Verbindungs- u. Anschlußstücke für Gas- u. Wasserleitungen.
Fitzgerald [fitsˈdʒɛrəld], **1.** Ella, *25.4.1918, afroamerik. Jazzsängerin; die »First Lady of Song«. – **2.** Francis Scott Key, *1896, †1940, US-amerik. Schriftst.; vertritt mit seinen Romanen die »verlorene Generation« nach dem 1. Weltkrieg.
Fixativ, in Spiritus gelöster Schellack, mit dem Bleistift-, Kohle- u. Kreidezeichnungen sowie Pastellbilder besprüht werden, um sie vor dem Verwischen zu schützen.
fixe Idee, *überwertige Idee,* eine das Bewußtseinsfeld einengende, häufig zur *Zwangsvorstellung* werdende Vorstellung, mit der sich die Persönlichkeit so identifiziert, daß dadurch der normale Erlebnisablauf gestört wird.
fixe Kosten, *Fixkosten, feste Kosten,* von den Produktionskosten unabhängige Kosten eines Betriebs, z.B. Mieten, Zinsen.
fixen, 1. sich intravenös Rauschmittel einspritzen. – **2.** auf Zeit verkaufen, auf Baisse spekulieren.
Fixgeschäft, ein Rechtsgeschäft, bei dem die genaue Einhaltung des Liefertermins oder der Lieferfrist zur Pflicht gemacht ist.
fixieren, 1. festsetzen (einen Zeitpunkt). – **2.** anstarren. – **3.** eine leicht verwischende Zeichnung durch Bestäuben mit *Fixativ* haltbar machen. – **4.** unbelichtetes u. noch lichtempfindl. Halogensilbersalz aus photograph. Schichten mit *Fixierbad* herauslösen.
Fixstern, sehr weit entfernter, selbstleuchtender Himmelskörper von der Art der Sonne. Der nächste F. ist *Alpha Centauri,* 40 Bill. km entfernt. Im Ggs. zu den Planeten *(Wandelsternen)* ändern sie ihren Ort so langsam, daß der Anblick des F.-Himmels sich seit dem Altertum nur unwesentl. verändert hat.
Fixum, Festpunkt, festes Entgelt, Pauschalsumme.
Fizeau [fiˈzo], Armand Hippolyte Louis, *1819, †1896, frz. Physiker; 1849 erste Messung der Lichtgeschwindigkeit im Labor.
Fjord, schmale, lange, steilwandige, oft verästelte Meeresbucht, entstanden durch Überflutung eiszeitl. Trogtäler; v. a. in Norwegen, Island u. Neuseeland.
FKK, Abk. für *Freikörperkultur.*
Flachdruck, eine Gruppe von Druckverfahren, bei denen die Teile der Druckform (Text oder Bild), die Druckfarbe annehmen u. abgeben sollen, u. auch alle nichtdruckenden Teile in derselben Ebene liegen. Der direkte F. in Form des *Steindrucks* (Lithographie) u. des *Lichtdrucks* wird heute selten angewandt; das wichtigste F.verfahren ist der *Offsetdruck.*

Ella Fitzgerald

Fläche, geometr. Gebilde mit 2 Ausdehnungen; Begrenzung eines Körpers. Die einfachste F. ist die *Ebene.* – ⬜ → S. 268
Flächenmaße → Maße und Gewichte.
Flächennutzungsplan, *vorbereitender Bauleitplan,* der die geplante städtebaul. Entwicklung einer Gemeinde ordnen soll.
Flachs, *Lein,* blaublühendes *Leingewächs,* beheimatet in den Gebieten zw. dem Pers. Golf u. dem Kaspischen bzw. Schwarzen Meer. Verarbeitung der faserigen Stengel zu Garnen; Ölgewinnung aus den Samen.
Flacourtia [-ˈkuːrtsia], Bäume u. Sträucher der *Flacourtiaceae;* in den Tropen der Alten Welt heim.; mit eßbaren süßen Früchten.
Flagellanten, *Geißler, Geißelbrüder, Flegler, Kreuzbrüder,* mittelalterl. Schwärmer, die sich selbst öffentl. geißelten, um auf gewaltsame Weise Befreiung von der Sünde zu erreichen.
Flagellaten, *Flagellata, Geißeltierchen,* Einzeller mit einer oder mehreren Geißeln. Von den F. nahm alles höhere tier. u. pflanzl. Leben seinen Ausgang.
Flageolett [flaʒo-], **1.** eine kleine Blockflöte mit bes. dünnem Ansetzschnabel aus Elfenbein oder Horn. – **2.** bei Streichinstrumenten u. Harfe ein hoher, flötenähnl. Ton (Obertöne).
Flagge, kleine Fahne in den Nationalfarben des betr. Staates; Hoheitszeichen eines Staates, meist mit Wappen oder Sinnbild zur Kennzeichnung der Nationalität eines Schiffs *(National-F.),* bei Reedereien *Haus-F. (Kontor-F.);* bes. Arten: *Lotsen-, Post-, Quarantäne-* u. *Zoll-F.*

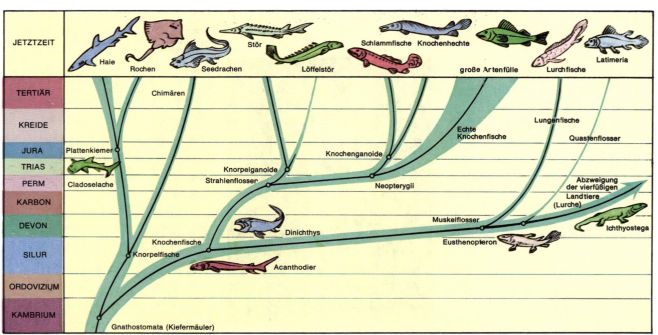

Stammbaum der Fische

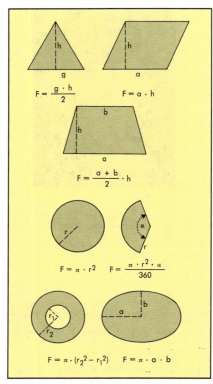

geometrische Flächen und ihre Berechnungsformeln

Flaggoffizier, Bez. für die *Admirale,* die berechtigt sind, auf ihrem Schiff *(Flaggschiff)* eine ihrem Dienstgrad entspr. Flagge zu führen. Der Adjutant eines F. heißt *Flaggleutnant,* der Kommandant *Flaggkapitän.*
Flaggschiff, in der Marine das durch die Flagge eines Admirals gekennzeichnete Führungsschiff; in der Handelsmarine auch das jeweils größte Schiff einer Reederei.
flagrant, auffallend, offenkundig. – **in flagranti,** auf frischer Tat.
Flagstad, Kirsten, *1895, †1962, norw. Sängerin (Sopran); 1958–60 Leiterin der Staatsoper in Oslo.
Flaherty [ˈflæːrti], Robert, *1884, †1951, US-amerik. Dokumentarfilmregisseur u. -produzent.
Flair [flɛːr], Atmosphäre, persönl. Note; Spürsinn.
Flak, Abk. für *Flugabwehrkanone,* im 1. u. 2. Weltkrieg Geschütz zur Bekämpfung feindl. Flugzeuge; heute Flugabwehrrakete.
Flake, Otto, Pseud.: Leo F. *Kotta,* *1880, †1963, dt. Schriftst. (kulturhistor. u. Bildungsromane).
flambieren, 1. fertige Speisen mit hochprozentigem Branntwein oder Likör übergießen u. anzünden. – **2.** Geflügel absengen.
Flamboyant [flãbwaˈjã], spätgot. flammenartiges Maßwerk des 15. Jh., v. a. in der Kirchenarchitektur Frankreichs u. Englands; **F.-Stil,** die engl. u. frz. Spätgotik.
Flamen, *Vlamingen,* frz. *Flamands,* geschichtl. u. stammesmäßig den Holländern u. Niederdeutschen verwandtes germ. Volk im W u. N Belgiens (hpts. in W- u. O-Flandern, Brabant u. Limburg) u. in angrenzenden Teilen NO-Frankreichs; eig. Sprache *(Flämisch,* ein ndl. Dialekt), Malerei u. Literatur; kulturelle Mittelpunkte: Brügge, Gent, Antwerpen. Die F. wurden durch die Revolution von 1830/31 vom Kgr. der Ndl. losgerissen u. mit den Wallonen zu Belgien vereinigt; in Belgien bis in die Gegenwart andauernder *Sprachenstreit* zw. F. u. Wallonen.
Flamenco, Gatt. andalus. Tanzlieder u. Tänze mit maur.-arab. u. ind. Einfluß; ohne feste Form mit schwermütigen Texten, seit dem 19. Jh. vorzugsweise von Zigeunern verbreitet.
Fläming, niederer, bewaldeter Höhenzug nordöstl. der mittleren Elbe, im *Hagelberg* 201 m.
Flamingos, *Phoenicopteriformes,* Ordnung der *Vögel;* weiß, rosa oder rot gefiedert, lange Beine u. langer Hals; 5 Arten, in den Tropen u. Subtropen Mittel- u. S-Amerikas, Afrikas, Asiens u. in SW-Europa beheimatet.
Flaminius, Gaius, †217, altröm. Consul; Vorkämpfer des Volks *(plebs)* gegen den Senat u. die Vorherrschaft der Patrizier; in der Schlacht am Trasimen. See gegen *Hannibal* gefallen.
Flämische Bewegung, nach der Gründung Belgiens entstandene Reaktion der fläm. Bevölkerung auf das Übergewicht der wallon. Bevölkerungsanteils; v. a. seit Mitte des 19. Jh. hervorgetreten; Aufspaltung in fläm. Sektionen der großen belg. Parteien, Gründung einer eig. fläm. Partei (»Volksunion«), seit 1963 Sprachgrenze zw. Flandern u. Wallonien, seit den 1970er Jahren kulturelle u. wirtsch. Autonomie.
Flamme, bei der Verbrennung eine von hocherhitzten Gasen ausgehende Leuchterscheinung. Feste Stoffe brennen nur dann mit einer F., wenn sie in der Hitze brennbare Gase abgeben, z.B. Holz. Bei genügender Luftzufuhr wird jede F. nichtleuchtend.
Flammendes Herz →Tränendes Herz.
Flammenwerfer, Nahkampfwaffe mit bis zu 70 m Reichweite.
Flammpunkt, die Temperatur, bei der sich über einem Brennstoff gerade entflammbare Dämpfe bilden, die bei Annäherung einer Zündquelle kurz aufflammen; dient als Maß für die Feuergefährlichkeit eines Stoffs.
Flandern, *Vlaanderen,* frz. *Flandre,* histor. Ldsch. im niederbelg.-nordfrz. Tiefland; zw. Calais u. Scheldemündung; überwiegend von *Flamen* bewohnt. Wichtige Städte: Gent, Brügge. – Seit der Frz. Revolution frz., 1815 ndl., seit 1830 Teil des Kgr. Belgien.
Flanell, Sammelbegriff für weiche, gerauhte Woll-, Chemiefaser- oder Baumwollgewebe.
Flaneur [flaˈnœːr], Müßiggänger, Bummler. – **flanieren,** umherschlendern.
Flanke, 1. Seite, Seitenteil. – **2.** Stützsprung über Pferd, Kasten u. a., bei dem eine Seite des Körpers dem Gerät zugekehrt ist. Bei Fußball, Handball, Hockey u. ä. das Zuspiel quer über das Spielfeld. – **3.** bei Wirbeltieren Rumpfseite zw. Rippen, Hüfte u. Lendenwirbeln.
Flansch, 1. ringförmige Rohrverbindung (zum Zusammenschrauben). – **2.** bei Profilstahlen u. Staltträgern der quer zum Steg befindl. Teil.
Flaschenbaum, Bäume der warmen Zonen mit ungewöhnl. dicken, flaschenförmigen Stämmen, v. a. in Australien.
Flaschenkürbis, *Flaschenbirne,* häufig angebautes *Kürbisgewächs,* aus dessen birnförmigen oder zylindr. Früchten die bei den Naturvölkern gebräuchl. Gefäße *(Kalebassen)* hergestellt werden.
Flaschenzug, *Rollenzug,* Arbeitsvorrichtung zum Heben schwerer Lasten. Der *gewöhnl. F.* besteht aus mehreren festen u. losen Rollen, über die ein Seil (Kette) läuft. Allg. gilt: Kraft = Last : Rollenzahl. Gebräuchlicher ist der *Differential-F.,* der aus zwei Rollen mit versch. Durchmessern auf einer losen Rolle besteht. Über alle drei Rollen führt eine

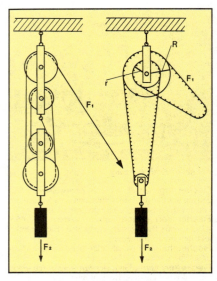

Flaschenzug (links) und Differentialflaschenzug

endlose Kette. Bei sehr schweren Lasten werden Elektroflaschenzüge verwendet.
Flattergras, *Wald-F.,* zu den *Süßgräsern* gehörendes Gras schattiger Wälder.
Flaubert [floˈbɛːr], Gustave, *1821, †1880, frz. Schriftst.; Hauptvertreter des frz. Realismus, Schilderung einer desillusionierten bürgerl. Welt; W »Madame Bovary«.
Flavius, in röm. Kaiserzeit häufiger Familienname, bek. durch die 1. Flavische Dynastie (69–96) mit den Kaisern *Vespasian, Titus* u. *Domitian,* die 2. Flavische Dynastie begr. 293 *Konstantin d. Gr.;* sie regierte bis 395.
Flavon, 2-Phenylbenzopyron, heterocycl. Verbindung, von der sich die *F.farbstoffe,* z.B. das *Quercetin,* ableiten (gelbe Blüten- oder Wurzel- u. Holzfarbstoffe, die als Beizenfarbstoffe für Wolle u. Seide verwendet werden).
Flaxman [ˈflæksmən], John, *1755, †1826, engl. Bildhauer u. Zeichner; Hauptmeister des engl. Klassizismus.
Flechten, 1. Organismen, die von miteinander in Symbiose lebenden *Algen* u. *Pilzen* gebildet werden; an Bäumen, auf der Erde oder auf Felsen; Massenvorkommen v. a. in der arkt. Tundra. – **2.** chron. Hauterkrankungen ohne einheitl. Charakter. Zu den ansteckenden F. gehören die *Eiter-F.,* die durch einen Pilz hervorgerufene *Bart-F.* u. die *Hauttuberkulose;* nicht ansteckend ist z.B. die *Schuppenflechte.*
Flechtheim, Ossip Kurt, *5.3.1909, dt. Politologe; Arbeitsschwerpunkte: Gesch. u. Theorie der polit. Parteien, des Marxismus u. Kommunismus, ferner der Futurologie.
Flecken, histor. Bez. für Siedlungen, denen einige, aber nicht vollständige Stadtrechte verliehen worden sind; insbes. *Markt-F.* (mit Marktrecht).
Fleckenfalter, *Nymphalidae,* Fam. großer bis mittelgroßer Tagfalter; hierzu: *Admiral, Distelfalter, Kleiner* u. *Großer Fuchs, Eisvögel* u. a.
Fleckfieber, *Flecktyphus,* schwere, sehr ansteckende, mit Fieber, Verwirrungszuständen u. fleckigen Ausschlägen einhergehende, akute Infektionskrankheit, die durch den Kot der Kleiderlaus übertragen wird; anzeigepflichtig.
Fledermäuse, *Microchiroptera,* Unterordnung der *Fledertiere,* mit einer Flughaut zw. den stark verlängerten Fingern u. den Hintergliedmaßen; viele Arten jagen Insekten, manche ernähren sich von Früchten, wenige in N Südamerikas lebende Arten saugen Wirbeltierblut; Dämmerungs- u. Nachttiere; Orientierung durch Echoortung mit Ultraschall; durch Insektenbekämpfungsmittel u. Zerstörung ihrer Ruheplätze bedroht.
Fledertiere, *Chiroptera,* Ordnung der Säugetiere mit den Unterordnungen *Fledermäuse* u. *Flughunde.*
Fleet, *Flet,* Entwässerungsgraben oder kleiner (Seiten-)Kanal in Städten; in Holland *Gracht.*
Fleisch, Bez. für die Weichteile bei den Tieren u. Pflanzen *(Frucht-F.),* bes. das als menschl. Nahrung verwendete *Muskel-F.* der Schlachttiere; enthält etwa 21% Eiweiß, 3–30% Fett, 1% Mineral-

Flamenco: die Tänzerin La Singla

salze (Kochsalz, Calcium, Eisenverbindungen, Phosphorsäure), 0,5% Kohlenhydrate, 70–75% Wasser u. Vitamine (bes. der B-Gruppe). – **F.beschau,** amtl. Untersuchung der Schlachttiere, um festzustellen, ob das F. für den menschl. Genuß geeignet ist.
Fleischfliegen, *Sarcophagidae,* weltweit verbreitete Fam. großer, grauschwarz gestreifter Fliegen, deren Larven sich in faulendem Fleisch (auch in eiternden Wunden) u. Exkrementen entwickeln.
fleischfressende Pflanzen →insektenfressende Pflanzen.
Fleischmehl, leicht verdaul. u. hochwertiges Eiweißfuttermittel, das bes. in der Schweinemast u. Hühnerfütterung verwendet wird.
Fleischvergiftung, bakterielle Lebensmittelvergiftung, verursacht durch verdorbenes oder bakteriell infiziertes Fleisch; anzeigepflichtig. Symptome: u. a. Durchfall, Erbrechen, Fieber.
Fleißer, Marieluise, *1901, †1974, dt. Schriftst.; realist., sozialkrit. Theaterstücke u. Erzählungen.
Fleißiges Lieschen →Springkraut.
flektieren, Sammelname für deklinieren u. konjugieren.
Flémalle [fle'mal], *Meister von F.,* ndl. Maler; wahrscheinl. ident. mit R. *Campin* (*um 1377, †1444); Mitbegr. der alt-ndl. Malerei (bes. religiöse Gemälde u. Bildnisse im realist. Stil).
Fleming, 1. Sir Alexander, *1881, †1955, brit. Bakteriologe; entdeckte 1929 das *Penicillin;* Nobelpreis für Medizin (mit H. *Florey* u. E.B. *Chain*) 1945. – **2.** *Flemming,* Paul, *1609, †1640, dt. Dichter des Barock; Vertreter des Petrarkismus.
Flensburg, krfr. Stadt nahe der dän. Grenze in Schl.-Ho., an der *F.er Förde,* 86 000 Ew.; alte Hafen- u. Handelsstadt; got. Kirchen St. Nicolai u. St. Marien; HS; Kraftfahrt-Bundesamt, Flughafen; (Frei-)Hafen, Fischerei u. vielseitige Ind.
Flettner, Anton, *1885, †1961, dt. Techniker; konstruierte den *F.-Rotor* (einen Schiffsantrieb) u. das *F.-Ruder.*
Fleuron [flø'rɔŋ], Svend, *1874, †1966, dän. Schriftst.; Schöpfer des modernen Tierromans.
Fleury [floe'ri], ehem. Benediktinerabtei in Mittelfrankreich, Mittelpunkt der cluniazens. Bewegung; 1798 aufgehoben.
Flevoland, *Ostpolder,* ehem. Teil des IJsselmeers in den Ndl., 1957–68 trockengelegt u. in den 3. IJsselmeerpolder umgewandelt; seit 1986 Prov.; landw. Kultivierung, Erholungs- u. Entlastungsgebiet für die *Randstad Holland.*
Flexenpaß, *Flexensattel,* östr. Paß in den Lechtaler Alpen, zw. Lech- u. Klostertal, 1773 m.
flexibel, biegsam, abwandelbar. – **Flexibilität,** Fähigkeit, sich wechselnden Situationen anzupassen; Ggs.: *Rigidität.*
Flexible Response ['fleksibl ri'spɔns], Begriff der NATO-Strategie (seit 1967): »biegsame (anpassungsfähige) Antwort« (auf feindl. Aggression). Sie soll einer Aggression dadurch vorbeugen, daß das für jede mögl. Aggressionsform optimal geeignete Abwehrmittel unverzügl. eingesetzt werden kann.
flexible Wechselkurse →Floating.
Flexion, *Beugung,* eines Wortes, Sammelbegriff für *Deklination* u. *Konjugation.*
Flexodruck →Hochdruck.
Flibustier, im 17. Jh. Bez. der Spanier für die Freibeuter, die in Westindien zus. mit den *Bukaniern* die Küsten verheerten.
Flick, Friedrich, *1883, †1972, dt. Industrieller;

Fliegenpilz

baute vor dem 2. Weltkrieg einen Montankonzern auf, in dessen Mittelpunkt die *Friedrich Flick KG,* Düsseldorf, stand; nach dem 2. Weltkrieg Aufbau eines neuen Konzerns mit Schwergewicht auf der verarbeitenden Ind.; ging 1986 unter dem Namen *Feldmühle Nobel AG* in den Besitz der Dt. Bank über.
Flickenschildt, Elisabeth, *1905, †1977, dt. Schauspielerin (Charakterdarstellerin).
Flieder, *Syringa,* Gatt. der *Ölbaumgewächse,* meist ostasiat. Arten; beliebte Ziersträucher. *Gewöhnl. F.* auch in Europa heimisch.
Fliedner, Theodor, *1800, †1864, dt. ev. Theologe; gründete 1836 in Kaiserswerth das erste Diakonissen-Mutterhaus u. erneuerte damit das apostol. Diakonissenamt.
Fliegen, artenreiche Insektenordnung mit einem Flügelpaar, stechend-saugende Mundwerkzeuge, gedrungener Körper mit meist kurzen, dreigliedrigen Fühlern; in vielen Arten weltweit verbreitet; häufig Krankheitsüberträger u. Schädlinge. Arten u. a. *Dassel-, Dung-, Fleisch-, Frucht-, Schweb-, Schmeiß-, Stech-* u. *Stuben-F.*
Fliegende Fische, *Flugfische, Exocoetidae,* in wärmeren Meeren vorkommende Fam. der *Hornhechtartigen.* Sie gebrauchen ihre übermäßig verbreiterten Brustflossen wie Fallschirme, wenn sie bei der Verfolgung durch Raubfische aus dem Wasser schnellen u. bis zu 200 m weit durch die Luft gleiten.
Fliegender Drache →Flugdrache.
Fliegender Holländer, nach einer alten Seemannssage Kapitän eines Geisterschiffs, der dazu verdammt ist, ruhelos die Meere zu durchfahren; Hauptgestalt der gleichn. Oper von R. *Wagner.*
Fliegende Untertasse →UFO.
Fliegengewicht →Gewichtsklassen.
Fliegenpilz, *Fliegenschwamm,* giftiger *Blätterpilz* mit einem meist blutroten Hut, der von Resten der Hüllhaut weiß beflockt ist.
Fliegenschnäpper, *Muscicapidae,* umfangreichste Fam. der *Singvögel;* gemeinsames Merkmal: breiter, flacher Schnabel, am Grund von kurzen, harten Federborsten umgeben, die eine Fangreuse für Insekten bilden; hierzu u. a. *Grasmücken, Rohrsänger, Zaunkönige, Drosseln.*
Flieger, 1. Radrennfahrer für Kurzstrecken. – **2.** Dienstgrad bei der dt. Luftwaffe. – **F.horst,** Flughafen der dt. Luftwaffe.

Fliehkraft →Zentrifugalkraft.
Fliese, flache, meist quadrat. geformte Keramikplatte für Wand- oder Bodenbelag.
Fließfertigung, Herstellung größerer Mengen gleichartiger Erzeugnisse durch genormte Arbeitsgänge am *Fließband.*
Fließpapier →Löschpapier.
Flimmerepithel, mit Wimpern oder Geißeln besetzte Epithelzellen, z.B. in der Luftröhre u. Nasenhöhle.
Flims, *Flem,* schweiz. Luftkurort u. Wintersportplatz in Graubünden, am Fuß des *F.er Steins* (2697 m), 1080 m ü. M., 1700 Ew.
Flinders Range ['flindəz reindʒ], Gebirgshorst im sö. Australien, im *St. Mary Peak* 1188 m.
Flint →Feuerstein.
Flinte, Jagdgewehr mit glattem (nicht gezogenem) Lauf für Schrotschuß.

Hundefloh

Flintglas, bleihaltiges Glas mit hoher Lichtbrechung.
Flip-Flop, elektr. Schaltung mit zwei stabilen Zuständen *(bistabile Kippschaltung),* abwechselnd stromführend u. stromlos.
Flipper, Spielautomat, bei dem eine rollende Kugel Hindernisse passieren muß, wobei das Berühren bestimmter Stellen dem Spieler Punkte einbringt.
Flirt [flœ:t], charmantes, unverbindl. Liebesgeplänkel.
Flitner, Wilhelm, *1889, †1990, dt. Pädagoge u. Kulturphilosoph; Vertreter einer geisteswissenschaftl.-hermeneut. Reformpädagogik u. theoret. Begr. der Volkshochschule.
FLN, Abk. für frz. *Front de libération nationale,* Nationale Befreiungsfront, Zusammenschluß der für die Befreiung Algeriens arbeitenden Parteien u. Gruppen, gegr. 1955. Seit der Unabhängigkeit Algeriens 1962 die regierende Staatspartei.
Floating [flouting], freies Schwanken der Wechselkurse *(flexible Wechselkurse)* je nach Angebot u. Nachfrage am Devisenmarkt.
Flobert, *Tesching,* kleine Handfeuerwaffe, meist in Form eines Gewehrs, genannt nach dem Erfinder der Einheitspatrone, dem Franzosen Nicolas F. (*1819, †1894).
Flockenblume, *Centaurea,* Gatt. der *Korbblütler;* hierzu: u. a. die *Kornblume.*
Flöhe, *Aphaniptera, Siphonaptera,* Ordnung der *Insekten;* flügellos, bis 3 mm lang, seitl. abgeplattet; mit kräftigen Sprungbeinen u. stechend-saugenden Mundwerkzeugen; als zeitw. Außenparasiten blutsaugend auf Vögeln u. Säugetieren, z. T. Krankheitsüberträger. Zu der. F. gehören der *Menschenfloh, Rattenfloh, Hundefloh, Katzenfloh* u. *Sandfloh.*
Flohkrebse, *Amphipoda,* Ordnung der *Höheren Krebse;* mit seitl. zusammengedrücktem Körper u. 3 zu Sprungbeinen umgebildeten Beinpaaren am Körperende; meist Meeres-, aber auch Süßwasserbewohner.
Flohzirkus, auf Jahrmärkten Schaubühne mit dressierten Flöhen.
Flom, *Flomen,* Nieren- u. Bauchfett des Schweins.
Flop, Mißerfolg, Fehlschlag.
Floppy Disk, Datenträger einer kleineren EDV-Anlage in Form einer flexiblen, beidseitig beschichteten Magnetplatte.
Flor, 1. dünner Seidenstoff, Schleier. – **2.** wollige Oberschicht von Teppichen, Plüsch u. Samt. – **3.** schwarzer Seidenstreifen um den Ärmel als Zeichen von Trauer *(Trauer-F.).*

Fledermäuse: Spur einer laufenden Fledermaus (links) und Echolotung beim nächtlichen Beutefang (rechts)

Flora, 1. röm. Frühlingsgöttin. – **2.** Pflanzenwelt eines bestimmten Gebietes.

Florenreiche, versch. Erdräume, in denen sich die Pflanzenwelt im Lauf der Erdgeschichte selbständig entwickelt hat. Man unterscheidet 6 F.: das *holarkt.* (gesamte nördl. gemäßigte u. kalte Zone), das *paläotrop.* (Tropenzone der Alten Welt), das *neotrop.* (Tropenzone der Neuen Welt), das *austral.,* das *kapländ.* u. das *antarkt.* Florenreich.

Florentiner, Gebäck in Oblatenform mit Nüssen oder Mandeln.

Florenz, ital. *Firenze,* norditalienische. Stadt am Arno, Hptst. der *Toskana* u. der Provinz F., 460 000 Ew.; Kunstschätze u. Bauwerke aus der Renaissance, berühmte Museen (Uffizien, Palazzo Pitti, Nationalmuseum Bargello u. a.), Kirchen u. Paläste; Kunstakademie, Univ., Nationalbibliothek; versch. Ind.

Gesch.: das antike *Florentia,* 59 v. Chr. von Cäsar gegr.; im 14. Jh. mit 120 000 Ew. führende Macht Mittelitaliens; Sitz der größten Künstler der Zeit (u. a. *Donatello, Fra Angelico, Michelangelo);* 1434–1737 (mit Unterbrechungen) unter der Herrschaft der berühmten florentin. Bankiersfamilie der *Medici;* 1865–71 Hptst. des Kgr. Italien.

Flores, 1. *Floris,* eine der Kleinen Sundainseln Indonesiens, mit tätigen Vulkanen, 15 175 km², bis 2400 m hoch, Hauptort *Maumere.* – **2.** [-riʃ], Insel der *Azoren,* 143 km², 4500 Ew.

Florett, *Fleuret,* im sportl. Fechten eine Stichwaffe mit (im Querschnitt) rechteckiger oder quadrat. Klinge.

Florey [ˈflɔːri], Sir Howard Walter, *1898,

Florenz: Palazzo Vecchio

†1968, brit. Bakteriologe. Die nach ihm ben. *F.-Einheit* (heute meist *Oxford-Einheit*) ist die internat. Penicillin-Einheit, Nobelpreis für Medizin (zus. mit A. *Fleming* u. E.B. *Chain*) 1945.

Florfliegen, *Goldaugen, Blattlausfliegen,* Fam. der *Netzflügler;* zarte, bis 17 mm lange Insekten mit 4 durchsichtigen, grün schillernden Flügeln.

Florian, Patron Oberöstr., ertränkt in der Enns um 304. Über seinem Grab wurde das Stift St. Florian erbaut. – Fest: 4.5. →Heilige.

Florianópolis, Hptst. des südbrasil. Bundesstaats *Santa Catarina,* 240 000 Ew., auf der Insel *Santa Catarina;* Univ.; landw. Handel, Fischerei.

Florida, Abk. *Fla.,* Staat u. Halbinsel im SO USA, 151 670 km², 12,4 Mio. Ew., Hptst. *Tallahassee;* meist eben, z. T. sumpfig (Everglades) u. verkarstet; an der Atlantikküste Nehrungen, auf denen Badeorte liegen, im S fortgesetzt durch die Inselkette der *F.Keys;* subtrop. Klima mit winterl. Kälteeinbrüchen, häufig Hurrikane; Anbau von Zitrusfrüchten, Gemüse, Mais, Wein, Tabak, Reis u. Baumwolle; Fischfang; Phosphatabbau, Erdölgewinnung; Raketenversuchsgelände auf Cape Canaveral. – 1513 entdeckt, 1763 engl., 1783 span., 1821 an die USA verkauft, seit 1845 Bundesstaat. – **F.straße,** Meeresstraße zw. F., den Bahamainseln u. Kuba, verbindet den Golf von Mexiko mit dem Atlant. Ozean; 100–200 km breit; vom **F.strom** durchflossen, einer warmen Meeresströmung, die sich nordöstl. von F. mit dem Antillenstrom zum Golfstrom vereinigt.

Floris, eigtl. *de Vriendt,* Cornelis, *1514, †1575, fläm. Architekt, Bildhauer, Zeichner; Hauptmeister der fläm. Renaissance (z.B. Rathaus in Antwerpen).

Florpost, bes. dünnes Durchschlagpapier.

Flörsheim am Main, hess. Ind.-Stadt am unteren Main, 17 000 Ew.

Flory, Paul John, *1910, †1985, US-amerik. Chemiker; Untersuchungen über Polymere; Nobelpreis 1974.

FLUGZEUG

Flugboot Do X in Venedig, 1931 (links). – Das Überschall-Passagierflugzeug Concorde erreicht eine Geschwindigkeit von 2,2 Mach (rd. 2600 km/h). Es ist eine französisch-britische Gemeinschaftsentwicklung (rechts)

Hochleistungs-Segelflugzeuge werden heute fast ausschließlich aus faserverstärkten Kunststoffen hergestellt (links). – Blick in das Cockpit des Großraum-Passagierflugzeuges Airbus A 320 (rechts)

Floskel, leere Redensart, Formel.

Floß, flaches, durch die Strömung oder durch Schlepper fortbewegbares Wasserfahrzeug aus miteinander gelenkig verkoppelten Schwimmkörpern, z.B. aus Leichtmetall, Kunststoff oder Baumstämmen.

Flossen, die Bewegungs- u. Steuerorgane der wasserbewohnenden Wirbeltiere (Fische, Wale, Robben).

Flotation, *Schwimmaufbereitung,* Verfahren zur Aufbereitung von Erzen bzw. Mineralgemischen, bei dem die unterschiedl. Benetzbarkeit der beteiligten Komponenten ausgenutzt wird.

Flöteninstrumente, Musikinstrumente, bei denen durch Anblasen einer Kante oder Schneide der Innenraum eines Hohlkörpers zum Schwingen gebracht wird; Mundloch entweder am Ende einer Röhre *(Längsflöte)* oder seitl. in sie eingeschnitten *(Querflöte);* bek. Arten: *Blockflöte, Pikkoloflöte, Panflöte,* alle *Pfeifen.*

Flötner, Peter, * um 1490, † 1546, schweiz. Kleinplastiker, Holzschneider, Ornamentzeichner u. Kunsttischler.

Flotow [-to:], Friedrich Frhr. von, * 1812, † 1883, dt. Komponist; W Opern: »Alessandro Stradella«, »Martha«.

Flotte, *i.w.S.* die Gesamtheit der Schiffe eines Staates (Handels-, Fischerei- u. Kriegs-F.), *i.e.S.* die für den Seekrieg geeigneten Kriegsschiffe. – **F.nbasis,** Gesamtheit der schwimmenden u. landfesten Einrichtungen der Marine zur Versorgung der F.

Flottille, Verband aus kleineren Schiffen, bes. von Kriegsfahrzeugen.

Flöz, abbaufähige Erz- oder Kohleschicht.

Fluate, Salze der Kiesel-(Silicium-)Fluorwasserstoffsäure; zur Neutralisierung, Härtung u. als Bautenschutzmittel von Putz-, Beton- u. Estrichflächen.

Fluchtdistanz, der von Art zu Art u. auch individuell versch. Abstand, bei dessen Unterschreitung ein Tier vor einem Feind oder Rivalen die Flucht ergreift oder angreift.

Fluchtgeschwindigkeit, *Entweichgeschwindigkeit,* 2. *kosmische Geschwindigkeit, parabolische Geschwindigkeit,* Geschwindigkeit, die erforderl. ist, um dem Anziehungsbereich eines Himmelskörpers zu entkommen; beträgt bei der Erde 11,2 km/s, beim Mond 2,4 km/s, bei der Sonne 617,7 km/s.

Flüchtigkeit, Neigung eines Stoffs, in den gasförmigen Zustand überzugehen.

Fluchtkapital, ins Ausland gebrachte Vermögenswerte.

Flüchtling, jede Person, die infolge Krieg, wegen polit. Verfolgung, Rasse, Religion u. ä. oder aus Gewissensgründen ihre Heimat verlassen muß; Sondergruppen: *Vertriebene* u. *Displaced Persons;* internat. Betreuung der F. seit 1951 durch die UNO.

Fluchtpunkt, das Bild des unendl. fernen Punktes einer Geraden bei einer *Zentralprojektion.*

Flüelapaß, schweiz. Alpenpaß in Graubünden, zw. Davos u. Susch im Unterengadin, 2315 m.

Flugabwehr, Abk. *Fla,* Abwehr von gegner. Flugzeugen durch Kanonen, Raketen u. herkömml. Maschinenwaffen.

Flugbeutler, *Petaurus,* Gatt. der *Kletterbeutler;* Beuteltiere von eichhörnchenartiger Gestalt u. Lebensweise, die zw. Vorder- u. Hinterextremität eine Fallschirmhaut entwickelt haben; Vorkommen: Australien, Neuguinea, Bismarckarchipel.

Flugblatt, ein- oder zweiblättrige kostenlos verteilte Druckschrift zur Verbreitung aktueller Nachrichten, Propaganda oder Werbung; seit dem 15. Jh. bekannt.

Flugdrache, baumbewohnende *Agame* in Hinterindien u. Indonesien, bis 30 cm lang; mit aufstellbaren Hautfalten an den Körperseiten, die als Gleitflugorgane dienen.

Flügel, 1. seitl. Anbau eines Gebäudes; Außenteil eines mehrteiligen Gegenstandes (Altar-, Fenster-, Lungen-F.). – **2.** äußere Einheit einer aufgestellten Truppe oder Mannschaft. – **3.** in Form eines Vogelflügels gebautes Klavier mit waagr. liegenden Saiten. – **4.** Tragwerk eines Flugzeugs. – **5.** die zum Fliegen dienenden Körperteile bei Vögeln, Fledermäusen, Insekten u. ä.

Flugfische → Fliegende Fische.

Flugfrösche, versch. in Indonesien vorkommende Arten der *Ruderfrösche* mit stark vergrößerten Schwimmhäuten zw. Fingern u. Zehen, die ihnen Gleitflüge von mehreren Metern ermöglichen.

Flughafen, Geländefläche mit Bodenanlagen für den allg. Flugverkehr u. Flugsport. Die F.anlagen umfassen im allg. das Rollfeld mit den Start- u. Landebahnen (»Pisten«) sowie den Rollwegen, Beleuchtungsanlagen, Funk-Landehilfsanlagen, Flugzeughallen, Tank- u. Wartungsanlagen u. den Gebäuden für Passagier- u. Frachtabfertigung, Zoll, Luftsicherung sowie Verwaltung.

Flughaut, bei versch. Wirbeltieren die Hautfalten zw. einzelnen Gliedern, die der Fortbewegung in der Luft dienen.

Flughörnchen, *Flugeichhörnchen, Gleithörn-*

Junkers Ju 87, der berühmte Stuka (Sturzkampfbomber), beim Angriff. Das Flugzeug erwies sich bald als veraltet; das Problem, Bomben aus der Luft ins Ziel zu bringen, blieb bis zum Ende des 2. Weltkriegs auf deutscher Seite ungelöst (links). – Starfighter F-104 G (rechts)

McDonnell Douglas F-15 Eagle, schwerer einsitziger Allwetter- und Luftüberlegenheitsjäger, Aufklärer und taktischer Bomber (links). – Lockheed C-5A Galaxy, strategischer Transporter, größtes Flugzeug der Welt (rechts)

272 Flughühner

chen, nächtl. aktive *Hörnchen,* mit *Flughaut* zw. den Vorder- u. Hintergliedmaßen, v. a. in N-Asien u. N-Amerika.

Flughühner, *Pteroclidae,* Fam. der *Taubenvögel,* als Steppen- u. Halbwüstenbewohner in Afrika, S-Europa u. Asien beheimatet.

Flughunde, *Flederhunde,* Unterordnung der *Fledertiere,* mit verlängerter Schnauze; Fruchtfresser; in den warmen Zonen der Alten Welt beheimatet.

Flugkörper, engl. *missiles,* unbemannte, mit konventionellem Sprengstoff oder mit nuklearen Sprengköpfen ausgestattete Flugobjekte, die sich durch die Luft auf ein Ziel hin bewegen. Nach Lenkbarkeit unterscheidet man *Lenk-F,* deren Bewegungsrichtung durch Fernlenkung oder indirekt über eingebaute Geräte (Radar, Leitstrahl) geändert werden kann, u. *ungelenkte F.*

Flugsaurier →Pterosaurier.

Flugschreiber, automat. Registriergerät, das Flugdaten, Meßwerte von Bordgeräten u. ggf. Gespräche im Führerraum aufzeichnen.

Flugsicherung, *Luftsicherung,* Maßnahmen zur Sicherung des Flugs von Luftfahrzeugen (in der BR Dtld. durch die **B**undesanstalt für **F**lug**s**icherung, Abk. *BFS);* Hauptaufgaben: Flugverkehrskontrolldienst, Flugfernmeldedienst, Flugberatungsdienst, Fluginformationsdienst, Flugnavigationsdienst u. Flugalarmdienst.

Flugsport, *Luftsport,* sportl. Betätigung mit Luftfahrzeugen; dazu gehören: Ballonsport, Drachenfliegen, Fallschirmsport, Motorflugsport u. Segelflug.

Flugwetterdienst, Auskunft über das auf der Flugstrecke *(Streckenvorhersage)* sowie auf dem Zielflughafen *(Flughafenvorhersage)* herrschende oder im Vorhersagezeitraum zu erwartende Wetter.

Flugzeug, Fahrzeug, das schwerer als Luft ist u. durch eine das Eigengewicht übersteigende Auftriebskraft getragen wird. Diese wird entweder auf dynam. Wege erzeugt (beim *Starrflügel-F.* durch Bewegung des gesamten F. mit der starr verbundenen Tragfläche, beim *Drehflügel-F.* durch Bewegung einer Hub- oder Tragschraube) oder steht als Reaktionskraft von nach unten gerichteten Gasstrahlen zur Verfügung *(strahlgetragenes F.).* Zur Bewegung dienen von *Flugmotoren* oder *Propellerturbinen* angetriebene Luft- oder Hubschrauben oder Stahltriebwerke. Segel-F. werden auf die erforderl. Ausgangshöhe geschleppt (Winden- bzw. Schleppstart) u. nutzen aufwärts strömende Luftmassen zum Höhengewinn.

Dem Verwendungszweck nach unterscheidet man Militär- *(Aufklärer, Bomber, Jäger* u. a.) u. Zivil-F. *(Verkehrs-, Fracht-, Reise-* u. *Sport-F.).* Äußere Unterscheidungsmerkmale sind die Anzahl der Triebwerke (meist ein bis acht) sowie Zahl u. Anordnung der Tragflächen, wobei Eindecker oder Doppeldecker u. nach Lage der Tragfläche zum Rumpf Tiefdecker, Mitteldecker, Schulterdecker u. Hochdecker unterschieden werden. Sonderbauarten

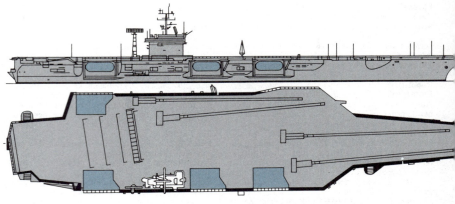

Flugzeugträger »Chester N. Nimitz« der USA, Seitenansicht (oben) und Aufsicht (unten): Länge 333 m, Breite 40,8 m, Rumpf (Flugdeck 76,4 m), Tiefgang 11,3 m, für 90 bis 100 Flugzeuge und Hubschrauber

sind das *Nurflügel-F.,* das *Ringflügel-F.,* das *Raketen-F.* u. der *Motorsegler.* — Erreicht wurden bisher u. a.: Geschwindigkeiten von 7274 km/h mit Raketenantrieb u. 3700 km/h mit Luft-Strahltriebwerken; Flugweiten von 20 000 km ohne Zwischentankung in der Luft; Flughöhen von 107 960 m mit Raketenantrieb u. über 30 000 m mit Luft-Strahltriebwerken.

Gesch.: →Luftfahrt.

Flugzeugführer, *Pilot, Flieger,* eine Person, die einen *Luftfahrerschein* erworben hat. Aus Sicherheitsgründen werden Verkehrsflugzeuge meist von zwei Piloten geführt *(Kapitän* u. *Co-Pilot).*

Flugzeugträger, Kriegsschiffe mit großen Decks für Start u. Landung von Flugzeugen.

Fluh, *Flüh, Flüe,* schweiz. Bez. für Fels, (steile) Felswand, Felsabhang.

Fluidik, Teilgebiet der Strömungslehre, das sich mit der techn. Anwendung u. Nutzung strömender Flüssigkeiten u. Gase befaßt. – **Fluidica,** *Fluidiks,* die entspr. strömungsdynam. arbeitenden Elemente.

Fluidum, die von einem Menschen, einer Rede, einem Kunstwerk ausstrahlende geistig-seel. bestimmte Atmosphäre.

Fluktuation. 1. Schwankung, Wechsel. – 2. unregelmäßige Schwankungen der Erdrotation, die dazu führen, daß die »Erduhr« gegenüber einer völlig gleichmäßig laufenden Uhr bis zu fast einer vollen Min. pro Tag nach- oder vorgehen kann.

Flunder, *Struffbutt, Elbbutt, Butt,* 20–40 cm langer, bis 1,5 kg schwerer *Plattfisch,* in Brackwasser u. Küstengewässern.

Fluor, ein →chemisches Element; zu den Halogenen gehörendes gasförmiges Element von grünlichgelber Farbe u. stechendem Geruch.

Fluorchlorkohlenwasserstoffe, Abk. FCKW, fachsprachl. *Chlorfluorkohlenstoffe,* Abk. CFK, umfangreiche Gruppe niedermolekularer organ. Verbindungen, meist vollständig durch Chlor- u./oder Fluoratome abgesättigt; wegen ihrer Beständigkeit u. ihrer vergleichsweise geringen Giftigkeit als Treibgase, Kälte-, Verschäumungs- u. Feuerlöschmittel verwendet. Ihr Einsatz wurde zunehmend eingeschränkt, weil die im Molekül enthaltenen Chloratome an der Zerstörung der Ozonschicht teilhaben.

Fluorescein, *Fluoreszein,* ein gelbroter synthet. Farbstoff, der in alkal. Lösung grünl. fluoresziert. Seine Halogenverbindungen dienen als Farbstoffe für Seide u. Wolle.

Fluoreszenz, das Nachleuchten mancher Stoffe, z.B. des *Fluoresceins* u. des Flußspats, bei der Bestrahlung mit Licht, i.w.S. auch bei der Bestrahlung mit Teilchenstrahlen. Mit der Erregerstrahlung erlischt auch unmittelbar die F.-Strahlung (typische Abklingzeit 10^{-8} s). Unsichtbare Strahlen, z.B. Röntgen- oder Kathodenstrahlen, können durch diese Erscheinung auf sog. *F.-Schirmen* sichtbar gemacht werden. Verwendung: bei Röntgendurchleuchtung, Fernsehapparat u. a.

Fluorit →Flußspat.

Flur, *Feldmark, Gemarkung,* Ackerland oder allg. landw. genutzte Flächen.

Flurbereinigung, amtl. meist als *Umlegung* bezeichnet, Neuordnung landw. Grundstücke durch Zusammenlegung zersplitterten Grundbesitzes, meist auch Verbesserung des Wegenetzes, der Wasserführung u. ä.; negative Begleiterscheinun-

gen durch Gefährdung von Kleinbiotopen, indem Feuchtgebiete entwässert, Hecken begradigt u. Raine beseitigt werden.

Flurkarten, vom Katasteramt ausgefertigte Karten der Feldflur, eines Ortes mit Darst. der Bebauungs- u. Besitzverhältnisse sowie der Flureinteilung.

Flurschaden, Beschädigung eines landw. Grundstücks durch Wild oder militär. Übungen.

Flurumgang, *Flurgang,* ländl. Brauch, an bestimmten Bittagen die Feldfluren zu umschreiten u. dabei die Saaten zu segnen.

Fluß, fließendes Gewässer, das die oberfläch. ablaufenden Niederschläge u. das aus Quellen austretende Wasser sammelt u. dem Meer oder einem See zuführt. Es kann in heißen Klimaten versickern oder verdunsten, in Karstgebieten unterird. weiterfließen. Als Ursprung eines Flusses betrachtet man allg. die mündungsfernste Quelle. Die wasserführende Vertiefung eines Flusses heißt *F.bett,* ihr Boden *F.sohle.*

Flußdiagramm, in der Entwicklung von Software die graph. Darst. eines Programmablaufs.

Flusser, Vilém, * 1920, † 1991, tschech. Philosoph; beschäftigte sich mit der modernen Informationsgesellschaft u. dem Einfluß des Computers auf das menschl. Sprechen, Sehen u. Begreifen.

flüssige Luft, durch hohen Druck (ca. 200 bar), anschließende Ausdehnung u. Abkühlung verflüssigte Luft zwecks Abtrennung einzelner Komponenten (z.B. Stickstoff, Sauerstoff, Edelgase); Kühlmittel.

Flüssiggase, ein Gemisch verflüssigter, leicht siedender Gase, hpts. *Propan* u. *Butan;* bei niedrigem Druck in Flaschen verdichtet *(Flaschengas),* als Brenn- u. Kraftstoff.

Flüssigkristallanzeige, *LCD-Anzeige,* opt. Anzeigeelement. Zw. durchsichtigen Elektroden liegt eine dünne Schicht eines Flüssigkristalls, die, je nachdem, ob eine Spannung an den Elektroden anliegt oder nicht, durchsichtig oder undurchsichtig ist.

Flußkrebse, süßwasserbewohnende *Zehnfüßige Krebse* aus der Gruppe der *Panzerkrebse;* Höhlen-

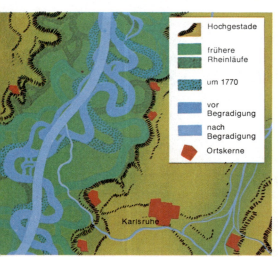

Fluß: Altarme und Begradigung des Rheins bei Karlsruhe

Die längsten Flüsse der Kontinente	
Fluß	Länge (in km)
Afrika	
Nil	6671
Kongo (Zaire)	4320
Niger	4160
Amerika	
Amazonas	6437
Mississippi	3778
Asien	
Chang Jiang (Jangtsekiang)	5472
Huang He (Huang Ho)	4667
Amur	4345
Australien	
Darling	2740
Murray	2570
Murrumbidgee	2160
Europa	
Wolga	3685
Donau	2858
Dnjepr	2285

bewohner, leben von Wasserpflanzen, Insektenlarven u. Weichtieren, hierzu: *Edelkrebs, Sumpfkrebs, Amerik. F., Steinkrebs.*
Flußmittel, Stoffe, die als Zusatz zu keram. Massen einen Sinter- oder Schmelzprozeß bei erhebl. tieferen Temperaturen ermöglichen als ohne diesen Zusatz; z.B. Feldspat, Kalkspat.
Flußmuscheln, artenreiche, im Süßwasser lebende Fam. der *Muscheln.*
Flußpferde, *Hippopotamidae,* Fam. der *Paarhufer;* plumpe, fast unbehaarte Tiere. Das in Strömen u. Seen Afrikas lebende *Flußpferd (Nilpferd)* wird bis 4,5 m lang. Das etwa 1,5 m lange *Zwerg-Flußpferd* lebt in den Sümpfen u. Waldgebieten W-Afrikas.
Flußsäure, *Fluorwasserstoffsäure,* 40%ige wäßrige Lösung von *Fluorwasserstoff* (HF), der in der Natur in Form seiner Salze (Fluoride), insbes. Feldspat vorkommt; stark ätzend u. giftig; die einzige Säure, die Glas angreift.
Flußspat, *Fluorit,* wasserhelles oder versch. gefärbtes Mineral; häufig mit Fluoreszenzerscheinungen, kommt in Erzgängen vor.
Flut, das period. Ansteigen des Meeresspiegels im

Flußpferd im Nil

Wechsel der *Gezeiten.*
Flutkraftwerk →Gezeitenkraftwerk.
Flutlichtanlage, Beleuchtungsanlage für Gebäude oder Sportplätze aus einer Vielzahl von Scheinwerfern, die (an versch. Punkten angeordnet) für gleichmäßige Beleuchtung sorgen.
fluvial, *fluviatil,* auf Flüsse bezügl., Fluß... – **fluviatile Sedimente,** Ablagerungen aus Flüssen.
Flying Dutchman ['flaɪɪŋ 'dʌtʃmən], schnellster Bootstyp der olymp. Segelbootsklassen.
Flynn [flɪn], Errol, *1909, †1959, US-amerik. Filmschauspieler; Star der 1930er Jahre in den »Mantel- u. Degen«-Filmen Hollywoods wie z.B. »Robin Hood«.
Fly River [flaɪ 'rɪvə], längster Fluß in Papua-Neuguinea, 1000 km.
Fm, chem. Zeichen für *Fermium.*
Fo, chin. Bez. für *Buddha.*
Fo, Dario, *24.3.1926, ital. Dramatiker u. Schauspieler (satir. Komödien u. Farcen).
fob, *F.O.B.,* Abk. für engl. *free on board,* Handelsklausel beim Überseekauf, wobei Transportkosten u. Risiken eingeschlossen sind.
Foch [fɔʃ], Ferdinand, *1851, †1929, frz. Offizier; im 1. Weltkrieg (1918) Oberbefehlshaber der Alliierten.
Fock, Segel am vorderen Mast *(F.mast)* eines Segelschiffs.
Fock, Gorch, eigtl. Hans Kinau, *1880, †1916, dt. Schriftst.; realist. Romane aus der Welt der Seefahrt.
Focke, 1. Heinrich, *1890, †1979, dt. Flugzeugbauer; baute 1937 den ersten flugtüchtigen Hubschrauber. – **2.** Katharina, *8.10.1922, dt. Politikerin (SPD); 1972–76 Bundes-Min. für Jugend, Familie u. Gesundheit; wurde 1979 Mitgl. des Europ. Parlaments.
Föderalismus, Zusammenfassung mehrerer Staaten unter einer gemeinsamen Regierung, wobei den einzelnen Mitgl. weitgehende Selbstverw. gelassen wird. Man unterscheidet dabei *Staatenbund* u. *Bundesstaat.*
Föderation, Verbindung mehrerer Staaten.
Foerster, Friedrich Wilhelm, *1869, †1966, dt. Pädagoge u. Schriftst.; Pazifist, kämpfte gegen Nat.-Soz. u. Militarismus.
Foetus →Fetus.

Föhn: A = beim Absinken Wärmezunahme um 1 °C je 100 m, B = beim Aufsteigen Wärmeabnahme um 1/2 °C je 100 m gesättigter Luft

Foggara, in Iran *Qanat,* unterird. Wasserleitungen in der Sahara, durch die Grundwasser angezapft u. für Oasenbewässerung nutzbar gemacht werden.
Fòggia ['fɔdʒa], ital. Stadt im nördl. Apulien, Hptst. der gleichn. Prov., 159 000 Ew.; landw. Zentrum.
Fohlen, *Füllen,* junges Pferd bis zum 3. Jahr.
Föhn, absteigender, trockener u. warmer Wind im Alpengebiet; beeinflußt als sog. *F.krankheit* das Wohlbefinden von Menschen (Kopfschmerzen, Zerschlagenheit, Reizbarkeit, Schlaflosigkeit u. a.) u. Tieren.
Fohr, Carl Philipp, *1795, †1818, dt. Maler u. Zeichner; Mitgl. der *Nazarener* in Rom; klar komponierte Landschaften mit leuchtenden Farben.
Föhr, eine der Nordfries. Inseln, 82 km², 12 000 Ew., Seebad; Hauptort *Wyk.*
fokal, 1. auf den Brennpunkt bezüglich. – **2.** einen Entzündungsherd betreffend. – **F.infektion,** die Herdinfektion.
Fokker, Anton Hermann Gerard, *1890, †1939, ndl. Flieger u. Flugzeugkonstrukteur; gründete 1913 in Schwerin eine Flugzeugfabrik, in der die Jagdflugzeuge des 1. Weltkriegs gebaut wurden.
Fokus, Brennpunkt. – **F.sierung,** Zusammenführen eines auseinanderlaufenden Strahlenbündels in einen Punkt; z.B. beim Licht durch eine Sammellinse oder einen Sammelspiegel, bei elektr. geladenen Teilchen mit Hilfe elektr. oder magnet. Linsen (d. h. geeigneter Felder).
Foliant, ein Buch in Folio-Format, auch ein ungewöhnl. großes Buch.
Folie, fein ausgewalztes oder zu dünnen Blättern geschlagenes Metall (Blattmetall), z.B. als Hintergrund für Spiegel oder für dünne Verpackungszwecke (Stanniol); auch eine dünne Haut aus Kunststoff.
Folio, Abk. F., Fo., Fol., Zeichen 2°, großes Papierformat, heute oft Formatbez. für Bücher mit einem Buchrücken von 35–45 cm.
Folkestone ['fəʊkstən], S-engl. Hafenstadt u. Seebad in der Gft. Kent, 44 000 Ew.; durch den Eurotunnel mit Calais (Frankreich) verbunden.
Folketing, die dän. Volksvertretung.
Folklore, die gesamte *Volksüberlieferung,* insbes. die als charakter. empfundenen Traditionen (Volkslied, Volkstanz, Volkstracht).
Folksong ['fəʊksɔŋ], urspr. ein Volkslied in seiner Ursprache u. Originalmelodie; speziell das volkstüml. Lied N-Amerikas; neuerdings dort auch im Sinn von Protestsong mit soz. Anklage.
Folkunger, Herrscherdynastie 1250–1363 in Schweden, 1319–87 in Norwegen.
Folkwang, in der altisländ. Götterdichtung der Wohnsitz der Göttin *Freya.*

Margot Fonteyn mit Rudolf Nurejew in Tschaikowskijs »Schwanensee«

Force 273

Folkwang-Museum, 1902 gegr. Kunstmuseum (frz. Impressionisten, moderne dt. Malerei); Sitz: Essen.
Follikel, anatom. Bez. für kleine, kugelige Gebilde, z.B. die Haarbälge oder die Lymphknötchen der Darmwand; speziell die Bläschen, die bei der Eibildung im Eierstock von Insekten u. Säugetieren von Hilfs- u. Nährzellen gebildet werden u. das heranreifende Ei umgeben; bei den Säugern der *Graafsche F.* Wenn das Ei reif ist, platzt der F. **(F.sprung,** Eisprung; beim Menschen rhythm. ca. alle 28 Tage), wodurch das Ei durch den Eileiter in die Gebärmutter gelangt. – **F.hormone,** weibl. Sexualhormone, hpts. von den F.n des Eierstocks (bei Nicht-Schwangeren) u. von der *Placenta* (bei Schwangeren) gebildet; nachweisbar aber auch im männl. Organismus; wirken z.B. wachstumssteigernd auf die Genitalorgane.
Folsäure, ein Vitamin aus dem B_2-Komplex.
Folter, *Marter, Tortur,* das Hervorrufen körperl. Qualen, bes. als Mittel der Nötigung zu Geständnissen u. a. Handlungen, bedeutsam v. a. im Straf-, Inquisitions- u. Hexenprozeß des MA; noch heute in vielen totalitären Staaten u. Militärdiktaturen angewandt.
Folz, *Foltz,* Hans, *um 1440 oder 1450, †um 1513 oder 1515, dt. Meistersinger (Fastnachtsspiele, Lieder, Sprüche).
Fond [fɔ̃]. **1.** Grund, Grundlage; Rücksitz im Wagen. – **2.** Hintergrund einer Abbildung. – **3.** (als Soßengrundlage verwendete) beim Kochen, Dünsten oder Braten zurückbleibende Flüssigkeit.
Fonda, 1. Henry, *1905, †1982, US-amerik. Schauspieler; hpts. in Westernfilmen: »Früchte des Zorns«, »Spiel mir das Lied vom Tod«. – **2.** Jane, Tochter von 1), *21.12.1937, US-amerik. Schauspielerin; Filme: »Barbarella«, »Das China-Syndrom«. – **3.** Peter, Sohn von 1), *23.2.1939, US-amerik. Schauspieler u. Regisseur; Filme: »Easy Rider«, »Peppermint Frieden«.
Fondant [fɔ̃'dã], Zuckerwerk aus eingekochter Zuckerlösung.
Fonds [fɔ̃], Geldsumme, zweckgebundener Geld- oder Vermögensvorrat.
Fondue [fɔ̃'dy:], schweiz. Gericht aus geschmolzenem Käse, Wein u. a. Zutaten; auch *Fleisch-F. (F.bourguignonne).*
Fontaine [fɔ̃'tɛ:n], Pierre Léonard, *1762, †1853, frz. Architekt; Mitbegr. des Empirestils.
Fontainebleau [fɔ̃tɛn'blo], frz. Stadt sö. von Paris, im *Wald von F.,* 16 000 Ew.; kgl. Lustschloß (Renaissance, 16.–18. Jh.), einst Residenz der frz. Könige u. bevorzugter Aufenthaltsort Napoleons I.; bis 1967 war F. Sitz des NATO-Hauptquartiers. – Die *Schule von F.* war eine Malerschule des 16. Jh. am Hof Franz' I., die von den ital. Künstlern geführt wurde, u. a. von Giovanni *Rossi,* gen. *Il Rosso.*
Fontane, Theodor, *1819, †1898, dt. Schriftst., Journalist u. Theaterkritiker; Meister des realist. Novelle u. des Gesellschaftsromans; 🆆 »Frau Jenny Treibel«, »Effi Briest«, »Der Stechlin«.
Fontäne, der Wasserstrahl eines Springbrunnens.
Fontanellen, *Fonticuli,* Knochenlücken im Schädel von Neugeborenen; durch Bindegewebsmembranen verschlossen.
Fontenelle [fɔ̃t'nɛl], Bernard *Le Bovier de F.,* *1657, †1757, frz. Schriftst.; Vorläufer der Aufklärung; popularisierte die naturwiss. Erkenntnisse seiner Zeit.
Fonteyn [fɔn'tɛɪn], Margot, eigtl. Peggy *Hookham,* *1919, †1991, brit. Tänzerin; war Primaballerina des Royal Ballet, London.
Foot [fut], brit. u. US-amerik. Längenmaß, Kurzzeichen 1 ft = 0,3048 m = 12 inches.
Football ['futbɔ:l], amerik. Variante des Rugby, hpts. in den USA, hartes Ballspiel, bei dem 2 Mannschaften von je 11 Spielern versuchen, einen eiförmigen Lederball in die gegner. Endzone oder über die Querlatte des Tores zu befördern.
Foraminiferen, *Foraminifera, Kammerlinge,* Gruppe der *Wurzelfüßer;* Meerestiere mit einem ein- oder vielkammerigen Gehäuse aus Kalk oder organ. Substanz. Die leeren Schalen bilden oft meterhohe Schichten am Meeresboden (z.B. *Globigerinenschlamm*).
Force [fɔrs], Gewalt, Zwang. – **F. de frappe** [fɔrs də frap], fr. Bez. für die frz. Atom-Streitmacht, neuerdings *F. de discussion.* – **forcieren,** erzwingen, vorantreiben.

Forchheim, Krst. in Bay., an der Regnitz u. am Rhein-Main-Donau-Kanal, 29 000 Ew.; spätgot. Rathaus, St.-Martin-Kirche (14. Jh.); elektrotechn., Textil- u. opt. Ind.

Forck, Gottfried, *6.10.1923, ev. Theologe; 1981–91 Bischof von Berlin-Brandenburg.

Ford, 1. Gerald R., *14.7.1913, US-amerik. Politiker (Republikaner); nach Rücktritt R. Nixons 1974–77 Präs. der USA. – **2.** Harrison, *13.7.1942, US-amerik. Schauspieler; v. a. Abenteuerrollen; Filme »American Graffiti«, »Krieg der Sterne«, »Der einzige Zeuge«. – **3.** Henry, *1863, †1947, US-amerik. Industrieller; gründete 1903 die *F. Motor Company;* Anwendung neuester wirtsch. u. techn. Methoden, Rationalisierung, Einführung der Fließarbeit u. Beschäftigung hpts. ungelernter Arbeiter *(Fordismus).* 1936 gründete F. die *F. Foundation,* die größte Stiftung der Erde, zur Förderung des Friedens u. der Wiss. – **4.** John, eigtl. Sean *O'Fearna,* *1895, †1973, US-amerik. Filmregisseur ir. Abstammung; sozialkrit. u. Wildwestfilme; W »Früchte des Zorns«, »Rio Grande«, »Vietnam, Vietnam«.

Förde, für die O-Küste von Schl.-Ho. charakt. tiefgreifende Meeresbucht, z.B. die *Kieler F.*

Forderung, Anspruch aus einem Schuldverhältnis (z.B. Kaufvertrag).

Foreign Office [ˈfɔrin ˈɔfis], das brit. Auswärtige Amt (Außenministerium).

Forelle, ein *Lachsfisch:* 1. *Salmo trutta,* einheim. F. mit den Formen *Bach-F.* (in Gebirgsbächen u.

Bachforelle

-flüssen), *See-F.* (in Alpenseen), *Meer-F.* (in Nord- u. Ostsee; Jugend im Süßwasser, zur Laichzeit in Flüsse aufsteigend). 2. *Regenbogen-F.* mit rötl.-violetter, bandförmiger Färbung der Körperseiten; im 19. Jh. aus Amerika eingeführt; wanderlustig, nur in wenigen Fließgewässern eingebürgert; wertvoller Speisefisch, der v. a. in Teichen gezüchtet wird.

forensisch, gerichtlich; *f.e Medizin,* gerichtl. Medizin; *f.e Psychologie,* gerichtl. Psychologie.

Forester [ˈfɔristə], Cecil Scott, *1899, †1966, engl. Schriftst.; v. a. See- u. Kriegsromane.

Forggensee, Stausee des Lech am Alpenrand, nördl. von Füssen.

Forint → Währung.

Forlì, ital. Stadt in der Region Emilia-Romagna, Hptst. der gleichn. Prov., 110 000 Ew.; zahlr. Kirchen u. Paläste; Nahrungsmittel-, Textil- u. keram. Ind.

Form, 1. allg. Gestalt, Umriß, innerer Aufbau; Ggs.: *Materie.* 2. Struktur, d. h. die wiss. feststellbare formale Gesetzlichkeit eines Gegebenen; Ggs.: *Inhalt* oder *Gehalt.* – **Formalismus,** Überbewertung des Formalen, Betrachtungsweise, die nur die formale Struktur u. Gesetzlichkeit als maßgebl. ansieht.

Formaldehyd, stechend riechendes, farbloses Gas; ergibt in Wasser gelöst **Formalin** (40% F.), das zur Desinfektion, Konservierung u. Herstellung von Kunstharzen verwendet wird; gesundheitsschädl. Arbeitsstoff mit Verdacht auf krebserzeugende Wirkung.

Format, 1. Maß, Normgröße. – **2.** charakterl. Größe, Tüchtigkeit.

Formation, 1. Gestaltung, Bildung, Aufstellung. – **2.** *Pflanzen-F.,* eine Zusammenfassung von Pflanzen nach Wuchsformen, die sich aufgrund ähnl. Standortbedingungen entwickelt haben, ohne Rücksicht auf die Artzugehörigkeit; z.B. sommergrüner Laubwald, Sumpfwiese, Hartlaubgehölz. – **3.** ein größerer Zeitabschnitt der Erdgeschichte, der sich durch eine bes. charakt. Schichtenfolge auszeichnet, z.B. Karbon, Perm. – **4.** Truppenkörper, Gliederung einer Truppe für einen bestimmten Zweck, z.B. *Marsch-F.*

Formationstanz, Mannschaftswettbewerb im Tanzsport, von 8 Paaren je Mannschaft ausgetragen.

Formel, 1. für bestimmte Anlässe vorgeschriebene oder gebräuchl. Redewendung, z.B. *Eides-, Höflichkeits-, Gebets-F.* – **2.** → chemische Formeln. – **3.** abkürzender symbol. Ausdruck für Gesetze in der Math. u. den Naturwissenschaften. – **4.** *Rennformel,* festgelegte Einteilung von Rennwagen nach Gewicht, Motorbeschaffenheit u. techn. Einrichtungen; z.Z. sind drei internat. F.n (Formel 1, Formel 3000 u. Formel 3) gültig.

formell, förmlich, die äußeren Formen, die Umgangsformen beachtend; Ggs.: *informell.*

Formenlehre, 1. *Grammatik:* →Morphologie. – **2.** *Musik:* Lehre von den Aufbauprinzipien der einzelnen Stücke (Thema, Themenaufbau aus Motiven, Abwandlungen, Umkehrungen, Durchführung) u. von den einzelnen Kunstformen (Fuge, Sonate, Sinfonie, Suite, Lied, Rondo).

Formentera, span. Mittelmeerinsel der Balearen, 93 km², 4200 Ew.; v. a. Fremdenverkehr.

Formosus, *um 816, †896, Papst 891–896; rief gegen die Herzöge von Spoleto den dt. König *Arnulf von Kärnten* zu Hilfe, der Rom 896 befreite u. von F. zum Kaiser gekrönt wurde.

Formsand, feiner, tonhaltiger Sand zum Herstellen von Gießformen.

Formvorschriften, vom Gesetz vorgeschriebene Formen beim Abschluß bestimmter Rechtsgeschäfte.

Forschungsreaktor, Kernreaktor, der hpts. der wiss. Forschung in Physik, Chem., Biol., Med. u. Technik dient.

Forßmann, Werner, *1904, †1979, dt. Mediziner; erprobte 1929 im Selbstversuch den Herzkatheter; Nobelpreis (zus. mit A. *Cournand* u. D.W. *Richards)* 1956.

Forst, abgegrenzter, planmäßig bewirtschafteter Wald; nach Eigentum unterteilt in Staats-, Gemeinde-, Körperschafts-, Kirchen- u. Privat-F.

Forst, F. *(Lausitz),* sorb. *Baršć,* Krst. in Brandenburg, an der Neiße, 27 000 Ew.; Textil-Ind.; Stadtteil rechts der Neiße seit 1945 poln. *(Zasieki).*

Forst, Willi, eigtl. *Frohs,* *1903, †1980, östr. Schauspieler u. Regisseur; berühmte Filme: »Zwei Herzen im Dreivierteltakt«, »Bel Ami«.

Forster [ˈfɔːstə]. – **1.** Edward Morgan, *1879, †1970, engl. Schriftst.; bahnbrechend für den modernen Roman in England. – **2.** Georg, Sohn von 3), *1754, †1794, dt. Naturforscher u. Schriftst.; Begr. der wiss.-künstler. Reisebeschreibung (Beschreibung von J. *Cooks* 2. Weltreise). – **3.** Johann Reinhold, *1729, †1798, dt. Naturforscher; nahm mit F. (2) an der 2. Weltreise von J. *Cook* (1772–75) teil.

Förster, Forstbeamte des gehobenen Dienstes.

Forstschädlinge, Lebewesen, die Schädigungen an den Waldbäumen erzeugen, v. a. Rüsselkäfer, Borkenkäfer, Reh- u. Schwarzwild, Mäuse, Pilze u. Schwämme.

Forstwirtschaft, Wirtschaftszweig, der Erzeugung von Holz u. forstl. Nebennutzungsprodukten in privaten, kommunalen u. staatl. Wäldern betreibt.

Forsythie, *Goldflieder,* Gatt. der *Ölbaumgewächse;* Ziersträucher mit gelben Blüten; Blütezeit: März/April.

Fort [fɔːt, engl.; fɔːr, frz.], stark befestigter militär. Stützpunkt, oft zugleich Standort hoher militär. Verwaltungsstellen.

Fortaleza [furtaˈleza], Hptst. u. Hafenstadt des NO-brasil. Bundesstaats Ceará, 1,8 Mio. Ew.; Univ.; Flughafen; versch. Ind.

Fort-de-France [fɔːrdəˈfrɑ̃ːs], Hptst. u. Hafen der frz. westind. Insel Martinique, 100 000 Ew.

forte, Abk. *f,* musikal. Vortragsbez.: stark, laut. – **fortissimo,** Abk. *ff,* sehr laut. – **fortepiano,** Abk. *fp,* laut u. gleich wieder leise. – **mezzoforte,** Abk. *mf,* mäßig laut.

Forte, Dieter, *14. 6. 1935, dt. Dramatiker (Hör- u. Fernsehspiele, Dramen).

Forth [fɔːθ], schott. Fluß, 150 km; mündet in den 100 km langen Meeresarm *Firth of F.;* mit dem Clyde durch den *F.-Clyde-Kanal* verbunden.

Fortifikation, Befestigung(sbaukunst).

Fortis, scharf artikulierter, stimmloser Konsonant. Ggs.: *Lenis,* weicher Konsonant.

fortissimo → forte.

Fort Knox [fɔːt nɔks], Militärlager im nördl. Kentucky (USA) mit einem bombensicheren Golddepot, in dem der größte Teil der amerik. Goldreserven lagert.

Fort-Lamy [fɔːrlaˈmi], früher Name von →N'Djaména.

Fort Lauderdale [fɔːt ˈlɔːdədeil], Stadt in Florida (USA), nördl. von Miami, Badeort, 151 000 Ew.

Fortner, Wolfgang, *1907, †1987, dt. Komponist (Zwölftonmusiker).

Fortpflanzung, Erzeugung von Nachkommen bei Pflanze, Tier u. Mensch. Dabei wird das *Erbgut* von einer Generation an die nächste weitergegeben u. so die Erhaltung der Art gesichert. Bei der *ungeschlechtlichen F.* (vegetative F., vorw. bei Pflanzen) entstehen die Nachkommen aus Teilstücken nur eines Elternorganismus. Bei Pflanzen: Zweiteilung, Sprossung, durch Sporen, Knospung, Ausläufer, Knollen; bei Tieren: Zweiteilung, Mehrfachteilung, Polyembryonie (vervielfachte Keimlingsbildung), Knospung. Bei der *geschlechtlichen F. (sexuelle F.)* werden meist zwei Sorten von Keimzellen gebildet, männl. u. weibl., die bei der *Befruchtung* zur Zygote verschmelzen, aus der sich das neue Lebewesen entwickelt. Es können sich aber auch unbefruchtete Eizellen zu neuen Lebewesen entwickeln *(eingeschlechtl. F., Jungfernzeugung, Parthenogenese).* Die regelmäßige Aufeinanderfolge einer ungeschlechtl. u. einer geschlechtl. erzeugten Generation bezeichnet man als *Generationswechsel.*

Fortpflanzungsorgane, alle Organe von Lebewesen, die der Erzeugung von Nachkommen dienen; →Geschlechtsorgane.

FORTRAN [von engl. *formula* **tran**slator], eine problemorientierte Programmiersprache zur Behandlung wiss. u. techn. Rechenprogramme.

Fortschreibung, Weiterführung einer Statistik über die Beobachtungszeit hinaus.

Fortschrittspartei →Deutsche Fortschrittspartei.

Fortuna →griechische Religion.

Fortunatus, Held eines dt. Volksbuchs (Augsburg 1509).

Fort Wayne [fɔːt wein], Ind.-Stadt im NO von Indiana (USA), 180 000 Ew.; vielseitige Ind.; Verkehrsknotenpunkt.

Fort Worth [fɔːt wəːθ], Stadt im nördl. Texas (USA), 390 000 Ew.; Univ.; Erdölraffinerien; Vieh- u. Getreidehandel; versch. Ind.

Forum, 1. in der röm. Antike der Marktplatz, der auch als Gerichtsstätte u. für Volksversammlungen diente. – **2.** Gerichtshof, Gerichtsstand; Öffentlichkeit, interessiertes Publikum.

Forum Romanum, im alten Rom zw. den Hügeln Capitol, Palatin u. Quirinal gelegener Marktplatz mit Rathaus, Rednertribüne, Gerichtshallen, zahlr. Tempeln u. Triumphbögen.

Forum Romanum mit dem Triumphbogen des Septimus Severus; im Hintergrund das Capitol mit dem Konservatorenpalast (links) und dem Denkmal Viktor Emanuels II. (Mitte)

Fosbury-Sprung [ˈfɔsbəri-], Hochsprungtechnik, die von dem US-amerik. Hochspringer R. *Fosbury* (Olympiasieger 1968 mit 2,24 m) entwickelt wurde: Die Latte wird in Rückenlage übersprungen.

Foscolo, Ugo, eigtl. Niccolò *F.,* *1778, †1827, ital. Schriftst.; Hauptvertreter des vorromant. ital. Neoklassizismus.

Fossa, *Frettkatze,* rd. 90 cm lange Schleichkatze Madagaskars mit gleichlangem Schwanz u. rötlichgelbem Fell.

fossil, aus fr. Zeit erhalten, ausgegraben (z.B. Versteinerungen); Ggs.: *rezent.*
Fossilien, versteinerte Reste u. Spuren von Lebewesen aus der erdgeschichtl. Vergangenheit. Charakt. F. einer geolog. Schicht werden *Leit-F.* genannt. Sie sind für die stratigraph. Identifizierung einer Schicht von Bedeutung.
Foster ['fɔstə], Jodie, * 19.11.1962, US-amerik. Schauspielerin; u. a. in den Filmen »Taxi Driver«, »Angeklagt«, »Das Schweigen der Lämmer«.
Foto, ... →*Photo*...
Fötus →Fetus.
Foucault [fu'ko], **1.** Jean-Bernard-Léon, * 1819, † 1868, frz. Physiker; wies durch Pendelversuche (*F.sche Versuche*) die Erdrotation nach u. erfand die Drehspiegel-Methode zur Messung der Lichtgeschwindigkeit. – **2.** Michel, * 1926, † 1984, frz. Philosoph u. Psychopathologe; Vertreter des *Strukturalismus.*
Fouché [fu'ʃe], Joseph, Herzog von *Otranto,* * 1759, † 1820, frz. Politiker; 1799–1810 u. 1815 Polizei-Min.; unter Napoleon I. an der Hinrichtung Ludwigs XVI. u. Robespierres beteiligt; 1816 zurückgetreten u. verbannt.

Foul [faul], regelwidrige, unfaire Handlung beim Sport.
Fouqué [fu:ke], Friedrich Baron de la *Motte-F.,* * 1777, † 1843, dt. Schriftst. frz. Herkunft; Romantiker; griff auf Sagen-, Märchen- u. Ritterstoffe zurück; W »Undine«.
Fouquet [fu'kɛ], Jean, * um 1415, † 1477/81, frz. Maler; Hauptmeister der frz. Malerei des 15. Jh.; v. a. Tafelbilder u. Buchmalerei.
Fourastié [furas'tje], Jean, * 1907, † 1990, frz. Soziologe u. Nationalökonom.
Fourier [fu'rje], **1.** Charles, * 1772, † 1837, frz. Sozialist; entwarf die Utopie einer von Harmonie geprägten, egalitären Gesellschaftsordnung. – **2.** Jean Baptiste Joseph Baron de, * 1768, † 1830, frz. Mathematiker u. Physiker; veröffentlichte eine math. Theorie der Wärmefortpflanzung (*F.sche Reihen*).
Fournier [fur'nje], Pierre, * 1906, † 1986, frz. Cellist; Solist klass. u. zeitgenöss. Musik, Kammermusiker.
Fowler ['faulə], **1.** Sir John, * 1817, † 1898, brit. Ingenieur; baute die Firth-of-Forth-Brücke u. das erste Teilstück der Londoner Untergrundbahn. –

2. William A., * 1911, † 1995, US-amerik. Physiker; untersuchte die Bedeutung von Kernreaktionen für die Entstehung chem. Elemente im Weltall; Nobelpreis (zus. mit S. *Chandrasekhar*) 1983.
Fox, 1. Charles James, * 1749, † 1806, brit. Politiker; 1782/83 u. 1806 Außen-Min.; Führer der *Whigs* (Liberale) im Unterhaus. – **2.** George, * 1624, † 1691, engl. Wanderprediger; Gründer (1652) der *Quäker.*
Foxterrier, kleine weiße, schwarz gefleckte Hunderasse, urspr. zur Fuchsjagd.
Foxtrott, 1912 in den USA aufgekommener Gesellschaftstanz in mäßig schnellem ⁴/₄-Takt.
Foyer [fwa'je], Wandelgang oder Pausenraum in Theater, Konzerthäusern u. ä.
FPÖ, Abk. für *Freiheitliche Partei Österreichs.*
FR, chem. Zeichen für *Francium.*
Fra, Kurzform von *Frater.*
Fra Angelico [fra an'dʒe:liko] →Angelico.
Fra Bartolommeo →Bartolommeo.
Fracht, 1. Transportgut (*F.gut*). – **2.** Lohn des

Fracht 275

FRANKREICH Geographie

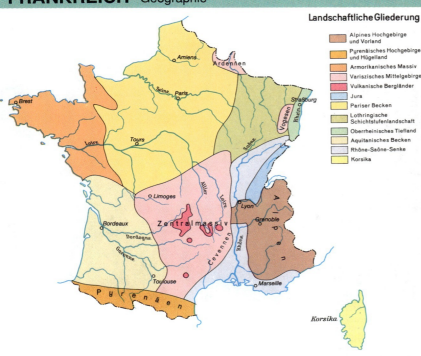

Landschaftliche Gliederung (links). – Blick auf Arras; in der Bildmitte die Grande Place mit Stadthaus und Belfried (rechts)

Obstplantagen in der Provence

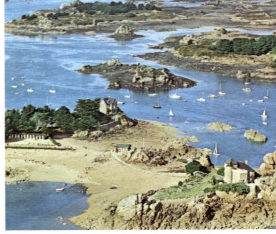

Bretagne

F._führers,_ im Seehandel des _Verfrachters._ –
F.brief, einseitige schriftl. Erklärung des Absenders über den Inhalt eines mit dem F.führer vereinbarten _F.vertrags._

Frack, festl. schwarzer Herrenanzug.

fragil, zerbrechl., zart.

Fragment, Bruchstück, unfertiges Werk, bes. von literar. Arbeiten.

Fragonard [-'naːr], Jean Honoré, *1732, †1806, frz. Maler; malte als Günstling des »Ancien Régime« galante Szenen, Landschaften u. Bildnisse in duftiger, skizzenhafter Rokokomanier.

fraise [frɛːz], erdbeerfarben.

Fraktion, 1. Teil eines Stoffgemisches, der durch irgendeine physik. oder chem. Methode davon abgetrennt wurde; **fraktionieren,** ein Stoffgemisch durch Destillation u. Kristallisation in seine Bestandteile (_F.en_) zerlegen. – **2.** Zusammenschluß von Abg. in einem Parlament zu einer Arbeits- u. Willensgemeinschaft; heute meist aus Abg. derselben Partei zusammengesetzt. Das einzelne Mitgl. unterliegt in wechselndem Umfang dem _F.szwang_ (Verpflichtung der Abg., bei Debatten u. Abstimmungen die Beschlüsse der F. einzuhalten). – In Östr. heißen die _F. Klubs._

Fraktur, 1. →Knochenbruch. – **2.** _Bruchschrift,_ Schriftgatt., die sich durch die Gebrochenheit ihrer Linienführung auszeichnet; oft als _got._ oder _dt. Schrift_ bez.; seit dem 19. Jh. heute durch die Antiqua verdrängt.

Frambösie, _Erdbeer-, Himbeerseuche, Himbeerpocken, Framboesia tropica,_ eine der _Lues_ ähnl. trop. Infektionskrankheit; Symptome: neben Fieber u. Lymphknotenschwellung ein aus himbeerartigen Papeln bestehender Hautausschlag.

Franc [frã], alte frz. Münze, heute Währungseinheit für versch. Staaten; →Währung.

Française [frã'sɛːz], Gesellschaftstanz des 18. Jh.; auch _Anglaise_ oder _Quadrille_ genannt.

Françaix [frã'sɛ], Jean, *23.5.1912, frz. Komponist u. Pianist; Ballette, Opern, Oratorien, Orchester- u. Kammermusik.

France [frãs], Anatole, *1844, †1924, frz. Schriftst. u. Historiker; skept., aufklär., satir. Romane, Erzählungen u. Aphorismen. Nobelpreis 1921.

Francesca [fran'tʃɛska] →Piero della Francesca.

Franche-Comté [frãʃkɔ̃'te], _Freigrafschaft Burgund,_ histor. Ldsch. (im MA Gft., dann Prov.) in O-Frankreich, die heutigen Dép. Haute-Saône, Doubs, Jura u. das Territoire de Belfort, zus. 16 189 km², 1,09 Mio. Ew., alte Hptst. _Besançon._

Franchise, 1. Selbstbehalt des Versicherungsnehmers, v. a. in der Transportversicherung. – **2.** _Franchising,_ ein Vertriebssystem, bei dem der F.geber seinen Partnern eine Lizenz zur selbst. Führung eines Betriebs erteilt u. selbst Warenlieferung, Werbung u. a. übernimmt.

Francia ['frantʃa], Francesco, eigtl. F. _Raibolini,_ *um 1448, †1517, ital. Maler u. Goldschmied; Hauptmeister der Bologneser Schule des ausgehenden 15. Jh.

Francium, ein radioaktives Alkalimetall; →chemische Elemente.

Franck, 1. César, *1822, †1890, frz. Komponist dt. Abstammung; Opern, Oratorien, Orchester- u. Kammermusik, Orgelkompositionen. – **2.** Hans, *1879, †1964, dt. Schriftst. (Ideendramen u. Erzählungen). – **3.** James, *1882, †1964, dt.-amerik. Physiker; Arbeitsgebiete: Quanten- u. Kernphysik, später Biophysik; 1925 zus. mit G. _Hertz_ Nobelpreis. – **4.** _Frank (von Wörd),_ Sebastian, *1499, †1542, dt. Mystiker der Reformationszeit; lehrte eine myst. Geschichtstheologie, forderte Toleranz u. die krit. Methode zur Erforschung der bibl. Schriften.

Francke, 1. August Hermann, *1663, †1727, dt. Pädagoge u. Theologe; Pietist; gründete in Halle die _F.schen Stiftungen_ (Waisenhaus, Bürgerschule, Lateinschule, Lehrerseminar u. a.). – **2.** →Meister Francke.

Franco, _F. Bahamonde,_ Francisco, *1892, †1975, span. General u. Politiker; organisierte im Sommer 1936 die Erhebung gegen die Volksfront-Regierung u. gewann mit der Unterstützung dt. u. ital. Verbände den bis 1939 dauernden _Span. Bürgerkrieg_ gegen die Republikaner, Sozialisten u. Kommunisten. Seit 1936 Staatschef (_Caudillo_), Oberbefehlshaber (Generalissimus) der nat. Streitkräfte u. Chef der _Falange_ (1937), bildete er 1938 eine diktator., auf Armee, Falange, Klerus u. Großgrundbesitz gestützte Regierung.

François-Poncet [frã'swapɔ̃'sɛ], André, *1887, †1978, frz. Diplomat u. Politiker (Republikan. Partei); 1931–38 Botschafter in Berlin, 1938–40 in Rom; 1949–55 frz. Hochkommissar bzw. Botschafter in der BR Dtld.; 1955–67 Präs. des Frz. Roten Kreuzes; seit 1952 Mitgl. der Académie Française.

Frank, 1. Adolf, *1834, †1916, dt. Chemiker; erschloß die dt. Kalisalzlagerstätten u. führte die Bromgewinnung aus den Abraumsalzen ein. Mit H. _Caro_ entwickelte er ein Verfahren zur Gewinnung von Kalkstickstoff (_F.-Caro-Prozeß_). – **2.** Anne, *1929, †1945 (im KZ Bergen-Belsen), Opfer der Judenverfolgung; bek. durch die erschütternden Tagebuchaufzeichnungen, die in ihrem Versteck in einem Amsterdamer Hinterhaus während der dt. Besetzung 1942–44 entstanden; dt. 1950 als »Das Tagebuch der Anne F.« veröffentlicht. – **3.** Bruno, *1887, †1945, dt. Schriftst. (Lyrik, Romane, Novellen, Dramen). – **4.** Hans, *1900, †1946 (hingerichtet), nat.-soz. Politiker; 1939–45 Generalgouverneur von Polen; im Nürnberger Kriegsverbrecherprozeß zum Tod verurteilt. – **5.** Ilja Michailowitsch, *1908, †1990, russ. Physiker; arbeitete v. a. über Neutronenphysik; Nobelpreis 1958. – **6.** Leonhard, *1882, †1961, dt. Schriftst. (Novellen, Romane, Dramen). – **7.** Sebastian →Franck (4).

Franke, 1. Egon, *11.4.1913, dt. Politiker (SPD); 1969–82 Bundes-Min. für innerdt. Beziehungen. – **2.** Heinrich, *1928, dt. Politiker (CDU); 1984–93 Präs. der Bundesanstalt für Arbeit.

Franken, Abk. _sfr,_ Währungseinheit in der Schweiz; →Währung.

Franken, westgerm. Stammesverband (u. a. _Salier, Chamaven, Chattuarier, Brukterer, Usipier, Amsivarier_). Seit Mitte des 3. Jh. n. Chr. drangen die F. in röm. Grenzprov. u. in Gallien ein. Die niederrhein. _Salier_ wurden im 4. Jh. von den Römern in Toxandrien (N-Brabant) angesiedelt, fielen von dort im 5. Jh. in Gallien ein, übernahmen die Führung des fränk. Volksverbands u. gründeten das Frankenreich. Um dieselbe Zeit stießen die _Rheinfranken (Ripuarier)_ gegen Mainz vor u. besiedelten das Moselgebiet. Sie bildeten den Kern des späteren Stamms der F.

Franken, Ldsch. in N-Bayern u. im nordöstl. Ba.-Wü.; das Einzugsgebiet des oberen u. mittleren Main u. Randgebiete des Neckarlands.

FRANKREICH Geschichte und Kultur

Heinrich IV. bei der Belagerung von Amiens

Schloßanlage von Versailles, 1668; Gemälde von Pierre Patel. Versailles, Schloß

Frankenberg (Eder), Krst. in Hessen an der Eder, 17 000 Ew.; mittelalterl. Stadtbild.
Frankenfeld, Peter, * 1913, † 1979, dt. Entertainer u. Conférencier im Radio u. Fernsehen.
Frankenhausen, *Bad F.,* Stadt in Sachsen-Anhalt, Solbad am Südfuß des *Kyffhäuser,* 9000 Ew.; Fremdenverkehr.
Frankenhöhe, süddt. Höhenzug zw. Ellwangen u. dem Steigerwald, im *Hornberg* 579 m.
Frankenreich, *Fränkisches Reich,* bedeutendste, Romanen u. Germanen umfassende Reichsbildung des fr. MA, begr. durch *Chlodwig I.* aus dem Geschlecht der Merowinger, der die Reste der röm. Herrschaft in Gallien beseitigte u. sich zum Alleinherrscher der Franken machte. Chlodwig unterwarf bis 507 die auf dem Boden Galliens liegenden Teile des Westgoten- (Aquitanien) u. des Alemannenreichs. Nach seinem Tod unterwarfen seine Söhne Thüringen u. Burgund. Die noch freien Alemannen sowie die Bayern gerieten unter fränk. Einfluß. 751 wurde das merowing. Königtum durch die Karolinger abgelöst. Unter *Karl d. Gr.* erreichten Macht u. Ausdehnung des F. ihren Höhepunkt, u. seine Kaiserkrönung (800) bestätigte den Rang des F. als Nachfolgereich des *Weström.*
Reichs (Unterwerfung des Langobardenreichs in Italien, der Sachsen, der Awaren u. Gründung der Span. Mark). Nach Karls Tod zerfiel des Großreich durch Erbteilung (Verträge von Verdun 843, Meersen 870 u. Ribémont 880) in das *Ostfränk.* (später Dtld.) u. das *Westfränk. Reich* (später Frankreich); Italien u. Burgund verselbständigten sich; unter *Karl III.* letzte Vereinigung des F.
Frankenstein, Held des Schauerromans von M.W. *Shelley* (1818), später häufig Stoff für Gruselfilme.
Frankenthal (Pfalz), Stadt in Rhld.-Pf., zw. Ludwigshafen u. Worms, 46 000 Ew.; 1755–1800 berühmte Porzellanmanufaktur.
Frankenwald, dt. Mittelgebirge zw. Fichtelgebirge u. Thüringer Wald; im *Döbraberg* 795 m.
Frankfort ['fræŋkfət], Hptst. von Kentucky (USA), 26 000 Ew.; Univ.; versch. Ind.
Frankfurt, 1. *F. am Main,* größte Stadt des Landes Hessen, eine der wichtigsten dt. Handels-, Ind.-, Börsen- u. Messestädte, beiderseits des unteren Main, 592 000 Ew.; Zentrum des Wirtschaftsgebiets Rhein-Main, bed. Verkehrsknotenpunkt, Rhein-Main-Flughafen (Zentrum des europ. Luftverkehrs); Sitz zahlr. Banken, Wirtschaftsverbände

Frankfurt am Main: Blick vom Dom auf die Stadt

u. Behörden; Univ. (1914), HS für bildende Künste, Musik u. a.; Dt. Bibliothek; Sitz zahlr. Großbetriebe, Verlagshäuser u. Druckereien; Geburtsort Goethes *(Goethehaus),* Paulskirche, *Römer* (altes Rathaus mit Kaisersaal), Dom, Alte Oper.
Gesch.: urspr. Römerkastell, dann fränk. Pfalz, 794 unter dem Namen *Franconofurd* erstmals erwähnt; durch die Goldene Bulle (1356) Ort der Wahl, 1562–1806 der Krönung des dt. Königs bzw. Kaisers; 1815–66 Sitz der Bundesversammlung des Dt. Bunds; 1848/49 Tagungsort der 1. *Frankfurter Nationalversammlung;* 1866–1945 preuß. – **2.** *F./Oder,* Stadt in Brandenburg, am hohen W-Ufer der Oder, 86 000 Ew.; Oderhafen; vielseitige Ind. – 1226 gegr., 1253 Stadtrecht; Hansestadt; 1506–1811 Univ.-Stadt; 1816–1945 Hptst. eines Reg.-Bez., 1952–90 Bez.-Hptst. Die am rechten Ufer der Oder liegenden Ortsteile *(Słubice)* gehören zur poln. Wojewodschaft Zielona Góra.
Frankfurter Friede, beendete den Dt.-Frz. Krieg; am 10.5.1871 zw. O. von *Bismarck* u. J. *Favre* in Frankfurt a.M. geschlossen.
Frankfurter Fürstentag, auf Einladung Östr. 1863 in Frankfurt a.M. tagende Versammlung aller dt. Fürsten zum Zweck einer Reform der Verf. des Dt. Bunds; scheiterte am Fernbleiben des preuß. Königs.
Frankfurter Nationalversammlung, das erste frei gewählte gesamtdt. Parlament, das vom 18.5.1848 bis zum 29.5.1849 in Frankfurt a.M. in der *Paulskirche* tagte. Die v. a. vom liberalen Bürgertum getragene F.N. scheiterte an den untersch. Vorstellungen von *Großdeutschen* u. *Kleindeutschen* in Hinblick auf die Schaffung eines demokrat. dt. Nationalstaates. Ein nach Stuttgart verlegtes *Rumpfparlament* wurde 1849 aufgelöst.
Frankfurter Schule → kritische Theorie.
Fränkische Alb, *Frankenalb, Fränkischer Jura,* aus Jurakalken aufgebautes Stufenland in Nord-Bayern (500–600 m hoch), zw. Donau u. Main.
Fränkische Schweiz, N-Teil der Fränk. Alb mit bizarren Felsformen, in der *Platte* 614 m.
Fränkisches Reich → Frankenreich.
Frankl, Viktor Emil, * 26.3.1905, östr. Neurologe u. Psychiater; begr. die *Logotherapie.*
Franklin ['fræŋklin], **1.** Aretha, * 25. 3. 1942, US-amerikan. Soul-Sängerin (»Respect«). – **2.** Benjamin, * 1706, † 1790, US-amerik. Politiker, Schriftst. u. Naturforscher (Erfinder des Blitzableiters); führend in der Unabhängigkeitsbewegung, entscheidende Mitarbeit an der Unabhängigkeitserklärung u. der amerik. Verfassung. – **3.** Sir John, * 1786, † 1847, brit. Polarforscher; auf der Suche nach einer Durchfahrt durch die amerik.-arkt. Inseln 1847 verschollen.
franko, frei von Postgebühren u. a. Spesen.
Frankokanadier, die aus Frankreich stammende Bevölkerung in Kanada.
frankophil, frankreich-freundlich.
Frankreich, Staat in W-Europa, 551 500 km², 57,2 Mio. Ew., Hptst. *Paris.* F. ist gegliedert in 22 Regionen (vgl. Tabelle) u. 96 Départements.
Landesnatur. Die Oberflächenformen zeigen eine Gliederung in alte Schollen (Zentralmassiv), weite Becken (Pariser Becken) u. den frz. Anteil an den Pyrenäen u. Alpen. Der größte Teil F.s ist flaches bis hügeliges Land mit fruchtbaren Böden.

Der Schwur im Ballhaus am 20.6.1789; Gemälde von Jacques-Louis David. Versailles, Museum

Centre Georges Pompidou in Paris

Frankreich

Frankreich

Das Klima ist ozean. geprägt u. hat milde Winter u. relativ warme Sommer; ein schmaler Streifen an der S-Küste hat Mittelmeerklima.

Bevölkerung. Außer den vorw. kath. Franzosen leben noch rd. 4,4 Mio. Ausländer in F. Bes. dicht besiedelt ist der Pariser Raum, das nördl. Industriegebiet u. Elsaß-Lothringen.

Wirtschaft. Die Landw. ist noch immer sehr bedeutend. Die wichtigsten Ackerbaugebiete sind Flandern, Seine-, Loire- u. Garonnebecken. Angebaut werden v. a. Weizen – F. ist wichtigster europ. Weizenexporteur –, aber auch Gerste, Hafer, Mais u. Roggen. Die bek. frz. Weine stammen v. a. aus der Champagne, dem Loire- u. Garonnebecken, dem Rhône-Saône-Graben u. von der Mittelmeerküste. Die Viehzucht ist in feuchten Küstengebieten u. höheren Gebirgslagen vorherrschend. – Die bed. Kohlenlager finden sich im Raum Lille-Valenciennes; hier sind auch die größten Eisenerzlager Europas. Andere bed. Bodenschätze sind Bauxit, Erdöl, -gas u. Kali. Die Ind. (v. a. Maschinen- u. Fahrzeugbau, Textil-, chem. u. Lederind.) konzentriert sich bes. im Pariser Becken, in den nördl. Départements, in Lothringen u. in den Gebieten um Lyon u. Marseille. Haupthandelspartner sind Dtld., Beneluxländer, USA, Großbritannien. – Die Übersee-Handelsflotte steht an 9. Stelle in der Welt. Haupthäfen sind Marseille, Le Havre, Bordeaux, Calais u. Boulogne. Das Straßennetz gehört zu den besten u. dichtesten der Erde. Die Bahnlinien u. der Flugverkehr konzentrieren sich auf das Zentrum Paris.

Geschichte. Von einer eigenständigen westfränk. Gesch. kann man erst seit der endgültigen Teilung des Frankenreichs von 888 sprechen. 987 ging die Herrschaft von den westfränk. Karolingern auf die *Kapetinger* über. Zwar sicherte *Hugo Capet* die Erblichkeit der Krone, doch blieb die Macht der Kronvasallen erhalten. 1154–1214 war ganz West-F. in engl. Besitz. Im Verlauf des 13. Jh. entwickelte sich ein starker frz. Einheitsstaat. Nach dem Aussterben der Kapetinger begann die Herrschaft des Hauses *Valois* (1328–1589). Zur Anerkennung seines Thronfolgerechts begann Eduard III. von England 1338 den Krieg mit F., der mit längeren Unterbrechungen bis 1453 dauerte *(Hundertjähriger Krieg)*. Mit Hilfe der *Jungfrau von Orléans* gelang es Karl VII., die Engländer aus F. zu verdrängen u. den Nationalstaat zu einen u. zu stärken. Auch aus den Religionskriegen *(Hugenottenkriege)* des 16. Jh. ging das Königtum gestärkt hervor. 1589 begann die Herrschaft der *Bourbonen* in F. u. damit der Weg zum *Absolutismus*. Das *Edikt von Nantes* (1598) verlieh den Hugenotten beschränkte religiöse Duldung u. staatsbürgerl. Gleichberechtigung. Den beiden Kardinälen *Richelieu* u. *Mazarin* gelang es, den absolutist. Staat endgültig aufzurichten, der unter *Ludwig XIV.* seine volle Macht entfaltete u. F. zeitweise zur ersten Großmacht in Europa machte. Die Verstrickung F.s in den *Österreichischen Erbfolgekrieg* u. den *Siebenjährigen Krieg* in Europa u. Amerika brachte das Land finanziell an den Rand des Ruins u. bereitete neben

FRANKREICH Kaiser, Könige, Präsidenten

Karl VII. führt den Vorsitz bei einer Gerichtsverhandlung in Vendôme; 1458. München, Bayerische Staatsbibliothek (links). –Ludwig XIV. empfängt 1714 in Fontainebleau den späteren sächsischen Kurfürsten Friedrich August II.; Gemälde von Louis de Silvestre. Versailles, Musée National du Château de Versailles et de Trianon (Mitte). – Napoleon I. (rechts)

Französische Revolution: die Hinrichtung Ludwigs XVI. am 21.1.1793 in Paris; zeitgenössischer Kupferstich (links). – Präsident Mitterrand empfängt den Präsidenten von Zaire, Mobutu (links), zu einem Staatsbesuch im Élysée-Palast (rechts)

Frankreich: Verwaltungsgliederung			
Region	Fläche in km²	Einw. in 1000	Hauptstadt
Aquitaine	41 308	2 794	Bordeaux
Auvergne	26 013	1 321	Clermont-Ferrand
Basse-Normandie	17 598	1 391	Caen
Bretagne	27 208	2 796	Rennes
Burgund (Bourgogne)	31 582	1 610	Dijon
Centre	39 151	2 371	Orléans
Champagne-Ardenne	25 606	1 348	Reims
Elsaß (Alsace)	8 280	1 624	Straßburg (Strasbourg)
Franche-Comté	16 202	1 097	Besançon
Haute-Normandie	12 317	1 737	Rouen
Ile-de-France	12 012	10 661	Paris
Korsika (Corse)	8 680	248	Ajaccio
Languedoc-Roussillon	27 376	2 115	Montpellier
Limousin	16 942	723	Limoges
Lothringen (Lorraine)	23 547	2 306	Metz
Midi-Pyrénées	45 348	2 431	Toulouse
Nord-Pas-de-Calais	12 414	3 965	Lille
Pays de la Loire	32 082	3 059	Nantes
Picardie	19 399	1 811	Amiens
Poitou-Charentes	25 810	1 595	Poitiers
Provence-Alpes-Côtes d'Azur	31 400	4 258	Marseille
Rhône-Alpes	43 698	5 351	Lyon

dem Denken der Aufklärung den Boden für die Frz. Revolution 1789. Auf die Erstürmung der *Bastille* durch Pariser Volksmassen (14.7.1789) folgten Abschaffung aller Feudalrechte, Verkündigung der Menschen- u. Bürgerrechte, Aufhebung der Klöster u. Orden, Einziehen des Kirchengutes, Verstaatlichung der Schulen u. Einführung der Zivilehe. In den Septembermorden (2.–6.9.1792) kam es zum Bruch zw. *Girondisten* u. radikalen *Jakobinern* unter G.J. *Danton* u. M. de *Robespierre*. Die 1791 gewählte Legislative wurde durch einen *Nationalkonvent* ersetzt, der am 22.9.1792 die Republik *(Erste Republik)* ausrief u. den König am 21.1.1793 hinrichten ließ (Ende der Bourbonenherrschaft). Die nun einsetzende sog. *Schreckensherrschaft* (1792 bis 95) mündete in die Herrschaft des Direktoriums, die durch den Staatsstreich Napoleons (9.11.1799 = 18. Brumaire) beendet wurde. Damit war die Zeit der Frz. Revolution abgeschlossen. – Erstes Kaiserreich: *Napoleon I.* schuf das neue System der plebiszitären autoritären Herrschaft. Er gab der neuen Gesellschaftsordnung im *Code civil* (1804) ihre bis heute noch verbindl. Rechtsgrundlage. 1804 beschloß der Senat, F. in ein erbl. Kaisertum umzuwandeln. – Restauration: Endgültige Vertreibung Napoleons I. im Verlauf der →Koalitionskriege; Wiederherstellung der monarchist. Tradition in der *Charte constitutionelle* durch *Ludwig XVIII.* Die *Julirevolution* von 1830 zwang *Karl X.* zur Flucht nach England; *Louis-Philippe von Orléans,* der »Bürgerkönig«, kam an die Macht. Die Herrschaft des Bürgertums wurde in der *Revolution von 1848* gestürzt. Arbeiter u. Kleinbürger als ihre Träger erzwangen in einem schon stark sozialist. Züge aufweisenden Aufstand die Ausrufung der Republik *(Zweite Republik).* – Zweites Kaiserreich: Das Bürgertum, tief beunruhigt, unterstützte im Dez. 1848 die Wahl des Prinzen *Louis Napoleon* zum Präs. der Republik, der am 1851 durch einen Staatsstreich die Republik stürzte u. sich in einer Volksabstimmung zum Präs. auf 10 Jahre wählen ließ. Als *Napoleon III.* bestieg er am 2. Dezember 1852 den Thron. Seine Außenpolitik erstrebte die volle Wiederherstellung der alten frz. Machtposition in Europa u. der Welt. Der *Deutsch-Französische Krieg* von 1870/71 kostete ihn den Thron. – Dritte Republik: Die nach dem Sturz des Zweiten Kaiserreichs gegr. Dritte Republik (1870) konnte sich anfangs im Innern nur schwer durchsetzen (1871 Kommuneaufstand in Paris). Außenpolit. war sie durch Bismarcks Gleichgewichtspolitik zunächst isoliert. Im Wettlauf um Kolonialgebiete mit Großbrit. gewann F. 1881 Tunis, 1885 Madagaskar; aber zunehmende Spannungen bestanden mit Großbrit. bes. im Sudan. F. gelang die Annäherung an Rußland u. die Bereinigung des Verhältnisses mit Großbrit. in der

Entente von 1904. 1911 begann F., Marokko militär. zu besetzen *(Marokko-Krise).* 1914 stellte sich F. auf die Seite Rußlands u. wurde dadurch in den 1. Weltkrieg hineingezogen.
Nach dem 1. Weltkrieg erhielt das Land Elsaß-Lothringen durch den *Versailler Vertrag* zurück. Die strikt antidt. Politik scheiterte schließl. im *Ruhrkampf* (1922/23) u. mußte im *Vertrag von Locarno* (A. *Briand,* G. *Stresemann)* u. mit dem Eintritt Dtld. in den Völkerbund aufgegeben werden. In der Innenpolitik wurden Finanzen u. Währung saniert. Das Anwachsen des Radikalismus hatte eine Krise des Parlamentarismus zur Folge. Erst die bürgerl. Regierung É. *Daladiers* (1938) brachte eine neue Stabilisierung.
Zweiter Weltkrieg: Der dt. Angriff im Mai 1940 stürzte F. in seine schwerste Krise. Am 22.6. schloß H.-P. *Pétain* einen Waffenstillstand, der den größten Teil des Landes mit Paris einer dt. Besatzung unterwarf. Im freien Teil bildete Pétain eine autoritäre Regierung, die mit Dtld. kollaborierte. Im Land entstand eine Widerstandsbewegung *(Résistance).* Am 25.8.1944 zog *de Gaulle* in Paris ein u. blieb bis Jan. 1946 an der Spitze einer provisor. Regierung. – Die Vierte Republik trat mit der Verfassung 1946 ins Leben. Indochina mußte nach schweren Kämpfen 1954 aufgegeben werden; 1956 lösten sich Marokko u. Tunis los. 1957 war F. an der Gründung der EWG beteiligt. – Fünfte Republik: Aufgrund der 1958 in Kraft getretenen Verfassung trat de Gaulle 1959 das Amt des Präs. an. Algerien wurde 1962 selbst. 1963 wurde der Vertrag über die dt.-frz. Zusammenarbeit unterzeichnet.
1966 zog sich F. aus der militär. Organisation der NATO zurück. 1968 kam es zu schweren Studentenunruhen. Nach dem Rücktritt de Gaulles wurde 1969 G. *Pompidou* Staats-Präs. Ihm folgte 1974 V. *Giscard d'Estaing,* der 1981 von dem Sozialisten F. *Mitterrand* abgelöst wurde, dessen Politik auf eine Einigung Europas im Rahmen der EU hinzielt. Premier-Min. wurde nach den Wahlen 1993 der Gaullist E. *Balladur.*
Staat u. Gesellschaft. Nach der (gaullist.) Verfassung vom 4.10.1958 ist F. eine unteilbare, laizistische, demokrat. u. soziale Republik. Der unmittelbar vom Volk auf 7 Jahre gewählte Präsident hat eine sehr starke Stellung. Die wichtigsten Parteien der Konservativen sind die Gaullisten u. die Republikaner, die Partei des 1974–80 amtierenden Präs. Giscard d'Estaing. Hauptparteien der Linken sind die Sozialisten u. die Kommunisten; sie bildeten in den 70er Jahren zeitweise eine Wahlunion. Im frz. Parteiensystem kommt es häufig zu Abspaltungen u. Zusammenschlüssen. Eine bedeutende polit. Rolle spielen in Frankreich die Gewerkschaften. Die eindeutig stärkste Gewerkschaft ist die kommunist. geführte CGT *(Confédération Générale du Travail).*

Frankreich: Präsidenten	
Dritte Republik	
Adolphe Thiers	1871–1873
Patrice Maurice Comte de Mac-Mahon	1873–1879
Jules Grévy	1879–1887
Sadi Carnot	1887–1894
Jean Casimir-Périer	1894–1895
Félix Faure	1895–1899
Émile Loubet	1899–1906
Armand Fallières	1906–1913
Raymond Poincaré	1913–1920
Paul Deschanel	1920
Alexandre Millerand	1920–1924
Gaston Doumergue	1924–1931
Paul Doumer	1931–1932
Albert Lebrun	1932–1940
Vichy-Regime	
Philippe Pétain (Chef des Staates)	1940–1944
Übergangszeit	
Charles de Gaulle (provisorisches Staatsoberhaupt)	1944–1946
Vierte Republik	
Vincent Auriol	1947–1954
René Coty	1954–1959
Fünfte Republik	
Charles de Gaulle	1959–1969
Georges Pompidou	1969–1974
Valéry Giscard d'Estaing	1974–1981
François Mitterrand	1981–1995

Franktireur [frãti'rœr], *Heckenschütze, Freischärler,* alte Bez. für *Partisan.*
Frantz, *Justus,* ∗18.5.1944, Pianist; Begr. des Schleswig-Holstein Musik Festivals.
Franz →Heilige.
Franz, Fürsten.
Röm.-dt. Kaiser:
1. F. I. (Stephan), ∗1708, †1765, Herzog von Lothringen seit 1729, Großherzog von Toskana seit 1737, dt. röm.-dt. Kaiser 1745–65; mit der habsburg. Erbin *Maria Theresia* verh.; Beginn der Linie Habsburg-Lothringen. – **2. F. II.,** *F. Joseph Karl,* Enkel von 1), ∗1768, †1835, röm.-dt. Kaiser 1792–1806, Kaiser von Östr. *(F. I.)* 1804–35, König von Ungarn; erhob nach der Kaiserkrönung Napoleons I. die östr. Erblande zum Kaisertum, legte dafür die röm.-dt. Kaiserkrone nieder.
Frankreich:
3. F. I., ∗1494, †1547, König 1515–47, führte einen jahrzehntelangen Krieg gegen die Habsburger (zunächst gegen *Karl V.)* um das Hzgt. Mailand (Niederlage bei Pavia 1525); bekämpfte die Reformation.
Österreich:
4. F. I., als röm.-dt. Kaiser *F. II.,* →Franz (2). – **5. F. Joseph I.,** Enkel von 2), ∗1830, †1916, Kaiser 1848–1916, König von Ungarn seit 1867; zunächst absolutist. u. zentralist., später konstitutionelle Monarchie; verlor 1859 die Lombardei, 1866 den Entscheidungskampf gegen Preußen um die Vorherrschaft in Dtld.; verh. mit *Elisabeth* von Bayern. – **6. F. Ferdinand,** Neffe von 5), ∗1863, †1914, Erzherzog von Östr.-Este; nahm nach dem Selbstmord des Kronprinzen *Rudolf* Thronfolger; zus. mit seiner Gemahlin in Sarajewo von einem serb. Nationalisten ermordet (Auslöser für den 1. Weltkrieg).
Franzbranntwein, aromatisierter, mindestens 32%iger Alkohol für Einreibungen u. Umschläge.
Franzensbad, tschech. *Františkovy Lázně,* westböhm. Badeort nördl. von Eger, 5000 Ew.; Mineralquellen, Moorbäder.
Franzensfeste, ital. *Fortezza,* ital. Ort in Trentino-Südtirol, 742 m ü. M., 1200 Ew.; ehem. wichtige östr. Festungsanlage.
Franziskaner, ein auf die Gründung des *Franz von Assisi* zurückgehender geistl. Orden: Ablehnung jegl. Besitzes (Bettelorden); Seelsorge u. Unterricht; Spaltung in *Konventuaten* u. *Observanten;* 1. Orden: *Orden der Minderbrüder des hl. Franziskus;* 2. Orden: *Klarissenorden* (weibl. Zweig); 3. Orden: *Terziaren.* →Orden.
Franz-Joseph-Land, die nördlichste russ. Inselgruppe im Nordpolarmeer; 85 Inseln, 16 100 km²; stark vereist.
Franzosenkraut, *Knopfkraut, Choleradistel,* Gatt. der *Korbblütler,* das *Kleinblütige F.* (aus Peru) ist in Europa eines der verbreitetsten Unkräuter.
Französisch-Äquatorialafrika, frz. *Afrique-Équatoriale française,* ehem. frz. Besitzung im mittleren Afrika, zw. dem Golf von Guinea u. dem Sudan; 4 Territorien: *Gabun, Mittelkongo* (heute Kongo), *Ubangi-Schari* (heute Zentralafrik. Rep.) u. *Tschad;* Hptst. *Brazzaville;* seit 1960 vier selbst. Staaten.
Französische Antillen, frz. *Antilles françaises, Französisch Westindien,* die zwei frz. Überseedép. *Guadeloupe* u. *Martinique.*
Französische Gemeinschaft →Französische Union.
französische Kunst. Die frz. Baukunst – in der Nachfolge der merowing. u. karoling. Kunst – nahm mit Anfang des 12. Jh. eine spezifische, landschaftl. gebundene Entwicklung. Die roman. Baukunst (Denkmäler in Arles, Toulouse, Poitiers, Cluny usw.) zeigt, bes. im S. die Tradition antiker Bauformen. Seit der 2. Hälfte des 12. Jh. verlagerte sich mit dem Beginn der *Gotik* der Schwerpunkt der baukünstler. Entwicklung nach den N. u. es bildete sich das neue got. Wölbsystem mit Kreuzrippengewölben, Spitzbogenarkaden u. Strebepfeilerarchitektur aus. Nach den Kirchen Laon, Soissons, Paris gelange die Entwicklung mit drei großen Kathedralen im 13. Jh. zu folgerichtiger Vollendung: Chartres, Reims u. Amiens. Die kühnste Verwirklichung got. Baugedanken zeigt die Ste-Chapelle in Paris mit der völligen Entmaterialisierung der Wände zugunsten der Fenster.
Die Architektur der frz. *Renaissance* wurde durch

ital. Künstler gefördert. Das bed. Beispiel ist das Schloß von Fontainebleau. Wichtigste Bauaufgaben des 16. u. 17. Jh. waren Paläste, Schlösser, Rathäuser u. Bürgerhäuser. Die frz. Barockarchitektur fand ihre großartigste Ausprägung unter Ludwig XIV. in der Louvrekolonnade u. im Schloß von Versailles, das mit seinen Parkanlagen vorbildl. für viele europ. Fürstenhöfe wurde.
Vorbereitet durch den Stil Ludwigs XIV. u. unter dem Einfluß der röm. Antike setzte sich mit dem Panthéon in Paris von J.-G. *Soufflot,* den Kolonnaden der Place de la Concorde u. dem Petit Trianon in Versailles, beide von J.A. *Gabriel,* ein neuer *Klassizismus* durch. Der Eklektizismus des 19. Jh. (Paris: Oper von Ch. *Garnier;* Kirche Sacré-Cœur von P. *Abadie)* wurde durch kühn gestaltete Eisenkonstruktionen überwunden; sie waren Vorläufer des von G. *Eiffel* für die Pariser Weltausstellung errichteten Turms (1889). Nach dem 1. Weltkrieg prägten *Le Corbusier* u. seine Schüler entscheidend den Stil der frz. Baukunst. In den Jahrzehnten nach dem 2. Weltkrieg erregten große städtebaul. Projekte Aufsehen. Vertreter der modernen Architektur sind B. *Zehrfuss* u. J. *Prouvé.*
Die Schule von Fontainebleau nahm Anregungen des ital. Manierismus auf, wie Italien auch im Barock die Entwicklung der frz. Malerei beeinflußte. Die beiden bed. Maler des 17. Jh., *Poussin* u. *Claude Lorrain,* erlangten als Landschaftsmaler u. Wegbereiter des Klassizismus Weltruhm. Die Bildnisse, Schäferszenen u. galanten mytholog. Darstellungen von *Watteau, Boucher* u. *Fragonard* machten die frz. Malerei im Rokoko zu einem Inbegriff kultivierter Lebenskunst. Die klassizist. Bildform, von *David* u. *Ingres* großartig verwirklicht, zeigt lineare Festigkeit u. kühle Farbgebung. Im Zuge der romant.-dramat. Szenendarstellung wurde diese Strenge aufgegeben *(Géricault, Delacroix). Courbet* begr. den neueren Realismus.
Um 1850 pflegte die *Schule von Barbizon* eine schlichte, stimmungsvolle Landschaftsmalerei. Als Reaktion auf die Akademiemalerei setzte sich im letzten Viertel des 19. Jh. der *Impressionismus* durch (Degas, Manet, Monet, Pissarro, Renoir). Die Maler *Gauguin, van Gogh* u. *Toulouse-Lautrec* erscheinen als Vorläufer des Expressionismus. Die *Fauves* unter H. *Matisse* erstrebten eine Steigerung des Farbausdrucks. Eigene Wege gingen *Rouault* u. *Dufy,* nachdem 1906/07 der *Kubismus* alle herkömml. Bildauffassungen revolutioniert u. mit Werken von *Picasso* u. *Braque* eine Entwicklung eingeleitet hatte, die, anknüpfend an die flächige Malweise P. *Cézannes,* folgerichtig zur Formzerlegung gelangte. Aus der analyt. Methode des Kubismus entwickelte *Delaunay* die Farb- u. Lichtarchitektur seines *Orphismus.* F. *Léger,* anfangs ebenfalls vom Kubismus angeregt, variierte in monumentalen Kompositionen einen aus der Maschinenwelt abgeleiteten funktionalist. Stil, während *Chagall* u. M. *Ernst* Hauptmeister des Surrealismus wurden. *Bissière, Manessier, Masson, Soulages, Stael* u. *Hartung* repräsentierten die abstrakte Richtung, die durch die Vertreter des sog. *Abstrakten Expressionismus* an Wirkungsbreite gewann. 1960 entstand die Gruppe der Nouveaux Réalistes *(Klein, Raysse, Spoerri).*

französische Literatur. Mittelalter. Die ältesten frz. Lit.-Denkmäler (9. Jh.) sind geistl. Texte. Mit der zunehmenden Bed. des Vasallentums breitete sich das Heldenepos *(Chanson de geste)* aus *(Rolandslied,* um 1100). Im Versroman wurden höf. u. christl. Kulturideale auf antike *(Alexanderroman),* kelt. *(Artussage)* u. oriental. Stoffe übertragen. Kelt.-bretonisches Sagengut wirkte auch durch die märchenhaften *Lais* auf die Erzählungen ein *(Chrétien de Troyes).* Die weltl. Lyrik erreichte ihren Höhepunkt mit den *Troubadours* der Provence. Mit dem Erstarken des Bürgertums erhielt die Lyrik eine realist. u. soziale Note *(Rustebeuf),* ebenso die moralisierenden Kurzerzählungen *(Fabliaux)* des 13. u. 14. Jh. Das *Mysterienspiel,* der Beginn des frz. Dramas, entstand aus der Feiertagsliturgie, löste sich aber bald von der Kirche; weltl. Schauspielergesellschaften bildeten sich, das komische Element sonderte sich ab u. wurde später als Hanswurstspiel *(Sottie), Farce* u. *Moralität* beliebt. Die Vagantendichtung fand ihren Höhepunkt bei F. *Villon,* dem ersten großen frz. Lyriker.
Renaissance. 1470 wurde der Buchdruck eingeführt. Bibelübersetzungen, Interpretationen u. Textkritik entstanden. Von antikem Bildungsgut durchdrungen, gleichzeitig genialer Sprachschöpfer, war F. *Rabelais.* Die Erzählkunst *(Margarete von Navarra)* stand unter dem Einfluß Boccaccios. Eine Gruppe junger Dichter um P. de *Ronsard (Plejade)* wandte sich antiken Vorbildern zu. Röm. Geist u. ital. Einfluß wurden auch auf der Bühne wirksam: Die frz. Komödie ist der Commedia dell'arte verpflichtet, die Tragödie den Stoffen Senecas.
Klassik. Im 17. Jh. verband sich die Tradition des Humanismus mit einem Gefühl der nat. Größe u. einer allg. Verfeinerung der Sitten. Die Sprache wurde zu äußerster Klarheit gereinigt (F. de *Malherbe);* literar. Salons entstanden. Stilkunst u. Gefühlsdarstellung verfeinerten sich zu »Galanterie« u. »Preziösentum«; diese Tendenz verspottete *Molière* in seinen Lustspielen. Die dem zentralist. Staat entspr. Einheitlichkeit der Ausdrucksformen wurde durch die Gründung der *Académie Française* (1634/35) gefördert. Die Unterordnung aller Empfindungen unter die Gebote Gottes u. des Staates forderte P. *Corneille* (Trauerspiele); J.B. *Racine* rückte die Tugend des strengen Maßhaltens in den Vordergrund. In der Nachfolge der psycholog. Zergliederungkunst M.-E. de *Montaignes* entstanden Sammlungen von Maximen (F. *La Rochefoucauld,* J. de *La Bruyère).*
Aufklärung. Zu Beginn des 18. Jh. drang die Empfindsamkeit in die Lit. ein. Soziale Tendenzen machten sich in Drama u. Roman bemerkbar (P. de *Marivaux,* A.R. *Lesage).* In der Geschichtsbetrachtung, der Rechtsphilosophie (Ch. de *Montesquieu)* u. auf dem Gebiet der literar. Kritik löste man sich von außermenschl. Normen *(Voltaire).* Fortschrittsglaube, Toleranz u. eine naturwiss.-empir. Methode kennzeichnen dieses »Zeitalter Voltaires«. Typisch für diese Richtung war das Unternehmen der *Encyclopédie* (D. *Diderot* u. a.). Die sozialen u. demokrat. Tendenzen der Komödie (P.A.C. de *Beaumarchais)* wiesen auf den Vorabend der Frz. Revolution.
Romantik. Gegenüber dem aufklärer. Denken setzte sich am Ende des 18. Jh. u. im 19. Jh. mehr u. mehr das Interesse an dem von Leidenschaften getriebenen Einzelmenschen durch. Die gesellschaftl. Schranken wurden als hemmend empfunden, man entdeckte die *Natur,* d. h. alles nicht verstandesmäßig Erfaßbare; man sah die Kultur sogar als schädlich an *(Rousseau).* Die neue Art, Mensch u. Natur zu sehen, prägte die *Vorromantik.* Aber der übersteigerte Individualismus führte zugleich zur »Krankheit des Jahrhunderts«, dem Weltschmerz (F.R. de *Chateaubriand).* Die *Hochromantik,* geführt von V. *Hugo,* bekämpfte die Vorherrschaft der Klassik. G. *Sand* verkündete das Recht der Frau auf Leidenschaft. Am Ende dieser Epoche suchte man den Gefühlsüberschwang einzudämmen *(Stendhal,* P. *Mérimée).* Der Roman sollte nicht mehr Produkt der Einbildungskraft sein, sondern beobachtete Wirklichkeit bieten (H. de *Balzac).*
Vom Realismus bis zur Gegenwart. In der 2. Hälfte des 19. Jh. machte sich der Einfluß der psycholog. Lit. der Skandinavier u. Russen bemerkbar. Oberstes Gesetz der realist. Lit. war die Wahrheit (G. *Flaubert);* sogar Naturtreue wurde gefordert. Aber zugleich entstand die Gegenströmung der *Parnassiens.* Diese strebten in der Lyrik nach dem Ideal absoluter Schönheit *(l'art pour l'art).* Romant. u. antiromant. Züge kreuzten sich. Zeitekel, Einsamkeit, seel. Erschöpfung, Kampf gegen Gesellschaft, Welt u. Religion kennzeichnen die frz. Lyrik des *Symbolismus* (Ch. *Baudelaire,* A. *Rimbaud,* P. *Verlaine,* S. *Mallarmé).* Der Roman fand die rein naturalist. Form im Werk *Zolas.* G. de *Maupassant* suchte die naturwiss.-positivist. Richtung durch eine verfeinerte Psychologie zu überwinden. A. *France* verstand es, den Eindruck des klass. Vollendeten hervorzurufen. Bei A. *Gide* verbindet sich klass. Form mit der Anklage gegen die Gesellschaft, u. die Lyrik P. *Valérys* hat zahlreiche Züge mit Symbolismus u. Klassik gemeinsam. M. *Proust* gelang eine Abkehr mit Hilfe psycholog. Analyse u. Vertiefung. Es setzte eine Rückbesinnung auf die Kräfte der menschl. Seele ein, so auch in der neu-kath. Bewegung zu Beginn des 20. Jh. (Ch. P. *Péguy,* F. *Mauriac,* P. *Claudel,* G. *Bernanos).*
Zw. den beiden Weltkriegen wurde der Kampf um den *Surrealismus* (G. *Apollinaire,* A. *Breton)* ausgetragen. Kaum ein frz. Schriftst. der Moderne ist von dieser Richtung unberührt geblieben (J. *Romains, Saint-John Perse,* L. *Aragon,* P. *Éluard,* J. *Prévert,* R. *Char).* Eine »geläuterte Realität« wurde angestrebt von *Alain-Fournier,* J. *Giraudoux,* J. *Cocteau* u. J. *Anouilh.* Daneben wurde das Ideal eines heroischen Lebens verfochten (H. de *Montherlant,* A. *Malraux,* A. de *Saint-Exupéry).* Schließlich gesellte sich als weitere, vornehml. aus der frz. Widerstandsbewegung des 2. Weltkriegs erwachsene Kraft der *Existentialismus* (A. *Camus,* J.-P. *Sartre)* hinzu, der als Lehre von der menschl. Vereinsamung u. Angst eine große Anziehungskraft ausübte.
Die zeitgenöss. dramat. Lit. ist duch das *absurde Theater* geprägt (E. *Ionesco,* S. *Beckett,* A. *Adamov,* J. *Audiberti).* Ihm zur Seite stehen die Schriftsteller des *Nouveau roman* (N. *Sarraute,* M. *Duras,* A. *Robbe-Grillet,* M. *Butor).* Sie verzichten auf fortschreitende Handlung, lösen die Zeit auf u. lassen die menschl. Beziehungen zerfließen zugunsten einer exakt beschriebenen Welt der Dinge. Weitere Repräsentanten der frz. Lit. des 20. Jh.: u. a. R. *Rolland,* H. *Barbusse,* R. *Martin du Gard,* G. *Duhamel,* A. *Maurois,* J. *Giono,* H. *Michaux,* J. *Green,* R. *Queneau,* J. *Genet,* F. *Ponge,* C. *Simon,* M. *Yourcenar.*

französische Musik. Die f. M. verfügt über einen reichen Schatz ältesten, u. a. kelt. Volksliedgutes. Im 12. Jh. begannen mit *Leoninus* u. *Perotinus* von Notre-Dame die ersten Versuche der Mehrstimmigkeit, das sog. Organum, Höhepunkt der *Ars antiqua.* Aus der gleichen Zeit stammt das älteste erhaltene Singspiel »Robin et Marion« des Adam de *La Halle* (1283), das bereits dem Bereich der weltl. Musik angehörte. Hier führten die Trouvères u. Troubadours das Lied zu hoher Blüte. Im 14. Jh. waren G. de *Machaut* u. Ph. de *Vitry* die bed. Vertreter der *Ars nova.* Dann begann der Einfluß der in den Ndl. entstandenen Polyphonie. Gegen Ende des 17. Jh. erfuhr die Clavecinistenschule in *Couperin,* der v. a. die Suite um neue Formen bereicherte, u. in *Rameau* ihre Blüte. *Leclair* widmete seine Kunst der Violine. Kirchenmusik schrieb *Charpentier.*
Das 17. Jh. ist auf dem Gebiet der frz. Nationaloper durch *Lully* gekennzeichnet, die zur Hofkultur gehörte. *Cherubini* u. *Méhul* waren die Vertreter der nach Glucks Vorbild reformierten Grand opéra. Kom. Opern schrieben *Auber* u. *Halévy. Meyerbeers* große Opern fanden europ. Verbreitung. Zu großen Dimensionen, auch in der Besetzung, fand ebenfalls *Berlioz.* Von ihnen führte der Weg über *Gounod, Bizet, Massenet* u. *Saint-Saëns* zum musikal. Impressionismus *(Debussy* u. *Ravel,* die bereits zur Moderne überleiten). Neben die Oper trat wieder die Orchester- u. Kammermusik, u. schließlich rückte die Musik für Klavier in den Vordergrund. Die zum Impressionismus hinführende Verfeinerung der Instrumentation u. Harmonik tritt besonders in den Instrumentalkompositionen von *Franck, Lalo, Chausson, Fauré,* d'*Indy, Dukas, Chabrier* u. *Schmitt* hervor.
E. *Satie* zeigt sich als genialer Vorläufer des Modernismus. Alle zuletzt genannten Komponisten sowie viele Hinzugezogene (I. *Strawinsky)* machten Paris in den ersten Jahrzehnten des 20. Jh. zu einem Zentrum des Musiklebens. Zu den gemäßigten modernen Komponisten, die noch auf dem Boden der Tonalität bleiben u. vielfach außereurop. Elemente (Jazz) mit einbeziehen, gehört die Gruppe der »Six« *(Milhaud, Honegger, Poulenc, Tailleferre, Auric* u. *Durey).* Daneben sind zu nennen *Ibert* u. *Françaix.*
Nach 1945 macht sich eine rationalist. Haltung in der f. M. bemerkbar, z. T. im Werk *Messiaens* dann aber auch verstärkt in den strukturalist. Kompositionen von *Boulez* u. *Jolivet.*

Französische Revolution, die polit.-geistig-soziale Freiheitsbewegung in Frankreich am Ende des 18. Jh., die auch das übrige Europa erfaßte, wobei durch die Verbindung von liberalen u. nationalen Gedanken die Welt des Ancien régime zerstört wurde. Die F. R. schuf die Voraussetzungen für die bürgerl. Gesellschaft des 19. Jh. u. verhalf dem Gedanken des Nationalstaats zum Durchbruch. →Frankreich (Geschichte).

Französischer Jura, Teil des Juragebirges zw. Saônebecken, frz.-schweiz. Grenze u. Vogesen; im *Crêt de la Neige* 1723 m.

Französische Schweiz, die westl., von frz. sprechender Bevölkerung bewohnten Teile der Schweiz.

Französische Union, frz. *Union française,* Neuorganisierung des frz. Kolonialreichs nach dem

Franz von Assisi: Altarbild in der Kirche San Francesco zu Pescia. Die Vogelpredigt; 1235

2. Weltkrieg; durch die Verf. der Vierten Rep. 1946 errichtet. Die Union bestand aus der Frz. Rep. u. den *Assoziierten Staaten* sowie den *Assoziierten Territorien.* Die übrigen Kolonien in Afrika, Ozeanien u. Mittelamerika gehörten als *Übersee-Dép.* u. *-Territorien* zur Frz. Rep. Durch den Zusammenbruch der frz. Herrschaft in Indochina verlor die F. U. ihre Aufgabe. Nachfolgeorganisation wurde 1958 die *Französische Gemeinschaft.*

Französisch-Guyana, frz. Übersee-Dép. im N Südamerikas, 91 000 km², 115 000 Ew. (Schwarze, Mulatten, Mestizen, Weiße, Asiaten), Hptst. *Cayenne.* – Feuchttrop. Klima; vorw. Regenwälder; bed. Bauxitvorkommen, Holzwirtschaft; europ. Raumfahrtzentrum in Kourou.

Französisch-Polynesien, frz. *Polynésie française,* frz. Überseeterritorium, umfaßt die *Gesellschafts-, Marquesas-, Tubuai-, Tuamotu-* u. *Gambierinseln* im östl. Ozeanien mit zus. 4200 km² u. 191 000 Ew.; Hauptort ist *Papeete* auf *Tahiti.*

Französisch-Somaliland →Djibouti.

Französisch-Sudan →Mali.

Französisch-Westafrika, frz. *Afrique occidentale française,* ehem. frz. koloniale Verwaltungseinheit in Afrika.

Franz von Assisi, *Franziskus,* eigtl. Giovanni Bernardone, *1181 oder 1182, †1226, ital. Ordensgründer (→Franziskaner, 1209); wirkte als missionierender Prediger auf seinen Reisen nach Frankreich, Spanien (1213–15) u. nach Ägypten (1219). – Heiligsprechung 1228 (Fest: 4.10); 1980 von Papst Johannes Paul II. zum Schutzpatron der Ökologie erklärt.

Franz von Sales →Heilige.

Franz Xaver →Heilige.

frappant, auffallend, schlagend, überraschend. – **frappieren,** befremden, überraschen, bestürzen; (Sekt, Wein) in Eis kühlen, abschrecken.

Frascati, das antike *Tusculum,* ital. Stadt in Latium, sö. von Rom, 19 000 Ew.; Weinanbau, gleichn. Weißwein.

Frasch [fræʃ], Hermann, *1851, †1914, US-amerik. Chemiker; entwickelte ein Verfahren zum Abbau von Schwefelmassen durch Schmelzen mit überhitztem Wasserdampf (*F.-Verfahren*); Erfinder einer Entschwefelungsmethode für Erdöle.

Fräse, landwirtschaftl. Gerät.

Fraser ['freɪzə], Fluß im westl. Kanada, 1368 km; mündet bei Vancouver in den Pazifik.

Fräsmaschine, eine Werkzeugmaschine zur Bearbeitung mit einem *Fräser* (ein mit Schneiden versehenes, umlaufendes Werkzeug zur spanabhebenden Bearbeitung eines Werkstücks aus Holz, Metall oder Kunststoff).

Frater, in der Regel ein nicht dem Priesterstand angehörendes männl. Mitglied kath. Ordensgemeinschaften. – **F.herren** →Brüder vom gemeinsamen Leben.

fraternisieren, sich verbrüdern, sich anfreunden (z.B. zw. Besatzungstruppen u. Bevölkerung).

Frauenbewegung, *Frauenemanzipation,* auf Gleichberechtigung der Frau mit dem Mann gerichtete Bestrebungen, deren Wurzeln in den freiheitl. Ideen der Frz. Revolution, den Menschenrechtsvorstellungen der amerik. Freiheitskämpfe u. bei den engl. Frauenrechtlerinnen *(Suffragetten)* liegen; in Dtld. v. a. eine Bildungs- u. Kulturbewegung, ausgehend von den Ideen der 1848er Revolution; 1865 Gründung des »Allg. Dt. Frauenvereins«, 1894 Gründung des »Bundes Dt. Frauenvereine«; in Dtld. liberale F. (L. *Otto-Peters,* H. *Lange,* M. *Weber,* G. *Bäumer* u. a.), sozialist. F. (K. *Zetkin*) u. konfessionelle F.; seit 1919 aktives u. passives Wahlrecht für Frauen; in den 1960er u. 1970er Jahren in der BR Dtld. Entwicklung der *neuen* oder *autonomen* F. (auch *Feminismus),* die v. a. aus polit. linksgerichteten Gruppen hervorging u. deren Kernpunkt der Kampf gegen die gesellschaftl. definierte Frauenrolle war. Projekte: Frauenhäuser, Frauenzentren, Frauencafés, feminist. Ztschr., Kampf um die Liberalisierung der Abtreibung u. a.; bed. Vertreterinnen: Simone *de Beauvoir,* S. *Sontag,* A. *Schwarzer,* M. *Janssen-Jurreit.*

Frauenfarn, *Farn,* mit großen, bis 1,50 m langen, mehrf. gefiederten Blättern.

Frauenfeld, Hptst. des schweiz. Kt. Thurgau, 19 000 Ew.; Schloß (1246) mit histor. Museum; versch. Ind.

Frauenhäuser, in den 1970er Jahren in zahlr. Städten der BR Dtld. u. a. westeurop. Ländern entstandene Zufluchtsstätten für Frauen (u. ihre Kinder), die von ihren Ehemännern oder Partnern phys. u. psych. mißhandelt werden.

Frauenheilkunde, *Gynäkologie,* Fachgebiet der Medizin, dessen Gegenstand die Erkennung u. Behandlung der Frauenkrankheiten (einschl. Geburtshilfe) ist.

Frauenkrankheiten, Erkrankungen der weibl. Geschlechtsorgane einschl. der Brustdrüsen.

Frauenlob →Heinrich von Meißen.

Frauenmantel, *Alchemilla,* Gatt. der *Rosengewächse;* hierzu der *Gewöhnl. F.* (Blutreinigungsmittel) u. der *Acker-F.* (Unkraut).

Frauenpresse, an Frauen gerichtete Zeitungen u. Ztschr., meist auf Mode, Kosmetik, Erziehungsfragen, Gesundheit, Küche u. ä. spezialisiert, seit den 1970er Jahren auch mit Problemen der Emanzipation im Sinne der neuen *Frauenbewegung* beschäftigt.

Frauenquote, Richtgröße des Frauenanteils bei der Vergabe von Positionen u. Ämtern in Politik, Wirtsch. u. Verw. mit der Zielsetzung, den Mangel an gesellschaftl. Gleichberechtigung der Frauen zu beheben.

Frauenrechtlerinnen, Frauen, die sich für die Gleichstellung der Frau in der Gesellschaft einsetzen, Vorkämpferinnen der *Frauenbewegung:* O. *de Gouges,* M. *Wollstonecraft,* G. *Sand,* L. *Otto-Peters,* H. *Stöcker,* M. *Stritt,* H. *Lange* u. a.

Frauenschuh, auf Kalk vorkommende *Orchidee* mit schuhförmigen Blüten; unter Naturschutz.

Fraunhofer, Joseph von, *1787, †1826, dt. Physiker; vervollkommnete das Fernrohr; erfand das Beugungsgitter, mit dem er die Wellenlängen der Absorptionslinien im Sonnenspektrum maß, die nach ihm *F.sche Linien* heißen.

Freak [fri:k], jemand, der sich der bürgerl. Le-

Frauenschuh

bensweise verweigert oder sich in übertriebener Weise mit etwas beschäftigt, z.B. *Kino-F.*

Frechen, Stadt in NRW, westl. von Köln, 44 000 Ew.; Braunkohlenbergbau.

Fredensborg ['fre:dənsbɔr], Sommerresidenz der dän. Könige, sw. von Helsingör, auf Seeland.

Fredericia, dän. Hafen- u. Handelsstadt in O-Jütland, 46 000 Ew.; Erdölraffinerie, Textil-Ind.

Fredericton ['fredriktən], Hptst. der O-kanad. Prov. Newbrunswick, 44 000 Ew.; Univ.; Fremdenverkehr; Hafen; versch. Ind.

Frederiksberg [freðərəgs'bɛr], dän. Gemeinde auf Seeland, Enklave in der Stadt Kopenhagen, 87 000 Ew.; HS; Park; Porzellanfabrik.

Frederiksborg [freðərəgs'bɔr], dän. Renaissanceschloß (1602–25 erbaut) bei Hilleröd, sw. von Helsingör.

Frederikshavn [freðərəgs'haun], dän. Hafen-, Handels- u. Ind.-Stadt am Kattegatt, 36 000 Ew.; Fischerei; Werft.

Fredrikstad, norw. Hafenstadt an der Mündung des Glomma in den Oslofjord, 27 000 Ew.; versch. Ind.

Free Jazz [fri: dʒæz], um 1960 in den USA entstandene Stilrichtung des Jazz, ohne metr. oder tonale Bindungen in Anlehnung an die experimentelle Musik; Vertreter in Dtld. u. a. A. *Mangelsdorff,* A. von *Schlippenbach* u. P. *Brötzmann.*

Freesia, S-afrik. Gatt. der *Schwertliliengewächse;* Zierpflanze mit weißen, gelben, lila, rosa oder roten trichterförmigen Blüten.

Freetown ['fri:taun], Hptst. des W-afrik. Staates Sierra Leone, 470 000 Ew.; Wirtsch.- u. Handelszentrum; Univ. (1827 gegr. Fourah Bay College); Hafen, Ölraffinerie. – 1787 von freigelassenen Sklaven gegr.

Fregatte, fr. ein schnellsegelndes Kriegsschiff mit Geschützen in einem geschlossenen Deck; heute Geleitfahrzeug zum Schutz von Handelsschiffen, für die U-Boot-Jagd u. -Abwehr.

Fregattenvögel, zur Ordnung der *Ruderfüßer* gehörende große Vögel trop. Meere; ausdauernde Segelflieger, die v. a. anderen Meeresvögeln ihre Beute abjagen; Koloniebrüter.

Freia →Freya.

Freiballon →Ballon.

Freibank, Verkaufsstelle für genußtaugl., aber minderwertiges Fleisch.

Freiberg, Kreis- u. Ind.-Stadt in Sachsen, am NW-Rand des Erzgebirges, 52 000 Ew.; älteste Bergakademie der Erde (gegr. 1765), spätgot. Dom St. Marien mit roman. Portal (»Goldene Pforte«); Bergbau, Hütten-, Maschinenbau u. a. Ind.

Freibetrag, bei Einkünften, Vermögen, Umsatz u. ä. der Betrag, der nicht der Besteuerung unterliegt, z.B. Arbeitnehmer-F.

Freibeuter, Schiffsbesatzungen, die sich auf eig. Faust, d. h. ohne staatl. Erlaubnis (Kaperbrief) u. außerhalb förmlich anerkannten Kriegs fremde Schiffe oder Schiffsladungen aneignen.

freibleibend, *ohne Obligo,* nicht bindend, mehrdeutige Handelsklausel, bei der eine Änderung der Vertragsbedingungen vorbehalten bleibt.

Freiburg, frz. *Fribourg,* Kt. der →Schweiz.

Freiburg, 1. frz. *Fribourg,* Hptst. des gleichn. schweiz. Kt., an der Saane, 34 000 Ew.; guterhaltene mittelalterl. Innenstadt mit got. u. Renaissancebauten, zahlr. alte Kirchen; kath. Univ.; chem., Bekleidungs-, Masch.- u. Süßwaren-Ind. – **2.** *F. im Breisgau,* Stadt in Ba.-Wü., bedeutendste Stadt des südl. Schwarzwalds, an der Dreisam, 190 000 Ew.; *F. Münster;* Univ. (gegr. 1457), versch. Hoch- u. Fachschulen; Fremdenverkehr; vielseitige Ind.

Gesch.: 1120 von den Zähringern gegr., seit 1368 habsburg., 1678–97 frz., 1805 zu Baden.

Freidank, bürgerl. Fahrender aus Schwaben, dessen Sammlung mhd. Spruchgedichte »Bescheidenheit« (d. h. »Bescheidwissen«, »Einsicht«) um 1230 entstand u. breite Wirkung ausübte.

Freidenker, urspr. Bez. für die engl. Deisten; später Bez. für Atheisten u. Menschen, die Dogmen u. Offenbarung ablehnen zugunsten naturgegebener moral. Gesetze (auch *Freigeister* genannt).

Freideutsche Jugend →Jugendbewegung.

Freie, bei den Germanen Stammesangehörige mit persönl. u. polit. Freiheit sowie einem höheren Wergeld als die *Minderfreien* u. Knechte; bildeten die Volksversammlung, das *Thing,* u. waren die tragende Schicht.

freie Berufe

freie Berufe, selbst. Berufe wie z.B. Ärzte, Rechtsanwälte, Notare, Schriftst., Künstler.
Freie Demokratische Partei, Abk. *FDP* (seit 1969 offiziell *F.D.P.*), 1948 in der BR Dtld. gegr. liberale Partei; vereinigte sich 1990 mit den liberalen Parteien der DDR; 1993 rd. 110 000 Mitgl.
Freie Deutsche Jugend, Abk. *FDJ,* Jugendorganisation in der DDR; heute polit. bedeutungslos.
Freier Deutscher Gewerkschaftsbund, Abk. *FDGB,* kommunist. gelenkter Spitzenverband der Gewerkschaften in der DDR; 1990 aufgelöst.
Freies Deutsches Hochstift, 1859 in Frankfurt a.M. gegr. Vereinigung zur Pflege von Kunst, Wiss. u. Bildung; Sitz im Goethehaus.
freies Geleit, die Zusicherung der freien Rückkehr von Personen, sofern sie vor Gericht als Zeugen aussagen.
Freie Städte, seit dem späten MA die Städte, die sich von geistl. Herrschaft befreit hatten u. sich selbst regierten, so Augsburg, Basel, Köln, Magdeburg, Straßburg u. a., auch *Freie Reichsstädte* genannt; heute nur noch Hamburg u. Bremen.
Freigrafschaft Burgund → Franche-Comté.
Freihafen, Teil eines Seehafens, der außerhalb des Zollgebiets liegt *(Zollfreiheit).* Seeseitig hereinkommende Waren können unverzollt umgeschlagen u. gelagert werden.
Freihandel, engl. *free-trade,* unbeschränkter zwischenstaatl. Güteraustausch durch Abbau aller Außenhandelsbeschränkungen (Schutzzölle, Ein- u. Ausfuhrbeschränkungen); theoret. in England entwickelt (D. *Ricardo*); nach dem 2. Weltkrieg schrittweise Durchsetzung des F. innerhalb der europ. Zusammenschlüsse (EU, EFTA u. a.).
F.szone, Zusammenschluß von Staaten zu einem Gebiet, in dem F. herrscht.
Freiheit, Unabhängigkeit von Zwang u. Bevormundung, allg. die Möglichkeit, über sich selbst zu verfügen; in der Ethik als *Willensfreiheit;* in der Politik als *Handlungsfreiheit* des einzelnen im Staat bis zur völligen Entmachtung des Staates (»Nachtwächterstaat« des Liberalismus, Anarchismus), als in der Verf. festgelegte *bürgerl.* F. (Glaubens-, Presse-, Versammlungs-, Vereins-F. u. a.) oder aber als F. des Staates selbst (Bündnis-F., Souveränität u. ä.).
Freiheit der Meere, Grundsatz, daß das Meer außerhalb der Küstengewässer *(offenes Meer)* von jeder Staatshoheit frei u. der Schiffahrt, Luftfahrt, Fischerei u. Nachrichtenübermittlung aller Personen u. Staaten zugängl. ist.
Freiheit, Gleichheit, Brüderlichkeit, frz. *Liberté, Égalité, Fraternité,* Forderungen der Frz. Revolution von 1789.
freiheitlich-demokratische Grundordnung, die wesentl. Grundsätze der Verfassungsordnung des Grundgesetzes der BR Dtld., die sich unter Ausschluß jegl. Willkürherrschaft als die rechtsstaatl. Herrschaftsordnung auf der Grundlage der Selbstbestimmung des Volkes u. der Freiheit u. Gleichheit bestimmen läßt; grundlegende Prinzipien: Achtung der Menschenrechten u. vor dem Recht auf Leben u. freie Entfaltung der Persönlichkeit, Volkssouveränität, Gewaltenteilung, Verantwortlichkeit der Regierung, Gesetzmäßigkeit der Verwaltung, Unabhängigkeit der Gerichte, Mehrparteienprinzip u. a.
Freiheitliche Partei Österreichs, Abk. *FPÖ,* 1955/56 gegr. rechtsliberale Partei, mit nationalist. Zügen.

Freimaurer

Freiheitsberaubung, vorsätzl. u. rechtswidrige Entziehung der persönl. Freiheit eines Menschen (z.B. durch Einsperren); strafbar.
Freiheitskriege → Befreiungskriege.
Freiheitsstatue, Sinnbild der Freiheit an der Einfahrt zum Hafen von New York, auf der Liberty-Insel; 46 m hohes weibl. Standbild, dessen Fackel als Leuchtfeuer dient.
Freiheitsstrafe, in der BR Dtld. die einzige Form der Strafe durch Freiheitsentzug; zeitl. begrenzt oder lebenslang.
Freiherr, Abk. *Frhr.,* dem *Baron* entspr. Adelstitel.
Freikirche, engl. *Free Church,* frz. *Eglise Libre,* vom Staat unabhängige ev. Kirche; von Bed. bes. in den angelsächs. Ländern (in den USA gibt es nur F.n).
Freikörperkultur, Abk. *FKK, Naturismus, Nudismus, Nacktkultur,* eine Bewegung für »natürl. u. freies Leben«, die die Nacktheit als Mittel zu einer natürl. Erziehung u. einer körperl.-seel., moral. u. gesundheitl. Erneuerung des menschl. Lebens ansieht.
Freikorps [-ko:r], *Freischar,* Truppe von Freiwilligen, die neben den regulären Truppen kämpfen; Mitgl. oft als *Freischärler* bezeichnet.
Freilassing, Stadt in Oberbayern, an der dt.-östr. Grenze, 14 000 Ew.; Holzind.
Freilauf, selbsttätiges Gesperre für Drehbewegungen, das die Drehmomentübertragung nur in einer Drehrichtung gestattet, während in der anderen Richtung An- u. Abtriebteil kräftemäßig voneinander frei sind; bes. beim Fahrrad, z. T. auch beim Kfz.
Freilichtbühne, *Freilichttheater,* Theater im Freien, meist in Schloßhöfen, auf Marktplätzen oder in landschaftl. bevorzugter Naturkulisse.
Freilichtmalerei, *Pleinairmalerei,* im Freien ausgeübte Malerei im Unterschied zur Malerei in geschlossenen, von Fensterlicht oder künstl. Beleuchtung erhellten Ateliers *(Ateliermalerei),* im 19. Jh. eine der Hauptforderungen des Impressionismus.
Freilichtmuseum → Museum.
Freiligrath, Ferdinand, *1810, †1876, dt. Schriftst.; verlieh in seiner polit. Lyrik den Ideen der Revolution von 1848 Ausdruck; zeitw. wegen seiner Gesinnung verfolgt.
Freimaurerei, urspr. eine der Geheimgesellschaften, die sich im 17. Jh. aus den naturphilos., oft myst.-alchemist. Grundlage darum bemühten, das Urprinzip der Welt u. damit zugleich auch die Formel zur Heilung ihrer Schäden u. Leiden zu finden; Anknüpfung an die mittelalter. Gilden u. Zünfte, bes. an die Tradition der *Bauhütten;* in *Logen* organisiert, die in *Großlogen* zusammengefaßt sind; unter den Logenbrüdern Einstufung in die Grade des Lehrlings, Gesellen u. Meisters, an der Spitze der *Meister vom Stuhl;* geschichtl. faßbar zunächst in England als Sammelbecken der Aufklärungsphilosophie, in Dtld. etwa seit 1736; fand bald Eingang in die höchsten Kreise u. dadurch einen starken gesellschaftl. Rückhalt, obgleich sie eigtl. den Idealen des aufstrebenden Bürgertums diente. So tritt die F. ein für die Überwindung der nationalen u. konfessionellen Gegensätze in brüderl. Geist, für Duldsamkeit, gegenseitige Hilfeleistung u. liberale polit. Institutionen. Ein *Weltfreimaurerbund* ist der Zusammenschluß einiger, nicht jedoch aller Logen. Viele bed. Männer, auch Fürsten u. Staatsmänner, gehörten der F. an (u. a. *Herder, Goethe, Mozart, Friedrich d. Gr., Friedrich Wilhelm II.*).
freireligiöse Gemeinden, 1859 entstandener Zusammenschluß der *Lichtfreunde* (seit 1841) u. des *Deutschkatholizismus* im »Bund freireligiöser Gemeinden«. Zunächst noch vorhandene christl. Restbestände wurden durch eine sich auf Vernunft u. wiss. Erkenntnisse berufende Weltschau ersetzt.
Freisasse, im alten Recht ein persönl. freier, aber auf grundherrl. Boden angesiedelter Bauer.
Freischar → Freikorps.
Freischütz, im Volksglauben ein Teufelsbündner, der durch einen Teufelspakt eine bestimmte Anzahl an unfehlbaren Kugeln erhält; Oper von C.M. von Weber.
Freising, oberbay. Krst. an der Isar, westl. vom Erdinger Moos, 36 000 Ew.; roman. Dom (1160); ehem. Bistum; im benachbarten *Weihenstephan* (ehem. Benediktinerabtei) Fakultäten der TU München; Maschinenbau u. elektron. Ind.
Freisinnig-Demokratische Partei, in einigen Kantonen auch *Radikal-Demokratische Partei* gen., Abk. *FDP,* schweiz. Partei seit 1894; bekennt

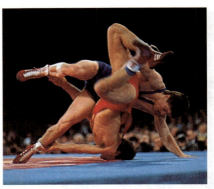

Beim Freistilringen können Griffe am ganzen Körper angesetzt werden

sich zum liberalen Gedankengut u. zu einer freien Wirtschaft.
Freisinnige, zw. 1848 u. 1914 in Dtld. u. der Schweiz allg. gebräuchl. Bez. für den linken Flügel des polit. Liberalismus. Im Dt. Reich ging 1884 aus der Vereinigung von abgesplitterten Mitgl. der *Nationalliberalen Partei* mit der *Dt. Fortschrittspartei* die *Dt. Freisinnige Partei* hervor. Die Bewegung ging 1919 in der *Dt. Demokrat. Partei* auf. In der Schweiz besteht die 1894 gebildete *Freisinnig-Demokratische Partei* noch heute.
Freisler, Roland, *1893, †1945, Jurist u. nat.-soz. Politiker; seit 1942 Präs. des *Volksgerichtshofs;* berüchtigt als »Blutrichter«, bes. in den Verfahren gegen die Mitgl. der Widerstandsbewegung.
Freistaat → Republik.
Freistil, 1. Disziplin beim → Ringen. – **2.** Stilart beim Schwimmen, meist Kraultechnik (als schnellste Schwimmart).
Freistoß, beim Fußball ein Ballstoß, den eine Partei unbehindert vom Gegner ausführen darf, wenn die andere Partei einen Regelverstoß begangen hat; ähnl. der *Freiwurf* beim Handball u. Basketball, der *Freischlag* beim Hockey u. der *Freitritt* beim Rugby.
Freitag, Walter, *1889, †1958, dt. Gewerkschaftsführer; 1952–56 erster Vors. des DGB.
Freital, Krst. in Sachsen, 43 000 Ew.; Maschinenbau-, Glas-, feinmechan. chem. u. Stahl-Ind.
Freiverkehr, Wertpapierhandel, der nicht zum amtl. Handel an den Börsen zugelassen ist.
Freiwillige Feuerwehr → Feuerwehr.
freiwillige Gerichtsbarkeit, nicht zum *Zivilprozeßrecht* gehörendes zivilrechtl. Verfahrensrecht, das die Schaffung, Übertragung oder Entziehung privater Rechte durch behördl. Mitwirkung zum Gegenstand hat, z.B. in Grundbuch-, Familien-, Urkunden- u. Vormundschaftssachen.
Freiwirtschaft, Marktwirtschaft mit völliger Wettbewerbsfreiheit u. Beseitigung arbeitslosen Einkommens (Zins, Grundrente) durch Frei-Geld u. Frei-Land; von *S. Gesell* u. dem *F.sbund* seit den 1920er Jahren gefordert.
Freiwurf → Freistoß.
Freizügigkeit, das Recht der freien Wahl des Aufenthaltsorts; in der BR Dtld. in Art. 11 Abs. 1 GG allen Deutschen gewährt.
Fréjus [fre'ʒys], frz. Stadt in der Provence, nahe der Küste, 32 000 Ew.; Reste röm. Bauten.
Frelimo, Abk. für port. *Frente de Libertação de Moçambique,* »Befreiungsfront für Moçambique«, 1962 gegr. afrik. Nationalbewegung; 1977 Umwandlung in eine marxist.-leninist. Kaderpartei, die seit 1989 reformiert wird.
Fremantle ['fri:mæntl], Stadt u. sw. Teil der Region von Perth, wichtigster Hafen in W-Australien, 24 000 Ew.; Erdölraffinerie, versch. Ind.
Fremdenlegion, aus angeworbenen Ausländern bestehende Truppe, bes. die in Frankreich seit der Revolution von 1830 aus polit. Flüchtlingen, Abenteurern u. a. gebildete Truppe, bes. in den N-afrik. Kolonien sowie nach dem 2. Weltkrieg bei den Kämpfen in Indochina u. Algerien.
Fremdenrecht, innerstaatl. öffentl. Recht, betr. die Rechte u. Pflichten von Personen, die nicht die Staatsangehörigkeit dieses Staates besitzen.
Fremdenverkehr, *Tourismus,* der besuchsweise Aufenthalt von Personen an Orten, die nicht ihre ständigen Wohnsitze sind, zum Zweck der Erholung, der Kur, der Religionsausübung (Wallfahrt), der Bildung oder der Förderung geschäftl. Verbin-

dungen. Der F. bildet die wirtschaftl. Basis für manche durch natürl. oder kulturelle Gegebenheiten bevorzugten Orte u. Gebiete, bes. für Hotel- u. Gaststättengewerbe, Verkehrsunternehmen, Reisebüros, Andenkenind. u. -handel. Er ist auch bedeutsam als Faktor der zwischenstaatl. Wirtschaftsbeziehungen (in der BR Dtld. entfallen gegenwärtig knapp zwei Drittel aller Erholungs- u. Studienreisen nach dem Ausland auf die Länder Östr., Italien, Spanien).

Fremdkapital, das einem Unternehmen von Dritten für begrenzte Zeit mit der Verpflichtung zur Rückzahlung zur Verfügung gestellte Geld (Ggs.: *Eigenkapital);* Arten: Verbindlichkeiten (z.B. Anleihen, Hypothekenschulden, Bankschulden, Lieferantenschulden, Anzahlungen von Kunden) u. Rückstellungen für ungewisse Schulden (z.B. für Pensionen, Steuern oder Prozesse).

Fremdstoffe, meist nicht übl. Bestandteile insbes. in Lebensmitteln, die jedoch zu Nahrungsbestandteilen werden können, z.B. Konservierungsstoffe u. Schädlingsbekämpfungsmittel.

Fremdwörter, Wörter fremdsprachl. Herkunft, die im Unterschied zu *Lehnwörtern* lautl. oder morpholog. Kennzeichen ihrer Ursprungssprache beibehalten haben u. vom einheim. Sprachbenutzer noch als fremd empfunden werden.

frenetisch, rasend, tobend.

Freon, Frigen, Handelsname für Difluordichlormethan, CF_2Cl_2, u. ähnl. halogenierte Kohlenwasserstoffe; als Kältemittel u. als Treibgas verwendet; geruchlos, nicht gesundheitsschädl.; schwächen durch chem. Reaktionen die Ozonschicht der Erde.

Frequenz, allg. Häufigkeit; in Naturwiss. u. Technik: Anzahl der Schwingungen pro Zeiteinheit, in *Hertz* (Hz) bzw. *Kilohertz,* (kHz) gemessen; 1000 Hz = 1 kHz; →elektromagnetische Wellen.

Frequenzband, zusammenhängender Bereich von Frequenzen, wie er z.B. von einem Resonanzkreis ausgesiebt wird.

Frequenzmodulation →Modulation.

Frequenzweiche, Kombination von Filtern (Hoch- u. Tiefpässe), die zwei versch. von einer gemeinsamen Leitung übertragene Frequenzbereiche trennt u. versch. Ausgängen zuführt. Anwendung: z.B. als Antennenweichen zum Trennen der UKW-Frequenzen von den übrigen Frequenzen.

Frère [frɛːr], frz. für Bruder, Klosterbruder.

Frescobaldi, Girolamo, * 1583, † 1643, ital. Organist u. Komponist; virtuoser Improvisator u. Schöpfer eines neuen Orgel- u. Klavierstils.

Fresko, *F.malerei,* Technik der *Wandmalerei:* mit Wasserfarben auf dem feuchten Kalkbewurf einer Wand ausgeführt, im Unterschied zur *Secco-Malerei.* Die Farben verbinden sich beim Trocknen unlösl. mit dem Kalk.

Fresnel [frɛˈnɛl], Augustin Jean, * 1788, † 1827, frz. Physiker; wies u. a. durch Beugungs- u. Interferenzversuche (*F.scher Spiegelversuch*) die Wellennatur des Lichts nach. – **F.-Linse,** nach F. ben. flache Stufenlinse, bei der die sphär. Wölbung einer Sammellinse in vielen feinen konzentr. Stufen abgesetzt ist.

Fresno [ˈfreznou], Stadt in Kalifornien (USA), im fruchtbaren San Joaquin Valley, 218 000 Ew.; Ausfuhr von Rosinen u. Weintrauben; Flugzeug-, Masch.- u. Nahrungsmittel-Ind.

Freßzellen, *Phagozyten,* bewegl. Wanderzellen, die Nahrungspartikel, Fremdstoffe oder Bakterien in sich aufnehmen u. entweder verdauen oder zur Ausscheidung abtransportieren; z.B. die Leukozyten.

Frettchen, die gezähmte Form des einheim. *Iltis.*

Freud, 1. Anna, Tochter von 2), * 1895, † 1982, brit. Psychoanalytikerin östr. Herkunft; wandte die Erkenntnisse von F. (2) auf die Störungen des kindl. Seelenlebens an. – **2.** Sigmund, * 1856, † 1939, östr. Psychologe u. Psychiater; Begr. der *Psychoanalyse,* in deren Mittelpunkt der Geschlechtstrieb *(Libido)* steht; beeinflußte allg. das Bewußtsein des 20. Jh.; Ⓦ »Traumdeutung«, »Totem u. Tabu«, »Das Ich u. das Es«.

Freudenberg, Stadt in NRW, westl. von Siegen, 17 000 Ew.; Luftkurort, mittelalterl. Stadtbild.

Freudenstadt, Krst. in Ba.-Wü., klimat. Kurort u. Wintersportplatz im O des nördl. Schwarzwalds, 23 000 Ew.

Freya, Freia, Freyja, Göttin der →Germanen.

Freyburg, Stadt in Sachsen-Anhalt, an der Unstrut, 5300 Ew.; Weinbau; nahebei Schloß *Neuenburg,* mächtige Burg der thüring. Landgrafen.

Freytag, Gustav, * 1816, † 1895, dt. Schriftst.; Journalist u. Vertreter des bürgerl. Realismus; Romane: »Soll und Haben«, »Die Ahnen« 6 Bde.

Freyung, Krst. in Niederbayern, nördl. von Passau, 7300 Ew.; Schloß Wolfstein, Fremdenverkehr.

Frhr., Abk. für *Freiherr.*

Friaul, ital. *Friuli,* Ldsch. in den südl. Kalkalpen (*F.er Alpen*) mit zugehörigem Vorland, vom Isonzo u. Tagliamento durchflossen; bewohnt von *F.ern* (*Furlanern*), die *F.isch,* eine rätorom. Mundart, sprechen; heutiger Hauptort *Udine.* 1976 schwere Erdbeben. – Der östl. Teil fiel im Erbgang 1500 an Kaiser *Maximilian I.* u. wurde östr., wie auch der von Venedig 1420 eroberte Teil 1797 an Östr. fiel. Diese Besitzungen kamen nach dem 1. Weltkrieg an Italien; der östl. Teil fiel 1947 an Jugoslawien.

Friaul-Julisch-Venetien, ital. *Friuli-Venèzia Giùlia,* Region in →Italien.

Fribourg →Freiburg (Schweiz).

Frick, Wilhelm, * 1877, † 1946 (hingerichtet), nat.-soz. Politiker; 1933–43 Reichs-Innenmin., dann Reichsprotektor für Böhmen u. Mähren.

Fricsay [ˈfritʃai], Ferenc, * 1914, † 1963, ung. Dirigent, Mozart- u. Bartókinterpret.

friderizianisch, zur Zeit *Friedrichs d. Gr.* gehörend.

Fried, 1. Alfred, * 1864, † 1921, östr. Schriftst.; führender Pazifist vor dem 1. Weltkrieg, gründete 1892 die »Dt. Friedensgesellschaft«. Friedensnobelpreis 1911. – **2.** Erich, * 1921, † 1988, östr. Schriftst. u. Übers.; lebte seit 1938 in London; polit.-pazifist. Lyrik.

Friedberg, 1. *F. (Hessen),* Krst. in Hess., in der Wetterau, 25 000 Ew.; Burg (1170 von Friedrich I.), Liebfrauenkirche; versch. Ind. – **2.** Stadt in Schwaben (Bay.), östl. von Augsburg, 27 000 Ew.; Schloß (13. Jh.), Rathaus (17. Jh), Wallfahrtskirche; Möbel- u.a. Ind.

Friede, Frieden, insbes. Beziehungen zw. Volksteilen, Staaten u. Staatengruppen ohne Anwendung von organisierter kollektiver Gewalt bei der Regelung von Konflikten. Im neueren Sprachgebrauch auch solche Beziehungen, bei denen die infolge von Veränderungen immer wieder entstehenden Konflikte für die Entwicklung nutzbar gemacht u. letztl. friedlich geregelt werden.

Friedensbewegung, Bez. für v. a. europ. u. amerik. Gruppen u. Organisationen, die für Abrüstung u. ein friedl. Zusammenleben der Völker eintreten; ausgehend von der *Anti-Atomtod-Kampagne* der 1950er Jahre u. der *Ostermarschbewegung* der 1960er Jahre in der BR Dtld. zu Beginn der 1980er Jahre Formierung einer neuen F., die sich gegen die Politik der Abschreckung durch Rüstung wendet u. ein atomwaffenfreies Europa fordert. Versch. Friedensbewegungen fordern die Errichtung eines Weltstaats mit einer Weltregierung bzw. die teilw. revolutionäre Beseitigung von vorgebl. alleinigen Konfliktursachen (Störung des Welthandels, Diktaturen, Kapitalismus u. Imperialismus, ebenso Kommunismus, die Existenz von Einzelstaaten), dann die Sicherung des Weltfriedens durch eine völkerrechtl. Friedensordnung, v. a. mit Ächtung des Krieges (Briand-Kellogg-Pakt) oder die vollst. →Abrüstung bzw. die Verweigerung des Kriegsdienstes.

Friedensforschung, interdisziplinäres Forschungsfeld, das sich der wiss. Erforschung der Ursachen von Krieg u. Frieden in zwischenstaatl. Beziehungen sowie der prakt. Friedensbewahrung widmet; 1970 in der BR Dtld. Gründung der *Dt. Gesellschaft für Friedens- u. Konfliktforschung.*

Friedenskorps [-koːr], engl. *Peace Corps,* 1961 in den USA gegr. Entwicklungshilfe-Organisation. Sie entsendet freiwillige Helfer in Entwicklungsländer.

Friedenspfeife, *Calumet,* die hl. Tabakspfeife der N-amerik. Indianer; ging bei Friedensverhandlungen in der Runde reihum.

Friedensrichter, im angloamerik., schweiz. u. frz. Recht ein *Einzelrichter* (Laienrichter) für weniger bed. Zivilsachen u. Straftaten.

Friedensvertrag, feierl. Abmachung zw. kriegführenden Staaten zur Beendigung der Feindseligkeiten u. zur Wiederaufnahme diplomat. Beziehungen.

Friederike, *F. Luise,* * 1917, † 1981, Königin von Griechenland 1947–64; Tochter des Herzogs Ernst August von Braunschweig u. Lüneburg, heiratete 1938 den späteren Paul I. von Griechenland.

Friedfische, alle nicht räuber. lebenden Fische; Ggs.: *Raubfische.*

Friedland, Gem. in Nds., südl. von Göttingen, 10 000 Ew.; Durchgangslager für Aussiedler u. Flüchtlinge.

Friedman, Milton, * 31.7.1912, US-amerik. Nationalökonom; Kritiker des modernen Wohlfahrtsstaates, Befürworter einer Politik globaler regelmäßiger Geldmengenerhöhung; Nobelpreis für Wirtschaftswiss. 1976.

Friedrich, Fürsten.
D e u t s c h e K ö n i g e u. K a i s e r:
1. F. I. Barbarossa (»Rotbart«), * 1122, † 1190, König seit 1152, Kaiser 1155–90; Sohn des stauf. Herzogs *Friedrich II.* von Schwaben; Auseinandersetzungen mit dem Papst u. den lombard. Städten, 1176 Niederlage gegen ein Lombardenheer bei Legnano, 1177 Friede von Venedig mit Papst Alexander III., 1183 Konstanzer Friede mit den lombard. Städten; ertrank auf dem 3. Kreuzzug in einem Fluß in Kleinasien. – **2. F. II.,** Enkel von 1), * 1194, † 1250, dt. König seit 1196 bzw. 1212, König von Sizilien seit 1198, Kaiser des Hl. Röm. Reiches seit 1220, König von Jerusalem seit 1229; aus dem Geschlecht der Hohenstaufen, Sohn *Heinrichs VI.* u. der normann. Prinzessin *Konstanze;* Ausbau des sizilian. Staates zu einem straff organisierten Beamtenstaat; unternahm 1228/29 den 5. Kreuzzug u. krönte sich selbst 1229 zum König von Jerusalem. Zugeständnisse an die dt. Fürsten; wiederkehrende Auseinandersetzungen mit der Kurie, in denen F. letztendlich unterlag; 1245 Absetzung des Kaisers durch das Konzil von Lyon (*Innozenz IV.*). F.s Staatskunst u. polit. Ideenwelt waren vorbildl. für die Renaissance, sein Hof Mittelpunkt des geistigen u. künstler. Lebens. – **3. F. der Schöne,** * 1289, † 1330, König 1314–30, Herzog von Östr. u. Steiermark seit 1308; 1313 gegen *Ludwig den Bayern* gewählt, 1322 von diesem besiegt u. gefangengenommen, 1325 als Mitkönig anerkannt. – **4. F. III.,** * 1415, † 1493, König seit 1440, Kaiser 1452–93 (letzte Kaiserkrönung in Rom); schloß 1448 mit dem Papst das *Wiener Konkordat,* das bis 1806 Grundlage der Beziehungen zw. der Kurie u. dem Röm.-Dt. Reich war; schuf die Grundlage für die habsburg. Weltmacht. – **5. F. III.** (als Kronprinz *F. Wilhelm),* * 1831, † 1888, Dt. Kaiser u. König von Preußen 1888 (nur 99 Tage); unter dem Einfluß seiner engl. Gemahlin *Viktoria* wiederholt in Gegnerschaft zu Bismarck.
B r a n d e n b u r g:
6. F. I., * 1371, † 1440, Markgraf seit 1415, Kurfürst 1417–40; Burggraf von Nürnberg aus dem Haus *Hohenzollern,* von Kaiser Sigismund mit der Mark Brandenburg u. der Kurfürstenwürde belehnt. – **7. F. Wilhelm, der Große Kurfürst,** * 1620, † 1688, Kurfürst 1640–88; erlangte im *Westfäl. Frieden* die territorialen Voraussetzungen für den

Friedrich I. Barbarossa als Kreuzfahrer; Miniatur aus dem Kloster Schäftlarn, 1188/89. Rom, Biblioteca Apostolica Vaticana

Friedrich Wilhelm, der Große Kurfürst

Aufstieg Brandenburgs. Der Friede von Oliva (1660) bestätigte ihm die im Nord. Krieg erworbene Souveränität über das Hzgt. Preußen; siegte 1675 bei *Fehrbellin* über die mit Frankreich verbündeten Schweden u. vertrieb sie aus Vorpommern u. Preußen; schuf ein kleines stehendes Heer u. Ansätze einer absolutist. Verw. u. betrieb merkantilist. Wirtschaftspolitik; erwarb Kolonien in W-Afrika u. bereitete den Aufstieg Brandenburg-Preußens zur Großmacht vor. – **8. F. III.**, Kurfürst seit 1688, als *F. I.* König von Preußen: →Friedrich (16).

Dänemark:
9. F. VI., *1768, †1839, König 1808–39; mußte Norwegen im Kieler Frieden 1814 an Schweden abtreten. – **10. F. VII.**, *1808, †1863, König 1848–63; führte den Dt.-Dän. Krieg (1848–50) herbei; unterzeichnete 1849 das erste liberale Grundgesetz Dänemarks.

Hessen-Homburg:
11. F. II., *1633, †1708, Landgraf (»mit dem silbernen Bein«) 1681–1708; 1654–60 schwed. General, seit 1670 in brandenburg. Diensten. – Titelheld des Dramas »Prinz von Homburg« (1821) von H. von *Kleist*.

Hessen-Kassel:
12. F. Wilhelm I., *1802, †1875, Kurfürst 1847 bis 1866; berüchtigter Gegner des Konstitutionalismus u. der dt. Nationalbewegung.

Niederlande:
13. F. Heinrich, *1584, †1647, Prinz von Oranien, Statthalter der Rep. der Vereinigten Ndl. 1625–47; hervorragender Feldherr, Stratege u. Taktiker. – **14. F. I., F. der Siegreiche**, *1425, †1476, Kurfürst 1451–76; erfolgreicher Territorialpolitiker, baute sein Land nach innen u. außen aus.

Pfalz:
15. F. V., *1596, †1632, Kurfürst 1610–23, König von Böhmen 1619/20 (»Winterkönig«); Führer der prot. *Union*. Nach der gegen Tilly verlorenen *Schlacht am Weißen Berge* bei Prag (1620) floh er in die Ndl. u. verlor mit seinem Erbland die Kurwürde an Bayern.

Preußen:
16. F. I., Sohn von 7), *1657, †1713, König in Preußen 1701–13 (als *F. III.* Kurfürst von Brandenburg seit 1688); unterstützte die Habsburger im Span. Erfolgekrieg, die dafür seiner Selbstkrönung zum »König in Preußen« zustimmten. – **17. F. Wilhelm I.**, Sohn von 16), *1688, †1740, König 1713–40; schuf ein stehendes Heer von 80 000 Mann (»Soldatenkönig«), ein unbestechl. Beamtentum, eine vorbildl. Finanzverw., eine unparteiische Rechtspflege, eine straffe Verw., beseitigte die Reste ständ. Vorrechte u. zog den Adel stärker zum Staatsdienst heran (Kadettenanstalten). – **18. F. II., F. der Große**, gen. der »Alte Fritz«, Sohn von 17), *1712, †1786, König 1740–86; bed. Vertreter des *aufgeklärten Absolutismus*; gab Preußen den Rang einer europ. Großmacht; 1730 Fluchtversuch, um der strengen Erziehung seines Vaters zu entgehen; fiel 1740 unter dem Vorwand alter Erbansprüche im Bund mit Sachsen u. Frankreich in Schlesien ein (*Schles. Kriege, Östr. Erbfolgekrieg*), das er eroberte; konnte im *Siebenjährigen Krieg* den eroberten Besitzstand behaupten u. sogar noch Westpreußen (ohne Danzig u. Thorn), das Ermland u. den Netzedistrikt hinzugewinnen (*1. Poln. Teilung* 1772), östr. Ausdehnungspläne hingegen vereiteln (*Bay. Erbfolgekrieg* 1778/79; *Dt. Fürstenbund* 1785). – **19. F. Wilhelm II.**, Neffe von 18), *1744, †1797, König 1786–97; schloß als Gegner der Frz. Revolution 1790 die *Konvention von Reichenbach* mit Östr., ohne daß dadurch die preuß.-östr. Gegensätze beseitigt worden wären. Er beendete 1788 die friderizian. Aufklärung durch das *Religions- u. Zensuredikt*. – **20. F. Wilhelm III.**, Sohn von 19), *1770, †1840, König 1797–1840; ließ nach der Niederlage gegen Frankreich (1806) das bisherige Kabinettsystem fallen u. gab den Reformern um Stein u. Scharnhorst die Möglichkeit zu einer Neuordnung des Staates. 1813 (*Befreiungskriege*) entschloß er sich nur zögernd zum Aufruf »An mein Volk« u. ließ sich von der großen polit. Freiheitsbewegung mehr tragen, als daß er sie führte. - **21. F. Wilhelm IV.**, Sohn von 20), *1795, †1861, König 1840–61; verzichtete in der *Märzrevolution* 1848 auf den Einsatz militär. Macht u. beugte sich den liberalen Forderungen, oktroyierte aber nach Niederlage der Revolution die Verf. von 1850; seit 1857 geisteskrank, seit 1858 regierte sein Bruder, der spätere König u. Kaiser *Wilhelm I.*, für ihn.

Sachsen:
22. F. I., F. der Streitbare, *1370, †1428, Kurfürst von Sachsen 1423–28; 1423 nach Aussterben der Askanier von Kaiser Sigismund mit dem Kurfürstentum Sachsen belehnt; kämpfte mit wechselndem Erfolg gegen die Hussiten. – **23. F. III., F. der Weise**, Urenkel von 22), *1463, †1525, Kurfürst 1486–1525; lehnte bei der Kaiserwahl 1519 die Krone ab; begünstigte Luther u. die Reformation. – **24. F. August I., August der Starke**, Kurfürst 1694–1733, als *August II.* König von Polen: →August (2). – **25. F. August II.**, Kurfürst 1733–63, als *August III.* König von Polen: →August (3). – **26. F. August I., F. August der Gerechte**, *1750, †1827, 1763 Kurfürst (*F. August III.*), 1806 erster König von Sachsen; trat nach der preuß. Niederlage bei Jena u. Auerstädt dem Rheinbund bei u. wurde von Napoleon I. zum König erhoben; geriet in der Völkerschlacht bei Leipzig 1813 in Gefangenschaft u. konnte nur nach Abtretung des größten Teils seines Landes (die spätere Prov. Sachsen) an Preußen (Wiener Kongreß) 1815 in seine Herrschaft zurückkehren.

Friedrich der Große

Friedrich, Caspar David, *1774, †1840, dt. Maler u. Graphiker; Hauptmeister der dt. Romantik (v. a. Landschaften).

Friedrichroda, Luftkurort u. Wintersportplatz, im NW des Thüringer Walds, 6000 Ew.; nahebei Schloß *Reinhardsbrunn*.

Friedrichshafen, Krst. in Ba.-Wü., am N-Ufer des Bodensees, 54 000 Ew.; Schloß F. (1824–30) mit Schloßkirche (1695–1700); Fremdenverkehr; Flugzeugbau, Elektro-Ind.

Friedrichshall, *Bad F.*, Stadt in Ba.-Wü. am Neckar, 13 000 Ew.; Solbad, Salzbergwerk u. Saline.

Fries, Streifen mit gemalten oder plast. hervorgehobenen Ornamenten oder Figuren, der Wandflächen gliedert oder einfaßt.

Fries, Jakob Friedrich, *1773, †1843, dt. Philosoph; Vertreter einer positivist. Philosophie, derzufolge die Welt mechanist. u. mathemat. Gesetzen unterliegt.

Friesen, westgerm. Stamm (*Ingwäonen*) zw. Rheinmündung u. Weser, im 7./8. Jh. christianisiert, von den Franken unterworfen; dehnten sich im 9. u. 10. Jh. bis an die dän. Grenze (*Nord-F.*) aus u. wahrten jahrhundertelang ihre Unabhängigkeit (*Fries. Freiheit*). Das Gebiet westl. der Ems (*Friesland*) fiel 1524 an die habsburg. Ndl. *Ostfriesland* blieb als Reichs-Gft., später Fürstentum, bis 1744 selbständig u. kam dann zu Preußen.

Friesische Inseln, durch das Wattenmeer von der Nordseeküste getrennte, die Dt. Bucht umrahmende Inselkette; 3 Gruppen: 1. *Westfriesische Inseln*, von Texel bis zur Emsmündung; 2. *Ostfriesische Inseln*, zw. Ems- u. Wesermündung (Borkum, Memmert, Juist, Norderney, Baltrum, Langeoog, Spiekeroog, Wangerooge); 3. *Nordfriesische Inseln*, nördl. der Elbemündung (Amrum, Pellworm, Föhr, Sylt, Röm u. die Halligen).

friesische Sprache, westgerm., dem Engl. verwandte Sprache; an der ndl., dt. u. dän. Nordseeküste sowie auf den West- u. Nordfries. Inseln gesprochen.

Friesland, 1. urspr. das gesamte von *Friesen* bewohnte Gebiet von Brügge bis Jütland. – **2.** Prov. in den nördl. Ndl., 3788 km², 599 000 Ew.; Hptst. *Leeuwarden*; v. a. Marschlandschaft, erstreckt sich

Caspar David Friedrich: Der Morgen; um 1820. Hannover, Niedersächsische Landesgalerie

über die Marschen (80% davon unter dem Meeresspiegel) entlang dem IJssel- u. Wattenmeer bis zur Lauwerszee u. umfaßt auch die Westfriesischen Inseln *Vlieland, Terschelling, Ameland, Engelsmanplaat* u. *Schiermonnikoog*.
Frigen →Freon.
Frigg, *Frija, Fria*, Göttin der →Germanen.
Frigidität, Unfähigkeit der Frau, beim Geschlechtsverkehr den *Orgasmus* zu erleben, u. entspr. auch eine fehlende oder mangelhafte *Libido* (Geschlechtstrieb); in den meisten Fällen seel. bedingt.
Frikassee, Fleischgericht aus kleingeschnittenem Kalbfleisch oder Geflügel.
Friktion, 1. bei Bewegungen entstehende Reibung. – **2.** bestimmter Massagehandgriff *(Reibung)*.
Frings, Joseph, *1887, †1978, dt. Kardinal (seit 1946); 1942–69 Erzbischof von Köln, seit 1946 Kardinal.
Frisbee [-bi:], Wurf- u. Fangspiel mit einer Scheibe aus Plastik; Werfen u. Fangen zw. zwei u. mehreren Spielern ohne feste Regeln; in den USA auch als Wettkampfdisziplin.
Frisch, 1. Karl von, *1886, †1982, östr. Zoologe; wies erstmalig bei Tieren (Honigbienen) Farbensinn nach, erforschte die »Sprache« der Bienen; Nobelpreis 1973. – **2.** Max, *1911, †1991, schweiz. Schriftst.; Hauptthema seines Werkes: Frage nach der Identität des Menschen mit sich u. seiner Umwelt. W Dramen: »Biedermann u. die Brandstifter«, »Andorra«; Romane: »Stiller«, »Homo Faber«, »Mein Name sei Gantenbein«. – **3.** Ragnar Anton Kittil, *1895, †1973, norw. Nationalökonom (Arbeiten über die Entwicklung u. Anwendung einer wirtschaftl. Abläufe); Nobelpreis (zus. mit J. *Tinbergen*) 1969.
frischen, 1. gebären (beim Schwarzwild). – **2.** Verfahren zur Herstellung von Stahl aus Roheisen.
Frisches Haff, poln. *Zalew Wiślany*, durch die 60 km lange *Frische Nehrung* von der Ostsee abgetrennter Strandsee in Ostpreußen; 838 km², bis 5 m tief; fast 100 km lang, bis 25 km breit; mit dem Meer durch das *Pillauer Tief* verbunden.
Frischling, Wildschwein im 1. Lebensjahr; im 2. Jahr als *Überläufer* bezeichnet.
Frischzellenbehandlung →Zelltherapie.
Frisieren, *Tunen*, beim Kfz die Steigerung der Leistung eines Motors, v. a. durch Erhöhung des Verdichtungsverhältnisses, Änderung der Steuerzeiten des Ventiltriebs u. Änderung der Brennraumform.
Frist, Zeitraum, innerhalb dessen eine Handlung erfolgen muß, um rechtswirksam zu sein.
Friteuse [-'tø:zə], elektr. Gerät zum Fritieren (in schwimmendem Fett braunbraten) von Speisen, z.B. von Kartoffeln *(Pommes frites)* oder Fleisch.
Fritsch, Willy, *1901, †1973, dt. Filmschauspieler; zus. mit L. *Harvey* das beliebteste Filmliebespaar der 1930er Jahre (»Der Kongreß tanzt«).
Fritte, feingranuliertes Glas, Porzellan, Metall u. ä. – *F.nporzellan*, Art des Weichporzellans; enthält im Ggs. zum *Hartporzellan* kein Kaolin. Die wichtigsten, zur F. gebrannten u. anschließend pulverisierten Bestandteile sind Quarzsand, Salpeter, Alaun, Soda u. Gips.
Frittung, Umschmelzungsvorgang von Gesteinen im Kontakt mit magmat. Schmelzen.
Fritzlar, Stadt in Hessen, am N-Ufer der Eder, 15 000 Ew.; mittelalterl. Stadtbild, roman. Dom St. Peter (12.–14. Jh.), Rathaus (15. Jh.), ehem. Minoritenkloster; versch. Ind.
Fröbe, Gert, *1913, †1988, dt. Schauspieler, nach Kriegsende auch Kabarettist.
Fröbel, Friedrich, *1782, †1852; dt. Pädagoge; Pädagogik der frühen Kindheit, Begr. des 1. Kindergartens (Gründung 1839/40 in Blankenberg, Thüringen).
Frobenius, Leo, *1873, †1938, dt. Völkerkundler u. Kulturhistoriker; Afrikaforscher; stellte als erster *Kulturkreise* auf und entwickelte die Lehre von der Kulturmorphologie.
Fröhlichianer, *Neutäufer, Nazarener, Ev. Taufgesinnte*, in den USA: *Apostolic Christian Church*, religiöse Gemeinschaft; 1832/33 von S.H. *Fröhlich* begründet.
Fromm, Erich, *1900, †1980, dt. Psychoanalytiker; Vertreter einer neopsychoanalyt. Richtung, welche die soziokulturellen Einflüsse bei der Entstehung oder Überformung menschl. Bedürfnisse betont; prägte den Begriff *Akkulturation* für das Hineinwachsen des einzelnen in eine Kultur.
Fron, *Fronde*, im dt. Recht des MA die Grundhörigkeit eines unfreien Bauern *(Hintersassen)* gegenüber dem Grundherrn; auch der *F.dienst* innerhalb der F. auf dem *F.hof*.
Fronde ['frɔ̃də], urspr. eine gegen *Mazarin* u. das absolutist. Königtum in Frankreich gerichtete Adelsbewegung (1648–53); übertragen: oppositionelle Gruppe innerhalb einer herrschenden Schicht.
Fronleichnam, »Leib des Herrn«, lat. *Corpus Christi*, der (in der geweihten Hostie anwesende) Leib Christi. Das *F.sfest* ist ein hohes kath. Fest, meist verbunden mit einer Prozession, gefeiert am 2. Donnerstag nach Pfingsten; 1246 aufgrund einer Vision der Nonne *Juliana von Lüttich* eingeführt.
Front, 1. vorderste Linie, Stirn-, Vorderseite. – **2.** Grenzbereich zw. warmen u. kalten Luftmassen. – **3.** die dem Feind zugekehrte Seite einer Truppenaufstellung; Kampfgebiet; die kämpfende Truppe.
frontal, an der Vorderseite befindl., von vorn.
Frontispiz, 1. Dreiecksgiebel über einem vorspringenden mittleren Gebäudeteil. – **2.** Titelverzierung alter Bücher (ab 16. Jh.) oder (später) das dem Titelblatt gegenüberstehende Bild.
Frontlader, Lastkraftwagen, der an der Vorderseite eine Vorrichtung zum Laden hat.
Frosch, das Griffende eines Bogens bei Streichinstrumenten.
Froschbiß, *Hydrocharis*, Gatt. der *Froschbißgewächse*, Schwimmpflanze mit lang gestielten, herzförmigen Blättern.
Frösche, *Echte Frösche, Ranidae*, artenreiche Fam. der *Froschlurche*, zu der die meisten Braun- u. Wasser-F. zählen. Die meisten Arten leben v. a. im Wasser, andere suchen nur zur Fortpflanzung, zum Überwintern bzw. zum Überdauern der Trockenheit das Wasser auf.
Froschkönig, Märchengestalt der Brüder *Grimm* mit dem Motiv vom Tierbräutigam.
Froschlurche, im erwachsenen Zustand schwanzlose *Amphibien*; meist verlängerte Hinterbeine, die zum Schwimmen u. Springen dienen. Zur Fortpflanzung werden v. a. stehende Gewässer aufgesucht. Meist schlüpfen *Larven* (Kaulquappen) aus, die Kiemen, Schwimmschwanz u. noch keine Gliedmaßen haben. Nach mehrmonatigem Larvenleben beginnt die *Metamorphose* (Verwandlung), d. h. die Ausbildung der Gliedmaßen, Rückbildung der Kiemen, Beginn der Lungenatmung, Abbau des Schwanzes. Das Tier geht ans Land u. frißt nun vorw. tier. Beute. Zu den F. gehören u. a. die *Echten Frösche, Baumfrösche, Laubfrösche, Ruderfrösche, Kröten* u. *Krötenfrösche*.
Froschperspektive, Ansicht von einem tiefgelegenen Blickpunkt aus.
Froschtest, biol. Schwangerschaftstest.
Frosinone, ital. Stadt in Latium, Hptst. der gleichn. Prov., 48 000 Ew ; Textil-, elektrotechn. u. metallverarbeitende Ind.
Frost, Lufttemp. unter 0 °C u. die sich daraus ergebenden Erscheinungen wie Eisbildung u. Reif.
Frostbeulen, *Perniones*, durch Kälteeinwirkungen entstandene Hautschwellungen u. Flecken, die zu Blasen- u. Geschwürbildung führen können, jucken u. auch bei Temp. über dem Gefrierpunkt sowie bei feuchtem Wetter Beschwerden verursachen können.
Frostschutzmittel, Mittel zur Verhütung von Frostschäden (im Gartenbau) oder des Einfrierens (von Motoren, des Mörtels beim Bauen).
Frostspanner, *Frostnachtspanner, Frostschmetterlinge*, Schmetterlinge, deren Raupen bes. an Obstbäumen schädl. sind.
Frostsprengung, die Aufsprengung von Gesteinsklüften, Straßen u. Bauwerken durch Gefrieren eingedrungenen Wassers *(Frostverwitterung)*.
Frottee, Kleiderstoff mit rauher, gekräuselter Oberfläche.
Frucht, 1. aus der Blüte hervorgehendes pflanzl. Organ, das die (oder den) Samen bis zur Reife umschließt u. dann ihrer (seiner) Verbreitung dient. B → S. 286. – **2.** (bei Mensch u. Tier) der Embryo.
Fruchtbarkeitsriten, mag. Bräuche zur Erhaltung der Wachstumskräfte, wie sie bei Jäger-, bes. aber bei Ackerbauvölkern geübt werden u. sich bis in die Volksbräuche der Hochkulturen hinein erhalten haben.
Fruchtblase, bei den höheren Wirbeltieren die aus den *Embryonalhüllen* gebildete Blase, die den Embryo u. das Fruchtwasser umschließt.
Fruchtblatt, *Karpell*, das die Samenanlage tragende weibl. Geschlechtsorgan der *Blüte*. Bei den *nacktsamigen Pflanzen* sitzen die Samenanlagen offen auf dem F., bei den *bedecktsamigen Pflanzen* dagegen sind sie im *Fruchtknoten*, der durch Verwachsung der Fruchtblätter entsteht, eingeschlossen.
Fruchtfolge, *Fruchtwechsel*, im Ackerbau die festgelegte Folge der Feldfrüchte, um Bodenerschöpfung, Verlust der Gare u. zu große Verunkrautung u. Vermehrung von Schädlingen zu vermeiden.
Fruchtholz, bei Obstbäumen im Unterschied zu den *Langtrieben* oder *Leitzweigen*, die dem weiteren Aufbau des Baums dienen, die Kurztriebe, die Früchte tragen.
Fruchtknoten →Fruchtblatt.
Fruchtkörper, aus Flechtgewebe bestehender, meist oberird. Teil der Pilze, der die *Sporangien* trägt; von hut-, becher-, flaschen- oder kugelförmiger Gestalt.
Fruchtsäuren, in Früchten vorkommende organ.-chem. Säuren, z.B. Citronensäure, Weinsäure.
Fruchtstand, Vereinigung von Früchten, die aus demselben Blütenstand hervorgehen; ähnelt oft einfachen Früchten u. wird dann als *Scheinfrucht* bezeichnet (Feige, Ananas).
Fruchtwasser, *Kindswasser, Amnionwasser*, in der Gebärmutter zw. Eihäuten u. Frucht eingeschlossene Flüssigkeit, in der der Embryo schwimmt.
Fruchtzucker, *Fructose*, eine in Früchten (neben *Glucose*) u. im Honig vorkommende Zuckerart.
frugal, einfach, mäßig, genügsam (meist in bezug auf Speisen u. Getränke).
frühchristliche Kunst, *altchristliche Kunst*, die vom 3. bis 6. Jh. im Dienst des Christentums entstandene Kunst, verbreitet über das gesamte Gebiet des Röm. Imperiums, im O dessen Grenzen überschreitend. Durch geograph., liturg. u. künstler.-techn. Unterschiede bedingt, entwickelten sich mehrere, nicht immer klar gegeneinander abzu-

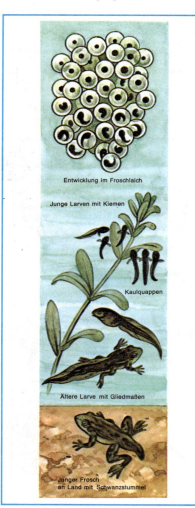

Froschlurche: Entwicklung eines Frosches

286 Frühgeburt

grenzende Kunstkreise: der kopt., der syr.-palästinens., der armen., der kleinasiat.-grch. u. der gallorömische. Hauptzentren waren Alexandria (Ägypten) mit dauerhafter hellenist. Tradition, Antiochia (Syrien) mit starker oriental. Überlieferung u. Rom. Teilgebiet u. zusammenfassende Weiterbildung der f. K. ist die byzantin. Kunst.

Frühgeburt, Geburt eines nicht voll ausgetragenen, aber (theoretisch) lebensfähigen Kindes vom Ende des 7. Schwangerschaftsmonats an (vorher: *Fehlgeburt*). Frühgeborene werden i.d.R. in der Kinderklinik aufgezogen, wo »Brutkästen« *(Inkubatoren, Couveusen)* zur Verfügung stehen.

Frühgeschichte, in Mitteleuropa der auf die *Urgeschichte* bzw. *Vorgeschichte* jeweils folgende Zeitabschnitt, in dem außer den archäolog. Funden auch histor. Quellen wie etwa Schriftzeugnisse, Ortsnamen, Münzen u. ä. zur Verfügung stehen.

Frühling, *Lenz,* die Jahreszeit der gemäßigten Breiten, in der die Tageslänge zunimmt u. die Sonne sich oberhalb des Himmelsäquators befindet; auf der Nordhalbkugel der Erde vom 21. März bis 21. Juni, auf der Südhalbkugel vom 23. September bis 21. Dezember.

Frühmenschen, populäre Bez. für die *Pithecanthropus-Gruppe.*

Frunse, fr. Name von →Bischkek.

Frunse, Michail Wassiljewitsch, *1885, †1925, sowj. Heerführer; reorganisierte die Rote Armee.

Frustration, Enttäuschungs-, Mißerfolgs- u. Verzichtserlebnis aufgrund unbefriedigter oder nicht zu befriedigender Bedürfnisse. Die Fähigkeit, mit F. fertig zu werden, wird *F.stoleranz* genannt.

Frutti di mare, Meeresfrüchte, z.B. Muscheln, kleine Fische, Krebse.

Fry [frai], Christopher, eigtl. C. *Hammond,* *18.12.1907, engl. Schriftst. (Versdramen in einer bilderreichen Sprache).

Fuạd I., *1868, †1936, König von Ägypten 1922–36; seit 1917 Sultan, nannte sich König, nachdem Großbritannien 1922 die Unabhängigkeit Ägyptens anerkannt hatte.

Fuchs, 1. *Kleiner F.,* u. *Großer F.,* zwei *Tagfalter* von meist braunschwarzer Farbe. – **2.** Pferd mit rotem Deckhaar, u. hellerem oder dunklerem, jedoch nie schwarzem Schutzhaar. – **3.** *Rauchkanal,* ein Kanal, der Abgase von der Feuerstätte zum Schornstein führt.

Fuchs, 1. Anke, *5.7.1937, dt. Politikerin (SPD);

Rotfuchs

1982 Bundes-Min. für Jugend, Fam. u. Gesundheit; 1983–87 stellv. Vors. der SPD-Bundestagsfraktion, seit 1987 Bundesgeschäftsführerin der SPD. – **2.** Ernst, *13.2.1930, östr. Maler u. Graphiker; Begr. der *Wiener Schule des phantast. Realismus.* – **3.** Klaus, *1911, †1988, Kernphysiker; an der wiss. Entwicklung der Atombombe beteiligt; wegen Geheimnisverrats an die Sowj. 1950 zu 14 Jahren Haft verurteilt. – **4.** Sir Vivian Ernest, *11.2.1908, brit. Südpolarforscher; leitete 1957/58 zus. mit E. *Hillary* die brit. Trans-Antarctic-Expedition (über den Südpol).

Fuchsberger, Joachim, *11.3.1927, Schauspieler, auch als Talk- u. Showmaster erfolgreich.

Füchschen, *Vulpecula,* kleines Sternbild am nördl. Himmel.

Füchse, *Vulpinae,* fast über die ganze Erde verbreitete hundeartige Raubtiere mit spitzem Gesichtsschädel u. buschigem, langem Schwanz; fressen kleinere bis mittlere Wirbeltiere, Insekten, Früchte u. Aas. Der *Rotfuchs* ist in zahlr. Unterarten in Waldgebieten der nördl. Erdhalbkugel verbreitet; eine Farbvariante ist der *Silberfuchs.* Zu den F. gehören weiterhin *Fennek, Polarfuchs* u. *Steppenfuchs.*

Fuchsie, *Fuchsia,* Gatt. der *Nachtkerzengewächse,* Hauptverbreitung in Zentral- u. S-Amerika; Zierpflanze mit zweifarbigen, oft hängenden Blüten.

Fuchsịn, *Rosanilin,* leuchtendrot färbender Triphenylmethan-Farbstoff für Wolle u. Seide; wenig lichtecht; auch zum Einfärben von Bakterien für mikroskop. Untersuchungen verwendet.

Fuchsjagd, bei Reitern, Skifahrern u. Waldläufern beliebte Veranstaltung, bei der ein Teilnehmer, der »Fuchs«, der mit einem Vorsprung aufbricht, von den übrigen, der »Meute«, verfolgt wird.

Fuchsschwanz, 1. *Amaranthus,* zu den *F.gewächsen* gehörende Pflanzengatt., deren Blüten in aufrechten oder hängenden Ähren oder Rispen angeordnet sind; beliebte Zierpflanzen. – **2.** *Alopecurus,* Gatt. der *Süßgräser;* z.B. *Wiesen-F.,* ein wertvolles Futtergras. – **3.** einseitig eingespannte Handsäge.

Fudjaira [-ˈdʒai-], arab. Emirat am Golf von Oman, → Vereinigte Arab.Emirate.

Fudschisawa → Fujisawa.

Fudschiwara → Fujiwara.

Fudschiyama, *Fujisan,* sehr regelmäßig geformter, bis in den Sommer mit Schnee bedeckter hoher Vulkankegel (3776 m) im sö. Teil der jap. Insel Honshu, sw. von Tokio; der hl. Berg der Japaner u. höchster Gipfel der jap. Inseln; letzter Ausbruch: 1707.

Fuẹntes, Carlos, *11.11.1928, mex. Schriftst. (kulturkrit., z. T. pessimist. Romane über die Situation des heutigen Mexiko).

Fuerteventụra [fuɛr-], eine der span. Kanar. Inseln, 1722 km², 27 000 Ew., Hauptort *Puerto del Rosario;* Fremdenverkehr.

Fugato, in der Musik: Verarbeitung eines Themas nach Art der *Fuge,* ohne an deren strenge Regeln gebunden zu sein.

Fuge, 1. [zu *fügen*], Ritze zw. aneinandergefügten Bauteilen. – **2.** im 17. Jh. entstandene (bes. J.S. *Bach),* nach strengen Regeln aufgebaute musikal. Kunstform, bei der ein Thema nacheinander durch alle Stimmen geführt wird, meist im Quart- oder Quintabstand. Die F. mit 2 Themen heißt *Doppel-F.,* mit 3 Themen *Tripel-F.* usw.

Fugger, seit dem 14. Jh. in Augsburg ansässiges Geschlecht, das durch weitverzweigte Handels- u. Geldgeschäfte, Bergwerkunternehmungen, Faktoreien, Agenturen u. Verbindungen nach Übersee großen Reichtum, Weltgeltung u. Einfluß auf die Reichspolitik errang; waren unter *Jakob II. F., dem Reichen* (*1459, †1525) die größten europ. Bankiers ihrer Zeit u. brachten als Geldverleiher Kaiser *(Karl V.)* u. Päpste in ihre Abhängigkeit; daneben bed. Kunstmäzene. – In Augsburg errichteten die F. das *F.haus* u. die **Fuggerei** (1511–17), eine Siedlung für mittellose Bürger.

verschiedene Fruchtarten

Jakob II. Fugger, der Reiche, und sein Hauptbuchhalter Matthäus Schwarz im Kontor; um 1525. Braunschweig, Herzog-Anton-Ulrich-Museum

Fühler, paarige Kopfanhänge von Gliederfüßern (*Antenne*), Würmern u. Schnecken, die mit Sinnesorganen des Tast-, Geruch- u. Geschmackssinns besetzt sind. Bei einigen Fischen dienen Fühlfäden dem Tastsinn (z.B. beim Wels).

Führerschein, amtl. Bescheinigung über eine erteilte *Fahrerlaubnis*; in der Schweiz *Führerausweis,* in Östr. *Fahrerlaubnis;* seit 1986 in der BR Dtld. bei Fahranfängern *F. auf Probe* (für 2 Jahre).

Führerscheinklassen	
I	Krafträder mit mehr als 50 cm³ Hubraum (20 Jahre*)
Ia	Krafträder mit Nennleistung bis 20 kW (18 Jahre*)
Ib	Leichtkrafträder (16 Jahre*)
II	Kraftfahrzeuge mit mehr als 7,5t zulässigem Gesamtgewicht; Lastzüge mit mehr als 3 Achsen (21 Jahre*)
III	Kraftfahrzeuge, die nicht zu den Klassen I, II, IV und V gehören (18 Jahre*)
IV	Kleinkrafträder, Fahrräder mit Hilfsmotor (16 Jahre*)
V	Krankenfahrstühle, Kraftfahrzeuge bis 25 km/h, Kraftfahrzeuge bis 50 cm³ (mit Ausnahme der zu I, Ia, Ib oder IV gehörenden (16 Jahre*)
* = Mindestalter	

Fuhrmann, *Auriga,* Sternbild des nördl. Himmels; Hauptstern *Capella.*
Führung, Maschinenteil, das die Bewegungsrichtung eines anderen Teils sichert.
Führungszeugnis, fr. *polizeiliches F.,* von den örtl. Meldeämtern ausgestelte Bescheinigung über gerichtl. *Vorstrafen.*
Fujian [fu:djen], *Fukien,* Prov. in →China.
Fujimori [fudʒi-], Alberto Kenya, * 28.7.1938, peruan. Politiker japan. Abstammung; seit 1990 Staats-Präs.
Fujisawa [fudʒi-], *Fudschisawa,* jap. Stadt auf Honshu, 328 000 Ew.; Gummi-Ind.
Fujiwara [fudʒi-], *Fuschiwara,* jap. Adelsgeschlecht, das bis ins 11. Jh. am jap. Kaiserhof mehrere Jh. hindurch beherrschenden Einfluß hatte.
Fukien →Fujian.
Fukui, jap. Präfektur-Hptst. auf Honshu, nordöstl. von Kyoto, 250 000 Ew.; Papier- u. Seidenind.
Fukuoka, jap. Präfektur-Hptst. auf Kyushu, an der Koreastraße, mit dem Hafen *Hakata,* 1,2 Mio. Ew.; Zentrum des *Tschikuho,* des »jap. Ruhrgebiets« (u. a. chem., Masch.-, Elektro- u. Textil-Ind.; Flughafen).
Fukushima, jap. Präfektur-Hptst. im nördl. Honshu, 271 000 Ew.; Univ.; größtes jap. Kernkraftwerk; Seidenind.; Nationalpark.
Fulbe, *Ful, Fellata,* W-afrik. Volk (12 Mio.) zw. Senegal u. Kamerun, bes. in Nigeria, Guinea, Senegal, Mali, Obervolta u. Tschad; meist Moslems.
Fulbright ['fulbrait], James William, * 1905, † 1995, US-amerik. Politiker (Demokrat); 1944–74 Senator von Arkansas; 1943 *F.-Resolution* (Grundlage zur Schaffung der UN), 1946 *F.-Programm* (Studenten- u. Dozentenaustausch zw. den USA u. Europa).
Fulda, 1. Krst. in Hessen, an der *F.,* zw. Rhön u. Vogelsberg, 56 000 Ew.; Bischofssitz, Tagungsort der dt. kath. Bischöfe (*Bischofskonferenz;*) mittelalterl. Stadtkern; Dom mit rom. Krypta u. Bonifatiusgrab, barockes Schloß, zahlr. Klöster; Philos.-Theolog. HS u. Priesterseminar; versch. Ind. – 744 als Abtei gegr., 1734–1803 Univ., 1752 Bistum, 1815 kurhess., 1866 preuß. – **2.** Quellfluß der Weser, 218 km; vereinigt sich bei Münden mit der *Werra* zur Weser.
Füllhorn, in der grch. Myth. ein mit Blumen, Früchten u. a. guten Gaben gefülltes Horn, Sinnbild des Glücks oder des Überflusses.
Füllstoffe, Stoffe, wie z.B. Gesteinsmehl, Glaspulver, Kieselsäure oder Ruß, die anderen Stoffen (Bindemitteln, Öl, Gummi u. a.) zugemischt werden, ohne die Eigenschaften des Gemisches ausschlaggebend zu beeinflussen.
Fulltime-Job [-taimdʒob], Ganztagsarbeit; Arbeit, die jemanden ganz ausfüllt.
fulminant, glänzend, prächtig, großartig.
Fulton [-tən], Robert, * 1765, † 1815, US-amerik. Techniker; baute die ersten brauchbaren Dampfschiffe.
Fumarole, Gas- u. Dampfausströmungen aus Spalten erstarrender Lavamassen.
Fumarsäure, *Transethylendicarbonsäure,* ungesättigte aliphat. Dicarbonsäure, in bestimmten Pilzen u. im Tierreich weit verbreitet; techn. durch Gärung aus Stärke gewonnen.
Funchal [fuŋ'ʃal], Hptst. der port. Insel Madeira, 49 000 Ew.; Weinanbau, Zuckerrohr, Bananen u. Frühgemüse; reger Fremdenverkehr; Flughafen.
Fund, eine verlorene Sache, die ein *Finder* entdeckt u. an sich nimmt. Ein F. von mehr als 10 DM Wert verpflichtet zur unverzügl. Abgabe an den Empfangsberechtigten bzw. (in Unkenntnis von dessen Person) zur Anzeige bei der Polizei u. berechtigt zur Annahme eines *Finderlohns.*
Fundament, Grundmauer; Grundlage (auch geistig). – **fundamental,** grundlegend, schwerwiegend.
Fundamentalisten, im nordamerik. Protestantismus entstandene Bewegung, die dem Darwinismus u. theolog. Liberalismus den Glauben an die irrtumsfreie Bibel entgegensetzte; heute Bez. für die Anhänger betont orth. religiöser Strömungen, z. B. im Islam; allg. auch für Personen, die unbeugsam an ihren Überzeugungen festhalten u. Neuerungen ablehnen.
fundieren, begründen, untermauern; mit den nötigen Mitteln versehen.
Fundus, 1. Grundbestand, Mittel. – **2.** Lager für Theaterkostüme, Requisiten, Kulissen u. a.
Fünen, dän. *Fyn,* dän. Insel u. Amtskommune, zwischen Großem u. Kleinem Belt, 3486 km², 460 000 Ew.; Hpst. *Odense.*
Funeralien, zeremonielle Trauerfeierlichkeiten.
Fünfkampf, aus 5 Übungen bestehender sportl. Wettkampf, z.B. das aus Lauf, Weitsprung, Speerwerfen, Diskuswerfen u. Ringen bestehende *Pentathlon* der alten Griechen; *leichtathlet. F.:* bei den Männern 200-m-Lauf, Speerwerfen, Diskuswerfen, Weitsprung u. 1500-m-Lauf; bei den Frauen 1981 durch den →Siebenkampf abgelöst. *Moderner F. (Olympischer F.):* an 5 aufeinanderfolgenden Tagen 5 Wettbewerbe (Springreiten, Degenfechten, Pistolenschießen, Schwimmen, Geländelauf).
Fünfkirchen, ung. Stadt, →Pécs.
Fünfprozentklausel, Bestimmung des Bundeswahlgesetzes, nach der eine Partei oder Wählergruppe mindestens 5% der im Bundesgebiet abgegebenen Stimmen (oder 3 Direktmandate) erringen muß, um Vertreter in den Bundestag entsenden zu können.
Fünftagefieber, *Ikwafieber, Wolhynisches Fieber,* akute, durch Läuse übertragene Erkrankung, bei der period. (etwa alle 4–5 Tage) kleine Fieberschübe auftreten.
Fünfte Kolonne, Begriff aus dem Span. Bürgerkrieg 1936–39, als Franco mit 4 Kolonnen gegen Madrid anrückte u. von seinen Anhängern innerhalb der Stadt (als 5. getarnte Kolonne) unterstützt wurde; seitdem Bez. für innere, mit dem Feind sympathisierende u. ihm Vorschub leistende Untergrundorganisationen.
Fünfte Republik, die Rep. Frankreich seit 1958.
fungieren, ein Amt verrichten; wirksam sein.
Fungizid, chem. Mittel zur Vorbeugung oder Bekämpfung von Pilzbefall.
Funhof, Hinrik, † 1484/85, der bedeutendste Maler der 2. Hälfte des 15. Jh. in Nds.; seit 1475 in Hamburg nachweisbar.
Funk, kurz für *Rundfunk.*
Funk [fʌŋk], Richtung des Jazz, die auf afroamerik. Musik u. Blues zurückgreift; Ende der 1950er Jahre entstanden.
Funkaufklärung, im Rahmen der *elektron. Kampfführung* das Abhören des feindl. Fernmeldeverkehrs u. das Erfassen der feindl. elektron. Ortungs- u. Leitdienste (*Radar, Leitstrahl*).
Funkdienste, Fernmeldedienste, die zur Übertragung der Nachrichten elektromagnet. Wellen verwenden: u. a. fester Funkdienst, bewegl. Funkdienst, Rundfunk, Meteorologiefunk, Weltraumfunk u. Intersatellitenfunk.
Funkenkammer, Gerät zur Registrierung der Bahnen elektr. geladener Elementarteilchen.
Funkfeuer, ortsfester Hochfrequenzsender als Navigationshilfe für Schiffe u. Flugzeuge.
Funkie, *Glocken- Trichter-, Herzlilie, Hosta,* jap. Gatt. der *Liliengewächse;* in einigen Arten als Gartenzierpflanze verbreitet.
Funkrufdienst, Nachrichtenübermittlung zw. einem öffentl. Fernsprecher u. einem tragbaren Empfänger.
Funksprechgeräte, trag- oder fahrbare Geräte, die im allg. im Ultrakurzwellenbereich arbeiten; im Polizeifunk u. im öffentl. bewegl. Funkdienst eingesetzt werden.
Funktechnik, umfassender Begriff für alle Gebiete des drahtlosen Nachrichtenverkehrs: drahtlose Telegraphie, Fernschreiben, Fernsprechen, Rundfunk u. Fernsehen. Die Übertragung beruht auf sich drahtlos ausbreitenden elektromagnetischen Wellen.
Funktion, 1. spezielle Wirksamkeit in einem größeren Zusammenhang; Tätigkeit, Amt, Aufgabe. – **2.** *Math.:* eine eindeutige Abbildung in der Analysis. Man schreibt eine F.: $f = \{(x,y) \mid y = f(x)\}$ (gelesen: f ist gleich der Menge aller geordneten Paare x,y mit der Bedingung: y ist gleich f von (x) oder: $f: x \rightarrow f(x)$ oder kurz: $y = f(x)$, wobei zusätzl. der Definitionsbereich angegeben sein muß. Diese Darst. heißt *explizit.* Eine implizite Darst. $f(x,y) = 0$ liefert nur dann eine F., wenn die Eindeutigkeit der Zuordnung gewährleistet ist. x heißt *unabhängige Variable* oder *Argument, y abhängige Variable* oder *F.swert* an der Stelle x. Häufig vorkommende F. sind: die *lineare F.* $y = mx + n$, die *Potenz-F.:* $y = x^n$, die *ganze rationale F.:* $y = a_n x^n + a_{n-1} x^{n-1} + \ldots + a_1 x + a_0$. Der Quotient zweier ganzer rationaler F. ist eine *gebrochen rationale F.* Treten in $f(x)$ Wurzeln in endl. Zahl auf, erhält man *algebraische F.* Transzendent heißen die nicht algebraischen F.: die *trigonometrische,* die *Exponential-* u. die *logarithmische F.* – Faßt man in einer Wertepaar (x,y) als Koordinaten eines Punktes auf u. stellt alle zu einer F. als Paarmenge gehörenden Punkte in einem Koordinatensystem dar, so erhält man die graph. Darst. oder den *Graph* der F.
Funktionalismus, 1. seit etwa 1920 auftretende Strömung innerhalb der Baukunst u. industriellen Formgestaltung, welche den Vorrang von Form u. Funktion fordert; Betonung der konstruktiven Elemente (Stützen u. Träger) eines Bauwerks u. Gestaltung seiner Einzelglieder nach den Erfordernissen ihres prakt. Gebrauchs. – **2.** in Amerika entstandene Richtung, die im Ggs. zur *Strukturpsychologie* das Seelische aus der Zusammensetzung einzelner *Funktionen* (Wahrnehmung, Gedächtnis, Denken) erklären will.
Funktionär, Beauftragter einer Organisation (meist Partei, Gewerkschaft); auch ehrenamtl. Mitarbeiter im Spitzensport.
Furchenwale, *Balaenopteridae,* Familie der *Bartenwale;* Meeressäuger von schlanker

Furchung

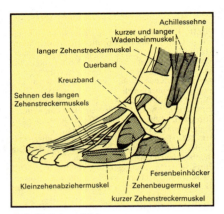

Fuß: Muskeln und Sehnen

Form, mit tiefen Längsfurchen von der Kehle bis zum Bauch u. mit Rückenflosse (Finne); in allen Weltmeeren verbreitet. Der eigtl. *Finnwal* des Nordatlantik u. des Nördl. Eismeers wird bis 25 m lang. Zu den F. gehören ferner *Zwergwal, Seiwal, Blauwal* u. *Buckelwal*.

Furchung, die erste Periode der Embryonalentwicklung, in der die Eizelle eine Folge gesetzmäßiger Teilungen durchmacht.

Furgler, Kurt, *24.6.1924, schweiz. Politiker (CVP); 1977 u. 1981 Bundes-Präs.

Furien, lat. *Furiae*, altröm. Rachegöttinnen, entspr. den grch. *Erinnyen*.

furios, wütend, hitzig, wild, leidenschaftl. – **furioso**, musikal. Vortragsbez.: wild, heftig.

Furkapaß, dritthöchster befahrbarer Alpenpaß (2431 m) in der Schweiz, zw. Reußtal (Andermatt) u. Rhônetal (Gletsch); 1850 m langer Tunnel der Furka-Oberalp-Bahn, 15,4 km langer Tunnel südl. des Passes 1982 eröffnet.

Furnier, dünnes Deckblatt aus edlem Holz, das auf weniger wertvollem Holz befestigt ist.

Furore, Beifall, Begeisterung, *F. machen*, Aufsehen erregen.

Furrer, Jonas, *1805, †1861, schweiz. Politiker (Liberaler); 1848 erster schweiz. Bundes-Präs.

Fürsorge, fr. Bez. für *Sozialhilfe*.

Fürsorgeerziehung, Maßnahme öffentl. Jugendhilfe für Minderjährige bis zum vollendeten 17. Lebensjahr, die zu verwahrlosen drohen oder verwahrlost sind; erfolgt durch das Vormundschaftsgericht oder auch durch das Jugendgericht aus Anlaß einer Straftat; Durchführung in einer geeigneten Familie oder einem Erziehungsheim. Voraussetzungen, Inhalt u. Rechtsbehelfe geregelt durch das Kinder- u. Jugendhilfegesetz vom 26.6.1990.

Fürst, allg. ein regierender Herrscher. Im fr. MA bildete sich aus den hohen Reichsbeamten (Herzöge, Grafen, Mark- u. Pfalzgrafen) sowie aus dem hohen Klerus (Erzbischöfe, Bischöfe, Äbte von Reichsklöstern) der *Reichsfürstenstand*. Seit dem 16. Jh. traten noch durch kaiserl. Privilegierung in den Reichsfürstenstand erhobene Familien hinzu.

Fürstabt, im Hl. Röm. Reich Bez. für Äbte, die Sitz u. Stimme im Fürstenkolleg des Reichstags hatten.

Fürstbischof, im Hl. Röm. Reich Bez. für Bischöfe, die Sitz u. Stimme im Fürstenkolleg des Reichstags hatten; noch heute Ehrentitel für Bischöfe u. Erzbischöfe in Östr., deren Sprengel vor 1740 errichtet worden sind; entspr. Titel für Erzbischöfe: *Fürsterzbischof*.

Fürstenabfindung, im Jahr 1926 eingeleitete Schlußphase in der vermögensrechtl. Auseinandersetzung zw. den dt. Landesregierungen u. den entthronten Fürstenhäusern, die vom Staat große Teile ihres Vermögens zurückerhielten.

Fürstenberg, 1. Gem. in Nds. u. Burg an der Weser, südl. von Höxter, 1300 Ew.; Porzellanmanufaktur (→*F.er Porzellan*). – **2.** *F. (Oder)*, Stadtteil von →*Eisenhüttenstadt*.

Fürstenbund, *Dt. F.*, 1785 auf Veranlassung *Friedrichs d. Gr.* gegr. Verbindung dt. Reichsfür-

sten zum Schutz der Reichsverfassung gegen die Pläne des Kaisers *Joseph II.*; 1790/91 aufgelöst.

Fürstenfeldbruck, oberbay. Krst. westl. von München, 32 000 Ew.; ehem. Zisterzienserabtei *Fürstenfeld* mit barocker Klosterkirche; Militärflugplatz.

Fürstenspiegel, Schriften zur Erziehung junger Fürsten, oft als idealisiertes Lebensbild eines bestimmten Herrschers verfaßt.

Fürstenwalde, *F./Spree*, Krst. in Brandenburg, an der hier zum Oder-Spree-Kanal ausgebauten Spree, 35 000 Ew.; Binnenhafen; versch. Ind.

Furt, seichte, leicht überquerbare Stelle im Fluß.

Furth im Wald, Stadt in der Oberpfalz (Bay.), im Böhmerwald, 9500 Ew.; Glas- u. Holz-Ind.; Grenzübergang zur Tschech. Rep.

Furtwangen, Stadt in Ba.-Wü., im Schwarzwald, 10 000 Ew.; Uhren- u. feinmechan. Ind.; Fremdenverkehr.

Furtwängler, Wilhelm, *1886, †1954, dt. Dirigent u. Komponist (v. a. klass. u. romant. Musik).

Furunkel, akute, eitrige Entzündung eines Haarbalgs u. seiner Talgdrüse. Bei der *Furunkulose* treten mehrere F. neben- oder nacheinander auf; beim *Karbunkel* fließen benachbarte F. zu einem Entzündungsgebiet zusammen.

Fürwort →*Pronomen*.

Fuschun →*Fushun*.

Fusel, minderwertiger Branntwein.

Fuselöle, Nebenerzeugnisse bei der alkohol. Gärung, ein Gemisch von Butyl- u. Amylalkoholen, Fettsäureestern, kleineren Mengen von Terpenen, Furfurol u. a.; giftig.

Fushun, chin. Bergbau- u. Ind.-Stadt in der Prov. Liaoning, 1,24 Mio. Ew.; Kohlenbergbau, petrochem., Zement-, Stahl- u. Aluminium-Ind.

Füsilier, fr. der mit der Flinte bewaffnete Infanterist. – **füsilieren**, fr. die Todesstrafe an einem Soldaten durch Erschießen vollstrecken.

Fusion, **1.** Vereinigung, Verschmelzung; bes. die Vereinigung zweier oder mehrerer Unternehmen. – **2.** Verschmelzung von Atomkernen (*Kern-F.*).

Fuß, **1.** beim Menschen u. bei den landbewohnenden Wirbeltieren unterster Teil des Beins, durch das *F.gelenk* mit dem Unterschenkel verbunden; aus dem knöchernen Gerüst der *F.wurzel*, des *Mittel-F.* und der *Zehen* aufgebaut; beim Menschen an der Innenseite der Sohle eine Wölbung (*Längsgewölbe* der F.), die sich bei Überlastung senkt u. zum *Senk-F.* (auch *Platt-F.*) oder *Spreiz-F.* führt; bei den Landwirbeltieren nach Zweck u. Leistung versch. ausgebildet, z.B. Sohlengänger, Zehengänger. – **2.** veraltetes Längenmaß: 1 F. = 12 Zoll, zw. 28 u. 43 cm; brit. u. US-amerik. Einheit *foot*.

Fußball, Ballspiel zw. 2 Mannschaften von je 11 Spielern (1 *Torwart* u. 10 *Feldspieler*), die versuchen (unter Aufsicht eines *Schieds-* u. zweier *Linienrichter*), einen Hohlball durch geschicktes Zusammenspiel ins gegner. Tor (7,32 m breit, 2,44 m hoch) zu treiben u. das eig. Tor mögl. von Gegentreffern frei zu halten. Der Ball wird mit den Füßen oder mit dem Kopf gestoßen; er darf mit dem ganzen Körper, aber nicht mit Händen u. Armen berührt werden; Spielzeit: 2 x 45 min. (bei Frauen- u. Jugendspielen verkürzt 2 x 40 min.).

Fußball *Weltmeister*	**Fußball** *Europameister*
1930 Uruguay	1960 Sowjetunion
1934 Italien	1964 Spanien
1938 Italien	1968 Italien
1950 Uruguay	1972 BR Dtld.
1954 BR Dtld.	1976 Tschechoslowakei
1958 Brasilien	1980 BR Dtld.
1962 Brasilien	1984 Frankreich
1966 England	1988 Niederlande
1970 Brasilien	1992 Dänemark
1974 BR Dtld.	
1978 Argentinien	
1982 Italien	
1986 Argentinien	
1990 BR Dtld.	
1994 Brasilien	

Füssen, Stadt in Schwaben (Bay.), Luftkurort u. Wintersportplatz, 803 m ü. M., am Austritt des Lech aus den Allgäuer Alpen, 14 000 Ew. Benediktinerabtei (St. Mang-Kloster) mit barocker Stiftskirche; Holzind., Feinmechanik; nahebei die Schlösser *Neuschwanstein* u. *Hohenschwangau*.

Füssenegger, Gertrud, eigtl. G. *Dietz*, *8.5.1912, östr. Schriftst. (Romane, Lyrik, Dramen).

Füßli, Johann Heinrich, in England Henry *Fuseli* gen., *1741, †1825, schweiz.-engl. Maler u. Graphiker; gekennzeichnet durch übersteigerte Pathetik u. visionär-düsteren Stimmungsausdruck.

Fußnote, Erläuterung unter dem Text einer Buch- oder Manuskriptseite.

Fußpilz, Sammelname für Fadenpilze, die Erkrankungen zw. den Zehen, aber auch Fingern hervorrufen; Symptome: Juckreiz, nässende Wunden.

Fußwaschung, **1.** altorient. Sitte, Symbol der Gastfreundschaft. – **2.** in der kath. u. orth. Kirche am Gründonnerstag feierl. vollzogene Handlung in Anlehnung an die F. von Jesus an seinen Jüngern beim Letzten Abendmahl.

Fußwurzel →*Fuß*.

Fust, Johann, *um 1400, †um 1466, dt. Buchdrucker; Geldgeber u. Teilhaber J. *Gutenbergs*, der ihm 1455 sein Druckgerät verpfänden mußte; gründete bald danach eine eig. Druckerei in Mainz, die 1457 das erste in drei Farben gedruckte Buch (»Mainzer Psalter«) herausbrachte.

Futabatei, Shimei, *1864, †1909, jap. Schriftst. (modern-realist. Romane).

Futhark ['fu:θark], germ. Runenalphabet, nach den ersten 6 Buchstaben: f-u-þ-a-r-k benannt.

Futschou →*Fuzhou*.

Futteral, Behälter, Etui, Hülle, Hülse.

Futterpflanzen, ein- oder mehrjährige Pflanzen, die zur Ernährung landw. Nutztiere angebaut werden; u. a. Kleearten, Mais, Futterrüben.

Futuna, Südseeinsel, →*Wallis u. F.*

Futur, *Futurum*, Zeitform des Verbs zur Bez. zukünftiger Handlungen u. Geschehnisse, *1. F.*, z.B. »ich werde essen«, *2. F., Futurum exactum* (vollendete Zukunft), z.B. »ich werde gegessen haben«.

Futurismus, eine literar.-künstler. Bewegung der ital. Moderne (begr. 1909 durch F.T. *Marinetti*), welche die techn. Errungenschaften verherrlichte (Darst. des Maschinenzeitalters) u. alle überlieferten Formen ablehnte. In der Malerei versuchte der F., das Nacheinander von Geschehnissen nebeneinander in einem Bilde zu vereinigen.

Futurologie, die →*Zukunftsforschung*.

Futurum →*Futur*.

Fux, Johann Joseph, *1660 oder 1661, †1741, östr. Organist u. Hofkapellmeister (Lehrbuch »Gradus ad Parnassum« über den Kontrapunkt); geistl. Werk, Opern u. Instrumentalmusik.

Fuzhou [fu:dʒou], *Futschou*, Hptst. u. Haupthafen der chin. Prov. Fujian, an der SO-Küste, 1,21 Mio. Ew., Univ.; chem. Ind.; Fischfang.

Fuzzy-Logik, unscharfe Logik, Sensortechnik, die selbst. optimale Steuerungen vornimmt.

Fyt [feit], Jan, *1611, †1661, fläm. Maler (Jagd- u. Tierbilder, Stilleben).

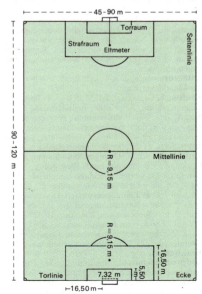

Fußball-Spielfeld

G

g, G, 7. Buchstabe des dt. Alphabets, entspr. dem grch. *Gamma* (γ, Γ).
g, Zeichen für *Gramm*.
Ga, chem. Zeichen für *Gallium*.
Gäa →griechische Religion.
Gabardine, feingerippter Mantel- oder Kleiderstoff aus Wolle oder Baumwolle.
Gabbro, grobkörniges basisches Tiefengestein (Plutonit).
Gabel, allg. etwas, das sich in 2 oder mehr Arme verzweigt, z.B. Ast-, Geweih-, Weg-G.; insbes. ein Gerät mit 2–6 Zinken zum Anspießen, z.B. beim Fischfang oder in der Landw.; als Eßgerät seit dem 16. Jh.
Gabelbein, *Furcula,* die bei den Vögeln zu einem gabelförmigen Knochengebilde verwachsenen *Schlüsselbeine*.
Gabelblattgewächse →Pflanzen.
Gabelbock, etwa 80 cm hoher *Wiederkäuer* der Steppen N- u. Mittelamerikas.
Gabelentz, Georg von der, *1840, †1893, dt. Sprachforscher (allg. Sprachwiss. u. Chines.).
Gabelsberger, Franz Xaver, *1789, †1849, bay. Ministerialbeamter; schuf die erste aus der Schreibschrift abgeleitete dt. Stenographie.
Gabelschwanz, *Dicranura,* Gatt. der *Zahnspinner,* deren Raupen gabelförmige Anhänge haben.
Gabelstapler, *Gabelhubwagen,* ein Flurförderer zum Heben u. Transportieren von Lasten mittels einer Hubgabel, die in einem ausschiebbaren Rahmen auf u. ab bewegt werden kann; Antrieb durch Elektro- oder Verbrennungsmotor.
Gabelweihe →Milane.
Gabès, tunes. Stadt am *Golf von G.,* 93 000 Ew.; größter Handelshafen Tunesiens.
Gabin [-'bɛ̃], Jean, *1904, †1976, frz. Filmschauspieler (»Hafen im Nebel«, »Im Kittchen ist kein Zimmer frei«, »Die Katze«).
Gabirol, Salomon ben Jehuda ibn, auch *Avicebron,* *1021, †1070, ältester Vertreter der jüd. Philosophie in Spanien; verband jüd. Religionslehre mit aristotel. u. platon. Philosophie.
Gable [gɛibl], Clark, *1901, †1960, US-amerik. Filmschauspieler (»Vom Winde verweht«).
Gabler, ein Hirsch *(Gabelhirsch)* oder Rehbock *(Gabelbock),* dessen Geweih oder Gehörn eine (zweizinkige) Gabel bildet.
Gablonz an der Neiße, tschech. *Jablonec nad Nisou,* Stadt in Nordböhmen (Tschech. Rep.), 33 000 Ew.; Glasind. – Nach der Ausweisung 1945 wurden Gablonzer Firmen in S-Dtld. u. in Östr. wieder aufgebaut.

Gabelbock

Gabo, Naum, eigtl. N. *Pevsner,* *1890, †1977, US-amerik. Bildhauer russ. Herkunft; verfaßte das »Realist. Manifest«, eine Theorie des *Konstruktivismus*.
Gabor [engl. 'gɛibɔ:], Dennis, *1900, †1979, brit. Physiker ung. Herkunft; Entdecker der *Holographie;* Nobelpreis 1971.
Gaborone, Hptst. der Rep. Botswana (S-Afrika), 1015 m ü. M., 110 000 Ew.
Gabriel [ga:briəl], einer der vier *Erzengel*.
Gabrieli, 1. Andrea, *um 1510, †1586, ital. Komponist; an der Markuskirche in Venedig; machte aus der Mehrchörigkeit eine kontrastreiche, raumfüllende, »farbige« Kunst. – **2.** Giovanni, Neffe u. Schüler von 1), *zw. 1554 u. 1557, †1612 oder 1613, ital. Komponist; führte den venezian. Stil zu seiner höchsten Blüte.
Gabrilowitsch, Ossip, *1878, †1936, russ. Pianist (bes. F. *Chopin*).
Gabrowo, bulgar. Stadt am N-Fuß des Hohen Balkan, Hptst. des gleichn. Bez., 82 000 Ew.; Textilind.
Gabun, Staat in Zentralafrika, an der Niederguineaküste, 267 667 km², 1,3 Mio. Ew. (Bantunegerstämme, Pygmäen), Hptst. *Libreville*. Das feuchttrop., von Regenwald bestandene Land zieht sich

Gabun

über eine bis 100 km breite Küstenebene auf das *Hochland von G.* hinauf (bis 1370 m hoch). Wichtige Exportartikel sind Edelhölzer, Erdöl, Mangan, Uran, Eisen, Gold u. Kakao. Haupthäfen sind Libreville u. Port-Gentil.
Geschichte. Seit 1854 frz. Kolonie u. seit 1910 ein Teil von Frz.-Äquatorialafrika, wurde die Rep. 1958 autonom u. am 17.8.1960 unabh. Staats-Präs. ist seit 1967 O. *Bongo,* der 1990 demokrat. Reformen einleitete.
Gad, im AT einer der 12 Stämme Israels, nach G., dem Sohn Jakobs u. der Silpa, benannt.
Gadamer, Hans-Georg, *11.2.1900, dt. Philosoph; Schüler M. *Heideggers,* Hauptvertreter der philosoph. *Hermeneutik;* Ⓦ »Wahrheit u. Methode«.
Gadda, Carlo Emilio, *1893, †1973, ital. Schriftst. (iron. Gesellschaftsromane).
Gaddafi, Moamar →Ghadafi, Muammer.
Gade, Niels Wilhelm, *1817, †1890, dän. Dirigent u. Komponist; bed. Vertreter der dän. Romantik.
Gadebusch, Krst. in Mecklenburg, nw. von Schwerin, 6200 Ew.
Gades, Antonio, *1936, span. Tänzer.
Gadolinium, zu den *Lanthanoiden* gehörendes →chem. Element.
Gaeta, das antike *Caieta,* ital. Hafenstadt, Festung u. Seebad in Latium, am *Golf von G.,* 21 000 Ew.
Gaeta, Francesco, *1879, †1927 (Selbstmord), ital. Schriftst. (formstrenge Lyrik).
Gaffel, ein Rundholz in Längsrichtung am Schiffsmast. Es trägt das trapezförmige *G.segel*.
Gafsa, das antike *Capsa,* tunes. Oasenstadt u. Badeort (Thermalquellen), 61 000 Ew.; Phosphatbergbau.
Gag [gæg], witziger, effektvoller Einfall, Ulk in Film, Kabarett u. ä.
Gagarin, Jurij Alexejewitsch, *1934, †1968 (Flugzeugabsturz), sowj. Astronaut; führte am 12.4.1961 mit dem Raumschiff »Wostok I« den ersten bemannten Raumflug aus.
Gagat, *Schwarzer Bernstein,* als Schmuckstein verwendete feste Braunkohle.

Gage ['ga:ʒə], Gehalt der Künstler.
Gagel, kleiner Strauch in Torfmooren u. auf torfigen Heiden. – **G.gewächse** →Pflanzen.
Gagern, 1. Friedrich Frhr. von, *1882, †1947, östr. Schriftst. (exot. Romane, Tier- u. Jagdgeschichten). – **2.** Heinrich Frhr. von, *1799, †1880, dt. Politiker; Mitgründer der *Burschenschaft;* 1848 Präs. der *Frankfurter Nationalversammlung*.
Gaggenau, Stadt in Ba.-Wü. im nördl. Schwarzwald, 30 000 Ew.; Auto- u. Metall-Ind.
Gagliarde [ga'ljardə] →Gaillarde.
Gagra, bis 1948 *Gagry,* Stadt in Abchasien (Georgien), an der Schwarzmeerküste, 21 000 Ew.; Kurort.
Gaia →griechische Religion.
Gail, r. Nbfl. der Drau, 125 km.
Gaillarde [ga'jardə], *Gagliarde,* ein lebhaft-fröhl. Paartanz im ³/₄-Takt, der in der alten *Suite* der gemesseneren *Pavane* zu folgen pflegte.
Gainsborough ['gɛinzbərə], Thomas, *1727, †1788, engl. Maler; bevorzugter Bildnismaler der königl. Fam. u. der vornehmen Gesellschaft; meist vor Parklandschaften gestellte Bildnisse.
Gairdner, *Lake G.* [leik 'gɛədnə], Salzsee in S-Australien, im N der Eyre-Halbinsel, etwa 200 km lang u. bis 50 km breit; mit sehr unregelmäßigem Wasserstand.
Gais, O-schweiz. Kurort im Kt Appenzell-Außerrhoden, 940 m ü. M., 2500 Ew.
Gaiser, Gerd, *1908, †1976, dt. Schriftst.; Romane: »Die sterbende Jagd«, »Schlußball«.
Gaismair, *Gaysmayr,* Michael, *um 1490, †1532, Tiroler Bauernführer; unterlag 1525 im Tiroler u. 1526 im Salzburger Bauernaufstand.

Jurij Gagarin im Raumschiff Wostok I

Gaius, Papst →Cajus.
Gaius, *Gajus,* altröm. Jurist. zw. 117 u. 180 n. Chr.; berühmt durch sein Lehrwerk des röm. Rechts, die ins *Corpus juris civilis* aufgenommenen »Institutionen«.
Gala, Festkleid, Prunkgewand.
Galactose, eine Aldohexose (Zuckerart), die bei der hydrolyt. Spaltung von Milchzucker entsteht; in manchen Gummiarten.
Galagos [Mz.], *Buschbabies, Galagidae,* Familie der Halbaffen, die in 6 Arten Afrika südl. der Sahara bewohnt.
galaktisch, zur *Milchstraße* gehörig; **g.es System,** das Milchstraßensystem; →Galaxien.
Galalith, aus gequollenem u. mit Formaldehyd gehärtetem Kasein hergestellter Kunststoff, hornähnl. u. nicht brennbar; u. a. für Schirmgriffe.
Galan, vornehm auftretender Liebhaber.
galant, höfl., ritterl. (bes. gegen Damen).
galante Dichtung, Modedichtung des 17. u. 18. Jh. in der Übergangszeit vom Barock zur Aufklärung nach frz. Vorbildern; begnügte sich meist

290 Galanteriewaren

mit der Darst. konventioneller Liebesszenen (Hofmannswaldau).
Galanteriewaren, Putz-, Mode-, Schmuckwaren.
Galápagos-Inseln, *Schildkröteninseln,* amtl. *Archipiélago de Colón,* Gruppe vulkan. Inseln im Pazifik, zus. 8006 km², 4500 Ew., Hptst. *Puerto Baquerizo* auf San Cristóbal; zahlr. endemische Tier- u. Pflanzenarten, u. a. Riesenschildkröten u. -echsen; gehört polit. zu Ecuador.
Galápagos-Riesenschildkröte →Elefantenschildkröte.
Galata, Stadtteil der türk. Stadt *Istanbul* auf der europ. Seite.
Galatea, eine Meernymphe, Tochter des Nereus; →griechische Religion.
Galater, ein kelt. Stamm, der sich 278 v. Chr., vom Balkan kommend, in der kleinasiat. Ldsch. *Galatien* festsetzte; Hptst. *Ankyra* (das heutige Ankara). – **G.brief,** Brief des Apostels *Paulus* an christl. Gemeinden in *Galatien.*
Galaţi [ga'latsj], dt. *Galatz,* wichtigster rumän. Hafen a. d. Donau, Verw.-Sitz des Kr. G., 295 000 Ew.; Univ.; Textilfabrik, Stahlwerk.
Galaxien, *Milchstraßensysteme,* alle selbst. Sternsysteme außerhalb unseres eigenen Milchstraßen- oder galakt. Systems im Weltall. Dazu gehören die Spiralnebel, die ellipt. u. unregelmäßigen Nebel u. die Zwerg-G. Die G. haben Durchmesser von 10 000 bis 200 000 Lichtjahren u. enthalten 10 bis 1000 Mrd. Sonnenmassen sowie Staub u. Gas mit einem Massenanteil von 1–10%. Der durchschnittl. Abstand zw. zwei G. beträgt 100 000 bis 1,22 Mio. Lichtjahre. Die Gesamtzahl aller G. in dem z.Z. beobachtbaren Teil des Weltalls wird auf rd. 100 Mrd. geschätzt.
Galba, Servius Sulpicius, * 3 v. Chr., † 69 n. Chr., röm. Kaiser 68/69; war am Aufstand gegen *Nero* beteiligt.
Galbraith ['gælbrɛθ], John K., * 15.10.1908, US-amerik. Nationalökonom; entwickelte die Theorie der »countervailing power« [»gegengewichtige Marktmacht«].
Galdhøpiggen, zweithöchster norw. Berg, 2469 m.
Galeasse, größeres, aus der *Galeere* hervorgegangenes Kriegs- oder Handelsschiff des MA, durch Ruder oder Segel getrieben; bis 1000 t groß.
Galeere, Ruderkriegsschiff des Altertums u. MA, durch 50 u. mehr, auch übereinander angeordnete, von je 3–5 Mann bediente Ruder angetrieben; Bedienung meist durch Sträflinge oder Sklaven.
Galen, **1.** Christoph Bernhard Graf von, *1606, †1678, Fürstbischof von Münster seit 1650; genannt »Kanonenbernd«; regierte absolutist. u. hielt ein stehendes Heer, mit dem er 1661 das Selbständigkeitsstreben der Stadt Münster unterdrückte; förderte Klerikerbildung u. Schulwesen. – **2.** Clemens August Graf von, *1878, †1946, Bischof von Münster; Gegner des Nationalsozialismus (bes. Kampf gegen Euthanasie); 1946 Kardinal.
Gälen, die *Gälisch* sprechenden Kelten Irlands, Schottlands u. der Insel Man.
Galenus, *Galen,* *129, †199, grch.-röm. Arzt; bed. Arzt der röm. Kaiserzeit, Leibarzt *Marc Aurels.* Seine Schriften waren noch im MA med. Lehrgrundlage.
Galeone, *Galione,* span.-port. Segelkriegsschiff des 15.–18. Jh.
Galerie, 1. ein um eine Halle erhöht laufender Gang mit Brüstung; auch ein überdachter Außengang. – **2.** Ausstellungsraum für Gemälde u. a.

Galeone aus dem 16. Jahrhundert; Kupferstich von Augustin Hirschvogel

Kunstwerke. – **3.** der oberste (billigste) Rang im Theater.
Galeriewälder, an das Grundwasser von Flüssen gebundene Waldstreifen trop. u. subtrop. Savannen u. Steppen.
Galerius, Gaius *G. Valerius Maximianus,* *um 250, †311, röm. Kaiser 305–311; Schwieger- u. Adoptivsohn *Diocletians,* Augustus des Ostens; zunächst Christenverfolger, erließ 311 ein Toleranzedikt zugunsten der Christen.
Galicien, *Galizien* **1.** span.*Galicia,* histor. Ldsch. NW-Spaniens, umfaßt die Provinzen *La Coruña, Lugo, Orense* u. *Pontevedra,* alte Hptst. *Santiago de Compostela.* – **2.** poln. *Galicja* →Galizien.
Galicisch, in der span. Ldsch. Galicien gesprochener Dialekt.
Galiläa, Ldsch. im N Israels zw. Mittelmeer u. Jordangraben. Hauptort von *Obergaliläa* ist *Safed. Untergaliläa,* im Altertum die fruchtbarste Ldsch. Palästinas, ist das Hauptsiedlungsgebiet der isr. Araber.
Galiläer, im NT für Jesus u. seine Jünger gebrauchte Bez., zuweilen mit spött. Unterton.
Galilei, Galileo, *1564, †1642, ital. Naturforscher; begr. die moderne, auf Erfahrung u. Experiment beruhende Physik; beobachtete die Gesetzmäßigkeit der Pendelschwingungen, erfand die hydrostat. Waage zur Bestimmung spezifischer Gewichte u. untersuchte 1589 in Pisa die Fallgesetze;

Galileo Galilei

konstruierte 1609 ein Fernrohr u. entdeckte Mondberge, Jupitermonde, Sonnenflecken, Phasengestalten der Venus u. a.; 1610 nach Florenz berufen; geriet wegen seines Bekenntnisses zum heliozentr. Weltsystem des *Kopernikus* mit der Kirche in Konflikt u. schwor 1633 in Rom vor dem Inquisitionsgericht ab, widerrief jedoch angebl. mit dem Ausspruch »Und sie (die Erde) bewegt sich doch«. – G. wurde 1992 von Papst Johannes Paul II. öffentl. rehabilitiert.
Galinski, Heinz, *1912, †1992, Vors. der Jüd. Gem. in Berlin (seit 1949) u. des Direktoriums des Zentralrats der Juden in Dtld. (seit 1988).
Galion, erkerartiger Vorbau am Bug eines hölzernen Schiffs, meist von einer holzgeschnitzten *G.sfigur* geschmückt.
Galione →Galeone.
gälische Sprache, *Goidelisch,* **1.** i.w.S.: in Irland entstandene kelt. Sprache; weiterentwickelt als *Irisch, Gälisch* (i.e.S.) u. *Manx.* – **2.** i.e.S.: *Ersisch, schott. Sprache,* aus 1) entstandene, in Schottland seit dem 5. Jh. von den Iren eingeführte Sprache.
Galizien, Galicien, **1.** poln. *Galicja,* das nördl. Karpatenvorland zw. der oberen Weichsel u. der Bukowina. – 1349 kam das Gebiet nördl. der Karpaten u. östl. des San an Polen. Bei der 1. Poln. Teilung 1772 fiel es an Östr.; mit anderen Gebieten hieß es seit 1795 *Ost-G.* In der 3. Poln. Teilung 1795 von Östr. erworbenen Gebiete bis zum Bug u. zur Pilica, *West-G.* genannt, kamen an das Großhzgt. Warschau, 1815 an Kongreßpolen. – Das östl. G. wurde 1919 wieder Polen einverleibt, nachdem dort kurze Zeit eine *Westukrainische Volksrep.* existiert hatte. Seit 1939 ist dieses neuerdings gleichfalls *Ost-G.* genannte Gebiet ein Teil der Ukraine. Als *West-G.* bez. man heute das poln. Nordkarpatenvorland. – **2.** →Galicien.
Gall, 1. Ernst, *1888, †1958, dt. Kunsthistoriker; erforschte die dt. u. frz. Architektur des MA. – **2.** Franz Joseph, *1758, †1828, dt. Arzt u. Anatom; begr. die *G.sche Schädellehre,* die aus der Form des

Galiläa: im Tal des Jordan

Schädels auf geistige, seel. u. sittl. Anlagen zu schließen versucht.
Galla, osthamit., einst krieger. Volk in S-Äthiopien (christl. Ackerbauern) u. in NW-Kenia (islam. Viehzüchter); das G., eine kuschit. Sprache.
Galland, Adolf, * 19.3.1912, im 2. Weltkrieg einer der erfolgreichsten dt. Jagdflieger.
Gläpfel, *Eichäpfel,* bis 2 cm dicke, meist kugelförmige →Gallen an Blättern u. Trieben von Eichen. Die *türk. G.,* durch Gallwespen hervorgerufen, sind ein wichtiger Rohstoff zur Gewinnung von *Tannin.*
Galla Placidia, †450, Tochter des röm. Kaisers *Theodosius d. Gr.;* heiratete 417 den röm. Heerführer *Constantius;* 425–37 Regentin anstelle ihres Sohns, des späteren Kaisers *Valentinian III.* Berühmte Grabkapelle in Ravenna.
Gallas, Matthias, Graf von *Campo,* *1584, †1647, kaiserl. General; löste im *Dreißigjährigen Krieg* 1634 Wallenstein als Befehlshaber des kaiserl. Heeres ab.
Galle, Sekret der Leber bei Wirbeltieren u. Mensch; eine gelbgrünl., bitter schmeckende Flüssigkeit, bestehend aus Substanzen, die auf diesem Wege ausgeschieden werden (*G.nfarbstoffe*), u. aus Stoffen für die Verdauung u. Resorption von Fetten (*G.nsäuren*), außerdem aus Cholesterin, Schleimstoffen u. Salzen. – Die G. wird in der *G.nblase* (auch kurz *G.*) gespeichert und durch Wasserentzug eingedickt. Die G.nblase ist mit dem *G.ngang* an den *Leber-G.n-Gang* angeschlossen, durch den die G. in den *Zwölffingerdarm* geleitet wird.
Galle [gal], *Gala,* Hafenstadt an der SW-Küste Sri Lankas, 102 000 Ew.
Galle, Johann Gottfried, *1812, †1910, dt. Astronom; entdeckte 1846 den Planeten Neptun.
Gallé, Émile, *1846, †1904, frz. Kunsthandwerker; die Produktion seiner Glasschnitt-, Möbel- u. Fayencefabrik in Nancy gab dem Jugendstil wichtige Impulse.
Gallegos [ga'ljegos], Rómulo, *1884, †1969, venezol. Schriftst. u. Politiker; 1948 Staats-Präs.; behandelte in seinen Romanen den Gegensatz zw. Kultur u. Barbarei.
Gallen, *Zezidien, Cecidien,* Veränderungen von Pflanzenteilen, mit denen die Pflanze auf die Einwirkung bestimmter Tiere (*Gallmilben, Blattläuse, Gallwespen, Gallmücken*) oder Pilze reagiert.
Gallenfarbstoffe, Abbauprodukte des Blutfarbstoffs *Hämoglobin* bei Wirbeltieren; gelbl.-grüne Farbstoffe (*Biliverdin* u. *Bilirubin*), gespeichert in der Gallenblase, ausgeschieden mit dem Kot.
Gallenga, Antonio, Pseud.: Luigi *Mariotti,* *1810, †1895, ital. Schriftst.; Anhänger G. *Mazzinis.*
Gallén-Kallela, Akseli, *1865, †1931, finn. Maler u. Graphiker; bevorzugte symbol. Themen.
Gallenröhrling, *Bitterpilz,* ungenießbarer *Röhrenpilz;* dem Steinpilz sehr ähnl.
Gallensteine, feste, sandkorn- bis walnußgroße Körper, die aus ausgeschiedenen Bestandteilen der Galle (Gallenfarbstoffe, Cholesterin, Kalk) gebildet werden. Erst wenn Entzündungen u. Stauungen (Gelbsucht) auftreten oder G. sich einklemmen u. Koliken hervorrufen, kommt es zum *G.leiden* (*Cholelithiasis*).
Gallert, *Gallerte,* zähe, durchsichtige Masse, die entweder aus Gelatine oder durch Auskochen u. Eindicken von Fleischsaft oder Knochenbrühe gewonnen wird.

Gallertpilze, *Zitterpilze,* Ordnung der *Ständerpilze,* mit meist gallertartigen Fruchtkörpern.

Galli-Curci [-tʃi], Amelita, * 1889, † 1963, ital. Sängerin (Koloratursopran).

Gallien, Siedlungsgebiet kelt. Stämme (u. a. der namengebenden *Gallier)* zw. Rhein, Atlantik, Pyrenäen u. Alpen u. in einem Teil Oberitaliens. Nach seiner Lage zu Rom unterschieden die Römer *Gallia cisalpina* (diesseits der Alpen), das heutige Oberitalien, von *Gallia transalpina* (jenseits der Alpen), dem heutigen Frankreich. Seit dem Anfang des 2. Jh. v. Chr. wurden die Gallier von den Römern zunächst in Oberitalien, dann bes. durch Cäsar 58–51 v. Chr. im *Gallischen Krieg* unterworfen u. romanisiert.

Gallier, kelt. Stamm in Gallien.

Gallikanismus, eine in Frankreich im 14. Jh. Einfluß gewinnende Bewegung, die das Landeskirchentum gegenüber den Ansprüchen des Papstes zu stärken suchte; 1438 in der *Pragmatischen Sanktion von Bourges* erstmals begr.

Gallipoli, 1. ital. Hafenstadt am Golf von Tarent, 20 000 Ew. – **2.** türk. *Gelibolu,* rd. 900 km² große, langgestreckte Halbinsel der europ. Türkei, verläuft parallel zur NW-Küste Kleinasiens u. bildet dadurch die *Dardanellen;* mit gleichnamigem Hauptort u. Hafen (im Altertum *Kallipolis*).

Gallium, ein → chem. Element.

Gällivare, N-schwed. Bergbauort in der Prov. Norrbotten, 25 600 Ew.; Abbau der hochwertigen Eisenerze (61–69% Eisengehalt) des Erzbergs *Malmberg.*

Gallizismus, 1. die Nachbildung frz. Ausdrücke in anderen Sprachen. – **2.** eine dem Französischen eigentüml. Ausdrucksweise.

Gallmilben, winzige *Milben,* stechen Pflanzenzellen an, verflüssigen durch Ausscheidungen den Inhalt u. saugen ihn auf. Darauf reagiert die Pflanze mit Umbildungen des Gewebes *(Gallen).*

Gallmücken, Fam. zarter *Mücken;* erzeugen an Pflanzen Gewebswucherungen *(Gallen),* in denen sich die Larven entwickeln.

Gallon, [ˈgælən], Gallone, Abk. *gal,* **1.** brit. Volumeneinheit, 1 gal = 4,546 l. – **2.** US-amerik. Volumeneinheit für Flüssigkeiten, 1 gal = 3,785 l.

Galloromanisch, die aus dem Provinzlateinischen in Gallien entstandenen roman. Sprachen *Französisch* u. *Provençalisch.*

Gallup [ˈgæləp], George Horace, * 1901, † 1984, US-amerik. Meinungsforscher; gründete 1935 das *G.-Inst. für Meinungsforschung.*

Gallus, * um 550, † 640, ir. Mönch; kam 610 als Missionar nach Alemannien; gründete 612 eine Klause, aus der sich die Abtei *St. Gallen* entwickelte. – Heiliger (Fest: 16.10.).

Gallus, Gaius Cornelius, * um 69 v. Chr., † 26 v. Chr., altröm. Dichter (Liebeslieder).

Gallussäure, *3.4.5-Trihydroxybenzoesäure,* aus tanninhaltigen Galläpfeln u. Tee gewonnene Säure für Tinten, Drogen u. photograph. Entwickler.

Gallwespen, kleine Hautflügler aus der Gruppe der *Legimmen,* die wie die *Gallmücken* ihre Eier in Pflanzenteile legen, wobei diese *Gallen* bilden.

Galois [gaˈlwa], Évariste, * 1811, † 1832, frz. Mathematiker; Begr. einer Theorie über algebra. Gleichungen, wandte die Gruppentheorie auf die Auflösung algebra. Gleichungen an.

Galon [gaˈlõ], *Galone,* ein mit Metallfäden aus Gold, Silber oder Aluminium durchwirktes Besatzband an Frack-, Smoking- oder Uniformhosen.

Galopp, 1. schnelle, sprungartige Gangart des Pferdes u. anderer Tiere, bei der zuerst die Hinter-, dann die Vorderhand vorgesetzt wird. – **2.** um 1825 entstandener, der Schnellpolka ähnl. Gesellschaftstanz im ²/₄-Takt.

Galoppwechsel, eine Lektion der →*Dressur,* bei der das Pferd während des Galoppsprungs von Links- auf Rechtsgalopp oder umgekehrt wechselt.

Galosche, Überschuhe.

Galsworthy [ˈgɔːlswəːði], John, * 1867, † 1933, engl. Schriftst.; sozialkrit. Schilderer der engl. Gesellschaft seiner Zeit; Nobelpreis 1932; W Generationen-Roman »Die Forsyte-Saga«.

Galt, *Gelber G.,* eine Euterentzündung bei Rindern, durch Streptokokken verursacht.

Galtgarben, höchste Erhebung im zentralen Samland, 110 m.

Galton [ˈgɔːltən], Sir Francis, * 1822, † 1911, brit. Vererbungsforscher; Mitbegr. der Eugenik u. der Zwillingsforschung; erkannte die Möglichkeit, Menschen durch Fingerabdrücke zu identifizieren.

Galtonia, *Galtonie,* südafrik. Gatt. der *Liliengewächse;* hierzu die *Riesenhyazinthe.*

Galvani, Luigi, * 1737, † 1798, ital. Arzt u. Naturforscher; entdeckte 1789 bei Froschschenkelversuchen die nach ihm benannte *galvan. Elektrizität.*

Galvanisation → Elektrotherapie.

galvanische Elemente, elektrochem. Stromquellen, die elektr. Strom abgeben können, ohne daß sie geladen werden müssen. Jedes g. E. enthält 2 Stäbe oder Platten aus verschiedenen elektr. Leitern, die *Elektroden.* Diese tauchen in eine Salzlösung *(Elektrolyt),* die durch Ionenwanderung *(Elektrolyse)* den Strom leitet. Werden die aus den Elektrolyten herausragenden Elektroden, die jetzt Spannungspole sind, mit einem Stromverbraucher (z.B. Glühlampe) verbunden, so fließt ein Strom. Die bei fließendem Strom zw. den Polen herrschende Spannung von 1–2 Volt heißt *Klemmenspannung.* – Schaltet man mehrere Elemente hintereinander, indem man jeweils den +Pol des einen mit dem -Pol des anderen verbindet, so erhält man eine *Batterie.* Ihre Spannung ist gleich der Summe der Spannungen der einzelnen Elemente. In Trockenelementen (für Taschenlampen u. ä.) ist der Elektrolyt eine feuchte Paste aus (z.B. durch Sägemehl) verdickter Salmiaklösung.

galvanisieren, metall. Gegenstände durch *Elektrolyse* mit dünnen Metallschichten überziehen; → Galvanotechnik.

Galvano, ein auf galvanoplast. Wege hergestelltes Duplikat (Abformung) einer Druckplatte.

Galvanokaustik → Elektrochirurgie.

Galvanometer, empfindl. elektr. Meßinstrument zum Nachweis kleinster Spannungen u. Ströme.

Galvanoplastik, ein Verfahren, bei dem dicke Metallschichten elektrolyt. auf einer Negativ-Form niedergeschlagen u. anschließend als selbst. Gegenstand abgelöst werden; angewandt bei Schallplatten-Preßformen, Münzen.

Galvanostegie, das Aufbringen dünner metall. Schichten durch Elektrolyse auf metall. Körper; z.B. Vergolden, Verchromen.

Galvanotechnik, Sammelbegriff für techn. Verfahren, bei denen durch die elektrolyt. Wirkung des elektr. Stroms aus Metallsalzlösungen metall. Schichten auf elektr. leitenden Flächen niedergeschlagen werden.

Galvanotypie, die Herstellung von Druckstöcken u. -typen mit Hilfe der →Galvanoplastik.

Galveston [ˈgælvɪstən], größter Schwefelausfuhrhafen der Erde im SO von Texas (USA), am Golf von Mexiko, 65 000 Ew.; Nahrungsmittel- u. chem. Ind.

Galway [ˈgɔːlweɪ], ir. *Gaillimh,* Hafenstadt u. Verw.-Sitz der gleichn. W-irischen Gft., in der Prov. Connacht, 47 000 Ew.; Univ.; Fischerei- u. Wollind.

Gama, Vasco da, Graf von *Vidigueira,* * 1469, † 1524, port. Seefahrer; umsegelte 1497/98 das Kap der Guten Hoffnung u. gelangte auf dem Seeweg nach Indien; 1524 Vizekönig von Ostindien.

Gamander, *Teucrium,* Gatt. der *Lippenblütler;* die bekanntesten Arten: der *Salbei-G.* u. der *Echte G.;* Volksheilmittel gegen Bronchialkatarrh, Durchfall u. Gicht.

Gamasche, seit dem 17. Jh. gebräuchl. Schutzbekleidung der Waden (oder auch nur der Knöchel) mit Steg, aus Leder oder Stoff.

Gambe → Viola da gamba.

Gambetta, Léon, * 1838, † 1882, frz. Politiker; Gegner *Napoleons III.,* rief 1870 mit Jules *Favre* die Rep. aus; 1881/82 Min.-Präs.

Gambia, Staat an der Atlantikküste W-Afrikas, 11 295 km², 880 000 Ew., Hptst. *Banjul.*

Gambia

Das flachwellige Land ist zumeist von Savannen, Sumpfland u. einigen Wäldern bedeckt; wechselfeuchtes, randtrop. Klima mit Trockenzeit im Winter. Die Bevölkerung gehört zu den Stämmen der Malinke, Fulbe, Wolof u. Dyola u. ist vorw. islam. Der Erdnußanbau liefert 95% des Ausfuhrwerts. Hauptverkehrsader für das gesamte Land ist der Fluß G.

Geschichte. Brit. Kronkolonie seit 1843, brit. Protektorat seit 1902, am 18.2.1965 unabh., Rep. seit 1970; 1982–89 Konföderation »Senegambia« mit Senegal.

Gambia, *Gambie,* Fluß in W-Afrika, mündet in den Atlantik; 1100 km lang.

Gambierinseln [gãˈbjeː-], frz.-polynes. Inselgruppe im Pazifik, 30 km², 600 Ew.; Hauptort *Rikitea* auf *Mangareva.*

Gambrinus, nach der Sage der Erfinder des Bierbrauens, Schutzherr der Brauer.

Gambusen, Gatt. der *Zahnkarpfen;* Aquarienfische.

Gamelan-Orchester auf Bali mit verschiedenen Holz- und Metall-Schlaginstrumenten

Gamelan, das Orchester der Bewohner Javas u. Balis, bestehend aus Schlaginstrumenten: *Gambang* (Holzplatten), *Gender* (aufgehängte Metallstäbe), *Saron* (Metallplatten), *Bonang* (Glockenspiele) u. *Gongs.*

Gameten → Keimzellen.

Gametophyt, bei Pflanzen mit Generationswechsel die die Geschlechtszellen ausbildende Generation, z.B. bei Moosen die grüne Moospflanze.

Gamma, γ, Γ, 3. Buchstabe des grch. Alphabets.

Gamma-Globuline, Bestandteil des Plasma-Eiweißes, Träger von Antikörpern (Abwehrstoffen) gegen Krankheitserreger; bes. zur Vorbeugung gegen Viruskrankheiten.

Gammastrahlen, γ-Strahlen, Strahlen, die ebenso wie →Röntgenstrahlen aus elektromagnet. Wellen bestehen, aber größere Frequenzen (kleinere Wel-

Akseli Gallén-Kallela, Sauna; 1899. Helsinki, The Art Museum of The Ateneum

lenlänge: 10^{-8} bis 10^{-11} cm) haben u. sehr viel durchdringender sind. Sie entstehen bei radioaktiven Zerfallprozessen u. anderen Kernreaktionen. In der Med. werden sie zur Bestrahlung von Karzinomen verwendet.

Gammler, in den späten 60er Jahren Bez. für Jugendliche, die durch ihre ungepflegte Erscheinung u. in ihrer inneren Einstellung eine Protesthaltung gegen die bürgerl. Leistungsgesellschaft ausdrücken wollten.

Gamone, *Befruchtungshormone,* pflanzl. Sexualstoffe, die die Gameten durch chem. Reizstoffe anlocken, um die Befruchtung herbeizuführen.

Gamov ['gɛɪmɔu], George, *1904, †1968, USamerik. Physiker u. Astrophysiker russ. Herkunft; Arbeiten über Radioaktivität, Aufbau der Atomkerne, Entwicklung der Sterne u. des Weltalls; entwickelte die *G.sche Theorie* des radioaktiven Alphazerfalls der Atomkerne.

Gamsbart, büschelförmig gebundener Hutschmuck aus den Rückgrathaaren der Gemse.

Ganda, *Baganda,* Bantuvolk in O-Afrika, meist in Uganda, Hackbauern (Bananenanbau); sprechen die Bantusprache *G.*

Ganderkesee, Gem. in Nds., 27 000 Ew.; Maschinenbau.

Gandersheim, *Bad G.,* Stadt in Nds., in den Vorbergen des Harzes, 12 000 Ew.; Heilbad u. Luftkurort; ehem. Benediktinerinnenabtei (*Hrotsvith von G.*); Domfestspiele.

Gandhara, Ldsch. um Peschawar (Pakistan), östl. des *Khaibarpasses.* – Im 1. bis 5. Jh. n. Chr. auftretende *G.-Kunst,* eine hellenist.-buddhist. Mischkunst (Reliefs u. Skulpturen).

Gandhi, 1. Indira, *1917, †1984 (ermordet), ind.

Indira Gandhi

Politikerin (Kongreßpartei); Tochter von J. *Nehru*; 1966–77 u. seit 1980 Prem.-Min. – **2.** Mohandas Karamchand, gen. *Mahatma* [»Große Seele«], *1869, †1948, ind. Politiker u. Reformator; kämpfte für Selbst-Reg. u. Befreiung von der engl. Herrschaft, nach dem Prinzip der Gewaltlosigkeit durch passiven Widerstand (*Non-cooperation* u. ziviler Ungehorsam) gegen Unrecht setzende Maßnahmen u. Gesetze; setzte sich für Milderung der Kastenunterschiede u. Überwindung des Gegensatzes zw. Hindus u. Moslems ein. G. wurde von einem hinduist. Fanatiker erschossen. – **3.** Rajiv, Sohn von 1), *1944, †1991 (ermordet), ind. Politiker; 1984–89 Prem.-Min.

Gandhinagar, Hptst. des ind. Bundesstaats Gujarat, 62 000 Ew.

Gandscha, fr. *Kirowabad,* Ind.-Stadt in Aserbaidschan, am N-Rand des Kleinen Kaukasus, 270 000 Ew.; Hochschulen, Landwirtschaft, Textil- u. chem. Ind.

Ganescha, volkstüml. ind. Gott der Schreibkunst u. der Weisheit, dargestellt mit Elefantenkopf.

Gang, 1. die Ausfüllung von Spalten in der Erdrinde, z.B. Erz- u. Mineralgänge. – **2.** [gæŋ], Verbrecherbande; u. U. auch Gruppe von »Halbstarken«. – **3.** bei Kfz durch Umschalten wählbares Übersetzungsverhältnis zw. Motor u. Radantrieb. Bei PKW 4 oder 5 Vorwärtsgänge u. ein Rückwärts-G.; bei Lastkraftwagen bis zu zwölf Vorwärtsgänge u. ein bis zwei Rückwärtsgänge.

Ganganagar ['gæŋgə:nəgə], ind. Distrikt-Hptst. in Rajasthan, 124 000 Ew.; Nahrungsmittel-, Textil-Ind.

Gangart, Bewegungsarten des Pferdes. Man un-

Mahatma Gandhi mit Nehru (links). – Am Ganges bei Hardwar feiern fromme Hindus das Fest der Nektarschalen (rechts)

terscheidet z.B. *schreitende* (Schritt u. Trab) u. *springende G.* (Galopp u. Karriere).

Ganges, *Ganga,* längster Strom Indiens, 2700 km lang, 1500 km schiffbar (bis Kalkutta für Seeschiffe), Einzugsgebiet rd. 1,1 Mio. km²; entspringt im Himalaya, durchströmt die fruchtbare *G.ebene,* bildet zus. mit dem *Brahmaputra* das größte Delta der Erde (80 000 km²) u. mündet mit zahllosen Armen in den Golf von Bengalen. Der G. ist der heiligste Strom der Inder.

Gangfisch →Maräne.

Ganghofer, Ludwig, *1855, †1920, dt. Schriftst. (Romane aus der Hoch- u. Jägerwelt).

Ganglion, die einzelne *Ganglienzelle;* →Nervenzellen.

Gangrän →Brand.

Gangschaltung, insbes. beim Fahrrad Vorrichtung zur Umschaltung zw. mehreren Gängen, als Naben- oder Kettenschaltung ausgeführt.

Gangster [gæŋstər], Mitgl. einer Verbrecherbande.

Gangtok, Hptst. des ind. Bundesstaates Sikkim, im Himalaya, 37 000 Ew.; Handelsplatz.

Gangtschhendsonga, *Kangchenjunga,* stark vergletschertes, fünfgipfeliges Bergmassiv im östl. Himalaya, an der Grenze zw. Nepal u. Sikkim, mit 8586 m der dritthöchste Gipfel der Erde.

Gangway ['gæŋweɪ], Laufsteg zum Schiff oder Flugzeug.

Gan Jiang [-djiaŋ], *Kan Kiang,* r. Nbfl. des Chang Jiang, rd. 850 km; wichtige Verkehrsverbindung zw. Mittel- u. S-China.

Ganove, Dieb, Gauner.

Gänse, Arten der *G.vögel* der Gattungen *Anser* u. *Branta;* gedrungener als die nahe verwandten *Schwäne.* G. leben außerhalb der Brutzeit in größeren Gesellschaften. Sie sind Pflanzenfresser u. leben in strenger Einehe. Die Jungen sind Nestflüchter. Die *Grau-* oder *Wildgans* ist Stammform aller Haus-G., mit Ausnahme der Höckergans. Arten aus den arkt. u. subarkt. Brutgebieten legen als Zugvögel Wanderungen in gemäßigte oder trop. Überwinterungsgebiete zurück.

Gänseblume, *Gänseblümchen, Maßliebchen,* auf Wiesen verbreiteter *Korbblütler;* mit gefüllten Köpfchen als *Tausendschön* bekannt.

Gänsedistel, *Sonchus,* Gatt. der *Korbblütler,* meist Unkräuter; gelb blühend.

Gänsegeier

Gänsefuß, *Chenopodium,* Gatt. der *Gänsefußgewächse;* meist Unkräuter.

Gänsefußgewächse →Pflanzen.

Gänsegeier, bis über 1 m großer *Geier* mit weißer Halskrause; in Afrika, S-Europa u. SW-Asien; Aasfresser.

Gänsehaut, durch Kälte oder psych. Erregung ausgelöstes Zusammenziehen der Haarbalgmuskeln in der Haut.

Gänseklein, Gericht aus gekochten Flügeln, Füßen, Kopf, Hals, Magen u. Herz der Gans.

Gänsekresse, *Arabis,* Gatt. der *Kreuzblütler* der nördl. gemäßigten Zone. Die *Alpen-G.* ist in Steingärten beliebt.

Gänserich, *Ganter,* die männl. *Gans.*

Gänsesäger, einheim., im männl. Geschlecht weiße, schwarzköpfige Art der *Enten.*

Gänsevögel, *Anseres,* weltweit verbreitete Vogelordnung mit den Familien *Wehrvögel* u. *G.* i.e.S., auch *Entenvögel* genannt.

Gansu, *Kansu,* Prov. in →China.

Ganter →Gänserich.

Gantin, Bernardin, *8.5.1922; afrik. Kurienkardinal (seit 1977); seit 1984 Präfekt der Bischofskongregation.

Ganymed, 1. *Ganymedes,* in der grch. Sage ein schöner Knabe. Zeus entführte ihn durch seinen Adler auf den Olymp, wo er den Göttern als Mundschenk diente. – **2.** der größte Mond des Jupiter.

Ganzheitspädagogik, eine Erziehungs- u. Unterrichtslehre, die von der ganzheitl. Erfahrungsweise des Kindes in den ersten drei Schuljahren ausgeht; wirksam z.B. in der *Ganzwort-Methode* des Lesenlernens (Grundlage ist die Sinneinheit ganzer Wörter oder Sätze).

Ganzleinen, Leinen, das vollständig aus Flachs besteht; auch Bez. für ein ganz in Leinen gebundenes Buch.

Ganztagsschule, eine Unterrichtsanstalt, die den Schüler vor- u. nachmittags behält; in Dtld. in Gesamtschulen u. Tagesschulen verwirklicht.

Ganzton, in der Tonleiter der große Sekundschritt.

Ganztonleiter, die Folge von 6 *Ganztönen* im Oktavraum, also: c, d, e, fis, gis, ais, c. Sie wurde vom Impressionismus (C. *Debussy*) zu farbigen Wirkungen systemat. genutzt.

Gap [gæp], die Kluft zw. den soz. gesicherten Bürgern u. gesellschaftl. Randgruppen; auch der Abstand zw. entwickelten u. weniger entwickelten Ländern hinsichtl. ihres wirtsch., techn. u. wiss. Potentials. In der Konjunktur- u. Beschäftigungstheorie die Differenz zw. der Gesamtnachfrage nach Konsum- u. Investitionsgütern u. dem Volkseinkommen.

Gap, Verw.-Sitz des SO-frz. Dép. Hautes-Alpes, 31 000 Ew.

Garage [ga'ra:ʒə], Einstellraum für Kraftfahrzeuge.

Garamond [-'mɔ̃], Claude, *um 1499, †1561, frz. Stempelschneider; nach ihm wurde die Schrifttype *G.-Antiqua* benannt.

Garant, Bürge, Gewährsmann.

Garantie, das Einstehen für Eintreten oder Ausbleiben eines künftigen Umstands (Erfolgs); z.B. in einem *G.vertrag* geregelt als *Zusicherung bestimmter Eigenschaften* einer Sache durch deren Verkäufer, Vermieter oder Hersteller; dieser haftet für ihr Vorhandensein.

Garantieversicherung, *Personen-G.*, Versicherung des Arbeitgebers gegen Veruntreuung (Unterschlagung) u. fahrlässige Schädigung durch seine Arbeitnehmer.

Garaudy [garo'di], Roger; * 17.7.1913, frz. marxist. Philosoph u. Politiker; langjähriger »Chefideologe« der KPF; wandelte sich zum Verfechter eines »menschl. Sozialismus«; 1970 aus der Partei ausgeschlossen.

Garbe, 1. Bündel von Getreide oder Stroh. – **2.** →Schafgarbe.

Garbo, Greta, * 1905, † 1990, eigtl. Greta *Gustafsson*, schwed. Filmschauspielerin; erster moderner Weltstar des Films (»Anna Karenina«, »Die Kameliendame«, »Ninotschka«).

Garbsen, Stadt in Nds., 60 000 Ew.

Garching bei München, Gem. in Oberbayern, 13 000 Ew.; Kernforschungszentrum.

García Calderón [gar'θia], Ventura, * 1886, † 1959, peruan. Schriftst. (Novellen, Dramen).

García Lorca [gar'θia-], Federico, * 1898, † 1936 (im span. Bürgerkrieg unter nicht näher bekannten Umständen erschossen), span. Schriftst.; Erneuerer der andalus. Romanze u. des span. Theaters,

Greta Garbo in »Königin Christine«, 1934

Schöpfer des »teatro poético«. Dramen: »Yerma«, »Bernarda Albas Haus«.

García Márquez [gar'θia 'markes], Gabriel, * 6.3.1928, kolumb. Schriftst.; Romane mit realist. u. phantast. Elementen (»Hundert Jahre Einsamkeit«). Nobelpreis 1982.

Garçon [gar'sõ], Junge, Kellner.

Gard [ga:r], r. Nbfl. der Rhône in S-Frankreich, 135 km; *Pont du Gard* (röm. Aquädukt) bei Remoulins.

Gardasee, ital. *Lago di Garda*, ital. See am Alpenrand, 370 km², bis 346 m tief; fischreich; mildes Klima; Fremdenverkehr.

Garde, urspr. die Leibwache eines Fürsten; später *Elitetruppen* größerer Stärke.

Gardelegen, Krst. in Sachsen-Anhalt, 12 900 Ew.; Baustoff- u. Konserven-Ind.

Gardenia, *Gardenie*, Gatt. der *Rötegewächse*. Die stark duftende *G. jasminoides* wird in Warmhäusern kultiviert.

Garderobe, Kleidungsstücke; Kleiderablage in Wohnung, Theater u. a.; Umkleideraum für Schauspieler.

gardez! [gar'de; frz.], *Schach:* »schützen Sie (Ihre Dame)!«, höfl. Warnung, wenn die Dame des Gegners bedroht ist.

Gardine, Fensterbehang.

Gardiner ['ga:dinə], **1.** Sir Alan Henderson, * 1879, † 1963, brit. Ägyptologe (Arbeiten zur altägypt. Grammatik u. zur allg. Sprachwiss.). – **2.** John Eliot, * 20.4.1943, brit. Dirigent; seit 1991 Chefdirigent des Sinfonieorchesters des NDR.

Gardner ['ga:dnə], Ava, * 1922, † 1990, US-amerik. Filmschauspielerin; wurde in den 50er Jahren als »Venus des 20. Jh.« bez.; W »Schnee am Kilimandscharo«, »Die barfüßige Gräfin«.

Gärfutter, durch Gärung konserviertes Viehfutter.

Gargano, *Monte G.*, Gebirgsmassiv mit steilen Hängen an der ital. Ostküste, der »Sporn« Italiens; im *Monte Calvo* 1056 m.

Gargantua [gargãty'a], Riese in einem frz. Volksbuch, den F. *Rabelais* in den Mittelpunkt seiner satir. Romane stellte.

Garibaldi, Giuseppe, * 1807, † 1882, ital. Freiheitskämpfer; kämpfte in der Lombardei gegen die Österreicher, später in Rom auf seiten der Revolutionäre. Nach Ausrufung der Rep. (1849) übernahm er die Verteidigung gegen die Franzosen u. unterstützte später Graf *Cavour* beim »Zug der Tausend« gegen Sizilien, das er eroberte. 1860 stürzte er die Herrschaft der Bourbonen.

Gariden, mediterrane Steppenheiden (Felsheide), oft auf steinigen Böden, mit Hartlaubgestrüpp wie die *Garigue* in Frankreich, →Garrigues.

Garizim, Berg (881 m) in Israel, südl. von Sichem (Nablus), Ort der alttestamentl. Segensverkündigung (5. Mose 27); Kultstätte der Samaritaner.

Garküche, Speisewirtschaft.

Garland ['ga:lənd], **1.** Hannibal Hamlin, * 1860, † 1940, US-amerik. Schriftst.; setzte sich in Romanen u. Kurzgeschichten mit den wirtsch. u. polit. Problemen des Mittleren Westens der USA auseinander. – **2.** Judy, * 1922, † 1969, US-amerik. Filmschauspielerin u. Sängerin (bes. Musicals).

Garmisch-Partenkirchen, Krst. in Oberbayern, Höhenluftkurort u. Wintersportplatz, am Fuß des Wettersteingebirges, 707 m ü.M., 27 500 Ew.; Ausgangspunkt der Zugspitzbahn.

Garmond [-'mõ], Schriftgrad von 10 Punkt.

Garn, prakt. endloses fadenförmiges Gebilde aus endl. Fasern (Gespinst) oder aus mehreren prakt. endlosen Elementarfäden (Chemieseide, Haspelseide), durch Spinnen oder Zwirnen hergestellt.

Garnelen, *Natantia*, Unterordnung der *Zehnfußkrebse*, hierzu: *Nordsee-, Stein- u. Süßwasser-G.*; mit wenig verkalktem Panzer; unter der Bez. *Krabben* als Delikatesse im Handel.

Garnetti ['ga:nit], David, * 1892, † 1981, engl. Schriftst. (grotesk-phantast. Satiren).

Garnier [-'nje], Charles, * 1825, † 1898, frz. Architekt u. Kunstschriftst.; baute die Große Oper in Paris (1875 Einweihung).

Garnierit [-nje'rit], ein →Mineral.

Garnison, *Standort*, einer Truppe; auch die Truppen selbst.

Garnitur, Einfassung, Verzierung von Kleidern, Hüten u. ä.; Satz von zusammengehörenden Dingen, z.B. Kleidungsstücken, Polstern.

Garonne [ga'rɔn], span. *Garona*, Fluß in SW-Frankreich, 650 km lang; kommt aus den span. Pyrenäen, durchfließt das fruchtbare *G.-Becken* u. mündet mit dem Ästuar *Gironde* in den Atlantik; durch den *Canal du Midi* mit dem Mittelmeer verbunden.

Garoua [ga'ru:a], Stadt am Benue (Bénoué), in Kamerun (Zentralafrika), 96 000 Ew.

Garrel, Gemeinde in Nds., sw. von Oldenburg, 8700 Ew.

Garrett, João Baptista da *Silva Leitão de Almeida G.*, * 1799, † 1854, port. Schriftst. u. Politiker; Hauptvertreter der port. Romantik.

Garrick ['gærik], David, * 1717, † 1779, engl. Schauspieler u. Schriftst.; Wegbereiter Shakespeares u. bed. Darsteller seiner Gestalten.

Garrigues [ga'ri:g], S-frz. Ldsch. am Fuß der Cevennen; immergrüne, sekundär durch Brand u. Beweidung aus Wald entstandene Strauch- u. Halbstrauchvegetation (Eichengesträuch, Lavendel, Thymian, Rosmarin, Zistrosen u. a.), *Gariden.*

Garrotte, *Garotte*, die Würgeschraube, mit der in Spanien die Todesstrafe vollstreckt wurde (bis 1975).

Garschin, Wsewolod Michajlowitsch, * 1855, † 1888 (Selbstmord), russ. Schriftst.; schilderte kraß naturalist. das Grauen des Krieges.

Gartenaere →Werner der Gartenaere.

Gartenarchitektur, Planung, Gestaltung u. Betreuung von Gärten (z. B. Grünanlagen, Friedhöfe); arbeitet nach techn., soz. u. ökolog. Erkenntnissen.

Gartencenter ['sen-], Selbstbedienungsgeschäft für Gartenbauprodukte, bes. Blumen, Gehölzpflanzen, Samen u. Gartenbedarfsartikel.

Gartenkresse, *Kreuzblütler;* Küchenkraut u. Salatpflanze.

Gartenkunst, die künstler. Gestaltung des Gartens u. der Landschaft, die über die Nutzbarmachung hinausgeht u. ästhet. Gebilde in freier Natur schafft. Elemente der G. sind einheim. u. exot. Pflanzen u. Gehölze, fließendes u. ruhendes Wasser, Kleinarchitekturen, Plastiken u. a.

Berühmt schon im klass. Altertum als eines der Sieben Weltwunder waren die als Terrassengärten mit üppiger Flora angelegten *Hängenden Gärten der Semiramis* in Babylon. Für das antike Griechenland sind v. a. die parkähnl. angelegten heiligen *Haine* kennzeichnend. Die ostasiat. G., früh zu hoher Blüte gelangt, erstrebte eine zusammenfassende Wiedergabe der ungestalteten Natur im kleinen u. verwendete unterschiedlichste Landschafts- u. Architekturelemente auf kleinstem Raum (Felsen, Wasserfälle, Bäche, Brücken u. Pavillons). Bemerkenswerte Beispiele islam. G. haben sich in Spanien (Granada, Alhambra) erhalten.

In der Renaissance gelangte die G. zu künstler. Vollendung. Der Garten wurde zum Schauplatz von Festlichkeiten (Villa d'Este, Tivoli, 1549) u. zum bevorzugten Aufstellungsort antiker Statuen. Im Barock übernahm Frankreich die Führung in der G. u. bildete im Ggs. zum ital. Terrassengarten den weit ausgedehnten Park, der in seiner architekton. Gliederung als Fortsetzung der repräsentativen Schloßräume ins Freie galt.

Seit etwa 1720 entstand in England, das nunmehr für die G. bestimmend wurde, unter dem Einfluß ostasiat. Vorbilder der *Landschaftsgarten*. Durch maler. Gruppierung der bis dahin architekton. gegliederten Elemente wurde der Eindruck des Natürlichen, scheinbar Zufälligen erreicht. Die moderne G. ist z. T. noch dem engl. Garten verpflichtet, bietet meist aber nur noch zugänglich gemachte Natur in Form der großen Volksparks, der Gemeinschaftsgärten an Wohnkolonien, des Hausgartens oder der Lehrgärten. Richtungweisend für die künstler. Gestaltung des Gartens sind v. a. Gartenschauen u. internat. Gartenbauausstellungen.

Gartenschau, Gartenbau-Ausstellung, in jährl. oder zweijährigem Wechsel veranstaltet vom Berufsstand u. einer Trägergemeinde als Leistungsschau des Gartenbaus, auf Freiland u. in Hallen; alle 2 Jahre Bundesgartenschau, alle 10 Jahre die *Internationale Gartenbauausstellung »IGA«.*

Gartenschierling →Hundspetersilie.

Gartenschläfer, ein *Bilch* von 13 cm Körperlänge mit 9 cm langem Schwanz.

Gartenstadt, eine in Gartenanlagen eingebettete größere Wohnsiedlung, die die Mängel der übervölkerten Städte beseitigen u. den Menschen zum gesünderen Wohnen verhelfen will; z.B. Hellerau bei Dresden (1906); später meist nur als Villenkolonie verwirklicht.

Gartenzwerg, keram. Zwergfigur als Garten-

Garibaldi und seine Freiwilligen; kolorierte Lithographie nach einer Zeichnung von Pinot, um 1870

Garnelen aus der Tiefsee

294 Gärtner

zierat, seit Ende des 19. Jh. in Dtld. beliebt u. als Exportartikel geschätzt.

Gärtner, Friedrich von (seit 1840), *1792, †1847, dt. Architekt; gefördert von König *Ludwig I.* von Bayern; vor allem in München u. Athen tätig.

Gärung, *Fermentation,* Abbauprozesse organischer Verbindungen durch Mikroorganismen u./ oder Enzyme (Fermente) in Abwesenheit von Sauerstoff. Die *alkohol. G.* durch Hefen: Die beim Glucose-Abbau (→Glykolyse) entstandene Brenztraubensäure wird in Ethylalkohol umgewandelt; *Milchsäure-G.:* Die Brenztraubensäure wird in Milchsäure umgewandelt. Milchsäurebildende Bakterien verursachen das Sauerwerden der Milch u. spielen eine Rolle bei der Käsezubereitung; *Cellulose-G.:* Die durch *Cellulasen* aufgespaltene Cellulose wird zu Buttersäure u. Propionsäure abgebaut. Cellulosevergärende Bakterien kommen z.B. im Magen u. Darm von Wiederkäuern vor; *Essigsäure-G.:* durch Mikroorganismen aus Wein u. anderen alkohol. Flüssigkeiten wird Essigsäure erzeugt.

Garvey ['ga:vi], Marcus Moziah, *1887, †1940, amerik. Negerführer; Repräsentant des Panafrikanismus.

Gary ['gæri], Ind.-Stadt im NW von Indiana (USA), an der Südspitze des Michigansees, 137 000 Ew.

Gary [ga'ri], Romain, eigtl. R. *Kagew,* *1914, †1980, frz. Schriftst. georg. Herkunft (krit.-satir. Gegenwartsromane).

Gas, der Aggregatzustand der Materie, in dem sie, infolge freier Beweglichkeit der Moleküle, keine bestimmte Gestalt hat, sondern jeden Raum, in den sie gebracht wird, völlig ausfüllt. Die Beziehungen zw. der Temperatur (T), dem Druck (p) u. dem Volumen einer Gasmenge (V) werden durch die Zustandsgleichung beschrieben, die für das *ideale G.* lautet: $p \cdot V = R \cdot T$; R ist eine allg. Gaskonstante (8,314 J/mol K). Daraus folgt: Alle idealen G.e enthalten bei gleichen Bedingungen (Druck, Temperatur) gleich viele Moleküle je Volumeneinheit (Hypothese von A. *Avogadro*); ein Mol jedes idealen G.es nimmt bei Normalbedingungen den Raum von 22,4 l ein. Die in der Praxis vorkommenden *realen G.e* weichen vom idealen Verhalten mehr oder weniger stark ab, am wenigsten bei höheren Temperaturen u. niedrigen Drucken.

Gasbad, äußerl. Heilbehandlung mit gasförmigen Mitteln, z.B. mit Kohlensäure; bewirkt eine Reizung der Haut u. beeinflußt Kreislauf u. Atmung.

Gasbehälter, *Gasometer,* Speichergefäß für Nutzgase, um die period. Gasabgabe der Gaserzeuger oder den unregelmäßigen Verbrauch auszugleichen; meist kesselförmige Behälter, deren Decke senkrecht verschiebbar ist.

Gasbeton, durch Beimischung gasbildender Stoffe (z.B. Aluminiumpulver) entstandener Leichtbeton.

Gasbrand, *Gasödem,* schwere (lebensgefährl.) infektiöse Wunderkrankung; Erreger: G.-Bazillen (bei Unfällen, Kriegsverletzungen); Zerfall der Muskulatur unter Gasbildung.

Gascar, Pierre, eigtl. P. *Fournier,* *13.3.1916, frz. Schriftst.; beschreibt eine Welt des Grauens in seinen in Tierschilderungen u. Konzentrationslagern spielenden Romanen.

Gascogne [-'kɔnjə], histor. Ldsch. SW-Frankreichs, zw. Garonne u. Pyrenäen; ehem. Hptst. Auch.

Gasdynamik, Lehre von den Bewegungsgesetzen strömender Gase, in denen wegen der Kompressibilität Dichteänderungen auftreten, Teilgebiet der Strömungslehre; Anwendung z.B. bei Gasturbinen u. Flugzeugen.

Gasentladung, elektr. Entladung in Gasen oder Dämpfen: in der Luft als Blitz oder Elmsfeuer (Büschellicht) sowie in luftdicht abgeschlossenen *Gasentladungslampen.*

Gasentladungslampe, eine elektr. Lampe, deren Lichterzeugung auf der *Gasentladung* beruht u. die »kaltes Licht« ausstrahlt. In einer mit einem geeigneten Gas gefüllten Entladungsröhre befinden sich an den Enden zwei eingeschmolzene Elektroden, zw. denen sich ein Strom von raschen Elektronen u. Ionen durch die übrigen, unelektr. Gasatome hindurch bewegt. Bei den Zusammenstößen zw. den Elektronen u. den Gasteilchen werden diese angeregt, Strahlungen mit einem kennzeichnenden Spektrum auszusenden. Man unterscheidet Hoch-

spannungsröhren (Neonröhren), Quecksilber- u. Natrium-Dampflampen, Leuchtröhren (Fluoreszenzlampen).

Gasfernversorgung →Ferngas.

Gasfernzünder, Einrichtung zum Anzünden von Gasflammen von zentraler Stelle aus, z.B. bei Straßenlaternen. Benutzt wird fast ausschl. eine druckempfindl. Steuerung *(Gasdruckzündung),* die das Gasventil der Gasflamme öffnet oder schließt, wozu vom Gaswerk aus eine Welle erhöhten Drucks in die Gasleitung geschickt wird. Das Gas wird entzündet durch eine ständig brennende Zündflamme.

Gasgenerator, ein Schachtofen, in dem feste Brennstoffe zu →Generatorgas vergast werden.

Gasglühlicht, *Glühlicht,* 1885 von A. *Auer von Welsbach* eingeführte mittelbare Lichterzeugung: Das Gas wird mit der erforderl. Verbrennungsluft gemischt; durch die hohe Temperatur dieses brennenden Gasgemisches wird der *Glühstrumpf,* ein Gewebe, das mit Nitraten von Thorium, Cer u. Zirkonium getränkt ist, zum Glühen gebracht.

Gasheizung, Heizungsanlage mit Gasbrenner zur Wärmeerzeugung.

Gasherbrum ['gaʃəbrum], mehrgipfelige, im G. II 8035 m hohe Berggruppe im Karakorum.

Gasherd, Küchengerät mit gasbeheizten Brennstellen; an die öffentl. Gasversorgung (Stadtgas) angeschlossen oder mit Propangas gespeist. Die Brenner sind Bunsenbrenner.

Gaskell ['gæskəl], Elizabeth Cleghorn, *1810, †1865, engl. Schriftst. (realist. Romane mit eindringendem Verständnis für soz. Probleme des frühviktorian. England).

Gaskohle, eine Steinkohle mit rd. 84% Kohlenstoff; zur Leuchtgaserzeugung.

Gaskrieg, Kampfführung mit gasförmigen chem. Kampfmitteln *(Giftgase, Gelbkreuz);* eingeführt 1915 im 1. Weltkrieg; durch das Genfer Protokoll vom 17.6.1925 völkerrechtl. verboten.

Gasmaske, Schutzmaske aus Gummistoff, die dichtschließend über das Gesicht gezogen werden kann u. ihren Träger von einer mit giftigen Gasen vermengten Außenluft trennt. Ein Filter hält die gefahrbringenden Stoffe zurück.

Gasmotor, eine Kolbenkraftmaschine, die durch ein brennbares Gas (Methan, Wasserstoff, Propan u. a.) angetrieben wird. Der G. war die erste Verbrennungskraftmaschine überhaupt (J. *Lenoir* 1860).

Gasnawiden →Ghasnawiden.

Gasödem →Gasbrand.

Gasol, flüssige Ersterzeugnisse der Benzin-Paraffin-Synthese, durch Destillation abgetrennt (Butan, Propan, Flüssiggas).

Gasöl, durch Destillation aus Erdöl, Braunkohlenteer oder synthet. Ölen gewonnenes Öl; Dieselkraftstoff u. Heizöl.

Gasolin, Leichtbenzin mit niedrigem Siedepunkt.

Gasometer →Gasbehälter.

Gasparri, Pietro, *1852, †1934, ital. kath. Theologe; hatte bed. Anteil an dem 1917 neu hrsg. »Codex Iuris Canonici«.

Gasperi, Alcide de →De Gasperi.

Gasreinigung, Trennverfahren zur Reinigung, Isolierung oder Aufbereitung techn. Gase auf chem. oder elektr. Wege; dient der Abscheidung von Teer, Ruß, Schwefel, Staub.

Gassendi [gasã'di], Petrus, *1592, †1655, frz. Philosoph, Mathematiker u. Physiker; vertrat eine Korpuskulartheorie, die den Atomen Gestalt, Ausdehnung, Bewegung, Undurchdringlichkeit u. Kraft (Impetus) zuschreibt.

Gassenhauer, urspr. (16.–18. Jh.) ein dem Volkslied ähnl. vokales Musikstück, auf der Straße gesungen; später Schlager.

Gasser ['gæsə], Herbert Spencer, *1888, †1963, US-amerik. Physiologe (Arbeiten über die Nervenphysiologie); Nobelpreis für Medizin 1944.

Gassicherungen, Vorrichtungen, die Vergiftungen oder Explosionen durch ausströmendes Gas verhindern sollen.

Gassmann, Vittorio, *1.9.1922, ital. Schauspieler u. Regisseur; gründete 1950 das »Ital. Volkstheater u. Frieden«; Filme u. a. »Bitterer Reis«; »Krieg u. Frieden«.

Gasstoffwechsel, der Anteil des Stoffwechsels, der aufgenommene u. ausgeschiedene Gase betrifft. Der Sauerstoffverbrauch ist ein guter Maßstab für die Intensität der gesamten Stoffwechselvorgänge.

Gast, speziell ausgebildeter Matrose im Mann-

schaftsdienstgrad, z.B. *Signal-* oder *Steuermanns-G.*

Gast, Peter, eigtl. Heinrich *Köselitz,* *1854, †1918, dt. Komponist; Freund F. *Nietzsches;* wandte sich in Abkehr von R. *Wagner* dem ital. Opernstil D. *Cimarosas* zu.

Gastanker, Spezial-Tankschiffe zum Transport von Erd- u. Flüssiggas.

Gastarbeiter, *ausländ. Arbeitnehmer,* abhängige Erwerbspersonen, die nicht die Nationalität des Landes besitzen, in dem sie beschäftigt sind.

Gasteiner Tal, östr. Alpental in den Hohen Tauern, von der *Gasteiner Ache* durchflossen (im untersten Teil *Gasteiner Klamm);* 4 Ortschaften; *Dorfgastein* (Sommerfrische), 831 m ü. M., 1200 Ew.), Bad →Hofgastein (860 m ü. M.), →Badgastein (1060 m ü. M.) u. der höchste Ort, *Böckstein* (1127 m ü. M.).

Gasthörer, Besucher einer Hochschule, die kein volles Studium durchführen, sondern zur persönl. Weiterbildung Vorlesungen hören oder ihre bereits abgeschlossenen Studien vervollständigen bzw. promovieren wollen.

Gastrektomie, chirurg. Entfernung des ganzen Magens.

gastrisch, den Magen *(Gaster)* betreffend.

Gastritis →Magen.

Gastroenteritis, Magen-Darm-Entzündung.

Gastroenterostomie, chirurg. Verbindung zw. Magen u. Dünndarm.

Gastrointestinalsender, eine Miniaturmeßzelle mit Hochfrequenzsender, die wie eine Arzneimittelkapsel verschluckt wird (u. auf natürl. Wege abgeht) u. die Säurewerte im Magen u. Darm mißt.

Gastrokamera, *Magenkamera,* eine Miniaturkamera mit Elektronenblitzlicht zur Direktphotographie des Mageninnern.

Gastronom, 1. Kochkünstler, Feinschmecker. – 2. Gastwirt.

Gastronomie, 1. Fachkenntnis der Nahrungs- u. Genußmittel u. deren Verarbeitung, bes. im Gaststättengewerbe. – 2. Feinschmeckerei.

Gastropoden →Schnecken.

Gastroskop, Gerät zur →Magenspiegelung.

Gastrula, *Becherkeim,* ein embryonales Entwicklungsstadium der meisten Tiere.

Gastspiel, Auftritt eines Bühnenkünstlers (oder eines Ensembles) an einer Bühne, an der er nicht angestellt ist.

Gaststätten, Einrichtungen zur gewerbsmäßigen Verpflegung u. Beherbergung von Fremden (Gästen): *Hotels* (in einfacherer Form: *Gasthöfe), Restaurants, Pensionen, Gastwirtschaften* u. a.

Gasturbine, eine Verbrennungskraftmaschine, in der durch Verbrennung eines festen, flüssigen oder gasförmigen Kraftstoffs Wärme an ein vorverdichtetes Gas (vorzugsweise Luft) übertragen wird, das in der G. dann unter Arbeitsabgabe auf einen niedrigen Druck entspannt wird. Die G. wird bes. dort eingesetzt, wo der Fortfall des Dampfkesselanlage erwünschte Gewichtseinsparungen bringt: in Flugzeugen, Schienenfahrzeugen, Schiffsantrieben.

Gasuhr →Gaszähler.

Gasverflüssigung, die Überführung von gasförmigen Stoffen in den flüssigen Aggregatzustand; schon bei normalen Temperaturen durch Erhöhung des Drucks möglich. Bei manchen Gasen ist jedoch (zusätzl.) eine starke Abkühlung nötig.

Gasvergiftung, eine Schädigung des Bluts durch giftige Gase, meist Kohlenmonoxid, das das Hämoglobin des Bluts zur Sauerstoffaufnahme unfähig macht, so daß die Organe unter Sauerstoffmangel leiden *(innere Erstickung).*

Gaswerk, Anlage zur Erzeugung von *Stadtgas* aus Gaskohle, Gasflammkohle oder Fettkohle.

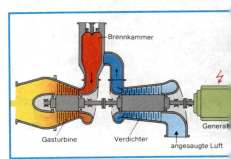

Gasturbine mit offenem Kreislauf

Charles de Gaulle

Gaszähler, *Gasmesser, Gasuhr,* Vorrichtung zum Messen der durch eine Rohrleitung strömenden Gasmenge.
Gat, *Schiffahrt: Gatt,* enge Öffnung; auch Schiffsheck.
Gateshead ['geitshed], Ind.-Stadt in N-England, am Tyne, 82 000 Ew.; Kohlenbergbau, Masch.- u. chem. Ind.
Gathas, prophet. Sprüche, die als ältester Teil des → *Awesta* angesehen u. auf *Zarathustra* zurückgeführt werden.
GATT, Abk. für engl. *General Agreement on Tariffs and Trade,* Allg. Zoll- u. Handelsabkommen, von 23 Gründungsmitgl. in Genf unterzeichnetes internat. Abkommen über den Abbau der Zoll- u. Handelsschranken u. die Vereinheitlichung der Zoll- u. Handelspraxis im zwischenstaatl. Wirtschaftsverkehr. Das GATT ist von über 100 Staaten ratifiziert; Dtld. ist Mitgl. seit 1950.
Gattamelata, *Il G.,* eigtl. *Erasmo da Narmi,* *1370, †1443, ital. Kondottiere; führte 1434–41 die venezian. Truppen gegen Mailand.
Gatter, 1. Zaun zum Schutz von Pflanzgärten gegen Wild. – **2.** Maschine für die Massenerzeugung von *Schnittholz.* – **3.** elektron. Schaltkreis, der log. Grundfunktionen (und-, oder-Verknüpfung, u. a.) realisiert.
Gatti [ga'ti], Armand, *26.1.1924, frz. Schriftst. (schockierende Stücke über Themen aus Politik u. Zeitgeschehen).
gattieren, fachgemäß mischen (Spinnerei, Gießerei).
Gattung, *Genus,* die der *Art* übergeordnete Stufe; in der biol. Systematik die obligator. Kategorienstufe zw. *Art (Species)* u. *Familie.*
Gattungskauf, im Ggs. zum *Stückkauf* ein Geschäft, bei dem die Kaufsache nur der *Gattung* nach bestimmt ist (z.B. 100 kg Roggen).
Gatun, Ort am Austritt des Panamakanals aus dem *G.see* nahe der Atlantikküste.
Gau, *Gäu,* Ldsch., Bezirk. – G. hießen die meist einem Land oder einer Prov. entsprechenden, einem *G.leiter* unterstellten regionalen Einheiten der NSDAP.
GAU, Abk. für *größter anzunehmender Unfall,* schwere Störung in einem Kernreaktor.
Gaube, Aufbau für stehende Dachfenster.
Gauch, alter Name für *Kuckuck;* übertragen: Narr.
Gauchheil, *Anagallis,* Gatt. der *Primelgewächse.* Der Acker-G. ist ein Acker- u. Gartenunkraut.
Gaucho ['gautʃo], berittener Viehhirt der südamerik. Pampas; meist Mischling aus Weißen u. Indianern.
Gaudí y Cornet [gau'ði i kɔr'nɛt], Antonio, *1852, †1926, span. Architekt; Hauptvertreter des neukatalan. Baustils, der etwa dem dt. Jugendstil entspricht.
Gaugamela, antiker Ort in Assyrien (heute *Gomal* in Irak); 331 v. Chr. Entscheidungsschlacht *Alexanders d. Gr.* gegen die Perser *(Dareios III.).*
Gauguin [go'gɛ̃], Paul, *1848, †1903, frz. Maler, Graphiker u. Bildhauer; lebte in Abwendung von der modernen Zivilisation auf Inseln der Südsee; bereitete, angeregt von P. *Cézanne* u. V. van *Gogh,* den Expressionismus vor.
Gauhati, *Guvahati,* ind. Hafenstadt am Brahmaputra, in Assam, 200 000 Ew.; Univ., hinduist. Pilgerzentrum.
Gaukler, Jahrmarktskünstler (Seiltänzer), Zauberkünstler.
Gauklerblume, *Mimulus,* Gatt. vorw. amerik. Rachenblütler; hierzu die *Gelbe G.*

Gaul, August, *1869, †1921, dt. Bildhauer u. Graphiker; Tierplastiken.
Gauleiter, die höchsten regionalen Funktionäre der NSDAP 1925–45, unterstanden Hitler unmittelbar.
Gaulle [goːl], Charles de, *1890, †1970, frz. General u. Politiker. Nach dem Zusammenbruch Frankreichs 1940 organisierte er von London aus die Fortsetzung des Kriegs, wurde das Haupt der frz. Widerstandsbewegung u. nach der Befreiung Frankreichs 1944 Chef der provisor. Reg. Im Konflikt mit den wiederauflebenden Parteien, gegen die er eine starke Präsidialgewalt verfocht, trat er 1946 zurück. 1958 wurde er Staats-Präs. der Fünften Republik; 1962 brachte er die Unabhängigkeit Algeriens zum Abschluß. – Anstelle der europ. Integration erstrebte er ein »Europa der Vaterländer« u. baute eine selbst. Atommacht auf *(Force de frappe).* Nach jahrelangen Schwierigkeiten trat er 1969 zurück. – Der »Gaullismus nach de Gaulle« wird von der »Sammlungsbewegung für die Rep.« (RPR) vertreten.
Gaultheria [goːl-], Gatt. der *Heidekrautgewächse;* hierzu *G. procumbens,* die den *Berg-* oder *Salvadortee* u. das *Wintergrünöl* liefert.
Gaumen, *Palatum,* die Trennwand zw. Mund- u. Nasenhöhle, mehrteiliger *knöcherner G.,* der sich nach hinten mit einer Muskelplatte als *weicher G.* fortsetzt, der das *G.segel* bildet, das nach hinten in das *G.zäpfchen (Uvula)* ausläuft. Seitl. bildet das Gaumensegel zwei Falten, die *G.bögen,* in denen die *G.mandeln* eingebettet sind.
Gaumenlaut → Guttural.
Gaumenspalte, *Palatum fissum,* eine anatom. gestörte Gaumenbildung, die während der Fruchtentwicklung entsteht, wenn sich die den harten Gaumen bildenden Knochen nicht vereinigen. Sind außerdem Lippe u. Kiefer gespalten, bildet sich der *Wolfsrachen.* Bei der *Lippenspalte (Hasenscharte)* ist nur die Lippe nicht zusammengewachsen.
Gaunersprache, Sprache der Gauner, im Dt. *Rotwelsch* (mit jidd. Elementen).
Gaunerzinken, eine an Haustüren angebrachte Art Bilderschrift, mit deren Hilfe sich Landstreicher verständigen.
Gaur, *Dschungelrind, Bos gaurus,* ein *Wildrind* in den Bergwäldern Vorder- u. Hinterindiens.
Gaurisankar, 7150 m hoher Himalayagipfel, westl. des *Mount Everest.*
Gaus, Günter, *23.11.1929, dt. Journalist u. Politiker (SPD), 1973–81 Leiter der Ständigen Vertretung der BR Dtld. in der DDR.
Gauß, Kurzzeichen G oder Gs, alte Einheit der magnet. Induktion (Flußdichte): $1\,G = 10^{-4}\,T$ (→ Tesla).
Gauß, Carl Friedrich, *1777, †1855, dt. Mathematiker, Physiker u. Astronom; bekannt durch fast allen Gebieten der Mathematik u. Physik (Arbeiten über Parallelenaxiom, Landesvermessung, Erdmagnetismus, Elektrizität), Konstruktion des 1. elektromagnet. Telegraphen; Zurückführung aller Maßeinheiten auf die Einheiten der 3 Grundgrößen Länge, Zeit, Masse.
Gaußsche Ebene, eine Ebene mit dem kartesischen Koordinatensystem zur Darst. der komplexen Zahl $a+bi$ durch den Punkt mit den Koordinaten $(a;\,b)$ bzw. durch einen Vektor oder Zeiger $z,$ der vom Nullpunkt zum Punkt $(a;\,b)$ zeigt.
Gautama, persönl. Name des → Buddha.
Gauten, neben den Svear nordgerman. Volk in Schweden.
Gautier [go'tje], Théophile, *1811, †1872, frz. Lyriker; Mitgründer des »Parnasse«, eines Dichterkreises, der sich gegen die Romantik wandte.
Gauting, Gem. in Oberbayern, 18 000 Ew.

Grant-Gazellen

gautschen, 1. alter Buchdruckerbrauch, wobei der Lehrling nach Eintauchen in einen Wasserbottich den »Gautschbrief« erhält u. damit in die Gesellenzunft aufgenommen ist. – **2.** Papierbahnen zwischen zwei Walzen einleg. u. auspressen.
Gavarni, Paul, eigtl. Hippolyte-Guillaume-Sulpice *Chevalier,* *1804, †1866, frz. Graphiker u. Schriftst. (Lithographien u. Karikaturen für Ztschr.).
Gavial, ein bis 6 m langes Krokodil im Ganges, Brahmaputra u. Indus.
Gävle ['jɛːvlə], Hptst. der mittelschwed. Prov. Gävleborg, Hafenstadt am Bottn. Meerbusen, 87 000 Ew.
Gavotte [ga'vɔt], ursprüngl. frz., mäßig bewegter Tanz im geraden Takt; Satz der Suite u. Sonate.
Gawein, Ritter der Artus-Sage, Neffe des Königs *Artus.*
Gay [gɛi], John, *1685, †1732, engl. Schriftst.; Ⓦ »The Beggar's Opera« (Neubearbeitung von B. *Brecht* mit Musik von K. *Weill* als »Dreigroschenoper«).
Gaya, ind. Stadt in Bihar, 250 000 Ew.; Wall-

Paul Gauguin: Zwei Frauen von Tahiti. Dresden, Staaliche Gemäldesammlung

fahrtsort. In *Buddh G.* (südl. von G.) soll *Buddha* unter einem Bodhibaum erleuchtet worden sein.
Gay-Lussac [gely'sak], Louis Joseph, *1778, †1850, frz. Physiker u. Chemiker; bekannt durch das nach ihm ben. Gesetz, nach dem alle Gase sich bei konstantem Druck um $1/273$ ihres Volumens ausdehnen, wenn sie um 1 °C erwärmt werden.
Gaza ['gaza], *Ghaza,* Stadt in der südl. Küstenebene von Palästina, 120 000 Ew.; Hauptort des **G.streifens,** 363 km², 658 000 Ew. (die Hälfte lebt in Flüchtlingslagern); nach dem 1. Weltkrieg Teil des brit. Mandats Palästina, 1948 von Ägypten besetzt, 1956 von Israel erobert, nach Räumung wieder unter ägypt. Verw. mit UN-Kontrolle, 1967 erneut von Israel besetzt. 1993 schloß Israel mit der PLO ein Abkommen über den Abzug seiner Truppen u. eine begrenzte palästinens. Selbstverwaltung im G.streifen.
Gazankulu, ehem. Bantu-Homeland in der Rep. Südafrika, im NO von Transvaal, 7410 km², 514 000 Ew. (Shangaan oder Tsonga), Reg.-Sitz *Giyani*; seit 1976 innere Selbstverw., 1994 aufgelöst.
Gaze ['gaːzə], durchsichtiger, schleierartiger Stoff mit weitem Abstand der Kett- u. Schußfäden.
Gazellen, Gattungsgruppe zierl. *Horntiere,* die in Rudeln Steppen u. Wüsten Afrikas u. Asiens bewohnen; hierher gehören: *Hirschziegenantilope, Springbock, Thomson-, Giraffen-* u. *Echte G.*
Gazette, Zeitung.
Gaziantep [ga:zi], *Aintab,* türk. Prov.- u. Handelsstadt nahe der syr. Grenze, 470 000 Ew.; Nahrungsmittel- u. Textil-Ind.
GCA-Verfahren, Abk. für engl. *Ground Controlled Approach System,* ein Schlechtwetter-Anflugverfahren der Luftfahrt zur Führung des Flugzeugs bei fehlender Bodensicht.
Gdańsk [gdɔŋjsk] → Danzig.
Gdingen, poln. *Gdynia,* poln. Hafenstadt an der Danziger Bucht, 250 000 Ew.; bildet mit *Danzig* u.

GDP

Zoppot ein Städtedreieck. – Im 2. Weltkrieg dt. Kriegshafen *(Gotenhafen).*
GDP, Abk. für *Gesamtdeutsche Partei,* →Bund der Heimatvertriebenen und Entrechteten.
Gdynia ['gdinjə] →Gdingen.
Ge, chem. Zeichen für *Germanium.*
Geantiklinale, langsam u. stetig aufsteigende Räume der Erdkruste; Ggs.: *Geosynklinale.*
Gębaberg, Gipfel in der östl. Vorderrhön, 751 m.
Gebärdensprache, ein System von Gebärden u. Bewegungen mit konventionell festgelegter Bedeutung, früher als Ersatzsprache für Taubstumme gelehrt.
gebären →Geburt.
Gebärmutter, *Uterus,* ein Abschnitt der Ausleitungswege der weibl. →Geschlechtsorgane zw. Eileiter u. Scheide. Bei manchen Reptilien u. bei den Vögeln ist die G. die Bildungsstätte der Eischale. Bei den lebendgebärenden Säugern entwickeln sich die Embryonen in der G. In den oberen Teil der G. münden beidseitig die Eileiter. Der **G.hals** *(Cervix uteri)* ragt mit seinem untersten Teil, an dem sich der Muttermund befindet, in die Scheide hinein. Die G. liegt im kleinen Becken zw. Harnblase u. Mastdarm; sie ist dabei ganz leicht nach vorn geneigt. Wird von der G. eine befruchtete Eizelle aufgenommen, beherbergt u. ernährt sie den wachsenden Keim während der ganzen Fruchtentwicklung (Schwangerschaft), u. sie treibt die reife Frucht bei der Geburt schließl. aus. – **G.geschwülste,** *Uterusgeschwülste,* Geschwülste der G. Man unterscheidet: 1. bösartige Geschwülste (G.krebs) u. 2. gutartige Geschwülste wie →Polypen u. Myome. – **G.krebs,** *Uteruskarzinom,* weitaus häufigste Form (etwa 80%) aller Krebsleiden der weibl. Geschlechtsorgane. Man unterscheidet: 1. G.körperkrebs (Korpuskarzinom); 2. G.halskrebs (Zervixkarzinom).
Gebende, Kopfputz der verheirateten Frau im 12./13. Jh., aus Leinenbinden um Stirn u. Wangen gewunden.
Gebet, die unmittelbare Aussprache mit Gott als persönlichster Ausdruck eines Glaubens; in allen Religionen als Urform des Umgangs mit Gott bekannt. Das G. bringt Anbetung, Bitte, Lob u. Dank zum Ausdruck.
Gebetsmantel, *Tallit,* ein viereckiges Tuch, an dem quastenförmige »Schaufäden« *(Zizit)* angebracht sind. Der Jude trägt ihn beim Morgengebet.
Gebetsmühlen, Gefäße, die im Lamaismus durch Hand-, Wasser- oder Windantrieb gedreht werden, um die in ihnen enthaltenen Zettel mit Gebetsformeln magisch in Kraft zu setzen.
Gebetsriemen, hebr. *Tefillin,* von den Juden an Stirn u. linkem Arm wochentags beim Morgengebet angelegte Riemen, an denen je ein Kästchen befestigt ist, das Pergamentrollen mit Thoratexten enthält.
Gebetsteppich, *Sedschade,* Unterlage bei der islam. Gebetsübung.
Gebhardt, Eduard von, *1838, †1925, dt. Maler (religiöse Genreszenen u. Porträts).
Gebietshoheit, die Befugnis eines Staates zur Rechtsetzung innerhalb seines Territoriums unter Ausschluß anderer Rechtsordnungen; wichtigster Ausdruck der staatl. Souveränität.
Gebietskörperschaft, eine rechtsfähige Körperschaft des öffentl. Rechts: eine Personenvereinigung mit Zuständigkeit für einen räuml. abgegrenzten Teil des Staatsgebiets; Ggs.: *Personalkörperschaft* u. *Realkörperschaft.*
Gebirge, die ausgedehnten u. höheren, meist deutl. abgegrenzten Erhebungen der Erdoberfläche, mit lebhaftem Wechsel von *Bergen* u. *Tälern.* Man unterscheidet nach der Gipfelform (z.B. Kamm- u. Ketten-G.), nach der Höhe (Mittel- u. Hoch-G.), nach der Entstehung (z.B. vulkan. u. Erosions-G.).
Gebirgstruppen, Truppenteile mit Waffengattungen des Heeres (Infanterie: *Gebirgsjäger;* ferner *Gebirgsartillerie, -pioniere),* die für den Kampf im Hochgebirge bes. ausgerüstet sind.
Gebiß, alle dem Beißen u. Kauen dienenden Zähne der Wirbeltiere. Der Mensch wird mit den Anlagen für 2 Gebisse geboren. Mit etwa 2–3 Jahren ist das erste G. *(Milch-G.)* vollständig durchgebrochen (20 Zähne). Etwa vom 5. Lebensjahr an beginnt das Milch-G. auszufallen, u. etwa mit dem 14. Lebensjahr ist das vollständige zweite G. *(Dauer-G.)* ausgebildet; es besteht aus 4 Schneide-, 2 Eck-, 4 Vormahl- u. 4 Mahl- oder Backenzähnen in jedem Kiefer; später kommen noch je 2 Backenzähne (»Weisheitszähne«) hinzu. – Künstl. G. →Zahnersatz.
Gebläse, Maschine zum Fördern u. Verdichten von Gasen (meist Luft) auf mittlere Drücke bis etwa 4 bar bei oft großen Fördermengen.
Geblütsrecht, der Anspruch der Königssippe auf die Bestellung eines ihrer Glieder zum Nachfolger; in Dtld. bis zum 12. Jh. gültig, dann freies *Wahlrecht.*
Gebot, 1. im Christentum eine durch Gott auferlegte Pflicht. – **2.** im Straßenverkehr G.szeichen, →Verkehrszeichen. – **3.** bei der Versteigerung das von einem Bieter abgegebene Preisangebot. Den Zuschlag erhält der Bieter, der das Meist-G. abgegeben hat.
Gebrauchsanmaßung, *Gebrauchsdiebstahl,* die rechtswidrige Benutzung fremder Sachen; nur an Kraftfahrzeugen oder Fahrrädern u. für öffentl. Pfandleiher an von ihnen in Pfand genommenen Gegenständen strafbar.
Gebrauchsgraphik, Erzeugnisse der Graphik, die nicht künstler. zweckfrei geschaffen, sondern zu prakt. Gebrauchszwecken bestimmt sind: vor allem *Werbegraphik* (Plakate, Anzeigen, Kataloge u. a.) u. *Buchgraphik* (Bucheinbände, Schutzumschläge).
Gebrauchsmuster, Arbeitsgerätschaften, Gebrauchsgegenstände oder Teile davon, die durch eine neue Gestaltung, Anordnung oder Vorrichtung dem Arbeits- oder Gebrauchszweck dienen sollen, ohne patentfähig zu sein (daher wird das G. auch als *kleines Patent* bezeichnet), die aber beim *Dt. Patentamt* in München als G. in die dort geführte *G.rolle* eingetragen sind.
Gebrauchtwarenhandel, Handel mit Gebrauchsgütern, die bereits genutzt worden sind, auch *Second Hand* genannt (in der Autobranche).
Gebrechen, körperl. (organ.) Fehler und Mängel, die Gesundheit u. Leistungsfähigkeit eines Menschen dauernd beeinträchtigen, z.B. Blindheit, Gelähmtsein.
Gebser, Jean, *1905, †1973, schweiz. Kulturphilosoph.
Gebühr, Vergütung für geleistete Dienste.
Gebühr, Otto, *1877, †1954, dt. Schauspieler; bekannt bes. als Darsteller Friedrichs d. Gr.
Gebührenanzeiger, Zusatzgerät zum Fernsprecher zur Angabe der fälligen Gebühreneinheiten.
gebührenpflichtige Verwarnung →Verwarnung.
gebundene Rede, die in Versform gebrachte Sprache, im Unterschied zur *Prosa.*
Geburt, *Entbindung, Niederkunft, Partus,* die Ausstoßung der Nachkommenschaft nach vollendeter Entwicklung aus dem mütterl. Körper. Beim Menschen vollzieht sich die G. nach Ausreifung der Leibesfrucht am Ende der *Schwangerschaft* (etwa 273 Tage nach dem befruchtenden Koitus oder 280 Tage nach dem ersten Tag der letzten Monatsblutung) durch peristalt.-rhythm. Zusammenziehungen der Gebärmuttermuskulatur, die *Wehen,* wodurch der *G.skanal* (Gebärmutterhals, Muttermund, Scheide) gedehnt u. das Kind ausgestoßen wird. Dabei platzt die Fruchtblase, u. das Fruchtwasser fließt ab *(Blasensprung).* In den meisten Fällen ist der Kopf des Kindes der vorangehende Teil, nur in 3% aller Fälle handelt es sich um eine Beckenendlage (z.B. Fuß-, Steißlage). Das Kind muß sofort abgenabelt werden. Der Mutterkuchen mit den Eihäuten wird durch die Nachgeburtswehen ausgestoßen *(Nachgeburt).*

Geburtshelferkröte

Geckos: Taggecko

Geburtenkontrolle, *Geburtenregelung, Familienplanung,* Mittel u. Methoden, die es erlauben, Anzahl u. Zeitpunkt von Geburten beim Menschen zu planen: durch →Empfängnisverhütung, →Schwangerschaftsabbruch oder →Sterilisation.
Geburtenrückgang, der seit der 2. Hälfte des 19. Jh. im W-europ. Kulturkreis allg. zu beobachtende Rückgang der relativen *Geburtenziffer,* hpts. infolge Geburtenkontrolle. Im gleichen Zeitraum ging, bes. durch die Fortschritte der Medizin, die Sterblichkeitsziffer stark zurück.
Geburtenziffer, die Zahl der Lebendgeborenen je 1000 der Bev. pro Jahr.
Geburtshelferkröte, eine Kröte, deren Männchen sich die in langen Schnüren vom Weibchen abgelegten Eier um die Hinterbeine wickelt; unter Naturschutz.
Geburtshilfe, die ärztl. Maßnahmen zur Unterstützung des Geburtsverlaufs.
Geburtszange, *Forceps,* geburtshilfl. Instrument, das aus 2 Löffeln ähnelnden Teilen besteht. Mit der G. kann die Geburt durch vorsichtiges Herausziehen des Kindes beschleunigt werden *(Zangengeburt).*
Gębweiler, frz. *Guebwiller,* oberelsäss. Krst. im frz. Dép. Haut-Rhin, 11 000 Ew.; Weinanbau.
Geckos, *Haftzeher,* kleine *Echsen.* Finger u. Zehen haben oft einen Haftapparat aus feinsten Borsten, die die G. auch an senkrechten Flächen u. an Zimmerdecken halten können.
Gedächtnis, die Fähigkeit des Nervensystems, Informationen zu speichern u. wieder abzurufen (Erinnerung), das *Ultrakurzzeit-G.* (20 s), das *Kurzzeit-G.* (1–2 Std.), das *Langzeit-G.* (dauerhafte Speicherung).
Gedankenlesen, das Erkennen fremder Gedanken ohne feststellbare Vermittlung (wiss. nicht geklärt).
Gedankenstrich →Zeichensetzung.
Gedankenübertragung →Telepathie.
Gędda, Nicolai, eigtl. N. *Ustinov,* *11.7.1925, schwed.-russ. Sänger (Tenor).
Gedicht, i.w.S. jede Verdichtung (also auch ein episches oder ein dramat. Gedicht); i.e.S. nur die lyr. Versdichtung (→Lyrik).
gediegen, Bez. für Metalle, die in der Natur in elementarem Zustand vorkommen, also nicht chem. mit anderen Elementen verbunden sind; z.B. Edelmetalle.
gedruckte Schaltung, die Anordnung von Leitungsbahnen aus Kupfer auf einer Trägerplatte aus Isoliermaterial. Die Bauteile der elektron. Schaltung werden mit den Leitungsbahnen verlötet. So hat die g. S. gleichzeitig die Funktion der elektr. Verbindung u. der mechan. Halterung.
Gedser ['gesər], dän. Hafen auf der Insel Falster, 1200 Ew.; Fährverbindungen nach Warnemünde u. Travemünde.

Gebläse: a) Turbo- oder Kreiselgebläse, b) Kapselgebläse, c) Axialgebläse

Geelong [ˈdʒiːlɔŋ], Hafenstadt in Victoria (Australien), sw. von Melbourne, 148 000 Ew.; Ölraffinerien.

Geertgen tot Sint Jans [ˈxeːrtxə-], *G. van Haarlem*, * um 1460/65, † um 1490, ndl. Maler; Schüler A. van *Ouwaters*; religiöse Bilder.

Geest, ältere Moränenlandschaft der norddt. Vereisungsgebiete; sandige, wenig fruchtbare Böden (z.B. in Schl.-Ho.); vielfach verheidet oder vermoort.

Geesthacht, Stadt in Schl.-Ho., an der unteren Elbe, 24 700 Ew.; Elbstaustufe mit Schleuse, Pumpspeicherwerk.

Geez [geˈeːts], altäthiop. Sprache in Äthiopien, seit dem 14. Jh. n. Chr. nur noch Kirchensprache.

Gefährdungsdelikte, Handlungen, bei denen schon die Herbeiführung einer *Gefahr* strafbar ist; z.B. Transportgefährdung, Straßenverkehrsgefährdung.

Gefahrensymbole, internat. Zeichen, die auf den Transport gefährl. Güter hinweisen.

Gefälle, der senkrechte Höhenunterschied zweier Punkte, bezogen auf deren in waagerechter Richtung gemessene Entfernung; z.B. bei Dächern, Straßen, Abflußleitungen.

Gefängnis →Vollzugsanstalt, →Strafvollzug.

Gefängnisstrafe →Freiheitsstrafe.

Gefäßchirurgie, Zweig der Chirurgie, der sich mit der operativen Behandlung von Gefäßerkrankungen befaßt (Veröden von Krampfadern, Beheben von Gefäßverschlüssen, Gefäßtransplantation u. -ersatz).

Gefäße, bei Mensch u. Tier die *Adern* (Blutgefäße) u. das *Lymphgefäßsystem;* bei Pflanzen die *Leitbündel.*

Gefäßerweiterung, eine Erweiterung der Blutgefäße: vorübergehend auf dem Wege über die Gefäßnerven bei seel. Erregungen (Scham, Zorn u. a.); dauernd als Folge krankhafter Veränderungen der Gefäßwände, z.B. bei Krampfadern; ferner als Reaktion auf Kältereize u. bei entzündl. Reizungen des Gewebes.

Gefäßhaut, die Aderhaut des Auges.

Gefäßkrampf, krampfartiges Zusammenziehen *(Gefäßverengung)* der feinen Gefäßmuskulatur auf dem Wege über die Gefäßnerven, wobei es zur völligen Aufhebung der Blutzufuhr kommen kann; z.B. bei *Angina pectoris* u. *Migräne.*

Gefäßnerven, *Vasomotoren*, die Nerven des vegetativen Nervensystems der Wirbeltiere, die alle Blutgefäße versorgen; vom *Gefäßzentrum* im verlängerten *Gehirnmark* gesteuert. Sie verengen oder erweitern die Gefäße.

Gefieder, die Bedeckung der Haut bei Vögeln, entspr. den *Haaren* der Säugetiere. Das G. ist Kälteschutz u. ermöglicht die Fortbewegung durch den Flug. →Feder.

Geflügel, alle Vogelarten, die zur Eier- oder Fleischgewinnung als Haustiere bzw. in Massentierhaltung gehalten werden, z.B. Hühner, Puten, Enten u. Gänse.

geflügelte Worte, Aussprüche von Dichtern, Politikern u. a., die durch ihre Treffsicherheit volkstüml. geworden sind.

Gefreiter, erster Beförderungsdienstgrad in der Dienstgradgruppe der Mannschaften.

Gefrieranlagen →Kältemaschinen.

gefriergetrocknet →Gefriertrocknung.

Gefrierpunkt, die Temperatur, bei der eine Flüssigkeit (z.B. Wasser) erstarrt, d. h. in den festen Aggregatzustand (Eis) übergeht.

Gefriertrocknung, Vakuumtrocknung eines wasserhaltigen Gutes in gefrorenem Zustand, so daß Vitamine, Wirkstoffe u. Aromen erhalten bleiben; bes. in der chem. Ind., in der medizin. Forschung u. für hochwertige Lebensmittel verwendet.

gefrorene Lebensmittel, Lebensmittel, bei denen ein hoher Anteil des ausfrierbaren Wassers als Eis vorliegt; die Temperatur muß während der Lagerung -18 °C oder kälter sein.

Gefrorenes, *Speiseeis*, in Eismaschinen hergestellte Mischungen aus Wasser, Milch, Fruchtsäften, Eiern, Aromastoffen u. Bindemitteln wie Stärke oder Tragant.

Gefüge, 1. die beim Erstarren eines Metalls zusammengewachsenen Körner (Kristallite). – 2. innerer Aufbau eines Gesteins nach dessen Struktur u. Textur.

Gefühl, psych. Zustand (z.B. Trauer oder Freude), meist im Ggs. zur gegenständl. Wahrnehmung. Die Psychologie u. Philosophie betrachten das G. als fundamentales Monument des menschl. Seelenlebens, das dieses tiefer u. grundsätzl. formt als Verstand oder Wille. Mit G. gehen Veränderungen des Körperzustands einher, die der willentl. Beeinflussung nur schwer zugänglich sind.

Gegenbaur, Karl, * 1826, † 1903, dt. Zoologe; Begründer der vergleichenden Morphologie der Wirbeltiere.

Gegenfarbe, *Komplementärfarbe* →Farbenlehre.

Gegenmittel, *Antidot*, ein Arzneimittel, das der Krankheitsursache entgegenwirkt u. sie aufhebt; vor allem bei Vergiftungen.

Gegenpapst, jemand, der zu Lebzeiten eines kanon. gewählten Papstes eine Papstwahl annimmt. Die Reihe der Gegenpäpste beginnt im 3. Jh. mit *Hippolytos* u. endet im 15. Jh. mit *Felix V.*

Gegenreformation, die Gegenbewegung der kath. Kirche zur *Reformation*, auch *Reform* genannt; als Epoche: die Zeit von der Mitte des 16. Jh. bis zur Mitte des 17. Jh. – Die Reformation erzwang eine umfangreiche Reform auch der kath. Kirche, die jedoch von Rom nur wenig gefördert wurde. Das *Trienter Konzil* erließ eine Anzahl von Reformdekreten. Der neue Orden der *Gesellschaft Jesu (Jesuiten)* bemühte sich bes. um die intensive kath. Erziehung der Jugend, um Volksmission u. um die Bereitstellung von Ordensangehörigen als Beichtväter für die Fürsten. Die Verquickung von polit. mit religiösen Beweggründen führte zu Fürstenbündnissen (prot. *Union* 1608, kath. *Liga* 1609) u. zu den oft grausam geführten sog. Religionskriegen (in Dtld. der →Dreißigjährige Krieg, in Frankreich die Hugenottenkriege).

Gegenwart, *Grammatik:* →Präsens.

Gehalt, Arbeitsentgelt der Beamten u. Angestellten, das monatl. berechnet u. ausgezahlt wird.

Geheeb, Paul, * 1870, † 1961, dt. Pädagoge; Gründer der *Odenwaldschule* (1910).

Geheimbünde, Vereinigungen meist mit kult. u. polit. Einschlag, die ihre Zusammenkünfte geheimhalten u. eigene Gerichtsbarkeit üben.

Gehen: Teilnehmer eines 20-km-Wettbewerbs

Geheimdienst, *Nachrichtendienst*, eine Organisation, die Nachrichten über äußere u. innere Feinde eines Staates sammelt. Der *militär.* G. hat Informationen über die feindl. Streitkräfte, ihre Bewaffnung, Gliederung, Stationierung, Nachrichtenverbindungen u. a. zu beschaffen. Eine gleich wichtige Aufgabe ist die *Abwehr* fremder G. Militär. G. der BR Dtld.: *Bundesnachrichtendienst (BND)* u. der *Militär. Abschirmdienst (MAD);* der polit. G.: *Bundesamt für Verfassungsschutz.*

Geheime Offenbarung →Apokalypse.

Geheimer Rat, 1. kollegiales Beratungs- u. Vorschlagsorgan des Landesherrn ohne eigene Verwaltungsbefugnisse in den ehem. dt. Territorialstaaten. – **2.** Titel dt. Staatsbeamter, z.B. *Geheimer Justizrat, Geheimer Regierungsrat;* abgekürzt *Geheimrat;* seit 1919 (Weimarer Verfassung) nicht mehr verliehen.

Geheimes Staatsarchiv, Hauptarchiv der preuß. Monarchie. Nach 1945 kam der größere Teil der Bestände in das *Dt. Zentralarchiv*, Abt. Merseburg, der kleinere in das Hauptarchiv des Westberliner Senats; er gehört seit 1965 zur *Stiftung Preuß. Kulturbesitz* (Berlin-Dahlem).

Geheime Staatspolizei →Gestapo.

Geheimlehre, *esoterische Lehre*, nur Eingeweihten zugängl. Lehre, bes. der Inhalt von *Mysterien*; die Pflicht zur Geheimhaltung nennt man *Arkandisziplin*.

Geheimnisverrat, das unbefugte Offenbaren bestimmter Geheimnisse: →Amtsgeheimnis, →Berufsgeheimnis, →Geschäftsgeheimnis, →Landesverrat, →Wahlgeheimnis.

Geheimschrift, *Chiffre*, vereinbarte Schriftzeichen, die eine Nachricht nur Eingeweihten zugängl. machen sollen; meist die Buchstaben der geltenden Schrift in einer veränderten Bedeutung.

Geheimsprache, verschlüsselte Sprache für die Geheimhaltung der Gespräche Eingeweihter (z.B. der Medizinmänner in sog. Naturvölkern); bes. bei Jugendl. beliebt.

Geheimwissenschaften, *okkulte Wiss.*, Forschungsrichtungen, die »Paranormales« (Übersinnliches) zum Gegenstand haben, z.B. der *Spiritismus*, sowie solche, die zugleich als *Geheimlehren* auftreten, z.B. die *Theosophie.*

Gehen, eine Leichtathletik. Sportart, bei der der Athlet *(Geher)* den Boden nie ganz verlassen darf (wie beim Laufen); es muß also immer ein Fuß den Boden berühren.

Gehenna, im NT Strafort für die Gottlosen nach dem Endgericht.

Gehirn, *Hirn*, lat. *Cerebrum*, grch. *Encephalon*, das Vorderende des *Zentralnervensystems* höherentwickelter Tiere, bes. der Wirbeltiere, in dem die Sinneszentren u. übergeordnete Schaltzentren (Koordinations- u. Assoziationszentren) zusammengefaßt sind u. das in bestimmten Teilen für die Ausbildung komplizierter Instinkthandlungen, für die Fähigkeit des Gedächtnisses u. der Intelligenz verantwortlich ist. Das G. der Wirbeltiere ist im einzelnen stark abgewandelt, besteht aber grundsätzl. aus fünf Teilen: 1. Das *verlängerte Mark* bildet den Übergang vom G. zum *Rückenmark.* Von ihm gehen die meisten der 12 *Gehirnnerven* (Riech-, Seh-, Augenbewegungs-, Gehör- u. Gleichgewichtsnerv u. a.) aus. Hier liegen das

---

Gefahrzettel im Straßenverkehr

Explosionsgefährlich (Auf den orangefarbenen Warntafeln angebracht)

Feuergefährlich (Entzündbare flüssige Stoffe)

Feuergefährlich (Entzündbare feste Stoffe)

Selbstentzündlich

Entzündliche Gase bei Berührung mit Wasser

Entzündend wirkende Stoffe oder organische Peroxide

Giftig

Gesundheitsschädlich

Radioaktiv

Ätzend

Warntafeln — an Fahrzeugen angebracht

| 30 |
| 1202 |

Die Ziffern enthalten einen Hinweis auf bestimmte gefährliche Güter

Gefahrensymbole: Die Kennzeichnung der Straßenfahrzeuge mit gefährlichen Gütern geschieht durch Gefahrzettel und Warntafeln

298 Gehirnabszeß

Atemzentrum u. die Zentren der Gefäßinnervation u. der Stoffwechseltätigkeit. 2. Das *Hinterhirn (Kleinhirn)* enthält die Zentren der Bewegungskoordination, der Gleichgewichtsregelung u. a. 3. Im *Mittelhirn* münden die Sehnervenfasern. 4. Das *Zwischenhirn* ist bes. bei Säugetieren ausgebildet, wo es als Schaltstation zw. dem Vorderhirn u. den hinteren Teilen fungiert u. außerdem Sehnerven aufnimmt. 5. Das *Vorderhirn (Großhirn)* besteht aus 2 blasenförmigen Vorstülpungen (*Hemisphären*), deren Wand den *Hirnmantel (Hirnrinde)* bildet. Am Vorderrand der Hemisphären treten die Riechnerven in das Großhirn ein u. gehen in einen Teil des *Hirnmantels (die Riechrinde)* weiter. Der Teil des Hirnmantels, der keine Riechnerven aufnimmt, wird zu einem übergeordneten Zentrum, das bei den Säugetieren zum Sitz der Gedächtnis- u. Intelligenzleistungen wird. Es erreicht beim M e n s c h e n seine weitaus größte u. höchste Ausbildung: Die *Großhirnrinde* des Menschen *(graue Rinde)* ist etwa 5 mm dick u. besteht aus 10–20 Mrd. in 6 Schichten gelagerten Nervenzellen. Das G. ist von 3 *G.häuten* umgeben: Innen liegt die weiche Hirnhaut, darüber die Spinnwebenhaut, außen die harte Hirnhaut aus festem Bindegewebe.

Gehirnabszeß, umgrenzte Eiteransammlung im Gehirn.
Gehirnanhang →Hypophyse.
Gehirnblutung, Bluterguß innerhalb des Gehirngewebes, hervorgerufen durch Reißen von Gehirngefäßen (z.B. bei *Schlaganfall*).
Gehirnchirurgie, *Hirnchirurgie,* Teil der →Neurochirurgie.
Gehirnentzündung, *Enzephalitis,* entzündl., infektiös oder infektiös-toxisch bedingte Gehirnkrankung; neben dem Übergreifen einer *Hirnhautentzündung* auf das Gehirn bes. die *übertragbare G. (europ. Schlafkrankheit),* durch einen Virus hervorgerufene Krankheit.
Gehirnerschütterung, durch stärkere Gewalteinwirkung auf den Schädel entstandene Störung der Gehirntätigkeit, meist mit Bewußtlosigkeit, Erinnerungsschwund für die Zeit des Unfalls u. Erbrechen verbunden.
Gehirnerweichung, Entartung u. anschließende Erweichung von Gehirngewebe; verursacht insbes. durch eine akute Minderdurchblutung des betroffenen Hirnteils, z.B. bei Embolie.
Gehirnhautentzündung →Hirnhautentzündung.
Gehirnquetschung, eine Folge stumpfer Gewalteinwirkung auf den Schädel; führt meist zu blutiger Erweichung von Gehirnpartien u. entspr. Ausfallserscheinungen.

Gehirnschlag →Schlaganfall.
Gehirntumor, eine Geschwulst gut- oder bösartigen Charakters innerhalb der Schädelkapsel, die vom Nervengewebe ausgeht. Sie führt zu Gehirndruck.
Gehirnwäsche, vollständige seel.-geistige Umstimmung (meist von Gefangenen) durch psych. u. körperl. Druck (pausenloses Verhör, Isolierung u. a.). Der Begriff G. entstand in den 1950er Jahren in China als Umschreibung der von den kommunist. Behörden verwendeten offiziellen Bez. »Gedankenreform«.
Gehlen, 1. Arnold, *1904, †1976, dt. Soziologe u. Philosoph; arbeitete bes. auf den Gebieten der Anthropologie u. der Sozialpsychologie; Ⓦ »Der Mensch. Seine Natur u. seine Stellung in der Welt«. – **2.** Reinhard, *1902, †1979, dt. Geheimdienstchef; organisierte nach 1945 im Auftrag der USA einen bes. gegen die Ostblockstaaten gerichteten Geheimdienst; 1956–68 Präs. des Bundesnachrichtendienstes (BND).
Gehör → Gehörsinnesorgane.
Gehörgang, 1. *äußerer G.,* bei Säugetieren der knöcherne Gang, der von außen an das Trommelfell heranführt. – **2.** *innerer G.,* ein kurzer Gang, durch den der 8. Gehirnnerv an das Ohrlabyrinth herantritt.
Gehörknöchelchen, der Schall-leitende Apparat im Mittelohr *(Paukenhöhle)* der Wirbeltiere; →Ohr.
Gehörlosigkeit →Taubheit.
Gehörn, das Geweih des Rehbocks; die Hörner der Paarhufer.
Gehorsamsverweigerung, Straftatbestand des Wehrstrafrechts (§ 20 WStG): das über den bloßen *Ungehorsam* hinausgehende Nichtbefolgen eines Befehls durch Auflehnen in Wort oder Tat.
Gehörsinnesorgane, mechan. Sinnesorgane *(statische Organe),* die auf die Aufnahme von Schallwellen spezialisiert sind; nur bei Insekten *(Tympanalorgane)* u. bei Wirbeltieren *(Ohr).* Bei den Wirbeltieren sind G. mit Schweresinnesorganen (Gleichgewichtssinnesorgane, Drehbeschleunigungssinn) entwickelt, die im unteren Teil des *Ohrlabyrinths* liegen.
Gehrden, Stadt in Nds., 12 500 Ew.; Kalibergbau, versch. Ind.
Gehrock, knielanger Herrenrock aus dunklem Tuch, im 19. Jh. zu festl. Anlässen getragen.
Geibel, Emanuel, *1815, †1884, dt. Schriftst.; in München Mittelpunkt eines auf Formkunst bedachten Dichterkreises; patriot. Gedichte, volkstüml. Lieder.
geien, ein Segel mit Hilfe von *Geitauen* bergen (festmachen an der Rah).
Geier, *Altweltgeier,* adlerartige *Greifvögel,* zu denen einige der größten flugfähigen Vögel zählen.

Geirangerfjord

Aasfresser, Kopf u. Hals sind meist nackt. In S-Europa: der kleine *Schmutz-G., Gänse-G., Mönchs- u. Bart-G.*
Geierhaube, Kopfputz ägypt. Königinnen.
Geige →Violine.
Geiger, 1. Hans, *1882, †1945, dt. Physiker; arbeitete über Radioaktivität; erfand den **G.zähler** *(G.-Müller-Zählrohr),* Gerät zum Nachweis u. zur Zählung sehr energiereicher elektr. Teilchen (vor allem bei kernphysikal. Untersuchungen u. Untersuchung radioaktiv verseuchter Gebäude verwendet). – **2.** Theodor, *1891, †1952, dt. Soziologe; befaßte sich v. a. mit der Untersuchung soz. Schichten u. mit ideologiekrit. Fragen.
Geijer ['jejər], Erik Gustaf, *1783, †1847, schwed. Schriftst. u. Historiker; Vertreter der schwed. Romantik.
Geildrüsen, *Geilsäcke,* Drüsen an der Vorhaut des Bibers; →Duftdrüsen.
Geilenkirchen, Stadt in NRW, nahe der ndl. Grenze, 21 000 Ew.; versch. Ind.
Geiler von Kaysersberg, Johannes, *1445, †1510, dt. Volksprediger des Spät-MA.
Geirangerfjord ['gejraŋərfjuːr], Fjord in W-Norwegen, 16 km lang, mit 1700 m hohen Wänden u. Wasserfällen (»Sieben Schwestern«).
Geisel, in älterer Zeit eine Person, die mit ihrem Eigentum u. Leben für die Erfüllung von Pflichten einer anderen Person einstand; im Wirtschaftsleben durch die Einrichtung der schuldrechtl. *Bürgschaft* abgelöst; →Geiselnahme.
Geisel, l. Nbfl. der Saale, mündet bei Merseburg.
Geisel, Ernesto, *3.8.1908, brasil. Politiker u. Offizier; 1974–79 Staats-Präs.
Geiselgasteig, Villenvorort von München; Filmateliers.
Geiselnahme, das Entführen oder Sich-Bemächtigen eines anderen, um einen Dritten durch die Drohung mit dem Tod oder einer schweren Körperverletzung der Geisel zu einem bestimmten Verhalten zu veranlassen; strafbar als Verbrechen mit Freiheitsstrafe.
Geisenheim, Stadt in Hessen, am Rhein, 12 000 Ew.; Weinbau.
Geiserich, *Genserich,* *389, †477, Wandalenkönig 428–77; errichtete in N-Afrika ein Reich auf röm. Boden, das 442 als erstes Germanenreich von Rom anerkannt wurde (Hptst. Karthago); eroberte 455 Rom.
Geisha [geːʃa], in Japan eine in Tanz, Musik, Gesang u. gesellschaftl. Formen ausgebildete Frau, zur Unterhaltung der Gäste in Teehäusern u. als Bedienung bei Festlichkeiten.
Geislingen an der Steige, Stadt in Ba.-Wü., an der Schwäb. Alb, 27 500 Ew.; Textil-Ind.
Geiß, das weibl. Tier bei Rehen, Gemsen u. Steinböcken.
Geißbart, *Aruncus,* Gatt. der *Rosengewächse;* hierzu die gelbl.-weiß blühende *Wald-G.*
Geißblattgewächse →Pflanzen.
Geißel, *Flagellum,* ein langer bewegl. Plasmafaden, der bestimmten Einzellern *(G.tierchen, Flagellaten)* u. den männl. Keimzellen *(Samenzellen,*

Gehirn: Das Großhirn des Menschen ist Sitz der Intelligenz und aller geistigen Fähigkeiten

Labels on brain diagram: zusätzliches motorisches Feld; motorische Rinde; Körperfühlsphäre (somatosensorische Rinde); Antriebsfeld; Scheitellappen; Stirnlappen; frontales Augenfeld; präfrontales Gebiet; Hinterhauptslappen; Sehzentrum; Brocasches Sprachzentrum (in der linken Hirnhälfte); Feld der Sehassoziationen; Riechzentrum; Hörzentrum; Kleinhirn; Schläfenlappen; Feld der Hörassoziationen (mit dem Wernickeschen Hörzentrum in der linken Hirnhälfte); Hirnstamm

Spermatozoen) vielzelliger Tiere zur Fortbewegung dient.

Geißelbrüder →Flagellanten.

Geißeltierchen →Flagellaten.

Geissendörfer, Hans W., *6.4.1941, dt. Filmregisseur (»Der Zauberberg«, »Lindenstraße«).

Geißfuß, 1. →Giersch. – **2.** ein hebelartiges Werkzeug zum Ausziehen von Nägeln.

Geißklee, *Cytisus,* Gatt. der *Schmetterlingsblütler;* kleine Sträucher mit gelben Blüten.

Geißler, 1. Heiner, *3.3.1930, dt. Politiker, 1977–89 Generalsekretär der CDU; 1982–85 zugleich Bundes-Min. für Jugend, Familie u. Gesundheit. – **2.** Heinrich, *1815, †1879, dt. Glasbläser u. Mechaniker. – **3.** Horst Wolfram, *1893, †1983, dt. Erzähler (»Der liebe Augustin«).

Geist, grch. *pneuma,* lat. *spiritus,* urspr. eine belebende göttl. Kraft; in der Philosophie seit *Platon* der 2. Wirklichkeitsbereich neben der *Materie;* das belebende, beseelende, immaterielle Prinzip im Menschen u. in allen Dingen; im Unterschied zur *Seele* eine bes. Seinsstufe. In G. W. F. *Hegels* Lehre vom *subjektiven, objektiven* u. *absoluten* G. sind diese Formen des G. die ineinander übergehenden Momente des Lebens des Absoluten, mithin eine metaphys. (dialekt.) Einheit.

Geisterglaube, der Glaube an übernatürl. Mächte, die vergegenständlicht u. personifiziert werden, z.B. Hexen, Kobolde, Seelen Verstorbener.

Geistesgeschichte, die Geschichte der Bewegungen u. Tendenzen (»Ideen«) in Literatur, Kunst, Bildung, Wiss., Philosophie u. Religion. Die Grenzen der G. zur *Kulturgeschichte* u. auch zur polit. Geschichte sind fließend.

Geisteskrankheiten, *Gemütskrankheiten, seelische Krankheiten, Psychosen,* Störungen u. Fehlleistungen im Geistes- u. Seelenleben. Zu den G. i.e.S. gehören u. a. die Schizophrenie u. die manisch-depressive Krankheit (endogene Psychosen). Exogene Psychosen haben körperl. nachweisbare Ursachen, z.B. Infektionen, Vergiftungen, Durchblutungsstörungen. Die Behandlung ist Aufgabe der *Psychiatrie.*

Geisteswissenschaften, durch W. *Dilthey* eingeführte Bez. für die »Wiss. von der geschichtl.-gesellschaftl. Wirklichkeit«; im Gegensatz zu den Naturwissenschaften sinnverstehend u. nacherlebend. Die Abgrenzung spielt heute keine entscheidende Rolle mehr.

geistiges Eigentum, zusammenfassende Bez. für Patent-, Gebrauchsmuster-, Geschmacksmuster- u. Urheberrechte.

Geistliche, Bez. für alle Priester (kath.) u. Pfarrer (ev.).

geistliche Fürstentümer, im Röm.-Dt. Reich die Territorien der reichsunmittelbaren geistl. Fürsten (alle Erzbischöfe, die meisten Bischöfe, viele Äbte u. Äbtissinnen von Reichsklöstern u. -stiften).

geistliche Verwandtschaft, in der kath. Kirche die bes. geistl. Beziehung des Täuflings zu seinem Paten; kirchl. Ehehindernis.

Gejiu [dʒeˈdʒiu], *Kokiu,* chin. Stadt in der Prov. Yunnan, 190 000 Ew.; Zinnerzförderung.

Gekröse, 1. die Bauchfellfalten, die versch. innere Organe einhüllen u. dadurch in ihrer Lage festhalten; z.B. *Dünndarm-G., Dickdarm-G., Magen-G.* – **2.** eßbares Eingeweide vom Rind u. Schaf.

Gel, gallertartige Lösung hoher Viskosität.

Gela [ˈdʒɛːla], ital. Stadt an der S-Küste Siziliens, 80 000 Ew.; Erdölförderung; Fremdenverkehr; Ruinen grch. Befestigungsanlagen.

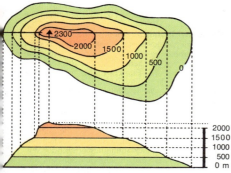

Geländedarstellung: Höhenlinien und Höhenschichten

Gelbrandkäfer

Geländedarstellung, die Wiedergabe der horizontalen u. vertikalen Gliederung der Erdoberfläche in einer Karte auf der Grundlage der *Höhenlinien (Isohypsen).*

Geländefahrzeug, ein Rad- oder Gleiskettenfahrzeug, das zum Betrieb im freien Gelände bestimmt ist; meist mit Allradantrieb.

Gelasius, 1. G. I., †496, Papst 492–96; Vorkämpfer des päpstl. Primats. – Heiliger (Fest: 21.11.). – **2. G. II.,** eigtl. *Johannes von Gaeta,* †1119, Papst 1118/19; mußte bald nach seiner Wahl vor Kaiser Heinrich V. nach Frankreich fliehen. Gegenüber dem kaiserl. Gegenpapst *Gregor VIII.* konnte er sich weitgehend durchsetzen.

Gelatine [ʒe-], durch Kochen oder Dämpfen von tier. Knorpeln, Knochen u. Häuten gewonnener Eiweißstoff *(Kollagen);* verwendet zur Herstellung photographischer Schichten, für Bakteriennährböden sowie zum Eindicken von Geleespeisen, Sülzen u. ä.

Geläuf, 1. →Fährte. – **2.** Pferderennbahn.

gelbe Gefahr, seit dem Boxeraufstand (1899/1900) u. bes. nach dem jap. Sieg über Rußland (1904/05) gebrauchtes Schlagwort für die vermeintl. Bedrohung der weißen Welt durch die gelbe Rasse.

Gelbe Karte, beim Fußball opt. Verwarnung eines Spielers durch den Schiedsrichter im Fall des schwerwiegenden Regelverstoßes; führt im Wiederholungsfall zum Feldverweis.

Gelbe Kirche, *Gelbmützen, Gelugpa,* reformierte Richtung des Lamaismus, deren Geistl. bei Ritualen gelbe Mützen tragen.

Gelbe Presse →Yellow Press.

Gelber [xɛlˈbɛr], Bruno-Leonardo, *19.3.1941, argent. Pianist.

Gelber Fleck, lat. *Macula lutea,* seitl. vom Sehnerveneintritt in der Augenachse gelegene Stelle der Netzhaut, dient bes. dem scharfen Sehen.

Gelber Fluß →Huang He.

Gelbe Rübe →Möhre.

Gelbes Meer, chin. *Huang-hai,* N-Teil des Ostchines. Meers.

Gelbes Trikot, beim Radsport Symbol des Spitzenreiters in der Gesamtwertung bei der *Tour de France,* 1913 eingeführt.

Gelbfieber, mit Gelbsucht, Leber- u. Nierenschädigung, Erbrechen u. hohem Fieber einhergehende, schwere Infektionskrankheit der warmen Länder. Der G.virus wird durch die *G.mücke* übertragen.

Gelbfilter, photograph. Filter aus gelb durchgefärbtem Glas zur Intensivierung des blauen Lichtanteils im Positiv.

Gelbguß →Messing.

Gelbkörper, *Corpus luteum,* eine Inkretdrüse weibl. Säugetiere, die aus den Resten eines gesprungenen Eierstock-Follikels (→Follikel) gebildet wird u. das *G.hormon (Progesteron, Prolan B)* bildet. Dieses wirkt auf die Gebärmutter ein und verhindert dann im Eierstock weitere Follikelbildung.

Gelbkreuz, Gaskampfstoffe, die im 1. Weltkrieg in mit gelbem Kreuz gekennzeichneten Granaten eingesetzt wurden; z.B. *Lost* u. *Lewisit.*

Gelbling →Pfifferling.

Gelbrandkäfer, *Dytiscus,* räuberischer *Schwimmkäfer* der Süßwassers; schwarz mit gelbem Rand an den Körperseiten.

Gelbrost, durch *Rostpilze* verursachte gelbe Flekken u. Pusteln bes. an Stengeln u. Blättern des Getreides.

Gelbschwämmchen →Pfifferling.

Gelbspötter, einheim. *Singvogel,* olivgrün u. gelb.

Geld- und Kreditpolitik 299

Gelbsucht, *Ikterus,* Gelbfärbung der Haut, der Schleimhäute, des Harns u. a. Körperflüssigkeiten durch Übertreten von Gallenfarbstoff ins Blut u. ins Gewebe. Zu G. kommt es bei Leberschädigung durch Infektionen u. Vergiftungen, bei Stauungen in den Gallenwegen sowie bei vermehrtem Blutzerfall *(hämolytischer Ikterus). Epidemische* G. wird durch das Hepatitis-Virus hervorgerufen. Außerdem tritt G. bei manchen Infektionskrankheiten (Gelbfieber, Welsche Krankheit, Malaria) auf.

Geld, 1. ein mit der Entwicklung des Tauschverkehrs entstandenes, vielgestaltiges Gut, das den zweiseitigen Akt des Naturaltausches in zwei einseitige Akte des *Kaufs* u. des *Verkaufs* zerlegt u. dadurch den Wirtschaftsverkehr erleichtert. – Schon im Altertum dienten Güter mit den Eigenschaften der Absatz- u. Umlauffähigkeit, z.B. Vieh, Sklaven, Muscheln, Salz, als G. *(Natural-G.).* Es folgten (Edel-)Metalle, später *Münzen,* deren Metallgehalt durch amtl. Prägung gewährleistet war; *Papier-G.* (als *Bank-* oder *Staatsnote)* in Europa erst im 18. Jh. Funktion des G.: 1. allg. Tauschmittel; 2. allg. Wert- u. Preismaßstab; 3. allg. (gesetzl.)

Geld: Der neue 200-DM-Schein zeigt den 60jährigen Paul Ehrlich

Zahlungsmittel bei G.strafen, Besoldung, Renten u. a. – **2.** →Geldkurs.

Geldausgabeautomat, Automat, der an Inhaber von Scheckkarten Geld bis zu einem gewissen Betrag ausgibt.

Geldbuße, die Ahndung ordnungswidrigen Verhaltens; keine Kriminalstrafe.

Geldentwertung, die Verminderung des *Geldwerts* infolge steigender Preise bzw. abnehmenden Warenangebots bei staatl. fixierten Preisen.

Gelder [ˈɣɛldər], Aert (Arent) de, *1645, †1727, ndl. Maler; Schüler *Rembrandts;* bes. alttestamentl. Darstellungen.

Gelderland [ˈxɛldərlant], *Geldern,* Prov. der →Niederlande.

Geldern, Stadt in NRW, an der Niers, 25 000 Ew.; Metall-, elektro-techn., Textil-Ind.

Geldfälschung, das Nachmachen *(Falschmünzerei)* oder das werterhöhende oder die Geltungszeit verlängernde Verändern *(Münzverfälschung)* von (Metall- oder Papier-)Geld, um dieses als echt zu gebrauchen oder sonst in Verkehr zu bringen; strafbar nach § 146 StGB.

Geldkurs, Abk. G, der Kurs, zu dem an der Börse Nachfrage besteht (Geld = Nachfrage); Ggs.: *Briefkurs.*

Geldlohn →Lohn.

Geldmarkt, im Gegensatz zum *Kapitalmarkt* der Teil des Kreditmarkts, an dem kurzfristiges Leihgeld gehandelt wird.

Geldschöpfung, Vergrößerung der umlaufenden Geldmenge (Ausgabe von Münzen u. Noten, Gewährung von Krediten) durch den Staat bzw. die Notenbank u. Kreditbanken.

Geldstrafe, in der BR Dtld. neben der Freiheitsstrafe die 2. Hauptstrafe; zu unterscheiden von der wegen einer Ordnungswidrigkeit festgesetzten *Geldbuße,* vom *Zwangsgeld.* Die Festsetzung der G. erfolgt nach dem sog. Tagessatzsystem, d. h. das Gericht bestimmt nach dem Schuldgehalt der Tat die Zahl der Tagessätze u. die Höhe des Tagessatzes unter Berücksichtigung der wirtschaftl. Verhältnisse des Täters.

Geldtheorie, Bereich der Wirtschaftswissenschaften, in dem Wesen, Funktionen u. Wirkungen des Geldes u. des Zinssatzes untersucht werden.

Geldumlauf, der gesamte Zahlungsmittelbestand (Münzen, Noten, Giralgeld) einer Wirtsch. (Kreditbanken, Publikum, Staat).

Geld- und Kreditpolitik, alle Maßnahmen des Staates bzw. der Notenbank zur Beeinflussung der

Geldwaschanlage

umlaufenden Geldmenge u. der Höhe des Zinssatzes; wirtschaftspolit. Instrument im Bereich der Konjunkturpolitik (u. a. Lombard- u. Diskontpolitik, Mindestreservenpolitik, administrative Kreditpolitik).

Geldwaschanlage, Institution, die (steuerbegünstigte) Spendengelder an eine polit. Partei weiterleitet.

Geldwert, die *Kaufkraft* des Geldes. Bei steigenden Preisen sinkt der G., bei fallenden Preisen steigt der G.

Geldwirtschaft, die in allen Kulturstaaten übl. Wirtschaftsform, bei der der Gebrauch des *Geldes* als allg. Tausch- u. Zahlungsmittel die Regel, dagegen Naturaltausch die Ausnahme bildet.

Gelee [ʒe'le], gallertartig erstarrter Fruchtsaft (mit Zucker).

Gelée royale [ʒɔ'lerwajal], *Königinnenfuttersaft, Weiselfutter,* Produkt der Kopfdrüsen der Honigbienen zur Ernährung der Königinnenlarven u. der Bienenkönigin; enthält für den Menschen wertvolle Wirkstoffe mit allg. anregender Wirkung auf den Gesamtstoffwechsel; wird u. a. in der Kosmetik für Salben verwendet.

Gelege, für je eine Brut abgelegte Eier (von Vögeln, Insekten u. a).

Gelegenheitsdichtung, zu bestimmten Anlässen (Familienfeiern, öffentl. Feste) bestellte u. verfaßte Dichtung; bes. in der Barockzeit gepflegt.

Gelegenheitstäter, ein Straftäter, dessen strafbare Handlung auf einmaligen Umständen (z.B. günstige Gelegenheit, Not) beruht.

Geleit, →freies Geleit, →Konvoi.

Gelenk, 1. bewegl. Verbindung zw. Skeletteilen, z.B. zw. Knochen der Wirbeltiere. Das G. wird durch die G.kapsel, die aus verstärkten Bändern besteht, zusammengehalten. – Erkrankungen: **G.distorsion,** *Verstauchung,* Zerrung der Gelenkkapselbänder. – **G.entzündung** →Arthritis. – **G.mäuse,** freie G.körper; aus verdickter G.schmiere oder Knochen- u. Knorpelabsprungen entstanden, meist als Folge von Unfällen oder Abnutzungserscheinungen; verursachen Bewegungsbehinderungen. – **G.rheumatismus,** fieberhafte Erkrankung der G. durch Krankheitserreger; oft von Herdinfektionen (Mandeln, Zähnen, Nebenhöhlen) ausgehend. – **G.tuberkulose,** chron. verlaufende G.entzündung durch Infektion des G. mit Tuberkulosebakterien. – **G.wassersucht,** Ansammlung von Flüssigkeit im G. als Folge einer Entzündung oder Überlastung. – **2.** polsterförmige Verdickungen an Blattstielen oder Stengeln, die Bewegungen ausführen können. – **3.** bewegl. Verbindung zweier Maschinenteile, meist in Steuer- u. Regelgetrieben.

Gelenkwagen, Fahrzeuge, bei denen zwei Fahrzeugeinheiten auf gemeinsamer Achse oder gemeinsamem Drehgestell ruhen; bessere Kurvenläufigkeit.

gelernter Arbeiter, Facharbeiter oder Spezialarbeiter der Industrie.

Geleucht, die Bergmannslampe; →Grubenlampe.

Gelibolu →Gallipoli.

Gelimer, letzter Wandalenkönig; von *Belisar* im Auftrag der röm. Kaisers Justinian 534 gefangengenommen.

Gellert, Christian Fürchtegott, *1715, †1769, dt. Schriftst., bes. Fabel- u. Liederdichter, rührselige Lustspiele; führender Vertreter einer pietist. gefärbten Aufklärung.

Gell-Mann [gɛl'mæn], Murray, *15.9.1929, US-amerik. Physiker; entwickelte die *Strangeness-Theorie;* Nobelpreis 1969.

Gelnhausen, *Barbarossastadt G.,* Stadt in Hessen, an der Kinzig, 18 000 Ew.; Rathaus »Roman. Haus«.

Gelobtes Land, das bibl. Palästina, das Land, das Gott nach dem AT dem Volk Israel verheißen hat.

Gelon, †478 v. Chr., Herrscher (Tyrann) von Gela (Sizilien) 491–478 v. Chr., um 485 v. Chr. auch Herrscher von Syrakus.

Gelsenkirchen, Ind.-Stadt in NRW, im Herzen des Ruhrgebiets, mit Binnenhafen an der Emscher u. am Rhein-Herne-Kanal, 285 000 Ew.; Steinkohlenbergbau, Eisen- u. Glasind., Ölraffinerie; 1928 aus den Städten G., *Buer* u. *Horst* gebildet.

Gelübde, *Votum,* ein bindendes Versprechen vor Gott; feierl. Gelübde bei Eintritt in ein Kloster (Armut, Ehelosigkeit, Gehorsam).

Gelugpa →Gelbe Kirche.

GEMA, Abk. für *Gesellschaft für musikal. Aufführungs- u. mechan. Vervielfältigungsrechte* (vor 1945: *STAGMA*), ein wirtsch. Verein mit Rechtsfähigkeit aufgrund staatl. Verleihung; Mitgl. sind Komponisten, Musikverleger u. Textdichter.

Gemara, der eigtl. Inhalt des *Talmud,* der den Mischnatext erläutert.

Gemarkung, die Gesamtfläche einer Gemeinde als kleinste polit. Verwaltungseinheit.

gemäßigte Zonen, die beiden Zonen zw. den Wende- u. Polarkreisen; klimat. die Zonen zw. den polaren u. den trop. Gebieten.

gemein, in der Biologie veraltete Bez. für die meistverbreitete Art einer Gattung (»Gemeine Feldmaus«); heute durch »gewöhnl.« ersetzt.

Gemeinde, 1. unterste Gebietskörperschaft des weltl. Rechts u. Grundeinheit des Staatsaufbaus. Die Stellung der G. zum Staat wird nach dt. Gemeinderecht von den heute verfassungsrechtl. garantierten Prinzipien der *kommunalen Selbstverwaltung* bestimmt. Danach gilt für die Aufgaben der G. der Grundsatz ihrer Allzuständigkeit, der jedoch durch die umfassenden Zuständigkeiten des Staates prakt. stark eingeschränkt ist. Da dem Staat für viele seiner Aufgaben eigene örtl. Behörden fehlen, nehmen die G. nicht nur ihre eigenen Angelegenheiten *(Selbstverwaltungsangelegenheiten),* sondern auch Angelegenheiten des Staates in dessen Auftrag wahr. – **2.** →Kirchengemeinde.

Gemeindebetrieb, wirtsch. Unternehmen einer oder mehrerer Gem. zur Eigenversorgung oder zur Versorgung der Bürger mit für die Allgemeinheit wichtigen Gütern (z.B. Gas- u. Elektrizitätswerke, Nahverkehrsbetriebe, Müllabfuhr, Schlachthöfe, Sparkassen).

Gemeindeeigentum, Eigentum einer Gem. oder Gemeinschaft zur allg. Bearbeitung u. Nutzung.

Gemeindehaushalt, Haushaltsplan der Gem.; rechtl. Grundlagen: landesrechtl. Gemeindeordnungen; gliedert sich in einen Verwaltungs- u. einen Vermögenshaushalt.

Gemeindehelfer, G.in (ev.), Seelsorgehelfer(in) (kath.), Helferin bei der kirchl. Seelsorge u. bei karitativer u. verwaltungsmäßig-organisator. Arbeit der kirchl. Gem.

Gemeinderat, 1. die gewählte Vertretung einer Gem. – **2.** das einzelne ehrenamtl. Mitgl. des G.

Gemeindesteuern, Steuern, deren Aufkommen den Gem. zufließt: Realsteuern u. örtl. Verbrauch- u. Aufwandsteuern (z.B. Hunde-, Jagd-, Schankerlaubnis-, Vergnügungsteuer).

Gemeindeverfassung, die rechtl. Grundordnung der Gem., die vor allem in den landesrechtl. *Gemeindeordnungen* enthalten ist.

Gemeindevermögen, *Kämmereivermögen,* das der Gem. gehörende *Verwaltungsvermögen* (z.B. Rathäuser, Schulen, Krankenhäuser) u. *Finanzvermögen* (Gemeindebetriebe, ertragbringende Grundstücke) u. *Sachen in Gemeingebrauch* (Straßen, Plätze, Brücken).

Gemeindevertretung, die gewählte Vertretung der Gemeinde, der die legislativen Befugnisse zustehen.

Gemeindevorstand, das Exekutivorgan der Gem.

Gemeiner Pfennig, eine allg. Reichssteuer 1422–1551.

Gemeines Recht, das in Dtld. seit der →Rezeption bis zum Inkrafttreten des BGB (1900) überall u. allg. geltende Recht.

Gemeinfreie, die nicht zum Adel gehörenden →Freien.

Gemeingebrauch, die Befugnisse, öffentl. Sachen, öffentl. Wege (einschl. Straßen u. Plätze), ihrer allg. Zweckbestimmung gemäß zu benutzen.

Gemeingefahr, *Strafrecht:* eine Gefahr für eine große Zahl von Menschen oder bed. Sachwerte. Strafbegründendes Merkmal ist die G. nur bei den *Überschwemmungsdelikten;* alle übrigen *gemeingefährl. Verbrechen* (Brandstiftung, Transportgefährdung, Straßenverkehrsgefährdung u. a.) begnügen sich mit der Herbeiführung einer auf den Einzelfall bezogenen Individualgefahr.

gemeingefährliche Krankheiten, nach dem nicht mehr geltenden *Reichsseuchengesetz* die in Mitteleuropa selten gewordenen Seuchen: Lepra, Cholera, Fleckfieber, Pest, Pocken u. Papageienkrankheit.

gemeinnützig, dem Nutzen der Allgemeinheit dienend, nicht auf Gewinn ausgerichtet. Als *g.e Tätigkeiten* werden z.B. Arbeiten für Genossenschaften, öffentl. Gesundheitspflege (Krankenhäuser), Jugendpflege, Erziehung u. Bildung angesehen.

Gemme: Jüngling und Mädchen; Ende 13. Jahrhundert. Wien, Kunsthistorisches Museum

G.e Unternehmen genießen bes. Vorrechte (z.B. steuerl. Befreiung).

gemeinnützige Wohnungswirtschaft, die gesamte Betätigung der aufgrund des Gesetzes über die Gemeinnützigkeit im Wohnungswesen als gemeinnützig anerkannten Wohnungsunternehmen einschl. der als Organe der staatl. Wohnungspolitik anerkannten Unternehmen u. Verbände (bes. die Heimstätten). Sie dürfen nur sehr beschränkt Gewinne erzielen; dafür genießen sie Steuer- u. Gebührenvergünstigungen.

Gemeinsamer Ausschuß, ein zu zwei Dritteln aus Abgeordneten des *Bundestages,* zu einem Drittel aus Mitgl. des *Bundesrates* bestehendes Verfassungsorgan.

Gemeinsamer Markt →Euratom, →Europäische Wirtschaftsgemeinschaft, →Montanunion.

Gemeinschaften des christlichen Lebens, bis 1967 *Marianische Kongregationen,* 1563 als Bruderschaft gegr. religiöse Vereinigung zur Verehrung der Jungfrau Maria u. zur Stärkung des sittl. u. kirchl. Lebens.

Gemeinschaftsantenne, eine Empfangsantenne, von der aus mehrere Empfänger mit Antennenenergie versorgt werden. Man unterscheidet G. für den Rundfunk- u. für den Fernsehbereich. Da die Leistung mit der Zahl der angeschlossenen Empfänger sinkt, schaltet man meist einen Verstärker hinter die Antenne *(Antennenverstärker).*

Gemeinschaftsbewegung, aus pietist. dt. u. methodist. engl. Strömungen entstandene prot. Bewegung (Betonung der prakt. Liebestätigkeit u. der Gebetsgemeinschaft). Um 1850 begann sie mit Gemeindegründungen; 1897 entstand als Dachorganisation der Dt. Verband für ev. Gemeinschaftspflege u. Evangelisation (Gnadauer Verband).

Gemeinschaftsschule, *Simultanschule,* eine Schule, der Lehrer u. Schüler versch. Religionsbekenntnisse angehören. Der Unterricht wird nach einem gemeinsamen Lehrplan, nur der Religionsunterricht nach Konfessionen getrennt erteilt. Ggs.: *Bekenntnisschule.*

Gemeinschaftsteuern, Steuern, deren Aufkommen dem Bund u. den Ländern gemeinsam zustehen: Einkommen-, Körperschaft- u. Umsatzsteuer.

Gemeinschuldner, ein Schuldner, über dessen Vermögen der Konkurs eröffnet ist.

Gemeinwirtschaft, Sammelbez. für wirtsch. Tätigkeiten, die unmittelbar auf die Förderung des Wohls einer übergeordneten Gesamtheit (auf das *Gemeinwohl*) ausgerichtet sind. Sie zielen auf die Verwirklichung einer von dieser Gesamtheit für objektiv verbindl. gehaltenen Idee über wünschenswerte Lebenslagen u. Formen der menschl. Zusammenlebens bzw. der zwischenmenschl. Organisation.

Gemeinwirtschaftsbanken, die nach dem 2. Weltkrieg in der BR Dtld. von den Gewerkschaften in Verbindung mit den Konsumgenossenschaften errichteten Banken; 1958 zur *Bank für Gemeinwirtschaft AG,* Frankfurt a.M., zusammengeschlossen.

Gemeinwohl, allg. *Wohlfahrt, Gemeinnutzen,* die oberste Zielsetzung eines Gemeinwesens, auch dessen ideale Ordnung; die höchstmögliche ideelle u. materielle Lebenserfüllung (»Lebensqualität«) der Gesamtheit von Mitgliedern einer menschl. Lebensgemeinschaft; in allen histor. Epochen sittl. Grundsatz für die Gestaltung des öffentl. Lebens.

Gemenge, 1. *Chemie:* ein Gemisch von Stoffen, das durch physikal. Methoden in seine Bestandteile zerlegt werden kann; Ggs.: *chem. Verbindung.* – **2.** *Landwirtschaft:* G.saat,

Mengkorn, Mengfutter, Mischsaat mit versch. Pflanzen (Roggen-Weizen, Hafer-Gerste oder auch Futterpflanzen u. Leguminosen).
Gemengelage, zersplitterte, zerstreute Lage der zu einem landw. Betrieb gehörigen Grundstücke.
Geminiden, jährl. vom 5. bis 12. Dez. wiederkehrender Sternschnuppenschwarm aus dem Sternbild Zwillinge.
Gemini-Projekt, US-amerik. Vorversuche für den bemannten Mondflug. Dabei wurden erstmalig 1965 zwei Astronauten in einer Raumkapsel auf eine Erdumlaufbahn gebracht.
gemischtwirtschaftliche Unternehmung, von privaten Kapitaleigentümern u. öffentl.-rechtl. Körperschaften gemeinsam betriebene Kapitalgesellschaft (AG, GmbH); z.B. bei Verkehrs- u. Versorgungsbetrieben.
Gemme, Schmuckstein mit eingeschnittener bildl. Darst., die entweder vertieft (*Intaglio*) oder erhaben (*Kamee*) ist.
Gemmipaß, schweiz. Alpenpaß (2314 m) zw. dem Kander- u. dem Dalatal (Berner Alpen).
Gemsen, i.w.S. *Rupicaprini,* kleine bis mittelgroße *Horntiere;* gewandte Kletterer der felsigen Hochgebirgsregionen bis 4500 m; hierzu: *Schneeziege* u. die europ. Gemse i.w.S. (*Gams*).
Gemswurz, Gatt. der *Korbblütler,* mit gelben Blüten.
Gemünden am Main, Stadt in Unterfranken (Bay.), an der Mündung der Fränk. Saale u. der Sinn in den Main, 7000 Ew.
Gemüse, alle Pflanzen(teile), die als Nahrungsmittel angebaut werden u. relativ hohe Nährwerte erbringen; reich an Mineralstoffen u. Vitaminen. Man unterscheidet *Blatt*-G. (Kohl, Salat, Spinat, Mangold, Endivie), *Frucht*- u. *Samen*-G. (Bohnen, Erbsen, Gurken, Tomaten, Melonen, Paprika), *Stengel*- u. *Sprossen*-G. (Spargel, Kohlrabi, Rhabarber, Artischocke), *Wurzel*-G. (Rüben, Schwarzwurzeln, Rettich, Sellerie) u. *Zwiebel*-G. (Zwiebel, Porree).
Gemüt, die geistig-sinnl. Einheit des Gefühlslebens in Beziehung zur Umwelt.
Gen [geːn], *Erbfaktor,* Abschnitt einer Molekülkette, bestehend aus DNS (= Desoxyribonucleinsäure), der für bestimmte erbl. bedingte Strukturen oder Funktionen eines Organismus verantwortl. ist. Die G.e sind die kleinsten chem. Einheiten, die in sich die verschlüsselte *genet. Information (Erbanlage)* tragen. Die perlschnurartig aufgereihten G.e bilden die →Chromosomen, die sich in den Zellkernen befinden. Die Gesamtheit der G.e eines Organismus bilden das *Genom.* Weltweit wird an einem Projekt gearbeitet (»Human Genome Project«), das zum Ziel hat, das gesamte menschl. Erbgut zu entschlüsseln. →genetischer Code, →Genmanipulation.
Genbank, Einrichtung zur Sammlung u. Erhaltung von Erbgut best. Pflanzenarten, das durch die Züchtung neuer, einheitl. Sorten verlorenzugehen droht.
Gendarm [ʒan- oder ʒã-], Angehöriger der Gendarmerie (*Landjäger*).
Gendarmerie [ʒan- oder ʒã-], im MA die aus Edelleuten bestehende Leibwache der frz. Könige; allg. staatl. Polizeiformation für ländl. Gebiete.
Genealogie, *Familienkunde,* die Lehre von den auf Verwandtschaft beruhenden Beziehungen zw. Menschen; eine histor. Hilfswiss.
genealogische Taschenbücher, Slg. von Geschlechterfolgen, Nachfahren- u. Stammtafeln einzelner Familiengruppen; z.B. für adelige Familien: *Gothaische G. T.* (1763–1943).
Genée, Richard, *1823, †1895, dt. Operettenkomponist u. Librettist.
Genelli [dʒe-], Bonaventura, *1798, †1868, dt. Maler u. Graphiker (mytholog. u. histor. Themen).
General, 1. i.w.S. Bez. für Angehörige der Dienstgradgruppe der *Generale* (in der Bundeswehr, absteigend: *G., G.leutnant, G.major, Brigade-G.*); i.e.S. der höchste Rang innerhalb dieser Gruppe (»Vier-Sterne-G.«). – 2. in der kath. Kirche der oberste Leiter eines Ordens (*G.oberer*). – 3. der oberste Leiter der *Heilsarmee*.
Generalabsolution, in den ev. Kirchen der Zuspruch der Sündenvergebung in der Generalbeichte (öffentl.); in der kath. Kirche: 1. allg. Lossprechung von Sünden; 2. der vollkommene Ablaß für die Todesstunde.
General Agreement on Tariffs and Trade [ˈdʒenərəl əˈgriːmənt ɔn tærifs ənd treid] →GATT.
Generalanzeiger, gegen Ende des 19. Jh. in Dtld. aufgekommener Zeitungstyp, der gänzlich auf po-

Gemse

lit. oder weltanschaul. Gesinnungsfestlegung verzichtete.
Generalbaß, *Basso continuo,* eine abgekürzte Akkord-Notenschrift, die über einem grundlegenden Baß die zugehörigen Harmonien durch Ziffern bezeichnet. Seit den florentin. Monodisten des 16. Jh. wurde diese Akkordschrift zum bezeichnenden Kunstmittel der Barockmusik (*G.-Zeitalter*).
Generalbeichte, in den ev. Kirchen das gemeinsame Schuldbekenntnis der Gemeinde; in der kath. Kirche eine Beichte, die sich über einen großen Lebensabschnitt oder das ganze Leben erstreckt.
Generalbundesanwalt, oberster Beamter der Staatsanwaltschaft beim Bundesgerichtshof.
Generaldirektor, der Leiter eines Unternehmens, dessen Führungsspitze nach dem *Direktorialprinzip* organisiert ist; in Aktiengesellschaften der *Vorsitzende des Vorstands.*
Generalfeldmarschall →Feldmarschall.
Generalgouvernement [-ˈmã], allg. ein nicht endgültig annektiertes Gebiet außerhalb der Staatsgrenzen, in dem ein oberster Verwaltungsbeamter (**Generalgouverneur**) die Regierungsgewalt ausübt; insbes. das nach dem dt. Sieg über Polen in die dt. Machtsphäre gefallene poln. Gebiet.
Generalić [-litç], Ivan, *21.12.1914, kroat. Maler; wichtigster Vertreter der kroat. naiven Malerei.
Generalinspekteur [-ˈtøːr], höchster militär. Repräsentant der Bundeswehr, im Rang eines (Vier-Sterne-)Generals; dem Bundes-Min. der Verteidigung unmittelbar nachgeordnet.

Generalsuperintendent 301

Generalintendant, Leiter eines staatl. oder städt. Theaters, das mehrere Gattungen umfaßt (Schauspiel, Oper).
Generalissimus, ältere Bez. für einen selbständigen militär. Oberbefehlshaber.
Generalklausel, weitgefaßte, grundsätzl. Gesetzesbestimmung.
Generalkommando, früher Bez. für den *Stab* eines Armeekorps.
Generalkonsul, der Leiter eines **Generalkonsulats,** d. h. der ranghöchsten konsular. Vertretung eines Staates im Ausland; →Konsul.
Generalmusikdirektor, Abk. *GMD,* in den größeren dt. Städten u. an Rundfunkanstalten der Dirigent eines Sinfonieorchesters, meist zugleich der musikal. Leiter der Oper.
Generalpause, eine für alle Stimmen eines Tonsatzes gemeinsame Pause.
Generalprobe, die letzte Probe vor der ersten Aufführung.
Generalprokurator, in der kath. Kirche der vom *Generalkapitel* oder vom *General* selbst bevollmächtigte Vertreter einer Ordensgemeinschaft bei der röm. Kurie.
Generalsekretär, Hauptgeschäftsführer einer Partei, eines Verbandes oder einer internat. Organisation. Der G. regierender kommunist. Parteien in der UdSSR u. im Ostblock war zugleich der maßgebende Politiker des Landes.
Generalstaaten, ndl. *Staten-Generaal,* dt. eigtl. *Generalstände,* in der Rep. der Vereinigten Ndl. 1588–1795 die Versammlung der zur Leitung des Staates von den 7 Provinzen gewählten Abgeordneten; seit 1815 die ndl. Volksvertretung.
Generalstaatsanwalt, oberster Beamter der Staatsanwaltschaft bei jedem *Oberlandesgericht.*
Generalstab, die Organisation, die dem Feldherrn bei der Bewältigung seiner Führungsaufgaben, bes. der Operationen im Krieg, Hilfe leistet. In der Bundeswehr ist ein G. nicht eingerichtet. Die höheren Stäbe von der Brigade an aufwärts gliedern sich dem G. analog in *G.sabteilungen,* an deren Spitze *Offiziere im G.sdienst* stehen.
Generalstabskarte, amtl. Landkarte im Maßstab 1 : 100000.
Generalstände, frz. *États généraux,* in Frankreich seit 1302 die Versammlung der Abgeordneten der drei Stände (Adel, Geistlichkeit sowie Städte u. Bauern) aller Provinzen. Der »Dritte Stand« der G. (*tiers état*) erklärte sich am 5.5.1789 zur verfassunggebenden Nationalversammlung u. leitete damit die Frz. Revolution ein.
Generalstreik, ein Streik aller oder doch der meisten Arbeitnehmer eines Landes mit dem Ziel, das gesamte wirtschaftl. Leben zu unterbinden.
Generalsuperintendent, seit dem 16. Jh. übl. Ti-

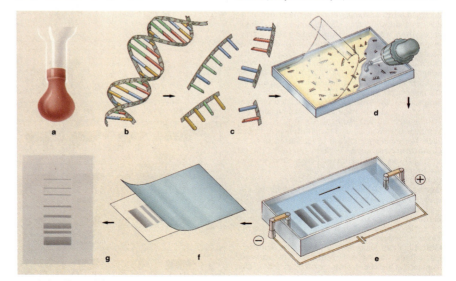

genetischer Fingerabdruck: Aus der zu untersuchenden Probe (a) wird die DNS (b) isoliert und enzymatisch in Bruchstücke (c) zerlegt. Die Bruchstücke werden mit einem Farbstoff gemischt (d) und im elektrischen Feld (e) nach Größe und Ladung getrennt. Das typische Streifenmuster entsteht. Die getrennten Bruchstücke werden anschließend auf eine Folie übertragen (f) und mit einer radioaktiven Substanz markiert, die später einen Röntgenfilm (g) belichtet

Generalversammlung

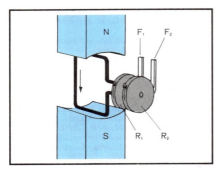

Generator: Prinzip einer Dynamomaschine. Eine Drahtschleife wird in einem Magnetfeld gedreht. Nach jeder halben Drehung ändert sich die Richtung des induzierten Stroms. Die Ringe R_1, R_2 und die Felder F_1, F_2 nehmen den Wechselstrom ab

tel für die höchsten aufsichtführenden ev. Geistl. einer Landeskirche oder Kirchenprovinz; heute meistens Bischof oder Landessuperintendent.

Generalversammlung, oberstes Organ von Kapitalgesellschaften u. eingetragenen Genossenschaften, bestehend aus deren sämtl. Mitgliedern. Die G. heißt heute bei Aktien- u. Kommanditaktiengesellschaften *Hauptversammlung;* bei der GmbH *Gesellschaftsversammlung.*

Generalvertrag →Deutschlandvertrag.

Generalvikar, Vertreter eines kath. Bischofs in Verwaltungsfragen.

Generation, der Lebenslauf zw. der Geburt der Eltern u. der Geburt der Nachkommen *(G.sdauer, Menschenalter),* ein Zeitraum von rd. 30 Jahren; auch die Gesamtheit der ungefähr gleichzeitig Geborenen. – **G.skonflikt,** Spannungsverhältnis zw. Angehörigen versch. G.en infolge Verschiedenheit sozialer Prägungen u. Lebensinteressen. – **G.swechsel,** der Wechsel der Fortpflanzungsart von G. zu G.: 1. *primärer G.swechsel,* Wechsel zw. sexueller u. asexueller Fortpflanzung. – 2. *sekundärer G.swechsel,* Wechsel zw. sexueller u. vegetativer Fortpflanzung *(Metagenese)* oder Wechsel zw. bisexueller u. monosexueller (zwei- bzw. eingeschlechtl.) Fortpflanzung, d. h. *Parthenogenese.*

Generator, *Dynamo,* Maschine zur Umwandlung von mechan. (Rotations-)Energie in elektr. Energie. Dazu wird die elektromagnet. Induktion einer im Magnetfeld bewegten Leiterschleife ausgenutzt. – Im Aufbau entspricht der G. dem →Elektromotor. Man unterscheidet *Innenpol-G.,* bei dem der Läufer der Träger des Magnetfelds ist u. die induzierte Spannung an der Ständerwicklung abgenommen wird, u. *Außenpol-G.,* bei dem der Ständer das Feld aufbaut u. die Spannung am Läufer abgegriffen wird. Die Feldmagnete sind Elektromagnete (Ausnahme: *Fahrraddynamo),* die entweder von getrennten Stromquellen erregt werden *(Fremderregung)* oder von der erzeugten Spannung selbst *(dynamo-elektr. Prinzip).* – Große prakt. Bed. hat heute nur der *Drehstrom-Synchron-G.,* insbes. zur Speisung der elektr. Energieversorgungsnetze. Die sog. *Turbo-G.en* leisten mehrere hunderttausend Kilowatt bei Spannungen um 10 000 oder 20 000 Volt. – Als Antrieb für G. kommen bes. Wasser- u. Dampfturbinen in Frage, auch Verbrennungsmotoren u. Gasturbinen.

Generatorgas, durch Vergasen von festen Brennstoffen (Koks, Anthrazit, Holz) erzeugtes Gas; u. a. als Brenngas verwendet.

generös, freigebig, großzügig.

Genesis, 1. *Genese,* Werden, Entstehung, Ursprung. – 2. das erste Buch der Bibel (1. Mose); nach der *Schöpfung* benannt.

Genesis ['dʒɛnəzis], brit. Rockmusik-Gruppe, gegr. 1966 um den Sänger Peter *Gabriel;* skurrile Texte u. perfekte Bühnenshows.

Genet [ʒəˈnɛ], Jean, * 1910, † 1986, frz. Schriftst.; Darstellung der Ausgestoßenen u. erot. Irrwege; Romane (»Querelle«), Dramen (»Die Zofen«, »Der Balkon«).

Genetik, *Vererbungslehre,* unterteilt in klass. G., Molekular-G. u. angewandte G. Die *klass. G.* befaßt sich v. a. mit den formalen Gesetzmäßigkeiten der Vererbung. Die *Molekular-G.* erforscht die grundlegenden Phänomene der Vererbung im Be-

reich der Moleküle, die die genet. Information tragen. Die *angewandte G.* beschäftigt sich mit der Züchtung wirtsch. bed. Pflanzen u. Tiere, erbbiolog. Gutachten, genet. Beratungen u. a. – **Human-G.,** beschäftigt sich mit der Vererbung körperl. u. seel.-geistiger Eigenschaften beim Menschen; hierzu v. a. die Erforschung menschl. Bevölkerungen *(Populations-G.),* Familienuntersuchungen u. *Zwillingsforschung.*

genetische Beratung, ärztl. Untersuchung u. Beratung für Elternpaare mit Kinderwunsch, wenn die Möglichkeit besteht, daß Kinder mit erblichen Belastungen zur Welt kommen könnten.

genetischer Code [-koːd], die Form, in der die genet. Information (Erbinformation) in den Genen verschlüsselt ist. Die materielle Substanz der Erbinformation ist die Desoxyribonucleinsäure (DNS); sie ist in Abschnitte eingeteilt, die je nach ihrem Aufbau in eine best. Aminosäure »übersetzt« werden.

genetischer Fingerabdruck, *DNS-Fingerprint,* ein charakt. Bandenmuster aus angefärbtem genet. Material, das es erlaubt, kleine Blut-, Speichel- oder Spermaflecken bestimmten Personen zuzuordnen; wird in der Kriminalistik angewandt; hilft auch beim Vaterschaftsnachweis. ⬚ → S. 301

Genever [ʒeˈneːvər], Wacholderbranntwein aus Holland; entspr. dem engl. *Gin.*

Genezareth, auch *See von Tiberias, Galiläisches Meer,* See in Israel, vom Jordan durchflossen, 168 km², 209 m u. M., 44 m tief (Seehöhe u. -fläche wechselnd); nw. Ufer z.Z. Christi dicht besiedelt (Städte: Tiberias, Kapernaum), dann verödet, jetzt wieder kolonisiert.

Genf [frz. *Genève,*], **1.** Kt. der →Schweiz. – **2.** Hptst. des gleichn. schweiz. Kt.s, am Ausfluß der Rhône aus dem G.er See, 160 000 Ew.; kulturelles u. wirtsch. Zentrum der W-Schweiz von internat. Bedeutung; Univ.; Sitz der Europazentrale der UN (1919–45 Sitz des Völkerbunds), des Internat. Arbeitsamts, der GATT, der Weltgesundheitsorganisation, der Meteorolog. Weltorganisation, der Weltorganisation für das Fernmeldewesen, des Internat. Roten Kreuzes, des Ökumen. Rats der Kirchen, des Luth. Weltbundes u. des Reform. Weltbundes; Europ. Kernforschungszentrum; Uhren- u. Schmiedewaren-Ind., Feinmechanik, chem. Ind.; Flughafen.

G. verbündete sich im 16. Jh. mit mehreren Städten der Eidgenossenschaft gegen die Herzöge von Savoyen. 1536 fand die Reformation in G. Eingang, die Bischofsherrschaft wurde beseitigt u. *Calvin*

GENETIK

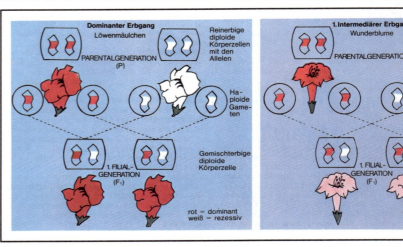

1. Mendelsches Gesetz: Einheitlichkeit (Uniformität) der 1. Filialgeneration (F_1). Rot ist dominant (links). – 1. Mendelsches Gesetz: Aus Rot und Weiß entsteht hier die Mischfarbe Rosa (rechts)

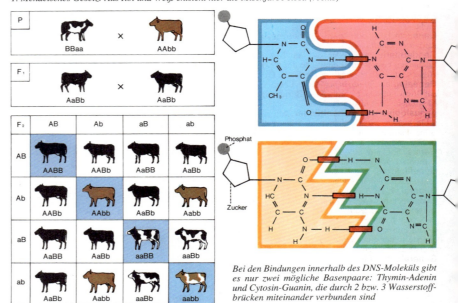

3. Mendelsches Gesetz: Neukombinationen der Gene, dargestellt anhand der Kreuzung zweier Rinderrassen. Es entstehen in der 2. Filialgeneration (F_2) vier neue, rein weiterzüchtende Kombinationen oder Rassen (blaue Kästchen). Die übrigen spalten bei der Weiterzucht auf

Bei den Bindungen innerhalb des DNS-Moleküls gibt es nur zwei mögliche Basenpaare: Thymin-Adenin und Cytosin-Guanin, die durch 2 bzw. 3 Wasserstoffbrücken miteinander verbunden sind

machte als polit. Oberhaupt der Stadt seit 1541 G. zum »prot. Rom«.

Genfer Konferenzen, 1. *Abrüstungskonferenz,* die vom Völkerbund einberufene Konferenz von 61 Staaten. Dtld. verlangte Gleichberechtigung, verließ die Konferenz am 14.10.1933 u. trat aus dem Völkerbund aus. – **2.** *Indochina-Konferenz,* 1954. Unter gemeinsamem Vors. Großbrit. u. der UdSSR nahmen die Volksrep. China, Frankreich, Kambodscha, Laos, die USA u. N- u. S-Vietnam teil, um den *Indochina-Krieg* zu beenden. – **3.** *Viermächtekonferenz,* 1955; Versuch der Regierungschefs Frankreichs, Großbrit., der UdSSR u. der USA, Probleme der europ. Sicherheit, die Dtld.-Frage u. die Abrüstung zu regeln. – **4.** *Abrüstungskonferenz der 17 Mächte,* 1962; Vorbereitung des Teststopp-Abkommens, des Atomsperrvertrags, des Verbots von B-Waffen, des Meeresbodenvertrags u. des Vertrags gegen Umweltkriegsführung.

Genfer Konventionen, die auf Anregung von Henri *Dunant* 1864 abgeschlossene erste Konvention über »die Verbesserung des Loses der Kranken u. Verwundeten bei den Armeen im Felde«; führte zur Gründung des *Internationalen Komitees vom Roten Kreuz.* Die heutige Rechtsgrundlage auf dem Gebiet des Kriegsrechts bilden die vier (Genfer) Abkommen von 1949: »zur Verbesserung des Loses der Verwundeten u. Kranken der Streitkräfte im Felde« u. (ergänzend) »... der Schiffbrüchigen zur See«, »über die Behandlung der Kriegsgefangenen« u. »zum Schutze von Zivilpersonen in Kriegszeiten«.

Genfer Protokolle, 1. vertragl. Vereinbarungen 1922 zur Aufrechterhaltung der Unabhängigkeit Östr.; Vertragsmächte: Östr., Großbrit., Frankreich, Italien, Tschechoslowakei. – **2.** Vertrag 1925 betr. das Verbot der Anwendung von Giftgasen u. bakteriolog. Kampfmitteln. Vertragspartner sind die meisten größeren Staaten.

Genfer See, frz. *Lac Léman,* sichelförmiger See an der frz.-schweiz. Grenze, der größte der Alpenrandseen, 581 km², bis 310 m tief; von der Rhône durchflossen, die jährl. 2 Mio. m³ Bergschutt in ihm absetzt; 372 m ü. M.; mildes Klima, Weinanbau; Fremdenverkehr.

Gengenbach, Stadt in Ba.-Wü., im nördl. Schwarzwald, 10 000 Ew.; Weinbau.

Genick, *Nacken,* die hintere Halsgegend u. das benachbarte Kopfgebiet. – **G.starre** → Hirnhautentzündung.

Genie [ʒe'niː], außergewöhnl. Begabung; ein Mensch mit urspr. (d. h. nicht nur auf Aneignung u.

Die Gentechnologie greift durch Genmanipulation in den Aufbau der Chromosomen ein. Die obere Fruchtfliege (Drosophila) ist normal ausgebildet, während bei der unteren durch Bestrahlung eine Genmutation und damit Zwergwuchs erzeugt wurde

Weiterentwicklung des Vorhandenen beruhender) Schaffenskraft.

Genisa, *Geniza,* im Judentum die Außergebrauchnahme ritueller Gegenstände u. hl. Schriften; Abstellraum in Synagogen für diese Gegenstände.

Genitalien → Geschlechtsorgane.

Genitiv, *Wesfall,* 2. *Fall,* der Kasus substantivischer Attribute (ohne Präpositionen).

Genius, in der altröm. Religion ein Schutzgeist des Menschen, dargestellt als menschl. Flügelgestalt.

Genku, Klostername: *Honen Schonin,* * 1133, † 1212, Gründer der jap. buddhist. »Sekte des Reinen Landes« *(Jodo-schu);* lehrte, daß nicht gute Werke, sondern nur der Glaube an den Amida Buddha Erlösung in das Paradies, in das »Reine Land«, bewirken könne.

Genmanipulation, Eingriff in die Erbsubstanz mit biochem. Methoden; dabei werden Gene aus dem Verband des Chromosoms herausgelöst u. in einem anderen Organismus (meistens Bakterien) untergebracht; dient heute v. a. zur Massenproduktion menschl. Hormone, Proteine, Antikörper u. a. durch Bakterienkulturen. Durch Manipulationen am Erbgut sind, neben den Vorteilen, auch potentielle Gefahren denkbar, wie z.B. die Entwicklung neuer Krankheitserreger. Auch eth. Probleme sind durch die Anwendung gentechnolog. Methoden an höheren Zellen u. Organismen Gegenstand einer intensiven weltweiten Diskussion. Es sind Bestrebungen im Gange, einem mögl. Mißbrauch durch gesetzl. Schranken vorzubeugen.

Gennadios II., * um 1405, † nach 1472, orth. Patriarch von Konstantinopel 1454/55, 1462 u. 1464.

Genom → Gen.

Genossenschaft, eine Verbindung von gleichgesinnten, zu gleichem Tun vereinigten Personen *(Genossen)* mit polit., wirtsch., religiösen oder sittl. Zielen. Eine im amtl. G.sregister eingetragene G. ist ein körperschaftl. organisierter rechtsfähiger Verein mit nicht geschlossener Mitgliederzahl (Mindestzahl 7), deren Zweck auf die Förderung des Erwerbs oder der Wirtschaft ihrer Mitgl. gerichtet ist. Nach ihrem Aufgabenbereich werden unterschieden: 1. ländl. u. gewerbl. G., 2. Konsum-G., 3. Wohnungsbau-G. Höchstes Willensorgan ist die *Generalversammlung.* – Gesch.: Die moderne G.sbewegung ging als Reaktion gegen die Industrialisierung im 19. Jh. von England aus; in Dtld. gründete H. *Schulze-Delitzsch* 1849 eine Kranken- u. Sterbekasse u. die erste handwerkl. Rohstoff-G.; im selben Jahr schuf F. W. *Raiffeisen* den ersten Darlehnskassenverein auf dem Lande.

Genotyp, genet. Beschaffenheit eines Individuums; erzeugt im Zusammenspiel mit der Umwelt den *Phänotyp.*

Genovefa [- 'feːfa], **1.** frz. *Geneviève,* * um 422, † um 502, Patronin von Paris (Fest: 3.1.). – **2.** *G. von Brabant,* die legendäre Gattin eines Pfalzgrafen *Siegfried* (um 750), die des Ehebruchs beschuldigt u. vom Gatten zum Tod verurteilt wird. Sie

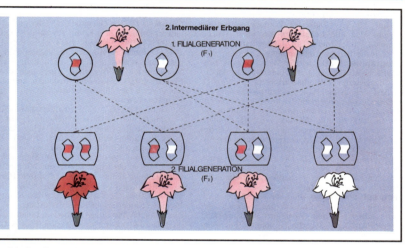

2. Mendelsches Gesetz: Spaltung der 2. Filialgeneration 1:2:1

Die Chromosomensätze des Menschen im Vergleich zu denen von Schimpanse und Gorilla. Die Menschenaffen haben diploid 2 n = 48 Chromosomen, der Mensch 2 n = 46. Der Chromosomensatz des Schimpansen ist dem des Menschen am ähnlichsten; nach G. Heberer

entkommt, wird im Wald entdeckt u. als unschuldig erkannt.
Genozid, *Genocid* → Völkermord.
Genre [ʒã:r; das], Gattung, Art.
Genremalerei [ʒã:r-], *Sittenmalerei*, eine maler. Darst. der Alltagswelt, zeigt lebensnahe Szenen mit typ. Standesmerkmalen (bäuerl., bürgerl., höf. Genre). Breiten Raum nahm die G. in der ndl. Kunst des 17. Jh. ein. Hauptmeister: A. Watteau (Frankr.), W. Hogarth (England), D. Chodowiecki (Dtld.), P. Longhi (Italien).
Genscher, Hans-Dietrich, *21.3.1927, dt. Politiker (FDP); Rechtsanwalt; 1969–74 Bundes-Min. des Innern, 1974–92 Bundes-Min. des Auswärtigen, Stellv. des Bundeskanzlers, 1974–85 zugleich Vors. der FDP.
Gent [fläm. xɛnt], frz. *Gand*, Hptst. der belg. Prov. Ostflandern, an der Mündung der Leie in die Schelde, 233 000 Ew.; Univ.; Kathedrale mit *G.er Altar;* zweiter Seehafen Belgiens; vielseitige Ind., Blumenzucht; seit dem 12. Jh. Hptst. Flanderns, im 13./14. Jh. Zentrum des flandr. Tuchhandels.
Gentechnologie, Teilgebiet der Biotechnologie, das sich mit der gezielten Veränderung u. Neukombination von Genen in Organismen beschäftigt. Verfahren der G. ermöglichen die Übertragung von artfremden Genen in bestimmte Organismen. Dadurch entstehen andersgeartete bzw. neue Lebensformen. In der BR Dtld. trat am 1.7.1990 ein Gentechnik-Gesetz in Kraft (Neufassung 16. 12. 1993). Es enthält Rahmenbedingungen für den Umgang mit genetisch veränderten Organismen. → Genmanipulation.
Genter Altar → Eyck, Hubert u. Jan van.
Gentex, Abk. für engl. ***gen****eral* ***te****legraph* ***ex****change*, das »allg.« Telegraphennetz der Postverwaltungen für die Übermittlung von *Telegrammen*.
Genthin, Krst. in Sachsen-Anhalt, westl. von Brandenburg, 16 200 Ew.; Hafen am Elbe-Havel-Kanal.
Gentile [dʒɛn'ti:lə], Giovanni, *1875, †1944 (ermordet), ital. Philosoph; neben B. *Croce* Hauptvertreter der neuidealist. Strömungen in Italien.
Gentile da Fabriano [dʒɛn'ti:lə-], *um 1370, †1427, ital. Maler; ein Spätgotiker, in dessen Kunst sich poet. Frömmigkeit mit den realist. Elementen einer ritterl.-höf. Welt mischt.
Gentilhomme [ʒãti'jɔm], frz. Bez. für Edelmann.
Gentleman ['dʒɛntlmən], in England urspr. ein dem niederen Adel angehörender Mann, später jeder Angehörige der »guten Gesellschaft«; Erziehungs- u. Persönlichkeitsideal mit den Tugenden der Selbstbeherrschung, des Fair play, des Muts u. der Höflichkeit.
Gentlemen's Agreement ['dʒɛntlmənz ə'gri:mənt], mündl. Abkommen unter Ehrenmännern.
Gentry ['dʒɛntri], *i.e.S.* der niedere engl. Adel (Titel: *Sir); i.w.S.* die gesellschaftl. Führungsschicht außer dem Hochadel.
Gentz, 1. Friedrich von, *1764, †1832, dt. Politiker u. Publizist; wurde zum Gegner der Frz. Revolution; seit 1802 in östr. Diensten, nach 1815 enger Mitarbeiter *Metternichs;* führender Vertreter der Restaurationspolitik. – **2.** Heinrich, Bruder von 1), *1766, †1811, dt. Architekt; vertrat neben F. *Gilly* am reinsten den dt. Frühklassizismus.
Genua, ital. *Gènova*, Hafenstadt in N-Italien am *Golf von G.*, Hptst. von Ligurien u. der Prov. G., 722 000 Ew.; prunkvolle Kirchen u. Paläste; berühmter Friedhof; Univ. (1783); Flughafen; größter ital. Hafen; bed. Ind. – Gesch.: Seit dem 10. Jh. selbständige Republik, im MA wichtige Handelsmacht am Mittelmeer, verlor später durch innere Uneinigkeit, Konkurrenz Venedigs u. die Siege der Türken an Bedeutung. 1797–1805 Ligur. Republik. 1815 kam G. zum Königreich Sardinien. 1861 zum geeinten Königreich Italien.
Genugtuung, *Satisfaktion*, im Recht die Wiederherstellung eines verletzten Rechtsgutes, bes. der Ehre, z.B. durch Entschuldigung oder Widerruf.
Genus, 1. *biolog. Systematik:* → Gattung. – **2.** *Grammatik: Geschlecht*, ein grammat. Unterscheidungs- u. Klassifikationsprinzip der *Nomina*. Weit verbreitet ist die Dreiheit der Genera *(Maskulinum, Femininum, Neutrum;* männl., weibl., sächl.), z.B. im Dt., Latein., Grch., Russ.; die Zweiheit (Maskulinum, Femininum) in den roman. u. semit. Sprachen; im Engl. keine Genera.
Genußmittel, Lebensmittel, die im Unterschied zu den *Nahrungsmitteln* in erster Linie einen Genußwert, aber nur einen geringen Nährwert haben; wirken häufig über das Zentralnervensystem anregend; z.B. Tabak, Kaffee, Tee u. Kola u. alkoholhaltige Getränke.
Genußschein, eine Urkunde, die gewisse Rechte, insbes. einen Anteil am Reingewinn u. am Liquidationserlös, gegenüber einer *Aktiengesellschaft* verbrieft. Die Aktionäre haben kein Stimmrecht.
Genzmer, Harald, *9.2.1909, dt. Komponist; Schüler von P. *Hindemith;* Ballette, Orchesterwerke, Lieder.
geo... [grch.], Wortbestandteil mit der Bedeutung »Erde«.
Geobionten, die im Erdboden lebenden Organismen.
Geobotanik → Pflanzengeographie.
Geochemie, die Wiss. von den chem. Veränderungen der Erde (bei der Gesteinsbildung u. -umwandlung, bei der Verwitterung u. bei chem. Reaktionen im Boden).
Geochronologie, die (absolute) Bestimmung der Zeitdauer von Erdperioden aus Schichtmächtigkeiten.
Geodäsie, *Vermessungskunde*, unter Berücksichtigung der Erdkrümmung die Lehre von der *Erdmessung* (Höhere G.), unter Vernachlässigung der Erdkrümmung die Lehre von der *Land-* u. *Feldmessung* (Niedere G.). – **Geodät,** ältere Berufsbez. für den *Landmesser (Feldmesser, Geometer);* heute: Vermessungsingenieur.
Geoffroy Saint-Hilaire [ʒɔ'frwasɛ̃ti'lɛ:r], Étienne, *1772, †1844, frz. Zoologe; vertrat die Ansicht, daß alle Lebewesen aus einer Wurzel stammen, u. schrieb dem Umwelteinfluß eine große Rolle bei der Umwandlung der Arten zu.
Geographie, *Erdkunde*, die Wiss., die die Erdoberfläche als Ganzes u. ihre unter versch. Aspekten abgegrenzten Teilräume erforscht. Die *allg. G.* gliedert sich in die Hauptzweige *physische G.* u. *Anthropogeographie* oder *G. des Menschen.* Zur phys. G. gehören *Geomorphologie* (Studium der Oberflächenformen), *Klimatologie* (Lufthülle), *Hydrographie* (Gewässer des Festlands) sowie *Boden-*, *Vegetations-* u. *Tier-G.* Hauptzweige der Anthropogeographie sind *Siedlungs-*, *Wirtschafts-*, *Bevölkerungs-* u. *Sozial-G.* Die *Landeskunde* (auch *spezielle G.* oder *regionale G.)* sucht einen bestimmten Raum auf seine charakt. Züge hin zu erfassen u. zu analysieren.
geographische Lage, die Lage eines Ortes nach geograph. Koordinaten im Gradnetz: 1. nach *geograph. Länge* (in Grad gemessener Winkelabstand eines Punkts der Erdoberfläche vom Nullmeridian auf dem betreffenden Breitenkreis), 2. nach *geograph. Breite* (in Grad gemessener Winkelabstand eines Punkts der Erdoberfläche vom Äquator auf dem betreffenden Längenkreis). Vom Nullmeridian wird die Länge nach W u. O um die Erde herum bis zum 180. Längenkreis gezählt: Orte östl. des Nullmeridians haben eine *östl. Länge* (ö.L.), westl. des Nullmeridians eine *westl. Länge* (w.L.). Vom Äquator zu den Polen wächst die geograph. Breite von 0° bis 90°; Orte nördl. des Äquators haben eine *nördl. Breite* (n.Br.), südl. des Äquators eine *südl. Breite* (s.Br.).
Geoid, die wegen der Erhebungen u. Vertiefungen der Erdoberfläche von einem Rotationsellipsoid abweichende, mathemat. abgeleitete Form der Erdfigur.
Geologie, die *Geowiss.* von der Entstehung *(Erdgeschichte)* u. vom Bau der Erde. Sie gliedert sich in: 1. *allgemeine G.*, die in der *dynam. G.* die (exo- u. endogenen) geolog. Kräfte sowie in der *kosm. G.* die Erde als kosm. Körper behandelt; 2. *historische G.* mit der *Stratigraphie;* 3. *regionale G.* der verschiedenen Erdräume; 4. *angewandte G.*, z.B. *Lagerstättenkunde, Ingenieur-G.*
Geomantik, *Geomantie*, der bes. in China verbreitete Volksglaube, aus Erdzusammensetzungen u. Sandfiguren weissagen zu können.
Geomedizin, die Wiss. vom Einfluß der natürl. Umwelt des Menschen auf Entstehung, Ausbreitung, Verlauf u. Heilung von Krankheiten.
Geometrie, ein Gebiet der Math., das die gestaltl. Gesetzmäßigkeiten u. Größenbeziehungen an u. zw. Linien, Flächen u. Körpern behandelt. Je nachdem, ob metr. Beziehungen (Länge, Winkelgrößen, Flächen- u. Rauminhalte) benutzt werden oder ob nur die gegenseitige Lage der Gebilde betrachtet wird, spricht man von *metrischer G.* oder von *projektiver G.* Die G. der ebenen Gebilde heißt *Planimetrie*, die der körperl. Gebilde *Stereometrie.* Die *analyt. G. (Koordinaten-G.)* u. die *Differential-G.* benutzen Verfahren der Algebra u. Analysis. Die *darstellende G.* bildet Raumgebilde auf versch. Ebenen (Tafeln) ab. Die *Kugel-G. (sphär. G.)* behandelt die geometr. Verhältnisse auf Kugeloberflächen unter Zuhilfenahme von Großkreisen (Meridianen).
geometrische Reihe → Reihe.
geometrischer Ort, *Ortslinie*, Linien oder Flächen, auf denen alle Punkte liegen, die gegebenen Bedingungen genügen.
geometrisches Mittel, die *n*-te Wurzel aus dem Produkt von *n* Zahlen. → Mittelwert.
Geomorphologie, die Wiss. von den Oberflächenformen der Erde nach ihrer Erscheinung, Entstehung u. Umwandlung.
Geophysik, die Wiss. vom physikal. Zustand u. von den physikal. Erscheinungen u. Vorgängen im Erdkörper, in der Wasser- u. Lufthülle.
Geophyten, *Erdpflanzen*, mehrjährige Stauden, deren Überdauerungsorgane (Knollen, Zwiebeln) im Boden liegen.
Geopolitik, die Lehre von der Wechselwirkung geograph. u. polit. Gegebenheiten.
Georg, † wahrscheinl. 305, Hl., Märtyrer, einer der 14 Nothelfer (Fest: 23.4.). Legende vom »Ritter Sankt Georg«, der den Drachen besiegte. G. wird in der Ostkirche als »Großmärtyrer« verehrt.
Georg, Fürsten.
Griechenland:
1. G. I., als dän. Prinz: *Wilhelm*, *um 1845, †1913 (ermordet), König der Hellenen 1863–1913; Sohn *Christians IX.* von Dänemark, von der grch. Nationalversammlung zum König gewählt. – **2. G. II.,** *1890, †1947, König 1922–24, 1935–41 u. 1946/47; mußte nach Ausrufung der Republik 1924 das Land verlassen, kehrte nach dem Sieg der Monarchisten 1935 zurück, ging nach dem dt. Einmarsch 1941 wieder ins Ausland u. kehrte 1946 erneut nach Griechenland zurück.
Großbritannien:
3. G. I., *1660, †1727, König 1714–27, als *G. Ludwig* auch Kurfürst von Hannover seit 1698; überließ die Reg. weitgehend der Whig-Partei. – **4. G. II.,** Sohn von 3), *1683, †1760, König 1727–60, auch Kurfürst von Hannover; unterstützte widerstrebend Friedrich d. Gr. im Siebenjährigen Krieg; ließ in der Innenpolitik dem Whig-Ministerium *Walpole* u. dem älteren W. *Pitt* freie Hand. – **5. G. III.,** Enkel von 4), *1738, †1820, König 1760–1820, auch Kurfürst, seit 1814 König von Hannover; unter seiner Reg. Verlust der nordamerik. Kolonien. Hannover wurde von London aus regiert. Um 1810 wurde er geisteskrank. – **6. G. IV.,** Sohn von 5), *1762, †1830, König 1820–30, zugleich König von Hannover; für den geisteskranken Vater seit 1811 Regent; u. a. wegen seiner starken Verschuldung u. seines Lebenswandels unbeliebt beim Volk. – **7. G. V.,** *1865, †1936, König 1910–36, seit 1911 Kaiser von Indien; beschränkte sich im Unterschied zu seinem Vater *Eduard VII.* auf repräsentative Pflichten. – **8. G. VI.,** Sohn von 7), *1895, †1952, König 1936–52; folgte seinem zurückgetretenen Bruder *Eduard VIII.*
Hannover:
9. G Ludwig, Kurfürst, als *G. I.* König von Großbritannien: → Georg (3). – **10. G. II.** → Georg (4). – **11. G. III.** → Georg (5). – **12. G. IV.** → Georg (7). – **13. G. V.,** *1819, †1878, König 1851–66; hob in Hannover die lib. Verfassung von 1848 auf u. oktroyierte eine neue; trat im *Dt. Krieg* 1866 auf östr. Seite, was ihn Land u. Thron kostete.
Sachsen:
14. G. I., *G. der Bärtige*, *1471, †1539, Herzog 1500–39; nach der Leipziger Disputation zw. Luther u. Eck Gegner der Reformation.
George, 1. Götz, Sohn von 2), *23.7.1938, dt. Schauspieler (»Kommissar Schimanski« in der Fernsehserie »Tatort«). – **2.** Heinrich, eigtl. Georg Heinrich *Schulz*, *1893, †1946, dt. Schauspieler, Helden- u. Charakterdarsteller, auch im Film (»Der Postmeister«, »Jud Süß«). – **3.** [dʒɔ:dʒ], Henry, *1839, †1897, US-amerik. Sozialphilosoph; führte das soziale Elend auf das Vorhandensein des privaten Grundeigentums zurück. – **4.** Stefan, *1868, †1933, dt. Dichter; gründete in dichter. Sendungsbewußtsein die »Blätter für die Kunst« (1892–1919) u. wurde zum Künder einer neuantiken Weltschau. W »Hymnen«, »Algabal«, »Das Jahr der Seele«, »Der siebente Ring«. Um ihn sammelte sich ein Kreis von Künstlern u. Gelehrten *(George-Kreis)*, u. a. E. *Bertram*, F. *Gundolf*, H. von *Heiseler*, L. *Klages*, K. *Wolfskehl*.

Georgetown ['dʒɔ:dʒtaun], **1.** Hptst. von Guyana (Südamerika), 193 700 Ew.; Hafen. – **2.** Hauptort der Cayman Islands in Westindien, auf Grand Cayman, 12 000 Ew.
George Town ['dʒɔ:dʒtaun], *Penang*, Hptst. des malays. Teilstaats Penang, 251 000 Ew.
Georgette [ʒɔ'rʒɛt], *Krepp-Georgette*, zartes, durchsichtiges Gewebe aus Kreppgarnen.
Georgi, Yvonne, *1903, †1975, dt. Solotänzerin, Choreographin u. Tanzpädagogin.
Georgia ['dʒɔ:dʒə], *Ga.*, Staat der →Vereinigten Staaten von Amerika.
Georgien, Republik im W Transkaukasiens, 69 700 km², 5,4 Mio. Ew., Hptst. *Tiflis*; mit den autonomen Republiken Abchasien u. Adscharien u. der Südosset. AO.

Georgien

Geschichte: Erste Staatsbildungen im 4. Jh. v. Chr. Im 12. u. 13. Jh. erreichte G. die größte Ausdehnung u. erlebte die Blüte von Kultur u. Dichtung. 1801 wurde es russ. Prov. 1918 erklärte G. seine Unabhängigkeit. 1921 wurde es Grusin. SSR. Seit 1991 ist G. unabh. Rep. Der erste Präs. S. *Gamsachurdia* wurde im Jan. 1992 gestürzt. Nachfolger wurde E. *Schewardnadse*. In Abchasien u. Ossetien kam es seit 1991 zu blutigen Konflikten.
Georgier, *Grusinier*, *Khartweli*, ein Volk der südl. Gruppe der Kaukasusvölker; hatten eigene Schrift u. Literatur.
Georgiew [-'gief], *Georgiev*, Kimon, *1882, †1969, bulgar. Politiker; 1934/35 u. 1944–46 Min.-Präs.; erklärte Dtld. den Krieg u. führte eine eng an die Sowj. angelehnte Politik.
Georgine →Dahlie.
Georgische Heerstraße, *Grusinische Heerstraße*, Paßstraße über den Kaukasus, zw. Wladikawkas u. Tiflis; 213 km, bis 2388 m hoch.
georgisch-orthodoxe Kirche, gehört seit dem 7. Jh. zu den orth. Kirchen; ihr Oberhaupt residiert in Tiflis.
Georgsmarienhütte, Stadt in Nds., im nw. Teutoburger Wald, 30 000 Ew.; Eisenhüttenwerk.
Geosphäre, die Erdoberfläche oder Erdhülle, in der sich festes Land, Wasser, Luft, Pflanzen- u. Tierwelt u. die Einwirkung des Menschen berühren u. teilweise durchdringen.
Geosynklinale, ein langgestreckter, großräumiger, absinkender Sedimentationstrog.
Geotektonik, die Großstruktur der Erdkruste.
geothermische Tiefenstufe, Angabe der Erdtiefe in m, bei der die Temperatur im Gestein um 1 °C zunimmt; im Durchschnitt 33 m.

Gera: Rathaus

Gepard

Geotropismus, Ausrichtung der Pflanzen durch die Schwerkraft. *Positiv geotrop* (erdzugewandt) wachsen Hauptwurzeln; Hauptsprosse sind meist *negativ geotrop* (erdabgewandt) ausgerichtet.
Geowissenschaften, alle Wiss., die sich mit der Erde (einschl. der Atmosphäre) befassen: *Geophysik, Geologie, Paläontologie, Gesteinskunde, Mineralogie, Ozeanographie, Hydrologie* u. *Meteorologie*.
geozentrisch, auf die Erde als Mittelpunkt bezogen. – Nach dem *g.en Weltsystem* der Antike drehen sich Himmel u. Gestirne um die feststehende Erde.
Gepard, *Jagdleopard*, zur Unterfam. der Katzen gestellt, von hundeähnl. Gestalt; auf kurzen Strecken das schnellste Säugetier (100 km/h); in den Steppen Afrikas u. S-Asiens.
Gepiden, ein ostgerman. Stamm, den *Goten* nahestehend. Die G. gerieten Ende des 4. Jh. in hunn. Abhängigkeit, befreiten sich nach Attilas Tod 453 u. besetzten die ungar. Tiefebene. 567 erlag ihr Reich den Langobarden u. Awaren.
Ger, german. Waffe für Wurf u. Stoß.
Gera, **1.** Krst. u. bed. Ind.-Stadt O-Thüringens, an der Weißen Elster, 131 000 Ew. – **2.** r. Nbfl. der Unstrut, 72 km.
Gerade, ein undefinierter Grundbegriff der Geometrie, beiderseits unbegrenzt, ohne Dicke. Die G. wird aufgefaßt als Punktmenge.
Geradflügler, zusammenfassender Begriff für versch. Insektenordnungen (mit kauenden Mundwerkzeugen): *Gespenstheuschrecken, Heuschrecken, Ohrwürmer* u. *Notoptera*.
Geranie →Pelargonie.
Geraniol, zweifach ungesättigter Terpenalkohol; im Geranium- u. Rosenöl als Hauptriechstoff.
Geranium →Storchschnabel.
Gerard, *Meister G.*, erster Dombaumeister am Kölner Dom (tätig seit 1248).
Gérard [ʒe'ra:r] François, *1770, †1837, frz. Maler; Schüler J. L. *Davids*, neoklassizist. Porträtist. Historien- u. Genremaler am frz. Hof.
Gerard, Ignace Isidore →Grandville.
Gérardmer [ʒera:r'me:r], *Geroldsee*, lothring. Sommerfrische u. Wintersportplatz in den Vogesen (Frankreich), 10 000 Ew.
Gerasa, Stadt in Jordanien, sö. des Sees Genezareth; in der Zeit *Alexanders d. Gr.* gegr., Blüte unter *Hadrian* u. den *Antoninen* im 2. Jh. n. Chr.
Gerassimow [-simɔf], **1.** Alexander Michailowitsch, *1881, †1963, russ. Maler; Hauptvertreter des sozialist. Realismus. – **2.** Sergej Apollinarjewitsch, *1906, †1985, russ. Filmregisseur (»Der stille Don«, »Der Journalist«). – **3.** Sergej Wassiljewitsch, *1885, †1964, russ. Maler; paßte sich nach 1930 dem sozialist. Realismus an.
Geräusch, der Schall, der sich aus unregelmäßigen Schallwellen zusammensetzt, die sich nicht auf period. Bewegungen zurückführen lassen.
Gerbera, Gatt. der *Korbblütler* mit über 50 afroasiat. Arten; Schnittblume.
Gerberei, die Herstellung von *Leder* aus Tierhäuten. Die zwecks Konservierung gesalzenen oder getrockneten Häute werden in Wasser geweicht u. geäschert. Die enthaarte, durch alkal. Aschebäder gequollene Haut, die *Blöße*, wird durch Neutralisieren *(Entkälken)* u. Behandeln mit eiweißabbauenden Fermenten *(Beizen)* zum Entgerben gebracht u. gelangt nun in Gerbbäder verschiedener Art (pflanzl. Mittel oder mineral. Gerbstoffe). Die noch nassen Leder werden mit wäßrigen Fettemulsionen gefettet, gegebenenfalls in Farbbädern gefärbt u. dann getrocknet.
Gerberstrauch, *Coriaria*, einzige Gatt. der *Gerberstrauchgewächse*. Zum Gerben werden vor allem die Blätter des *Myrtenblättrigen G.* im westl. Mittelmeergebiet benutzt (Sumach).
Gerberträger, *Gelenkträger*, von H. *Gerber* eingeführte Bauart für Tragwerke, bes. für Brücken mit großen Stützweiten: durchlaufende Balken werden durch Gelenke statisch bestimmt gemacht.
Gerbsäuren, organ. Stoffe, die in Wasser leicht lösl. sind u. einen zusammenziehenden Geschmack haben; u. a. das *Tannin* der Galläpfel; Verwendung zum Gerben u. zur Herstellung von Tinte.
Gerbstoffe, **1.** *natürl. G.*, wässerige Auszüge aus gerbhaltigen Pflanzenteilen (Rinde, Holz, Blätter), z.B. *Quebracho-G.* – **2.** *synthet. G.*, künstl. hergestellte chem. Substanzen mit gerbenden Eigenschaften: *Tanigan, Basyntan* u. a. Sie werden nur in Verbindung mit natürl. G. verwendet.
gerechter Lohn, in der mittelalterl. Scholastik der am standesgemäßen Lebensunterhalt orientierte Lohn, nach Thomas von Aquin gerecht, wenn das Lohngefüge der gesellschaftl. Schichtung entspricht; in der Arbeiter- u. Gewerkschaftsbewegung an einem menschenwürdigen Leben bei zumutbarer Arbeitszeit orientiert.
Gerechtigkeit [lat. *justitia*], urspr. bis ins Religiöse erhöhte Norm des menschl. Zusammenlebens. G. ist einem bestimmten Bild von den Gesetzen: Sie ist in subjektiver (personaler) Hinsicht eine sittl. Lebenshaltung im Verhältnis zu den Mitmenschen (Tugend) in objektiver (institutioneller) Hinsicht Prinzip zur Aufstellung von Rechtsnormen (für polit. Verfassungen, soziale Regeln u. a.).
Die G. Gottes ist nach bibl. Lehre das auf das Heil des Menschen gerichtete Handeln Gottes. G. ist dabei an einem intakten Gemeinschaftsverhältnis zw. zwei Partnern orientiert. Für das NT ist G. häufig die gottgeschenkte Gabe der *Rechtfertigung* des Sünders; diese ist auch der Inhalt des Evangeliums.
Als Inhalt der Rechtsidee zielt die G. auf die *Harmonie* in der Menschenwelt (Platon) u. damit auf die sich weisheitsvoll mit der Menschenliebe verwirklichende *Rechtheit des Rechts* (Leibniz). Sie weist an, Gleiches gleich, Ungleiches ungleich zu behandeln. Damit ist sie Grundlage der Gemeinschaftsordnung.
Gerechtsame, altertüml. Bez. für bestimmte beschränkte dingl. Rechte (Apotheken-G., Fähr-G., Mühl-G., Brau-G.).
Gereon, Märtyrer in Köln in der 2. Hälfte des 4. Jh.; eine spätere Legende brachte ihn mit der *Thebäischen Legion* in Verbindung. – Heiliger (Fest: 10.10.).
Geretsried, Stadt in Oberbayern, an der Isar, 19 500 Ew.; chem. Ind.
Gerfalke, auch *Island-, Grönland-* oder *Polarfalke*, kräftiger Falke der nord. Tundren. Als Jagdfalke in der Falknerei der teuerste Beizvogel.
Gerhaert von Leyden ['xe:ra:rt-], Nikolaus, *um 1430, †1473, ndl.-dt. Bildhauer. Sein Stil leitete die letzte Stufe der spätgot. Plastik ein.
Gerhard, **1.** Hubert, *um 1540/50, †1620, ndl.-dt. Bildhauer; neben A. de *Vries* der führende Bildhauer des Frühbarocks in Dtld. – **2.** Johann, *1582, †1637, dt. luth. Theologe; Führer der luth. Orthodoxie.
Gerhardt, Paul, *1607, †1676, dt. ev. Geistl.; nach *Luther* der hervorragendste Kirchenlieddichter der ev. Kirche (»Befiehl du deine Wege«).
Gerhard von Cremona, *1114, †1187, span. Mönch u. Gelehrter; übersetzte in Toledo grch. u. arab. wiss. Werke ins Lateinische.
Geriatrie, *Altersheilkunde*, die Lehre von der Erkennung u. Behandlung der Alterskrankheiten bzw. der Krankheiten im Alter (Arthrose, Altersdiabetes, Osteoporose, Arteriosklerose).
Géricault [ʒeri'ko], Théodore, *1791, †1824, frz. Maler, Bildhauer u. Graphiker. Sein Hptw., »Das Floß der Medusa«, brachte die Abwendung vom klassizist. Schönheitsideal.
Gericht, unabh. Staatsorgan zur Ausübung der Rechtsprechung. Nach dem Verfassungsrecht der BR Dtld. unterscheidet man nach Sachgebieten ordentl. Gerichtsbarkeit, Arbeits-, Finanz-, Sozial- u. Verwaltungsgerichtsbarkeit; dazu kommt die Verfassungsgerichtsbarkeit. – In Österreich befinden sich alle G. in der Hand des Bundes. Man unterscheidet *Zivil-* u. *Straf-, ordentliche* u. *Sondergerichte.* – In der Schweiz ist die Organisation der G. den Kt. vorbehalten. Bundes-G. sind das Bundes-G. in Lausanne u. das eidgenöss. Versicherungs-G. in Luzern.
gerichtliche Medizin, *forensische Medizin*, die

306 Gerichtsbarkeit

germanische Religion: Bronzehelm aus einem Moorfund von Virksø (Dänemark). Wahrscheinlich diente der Helm kultischen Zwecken und wurde als Opfergabe im Moor versenkt

Verwendung medizin. Erkenntnisse zur Beurteilung u. Aufklärung von Verbrechen. Ein Teilgebiet ist die *Gerichtspsychiatrie,* die den Geisteszustand des Angeklagten (bes. bei Begehung der Tat) beurteilt.

Gerichtsbarkeit, Ausübung der Rechtspflege, insbes. der Rechtsprechung durch die *Ordentl. G.,* die sich gliedert in Amtsgerichte, Landgerichte, Oberlandesgerichte u. den Bundesgerichtshof.

Gerichtsferien, die gesetzl. festgelegte Zeit, in der bei Gerichten nur bes. dringende Fälle bearbeitet werden; in Dtld. vom 15.7. bis 15.9.

Gerichtshilfe, die Unterstützung des Gerichts im Ermittlungsverfahren, in der Hauptverhandlung u. beim Strafvollzug durch außerhalb stehende Dienststellen, z.B. durch das *Jugendamt* in Jugendstrafverfahren.

Gerichtskosten, öffentl. Abgaben für Inanspruchnahme des Gerichts sowie Auslagen (Zeugen- u. Sachverständigenkosten), von der unterliegenden Partei zu zahlen.

Gerichtsstand, im Prozeßrecht der Ort der gerichtl. Zuständigkeit; im Zivilprozeß i. allg. der Wohnsitz oder Aufenthalt des Beklagten; im Strafprozeß der G. des Tatorts, des Wohnsitzes oder der (behördl.) Verwahrung des Angeschuldigten.

Gerichtsverfassung, die Regelung der Organisation u. Zuständigkeit der Gerichte; vorrangig gilt das Grundgesetz.

Gerichtsvollzieher, ein mit *Zustellungen, Ladungen* u. *Vollstreckungen* (Pfändungen) betrauter Beamter, meist mit eigenem Bezirk. Der G. erhält neben festen Bezügen Gebühren, er untersteht der Dienstaufsicht des Amtsgerichts, in dessen Bezirk er seinen Dienstbereich hat.

Gerippe →Skelett.

Gerlach, 1. Hellmut von, * 1866, † 1935, dt. Journalist u. Politiker; 1896 mit F. *Naumann* Gründer des *Nationalsozialen Vereins;* Vorkämpfer des Pazifismus, führend in der Liga für Menschenrechte. – **2.** Leopold von, * 1790, † 1861, dt. Politiker, preuß. General, beeinflußte König *Friedrich Wilhelm IV.* polit. u. kirchl.; gehörte mit seinen Brüdern zu den Gründern des preuß. Konservativismus, wurde zur führenden Persönlichkeit der *Kamarilla,* einer Art Nebenreg. des Monarchen. – **3.** Manfred, * 8.5.1928, dt. Politiker (LDP); 1954–67 Generalsekretär, 1967–90 Vors. der LDPD; 1960–90 stellv. Vors. des Staatsrates, 1989/90 amtierendes Staatsoberhaupt der DDR.

Gerlingen, Stadt in Ba.-Wü., 18 500 Ew.; Masch.- u. Apparatebau, opt. Ind.

Gerlostal, rechtes Seitental des Zillertals in Tirol (Östr.), durch den *Gerlospaß* u. die *Gerlosplatte* mit dem Salzachtal verbunden; Hauptort *Gerlos*; ganzjährig Fremdenverkehr.

Gerlsdorfer Spitze, tschech. *Gerlachovský Štit,* der höchste Gipfel der Hohen Tatra, 2655 m.

Germanen, von röm. Autoren im 1. Jh. v. Chr. eingeführte Sammelbez. für versch. Stämme, die damals in Nord- u. Mitteleuropa lebten. Die Stämme selbst nannten sich nicht G.; sie hatten kein Bewußtsein der Zusammengehörigkeit. Es ist nicht sicher, ob sie durchweg germ. Sprachen im Sinne der heutigen Sprachwiss. hatten. Ein früher angenommener Zusammenhang zw. den G. u. bestimmten vorgeschichtl. Kulturen (z.B. dem Nord. Kreis) ist nicht nachweisbar. Nach röm. Quellen gab es 3 Stammesgruppen: *Ingwäonen, Herminonen* u. *Istwäonen,* sie sind wohl gleichzusetzen mit *Nordsee-G., Elb-G.* u. *Weser-Rhein-G.* Die G. lebten in Sippenverbänden u. patriarchal. Großfamilien. Es gab 3 Stände: Freie, Halbfreie u. Sklaven. Aus den Freien bildete sich ein Adel; aus der Heerführung bei Wanderzügen entstand ein Königtum. Die G. siedelten in Dörfern u. Einzelgehöften. Der Boden war im allg. Gemeinbesitz. Das Schmiedehandwerk war hochentwickelt. Die germ. Kultur war keine Hochkultur; die Berührung mit den Römern brachte kulturelle Fortschritte. In den ersten Jh. n. Chr. bildeten sich die histor. wirksamen germ. Stämme heraus (u. a. Goten, Langobarden, Sachsen, Franken, Alemannen, Markomannen). Die G. bedrängten zunehmend das weström. Reich u. führten 476 seinen Untergang herbei. Es entstanden versch. germ. Reiche, von denen sich auf Dauer nur das Frankenreich behaupten konnte.

Germanicum, den Jesuiten anvertrautes röm. Nationalkolleg für dt. u. ung. kath. Kleriker, gegr. 1552.

Germanicus, Iulius Cäsar, * 15 v. Chr., † 19 n. Chr., röm. Feldherr; von Tiberius adoptiert, Vater des Caligula; unternahm 14–16 n. Chr. Kriegszüge in Germanien.

Germanien, lat. *Germania,* das von *Germanen* bewohnte Gebiet zw. Rhein u. Weichsel, Küste u. Alpen; von den Römern *Germania magna* oder *Germania libera* genannt.

germanische Religion, uneinheitl. Komplex religiöser Vorstellungen der german. Völker zur heidn. Zeit. Die Mythenforschung ist im wesentl. auf die Gedichtsammlung der *Edda* u. die sog. Prosa-Edda des Isländers *Snorri Sturlusson* (13. Jh.) angewiesen. Am Anfang standen Heiligung der Sonne u. der Zeugungskraft. Der höchste Gott u. Himmelsherr war Ziu (Tyr), schon früh von Wodan (Odin) abgelöst. Das Weltgeschehen ist durch ständige Kämpfe zw. Göttern u. Riesen bestimmt. Jahreszeitl. bedingter gottesdienstl. Feste fanden unter freiem Himmel statt; Kulthandlungen (u. a. Opfer) oblagen Priestern.

Germanisches National-Museum, größtes Museum für die Geschichte der dt. Kunst u. Kultur, in Nürnberg; 1852 gegr.

germanische Sprachen, eine Gruppe der indoeurop. (indogerman.) Sprachfam., von der sie sich im 1. Jt. v. Chr. abzweigte. Die g. S. unterscheiden sich von den anderen indoeurop. Sprachen bes. durch die erste oder german. Lautverschiebung sowie durch Stammsilbenbetonung. Eine gemeinsame Urform ist nicht überliefert. – Die g. S. gliedern sich in zwei Untergruppen: 1. die nordgerman. Sprachen: Isländisch, Färöisch, Norwegisch, Schwedisch, Dänisch; 2. die westgerman. Sprachen: Deutsch, Englisch, Friesisch, Niederländisch. Die ostgerman. Sprachen sind ausgestorben.

Germanistik, *i.w.S.* die Wiss. von Sprache, Recht, Geschichte, Religion, Kunst, Volkstum u. Wirtschaft der Germanen; *i.e.S.* die Wiss. von der dt. Sprache u. der dt. Literatur.

Germanium, ein →chemisches Element.

Germanos, * 1771, † 1826, Bischof von Patras in Griechenland; einer der Führer des grch. Freiheitskampfes gegen die Türken.

germanotyp, Bez. für eine Gebirgsbildung mit Bruchbildung, die in bereits versteiften Krustenteilen der Erde auftritt; z.B. Weserbergland, Harzvorland. Ggs.: *alpinotyp.*

Germer, *Veratrum,* Gatt. der Liliengewächse. Der *Weiße G.* ist eine giftige Gebirgsstaude der Alpen. Der dicke Wurzelstock wird arzneilich sowie als Schnupfpulver verwendet.

Germer: Weißer Germer, Veratrum album

Germanen: Goldschmuck aus dem Fürstengrab von Aarslev auf Fünen; 3. Jh. n. Chr. Kopenhagen, Nationalmuseum

Götter der Germanen

Asen	größeres der Göttergeschlechter, das in Asgard wohnt, Herrscher über die Welt und die Menschen, in ihrer Macht aber begrenzt durch das Schicksal; vorwiegend Götter des Krieges
Balder	Gott des Guten und der Gerechtigkeit (Ase, Sohn Wodans und der Frigg)
Bragi	Gott der Dichtkunst (Ase, Sohn Wodans, Gemahl der Idun)
Disen	Natur- und Fruchtbarkeitsgöttinnen
Donar (südgermanisch)	Gewittergott; nordgermanisch →Thor
Forseti	Richtergott (Ase, Sohn Balders)
Freyja	Göttin der Liebe und der Fruchtbarkeit (Wanin, Tochter des Njörd, Schwester und Gemahlin des Freyr)
Freyr	Fruchtbarkeitsgott (Wane, Sohn des Njörd)
Frigg	Hauptgöttin der Asen, Gemahlin Wodans, Mutter Balders
Heimdall	Wächter der Götter
Hel	Göttin der Unterwelt; Tochter des Loki
Hödr	blinder Gott, der auf Anstiften Lokis seinen Bruder Balder tötet (Ase, Sohn Wodans)
Idun	Hüterin der goldenen Äpfel, die den Göttern ewige Jugend bewahren; Gattin Bragis
Loki	Vater gottfeindlicher Mächte (Fenriswolf, Hel, Midgardschlange), listenreicher und wandlungsfähiger Helfer der Götter; verursacht den Tod Balders und führt den Weltuntergang (Ragnarök) herbei
Nerthus	Fruchtbarkeitsgöttin
Njörd	Gott des Meeres und der Seefahrt, Fruchtbarkeitsgott (Wane, Vater des Freyr und der Freyja)
Nornen	3 Schicksalsgöttinnen: Urd (Vergangenheit), Werdandi (Gegenwart), Skuld (Zukunft)
Sif	Asin, Gemahlin Thors
Odin	bei den Nordgermanen Oberhaupt der Asen, höchster Gott; entspricht dem südgermanischen →Wodan
Thor	Donnergott und Fruchtbarkeitsgott, Bekämpfer der Riesen (Ase, Sohn Wodans und der Erdmutter Jörd, im Süden →Donar
Tyr (Ziu)	Himmels- und Kriegsgott (Ase)
Walküren	ursprünglich Totendämonen, später überirdische Kriegerinnen, die im Kampf gefallenen Helden für Walhall, den Aufenthaltsort Wodans, auswählen
Wanen	neben den Asen die 2. Götterfamilie, Fruchtbarkeitsgötter
Wodan	Allvater, Totengott, Kriegsgott, Gott der Dichtung, der Magie, der Runen, der Ekstase; der höchste Gott der Asen, Gemahl der Frigg

Germersheim, Krst. in Rhld.-Pf., am Rhein, 13 000 Ew.; versch. Ind.
Germinal [ʒɛrmiˈnal], der 7. Monat im frz. Revolutionskalender.
Germiston [ˈdʒəːmɪstən], Stadt in der Prov. Pretoria/Witwatersrand/Vaal-Gebiet (Rep. Südafrika), 1670 m ü. M., 155 000 Ew.; größte Goldraffinerie der Welt.
Gernot, im Nibelungenlied jüngerer Bruder König Gunthers.
Gernrode, Stadt u. Luftkurort am NO-Hang des Harzes, 5100 Ew.
Gernsbach, Stadt in Ba.-Wü., an der Murg, im nördl. Schwarzwald, Luftkurort, 13 700 Ew.
Gero, *um 900, †965, Markgraf; eroberte im Auftrag Ottos d. Gr. slaw. Gebiete bis zur Warthe.
Geroldseck, ehem. Reichsgrafschaft in Baden bei Lahr; 1806 souveränes Fürstentum, 1815 zu Östr., 1819 zu Baden.
Geröll, durch fließendes Wasser oder Meeresbrandung abgerundete Gesteinsbruchstücke.
Gerolstein, Stadt in Rhld.-Pf., in der Eifel, 7000 Ew.; Luftkurort; Mineralquellen.

Gerona [xɛ-], NO-span. Prov.-Hptst. in Katalonien, 87 000 Ew.; maler. Altstadt mit got. Kathedrale; Univ.; Flughafen; Fremdenverkehr.
Geront, im alten Griechenland Mitgl. eines Ältestenrats, polit. Berater des Königs. Der Rat der G. in Sparta, die *Gerusia*, zählte 28 über 60 Jahre alte Mitglieder.
Gerontologie, die Lehre vom Altern u. vom Alter; eine wiss. Disziplin, die med. (z.B. Alterskrankheiten; →Geriatrie), psych. u. soziolog. (z.B. die Stellung älterer Menschen in der Gesellschaft) Gegebenheiten erforscht; insbes. zur Vermeidung negativer Alterserscheinungen (*Geroprophylaxe*).
Gers [ʒɛːr], l. Nbfl. der Garonne in SW-Frankreich, 178 km.
Gerschom ben Juda, *um 960, †um 1028 (1040?), jüd. Gelehrter; Begr. der mittelalterl. Talmud-Forschung; religiöser Lyriker.
Gersfeld (Rhön), Stadt in Hessen, an der Wasserkuppe, 5500 Ew.; Kneipp- u. Luftkurort.
Gershwin [ˈɡəːʃwɪn], George, *1898, †1937, US-amerik. Komponist u. Pianist. Mit der »Rhapsody in Blue« gelang ihm eine Synthese aus gehobener Unterhaltungsmusik u. Jazzelementen. Oper »Porgy and Bess«.
Gerson [ʒɛrˈsɔ̃], Johannes, *1363, †1429, frz. Theologe u. Mystiker; vertrat die Lehre von der Überordnung des Konzils über den Papst.
Gerste, *Hordeum*, Gatt. der *Süßgräser*, zu der Wild- u. Kultur-G. gehören; eine der ältesten Getreidearten, heute in aller Welt verbreitet, Brotfrucht der Trockenzonen u. Steppengebiete. Die fruchtbar kreuzbaren Kulturformen (Sommer- u. Winter-G.) sind Getreide mit kurzem Halm u. lang begrannter Ähre. Die eiweißreiche G. liefert Futter-G., die eiweißarme Brau-G. Daneben Herstellung von Graupen u. Kaffeeersatz.
Gerstenberg, Heinrich Wilhelm von, *1737, †1823, dt. Schriftst. u. Kritiker; begann mit anakreont. »Tändeleien« 1759, eröffnete mit dem Trauerspiel »Ugolino« 1768 die Reihe der Sturm- und-Drang-Dramen.
Gerstenkorn, akute Vereiterung einer Drüse am Rande des Augenlids (Zeissche u. Mollsche Drüsen: äußeres G.), seltener der Meibomschen Drüsen am Lidknorpel (inneres G.); verursacht durch Eitererreger.
Gerstenmaier, Eugen, *1906, †1986, dt. Politiker (CDU); ev. Theologe; 1954–69 Präs. des Bundestags.
Gerster, Ottmar, *1897, †1969, dt. Komponist; Oper »Enoch Arden«.
Gersthofen, Stadt in Bayern, am Lech, 15 500 Ew.; chem. Ind.
Gerstner, Franz Anton von, *1796, †1840, östr. Eisenbahnfachmann; baute 1825/26 die erste öffentl. Eisenbahn auf dem europ. Festland (Linz-Budweis), 1834–37 die erste russ. Eisenbahn (St Petersburg-Zarskoje Selo).
Gertrud die Große, Gertrud von Helfta, *1256, †1302, Nonne im Kloster Helfta; dt. Mystikerin. – Heilige (Fest: 16.11.).
Geruch, die durch Reizung der Geruchsorgane verursachte Empfindung, die dem reizauslösenden Gegenstand als Eigenschaft zugeschrieben wird.
Geruchssinn, die Fähigkeit zur Wahrnehmung gasförmiger Stoffe oder im Wasser gelöster Substanzen auf molekularer Ebene; nur bei Wirbeltieren u. Insekten nachgewiesen. In der Verhaltensbiologie hat der G. bes. Bedeutung bei der Nahrungsaufnahme, im Fortpflanzungsverhalten u. im Erkennen von Feinden. – Wie den *Geschmackssinn* zählt man den G. zu den *chem. Sinnen*.
Geruchsverschluß, *Siphon*, U-förmig gekrümmtes, mit Wasser gefülltes Rohrstück in Abwasserleitungen. Es verhindert den Durchtritt von Gasen aus der Kanalisation.
Gerundium, in der lat. Grammatik das substantivierte, deklinierte Infinitiv (z.B. die Kunst des Redens).
Gerundivum, in der lat. Grammatik ein Verbaladjektiv, das die Notwendigkeit einer Handlung bezeichnet (z.B. ein zu Lobender = einer, der gelobt werden muß).
Gerusia, im antiken Sparta das Kollegium der →Geronten.
Gervais [ʒɛrˈvɛ], milder, ohne Gärungsprozeß hergestellter Frischkäse (Doppelrahmkäse).
Gervinus, Georg Gottfried, *1805, †1871, dt. Historiker u. Literarhistoriker; einer der »Göttinger Sieben«; stellte die Literatur im Zusammenhang mit der polit. Entwicklung dar.
Gesamtbetriebsrat, Vertretungsorgan der Beleg-

schaft eines aus mehreren Betrieben bestehenden Unternehmens, aus Mitgl. der Einzelbetriebsräte gebildet; zuständig für Belange des Gesamtunternehmens.
Gesamtdeutsche Partei →Block der Heimatvertriebenen u. Entrechteten.
Gesamtdeutsche Volkspartei, Abk. *GVP*, Ende 1952 von G. *Heinemann* gegr. neutralist. Partei; bekämpfte scharf die Politik K. *Adenauers*. 1957 löste sich die GVP auf.
Gesamtgut, das gemeinschaftl. *Gesamthandvermögen* der Ehegatten bzw. des überlebenden Ehegatten u. der Abkömmlinge bei Gütergemeinschaften des ehel. Güterrechts der BR Dtld.
Gesamthand, *Gesamthandgemeinschaft*, eine bes. Form von Gemeinschaft. Die Mitgl. haben am gemeinsamen Recht nur ideelle Anteile, über die sie nur gemeinschaftl. verfügen können. Dies gilt stets für die Anteile an einzelnen Gegenständen; über ihren gesamten Anteil können die Mitgl. einer *Erbengemeinschaft* kraft Gesetzes, die Mitgl. einer *Gesellschaft des bürgerl. Rechts* bei entspr. Vereinbarung verfügen.
Gesamthochschule, die organisator. Verbindung einer wiss. Hochschule mit einer Pädagog. Hochschule, einer Kunsthochschule u. einer Fachhochschule. 1971 nahm in Kassel die erste G. der BR Dtld. den Lehrbetrieb auf.
Gesamthypothek, eine Hypothek, bei der mehrere Grundstücke für die gesamte Forderung haften.
Gesamtprokura, eine Vollmacht, die an mehrere Personen gemeinschaftl. erteilt wird, so daß der einzelne *Gesamtprokurist* nur im Zusammenwirken mit den Mitprokuristen die Rechte aus der Vollmacht wahrnehmen kann.
Gesamtschuldner, eine Mehrzahl von Schuldnern, deren jeder die ganze Leistung schuldet, die ihr Gläubiger aber nur einmal fordern kann.
Gesamtschule, eine Schulart, die die drei Schultypen des gegliederten Schulsystems (Haupt-, Realschule, Gymnasium) in den Sekundarstufen I u. II zusammenfaßt. In der *kooperativen G.* bleiben die drei Schultypen erhalten, aber die Lehrerschaft wird organisator. zusammengefaßt. Die *integrierte G.* bietet Kernunterricht für alle Schüler eines Jahrgangs u. Fachkurse unterschiedl. Leistungsgrades.
Gesamtunterricht, eine Lehrmethode, die die Trennung zw. Fächern des Stundenplans aufheben will u. in den Mittelpunkt des Unterrichts ein Thema stellt, das dann allseitig (geschichtl., geograph., biolog., rechner.) behandelt wird; vor allem in den ersten Schuljahren.
Gesandter, diplomat. Vertreter (→Diplomat) eines Staates bei einem anderen Staat oder bei einer internat. Organisation. Ein G. ist Beamter des Absendestaats u. bedarf einer vom Empfängerstaat zu erteilenden Zustimmung (*Agrément*).
Gesandtschaft, 1. eine Gruppe von Angehörigen eines Staats, die zu einem bestimmten Anlaß in ein anderes Land entsandt wird. 2. die Gesamtheit der Angehörigen einer diplomat. Mission. 3. die Gesandtschaftsgebäude. Mit Ausnahme einiger lateinamerik. Staaten sind G. zur Asylgewährung nicht berechtigt.
Gesang, die von der menschl. Stimme hervorgebrachten Töne, die, anders als bei der Sprache, auf

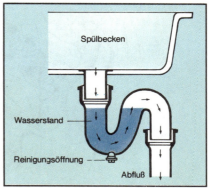

Geruchsverschluß

Gesangbuch

einer jeweils bestimmten Höhe oder Tonlage gehalten werden.

Gesangbuch, Sammlung von Kirchenliedern für den Gottesdienst u. die Hausandacht.

Gesäß, *Hinterbacken,* die untere Fortsetzung des Rückens, wo auf den *Sitzbeinen* des Beckens die paarigen Wülste des großen, mittleren u. kleinen *G.muskels* aufsitzen, die für die Beinbewegungen u. für den aufrechten Gang des Menschen ausschlaggebend sind.

gesättigte Lösung, eine Lösung, die von einem Stoff die höchstmögl. Menge gelöst enthält, die das Lösungsmittel bei der gegebenen Temperatur lösen kann.

Gesäuge, die Milchdrüsen bei Hündinnen, Katzen u. Sauen.

Gesäuse, 16 km langes Durchbruchstal der *Enns* durch die Ennstaler Alpen (Östr.), zw. Admont u. Hieflau.

Geschäftsbedingungen →Allgemeine Geschäftsbedingungen.

Geschäftsbericht, Bericht einer *Aktiengesellschaft* zum Schluß jedes Geschäftsjahres, wird vom Vorstand aufgestellt u. dem Aufsichtsrat u. der Hauptversammlung vorgelegt.

Geschäftsfähigkeit, im dt. bürgerl. Recht die Fähigkeit, Rechtsgeschäfte vorzunehmen. Die volle G. beginnt mit der Volljährigkeit. *Geschäftsunfähigkeit* liegt vor bei Kindern unter 7 Jahren, dauernd Geisteskranken u. wegen Geisteskrankheit Entmündigten, *beschränkte G.* bei Personen zw. 7 u. 18 Jahren, bei wegen Geistesschwäche, Verschwendung oder Trunksucht Entmündigten sowie bei unter vorläufige Vormundschaft Gestellten.

Geschäftsführung, die Besorgung fremder Angelegenheiten aufgrund eines Auftrags; in der Regel durch Vertretungsmacht (beruhend auf einer *Vollmacht*) ergänzt. – Im G e s e l l s c h a f t s r e c h t die Befugnis, im Innenverhältnis den Gesellschaftern oder sonstigen Teilhabern das Unternehmen zu leiten. Die mit der G. betrauten Personen sind in der Regel auch berechtigt, die Gesellschaft nach außen hin zu vertreten. Bei Vereinen, Aktiengesellschaften u. Genossenschaften obliegt die G. dem *Vorstand,* bei der GmbH dem oder den *Geschäftsführer(n),* bei Personalgesellschaften den *unbeschränkt haftenden Gesellschaftern.*

Geschäftsgeheimnis, *Betriebsgeheimnis,* Tatsachen, die im Interesse eines Geschäfts oder Betriebs geheimzuhalten sind. Der *Verrat* solcher Geheimnisse durch einen Arbeitnehmer zum Zweck des Wettbewerbs oder aus Eigennutz oder in Schädigungsabsicht ist strafbar.

Geschäftsjahr, der Zeitraum, für dessen Schluß der Kaufmann jeweils eine *Bilanz* aufstellen muß. Das G. braucht sich nicht mit dem *Kalenderjahr* zu decken; es darf niemals mehr als 12 Monate umfassen.

Geschäftsordnung, die meist selbstgegebene Ordnung des Verfahrens bei Verhandlungen, Beratungen u. Abstimmungen von kollegialen Behörden u. (Staats-, Partei- u. sonstigen Verbands-) Organen.

Geschäftsträger, *Chargé d'affaires,* unterste Rangklasse der diplomat. Vertreter; meist für Übergangszeiten eingesetzt. Er hat dann die gleichen Rechte wie ein *Missionschef.*

Gescher [ˈgɛʃər], Stadt in NRW, westl. von Coesfeld, 14 000 Ew.; Glockengießerei seit 1690.

Geschichte, *Historie,* i.w.S. der zeitl. Ablauf allen Geschehens in Natur u. Gesellschaft; *i.e.S.* das Handeln von Menschen u. gesellschaftl. Gruppen. →Geschichtswissenschaft.

Geschichtlichkeit, einerseits die Tatsächlichkeit eines geschichtl. Ereignisses, seine Historizität; andererseits die Seinsweise des menschl. Daseins, dessen Zeitlichkeit.

Geschichtsatlas, Sammlung von histor. Karten, die histor. Räume, Zustände, Zusammenhänge, Entwicklungen u. Strukturen mit kartograph. u. graph. Mitteln darstellen.

Geschichtsklitterung, Bez. für fälschende Geschichtsschreibung, sinnentstellende Verwendung geschichtl. Fakten.

Geschichtsphilosophie, Zweig der Philosophie, der sich mit den Gesetzmäßigkeiten der Geschichte, mit dem Sinn u. Ziel der Geschichte (*Geschichtsmetaphysik*) sowie mit den log. Grundlagen, Methoden u. Erkenntnismöglichkeiten der Geschichtswiss. beschäftigt. Der Begriff G. wurde von *Voltaire* eingeführt.

Geschichtsroman →historischer Roman.

Geschichtsschreibung, *Historiographie,* die Darstellung der Geschichte aufgrund der Überlieferung, der eigenen Erfahrung oder kritischer Forschung. Aufzeichnungen, die das Ziel verfolgen, die Kenntnis vom Geschehen der Zeit an nachfolgende Zeiten zu überliefern, finden sich bereits in allen alten Kulturen; jedoch machte zuerst die grch. G. den Versuch, über die Tradierung bloßer Tatsachen hinaus eine zusammenhängende deutende Darst. zu geben. – Formen der G. sind: histor. Monographie, Biographie, Annalen, Chronik (Welt-, Landes-, Stadt-, Hauschronik), Kirchengesch., Nationalgesch., Universalgesch., untersuchende u. erzählende Darstellung.

Geschichtswissenschaft, eine geisteswiss. bzw. sozialwiss. Disziplin, die die Vergangenheit erforschen u. mittels der Geschichtsschreibung darstellen will, in ihrer modernen Form zu Beginn des 19. Jh. in enger Verbindung mit der krit. Philologie u. mit der Geisteshaltung des →Historismus entstandene Erforschung der Gemeinschaftsbildungen des Menschen (z.B. Staaten, Nationen, Klassen, wirtsch. Entwicklung) ebenso wie der in der Geschichte wirkenden großen Persönlichkeiten. Die G. ist in versch. Wissensbereiche aufgegliedert: strukturell in Wirtschaftsgesch., Sozialgesch., polit. Gesch., Kulturgesch., Kirchengesch.; räuml. in Weltgesch., Gesch. einzelner Staaten u. Völker, zeitl. in Vor- u. Frühgesch., Alte Gesch., Mittelalterl. Gesch., Gesch. der Neuzeit, Zeitgesch. Grundlage der geschichtswiss. Arbeit bildet die philolog.-quellenkrit. Methode zur Untersuchung der schriftl. u. sachl. Überlieferung. Einen wichtigen Teil der G. bilden die Hilfs- u. Grundwiss. wie Quellenkunde, Paläographie, Diplomatik, Heraldik, Sphragistik, Numismatik, Chronologie, Genealogie, histor. Landeskunde; daneben sind auch Rechts-, Sozial-, Wirtschafts- u. Sprachgesch. Grundwiss. der G. Für die neuere Geschichte treten moderne Aktenkunde, Gesch. der Publizistik u. histor. Statistik hinzu.

Geschiebe, vom Eis transportierte, kantengerundete Gesteinsbruchstücke. – **G.lehm,** durch Kalkauslaugung entstandenes Verwitterungsprodukt aus mit eiszeitl. G. gespicktem Mergel.

Geschirr, Riemen- u. Lederzeug, Taue u. Ketten zur Verbindung von Zugtieren mit dem Fahrzeug, dem Arbeitsgerät oder dem wegzuschaffenden Material (z.B. Baumstämme). Zum Anschirren von

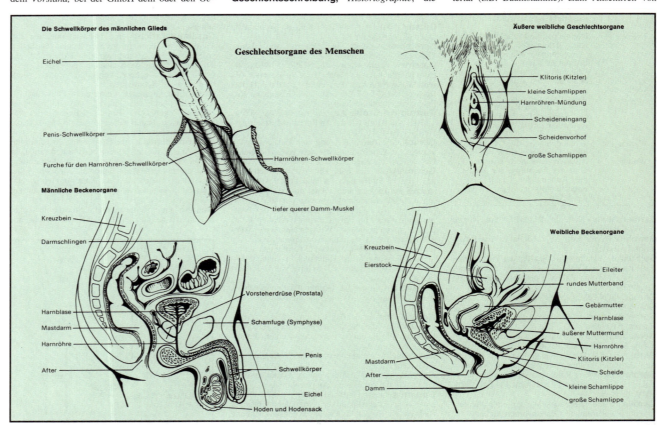

Die Geschlechtsorgane des Menschen

Pferden verwendet man das *Kummet-G.* oder das *Sielen-* oder *Brustblatt-G.*, zum Anspannen von Rindern wird hpts. das *Joch-G.* verwendet.

Geschlecht, 1. *Biologie: Sexus,* die Erscheinungsform von Organismen (»männl.« oder »weibl.«). Das G. wird durch die G.schromosomen bestimmt, aber erst während der Entwicklungs- oder Reifezeit des Lebewesens durch Hormone u. a. Wirkstoffe eindeutiger ausgeprägt. – 2. *Grammatik:* →Genus.

Geschlechtsbestimmung, 1. die Entscheidung über das Geschlecht des Lebewesens, das sich aus einem Keim entwickelt. Man unterscheidet *genotyp.* u. *phänotyp. G.* Für die genotyp. G. sind genet. Faktoren verantwortl., für die phänotyp. G. Umweltfaktoren (z.B. Ernährung, Licht). Bei Individuen mit genotyp. G. erzeugt das Männchen (Säuger einschl. Mensch) oder das Weibchen (Vögel) 2 Sorten von Keimzellen, die hinsichtl. ihres Bestands an Geschlechtschromosomen völlig voneinander verschieden sind. Bei der Vereinigung von Ei- u. Samenzelle wird dann über das Geschlecht des neuen Individuums entschieden. – 2. *Geschlechtsdiagnose,* die vorgeburtl. Erkennung des Geschlechts der Leibesfrucht, kann durch zytolog. Untersuchung an kindl. Zellen (Fruchtwasserentnahme etwa ab der 14. Schwangerschaftswoche) erfolgen.

Geschlechtschromosomen, ein Paar oder eine Gruppe von Chromosomen, die in Beziehung zur Geschlechtsbestimmung stehen. Sie werden als *x-* u. *y-Chromosomen* bezeichnet. Bei der Kombination xy entsteht z.B. bei Säugetieren (einschl. Mensch) ein Männchen, bei xx ein Weibchen.

Geschlechtsdrüsen, →Keimdrüsen.

Geschlechtshormone, die →Sexualhormone; →Hormon.

Geschlechtskrankheiten, *venerische Krankheiten,* überwiegend durch den Geschlechtsverkehr übertragene Infektionskrankheiten: *Tripper, Syphilis, weicher Schanker.*

Geschlechtsmerkmale, die das männl. vom weibl. Lebewesen unterscheidenden Merkmale, die den Geschlechtsunterschied ausmachen. *Primäre G.* sind die unterschiedl. Geschlechtsorgane; *sekundäre G.* sind z.B. unterschiedl. Gestalt u. Größe, Haarbildung, Stimme. Die Ausbildung der sekundären G. wird beim Menschen durch Hormone der Keimdrüsen geregelt.

Geschlechtsorgane, *Sexualorgane, Genitalien,* die der Fortpflanzung dienenden Organe der Tiere u. des Menschen. Die inneren G. sind die *Keimdrüsen* sowie ihre Ausleitungsgänge u. Anhangsorgane, die äußeren G. die Begattungsorgane. Die männl. Keimdrüse ist der *Hoden,* die weibl. der *Eierstock.* Die Ausleitungsgänge der Hoden heißen *Samenleiter,* die Ausleitungsgänge der Eierstöcke heißen *Eileiter,* die sich zur *Gebärmutter* erweitern, in der die Embryonalentwicklung stattfindet. – Beim Menschen besteht das männl. Begattungsorgan *(Penis, Phallus, Glied)* aus dem Penisschaft u. der von der *Vorhaut* überzogenen *Eichel.* Der bindegewebige *Schwellkörper* nimmt bei sexueller Erregung um das 4–5fache an Volumen zu (Erektion). Die äußeren G. der Frau bestehen aus der *Scheide (Vagina),* die zur Aufnahme des Penis dient, sowie aus den großen u. kleinen *Schamlippen* u. dem *Kitzler (Clitoris),* der entwicklungsgeschichtl. dem Penis entspricht u. ebenfalls Schwellkörper hat.

Geschlechtsreife, 1. das Entwicklungsstadium, in dem Tiere in die Fortpflanzungsphase eintreten. – 2. →Pubertät.

Geschlechtstrieb, *Sexualtrieb,* die Gesamtheit der Verhaltensweisen, deren urspr. Ziel die Erhaltung der Art ist.

Geschlechtsumwandlung, die Umwandlung des Geschlechtscharakters eines Individuums in denjenigen des entgegengesetzten Geschlechts. *Intersexualität* ist nur unvollständiger G. auf. Voraussetzung für eine vollständige G. ist die Umwandlung oder Ersetzbarkeit der Keimdrüsen u. die Umbildung der Geschlechtsorgane.

Geschlechtsverkehr, *Geschlechtsakt, Beischlaf, Coitus,* Begattung beim Menschen, die Vereinigung der Geschlechtsorgane, die zur Befruchtung der weibl. Eizelle durch eine Samenzelle führen kann.

Geschlechtswort →Artikel.

Geschlechtszellen →Keimzellen.

Geschmack, *Geschmackssinn,* die Fähigkeit, verschiedenartige wasserlösl. Stoffe auseinanderzuhalten. Die G.ssinneszellen sind als *G.sknospen* an bestimmten Stellen der Zunge vereinigt. 4 Qualitäten: süß, sauer, salzig u. bitter.

Geschmacksmuster, neue u. eigentüml. Gestaltungen für gewerbl. Erzeugnisse, die deren ästhetischer (Ggs.: *Gebrauchsmuster*) Formgebung dienen u. durch Eintragung in das beim Amtsgericht geführte *Musterregister* angemeldet sind.

Geschoß, 1. Stockwerk *(Etage)* eines Gebäudes. – 2. jeder mit Hilfe einer Waffe geschleuderte Körper, heute insbes. die aus Feuerwaffen geschossenen Körper: Kugeln der Handfeuer- u. Faustwaffen, Granaten, Bomben u. Kartätschen der Geschütze; auch Raketen.

Geschütz, Feuerwaffe für schwere Geschosse; z.B. *Bombarde, Mörser, Haubitze, Panzerkanone, Flugabwehrkanone (Flak), Panzerabwehrgeschütz (Pak), Sturm-* u. *Raketen-G.*

geschützte Pflanzen und Tiere →Naturschutz.

Geschwader, 1. im 15. Jh. eine Reiterformation von 600–700 Mann. – 2. bei der Luftwaffe der fliegende Verband auf Regimentsbasis. – 3. Kriegsschiffverband aus 3–10 Schiffen gleichen Typs bzw. *Marineflieger-G.*

Geschwindigkeit, bei der Bewegung eines Körpers das Verhältnis (v) der zurückgelegten Wegstrecke (s) zu der hierzu benötigten Zeit (t). Als Formel: $v = s/t$.

Geschwister, direkte Abkömmlinge eines Mannes oder einer Frau, Verwandte zweiten Grades in der Seitenlinie. Voll- u. Halb-G. gehören bei der gesetzl. Erbfolge 2. Erbordnung. Ehe u. Geschlechtsverkehr (Blutschande) sind verboten. – *G.ehe,* die in den Fürstengeschlechtern Alt-Ägyptens, afrik. Großreiche, des alten Kleinasien, der Inka u. Chibcha aus religiösen (Gottkönig) u. biolog. Gründen geübte Ehe zw. »Geschwistern«, oft Halb-G.

Geschworene, alte Bez. für ehrenamtl. *Beisitzer* des Schwurgerichts.

Geschwulst [die], lat. *Tumor,* allg. eine krankhafte Gewebezunahme, die durch Stauung u. Übertritt von Blut, entzündl. Flüssigkeiten u. a. ins Gewebe entsteht. Speziell bezeichnet man als G. die Gewebsneubildung *(Gewächs, Neoplasma).* Gutartige Geschwülste sind z.B. Warzen u. Polypen. Die bösartigen Geschwülste zeichnen sich durch Gewebsunreife sowie durch schrankenloses Wachstum aus u. grenzen sich nicht gegen ihre Umgebung ab, sondern dringen in sie u. zerstören sie. Sie bilden Tochtergeschwülste *(Metastasen).* Die bösartige G. nennt man *Krebs;* die vom Epithelgewebe ausgehende G. heißt *Karzinom,* die vom Bindegewebe ausgehende Bindegewebs-G. heißt *Sarkom.*

Geschwür, *Ulcus,* Substanzverlust an Haut oder Schleimhäuten. G.e kommen durch Verletzungen, Durchblutungsstörungen, Entzündungen oder Gewebszerstörungen bei Eiterung zustande.

Gęseke, Stadt in NRW, 20 500 Ew.; Zement- u. Möbelind.

Gesell, Silvio, *1862, †1930, dt. Nationalökonom; Begr. der *Freiwirtschaftslehre;* forderte Marktwirtsch. mit vollständiger Wettbewerbsfreiheit.

Geselle, Gehilfe eines Handwerkers, der nach einer ordnungsmäßigen Lehrzeit (Ausbildungszeit, meist 3 Jahre) die *Lehre* durch eine G.nprüfung abgeschlossen hat.

Gesellschaft, 1. *Recht:* 1. Bez. für versch. Personenvereinigungen des Privatrechts; so die *G. des bürgerl. Rechts* sowie regelmäßig OHG, KG u. stille G. 2. Vereinigung von Personen, die zur Erreichung eines gemeinsam. Zwecks zusammengeschlossen sind. – 2. *Soziologie:* das Zusammenleben u. -handeln der Menschen, sofern es in sich geordnet oder bewußt organisiert ist; allg. »das Soziale« als System oder als prozeßartiges Geschehen.

Gesellschaft der Freunde →Quäker.

Gesellschaft des bürgerlichen Rechts, vertragl. Zusammenschluß mehrerer Personen, um einen gemeinsamen Zweck in der durch den *Gesellschaftsvertrag* bestimmten Weise zu fördern. Die Geschäftsführung steht allen Gesellschaftern gemeinschaftl. zu *(Einstimmigkeitsgrundsatz);* die Beiträge werden gemeinschaftl. Vermögen der Gesellschafter *(Gesellschaftsvermögen).*

Gesellschafterversammlung, oberstes Organ der Gesellschaft mit beschränkter Haftung.

Gesellschaft für deutsche Sprache, gegr. 1947 in Lüneburg (seit 1965 Sitz Wiesbaden); erstrebt die bewußte, verantwortl. Pflege der Muttersprache im Schrifttum.

Gesellschaft für musikalische Aufführungs- und mechanische Vervielfältigungsrechte →GEMA.

Gesellschaft Jesu, lat. *Societas Jesu,* offizieller Name der Jesuiten.

Gesellschaft mit beschränkter Haftung, *GmbH,* Handelsgesellschaft als Kapitalgesellschaft mit eigener Rechtspersönlichkeit (jurist. Person). Das *Stammkapital* der GmbH (mindestens 50 000 DM) setzt sich aus den *Stammeinlagen* (mindestens 500 DM) ihrer Gesellschafter zusammen. Für die Verbindlichkeiten der GmbH haftet nur das Gesellschaftsvermögen, nicht der einzelne Gesellschafter. Die GmbH erfordert zu ihrer Gründung einen Gründer. *Organe* sind der oder die *Geschäftsführer* u. die in *Gesellschafterversammlungen* entscheidende Gesamtheit der Gesellschafter, evtl. auch ein *Aufsichtsrat.*

Gesellschaftsinseln, frz. *Îles de la Société,* vulkan. Inseln in SO-Polynesien (Pazif. Ozean), 1647 km², 140 000 Ew., Hptst. Papeete auf Tahiti. Die G. gliedern sich in die eigtl. Tahiti-Inseln *(Inseln über dem Winde; Tahiti, Moorea)* u. die *Inseln unter dem Winde (Bora-Bora u. a.).* Anbau von Pampelmusen, Kaffee, Bananen, Ananas, Vanille, Kakao u. a.; Fremdenverkehr. – Wichtigster Teil des frz. Überseeterritoriums ist Frz.-Polynesien.

Gesellschaftsroman, ein Roman, der in breiter Darstellung oft auch krit. das Leben, die Probleme u. die Konflikte der Gesellschaft (d. h. der sog. »gehobenen Gesellschaft«) schildert.

Gesellschaftstanz, der Tanz als Form des gesellschaftl. Umgangs, wie er sich aus Volks- u. Kunsttanz entwickelte. Die Geschichte des G. reicht in die Zeit der höf. Zeremoniells zurück. Im 19. Jh. setzten sich Walzer u. Galopp durch; zu Beginn des 20. Jh. drangen amerik. Einflüsse in den G. ein: Tango, Foxtrott, Charleston, Rumba, Swing, Boogie, Blues, Mambo, Cha-Cha-Cha, Samba, Rock 'n' Roll, Jive, Lambada.

Gesellschaftsvertrag, 1. *Handelsrecht:* die vertragl. Festlegung der Verfassung einer Gesellschaft durch deren Mitglieder *(Gesellschafter)* bei GmbH, OHG u. KG. – 2. *Rechtsphilosophie:* Vereinbarung der Mitgl. einer Gesellschaft über ihr Zusammenleben; als rein theoret. gemeinte Begründung u. Rechtfertigung von Gesellschaft u. Staat verstanden.

Gesellschaftswissenschaft, Bez. für →Soziologie.

Gesenk, eine metall. Hohlform, in die ein durch Erwärmen leicht formbarer Rohling in einer Schmiedemaschine hineingeschlagen wird.

Gesenke, sö. Ausläufer der Sudeten im nördl. Mähren.

Gesetz, 1. *Naturgesetz,* ein Seinsgesetz, d. h. der Ausdruck für allg. Sachverhalte u. Beziehungen in der Wirklichkeit, die vom Menschen unabhängig u. in allen Einzelfällen von strenger Gültigkeit sind. – 2. *Rechtsgesetz,* eine rechtl. Forderung (Norm) oder verbindl. Regel *(Sittengesetz).* G. im materiellen Sinn ist jede abstrakte u. generelle Rechtsvorschrift, also auch eine Rechtsverordnung. – *G.*

Bemerkenswerte Geschwindigkeiten

	m/s	km/h
Haarwachstum	0,000 000 003	0,000 000 011
Schnecke	0,002	0,007
Fußgänger	1,4	5
1500-m-Läufer	7,2	26
Passagierschiff	17,8	64
Radrennfahrer	20	72
Brieftaube	20	72
Orkan	45	162
Schwalbe	90	320
Hochgeschwindigkeitszug	134	482
Düsenverkehrsflugzeug	250	900
Schall in Luft	332	1 195
Stickstoffmoleküle	492	1 771
Überschall-Verkehrsflugzeug	694	2 500
Gewehrgeschoß	870	3 130
Erdbebenwelle	3 600	13 000
Mondrakete	11 084	39 903
Erde um die Sonne	30 000	108 000
Licht im Vakuum	299 792 458	1 079 252 849

Gesetzesinitiative

formellen Sinn ist jeder vom Parlament in einem verfassungsmäßig festgelegten förml. Gesetzgebungsverfahren beschlossene u. verabschiedete Akt, also auch z.B. eine konkrete u. spezielle Maßnahme wie die Feststellung des Haushaltsplans oder die Erteilung einer Kreditermächtigung an die Regierung; →Gesetzgebung.

Gesetzesinitiative, die Befugnis zur Einbringung von Gesetzesvorlagen im Parlament. In der BR Dtld. können Gesetzesvorlagen beim Bundestag durch die Bundesreg., aus der Mitte des Bundestags oder durch den Bundesrat eingebracht werden.

Gesetzestafeln, die Tafeln, auf denen Moses die Zehn Gebote vom Sinai gebracht hat (2. Mose, 31,18 ff).

Gesetzesvorlagen, formulierte Gesetzentwürfe, die beim Parlament mit dem Zweck eingebracht werden, nach Beratung u. evtl. Änderung zum Gesetz erhoben zu werden.

Gesetzgebung, die durch den Erlaß von *förml. Gesetzen* verwirklichte Rechtsetzungsgewalt des Staates; in der Dreigliederung der Staatengewalt vor Verwaltung u. Rechtsprechung stehend. Das Wesen der G. besteht im Setzen allg. (d. h. für einen größeren Personenkreis gültiger) u. abstrakter (d. h. nicht auf einen Einzelfall abstellender) Rechtsvorschriften. Wegen der Bedeutung der G. als wichtigstes Herrschaftsmittel des Staates schreibt in der BR Dtld. die Verfassung (GG) ein *förml. Verfahren* vor. – **G.snotstand**, in der BR Dtld. ein G.sverfahren nach Art. 81 GG, das den Fortgang der G.sarbeit sichern soll, wenn weder der Bundeskanzler das Vertrauen der Mehrheit des Bundestags hat, noch der Bundestag vom Bundespräsidenten aufgelöst wird. In diesem Fall kann der Bundes-Präs. auf Antrag der Bundes-Reg. mit Zustimmung des Bundesrats für eine Gesetzesvorlage den G.snotstand erklären.

gesetzliche Erbfolge, die Erbfolge, die kraft Gesetzes eintritt, wenn kein Testament oder Erbvertrag vorliegt. Nach dem Erbrecht der BR Dtld. bilden die *Blutsverwandten* des Erblassers als gesetzl. Erben festumrissene, im Rang aufeinanderfolgende *Erbordnungen*. Ist auch nur ein Angehöriger der ranghöheren Ordnung vorhanden, so sind die Angehörigen aller weiteren Ordnungen von der Erbfolge ausgeschlossen. Zu den Erbordnungen gehören: *1. Ordnung:* Abkömmlinge: Enkel, Urenkel usw. werden durch die Kinder von der Erbfolge ausgeschlossen, treten aber bei deren Fortfall in deren Erbteil ein; *2. Ordnung:* Eltern u. deren Abkömmlinge (also die Geschwister, Neffen usw. des Erblassers); *3. Ordnung:* Großeltern u. deren Abkömmlinge (also die Onkel, Tanten, Vettern usw. des Erblassers). Der *Ehegatte* des Erblassers erbt neben der 1. Ordnung ein Viertel. Schließt der Erblasser einen gesetzl. Erben durch Testament von der g. E. aus, steht diesem doch der Pflichtteil zu.

gesetzlicher Vertreter, eine Person, die kraft Gesetzes zur Vertretung einer anderen Person berufen ist; z.B. Eltern, Vormund u. Pfleger.

Gesicht, *Facies*, auch *Physiognomie*, der vordere Teil des Kopfes.

Gesichtsfeld, der vom ruhenden Auge eingesehene Raum.

Gesichtslähmung, die Fazialislähmung; →Facialis.

Gesichtsnerven, die beiden Gehirnnerven des Gesichts; der *Empfindungsnerv* (Nervus trigeminus) u. der *Bewegungsnerv* (Nervus facialis).

Gesichtsplastik, chirurg. Eingriffe zur Wiederherstellung der durch Verletzung oder Erkrankung zerstörten Formen des Gesichts u. zur Korrektur von Formfehlern.

Gesichtssinn, die Wahrnehmung von Licht mittels der Sinneszellen der Netzhaut; →Auge, →Lichtsinnesorgane.

Gesichtswinkel, *Sehwinkel*, der Winkel, den die von den äußersten Punkten eines Gegenstands zum Auge gezogenen Linien bilden.

Gesims, *Sims*, ein horizontal laufender, vorspringender Bauteil, der die Fassade gliedert, schmückt u. vor Witterungseinflüssen schützt.

Gesinde, fr. Personen, die die häusl. oder landw. Arbeiten gegen Lohn, Wohnung u. Verpflegung verrichteten.

Gesira, *El Gezira*, Ldsch. in der Rep. Sudan, am Blauen Nil; Zentrum des sudan. Baumwollanbaus.

Gesner, Konrad, *1516, †1565, schweiz. Naturforscher u. Arzt; schuf die Pflanzeneinteilung nach Blüten u. Fruchtteilen.

Gesneriengewächse, den *Rachenblütlern* nahestehende trop.-subtrop. Pflanzenfam. Zu den G. gehören *Usambaraveilchen* u. *Gloxinie*.

Gespan, ung. Graf, leitete als Stellvertreter des Königs ein *Komitat*.

Gespenstheuschrecken, *Phasmida*, Ordnung

Garten Gethsemane mit alten Olivenbäumen; unten: Kirche der Nationen, darüber die russisch-orthodoxe Kirche

der *Insekten* aus der Überordnung der *Geradflügler*; in den Tropen beheimatete Pflanzenfresser: Gewöhnl. Stabheuschrecke, Riesenstabheuschrecke u. das *Wandelnde Blatt*.

Gespinst, gedrehtes Garn aus endl. Fasern.

Geßler, der Sage nach ein rücksichtsloser habsburg. Landvogt in Schwyz u. Uri, von *Wilhelm Tell* bei Küßnacht erschossen.

Gessler, Otto, *1875, †1955, dt. Politiker (Dt. Demokrat. Partei); 1920–28 Reichswehr-Min., einer der Schöpfer der Reichswehr; 1950–52 Präs. der Dt. Roten Kreuzes.

Geßner, Salomon, *1730, †1788, schweiz. Schriftst., Landschaftsmaler; rokoko-zierl. Schäferdichtungen.

Gestaltungsklage, das Begehren einer gerichtl. Entscheidung, die im Gegensatz zur Leistungs- u. Feststellungsklage ein Rechtsverhältnis ändert (z.B. Scheidungs- u. Nichtigkeitsklage).

Geständnis, das Zugeben *(Gestehen)* einer Straftat durch den Angeschuldigten. Das Gericht ist an ein G. nicht gebunden. Erzwingung eines G. durch Gewalt ist im Rechtsstaat verboten.

Gestapo, Abk. für *Geheime Staatspolizei*, polit. Polizei des nat.-soz. Regimes in Dtld. 1933–45; ab 1940 dem *Reichssicherheitshauptamt* eingegliedert. Ihre Aufgabe war neben der Ermittlung polit. Straftaten (Hoch- u. Landesverrat; Verstoß gegen Blutschutz-, Rundfunk-, Heimtückegesetz u. a. NS-Gesetze) die Verfolgung aller, die das NS-Regime als seine Gegner betrachtete (Juden, Freimaurer, Marxisten, »Reaktionäre«, christl. Kirchen, »östl. Untermenschen« u. a.). Die Vernichtung der Juden war eine Aufgabe des Referats IV B 4 (SS-Obersturmbannführer A. *Eichmann*). Im Dt. Reich u. in den während des 2. Weltkriegs besetzten Gebieten war die G. durch ihre schrankenlose, oft willkürl. Gewalt u. ihre unmenschl. Methoden das gefürchtetste Instrument polit. Terrors.

Gesteine, Aggregate von Mineralien, die die feste Erdrinde aufbauen. Nach der Entstehung unterscheidet man: 1. *Eruptiv-G. (Erstarrungs-G.)*, entstanden aus erstarrtem Magma, ohne Fossilien; 2. *Sediment-G. (Ablagerungs-, Schicht-G.)*, entstanden durch Ablagerung von zerriebenem Gesteinsmaterial im Wasser, durch Wind oder Gletscher; 3. *metamorphe G.*, entstanden durch Druck, Umkristallisation, Stoffaustausch von 1) u. 2), geschichtet u. vollkristallin.

Gesteinsbohrer, Werkzeug zum Bohren von Löchern, bes. Sprengbohrlöchern, in Bergwerken oder Steinbrüchen.

Gesteinsfaser, *Steinwolle*, nicht brenn- u. entflammbare Faser aus Sedimentgesteinen (z.B. Kalkstein, Tonschiefer); durch Schmelzen hergestellt; Wärme- u. Schallisoliermaterial.

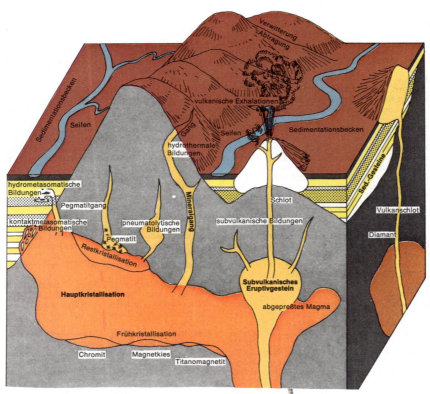

Gesteine: Blockbild wichtiger Mineral- und Gesteinsbildungen

Gesteinskunde, *Petrographie,* die Naturwiss. von den Gesteinen, ihrer Zusammensetzung, Verbreitung u. Verwendbarkeit.
Gestirn →Stern. – **G.kult** →Astralreligion.
Gestose, durch Schwangerschaft verursachte Erkrankungen u. Störungen, z.B. Schwangerschaftserbrechen, eklamptisches Syndrom.
Gestüt, Pferdezuchtstätte.
Gesualdo [dʒezu'aldo], Don Carlo, *um 1560, †1613, ital. Komponist; Madrigale mit kühner Harmonik u. Melodik.
gesundes Volksempfinden, im nat.-soz. Sprachgebrauch die angebl. unverbildete Meinung des Volkes, bes. in Rechtsfragen, in Wirklichkeit die jeweilige Auffassung der NSDAP.
Gesundheit, körperl., geistige u. seel. Unversehrtheit, Leistungsfähigkeit u. Wohlbefinden im objektiven Sinn.
Gesundheitsamt →Gesundheitswesen.
Gesundheitswesen, öffentl. G., die Gesamtheit der vom Staat geschaffenen Einrichtungen zur Erhaltung u. Förderung der Gesundheit der Bevölkerung. Zu seinen Aufgaben gehören Überwachung u. Bekämpfung von Infektions-, Berufs- u. Geschlechtskrankheiten, ferner fürsorger. Maßnahmen bei geistigen u. körperl. Krankheiten (Taubstummheit, Blindheit, Nerven- u. Geisteskrankheiten), für Schwangere, Wöchnerinnen u. Säuglinge. Träger dieser Aufgaben sind die staatl. *Gesundheitsämter* der Länder u. Kreise sowie Sozialversicherungsabteilungen u. freie Wohlfahrtspflege.
Gesundheitszeugnis →Attest.
gesunkenes Kulturgut, aus einer sozialen Oberschicht in untere soziale Schichten abgesunkene u. bei diesem Prozeß meist veränderte Denk- u. Glaubensvorstellungen, Moden, Bräuche, Lieder, Schmuckformen, Möbel, Trachten u. ä. Die *Volkskultur* ist hauptsächl. durch Tradition u. Rezeption von g. K. bestimmt u. nicht, wie die Romantiker meinten, durch die von der »Volksseele« selbst produzierten Kulturgüter.
Gethsemane, der Garten am Ölberg bei Jerusalem, in dem Jesus festgenommen wurde.
Getränkesteuer, die Verbrauchsteuern auf Getränke (Biersteuer, Branntweinsteuer, Schaumweinsteuer).
Getreide, Kulturpflanzen, die in Ähren oder Rispen angeordnete mehlreiche u. trockene Körner tragen. Sie dienen der Ernährung des Menschen (*Brot-G.*) u. der Haustiere (*Futter-G.*). Hauptgetreidearten in Europa sind *Roggen, Weizen, Gerste* u. *Hafer,* auch *Buchweizen,* in den südl. Zonen u. in Asien *Reis, Mais* u. *Hirse.*
Getriebe, Vorrichtung zur Kopplung u. Umwandlung von Bewegungen u. Energien beliebiger Art. Die in das G. eingeleitete Bewegung kann drehend oder schiebend (hin- u. hergehend) sein. Ausführungsformen: Reibrad-, Zahnrad-, Seil-, Keilriemen-, Ketten-, hydraul. G. u. a.; *Differential.*
Getto, *Ghetto,* i. ü. S. jedes abgesonderte Stadtviertel, in dem rass. oder religiöse Minderheiten wohnen; Wohngebiet für Juden, im MA oft durch Mauern von der übrigen Stadt abgetrennt. Während der nat.-soz. Herrschaft wurden bes. in den eroberten Ostgebieten G. eingerichtet.
Gettysburg ['getisbə:g], Stadt in Pennsylvania (USA), 8000 Ew.; 1.–3.7.1863 die größte Schlacht des amerik. Sezessionskriegs (entscheidender Sieg der Nordstaaten über die Konföderierten).
Getz, Stan (Stanley), *1927, †1991, US-amerik. Jazzmusiker (Tenorsaxophon), Vertreter des Bebop u. des Cool Jazz.
Geulincx ['xø:lŋks], Arnold, *1624, †1669, ndl. Philosoph u. Physiker; einer der Hauptvertreter des Okkasionalismus.
Geusen, ndl. Freiheitskämpfer gegen die polit. u. religiöse Gewaltherrschaft *Philipps II.* von Spanien u. dessen Statthalter Herzog *Alba.*
Gevelsberg, Stadt in NRW, im westl. Sauerland, 31 000 Ew.; Stahlind.
Gewächshaus, *Glashaus,* ein Gebäude, das zur Vermehrung, Anzucht, Kultur, Überwinterung von Pflanzen, Produktion von Gemüse u. Zierpflanzen genutzt wird: *Kalthaus* (Temperatur 5–10 °C), *temperiertes G.* (10–15 °C), *Warmhaus* oder *Treibhaus* (15–30 °C).
Gewährleistung, *Gewährschaft,* die Haftung des Verkäufers dem Käufer gegenüber dafür, daß der verkaufte Gegenstand frei ist von Rechten, die ein Dritter gegen den Käufer geltend machen könnte, u. von *Sachmängeln,* die den Wert der Sache wesentl. mindern.
Gewährmängel, Mängel, die trotz ausdrückl. Zusicherung bestimmter Eigenschaften beim Viehkauf neben aufgezählten *Hauptmängeln* auftreten.
Gewaltenteilung, die Aufteilung der Funktionen der Staatsgewalt in gesetzgebende, vollziehende u. rechtsprechende Gewalt (*Legislative, Exekutive, Jurisdiktion*) mit der Forderung, daß die Ausübung dieser Funktionen nicht in einer Hand vereinigt sein darf. Dieser Grundsatz wurde vor allem von *C. de Montesquieu* im Kampf gegen den absolutist. Staat verkündet u. gilt als Grundlage des modernen Verfassungsstaats. Keine Anwendung findet der Grundsatz der G. in Diktaturen.
Gewaltverbrechen, zusammenfassend für Mord, Totschlag, Raub(überfall) u. Vergewaltigung.
Gewandhaus, *Tuchhalle,* Tuchverkaufs- u. -lagerstätte des MA u. der Renaissance. Berühmt sind die G. in Ypern, Braunschweig u. Leipzig (hier seit 1781 die berühmten *G.-Konzerte.*)
Gewannflur, fr. Teil der Ackerflur eines Dorfs, an dem alle Bauern Anteil hatten.
Gewässerkunde, *Hydrographie,* ein Zweig der *phys. Geographie,* der sich mit der Entstehung, dem Zustand, der Bewegung der ober- u. unterird. sowie stehenden u. fließenden Gewässer befaßt.
Gewässerschutz, alle Maßnahmen gegen die Beeinträchtigung der natürl. Gewässer durch Siedlungs- u. Industrieabwässer oder durch Bodenentwässerung.
Gewebe, 1. *Biologie:* Verband gleichartig differenzierter Zellen mit bestimmten Funktionen. Bei *Mensch* u. *Tier* unterscheidet man *Epithel-, Stütz-* (*Binde-, Knorpel-, Knochen-G.*), *Muskel-* u. *Nervengewebe.* – Bei *Pflanzen* unterscheidet man u. a. teilungsfähigem *Bildungs-* u. *ausdifferenziertem Dauergewebe.* – 2. *Textilkunde:* Webereierzeugnis aus sich rechtwinklig kreuzenden, längs- u. querlaufenden Fäden. Die Längsfäden heißen *Kettfäden,* die Querfäden *Schußfäden.*
Gewebelehre →Histologie.
Gewebezüchtung, die Züchtung lebenden Gewebes außerhalb des Körpers auf einem künstl. Nährboden in einer *Gewebekultur,* um Wachstum u. Vermehrung zu studieren.
Gewebsbruch, *Hernie,* →Bruch.
Gewebsverpflanzung, *Gewebstransplantation,* die Übertragung körpereigenen Gewebes von einer Stelle des Körpers auf eine andere u. körperfremden Gewebes zum Ersatz von kranken u. zerstörten Gewebsteilen; vor allem Haut- u. Knochentransplantation, Sehnenverpflanzung sowie in der Augenheilkunde die Hornhauttransplantation; ferner Transplantationen von Arterienstücken u. von Herzklappen.
Gewehr, eine Handfeuerwaffe, die seit 1364 bald nach dem *Geschütz* als Vorderlader in Gebrauch kam. Das die Kugel antreibende Pulver in der Kammer am Ende des zunächst kurzen Laufs wurde hierbei von Hand mittels einer brennenden Lunte durch das Zündloch entzündet. Im Lauf der Jahrhunderte wurde u. a. die Lunte durch den Feuerstein ersetzt, die Kugel durch ein Langgeschoß. Weitere Neuerungen führten zum *Magazin-G.,* in das 5 u. mehr Patronen gleichzeitig geladen werden konnten; ihm zur Seite traten das *Maschinen-G.,* die *Maschinenpistole,* das automat. *Selbstlade-G.* u. seit den 1960er Jahren die kleinkalibrigen G. mit sehr hoher Mündungsgeschwindigkeit.
Gewehrschießen →Schießsport.
Geweih, knöcherne Stirnauswüchse der männl. Hirsche: Beim Ren tragen auch die Weibchen ein G.; das G. des Rehbocks wird als *Gehörn* bezeichnet. Das G. wird alljährl. abgeworfen u. erneuert; es sitzt einer Knochenwucherung des Stirnbeins

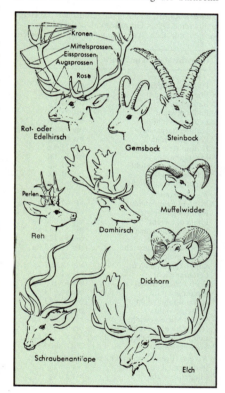

Geweihe und Gehörne

(*Rosenstock*) auf u. wird während des Wachstums von einer Haut umgeben, die später abgestreift wird. Das G. besteht aus zwei Stangen u. einer Zahl von Verzweigungen (*Enden*). Trägt ein Hirsch nur Stangen ohne zusätzl. Endenbildung, so spricht man von einem *Spießer,* bei einer zusätzl. Endenbildung von einem *Gabler.* Ab Bildung dreier Enden zählt man beide Stangen zus. u. spricht dann von einem *Sechsender, Achtender* usw.
Geweihfarn, *Platycerium,* Gatt. trop., epiphyt. Farne.
Gewerbe, i.w.S. jede auf Gewinn abzielende dauernde u. selbständige Tätigkeit, mit Ausnahme der Landw. u. der freien Berufe; *i.e.S.* die berufsmäßige Tätigkeit der Rohstoffverarbeitung oder -bearbeitung (Stoffveredlung); danach umfaßt das G. die *Industrie* u. das *Handwerk.* – Die *G.aufsicht* hat die Befolgung der staatl. Arbeitsschutzvorschriften zu überwachen; sie hat dabei alle Befugnisse der Ortspolizeibehörden. – **G.betrieb,** ein Betrieb, der die Voraussetzungen des G.s erfüllt. Art u. Zulassung des G. sind in der *G.ordnung* geregelt. – **G.freiheit,** die Berechtigung, ein G. zu beginnen, soweit nicht durch Bundesgesetz Aus-

nahmen vorgesehen sind; in Dtld. durch die **G.ordnung** (GewO) von 1869 eingeführt (später zur *Berufsfreiheit* erweitert). Die G.ordnung (Neufassung 1987) enthält daneben Bestimmungen über Ausübung des stehenden G., des Reise-G., des Markt-G. sowie das gewerbl. Arbeitsschutzrecht.

Gewerbelehrer, ältere Bez. für Lehrer an gewerbl. oder hauswirtsch. Berufsschulen.

Gewerbeschein →Reisegewerbe.

Gewerbeschule, ältere Bez. für gewerbl. *Fach-* oder *Berufsschulen.*

Gewerbesteuer, eine →Realsteuer für inländ. Gewerbebetriebe. Besteuerungsgrundlagen sind der *Gewerbeertrag* u. das *Gewerbekapital;* wichtigste originäre Einnahmequelle der Gemeinden.

gewerbliche Genossenschaften, die zur Förderung der wirtsch. Interessen des Handels u. des Handwerks gegr. Genossenschaften, u. a. EDEKA-Handelsgruppe, Einkaufsgenossenschaft, REWE-Handelsgruppe u. Verkehrsgenossenschaft.

gewerblicher Rechtsschutz, die Rechtsvorschriften zum Schutz der Firma, des Warenzeichens u. des Wettbewerbs sowie die Bestimmungen über Patente u. Gebrauchsmuster.

Gewerkschaft, eine Kapitalgesellschaft des Bergrechts ohne festes Grundkapital, deren Mitgl. *(Gewerken)* nur nach Bedarf *Zubußen* zu leisten haben,

Gewichtheben: die Wettkampfdisziplin Stoßen mit Ausfallschritt

Gewitter: Blitze sind die mächtigsten elektrischen Erscheinungen in der Natur

sich aber durch Verzicht auf ihren Anteil *(Kux)* von dieser Pflicht befreien können.

Gewerkschaften, Vereinigungen von Arbeitnehmern zur Verbesserung ihrer wirtsch. u. soz. Lage, vor allem zur Erreichung besserer Arbeitsbedingungen gegenüber den Arbeitgebern. Sie gleichen die wirtsch. Unterlegenheit des einzelnen Arbeitnehmers gegenüber dem Arbeitgeber durch Zusammenschluß der Arbeitnehmer u. gemeinschaftl. Auftreten aus. Ihr entscheidendes Kampfmittel ist der *Streik.* – Die modernen G. entstanden mit dem industriellen Kapitalismus im 19. Jh. Sie konnten sich nur im steten Kampf gegen Staat u. Gesellschaft durchsetzen. Sie waren zunächst verboten, u. der Beitritt war mit Strafe bedroht; erst Anfang des 19. Jh. fiel in England das Koalitionsverbot, später auch in Dtld. In den 60er Jahren des 19. Jh. wurden die ersten dt. G. gegründet *(Arbeitervereine).* Der entscheidende Schritt zu ihrer heutigen Stellung war die Schaffung eines bes. Tarifrechts 1918 u. damit die Übertragung der Ausgestaltung der Arbeitsbedingungen auf die Vereinbarungen zw. G. u. Arbeitgeber. – Die dt. G. waren von Anfang an mit polit. Parteien verbunden. Die *freien* (sozialist.) G. standen zur SPD; sie schlossen sich 1919 zum *Allg. Dt. Gewerkschaftsbund (ADGB)* zusammen. Die *Hirsch-Dunckerschen Gewerkvereine,* in den 1860er Jahren gegründet, schlossen sich den bürgerl.-demokrat. Parteien an, während die in den 1890er Jahren gegründeten *christl. G. (Dt. Gewerkschaftsbund, DGB,* gegr. 1919) in polit. Zusammenhang mit dem Zentrum standen. 1933 wurden die G. aufgelöst, nach 1946 wieder errichtet. Es bildeten sich zunächst *Einheitsgewerkschaften* in den einzelnen Zonen, die sich 1949 in der BR Dtld. im *Dt. Gewerkschaftsbund (DGB)* zusammenschlossen. 1946 wurde die *Dt. Angestellten-Gewerkschaft (DAG)* gegr., die alle Angestellten ohne Rücksicht auf Beruf u. Betrieb erfaßt; seit 1955 gibt es wieder selbständige *christl. G.* Öst.: →Österreichischer Gewerkschaftsbund; S c h w e i z : →Schweizer. Gewerkschaftsbund.

Gewicht, 1. die durch eine Wägung bestimmte, ortsunabhängige Masse eines Körpers, gemessen in Kilogramm. Umgangssprachl. für die G.skraft, das Produkt aus ortsabhängiger Fallbeschleunigung u. Körpermasse, mit der ein Körper angezogen wird. – **2.** *G.stück, Wägestück,* ein Körper bestimmter Masse, der als Maßeinheit zur Massenbestimmung anderer Dinge mit der Waage dient. – **3.** *spezifisches Gewicht* →Wichte.

Gewichtheben, eine schwerathlet. Sportart, bei der Scheibenhanteln gehoben werden; olymp. Disziplin seit 1920. – T e c h n i k e n : 1. *Reißen:* Die Hantel muß in einem Zug durch Ausfallschritt oder Hocke vom Boden zur Hochstrecke gebracht werden. 2. *Stoßen:* Mit Hocke oder Ausfallschritt wird das Gewicht bis zu Schulterhöhe gehoben u. dann durch Strecken von Armen u. Beinen zur Hochstrecke gestoßen.

Gewichtsanalyse, *Gravimetrie,* eine chem. analyt. Methode, bei der das Gewicht der einzelnen Stoffe einer Verbindung durch Wägen mit der Analysenwaage genau bestimmt wird.

Gewichtsklassen, in der Schwerathletik (Boxen, Ringen, Gewichtheben, Judo) die Einteilung der Wettkämpfer nach ihrem Körpergewicht.

Gewinde, in Schrauben (Außen-G.) u. Muttern (Innen-G.) eingearbeitete raumgeometr. Formen, die durch schraubenförmige Bewegung einer ebenen Figur, z.B. Dreieck, Quadrat, Rechteck, Trapez, entstehen i. d. R. durch Schneid- oder Umformvorgänge hergestellt werden.

Gewinn, in der *Gewinn-* u. *Verlustrechnung* der Überschuß des Ertrags über den Aufwand innerhalb einer Rechnungsperiode; in der *Bilanz* der Überschuß des Eigenkapitals am Ende der Rechnungsperiode über das Eigenkapital zu deren Beginn abzügl. der Privatentnahmen.

Gewinnbeteiligung, Beteiligung am Ertrag eines Unternehmens, vom Arbeitgeber über Gehalt bzw. Lohn hinaus gewährte, vom Gewinn des Betriebs abhängige Summe.

Gewinngemeinschaft, engl. *Pool,* vertragl. Zusammenschluß selbständiger Unternehmen, die ihre Gewinne u. Verluste zusammenwerfen u. dann nach einer bestimmten Quote gleichmäßig verteilen.

Gewinnschuldverschreibung, eine Form der *Anleihe* (Teilschuldverschreibung), bei der die Höhe der Verzinsung ganz oder zum Teil von der Höhe der an die Aktionäre ausgeschütteten *Dividende* abhängt.

Gewinn- und Verlustrechnung, die aus der Buchführung sich ergebende Gegenüberstellung von *Aufwand* u. *Ertrag* eines Geschäftsjahrs.

Gewissen, die anläßl. bestimmter Handlungen auftretende unmittelbare Gewißheit ihrer Verwerflichkeit oder Richtigkeit bzw. das bei u. nach ihrer Verwirklichung auftretende moral. Gefühl der Schuld oder Zufriedenheit. Ein **G.skonflikt** ist der Widerstreit zw. gleichberechtigten Forderungen, deren eine sich nur auf Kosten der anderen realisieren läßt.

Gewissensfreiheit, das in Art. 9 Abs. 1 der Europ. Konvention zum Schutz der Menschenrechte, in der BR Dtld. vor allem in Art. 4 GG garantierte Recht, ohne Behinderung dem persönl. Gewissen entsprechend zu handeln. G. ist jedoch nicht trennbar vom verantwortl. freien Tun, von dem die Rechtsordnung ausgeht u. an das vor allem das Strafrecht seine Schuldfeststellung knüpft.

Gewitter, Entladung einer elektr. Spannung zw. Wolken, innerhalb einer Wolke oder zw. Wolke u. Erde in Form von Blitzen, bei feuchtwarmer Luft, begleitet von Donner u. heftigen Schauern (Regen, Hagel, Graupel).

Gewohnheitsmäßigkeit, das Verhalten eines Täters, der eine strafbare Handlung aufgrund eines durch wiederholte Begehung erzeugten Hangs begeht.

Gewohnheitsrecht, nicht schriftl. festgelegtes, aber durch Gewohnheit verbindl. gewordenes Recht.

Gewichtsklassen im Sport

Amateur-Boxen:

Halbfliegengewicht	bis 48 kg
Fliegengewicht	bis 51 kg
Bantamgewicht	bis 54 kg
Federgewicht	bis 57 kg
Leichtgewicht	bis 60 kg
Halbweltergewicht	bis 63,5 kg
Weltergewicht	bis 67 kg
Halbmittelgewicht	bis 71 kg
Mittelgewicht	bis 75 kg
Halbschwergewicht	bis 81 kg
Schwergewicht	bis 91 kg
Superschwergewicht	über 91 kg

Berufsboxen:

Mini-Fliegengewicht	bis 47,627 kg
Halbfliegengewicht	bis 48,988 kg
Fliegengewicht	bis 50,802 kg
Super-Fliegengewicht	bis 52,183 kg
Bantamgewicht	bis 53,525 kg
Super-Bantamgewicht	bis 55,235 kg
Federgewicht	bis 57,153 kg
Super-Federgewicht	bis 58,967 kg
Leichtgewicht	bis 61,235 kg
Halbweltergewicht	bis 63,503 kg
Weltergewicht	bis 66,578 kg
Halbmittelgewicht	bis 69,853 kg
Mittelgewicht	bis 72,575 kg
Super-Mittelgewicht	bis 76,203 kg
Halbschwergewicht	bis 79,378 kg
Leichtschwergewicht (Cruiser)	bis 86,183 kg
Schwergewicht	über 86,183 kg

Ringen (Freistil u. griechisch-römischer Stil):

Papiergewicht	bis 48 kg
Fliegengewicht	bis 52 kg
Bantamgewicht	bis 57 kg
Federgewicht	bis 62 kg
Leichtgewicht	bis 68 kg
Weltergewicht	bis 74 kg
Mittelgewicht	bis 82 kg
Halbschwergewicht	bis 90 kg
Schwergewicht	bis 100 kg
Superschwergewicht	bis 130 kg

Gewichtheben:	Männer	Frauen
Fliegengewicht	bis 52 kg	bis 44 kg
Bantamgewicht	bis 56 kg	bis 48 kg
Federgewicht	bis 60 kg	bis 52 kg
Leichtgewicht	bis 67,5 kg	bis 56 kg
Mittelgewicht	bis 75 kg	bis 60 kg
Leichtschwergewicht	bis 82,5 kg	bis 67,5 kg
Mittelschwergewicht	bis 90 kg	bis 75 kg
1. Schwergewicht	bis 100 kg	bis 82,5 kg
2. Schwergewicht	bis 110 kg	bis 90 kg
Superschwergewicht	über 110 kg	über 90 kg

Judo:	Männer	Frauen
Superleichtgewicht	bis 60 kg	bis 48 kg
Halbleichtgewicht	bis 65 kg	bis 52 kg
Leichtgewicht	bis 71 kg	bis 56 kg
Halbmittelgewicht	bis 78 kg	bis 61 kg
Mittelgewicht	bis 86 kg	bis 66 kg
Halbschwergewicht	bis 95 kg	bis 72 kg
Schwergewicht	über 95 kg	über 72 kg
Offene Klasse	ohne Gewichtslimit	